新聞出版改革發展項目庫（項目號：0020121580）
財政部文化産業發展專項資金重點資助項目
天一閣藏古籍珍本數字出版工程

天一閣藏

明代科舉録選刊

鄉試録（九）

龔延明 主編

寧波出版社

本册目録

萬曆四年福建鄉試録

福建鄉試録序

歲丙子皇上統御萬年寶曆方惟四載天下復當大比士維時巡按福建監察御史晏仕翹奉簡命兼程馳而至實司監臨於是以前御史朱光宇所聘教諭劉禮楊洲爲考試官教授何藹然教諭王朝興周兆熊蔣上欽王尚禮李任芳沈昌胤爲同考試官司提調則左布政使劉侃右參議徐時可司監試則按察使徐中行副使歐希稷御史入棘誓戒百執事咸受約束罔有不虔乃以提學副使胡定所選士二千七百有奇如期三試之遵制拔其俊九十人并録其文之尤者以獻禮猥以執事宜有言以冠諸首乃作而颺言曰斌斌乎八閩之士能以文自奮如此乎其生於右文之世景仰前修應期而出者歟禮自被聘而來也履其疆域睹其山川思淑氣之鐘毓考往昔之賢哲幸與斯役而深有概于中也蓋自夫子折衷六經垂示萬世學者莫不以之修身而爲世用迨後失傳有宋諸儒繼出乃能推衍而發明之俾夫子之教如日中天千百年間絶而復續其學之盛行而以地著名者曰濂洛關閩而已閩學自楊時受之二程載道東南而游酢李侗羅從彦胡氏蔡氏父子相繼而作至朱子始集大成彼其學術所留皆欲後人推之以爲天下國家非借以爲功利之媒聲華之餌也國家命學官教士六經即孔氏之所删述者訓義即程朱之所考證者師無异教士無异學自畿甸至于海隅日出罔不率服今上繼明四方尤敦尚治要廣勵多士曩歲申飭督學諸臣遵舉學政兹秋復親臨辟雍釋奠先聖屬講儒臣同文同倫之化洋洋乎洽于遐邇矣乃三年而一賓興士猶恐不能稱斯盛典也特命禮官頒示申正文體挽回士習蓋惓惓焉誠欲羅網真才拔賢者能者而用之也多士潛修預蓄獲試兹時以出不爲大幸歟顧以平生學術見之於文主司程藝亦以爲精意所發也愛而收之矻矻以得之其心口自語固曰是秩秩可誦者其柯榦枝葉無一不具也其根本之敷榮者乎泂瀾悠波無一不有也其源泉之時出者乎因文而信誠然矣矧多士所孕于山川精粹又有聖化之磅礴漸涵而前修之景行私淑乎故禮觀多士爲文不覺呫呫然動色喜也彼所謂賢能真才而可登于天府者乎夫主司以文課士士亦以爲舍此

莫由介紹謁進也相率而趨之飾藻思以賈時好禮猶恐其摭華病實希世獵名也夫離經叛道詭詞邪説司校者若辨白黑然知所以斥黜之久矣其爲剽竊模擬誇誕鈎棘之工言不適衷而詞實病雅司校者亦皆矢心閲檢不爲所惑矣今之所録其文蓋檃栝義理合于矩矱循其言可以入道行其説足以成務者也禮所慮者惟恐多士之莫循其言莫行其説也夫玉卮無當不如瓦甓窾言無驗何取口給方諸儒著名閩學潛思力行任重詣極其言修身必以窮理致知反躬踐實而主以居敬其言治道必以明天理正人心崇節義厲廉耻爲先彼其真誠惻怛皆原本六經之旨默契聖人之精見之于言也至立乎人之本朝則莫非忠君憂國濟民利物之心多士生其鄉矣觀法前修罔知所立又值明時競奮有其文不思所以實其質則亦安用以文爲哉是禮之所慮而懼焉未能釋然于今之所録也昔者周公繫爻於賁之上九曰白賁無咎夫賁飾也白賁無所事飾者也質任自然可以寡過自古尚之矣吾夫子亦嘗卜得賁不説曰賁非正色也吾思夫質有餘而不受飾者知夫子之心則知周公之心無非防末世以文滋僞而寧儉寧固之意也多士將資言以進于南宫而對大廷矣苟戒周孔所慮者思爲异日之報稱必言顧其行事功符其學術無使得指議之曰是徒有文而無實也則是典有光主上作人德意庶幾仰稱萬一其于諸儒之後進山川之鐘毓皆可以無負也即禮入疆域之始有概于中庶見其人者且于多士慰之矣而主司將藉是以釋懼也夫是舉也揆文奮武士類丕式則有提督巡撫右僉都御史劉堯誨紆猷遠漸章縫嚮往則有提督南贛右副都御史江一麟整旅疆埸敦禮下士則有鎮守總兵官胡守仁弭節觀風清戎示憲則有巡按福建等處監察御史侯堯封録讞綏民章程正懋則有恤刑刑部郎中盧漸其翼贊綜理于外則右布政使劉繼文左參政楊芷右參政方邦慶副使沈淮右參議兼僉事喬懋敬僉事毛爲光尹校文作分勞防衛于外則參將呼良朋署都指揮僉事魏堯相李應祥萬達甫咸與有勞焉其以齎賀行則左參議歐陽栢僉事漆彬署都指揮僉事梅應魁也樂頌厥成例得兹書云

直隸安慶府太湖縣儒學教諭劉禮謹序

萬曆四年福建鄉試

監臨官

巡按福建監察御史晏仕翹（應望江西清江縣籍新喻縣人　乙丑進士）

提調官

福建等處承宣布政使司左布政使劉侃（正言湖廣京山縣人　癸丑進士）

福建等處承宣布政使司右參議徐時可（惟易湖廣黄岡縣人　乙丑進士）

監試官

福建等處提刑按察司按察使徐中行（子與浙江長興縣人　庚戌進士）

福建等處提刑按察司副使歐希稷（子文湖廣衡陽縣人　乙丑進士）

考試官

直隸安慶府太湖縣儒學教諭劉禮（崇之江西豐城縣人　丁卯貢士）

直隸蘇州府嘉定縣儒學教諭楊洲（文登浙江錢塘縣人　丁卯貢士）

同考試官

廣東雷州府儒學教授何藹然（少元廣東順德縣人　癸卯貢士）

湖廣武昌府蒲圻縣儒學教諭王朝興（用賓江西安福縣人　丁卯貢士）

直隸保定府蓉城縣儒學教諭周兆熊（夢徵廣西臨桂縣人　癸酉貢士）

直隸保定府高陽縣儒學教諭蔣上欽（思敬廣東新寧縣籍直隸無錫縣人　丁卯貢士）

湖廣黄州府麻城縣儒學教諭王尚禮（用和直隸歙縣人　己酉貢士）

廣西桂林府臨桂縣儒學教諭李任芳（少芬廣東三水縣人　辛酉貢士）

湖廣襄陽府襄陽縣儒學教諭沈昌胤（裕德四川保寧所官籍直隸華亭縣人　戊午貢士）

印卷官

福建等處承宣布政使司理問所理問唐虞（叔韶浙江烏程縣人　監生）

福建等處提刑按察司經歷司經歷萬棟（隆甫直隸宜興縣人　監生）

收掌試卷官

泉州府知府丘浙（子東江西南城縣人　乙丑進士）

延平府知府管大勛（世臣浙江鄞縣人　乙丑進士）

建寧府知府許天贈（德夫直隸黟縣人　乙丑進士）

汀州府知府季膺（元服直隸華亭縣人　乙丑進士）

福州府同知周鐸（子振直隸太倉州人　乙丑進士）

漳州府同知朱一松（應秀直隸寧國縣人　乙丑進士）

漳州府推官尹瑾（崑潤廣東東莞縣人　辛未進士）

受卷官

漳州府知府劉志業（可大浙江慈谿縣人　乙丑進士）

邵武府知府王澤（子仁燕山前衛籍山西臨汾縣人　壬戌進士）

泉州府同知陸一鳳（子韶直隸常熟縣人　壬子貢士）

漳州府同知沈植（子建湖廣臨湘縣人　丙午貢士）

興化府推官何鏞（子啓直隸常熟縣人　甲戌進士）

建寧府推官阮子孝（伯慕浙江於潛縣人　甲戌進士）

汀州府推官劉玉成（自復直隸長洲縣籍太倉州人　辛未進士）

彌封官

邵武府同知蔣燀（子德廣西全州人　辛酉貢士）

汀州府同知曾可漁（叔濱江西廬陵縣人　乙卯貢士）

福州府推官謝廷宷（思敬江西金谿縣人　辛未進士）

福寧州知州羅文靖（以獻江西南昌縣人　丙午貢士）

福州府閩縣知縣黄門（道登直隸常熟縣人　甲戌進士）

漳州府漳浦縣知縣房寰（中伯浙江德清縣人　戊辰進士）

建寧府甌寧縣知縣曾士彦（從之四川瀘州人　甲戌進士）

建寧府崇安縣知縣朱璡（文卿江西新淦縣人　辛未進士）

謄録官

泉州府推官支大綸（心易浙江嘉善縣人　甲戌進士）

福州府長樂縣知縣韓紹（光祖浙江烏程縣籍歸安縣人　辛未進士）

福州府福清縣知縣徐師張（惟敬浙江永康縣人　甲戌進士）

泉州府晋江縣知縣梁必强（柔可廣東瓊山縣人　甲戌進士）

漳州府海澄縣知縣周祚（以延湖廣蘄州人　戊午貢士）

延平府將樂縣知縣陳本（元陽江西撫州所□直隸宣城縣人　壬子貢士）

建寧府建安縣知縣方相卿（朝元浙江錢塘縣人　辛酉貢士）

汀州府長汀縣知縣伍士望（景周江西南昌縣人　辛未進士）

對讀官

建寧府通判盧中（伯和浙江餘姚縣人　甲子貢士）

泉州府同安縣知縣徐待（子器浙江鄞縣人　甲戌進士）

泉州府惠安縣知縣劉弘道（志甫直隸吴縣人　甲戌進士）

漳州府龍溪縣知縣范鳴謙（貞夫直隸江陰縣人　辛未進士）

漳州府平和縣知縣楊守一（純卿江西泰和縣人　丁卯貢士）
建寧府建陽縣知縣李增（抑之江西東鄉縣人　壬子貢士）
汀州府連城縣知縣郭鵬（伯起湖廣寧遠縣人　辛酉貢士）
福寧州寧德縣知縣鄺彭齡（幼玄廣東南海縣人　辛未進士）

巡綽官

福州右衛指揮使盧鼎臣（國用直隸全椒縣人）
福州左衛指揮僉事儲廷相（國輔直隸全椒縣人）
福州右衛指揮僉事邢端（政卿山東嶧縣人）
福州中衛指揮僉事王元璧（君信直隸合肥縣人）
福州左衛左所正千户王瓊（廷用直隸臨淮縣人）
福州左衛中左所副千户胡文桂（子芳直隸泗州人）

搜檢官

延平衛指揮同知王繼高（守謙直隸盱眙縣人）
延平衛署指揮僉事黄繡（時彰直隸壽州人　會試武舉）
建寧右衛中所副千户婁世勛（懋功山東淄川縣人）
建寧左衛左所副千户金應龍（雲輔直隸全椒縣人）

供給官

福建都轉運鹽使司副使余瑞（時見湖廣羅田縣人　壬子貢士）
福州府通判張霆（惟亨江西萬安縣人　歲貢）
福州府通判王守恒（汝純直隸和州人　恩貢）
福建等處承宣布政使司經歷司經歷何一乾（元清湖廣麻城縣人　己酉貢士）
福建等處承宣布政使司照磨所照磨王良璧（應光江西泰和縣人　知印）
福建等處提刑按察司經歷司知事金尚賓（仲珩直隸休寧縣人　監生）
福建都指揮使司經歷司經歷盧洛（子書直隸如臯縣人　監生）
福建都指揮使司斷事司斷事周楫（濟心直隸山陽縣人　吏員）
福州府懷安縣知縣鄒是訓（元錫直隸無錫縣人　壬子貢士）
邵武府邵武縣知縣趙璧（伯全浙江東陽縣人　戊午貢士）
汀州府永定縣知縣何守成（子述浙江分水縣人　丁卯貢士）
福建都轉運鹽使司經歷司經歷陳用賓（升甫浙江臨海縣人　監生）
福州府經歷司知事丘守仁（君政江西貴溪縣人　知印）

福州府照磨所照磨火原（伯平直隸揚州衛官籍　監生）
福州府侯官縣縣丞郁從周（汝文浙江仁和縣人　監生）
興化府莆田縣縣丞張時進（伯躍江西新昌縣人　監生）
泉州府惠安縣縣丞張翼（子敬浙江歸安縣人　知印）
福州府閩縣主薄郁良金（南卿直隸華亭縣人　監生）
延平府南平縣主簿曾椿（宗靈江西廬陵縣人　知印）
建寧府建陽縣主簿徐晬然（性卿直隸崑山縣人　恩貢）
建寧府廣實倉大使王顔（希賢浙江山陰縣人　知印）
福州府閩縣典史詹侃（時巽直隸休寧縣人　吏員）
福州府侯官縣典史廖仲采（尚質湖廣沅陵縣人　吏員）
福州府長樂縣典史章之泮（有化浙江昌化縣軍籍　吏員）
福州府福清縣典史葉應祥（子善浙江慈谿縣人　吏員）
延平府順昌縣典史朱楝（國良浙江會稽縣人　吏員）
延平府將樂縣典史蔡輅（弘載廣東保昌縣人　吏員）

第一場

四書

君子易事而難説也説之不以道不説也及其使人也器之　誠身有道不明乎善不誠乎身矣誠者天之道也誠之者人之道也誠者不勉而中不思而得從容中道聖人也誠之者擇善而固執之者也博學之審問之慎思之明辨之篤行之　仰而思之夜以繼日幸而得之坐以待旦

易

上九何天之衢亨象曰何天之衢道大行也　君子以勞民勸相　是以明於天之道而察於民之故是興神物以前民用聖人以此齋戒以神明其德夫是故闔户謂之坤闢户謂之乾一闔一闢謂之變往來不窮謂之通見乃謂之象形乃謂之器制而用之謂之法利用出入民咸用之謂之神　夫乾天下之至健也

書

臣哉鄰哉鄰哉臣哉　導岍及岐至于荆山逾于河壺口雷首至于太岳底柱析城至于王屋太行恒山至于碣石入于海西傾朱圉鳥鼠至于太華熊

耳外方桐柏至于陪尾導嶓冢至于荆山内方至于大别岷山之陽至于衡山過九江至于敷淺原　作周恭先曰其自時中乂萬邦咸休惟王有成績予旦以多子越御事篤前人成烈答其師作周孚先　君子所其無逸先知稼穡之艱難乃逸則知小人之依

詩

采采芣苢薄言采之采采芣苢薄言有之　夜如何其夜未央庭燎之光君子至止鸞聲將將夜如何其夜未艾庭燎晣晣君子至止上鸞聲噦噦夜如何其夜鄉晨庭燎有煇君子至止言觀其旂　天監在下有命既集文王初載天作之合　我其夙夜畏天之威于時保之

春秋

祭公來遂逆王后于紀（桓公八年）春紀季姜歸于京師（桓公九年）春鄭人來輸平（隱公六年）秋九月齊侯宋公江人黄人盟于貫（僖公二年）曹伯襄復歸于曹遂會諸侯圍許（僖公二十有八年）　秋八月諸侯盟于首止（僖公五年）九月戊辰諸侯盟于葵丘（僖公九年）春王正月暨齊平（昭公七年）春王三月及齊平（定公十年）

禮記

故天秉陽垂日星地秉陰竅於山川播五行於四時和而後月生也　樂者通倫理者也　取數多者仁也　禮義之始在於正容體齊顔色順辭令容體正顔色齊辭令順而後禮義備以正君臣親父子和長幼君臣正父子親長幼和而後禮義立

第二場

論

聖學一爲要

詔誥表（内科一道）

擬漢開籍田賜民田租之半詔（文帝二年）　擬唐以長孫無忌爲太子太師房玄齡爲太傅蕭瑀爲太保李世勣爲詹事誥（貞觀十七年）　擬宋建邇英延義二閣寫尚書無逸篇于屏群臣　賀表（景祐二年）

判語（五條）

信牌　鈔法　祭享　夜禁　越訴

第三場

策（五道）

問　帝王握符秉籙爲億兆生民主豈獨其聰明盡哉亦聖學懋也二帝三王尚矣三代守成令主無如商高宗周成王其所終始所緝熙者果何學耶當其時傅説姬旦所以啓沃君心涵養化原者載在詩書可考也可一舉其要歟恭惟皇上天授睿明日新聖學經筵日講寒暑不輟嘗御書學二帝三王治天下大經大法揭之文華殿又書謹天戒等十二事於座右一時臣工懽忭鼓舞即遐僻之士莫不仰頌聖學思見德化之成矣不知我皇上所以法二帝三王者即十二事充拓之便是歟抑别有藴奥也我國家自太祖高皇帝開基論道成祖文皇帝定鼎右文嗣是而後聖聖相承莫不惟學是務其間世德之茂心法之傳與我皇上所書十二事相吻合者可一指陳之歟姬傅告君不曰無念爾祖則曰鑒于先王經筵日講之際或類陳祖德爲我皇上孜孜嚮學之一助可歟邇皇上特俞輔臣之請復起居注夫起居注即古左右史也以我皇上天授聖神乃所孜孜嚮學又若是於二帝三王何難焉紀之左右垂之史册行與聖祖當時聖政記大明日曆相輝映也諸士快睹昌期而懷共臣之願亦能揚厲其萬一否幸敬著千篇

問　禮莫重于祭祭莫大于郊王者繼統御極莫不郊祀天地以明大報之義其來遠矣然其大者則孰逾配享之典與郊祀分合之議哉周禮大司樂及典瑞分言天地矣而大宗伯司服但云服以祭昊天上帝書言用牲于郊牛二天地各一矣而肆類柴望及傳言郊社之禮俱不及地祇何歟昊天有成命似爲郊社而作也而太元媪神見於漢郊祀歌則合祭之禮舊矣豈後儒所附會乎自漢以下典制紛如矣果孰爲得歟太祖高皇帝御極之初首崇郊祀著存心録世宗肅皇帝嘗製欽天記頌揆諸帝王之禮亦相符否顧其制初分後合今復分向舉上辛後以兩至矣隆慶改元詔廷臣議或謂四郊當歲舉其一合祀于南郊者或謂成祖功同開創仍當并配者先帝深惟三年無改之義獨罷祈穀大享二祭而分郊仍舊禮固有待歟朝廷大典固非臣下所敢輕議但恭遇皇上親郊慶成溯之皇祖世宗之盛美先後一揆則海内所共踊躍誦慕者也其敬陳于篇以爲格天之助

問　古稱有文事必有武備故敵愾戡亂必資禮樂詩書夫上兵伐謀善師不陣此豈仡仡勇夫陰陽技巧所能辨哉東山之師四國是皇夾谷之會侵地來歸大儒之效章章矣後之以儒書而兼武略者可數也然有試之而未盡

者有言之而未試者有知之而不言者祁山之出三郡響應矣而不能免街亭箕谷之敗淮蔡之平名震四夷矣而不能討克融廷湊之逆經略陜西能喪賊膽矣再任而膚公未奏破虜采石能安社稷矣鎮蜀而進取無期皆試之而未盡者也若究厥施其功爲孰多行仁義權術無壙果可以摧後發先至之兵歟試屬國三表五餌果可以制單于中行説之命歟著權書衡論機策果能用之無窮乎上中興五論詣闕二書果能推倒一世乎皆言之而未試者也若用其言其效爲孰著若左丘明司馬子長平日未嘗言兵而史傳所記得失成敗撫卷則謀計終始分合權變較然可知豈大官厨良史筆觀者自亹亹耶抑惟其有之是以似之固深於兵者也方今太平無所事兵然安不忘危事當有備章縫之徒亦有如數君子者乎幸詳言之以觀所藴

問　風俗同而必本於道德一也尚矣閩有朱子爲道德之宗而風俗亦有鄒魯之稱朱子又訓之以禮所著家禮具在雖不獨爲閩發然閩寔其講禮之區今之流風遺俗何如也或言廣谷大川异制閩爲山海之國西北雜楚越之交東南與島夷爲鄰其謡俗有异同則美惡之軌自判而難歸于一轍禮固有不可以概施者且异代不相襲禮而議禮如聚訟有辯家禮圖注不合於本書有惜其未及再修因去取而折衷之矧其書所載亦有自以爲不可行者或當變通之而後可與士民宜之乎要之移風易俗責在有司今將明道德以倡之蓋必以教化爲首務矣何以使士民壹遵于禮各修身齊家挽末俗之敝而復之淳古願明其故以俟觀風者采焉

問　閩自戎事興而資客兵有年矣邇因境内頗輯慮食詘而將罷之有過計者曰非完策也而竟未罷有司不能以堅決將募境内兵而漸簡練之俟其可用乃敢罷此有省費者曰非要術也而竟未募有司亦難于堅持是師不可弛而餉未可減歟故土兵日乏而客兵日冗今無以籌之則閩將日刓矣或言衛所之丁州縣之卒不加徵調而各自足焉惟積食以練兵因練兵以節食土兵不待募而客兵可即罷也有病其爲常談而非得便宜之利抑他有權略而出數者之外歟先是有問諸生固纚纚而對未見指畫客兵之狀如何而必可罷審畫土兵之故如何而不待募于篇有司亦過聽之而竟無切于實用今幸實以告我庶觀用世之學

中式舉人九十名

第一名　劉庭蘭　漳浦縣學生　詩

第二名　鄭維嶽　南安縣儒士　易
第三名　徐民式　蒲城縣學附學生　書
第四名　何喬遷　泉州府學附學生　禮記
第五名　陳鳴華　晋江縣學附學生　春秋
第六名　蔡昂　漳浦縣學增廣生　詩
第七名　卓揚烜　福州府學生　易
第八名　李懋檜　安溪縣學生　書
第九名　蔡昇　漳浦縣學增廣生　詩
第十名　温顯　晋江縣學生　易
第十一名　朱夢賢　晋江縣儒士　易
第十二名　沈維垣　莆田縣學生　詩
第十三名　薛應辰　同安縣學附學生　易
第十四名　吴獻台　興化府學增廣生　詩
第十五名　洪啓采　南安縣學生　易
第十六名　劉庭芥　漳浦縣學生　詩
第十七名　許國瓚　泉州府學附學生　書
第十八名　楊道賓　晋江縣儒士　易
第十九名　劉霖　漳浦縣學生　詩
第二十名　丘應賓　泉州府學附學生　易
第二十一名　鄭得書　晋江縣學附學生　書
第二十二名　鄭正規　興化府學附學生　詩
第二十三名　黄閣　莆田縣學附學生　書
第二十四名　陳璧　懷安縣學附學生　詩
第二十五名　諸葛表　晋江縣學附學生　詩
第二十六名　陳揚善　莆田縣學增廣生　書
第二十七名　李世芳　建陽縣學附學生　易
第二十八名　劉庭蕙　漳浦縣學附學生　詩
第二十九名　張廷棟　漳州府學生　易
第三十名　陳長濬　長樂縣學生　詩
第三十一名　韓紹忠　龍溪縣學增廣生　書
第三十二名　朱于訓　晋江縣學附學生　易
第三十三名　林休徵　莆田縣學附學生　詩

第三十四名　林起鳳　永福縣學增廣生　春秋
第三十五名　林裕陽　長樂縣學附學生　詩
第三十六名　鄭須德　興化府學附學生　書
第三十七名　蔡廷札　漳州府學增廣生　易
第三十八名　林汝詔　漳浦縣學附學生　詩
第三十九名　龔釜　建寧府學生　易
第四十名　施懋勛　福清縣學附學生　詩
第四十一名　陳紹功　泉州府學附學生　書
第四十二名　張震　漳浦縣學附學生　易
第四十三名　林柱邦　莆田縣學附學生　書
第四十四名　黄大有　福州府學附學生　詩
第四十五名　陳映　海澄縣學生　易
第四十六名　朱邦鞏　興化府學增廣生　書
第四十七名　林有梧　南平縣學生　詩
第四十八名　楊繼顯　福州府學增廣生　易
第四十九名　林材　閩縣學附學生　詩
第五十名　陳植　閩縣學附學生　春秋
第五十一名　方攸箴　莆田縣學附學生　書
第五十二名　洪有助　南安縣學增廣生　易
第五十三名　諸葛應科　晋江縣學附學生　詩
第五十四名　鄭日近　侯官縣學附學生　易
第五十五名　謝台卿　晋江縣學附學生　詩
第五十六名　莊履朋　泉州府學附學生　禮記
第五十七名　黄朝英　漳浦縣學生　詩
第五十八名　涂表　漳州府學增廣生　易
第五十九名　王應麟　龍溪縣學附學生　詩
第六十名　莊尚稷　泉州府學附學生　易
第六十一名　俞近華　興化府學附學生　書
第六十二名　潘樞　建安縣學增廣生　易
第六十三名　楊廷猷　建安縣學附學生　禮記
第六十四名　吴應陽　建寧府學附學生　易
第六十五名　倪思益　侯官縣學生　春秋

第六十六名　蔡琮　漳州府學附學生　詩
第六十七名　林仕钊　福州府學附學生　詩
第六十八名　林岳偉　晋江縣學附學生　易
第六十九名　余星　興化府學附學生　詩
第七十名　李宗潤　安溪縣學增廣生　易
第七十一名　顔魁槐　晋江縣學附學生　書
第七十二名　袁敬德　閩縣學附學生　禮記
第七十三名　方浯　莆田縣學附學生　書
第七十四名　尤拔　泉州府學附學生　易
第七十五名　謝洞　福清縣學增廣生　詩
第七十六名　林綜　興化府學附學生　書
第七十七名　何喬遠　晋江縣儒士　禮記
第七十八名　張遴　惠安縣學附學生　詩
第七十九名　陳石卿　漳州府學增廣生　易
第八十名　黄克纘　泉州府學附學生　春秋
第八十一名　鄭元輔　興化府學附學生　書
第八十二名　龔懷義　甌寧縣學生　易
第八十三名　曾光魯　興化府學附學生　詩
第八十四名　李禎　安溪縣學生　易
第八十五名　李毓秀　泉州府學增廣生　易
第八十六名　張恩　汀州府學增廣生　書
第八十七名　趙日崇　晋江縣學增廣生　春秋
第八十八名　傅慶貽　南安縣學附學生　易
第八十九名　唐時興　泉州府學附學生　詩
地九十名　李夢麟　泉州府學附學生　禮記

第一場

四書

君子易事而難説也説之不以道不説也及其使人也器之

劉庭蘭

同考試官教諭周批（易事難説乃君子正大之情是作發揮明透語意

渾涵必素養而有得者）

同考試官教諭蔣批（此題作者類多排比牽合是篇順題闡義詞簡意精非淺學可到）

考試官教諭楊批（温醇爾雅宜録之以式）

考試官教諭劉批（精醇可誦）

君子正大之情於人己之交見之矣蓋君子所由惟一理也説不違道而使人不求備焉則正大而君子之情見矣夫子之意以爲夫人以一心而應物交之感施受之間性術形焉是人品之所由辨而不可不察也吾觀君子而得其情矣彼使於我爲事事則其分相臨是故疑於難一難焉而人之得以自效者鮮矣遜於我爲説説則其機甚順是故疑於易一易焉而人之得以中我者多矣乃君子其宅心常公而待人之心甚恕蓋易事而難説也何也天下之所不可違者道也而夫人之所難於不器者才也君子以道御情説之而不以道是來兑耳而其心之廓然者自若也非道而求以説之是客感耳而其心之湛然者不動也及乎其使人也則又因能以授之任而翕受罔遺蓋人之賦才也如器吾器之而已豈曰推吾律己之嚴而遂責之苛耶辨材以畀之事而甄録曲盡蓋器之用也异適吾適之而已豈若峻吾守道之防而亦求之備耶夫説本易動也惟非道不説夫是以謂之曰難事本非易也惟使人則器夫是以謂之曰易難在於説而不以使人易在於事而不以徇説此君子之用情公恕并行而素位皆宜也彼小人則异是矣觀人品者辨諸易言正大而天地之情可見正大之道天地且不違也要之人心虚靈天則畢具君子全其本體而溥物無心順事無情又烏知有所難易哉噫惟精惟一心法也當其時九德咸事而巧令孔壬曾不得寄迹焉乃知夫子之言徹乎上下而學爲君子者亦治心而已

誠身有道不明乎善不誠乎身矣誠者天之道也誠之者人之道也誠者不勉而中不思而得從容中道聖人也誠之者擇善而固執之者也博學之審問之慎思之明辨之篤行之

蔡昂

同考試官教授何批（題最難發是作提掇串合曲盡本指是深於中庸義者録以式）

同考試官教諭周批（通篇以誠明二字貫講體會精融結構縝密讀之起敬）

考試官教諭楊批（明順切理）

考試官教諭劉批（格整辭暢）

中庸推言誠豫於明必責諸人而詳其功也夫誠有天人此明誠之不容已也然其功非一焉人可不知所務哉且夫道管於誠誠立於豫由獲上而推至於誠身者豫也然誠身豈無道哉誠即善也而明善者明其所當誠也惟先明諸心斯實體諸已矣不然其如誠身何哉夫人之所以當明善以誠其身者何也觀誠於賦與之初物予無妄者天之道也而非由外鑠也觀誠於物化之後妄復旡妄者人之道也而未可他諉也惟誠者爲天道也其中也非勉其得也非思從容於明誠唯聖者能之矣惟誠之爲人道也以善則必擇以執則必固黽勉於明誠實人之所以希聖矣夫天道一誠而欲以人還天聖人同天而欲以我希聖則其事豈可以易言哉必也學之博而復審問以求其是焉思之愼而復明辨以析其微焉會通於人己之際凡以開夫誠之端者不敢以疏略爲也由是行其所學問者而篤焉行其所思辨者而篤焉果確於貫通之餘凡以踐夫明之實者不敢以暇豫爲也夫是之謂擇善夫是之謂固執功固不可缺序尤不容紊也于是聖可學也人可天也推之君民親友無不得矣吁孰謂明善以誠身之可已乎哉抑至誠不常有而思誠之學則學聖人者之急務故此章所序道德九經功用何其大也而未則獨於思誠之事詳致意焉識者謂中庸一書爲誠之者而作其得夫子告君之本心者矣

仰而思之夜以繼日幸而得之坐以待旦

鄭維岳

同考試官教諭沈批（摹寫周公憂勤之心可謂婉切矣中間聯絡抑揚更盡其妙良工獨擅非此而何）

同考試官教諭王批（自古聖人體道皆得之憂勤是篇摹寫周公無逸之心最爲親切非苟作者）

考試官教諭楊批（題意明徹）

考試官教諭劉批（典雅不浮）

聖人體道之心不以一時逸焉甚矣聖人重爲斯道計也精於思而急於行其無逸之心可想見矣孟子之意曰聖人之相傳也以道而其傳道也以心自禹湯文武以來其心皆不自逸者爲道計也周公于三王之事欲兼而施之矣其有未合者何如以爲心哉彼事之未合者迹也而其理可思而得也使思之不精猶弗思耳公之心能自安乎仰追其經綸之迹而圖惟於念慮之間以

吾之心冥會三王之心苟日之不足則夜以繼之矣非好勞也一日未合乎三王則其心不能以一日釋焉仰之切故不覺思之勤推其心直欲上孚其精神而若親受命焉斯已矣庸知繼日之爲勞哉由是思之而有得焉幸也而其理可見諸行矣使行之不急猶弗得耳公之心寧但已乎深慶其一理之孚而期見諸行事之實以三王之道爲吾之道苟時之未旦則坐以待之矣非欲速也一日而合乎三王則其心即以一日慰焉幸之深故不覺行之急推其心直欲吻合其懿範而遹觀厥成焉斯已矣庸知待旦之爲亟哉夫不容息者道也而公則竭思與行矣不容廢者時也而公則繼日與夜矣憂勤惕勵之心如此此其所以兼三王施四事而道統賴之歟昔人謂聖人各極其盛而亦各有至者如舜之孝周公之忠是也夫周公之忠道也而淺之乎睹公者未聞道也然公致平之具載在周禮其間考諸三王不能無异者何哉噫于此然後見公日夜之所思而得者深矣

易

上九何天之衢亨象曰何天之衢道大行也

卓揚烜

同考試官教諭蔣批（體格莊嚴詞意雄渾形容盛世氣象宛然足占所藴）

同考試官教諭沈批（發明大順大化宏麗典雅録之以式）

考試官教諭楊批（氣暢辭練）

考試官教諭劉批（明瑩無疵）

二聖發畜爻之義見勢與道俱隆也蓋畜極而天下之勢定於一矣王道有不大行乎哉二聖所以幸之也今夫君人者以統一天下爲度而一有所間則勢分非大順也以道濟天下爲心而一有所沮則道格非大化也惟畜之上九兼其盛焉蓋其承應天之命而操止健之權至是而畜極大通者也勢之所馭無大於此矣故周公繫之辭曰何天之衢亨夫衢莫通於天而致平有以象之是神謨之所變化盡黎獻而共臣也皇威之所廓清合華夷而率服也王路之遵與天路同其廓如矣何也世既謐於混一之餘則民悉安於蕩平之域凡牿於四豶於五者咸囿之大同而所以成亨嘉之會者不惟此時爲然哉由是道之所被莫溥於此矣故夫子申其義曰道大行也夫治莫尚於道而乘勢有以攄之是文命之所敷自朝廷而布之萬方也聲教之所暨由中國而播之四夷也帝道之運同民心而出之沛如矣何也天下之會歸者無外則皇極之敷錫者無疆凡四之喜五之慶益暢之太和而所以副博濟之心者不惟此時爲然哉夫勢以運乎道也勢一而道愈彰道以維乎勢也道行而勢益固王者之

大業所以垂之無窮歟雖然勢烏有常形哉地大則孽易萌時平則意易廣也昔人不猶軫外寧之慮乎人主亦行吾道耳道苟恒大行於天下而萬世大一統矣是亦作易者之意歟

是以明於天之道而察於民之故是興神物以前民用聖人以此齋戒以神明其德夫是故闔户謂之坤闢户謂之乾一闔一闢謂之變往來不窮謂之通見乃謂之象形乃謂之器制而用之謂之法利用出入民咸用之謂之神

温顯

同考試官教諭王批（聖心之神與天道易道民故通貫惟一此作通篇以神字貫徹深得題旨録之）

同考試官教諭李批（精邃之思純雅之調杰作也）

考試官教諭楊批（是邃于易學者）

考試官教諭劉批（辭理精密）

大傳著聖人作易以妙其德而推其所由妙於天下焉夫妙易於心者聖德之神也則其用不因以神於天下乎哉夫子論卜筮意謂易道之神原于造化闡於聖人而與能於天下者也要其所以盡神一聖心之神爲之耳何也聖人極洗心之密而會神知之全心之所藴無非易矣以是仰觀而達天之幽也俯察而悉民之隱也知其當先天以開人於焉興蓍之神以爲筮也興龜之神以爲卜也自爾能前民以濟用然聖人之興化也洗心者愈精益齋戒而不敢忽也斯知來者愈睿與神物而同其神也聖德固妙于易矣而其因天以措之民者不亦神哉是故乾坤之闔而闢變而通而天道運其化矣萬物之見爲象形爲器而神物呈其靈矣聖人明察乎此而制之爲卜筮之用則神道之教前乎民而民不違也不謂之法乎斯民利用乎此而率之爲出入之宜則神明之德溥於民而民不知也不謂之神乎始也以聖心之神神乎易終也舉天下之民同其神聖人興神物之功其大矣抑蓍龜器也卜筮數焉耳易傳屢神之曰員而神曰天下至神曰不測之神聖人不語神而於易亟稱焉斯豈以玄漠幻化而言潔净精微之旨耶易理而已參兩之妙鼓舞之機理有固然聖人惟因之而智力弗與焉是理之極也故又曰易有太極語易而至太極斯盡神哉

書

臣哉鄰哉鄰哉臣哉

李懋檜

同考試官教諭李批（融會本色語成文而發明咏嘆之意尤親切宏暢

書義之最精者）

同考試官教諭王批（臣鄰之義最易混淆此作剖析甚精而摛辭甚藻非人可及）

考試官教諭楊批（純雅藴藉）

考試官教諭劉批（嚴整可式）

聖君有感而深咏臣職之重焉夫臣以鄰爲職所係至重也聖君深致咏于斯其有味于弼直之言也何切哉想帝舜之意以爲君臣治化之原也固未有君欲致治而能不資於臣者乃今聞禹弼直之義而深有見於臣職之匪輕矣夫謂之曰臣語其分也而非具員也臣哉其我之鄰哉爲輔養之臣則格心以之而相君之安止者其責也爲經營之臣則正事以之而贊君之幾康者其職也不惟體統所在相比附而不可離而道義所資若一體而不容間矣臣以鄰言而吾之所倚賴者孰有切于此哉夫謂之曰鄰語其義也而非可他求也鄰哉即我之臣哉輔我以安止者臣實爲之而君心藉以涵養也輔我以幾康者臣實爲之而萬化賴以承宣也君而非鄰固無望于贊襄之益鄰而非臣又孰效其夾輔之勞鄰資于臣而君之所倚毗者舍臣其奚賴哉夫知弼之不可不直則能無曠於臣而可以爲德鄰矣知直之不必資于弼則能無負於鄰而可以稱良臣矣以此動民以此格天而慎位之道終將賴之也不然其如孜孜之義何哉抑斯義也即易之泰也保泰之道必上下交而其志同然後平可不陂往可不復非是則轉而爲否矣帝舜之保治而咏臣於鄰亦交泰之義也吁以舜爲之君禹爲之臣猶相責難如此後之當泰運者其毋以治平爲可忽哉

君子所其無逸先知稼穡之艱難乃逸則知小人之依

徐民式

同考試官教諭蔣批（忠藎之心溢於詞表善發大臣告君之意者）

同考試官教諭周批（無逸關乎民隱誠未易言是作聯絡有情深得勤民之旨）

考試官教諭楊批（極有體認取之）

考試官教諭劉批（清醇有體）

君子之能安于勤者由其知民之情也蓋民情之依於稼穡者至切也使不先有以知之安能以無逸爲所哉此周公首舉之以訓成王也若曰天下之治未有不以勤而興以逸而廢也今王嗣位其知古人之所以無逸者乎蓋古之君子以宴安非享國之道而勤恤無間於須臾謂逸豫非永命之圖而兢業

不忘於夙夜一念以至念念止其所而不遷焉亦臨亦保守之爲宅心之要也一事以至事事居其所而不易焉無怠無荒奉之爲居身之珍也君子之無逸如此而何以能之哉蓋民依於稼穡至艱難也惟不知其難則不知其依而安於逸者有矣乃君子智周民隱而預嘗夫農事之艱慮切民情而習察夫勤勞之狀由是而居乎逸也則身處廟廊而心存畎畝真知小民恃此以爲生而思難圖易之靡寧矣何暇自逸哉位隆密勿而見徹閭閻灼知小民倚此以爲命而居安思危之不暇矣何敢自逸哉吁此古之君子能所其無逸而享國永年由此出也王其念諸噫周公之訓王其知本矣蓋周自后稷以來歷世重農肇基王業成王沖年嗣服使非先知小民疾苦而徒欲格其非心難矣此周公七月之咏無逸之書所爲作也雖然公於立政任人又欲王之罔兼罔知者何哉噫持勤政之心而資臣以行之則不敢兼不敢知者正其所以無逸也

詩

天監在下有命既集文王初載天作之合

沈維垣

同考試官教授何批（此題本難是作發明監集作合字透徹渾融理到詞精真大雅之文録之）

同考試官教諭王批（發揮天命天作婉約詳盡）

考試官教諭楊批（雋永有味）

考試官教諭劉批（辭旨悠暢）

詩人原天命之在周而豫立乎聖配焉甚矣天命之難必也命集于周矣則夫立之聖配以爲昌後之地者烏容已哉周公告成王之意若曰天之眷明德而興之也有所以篤其祜則必有所以啓其祥人知文王之生有自矣而天之於周又豈但已乎彼監觀四方者天之顯道也其臨照之威固無一日不在於下克當天心者周之明德也其昭假之素亦無一日不契乎天肇基者膺西顧之眷矣而景命之僕固方新也勤家者受帝祉之隆矣而成命之屬固未艾也天命之集于周如此是故當文王之初載也聖神方降而仁愛於天心者已兆乎配聖之祥明德甫生而簡在於維皇者已定乎一德之合天地貞元之會萃之於文王也而文母之生適當其期焉一健一順蓋天實合之而非人之所能爲矣則夫好逑胤和以啓神明之胄豈待於嘉止而後定哉國家靈長之慶裕之於文王也而聖媺之毓適與之會焉以聖助聖蓋天實作之人不得而預矣則夫嗣音誕聖以開萬年之統又豈待於文定而後覘哉是可見之於我周其命之也固其祚之也隆其眷之也周故爲之所也預武王之生信非偶然矣

顧所以致是者世德之感非一日之積也享成業者尚鑒兹哉大抵女德資理母儀肇聖自古記之矣周公陳先德於成王而於太妊大姒之德有味乎其言之焉蓋相助成理有固然而天之所興必非可幸致也噫知女德之助則刑于之念愨知母儀之成則嗣服之心切是又周公所以忠告成王者歟

我其夙夜畏天子威于時保之

蔡昂

同考試官教諭蔣批（題意本貫串是作獨能融會婉盡詞藻爛然必養之邃者）

同考試官教授何批（意精詞雅深得頌體宜録以式）

考試官教諭楊批（敬字發揮詳盡）

考試官教諭劉批（詞精理到）

周王冀天親之常享而欲純於敬天焉夫敬者事天事親之本也純於敬天而天親有不常享也哉此宗祀文王以配上帝之樂歌也若曰王者奉天地神明之統不以享於一時爲貴而以享於悠久爲難今也由文王之右享而知天之我右矣抑將何以保之乎彼天有明威而文之明德可畏亦天威也無以畏之與畏之而不常焉欲以保其享也難矣我其幸昭格之有道而每懷夫欽若之誠思感通之有機而恒切夫惟寅之念天雖高遠而威則甚邇也不惟夙焉畏之而向晦猶日監之心焉庶乎帝有常眷而文之隨帝以居歆者亦勿之有違焉耳矣時雖晝夜而威無停機也不惟夜焉畏之而昧爽猷潛伏之心焉庶乎天有常格而文之與天俱來格者亦勿之有替焉耳矣天體物而不違而吾之敬忌天威者無物而不體則動静皆對越之時乎而永言保之者在是矣若曰一祀之將享足以盡敬也其不吐之也哉天體事而不違而吾之肅將明威者無事而不畏則顯微皆駿奔之心乎而保之無斁者在是矣若曰今日之儀刑有可間斷也其不自棄也哉吁右享未已也而必保之於久事天匪文也而必要之於敬此周人仁孝之至爲能享帝享親歟抑王者天之子也其所奉若而欽崇者天耳然周王於天之右也直於文王必之至所以保天親之享者惟概之曰畏天要之存文王則知天載之神存吾心則知文王之神矣噫南郊天格也思祖德之無悔明堂帝右也欲畏天以時保信乎天與祖一也而尊尊親親周道備矣

春秋

祭公來遂逆王后于紀（桓公八年）春紀季姜歸于京師（桓公九年）

陳鳴華

同考試官教諭王批（諸作類多牽强此篇比對天然迥出常調允宜首薦）

同考試官教諭沈批（義正詞嚴真春秋筆也佳士佳士）

考試官教諭楊批（得謹嚴之體）

考試官教諭劉批（正始二字精當）

春秋於王室嘉禮兩謹稱謂以示正始之道焉此見婚姻以正始爲先而王禮尤當謹也春秋於姜后之歸與逆也而殊其稱其旨深哉且魯桓八年乃周桓之十有六年也祭公之命魯而來于紀逆王后也逮春而歸于京焉夫一王后也於其逆則稱王后於其歸者稱李姜者何君子曰兩謹稱謂皆所以正其始也何則王后之於天下有母道焉奉神靈之統主六宫之政蓋承乾而與君敵體者也今惟正位中宫庶體統正而宫闈肅凡夫人而下皆安其分而不得以上擬者行自今日之逆始矣一或輕之而略尊崇之分則母儀何由而著乎是故春秋於其逆也而稱王后若曰王后之徽稱從天王所命耳亦天王之道也其亦禮敬親主之意歟若季姜之於天王有婦道焉閑敬戒之訓備窈窕之德蓋秉坤而順從爲事者也今惟于歸于京庶雍睦成而閨門協凡媵妾而上皆均其澤而不使之下逷者行於今日之歸始矣一或不謹而忘逮下之仁則婦順何由而章乎是故春秋於其歸也而稱季姜若曰季姜之常詞從父母所子耳亦季姜之職也其亦詩咏樛木之意歟吁此義行則母道尊而乾坤之紀以立婦道明而靈長之慶可衍家正而天下之治成矣此春秋所以爲正本之書歟抑論分有常尊禮有定體不可易也聖人爲尊周而作春秋稱王后稱季姜凡以尊周耳雖然祭公王之三公桓公又王所當討者今使之來而命之主婚吾不知其可也逆后歸京之書其猶有隱憂乎

秋八月諸侯盟于首止（僖公五年）九月戊辰諸侯盟于葵丘（僖公九年）春王正月暨齊平（昭公七年）春王三月及齊平（定公十年）

林起鳳

同考試官教諭王批（前後斷案深得春秋誅意之法）

同考試官教諭周批（予齊桓責昭定之意書法中具見敬服敬服）

考試官教諭楊批（詞清句健）

考試官教諭劉批（筆力嚴整）

信屢講春秋不以可惡而掩其善平屢結春秋不以可貴而掩其惡此見事有善惡而褒貶之法施焉不以可惡可貴之例而掩之也且屢盟長亂盟之

當惡也久矣乃有首止葵丘之盟而見美於春秋者何蓋盟雖不足取然以定大倫焉以備明禁焉亦聖人所不廢也何也自惠王溺愛而國本易黍離既降而王道微倫紀幾乎斁矣桓也起而振之首止盟而尊獎之典隆葵丘盟而咸喻之禁協君臣父子之道修齊治平之理皆賴此二盟而光昭之矣聖人又何惡焉是故惡而知其美者春秋教也會盟同地而再言首止葵丘者所以美之也平以釋怨平之當貴也尚矣乃有曁齊及齊之平而見貶於春秋者何蓋平雖在所善然以附夷而得焉以畏大而得焉又聖人所甚惡也何也吴楚雖强而不可附齊國雖弱而不可侵内外誠當辨矣魯也舉而隳之在昭則恃婚吴結楚之勢而致齊之成在定則懼陽州廩丘之報而求齊以成招屈損而昧起戎之訓假邦和而忘協比之公皆由此二平而怨隙成矣聖人又奚取焉是故好而知其惡者春秋教也兩於平齊而書曁書及者所以貶之也是知桓公提倡大義以率諸侯魯公見小利以待友邦故聖人因事褒貶而不以例拘也春秋大義炳如日星其此類也夫抑論樹子無易而齊不可背也周魯咸昧焉聖人寧忘情乎此所以取葵丘命詞而任過於司敗也噫召陵之後侈心益滋而孝公之立有愧於五命多矣定也與齊盟而萊兵肆劫向微歷階數語魯其殆哉乃知聖人之爲世道慮也深矣

禮記

樂者通倫理者也

何喬遷

同考試官教授何批（明聲音倫理相通義極周悉於樂觀其深者）

同考試官教諭王批（以樂與倫理聯合發揮殆盡可以式矣）

考試官教諭楊批（詞理純雅體認真切）

考試官教諭劉批（辭意融貫）

記者論樂通乎人道其所觀者深矣蓋人道莫大於倫理而樂則所以著其理者也觀此而樂其可以易知哉樂記將明君子之知樂而先之以此蓋曰樂之爲道原於人心而管乎人倫無二理也音固由心生矣至於樂則何如哉自其本之聲音而爲樂焉推之倫類而有理焉夫樂器也倫理理也若之何其可通也孰知情寓乎文而形之播被者顯設其人紀之懿器通乎道而宣之節奏者昭示乎物則之常爲宫爲商鏗爾其足樂矣而君臣之倫理顯之爲秩叙者聞其樂而可知也爲角爲徵爲羽鏘然其可聽矣而民事物之倫理象之爲事行者審於樂而可考也樂有大小律之得其稱矣倫之等貴賤辨上下者實與之貫通焉不惟倫之攸叙者可想見其五音之克諧而一有攸斁且將形見

於樂而莫掩矣樂行而倫清不本於此哉樂有終始比之得其序矣倫之以類聚以群分者實與之流通焉不惟樂之極和者可具知其五倫之皆得而一有惉懘又皆根本於倫而莫隱矣聲音與政通不驗於是哉夫樂通乎倫樂其可知已信非君子不足以知之雖然知樂者君子也作樂者必有聖人之德建中和之極而後可是以古者三綱正九疇叙百姓太和萬物咸若乃始作樂以宣氣平情其原蓋出於此是禮序而後樂和太平之治可推也又何君臣民事物之不得其理也哉

禮義之始在於正容體齊顔色順辭令容體正顔色齊辭令順而後禮義備以正君臣親父子和長幼君臣正父子親長幼和而後禮義立

莊履朋

同考試官教諭蔣批（格醇而正詞暢而精闡修身明倫之義無出此篇矣）

同考試官教諭周批（以修身明倫發揮禮義精立二字各有攸當佳作也）

考試官教諭楊批（清潤典雅讀之爽然）

考試官教諭劉批（莊雅可誦）

記者兩舉禮義之所由全將以明冠禮之當行也蓋禮義雖無不該而修身盡倫乃始之大者欲全禮義者舍是何以哉記者意謂聖王重冠而冠禮貴於天下也久矣豈無義哉蓋有禮有義成人之道也禮義不備非可以語成人其始在於威儀之淑焉於容體則正之而可度也於顔色則齊之而可觀也於辭令則順之而可從也及正之齊之順之皆不愆於儀矣則周旋之所中品節由之以詳明時措之所宜直方因之以著見非禮勿動非義弗爲而咸正無缺矣有弗備乎何也禮義者身之攸攝也既以禮義而範圍吾身自以一身而統會禮義必如是而後可言備也猶未也禮義不立不可以爲成人其始又在於彝倫之叙焉於君臣而正之以有義也於父子而親之以有恩也於長幼而和之以有序也及正之親之和之皆不失其道矣則人紀之肇修悉皆儀文之嘉會天經之克篤罔非權度之推行禮自我庸典自我惇而建其有極矣有弗立乎何也禮義者倫之攸寓也既以禮義而綱紀人倫自緣人倫而扶植禮義必如是而後可言立也夫能備能立則禮義無不盡可以爲成人矣然於冠禮見之此冠所以爲禮之始歟抑考冠禮三加而服彌尊喻其志也然喻志必先立乎其大者故首之以修身明倫其義微哉故冠禮可行也其義難知也知其義而敬守之天子之所以治天下也

第二場

論

聖學一爲要

蔡昇

同考試官教諭沈批（聖人之心純然無欲故學聖以一爲要是作體認真切闡發性靈開闔抑揚精思古調讀之爽然允宜高薦）

同考試官教諭王批（學古而博詞精而奇發明聖學哉悉無遺末復指出人心無欲本體尤儆俗學宜録□）

考試官教諭楊批（高古精深足占宏養）

考試官教諭劉批（文意曲折詞調高古）

天下之道皆本於心心也者非他也性也性也者非他也心之真也人心之真至虚至靈至直而公是性之源也人之一本也而外物入之其源汩矣故遠於聖人聖人者非能有加於性之外也能不汩其源已耳學聖人者非有求於性之外也反其性之源已耳聖可學一爲要一者無欲也周子之言也蓋觀於日月乎日月之明也耀乎六合陰翳而薄蝕之則晦矣蓋觀於水乎水之清也鑒乎眉睫淆之則濁矣其德通利萬物閼之則菑矣性之有初也情之賊性也物誠有之人亦宜然學聖人者正其情反其原如是而已矣夫聖人者豈非博大深眇之稱通變化侔神靈殊絶倫黨者哉和性情之理遵仁義之塗表倫物之儀曲而中殫舉而不勤與時遷徙若因四肢聖人之道誠大矣窮六籍之指□萬有之牖究陰陽之變察乎毫芒若殊黑白而不以窺其智誠深矣本天地之經修百王之法紘而布之若因四時房皇周浹調一海内包乎萬世德誠廣矣爲而不宰施而不有功成而不名終始天下而莫如其因其化誠神矣夫其大也若是其智深也若是其廣而神也若是則聖人者將嵬焉不可爲幾望者乎而非也將窈焉不可爲幾測者乎而非也有大者有爲之大者致眇矣有深者有爲之深者致静矣有廣者有爲之廣者致約矣有神者有爲之神者致虚矣視於不睹聽於不聞希乎其玄潛乎其淵澹乎其若忘湛乎其中一物無有也無物則静静則虚而明矣静虚則動直直則公而溥矣是故天得一以清地得一以寧日月得一以明四時得一以行人心得一以貞人有血氣心知五官七情之欲將迎適莫之私皆心之薄蝕天地之祲沴而源泉之障也薄蝕不消祲沴不蠲橈而障之邪暗塞也其於道也不亦遠乎以望聖人不亦難乎是故尊之先玄酒也豆之先太羹也貴一也大路之素未集也清廟之瑟朱絃而

疏越也尚一也其於人也柔曼衺麗之色不接於目淫辟靡靡之音不娱於耳佻嫚恣睢湛湎跛倚之容不設於身其隱至於奥突邃邈之中而其精入於幾微杳忽之際其端綦眇其戒綦嚴其欲彌盡其天彌全其竅彌光其出彌章足不幾聖乎吾觀堯舜在上進元凱而退驩兜至明也鯀殛而禹升大公也格上下而光四表至德溥也皇皇乎是遵何德哉嘗讀書而至唐虞受禪之際危微精一之言而見堯舜之心焉且彼其有天下而不與也而尚安所欲哉繼堯舜者仲尼乎仲尼之道一以貫之視聽言動非禮則遠意必固我則亡疏食飲水則樂遜于匡絃歌于陳蔡不合則駕榮禄得喪不滑其心是故窮天道析禮樂討墳與辨童謡試於魯墮三都兵萊夷歸侵田誅少正卯走慎潰氏斯亦明通公溥之效也退而作春秋明王道公之萬世爲百王法廪廪可謂至聖矣故學聖人者學其一而已一者非他也性也吾性之端泬然太虚粹無一物故曰易有太極太極本無極極且無之烏有欲乎今夫赤子之生也啖之以珍美厭而覆之若棄糠粃耳衣之以纈襦匍伏乎塗炭無异敝褐也弄之以珠玉旋而遺之瓦缶碎之矣鄰之赤子與吾之赤子一也窶人之赤子與富人之赤子一也吾是以明生人之初本皆無欲自聖人至於途人一也藉令人皆能遺珍美賤文繡齊珠玉于瓦缶不遠赤子欲安從生乎由此言之聖人者吾所自有者也幾爲聖人者原吾性之端引其端而積之也積縷而成布帛積土而成丘山積水而匯川澤禮義積而成聖人本之則一而已矣

表

擬宋建邇英延義二閣寫尚書無逸篇于屏群臣賀表（景祐二年）

薛應辰

同考試官教授何批（本忠悃發爲剴切而矩矱嚴整音律鏗鏘且利落浮靡蔚乎有光誠詞之駢而雅者場中有此足爲國家得人慶矣佳士佳士）

同考試官教諭李批（用事典核造語莊雅且忠愛之悃溢于終篇揄揚中含規獻意得宋臣進頌之體不但工於四六而已）

考試官教諭楊批（古雅精確）

考試官教諭劉批（精切典麗有忠讜意）

閶闔撝懷用廣芻蕘之智罘罳托誨爰知稼穡之艱上下之情既通天人之際甚著一時炯鑒千載訏謨臣某等誠懽誠忭稽首頓首竊惟人主一心權輿萬化養以天下賢智之士而志慮自澄聞夫國家理亂之言則抑畏繇切故堯宫舜室指在疇咨軒几禹軺心資惕敕懋昭湯敬盤盂凜乎日新於鑠武功户牖森其敬勝晚世泰怠壯麗甚都三輔千門空侈靈囿之館七篇四堵僅貽

彤管之箴何者天禄辟邪甚之虹霓縷瑞貞觀之盛登浮薄於瀛洲天寶漸荒易尚書以山水皆名美而實不副或始勤而後罔終彼當日之讜言且如枘鑿何往古之成憲能識蓍龜并蓋伏遇天授神明日躋聖敬晨鐘長樂奉兩宫之慈顔書漏光華披三朝之寶訓首幸大學躬耕籍田感機杼之聲則賜織婦行貼射之法而罷榷茶玉清昭應之宫弛而不治錦繡上共之帑捐以與民振契丹流人而恢天地并包之度詢孤山處士以獎巖穴高蹈之風乃設六科詳延多士爰開二閣洞啓四聰奎壁煇煌對峙文昌之府掖垣清切迴模上帝之居左曰邇英右名延義遠規合宫衢室之制近廣集賢崇政之風既論思於一堂復博綜乎三代粤惟守成之訓莫如無逸之篇念小人之依表裏豳風七月陳天命之數上下殷周六王指大辭危憂深思遠臣奭獻圖於天聖夙契淵衷臣襄簪筆于承明寅共薄技文傳孔壁恍奏金石之音字授伏生如窺蝌蚪之迹愉乎若中宗高宗祖甲朝夕羹墻穆然見太王王季文王陟降左右仍不下於階序遂已陟乎閶闔共與賢人寧藻神之見訴時惟迪哲詎樸學之違言王道粲然聖猷遠矣臣等槃阿賤質佔畢腐儒名姓何望於御屏樽櫨偶充於巨室俯慚英乂仰玷招延顧夢寐東周竊有篤棐之志且家緣南畝備嘗瘠土之勞一望金鋪隨以感激三復瑶簡爲之咨嗟伏願主善爲師惟敬作所翱翔六籍而不爲虚文輻輳群材而致其實用自朝至昃不遑食罔盤游田追天未兩而先憂庸徹桑土臣亦矢心矢德竭犬馬欲效之愚庶幾卜曆卜年臻鳧鷖既醉之福臣不勝欣躍感戴屏營之至謹奉表稱賀以聞

第三場

策（五道）

第一問

劉庭蘭

同考試官教諭蔣批（我皇上當中興泰運存心懋學天藻神謨垂範千古子能亹亹敷揚而歸本收放心一言真得姬傳啓沃之要者）

同考試官教諭周批（援古質今發明我皇上緝熙聖學法古致治之意甚具他日效用必大有建明者録之）

考試官教諭楊批（鋪張詳悉獻納勤懇非徒工文者）

考試官教諭劉批（揚厲有體）

大君撫雍熙之運而垂萬世之統所以紹帝範於隆古而建皇極於無疆

者其學無他曰心焉爾矣夫心學之樞也治之則也能存心則至德不顯而聖王之心法以立由是以之敬學則大道蓁隆而聖王之治法益張知乎此則我皇上之所以遠法帝王近述祖宗懋昭聖學以弘盛治者可得而楊厲其萬一矣請敬陳之自昔羲皇以降稱君德之盛者必曰堯舜禹湯文武而治天下之大經大法備焉當時史臣之贊述與阿衡師保之所陳誨垂于典謨列于訓誥播于雅頌何諄諄也蓋自欽天授時以至經理財賦之繁自敬德修身以至動静食息之微自用賢遠奸以至慶賞刑威之際靡不備具若其要旨則本諸心曰人心惟危道心惟微惟精惟一允執厥中故欽明也浚哲也祇台也制心也敬止敬勝也心學淵懿篤自丹衷而垂憲萬世昭昭乎若揭日月而天下後世所共睹矣厥後守成令主若殷高宗周成王其所以終始典學緝熙光明者不過仰先德而纘承之爾故其臣傅説姬旦朝夕惓惓以納誨而明保者不曰監於先王則曰無念爾祖蓋其學即湯文之學而心即湯文之心也古之聖帝明王其學術之本於心者精純完粹上契天載之神故其訏謨之敷於極者昭鑠崔巍以著日新之盛休哉邈乎莫或殫述矣自漢而下爲君者徒飾嘉樂之文而爲之臣者亦鮮期望之實宜其治之瞠乎後也哉洪惟我太祖高皇帝開天立極建混一之丕基成祖文皇帝繼天體道廓重光之大業心法之精默契二帝學術之粹同符三王竊嘗莊誦皇明祖訓一書大都治天下之宏綱而持守爲要當時諸臣若濂若同若褘相與侍起居而贊鴻猷所紹述者多矣聖學心法一書大要治天下之彝典而君道爲先當時諸臣若縉若廣若士奇相與侍講讀而沃君心所匡弼者弘矣然則二祖豈特聰明天縱哉其得于學者深也自是而後列聖相承世遵令緒至宣憲諸廟及孝宗世宗典學養心崇儒重道尤所精勤而重熙累洽之治斌斌盛矣逮我皇上御極初元距高帝戊申所二百餘年天道周流開先復始得中興之運比歲告登南越獻琛北虜納款二垂無枹鼓之警一意治理得中興之時皇上冲睿御極耆碩夾輔不動聲色而宇内攝然政柄統一得中興之本乃皇上猶不自滿假兢兢焉篤志慕古帝鑒圖説之進則起受矣虎觀諸臣横經日講則時有問難矣文武百官及輿地圖屏風則置之便殿庶官之衆四海之遠無一日不在于指顧間矣乃揮灑宸翰大書學二帝三王治天下大經大法褐之文華殿又書十二事于座右以自警天藻神謨風動中外即山海遐逖之士莫不氣竦色悦拭目傾心以爲堯舜湯文復生何幸親身見之猗歟盛矣然所謂十二事者豈出二帝三王大經大法之外哉竊嘗紬繹其指而上下古今其曰謹天戒是即堯之欽若昊天舜之敕天之命文之亦臨亦保也其曰任賢能是即舜之惇德允元湯之敷求哲人文

武之克知灼見也又曰親儒臣是即虞之宅揆亮采商之先學後臣周之克俊有德也曰遠嬖佞非即去邪勿疑之道不邇聲色之訓乎曰明賞罰慎出入非即命德討罪之公觀逸游田之戒乎曰慎起居節飲食非即昧爽丕顯之誠疏狄惡酒之意乎曰收放心存敬畏此非惟精惟一兢兢業業雍雍肅肅之學乎曰納忠言樽財用此非嘉言罔伏予違女弼惡衣卑服之心乎以是修之於身而日新不已即二帝三王之德也以是達之於政而富有無外即二帝三王之治也故曰二帝三王之治本於道二帝三王之道本於心得其心則道與治固可得而言矣自堯舜以來至我高祖成祖列聖與皇上一也寧復别有藴奥耶我太祖嘗曰朕之爲君上畏天命下畏兆民兢兢業業不敢自逸成祖嘗曰朕每退朝默坐未嘗不思管束此心爲切要嗚乎二祖斯言與堯舜禹相授受成湯文武相傳心法果有二與皇上十二事首謹天戒而以收放心承之是即太祖上畏天命成祖管束此心之道也故能存此心即所以仰法二祖能法二祖即所以學二帝三王然則收放心一節非十二事之至要者與執事又欲經筵日講之暇類陳祖德爲皇上孜孜嚮學之助兹盛心也夫法古之與法祖道同而言易入何者近也傳言監先姬稱念祖謂是哉我祖宗列聖嘉謨懿行載在實録中未易殫述若令諸臣進講之暇日取數事所以合於二帝三王大經大法及與皇上十二事相符合者日陳於前其於皇上孜孜盛心誠未必無小補云昔在皇祖時有起居注即古左右史意也令濂同禕等執簡以從君舉必書觀示後嗣今皇上俞輔臣之請特復於二百年后懿哉盛舉也夫言動既紀於當時則懿美必昭於史册昔人謂史以天道奉其君可畏也觀聖政記與大明日曆所紀載日星并曜江河并流世世共睹矣顧聞之哲輔不以鋭始而遺保終之謨藎臣不以無虞而弛防漸之慮孟子有云學問之道無他求其放心而已矣矧人君一日二日萬幾若操持無要而欲驅耳目手足以從之必不勝矣恭惟我皇上召問平臺驩逾魚水則所謂親賢臣納忠言任賢能者舉之矣星變甚微不勝儆懼則謹天戒存敬畏收放心者舉之矣諭下一敕邪正較然則明賞罰遠嬖佞者舉之矣大官減膳織造中止則樽財用節飲食者舉之矣寢興有節游觀必戒則慎出入起居者舉之矣草茅之見芹曝之私猶欲爲聖學萬分一之助者則亦皇上所書十二事中求放心而已心存則虚虚則明心存則一一則誠誠則神常定而左右近習無隙可窺矣明則氣常澄而聲色玩好無間可入矣藥石之言弗絶于耳詩書之旨日繹于心學而純焉則安矣習而成焉則化矣審如是近之則二祖列聖遠之則二帝三王同一心法矣至德弘

懿振響來兹鴻烈丕休昭宣百代殿陛之際簪筆之臣且將摛詞掞藻追典紹謨書之史册載之金匱彪炳弘麗垂示罔極也不與聖政記日曆先後輝映哉此實愚生之所快睹而樂陳者也不識可聞之當宁用備矇誦之萬一否

第二問

朱夢賢

同考試官教諭王批（是作條答郊社分合甚悉至欲遵高皇帝合祀之制而二祖并配是能識仁孝之經者）

同考試官教諭李批（詳究制禮之本而末復惓惓於皇上純心格天非素懷忠藎者乎録之）

考試官教諭楊批（郊祀大典經生能悉之具見該贍之學）

考試官教諭劉批（博通典禮而崇論宏議尤足以發）

嘗聞知禮樂之情者能作識禮樂之文者能述作者之謂聖述者之謂明明聖者述作之謂也況郊社之禮乎孔子曰知其説者之於治天下也視諸掌故誦詩三百不足以一獻甚哉其義難知也方今聖上接千載之統建中和之極而報享之禮行焉廟堂執事諸臣必有能窺其指義者執事乃以問諸生豈以國家積德二百年縫掖中亦有可以興禮如魯兩生者乎請以臆對自古帝王受命而興曷嘗不兢兢所以事天乎封禪天地軒轅氏尚矣然而語不經見搢紳不道舜典有之肆類于上帝禋于六宗望于山川徧于群神夫舜受禪之始類上帝而不言后土則合祀可徵已迄乎成周則周官一書最稱詳備乃大宗伯掌邦禮以禋祀昊天上帝而不列地祇司服掌王之吉服祀上帝服大裘亦無所謂祭地祇之服獨宗伯作器有蒼璧黄琮之异色典瑞有四圭兩圭之异數亦猶書言牛二即并用之郊焉耳蒼姬氏以前所爲郊祀此其概也是故詩咏郊祀則曰昊天有成命傳述周禮則曰郊社所以事上帝至如大司樂圜丘方澤云云必欲順陰陽因高下從其類以求似矣然郊與社并自先正已辨其不然況其禮不載於宗伯而所論樂律自相剌繆竊意鄙儒之傅會乎且大元媪神見於漢郊祀歌又一証也豈得闇於大義猥云合祀起於新莽遂以爲不經者哉夫譬天地於人其猶父母耶詩頌多祭祀之樂也而曰昭考曰烈祖并不及於妣豈别有祀哉蓋統之矣故祀地于天不嫌于瀆統地于天不嫌于簡乃執事諄諄下詢而因及於配享意在斯乎意在斯乎愚嘗竊窺祖宗仁孝之心與其所以分合之故矣高皇帝稽式古先築壇爲南北郊其後又合而祀之覆以屋爲大祀殿歲上辛行禮而六宗山川群神各爲之壇蓋法虞昭肆類而監周兼明堂矣列聖循業率由兹典迨我肅皇帝復采禮臣之議以冬至祀

天夏至祀地二至之外復有孟春祈穀季秋大享歲凡四郊豈徒新典禮而明受命蓋以循司樂之文也然而仁孝之心後先一揆是以郊行於孝陵則陰祲旋消爰是有存心録以著天鑒郊行於世廟則甘露降瑞爰是有欽天記頌以存時保制之异同曷論焉雖然合祀肇于舜典大經也分祀始于司樂臆説也必欲損益將二者安從乎地分南北則從矣時分冬夏則從矣樂分陰陽律吕獨不之用此何以解焉故以合祀爲正者其説有四開歲而祭時之始也一屋而不壇神之妥也二六宗群祀擬諸禋祀占之遺也三君行師從歲惟一舉禮之節也四以分祀爲不可其説亦有四天地配合殊方則離一天尊無二并享則亢二夏社冬郊則先地於天三禮行頻數則勞費不貲四夫分祀之説如彼而合祀之説如此此當事者所以勤思復古而嘆息於庚寅之紛紛也昭陵之初朝議具在乃先帝獨罷祈穀大享而分祀隸舊其禮誠若有所待者至如配享則尤有難言矣周人郊以稷配明堂以文王配謂其功德之并茂也皇皇后帝皇祖后稷謂其尊之兼隆也國初配以仁祖後奉太祖成祖同配自嘉靖分祀遂罷成祖夫成祖功同開創配享百十有餘年一旦報罷揆之孔安是若之義似有未慊然者謂宜遵高皇帝制總於孟春上辛行之而二祖并配夫郊祀者所以報生成仁也配享者所以崇功德孝也備仁孝之德將在今日而裁禮樂之典亦將在今日雖然未循其本也夫觀心亭記非存心録之靈閟乎而曰返視却聽上契冲漠其心恒欽欽焉敬一箴非欽天記頌之要領乎而曰敬天勤民弗遑寧處其心恒肅肅焉夫人心與天地通故氣和則祥臻氣垂則异降在匹夫猶爾况乎天子參兩儀而子萬國哉苟有其心則雖夙夜之頃陟降之迹出王游衍之微民人網紀之煩可格之皇天可綏之多福何但一升中一絜牲之爲兢兢哉雅録假樂頌載我將昭心法也故善敬天者非飾虚之貴而惟純心之難此其本原所係蓋有不止於分合之間者主上恭默凝神惟加之意焉耳願執事轉聞之當宁或者格天之助云謹對

第三問

鄭維嶽

同考試官教諭王批（灼見文武合一品藻古今將才燁如懸鏡而胸中奇氣勃勃言而未試者得非子耶）

同考試官教諭沈批（論事類管樂摛詞若左馬尤不欲以兵見長必素有抱負者録之）

考試官教諭楊批（踔古絶塵）

考試官教諭劉批（閎博之才）

伏櫪而知千里者伯樂之能也韜匣而知龍淵者風胡之技也嚴穴而知才俊者觀人之哲也故成與其功敗嗤其拙此衆人之觀也未試而獨賞其能已挫而猶原其智此達人之觀也知此則可論人於出處成敗之外而抱才未試者亦可以自解矣執事策諸生而以兵略下詢豈亦以白面書生有習兵如昔賢者乎而愚非其人也然圍棋敗虜請纓繫越固操觚者之餘事也敢以未學爲解耶嘗聞儒者之道惟事禮樂詩書而羞言戰鬥然戡亂止戈必本於禮樂詩書故曰有文事必有武備蓋謂此矣請以古昔之事明之古者兵農未分而文武爲一大禹徂征而有苗來格周公東征則四國是皇逮其後也則吉甫征獫狁平方叔莅壯猶著皇父用徐方克其來舊矣聖門之教貴德而賤兵故農山之對回也以德則進之由也以兵則退之然夾谷之會以左右司馬却萊夷武備何嘗廢哉稷曲之戰冉有用矛入齊師夫子曰義也何則佳兵不祥之器雖在所諱若運謀慮以安國家執干戈以衛社稷固聖門之所與也自兵旅不出於田賦而文武始岐爲兩途分閫秉鉞之寄不責以禮樂詩書操觚搦管之士不任以擊刺批擣故推轂而鑿凶門者皆衣三屬挽兩石之夫儒生而謀軍旅則世必姍笑之夫道良將之事業於通儒之前譬猶一吷也保大定功安民和衆行一不義殺一不辜雖高爵重賞而有不爲非儒者能之乎執事謂有試之未盡者若諸葛亮負經濟之才而不能免街亭箕谷之敗蓋雖天下奇才而天則不欲混一耳亮非短於將略其所能者人不能者天也裴度著淮西之勛而不能討克融廷湊之逆蓋始則惟斷乃成而終則任用不專耳度非晚節浮沉前遇憲宗而後遇穆宗也范仲淹抱先憂後樂之志龍圖經略西賊膽喪然宣撫再任而西夏未靖史氏謂其更張無漸毋乃失之疏與虞允文懷慷慨許國之忠采石破虜功存社稷然受命興復而遲回蜀中史氏謂其往志未就毋乃枝止此與執事謂有言之而未試荀卿之論兵也本之以六術五權三至而行之以恭敬無壙用其言則通於神明之將有征無戰之兵也若賈誼憤匈奴嫚侮請試屬國施三表五餌不知中行説之教單于以勿貪漢物則誼近於疏矣然誼論分封之制策淮南之逆固通達國體者也其秘計固未嘗言之也蘇洵之作權書衡論幾策也有審敵御將心術法制有强弱攻守明間遠慮用其言誠治心養氣之將以静制動之兵也若陳亮憤女直悖逆上中興五論詣闕二書兵死地也而亮易言之則亦近於狂矣然其論立國之規痛積衰之漸誠志存經濟者也其雋才固未嘗試之也要之大賢莫若諸葛亮如裴如范如虞皆豪杰之選也通儒莫若荀卿如賈如蘇如陳皆不群之才也孔明有言成敗利鈍非臣所能逆睹則已試者固未可輕議也明允有言事有可以告人者

有告以其端而不可盡者則未試者亦未可盡測也若左丘明司馬遷平居議論不及軍旅固未嘗言之也而左氏叙城濮之戰則知晉之所以霸叙邲之戰則知楚之所以强吴之入楚也先於肄楚越之豢吴也終以沼吴若成陣以當之易行以誘之四萃於王族必大敗之先濟者知免後者慕之則蔑有鬥心彼竭我盈而後可勝彼驕我怒而後可克皆兵法也若右轅左蓐前茅慮無中權後勁先驅申驅貳廣大殿左啓右胠爲鸛爲鵝三覆七覆皆陣法也司馬子長載陳軫兩虎之喻非虎也兵也著孫臏三駟之法非馬也陣也述穰苴明號令則先戮寵幸之臣叙吴起布恩澤則拊循最下之卒惜李廣之不侯以爲數奇論驃騎之爲將以爲天幸王翦六十萬人伐荆而堅壁休沐此明於持重善於用衆者也偷合取容以圽身則譏之項籍以二十八騎困東城而分騎四出此明於分合善於用寡者也引天亡我爲不窘則詆之不空捲不搏撠田忌之所以救趙也如處女如脱兔田單之所以復齊也秦强趙弱則秦敝不可承漢業將成則六國不可立此紀載之大略也後之爲史者其紀成敗得失曾有一言之幾二子者乎亦有謀計終始分合權變較然可知者乎蓋鐘儀楚奏莊舄越吟此出於自然者也若楚人齊語則似之而非矣當其時左丘明稱爲好惡得正而已聖門不言戰伐其不以兵知固也乃武帝之於子長特以文史星曆遇之征伐大計未嘗與謀也後之良將惟雲長鵬舉獨好左氏兵法其它無聞焉知者不言言者不知世豈識之哉由今觀二氏之書論及謀計之生熟勝算之多寡則咨嗟嘆息不能已者遷之律書言世儒暗於大較猥云不當用兵已見其微矣方今天下有道守在四夷而執事欲求文武具備之材以爲有備無患之用其慮遠矣竊謂知人之法采其言則馬謖分閫矣選其貌則皮相可用矣取其勇則穿札不辱矣泥其地則九江皆神龜泗濱皆浮磬矣夫亦取之以機致之以意耳故聰能謀始而明不見機可以坐論而不可以處事聰能謀始明能見機而勇不能行可以循常而不可以慮變以此推之可也孫叔敖決水以灌雩婁而莊王知其可相樊佃召客日中不得食而潘濬知其可擒此以機求以意致者也苟能以機求以意致豈無知而言之如荀賈數子者乎知而不言如丘明二氏者乎又豈無見之行事如諸葛數公者乎何乏材之有哉雖然明刑者期於無刑習兵者期於弭兵故求有用者爲不用之地也若曰我善治賦我善即戎沾沾而求一逞焉是跳踉之賊儒也謬矣執事何取焉

第四問

洪啓采

同考試官教諭李批（昔賈生治安策恒嘆息於風俗其指深矣子之持

論剴切得無似之耶宜録以式）

同考試官教諭周批（風俗之敝惟禮可以已之子蓋達其本矣）

考試官教諭楊批（發揮古禮深得朱子之心）

考試官教諭劉批（指陳今古爛然有章）

夫俗之不同風習之所囿也俗之可同風教之所化也習之而成風焉雖豪杰之士莫能以振拔况民不隨風而靡乎教之而成風焉雖暴棄之民尚能以轉移况士不聞風而興乎是故禮者道德之具所以綱維世教整齊風俗而爲士民之軌也且有儒先爲之宗而有司者慎諸此則貞教以善俗夫何難之有哉今夫風俗本乎山川因乎政教自古記之而莫詳于應劭之言蓋以天氣有寒暖地形有險易水泉有美惡草木有剛柔而爲風含血之類禀之而生故言語謳歌异聲鼓舞動作殊形或直或邪或善或淫而俗成焉聖人作而均齊之咸歸于正聖人廢則還其本俗閩俗之本昉于職方而與裨海諸域同列其俗之龐雜可知也然其先世爲大禹苗裔之封故其俗尚儉而盡力於溝洫有禹之遺烈雖在聖王要荒之外未嘗不附麗于正至秦俗之盭而民不勝其敝無諸爲君長尚能去秦從漢卓立于海隅之間其後乃阻悍武帝徙之江淮則勾踐之風伯國之餘習也或謂其本俗則然是其所由來者遠矣太史公以閩中與南楚於越雜俗今閩之保界爲山海之國帶楚爲鄰者負山諸郡帶越爲鄰者沿海諸郡形勝雖控乎島夷與之風馬牛不相及其間謡俗不能盡同惟言楚越近之矣西北其地險隘其民逼仄然萃溪山之後秀爲儒先之闕里建備五方汀類中州延邵質直而絃誦相聞其俗之美于志可考也東南其地沃衍其民疏闊然鐘山海之靈爲冠帶之奥區福幾洙泗興富文物漳泉質朴而氣節相尚其俗之美于志可考也蓋晋永嘉江左衣冠多避而安於此故其晋安爲名唐薛令之登上第于神龍間其後李椅常衮皆以崇重學校爲意而歐陽詹輩出至宋渡而南則人物愈益彬彬矣故有朱子者西北與居東南與游閩國之儒一人是已其所□述甚博固六經之擯詔孔氏之宗臣也非閩之所謂國故者乎彼魯人之涉岱岳必先東山吴人之涉滄溟必先震澤其視法也近則其用力也專閩人之於朱子蓋亦類此耳觀其所著家禮自附孔子之從先進而通古今之宜雜以韓魏公司馬公程氏張氏高氏之言而列冠婚喪祭之目尤舉其要以爲通禮焉其於崇化道民之意不特小補云爾但其書未及再修而圖乃後人所贅即所自序亦言三代禮經其存于今者宫廬器服之制出入起居之節皆已不宜于世而少加損益于其間故門人楊復乃因而去取折衷之有不用疏家之説若深衣續衽鈎邊是也有因先儒舊議與經傳不同

若喪服辟領婦人不杖之類是也其祭始祖初祖而後不祭則朱子已然故雖變而通之亦宜況廣谷大川异制民生其間异俗三代不相襲禮而禮以時爲大者乎蓋善通其意即取二三策可也不善通其意祇爲聚訟之議耳今閩之人非朱子之説不稱況家禮頒之學宫本之朝廷公于天下閩之士民固家藏而户由之矣則其流風遺俗既猶有存而國家之盛薄海庶幾乎唐虞有宋彬彬不足道矣觀仲尼之徒多魯之君子而天下宗之以爲秉禮之國閩爲朱子之鄉人雖爲海内所宗可也昔禹貢揚州之田下下今也其賦上上史以楚越之地呰窳多貧江淮以南無千金之家今之稱素封者必歸之楚越江淮閩俗何以异此且去朱子將五百年適當化行俗美之期蓋月异而歳不同矣但賈誼太息于文帝劉垍讜言于貞觀其風俗非不美也而防微杜漸則然耳況自三代而下天子不采風諸侯不貢俗教化雖存徒爲文具民俗之日壞士風之日偷不獨閩爲然也若以家禮而律之秉禮之家尚世守之從俗而廢者多矣乃若冠婚喪祭尤禮之切要而用之邦國用之鄉人者也然或以俗沿或以臆創或以僭逾或以菲没蓋不免如文中子之所嘆也已嗟夫四者之禮廢則風俗亦不勝其敝矣故士無禮則不能反經民無禮則不知守法或選偄而易隨或猂强而難治至於奢僭好訟信有如志之所云者焉傳曰百里不同風千里不同俗此其大較也又曰上行下效謂之風衆心安定謂之俗此其大義也而其所以定士民之志者則莫先於復古之禮雖然禮不下庶人以惟君子能由之耳士者民之望也教化之所先也今之家异政國殊俗者由郡縣之吏咸以薄書期會爲急而博士之程式者不過記誦辭章之習也所以教士非其道矣故士務枝葉以投時好於家禮曾不寓目焉其何以使庶民家習而户曉之耶夫士修身齊家尚友天下爲志异日者出而任道德風俗之責將胥天下而同之而何有於鄉曲鷃鴳非族而化也蜾□非類而肖也士習既變則民風因之惟在司牧者慎其所以教士蓋群射者必示之正鵠不惟射者期之而觀者咸趨之矣士者民之正鵠也士而修身則可以使民保四體士而齊家則可以使民惇九族庚桑之畏壘子夏之西河其化行于鄉古之賢士皆然夫子觀于鄉而知王道之易易也況斯民直道而行不可復之于隆古哉

第五問

吴獻台

同考試官教授何批（兵食乃閩之急務據子條畫悉中機宜出而措注必有可觀者録之）

同考試官教諭王批（籌閩之策莫詳於此矣縫掖中得子非識時務者耶）

考試官教諭楊批（旨遠辭文洋洋乎晁董之對）

考試官教諭劉批（策可救時文能復古）

執事以兵事爲問愚生聞之亦屢矣况乎有司策多士無慮十餘年於此乎雖對者各殊總之患兵寡什一二患食寡什八九愚惟患寡之未能焉何者當戎事興嘗輕用土著無益而重責常賦不贍矣乃借鄰帑而調客戍焉客戍繁而食不繼未嘗不慮其疲鄰帑罄而兵不除未嘗不妨其匱故有弛其備以救乏而減其實以舒詘矣武備既弛則戎心易生軍實既減則戎務難支雖瘡痍樂其撫循未幾而瘡痍愈甚矣夫力疲不足以自强腹枵安能以待戰適長賊威而藉寇資信非完策而復不免于患寡矣食之寡者餽百里而或後往千里徵兵其費何如而足充濫募其誰曰食寡兵之寡者召百里而不前來千里而就食其勞何如而皆争應募其誰曰兵寡愚不患寡者非不知過計也以兵視敵計之審矣爲十人敵足當十人之食爲百人敵足當百人之食十百而不當一其食百皆冗矣兵精則食核食糜則兵疲也以當十與十不敵一比之歲可餘十人之食即倍與當十者而其餘不下百金以當百者與百不敵一比之歲可餘百人之食即倍與當百者而其餘不下千金是兵外有食而食外有兵也今即當一可矣二三而當一其食不爲冗四五而當一其食不甚冗凡謂冗者蓋六七之間矣非孫武爲監安能三鼓而婦人用命非淮陰爲陣安能一驅而市人用戰婦人豈常爲我命是冗兵不可緩蓄也市人豈常爲我戰是冗兵不可急恃也昔閩土兵其浙之客兵而冗者乎浙先藉于閩嘗爲閩所苦幸而得名將搜其良家子既保境内完且以爲鄰援自是浙兵而居閩爲軍鋒矣乃閩封人視其兵猶昔何异於闔廬之宫皆以之爲孫武之師泜上之衆亦以之爲淮陰之士也耶夫當凶危之任赴列國之難不力脱而賂充豈商君之法令而勇於公戰乎有隊衆入則釃酒有隊長更則醵金材官而上角觗以戲矣褊裨而上擊牛以享矣豈李牧之賞賜而願於一戰乎自隊致之率曰禮而非我漁也自率索之隊曰例而非彼獵也豈吴起之撫養而與分甘苦乎浙兵浙將其所宜然非浙兵未有謀屬其將非浙將乃有謀握其兵豈廉頗之在楚而思趙人以爲用乎异日來者而命之水曰我不能今水勇往而率先登矣豈路衛尉之兼伏波岑征南之善水戰乎儻其部署而非則兵何樂於此蓋昔之利不如兹矣初越境蹈死地而求副所望故輕以身試法後如枕席過師不試而望過矣初尺籍而來尚不憚于寇敓去如飄風不可勝誅後未嘗籍亦不懼誅而必去矣昔以閩人怯乃舍而用我我虎則彼鼠每自負而群噪後不待群自怯者亦能矣初之一至再至者皆稛載而爲屋邑豪後之游食烏合非閩無所之

矣初未以閩爲家往返道路良苦後徉去而潛住及至期則應召且有旅食而經年以待募矣彼利則此害而其害難言言其不賴之于昔悖也言其必賴之于今舛也蓋初賴之者其練之有年矣次賴之者其簡之可用矣今也不承權輿有司但知昔功最高而不知今兵鮮練也若此者固宜罷而未罷者何怵于勢之或變也爲浙兵猝去恐有變而莫支豈知閩兵而可以應變乎曩者會勦皆奉檄而應矣若此者固宜募而未募者何惑于需之未備也爲浙兵弗去恐多備而莫支豈知閩兵而有以自備乎邇者防汛皆裹糧而備矣乃有司不領此故不以冗視浙而不能以堅决惟以乏視閩而不能以堅持謂濟乏則費煩而兼募則術窮耳愚不患寡者非不知省費也浙兵既寡閩不爲不多矣蓋聚兵之術在積食食之積者兵不呼而自集節食之要在練兵兵之練者食不縮而自約所謂練兵練土著也所謂積食積常賦也蓋常賦何在在土著而已矣埠寨有衛所之丁三班更戍加以糧食固有常賦□機弓爲州縣之卒二分日給謂之工食□有常賦也衛所正旅雖多逃亡而羡丁補之亦足以相當州縣舊隊雖近折抽而原額還之亦可以爲用合而計之昔有十餘萬矣今賊之劇者實不過萬餘水陸之兵簡而倍之列於水者衛所自有萬餘焉列於陸者州縣自有萬餘焉無供億之費有屯聚之衆惟能練之則食斯節矣食節而其餘者可用兵練而其餘者可去在賢有司加之意而已敕司戎者以簡衛所革其占役非人不充焉則冗者去而衛所之食充矣敕司牧者以簡州縣革其厮役非人不充焉則冗者去而州縣之食充矣乃擇將而練之其餉必以時給吾見養軍之儲自有國以來爲然而機弓之直法雖屢改然民出丁産以償之固習爲常而安之矣蓋有事吾兵固皆仰食於上無事吾兵而多自食其力視糜於千里之外而坐失便宜何如哉今夫召鄰舍而禦侮謝之而不以爲德命家人而赴鬥殺之其能以爲怨乎故或敢侮予則藉鄰之力養鄰以待侮吾未之多見矣蓋或有之以日以月焉耳歲食于我必吾人而賴之者多不但赴鬥而食所不免耳减主人而食客卒歲至于數歲者非教子弟而可使知方則植田疇而可以有穀者也若客復冗則財恒詘客久則弊生其何賴千客故清其冗食而冗兵銷矣土兵其餉不可缺客兵其餉以爲贏而佐幕府雖調度孔多惟兵有養則調度過半矣雖然此特爲閩异日計耳自有海寇以來閩中報捷者孰非浙兵之力耶即今海波暫寧而鄰警叵測終歲拮据猶恐不及其可一日不設備乎土兵未練客兵可遽散乎然浙兵多去故土而田廬荒蕪繇賦銷耗蓋亦有隱憂焉浙亦未爲得也邇者幕府參用主客之兵而特設踐更之法則海上倉卒之警足支而閩中土著之兵日練土兵漸精則客兵可以復業而閩餉

可漸減矣昔班超善兵言固平平無奇劉晏斂不及民而用度足第五琦人不益賦而國用豐此善佐軍興而得盈虚之宜者也愚謂冗之則虚去之則實矣然此不過竪儒之常談耳惟主計者采而籌焉

福建鄉試録後序

萬曆四年秋八月福建鄉試竣事撤棘宴見諸生洲不佞惟諸生遭被甚幸即且偕計吏詣公車引問闕當世之務或通籍受事以展采暢德導贊乎休明庶在兹乎庶在兹乎今上英睿孳孳問學日御講筵番命儒臣紬析經誼其考古美失必徵諸事有以當之乃今月幸太學召先師孔子暨顔回曾參孟軻子孫乘傳至京師從敕有司命掌故討章物釋奠陳經諸六館之士及公卿大夫若士之子弟環橋門而觀聽者如堵墻四方郡國吏士莫不忻忻延頸舉踵側聽於萬里之外會大比各舉所部士以名聞於休哉聖人御寓爰有同德不貳心之臣以左右至寧故靈澍專濩貞□四塞寓縣之内懷生之倫滋液昭晳無不得意閩地雖遼遠職在南服作貢順紀海若山靈灝溔崀嵬蒙德遵業齊一中土子大夫其先文業道術號故鄒魯被服蒸蒸以逮于兹諸生漸浥其教應受明時獲闚日月之末光儻亦有意乎其何讓與易曰雲從龍風從虎聖人作而萬物睹聲應氣求所從來矣周之王者興賢勸學具在周禮厥有辟雍羅以庠序棫樸菁之鹿鳴饗之捉髮下之周道郅隆多士濟濟則其應也漢興三世天子嚮文學閔秦紬學士經術湮鬱始因博士補弟子員謹察可者詣太常籍奏异等以文學禮義爲官遷請著功令於是齊魯諸儒占門授業逸書稍集六籍復興建元之世文學爛焉迄乎東都敦循經術稽式禮文臨雍質難石渠稱決撟選高能博存衆家以通其業□諸儒彬彬經學大顯名賢□臻迨乎季世藝文深□□□西漢學士宗之不獨其行業茂也故曰物有必至時有固然雷動而蟄應鳳翔而鳥附士遭時遇主而不能應上意豈不遜蟄羽哉今明主躬堯舜之資履文武之孝纘祖宗之緒綜繹巨章修舉闊躓比年以來詔令屢下誠思得經明行修言行不悖者而用之固士蟄應羽附之日也此必不令失時矣吾觀諸生所爲文盡雅馴能各述其業不盭於指徒欲得行業不悖所聞耳夫修身體道匡主流德調一海内之術經籍具矣經明博以群籍鏡于古人天下事可總而貫否者即士所號明經謬於古人背上指耳夫勤思并包上所謨也忠信鴻智國所托也嵬伐尊行士所操也寧直令委瑣拘墨誦師説而已

哉惟諸生自愛幸不詘所聞否者則無使人塗蔵經術者乎而諸生豈爲是何詹詹者吾聞魯鄭邑氏之賢女嫁其母醮而命之已出門結其帨申之誡女謹聽之夫醮誡固不以賢女廢也

直隸蘇州府嘉定縣儒學教諭楊洲謹序

萬曆七年福建鄉試録

福建鄉試録序

萬曆己卯秋八月天下當論士于鄉御史敖鯤奉上命按福建得監臨簾內外事簾以內以所禮聘棕暨教諭丘龍雲司考試張榆熊汝諧陳時進蔣自亮張邦燮周相成張承禮訓導李遠蘇良輔經仁謙同試事簾以外則左布政使沈人种右布政使吴文佳司提調按察使蔡汝賢副使姚體信司監試它百職事咸慎簡以充届期御史齋祓祗誤明命而昭告之儼焉若臨百職事歙然肅慮就列已乃進提學僉事趙參魯及署提學事僉事鄭宗學先後所遴士二千七百有奇三試拔俊者九十籍奏之棕以故事宜序首簡棕竊聞諸搢紳學士譚者僉曰閩海濱鄒魯云夫鄒魯帶甲之雄不敵齊楚阨塞之險不逾秦晋譚者率稱鄒魯鄒魯則以孔孟之故矣乃閩故南徼之裔疆也周職方列諸荒服而玆得與鄒魯齒何昉也粵自楊中立氏北學洛下與聞孔孟之道載之以南嗣是仲素愿中承傳以及考亭益闡而恢張之於是建溪鐔浦之間述孔業者雲蒸響臻宛然斷斷之遺風矣然諸儒資不逢世維時譚者即欲躋閩於鄒魯世不盡然也惟我明興稽古定制一以經術論士罷詘百家言學庸語孟易詩顓主朱氏說尚書主蔡氏說春秋主胡氏說著爲功令敷天之下治博士業者不得异學列聖相承迪之爲憲即上黼座之前儒臣之所陳啓下寓縣之內章縫之所呫嗶壹閩産儒先所述也由斯以譚閩學之盛第之鄒魯不虚哉夫濱産者善没巖棲者易險習故也諸人士生長玆邦承服師說而漸靡之者習矣玆締觀其文率根理要中繩幅蔚然不詭於訓故有以也雖然諸儒之學雖不偶於時而顧大顯于熙朝章章若斯者非獨其博綜之勤著述之富已也夷考其履實亦志孔孟之道矣夫孔孟之道具在六籍其要指歸於求仁仁者人之所以人而天下民物所爲同體者也漢唐以降臻玆理者蓋尠洛下倡明斯旨惟中立獨契其微承傳者諸所詣不知奚若大都暗然褆修處則刻厲堅苦出則忠誠勤恤所謂力行近仁者非耶木難沉淵雖閟終媚瑶瑫韞谷輝卒未掩諸儒之學大顯于今日理有固然惜往矣未獲躬逢之也而多士束髮受書第通其緒論無失即得登等籍名太常行駸駸嚮用焉視諸儒當時所遇何

如哉夫諸儒躬其道未躬其遇多士躬其遇矣如不躬其道而徒剿其緒餘以梯榮進是閫以諸儒重而多士不能以閫重耻也而多士承澤仰流孔孟之道兹益大顯明何論諸儒由今以往且有民物之寄矣誠即國故所述上泝鄒魯之源反求而得其本心則不爲不欲推之猶饑猶溺若撻若溝亦自不容已已是心也命之曰仁六經載籍雖博總之教人求是耳士誠志是則躬且不有它何知焉斯之謂一德不貳否則卑卑者亡論即矯然崇論閎議玄致峻標爲名高耳謂民物何故術不可不慎也國家掄士爲民物計其制一以經術意蓋如此子多士重念哉重念哉毋曰此吾鄉耳熟語也語曰非苟知之實允蹈之棕謹執是爲久要云是役也提督右僉都御史耿定向飭武敷文章縫爲憲提督南贛右僉都御史蒙詔風教夙孚紓猷遐漸鎮守總兵官呼良朋綏疆重士而左給事中蕭崇業行人謝杰弭節右文以協贊則右參政佘立左參議鄭汝璧右參議聶廷璧副使喬懋敬吴孔性僉事李樂彭應時張對以防衛則副總兵官侯繼高郭堅署都指揮同知梅應魁署都指揮僉事劉大勛吴憲秦經國方伯以入賀則左參政王元敬副使歐希稷署都指揮僉事萬達甫王有麟先事揆度均有勞焉例得并書

湖廣黄州府麻城縣儒學教諭姚棕謹序

萬曆七年福建鄉試

監臨官

巡按福建監察御史敖鯤（化甫江西新喻縣人　戊辰進士）

提調官

福建等處承宣布政使司左布政使沈人种（時雍直隸嘉定縣人　己未進士）

福建等處承宣布政使司右布政使吴文佳（士望湖廣景陵縣人　乙丑進士）

監試官

福建等處提刑按察司按察使蔡汝賢（用卿直隸華亭縣人　戊辰進士）

福建等處提刑按察司副使姚體信（汝中浙江平湖縣人　丙辰進士）

考試官

湖廣黄州府麻城縣儒學教諭姚棕（文懋浙江慈谿縣人　甲子貢士）

河南汝寧府信陽州羅山縣儒學教諭丘龍雲（從之湖廣麻城縣人

辛酉貢士）

同考試官

湖廣永州府零陵縣儒學教諭張榆（惟喬廣東番禺縣人　癸酉貢士）

山東濟南府齊河縣儒學教諭熊汝諧（俞卿湖廣崇陽縣人　辛酉貢士）

湖廣長沙府湘鄉縣儒學教諭陳時進（希禮廣東海陽縣人　庚午貢士）

浙江處州府景寧縣儒學教諭蔣自亮（執甫廣西全州人　丁卯貢士）

廣西梧州府容縣儒學教諭張邦燮（允和廣東東莞縣人　戊午貢士）

廣東廣州府東莞縣儒學教諭周相成（元忠廣西臨桂縣人　庚午貢士）

山東青州府莒州日照縣儒學教諭張承禮（子立河南鄭州人　壬子貢士）

廣東瓊州府儋州儒學訓導李遠（允致廣東歸善縣人　甲子貢士）

浙江湖州府德清縣儒學訓導蘇良輔（公亮廣東南海縣人　庚午貢士）

廣東惠州府歸善縣儒學訓導經仁謙（益夫廣西全州人　庚午貢士）

印卷官

福建等處承宣布政使司經歷司都事林子道（大本直隸青陽縣人　吏員）

福建等處提刑按察司經歷司經歷郭汝梧（時鳴江西永豐縣人　儒士）

收掌試卷官

福建都轉運鹽使司運使杜思（子睿浙江鄞縣人　丙辰進士）

福州府知府潘頤龍（雲從浙江錢塘縣人　乙丑進士）

興化府知府陸通霄（沖甫湖廣江夏縣人　辛酉貢士）

泉州府知府丘浙（子東江西南城縣人　乙丑進士）

延平府知府管大勳（世臣浙江鄞縣人　乙丑進士）

汀州府知府季膺（元服直隸華亭縣人　乙丑進士）

漳州府同知朱一松（應秀直隸寧國縣人　乙丑進士）

泉州府推官習孔教（時甫江西廬陵縣人　戊辰進士）

受卷官

漳州府知府曹銑（子良直隸華亭縣人　戊辰進士）

邵武府知府岳鍾英（子發湖廣江陵縣人　壬子貢士）

汀州府同知徐得禎（興伯直隸丹徒縣人　戊午貢士）

福建都轉運鹽使司判官蔡文範（伯華江西新昌縣人　戊辰進士）

福州府推官謝廷寀（思敬江西金谿縣人　辛未進士）

漳州府推官丁此吕（右武江西新建縣人　丁丑進士）
建寧府推官阮子孝（伯慕浙江於潛縣人　甲戌進士）

彌封官

邵武府同知蔣煇（子德廣西全州人　辛酉貢士）
延平府通判張程（以孚江西安福縣人　辛未進士）
汀州府推官金俸（原功浙江錢塘縣人　乙卯貢士）
福寧州知州羅文靖（以獻江西南昌縣人　丙午貢士）
福州府閩縣知縣黄門（道登直隸常熟縣人　甲戌進士）
泉州府惠安縣知縣劉弘道（志甫直隸吴縣人　甲戌進士）
漳州府龍溪縣知縣范鳴謙（貞夫直隸江陰縣人　辛未進士）
建寧府崇安縣知縣鍾鋭（思久浙江錢塘縣人　乙卯貢士）

謄録官

福州府同知盧中（伯和浙江餘姚縣人　甲子貢士）
興化府推官馬伯瞻（良叔浙江秀水縣籍直隸崑山縣人　戊午貢士）
福州府侯官縣知縣董子行（明卿浙江嵊縣人　丁丑進士）
福州府懷安縣知縣蔡雄元（彦沖廣東揭陽縣人　乙卯貢士）
興化府莆田縣知縣葉承遇（思章浙江永嘉縣人　丁丑進士）
建寧府甌寧縣知縣曾士彦（從之四川瀘州人　甲戌進士）
建寧府建陽縣知縣朱貞泰（一甫直隸華亭縣人　戊午貢士）
汀州府武平縣知縣何鳳起（文興湖廣蘄水縣人　甲戌進士）

對讀官

泉州府同知陸一鳳（子韶直隸常熟縣人　壬子貢士）
延平府推官姚一新（文又浙江慈谿縣人　辛酉貢士）
泉州府晋江縣知縣梁必强（柔可廣東瓊山縣人　甲戌進士）
泉州府南安縣知縣尹貞度（憲夫浙江龍游縣人　甲子貢士）
漳州府漳浦縣知縣朱廷益（汝虞浙江嘉興縣籍嘉善縣人　丁丑進士）
漳州府海澄縣知縣周祚（以廷湖廣蘄州人　戊午貢士）
汀州府寧化縣知縣何沅（仲仁江西廣昌縣人　己酉貢士）
福寧州寧德縣知縣鄺彭齡（幼玄廣東南海縣人　辛未進士）

巡綽官

福州左衛指揮僉事計棉（廷用直隸和州人）
福州右衛署指揮僉事徐欽（以敬山東汶上縣人　丁丑武進士）

延平衛指揮僉事王學敬（宗文直隸廬龍縣人）
建寧右衛指揮使張應基（君肇直隸合肥縣人）
福州左衛鎮撫瞿世澤（承恩湖廣崇陽縣人）
建寧左衛左千户所正千户金應龍（雲輔直隸全椒縣人）

搜檢官

福州右衛都指揮同知朱正色（立朝直隸海州人）
福州中衛指揮僉事王元璧（君信直隸合肥縣人）
延平衛指揮僉事張瓊（汝珍福建長汀縣人）
建寧左衛指揮僉事黄河（一清直隸江陰縣人）

供給官

福建都轉運鹽使司同知盧致（道卿浙江縉雲縣人　官生）
福建市舶提舉司提舉胡嗣敬（翼甫直隸華亭縣人　官生）
福州府通判鄭敦復（一陽廣東萬州人　選貢）
福建等處承宣布政使司理問所理問章弘孝（子忠浙江會稽縣人　監生）
福建等處承宣布政使司照磨所照磨何弘（汝容江西臨川縣人　吏員）
福建等處提刑按察司照磨所照磨賈奎（子宿浙江仁和縣人　知印）
福建都指揮使司斷事司斷事王應麟（世瑞直隸儀真縣人　監生）
泉州府永春縣知縣梁道凝（子正湖廣鄖西縣人　恩貢）
漳州府南靖縣知縣朱衮（文龍江西德化縣人　辛酉貢士）
漳州府漳平縣知縣朱世盛（季賢江西德化縣人　戊午貢士）
福建都轉運鹽使司經歷司經歷陳用賓（升甫浙江臨海縣人　監生）
福州府經歷司經歷章其蘊（汝發直隸績溪縣人　恩貢）
福州府經歷司知事謝尚寧（子一湖廣澧州人　知印）
福州中衛經歷司經歷譚杞（允直江西南豐縣人　吏員）
興化府照磨所檢校熊汝鼎（士器江西新昌縣人　儒士）
延平府經歷司經歷周時清（世熙江西玉山縣人　吏員）
福州府閩縣縣丞陳邦靖（安卿湖廣夷陵州人　監生）
福州府侯官縣縣丞林元龍（大化廣東海豐縣人　恩貢）
福州府連江縣縣丞金岩隆（德治直隸休寧縣人　吏員）
延平府順昌縣縣丞黄一科（朝登浙江餘姚縣人　吏員）
福州府古田縣主簿徐應召（時鳴江西上饒縣人　監生）

福建市舶提舉司吏目陳應時（習之浙江錢塘縣人　知印）
福州府侯官縣典史李憲經（國傳廣東保昌縣人　吏員）
福州府懷安縣典史陳桐（思鳳廣東海陽縣人　吏員）
興化府仙遊縣典史朱文盛（用化浙江遂昌縣人　吏員）
延平府沙縣典史孔聞仁（知任江西臨川縣人　吏員）
福州府三山驛驛丞盧應機（逢伯廣東東莞縣人　承差）

第一場

四書

素以爲絢兮何謂也子曰繪事後素曰禮後乎子曰起予者商也始可與言詩已矣　浩浩其天　孟子曰鷄鳴而起孳孳爲善者舜之徒也

易

知至至之可與幾也　六四井甃无咎象曰井甃无咎修井也九五井洌寒泉食象曰寒泉之食中正也上六井收勿幕有孚元吉象曰元吉在上大成也　安土敦乎仁故能愛　兑正秋也

書

禹曰都帝愼乃在位帝曰俞禹曰安汝止惟幾惟康其弼直　若綱在綱有條而不紊曰王省惟歲卿士惟月師尹惟日歲月日時無易百穀用成乂用明俊民用章家用平康　世篤忠貞服勞王家

詩

三之日于耜四之日舉趾同我婦子饁彼南畝田畯至喜七月流火九月授衣春日載陽有鳴倉庚女執懿筐遵彼微行爰求柔桑春日遲遲采蘩祁祁樂只君子天子葵之　思齊大任文王之母思媚周姜京室之婦大姒嗣徽音則百斯男　至于海邦淮夷蠻貊及彼南夷莫不率從莫不敢不諾

春秋

秋宋人齊人邾人伐郳（莊公十有五年）秋公會宋人齊人伐徐（莊公二十有六年）公會齊人宋人救鄭（莊公二十有八年）齊人救邢（閔公元年）　春晋侯侵曹晋侯伐衛（僖公二十有八年）　楚公子嬰齊帥師伐莒（成公九年）秋楚公子壬夫帥師侵宋（襄公元年）齊人歸讙及闡（哀公八年）

禮記

禹湯文武成王周公由此其選也　灌以圭璋用玉氣也　故商者五帝之遺聲也商人識之故謂之商齊者三代之遺聲也齊人識之故謂之齊　天子修男教父道也

第二場

論

養心莫善於寡欲

詔誥表（内科一道）

擬漢議可以佐百姓者詔（後元年）　擬唐以房玄齡爲傅誥（貞觀十七年）　擬輔臣奉旨撰進雍肅殿箴命書御屏賀表

判語（五條）

漏用鈔印　收支留難　禁止迎送　優恤軍屬　冒破物料

第三場

策（五道）

問　仲尼述文武之政不啻備矣乃其明要在修身取人故志古所以自鏡也顯賢所以自輔也至如陳鑒鑒書屏義則何居蒼姬氏以前尚矣願治之主不世出而忠謀嘉猷之士亦堇堇有聞或千秋金鑒或龜鑒精義或兵鑒或内治聖鑒或藝祖憲鑒均之書以鑒名者或疏刺史或記吉州守或識潁州理或書從臣所舉監司或揭監司帥臣郡守均之官以屏紀者此與修身取人之道果得其要領否歟我皇上天縱神聖倚任耆碩相與孜孜治理帝鑒有圖官名有屏薄海内外亦既能纚纚楊其盛矣爾多士試即今故證嚮之何如夫禔身有實而儀監爲文官人有經而辨名爲迹伏睹皇上謹天戒數語暨面諭廉能顥乎肫肫燀然赫矣爾多士信能窺仲尼之指陳文武之道可以有補於聖明是所願轉聞者也

問　孔孟設教曷嘗不諄諄於求仁哉孔子多説體孟子多説用儒先有是言矣濂溪氏衍絶緒以授二程其所論仁果於孔孟之旨合乎程門英才林立顧寔能識仁者未易多得或以惻隱自然言仁或以生意言仁或以公言仁庶幾哉識仁者乎乃道南之許獨有所屬豈其契悟爲獨深與溯厥流派若羅若李咸有發越至紫陽氏出作仁説圖以明其意而訓仁六字真氏謂前人所

未發者也多士亦能詳権否自宋以來稱學曰濂洛關閩由斯以譚閩尤章灼長遠矣夫道在天下苟無與立則無與明故意閩學其涵養操修自有逴异者與不然何師友淵源所漸獨能廷孔孟之統垂訓至今也多士居恒誦法聖賢稱引仁義况爾鄉先喆其必有得於尚論之素者試著於篇吾將以觀志焉

問　諭書名以同俗定音律以和聲王者所以考文而正樂也書契作而天粟零律吕制而祥鳳鳴制作關造化宜乎世爲天下法矣慨自坑焚恣害挾偶煩刑古法蕩滅是可嘆也考諸周官四史掌記時事典同掌辨度數法固詳且備也故仲尼因魯史以修春秋筆削加焉歸魯正樂雅頌各得其所蓋有明徵矣世疑彤管非筆謂黄鐘最清者何所考據與筆説筆經作於何人新書全書詳於誰氏果得其源委否歟篆隸變於斯邈分隸勒於碑典晋帖唐碑遂多譌謬四聲拘於江左輕重异于南北秦隴梁益取韻尤遠點書聲音久矣其失辨也兹欲正楷隸之譌以復古法諧律吕之音以定元聲抑何取裁焉洪惟我聖祖命儒臣製洪武正韻頒示中外諭禮部製宴饗樂章被之管弦列聖相承悉遵用之可謂書同文矣律和聲矣乃議者或謂樂經殘缺而雅律未盡諧俗隸舛謬而書名未盡諭則同文正樂之化實有待于今日諸士必有精于字學明於音律者矣幸詳言之毋曰俟君子

問　書曰政貴有恒辭尚體要又曰禄之家鮮克由禮此古今語好尚論風化者必稽焉閩自唐常衮設鄉校使學者爲文章習俗一變迨宋休明齒爲上國等于於鄒魯我國家二百年來賢哲奮庸斌斌濟濟迄今逾盛或謂文盛于前士習則不逮往昔然與否與歷考志傳所載自楊文敏而下以功業文章顯者不暇具論如蔡清周瑛之理學黄鞏黄仲昭之氣節陳茂烈之篤行陳真晟之恬退之數公者巋然多士之表也邇來習尚得無有盭于前哲者乎説者謂崇儉素厘文體修實行正心術爲閩士所宜先抑果然乎我皇上鋭意復古期得真材屢廑詔旨夫謹好尚以作士一道德以同俗正今日所亟圖也轉移興起之機安在多士試究言之以觀所尚

問　閩往被海患比來稍攝然矣第閩廣舳艫相接廣寇未靖閩未可安枕也夫廣海島嶼延袤逋寇蕩平非易乃閩不過南澳彭湖湄洲海壇爾當事者猶獨慮彭湖之難處何以故也或議攻或議守或議塞斯亦有足采否大抵海防所患莫大於勾引接濟故番舶雖開而日本之禁猶嚴焉頃朝議下兩省申禁蓋其慮遠矣論者猶患事權之難一何歟夫爲弭盜計非剿即撫而其要在練兵練土去客則人人能譚矣然未聞有顯臻厥效者豈練之非其道抑將之非其人與昔人有言無事而先憂有事而不懼兹欲爲閩桑土計安出爾多

士岳岳懷當世慮矧鄉國乎其審畫而對毋剿陳説

中式舉人九十名

第一名　陳文選　惠安縣學附學生　詩
第二名　龔廷賓　泉州府學附學生　易
第三名　宋獻瑞　興化府學附學生　書
第四名　王命袞　晋江縣學附學生　春秋
第五名　黎時中　漳州府學生　禮記
第六名　許文俊　漳州府學附學生　詩
第七名　黄國鼎　晋江縣學附學生　易
第八名　余雲標　莆田縣學附學生　書
第九名　黄烺　永春縣學增廣生　易
第十名　游廷栢　福州府學附學生　詩
第十一名　陳焻　建寧府學生　春秋
第十二名　陳名　彰　福清縣學生　詩
第十三名　蔡用明　同安縣學附學生　易
第十四名　陳其志　興化府學附學生　書
第十五名　洪宗堯　南安縣學附學生　易
第十六名　黄大任　侯官縣學生　詩
第十七名　張宇薦　南安縣學附學生　易
第十八名　朱東魯　甌寧縣學生　詩
第十九名　陳鳴熙　晋江縣儒士　禮記
第二十名　吴志魯　福州府學增廣生　詩
第二十一名　王明嶅　泉州府學附學生　易
第二十二名　張允棻　晋江縣儒士　書
第二十三名　林道楠　平海衛學附學生　詩
第二十四名　劉良春　泉州府學附學生　易
第二十五名　葉向高　福清縣學附學生　詩
第二十六名　蔡元旦　莆田縣學附學生　書
第二十七名　韋國賢　泉州府學附學生　易

第二十八名　李廷英　興化府學生　書
第二十九名　董廷欽　閩縣學附學生　詩
第三十名　王同休　泉州府學附學生　易
第三十一名　金時舒　晋江縣儒士　詩
第三十二名　任才欽　泉州府學附學生　書
第三十三名　黄文炳　龍溪縣學附學生　易
第三十四名　陳錦　漳浦縣學附學生　詩
第三十五名　陳熓　建寧府學生　春秋
第三十六名　徐孔仁　漳州府學生　詩
第三十七名　林堯俞　興化府學附學生　書
第三十八名　張錫　同安縣學附学生　易
第三十九名　吴洪績　興化府學附學生　詩
第四十名　許暹　漳州府學附學生　易
第四十一名　盧居安　惠安縣學增廣生　詩
第四十二名　魏雲璜　莆田縣學附學生　書
第四十三名　蘇大襟　漳州府學附學生　易
第四十四名　盧貫　永定縣學生　禮記
第四十五名　傅道統　泉州府學附學生　詩
第四十六名　朱家相　福州府學附學生　易
第四十七名　李英材　泉州府學附學生　書
第四十八名　甘世禎　福州府學附學生　詩
第四十九名　朱士佳　泉州府學附學生　易
第五十名　方懋學　福清縣學附學生　詩
第五十一名　謝望儼　晋江縣學附學生　春秋
第五十二名　楊偉　晋江縣學生　書
第五十三名　张應詔　建寧府學生　易
第五十四名　林士旂　漳浦縣學附學生　詩
第五十五名　劉期梅　海澄縣學附學生　易
第五十六名　吴宗熹　南靖縣學附學生　詩
第五十七名　方洓　莆田縣學附學生　書
第五十八名　李希白　漳浦縣儒士　禮記
第五十九名　許應觀　晋江縣學附學生　易

第六十名　丘汝材　漳浦縣學生　詩
第六十一名　洪邦政　南安縣學生　易
第六十二名　林大享　南平縣學生　書
第六十三名　張廷相　同安縣學附學生　易
第六十四名　黄鳴廷　興化府學附這生　詩
第六十五名　王之詔　泉州府學附學生　易
第六十六名　鄭士奎　閩縣學附學生　春秋
第六十七名　李仕觀　安溪縣學生　書
第六十八名　柯茂竹　興化府學生　詩
第六十九名　蔡宗周　龍溪縣學生　易
第七十名　陳鍾琄　惠安縣學生　詩
第七十一名　楊啓新　泉州府學附學生　易
第七十二名　林應漢　安溪縣學增廣生　書
第七十三名　黄國賢　晋江縣學附學生　詩
第七十四名　鄧鏕　泉州府學附學生　禮記
第七十五名　黄大賓　晋江縣學附學生　易
第七十六名　宋廷舉　長樂縣學生　詩
第七十七名　蔡淮　晋江縣學附學生　書
第七十八名　王道顯　同安縣學生　易
第七十九名　傅賓鳳　泉州府學附學生　詩
第八十名　伍鳳章　晋江縣學附學生　易
第八十一名　林雨化　安溪縣學生　春秋
第八十二名　林翰英　興化府學附學生　書
第八十三名　林國相　福州府學附學生　詩
第八十四名　許應玄　泉州府學附學生　易
第八十五名　吴啓泰　漳浦縣學增廣生　詩
第八十六名　陳昇　晋江縣學生　易
第八十七名　徐博卿　南安縣學增廣生　書
第八十八名　蔡彭　泉州府學生　禮記
第八十九名　林有初　漳浦縣學附學生　詩
第九十名　翁正春　侯官縣學附學生　易

第一場

四書

素以爲絢兮何謂也子曰繪事後素曰禮後乎子曰起予者商也始可與言詩已矣

陳文選

同考试官训导蘇批（刊落鉛華歸于雅馴復古之文也）

同考試官訓導李批（首義作者往往以繪事禮後平對殊失輕重此作獨得題意而詞復簡確宜録以式）

考試官教諭丘批（峻潔渾成）

考試官教諭姚批（崇雅黜浮宜冠多士）

聖人與賢者論詩因其善悟而與之也夫詩非善悟者難與言也賢者禮後之悟深於詩矣夫子與之也固宜且夫詩之爲教其詞婉其理該非以意悟者不能達也故夫子嘗雅言之而可與之言者鮮矣詩詞有曰素以爲絢兮子夏始疑而問焉亦徒以其詞而未會其意也夫子曉之以爲素非絢也先繪事以立其質繪尚飾也後素工以昭其文是即素以爲絢之謂也商於是有悟而復於夫子曰繪事既後矣然則禮以嘉會固天下之至文也而非其所自始也意者禮不虚行必先有以敦天下之朴也而禮其爲之後乎不然何繪事之後於素也抑亦詩人之言有未盡耶夫子從而與之曰予方論詩而商也悟學斯其爲起予者乎自是而與之言詩精神心術與詩通焉凡詞近而托意於遠者可與達也性情物理與詩會焉凡詞顯而寓意於微者可與幾也吾非商之與言而誰與哉吁詩必善悟如商而後可與言也信乎詩之難言也抑夫子之與商不獨以詩也周文之敝禮眩本末而日用不知矣故禮云禮云之嘆欲人緣末以求本也商也知禮之後則亦知禮之本矣使人皆知禮如商也先進其可復乎是則夫子與商之意也

浩浩其天

龍廷賓

同考試官教諭熊批（形容至誠心體浩浩處極透徹非淺學可到）

同考試官教諭張批（造理精奥摛詞渾融蓋體認而有得者）

考試官教諭丘批（深湛之思昌大之詞）

考試官教諭姚批（典實可正文體）

中庸於至誠極贊其知化之盛焉夫知化者聖心之天也知惟自然而其天無外矣中庸贊之也宜哉今夫化育之理運於天地會於吾心本至大也一誠所貫也至誠無倚而知化焉則其天也豈曰有外之天哉吾見心涵太虚而渾淪磅礴廓之莫知其極誠通造化而包含遍覆究之不見其窮二氣五行之運皆其默會則皆其統括也而昭曠之原何所不有四時百物之機皆其潛通則皆其範圍也而虚靈之内何所不容静而存神造化之專翕者在聖心焉寂然之天浩浩乎不可以方所拘也動而達化造化之直闢者在聖心焉擴然之天浩浩乎不可以形體囿也是何也造化一誠也聖心之誠一造化也故運之兩間者非大斂之一心者非小矣化育無心者也聖心亦無思者也故本之一誠若微而涵乎萬化則大矣至誠知化功用其盛矣哉噫聖人天道之極致子思獨契其深矣雖然聖人不惟知化已也天地至大人猶有憾則裁成輔相之道且於聖人賴之然聖非絶德也吾心之初一誠也一天也欲以蔽之則誠者僞大者隘與天地不相似矣至聖不失其初焉耳學者善反之則性故曰誠者聖功之本

孟子曰雞鳴而起孳孳爲善者舜之徒也

宋獻瑞

同考試官訓導經批（發孟子啓迪人心意于起結處親切有味）

同考試官教諭陳批（不刻意爲工而醇正昌達可爲時義準繩矣）

考試官教諭丘批（意見不凡）

考試官教諭姚批（有渾厚氣象）

大賢於人心而示以作聖之機焉夫聖人善之至也一念爲善亦足以作聖而夫人可不勉哉孟子迪人心者如此蓋曰人品係于立心之微而學術由于鄉向之正舜大聖人也後世無及焉與舜爲徒似若未易能者然舜非絶德善斯成性者也人性皆善亦可爲舜者也人患弗爲耳誠能鷄鳴而起方天機之有覺孳孳爲善遂時敏之不遑良心生于夜氣而欲擴其好惡之真由是旦晝弗忘者此善也此心也善端動於幾微而思充其仁義之量由是惟日不足者亦此善也此心也兹人也不爲舜之徒乎蓋聖人能盡其性而全體至善本不外於吾心夫人强于爲善而一念惟勤亦可人於聖域以法天下未必如舜而善之外無他法善同則其鄉同舜固先得夫同然斯亦後舜而效法矣以傳後世未必如舜而善之外無他傳也趨同則其歸同舜固與人而爲善斯亦由善以希舜矣于是知人皆可以爲舜而爲之自一念向善始苟出乎善則入于

利其去舜遠矣可不審哉抑論舜蹠之分惟在善利之間夫人而知之也然亦有以善自名卒歸於者特一念起於自爲有所溺而不察耳善乎張敬夫曰無所爲而爲者義也有所爲而爲者利也噫明于此則萬世心學之原係之矣

易

六四井甃无咎象曰井甃无咎修井也九五井洌寒泉食象曰寒泉之食中正也上六井收勿幕有孚元吉象曰元吉在上大成也

龍廷賓

同考試官教諭熊批（體裁整潔詞意渾暢是易義之佳者）

同考試官教諭張批（闡以三爻象語不煩而意義自見宜録）

考試官教諭丘批（氣格雄渾）

考試官教姚批（醇正有古意）

歷觀井爻之義見養道之備焉夫由井甃泉食而至於大成玆養道所爲備也爻象交著其義有以夫且井以養爲義是故君子得之以養其身以養天下夫使天下而各被其養焉王道成矣惟玆觀于六四陰柔不泉則道足潤身而功未及物故爻曰井甃无咎象以修井申之是知四能自養也非能養人也以言乎成功未也觀于九五陽剛中正則德裕淵衷而惠洽寰宇故爻曰井洌寒泉食象以中正申之是知五既自養也又能養人也以言乎大成猶未也至于上六其出有源德則至矣其養無窮功則溥矣故爻曰井收勿幕昭其盛有孚元吉推其本而象復以大成申之蓋至是則天德王道合内外以成能高明博與天地而相似四之甃五之食舉不足言也養道其極矣乎吁井甃未已也繼以泉食泉食未已也終以大成養道之不易盡若此主治者可以觀矣抑論之周公於上爻元吉必先之有孚何哉蓋王道本於誠意中庸論贊化育必歸於至誠至誠者孚之極也故堯以允恭致萬邦協和舜以允塞臻四方風動二聖爲帝道大成皆誠爲之本也此又養天下者所當知也

安土敦乎仁故能愛

黄國鼎

同考試教諭熊批（是題作者襲故套殊爲厭觀獨此削冗剔浮實暢本旨可以式矣）

同考試官教諭張批（平正爽健尚實之文宜録）

考試官教諭丘批（簡重有體）

考試官教諭姚批（發題意明盡）

觀聖人體仁之至其盡性見矣夫仁主乎愛者也安土敦仁而愛立焉聖人之仁至矣哉大傳意謂聖人以易盡性於道濟不流見其仁矣然豈惟是哉何也仁根於心其體不息其愛無窮者也聖人者心超乎物不以物汨吾心德貞夫遇不以遇戕吾德順逆隨其所值安焉而已也天理之周流一息匪間蓋無欲而好之者惟仁矣常變隨其所遭順焉而已也元善之浹洽無適不然蓋中心安之者惟仁矣夫心以仁爲體渾然立愛之原則愛因心而施擴然仁覆之度仁無我者也視天下人皆我也立人達人舉一世康濟之聖人民胞之心固其獨至矣仁無物者也視萬物皆一體也因物付物舉天下阜成之聖人物與懷固其恒切矣此所謂道濟之仁仁之至也一地之博厚載物也然非易何以哉嘗觀之夫子在陳無愠在匡無懼爲司寇而魯大治何者非安何者非仁老安少懷其愛之在於萬物可見者故其言曰仁者安仁噫安仁未易能也其利仁乎程子曰一命之士苟存心於愛物於人必有所濟此立愛之端學易者勖之

書

禹曰都帝慎乃在位帝曰俞禹曰安汝止惟幾惟康其弼直

宋獻瑞

同考試官訓導經批（有虞治道獨盛於古只在君臣慎位此作發明如躬親見之者宜録）

同考試官教諭陳批（博大舂容深得典謨之體）

考試官教諭丘批（温醇典實）

考試官教諭姚批（瑩潔）

大臣啓聖君以位之當慎而因詳慎之之道焉甚矣君位惟艱也惟交修於内外而慎位之道無餘藴矣且有虞之世舜爲之君而禹弼之位固無不慎矣乃禹之心猶未已也嘆美而陳于帝曰君位至重豈得肆之地哉一日不謹無疆之恤基焉時雖作乂而慎修者胡可忘也一念或驰四海之憂兆焉民雖乃粒而慎動者胡可忽也此禹孜孜之心而帝固有深契之者禹遂因其俞而進之曰慎位之道無它惟交修於内外爾矣蓋主此位者君也必其存心也危者安微者著而心焉一安於善其制事也省其發省其安而事焉一從乎心如是而修之於内矣輔此位者臣也君心未安則格君之心而啓沃皆直辭君事未當則正君之事而匡救皆直道又如是而修之於外焉斯則心事并醇其功已至而君臣交警其道益完由是而天人且莫之違矣慎位之道其至已哉噫此固盛世君臣授受心法也故禹之告舜曰慎乃在位而舜之命禹亦曰慎乃有位其心一也相契之深有以夫然考文王之爲政又曰罔知罔兼若居己於

逸者何哉保治功者不可無舜禹之慎識治體者不可無文王之逸兩者并觀始得

世篤忠貞服勞王家

余雲標

同考試官訓導經批（世臣忠貞濟美發揮殆盡而詞婉誼正尤得周王感動君子之意）

同考試官教諭陳批（形容大臣以勤國處令人躍然起思）

考試官教諭丘批（古健中有欵曲）

考試官教諭姚批（雅潔可誦）

觀世臣以心勤國而後人當知所法矣夫大臣事君以心也而盡心王家者至世世焉其垂範於後之人者如是哉宜周王述之以感君牙也蓋曰國家所以重世臣者非以爵禄私其家也謂其風之足以啓後而代有作求之嗣也吾嘗憶爾祖父而重有感矣彼盡心之謂忠純心之謂貞固服勞之本而王家之幹也世篤之者鮮矣惟爾祖父心存爲國恒誠確之不渝事在勤王尤夙夜之匪懈爾祖之忠誠固作之孚先矣而爾父則世守之懷忠以報國將奕世而重光爾祖之貞一固貽之家法矣爾父則世求之含貞以從王歷再傳而不泯王家有教民之事也自此心之忠貞者以左右有民啓其思翼其行後先相望賢勞殆可想矣王家有養民之事也自此心忠貞者以宣力四方恤其隱圖其安述作相承勤勞今未艾矣蓋在我先王也以求舊之意用人既不負於其臣在爾祖父也以承家之心報國自不負於其君今爾世其官而知法焉則王家益賴而先烈彌光矣不勉哉大抵莫爲之前雖美弗彰莫爲之後雖盛弗傳故必有繼述之人而後忠貞之念可以寄之於不窮有臣若斯即與國咸休也固宜豈世官世禄云乎故伊陟象賢丁公繼美將以世而益重矣美哉泱泱乎臣道之光哉

詩

樂只君子天子葵之

陳文選

同考試官訓導蘇批（葵字發揮最難是作體格莊重意旨瑩明宛然盛世氣象足占所藴）

同考試官訓導李批（發明君臣相得意宏麗典雅録之以式）

考試官教諭丘批（意融詞暢）

考試官教諭姚批（雋永有味）

觀周臣受知於君其必有以感之矣甚矣人臣知遇之難也可樂如君子而受知于君也非其必然者乎采菽天子所以答魚藻也若曰君臣之相臨者分而其相孚者心以心獲上吾於來朝君子有取焉蓋其欽翼中存而溢于泰交者藹然温文之度寅恭外著而形于晋接者怡然豈弟之風君子洵可樂也而天子之葵與否其何敢必焉然在國之忠貞既感通之有素而在朝之齊遬自孚契之益深天子照臨百官本無微不察者匪紓如君子必將曰此其爲我周之藎臣乎而推誠以待之者攣如也天子智臨萬國亦無隱弗達者殿邦如君子必將曰此其爲我周之良翰乎而推心以置之者翕如也念切忠君其自許於生平者則然乃天子則既諒其忠焉而帝心簡在喜起其交孚矣所以共成豈樂之休風者不在是乎心存愛國其自盟於獨知者則然乃天子亦既然其信焉而宸衷眷注明良其合德矣所以共保那居之盛治者其在兹乎信乎君子以天子之心爲心而赤幅邪幅之交其餘也故天子以君子之心爲心而車馬黼衮之予亦其餘也盛時君臣相得而治道益彰也如是夫雖然此特君之諒臣者然耳而臣猶不敢恃也即周公位極人臣勤勞王室至吐握拮据身任天下之重而不辭成王不啻葵之矣而赤舄几几公何自有焉噫千載而下守成業而致盛治者頌成王之德而稱周公之功不衰故事君若周公者可也

思齊大任文王之母思媚周姜京室之婦大姒嗣徽音則百斯男

許文俊

同考試官訓導蘇批（聖母賢妃文德所由盛是作透徹渾融詞理精詣真大雅之文録之）

同考試官訓導李批（發明題意婉約詳盡佳士佳士）

考試官教諭丘批（醇雅蕴藉）

考試官教諭姚批（明瑩可式）

詩人歌聖德而推本於母之聖妃之賢焉夫文王天縱之聖也以母妃而咸有一德所以成之助之者不有自乎歌文德者推本言之若曰文王聖德之純雖由於所性而有相之道亦存乎其人何以言之母而聖也所以成其始文王之母則大任是已端莊誠一之懿雖不可以易窺然其持身也以敬思齊之度儼乎中宫之母儀也其事周姜也以孝思媚之風稱乎京室之婦順也以是聖母而生我文王則淵源之有自非止一朝一夕之故矣所以成之者不既遠乎妃而賢也所以代其終文王之妃則大姒是已幽閑貞静之蕴雖不可以易

測然孝以承先休而徽音昭世濟之美德之光前者可稱也慈以逮群下而斯男衍則百之多德之裕後者可徵也以是賢妃而配我文王則内治之克相非特一健一順之常矣所以助之者不既深乎要之天爲有周而生文王天爲文王而生大任大姒此固天倫之獨盛而周之德其可謂至德也已矣抑不特此也父王季子武王文之無憂者夫子獨贊之而此詩曰大任姒蓋當時歌其德而推本言之耳然則文王内外之所值其古今帝王之僅見者乎雖然小心翼翼望道未見文王且不自知其聖也噫此文王之所以爲文歟

春秋

秋宋人齊人邾人伐郳（莊公十有五年）秋公會宋齊人伐徐（莊公二十有六年）公會齊人宋人救鄭（莊公二十有八年）齊人救邢（閔公元年）

王命袞

同考試官教諭張批（是題最重齊桓節兵意第逐段發揮語多重複子獨聯括有則本旨躍然宜録以式）

考試官教諭丘批（詞簡意盡）

考試官教姚批（筆力嚴整）

歷觀伯國節制之師而知伯臣善用其民矣夫兵貴有制也齊桓壹以節制之師行之則管氏之力哉昔桓也圖伯而管子以天下才相之君臣之間拳拳規畫亡他策也唯以民不可重役重役則疲賦不可横斂横斂則匱財匱力疲將焉用之於是作内政以寄軍令焉將不大夫兵不大衆蓋二十餘年于兹矣有如郳之伐徐之伐討有罪也彼其不恪而吾武威臨之豈不能悉力以耀中原哉顧國有討貳之制吾勿敢逾兵莫重乎討貳之二役者則節兵之一驗也又如鄭之救邢之救恤無辜也彼其孔棘而吾簡書是畏豈不能大舉以惠親暱哉顧國有恤患之制吾勿敢逾兵莫重乎恤患之二役者又節兵之一驗也夫以山東之蓋藏臨淄之武悍固最勝之遺而宇内稱雄者也加以二十年休養生息而師徒不頓民不罷勞盡章章如是則夫一舉而用之南無楚西無秦晋又豈待异日見哉春秋於數役皆以人書蓋紀其素所節制者然也匪直伐宋爲爾矣仲父謀國之功胡可少耶考之内政之作大抵仿比閭族黨之遺也顧周以王而齊僅以伯則以功利之私與關雎麟趾之意所操者异耳厥後晋也州兵魏也戍卒秦也甲士兵制之變日紛紛焉又内政作之俑也於戲固成變使然哉

齊人歸讙及闡（哀公八年）

陳焻

同考試官教諭張批（是題傳意甚婉作者語多纏縛子能會傳成文意瑩詞朗可以録矣）

考試官教諭丘批（辭理明盡）

考試官教諭姚批（能發聖人美魯之意）

春秋紀歸地者之順所以揚君美也夫讙闡之歸順矣魯實以順召之美不既章乎慨自邾益爲俘齊人震怒一舉而下魯二邑焉讙闡之緼于齊也有日矣一旦疆域之外有奉輿圖而至者豈其遽念太師盟府之藏而無愛於魯哉蓋恒物之情可以逆亦可以順人心之順有所感必有所應彼魯以逆怒齊齊亦以逆蹙魯幾不可爲國矣幸魯也悔禍而俘君釋於負瑕故齊也輸心而侵疆歸於東土仇讎息而甥舅如初孰徼之也齊所以起戎第愛一邾耳邾安而我之封境舉安蓋勢有必至矣和好通而疆里如故孰正之也我所以召釁第虐一邾耳邾歸而我之故宇隨歸蓋理有固然矣夫舉全魯之力不足以當齊而有以一念之善止其不戢以强大之齊亦何厭之有而感于一念善遂與維新自是而魯得有辭先公齊可自謝於天下善之遷也過之改也實兩國共之矣不然齊怒未息魯其有寧日乎春秋直書曰歸紀順也歸者順則所以致之順者美可知已春秋之不諱以益來也意在斯乎嗟嗟是亦聖人善則稱君耳邾益之歸豈真悔悟之萌而甘自戢也無乃有怵心乎亡何復有于鄎之師即甚不悛曷以加兹矣聖人曲爲魯諱有是哉雖然春秋大改過亦所以訓萬世也

禮記

故商者五帝之遺聲也商人識之故謂之商齊者三代之遺聲也齊人識之故謂之齊

黎時中

同考試官教諭蔣批（此題類於轉拆處多見繁擾是作刬盡浮詞冲融典雅必邃養之士也）

同考試官教諭張批（體格平正筆力俊健可式）

考試官教諭丘批（善發帝王遺聲之意録之）

考試官教諭姚批（清暢不凡）

觀商齊之所由名者而其音足尚矣夫帝王往矣而遺音存焉商齊人識之故稱斯名耳善歌者可不知所自哉今夫歌之於人大矣極之則功化甚神而本之則從出有自國風雅頌遠矣何獨於商齊而疑之彼肆直而慈愛者宜歌商人知商之音善矣然歌於商而不始於商也大道爲公而五帝興焉不有

泄之爲天地之元聲者乎而今之所謂商者即其遺矣第歷數世之後惟商人識之聲以商而存故名亦以商而起耳即其音而求之當必有神交於五帝之隆者豈燕溺之商已耶温良而能斷者宜歌齊人知齊之音善矣然歌於齊不始於齊也文明迭運而三代興焉不有播之爲天地之中聲者乎而今之所謂齊者即其遺矣第歷數世之後惟齊人識之聲自齊而傳故名亦以齊而起耳即其音而求之當必有心通於三代之英者豈傲僻之齊已耶夫五帝三代先天下而彰其美商人齊人後天下而盛其傳聞音而考其自故于今稱五帝三王之美而誦商齊之音不衰君子當知所執矣雖然古樂不可復作矣君子誠能涵養德性以求所謂無聲之樂者則中和位育一以貫之而三王可四五帝可六矣孟氏所謂今之樂猶古之樂也不然雖咸英韶濩樂自樂耳於直已陳德何有

天子修男教父道也

陳鳴熙

同考試教諭蔣批（文有體裁非務繁縟者）

同考試官教諭張批（發揮男教父道意極精當而詞采且蔚然佳士也）

考試官教諭丘批（整潔疏暢）

考試官教諭姚批（明潤結尤得旨）

王者以子道覺天下斯有父之尊矣夫天之立君以子民也男教之修非父天之道乎見於昏義者若謂君后天下之大倫而陰陽天下之大義男正位乎外而男教之修固君天下者之青也兹焉出震以綏猷而導天下於軌物之內乘乾以作則而囿斯世於皇極之中明此以正百官固此教也天地四方之所有事都靡不昭揭以示之矣明此以正萬民亦此教也裁成左右之所當盡者靡不振舉而修之矣天子之修男教若此非父道乎蓋維君奉天以子民而倡率之有方成之者與生之者等維民則君以自治而作新之有術君我者與父我者同以之儀刑乎百官而百官仰之敷言之訓非燕翼之謀乎雖謂即家之嚴父亦可矣以之表率乎萬民而萬民尊之忠利之教非義方之訓乎雖謂即民之大父亦可矣何也天子之與后猶日之與月陰之與陽也男教克修則聰明睿智有如日之象焉剛健中正有答陽之義焉日道也陽道也君道也父道也寧非异位而同象者乎雖然天地合而後萬物生二南之化始於關雎尚矣惟君天下者思乾父付托之重而守正無爲以端教本則刑于化溥而海內之氣清和咸理天心且默應之矣所係豈其微哉是故天子貴建中和之極

第二場

論

養心莫善於寡欲

陳文選

同考試官訓導蘇批（是作發寡欲養心之旨甚明而格高調古辭健意新可以占素養矣允宜高薦）

同考試官訓導李批（議論正大氣格渾雄而束處尤見忠讜之意有學有識之士也録之以式）

考試官教諭丘批（明徹雅健迥异諸作）

考試官教諭姚批（博雅閎邃是有得於養心之學者）

夫人心之初一天也善事心者惟去其累乎天者以復吾初而已矣曷言乎人心之初也天之生人畀之以四肢百骸之體則宰之以虛靈知覺之心其初本湛然瑩然天也而無有欲也有欲則人矣人與天恒交相勝者也故人多則勝天而天寡天多則勝人而人寡多寡之間養之善不善係焉顧所以察之者何如耳善養心者不求之物欲交感之後而惟求之吾心無欲之初常使理爲主而物爲役則我常得以操順應之權而物不得以爲吾湛一之累夫然後此心之天以完而養之之道斯其至也養心莫善於寡欲孟氏誠有味乎其言之哉嘗求之天矣今夫天輕清上浮惟玄惟默焉耳矣無聲無臭焉耳矣而環宇宙内刁者調者叫者號者蠉飛而蠕動者莫不各以其聲色象貌之類而肖形斂迹以還於大塊而大塊卒澹然無欲斯固天之心也人受天地之中以生得其虛靈不昧者具而爲心命之曰天君其精天精也其粹天粹也其神明天神明也大虛中涵意象俱泯萬物作類一私不淆斯時也情竇未開何有喜怒哀樂之偏也物感未交何有聲色臭味之雜也思慮未起何有克伐怨欲之私也湛然常清瑩然常明斯則心之所自來也初也而莫非天也無有所謂欲又安所事養也惟夫人生而静者感物而動心動於外欲攻於内即上智所不能無者故心一馳於喜怒哀樂則七情不承其度而吾之天鑿矣心一溺於聲色臭味則五官不保其常而吾之天漓矣心一涉於克伐怨欲則一真不守其宅而吾之天戕矣此一心也斂之幾何而天下之可訢可羡可誘可嗜者交攻而遞進吾有所欲物輒投之物有所感心輒縶之卒使冲默之體直爲形骸昭曠之區莫非斤斧嗟乎豈人心之初固若是耶夫人心之初自途人以至於聖人

一也聖人者爲能葆其真而不汩於僞動以天而不間以人未有物先而其來不有既有物後而其去不留故欲不待寡而自盡心不待養而自存者凡以其初未失也吾人之心未能如聖人之無欲則養心之道將放而不求惟聽吾不制之軀以役役於小體之徇與是場師之舍梧檟而養樲棘者也未善也將離形去知舉吾有覺之心游於無何有之鄉與是又釋氏之虚無寂滅桎梏而槁之者也未善也然則善養者當何如亦曰心之有欲不能絶之使無亦不可縱之使多惟寡之而已謹之於尸居淵默之際以室此欲之原防之於旦晝云爲之頃以遏此欲之流喜怒哀樂之交於前也吾視之若晦明寒署之序則七情之欲寡而所以養吾心之中和者莫善於此矣聲色臭味之誘於體也吾等之若浮雲太虚之迹則五官之欲寡而所以養吾心之湛一者莫善於此矣克伐怨欲之萌於中也吾勝之若大將克敵之勇則方寸種種之欲寡而所以養吾心之静正者莫善於此矣夫是之謂以心制欲而不以欲累心天理之分數常多人欲之分數常寡外者不入而何心非欲内者不出而何欲非天静則虚而明通焉一天精之涵也動則直而公溥焉一天粹之著也徵之爲睟面盎背極之爲彌綸參贊一天神天明之周流而泛應也至是則湛然者得其體瑩然者不失其常吾之心一天之心而無欲之初大虚同體聖人之域其優入之矣寡欲之功謂非養心之至要至者與雖然君心尤爲萬化之原而養之尤難蓋其威命靈爽之權本足以羅致百欲而百計以求中者又環相踵也然則清心寡欲之功豈可已乎故曰君心惟在所養又曰人主當防未萌之欲此善發孟氏未盡之意

表

擬輔臣奉旨撰進雍肅殿箴命書御屏賀表

龔廷賓

同考試官教諭熊批（是作構思淵懿音律鏗鏘揄揚我皇上和敬之德與輔臣箴規之意殆盡）

同考試官教諭張批（明白雅暢具得頌獻之體可録）

考試官教諭丘批（事核詞工長子四六者可以爲式矣）

考試官教諭姚批（流麗典則）

萬歷七年某月某日具官臣某等恭遇皇上命臣等撰進雍肅展箴書於御屏謹奉表稱賀者伏以宅中思治采芻蕘而義悉箴規座右弘文登琬琰而道存顧諟祇承明命深懷一得之慚忻睹洪謨式協九圍之慶臣等誠懽誠忭稽首頓首竊惟天子主神人之統克慎厥修君心關治忽之原惟在所養處深

宮而神周八極麗正位則日有萬幾必惟敬惟和聖學益純于宥密斯中規中節皇猷允迪於熙明粤虞廷衍精一之傳温恭協帝迨夏后闡幾康之訓祗若敕天湯德方新盤盂載咏武功底定觴豆咸銘心不越堂階運太和于寓内道不離几席表至敬于朝端振古若兹于今爲烈自都俞之風既遜而儆戒之道浸微獻丹扆于承明唐箴無補續尚書于太液宋理奚資圖作敬天終鮮躬行之實屏書無逸僅彰粉飾之文道不虚行時應有待兹蓋伏遇皇帝陛下英資天縱聖德日躋隆敬養于慈闈夔夔舜孝味道腴于講幄翼翼文心國學親臨四海仰崇儒之化郊壇禮祀群工欽享帝之仁鑒古則表其章灼者八十一條勵官則疏其姓名者數十百計無作好惡治已極于蕩平若履薄若臨深功猶嚴乎警惕洗心密勿觀象肅雍匪壯麗以爲工惟静深而育德重門洞闢念出入起居之必欽實障新裁欲黼黻文章之具備特宣温諭下采蕪詞用作箴銘仰資啓沃謂大君身爲民表必篤敬斯可安民而聖人心與天通非致和曷由凝命慎喜怒于未發常若鑒衡審言動于斯須式昭律度端培養惟冲和澹泊是先保治安以危厲憂勞爲戒摛詞摛藻非敢比謨誥之陳因事納忠庶幾備韋弦之助詎期葑菲不棄得借彤管于尚方何當宵旰深惟遂飾素屏于便殿皇心闓懌兼收工師朦腴之陳聖學光華自協修齊治平之要曰雍雍曰肅肅壹文德之儀刑曰在廟曰宫儼帝命之陟降顧名思義几杖户牖之鑒具存緣物警心關雎麟趾之意如在化機運之掌上成憲炯然目前昔太祖揭九範于座隅格言炳炳嗣世宗製五箴于亭右彝訓煌煌以方今日之宏摹信于祖功宗德而極盛垂爲奕世之懿範允宜聖子神孫所敬承者也臣等遭逢一德慚非補衮之才寵荷三朝竊附諫屏之義覲天顔于咫尺踴躍奚勝仰皇極之絲綸揄揚莫罄敢不勉傾葵藿益竭涓埃夙夜惟寅弼贊綦隆之治臣鄰共濟載賡喜起之歌伏願心以爲師事惟法古養希音于淵默無須鍾虡之縣持重器于盈成凛若神明之格則心和氣和兩間協和以交應而民壽物壽一人萬壽以無强臣等無任瞻天仰聖激切屏營之至謹奉表稱賀以聞

第三場

策（五道）

第一問

宋獻瑞

同考試官訓導經批（陳鑒書屏我皇上敬修迪哲之意恨乎至矣子能鋪

張而揚厲之其篤靖獻之忱者與）

同考試官教諭陳批（揚搉古今而聖上禔身顯賢實德宛然虞周交儆氣象寓箴規於揄揚可以觀忠愛矣）

考試官教諭丘批（敷陳整瞻得獻納體）

考試官教諭姚批（條對詳明忠誠溢於言表）

帝王所以紹鴻曆凝鼎命以隆熙洽之治者無他有敬修之實學有迪知之良圖何者君身治之則也修之自我而道法懸於往代人才身之輔也用之自我而臧否匿于群情明君知其然於是務向學之勤對千古于几上運知之哲羅九州于目前師古要矣又以其精神志意日密勿焉而敬天以自飭辨官尚矣又以其耳目聰明日運量焉而勤民以爲訓夫是以君之身即二帝三王之身而其臣即千載一時之臣明良會而庶績凝邦其永孚于休乎知此則我皇上陳鑒書屏之意昭德任賢之實與夫敬夫勤民之心不可以揚厲其萬一乎哉蓋嘗論之虞舜古大聖人也皋陶之陳謨也首衍慎厥身修之旨而推及于知人安民高宗殷中興令主也傳説之爲相也首陳監于成憲之言而迪之以旁招俊乂此大臣忠誠體國預危明主箴規之法所由起也當是時舜則協于帝而咨岳牧矣高宗則紹先王而喻股肱矣臣以是箴君君以是受臣此陳鑒書屏之義所由肇也迨至成周文武立極成康繼體詩書所載其言修已用人之道獨詳如曰自殷王中宗及高宗及祖甲及我文王兹四人迪哲嗣王其監于兹言師古敬德也曰繼自今我其立政立事準人牧夫我其克灼知厥若言辨官乂民也厥後孔子告君尊文武悉舉其修身尊賢者以對則有古大臣箴規之忠而不遇主聖方册所陳徒托諸空言爾今夫人君一日二日有萬幾至繁也三公九卿邦伯庶長至夥也墳典丘索紀載至浩漫也甸侯綏要荒服地里至遼邈也將日取古聖帝哲王庸君暗主興亡之迹而考證焉不能也日求三事六府諸司百執事之臣而稽詢焉亦不能也於是乎鑒以書不煩神慮而百王之妍媸照于是矣屏以紀之不勞旁察而百職之勤惰列于是矣此古之人臣善規其君與君之善用乎臣者率是道也是故唐有千秋金鑒張九齡以之規玄宗也後宋丁度以龜鑒精義進李燾以兵鑒進彭龜年以内治聖鑒進黄度以藝祖憲鑒進其聞曲江之風而興起者乎乃其君不盡省也天寶且播蕩矣而竟爲獻納之虚器忠臣愛君防微之意亦何裨哉唐有疏剌史名屏太宗以之廉郡國也後宋太宗識吉州守梁昦于屏真宗識頡州理吕夷簡于屏高宗記從臣所舉監司于屏孝宗揭監司帥臣郡守于屏其聞唐宗之烈而興起者乎乃其法未盡舉也貞觀且鮮終矣而竟爲疏列之彌文明君夢寐求

賢之思良獨難哉夫以古爲鑒鑒形而端範斯善用鑒也以名疏屏顧名而思實斯善用屏也洪惟我太祖高皇帝著精誠録首敬天之事作昭鑒録詳垂裕之模成祖文皇帝有聖學心法歷陳君道有文華實鑒用迪儲皇蓋深明乎克艱厥后之訓者矣太祖武定之後頒醒貪簡要録于中外諸司示以食禄恤民遇來京奏事官召見賜食訪民間疾苦成祖御極之初頒賜敕諭于文武群臣示以攄誠共職書中外官姓名于武英殿南廊以備觀覽蓋深識乎知人安民之理者矣當時翊贊廟謨鋪張聖烈者則有若基若濂若安若禕輩效忠于前有若縉廣若榮若淮輩弼直于後猶皋之于虞説之于殷君臣同德而授守一道也烈聖相承至德豐功莫可殫紀恭惟皇上稟仁聖之資撫雍熙之運達孝尊親至誠法祖日御經筵以講學優禮大臣而親政其於修身用人之道尤孜孜焉曰帝鑒圖説輔臣仰窺宸衷采千古帝王事實爲之編次者法聖哲芳規凡八十有一戒狂愚覆轍凡三十有六按世運之隆替察治理之廢興鏡主德之醇疵審國祚之修短是鑒也赫赫乎與録昭鑒作實鑒之意同矣儒臣進講時時陳説所以裨益修省者不上侔聖哲哉曰官名御輔臣仰承德意合内外文武官僚爲之分摽者左文職牧養若而人右武職捍衛若而人據形勝之幅員辨煩簡之職掌秩崇庳之流品稽賢否之政績是屏也煌煌乎興召御前揭南廊之意同矣深宫燕閑時時披覽所以激勵忠良者不同符祖宗哉抑此天下臣民之共聞共見也而尤未盡也伏睹皇上嘗翰灑學二帝三王治天下大經大法于文華殿又書責難陳善四大字頒賜講官無非求端聖學之心爾當日講畢涣發天語授以謹天戒十二事旨哉皇言何顒顒也夫大君之尊如天能畏天則能體天之道爲道建極敷猷亦如天之覆載生成各協於正而天下益稱聖矣皇上嘗御製正人心敕告諭天下臣工又書正己率屬四大字分賜九卿無非考正百官之事爾當朝覲畢親獎廉能諭以愛養百姓一言大哉皇心何肫肫也夫天之大德曰生能愛民則能以天之心爲心黜陟懲勸亦如天之五行四時各順其職而天下益稱明矣修身至是視儀監爲實不徒以鑒也官人至是視辨名爲真不特以屏也於都哉其盛德麻烈所以登綦隆衍靈長者曷以加哉乃執事又欲闡仲尼之指陳文武之道以補聖明愚生何説之有雖然仲尼有言其擊乾象者曰天行健其贊文德者曰純亦不已夫人主端居穆清之上顧諟非不切也而幾微易間存省非不力也而嗜好易投投且間則有息而不純斯與文不相似與天不相似矣惟皇上密慎修之學篤取善之誠持對越之志永憂勤之懷慎逸欲之防嚴怠終之戒以廣延覽以虚聽納以奮獨斷而又不移於近習不徇于讒佞不間於聲色不惑于游畋如天之常健如

文之緝熙則不鑒而自照不屏而恒辨天下之治可常理矣愚生芹曝之獻如此不識可轉而聞之於上否

第二問

王命袞

同考官教諭張批（仁本合體用内外孔孟開其源諸儒浚其流是作闡發藴奥末歸本于立志此有德之言可以訓多士矣）

同考試官教諭蔣批（論仁至孔孟如揭日中天諸儒衍説同异均有補於仁難以淺深偏全論是作獨能折衷歸一當是理學）

考試官教諭丘批（析理精微孔孟諸儒論仁之旨闡明無餘藴矣）

考試官教諭姚批（融徹精妙題旨洞然是善言仁者）

執事揭聖門求仁之指下詢承學豈謂諸生居近鴻儒之鄉亦有識仁者耶顧仁之難言也久矣是雍賜由求上賢之所不敢承而齊楚忠清之良未足與擬者愚也何足以知之雖然夫子曰苟志於仁矣無惡也愚生故不敢自棄于惡則安敢自委於無是志耶竊承服師説而亦嘗反求之此心矣敢以臆對今夫仁也者是天地之心而人得以爲人無古今聖愚一也反諸身而視聽言動所以靈昭順應而不至于眯蔽痺痿者此也徵諸人而子臣弟友所以孝忠友信而不至於乖忤睽離者此也推之天地所以合德民物之所以同體而不至間閡戕害者此也古先聖哲若堯舜湯文之爲君禹皋伊虺之爲臣或見而知或聞而知總會之以心體之以身未始喋喋然言仁而道固未嘗不昭晰於天下慨周道衰而道術裂繁文盛而本真漓夫子蓋傷之于是始揭仁以立教即諸門弟之答述魯論具已然特其求之之方爲之之術耳至於仁之所以爲仁則固罕言之也罕言者非秘也蓋難言之矣下逮戰國功利薫灼人心陷溺孟子起而述孔業焉言仁而兼言義者蓋義即仁之毅然裁制者耳非仁之外别有義也夫曰立達曰愛人曰恭寛信敏惠孔子未嘗不言用也而體即含矣曰人心曰尊爵曰安宅孟子未嘗不言體也而用即貫矣先儒謂孔子多説體孟子多説用殆非也子輿氏没此旨益湮漢唐以降閎覽崇議之俊嵬履尊行之彦豈不數數然哉如東觀校讎石渠聚講非不勤也爲博而已仁則吾不知也如揉情植節刓真扶義非不烈也爲名而已仁則吾不知也如綺詞麗藻逸致冲襟非不蔚然華超然高也爲靡爲放而已仁則吾不知也他如董子明道正誼之説韓子原道博愛之論似矣然猶履閾而未入其域嚙胾而未味其旨者耶逮至有宋星聚奎躔真儒輩出濂有周子尋孔孟之緒而追纘之即以無欲學聖得求仁之要矣其言愛曰仁而根本於德非遺内也洛有程子益衍周

子之傳而推明之識仁之説邃乎粹矣其曰仁者渾然與物同體蓋見大也孔孟正脉其續于兹乎維時及門之士穎厚如定夫忠信如光庭深密如與叔警慧如立之純茂如季明自餘英哲難以勝道然實識仁者惟中立顯道和靖三人者獨擅稱焉何堇堇也蓋仁猶天然孔子之於仁也中心安之身即天矣其言仁者譬之風雨露雷無非天之所以澤物而不可以一端求也孟子願學孔子亦知天矣其言仁而兼言義者蓋其時然譬之霜霰霏雪是亦天之所以成物而非有二也後世儒者如中立以覺言仁顯道以生意言仁和靖以公言仁皆各就所見以立言譬之譚天者即嵎夷而言天天固在是即南交而言天天亦在是即朔方而言天天亦未嘗不在是而要之并包八表瀰漫六合者則非可以方所拘矣然長進雖并許於在涪道南獨稱于别穎何以也即尹謝没而其傳泯矣中立以後一傳而仲素再傳而愿中三傳而紫陽朱子出仲素論仁雖不少概見觀其教人每令静中看喜怒哀樂未發時作何氣象而愿中稱其飲人以和如春風發物則於仁也亦近之矣即愿中答朱子書首以孔孟之訓廣以人物同得之原約以體用兼舉之本啓以静坐默識之功則於仁也非徒言之也朱子躬承李氏之緒而欲衍程氏之傳懼學者徒誦其遺言而不昧其指或徇外而遺内或執内而遺外也因爲之訓曰仁者心之德愛之理此仁説圖所爲作也真希元氏稱其發先儒所未發其篤信如此此於孔孟言仁之指雖微有間然即其泰山喬岳之度繼往開來之心殆亦勇於當仁者耶世譚濂洛關閩由是而觀閩尤章灼長遠如此矣乃脱近言仁者愚惑焉滔淫足性托之乎任放以爲真而矩逾矣保奸比匪托之乎道廣以爲容而辨淆矣耽無沉空托之乎玄解以爲達而實墮矣揭提門户高自標幟托之乎立本以示杓也而日貿貿焉眩鶩不覺矣以是求仁仁不日遠乎嗟夫人而不識仁者是捧土木之偶而未含神情之靈者也爲仁而遠於人者是工鬼物之盡而憚繪色象之顯者也又或詹詹然惟訓釋名理而不務反躬默識猶之於人也不思覿面考衷而徒拘拘於名氏稱謂之辨析矣其如仁何哉夫子曰仁者人也孟子曰仁人心也夫人而不仁則失其所以爲心失其所以爲人也天下無無心之人亦豈有不仁之人哉今試指其人曰是無人心者也是非人也則必憤然仇怒謂己之必爲人也既知己之必爲人則必知人必有心也而獨不知求仁以爲人也何弗思之甚耶大抵天下之道言之匪艱行之惟艱若吾閩四儒雖其所詣有淺深所見有偏全其不畔孔孟之教則均矣夫宛丘之翿庚桑之壘流風猶足以被今後況愚生生同其鄉日有感於先喆之爲者乎實在所志耳彼玉之在璞扺擲則尾石追琢則圭璋水之發源壅閼則污泥疏浚則川沼仁之於

人亦若是已志之斯至夫何遠哉惟執事進教之

第三問

黎時中

同考試官教諭蔣批（字律二學人所鮮究子能考據詳明品騭精當篇終尤得探本之意録之）

同考試教諭張批（是作條答字律甚悉至欲重專官録用專業之士誠考文正樂之不容緩者）

考試官教諭丘批（考古證今具見該贍之學）

考試官教諭姚批（學博詞古宜録以式）

聖人之化成天下者文也而非强作也觀乎造化之理而已聖人之協和天下者聲也而非人爲也得乎聲氣之元而已文明之象顯于造化聖人效之而書契作焉中和之氣涵於天地聖人則之而律吕制焉是知天地者開聖人幾先之智也聖人者成天地自然之能也制而用之謂之法推而行之謂之通神而化之使民宜之誠有天運而人必從志一而氣自動者而可以私智爲哉知此則王者制度考文之政皇上法古宜今之治可得而言矣試因明問而陳之粤自河洛效靈而圖書泄造化之秘襄頡佐命羲黄立制作之原奇字製於沮誦大篆演於史籀而六書之法備焉考文者所必稽也置緹室以候中氣截嶰竹以定元聲而六律之音正焉審聲者所必察也唐虞夏商損益不同而同律考文政俗則一訪諸周官象胥以諭言語瞽史以諭書名大事以漆書紀於竹簡小事以墨書紀於布帛凡其掌故修法而同天下之文者何詳耶大師以掌序治政大胥以頒樂合聲以十有二律爲之數度以十有二聲爲之齊量凡其定律正音而和天下之聲者何密耶周衰迹熄籍滅法湮古樂不復作矣文獻無足徵矣孔子懼帝王之道弗傳而禮樂之教弗行也於是加筆削於魯史之舊文正雅頌於殘失之詩章立百王之軌範垂萬世之彝憲後有作者必取衷是矣奈奈何秦不師古李斯變爲小篆程邈省爲隸書而古文盡廢樂書燼於烈焰世業散于疇人而鐘律盡亡坑焚之慘挾偶之刑至今痛憤也漢光和中詔勒五經于石而蔡邕書儀禮楊賜書魯詩馬日磾書尚書堂溪典書春秋俱用古文而以八分隸釋之是孔壁之古文猶可考見也晋人尚草書唐人尚飛白宋元文人盡用晋唐書法而碑帖之刻俱非科斗之文點畫之多譌宜矣比者季本疑彤管非筆是未深考周官之史職也漢建元時命樂官考律而公孫卿治曆侍郎尊協度唐都分部洛下閎運算俱用銅法而以太常掌之是先王之律法猶能考求也吴楚失於輕浮燕冀失於重濁唐宋取士拘於江左四聲而河洛之人俱非中原之舊聲音之難辨久矣比者李文

利謂黄鐘最清是未深求律吕之元聲也嗚呼今之時去漢愈遠矣執事欲正楷隸之譌以復古法考律吕之制以求元聲將何折衷哉嘗觀劉原父之筆說趙孟頫之筆經蓋深明書法之理而悟運筆之妙者也得是人而辨論之則六書之精蘊可得而襄頡之心法可契矣張敔之解新書韓邦奇之輯全書蓋考究律法之詳而明制作之理者也即是書而參考之則律吕之源委可知而音律之正變可窮矣故吹律而知南風之不競者師曠之聰也作訓纂而善倉頡之史篇者楊雄之學也草茅巖穴之士安知無聰若師曠學如楊雄者乎顧時之所用何如耳仰惟我聖祖稽古右文見韻書比類倫聲音乖舛于是命學士樂韶鳳宋濂等勒成洪武正韻其偏旁之辨釋音韻之翻切分合增損之异宜俱取證于毛晃而布之中外者秩秩乎中原之正聲焉命尚書詹同陶凱等製爲宴饗九奏樂章其始之本大初次之仰大明終之樂清寧俱登歌于典樂而被之管絃者渢渢乎大和之遺響焉列聖相承至今用之迨我皇上丕紹鴻基振揚祖烈宸翰奎畫之流播聖心獨得之書法且有以妙契皇祖之淵微而至治之薰蒸大化之融溢所謂書同文而律和聲者誠于斯爲盛矣執事猶諧音律論書名而以同文正樂之化有望於今日者豈以百年禮樂之期適逢其會乎愚謂字學音律其理相通而其用相資也故文同則音自正矣音正則律自諧矣欲同今之文不必廢今之文也取楷書之文而參古篆之義正者循之譌者厘之则今之偏旁點畫皆古法也欲諧今之律不必求之黍尺之間也密室覆緹截管實葭而黄鐘之律定矣由是吹之而聲和候之而氣應則音律自正而元聲可得也法由心得待人而行今之鑄印有局也協律有官也舉精於字律者而充之專其術業重其官職海内之士不有聞風而起者乎郡縣社學專設字律一科俾童而習焉長而用焉敕督學憲臣歲校而高下之拔其尤者送部而録用焉俊秀之子不有專業而精識者乎雖然朝廷者四方之極也君心者萬化之原也君明樂官不明樂音心正則筆正心和則氣和建中和之極以端制作之本者惟在於皇上之一心耳末學淺識不知所裁惟執事進而教之

第四問

陳文選

同考試官訓導蘇批（是作條答士習始末甚詳而議論剴切詞氣古雅末段尤中肯綮宜録以式）

同考試官訓導李批（教化風俗其道本相成也此作論士習而歸重於教化是知作士之要者）

考試官教諭丘批（思古慨今之意委婉明切可以風士矣）

考試官教諭姚批（灼見時敝而渾厚黄雅佳哉）

士習之日趨于敝也不獨其風會流也其原始于世教衰而學術晦夫教化者上所導也學術者下所明也今天下曷嘗不飭度章號哉士曷嘗不談説賢聖修皇王之業哉顧其所爲教爲學者异何以知之蓋教非布象魏申功令之謂也學非嫻文詞鶩空説之謂也大要在謹好尚崇道德而感發之在誠意使上焉無的然之操姑襲虚文以行之下焉者知上之意不在是亦相率承乎虚以應之欲風俗之厚士習之善無時已嗚呼此其弊寧獨閩哉乃執事廩廩焉爲閩士計蓋將挽東南海濱之俗以風天下愚生素狃于習者烏知此語云新沐者必彈冠新浴者必振衣兹蓋洗心滌慮時矣敢不掇所聞于故老者以對粤昔唐虞交會岳牧夔龍稽首相讓雍睦之化被于比屋三代盛時節儉正直之風行于上潔白幽貞之操勵于下德義薰蒸俗歸于厚迨夫殷士怙侈凌德蔑義用周之治扶殷之衰故畢命曰政貴有恒辭尚體要又曰世禄之家鮮克由禮誠欲迪于古訓導之德義也昔人有言周之士也貴秦之士也賤非特上貴之賤之也士亦有自貴自賤焉今夫禮義廉耻可貴莫甚焉媕婀愉靡可賤莫甚焉人情孰不好貴哉其流之趨卒不免處於賤者佑上固無以迪之而士鮮自立也且以閩士論之自漢以迄于今凡幾變矣晋族遷安衣冠始萃八姓入閩人物遞興常衮建學厥有文章於是歐陽詹之徒出與中原士埒宋渡而南吾道星纏諸儒林立有稱齒爲上國者有謂海濱鄒魯者東南文物宣泄盡矣明興文治精華人才衍庶當時元公翊運匡謨豐功駿烈藏于盟府後先相望莫可殫述逮至成弘間國家淳龐之氣鬱而未散累朝熙洽之澤溢而方流士相率被教化明道術或顯而赴響希會或微而素履考祥咸恂恂爾雅愊實總之不詭乎道户傳詩禮家寶清白士甘鶉結官矢羔羊時則有若蔡清周瑛黄鞏黄仲昭陳茂烈陳真晟諸賢或以理學名或以氣節顯或以孝行聞或以恬退著其大歸於樂道貞志是故有洞晰經學咏歌一貫隨事檢心家貧或貸于人以自給者矣有先後抗疏落職杜門著述力不能具筆劄辨薪米者矣有躬耕養母懇疏辭禄短床敝席出則自執蓋者矣有聞有司防察過嚴婦不復應舉布衣終身者矣群公際綦隆之會修上世之業履大道之經植不朽之行童而習之老而安焉宜其風之淳俗之厚如是及乎嘉隆以來文運益斌斌盛矣乃論者不免有過計焉曰前輩崇雅道勵志清修廉靖寡欲矣今也得無有居服奢僭昏喪逾越務豐殖而事淫靡者乎前輩陳胸臆關説世務奥衍剴切矣今也得無有緣飾纖華希徼榮利舍肯綮而拾卮詞者乎前輩慎名檢攄忠讜隆孝養體道修身矣今也得無有飾容市譽拂經背禮矯以爲廉訐以爲直者乎前輩悟正學時省克視險如夷知命樂天矣今也得無有秉心褊躁甘心

脂韋銖銖于較計營營于儇狡者乎數者有一于斯是習壞之矣反之不可不亟也今天雕鏤爲器錯以五采比其用也不任黍實寧木毋飾寧嗇毋侈忍性動心以需大受語曰澹泊以明志寧静以致遠是儉素當崇也鈎棘以爲奇割裂以爲古競相記習珍若球琅識者厭之布帛菽粟之爲文也純然有正色冲乎有餘味語曰編之乎詩書而不愧措之乎天地而不疑是文體當厘也逢衣淺帶禹行舜趨始乎盗名終乎亂德將安藉乎力田孝弟不言躬行循德而蹈時至則化語曰懷忠信以待舉力行以待取是實行當修也辨材度德膚完腹蠹雖有合抱弗顧之矣虚名取容器小任重實鮮中積債轅敗犁語曰弓調然後求勁馬服然後求良士慤然後求智是心術當正也雖然此未可盡責之士也教化者朝廷之急務廉耻者士人之美節上有教化而後士有人有廉耻士有廉耻而後天下有風俗其道恒相成焉是故興起之機在士轉移之權在上不觀之射乎設侯布鵠比德較力期以百步則以百步中期以五十步則五十步中下者上所率也又不觀之市乎轉敗盈縮與時貴賤一巧售則百巧競進一素售則百素騰踊下者上所倡也方今聖天子作新于上求賢之詔歲煩幾下津津乎端士習正文體爲言一時名公卿内外百執事咸兢兢奉德意申飭化導甚備海澨山谷潛伏之士莫不鼓舞更新蓋上之精神意氣同遍融液達于罔極故感奮若是亦非獨閩也夫明德彰教覺朦瞶而新之者主上之惠也剗文還質應風雲而趨之者學士之烈也有君如此寧忍負之執事毋過慮焉

第五問

龔廷賓

同考試教諭熊批（籌海防者不激即泛是篇陳閩廣島嶼要害具悉至論練兵擇將尤卓有成畫）

同考試官教諭張批（諸士談時務多疏窘鋪叙而具經略劑量而中機宜者僅見此篇）

考試官教諭丘批（條畫周詳用世之學）

考試官教諭姚批（文章經濟俱優）

夫謀臣石晝平居欽欽慮變變發若無事然何也未變而預圖正所以變發而不懾也閩固多故之地也頃海波不揚閭閻安堵天子之鐘鼓實式靈之然居豐者以蔀屋爲慮審勢者以唇齒爲憂東廣之地與閩相錯逋寇遞起竟未有大創之者此豈直廣患閩亦患之矣古者各君其國猶相救恤以畏簡書况今一統明天子詎有漠然眂鄰竟秦越哉屢奉明旨會勦特于南澳設重鎮以連兩省聲援夫寇辟則鹿也閩人犄之廣人角之相與蹄之有何不克第詳

廣海島嶼甚多故逋逃如搏景緩則鵰搶急則告撫廣亦明知其詐而故羈維之幸無大縱非直我閩之師勢難越擊已也且自嘉隆來首難無慮數十皆連艘數百横行廣海而犯閩烽火者一焉夫入犯之衝首南澳次銅山次浯嶼次南日小埕烽火今寨游舟師鱗次櫛比非復曩時之比扼其上游則閩海内地可無慮矣至于外島可略而言在漳曰南澳在泉曰彭湖在興曰湄洲在福曰海壇夫南澳有重鎮矣海壇有游兵矣湄洲在目睫之間亦無所伏奸矣脱有侵軼而竊據者其彭湖乎夫彭湖遠在海外去泉二千餘里其山迂迴有三十六小嶼羅列如排衙然内澳可容千艘又周遭平山爲障止一隘口進不得方舟令賊得先據所謂一人守險千人不能過者也矧山外多礁風汛不常吾之戰艦難久泊矣而曰可以攻者否也往居民恃險爲不軌乃徒而虚其地今不可以民實之明矣若分兵以守則兵分者於法爲弱遠輸者於法爲貧且絶島孤懸混茫萬頃脱輸不及而援後時是委軍以予敵也而曰可以守者否也亦嘗測其水勢沈舟則不盡其深輸后則難扞其急而曰可以塞者亦非也夫地利我與賊共者也塞不可守不可攻又不可則將委之乎惟謹修内治而已法曰佚能勞之飽能饑之賊之所資者糧食所急者硝磺也惟峻接濟之防而敦陳整旅以需其至則賊既失其所恃而海上軍事又絶不相聞雖舳艫軋芴詎能爲久頓謀哉以我之逸待賊之勞以我之飽待賊之饑稍逼内地則或紿接濟以掩禽或假漁商而襲擊此營平致敵之術也法有不以兵勝而以計困者此之謂也於戲接濟勾引患非一日矣漳民航海商夷其本業也自先朝過禁遂致勾倭釀成禍府邇者假充餉之名寓弭盗之術請開海禁意誠善矣然亦以東南夷不爲中國患故云不謂日本之狡黠也窮寇無聊又安知不出於勾引計乎大抵閩廣地勢雖稍稍殊而通夷市海同觖法嗜利亦同廣禁而閩弛則閩爲逋藪閩禁而廣弛則廣爲逋藪安南私泊于閩蔡佛保流毒於廣其已事可鑒已夫蚊虻□膚手不期而搏其痛一也同舟而遇風波雖夷貉之子同心而共濟者其患一也謂宜齊禁周防協和并力何憂乎奸氓何畏乎逋寇哉執事曰治盗之策非剿則撫愚謂此非兩事也不剿而撫則其就撫也不固不散而聚則其養禍也滋深故議剿議撫當先議兵閩有水有陸水獨用土著以土人習水非吴越人可望也陸則土客兼用土有五壁客有六壁幾相半矣若謂客兵必當去則前閩人壺漿迎之者誰也若謂土兵必可用則异時與難嘯呼者又誰也創往禍者曰沿海勾引之奸多有詐稱應募者籍之爲兵得無虞共漏師爲變者乎似非過計也審時務者又曰此屬易與爲亂則孰若部之爲兵而令就約束乎亦一策也然而終未探其本也以愚私臆兵不必土客

顧練之何如爾今之浙兵非復昔日素練之舊矣且浙非無事區也卒然軍興奈兵不可借何故練土者遠畫募客者權宜也然以未試之土著而遽去聲敵之客兵萬一有警土著不支誰尸其咎哉孫子曰將者國之輔也輔周則國强陸宣公亦云用兵之道在乎將得其人得其人則狙詐咸作使不得其人則狙詐咸作敵有一淮陰市皆精卒矣有一忠簡盜賊皆義旅矣今土著所以不可恃者多緣將之非之故練之無法耳今誠嚴督責之令精綜核之鏡視各部將果曉暢軍事者優遇之否則懲之果和輯士心者久任之否則亟去之果守約遵令實心訓練者即謗書盈篋必傾心誠信之而剥衆夤緣者即操三尺法之庶幾將率而下人畏威懷德平時既有投石超距之風臨敵試有衝鋒陷陣之績則土亦何謝於客然後漸次汰客方爲萬全此尚需以歲月非今日事也於戲擊陸寇易擊海寇難撲初發之寇易撲久玩之寇難收一方之寇易收兩省之寇難迂疏之見特談兵之常爾乃若隨機制勝神明不窮自有廟算在

福建鄉試録後序

萬曆己卯秋福建舉鄉試事既竣有司録諸士之文以獻龍雲不佞從諸執事後乃敢申於多士曰爾多士亦知所以預是舉者乎亦知所以無負主司責期之厚矣乎夫多士之所進文也所明經學也所論者古今時事也异日徵之用則措之天下國家也國朝陋前代詞賦之制專以經術取士士必通經然後庸以施于政固以業經學成可致用也故皆養之學校而一之於科目龍雲嘗伏睹聖祖諭侍臣有曰人才必養之於未用之先用於既成之後譬之稼豫耕則有穫又以明道德通世務爲文之要深怪險僻雕刻浮藻爲文之病聖謨丕顯二百餘年來道化日新我皇上嗣服即申飭學政以端示向往達之天下莫不改易觀聽矧八閩固夙稱海濱鄒魯乎蓋自常衮興學之後宋諸大儒輩出閩之士知所向方舊矣今文教洋溢章縫之徒遍于寰區凡髫齔之童幼而習之家塾者無异于鄉學國學學于鄉學國學者即以試有司對明廷居官任職無所不可諸士誠私淑先賢陶成于運隆化洽之日也可不知所自乎顧上籲俊尊帝孜孜焉思得真才實德以共治理龍雲不能不有大懼焉蓋天下日事末學趨於華靡久矣今所望者乃在篤行躬修之士龍雲非敢謂國家培養未至多士心術盡或頗也間有負作人至意竄端匿迹獲厠於其間則是進末學而崇華靡主司任之也明旨申飭之謂何徒使人以科目不能得人爲多士

誚是非主司所望于爾多士也龍雲聞之山之高而雲霧興焉水之深而蛟龍産焉君子道德之厚而文章著焉多士皆占一經而據理敷詞至談時務讜論嘉猷叠出主司操量衡而程概之謂終身所建立足信於此也寧意猶有不然者乎今夫刻鏤土木以爲果餌飾之丹青而文以金繒雜沓賓筵見者莫不閲之求其實不可嗜也辨白黑者瞭然于目而别矣有瞽師焉其言白黑若得其情至授以質則懵然也彼徒剿浮論夷考其行無一與所言相當者何异瞽師言白黑乎殆于果餌之飾可悦而不可食者類也夫士學古之學至録於上之人乃不以所學爲世用奚以文爲今多士以計偕應試南宫行且奉廷對第進士顧主司未敢以是爲厚幸獨惟遭時自見宜知所以振厲而祓滌維新庶他日效於實用天下國家有攸賴也則是録號爲得人矣語曰馬服知□劍硏知鋼主司將藉是以稱塞多士勖乎哉

河南汝寧府信陽州羅山縣儒學教諭丘龍雲謹序

萬曆十年福建鄉試録

福建鄉試録序

主上御極之十年詔天下復舉士巡按福建監察御史沈涵以所聘四方之文學至則以不佞來相與教諭鄒守約典試事教授周鳳來蕭文元傅納誨教諭黎熙鍾維藩温景明訓導陳應鳳趙弘學俞化龍同考試事以左布政使舒應龍左參議范謙司提調僉事王乾章丁元復司監試下至百執事部署惟謹則胥戒之曰論秀興能國之重典毋敢不恪相等皆惕惕受命於是合提學副使王希元所選士如故事三試之得俊九十人籍且奏不佞乃銜御史指進九十人者而諗之曰諸士亦圖所以答今日之遇乎夫閩固揚之裔方越之遺壤也介在嶺服去中州特遠不佞始入閩則樂其山川之奇與其風物之美丹崖碧流眄接不暇大海綰其東南浩瀚茫洋浮天無際危巒巨嶂虧日月而干烟霄者不下職方氏之岳鎮顧以遐深阻仄曾不得一列于望祀山海之珍殊名詭狀莫可殫述往往不入包篚以登尚方若此類者多堙沕罕稱焉惟是衣冠之苗詩書禮樂之澤家絃誦而人章逢斌斌乎甲於宇内考亭隱屏之重幾埒闕里學士薦紳延領而艷慕之國家旁求俊良靡論邇遐弓旌輪帛相望于海澨自科目之制定而閩士解額當天下之十一即中州不逮也以故士之才者咸得離奥渫而覲休明與當世賢豪并驅蓋明興二百餘年而閩之名公卿賢大夫垂聲稱竹帛間者亦不啻當天下之十一豈徒與其山川壤産相堙沕於遐深阻仄之間而已於乎然則士不可謂不遇矣夫國疏於求士負在國士輕於報主負在士玉韞諸璞不琢不章錯而礱之藉而薦之碌碌然石也有不棄抵者乎馬方伏櫪矯首悲鳴恨無良樂乃市以千金而敗於一駕則涓人斥之矣今國家以閩爲崐渥將璧乘是求諸士蔚然并出而應之行且薦清廟服天閑藉令瑚璉其章騮騄其足策勛展采争趾美于前修則庶幾無負國家求士之至意矣若第以文辭嚆矢天下試之用亡當也而甚或盡誖其所操持此所謂石中而玉表駑質而驥文者爾即家薦户與於國家乎何有夫閩之山川其不幸而遺於秩祀者猶能興薈蔚以澤其一方即物之不登貢篚者亦稍稍

灌輸衣食天下夫士也苟上簡掄出而膺當世之用乃猥云虚文亡當謂論報何是使壤産擅珍而山川蒙耻也恧不亦甚乎語有之官先事士先志不佞竊謂是舉也諸士受事之端定志之日也故願與諸士蚤辨之諸士其毋亦以不佞之説爲虚文也哉維時提督軍務廵撫福建右副都御史今陞左副都御史勞堪威惠并孚文武咸憲提督軍務廵撫福建右僉都御史趙可懷英聲先被雅化維新提督南贛右副都御史王緝風猷遐暢士類嚮方鎮守總兵官署都督同知王尚文疆事載寧雅意文教右布政使張楚城左參政顧褒副使張偲僉事張正道劉朝𠡠皆協贊于外副總兵官于嵩參將李趨署都指揮僉事方伯盧鼎臣以防衛右參議張對副使盧整署都指揮僉事王應斌楊一經以入賀行副使徐汝翼以遷秩行皆與有始勞者例得書

山東兖州府寧陽縣儒學教諭胡來相謹序

萬曆十年福建鄉試

監臨官

巡按福建監察御史沈涵（維敬武功衛籍浙江德清縣人　辛未進士）

提調官

福建等處承宣布政使司左布政使舒應龍（時見廣西全州人　壬戌進士）

福建等處承宣布政使司左參議范謙（汝益江西豐城縣人　戊辰進士）

監試官

福建等處提刑按察司僉事王乾章（順卿浙江東陽縣人　壬戌進士）

福建等處提刑按察司僉事丁元復（仲心直隸長洲縣人　辛未進士）

考試官

山東兖州府寧陽縣儒學教諭胡來相（汝霖河南新野縣籍江西廬陵縣人　丁卯貢士）

浙江金華府蘭谿縣儒學教諭鄒守約（廷博江西宜黄縣人　甲子貢士）

同考試官

直隸鎮江府儒學教授周鳳來（廷瑞浙江臨海縣人　甲子貢士）

直隸揚州府儒學教授蕭文元（一卿湖廣江陵縣人　丁卯貢士）

直隸淮安府儒學教授傅納誨（志説山西定襄縣人　丁卯貢士）

江西九江府瑞昌縣儒學教諭黎熙（嗚雍廣東東莞縣人　戊午貢士）
湖廣鄖陽府房縣儒學教諭鍾維藩（大卿廣東番禺縣人　辛酉貢士）
廣東肇慶府四會縣儒學教諭温景明（未陽廣東順德縣人　丁卯貢士）
江西吉安府吉水縣儒學訓導陳應鳳（子禎江西南昌縣人　丁卯貢士）
湖廣長沙府益陽縣儒學訓導趙弘學（希孔廣西臨桂縣人　丙子貢士）
江西廣信府鉛山縣儒學訓導俞化龍（子升貴州衛籍直隸舒城縣人　己卯貢士）

印卷官

福建等處承宣布政使司經歷司經歷沈良貴（國修江西浮梁縣人　監生）
福建等處提刑按察司經歷司經歷郭汝梧（時鳴江西永豐縣人　儒士）

收掌試卷官

泉州府知府鄒墀（朝卿浙江餘姚縣人　戊辰進士）
漳州府知府周鐸（子振直隸太倉州人　乙丑進士）
延平府知府易可久（德卿江西宜春縣人　乙丑進士）
建寧府知府徐秋鶚（光祖廣西馬平縣籍直隸青陽縣人　戊辰進士）
汀州府知府徐一忠（良甫浙江慈谿縣人　壬戌進士）
興化府同知關學尹（佐卿廣東南海縣人　辛酉貢士）
興化府推官祝致和（達卿浙江龍游縣人　庚辰進士）

受卷官

邵武府知府鄭宣化（行羲南京龍江左衛官籍浙江樂清縣人　乙丑進士）
福州府同知鄧于蕃（价卿廣東南海縣人　壬子貢士）
汀州府推官彭而珩（命卿江西清江縣人　庚辰進士）
福州府閩縣知縣葉隆光（治卿直隸懷寧縣人　庚辰進士）
福州府侯官縣知縣董子行（明卿浙江嵊縣人　丁丑進士）
福州府長樂縣知縣陳奇謀（拙甫浙江秀水縣人　甲戌進士）
汀州府上杭縣知縣殷守善（復初直隸歙縣人　辛酉貢士）

彌封官

福建都轉運鹽使司同知蕭敏道（曰遜江西南昌縣人　乙丑進士）
漳州府推官丁此吕（右武江西新建縣人　丁丑進士）

泉州府晋江縣知縣彭國光（用卿江西德化縣人　庚辰進士）
泉州府惠安縣知縣鍾化民（惟新浙江仁和縣人　庚辰進士）
漳州府龍溪縣知縣褚棟（伯隆直隸武進縣人　庚辰進士）
漳州府漳浦縣知縣王命爵（元德江西廬陵縣人　丁丑進士）
建寧府浦城縣知縣褚國祥（徵興直隸武進縣人　庚辰進士）
福州府連江縣知縣劉娗（曙仲浙江山陰縣人　丁卯貢士）

謄録官

漳州府同知周裔登（朝亮廣東南海縣人　戊辰進士）
汀州府通判陳宣（汝化直隸太平縣人　乙丑進士）
延平府推官盧泮（宗文直隸無爲州人　庚辰進士）
漳州府長泰縣知縣方應時（以中浙江遂安縣人　庚午貢士）
漳州府詔安縣知縣張大器（尚通浙江慈谿縣人　戊辰進士）
延平府永安縣知縣史重淵（叔龍浙江餘姚縣人　癸酉貢士）
建寧府甌寧縣知縣吴禮嘉（會之浙江鄞縣人　庚辰進士）
建寧府崇安縣知縣梁鵬（孔適廣東順德縣人　甲戌進士）

對讀官

泉州府同知程有守（彦平直隸歙縣人　甲戌進士）
福寧州知州祝永壽（以仁江西臨川縣人　庚午貢士）
福州府福清縣知縣羅萬程（時騰江西廣昌縣人　庚辰進士）
興化府莆田縣知縣葉承遇（思章浙江永嘉縣人　丁丑進士）
漳州府南靖縣知縣李大欽（惟敬江西浮梁縣人　庚辰進士）
延平府南平縣知縣姚應龍（子翼浙江慈谿縣人　丁卯貢士）
建寧府建安縣知縣荆文燁（仲韜直隸丹陽縣人　壬子貢士）
汀州府清流縣知縣鄧邦髦（秀卿廣東徐聞縣人　辛酉貢士）

巡綽官

福州左衛指揮僉事計棉（廷用直隸和州人）
福州右衛都指揮同知朱正色（立朝直隸海州人）
福州右衛署指揮僉事徐欽（以敬山東汶上縣人　丁丑武舉）
福州中衛署指揮僉事楊昌言（廷對直隸上海縣人　丁丑武舉）

搜檢官

福州左衛指揮僉事古應科（汝第直隸密雲縣人）

鎮東衛指揮使劉煇（世絢山東淄川縣人）

延平衛指揮僉事張瓊（汝珍福建長汀縣人）

汀州衛指揮僉事李韜（習卿山後太寧人）

福州左衛左所副千户杜炫（文光山東東平州人）

福州中衛左所正千户戴柱（廷舉直隸壽州人）

興化衛前所正千户杜梃（子和直隸儀真縣人）

漳州衛中所副千户韋繼賢（天興直隸泗州人）

供給官

福州府通判陳祈（敬甫廣東從化縣籍番禺縣人　庚午貢士）

福建等處承宣布政使司照磨所檢校胡士賓（仲穆直隸績溪縣人監生）

福建等處提刑按察司照磨所照磨冷文燭（玉卿四川銅梁縣人　恩貢）

福建都指揮使司經歷司都事許用晦（文明浙江東陽縣人　吏員）

福建都指揮使司斷事司斷事周一命（順甫廣東遂溪縣人　恩貢）

福州府閩清縣知縣楊應曉（汝升直隸亳州人　恩貢）

漳州府龍巖縣知縣曹胤儒（汝爲直隸太倉州籍吴縣人　恩貢）

邵武府邵武縣知縣江鴻慶（應文江西貴溪縣人　恩貢）

福建都轉運鹽使司經歷司經歷祝繼仁（汝榮浙江山陰縣人　知印）

延平衛經歷司經歷陳淮（原洲浙江山陰縣人　吏員）

邵武府經歷司經歷萬鎰（賓卿直隸山陽縣籍江西南昌縣人　監生）

福州府照磨所照磨蕭崇化（守之江西廬陵縣人　監生）

泉州府照磨所檢校周庠（邦化江西德化縣人　監生）

漳州府照磨所檢校胡絅（汝文直隸沭陽縣人　儒士）

福州府閩縣縣丞王邦直（方叔雲南瀾滄衛籍湖廣湘鄉縣人　歲貢）

福州府連江縣主簿張星耀（天文直隸懷寧縣人　監生）

福州府古田縣主簿徐應召（時鳴江西上饒縣人　監生）

興化府莆田縣主簿倪可傳（世業浙江嘉善縣人　吏員）

泉州府南安縣主簿周枝（汝達浙江遂昌縣人　吏員）

汀州府清流縣主簿徐一極（有用浙江西安縣人　監生）

興化府仙遊縣典史朱文盛（用化浙江遂昌縣人　吏員）

福州府遞運所大使董圓（尚制浙江海鹽縣人　吏員）

福州府閩縣大田驛驛丞王大科（應元浙江鄞縣人　承差）

第一場

四書

子曰以約失之者鮮矣　今天下車同軌書同文行同倫雖有其位苟無其德不敢作禮樂焉雖有其德苟無其位亦不敢作禮樂焉子曰吾説夏禮杞不足徵也吾學殷禮有宋存焉吾學周禮今用之吾從周　公孫丑曰道則高矣美矣宜若登天然似不可及也何不使彼爲可幾及而日孳孳也孟子曰大匠不爲拙工改廢繩墨羿不爲拙射變其彀率君子引而不發躍如也中道而立能者從之

易

九三无平不陂无往不復艱貞无咎勿恤其孚于食有福　大壯大者壯也剛以動故壯　以言乎遠則不禦　神也者妙萬物而爲言者也動萬物者莫疾乎雷撓萬物者莫疾乎風燥萬物者莫熯乎火説萬物者莫説乎澤潤萬物者莫潤乎水終萬物始萬物者莫盛乎艮故水火相逮雷風不相悖山澤通氣然後能變化既成萬物也

書

禹曰於帝念哉德惟善政政在養民水火金木土穀惟修正德利用厚生惟和九功惟叙九叙惟歌戒之用休董之用威勸之以九歌俾勿壞帝曰俞地平天成六府三事允治萬世永賴時乃功　其爾克紹乃辟于先王永綏民説拜稽首曰敢對揚天子之休命　古人有言曰人無於水監當於民監　欽哉永弼乃后于彝憲

詩

螽斯羽詵詵兮宜爾子孫振振兮　幡幡瓠葉采之亨之君子有酒酌言嘗之　皇矣上帝臨下有赫監觀四方求民之莫　嗟嗟臣工敬爾在公王釐爾成來咨來茹嗟嗟保介維莫之春亦又何求如何新畬於皇來牟將受厥明明昭上帝迄用康年命我衆人庤乃錢鎛奄觀銍艾

春秋

宋人蔡人衛人伐戴鄭伯伐取之（隱公十年）夏公會齊侯宋公陳侯衛侯曹伯伐鄭圍新城（僖公六年）　五月癸丑公會晋侯齊侯宋公蔡侯鄭伯衛子莒子盟于踐土（僖公二十有八年）春王正月晋人滅赤狄甲氏

及留吁（宣公十有六年）　夏齊人伐我北鄙（僖公二十有六年）公會吴于橐皋（哀公十有二年）　春用田賦（哀公十有二年）

禮記

深而通茂而有間　著不息者天也著不動者地也一動一静者天地之間也　清明在躬氣志如神耆欲將至有開必先天降時雨山川出雲其在詩曰嵩高維岳峻極于天維岳降神生甫及申維申及甫爲周之翰四國于蕃四方于宣此文武之德也　天地四方者男子之所有事也

第二場

論

人君不可不知乾道

詔誥表（内科一道）

擬漢初令郡國舉孝廉各一人詔（元光元年）　擬唐以李絳同平章事誥（元和六年）　擬宋徵處士王昭素爲國子博士問治世養身之術書其言於屏几謝表（開寶三年）

判語（五條）

官員襲蔭　轉解官物　鄉飲酒禮　聽訟回避　修理倉庫

第三場

策（五道）

問　自古帝王統天馭人茂臻鴻理即詩書所載可鏡也然水暵灾祲代亦有之卒無能爲盛治之累是遵何德哉秦漢以還世主信禨祥勤禱祀者匪尠鮮矣乃灾异之來史不絶書則何以故我國家際會休隆上駕三五太祖創丕基肅皇纘大烈其於天命民喦固惓惓亟也訏謨懿範可得而楊厲歟主上冲睿嗣服十載于兹太和盎然時用熙洽比者雨暘弗若疢疫流行星异水灾頻形章牘致怛焉廑宸慮涣德音禱于群祀仍敕中外痛加修省而賑貸之令逋負之蠲復曠然溢也聖敬精純皇仁蕩渥真足揚祖烈而軼隆古矣乃主上虚懷側席望治尤殷殷焉豈欽崇保惠之實尚有進於此乎兹欲竭智效忠仰贊鴻理其道何繇願綜經披悃陳之所司將敬聞于上

問　孔子謂君子不可小知而可大受也則細行若在所略矣孟子謂人有不爲也而後可以有爲則志業又審於微矣聖賢之言其旨同歟否歟抑各

有當歟夫志清天下者遺於一室器優社稷者疏於百里是若不可小知矣究其所受亦有可言者歟彼任才於履屐之間綜計於竹木之細者何以卒爲將帥之器躬耕南陽不求聞達高卧東山不赴辟舉是亦有所不爲者矣究其所爲亦有可言者歟彼屏居墓所以辭榮築室豹林以養晦者何以卒無名實之加豈小物固可以占人而不爲者不必其有爲歟抑末世之士難概以聖賢之成法較歟諸士誦法孔孟有年矣執事者業以大受期之不徒以藝文求也乃若所不爲與所欲爲者安在於前數子亦有取焉否乎抑又有進此者乎願抒自信之言以觀尚友之學

問　傳曰萬物殽錯懸諸天衆言淆亂折諸聖孔子大聖人也春秋孔子大著作也乃書春王正月爲一經首後之説經者紛然以爲千古不决之疑豈聖人書法不若天道之昭然示人顯歟夫加春于王加王于正聖人書法本昭然顯也説經者乃有曰春秋不改時與月者有曰改時與月者有曰改時不改月者何其説之多岐也而爲是説者又皆世所謂碩儒名賢也安得委之爲千古不决之疑耶彼其爲改時與月之説者蓋曰孔子從周正也乃諸經皆孔子所删定其中紀載陰陽寒暑之序悉符夏正安在其謂從周正也此何以解也其爲不改時與月之説者蓋曰孔子行夏時也乃春秋二百四十年所書之灾异以周正推之始爲失序安在其謂行夏時也此何以解也不可謂之改不可謂之不改故改時不改月之説出矣蓋曰以夏時冠周月也夫時則夏矣月則周矣聖人之書法不應上下懸异若此此又何以解也衆言淆亂安得起孔子一折衷之嗟乎聖人之心與人一也千古之人心亦一也世豈有千古不决之疑乎諸士固辯疑待問者盍證之經史求其説之歸一以白聖人之心豈非千古一大快歟

問　學士捜古鏡今若身履然其以成敗論者皮相爾古謀哲者流當國家崎嶇迫阨中類多出奇犯難幸機會之一中卒之功施社稷榮華至今豈不褎然烈丈夫哉試籌其會甚危之逞螳怒以當虎狼璧則完矣藉令醢而奪之如趙事何謝鴻門而逸陷阱炎則熾矣藉令玉玦計行如赤帝何左袒一呼北軍盡入似也脱中變而右劉果安乎滹沱冰合全師竟渡似也脱未濟而解漢其魚乎驅宿將于强虜而回紇羅拜煢煢單騎可恃以無恐與枉清蹕於澶淵而契丹請和岌岌孤注可借以嘗試與夫事貴萬全功不再幸儻遘兹會果蹈數子危機耶抑出數子外也

問　事有終日籌之不爲煩者則籌海于閩是已然終日籌之卒一亡當焉亦何厭乎廣詢而熟計也先是閩中歲苦倭矣比雖號稱寧晏猶然未寢狼

心重以逋酋以倭爲藪而以閩爲資其志益眈眈視閩也近如峽門之邀掠彭湖之内嘗此豈一日忘閩者哉故醜類雖俘隱憂尚伏逋酋雖殪餘燼可然奈之何目爲治平無事也試稽往事類可寒心其在今日計將安出或謂水陸應議者有二番舶應議者有三亦既纚纚具矣然相機善後轉移駕馭之策不與焉諸生爲桑土謀宜無審于此其以平日與父老籌者殫言之以佐上計如徒勦經生言而卒亡當也即廣詢之謂何乃其憂則在諸生桑土矣

中式舉人九十名

第一名　謝絅　平和縣學生　詩
第二名　卓鈿　沙縣學生　書
第三名　林寅賓　晋江縣學增廣生　易
第四名　張斐　漳浦縣學附學生　春秋
第五名　韓邦域　侯官縣學生　禮記
第六名　陳日章　漳浦縣學附學生　詩
第七名　張日益　同安縣儒士　易
第八名　黄一龍　漳州府學生　詩
第九名　韋孚獻　泉州府學生　易
第十名　林景中　長泰縣學增廣生　書
第十一名　童敦吉　建寧府學生　春秋
第十二名　王志遠　龍溪縣學生　詩
第十三名　陳舉賢　惠安縣學生　易
第十四名　王協夢　長泰縣學生　書
第十五名　龔雲致　泉州府學附學生　易
第十六名　陳從彝　龍溪縣學增廣生　詩
第十七名　王學夔　福州府學附學生　易
第十八名　蔡肇慶　詔安縣學生　詩
第十九名　胡明佐　泉州府學附學生　禮記
第二十名　林維熊　漳浦縣學生　詩
第二十一名　陳義　晋江縣學增廣生　易
第二十二名　佘夢鯉　福清縣學附學生　詩

第二十三名　陳懋學　福州府學附學生　詩
第二十四名　楊聯爵　漳州府學附學生　易
第二十五名　施一皋　福清縣學附學生　詩
第二十六名　許亨魁　長泰縣學生　書
第二十七名　楊喬椿　同安縣學附學生　易
第二十八名　林璣　興化府學生　書
第二十九名　張材　福州府學附學生　詩
第三十名　葉宗舜　建寧府學增廣生　易
第三十一名　吴三讓　順昌縣學生　詩
第三十二名　曾曰唯　興化府學附學生　書
第三十三名　許廷嵩　泉州府學生　易
第三十四名　江世禄　福清縣學生　詩
第三十五名　林紹用　永福縣學附學生　春秋
第三十六名　詹兆忠　漳浦縣儒士　詩
第三十七名　劉宗卿　莆田縣學生　書
第三十八名　林廷蘭　龍溪縣學附學生　易
第三十九名　張憲可　永春縣人監生　詩
第四十名　黄培祺　泉州府學附學生　易
第四十一名　陳九德　鎮海衛學生　詩
第四十二名　林懋卿　福州府學增廣生　書
第四十三名　謝應謨　龍溪縣學附學生　易
第四十四名　蘇守一　晋江縣學生　禮記
第四十五名　張一棟　平和縣學生　詩
第四十六名　尤應魯　晋江縣儒士　易
第四十七名　紀廷譽　德化縣學生　書
第四十八名　詹應宿　閩清縣學生　詩
第四十九名　柯有斐　南安縣學增廣生　易
第五十名　郭子弘　海澄縣學生　詩
第五十一名　陳其殷　福州府學生　春秋
第五十二名　劉烶　上杭縣學生　書
第五十三名　張問達　將樂縣學生　易
第五十四名　江環　漳浦縣學附學生　詩

第五十五名　温如璋　海澄縣學附學生　易
第五十六名　趙晋弼　興化府學附學生　詩
第五十七名　李良材　海澄縣學生　書
第五十八名　李開藻　永春縣學增廣生　禮記
第五十九名　黄廷柱　建寧府學生　易
第六十名　張日曜　福清縣學附學生　詩
第六十一名　郭震之　泉州府學生　易
第六十二名　宋光台　興化府學附學生　書
第六十三名　楊岐鳳　晋江縣學生　易
第六十四名　沈油然　漳州府學附學生　詩
第六十五名　柯完甫　海澄縣學生　易
第六十六名　陳□　建寧府學生　春秋
第六十七名　程達材　興化府學增廣生　書
第六十八名　陳濂　惠安縣學附學生　詩
第六十九名　蘇任　漳州府學生　易
第七十名　連繼芳　龍巖縣學生　詩
第七十一名　謝朝佐　甌寧縣學生　易
第七十二名　陳一經　長泰縣學附學生　書
第七十三名　王錫侯　侯官縣學附學生　詩
第七十四名　陳應堂　南安縣學附學生　禮記
第七十五名　藍光璧　崇安縣學附學生　易
第七十六名　何日謹　漳浦縣學附學生　詩
第七十七名　賴克俊　泉州府學附學生　書
第七十八名　鄭啓芳　南安縣學附學生　易
第七十九名　唐海　福州府學附學生　詩
第八十名　郭應時　漳州府學增廣生　易
第八十一名　趙世典　泉州府學附學生　春秋
第八十二名　方萬策　莆田縣學附學生　書
第八十三名　程可以　漳浦縣學增廣生　詩
第八十四名　蔡騰蛟　海澄縣學生　易
第八十五名　林茂槐　福清縣學附學生　詩
第八十六名　王純臣　泉州府學附學生　易

第八十七名　鄭俶　興化府學附學生　書
第八十八名　黄蒙憲　福寧州學生　禮記
第八十九名　何應軫　福清縣學增廣生　詩
第九十名　戴熄　長泰縣學附學生　易

第一場

四書

子曰以約失之者鮮矣

謝絅

同考試官教授蕭批（夫子取約意最難發揮作者往往浮靡無當是作體認獨真而詞復簡確宜録以正文體）

同考試官教諭黎批（峻潔老成不落蹊徑）

考試官教諭胡批（馴雅可式）

考試官教諭鄒批（典實精醇）

聖人欲人寡過而示之以約焉夫人恒過由弗約也以約而失焉者幾何哉夫子示人之意若曰人情無所制於中則必有所肆於外無惑乎其多失也恐其失而圖之其必以約乎誠使防閑於意念之初而慎慮以從若有所斂而不放檢束於事爲之始而慮善以動若有所制而不逾視聽言動本有定矩吾不敢以侈心乘也即此不敢自侈者而應感焉庶幾日就於準繩而猶失之冥行者否矣綱常倫理本有定則吾不敢以肆心處也即此不敢自肆者而酬酢焉庶幾日囿於範圍而猶失之履錯者否矣世固有以欲敗度者約則心常兢兢而所以制其欲者爲甚嚴雖未必身即爲度也而寧復有敗度之事耶世固有以縱敗禮者約則心常翼翼而所以防其縱者爲甚力雖未必動皆中禮也而寧復有敗禮之事耶蓋人惟放其心而不知檢即一事之偶合而其失恒多一反其心而歸之約縱萬感之紛紜而其失自鮮信乎約之道善道也而人當知所守約矣雖然此夫子維世之心也周末文勝夫子蓋力挽之故問禮之本則示之儉較奢儉之弊寧取其固儉也固也約也夫子每惓惓焉其有所思乎他日又曰文質彬彬然後君子則所取獨約也乎哉

今天下車同軌書同文行同倫雖有其位苟無其德不敢作禮樂焉雖有

其德苟無其位亦不敢作禮樂焉子曰吾説夏禮杞不足徵也吾學殷禮有宋存焉吾學周禮今用之吾從周

林寅賓

同考試官教諭温批（此題作者類以德位時分作三柱塵蔓可厭獨兹一洗陳言深得本旨可以式矣）

同考試官教諭鍾批（通篇皆本色語而布恪摛詞更復莊惟録之）

考試官教諭胡批（冠冕佩玉之文）

考試官教諭鄒批（善發于思寄周意）

王制大同於天下聖人所必從也甚矣王制大一統也即聖人且不能違而爲下者獨可倍乎哉中庸之意蓋謂禮樂自天子出者也是故權一則勢尊勢尊則分定議禮制度考文非天子莫之與矣而今天下何如哉今之天下周天子之天下也今之禮樂周天子之禮樂也以車則從其所制而軌同焉以書則從其所考而文同焉以行則從其所議而倫同焉制創于一王而統紀立法守于當世而風俗同蓋無敢有作禮樂者矣何也德不在我非作者之聖也雖有位焉不敢也位不在我無作者之權也雖有德焉亦不敢也孔子不云乎我觀夏道杞不足徵也説之已耳我觀殷道有宋存焉學之已耳惟學周禮而今天下用焉則從周禮而與今天下共用焉吾舍周何適矣夫觀今天下之所同與孔子之所從而不倍之義可識已使爲下者可以作禮樂焉則同軌同文同倫之風胡爲乎于今爲烈而聖如孔子又胡爲乎獨從周禮也哉雖然夫子固從周矣春秋之作無乃僭乎蓋自王迹熄而禮樂者非其舊矣春秋繫王于天而變禮易樂者無赦其義誠嚴矣哉然則萬世之下猶知尊王之義者春秋在也噫至是而益見夫子從周之心

公孫丑曰道則高矣美矣宜若登天然似不可及也何不使彼爲可幾及而日孳孳也孟子曰大匠不爲拙工改廢繩墨羿不爲拙射變其彀率君子引而不發躍如也中道而立能者從之

卓鈿

同考試官教授傅批（發君子教人成法矩度森嚴詞華蒼蔚非淺學可到）

同考試官教授周批（黜浮崇稚復古之文）

考試官教諭胡批（高古不群）

考試官教諭鄒批（理精詞峻）

門人疑道不可及大賢明道不可貶夫君子以中道教天下顧其所從何

如耳而可貶乎哉宜大賢因門人之疑而明之也且聖賢立教非不欲引人于道也然卒未嘗少貶以徇之者法在故耳公孫丑學孟子之道而不能從者其曰道則高矣美矣宜若登天然者嘆其難也其曰何不使彼爲可幾及而日孳孳者冀其貶也而於中道也昧矣孟子曉之曰夫教孰不有法哉法在繩墨即大匠不爲拙工改也法在彀率即羿不爲拙射變也况君子之教乎君子以道不盡於言傳固引之也而不發者寓焉然道不容以終祕雖不發也而躍如者呈焉是道也豈難矣而不可幾及哉亦豈易矣而可使幾及哉一中道而立也夫惟能者不苦其難而見超于意言象數之表則優而游之將自趨之矣不忽其易而心通于神化性命之微則厭而飫之將自得之矣此教之法也若曰不能而貶焉以從是繩墨爲拙工改也彀率爲拙射變也而可乎丑也日孳孳於中道則幾矣雖然道未易從也顔子大賢而猶嘆從之末由况其下者乎蓋卓爾之見其于道也深矣從之末由正其所以能從也先儒謂顔苦孔之卓真知言哉

易

九三无平不陂无往不復艱貞无咎勿恤其孚于食有福

林寅賓

同考試官教諭温批（題意只重保泰作者牽泥无咎勿恤字眼殊未暢本旨此篇得之宜録）

同考試官訓導陳批（理到之言憂深思遠讀之令人惕然）

考試官教諭胡批（舂容雅健非苟作者）

考試官教諭鄒批（聖人戚盛意是如此）

聖人危治世而著保治之道焉蓋世不常治顧保之者何如爾此聖人重爲泰之九三謀也且天人相與之際豈不甚可畏哉言天不言人則天勝盡人以回天則人勝泰至九三吾試卜之天乎夫貞元之運本自循環而盛衰之機恒相倚伏其泰將極未有能强之使留者其否欲來未有能却之不至者蓋平之必陂也往之必復也皆天也是則可憂矣將咎之不免而况于福耶顧夫豐亨豫大之世正吾人艱難正固之時而治亂安危之機則決於精神謀畫之際必也其艱乎皇皇焉敕天之戒而永圖懷矣必也其貞乎惕惕焉奉天之則而至正守矣人謀至此豈獨无咎已哉吾不憂泰之不留而恃所以保泰者常豫制治於未亂則亂者有其治者也而宗社靈長之慶且引之勿替吾不懼否之必至而恃所以傾否者有方保邦於未危則危者安其位者也而國家雍熙之休將垂之無窮信勿用憂恤而福其食之矣古藎臣哲士所爲惜時保業者類

如此吁聖人不以天之定爲可虞而以人之勝爲可喜思深哉哉周公之爲九三謀也嗟嗟文武成康之世豈不赫然稱泰運哉而豳風無逸公顧惓惓不少置則艱貞之説也蓋至姬轍既東且陂復而八百年無疆嘉福猶然世世享之然後知公之繫爻即其所以保周者耶泰之君臣可以鑒矣

神也者妙萬物而爲言者也動萬物者莫疾乎雷撓萬物者莫疾乎風燥萬物者莫熯乎火説萬物者莫説乎澤潤萬物者莫潤乎水終萬物始萬物者莫盛乎艮故水火相逮雷風不相悖山澤通氣然後能變化既成萬物也

張日益

同考試官教諭温批（六子功用正見神妙處此作獨中肯綮而體裁正大詞氣雅馴可以式矣）

同考試官訓導陳批（講六子不牽强比對而神妙之旨發揮始盡）

考試官教諭胡批（雅當）

考試官教諭鄒批（説理最精）

大傳論神妙乎物而詳其所以妙也夫神物之宰也故觀六子之用與用之所由成其神妙萬物者哉且陰陽不測之謂神而其變化生成爲萬物是故即物而知六子之功也即六子而知造化之神也夫神也者寄之乎有物之中而運之於無物之外其妙萬物而爲言乎何也物有萬而神惟一神無爲而六子有爲震以雷用而動萬物莫疾乎此矣巽以風用而撓萬物莫疾乎此矣離以火用而燥萬物莫熯乎此矣兑以澤用而説萬物莫説乎此矣坎以水用而潤萬物莫潤乎此矣艮以止用而終始萬物莫盛乎此矣若是乎六了之變化以成物也然豈六子之自爲變化哉陰陽無獨運之功而體用有相須之妙故坎離交而水火相逮焉震巽交而雷風不相悖焉艮兑交而山澤通氣焉夫然後一變一化而機不可測成始成終而物不能遺彼其動且撓也燥且説也潤且終始也孰非萬物所由成亦孰非神之所爲哉蓋神以六子妙萬物而六子不敢言功六子奉一神以妙萬物而萬物莫知所自以是知先後天之易固相與以有成也學易者存神其至矣哉嗚嗚呼神不言而六子宣其氣矣君不言而六卿宣其職矣夫惟宣之者常勞而主之者常逸故君人者如天運於上而恭已無爲之治天下稱聖神焉雖然神非清浄恣唯之謂也蓋無爲而無不爲者也無爲故不擾無不爲故不忘斯聖人神道之教哉

書

禹曰於帝念哉德惟善政政在養民水火金木土穀惟修正德利用厚生

惟和九功惟叙九叙惟歌戒之用休董之用威勸之以九歌俾勿壞帝曰俞地平天成六府三事允治萬世永賴時乃功

卓鈿

同考試官教授傅批（開泰保泰虞廷本意此作得之宜録以式）

同考試官訓導俞批（對仗天然詞氣不迫）

考試官教諭胡批（渾厚莊莊嚴）

考試官教諭鄒批（雅飭不凡）

聖世君臣有致意于保泰者有歸功于開泰者夫府事修和泰也念其所由保又念其所由開而泰道長矣且世之泰也豈獨天運然哉其始也必有聖人焉開之其終也必有聖人焉保之天人相應而終始相成吾于舜禹有感矣惟禹不以修和爲已足也進于帝曰於益云儆戒帝其念哉帝王德政凡爲養民計也今水火金木土穀則修矣正德利用厚生則和矣此九功叙而九叙歌也而能勿壞耶必思治功在天下激勸在朝廷勤者戚之怠者董之休與威之所不及者又以九歌勸之俾修和之功勿之壞焉耳禹致意於保泰者如此然帝不以修和爲己功也歸于禹曰俞汝云九功豈易致哉國家府事皆自天地出也惟水土平而天斯成焉天地位而府事治焉此歷萬世而且永賴也而伊誰功耶惟汝四載是乘八年于外天地汝調爕之府事汝經綸之修和賴于萬世汝垂裕之迹其艱難激勸烏容已乎帝歸功于開泰者如此吁懷萬世之慮在帝而禹實開其始成萬世之功在禹而帝實保其終兹上下交而泰道長也後世則不然治未小康其視永賴何如而遂倡豊亨豫大之説其度量相越一至此哉乃舜禹勿壞之心即天地無窮之心故六府三事至今勿壞則其貽之者遠也保治者念兹

欽哉永弼乃后于彝憲

林景中

同考試官教授傅批（闡欽弼無窮之旨明盡）

同考試官訓導俞批（得命伯冏體而詞意融徹可誦）

考試官教諭胡批（俱本色語）

考試官教諭鄒批（渾融精確）

賢王敕近臣輔君法祖而期之無窮焉蓋輔君守成憲者近臣也賢王敕之以永焉所期寧有窮哉穆王命伯冏若曰后以率祖爲孝臣以致主爲忠况近臣尤關君德乎何也動之欽言之臧文武彝憲在焉乃后守之而汝實弼之者也使

弼而弗欽欽而弗永欲后之終守彝憲難矣汝爲大僕正也欽哉本此心之克敬引君于祖德之隆而持此敬之有常導君于先烈之盛動有一時弗欽動即違于彝憲矣必欽以率屬而出入起居永承弼焉不至于先王之法行不已也言有一時弗臧言即違于彝憲矣必欽以倡屬而發號施令永匡弼焉不至于先生之法言不已也朝夕王宫兢兢焉以聰明齊聖責之君凡愆繆在我有明廷廣衆所不及聞者汝之繩糾常豫矣豈特今之懋德已耶周旋王所翌翌焉以祇若咸休望之君凡非心在我有法家拂士所不及知者汝之感格常先矣豈特始之交修已耶蓋匪彝易入而燕閑愈密尤不可無弼亮之臣成憲難持而啓迪難勤尤不可忘篤弼之志伯冏欽哉考之成周綴衣虎賁與三宅等誠重之也先王彝憲有自來矣穆王欽弼之命其思深哉未幾而車迹且遍天下其於彝憲何如耶抑不知伯冏猶在職否也故曰終始慎厥與惟明明后此萬世法祖者所當監也

詩

螽斯羽詵詵兮宜爾子孫振振兮

謝絅

同考試官教授蕭批（此題類多經優是作閑閑説去深得風人之旨）

同考試官教授黎批（發揮宜字意冲淡微婉）

考試官教諭胡批（詞氣融貫）

考試官教諭鄒批（秀拔）

詩人喻后妃德盛而後必昌也夫和以逮下后德之盛也惟德則福集矣其昌後也固宜歌螽斯者意曰國家啓昌明之祚豈獨主德茂哉蓋亦有后夫人之助焉吾嘗觀德於后妃而有徵於物矣彼螽斯之爲物人知其生之衆也而不知其性之和也寓形於羽族自以類而相從順動于氣機隨所在而皆適其處也樂乎其群而交相得焉無胥戕矣其集也安於所止而咸相若焉無胥遠矣何如其詵詵耶吾知造化以和發育也爾之保合者既全夫有生之理萬物以和立命也爾之化醇者又凝夫有生之氣由生理之不匱而子孫化生日蕃滋而不可紀以群處者其群益廣此以和召和之機也由生氣之不息而子孫嗣續日蕃衍而不可窮以類集者其類益衆此和氣致祥之常也孰謂此振振也非詵詵者宜爾耶后妃仁垂于樛木既與螽斯同其和而瑞應于麟趾自與螽斯之子孫同其盛洵宜也而非幸也德福之相因如是夫吁是可以窺王化之原矣抑后德之關於人國匪眇小也睹蒼姬之曆如武之纘緒旦之制作諸姬之蕃王室后妃啓佑之功大矣不有在宫雍雍者孰爲刑于耶尤有説焉後儒論人主保養壽命之源而繼之以子孫千億皆自此始其意深矣敢以是

足螽斯風人之意

皇矣上帝臨下有赫監觀四方求民之莫

陳日章

同考試官教授蕭批（講監觀求莫處春容含蓄非淺學可到）

同考試官教諭鍾批（體格莊重意味深長當是大雅可以式矣）

考試官教諭胡批（明浄簡古）

考試官教諭鄒批（典實不浮）

詩人表天之監下也明原天之愛民也切夫天生民而仁覆之者其心也則高明之無不察非求以安民而何哉周人叙世德而推本言之曰我周王業人知始於太王之肇基而不知原於帝心之簡在彼皇矣上帝是萬民之天也冲漠之體固民聲臭於俱無明畏□施則昭威靈於不爽其居也高而照臨遍於下土焉雖幽隱之畢達矣其運也廣而監觀盡乎四方焉即遐逖之不遺矣若是者果何求哉蓋帝天之神明無一息不流通于天下而生民之休戚亦無一日不軫切於帝心祁寒暑雨能無怨咨者乎則求所以休養而生息之者靡不至也照臨之上以神運焉必思有克副其衷者矣疾痛勞苦能無號呼者乎則求所以維持而安全之者靡不至也監觀之表以明運焉必思有能代其工者矣天不可諶而所可知者好生之德民無所告而所可恃者臨下之明令此四方之國孰有如我太王之安民者乎此帝心眷顧而爲周命之始基歟維然此論天心也而非太王之心也遷岐之時期以免難而已何心于天也觀傳之文王而尤以軍事殷則太王之心益可識矣然岐山天作與王之基太王遷而居之卒爲周家之根本重地故曰天也噫商祚未移之時天命已屬之周去留之儀可畏也已嗣成業者祈天永命之思容可忽耶

春秋

夏齊人伐我北鄙（僖公二十有六年）公會吴于櫜皋（哀公十有二年）

張斐

同考試官教授周批（意該而不浮詞簡而不漏可與譚經者録之）

同考試官訓導趙批（不尚蔓詞雅識傳意）

考試官教諭胡批（對隊森然）

考試官教諭鄒批（得謹嚴體）

觀二賢之却敵而功施人國者偉矣夫却齊如禽却吴如賜皆國之衛也其功顧不偉與且國家所賴于藎臣哲士寧徒取其慨然以身徇哉要以偃息

當多故之衝談笑定千里之難而臣主俱榮身名并永者上也吾于比鄙之伐得一展禽焉齊孝無良恚魯黨衛而忿焉與魯爲仇重怒難任國病莫支何恃而不恐乎維時展喜犒師禽也授命動以太公桓公讓以棄命廢職其詞直奪之不祥齊且引師徒去矣夫以齊加魯其夷魯直縣鄙耳而禽也竟麾之從容辨論間一宫之力威于三軍禽之衛魯也豈淺哉又于槖皋之曾得一賜焉夫差不道怙强凌魯而桀焉要魯以盟夷德無厭狡謀叵測即日盟何益乎維時我公不欲賜也修詞本之明神玉帛終之可尋可寒其詞順强之無名辭且奉載書還矣夫以吴莅魯彼固謂此易與耳而賜也竟沮之從容陳對間一言之功加于百牢賜之衛魯也豈淺哉夫有禽則齊却有賜則吴却賢者能以其身爲國家重類如此録録三卿身之不保國乎奚恤悲夫吾觀春秋時王道既微人競詐力耳魯雖不振猶有周公之遺焉故禽也引先王賜也陳信義皆列國所未有也國有仁賢小用之則小效乃爾何論聖人大行其道哉故爲國而不任仁賢者吾未見其理也

春用田賦（哀公十有二年）

童敦吉

同考試官教授周批（此題傳意凡數轉作者不察類牽强配合成文殊失本旨此作獨得之）

同考試官訓導趙批（善發春秋重本意）

考試官教諭胡批（詞意詳盡）

考試官教諭鄒批（能見大旨）

春秋重國本故于變制困民者譏焉夫國保于民也田賦用而民益困矣如國本何且田賦何以用也哀公季年外有不經之需而費日侈内有不登之歲而儲日虚二猶不足故不得已而計出此也君子曰何哉哀之自削其本也蓋民惟邦本本固邦寧所從來矣善爲國者定之以中正之賦持之爲經久之規即有緩急無加賦焉何者重本故也夫何魯也過計于舉嬴之會而厚斂以厲農權宜于無備之時而益賦以弱國田以出粟主足食耳未聞兼以賦也田也而兼以賦則軍國之餉且與粟米之征并輸也民其安所給乎賦以出軍主足兵耳未聞責之田也賦也而責之田則力木之農且與逐末之流□征也民其何以堪乎蓋嘗遠稽先王之成制近考周家之舊章惟是惠養元元恩至渥也未有一舉而重困之若斯役者當其時仲尼薄斂之陳有若盍徹之對豈不稱遠猶哉奈之何哀弗悟也夫人孰不愛其力力盡則民殘夫國孰不依于民

民殘則國瘁即田賦之用安所用之故春秋特書用者不宜用也聖人重本之念深矣嗟夫魯事至此亦蹙矣蓋國用不足不得不取盈于民民病而國從之勢則然也非一朝一夕故矣故善足國者必足民善足民者必節用國無靡費斯民有餘財即不虞有恃焉此上理也不然其不爲魯事者幾希

禮記

著不息者天也著不動者地也一動一静者天地之間也

韓邦域

同考試官教授周批（禮樂贊天地之化經生類能言之獨此作渾融明盡可以式矣）

同考試官訓導俞批（發揮禮樂配合之旨殆盡）

考試官教諭胡批（體認真切）

考試官教諭鄒批（醇雅簡潔）

觀禮樂成功之所著足以盡天地之道也蓋天地間惟一動一静而已禮樂之成功有以著之天地之道不其盡於此乎記樂者意曰大哉禮樂之道乎制作肇於聖人功用通於造化而其理則妙於動静之間者也何言之彼乾知大始本不息也今樂以著之絪緼化醇之機一和順英華之宣泄是樂非天也而元氣之并運於不息者即天之所以爲天矣坤作成物本不動也今禮以居之擎斂妝藏之體一敦庸秩序之昭垂是禮非地也而品彙彙之别宜於不動者即地之所以爲地矣夫著不息者誠之通非天地之出機乎然動矣而未始不静也著不動者誠之復非天地之入機乎然静矣而未始不動也二氣之相禪循環於闔闢者無停機而上極下蟠罔非禮樂之充塞兩儀之成位互根於陰陽者有常運而不息不動莫非和序之昭宣蓋語法象莫大乎天地惟動静足以盡之語化工不越於動静惟禮樂足以該之信乎大人舉禮樂則天地將爲昭焉宜聖人揭之以示人也抑太極之理根陰根陽動静之相乘尚矣大樂與天地同和大禮與天地同節豈判然二道哉惟聖人建中和之極體天地之撰則動静者吾心之寂感禮樂者吾心之和序一以貫之而已後世有求之綿蕞秬黍之末者獨何與

天地四方者男子之所有事也

胡明佐

同考試官教授周批（懸弧始射之意止於首尾見之不入正講甚是有見）

同考試官訓導俞批（思致精密無一蔓語場中所僅見者）

考試官教諭胡批（朗爽清潤）

考試官教諭鄒批（最得題旨）

即男子所任之大可以識始射之義矣蓋天地四方至大也然皆男子之所有事焉是可忽於自任哉此射於始生之日有以也夫天之生男子至夥矣男子之始生至微眇矣所以必射天地四方者豈彌文哉蓋其生也有所自乾父坤母而混然中處者理本妙於相成其出也有所爲物與民胞而群然并育者情自聯於一體大之於天地爲裁成爲輔相何者非男子之宜有事者乎天生人而獨厚於男子其所負荷之巨固秉自有生則然矣遠之於四方爲藩宣爲綱紀何者非男子之當事事者乎世稱人而獨貴於男子其所挾持之重固溯其始生則然矣性分之内萬理備焉凡所以塞兩間彌六合者皆其性所素具者也雖位有大小而隨位以自效者抑何限與職分之中百責萃焉凡所以位天地綏四方者皆其職所當爲者也雖時有難易而因時以自致者可有量與夫男子之有事於天地四方者如此天下有一事之或失即男子之責不容他諉矣觀始射而示之毋忘所有事者宜深念哉嗟夫世有負天地四方之責者安凡近而阻遠大規便利以避艱難謂始射之義何孟氏曰人有不爲也而後可以有爲所貴豫養於未事之先有天地四方之志則可耳故人臣以敬事爲急而論士以尚志爲先

第二場

論

人君不可不知乾道

謝絅

同考試官教授蕭批（知乾道全重人君不忘君天下之心上此作闡明殆盡末以堯配乾尤見卓識）

同考試官訓導陳批（思致淵邃而博雅之詞足以發之）

考試官教諭胡批（莊莊重有體）

考試官教諭鄒批（氣雄詞古）

人君一身天下之所寄也非所寄於天下也曷寄之天也知爲所寄則不可一日忘其君天下之心知其非所寄則必盡其一日不忘君天下之心而以乾道爲君天下之道夫乾何爲者也健也天下之所以爲天也天運於冲漠蒼蒼耳顥顥耳而一元不息之命則寄之乎乾故曰乾天下之至健也是天之心所由以運行者也曷嘗一日或息於天下人君者天下之共主也是其所寄也非所寄於天

下者也心有一日之或忘則漠然無以慰共主之望而一日不以君天下之心自盡則精神意念壅閼閡隔於天下而與天行之健不相似矣如天寄之之心何宋儒胡氏曰人君不可不知乾道又曰人君不可頃刻忘其君天下之心夫以乾之道爲君天下之心舍健其奚以哉嘗觀之天矣穹窿覆幬運旋於上何聲臭哉而日月之照臨風雨之披潤雷霆之鼓舞無一日不效職於冲漠之中而萬物之在兩間生成變化無一不取足於大造之仁終萬世如一日則胡爲其然也謂蒼蒼者然耶蒼蒼者形耳顥顥者然耶顥顥者氣耳其必有天之所以爲天者耶天之所以爲天者則不已之命是也不已之命何也健也是日月風雨雷霆之所以爲元精者也元精所運萬古一息夫然後爲照臨爲披潤爲鼓舞各效其職而物之生者成者變者化者皆取足于天之仁均之亦萬古而不息故曰維天之命於穆不已夫言天而曰命言命而曰不已兹所以爲乾道乎知乾道則知君道矣是故人君受天明命而爲之子天於億兆之中篤生而寵异之者其心蓋將舉其不能自治天下之權寄之乎人君之身此其任何如重且繁者神明之統民物之命宗社子孫之緒中國四夷之望咸以一身承之而禮樂教化慶賞刑威經綸左右之具萬幾萃焉苟一日或忘其君天下之心則勢分而不合神遏而不流其心始壅閼閡隔於天下而與天不息之心爲有間嗚呼天之所以寄天下於人君之意謂何而可如此耶則以其不知乾道故也是故人君於此有奉若之道焉知吾爲天下所寄則不敢一日忘其君天下之心知吾非所寄於天下則不敢一日肆然於億兆之上而不以君天下之心自盡穆然深思超然遠覧位居九重而念周六合身處法宮而慮及蔀屋養隆富貴而意軫困窮未見其形而影則先察之未睹其大而細則先圖之以天之心爲已之心以己之心爲天下之心其憂勤惕厲之懷常恐恐然曰朝廷得毋有闕政乎邦國得毋有庶議乎閭閻得毋有愁嘆乎四方得毋有水旱乎寇賊奸宄得毋有竊發乎夷狄邊徼得毋有烽警乎宵旰之憂勝予之懼馭朽履薄之思持盈守成之戒無一日不切無一息或忘馳騖乎兼容并包而勤思乎參天兩地若心志耳目之交用也若呼吸喘息之相通也若絲聯繩結而不可解也嗚呼人君君天下之心何若是之不忘乎夫惟其心之不忘天下也是以禮樂教化慶賞刑威經綸左右之具無不秩秩乎修舉洋洋乎流行不出皇序不動聲色精神意念之所暨及天下皆景從響應聯貫融液於人君之心而熙然大治猶之萬物生成變化於兩間取足於大造之仁而不自知也是故纘神明之統奠民物之命衍宗社子孫之緒荅中國四夷之望巍然如天運於上而端拱無爲蓋皇哉唐哉號稱鴻洽君道弗可尚已孰非其不忘君天下之心致之乎甚矣人君不可不知乾道也吾觀古帝王之心類皆不能一日忘天下而惟堯之

爲君獨立其極焉是故協和時雍被四表格上下治化何蒸蒸盛也乃堯之心則日有歉焉兢兢敕天之念無間可息蓋至於開衢室游康衢以咨詢觀驗夫民風而其衷曷嘗頃刻忘天下哉是以致治之極克配彼天孔子曰大哉堯之爲君也巍巍乎惟天爲大惟堯則之天之化盡於乾元而孔子以大哉稱之乾之道盡於帝堯而孔子亦以大哉稱之夫莫大於天即古之贊坤者僅以至哉爲言亦不得并其大也而堯獨則之是豈有驚世駭俗之爲者夫亦得之於聖學而已矣故書贊放勛格天之治推本於精一執中之學有以也嗚呼兹堯之所以成其大歟易乾之象曰天行健君子以自强不息言君子之知乾道也又曰學以聚之問以辨之寬以居之仁以行之言君子之所以進於知乾道之功也知君子由學問寬仁進於乾則知堯之所以盡乾道而立君極矣是故求天於乾求乾於堯求堯於精一執中夫然後爲善言乾道君道者

表

擬宋徵處士王昭素爲國子博士問治世養身之術書其言於屏几謝表（開寶三年）

韓邦域

同考試官教授周批（治世養身之對古今格言子能檃栝題旨刊落浮蕪忠愛之情見乎詞矣録之）

同考試官教諭鍾批（矩矱森然音律鏘然嫻于四六者）

考試官教諭胡批（典而腴麗而則）

考試官教諭鄒批（大雅之音）

開寶三年某月某日臣王昭素伏蒙聖恩徵爲國子博士問治世養身之術書臣言於屏几謹奉表稱謝者伏以聖代崇賢綸綍重師儒之選宸衷納誨罙罳勒修治之規義取保身保民功比銘盤銘几道隨言顯感與榮俱臣昭素誠惶誠恐稽首頓首上言竊惟朝廷立四方之極政在宜民君身爲萬化之原學惟克己故爰諏上理唐堯之開衢室可稽若妙契真詮黄帝之問廣成有據箕疇緑字丕闡彝倫武烈丹書弘敷敬義凡以存心養性用之致治保邦自實意漸漓斯休風遂泯禮崇宣室未聞齒及蒼生秩重封侯祇以祕傳玄籙操法律刑名之術豈純政所先任呴嘘吐納之方於元神何益慙良臣之十漸空勞列幛輝煌假方士於一州胡用聯屏藻飾匪能崇儒而重道安望修已以及人不謂餘年欣逢曠典兹蓋伏遇靈承帝簡統一聖真异香浮夾馬之營間值貞元際會摩日映飛龍之駕適符九五當陽購遺藉以千金揭微言于兩廡賑先諸路符周王之視民如傷洞闢重門法成湯之檢身不及謂賢士關乎太學而

風教得之逸民遠騰丹鳳之音俯及白駒之谷伏念臣昭素衡茅疏賤丘壑棲遲注易三十三篇隱未窺乎聖奥行年七十七歲太平快睹于明時實用無裨自分長隨鹿侶虚名誤采奚堪濫厠鵷斑寵由真主之虚中榮溢微臣之望外蒲輪赴闕尚霏蘿服煙霞黼扆承恩始識衮衣日月官成均而教胄子周旋於詩書禮樂之區召便殿而講乾爻反復乎潛見飛躍之旨載勤睿問因竭愚衷治世莫如愛民紬繹孔門之訓養身莫如寡欲淵源孟氏之傳言本出于前修事有徵於往轍詎一時隆千載之遇即片語結九重之知嘉納既深竪觀彌切錦屏賜録蕪辭咫尺龍顔玉几摛文芹獻憑依鰲禁孰云藥石聊隨事以納忠用比韋弦荷開誠而受善此惟與天同量故不以人廢言臣敢不益勵平生誓堅晚節帝心啓沃載賡皋陶安民之謨聖學敷陳務屏徐市養生之訣桑榆雖暮葵藿矢傾伏願行如其言終惟其始民爲植國根本愛之必欲其周欲爲伐性斧斤寡之必期于盡純王達化廣春盎以流仁内聖存神懋日新以養德卜年卜曆軼周家三十世無疆得壽得名邁莊椿八千秋有未臣無任瞻天仰聖激切屏營之至謹奉表稱謝以聞

第三場

策（五道）

第一問

張斐

同考試官教授傅批（揚厲我皇上欽崇保惠之盛甚都末歸實德實政悉本六經真得啓沃之要者）

同考試官訓導趙批（考古鏡今攄忠效悃他日用世必有大建明者宜録）

考試官教諭胡批（宏詞古調非邃養者不能）

考試官教諭鄒批（頌而能規贍而有體取之）

自古帝王握紀凝圖集休祥而康兆庶也豈偶然哉上焉道在敬天下焉道在勤民斯二者其大端也敬之云者非徒彌爲具而已必有欽崇之實心潛孚默達于冲虚冥漠之表而後可以格天心勤之云者非徒矯爲迹而已必有保惠之實心旁皇周浹于窮簷蔀屋之下而後可以拯民隱故夫君者天之子也惟孝子爲能事親不以事親之心事天猶之夫彌爲具也民者君所子也惟慈父爲能鞠子不以鞠子之心保民猶之夫矯爲迹也以實心敬天而天乃闓懌以實心勤民而民用恬愉此二帝三王所以熙鴻號于無窮我太祖肅皇所

以垂休光于奕祀我皇上所以揚祖烈而軼隆古者洋洋乎可得而揚厲于萬一矣夫自混芒既判三兩迭分神聖馭圖郅隆躋會則唐虞三代之際豈不稱極盛極盛矣哉粤稽詩書晭然可睹若曰欽若昊天也敕天之命也克謹天戒也敬天之怒無敢戲豫也小心翼翼昭事上帝也則帝王所爲敬天者可鏡也若曰敬授人時也從欲以治也荒度土功也即康功田功也視民如傷也散財發粟也則帝王所爲勤民者可鏡也然夷考當時陰陽水火之氣交滑并運偶之在彼奇之在此天地之化會亦有憾水暵灾祲代亦有之卒之放勛澡德而九年不爲沴殷商剪爪而七年不爲魃高宗正事而雉雊不爲妖宣王側身而蘊隆不爲虐彼皆當扆永念乾心罪已不假卜筮不列珪璧而發祥隤祉迓釐錫羡三光八辰無不順命夫何能少爲盛治累哉裔是君臣不務休明其德徒飾繁文秦始之河魚漢武之乾封均借名于堯湯魯公之暴尫漢相之陽巫徒紛紜于禳祠河東之賦侈神騰鬼魋以爲觀而金人偶人則誕禮樂之志誇臚驩馮蠵以爲雅而叢祠類祠則誣彼皆眯于天人際暗于吉凶之幾而漫欲承皇孚于觴亯布休澤于薦暢也奈之何其不乖舛也哉我國家得天昌會獨化陶甄遠邇昭蘇中外禔吉於赫哉萬古一時也恭惟太祖高皇帝闢乾拓宇光啓鴻圖世宗肅皇帝揭日當陽丕昭大業蓋先後二百年間煌煌乎烈矣伏睹太祖之敬天也有對越上帝惟誠與敬之諴焉有洪範庶徵之辨焉有變灾爲祥之諭焉其勤民也有久困兵革生理未遂之嘆焉有安養生息之誨焉有定賦節用之訓焉然而匪虚也精誠省躬有録祈天永命有記則太祖所爲欽崇保惠者一本之此實心矣我肅皇之敬天也有欽天記頌之製焉有穀祇靈壇之賦焉有齋壇籲叩之誠焉其勤民也有無逸豳風之記焉有農桑禁奢之詔焉有藥餌銀粟之施焉然而匪虚也敬一有箴五箴有注則肅皇所爲欽崇保惠者一本之此實心矣休哉昭代聖聖繩繩蓋綦盛于太祖而中興于肅皇則尤烈烈者也故洪武之世混淪醇樸如元氣之在鴻濛嘉靖之世休養讙豫如日月之光四表訏謨懿範炳耀無極豈草茅譾譾者流所能窺睹萬一耶肆我皇上冲睿踐祚紹天闡繹毓萬年之間淑纘列聖之休嘉十載以來協風旁駭天晷仰澄帝紘皇綱齒于上代邇者雨暘弗若疢疫流行重以彗星示异水潦爲灾四方章奏頻聞黻宁上用惕然震念特俞禮臣請分遣大臣遍禱群祀仍敕内外臣工痛加修省以回天意又大施藥餌惠鮮無告所全活不下萬夫東南水灾屢行賑貸七年以前逋負蠲免以百萬計翼然聖敬曠然皇仁即二帝三王之盛曷以加兹太祖肅皇之休于焉丕纘光天之下孰不欣然相與沐浴其膏澤而歌咏其勤苦而執事猶然進諸生策之求所以稱塞虚懷仰贊鴻理

者甚忠志也然以愚觀于今之天下其達之上也無封禪祕祝之文而臚岱方明不時謁款無膢祓覡巫之誕而燔瘞膋簫藉在功令諸所以諧和宣導散平均而寫灾害者亦既孚徹于顥蒼矣其布之下也歲致蠲租之詔而方春賑貸上薄漢文月發劭農之令而弄田鈎盾遠軼昭紀諸所以振業樹德洽濃化而沛醇恩者亦既縱横于四極矣假令董賈而在亦安所獻納以爲欽崇保惠之實乎無已則以經生之言進竊惟皇上之所朝夕而習講讀而咨者夫非六經先聖之書歟則嘗讀易于乾而見天道之始讀春秋于正而見天德之元讀我將之詩而見天威之畏不在牛羊讀洪範之疇而見燠寒之若不在庶徵讀無邪之禮而見時雨之降不在山川是故人主之精神意慮四肢九骸無一不與天通一有沈滯雍閼之處其足以干天和而盭正氣者匪淺眇也匹夫匹婦稍有咨嗟愁嘆之聲徹于閭里則蒼穹爲之變色此二物者感通之故授受之原始之毫厘終之尋丈可易易視耶而其本則在人主之一身蓋六經之言炳如也漢史遷有言曰太上修德其次修政故聖人之動也川行其静也岳峙喜則與陽俱開怒則與陰俱閉晝選陽德以象天明夜静女德以象地察皆所以疏邪遏淫含神葆精以實德爲天地規也在禮年不順成則君衣布搢木關梁不租山澤列而不賦土功不與大夫不得造車馬皆所以貶損樹儉制節矯盈以實政爲生民極也德耶政耶總之實心所宰也易之始春秋之元詩書大戴禮所謂不在庶徵不在牛羊不在山川皆是物也夫惟以此敬天而天可格矣夫惟以此勤民而民可恤矣天心格而以順應順九天而下夫安有不得其理者也民心悦而以和召和九地而上夫安有不若其軌者也此天人之相爲通而感應之不可誣也然此非可以卒辦而襲取之也其本在豫而其道在有恒夫孝子事親也不以震怒加亦非以怒霽遽怠也怡愉開暢固日有兢兢矣慈父之鞠子也不以疾痛加亦非以疾已遽弛也噢咻煦沫固日有拳拳矣故人子之精神無時而不與其親通者是天下之大孝也親之精神無時而不與子通者是天下之至仁也此豫之説而有恒之義也敢以是爲聖天子獻

第二問

謝絅

同考試官教諭黎批（晰孔孟之旨定人物之衡卓識宏詞可以式矣）

同考試官訓導俞批（深湛其思冲雅其度）

考試官教諭胡批（詞雅意融）

考試官教諭鄒批（品騭精當）

夫士所以任天下之重者器也所以任其器者志也二者必由學焉而後

可以善其用蓋器無全能優於大或疏越於細志無定力勵於始或渝敝於終學也者所以恢弘其器而養成其志者也然聖人之任人也與君子之自任者异任人者先其器而自任者尚其志器取其大不以一眚掩也不以寸朽棄也夫是以能盡其用而無失人志謹其微不以細行而不矜也不以小物而不察也夫是以常得其養而無失已故孔子曰君子不可小知而可大受也蓋取其器不違其志也孟子曰人有不爲也而後可以有爲蓋養其志以充其器也是二者固各有當而實以相成矣執事孔孟之矩以較叔世之士且以大受有爲者望諸生顧愚非其人何足以辱明問雖然竊嘗論之夫人志器之相越也奚啻倍蓰而什伯哉然總之其品各有三而委瑣齷齪者無論已蓋器成於天者也大冶之所型範廣隘异度厚薄异分而所任載因之矣是故有載道之器有經世之器有利用之器載道之器非不適世然索之以機智求之以奇譎則寧自處於晦而不可以苟合矣經世之器非不利用然牽之以徽纆繩之以刀筆則寧示人以樸而屑於遷就矣何也黄鍾大吕不可以從繁奏之舞其節疏也騏驥騄耳不可以服下澤之車其足逸也孔子所謂不可小知而可大受者非以是耶志定於人者也心機之所決發邪正异趣紆易异路而所向往因之矣是故有志道德者有志功名者有志富貴者志於道德勛業固所優爲然遘非其時雖可隨世以就功名而有弗爲矣志於功名富貴固所自有然事非其意雖可因人以取富貴而有弗爲矣何也鴻鵠高飛不集污池其極遠也鸞鷟回翔不爭腐鼠其志潔也孟子所謂不爲而後可以有爲者非以是耶是故守己欲嚴用人欲廣忠恕之道也達於此而叔世之賢不有可程量者乎夫灑掃應對弟子職也陳仲舉少處一室庭宇穢蕪父友責之則禮然矣仲舉爲之對曰大丈夫當掃除天下安事一室蓋以清世爲志者不以懷居爲心耳簿書期會令長事也蔣公琰爲廣都長衆事不理先主罪之法宜爾矣孔明爲之請曰蔣琬社稷之器非百里之才也蓋以安民爲業者不以修飾爲先耳夫蕃爲一世之宗琬負四英之望方其未遇乃於環堵之宫百里之邑不能治焉士可以小知乎哉及當群陰用事之時而蕃力引名賢同匡王室方蜀漢勗勦之際而琬托志忠雅共贊王業庶幾大有所受矣則其始之不以小知者詎非善其器而藏之以俟歟然履屐小物也謝玄用得其任而當時知其能却秦軍竹木細事也陶侃綜理不遺而識者謂其優於王謝此則即小以占大又於常情所忽者得之然則觀人者可盡略於細哉孔子之云蓋不欲以是而概人耳夫漢室傾頽群雄割據正志士赴功名之會也諸葛亮抱膝隆中不求聞達人問其仕進所至則笑而不言晋室東遷中原雲擾亦群賢戮力之秋也謝安石放情丘壑

不就徵書時議欲禁錮終身則謂伯夷何遠夫孔明爲伊吕之儔安石具公輔之望乃其未出則躬耕隴畝漁弋山水若將終身焉是非有所不爲者哉及南陽三顧出噓炎燼之餘遂成鼎足之業東山一起再綿典午之緒遂妝淝水之功庶幾出有所爲矣則其始之有所不爲者謂非養其志而持之以發歟然殷深源屏居墓所有確然之操矣而壽陽一舉卒隳志於書空种明逸結草豹林有遯世之風矣而諫垣一拜卒敗名於晚節此則有初而鮮終又舉平生所負者棄之然則自信者可取必於不爲哉孟子之云蓋欲由是而自養耳是故能大而不能小者器之偏也得聖人以爲之依歸則器範於道而後可與經世務善始而不必善終者志之敝也有學術以爲之涵養則志適於道而後可與立功名故聖人之爲教也自灑掃應對以至精義入神非二致也是以小物不遺而器周於用所以成之者遠矣君子之爲學也自作止語默以至用舍行藏非二事也故大業既立而始志不渝所以養之者深矣末世之士負其器能則闊略細故輒疏脱而無檢矜其志意則傲睨當世多虚矯以爲高此無他教之無具養之無素耳故蕃抗疏發奸機事不密卒遭反噬之凶琬經營進取規方無成竟阻偏安之勢則學不足以充乎其器無惑乎術之疏也浩以蒼生繫望虚負盛名而處之又非其據放以白衣應召浸淫營利進復無所建明則學不足以養乎其志無惑乎守之隳也幼度才略足以經世淮淝之捷蓋亦有天幸焉士行貞固足以幹事石頭之功則亦激於義也是皆資適逢世足成其志耳安石雅量過人矯情鎮俗其器不歒其志不盈數子之中蓋稱杰焉然可與論於經世立功之具而學術則概乎其未聞也乃若澹泊明志寧静致遠處則龍卧出則鼎立細不遺於刑書大不詭於禮樂則孔明庶幾乎王者之佐可與議於道矣然執事欲諸生於數子者知所擇焉生末學也灑掃應對則常習之授之以百里之政猶懼其不達矣隴畝泉石則誠安之屬之以蒼生之任自恧其無具矣又安敢進退于昔賢哉顧所誦法則復有進於是夫轍環列國夫子志在行周公之道也問之農圃則有所不知焉豈亦不可以小知歟然射御可執也乘田委吏可爲也中都可宰也相事可攝也顧豈以大而忽於小乎則夫遺事以爲高任達以爲適而不可入於禮樂之化者非所敢知矣耕於有莘伊尹志在樂堯舜之道也視其取與則嚴於一介焉豈亦有意不爲歟然湯可就也桀可就也君民可堯舜也皇天可格也顧豈以爲而病其不爲乎則夫捷徑於終南高价於少室而無益於理亂教而游息於藝林奉三揖一辭之訓而遵養於畎畝則惟守孔孟之家法而竊有志伊尹之志耳顧斗筲其器烏足以言大受哉子華子曰本也未能無不爲者也能有所不爲矣愚不揆輒敢附於是

第三問

黄一龍

同考試官教諭鍾批（此題作者類皆難之獨此作援引該博折衷確當足决千古之疑矣録之）

同考試官訓導陳批（語意精核體格壯雅佳士也）

考試官教諭胡批（剖析詳瞻）

考試官教諭鄒批（文詞博雅）

嘗謂聖人之言如天游聖門觀聖言如海此其高深本未易測者乃碩儒名賢求其説而水得各立一家言以啓千古之疑使聖人之言益高之九天深之九地矣疑將奚釋執事下詢承學以千古之疑欲於寸晷釋之其難矣哉雖然測天者以景測海者以意且固有中之者愚生敢以剽聞于經史者以决經史之疑而效管蠡之見可乎昔者孔子承天道明王道以作春秋是春秋者誠孔子之大著作也而春王正月一書爲開卷第一義誠一經之首旨也豈欲爲高論深詞令人致疑于一字而不信于全經不審于一時而啓疑于千古哉其不爲也信矣特碩儒名賢視聖人太高視聖言太深不以今人之心求聖人之心故各持其説而不歸于一也彼各持其説者何居有曰周人不改時與月者有曰改時與月者有曰改時不改月者總之不出此三者而已爲周人改時與月之説者自左氏始漢孔安國鄭康成陳寵元吴仲遷陳定宇張敷言史伯璿吴淵穎汪克寛國朝王文成王司馬廷相寔宗之蓋曰孔子尊王也尊王而改正朔可乎凡春秋所書皆周正也孔子未嘗改也改之無以誅僭亂人其謂何此其於爲下不倍之義得矣無可疑矣然書君牙涉于春冰易臨之彖八月有凶大傳帝出乎震齊乎巽相見乎離詩豳風七月流火八月萑葦小雅小旻四月維夏六月徂暑小明二月初吉載離寒暑周頌臣工維莫之春於皇來牟周禮天官内宰中春詔命婦始蠶凌人十有二月令斬冰冰春官家宗人以冬日至致天神夏日至致地祇司烜氏李春出火季秋納火冬官山虞仲冬斬陽木仲夏斬陰木禮記月令中星悉符夏正皆夏時夏月也安得謂周人改時與月乎解之者曰子丑之初春永固可涉建寅之季春風將解凍未可涉也文王於建丑之世而彖易夫子於建子之世而繫易明道而已未可指爲夏正也豳人夏之列國以夏時述夏事也月令取諸吕覽以秦人述夏時也似求之而得其故矣其如小雅周頌周官諸所紀載何必不可以相通也不决之疑也爲周人不改時與月之説者自宋蔡九峰氏始元趙子常國朝劉誠意周洪謨張文定寔宗之蓋曰孔子尊天也夏數得天於是乎奉天道而訓萬世凡春秋所書皆

夏正也周人也而用夏正僭也故曰知我罪我其惟春秋乎此其於行夏之時之意得矣無可疑矣然春秋桓十四年春正月無冰冰成元年春二月無冰襄二十八年春無冰莊七年秋無麥苗三十八年冬無麥禾定元年冬十月隕霜殺菽左傳僖五年正月日南至雜記孟獻子曰正月日至有事于上帝書秦誓十有三年春大會于孟津武成惟一月壬辰旁死魄戊午師逾孟津漢書律曆志推之周正月辛卯朔合辰在斗前一度戊午師渡孟津明日已未冬至又皆周時周月也安得謂周人之不改時與月乎解之者曰三之日納于淩陰正月無冰之可藏也四之日獻羔祭韭二月無冰之可啓也三書之皆譏并冰政之不舉也冬大無麥禾歲終計所藏也先儒謂左傳秦時文字所載正月南至非春秋之正月也郊而卜吉其日將至猶日至之時云爾雜記之日至非冬至之日至也似求之而得其故矣其如秋無麥苗冬十月隕霜殺菽書之伐商時月與律曆志合何必不可以相通也不決之疑也爲周人改時不改月之説者自宋程伊川氏始胡文定朱晦庵繼之國朝邵文莊寔宗之蓋曰用夏時冠周月尊王也尊天也并行而不悖也夫曰用夏時則時改也與蔡氏諸説悖曰冠周月則月不改也與左氏諸説悖而況時則夏也月則周也上下不相因寒暑不相蒙下之所系將安從從周乎從夏乎聖人之書法不當如是也此又非通論也不決之疑也愚生嘗深惟其故矣必求聖人之心于千載之上庶幾可以白經疑于千載之下聖人之心何心也爲下不倍之心也豈曰既聖矣可弗遵王制而假天以立義哉謂春秋改時與月者非也易曰仰以觀于天文俯以察于地理宇内之名山大川終古不變而方域之沿革代有不同故禹貢一書不稽沿革而表山川堯九州舜十有二州分土不常山河如故此禹貢之所以經萬世也夫名山大川猶中星二至也方域沿革猶子丑寅之迭建也故月之數可更也而中星之指斗柄者不可得而更時之名可易也而二至之行九道者不可得而易今觀律曆志所謂武王伐商一月已未冬至則周正以建子爲正月明矣觀秦誓十有三年春戊午則周正以建子爲春明矣謂周人改時與月而春秋從之不改時與月者是也且左氏外傳伶州鳩言武王伐商歲在鶉火月在天駟日在析木之津又若合符節而汪克寬氏精于曆法以唐曆溯之日月星辰無一不合孟子曰苟求其故千歲之日至可坐而致此則所謂故也確乎其可推而據也不然豈信星曆瞽史之學而舍聖賢經傳之格言哉以此斷千古不決之疑明若觀火渙然冰釋得聖人之心于千載之上而經疑可白于千載之下矣或者曰六經皆孔子之所删定而筆削之者也今據律曆志以周人改月與時而孔子從之聖人不倍之心白矣春秋二百四十年所書之灾异合

矣乃書易詩周禮所書又皆昭然夏正也何謂乎書易猶可言也詩周之詩也禮周之禮也均之乎奉周正可得而异哉此何以故終爲不决之疑也嗟乎得其故可觸而通矣書甘誓有扈氏威侮五行怠棄三正汲冢周書亦越我周王致伐于商改正异械以垂三統至于敬授民時巡狩烝享猶自夏焉周禮有正月又有正歲由三書觀之周禮之正月周正也天統也正歲夏正也人統也三正三統之兼用于世也自唐虞以來未之有改也國朝王文恪謂成周行之官府一遵時王之制春秋所書是也行之民間多從夏正諸經傳所載是也此定論也周人之改時與月而孔子之從周也審矣或又曰前乎周者建丑也書伊訓惟元祀十有二月乙丑月未改也後乎周者建亥也史記書秦建國元年冬十月時未改也改正朔云者先儒所謂特于是月發大號行大政焉耳時月無易也改之乎嗟乎有王者作不襲禮不沿樂典章可改也正朔獨不可改乎周人盡制宜乎其改商也秦人不道宜乎其反周也改之夫何疑然則孔子欲行夏之時之訓其托諸空言矣乎嗟乎後世紛紛之論蓋始於斯孔子作春秋以誅僭亂而變易先王之正朔亂之甚者也孔子爲之哉春秋之法每嚴于一字特假微言以見意耳春正月固魯史之舊文而加王于正者孔子筆也若曰王之正也而欲行夏正固寓意於其間矣豈必改周正而後謂行夏時哉世儒不達乃曰虞有帝故舜典書曰月正元日不曰帝月正夏有王故禹謨書曰正月朔旦不曰王正月春秋王道微矣故孔子書曰王正月是有見于扶人紀而無見於尊王制也亦求之不得其故從而爲之辭者也雖然孔子之奉正朔尊王也行所無事焉耳矣武王之改正朔尊天也亦行所無事焉耳矣武王之伐商以有天下也適值乎子月故因以建子而何心于天統也由武而推則湯之伐夏以三月返亳其有天下也蓋亦適值乎丑月故因以建丑而何心于地統也千聖一心也昔柳子謂封建非聖人意也勢也愚生於正朔亦曰非聖人意也時也以此測之不知能釋千古之疑否惟執事教之

第四問

卓鈿

同考試官教諭温批（達人應變良有獨見子言言悉中肯綮豈經生流耶）

同考試官訓導趙批（以機與天立論即身當其時何以易此）

考試官教諭胡批（詞氣宏偉）

考試官教諭鄒批（條答詳確）

夫古人當事變危迫之中以必然之畫未然之料籌之而卒能弘濟艱難奠安社稷豈獨其人謀之善蓋亦有事機之會焉有天篤之幸焉未可以尋常

拘攣之見輕議而輒試也夫事變之來曷嘗有定形哉崎嶇迫阸之中而存亡成敗每於呼吸瞬息焉係之是安可以易易爲者顧其間機有可乘天有可必古人爲之出奇犯難卒就其料與畫而不爽必有的然自信者在而非徒恃其揣摹億度之見求以僥幸於不可端倪之變也世之議者乃迹其已然之事而緩頰譚之曰某也危某也幸某也當避之某也當遏之獨奈何履危乘迫而突焉爲之也嗟乎天下事譚之於從容暇豫之時易成之於危急險阻之時難語曰有非常之人然後有非常之事有非常之事然後有非常之功非常之原黎民懼焉及臻厥成天下晏如也夫非常之原安可於事既晏如之後而譚之耶誠易之矣蓋嘗歷觀往事其變之卒至雖出於常情意料之外然未始無機之可乘天之可幸者默寓乎其間古人於是相機而動覘天而行卒能濟艱難安社稷於崎嶇危迫之中而榮華至今者豈出於偶然之見哉蓋權之亦既審矣譬之弄空中之九累九級之棋示人旁觀者爲甚危之而彼之神氣固泰然而自若何者有所以自信者在也嗚呼此豈可與尋常拘攣者道哉知此則相如之全璧歸趙漢高之謝羽鴻門周勃之左袒安劉漢光之冰合濟師子儀之單騎見虜寇準之澶淵定盟有可得而陳其概者矣夫數君子當時事迹載在史册灼然照人耳目何其偉也顧譚者每每易焉是故譚完璧者則曰秦趙不敵天下所知也今秦以十五城紿趙易璧予之則示弱不予則召兵曷若辭於秦使曰小國之璧傳自先王秦君欲以城易之約必不爽第先以城圖籍來當敬如約不則秦君何一璧之愛忍令小國不能守也如是則辭直而婉秦其沮乎奈何遽爲懷璧先歸之舉輕犯虎狼之秦爲也趙亦殆矣譚謝羽者則曰漢楚不敵天下所知也先入關者王之懷王之約舊矣今羽軍鴻溝欲擊漢王爲張良計曷若勸沛公仍軍霸上堅壁以老其師陰賂項伯求解於羽蓋伯羽肺腑親也又同起江東其言必聽不則良再往辯謝沛公姑徐徐焉以觀其後可乎奈何遽聽項伯往謝之語輕嘗叱咤之羽爲也季亦危矣譚左袒者則曰平勃佐高帝定天下素爲諸軍畏服禄産庸才后没即欲爲亂其將能乎不則仗大義以討之如發蒙振落耳何事於左袒爲劉之問耶脱右袒奈何譚冰合者則曰光武與莽先戰昆陽天地震動莽師敗績今王郎追兵雖迫其能强於莽兵乎曷若還師以擊之未有不可却敵者何遽聽王霸冰合之説耶脱中解奈何譚單騎見虜者則曰子儀重臣係國安危懷恩雖引二虜稱兵犯闕第遣使諭令回紇復修舊好而已以大軍繼之事可濟矣奈之何以身試之也脱有變如噬臍何譚澶淵之役者則曰契丹南侵雖兵逼郊畿準向負重望足能彈壓氈裘曷若先遣武將高瓊輩率師掩擊而已以大軍繼之虜可却矣奈之何以君

嘗之也脱中變如國事何意爲是數説者是所謂於事既晏如之後而譚非常之原者也易孰甚焉不知事無常形因敵制變古人蓋於崎嶇迫阸之中而出奇犯難有得於機與天之説者是故相如策士也豈不知爲對秦使者之言何至以璧嘗秦者考之於史赧十六年秦約楚懷王會武關留之越三年而楚懷病死於秦諸侯皆不直秦假會盟而留楚王擠之死已負不義於天下矣於是而復紿留趙璧天下其謂之何固知其機之必不奪璧也相如意其出此是以奉璧而往完璧而歸卒無恙耳不然趙之亡奚俟秪龍之十九年耶子房智士也亦豈不知堅壁老師賂伯辯謝之事何至輕撩虎鬚者考之於史二世二年楚懷王孫心與諸將約先入關者王之越一年而沛公先入咸陽夫既有辭於羽矣至其所謂與將軍戮力攻秦數語又有以深動其聽留飲而縱之使歸蓋不獨欲全懷王之約而已况項伯莫如善遇之言已先中羽之微乎固知其機之不聽舉玦也子房意其出此故奉季以往代季以謝卒無虞耳不然漢之危豈待增之舉玦而後知耶周勃身爲大將豈不能仗義以討禄産而顧爲左袒之問非不智也史稱禄産素憚朱虚絳侯勃納將相交驩之策視禄産已無能爲矣是時北軍已屬太尉何舉不利奚俟仗義以討之耶軍皆左袒所謂不戰而屈人之兵者勃得其機矣又安知平之奇計不有以左右之哉光武大敵能勇豈不知還師以擊王郎而竟爲渡冰之舉非行險也史稱白水真人赤符受命天下已久知天意之有在矣至薊郎師躡追子接以兵應郎衆寡愈不相敵安可還師與戰耶滹沱冰合所謂置之死地而後生者光武之謂矣推原其自謂非天之所以助順哉子儀老於用兵好謀能懼者也受詔擊虜第遣使往諭回紇足矣而顧單騎見之何也嘗稽之史僕固懷恩既死吐蕃回紇互相爭長心志已貳又回紇素服威信故一往諭而虜人羅拜不已若聽其指揮而不敢違者古謂談笑當變令公有焉宜乎卒賴其力追破吐蕃也蓋機在可往故單騎以見耳否則公能無備耶寇準身爲重臣老成謀國者也當虜南侵第遣將出擊契丹可矣而顧勸帝自將何也嘗稽之史虜兵數爲宋師敗衄陰欲引去但耻無名况車駕渡河軍聲大震故一與盟而虜人奉命恐後若遵其約束而不敢動者古謂多算則勝平仲有焉宜乎卒奪其氣兵不血刃也蓋機可以和故勸帝自將耳否則準肯輕舉耶合而觀之相如子房絳侯汾陽萊公當崎嶇迫阸之中持必然之畫而濟艱難定社稷非幸也機也機之所在誰能測之故畫焉而悉中漢光武當崎嶇迫阸之中持未然之料而濟艱難安社稷非人也天也天之所興誰能廢之故料焉而不爽噫是豈可與尋常拘攣者語哉故懷璧之計於虎狼之國拘也語拒敵之計於叱咤之雄窒也語仗義之計於握兵

之臣固也語還戰之計於奔北之時迂也語遣使之計於犯闕之時緩也語命將之計於臨城之時迫也故曰譚天下之事於從容暇豫之時易成天下之事於危迫險阻之時難尚論數子者其毋於事既晏如之後而易譚其非常之原也哉雖然士君子處世際風雲依日月孰不欲嬉游於太平無事之天顧安所事於出奇犯難幸其機之一中爲也脱不幸而遘數君子之會獨奈何無術以處之於其已試之迹一一摩而效之非也一一背而异之亦非也要在相其時勢權其機宜低昂變化以應之耳是故必在我有必勝之算在彼有可乘之機則雖以身踐其已試之迹而非所以尚同何者機之可乘者固然也否則又自有低昂化裁之權不可預設而先圖者存焉非故异也機之不可乘者固然也又安得執一而論耶噫此皆其以已然之畫籌之者至於光武冰合之事則天也非機也殆未可以易言矣夫亦盡人以聽之乎法曰潛於九地之下動於九天之上語奇也語曰處險而運奇莫若宅平而無爲語奇未可輕用也易大傳曰君子知微知彰知柔知剛語機也蓋自機之説出則奇不必用亦不必不用審而行之可也然則機不可乘君子將遂窮乎噫此之謂天也天則奈何易又有之王世蹇蹇匪躬之故君子之所以自信自盡者蓋如此他又何知焉

第五問

韋孚獻

同考試官教諭黎批（籌閩之策人人能言獨子條畫悉中機宜可以覘經濟矣）

同考試官訓導俞批（縫掖談當世之務纍纍若數計所謂俊杰者非耶）

考試官教諭胡批（事核識超格高詞麗）

考試官教諭鄒批（救時之策復古之文）

夫今之策防海者豈不纚纚具哉謀國之臣焦慮而集思忠之士借箸而擘畫蓋目中無全夷矣愚生鉛槧者流終歲呫嗶不越一室夫安所聽睹足佐上計顧閩人而談閩事則亦有杞人之私焉即一亡當也亦何敢虚明問蓋往者閩人不造甚矣倭奴弗靖蹂躪中土王許吴曾諸酋因而乘之據險流突閩機爲嘘雖閩人會數厄哉要亦中國備禦容有漏也比歲以來海上幸無事得壹意精詳其謀慮而慎固其封圉如烽火小埕南日浯嶼銅山五寨業森然列矣邇復得請相南澳重地而城守之置將屯戍鋤其灌莽鹿𢈔之區耕釣如櫛蓋屹然一雄鎮也非復曩時委險予敵矣浯銅之交海壇之島各置裨將統游兵戍之犄角諸寨以備緩急海洋則舟師鱗次陸路則土客星羅非復曩時風馬牛不相及矣制閫諸臣奉廟算惟謹時時討將吏而訓之驅報效之夤緣核

行伍之虚冒節冗汰浮防微杜漸師獲宿飽士多超距非復曩時法網疏闊人情刓敝矣險無所不守而備無所不周即倭未嘗一日忘閩閩亦曷一日不置倭釜中也春夏之間醜類突爾生心嘗我内地諸將士畢力效命烏坵蛇嶼兩奏捷音沈舟馘俘片帆不返則備禦之明效也林酋向以孽孤螘結群島島夷藉爲鄉道猶眈眈垂涎閩焉往夏峽門之掠流毒匪細近聞逋寇自殘靡有噍類餘黨遠竄救死不瞻則天奪之魄也外有震懾之先聲内绝勾連之禍本繇今視昔豈非百年一時哉然藎臣不以無事而忘遠猷哲人每于既安而虞後患况倭夷之性翕忽滅没熛烈渤澥翻墜空濛難以踪迹臆料而峽門導引惡少猶然竄伏島嶼一日未滅猶中國一日隱憂則夫今日之豫防而熟計者可但已乎執事曰水陸應議者有二番舶應議者有三愚生暗長算請以耳目所習縷陳之可乎蓋往聞之長老海上有三山則彭湖其一矣山界海洋之外突兀迂迴居然天險寔與南澳海壇并峙爲三此島夷所必窺也往者林鳳何廷輝跳梁海上寔潛伏於此比倭夷入寇亦往往藉爲水國焉其要險可知矣今南澳有重帥海壇有游兵而獨委此誨賊豈計之得乎愚謂不必更議益兵以滋紛擾也惟就浯銅兩部各量損其艦十之三調其兵十之四慎簡材官部署其衆往守之又就漁人中擇其稽黠而力者署數人爲長以助我兵聲援遇有俘獲賞倍内地其遇寇而不助聲援及觀望助寇者罰亦倍之則有所覬而其氣激有所畏而其志堅漁人皆兵矣三山之犄角既成則五寨之門户益固即有大奸宄敢睥睨其間哉或謂绝島孤懸艦難久泊不如棄之便則未明乎攻守之勢也常稽往牒如舊南日舊烽火浯嶼皆孤懸大洋之外彼豈能驅鮫人守也此非守三山之意歟故彭湖之險不可棄也往者誓師之期必春暮始戒師徒敕士伍各就汛地以備不虞固逆料倭奴即入寇非乘風而駕莫敢先也頃聞倭且先期出掠矣儻也肆其狡心擣虚入犯不幾于蹈無人之境乎是不可不爲寒心矣故出海之期不可晏也此海洋之應議者二也夫土客之兵均于用戰而便與不便各居其半先是蓋有罷客兵而專練土兵之議此可爲智者道也夫游食烏合之衆驕蹇自負其勢難制豈皆勇有力哉閩兵以父母之國隸籍公家可鞭棰使且等人耳而寧獨閩怯也况頃者武林之變反側未帖且將以閩爲逋逃淵藪焉即客兵不遽撤亦宜罷更番遠募以杜奸萌故土兵之練不可不亟也往者環海軍興四郊多壘簡伍搜乘不下二十營嗣是寇漸平備漸弛且懼糗粽之不繼也益務汰縮僅存客四壁土五壁錯置三路耳臨汛分布尚懼不敷乃汛罷復撤之彼視汛地僅旦暮傳舍耳計日而覬第幸海上無事聊以塞擔負也一撤之還且安枕卧矣籌始者固曰相其緩急而勞

逸之所節滋多嗚呼此殆計毛瑣而眯于魁巨者也藉令狡夷乘我解嚴倏忽豨突可令海上罟罶之夫操舩械禦乎且兵既撤汛貪婪將領役之不啻家隸然甚且刓其餼而空其藉至臨期復招市井亡賴以應即有緩急夫安可恃此輩也則其弊可勝言哉故歇班之例不可不變而通也此陸路之應議者二也夫閩固稱海濵都會哉乃其地半斥鹵民且以海爲恒産矣禁例初開餉額止六千故人咸欣然樂輸而犯者率少嗣是益至萬金遂爲定額司其事者且務取盈焉以博精核之舉于是誅求者日嚴規避者益巧甚則懼公餉之難充而私逋之無以償也且甘心羈绝域而不悔矣斯非上之人有以驅之乎夫禦寇以靖民即公家歲糜數萬緡勿計也乃利千金之入而驅民以從夷其利害得失豈不一較量乎且此曹委身風濤射錙銖之利幾以命博之矣爲之上者亦何忍朘民膏血以腴公府哉故餉額不可不平也夫民之從夷也胥而爲夷雖于法也無赦然亦類出于驅脅或不勝利心之熾耳非真欲長子孫海島中也顧其父兄丘壠之念亦安能不盻盻然東向而垂涕哉近且有挾番婦歸者有爲通事歸者有詐賊艇歸者有被群訏歸者彼方懼其罪之無所逃而法之所必及若復斤斤然以法繩之則歸者不勝反側之疑留者永绝故土之念且益驅之爲倭奴效死力矣謂宜張肆眚之羅樹自新之幟凡自島夷還者准自首律先是所犯一切置勿問將不旬月而望風歸正之徒且絡絡至矣故脅從不可不宥也往者番舶之開雖藉口充餉寔爲弭盗計耳乃法久弊滋沿海奸氓且藉是潜通島夷恣爲謀府如往夏峽門之慘昭然可概故天下未有全利而無害者也今公家業已藉萬金歲額而沿海逐末之流且恃以爲命一旦卒罷之不能則亦安可視其恣焉以遑而不爲之圖耶謂宜申明連坐之法令富賈主長年長年主群賈貲械有稽壓冬有罰一切遵海禁功令又擇其儔伍中俶儻有膽略及門閥忠信素爲衆所推者一二人部署之責令合艅聯駕往返利害同心以濟其有蓄二心而懷觀望者衆擊之聞于官以通夷論庶幾勢合而窺伺不乘心一而奸萌不作亦自固之完策也故稽察之禁不可不嚴也此番舶之應議者三也凡此皆就愚生耳目所習區區之愚所欲吐者如此疏節闊目其實卒何能當上計萬一哉乃相機善後轉移駕馭之策則祕謀石算當必有晝然淵然者在豈書生所能測也請以臆對將無謂沿海勾引接濟之奸尚有可虞乎嗚呼寇每啓于門庭而禍恒伏于肘腋執事者慮之當也夫既謹譏察以備之准首正以宥之平税額以資之亦既原情麗法并行不悖矣至所謂機者則可以意喻而不可言殫可以獨斷而不可盈庭晝在目前而行之千里發于俄頃而慮周歲月者也葢竊聞之謀國者曰禦外寇易攝内奸難嗟嗟此

其可與譚機哉蓋沿海之民骫法嗜利好動喜兵以島夷爲外府以中國爲寇資蓋險戾成風而漳潮爲甚今峽門首禍之惡未歸而林酋殘黨尚逸投大泥未解散也此曹一日而在則群不逞之徒蓋日視爲囊槖焉是不可不亟爲之處也蓋嘗考周官弭盜之法自修閭司寤之外鈐柝不書擊則知窮治之令不可不寬漢渤海廣陵之寇得一良守皆單車片言歸命恐後則知撫諭之令不可不下鄭剛中欲録用濱海諸豪以資捍守蘇軾亦請推擇沈鷙勇悍之人爲吏而重牙校之選其言皆可略仿而行之牀狂羅俠之法在今日誠不可不加之意也謂宜下令所司博求所部豪猾不得志之人隨材類舉羅入士伍中一體牀録使之試其豪舉于職事而耗其雄心于利禄蓋人之機智蘊蓄不發不罷意念精專不肆不耗也故其趯而好動也吾將以奔走之其詭而好謀也吾將以決擇之其矜誇好勝也吾有以鼓舞之其嗜利無耻也吾有以厭飫之其去也弗追而故遣之其來也勿拒而厚遇之銷壯夫悍卒扼腕不平之懷闢邪俠小人攘臂争先之路或陰折其萌于奸狀未箸之先或曲宥其罪于悔過改圖之後或聽其立功以自贖或藉其設餌以運籌蓋鎮静之體恒不可搖而恩威之用至不可測也運轉移之妙于呼吸指顧之間而化耳目爲精神操駕馭之權于几席旦暮之近而以風聲爲涣污夫所謂機者意在斯乎意在斯乎抑此非愚生支言也蓋嘗横襟而覽古昔與近事亦往往符焉昔吴楚不得劇孟而亞夫以爲喜唐不用朱克融而幽州首亂則此曹爲時所急可知已即近者如何林諸酋雖培塿莖脆之餘旋就殄滅然圖之不蚤圖也亦既縻國家財力煩巨矣此不可爲後事鑒哉愚生爲桑土過計不自知其迂誕至此惟願望承教庶幸無罪

福建鄉試録後序

萬曆壬午天下復當舉士于鄉於傳有之壬之爲言任也陽氣任養萬物也午位丙丁律應林鍾陰氣受任助蕤賓種物使長大楙盛也夫陰陽二氣渟蓄渾涵以孳萌庶彙蓋至任養於壬咢布於午而化機盎然盈天區矣顧不有以養之孰從而布之造化闔闢之理固若是哉我皇上嗣曆握乾于兹一紀應天地五位之合日惟典學親賢規恢洪化修祖宗故實厝寰寓于丕平是陰陽和上下交而爲泰之會也猶然瑩精軫思期網羅海内賢俊之士以充百職士嚮風承澤振振競爽蓋不煩科條而肅不用誡詔而孚譬則庶彙昭蘇布濩繁

衍良由其養之者豫已閩在南服直丙丁之隅文明故有聲天下自國家設科以來操觚染翰之英繇兹途奮者無論其展采錯事肩比林立即曩時參籌帷幄弼亮三朝與夫藴崇道真標名理學者其聲光至今在矧于今日際千載之一時乎約兹應聘入棘闈手諸士所爲文讀之大率沉酣經術明習當世務乃其惇本尚實暗然好修之志可揣而知也輒擊節羡曰是足副聖天子籲俊之求矣業已拔其尤登諸天府歌鹿鳴賓之爾諸士夫亦知所自乎今海邦八蜡順成蜃波不揚逢掖家獲揖志搏心而工鉛槧有司復數數奉德音飭功令俾通經講藝之子不至涉足衺徑以詭正岐塾序而上皆上所養也今夫場師之養樹也時其灌溉護其萌芽冀他日爲棟梁器也圉人之養驥也豐其芻秣謹其服習冀一日而能千里也萬一者擁腫卷曲不中繩墨闉扼鷙曼竊轡詭銜則所養弗任於所用其觖望將奚以解焉爾諸士幸遭盛世漸涵聖澤已久今且計偕續食詣公車掮皇國而列天閑是旦暮遇之矣聖天子勵精圖理自公卿逮于百執事咸慎簡遴藉令諸士儋爵服官備聖明任使上之疏附後先次亦不失膺民社當何以仰副國家養士至意是在自養何如耳蓋經生栩管緩頰誠亹亹足聽聞顧天下事豈可以空言讎又豈可以面墻試哉將荷閎巨則養其氣將一險夷則養其節將剸繁劇則養其才將晰棼眇則養其識養之於人也始諸食飲食飲不具即饑渴隨之夫養惡可一日缺也士君子養其身以有爲也亦類是已自横塾而廊廟自强仕而宦成其志常凝其守常定故奉公報主若護腹心應卒當機若批肯窾持艱定傾若鞏磐石操而循之于久要若符質券則純白之道備而養之者醇也爾諸士第執此以往庶幾哉無負聖天子養士德意以稱塞明時豈惟主司者與有光榮即國家生靈實重賴焉尚相與勖之

浙江金華府蘭谿縣儒學教諭鄒守約謹序

成化四年廣東鄉試録

廣東鄉試録序

文地之文聖人之文實出一揆而文之所在道之所在也亦心之所在也學者文焉而推致之則心純道純而文無不純用以經體贊元康時酬物樹大名建丕烈一永給於文而不窮矣是以列聖相承咸崇科目而人材之盛政教之隆媲美成周有不知孰前而孰後也猗歟休哉成化戊子歲當大比廣東藩臬重臣禮聘儒碩以典文衡至期合十郡士餘千人而三試之得其文之弗畔於道者七十有五人遵解額也小録既成僉謂克廉宜有一言序之惟東廣實古綏服之外自入聖朝沐浴清化人材儒術始埒甸侯而數十年間西寇剽掠以東滋久滋熾由是米鹽戎馬之事紛紛起矣凡郡邑之當其衝者絃誦爲之絶響自餘亦皆弊於供億轉輸士習不能不少間焉乙酉之秋聖神天子不忍邊氓之顛越也爰命太監陳瑄等率師征伐而今奉敕提督兩廣軍務左副都御史姑蘇韓雍實總制之遠謨雄略功成再造民安於廬氏奮於學繼而奉敕巡撫右副都御史四明陳濂加意作新文教用興而左布政使江浦張瑄右布政使天台夏埙左參政孝感张瓚桂林鄧義右參政安成劉鉞左參議吉水劉諭右參議三山王英副使山陰唐彬餘姚徐海僉事姑蘇戈立顧儼華亭張祚王祐施謙鬱林陶魯莆田陳貴亦皆同心符德安養不懈故前諸科士之集試者大率不過七百而今實倍之至於臨事提調監試以至克廉等内外執事罔不精白一心綱維防範鑒别取舍惟公惟慎可以質諸鬼神而無愧矣用是所得之文皆氣充辭正而一純夫道即弗純者不與焉諸士子登名薦書固華矣繼自今偕海内之士角捷禮闈對揚大廷而皆有所授焉夫所授有小大一自吾所業之文推而行之所謂經體贊元康時酬務樹名建烈者要皆與成周之吉人多士聯休共美於無窮斯爲科目增重而無忝也萬有一焉曲學以阿世舍己以從人所以負於古負於今負於上負於下而負於克廉等亦多矣諸士子勉旃

福建福州府懷安縣儒學教諭張克廉謹序

成化四年廣東鄉試

提調官

廣東等處承宣布政使司右布政使夏塤（宗成浙江天台縣人　辛未進士）

廣東等處承宣布政使司左參政張瓚（宗器湖廣孝感縣人　戊辰進士）

監試官

廣東等處提刑按察司僉事戈立（允中直隸吴縣人　監生）

廣東等處提刑按察司僉事張祚（永錫直隸華亭縣人　甲戌進士）

考試官

福建福州府懷安縣儒學教諭張克廉（以清直隸上海縣人　丙子貢士）

河南開封府洧川縣儒學教諭陳信（彦實直隸山陽縣人　庚午貢士）

同考試官

浙江紹興府蕭山縣儒學教諭鄭遷善（遷善福建莆田縣人　甲子貢士）

直隸蘇州府常熟縣儒學教諭謝紘（維冕江西樂安縣人　庚午貢士）

江西廣信府儒學訓導華黼（廷章浙江餘姚縣人　己卯貢士）

浙江金華府義烏縣儒學訓導郁珍（君聘應天府江浦縣人　丙子貢士）

直隸安慶府太湖縣儒學訓導周邦熙（堯佐江西安福縣人　癸酉貢士）

印卷官

廣東等處承宣布政使司經歷司經歷劉安（以寧廣東增城縣人　監生）

收掌試卷官

肇慶府知府黄瑜（中美直隸華亭縣人　甲子貢士）

受卷官

廣州府知府吴中（時中江西樂平縣人　甲戌進士）

廣州府照磨所檢校尹湯（執中直隸宿松縣人　監生）

彌封官

廣東等處提刑按察司照磨所照磨蕭善（本道福建將樂縣人　監生）

廣東都司斷事司副斷事危安（致中江西進賢縣人　監生）

謄録官

廣東都司經歷司都事胡頤（永遠浙江慈谿縣人　吏員）

肇慶府德慶州知州李瑛（仲玉四川宜賓縣人　監生）

對讀官

廣東等處承宣布政使司照磨所檢校王惠（濟民湖廣衡陽縣人　監生）

肇慶府德慶州開建縣典史李獻（廷實湖廣黄岡縣人　吏員）

巡綽官

廣州後衛指揮使湯鋭（國英合淝縣人）

廣州右衛指揮同知楊誠（克信滁州人）

搜檢官

廣州右衛指揮使王源（文淵無爲州人）

廣州左衛後所正千户李弘（用寬山陽縣人）

廣州右衛中所正千户楊旺（文明合淝縣人）

廣州前衛左所正千户周清（本澄定遠縣人）

供給官

廣東等處承宣布政使司照磨所照磨莫禮（得中廣西洛容縣人　監生）

廣州府番禺縣知縣林睿（廷聰廣東揭陽縣人　監生）

廣州府南海縣知縣方暹（孔昭廣東博羅縣人　監生）

廣州府南海縣主簿梁稃（孔茂廣東高要縣人　監生）

掌行科舉文卷

廣東等處承宣布政使司禮房令史林易（福建龍溪縣人）

廣東等處提刑按察司禮房書吏何成（廣東四會縣人）

謄録并對讀

惠州等府儒學生員黄瓊等一百一十七名

第一場

四書

大宰問於子貢曰夫子聖者與何其多能也子貢曰固天縱之將聖又多能也　子庶民則百姓勸來百工則財用足柔遠人則四方歸之懷諸侯則天下畏之　孔子登東山而小魯登太山而小天下故觀於海者難爲水游於聖人之門者難爲言

易

九二之孚有喜也　進得位往有功也進以正可以正邦也　初六藉用白茅无咎子曰苟錯諸地而可矣藉之用茅何咎之有慎之至也夫茅之爲物薄而用可重也慎斯術也以往其无所失矣　動萬物者莫疾乎雷撓萬物者

莫疾乎風燥萬物者莫熯乎火説萬物者莫説乎澤潤萬物者莫潤乎水終萬物始萬物者莫盛乎艮故水火相逮雷風不相悖山澤通氣

書

天工人其代之天叙有典勑我五典五惇哉天秩有禮自我五禮有庸哉同寅協恭和衷哉天命有德五服五章哉天討有罪五刑五用哉政事懋哉懋哉天聰明自我民聰明天明畏自我民明威達于上下敬哉有土　其丕能諴于小民今休王不敢後用顧畏于民碞王來紹上帝自服于土中旦曰其作大邑其自時配皇天毖祀于上下其自時中乂王厥有成命治民今休自作不和爾惟和哉爾室不睦爾惟和哉爾邑克明爾惟克勤乃事爾尚不忌于凶德亦則以穆穆在乃位克閲于乃邑謀介　惟察惟法其審克之

詩

顯允方叔征伐玁狁蠻荆來威　受天之祜四方來賀　何求爲我以戾庶正　皇皇后帝皇祖后稷享以騂犧是饗是宜降福既多周公皇祖亦其福女秋而載嘗夏而福衡白牡騂剛犧尊將將毛炰胾羹籩豆大房萬舞洋洋孝孫有慶

春秋

宋人伐鄭圍長葛（隱公五年）冬宋人取長葛（隱公六年）　九月丁卯子同生（桓公六年）甲午衛侯衎復歸于衛（襄公二十六年）吴子使札來聘（襄公二十九年）取鄫（昭公四年）　單伯會齊侯宋公衛侯鄭伯于鄄（莊公四年）齊侯宋公陳侯衛侯鄭伯會于鄄（莊公十五年）宋人齊人衛人伐鄭　會齊侯宋公陳侯衛侯鄭伯許男滑伯滕子同盟于幽（莊公十六年）齊人執鄭詹（莊公十七年）　臧孫辰告糴于齊（莊公二十八年）歸粟于蔡（定公五年）

禮記

考禮正刑一德以尊于天子　親者屬也自仁率親等而上之至于祖自義率祖順而下之至于禰是故人道親親也　不興其藝不能樂學故君子之於學也藏焉修焉息焉游焉夫然故安其學而親其師樂其友而信其道　仁有三與仁同功而异情與仁同功其仁未可知也與仁同過然後其仁可知也仁者安仁知者利仁畏罪者强仁

第二場

論

聖人教人有定本

詔誥表（内科一道）

擬漢文帝親率群臣勸農賜民今年田租之半詔　擬唐考第李綱盡忠孫伏伽誠直爲第一誥　擬宋以范鎮爲翰林學士謝表

判語（五條）

上書奏事犯諱　官員赴任過限　擅用調兵印信　禁止師巫邪術　子孫違犯教令

第三場

策

問　人道莫大於五倫自昔聖帝明王之君師天下莫不以此爲先務也洪惟我朝受天明命列聖繼作文治大興薄海内外聲教遠暨而人倫無不明矣伏遇宣宗章皇帝體道謙冲游心典籍又於萬幾之暇采古今之嘉言善行有關於倫理者萃以成編名曰五倫書而頒布天下以示勸其立教垂訓之意蓋與列聖同一心也欽誦所載君道之目五十而以聖德聖學爲之冠以聖德言之有如天如神如日如雲者矣其視克寬克仁克明克忠者爲孰優有臨下以簡御衆以寬者矣其視不泄邇不忘遠者爲孰賢以聖學言之有受丹書訪洪範者矣與開學館而鋭情經術者孰與耶有舊學甘盤克邁乃訓者矣與在軍旅而手不釋卷者孰勤耶臣道之目四十有八而以輔德經國爲之首以輔德言之無怠無荒四夷來王謨訓切矣其視作書賦詩以戒王者爲何如修德修刑動天以誠規戒深矣其視手疏八事以諫帝者又何如以經國言之決九川弼五服厥功茂矣方之經營四方而告成于王者又孰愈耶辨方正位體國經野其績偉矣較之出納王命而爲王喉舌者又孰勝耶三十七字以詔後人父道善矣視以田十項桑千株遺子孫者同歟异歟清朝履霜援琴而歌子道盡矣視畊歷山號旻天而終身怨慕者是歟非歟寧忤帝旨不以貴戚易陋妻夫道之善也婦能却金璧之聘辭夫人之位而守節不渝者心豈异乎寧違父命不以寵禄傷天倫弟道之善也兄能輕千乘之國效泰伯之讓而秉德不回者心何厚乎至若朋友之倫有同舉孝廉而自許以膠漆者有同游太學而相托以死生者有念及其親以柳易播而不計其利害者有三仕三逐三戰三北

而不以其爲柔怯者是又友道之善而凡學者皆不可以不知也諸士子游學痒序欽服聖訓有日矣其詳言之毋諉曰请俟更僕

問　六經四書之所載微辭奥義廣大悉備備未可以一二究其涯涘姑舉其概評之可乎故法象莫大於天地而有陰陽剛柔之妙陰陽莫妙於鬼神而不無費隱小大之别上天所賦之謂命何以有正不正之分人物所受之謂性何以有謂不謂之异性率於已之謂道而一二五之目何所指耶道得於心之謂德而三六九之類何所在耶人道莫大於仁義而何以見其有健順分錯之妙製作莫大於禮樂而何以見其有本末偏全之論誠乃真實無妄之理何以有天道人道之分忠恕盡已推已之謂何以有以天以人之别君臣人道之大倫而皇帝王伯之殊號公卿大夫士之殊名與其所各當盡之道又何所辨而何所在耶父子天屬之至親而嫡繼慈養之异等大宗小宗之异禰與其所當爲之服又何所别而何所處邪凡若此者皆天理人道之大端而凡學者不可以不講也其詳言之

問　考論古人行事之迹不越乎載籍而載籍之辭未可盡信也同時而仕同堂而語十人書之其事各异蓋聞見有詳略文辭有工拙意向有高下坐是失其真者亦多矣况於數百年或千餘歲之相遠耳不聞其言目不睹其事意揣心搆以補其所不足而增其所未備則其失真不既多矣乎嘗觀載籍與儒先君子之論未嘗不衆難填胸群疑滿腹也姑舉其一二顯明而易斷者以商確焉燕昭王築臺招賢而樂毅自魏國來未幾至上將軍并護趙楚韓魏之兵以伐齊連下七十餘城而即墨與莒不拔昔人謂其庶幾湯武又謂其行王道之過漢昭烈三顧草廬諸葛亮以布衣起未幾身都將相欲竭股肱忠正之節以興漢壽止五十四歲而興復大業不就昔人謂其亞匹管蕭又謂其非將略之長夫湯武與管蕭三尺之童亦知其懸絶王道與將略一藝之士亦識其小大借使樂毅與孔明有優劣高下優而幾湯武劣而亞管蕭相去何遠歟高而行王道下而短將略相遠何甚歟雖然孔明養高隆中之日嘗自比管仲樂毅而時人莫之許也則是孔明自附太高而所謂不及樂毅之言已出於當時而非獨後世矣諸生博古待問於二人行迹熟之久矣必舉其立論之人與所論之當否而折衷以對毋徒諉曰知人其難

問　士之所尚誠實恬退推遜清廉而已故古人之調美風俗崇重名節有不緩於是也厥後有戒欺誕疾奔競之詩有黜攘奪戒貪墨之舉故當時人皆勵行丕振士風所謂白首事上不忍見欺十九登第不忍增年不預宴集直陳其情私入市肆直言其故此誠實之風著矣年方强仕請解機務年未知命

表求挂冠父任執政不就廷試禮部第一不肯自陳此恬退之風盛矣至若試大名而讓人居先薦萊州而謙己居次以至自謂駑朽請薦相才自謂非材久妨賢路此推遜之風然也位宰執而無地樓臺知成都而屏去龜鶴以至歸自南海不載一物歸自西蜀僅有數卷此清廉之風爾也可歷舉其人而實之歟然是四者則又以誠實爲本故議之者則以推遜恬退清廉者有是非得失真僞於其間亦可舉其實而言歟此皆君子律身之要諸士子必覽之熟矣幸爲我陳之

問　人臣諫諍非一端也有直諫者有諷諫者古人有犯顔逆鱗叩頭流血其名曰直宜也而或疑其激和容愉色微言婉辭其名曰諷宜也而或疑其佞將置之而不言歟則有愧於其職將言之而不顧歟則不免於譏議二者將若之何而可古人有風采壁立雖鼎鑊不避者謂非直諫可乎有旁入曲諭雖風雅不過者謂非諷諫得乎之數君子者上信其心下服其誠天下後世知其忠何無一人以譏議之歟然君聖則臣直今我聖天子在上百僚庶尹皆知無不言言無不盡何未見信其心服其誠而知其忠也其果言者之激與佞歟抑别有其説歟爾諸生抱藝而來皆將有官守言責之寄者幸爲我言之以觀適用之學

中式舉人七十五名

第一名　王惟節　廣州府學生　禮記

第二名　林會　廣州府學增廣生　詩

第三名　陳文　潮陽縣學生　書

第四名　梁建中　番禺縣學增廣生　易

第五名　林球　東莞縣學增廣生　春秋

第六名　蕭璵　順德縣儒士　詩

第七名　廖垣　順德縣學增廣生　書

第八名　韓章　瓊山縣學軍生　易

第九名　丁詳　東莞縣學增廣生　春秋

第十名　何珖　順德縣學增廣生　詩

第十一名　蔡材　潮州府學增廣生　書

第十二名　陳翰　廣州府學生　禮記

第十三名　陳軒　海陽縣學生　春秋

第十四名　何本忠　南海縣學生　詩
第十五名　林廷璋　吴川縣學生　易
第十六名　尹起莘　東莞縣學生　春秋
第十七名　張璁　樂昌縣學生　禮記
第十八名　劉理　程鄉縣學生　易
第十九名　羅瑋　南海縣學增廣生　詩
第二十名　羅時　東莞縣學生　書
第二十一名　李魁　肇慶府學增廣生　易
第二十二名　盧俊　東莞縣儒士　春秋
第二十三名　陸千里　高要縣學生　禮記
第二十四名　吴裕　揭陽縣學生　詩
第二十五名　郭璿　潮陽縣學生　書
第二十六名　蘇汪　海陽縣學生　易
第二十七名　彭昌　廣州府學增廣生　詩
第二十八名　王璟　潮陽縣學增廣生　書
第二十九名　陳猷　東莞縣儒士　易
第三十名　劉直卿　徐聞縣學生　春秋
第三十一名　韓循　廣州府學增廣生　詩
第三十二名　梁翬　新會縣學增廣生　書
第三十三名　蒙温　仁化縣學生　易
第三十四名　梁佐　肇慶府學生　詩
第三十五名　盧鍔　潮陽縣學增廣生　書
第三十六名　郭祚　番禺縣儒士　易
第三十七名　王瓊　東莞縣儒士　詩
第三十八名　陸萬里　高要縣學生　禮記
第三十九名　任□　東莞縣儒士　春秋
第四十名　周禋　南海縣儒士　書
第四十一名　顧行　順德縣學生　易
第四十二名　潘禧　廣州府學增廣生　詩
第四十三名　羅章　雷州府學生　書
第四十四名　陳光泰　潮州府學生　春秋
第四十五名　楊休　肇慶府學生　禮記

第四十六名　陳時　東莞縣學增廣生　易
第四十七名　劉覺　肇慶府學生 詩
第四十八名　李仁　南海縣學生　書
第四十九名　鄺頤　順德縣學增廣生　易
第五十名　吴孟倆　安定縣學生　詩
第五十一名　葉瑛　東莞縣學生　書
第五十二名　詹孟和　南海縣學生　詩
第五十三名　劉紀　潮州府學增廣生　書
第五十四名　陳密　南海縣儒士　易
第五十五名　劉舉　潮州府學增廣生　春秋
第五十六名　楊瓘　廣州府學生　詩
第五十七名　趙相　潮陽縣學生　書
第五十八名　唐卿　瓊山縣學生　詩
第五十九名　張翊　廣州府學增廣生　書
第六十名　蔡嵩　瓊山縣學生　易
第六十一名　黎獻　德慶州學生　詩
第六十二名　李陽復　廣州府學增廣生　易
第六十三名　馮端　順德縣儒士　禮記
第六十四名　潘組紳　南海縣儒士　易
第六十五名　張翺　高要縣學增廣生　書
第六十六名　余紹夔　新會縣學增廣生　詩
第六十七名　談經　南海縣儒士　易
第六十八名　何朝宗　廣州府學生　詩
第六十九名　鄺才　廣州府學增廣生　易
第七十名　譚超　新會縣學生　書
第七十一名　廖佐　增城縣學生　易
第七十二名　馮逾　南海縣學生　詩
第七十三名　包羲民　廣州府學生　書
第七十四名　吴轍　新會縣學生　詩
第七十五名　鐘粤　南海縣學增廣生　易

第一場

四書義

大宰問於子貢曰夫子聖者與何其多能也子貢曰固天縱之將聖又多能也

林會

同考試官教諭鄭批（此篇場中作者多於大宰所問聖字直以生知安行爲講此卷獨以多能爲聖深合本旨録出以爲學者式）

考試官教諭陳批（文簡理備□考得之）

考試官教諭張批（體認親切可取）

時臣以夫子之聖專乎藝大賢言夫子之聖兼乎藝蓋多能乃聖人餘事耳然天縱聖德豈直多藝能而已哉宜乎大賢推言以告時臣也昔大宰問於子貢若曰惟聖多才夫子其聖者歟不然何其才之多至於釣弋之類亦皆無所不通也惟聖多能夫子其聖人歟不然何其能之多至於獵較之類亦皆無所不通也大宰之問如此蓋以多能爲聖舉末而遺本矣子貢答之意謂思而得者若天限量之也夫子則不思而得固天不爲限量而縱之將爲生知之聖焉勉而中者若天限量之也夫子則不勉而中實天不爲限量而縱之將爲安行之聖焉天既縱夫聖德故凡事之大者洞達小者亦罔不達而自兼乎多能也事之精者貫通粗者亦無不通而自該乎多能也子貢之答如此蓋謂聖不止於多能由本而該末也吁以子貢之知猶謙若不敢知而曰將聖彼大宰者曷足以知之哉大抵德爲本也才爲末也夫子才德兼全本末具備多能豈足以語其聖邪及夫子聞之曰君子多乎哉不多也其意亦因可見矣若子貢誠可謂知足以知聖人者歟

子庶民則百姓勸來百工則財用足柔遠人則四方歸之懷諸侯則天下畏之

廖垣

同考試官教諭謝批（此題本是常道施於國與天下之效場中作者泛泛不切此作文典古而理明白表出爲宜）

考試官教諭陳批（辭不侈而意自足非稚筆所到）

考試官教諭張批（粹乎理而瑩乎文讀之無不快意者）

常道施於國者有其效常道施於天下者亦有其效夫治國平天下必有

不易之常道也然常道既盡於上則其效豈不以類而應哉中庸二十章子思引天子答哀公之問政若曰人君爲國必有常道焉是故於庶民也愛之如子而時其徭役簿其稅斂則人皆尊君親上趨事赴工而百姓勸矣於百工也加意招徠而日省月試既稟稱事則人皆通工易事農末相資而財用足矣此則常道施於國者之效也由國以及天下而治之亦必有常道焉是故於遠人也則爲之授節以送往豐其委積以迎來善者嘉之而不能者矜之是則寬以柔之者至矣由是天下之旅皆悦而碩出於其塗四方有不歸乎於諸侯也則繼絶舉廢而治亂持危朝聘以時而厚往薄來是則恩以懷之者厚矣由是德之所施者博威之所制者廣天下有不畏乎此又常道施於天下者之效也大抵哀公問政而夫子告之以九經則爲治之道盡矣然有九經之序有九經之事而此則九經之效也且治道固不外乎九經而九經則皆本於修身約而言之則又本乎誠而已矣中庸引之以繼大舜文武周公之緒明其所傳之一致舉而措之亦猶是爾吁旨哉

易義

進得位往有功也進以正可以正邦也

韓章

同考試官訓導周批（作此題者有以卦體言有以君臣言紛紛不一晚得是篇發明夫子以卦變釋利貞之意殆無餘藴是宜録出）

考試官教諭陳批（深得潔凈精微之旨可羡可羡）

考試官教諭张批（词赡理明佳作也）

唯剛進得位之正故所往獲效之大夫陽剛之進固在得乎位尤在以其正惟漸之時而進得乎位之正宜乎獲效之大也聖人即卦變而釋利貞之意厥旨微矣且夫漸之爲卦合艮巽而成體文王既繫以利貞之辭矣至吾夫子傳彖又從而釋其辭蓋謂是卦之變自涣而來者九本居二則陽居乎陰位未得其宜也今則進居于艮體之三是進得其位矣然進不徒進進必有功所謂其行次且者何有焉自旅而來者九本居四則剛處乎柔位未得其當也今則進居于巽體之五是往得其位矣然往不徒往往則有尚所謂困于赑卼者无有焉然人但知三與五之進得乎位而有功而不知三之進也以陽居陽所進者正而无一行之偏詖于焉以之修政而政无不舉以之立事而事无不成其與當位貞吉以正邦者同一揆矣五之進也以剛履剛所往者正而无一事之邪僻于焉以之正百官而百官无不正以之正萬民而萬民无不服其與説而巽乎乃化邦者无二致矣愚故曰唯剛進得位之正故所往獲效之大者以此

抑觀文王繫漸之辭以利貞者本言女之歸也利於正而夫子傳彖又推言君子之進也亦以正蓋女之歸君子之進同一理也女歸不以正則見金夫不有躬矣君子之進不以正則枉道徇人徒爲失已矣然則聖人於漸其以敦風化乎

動萬物者莫疾乎雷撓萬物者莫疾乎風燥萬物者莫熯乎火説萬物者莫説乎澤潤萬物者莫潤乎水終萬物始萬物者莫盛乎艮故水火相逮雷風不相悖山澤通氣

梁建中

同考試官訓導周批（説出先天後天之體用親切商當非熟於易者不能宜爲本房之冠）

考試官教諭陳批（辭旨俱贍超於衆作宜表出之）

考試官教諭張批（理趣精到宜冠本經）

聖人論後天造化流行之用必原先天造化對待之體蓋對待者造化流行之本體流行者造化對待之妙用孰謂後天之造化而不原於先天之造化也歟試以後天造化言之震居東方其象爲雷而時乎春故鼓動萬物者莫疾乎雷焉巽居東南其象爲風而當春夏之交故橈亂萬物者莫疾乎風焉象爲火而居南者離也而時乎夏故晅燥萬物者莫有熯於火也象爲澤而居西者兑也而時乎秋故説遂萬物者莫有説於澤也至於坎居北方而時乎冬故滋潤萬物者孰有潤於坎水乎艮居東北而當冬春之交故終始萬物者孰有盛於艮止乎後天造化流行之用如此豈不原於先天造化對待之體乎是故以先天卦位觀之坎爲水而居西離爲火而居東坎離相對得其偶則水火不相射而熯潤之功成矣震爲雷而居東北巽爲風而居西南震巽相對得其偶則雷風不相悖而動橈之功成矣至於艮居西北而爲山兑居東南而爲澤所以成終成始而説萬物者豈不由於艮兑相對之得其偶而山澤之通氣乎説卦聖人由後天之易而原夫先天之易者可見其體用一原莫非神之所爲也抑考前章論六子則兼乾坤而言之此不言乾坤而專言六子者豈非乾坤其始任六子以成功及其終也六子成其功以歸於乾坤乾坤則有不與者乎此又學易者所當知

書義

天工人其代之天叙有典敕我五典五惇哉天秩有禮自我五禮有庸哉同寅協恭和衷哉天命有德五服五章哉天討有罪五刑五用哉政事懋哉懋哉天聰明自我民聰明天明畏自我民明威達于上下敬哉有土

廖垣

同考試官教諭謝批（此題本長難於包括而學者往往蹈襲陳言失之太繁此作筆力遒勁行文簡古真佳作也）

同考試官教諭鄭批（場中作此者不失之泛即失之略惟此作詞理簡當可取）

考試官教諭陳批（説出天工人代之理貫串一篇非精於書者不能也）

考試官教諭張批（詞約理備非熟於本領者不能宜録出之）

大臣論理天事在乎人既言政教出於天而當立本以盡其責復言天人同一理而當主敬以臨乎民蓋代天理物者固在於人也然政教雖出於天而非君臣之敬勉則無以盡其責天人雖同一理而非君心之主敬又何以合而一之哉在昔臯陶陳謨於帝舜之前若曰天下之事無一不統於君人君之事無一不出於天天不能有爲而付之君君不能獨治而任之臣君臣所治之事雖不一無非代天而爲之也是故五典天之所叙也在我則當正之使倫叙而益厚五禮天之所秩也在我則當用之使品秩而有常然惇典庸禮乃人君之教化君臣當同其寅畏協其恭敬使民彝物則各得其正則民之衷無不和矣若夫全是衷而有德者天之所命也則制爲五等之服以彰顯之戾是衷而有罪者天之所討也則制爲五等之刑以懲戒之然爵賞刑罰乃人君之政事君主之臣用之當孜孜汲汲勉力不怠則政之施無不當矣雖然君臣敬勉固爲立政敷教之本而君心主敬又豈不可合天人而一之乎是故天之聰明未嘗見其傾耳而聽之下目而視之也因民之視聽以爲聰明焉天之明畏亦未嘗見其何爲而彰善何爲而瘴惡也因民之好惡以爲明威焉夫天人雖有上下之分理則通達而無二天人雖有彼此之殊理則貫徹而無間民心之所存即天理之所在人君之有天下其可不知所以敬之哉苟能敬以臨其民則下可以得民心而不忽乎民上可以得天心而不忽乎天矣是則吾心之敬又所以合天人而一之者歟抑考臯陶之謨以知人安民爲一篇之體要自天叙有典而下所以發明天工人代之意自天聰明以下所以申明典禮命討之意於知人之餘則戒以去逸欲崇兢業於安民之餘則戒以懋政事敬有土蓋以人君一心又知人安民之根抵此臯陶所以爲善於告君也

其丕能諴于小民今休王不敢後用顧畏于民喦王來紹上帝自服于土中旦曰其作大邑其自時配皇天毖祀于上下其自時中乂王厥有成命治民今休

陳文

同考試官教諭謝批（此題本平易而場中作者多分截不明且不知敬德爲和民之本而王厥有成命治民今休爲召公之言此作發明親切辭理兼到誠壁經之翹楚者也一薦何忝）

同考試官教諭鄭批（場中作此題多分截不明惟此篇明於分截且寫出周召告君忠愛之意宛然見於言辭之表）

考試官教諭陳批（深明名公告成王之意宜表出之）

考試官教諭張批（詞理俱優）

大臣既勉君致和民之美必欲疾敬其德以畏乎民復勉君盡天人之責必述同列之言以期其效夫敬德者諴和小民之本也然大臣勉君盡天人之責而不引同列之言以實之又何以見其效之可必哉昔召公作書以告成王若曰王當馴擾調娛期夫大能和裕小民而爲今日盛治之休可也游息化養期夫大能和保小民而爲今日太和之美可也然和民之道惟在於敬德而已王必兢兢焉敬德不敢後于以顧乎民心之碞險不可以其至微而忽之焉業業焉敬德不敢緩于以畏乎民心之難保不可以其至賤而慢之焉雖然小民之諴和固本於敬德而敬德畏民豈可舍此洛邑以圖治乎吾王來此洛邑繼天出治當自服行政教於土中而達之天下也代天理物當自躬行德化於洛邑而施之四方也然石公既告之以此而尤恐其未信故又引周公之言以實之若曰其作大邑豈徒然哉自是可以對越上帝而仰無愧於天可以饗答神祇而幽無愧於神可以宅中圖治而俯無愧於人此即紹上帝服土中之謂也王能如是將見眷命用懋申命用休庶幾天有成命矣兹非紹上帝之效乎百姓昭明黎民於變庶幾治民今即休美矣兹非服土中之效乎然則敬德以和小民事天以圖治效成王宅洛可不知所務哉抑考洛邑既成成王始政召公因周公之歸作書告遠之於王究其歸則以諴小民爲祈天永命之本以疾敬德爲諴小民之本既曰王不敢後又曰王其疾敬德既曰諴于小民又曰欲王以小民受天永命一篇之中累致意焉此蓋老臣事幼主惓惓之心也异时成王爲守文之令主而周家歷年遠過於夏商謂非召公告戒之力而誰歟

詩義

受天之祜四方來賀

林會

同考試官教諭鄭批（此詩美武王而及後嗣學者往往於講貫處多忽武王唯此篇敷衍詳明深合經旨）

考試官教諭陳批（理明詞贍非精於詩者未易及此）

考試官教諭張批（辭理通暢）

既膺天心之眷必得人心之歸此詩人頌聖君之後也夫天之所眷人之所歸也後王既有以膺上天之眷豈不足以得天下人之心歸哉是詩美武王而作五章既言武王之來世能繼武王之昭明則久荷天禄而不替矣至此復言其得天得人焉蓋皇天無私惟德是輔武王之後人而能繼其德則必荷天之休百禄是遒衍不易之駿命於無窮無忝武王之爲天子矣皇天無親惟善是與武王之後世而能嗣其善則必荷天之寵百禄是總綿不拔之王業於悠久無异武王之居天位矣天且福之人將焉往殆見天下之大侯伯子男非一爵莫不執圭捧璧以來朝四海之廣綏甸要荒非一國莫不獻琛效贄而來賀爵雖有崇卑而趨向之心與四方攸同皇王維辟者同一致焉職雖有大小而歸往之志與媚兹一人應侯順德者同一揆焉天福之如此其隆人歸之如此其衆自非後王能繼武王之道亦何以臻此哉抑考是詩凡六章美武王繼三后於已往開後嗣於方來惟以求世德永孝思而上合天理下孚人心者爲之本耳下武詩人其亦善於形容者歟

皇皇后帝皇祖后稷享以騂犧是饗是宜降福既多周公皇祖亦其福女秋而載嘗夏而楅衡白牡騂剛犧尊將將毛炰胾羹籩豆大房萬舞洋洋孝孫有慶

蕭璵

同考試官教諭鄭批（此題頭緒頗多難於鋪叙晚得此篇辭理明順特表出之）

考試官教諭陳批（詩義此篇條暢宜冠本經）

考試官教諭張批（此篇獨優衆作宜置前列）

敬郊廟而獲福隆敬宗廟而獲福盛此詩人頌禱魯公也夫敬者事神獲福之本今魯公郊廟宗廟之祭既無一而不致其敬矣則其獲福之盛也豈不宜哉是詩蓋僖公修閟宫詩人咏歌其事以爲頌禱之詞至此歌之若曰莫高匪天而皇皇后帝至難格也莫幽匪神而皇祖后稷至難感也惟僖公之郊祀上帝配以后稷竭始終之誠敬獻肥腯之騂犧后帝是饗而后稷亦是饗焉后帝是宜而后稷亦是宜焉夫以郊廟之頃誠敬交格如此由是上帝也皇祖也則必降之百福而眉壽保魯矣周公也群公也亦必綏以多福而黄髮兒齒矣郊廟致敬既獲乎福則宗廟致敬又豈不獲乎福哉是故牲不可以不夙戒也秋而將行嘗祭夏而楅衡其牛則既夙戒矣色不可以不有辨也祀周公以白

牡祀魯公以騂剛則既有辨矣當是之時以言其器則畫牛於腹而謂之犧尊將將而列以言其味則炰豚切肉而太羹鉶羹苾苾而芳籩豆以盛殽核者有焉大房以載牲體者具焉至於作樂以祭則執籥秉翟而文舞之是陳朱千玉戚而武舞之并作宗廟之祭誠敬感孚如此由是俾熾而昌俾壽而臧而孝孫有慶矣保彼東方魯邦是常而孝孫獲福矣是皆國人稱頌之如此也抑考是詩推本后稷之生而下及於僖公一詩之中頌其上爲神明之所福内爲國人之所安外爲鄰國之所懷而修舊起廢治其浸廟以順萬民之所望稱頌之意至矣噫非僖公之賢何以致此哉

春秋義

九月丁卯子同生（桓公六年）甲午衛侯衎復歸于衛（襄公二十六年）吴子使札來聘（襄公二十九年）取鄫（昭公四年）

林球

同考試官訓導華批（此題按有明傳學者多不講所以臨文欝而欠明是作得之宜表以爲式）

考試官教諭陳批（詞意謹嚴得筆削之旨宜表出之）

考試官教諭張批（理明辭暢超出衆作）

論聖經之旨既有以兼帝王之道復有以參文質之中蓋夫子作春秋所以示萬世也得不兼帝王參文質而立法以垂訓乎且唐虞以賢而相禪三代以子而相繼此帝王傳授之義也春秋何以兼帝王之道乎其意蓋曰賢可與則以天下爲公而不拘於世及之禮子可繼則以天下爲家而不必於讓國之義故子同始生即書于策以明立嫡之重義即所謂夏后殷周繼者也季札來聘不稱公子以貶辭國之非義即所謂唐虞禪者也或禪或繼非兼帝王之道而何虞史書名而不諱周人以諱而易名此文質因革之宜也春秋又何以參文質之中乎其旨蓋曰義不可諱則直紀其事以示信史之實禮所當諱則特婉其詞以伸臣子之情故襄公名午即書甲午而不諱其名義即所以從虞史之質也昭公滅鄫乃書取鄫而特諱其惡義即所以仿周道之文也或諱或不諱非參文質之中而何凡此類皆所謂酌古今而貫乎書之事者也吁非聖人其孰能修之大抵魯生夫子萬世而一人也夫子作春秋萬世而一時也故其制作之義廣大悉備不但如是而已如公好惡則發乎詩之情興常典則體乎禮之經本忠恕則導乎樂之和著拳制則盡乎易之變或貴王而賤伯或内夏而外夷或有功而抑有罪而宥或功未就而予罪未著而奪或顯而微或幽而闡信非聖人莫能修也吁游夏不能贊一辭其以是歟

林球

臧孫辰告糴于齊（莊公二十八年）歸粟于蔡（定公五年）

同考試官訓導華批（此篇理有定見文善發明佳作也宜表之）

考試官教諭陳批（體認真切杰出衆作）

考試官教諭張批（得謹嚴之旨）

治名而忘實者可譏舍大而務小者可責此臧孫行糴于齊晋定輸粟于蔡春秋得不書之以示意哉且國有饑饉卿出告糴古之制也而臧孫辰糴于齊何以爲治名而不治實邪蓋當國任事大臣之職而徇名忘實君子所耻今辰徒以急病讓夷爲名而不知務農重穀於民未告急之日徒以居上恤下爲名而不能徹彼桑土於天未陰雨之際至於穀一不登仰給四鄰縱百圭磬如失政何故春秋不曰于齊告糴而曰告糴于齊者所以譏大臣治名而不治實之蔽也若夫小國飢乏鄰國歸粟亦禮之正也而晋定歸粟于蔡又何以爲舍大而務小乎蓋賙窮邺匱固仁人之心而攘夷安夏實伯者之略今晋定徒務輸粟於蔡圍既解之餘而楚人滔天之罪則置而不問徒施小恩於蔡人焚溺之後而蠻荆燎原之烈則置而不恤至於伯舉戰勝聊爾輸粟區區小惠奚補於事故春秋特書歸粟于蔡而不書諸侯者所以罪伯國忘大義而事小惠也吁以告糴爲名者辰也而君子必責其實以歸粟爲恩者晋定也而君子必責其大聖人之意何如哉大抵臧孫務名而忘實固不足録使齊桓不仗義以恤魯則東蒙之民亦云殆矣晋定務小而忘大固無足齒使吴子不伸義以援蔡則叔度至廟幾不祀矣噫此葵丘之禁齊桓可謂能踐其言而伯舉之役吴人所以進而書子也歟

禮記義

考禮正刑一德以尊于天子

王惟節

同考試官訓導郁批（此題本平易場中作者類能言之而考禮正刑處多不知以下文作講求其識此而且行文簡勁不陳腐者僅見此篇是用録出）

考試官教諭陳批（詞理通貫可取）

考試官教諭張批（遣辭析理無不精當）

人臣謹其法以同其心皆所以尊其君也蓋臣道莫大於尊君也苟欲尊君而不知考禮正刑一德焉其可乎哉是宜記禮者言此以示人也且夫諸侯之朝于天子也豈徒然哉誠以禮有五天子所制也考天子之禮而行之使豐殺多寡悉惟其稱可也如暢爲禮之至而圭瓚酌暢酒之器也爲諸侯者必賜

圭瓚而後爲暢其或未賜則資於天子而已其可縱私違僭如我魯行郊禘於諸侯之庭乎刑有五天子所定也正天子之刑而用之使征伐殺戮舉出於公可也如征殺所以致天討而弓矢鈇鉞皆致天討之器也爲諸侯者必賜弓矢鈇鉞而後征殺其或未賜則守其常法而已其可率意偏枉如桓文專征殺而不用天子之命乎考禮如此正刑又如此由是一德一心罔敢二三也同寅協恭罔有异慮也是蓋以君爲元首爲腹心而相視爲一體矣惟其考禮則禮樂自天子出矣謹其禮即尊其君也奚必奔走承順而後爲尊邪惟其正刑則征伐自天子出矣守其法即尊其上也奚必擎拳曲跽而後爲尊邪一德則不貳其君矣何莫而非尊之哉雖然此特言諸侯朝于天子之事也若夫天子之適諸侯則祀神養老觀民風察天道修人事無往而不致其謹焉噫古者天子之巡狩諸侯之述職皆無有無事而空行者此所以成雍熙泰和之治也

親者屬也自仁率親等而上之至於祖自義率祖順而下之至於禰是故人道親親也

王惟節

同考試官訓導郁批（作此題者多不知本制服立説惟此篇體認集説之意最爲切當且文氣春容敻出衆作宜取以冠本房）

考試官教諭陳批（文理暢達宜居前列）

考試官教諭張批（辭理簡當宜冠本經）

制服以有親而因其屬故用理以治親有其等此人道莫大於親親也蓋服以表其親屬而已苟不用仁義以治之其何以知親屬之重輕哉此親親爲人道之大也有以夫昔記禮者謂人之有親則有服也彼服有重者非徒重也以親而重之爾服有輕者非徒輕也以親而輕之爾制服以有親豈有他哉蓋親有聯屬也如卑者幼者則以屬於尊與長者而服之親有繫屬也如庶者旁者則以屬於適與正者而服之夫親者屬也如此其可不用仁義以治親耶是故仁主恩也用夫仁之恩愛依循於親節級而上至於祖焉仁則父母重而祖輕也如至親以期斷而父母三年不爲仁重乎義主斷也用夫義之斷割依循於祖順而下之至於禰焉義則祖重而父母輕也如高曾應緦麻而進以齊衰不爲義重乎夫以親屬而制服用仁義以治親何莫而非親親哉故追王祭祀皆人道也而親親則爲之大治道宗法皆人道也而親親則爲之先記禮者於大傳而言此其欲人慎重於親親也何其至哉抑觀曲禮有曰夫禮者所以定親疏決嫌疑別同异明是非也然彼則言制服以禮此則言制服以仁義何耶

蓋仁者恩也義主斷也仁有殺義有等即禮也學者合而觀之其意實互相發也

第二場

論

聖人教人有定本

王惟節

同考試官訓導郁批（非特議論好而舜與孔子教人定本發明殆盡）

考試官教諭陳批（論得其旨筆勢不滯誠有學之士也）

考試官教諭張批（議論精研筆力蒼古杰作也）

論曰聖人之心天地之心也天地之心至公而已矣聖人體天地之心亦至公而已矣何也天地之生人欲其無一人而不歸於至化之中然不能諄諄然而命之也於是篤生聖人以立教故聖人之教人亦欲其無一人而不囿於至教之内自非體天地至公之心能如是乎然其所以教者亦各因其性分所固有職分所當爲而立爲定本耳豈責之以高遠難行之事哉噫天地之愛夫吾人也亦周矣既賦之以形又畀之以性形欲其踐也性欲其盡也如此而後人道盡也然而氣禀不齊形焉不能踐其形性焉不能盡其性而失其所以爲人之道者衆矣天地於是而生聖人焉聖人之生豈徒然哉聰明睿知厚以質也聖神文武厚以德也作之君師厚以位也天地之厚於聖人非私也公也非公於一家公於天下也非公於一世公於萬世也聖人者出膺天地付托之重任君師教養之寄以天下之人爲吾一體以宇宙内事爲吾分内三綱於我乎維持九法於我乎推布百姓不親曰吾之責也五品不遜曰吾之責也真能體天地之心以教人者矣然其所以教者豈有他道哉亦惟曰有定本而已夫古之教者有六禮七教八政矣又有三物四教矣而其所謂定本果在於是乎蓋六禮節此本也七教興此本也八政防此本也三物達此本也四教明此本也非定本也然其所謂定本者不外乎五品之人倫與夫視聽言動之間而已然是本也非由外鑠我也根原於太極之初具足於性分之内賢非豐而愚非嗇也古非有而今非無也達非加而窮非損耶奈何伐於斧斤牧於牛羊塞於蓁茅失其本者多矣故聖人立教因其父子之情薄而或至於相夷也則教之以有親君臣之位失而或至於相陵也則教之以有敬長幼之序或失則教之以有序夫婦之道或虧則教之以有别於朋友也則教之以有信焉聖人之所以教者非耳提而面命之也振舉於上而下者自化焉爾目司乎視而或非禮也則教以勿視耳司乎聽而或非禮也則教以勿聽言焉非禮言之私也則教以

勿言動焉非禮動之私也則教以勿動聖人之所以教者非家至而日見之也軌範於此而遠者自效焉爾由是天下之人雖知愚异禀賢不肖殊科而凡沐浴於吾聖人膏澤之中者莫不熙熙然敦義以相正也鼓舞於吾聖人聲教之内者靡不皞皞然謹禮以相與也百姓昭明定本明也五典克從定本從也教化無窮定本之無窮也人徒見四方風動民協于中以爲聖人教之使然也而不知天地生聖人篤倫理以教天下後世也人徒見天道以明人極以建以爲聖人教之使然也而不知天地生聖人明天理以教天下萬世也聖人體天地之心以教天下後世則聖人之教行即天地之教行也大哉聖人至公之心乎其與天地之心流通而無間者乎稽之古人其克當乎此者唯大舜與吾孔子爲然大舜使契爲司徒教以人倫父子有親君臣有義夫婦有别長幼有序朋友有信夫子告顔淵曰克己復禮爲仁非禮勿視非禮勿聽非禮勿言非禮勿動朱晦菴有見於此而曰聖人教人有定本其言不我欺也其言不我欺也夫大舜達而在上之聖人也孔子窮而在下之聖人也舜達而在上故其教行於當時孔子窮而在下故其教行於萬世舜與孔子往矣千載而下體天地之心以教夫人者今幸有聖天子在上

表

擬宋以范鎮爲翰林學士謝表

林球

同考試官訓導華批（典則可觀）

考試官教諭陳批（詞語切實）

考試官教諭張批（表得體）

伏以聖人御極弘開泰運之基王道誕興丕闡文明之治地出圖書之瑞天呈奎璧之光鼇禁生輝鑾坡增寵恭惟堯仁天覆湯德日新崇恭儉之未遑尚寬仁而普及聽言納諫登賢俊以盈朝偃武修文重詞章於内苑購遺文而山積幸聖駕以時臨千載奇逢一朝盛事此誠建億萬載太平之基業者也臣草茅賤士樗櫟凡材遽承紫殿之恩獲賜玉堂之篆昔知諫院殊無陳善之能今任詞林忝預登瀛之選舊階之榮已至新命之眷奚堪自揣疏庸深懷戰懼思如泉注慚非陸贄之奇才官目冰銜徒冒彭年之美譽顧涓埃之未答何雨露之重霑臣敢不罄竭丹衷慎居清要掌絲綸之出入謹制誥之精嚴伏願聖德中天日斯明而月斯朗皇圖永曆山與峙而川與流共沐洪休均承大化臣不勝戰慄之至謹上表稱謝以聞

第三場

策

第一問

林球

同考試官訓導華批（文有條理而名實不遺佳策也）

考試官教諭陳批（隨問而答整整可觀）

考試官教諭張批（條答詳明）

聖辟明君繼統天位而體元參化之功先後同一道天葩睿藻昭布海宇而垂訓立教之道先後同一心前乎堯舜禹湯文武所以君師天下者此心此道也後乎我朝列聖所以昭示海宇者亦此心此道也請因明問而略陳之蓋人道之要莫大於五倫故人君立教之道亦莫先於五倫如堯之以親九族舜之慎徽五典禹之敷文命湯之修人紀文王之緝熙敬止武王之重民五教何莫不以是爲先務歟洪惟我朝誕膺天命列聖繼作文教大興太祖高皇帝御製大誥三編太宗文皇帝御製孝順事實爲善陰騭二書以頒布中外家傳人誦所以百年之間四海之内聲教遠暨而人倫無不明矣伏遇宣宗章皇帝光昭聖謨游心典籍又於萬幾之暇采古今之嘉言善行有關於倫理者萃以成編名曰五倫書而英宗睿皇帝克承先烈頒布天下以示勸其立教垂訓之意蓋與堯舜禹湯文武之心太祖太宗之意寔同一揆也道豈异乎哉心豈二乎哉生嘗欽誦所載君道之目五十而始於聖德聖學以聖德言之其仁如天其智如神就之如日望之如雲者堯也而克寬克仁克明克忠者非成湯乎臨下以簡御衆以寛者舜也而不泄邇不忘遠者非武王乎是雖有性之身之之殊要之同一聖德之盛也以聖學言之受丹書於尚父訪洪範於箕子者武王也開文學館而鋭情經術者非唐太宗乎舊學于甘盤惟克邁乃訓者高宗也而雖在軍旅手不釋卷者非宋太祖乎是雖有先後小大之殊要之同一聖學之勤也臣道之目四十有八而始於輔德經國以輔德言之毋怠毋荒四夷來王伯益之告舜者至矣而周公作無逸之書賦大明之詩以戒成王者心豈异乎修德修刑動天以誠宋璟之戒玄宗者切矣而吕夷簡陳辨佞之言進節費之疏以告仁宗者意豈异乎以經國言之决九川弼五服大禹之功茂矣視召穆公之經營四方告成于王寔同一轍焉辨方正位體國經野周公之績偉矣視仲山甫之出納王命爲王喉舌皆同一軌焉包拯擢任館閣戒犯贓濫而刻石三十七字以詔其子李襲譽解職揚州囊無餘蓄而惟以賜田十頃桑千株以遺其後其所遺雖不同而教子之心則同也父道不亦善乎伯奇見逐於其母

則采椁以食援琴以歌而不敢有怨大舜不得於其親則往畊于田號泣于天而終身怨慕其情雖不一而慕親之心則一也子道不亦盡乎寧忤帝旨不以貴戚易陋妻尉遲敬德於夫道善矣彼貞姬却白璧黄金之聘辭吴王夫人之位而守節不渝者婦道何愧焉寧違父命不以寵禄傷天倫叔齊於弟道盡矣彼餘祭夷昧知季札之賢效泰伯之讓而秉德不回者兄道何厚焉至若朋友之倫如雷義之於陳重則相許以膠漆申屠蟠之於王子居則相托以死生柳宗元之於劉禹錫鮑叔牙之於管夷吾又皆友道之善而不以利害得失易其心者也愚生游心校庠欽服聖訓蓋已有日而於五倫之教固將書諸紳而措諸行矣徒誦説云乎哉徒誦説云乎哉謹對

第二問

梁建中

同考試官訓導周批（隨問隨答略無疑碍非老於性理者不能歆羡歆羡）

同考試官訓導華批（援據經傳條答詳明蓋嘗潛心於理學者）

考試官教諭陳批（據理條答略無所遺）

考試官教諭張批（敷對無遺必博學之士也）

文以載道而六經四書則萬世之至文也學以明道而六經四書則萬世之正學也學者因文以窮理窮理以明道則聖賢所載之微辭奥義一以貫之而無疑矣請承明問而略評之夫六經四書之行于世猶日月星辰之麗乎天照臨萬古光景常新而不可以一日無者也其間所載遠而天理之精微近而人道之顯著幽而鬼神明而禮樂廣大悉備誠未可以一二究其涯涘姑以其大者言之故法象莫大於天地而有陰陽剛柔之妙蓋立天之道曰陰與陽立地之道曰柔與剛一陰一陽而四時行焉一剛一柔而四維定焉非天地之至妙者歟陰陽莫妙於鬼神而不無大小費隱之别如晅之以日月潤之以風雨是其大也而郊則天神格廟則人鬼饗非小歟視弗見聽弗聞是其隱也而體物如在非費歟惟皇上帝降衷于民所謂命也而其吉凶禍福亦皆天之所命然惟莫之致而至者乃爲正命彼桎梏者豈正命耶成之者性各一太極所謂性也而彼聲色臭味亦皆人之所有然道則責成於已養則付命於天君子豈謂性耶天命之性率循於已非道乎而所謂道一者蓋言古今聖愚本同一性初無二理也道二者蓋言能法堯舜則爲仁不法堯舜則不仁也而五達道則自君臣以至朋友之交是焉率性之道實得於已非德乎而所謂三德者則孝德敏德至德是也六德則智仁聖義中和是也而九德則自寬而栗以至强而毅是焉立人之道曰仁與義是人道莫大於仁義矣然分而言之則仁爲陽爲

健義爲陰爲順錯而言之則義主於斷而亦未嘗不健仁主於愛而亦未嘗不順也大禮與天地同節大樂與天地同和是制作莫大於禮樂矣然以言其本則和敬是已以言其末則玉帛鐘鼓是已故敬而將之以玉帛和而發之以鐘鼓則本物備具情文并行可謂全矣苟玉帛交錯而敬或不足鐘鼓鏗鏘而和或不及不已偏耶誠乃真實無妄之謂天理之本然也學者未能真實無妄而欲其真實無妄非人道之當然乎忠恕盡已推已之謂此學者之事動以人爾而夫子之道一以貫之非動以天者乎至若后非賢不乂賢非后不食是君臣誠人道之大倫也而道德功力則皇帝王伯之辨以無爲爲德而其道上達知足以帥人者則公卿大夫之辨焉要其所各當盡之道則孔子所以告定公者至矣父兮生我母兮鞠我是父子誠天屬之至親也而正服義服則嫡繼慈養之别而繼别繼禰則大宗小宗之别焉論其所各當爲之服則諸儒所以載於禮記者詳矣凡若此者信皆天理人道之大端而凡學者所當講也第愚生天與凡近問學功疏而於道猶望洋惟不鄙夷而進教焉則幸甚

第三問

林會

同考試官教諭鄭批（博以備衆言公以折群議此子其殆學術正識見高而毁譽不足以動其心者歟）

考試官教諭陳批（備紛紛之議論而以義利邪正折其衷其博而能約之士也）

考試官教諭張批（不規規於問目而議論淵如文彩燁如是必陋樂毅而志孔明者）

甚矣古人之難盡知也亦甚矣載籍之難盡信也蓋載籍浩浩論議紛紛或舉其一而遺其二或具其事而略其心卒至是非失真而古人之賢否邪正莫之辨矣必考其時迹其事究其心然後庶幾焉使不出此則雖同時而仕同堂而語十人而書一人之事亦各不同蓋聞見有詳略文辭有工拙意向有高下坐此數者已多失真矣況於數百載之下或千餘年之後耳不聞其言也目不睹其事也意揣心搆以補其所不足而增其所未備則所以失其真者不尤多乎哉是故觀載籍與儒先君子之論在執事猶衆難填胸群疑滿腹況於迂愚之左見乎請因明問所及而陳之燕之樂毅下齊七十餘城而即墨與莒不拔夏侯太初謂其庶幾湯武蘇子瞻謂王道不可以小用小用之則亡而以其爲行王道之過且湯武所以伐人之國者曷嘗有利天下之心哉不忍斯民之塗炭挾大義而拯救之是以東征西怨南征北怨皆曰奚爲後我使取一毫之

非義殺一介之不辜雖奉海内之籍而歸之湯武不肯正目而視也王道蕩蕩大用之則大治小用之則小治猶之菽粟少食之則不死恒食之則充實奚可以菽粟不可少食而寧啖糠麧哉彼樂毅生當戰國之時爲魏使燕因燕昭王好賢遂委質爲臣未幾至上將軍時齊最收怨於諸侯而燕昭怨之特甚故毅得以承令而約趙楚韓魏與燕之兵并護之以伐齊下齊之國都不能施仁敷惠以慰其父兄子弟乃遷其重器寳貨於燕齊民固已怨入骨髓矣毅之師特報讎圖利之舉耳幸而下七十餘城畏其兵威力屈而服之非心服也及兵威既振所不下者即墨與莒毅之心以爲在吾腹中一指顧而取之有餘矣其心肆氣怠士挫而二城之怨方堅齊民之心方奮用堅奮之人而禦怠肆已鬭之讎雖百萬之師固不能拔二城之人非可拔而姑存之使自服也亦非愛其民而不以兵屠之也湯武以一國征諸國而人靡有不服者毅以諸國征二小邑且猶叛之湯武以義而毅以利王道以正而霸以譎事之所以不同也遠矣不知夏侯太初何自而謂其庶幾湯武蘇子瞻何自而謂其行王道之過也漢之孔明志在恢復炎祚而大業未就以卒陳壽謂其亞匹管蕭又謂其連歲動衆未能成功蓋應變將略非其所長且管仲相桓公霸諸侯一匡天下民到于今稱之功亦偉矣而乃不能正身修德以致主于王道蕭何輔高祖成帝業發蹤者示而匡輔之功居多養民致賢而勸君之意尤切烈亦盛矣而亦不能積誠法古以聿興夫禮樂若吾孔明生當三國寄迹隆中漢之昭烈三顧草廬幡然而起未幾身都將相是時吴爲最强魏次之而漢獨以區區之蜀間於二雄而欲信大義於天下以復漢祖之炎祚其時其事尤爲難也然以布衣至於爲相而人不以爲速以討賊爲己任而不任將帥人不以爲自用斷一國之政賞罰予奪一無所貸人不以爲專彼二國之司馬懿周魯張陸之徒皆不能及顧乃深有資於僚佐而懇懇求忠蓋之言以孔明之賢豈待乎僚佐之益舉全蜀之士豈復有出於孔明智慮之右乎賢人君子之用心也遠而期望也大常自見其不足而不見其有餘惟不自用其才知也故能舉用天下之才智苟露其才智與人角錙銖分寸以求勝則凡有才智者皆吾敵也吾安得而用之哉至於出師一表無愧乎伊訓説命之言八陣一圖彷彿乎黄帝太公之制魏之司馬懿用兵如神筭無遺策每與孔明交鋒動輒敗北是以其徒有畏之如虎之譏時孔明孤軍遠出粮餉不繼懿以鋭師大衆乘氣而扞禦之猶狼狽如許至受巾幗婦人之服而不敢出氣孔明既卒而懿追之姜維令楊儀反旗鳴鼓若向懿者懿遂斂軍以退百姓爲之諺曰死諸葛猶走生仲達及懿行孔明營壘處所嘆曰天下奇才也況五丈原之屯恩信行於中原威略震乎遠邇屯田積聚

軍旅散於民居而皆相安三代之兵若時雨孔明者庶幾矣故論諸葛之出處可比伊尹正大之出處也諸葛之人才可亞伊周王佐之大才也而其心則一於興漢豈有一毫譎詐圖利之意哉特時事之難又不幸五十四歲而卒天不祚漢可勝嘆哉使其不死則漢室可興禮樂有望矣彼陳壽之徒以形迹成敗論人而比之爲管蕭又謂應變將略非其所長所言之繆不攻而自破矣若論其極則樂毅非管蕭之匹而孔明直亞伊周豈戰國秦漢之士可及哉噫太初曲士不足論獨惜陳壽蘇子之易其言耳此後世之論失其真者然也若夫孔明養高隆中之日嘗自比管仲樂毅而時人已莫之許蓋孔明特主於撥亂繼絶一時自寓之言耳豈不知二人而甘附之哉然惟豪杰然後能知豪杰當時蓋少孔明之儔故雖自比管樂而人亦莫之許無足怪焉此又當時之論失其真者然也雖然論人失真非獨古昔也幸執事裁而表章之以示警策云謹對

第四問

林廷璋

同考試官訓導周批（士風一策正欲觀學者趨向何如此答詳於事實未復歸重於誠則其爲人可想矣一荐何忝）

考試官教諭陳批（歷歷真實詳答足見博覽）

考試官教諭張批（善於條答可取可取）

三代而上士風之議未聞三代而下士風之議始著蓋士風未聞者以其世俗淳龐人皆佩德故無可得而議士風始著者以其世俗日偷人不古若故有可得而議者矣請因明問而略陳之夫士生天地之間豈但儒言而儒行儒冠而儒服哉其所以然者貴尚誠實恬退推遜清廉而已故古人之調美風俗使士知所自重崇尚名節俾士知所存心所以汲汲於是而不緩也厥後若宋之太宗作詩以戒欺誕真宗作詩以疾奔競士得不誠實恬退乎黜李昉子弟以懲攘奪録温叟子孫以戒貪墨士得不推遜清廉乎故當時人皆勵行丕振士風若胡宿之知審刑院時有監税虧課人或止其直白公曰吾事主上今白首矣不忍毫髮欺君寇公年十九登第時年少者遣還人或教以增年公曰吾初進取可欺君耶至若爲館職不預宴集而直以貧故對君者晏殊也爲宫官私入市飲亦直以貧故對上者魯宗道也諸公制行如此非誠實之風著乎錢若水爲樞密副使以母老而請解機務韓見素爲監察御使厭奔競而表求致仕至於舉進士以父執政而不就廷試者韓持國也登黄甲以奏名第一而不肯自陳者范景仁也數公立心如此非恬退之風盛乎若夫張公咏之試大名而讓同郡之張覃爲第一蔡公齊之試萊州而遜里人之史方居首選以至畢

文簡之除相曰臣以駑朽請薦相才之寇準焉杜祈公之去相曰某以非材誠恐久妨賢路焉此則數公之推遜者然也萊公之位宰相居家隘窄而無地以起樓臺趙抃之知成都心存廉潔而龜鶴尚猶屏去以至余靖爲廣西安撫及歸也而不載南海之一物焉沈倫爲水陸轉運及回也而惟有圖書之數卷焉此則數公之清廉者爾也然是四者分而言之則有彼此之殊要而言之則以誠實爲本然非誠實則三者不可虛行矣且司馬公之辭翰林王安石之辭館職其推遜一也議者以温公爲是而荆公爲非温公之辭歸西洛荆公欲投老鐘山其恬退一也論者以温公爲得而荆公爲失温公不事生產荆公不自奉養均之爲清廉也議者以温公爲真而荆公爲詐何也重厚之士其處已以誠好名之士其處已以不誠温公忠厚之士而荆公好名之士也故有彼此習尚之殊又豈不關於誠與不誠也哉此誠實者所以爲三者之本也愚也樓迹螢窻潛心蠹簡素思以名節存心嘗有考於是矣兹承明問聊概述是以對幸執事進而教焉

第五問

王惟節

同考試官訓導郁批（策有考據有斷制篇末數語又能窺主司之意於言外舉而措之必有大過人者當拭目以俟）

考試官教諭陳批（答述不遺有斷制可取）

考試官教諭張批（隨問隨答必有學之士也）

嘗謂人臣之進諫於君也貴有其道又貴有其時何也有其道矣而時不至焉則諫或不行不可也有其時矣而或道已失焉則諫或不切其可乎哉然必有其道有其時而後諫可行也今承執事發策而以諫諍爲問是蓋責望以古者執節秉義之士而不以尋常目之也其用心抑何厚耶請因明問而條陳之甚矣諫諍之多端也有直諫者有諷諫者如石介之犯顔逆鱗叩頭流血其名曰直宜也而或疑其激如趙公概之和容愉色微辭婉容其名曰諷宜也而或譏其佞直既不可諷又不可君子於此將何爲哉愚嘗聞朱晦庵有云伊川之諫其至誠惻怛防微慮遠即發乎愛君之誠其涵養善端培殖治本又合乎告君之道皆可以爲後世法此進諫之有其道也又嘗聞吕東萊有云諫之道有三難焉曰遠曰疏曰驟遠則勢不接疏則情不通驟則理不究其言之不行也固也此又進諫之有其時也夫君子之進諫亦惟盡其道與□□時之何如爾蓋嘗求之古人矣有風力愈勁者目曰擊鶻則王素其人也有廷争不回者稱爲殿虎則劉安世其人也此其風采壁立雖鼎鑊不避者謂非直諫可乎因

詩章而含規諷歐陽脩之辭何婉耶因身疾而喻朝政吕獻可之章何誠耶此其旁入曲喻雖風雅不過者謂非諷諫得乎之數君子者發乎愛君之誠合乎告君之道而又皆近者親者久任者此所以上信其心下服其誠天下後世知其忠夫何有佞與激之譏耶然君聖則臣直洪惟我聖天子嗣登大寶首開言路其論治體而裨國事者多見采納真億萬載太平之主也然其間有未信其心而行其所言者豈有他哉其即東萊所謂遠者疏者與驟者時不至焉者也雖然此但言其時與勢爾以理言之則□愛

廣東鄉試録後序

天道至公而已矣聖人法天立道亦至公而已矣天道聖德莫罄名言而皆不外乎一公下此而中外臣鄰所以奉若天道祇承聖德者亦不外夫公焉爾公以治事則事集公以治民則民安公以求賢則賢才進然求賢最重進士一科而是科之制置條格既周且備一有不公弊將不可勝言矣成化戊子之秋適賓興賢能之期先是提督兩廣軍務左副都御使韓雍削平群盜愛民養士蓋公心也繼而巡撫右副都御使陳濂拊循瘡痍（此處底本缺頁——編者注）

成化七年廣東鄉試録

廣東鄉試録序

上天生賢以輔世其盛也由氣運之昌教化之洽耳然氣運教化相與流通恒始于西北而後及于東南虞之聲教始冀都而以東漸南曁爲極周之風化始豐鎬而以化成南國爲至故當時賢才之生高陽高辛有八元八凱之舉而萬邦黎獻亦共爲帝臣羔羊大夫有正直節儉之德而在野武夫亦公侯腹心是皆帝王德化上下與天地同流舉一世而甄陶之者然也我國家受天眷命撫御斯世太祖高皇帝肇迹淮西太宗文皇帝定都冀北而東南嶺海之間逖遠京畿漸被王化方諸中州能無先後之差乎比于列聖嗣陳政教益勤益勵已逾百年斯薫蒸陽達無遠不洽而嶺南賢才始亦衆盛足以儷中州而應昌運也矧兹數歲奉敕總督兩廣軍務兼理巡撫右都御史韓雍來莅斯境威惠兼行夷獠馴服而興學勸士尤所加意邇者復同奉敕總鎮太監陳瑄總兵官平江伯陳鋭開設總府于梧州武備修舉風教日新而士習丕變乃成化辛卯秋當大比興賢而十郡七州之士若庠序生徒若山林韋布若介胄子弟預有司舉送者幾二千人先期提督學校僉事胡榮循例小試擇其可入場者千二百有奇視往昔爲衆盛矣至期鸞等膺禮聘而來忝司考校而巡按廣東監察御史程宏寔監臨其事曁鎖院内而提調則左布政使張瑄左參政張瓚監試則按察使寗良副使章格外而綱維防範則右布政使周鐸左參政王佐右參政卓天錫左參議李田副使孔鏞吕洪涂棐僉事王祐陶魯陳貴林錦方泌姚俊凡諸執事俱遴選以充而嚴革宿弊咸秉至公三試之後取其經義論策典雅純正者七十有五人遵解額也復遵故事刻小録將以徹御覽而示方來仰惟皇明奄有華夏祖宗創制垂憲盡革近代因循之陋而遠追虞周文明之治矣然所以弼贊治化承保上天純佑命而永建億萬年之基者尚有賴乎多賢之用也今諸士子荷聖朝作養造就而獲登名賢書行將與天下士會試禮闈進對大廷致用有日矣雖所以進身之階不外乎文藝而致用立身之本不在是也要必存心修德焉耳嘗觀有虞之世九德咸事而日嚴祗敬百僚師師者其心何如也有周之士不顯亦世而厥猶翼翼有孝有德者其德何如也

諸士子誦詩讀書志希古聖賢久矣苟能日存祗敬帥帥而懋昭翼翼孝德則爾之心即虞廷黎獻之心爾之德即周家多士之德豈直今世之士云乎哉有是心有是德而辅世贊化之功不虞周若者吾未之聞也其或志功利而飭巧詐矜名譽而競葩藻兹乃近代浮靡之習而非辅世贊化之用也幸勉之哉幸戒之哉鸞不佞敢也以是言序諸首

山西太原府忻州儒學學正王鸞謹序

成化七年廣東鄉試

監臨官

巡按廣東監察御史程宏（毅夫直隸祁門縣人　丙戌進士）

提調官

廣東等處承宣布政使司左布政使張瑄（廷璽應天府江浦縣人　壬戌進士）

廣東等處承宣布政使司左參政張瓚（宗器湖廣孝感縣人　戊辰進士）

監試官

廣東等處提刑按察司按察使寗良（元善湖廣祁陽縣人　乙丑進士）

廣東等處提刑按察司副使章格（□鳳直隸常熟縣人　辛未進士）

考試官

山西太原府忻州儒學學正王鸞（應和直隸滁州人　乙酉貢士）

江西饒州府餘干縣儒學教論鄭重光（廷輝福建莆田縣人　丁卯貢士）

同考試官

直隸蘇州府嘉定縣儒學教論蕭尚彝（嘉猷江西吉水縣人　癸酉贡士）

江西吉安府廬陵縣儒學教論陳孟聲（孟聲福建閩縣人　癸酉貢士）

山東兖州府曹州曹縣儒學教論汪元（貞夫浙江開化縣人　戊子貢士）

江西南昌府新建縣儒學教論林大猷（子道福建莆田縣人　己卯貢士）

江西南昌府儒學訓導李玉樹（瓊林湖廣麻城縣人　戊子貢士）

直隸鎮江府儒學訓導郭績（公績江西萬安縣人　己卯貢士）

印卷官

廣東等處承宣布政使司經歷司都事張淑（子善廣東博羅縣人　癸酉貢士）

收掌試卷官

惠州府知府吴繹思（繹思福建莆田縣人　丁丑進士）

受卷官

肇慶府知府黄瑜（中美直隸華亭縣人　甲子貢士）

彌封官

南雄府知府劉隆（徽林江西廬陵縣人　丁丑進士）

廣州府新會縣知縣李憲（正綱湖廣棗陽縣人　監生）

謄録官

韶州府同知方新（源學福建莆田縣人　監生）

潮州府揭陽縣知縣謝寧（安世福建惠安縣人　丙戌進士）

對讀官

惠州府博羅縣知縣胡璉（汝器江西信豐縣人　監生）

廣州府順德縣縣丞池華（中美福建侯官縣人　吏員）

巡綽官

廣州右衛指揮同知楊遜（克讓直隸臨懷縣人）

廣州左衛指揮僉事程富（尚禮直隸合淝縣人）

搜檢官

廣州左衛後所正千户李弘（用寬直隸山陽縣人）

廣州左衛左所正千户王武（振威浙江金華縣人）

廣州右衛中所正千户楊旺（景春直隸合淝縣人）

廣州後衛中所正千户楊溥（公遠直隸知州人）

供給官

廣州府通判余志（志學福建建寧縣人　甲申進士）

廣東市舶提舉司提舉陶熏（自勉廣西鬱林州人　庚午貢士）

韶州守禦千户所吏目張旭（彦明湖廣景陵縣人　吏員）

廣州府東莞縣主簿馬善（存□廣西臨桂縣人　知印）

廣州府南海縣典史周文郁（克盛湖廣安陸縣人　吏員）

掌行科舉文卷

廣東布政使司禮房令史陳珍（南海縣人）

廣東按察司書吏朗昭（順德縣人）

謄録并對讀

惠州等府儒學生員陈鏞等一百二十一名

第一場

四書

子曰聽訟吾猶人也必也使無訟乎無情者不得盡其辭大畏民志此謂知本　子入太廟每事問或曰孰謂鄹人之子知禮乎入太廟每事問子聞之曰是禮也　曾子子思同道曾子師也父兄也子思臣也微也曾子子思易地則皆然

易

直其正也方其義也君子敬以直内義以方外敬義立而德不孤直方大不習无不利則不疑其所行也　彖曰大有柔得尊位大中而上下應之曰大有其德剛健而文明應乎天而時行是以元亨　知變化之道者其知神之所爲乎　易曰憧憧往來朋從爾思子曰天下何思何慮天下同歸而殊塗一致而百慮天下何思何慮日往則月來月往則日來日月相推而明生焉寒往則暑來暑往則寒來寒暑相推而歲成焉往者屈也來者信也屈信相感而利生焉尺蠖之屈以求信也龍蛇之蟄以存身也精義入神以致用也利用安身以崇德也

書

柔遠能邇惇德允元而難任人　厥貢惟球琳琅玕浮于積石至于龍門西河會于渭汭織皮崑崙析支渠搜西戎即叙　旁作穆穆迓衡　公其惟時成周建無窮之基亦有無窮之聞子孫訓其成式惟乂嗚呼罔曰弗克惟既厥心罔曰民寡惟慎厥事欽若先王成烈以休于前政

詩

要之襋之好人服之好人提提宛然左辟　維其有章矣是以有慶矣

清酒既載騂牡既備以享以祀以介景福瑟彼柞棫民所燎矣豈弟君子神所勞矣莫莫葛藟施于條枚豈弟君子求福不回　俾民稼穡有稷有黍有稻有秬奄有下土纘禹之緒后稷之孫實維大王居岐之陽實始翦商至于文武纘大王之緒

春秋

齊人侵我西鄙公追齊師至酅弗及（僖公二十六年）公會齊侯于夾谷（定公十年）　天王使宰渠伯糾來聘（桓公四年）天王使仍叔之子來聘（桓公五年）秦人伐晋（文公三年）晋侯伐秦（文公四年）　楚人伐鄭（僖公元年）齊侯宋公江人黄人盟于貫（僖公二年）遂伐楚盟

于召陵（僖公四年）楚人陳侯蔡侯鄭伯許男圍宋（僖公二十七年）晋侯齊師宋師秦師及楚人戰于城濮楚師敗績（僖公二十八年）楚人圍江晋陽處父帥師伐楚以救江（文公三年） 公及晋侯盟于長摴（襄公三年）及向戍盟于劉（襄公十五年）公如晋至河乃復仲孫何忌及邾子盟於拔（定公三年）

禮記

郊血大饗腥三獻爓一獻孰至敬不饗味而貴氣臭也諸侯爲賓灌用鬱暢灌用臭也大饗尚腶修而已矣 物至知知然後好惡形焉 仁者右也道者左也仁者人也道者義也厚於仁者薄於義親而不尊厚於義者薄於仁尊而不親 一馬從二馬三馬既立請慶多馬

第二場

論

致治之法垂於萬世

詔誥表（内科一道）

擬漢章帝至魯祠孔子詔 擬唐高宗以狄仁傑爲侍御史誥 擬宋賜進士吕溱等瓊林宴及大學篇謝表

判語（五條）

舉用有過官吏 私役部民夫匠 卑幼私擅用財 出納官物有違 術士妄言禍福

第三場

策

問 孔子集群聖之大成而删述六經其事功之大莫過於春秋春秋所載君臣行事美惡備見矣朱子集諸儒之大成而緒正群書其教人之法莫先於小學小學所載嘉言善行勸戒兼備矣逮乎我朝列聖相承尊崇孔子之道表章朱子之書然太祖高皇帝大誥三編何多載當時臣民之惡而鮮及其善豈别有勸善之典歟太宗文皇帝爲善陰騭孝順事實何備載古今善孝之實而無所示戒豈以當時人皆知勸善歟宣宗章皇帝纂集五倫書亦與小學明倫篇所述五倫之義同矣然春秋所書關於五倫者果何所見歟爲善陰騭孝順事實所載善孝之事亦與春秋傳所紀魏顆之從治考叔遺羹之類同矣然

小學所述及乎陰德孝行者果何所指歟諸士子樂育庠序誦習聖訓久矣幸相與言之

問　聖人以天下無不可爲之事無不可化之人蓋理無事不有以理應事則事無不可爲性無人不善以善自治則無不可改過也稽之於事嚚訟不肖子之世殄矣何卒使授受得中而天下治平歟汨陳五行父之功隳矣何卒使六府孔修而萬世永賴歟并告無辜民心已失何遽有兆民允懷之休百姓有過民心已垂何遽有萬姓悦服之效流言不利避位居東何以致王出郊新逆兩相相揖齊人鼓譟何以致來歸鄆讙龜陰田此皆聖人已行之事也可詳基所處之實歟驗之於人頑嚚與敖似不可化而卒致不格奸亦允若何歟侮慢自賢似不可格矣而卒致丕叙來格何歟茲乃不義習與性成何以使克終允德弗造哲迪民康何以使教化大行質魯貸殖之徒性行非不偏也若何而卒聞一以貫之之道大師亞飯之流典樂非不久也若何而知逾河蹈海以去此皆聖人已化之人也可詳其感之之由歟諸士子窮經致用當以聖人爲法顯著于篇以觀處事正人之學

問　士君子以一身之微繫天下之觀望也大矣故善爲治者必因衆望之所向乘其機以用其人則往無不濟而功無不成焉稽之於古如衆望在循吏用之則郡國稱治衆望在舊士用之則江東歸心負節義之重望者一用則盜賊請降負勛德之重名者一用則回紇羅拜至若東廣先正有舉道侔伊吕者用之則能抑奸辦賊有文學知名者用之則能論諫舉識有負恬退清節者用之則兵民悦服是人望誠有益於人國也方今近而望於一鄉大而望於一方又大而望於天下若循吏若舊士若節義若勛德小大不遺彼此兼録宜乎臻其效矣而何郡國間有愁嘆之聲而邊徼尚有竊發之患哉豈用之者未得其望而所望者未見於用歟抑用所望而乂參以非所望者故掣肘矛盾而然歟抑别有其故歟伊欲用其衆所望去其非所望者徵於聖賢之言當以何者而爲其進退之機乎諸士子皆達於時務者其言之毋隱

問　古先聖王之治天下莫不以治歷明時爲先務故曆法之制代代有之然昉於何時漢曆凡五變唐曆凡八變宋曆凡十變而孰爲最優此外又有可取者誰歟治曆之法以置閏爲急而氣盈朔虚之旨何在推測之要以正閏分而正數成數之言何别有因造曆而始悟其謬者又誰歟曆書不超乎二十四氣一氣之運行固有序也而每月何以有曰節曰中之分四時曰立固有理也何春秋曰分而夏冬曰至乎穀雨芒種以穀麥言也何置之於三月五月之中驚蟄清明以風雷言也何居於二月三月之内暑行於春夏而夏至則

暑已極何夏至後乃有小暑大暑耶寒運於秋冬而冬至則寒已盡何冬至後乃爲小寒大寒耶露一也何以有寒白之分雪一也何以有小大之异小指陰道而言也以小滿居四月之中者何義暑積陽氣而成者也以處暑在七月之中者何取以至立雨水於立春之後介霜降於寒露之餘亦豈無其義哉凡此皆變化之道神之所爲者也博洽之士必能言之而他日任調元贊化燮理陰陽之責庶乎有以覘之矣幸毋多讓

問　農桑衣食之源民生至急一夫不耕或受之飢一女不織或受之寒飢寒迫身而放僻邪侈無所不至雖慈父不能保其子况君之於民乎故聖王知其然使民男有餘粟女有餘布生長老死於仁政者其道何由後世使民膏粱者不耕而耕者糲飯不充文繡者不蠶而蠶者裋褐不足天地生生之仁幾乎息矣其失何自逮我皇明撫有四海考課之法守令以農桑爲首版籍所載民户以事産爲先而大誥又有互知丁業之條其重農之意可謂詳且至矣宜乎無飢寒之民也奈何太平既久風俗日侈務本者少趨末者多彼游於緇黄游於商賈游於市井官宦游於斯役技藝皆資給於吾農者一人耕百人食一女織百人衣欲其不飢不寒得乎伊欲盡使歸農則流弊已久於勢或有不可欲聽其自便則民日益貪於理在所當憂此民生之至急不可不究心也諸士子抱節而來必有能處之者請爲我言之

中式舉人七十五名

第一名　鄧應仁　南海縣學生　書
第二名　楊季芳　番禺縣學生　詩
第三名　蒲鋼　南海縣學生　易
第四名　沈璣　潮州府學生　春秋
第五名　何津　南海縣學增廣生　禮記
第六名　王淮　惠州府學生　易
第七名　周叙　廣州府學生　詩
第八名　霍宬　順德縣學增廣生　禮記
第九名　歐敞　博羅縣學生　書
第十名　曹鼎　海陽縣學軍生　春秋
第十一名　何綸　順德縣學生　詩
第十二名　戴昌言　德慶州學生　易

第十三名　李經綸　德慶州學生　書
第十四名　蔡軾　東莞縣儒生　詩
第十五名　鄭貴　潮州府學生　春秋
第十六名　寧寬　東莞縣學生　禮記
第十七名　李瓛　南海縣學生　詩
第十八名　譚璿　仁化縣學生　易
第十九名　鄧廷貞　東莞縣儒士　書
第二十名　鄧元　東莞縣學增廣生　春秋
第二十一名　方遂　南海縣儒士　易
第二十二名　張維　順德縣學增廣生　詩
第二十三名　麥暢　肇慶府學生　書
第二十四名　李芳　吴川縣學生　易
第二十五名　丘秉中　南海縣儒士　詩
第二十六名　曹宗　潮州府学增廣生　春秋
第二十七名　鄺璇　新會縣学生　易
第二十八名　吴肇魁　南海縣学增廣生　書
第二十九名　吴元　廣州府學增廣生　禮記
第三十名　蕭兖　番禺縣學生　詩
第三十一名　黎嵩　廣州府學增廣生　易
第三十二名　黄用　順德縣儒士　書
第三十三名　鍾琪　東莞縣學增廣生　春秋
第三十四名　莫卿　雷州府學生　書
第三十五名　倫啓　番禺縣儒士　詩
第三十六名　鄭學　番禺縣學生　書
第三十七名　林信　東莞縣學增廣生　禮記
第三十八名　張瞉　東莞縣儒士　易
第三十九名　崔廣　廣州右衛軍餘　詩
第四十名　廖拱辰　潮州府學增廣生　春秋
第四十一名　吴嶽申　南海縣學生　書
第四十二名　鄭慈　香山縣增廣生　易
第四十三名　蔡文顯　新會縣學增廣生　詩
第四十四名　鄺安　廣州府學生　易

第四十五名　梁魚　順德縣學增廣生　書
第四十六名　曹璽　廣州府學生　詩
第四十七名　游成章　惠州府學生　易
第四十八名　王道　博羅縣學增廣生　書
第四十九名　袁統　東莞縣學增廣生　詩
第五十名　葉青　東莞縣儒士　春秋
第五十一名　梁元振　廣州府學增廣生　易
第五十二名　袁士鳳　東莞縣儒士　禮記
第五十三名　苻荃　瓊州府學生　書
第五十四名　馮治　廣州府學生　詩
第五十五名　劉鋼　惠州府學生　易
第五十六名　彭安　潮陽縣學增廣生　書
第五十七名　馮沛　南海縣儒士　詩
第五十八名　李明　瓊山縣學生　易
第五十九名　區廷瓚　南海縣儒生　書
第六十名　張縉　瓊州府學生　詩
第六十一名　李德脩　東莞縣學增廣生　春秋
第六十二名　林貴　廣州府學生　易
第六十三名　顔冀　廣州府學增廣生　書
第六十四名　鄧文　新會縣學軍生　詩
第六十五名　梁曉　廣州府學生　易
第六十六名　李東蕃　高要縣學生　書
第六十七名　韓約　番禺縣學生　詩
第六十八名　李奇　化州學生　易
第六十九名　李璋　潮陽縣學增廣生　書
第七十名　方策　潮州府學生　春秋
第七十一名　葉暢　新興縣學生　詩
第七十二名　何璨　順德縣學增廣生　禮記
第七十三名　唐晶　潮陽縣學生　書
第七十四名　孔榮　番禺縣學生　易
第七十五名　李興　新會縣學生　書

第一場

四書義

子曰聽訟吾猶人也必也使無訟乎無情者不得盡其辭大畏民志此謂知本

鄧應仁

同考試官教諭林批（此題者多分截不明且於本末先後處體認不切求其理明辭確僅見此篇是宜録出）

考試官教諭鄭批（大學本末先後之義發明殆盡）

考試官學正王批（辭簡理明）

大賢引聖人之言而推言其本所以釋本末之先後也蓋聽訟末也明明德而使民無訟本也大賢引聖言而推本言之則明德新民之本末先後可知矣昔曾子傳大學引夫子之言謂夫民情有欲則争不能以無訟也然因其訟而辨其是非因其争而斷其曲直吾固無异於人也此但治其末塞其流耳必也正其本使民利欲之争息而自無訟可聽焉清其源使民情欲之感正而自無訟可辨焉曾子引之於此而言訟之不息由無情者得以盡其辭也聖人能使無實之人不敢盡其虚誕之辭蓋我之明德既明自然有以大服乎人之心故訟之曲直不待聽而自無矣我之德盛仁熟自然有以大畏乎民之志故訟之是非不待辨而自息矣觀於此言則知明德爲本而在所當先新民爲末而在所當後矣所謂本末先後之義豈不著明矣乎抑嘗考之虞舜好生之德洽于民心故民協于中而不犯于有司文王徽柔懿恭之德光于四方故虞芮争田而不敢履其庭是皆聖人明德新民止於至善而使民無訟者也欲盡大學之道者可不以聖人爲法乎

子入太廟每事問或曰孰謂鄹人之子知禮乎入太廟每事問子聞之曰是禮也

楊季芳

同考試官教諭陳批（此題本平易作者多於每事問處講説不明唯此篇辭理俱到宜表而出之）

考試官教諭鄭批（識理明白而文足以發之）

考試官學正王批（不拘不泛）

聖人助祭而詳審其事時人譏其不知乎禮聖人言其所以爲禮蓋禮者

敬而已矣聖人助祭而詳審其事者敬謹之至乃所以爲禮也時人不知而譏之得不明言以曉之哉且夫太廟魯周公廟也孔子當始仕之時入而助祭也凡制度儀則雖已知之而必詳問以審其事焉器物節文雖已講之而必更問以驗其實焉聖人謹禮如此或人不知而譏之曰鄹人之子自少以知禮聞也然知禮者不待問而問非知禮者也今入太廟而每事問孰謂其知禮乎或人之譏若此聖人聞之遂明言以曉之謂夫禮主於敬入廟而每事問者敬之大也敬之大即禮意之所存也祭所當謹雖知亦問者謹之至也謹之至即禮意之所在也然則聖人謹禮之意豈或人之所知而其辭氣和平德量宏大亦豈常人之所及哉大抵聖人所爲衆人所不識者非特此也若事君盡禮則譏其爲諂諱君之惡則疑其有黨疾固而斥以爲佞正名而指以爲迂噫使無顔子以發其蘊宰我子貢稱贊其盛子思孟子闡明推尊其道則後世孰從而知其聖歟

易義

直其正也方其義也君子敬以直内義以方外敬義立而德不孤直方大不習无不利則不疑其所行也

蒲鋼

同考試官訓導郭批（此題本以學言場中作者往往專指文辭立説殊戾本旨是篇體認不差詞理縝密其得易之肯綮乎）

同考試官教諭汪批（此題本平易作者類多穿鑿不合本義理明辭暢僅見此篇取冠本房孰曰不宜）

考試官教諭鄭批（此作以爲學之義明坤之六二得旨）

考試官學正王批（得本義旨）

文言發明坤六二之爻義必以學而言之也蓋君子之學内外兼修則德無不盛而所行自無不順矣文言發明坤六二之爻義而必以學言之厥旨深矣昔吾夫子於坤之文言而申六二之象傳意謂柔□正固坤之直也而直非人心本體之正乎賦形有定坤之方也而方非人心裁制之義乎君子人與主敬以直其内而無委曲之私則持守之工夫至而内自然端直矣守義以方其外而有一定之理則講學之工夫盡而外截然方正矣既不專於主敬又不偏於守義敬義夾持内外交修則衆善畢集德極其盛而自不孤矣由是在我之敬義即坤之直方在我之不孤即坤之大也直方而大則不待學習而無適不宜不假修爲而無往不利以事君則忠於君坦然由之而無疑也以之事親則悦於親釋然行之而不惑也謂之不疑其所行信乎無一事之或疑矣又何假

於習而後利哉吾夫子文言而以是發明六二之義其至矣乎抑嘗兼乾坤論之乾九三言誠坤六二言敬誠敬者乾坤之别也先先儒誠敬之學起於此乾九二言仁坤六二言義仁義者陰陽之辯也先儒論仁義之用取諸此後之學易者可不合而觀之乎

易曰憧憧往來朋從爾思子曰天下何思何慮天下同歸而殊塗一致而百慮天下何思何慮日往則月來月往則日來日月相推而明生焉寒往則暑來暑往則寒來寒暑相推而歲成焉往者屈也來者信也屈信相感而利生焉尺蠖之屈以求信也龍蛇之蟄以存身也精義入神以致用也利用安身以崇德也

王淮

同考試官訓導郭批（此題釋爻辭言感應之理莫非自然諸作多講貫不明是篇詞約理備參文論策俱優有學識之士也）

同考試官教諭汪批（此題歷舉衆理無心之感應正所以破咸九四有心感應之出於私也作者多昧乎此得之者惟此篇焉高薦何忝）

考試官教谕鄭批（易義貴精微此作得之）

考試官學正王批（説得感應之理盡）

大傳舉爻辭而釋以感應之理無容心尤即造化物理聖學以明之也蓋感應之理莫非自然固不假於思慮也聖人釋爻而尤即造化物理聖學以明之不其至乎且咸之九四爲心之象感之主也往者爲感九四累於私而憧憧於其往來者爲應九四昵於私而憧憧於其來則但朋類從之不復能及遠矣爻辭如此吾夫子引而釋之謂夫天下何思何慮理之在心者同因其事之不同而所行之塗各殊理之在心者一因其事之不一而所發之慮有百塗雖殊慮雖百而應事之理則同而一也天下果何思慮之有哉彼自造化而觀之日之往而感月之來月之往而感日之來二曜相推而明生不匱焉寒之往而感暑之來暑之往而感寒之來二氣迭運而歲成不缺焉日月寒暑之往者理之屈也而屈所以感夫信日月寒暑之來者理之信也而信所以感夫屈屈信往來之相感則明生歲成之利生矣此造化感應自然之理也非特造化爲然以物理言之尺蠖不屈則不能信其所以屈者將以求其信而可行也龍蛇不蟄則不能奮其所以蟄者將以存其身而可奮也非物理感應之自然乎以聖學言之精研其義至於入神屈之至也然乃所以爲出而致用之本利其施用無適不安信之極也然乃所以爲入而崇德之資非聖學感應之自然乎夫造化

物理聖學之感應莫非自然如此又豈若咸九四之憧憧往來而以思慮爲哉大抵往來者感應之常理也無心則公而憧憧則私公則溥而觀者衆理爲可見私則狹而不過朋類之相從故吾夫子特舉而釋之其亦欲人有事於感應者當以咸九四而爲戒也與

書義

厥貢惟球琳琅玕浮于積石至于龍門西河會于渭汭織皮崑崙折支渠搜西戎即叙

鄧應仁

同考試官教諭林批（此題言中外貢法之行見大禹治水之成功是作得之）

考試官教諭鄭批（此題作言水土既平華夷入貢宛見神禹治功之成深合本旨）

考試官學正王批（形容大禹治水功成殆無餘藴）

紀一州之貢而著其貢道之异附三國之貢以見其就功之同蓋經國之制莫要於因地而制貢也雍州水土既平而貢法行於中外史臣得不并記之以見聖世大一統之治歟何則雍州之域地之最高者也向也治水施功未及貢法固未定矣今焉禹功告成則其地産之美惟球琳之玉可以爲禮器者制之使入貢焉琅玕之石可以爲服飾者定之爲常貢焉然貢適之來有出於東北境者則隨其貢物之便浮于積石至於龍門西河以達於帝都矣有出於西南境者則因其物産之近會于渭汭以連於河矣此中國之貢然也至若西戎之域地最遠者也向也雍州水土未平功叙亦未就矣今焉禹功所及不惟崑崙之國以織皮爲貢而效其奉上之誠而折支渠搜亦以織皮爲獻而將其來王之敬夫崐崘乃西方戎落之地其來貢王朝則其被餘功而就叙也可知矣折支渠搜亦西方戎落之地其入獻中國則其慕王化而即功也可見矣吁貢法既定於中國餘功復及於西戎何莫而非神禹之成功也耶抑考雍州之境禹治水施功最後者也當時九州水土皆已平治故其上文所記水土成功則曰弱水既西曰三危既宅三苗丕叙而此記是州貢法則曰崑崙折支渠搜西戎即叙皆極其遠而言之于以見聖人平治之功無間於遠邇而道德之化無限於内外也所謂地平天成六府三事久治萬世永賴者豈虚語哉

公其惟時成周建無窮之基亦有無窮之聞子孫訓其成式惟乂嗚呼罔曰弗克惟既厥心罔曰民寡惟慎厥事欽若先王成烈以休于前政

鄧應仁

同考試官教諭林批（破題明潔講語純正當取□冠本經）

考試官教諭鄭批（康王命畢公以保厘之責其期勉之辭如此此作能發其意是宜録出）

考試官學正王批（理明辭暢深得康王命畢公之意）

賢王之命大臣既期其立可久之業而垂於後必勉其任成終之責以光于前甚矣保厘之責之重也賢王於大臣既以垂於後者期之得不以光于前者勉之哉康王命畢公保厘東郊而終及乎此意以成周之衆蕞爾甚微而所係甚重公其惟時成化殷之功則足以立無窮之事業而勛德樹於永世將亦有無窮之聲聞而名實昭于後世是公之身有賴乎此而勛譽之隆千載一時也公之子孫承殷民之化則可以順其成法而事無不治遵其成憲而政無不乂是公之子孫亦有賴乎此而垂憲乃後百世一日也成周所係若此其重則夫畢公任成終之責可不勉哉於是復嘆息而告之謂夫事之不立非視之大重而畏其難則視之大輕而忽其易公於保厘之事勿畏其難而不敢爲惟往盡乃心耳盡乃心則雖難而無所畏矣勿易其民以爲不足爲惟克謹乃事耳謹其事則雖易而不敢忽矣彼其式化厥訓者先王之成烈周公謹始所致也公必敬順之弗懈使周公之政於焉而有光允升大猷者亦先王之成烈君陳和中所底也公必祗若之無怠俾君陳之政於焉而益美夫既立無窮之業而復盡成終之責保厘之治孰有加於此哉畢公四世元老勛業之隆若無待於期望矣克勤小物亦無待於戒勉矣而康王之命尤眷拳焉蓋期以無窮之業者尊敬之至也勉以成終之責者碩望之深也厥后畢公果能化服殷民卒使依於周者八百年可謂無愧於先王無愧於周公君陳而亦無負於康王之命矣

詩義

維其有章矣是以有慶矣

周叙

同考試官教諭陳批（此題本平易作者於有章有慶處謬説紛紜殊失本旨此作得之所宜録出）

考試官教諭鄭批（辭理簡明久如初考）

考試官學正王批（王者美諸侯之意宛然在目）

王者之美諸侯惟有德著於外斯有福集於已蓋德者福之本今諸侯之德既箸於外則其有福慶也宜矣此天子美諸侯之辭蓋以答瞻彼洛矣也謂夫諸侯之來朝也非特乘其四駱六轡沃若而已觀其彼交匪紓威儀抑抑粲

然其有文則德之弸中彪外者可知非特亦芾在股邪幅在下而已觀其彼交匪敖淑慎爾止蔚然其有章則德之睟面盎背者可見然諸侯德之彰著如此則豈不有福慶乎是以向也折王之圭而維藩維垣固嘗受福矣今也來朝於東都燕笑語兮有譽處兮而有以享是福於悠久焉昔也僭王之爵而之屏之翰已嘗有慶矣今也會同於洛水天子命之福禄申之而有以衍是慶於無窮焉吁德著於外福集於已宜詩人形諸咏歌以美之也抑考瞻彼洛矣之詩諸侯所以美天子也既碩其享福禄而保家邦矣此天子之答諸侯不惟言其以德獲福而下二章又言其車馬威儀之盛才德之全備焉噫上下之間交相忠愛如此此所以爲有周盛世之君臣也與

清酒既載騂牡既備以享以祀以介景福瑟彼柞棫民所燎矣豈弟君子神所勞矣莫莫葛藟施于條枚豈弟君子求福不回

楊季芳

同考試官教諭陳批（場中作此題者多冗長可厭唯此篇辭簡理明夐衆作况他篇俱優本房無出其右者健羨健羨）

考試官教諭鄭批（此作形容文王以德受福之旨簡當可觀）

考試官學正王批（辭理俱到）

詩人美聖人祭必受福也既興其得福之由復興其得福之正夫聖人有豈弟之德則祭必受福然亦由乎神之眷而出乎心之正爾詩人兩托興而咏歌之也宜哉是詩亦咏歌文王之德謂夫文王之祭有清酒焉則載而在尊矣有騂牡焉則備而全具矣于以享乎神則景福之必至于以祀乎神則繁祉之必集是何也以文王有豈弟之德也夫文王有德而祭必受福如此亦豈無所自耶故托興以謂彼瑟然茂密之柞棫乃叢生小木耳尚可供燎而濟民生之用况豈弟樂易之君子豈不爲神所勞乎吾知神之聽之而有慰撫之休故福於是而攸降也夫文王以德受福雖由乎神之勞而其心一出乎正也故又托興以謂莫然茂盛之葛藟乃蔓生微草耳尚有所托而施條枚之上况豈弟樂易之君子其受福豈待於求耶亦惟厥德不回而無覬幸之心故福不求而自至也是則德之所在福之所在文王之爲神所勞爲福所歸何莫非一德所致哉抑通考是詩一章言文王得福之有道二章言文王得福之自然三章言文王作人之妙至此則言其受福之本求福之心也大哉聖人豈弟之德乎其所以爲化人受福之本乎此詩人所以歷叙而咏歌之也猗歟盛哉

春秋義

齊人侵我西鄙公追齊師至酅弗及（僖公二十六年）公會齊侯於夾谷（定公十年）

曹鼎

同考試官訓導李批（場中作此題者多拘泥而文少通暢合題意而詞不窘者僅見此篇是宜録出）

考試官教諭鄭批（理明辭整）

考試官學正王批（理完氣充當是作者）

大國肆虐内之威而畏於赴敵者可譏大國懷陵内之謀而勇於却敵者可喜此僖公不敢及齊之師聖人能却齊之衆春秋備書而勇怯見矣且魯之與齊以先世言之周公太公夾輔周室嘗有世好之盟也以春秋之時論之桓公創伯糾合諸侯昭舊職也奚有私怨之修乎今也齊孝嗣世棄命廢職乃舉無名之衆肆爲西鄙之侵陵虐我效保荼毒我人民則曲而老者在齊直而壯者在魯矣齊何足畏哉夫何僖公在位方齊之至而無防禦之策及齊之去而舉追逐之師深入其地弗及而返夫以齊之强豈能勝秦以魯之衆何弱於趙然澠池之會藺相如一奮其氣威信敵國秦雖虎狼猶不敢動况以千乘之君而畏齊之若是乎噫自反而縮雖千萬人吾往矣而僖公不足以語此迨夫春秋之李齊景代興陵魯之志又有甚於齊孝者矣有如夾谷之會聽犁彌之言爲執曾之計兩君就壇鼓譟而起則齊有莫敵之勢而魯有不測之禍矣魯將如之何哉幸而聖人相禮左右司馬之具足以破其詐裔夷亂華之却足以革其心故揖讓指麾齊遂感服彼向也齊孝之衆不足以當齊景僖公之世足以勝定公之末年舉兵追齊尚不敢及詎意仲尼一言而能却齊之若此乎噫善養氣者匹夫不爲千乘屈於聖人有足徵雖然僖公之無勇固不足論吾夫子之聖綏來動和神妙不測豈特能變齊而已耶行乎季孫三月不違二邑迭毁變魯之幾又可驗矣使魯克終用之則吾其東周之志不徒托諸空言也奈何女樂魯庭聖轍汶上千載之下不能不爲之太息

楚人伐鄭（僖公元年）齊侯宋公江人黄人盟于貫（僖公二年）遂伐楚盟于召陵（僖公四年）楚人陳侯蔡侯鄭伯許男圍宋（僖公二十七年）晋侯齊師宋師秦師及楚人戰于城濮楚師敗績（僖公二十八年）楚人圍江晋陽處父帥師伐楚以救江（文公三年）

沈璣

同考試官訓導李批（題本平易作者語多陳腐令人厭觀融會傳注成文此作得之矣非熟於麟經者能之乎故取之以冠本房）

考試官教諭鄭批（斷桓文晋襄用兵得失殆無餘藴）

考試官學正王批（得胡傳之意）

外患迭加於大國而伯主得安攘之道可予外患繼加於小國而伯主失安攘之道可譏夫伯者之責莫大乎攘夷安夏而尤在乎用兵之有法也春秋備書桓文晋襄攘楚之事而得失見矣何則楚之始封辟在荆山篳路藍縷以處草莽挑弧棘矢以共禦王事而已豈意其暴横憑陵如春秋之世耶始也怒鄭即齊則興兵以伐鄭繼也怒宋從晋則合兵以圍宋夫宋鄭大國非附庸比也楚人伐之豈不悉索□賦以偕行乎使桓文之伯急於救患而失用兵之法□□必長驅中原而宋鄭之患不可紓矣幸而不然彼□黄楚之羽翼也桓則遠結盟之以孤其勢合八國伐楚而楚遂求盟曹衛楚之黨與也文則私許復之以携其心會四國戰楚而楚遂敗績不必勞師救鄭而戍鄭之謀自罷不待分兵救宋而圍宋之役自解桓文之功不其偉哉自是而後晋襄嗣伯楚復陸梁以報沈之役興圍江之師夫江國小而弱非能與宋鄭比也楚人圍之豈待撤四境屯戍守禦之衆與宿衛蓋行乎使晋襄能效桓文之爲則楚必震恐而江圍自解矣計不出此商臣之罪覆載不容也不能聲其罪以致對齊秦之兵天下莫强也不能用其兵以爲援乃遣處父之孤軍遠攻陸梁之强國門于方城而止遇夫息公而還既無以挫楚人暴狠之鋒又無以解江人倒懸之苦晋襄之失不亦大哉雖然以功利言之則桓文襄之得失較然矣以道義論之伐楚之役不請王命□合諸侯豈天吏之伐歟城濮之戰伐衛致楚陰謀取勝豈王者之事歟噫仲尼之徒無道桓文之事其有以夫

禮記義

仁者右也道者左也仁者人也道者義也厚於仁者薄於義親而不尊厚於義者薄於仁尊而不親

霍宸

同考試官教諭蕭批（此題似易而難場中作者爻泛而不切講貫詳明而於理不失者僅見此篇是宜録出）

考試官教諭鄭批（此作以仁右道左通貫一篇之旨最爲切當）

考試官學正王批（辭理通貫）

知仁道相資以爲用當知仁義偏厚爲有失蓋仁也道也義也并行而不相悖也然仁之與道既先後之相資則夫仁義偏一又豈無所失哉今夫仁者人之體也將有爲也將有行也非仁則無以任重於先故曰仁者右也以右者人所有事凡人之舉動必先之也道天之理也仁至于不可行不可節則理有所不得已而爲之輔故曰道者左也以左居不用之地而助右之所不及也然是仁也非自外而至内也即吾身所具之理而已故又曰仁者人也是道也非冥行而妄作也即吾心制事之宜而已故又曰道者義也道非仁不立義非人不行仁道相資爲用如此則仁義又豈可偏於一哉夫仁莫隆於父子父子之道親親也義莫重於君臣君臣之道尊尊也仁之與道皆原於所降之衷初未嘗有厚薄之分也惟其不知道左以輔乎仁則厚於仁者薄於義矣故知有其親而不知有其尊焉義之與仁皆根於固有之性亦未嘗有厚薄之間也惟其不知仁右以先乎義則厚於義者薄於仁矣故知有其尊而不知有其親焉誠知其所以爲左右則尊尊親親并行不悖又豈有厚薄也哉抑考表記一篇言仁義之道不一而足上文既曰仁者天下之表也義者天下之制也下文又曰仁有數義有長短小大合是而觀于以見仁義之用於己者不同而其體之所存者無不同仁義之施於人者雖殊而其理之相資者無或殊讀禮者宜深味之

一馬從二馬三馬既立請慶多馬

何津

同考試官教諭蕭批（投壺一篇本房作者頗多而於一馬二馬處俱欠發揮此篇融會傳注組織成□表而出之）

考試官教諭鄭批（此作者能發投壺立馬之意必熟於禮者）

考試官學正王批（文有發揮）

以少筭而附多筭得一成而宜舉賀此司射告賓之辭也夫投壺立馬所以表勝司射告賓安得不詳致其辭哉記禮者知其然謂夫燕飲非投壺則無以樂賓投壺非立馬則無以表勝勝者立馬取算以爲馬者所以表其勝之數也謂算爲馬者馬乃威武之用投壺亦是習武故云馬也司射於此宜何如哉必告之曰禮以三勝爲成但勝偶未必專頻得三如四矢順入正爵既行此一勝而立一馬者也故必以此一馬從夫勝偶之二馬用以足乎三馬之數焉八筭俱釋勝飲叠舉此再勝而立二馬者也故必取彼一馬益乎在己之二馬庸以備夫三馬之筭焉夫以一馬從二馬則三馬於焉而立矣三馬既立是其勝

已成之時也馬之少者寧可以不之慶乎于以酌彼金罍以慶夫多馬之人焉頻得三勝則三勝於焉而成矣三勝既成是其禮垂畢之際也偶之劣者寧可以不□□乎于以稱彼兕□以賀夫得勝之偶焉司射□賓之意如此豈特虛文而已哉大抵投壺射禮之細□男子之所有事者也故其舉行之間必貍首是歌投矢是告欲其志正體直持之審固而後可以言中也是則雖曰且以樂賓實則可以習容講藝而觀德矣此先王所以不廢也歟

第二場

論

致治之法垂於萬世

王淮

同考試官訓導郭批（本房論幾三百卷求其詞理條暢足以發題意者僅見此篇）

同考試官教諭汪批（立論於典實之中不騁浮辭而意已獨至可羡可羡）

考試官教諭鄭批（議論典實能發聖人作經之□）

考試官學正王批（有發越）

聖人有功於世道其大矣哉何也蓋扶世立教聖人之本心也使其達而在上則致治之□□著於有爲矣特其窮而在下故不得已於有亡而致治之法垂於萬世實萬世之幸也聖人有功於世道不既大乎蓋嘗因是而論之天下之生久矣或氣化有盛衰而人事之得失於是乎生或人事有得失而氣化之盛衰於是乎轉治亂相因理之常也聖人之生斯世亦惟撥亂而歸治焉耳若吾夫子者正有心於行道濟時者也假使其得邦家則綏來動和神妙不測而致治之道行矣惜乎有德無位窮而在下所以作春秋垂致治之法於萬世焉或者乃曰帝如堯舜其德足以教天下致治之法垂於萬世宜矣王而禹湯文武其功足以勸天下致治之法垂於萬世似矣彼孔子也或絶粮於陳或見畏於匡未嘗得志於當時也而致治之法安在或伐木於衛或削迹於宋未嘗有土於當世也而致治之法何有噫此以窮達論聖人也聖人果可以窮達論哉聖人身雖窮而道則達也豈肯果於忘世乎周室東遷王綱解紐人心不正甚矣名分不明久矣人心不正治道之累也名分不明治法之害也聖人天理之所在不以爲己任而誰可於是托南面之拳行天子之事假魯史以寓王法撥亂世反之正叙先後之倫秩上下之分而惇典庸禮之法立有德者必褒有

罪者必貶而命德討罪之用行百王之法度在是萬世之準繩在是所以遏人欲於横流存天理於既滅使亂臣有所懼而不得售其奸賊子知所警而不得肆其欲爲後世慮也至深遠矣是以由一世至於百世而致治之法昭然而莫掩由百世至於萬世而致治之法秩然而不泯凡其人心以正而無邪慝之患者人皆以爲世之治也而不知所以然者伊誰之功歟聖人致治之法有以維持之也名分以明而無淩抗之失者人咸以爲世之治也而不知所以爾者伊誰之力歟聖人致治之法有以軌範之也法垂於一世即聖人道在於一世而有一世之功也法垂於百世即聖人道在於百世而有百世之功也致治之法垂於萬世則萬世即聖人之道也非有功於萬世乎故日月有時而薄蝕陰陽有時而失行聖人致治之法萬世猶一日也山川有时而騰沸陵谷有時而變遷聖人致治之法萬古猶一時也彼絶粮見畏伐木削迹不過窮聖人之身於一時耳焉能窮萬世致治之法乎聖人有功於世道愈遠而愈不窮矣豈曰小補之哉雖然孔子致治之法固垂於萬世矣然孟軻氏之欲正人心息邪説距詖行放淫辭亦所以閑先聖致治之法而垂於萬世者也噫窮而在下之聖賢固如此若達而在上之聖人則致治見於有爲如禹抑洪水周公兼夷狄驅猛獸是已要之致治之迹與致治之法雖不同而同一有功於世道也千載而下纘神禹之績紹周公之功而尊崇孔子之道幸有我朝祖宗列聖與今日聖天子在上

表

擬宋賜進士吕溱等瓊林宴及大學篇謝表

同考試官教諭林批（典實得體）

考試官教諭鄭批（得宋表之體）

考試官學正王批（典則可觀）

伏以道配乾坤世際皇風之清穆星聯奎壁時逢文運之昌隆澤霈清班歡騰善類共惟聰明睿哲恭儉寛仁好察邇言有虞舜之智克艱厥后躬大禹之勤歌九叙勸九功黎元安養闢四門明四目賢俊登庸臣溱等秉性凡愚賦才疏薄粗知儒術學不逮于古人偶擢賢科名有慚於進士叨賜瓊林之宴載頒大學之篇寵渥駢臻戰兢交集際風雲之慶會依日月之光華臣也不益究厥心益精于業效于□而圖補念夙夜以惟寅明德新民期多士聿崇乎正學敬天法祖顯萬年永保乎丕基臣無任瞻天仰聖激切屏營之至謹奉表稱謝以聞

第三場

策

第一問

楊季芳

同考試官教諭陳批（五策筆勢滔滔此篇敷答尤詳必有學之士也）

考試官教諭鄭批（敷答垂世立教之意詳盡可嘉）

考試官學正王批（條答詳明）

聖賢講學於下欲正綱常之道必立言以□後世聖皇建極於上欲盡君師之責必敷言以教當世蓋聖賢立教不外乎明倫理以正綱常别善惡而備勸戒也肆孔子之作春秋朱子之集小學暨我朝列聖之頒誥布書何莫而非聖賢立言垂世之法皇極敷言教民之理歟昔孔子生周衰之時承堯舜禹湯文武之統集群聖之大成雖删詩書定禮樂贊周易而載諸行事則莫大於春秋也其載君臣行事如宰咺歸賵則書名子突救衛則書字美齊桓服楚而譏其專予晋文之獎王而著其譎固美惡備載矣朱子生有宋之時紹周程張邵之傳而集諸儒之大成雖集詩傳著易本義注釋學庸論孟諸書而教人之法莫先於小學也其述嘉言善行顔孟之可學杜季良之亦不可效高允以直見旌翟黑子以欺獲誅之類勸戒兼備矣洪惟我太祖高皇帝臨御之日尊崇聖道表章儒書嘗頒大誥三編具載李子安余仁三之徒奸貪凶頑之罪無所示勸蓋當時勸善之典功臣賢相有誥券制敕之褒孝順節義有旌表門閭之詔皆誥所未載也太宗文皇帝爲善陰隲書首蔣王靈應終周婦感悟孝順事實書首虞舜大孝終劉婦孝姑備載古今善孝之實而無所示戒蓋當時際重熙累洽之運四海被仁漸義摩之化既歷三紀世變風移之時臣民皆知勸善故示戒之事皆書所不録也逮乎宣宗章皇帝五倫書采輯古今嘉言善行有關於君臣父子夫婦兄弟朋友之道者雖詳略不同其義即小學明倫篇五倫之事也而春秋隱公元年不書即位以正父子君臣之倫書公及邾儀父盟于篋鄭伯克段于鄢天王使宰咺來歸惠公仲子之賵以正朋友兄弟夫婦之倫者其明綱常之義寧有殊乎爲善陰隲孝順事實所采陰德行孝之人雖多寡不一其事即春秋傳魏顆從治考叔遺羹之類也而小學所稱叔敖黄香劉寬之徒所紀虞舜文武之聖曾閔子路之賢者其善考之實寧有异乎嗟夫孔子朱子窮而在下立言垂世既以正綱常備勸戒爲要祖宗列聖達而在上建極言亦以正綱常備勸戒爲急是可見千聖一心萬古一理而修道之教先聖後聖

其揆一也愚生被樂育之恩躬誦習之勤謹因明問所及略舉以對惟執事進教之幸甚

第二問

鄧應仁

同考試官教諭林批（書卷三百餘求其三場匀稱者少此卷前二場既優五策俱佳□此策尤詳明取置魁選允協輿情）

考試官教諭鄭批（此策善得聖人處事化人之方非有學識者不能）

考試官學正王批（允稱前場）

天下之事常變不一也聖人處之惟一理天下之人賢否不齊也聖人感之惟一心大哉理乎其聖人處事之要乎至哉心乎其聖人感人之本乎知此則可復明問之萬一矣夫聖如帝堯胤子丹朱嚚訟不肖而用殄厥世聖如大禹父鯀治水悻戾自用而汩陳五行此父子之變事之難處者也堯乃不傳位於子而傳於舜遂使授受得中而天下治平禹乃三過其門不入而修鯀之功遂使六府孔修而萬世永賴蓋當禪則禪當修則修允執厥中理之常也成湯當有夏季世萬方百姓并告無辜武王當有商季世百姓有過在予一人此君臣之變事之難處者也湯乃興鳴條之師而爲放桀之舉由是代虐以寬而兆民允懷武乃因諸侯之會而爲牧野之誓由是大賚四海而萬姓悦服蓋當放則放當伐則伐順天應人理之正也周公位冢宰正百官群叔流言欲以間王室也而公避位居東赤舃几几德音不瑕後因風雷之變成王遂感悟而出郊以迎之孔子相定公會齊侯于夾谷齊人鼓譟而起欲以劫魯君也而孔子俘不干盟兵不逼好之言威重於三軍齊遂知罪而歸三田以謝之處謗而無疑懼相禮而却萊兵亦惟順乎理耳此皆聖人處事之實也至若父頑母嚚象敖勢若難化矣而卒致不格奸亦允若者由舜之心純乎誠孝之至然也侮慢自賢負固不服迹若難格矣而卒致三苗丕叙七旬來格者由舜禹之心不尚威武專施德教然也大甲嗣位欲衆度縱敗禮其失若習與性成也伊尹營于桐宫居憂三年而遂致克終允德成王幼冲弗造哲迪民康其性非卓然高明也周公作無逸陳王業以訓告之而遂致教化大行蓋伊周之心拳拳忠愛者有以感之曾子子貢之在聖門或質魯或貨殖賦性用心之偏者也聖人嘗語之使知自勵由是曾子隨事精察之久子貢博學多識之積卒聞一以貫之之道焉大師亞飯之爲樂官或樂官之長或以樂侑食亦久典是職者也聖人自衛反魯而正樂由是伶人賤工識樂之正皆知逾河蹈海以去焉蓋聖人之心同乎天地者有以化之此皆聖人感人之由也雖然事無不可爲者以其有此理

人無不可化者以其同此心聖人窮理盡性而廓然大公故無不可爲之事無不可化之人也學者取法聖人當自存心觀理始管見如斯未知是否姑此以塞明問

第三問

蒲鋼

同考試官訓導郭批（人望一策場中答者多無事實此作條答無遺是宜録出）

同考試官教諭汪批（此策隨問隨答略無凝滯共達於時務者與）

考試官教諭鄭批（有考據有斷制策場中之優者）

考试官学正王批（區處用人望在審衆論甚當）

治天下之大要在乎收人望收人望之大幾在乎審衆論蓋人望不收則治功不成□□□□則賢否雜進能審衆論以收人望則治天下之大要豈有加於此哉且士君子一身之微繫天下之觀望大矣因其人望而用之是所謂以民治民以天下治天下何往而不濟何功而不成哉是以古之循吏若召父杜母衆望之所在也用之則吏民稱誦而郡國向治焉舊士如顧榮賀循衆望之所歸也用之以結人心則江東皆歸焉負節義之重望者李固也用焉而盜賊請降負勛德之重名者郭子儀也用之而回紇羅拜之二人者非繫於人望者乎且以東廣一方言之如張九齡之道侔伊吕用之而能抑奸辨賊余靖之文學知名用之面能論諫舉職他如崔與之用之則兵民悦服而晚節恬退可尚矣是則人望之有益於人國如此洪惟我朝列聖相承任賢圖治近而望於一鄉大而望於一方又大而望於天下秉鈞持軸皆洞識天人之士折衛禦侮皆才兼文武之人掌刑掌教者藹藹之吉人也典禮典樂者濟濟之多士也維藩維垣而旬宣激揚之有方作郡作邑而撫摩鞠有之有道所謂循吏舊士節義勛德感舉用之而無遺矣以故百年之間治道之盛覃布於海宇仁恩之廣浹洽於人心黎元樂業邊塵不飛太平之盛無有過於今日者矣奈何近年以來旱澇相仍而郡國間有愁嘆之聲夷虜桀驁而邊徼或有竊發之患是豈用非其望而然乎實由負實德者固以人望而舉鈞虛名者或以非望而進賢否混淆故相掣肘矛盾而然耳爲今之計誠如周人用賢之法因民之所自擇而使之入長出治如孟子用賢之術必徇國人之言而徐加采擇則所用者皆所望而非所望者不得以幸進而凡持之以公道而不徇於私情專之以委任而不雜於非人又何患愁嘆之聲不轉爲謳歌之音竊發之患不變爲來格之化哉愚也學不足以博古識不足以通今非敢以達時務之俊杰自負也第以明

問所及故忘其狂斐而陳之如此惟執事進而教之幸甚

第四問

何津

同考試官教諭蕭批（曆法學者多不究心此篇隨問而答必博洽之士也）

考試官教諭鄭批（考究詳明是殆用心於古學者）

考試官學正王批（不遺事實）

論曆法之得失當明乎置閏論節氣之運行嘗考其名義夫爲政之本以治曆爲先而治曆之要又豈外乎置閏之與節氣哉此置閏之得失不可以不明而節氣之名義不可以不知也粤自黄帝迎日推策而曆書之傳其來尚矣逮夫炎漢曆凡五變而莫善於太初豈非本於司馬遷鄧平等所推而以律起者乎延及李唐曆凡八變而莫善於太衍又非出於僧一行所作而以數推者乎以至宋曆則太史局秘書省銅儀之制極爲精密此又其十變中之最者也自此之外若杜預春秋長曆王朴欽天曆爲可采焉其餘則不足言矣然造曆之法當以置閏爲急彼其日與天會而多五日爲氣盈月與日會而少五日爲朔虚曰氣盈曰朔虚非閏月所由生乎推測之要當以正閏而分故易曰三年一閏五年再閏又曰凡三百六十當期之日此以其正數言也書曰以閏月定四時又曰期三百有六旬有六日此以其成數言也曰正數曰成數非正閏所由分乎厥後秦用十月爲歲首而常以九月爲閏則大失其推測之要矣宜乎漢武帝之悟其謬也至若曆之爲書不越乎二十四氣氣之行有序而亦莫不有理存焉概而言之每月有節氣有中氣如丑之終寅之始則爲節寅之半則爲中也一年有四立即是四時之節氣二分二至即是四時之中氣也九十日之氣往者過而來者續故謂之立焉春秋謂之分者以其居乎九十日之半也夏冬謂之至者非以其介乎巳陽午陰亥陰子陽之間乎穀雨□□以穀麥言也穀必原其生之始故居穀雨□月之中麥必要其成之終故處芒種於五月之内驚蟄清明以風雷言也驚蟄者萬物出乎震震爲雷雷乃發聲於二月故居於二月焉清明者萬物齊乎巽巽爲風風乃潔齊於三月故居之三月焉正月暑之始六月暑之終故小暑大暑而在夏至之後也七月寒之始十二月寒之終故小寒大寒而在冬至之後也八月節白露九月節寒露然秋屬金金色白白者露之色寒者露之氣色先白而氣始寒寒固有漸矣十月中小雪十一月節大雪然寒氣始於露中於霜終於雪雪由小而至大能無漸歟居小滿於四月之中蓋一陰方此而萌當致防微杜漸之意也置處暑於七月之内蓋以暑氣於此而止非如既雨既處之處乎秋分水始涸立冬水始冰冬至水泉動

至於立春則水氣流行矣立雨水於立春之後者此也霜之前爲露露由白而寒至於寒露則露結爲霜矣介霜降於寒露之餘者亦非以此歟凡此皆變化之道神之所爲者也愚何足以知此姑掇拾所聞以復惟執事進教之幸甚

第五問

沈璣

同考試官訓導季批（時務一策正欲觀士子學識此作敷答詳明處置切當宜在優等）

考試官教諭鄭批（議論正當切於時務）

考試官學正王批（有斷制）

爲政之道莫先於養民養民之要莫切於農桑農桑爲衣食之本而民生之至急者也衣食不足則放僻邪侈無不爲已雖有善政善教將安施乎故孔子答問政以足食爲先孟子論王道以養民爲首蓋此謂也古聖王知其然於是制閭里均井地百畝之田勿奪其時五畝之宅樹之以桑其惰者有三推九推之化以勸之其游者有里布夫家之征以懲之其力之羸乏也有受田歸田之期以節之其地之肥磽也有一易二易之法以更之故男有餘粟女有餘布生長老死於仁政者此也降及後世秦不師古任商鞅廢井田開阡陌聽其所耕不限多少三代良法美意殄滅盡矣由是富者田連阡陌而兼并之患起貧者地無立錐而游手之民興况稍桀黠有資力者率舍勞就逸趨末業而守耒耜緣南畝者盡蚩蚩之氓賣絲糴穀常稱□於其前徵租索錢每取盈於其後終歲勤動而室遂爲之一空矣何怪乎膏粱者不耕而耕者糲飯不充文繡者不蠶而蠶者裋褐不足天地生生之仁幾乎息矣逮我皇明受天明命撫有四海百年于兹恐民之飢寒也故考課於守令者以農桑爲首慮民之游惰也故載之於版籍者以事産爲先以至於大誥又有互知丁業之條凡所以重農養民之法無不備舉是宜老者衣帛食肉黎民不飢不寒措天下於仁壽之域躋斯世於熙皞之天自二帝三王以來未有盛於今日者也執事猶以太平既久風俗日侈務本者少趨末者多以爲意外之憂欲求所以處之之法愚以爲莫若定經費抑兼并擇賢守令躬行勸率不妄興工役以奪其時不横加賦斂以困其力勤有賞惰有戒又於緇黄商賈市井官宦廝役技藝數者之中擇其理所當禁者而驅之使復業理所當容者而聽之使自便於勢有所不論焉守之以定力持之以悠久則何患民有飢寒之憂乎吁救流弊於積習之餘憂患害於未發之先此固儒者所當究心也愚生處之之術不外乎此不識執事以爲何如

廣東鄉試録後序

皇上臨御之七年歲在辛卯實當大比賓興之秋總督兩廣軍務兼理巡撫都察院右都御史韓雍巡按廣東監察御史程宏暨藩憲大臣恪遵成憲預聘師儒爲考試官至期斂所部十郡士以試之凡百執事罔不勤慎各共乃職而重光等司考校者亦精白一心以公去取事竣得其文之協準護者七十五人皆精選也小録告成僉謂重光宜有言以序末簡夫治本於道道載於經明夫經者道必深深於道者文必工若孔子所謂有德者必有言是已肆我國家設科取士而試以文百有餘年于兹無非欲得道德之士以爲致治之本也列聖相承寔同一心皇上協重華之德躋重熙之運恢弘治道益崇科目故士之豪杰者胥此焉出矧東廣爲天下雄藩川岳鐘秀代不乏文章節義照耀古今諸士子生長是邦沐國家作養之恩充聖賢體用之學故其發而爲文根經據理奇本乎易葩原乎詩疏通發乎書之奥莊敬著乎禮之經而筆削謹嚴又仿乎春秋之旨誦而觀之蹌然瓊琚玉珮之音越也燦然山龍華蟲之采列也儼然夏圭商敦之器陳也非雋味道腴卒澤於聖學之淵海者能之乎登名是録固非幸然自兹以往論秀春官擢第大廷爲名進士有官守言責之寄尚當體道出治輔世康民以媲美乎前烈垂耀於後世益有以見是科得人之盛而主司選拔之公顧不偉歟借使籍是爲決科計而行不逮焉者則非余之所望而亦非諸士子之所以自期待也尚期勖之成化七年秋八月既望

江西饒州府餘干縣儒學教論鄭重光謹序

成化十年廣東鄉試録

廣東鄉試録序

聖天子統御天下之十年德化流洽民用康阜乃益稽古右文誕敷詩書禮樂之教以惠幸天下天下之士莫不争先淬濯樂於自新期以仰答休恩康誥有云作新民今之所以鼓舞歆動乎其自新之民者既有德以爲本有詩書禮樂以爲輔亦惟置選舉爵賞之階以爲勸如是而已廣東爲嶺南大藩士之沾沭德化以從事乎詩書禮樂蓋百有餘年其起而登高科縻好爵者亦已彬彬其盛况有總鎮太監陳瑄平蠻將軍平鄉伯陳政耀兵出鋭以廓清奸氛有足以佐文教贊治功而都察院右副都御史吴琛又新受簡命加總督兩廣諸軍事舉庶政而一新之於朝廷之所以鼓舞歆動乎其自新之民者必求其所爲□與其所爲輔表明倡導使勉就選舉爵賞之階士學爲自新而欲推以新民者顧不繼奮於是哉時監察御史江溯建節來巡適當選舉之期因慨然言曰吾將於此驗士所以自新之效不可以不慎遂勤日夜嚴規程而防範斥故常之弊文藝戒陳腐之習務以新嶺南士俗之聞見乃與布政使周鐸袁凱按察使吕洪参政劉昌謝㷀卓天錫副使章格馮定孔鏞涂棐参議傅實僉事俞俊陶魯林錦陳爕諸正陳昭提學僉事胡榮謀聘儒紳集群職且奬飭其士之就選舉者革其舊而新是圖士亦以聞見之新相與堅其志作其氣試之日□親莅之而凱與昌司提調格與後任監巡合試者千五百人得士七十有五實精選也孜叨典文衡僭因小録之成而序之曰夫士之欲有用於天下必先有以治其心心之所具者充之可以配天地一蔽於私則銷鑠殆盡近而無以立其身况及於人乎是故貴自新也能加之淬濯而日新焉則其可以配天地者將復具於我推之而無不準用之而無不化於事業之著夫孰得而禦士之登是録者既嘗樂育乎德化之中以從事詩書禮樂而學爲自新尚思今日大臣表明倡導之功與憲臣及藩臬諸重臣奬飭期待之意皆所以宣聖天子惠幸之恩以自致於新而欲以新士俗者也其可不推其自新以新乎民而無負乎哉惟無所負斯然後身名光榮有以新嶺南之聞見又將以新天下之聞見矣

爾多士勉之孜日望之是歲八月既望

江西吉安府萬安縣儒學教諭吴孜謹序

成化十年廣東鄉試

監臨官

巡按廣東監察御史江泝（本達福建建安縣人　丙戌進士）

提調官

廣東等處承宣布政使司右布政使袁凱（舜舉直隸□亭縣人　辛未進士）

廣東等處承宣布政使司左參政劉昌（欽謨直隸吴縣人　乙丑進士）

監試官

廣東等處提刑按察司副使章格（韶鳳直隸常熟縣人　辛未進士）

廣東等處提刑按察司僉事俞俊（舜卿直隸揚州衛人　丙戌進士）

考試官

江西吉安府萬安縣儒學教諭吴孜（勉學福建莆田縣人　己卯貢士）

江西廣信府鉛山縣儒學教諭劉璣（叔衡福建甌寧縣人　癸酉貢士）

同考試官

江西饒州府鄱陽縣儒學教諭劉浩（秉義直隸長洲縣人　庚午貢士）

湖廣武昌府江夏縣儒學教諭李高（尚節浙江慈谿縣人　壬午貢士）

浙江温州府平陽縣儒學教諭張璨（彦明福建閩縣人　丙子貢士）

山東東昌府濮州觀城縣儒學教諭許謹（克誠浙江餘姚縣人　乙酉貢士）

湖廣黄州府蘄州廣濟縣儒學訓導陳師孔（師孔江西新喻縣人　壬午貢士）

印卷官

廣東等處承宣布政使司經歷司都事張淑（子善廣東博羅縣人　癸酉貢士）

收掌試卷官

高州府化州知州楊智（思明福建晋江縣人　甲申進士）

受卷官

廣州府知府高橙（彦材福建莆田縣人　丁丑進士）

惠州府同知林炯（彌顯福建莆田縣人　癸酉貢士）

彌封官

雷州府同知周良（孔賢湖廣應城縣人　丁卯貢士）

韶州府通判黄恭（汝誠福建晋江縣人　丙子貢士）

謄録官

潮州府通判林坤（世順福建閩縣人　己卯貢士）

廣州府東莞縣知縣莫暹（久明廣西蒼梧縣人　己卯貢士）

對讀官

廉州府欽州知州傅鑒（斯昭廣西藤縣人　己卯貢士）

韶州府樂昌縣知縣吴淳（惟厚福建甌寧縣人　監生）

巡綽官

廣州後衛指揮使湯鋭（國英直隸合淝縣人）

廣州左衛指揮僉事張淮（宗漢直隸鳳陽縣人）

搜檢官

廣州右衛前所正千户余昌（宗吉直隸和州人）

廣州左衛左所副千户阮保住（永昌直隸蕪湖縣人）

廣州左衛中所百户孫斌（世傑直隸鳳陽縣人）

廣州前衛左千户所百户武禎（應祥直隸定遠縣人）

廣州後衛右千户所百户張豫（立之河南郾城縣人）

廣州後衛後千户所百户黄智（德勇廣東順德縣人）

供給官

廣州府通判余志（志學福建建寧縣人　甲申進士）

廣東布舶提舉司提舉陶熏（自勉廣西欝林州人　庚午貢士）

廣州府南海縣典史陶普（弘濟福建晋江縣人　監生）

廣州府永豐倉副使高榮（勉仁福建侯官縣人　吏員）

廣州府南海縣李石岐驛驛丞蘇榮（彦華廣東海陽縣人　知印）

廣州府番禺縣河泊所官秦玉（孟珠廣西靈北縣人　監生）

廣州府清遠縣陰陽學訓術李遠（明夫廣東南海縣人）

掌行科舉文卷

廣東等處承宣布政使司禮房令史陳玄（廣東四會縣人）

廣東等處提刑按察司禮房書吏黄清（廣東陽山縣人）

謄録并對讀

肇慶等府儒學生員陳昂等一百二十一名

第一場

四書

斯民也三代之所以直道而行也　衣錦尚絅惡其文之著也故君子之道暗然而日章　觀水有術必觀其瀾日月有明容光必照焉

易

后以財成天地之道輔相天地之宜以左右民初九拔茅茹以其彙征吉利見大人亨利貞　易與天地準故能彌綸天地之道仰以觀於天文俯以察於地理是故知幽明之故原始反終故知死生之説精氣爲物游魂爲變是故知鬼神之情狀與天地相似故不違知周乎萬物而道濟天下故不過旁行而不流樂天知命故不憂安土敦乎仁故能愛範圍天地之化而不過曲成萬物而不遺通乎晝夜之道而知故神無方而易無體　其旨遠其辭文

書

至誠感神矧兹有苗禹拜昌言曰俞班師振旅　人惟求舊器非求舊惟新古我先王暨乃祖乃父胥及逸勤予敢動用非罰世選爾勞予不掩爾善越三日庚戌太保乃以庶殷攻位于洛汭越五日甲寅位成若翼日乙卯周公朝至于洛則達觀于新邑營越三日丁巳用牲于郊牛二越翼日戊午乃社于新邑牛一羊一豕一　天齊于民俾我一日非終惟終在人

詩

曰爲改歲入此室處　工祝致告徂賚孝孫苾芬孝祀神嗜飲食卜爾百福如幾如式既齊既稷既匡既敕永錫爾極時萬時億禮儀既備鐘鼓既戒孝孫徂位工祝致告　鳳凰於飛翽翽其羽亦集爰止藹藹王多吉士維君子使媚于天子鳳凰于飛翽翽其羽亦傅于天藹藹王多吉人維君子命媚于庶人鳳凰鳴矣于彼高岡梧桐生矣于彼朝陽　學有緝熙于光明

春秋

齊師宋師次于郎（莊公十年）齊人陳人曹人伐宋（莊公十四年）叔孫州仇帥師墮郈季孫斯仲孫何忌帥師墮費公圍成（定公十二年）遂伐楚（僖公四年）晋侯齊師宋師秦師及楚人戰于城濮（僖公二十八年）公會劉子晋侯宋公蔡侯衛侯陳子鄭伯許男曹伯莒子邾子頓子胡子滕子

薛伯杞伯小邾子齊國夏于召陵侵楚（定公四年）公會晋侯齊侯宋公蔡侯征伯衛子莒子盟于踐土公朝于王所（僖公二十八年）公會宋公陳侯衛侯鄭伯許男曹伯晋趙盾癸酉同盟于新城公至自會晋人納捷菑于邾（文公十四年）　同盟于戲（襄公九年）公至自伐鄭（襄公十年）同盟于亳城北公至自伐鄭會于蕭魚公至自會（襄公十一年）

禮記

毋失經紀以初爲常　樂所以修内也禮所以修外也禮樂交錯於中發形於外　故玄酒在室醴醆在户粢醍在堂澄酒在下陳其犧牲備其鼎俎列其琴瑟管磬鐘鼓修其祝嘏以降上神與其先祖以正君臣以篤父子以睦兄弟以齊上下夫婦有所是謂承天之祜　金石絲竹樂之器也詩言其志也歌咏其聲也舞動其容也三者本於心然後樂器從之

第二場

論

治天下以正風俗得賢才爲本

詔誥表（内科一道）

擬漢高帝定元功位次詔　擬唐以韓愈爲國子祭酒誥　擬宋以劉珙同知樞密院事謝表

判語

官文書稽程　立嫡子違法　良賤爲婚姻　主將不固守　屏去人服食

第三場

策

問　古先聖王之治天下必旌别淑慝示之勸懲書云董正治官詩云式序在位蓋先正百官而後及萬民也舜有天下選於衆舉臯陶不仁者遠矣湯有天下選於衆舉伊尹不仁者遠矣豈亦勸懲明而淑慝分歟我朝太祖高皇帝大誥三編太宗文皇帝爲善陰騭孝順事實二書宣宗章皇帝五倫書皆以訓戒天下敦勸懲别淑慝於詩書所云固同一揆而視舜湯所舉抑亦有可考者歟且所載有剛斷嫉惡不容奸僞者又有交不變色德優於才者其與斷獄四百人無怨言深厚不伐絶口舊恩果何優劣有夙夜在公恪遵古道者又有超出群職進膺嘉勞者其與爲政公忠注當貴顯教化大行政有三异果何得

失有禁戢士卒肆不移者又有發廪賑饑民多來歸者其與申令戢下所至悦服救灾有法從如歸市果何同异有思母不置悲戚而卒者又有鬻蛆刲股姑獲賜葵者其與不許歸養毁不勝哀悲慟嘔血聞者泣下果何甄别此諸生素所誦習而講求者今欲舉一賢者則使不賢者勸進一能者則使不能者戒何道以致之歟願詳對毋讓

問　朱子著小學家禮二書以爲修身齊家治國平天下之本今天下所通習者請舉其概從諸生論之夫立教明倫敬身小學一書之大綱也立教篇載教非一端而先於母教至稽古始言父教而亦後於母教何歟其亦有可考歟明倫之目五敬身之目四可得而詳歟然既立爲大綱而又稽古以證之矣何又取嘉言以廣之而善行以實之歟所謂内篇外篇何所指歟而又著爲通論以介乎其間其故何歟或者謂其所以申明立教明倫敬身之略而獨致意於曰寵禄曰威儀何歟諸家之説有可舉其優劣歟冠婚喪祭家禮一書之大綱也冠禮載冠非一節而極於三加至笄禮不用三加而又獨服背子何歟其亦有可考歟婚禮之目七喪禮之目四十有六祭禮之目三可得而詳歟然既立爲大綱而又酌古以準之矣何又取雜儀以附之而祖禰以辨之歟所謂古禮俗禮何所别歟而又摘爲通禮以列乎其前其故何歟或者謂其表明家居日用之常而獨致意於曰祠堂曰深衣何歟諸家之説有可言其得失歟諸生行將出以用世其明以告我以觀修身齊家之學

問　窮經將以致用觀理何所以應事天下之事小可以喻大近可以該遠姑舉二廣言之武衛防禦冠亂也往年蠻夷弗靖或遇戰則潰以守則失矣今雖邊塵已息然武事不可不修何以使將皆智勇兵皆精鋭而戰無不克守無不固歟有司牧養斯民也比年軍旅屢興或斂財以供費勞民以餽餉矣今雖閭閻不擾然治政不可不飭何以使吏皆循廉民皆安乂而賦惟正供力無重因歟流移之民雖曰附籍然争奪田産小則興詞訟大則相攻殺團結嘯聚意外之虞可憂也何以使永建乃家而各安生業歟頑梗之徒雖曰向化然田耕而賦不入於公廪丁壯而力不役於有司窺覘侮慢率服之意未誠也何以使畏威懷德而格其非心歟諸士子生長是邦凡此數者觸目經心有年矣幸酌古準今以陳久安長治之策

問　君子之事上也莫急於忠愛忠愛之發莫先於諫諍古有諷諫有直諫其何所取義歟吁咈致儆與矢詩遂歌者孰爲諷而孰爲直告歸陳戒與稽首對揚者孰爲直而孰爲諷天人之策治安之疏其詞之所及者或爲諷或爲直均一忠愛也何誼獨見斥大寶之箴金鑒之録其意之所主者或爲直或爲

諷同一忠愛也何藴古獨見疑他如械繫不恤而終受褒美投笏求退而上至斂容與越職抗議事若慷慨叩墀死争節若高亢是其諫皆以直自許者也其視伏閤奏事叩環呼聲挽衣若諍叩榻抗論寧爲英州之行而必奪寵臣之命寧爲雪堂之游而力沮新法之行果孰優而孰劣至如子虚之作鋪張景物羽獵之賦僞言車騎通西南有書得寶鼎有對是其諫皆以諷自名者也其視侍從規諫不諍口舌經筵開陳色温氣和辨錫王勇智之語論酣酒嗜音之句果孰是而孰非方今朝廷清明政事修舉固無可言之事設臨大政關大計欲一言之不許以爲直不媚以取容必欲朝廷信之而無疑天下聞之而致慕其道安在此諸生之所當勉以待用者幸相與講之

問　孔子言禮云禮云玉帛云乎哉樂云樂云鐘鼓云乎哉蓋以其有本也今姑就其文言之五玉三帛見子書矣然經禮三百曲禮三千其多有如此者何以獨言玉帛歟賁鼓維鏞見于詩矣然八音克諧無相奪倫其義有如此者何以獨言鐘鼓歟且古今禮不相襲樂不相沿自伏羲時禮樂之端已萌繼之者黄帝堯舜也其制作之大有可舉者歟至成王時禮樂之文已極前之者禹湯文武也其參酌之妙有可詳者歟漢初用叔孫通朝儀樂制大抵皆秦舊也河間獻王以爲治道非禮樂不成獻禮五百餘篇復獻所集雅樂其有合於古歟博士曹充請興禮樂有可考者歟唐用房玄齡等貞觀禮雅樂大概因隋舊也李鋭與諸學士刊定五禮其亦有合於古歟起居舍人王仲丘又請修明堂祀禮有可言者歟宋以三禮圖閲定爲十五卷者誰歟改周樂章十二順爲十二安者其何所取義歟元起朝儀稽古典而參以時宜者誰歟新製大成雅樂其何所推本歟我朝太祖高皇帝命禮部取儀禮及采周官屬民讀法之旨爲鄉飲酒禮又謂尚書牛諒定著禮儀宜與諸儒參詳考議甚盛心也可言其節目歟且厭前代樂章用諛鄙陋命尚書陶凱更製新詞又諭禮部臣曰大成樂器以祀孔子此宜究心甚盛典也可舉其名義歟夫禮樂不可斯須去身諸生尚原其本備其文以對毋泛毋略

中式舉人七十五名

第一名　李昕　南雄府學生　春秋

第二名　劉實　番禺縣學生　詩

第三名　鄭鴻　香山縣學生　書

第四名　梁輝　南海縣學增廣生　易

第五名　陳庸　南海縣學生　禮記
第六名　陳政　潮州府學增廣生　春秋
第七名　梁儲　廣州府學生　詩
第八名　梁金　新會縣學生　書
第九名　方湜　東莞縣學生　易
第十名　寗詵　東莞縣學增廣生　禮記
第十一名　梁瑜　高要縣學生　詩
第十二名　蔡廣　揭陽縣學生　書
第十三名　周奎　瓊山縣學生　易
第十四名　王淵　澄邁縣學生　詩
第十五名　陳冕　龍川縣學生　書
第十六名　吴朝玉　吴川縣學生　易
第十七名　李時　東莞縣儒士　春秋
第十八名　黄廷圭　電白縣學生　詩
第十九名　黄貫　始興縣學生　書
第二十名　李渭　廣州府學生　易
第二十一名　何會　順德縣儒士　禮記
第二十二名　盧泰　韶州府學生　詩
第二十三名　黄華　靈山縣學生　書
第二十四名　梁從義　雷州府學生　易
第二十五名　祁頤　東莞縣學生　春秋
第二十六名　陳賓　廣州府學增廣生　詩
第二十七名　張詡　南海縣學增廣生　書
第二十八名　李錫　四會縣學生　易
第二十九名　陸軾　肇慶府學生　詩
第三十名　丘文瀚　保昌縣學增廣生　書
第三十一名　盧士廉　東莞縣學生　春秋
第三十二名　張冠　廣州府學生　禮記
第三十三名　黎鼎　廣州府學生　易
第三十四名　梁寛　南海縣學生　詩
第三十五名　鄭嘉惠　潮陽縣學生　書
第三十六名　鄭寯　潮州府學生　易

第三十七名　王和　崖州學生　詩
第三十八名　張萬鐘　潮州府學增廣生　春秋
第三十九名　林廣　長樂縣學生　書
第四十名　王希旦　東莞縣學生　易
第四十一名　林榮　廉州府學生　詩
第四十二名　彭祚　海豐縣學生　書
第四十三名　鄧球　樂昌縣學生　易
第四十四名　盧勛　東莞縣學增廣生　詩
第四十五名　曾源　海陽縣學增廣生　春秋
第四十六名　高錤　瓊山縣學生　禮記
第四十七名　王文昭　廣州左衛舍人　書
第四十八名　蔡齊宸　瓊州府學生　易
第四十九名　葉應　歸善縣學生　詩
第五十名　丘尚　潮州府學生　書
第五十一名　區昌　順德縣學生　易
第五十二名　方逢玉　韶州府學生　春秋
第五十三名　馮德讓　南雄府學生　詩
第五十四名　何球　順德縣學生　禮記
第五十五名　黄鑾　南海縣學生　書
第五十六名　陳復　新會縣學生　易
第五十七名　李仁　儋州學生　詩
第五十八名　蕭泰　潮陽縣學生　書
第五十九名　曾瑀　海陽縣學增廣生　春秋
第六十名　林元　瓊山府學生　易
第六十一名　李焕　連州學生　詩
第六十二名　高魁　四會縣學生　書
第六十三名　吴璉　廣州府學生　易
第六十四名　王福　化州學生　詩
第六十五名　胡璋　增城縣學生　禮記
第六十六名　馮萬濃　潮州府學生　春秋
第六十七名　章瓊　欽州學生　詩
第六十八名　陳誠　高要縣學生　書

第六十九名　鐘金　番禺縣學增廣生　易
第七十名　李富　高州府學生　詩
第七十一名　黄珙　海陽縣人監生　書
第七十二名　李祥　廣州府學生　易
第七十三名　馮俊　肇慶府學生　書
第七十四名　謝玘　萬州學生　易
第七十五名　倫喜　順德縣儒士　詩

第一場

四書義

斯民也三代之所以直道而行也

劉實

同考試官教諭張批（論語一題作者或達於詞而旨趣之有遺或得其者旨而詞華至不足此篇究極明暢而敷貫沈雄當是文場老將練習於紀律者也）

考試官教諭劉批（此題極難作蓋欲發孤奸於既枯求至味於不和非老手筆不能也此篇得之）

考試官教諭吴批（作論語題者直致則無華强合則昧旨此篇詳贍當理足破群疑）

聖人言民心之公無古今之异明已之所以無毁譽也蓋好善惡惡無所私曲乃人心天理之同然聖人豈有所毁譽自异於古今之人心哉且吾夫子既自言於人無所毁譽矣至此復申言其故意謂世有古今而人心之天理不殊人有古今而是非之公論常在我之稱人之惡所以不敢損其真者誠以今日之民即三代之時無有作惡之民所以惡其惡而無所私曲也今日之民心惡惡以直道三代之民心惡惡亦直道我豈得枉其惡惡之實而有所毁邪我之揚人之善所以不敢過其實者亦以今此之民即三代之時無有作好之民所以善其善而無所迂枉也今此之民心好善以直道三代之民心好善亦直道我豈得枉其善善之實而有所譽邪吾夫子言此蓋不以春秋衰世視此民而以三代盛時視此民可見矣吁毁譽者一人之私心直道者萬世之公論不以一人之私心而掩萬世之公論非聖人之至公至平疇克爾哉抑考上文有曰如有所譽者其有所試矣則雖無所毁而又有所譽不幾有所倚乎蓋聖人

樂道人之善惡稱人之惡是以寧有先褒之善終無豫詆之惡雖曰先褒亦必試其將然而不苟即書所謂與其殺不辜寧失不經罪疑惟輕功疑惟重同一善善速惡惡緩之意也豈曰有倚乎哉

衣錦尚絅惡其文之著也故君子之道暗然而日章

李昕

同考試官訓導陳批（中庸題用心於内自著於外乃朱子成言而學者不察遂至紛紛臆决茫無定見此作其超然於倫輩者歟）

考試官教諭劉批（作此題者或以尚絅爲爲已之心日章爲爲已之驗或以始則不欲其著於外終則自有以著於外立説然皆不如用心於内自著於外乃取朱子成語故特表而出之）

考試官教諭吴批（中庸義千篇一律此作獨异於衆蓋非淺之爲講學者）

中庸既釋詩以見君子之學用心於内復申言以見君子之道自著於外蓋君子之學爲已故常用心於内然既有諸内豈不自著於外乎中庸於末章復自下學立心之始而言首因詩辭從而釋之意謂衣錦所以美其服而又尚之以絅者惡其文采之太著也美服所以章其身而又襲之以衣者不欲華美之外揚也是則君子之學惟欲自得故常用力於人所不見初不事乎表暴焉君子之學務求成已故恒修業於人所不知初不志於烜耀焉豈非衣錦必尚絅斂華以就實乎雖然君子之立心固如此然其道之著見不可掩亦理勢之自然也故申言之若謂君子之學雖曰惟欲自得不事表暴若暗然矣然美在其中則有諸内者日形諸外故不求人知而人自知之君子之學雖曰務求成已不志烜耀若暗昧矣然善有諸已則積於此者日發於彼故不虞人譽而人自譽之由是言之尚絅故暗然衣錦故有日章之實實理自然之符驗焉可誣哉大抵此因前章極致之言子思子恐學者求之高遠故言之如此下文遂及入德之方謹獨之事馴致篤恭天下平其妙至於無聲無臭則中庸之極功也先儒有言此章再叙入德成德之序信夫

觀水有術必觀其瀾日月有明容光必照焉

鄭鴻

同考試官教諭張批（孟子此節陳氏以爲二者皆於用處知其本諸作皆不能發惟此篇得之）

考試官教諭劉批（此作理得而詞贍滿場所無）

考試官教諭吴批（孟子義詞氣秀發所謂惟陳言之務去戛戛乎其難哉者歟）

大賢即物以明聖道必於其用而知其本焉夫聖人之道用易見而本難知苟不即水之瀾與日月之必照以觀之抑何以知之哉何則流而爲川瀦而爲海者水也人知水之混混而不知其有本也故觀水之術不於歸會之所必於湍急之處則知其往過來續而非朝滿夕除也不舍晝夜而非涸可立待也觀水之瀾則知其源之有本如此若夫聖人之道發而爲小德川流無時不然者必有大德敦化者爲之本焉懸象於天代明晝夜者日月也人知日月之有明而不知其有本也故觀日月之術不於物無遁形之間必於容光必照之處則知其罅隙不遺而非明此暗彼也無幽不燭而非大及小遺也觀日月於容光之隙無不照則知其明之有本如此所夫聖人之道用而爲泛應曲當無物不有者必有一理渾然者爲之本焉然則聖道之大豈徒然而已哉抑嘗論之聖人即天地也天地之道其本不可知必觀其發爲化育流行者而後知聖人之道其本不可見必觀其發爲功用顯著者而後見故孔子贊堯舜必指其文章治化而言詩書稱文武亦以其謨訓功烈而言至門人記孔子亦備録其容色言動以示人無乃皆欲人於其用處驗其本歟後之學聖道者宜於此求焉

易義

后以財成天地之道輔相天地之宜以左右民初九拔茅茹以其彙征吉

方滉

同考試官教諭劉批（此題象言財成輔相所謂贊天地之化育而與天地參聖人大有爲之事也爻言三陽在下相連而進拔茅連茹之象征行之吉也占者陽剛則其征吉矣場中作者多昧本義之旨此篇暢達不窘其庶幾善究易理者歟）

考試官教諭劉批（易義發明無遺佳作也）

考試官教諭吴批（易義詞理具備初考得之）

象言君道有爲之極爻言陽剛類進之占夫時之泰而大有爲則陽剛得以連類而進也聖人傳象繫爻安得不各極言之哉且泰之爲卦乾天居下坤地居上乃二氣交泰之象體斯象者果何如哉亦惟有爲以盡道耳是故氣化流行紛綸相續此天地之道或有過也人君則成之敦五典而庸五體分四時而奠四方干以制其過焉人物稟受時勢不同此天地之宜或有不及也人君則輔相之立學校而明禮義制田里而教樹畜于以補其不及焉人君之財成輔相如此非有他也惟欲左右斯民俾復其賦受之性導引斯民使遂其長養

之天而已斯非君道有爲之極而何若夫泰之初九以陽來居於内正君子道長之日遇此爻者果如何哉亦惟連類而上進耳是故九二之爻同類之陽也初則與之相引而進有如拔夫茅也其茹以彙而相連焉九三之爻同體之剛也初則與之牽連而往有若茅之拔也其根以類而并起焉初九類進之象如此征行之吉也占者陽剛則其征也必得以行其道其吉也可知其往也必得以遂其志其善也可見斯非陽剛類進之占而何抑論之時之未泰致之爲難時之既泰保之尤難但致泰則關天運保泰則頼人力當此之際財成輔相以左右民則上有其君矣三陽在下相連而進則下有其臣矣君臣慶會明良相逢世道通泰民物亨嘉誠千載一時也愚何幸身逢其盛

易與天地準故能彌綸天地之道仰以觀於天文俯以察於地理是故知幽明之故原始反終故知死生之説精氣爲物游魂爲變是故知鬼神之情狀與天地相似故不違知周乎萬物而道濟天下故不過旁行而不流樂天知命故不憂安土敦乎仁故能愛範圍天地之化而不過曲成萬物而不遺通乎晝夜之道而知故神無方而易無體

梁輝

同考試官教諭劉批（此題言易書與天地準故能彌綸其道而窮理盡性至命三節皆聖人用易之事場中作者往往溺於陳腐破語雷同而講欠明潔此篇超出倫輩可直一魁）

考試官教諭劉批（易理深奥非用力精到者不能發其藴此作得之）

考試官教諭吴批（易義簡明有文當是作者）

易書等乎造化故能贊其道而無遺聖人用乎易書必欲造其極而無間蓋易與天地準故能贊其道而無遺也聖人用之以窮理盡性而至命豈不造其極而無間哉大傳論易道之大意謂天之道陽而健也易書卦爻具有天之道而與之齊地之道陰而順也易書卦爻具有地之道而與之準惟其齊準故於天地之道爲能彌之使其渾然而無間綸之俾其粲然而有條焉易道之大如此惟聖人也仰以易而觀天文之晝夜上下俯以易而察地理之南北高深則知其幽明之故矣推原人物之始所以生反要人物之終所以死則知夫死生之説矣陰精陽氣聚而成物神之伸也魂游魄降散而爲變鬼之歸也又有以知夫鬼神之情狀焉幽明死生鬼神皆陰陽之理聖人以易而窮之非窮理之事乎若夫天地之道知仁而已聖人之知仁則與天地相似而不違知似乎天足以周乎萬物仁似乎地足以濟乎天下則知不過矣知既旁行而不滯仁

又不流於姑息則知仁不偏矣由是樂乎天理又知天命故心無憂而知益深隨處皆安而無不仁故物能愛而仁益篤曰仁曰知固有之性也聖人以易而盡之非盡性之事乎至若天地之化至無窮也聖人則範圍之而不過萬物之生至不一也聖人則曲成之而不遺晝夜之道未易知也聖人又有以兼知其妙默契其機焉夫然後可見至神之無方變易之無體也天地萬物晝夜皆命之所在也聖人用易以至之非至命之事而何哉抑考之説卦亦有曰窮理盡性以至於命蓋此之窮理盡性至命以聖人之言乃用易之事彼之窮理盡性至命就易書言乃作易之功所指雖殊其致一也吁易作於聖人而亦用於聖人此聖人所以有功於易有功於天下後世也歟

書義

至誠感神矧兹有苗禹拜昌言曰俞班師振旅

鄭鴻

同考試官教諭李批（此篇作者多不能形容禹益當時氣象此作得之所宜録出）

考試官教諭劉批（禹謨一篇詞理俱優故表出之）

考試官教諭吴批（此作有維容氣象可取）

同列言誠能感神而遠人不足化大臣即敬然其言而威武不復施夫至誠之道神且感格况於人乎大禹聞益之贊遂從而弛其威武焉其一德一心可見矣思昔苗民逆命益贊于禹而推言及此意謂真實無妄曰誠誠能感物曰誠彼神至幽而莫測至誠則可以感之神至隱而難度至誠則可以格之况有苗亦人耳雖曰反道敗德而良心固在也豈有感之不應而事於征伐乎雖曰侮慢自賢而善性猶存也豈有綏之不來而煩於兵力乎伯益之贊如此禹也乃拜以致其敬俞以然其言拜非貌恭也敬盛德之言而屈已受善也俞非面從也契至誠之道而舍已從人也不惟拜之而遂還師於有苗之國威不復施矣不惟俞之而且整旅於京師之地武不復用矣其應之之速也若江河之決其從之之易也如形影之隨大禹樂善之誠夫豈有彼此之間哉嗟夫禹之征苗奉辭伐罪欲示以威武也益之贊禹推極至理欲專尚德化也禹遂從而班師自後世觀之益之言若迂而不切禹之舉若懦而無勇卒之帝乃誕敷文德舞干羽于兩階而苗自格焉是武不足以威苗而德誠可以感人譬之春風流暢寒谷草木自皆發榮也非有虞德教之盛惡可語此哉

越三日庚戌太保乃以庶殷攻位于洛汭越五日甲寅位成若翼日乙卯

周公朝至于洛則達觀于新邑營越三日丁巳用牲于郊牛二越翼日戊午乃社于新邑牛一羊一豕一

梁金

同考試官教諭李批（召誥一題本史臣紀事之辭作者貴切實條暢此作可嘉）

考試官教諭劉批（此篇於召公得民周公告神處有發明）

考試官教諭吴批（行文典雅宜録之）

史臣既紀日以見大臣定都而得民成其位復紀日以見聖臣相都而告神備其禮蓋召公之定都率民以攻位而位成周公之觀洛舉祀以告神而禮備史臣得不詳紀之哉昔周成王因武王之志成宅中之業召公經理於先周公相成於後故史臣紀之曰越三日庚戌大保乃以庶殷攻位于洛汭蓋以畿内之民不征其力四方之民又未至洛故用遷洛之殷民闢荆棘平高下以定其城郭宗廟郊社朝市之位焉越五日甲寅位成則庶寅位成則庶殷之趨事咸勤召公之使民咸悦而前朝後市左祖右社之位成焉此召公之定都然也若翼日乙卯之朝周公以上相之尊行視洛之事路車乘馬聿來新邑衮衣繡裳至止洛汭則凡召公經營之位曰城郭曰宗廟無不遍而觀之曰郊社曰朝市無不周而覽之尤以作洛重事不可不告乎神故越三日丁巳用牲于郊而牲用牛二者於尊以簡爲誠也越翼日戊午乃社于新邑而牲用牛一羊一豕一者於卑以豐爲貴也郊社之祭皆告以營洛之事此周公之相都然也噫召公之攻位位成有以得乎民周公之至洛觀位有以告乎神神人協相則定宅于洛豈非萬億年敬天之休歟抑考洛誥言予惟乙卯朝至于洛卜宅此不言者召公於戊申已卜周公之吉卜不殊乎召公之吉卜周召一心也成王至豐告廟此不言者蓋成王於豐已告成王之告祭無异乎周公之告祭君臣一體也有周君臣同心同德若是其致雍熙泰和之治宜矣

詩義

鳳凰于飛翽翽其羽亦集爰止藹藹王多吉士維君子使媚于天子鳳凰于飛翽翽其羽亦傅于天藹藹王多吉人維君子命媚于庶人鳳凰鳴矣于彼高岡梧桐生矣于彼朝陽

梁瑜

同考試官教諭張批（召康公極言用賢之效與賢不輕用之意欲成王之鋭志於用賢也此作能發之）

考試官教諭劉批（古以鳳凰喻賢才所以致其愛重欲人君之尊禮之

耳召廉公凡三言之其意蓋如此場中往往妄説此作能推原其意而文足以發之其佳士也）

考試官教諭吴批（此篇言用賢爲致福之由深得其旨）

既興賢才盛而必效忠愛之誠復喻賢才出而必際明良之會夫賢才者致治之具也大臣之告君安得不言其用而效忠愛之誠出而際明良之會哉昔召康公從成王游歌而作詩既極言夫福禄之盛此則告以致福禄之由而因時鳳凰至故托以起興若曰鳳凰之飛羽聲之有聞則既覽德輝而下之而止其所矣此藹藹然賢才之群集莫非有憑有翼之士委質于君而君使之其必修政立事而上有以愛乎君焉愛非諂諛一皆忠誠之所發也繼又興之若曰鳳凰之飛羽聲之翽翽則既翔于千仞之表而傅于天矣此藹藹然賢才之衆多莫非有孝有德之人委身于君而君命之其必敦化善俗而下有以愛乎民焉愛非狎侮一皆德意之所形也所謂賢才盛而必效忠愛之誠者如此然鳳凰非梧桐不棲猶賢者非明君不仕故又托以比之若曰鳳凰之鳴其聲爲甚和也然不於其他而必於高岡之上豈不猶賢者之在高世而懷抱負之大乎梧桐之生其勢爲甚盛也然不於其他而必於朝陽之地豈不猶賢君之居治朝而享德業之成乎有治朝之賢君而後高世之賢才樂用有朝陽之梧桐而後高岡之鳳凰來鳴所謂賢才出而必際明良之會者如此吁明良相逢千載一時康公以是而告成王欲其求賢以自輔而爲致福之本者何其至哉大抵泰和盛治固爲可樂而亦可戒康公言求賢之道而反覆於鳳凰以鳳凰希世之物欲成王之有所感也成王能勉以求之則泰和盛治可以長保於無窮矣然則康公其亦當時之鳳凰也歟

學有緝熙于光明

劉實

同考試官教諭張批（以光明爲本然極是）

考試官教諭劉批（此題場中皆以學至于光明爲造其極不知所謂極者何物蓋光明本非外來乃吾心之本體也學而明之繼續不已則私欲净盡有以復其心體之光明庶乎敬可及矣此作能發之而結引緝熙敬止配説尤見筆力魁何忝）

考試官教諭吴批（學有緝熙于光明一題惟此得旨當冠本房）

賢君不自足而勉其當然不自已而復其本然夫欲勉於學正其所以不自足也學焉而不自已則豈不有以復其本然之光明而能敬哉昔成王受群

臣敬天之戒而自爲答之之辭若曰我不聰而永能敬也然願學焉惟日孳孳極深研幾而加格物致知之功以敬修其可願終日乾乾静存動察而致誠意正心之力以懋昭其大德此不自足而勉其當然也心德本自光明而物欲蔽之故明者於是而有昧矣苟今日新之而明日不繼則何以去物欲之蔽而致其明乎於格物致知益有以加其功而日日新之無少間斷使光明者愈至於光明而此事有此理皆洞然而明白可也心體本無昏昧而利欲交之故昏者不復以有明矣苟今日明之而後日或輟則何以絶利欲之交而復其明乎必於誠意正心而益有致其力而日日明之有所接續使昏昧者不復爲昏昧而此物有此理皆豁然而呈露可也此非不自已而復其本然乎能如是則於其謂敬庶乎有所及矣抑論之敬天有道願學士也願學有道緝熙是也周自文王緝熙敬止而創業于其前成王緝熙光明而守成于其後此所以成周家八百年之基業也德以敬而成業以敬而著先儒謂敬者聖學之所以成始成終觀此益信

春秋義

齊師宋師次于郎（莊公十年）齊人陳人曹人伐宋（莊公十四年）叔孫州仇帥師墮郈季孫斯仲孫何忌帥師墮費公圍成（定公十二年）

李昕

同考試官訓導陳批（此題皆本傳注融會者少是篇又場中之表者用宜録出）

同考試官教諭張批（題意明白作者自不能因此悟彼往往詳於孔子而略管仲之説忽得此卷發明無餘書當快意讀易盡是之謂歟）

考試官教諭劉批（能發明題中微旨不至穿鑿可取）

考試官教諭吴批（管仲相齊千載所稱聖人用魯一時機會此篇發明殆盡熟於麟經者）

兵政始失而終得由伯主用賢臣之未久國政始得而終失由望國用聖人之未專此春秋於齊桓二役有書師書人之异於我魯三邑有書墮書圍之殊蓋皆有其故也歟何則齊桓入國之初已得仲父而相之矣未幾始因魯蓄長勺之憾於是連師于宋而爲于郎之次繼因宋忘北杏之好於是徵兵陳曹而爲討宋之行然春秋於二國次郎稱師者所以譏其不撫其民輕用大衆也於三國伐宋稱人者所以著其將卑師少以制用兵也用兵得失如此則將焉用管仲之相哉按莊公九年小白入齊始因鮑叔之薦用以爲相然則次郎之役仲雖得政蓋未久也自伐宋之後終其身未嘗興大衆出侵伐未必不出於其功也使桓公不能

任之專且久則九合之功有未可望尚何一役用師之足議哉故曰由伯主用之未久也若夫定公即位以來已得孔子而用之矣未幾始因吾夫子一言之重於是叔季感化各毁其邑公室曾不動其聲色繼以公斂處父一言之惑於是孟孫方命不肯墮邑我公遂躬駕而圍成然春秋前書叔孫墮郈季孫墮費者所以喜先王之制復行也繼書公圍成者所以著公室之威遂褻也政事得失若此則亦何望聖人之用哉按是年孔子爲魯司寇雖用事未能專得魯國之政越明年方由大司寇攝相事與聞國政然則圍成之役非必出吾夫子之意也使聖人得志行乎魯東周之言可徵尚何一邑不墮之足恤哉故曰由望國用之未專業大抵春秋之世五伯桓公爲盛而一匡管仲有功然亦不過措世小康而已獨惜吾夫子仕丁魯定不足與有成也使遇齊桓以大有作爲之資而告以仁義之説則師皆湯武之師業爲帝王之業而伯圖一轉可爲王道尚何區區取於管仲之功哉

同盟于戲（襄公九年）公至自伐鄭（襄公十年）同盟于亳城北公至自伐鄭會于蕭魚公至自會（襄公十一年）

陳政

同考試官訓導陳批（此題場中雖知春秋以變文爲褒貶之説然皆昧於分截貫串而以同盟于戲有致伐故失之遠此篇辭旨俱優殆難群野鶴歟）

同考試官教諭張批（經旨明白而辭足以發之本房之翹楚也敬羡敬羡）

考試官教諭劉批（得變文爲褒貶之旨允宜録出以示後學）

考試官教諭吴批（晋悼服貳得失聖人書法精妙此篇得之）

屢盟而不信故貳國之歸心卒在於推誠屢伐而無功故望國之策功卒在於致會此悼公服鄭之事春秋於二同盟之後書會于蕭魚兩致伐之後書公至自會其以變文爲褒貶歟且鄭之從晋春秋著其或叛或服以爲伯事之盛衰久矣今也五會之後鄭復從楚悼公於是伐鄭而有于戲之盟虎牢之後鄭又即楚悼公於是伐鄭而爲亳城北之歃然盟戲鄭非不聽命也未幾有中分之改慮盟亳北鄭非不行成也無何有逆楚之异圖是屢書盟而不信也悼公乃於三駕之終而講蕭魚之會舍其盟誓待以至誠鄭無晋詐晋無鄭虞故春秋於于戲亳北屢書同盟者所以譏其强人以信也至是而變文書會者非以鄭感於推誠自是歸心中國之好乎若乃魯之從晋春秋托其致會致伐以爲伯事之得失舊矣今也初駕伐鄭會于牛首我公既親帥師旅以在其列再駕伐鄭盟于亳北我公復身親金革而預其行然初駕之師諸侯非無會也而鄭即叛故班師之日止以伐鄭致再駕之師諸侯非不盟也而鄭尋背故旋旆

之時亦以伐鄭書是屢書伐而無功也於是當我公於蕭魚之後復有從晉之返告廟飲至舍爵策勛雖晉得鄭我實有榮故春秋於初駕再駕致公以伐者所以譏其恃力以逞也至是而變文致會者非以魯自是亦得以息肩諸侯之事乎抑嘗觀晉景五書同盟而終於强人以信而春秋譏之則悼公於二盟之後而推誠者善可知矣晉厲三舉伐鄭致伐於兩伐致會之後而春秋責之則悼於兩致伐之後而致會者美可見焉惜乎鄭役既息委政大夫伯事不逮於初君子爲之扼腕

禮記義

毋失經紀以初爲常

陳康

同考試官教諭許批（此題所謂經紀者天文進退遲速之度數而初者曆家推步之舊法以爲占候置常者也場中紛紛异説殊爲可厭此作一破既佳通篇明潔當爲本房之冠）

考試官教諭劉批（月令一題講理不繆遣詞有文亦是作手）

考試官教諭吴批（禮記義如此者頗少初考取以爲一經之冠得之）

先王之命太史既欲其司正乎天文必欲其循用乎曆法蓋用曆法爲占候之常則天文之度數可無失也先王以是而告太史欲其敬修其職之意爲何如哉昔先王曆天象以授人時故於歲首而命太史若曰日月之行天有進退遲速之度數如孟春會於營室仲春會於奎宿之類是謂天之經紀所以明乎時者也不可使有或失焉星辰之麗天亦有進退遲速之度數如孟春參尾中於昏旦仲春弧建中於昏旦之類是亦天之經紀所以明乎時者也不可使有或忒焉然天文之經紀曆家推步之舊法備矣苟以此求之則日月雖高其進退遲速可坐而致汝太史其以此法爲占候之常可也天象之經紀曆家推步之故法詳矣苟用是求之則星辰雖遠其進退遲速可坐而得汝太史其用是法爲占候之常可也吁先王命太史如此其敬天之意何其至哉大抵曆象日月星辰以授人時自堯以來未之有改也舜齊七政周用五紀其究一耳蓋日月星辰之度數天以是而命萬物而人奉之以爲令者也故司之不可無其人占之不可失其候月令記此於孟春之初豈以人君一歲之首務莫大於此歟

樂所以修内也禮所以修外也禮樂交錯於中發形於外

寗詵

同考試官教諭許批（此題本平易然禮樂交錯發形於外處正欲觀學

著筆力蓋講貫不明則措辭易昧此作其庶幾擺脱塵冗而願濯清颸者歟）

考試官教諭劉批（此篇講禮樂分合處不冗不釋可謂佳作）

考試官教諭吴批（禮記義佳蓋詞不奪理當是樸學之士）

先王教世子有禮樂分治之功致禮樂合成之美夫禮樂所以治身心而身心一體也然有分治之功豈無合成之美乎昔三王之於世子教之必以禮樂如干戈羽籥弦誦之教樂也樂由中出所以修乎内蓋消融其邪慝之藴所謂不和不樂而鄙詐入之者無有焉其修内爲何如若祭與養老合語之教禮也禮自外作所以修乎外蓋陶成其恭肅之儀所謂不莊不敬而慢易入之者無有焉其修外爲何如然禮之修達於内樂之修達於外而嚴敬有以制其心和順有以充其體則相合而不離相雜而無間所謂交錯於中也夫既交錯於其中以至充積於其内則動與禮樂俱行與禮樂會蔚然恭敬温文之可觀粹然中正和樂之可美又非發形於外乎曰有禮樂分治之功致禮樂合成之美以此吁世子德成而教尊良有以夫抑考君子於世子親則父也尊則君也有父之親有君之尊然後兼天下而有之是以養世子不可不慎故三王之於世子既教以禮樂下文又教以父子君臣長幼之道此三代所以繼體得人而享國長久也不可不知

第二場

論

治天下以正風俗得賢才爲本

梁儲

同考試官教諭張批（論推正風俗得賢才爲治天下之本得賢才又爲正風俗之本修身尤爲得賢才之本而講貫無遺必一有識之士）

考試官教諭劉批（論不難於作而難於得體排比堆積則類乎答策步驟窘束則同乎經義此作其所謂沛然莫禦而皆安流者歟）

考試官教諭吴批（論旨趣淵永詞氣豐縟蓋亦學之知本者也）

威武可以服天下而萬邦協和黎民於變則在于風俗之正而不在乎威武智慮可以制天下而群黎百徧爲爾德則係乎賢才之用而不係乎智慮故明道先生言于朝曰治天下以正風俗得賢才爲本愚請言風俗之所以當正者自朝廷而達于天下茫茫禹方烟火萬里而人非一人也利害交乎其前一人鼓之而十人繼之遂至於風靡草偃而莫可止三代比屋可封之俗既遠於

是乎僭亂于春秋縱横于戰國逐客于秦夫子没而微言絶風教弊陋而俗益下矣何可以不正乎自中國以至于海隅四極棼棼鷄犬相聞而家非一家也好惡出乎其間一入倡之十人和之遂至於波流淪胥而莫可救三代四海仰德之風既邈於是乎黄老于炎漢清談于典午佞佛于梁异端起而大義乖風聲闊略而俗益降矣又可以不正乎然上有好者下有甚者風俗實係乎人之所爲彼有所感此有所應風俗必待其人而後正愚又請言賢才之所以當得者伊尹耕于有莘以樂堯舜之道三聘不至尹固不翻然以起也其誰以先知覺後知以先覺後覺而使風俗之正乎傅説居於傅巖以任版築之事旁求不及説固不奮然以應也其誰以麴糵而作酒以鹽梅而和羹而使風俗之醇乎故治天下有本正風俗也得賢才也正風俗之本又在得賢才而得賢才之本尤在於修身知此則知所以治天下矣且就人之身而觀之心者身之主氣者身之用天君安而元氣盛則百體從令而身無不和矣就國之大而觀之賢才者國之元氣風俗者國之百體賢才用而風俗正則萬事得理而國無不治矣故以威武治天下者威武有時而弛其如正風俗何以智慮制天下者智慮有時而窮其如得賢才何今之治天下而欲風俗之正也賢才之得也則所以教人者當自灑掃應對以至於孝弟忠信誘掖激勵使漸摩成就極於家詩書而人禮樂而化成之有機所以擇士者當取明敏識達以及於廉耻禮讓延訪敦遣使振作奮發足以表當世而繼前聞而效用之有實爲政在人取人以身能自治其本則何患乎佞佛何畏乎清談而何憂乎黄老何恤乎逐客何辨乎縱横亦何有乎僭亂風俗既正賢才既用而天下大治矣明道先生既言于朝復詳其制朱子慨然以爲知本有志者皆取以自勉而教化大行賢才畢用人倫無不明物理無不察父父子子同一本然之天夫夫婦婦均皆皥然之俗比屋可封四海仰德愚何幸躬逢今日之盛哉

表

擬宋以劉珙同知樞密院事謝表

劉實

同考試官教諭張批（表得體）

考試官教諭劉批（表合仳儷而有法叙事實而無遺佳作也）

考試官教諭吴批（表佳）

伏以西府爲崇嚴之地位亞台衡貳樞執邃密之機職同屏翰宜求俊彦乃及寒微顧揣分而奚堪實銜恩而知愧恭惟默思夢賚志感推心遂令牛渡

馬勃之餘亦荷虎節龍章之寵煌煌天澤凛凛冰兢臣珙叨掇賢科習聞聖教眷一門之通顯慶千載之奇逢豸史叨聯鑾坡獲選詎意中州作鎮分節制于三邊累蒙行在召遠寄長城于萬里卧棘薪而嘗膽异雪不共戴天之讎效葵藿以傾誠用展就之如日之敬敢自偷安于帷幄益惟報于洊埃利涉大川竊欲同乎舟楫安如磐石期有奠乎邦家伏願大一統而化成允復皇圖之舊兼三才而立極式迎帝命之新萬邦協和四海來假臣無任瞻天仰聖激切屏營之至謹奉表稱謝以聞

第三場

策

第一問

梁粹

同考試官教諭劉批（策舉）（三聖之制作而備及教化勸懲之實蓋真誦習講求之有素者與敷衍問目有逕庭矣）

考試官教諭劉批（策場得此如太阿出匣而光怪流動明珠投地而精采爛發心目不覺爲之開明可以自慶於得人矣）

考試官教諭吴批（敦勸懲别淑慝正欲得賢才也此策歷舉忠孝之略循良之實無有遺其有志於尚友古人者乎）

日星麗天而聖皇之制作以顯風雲應會而聖皇之教化以行蓋不有制作固無以爲教化之具不有教化又何以别淑慝而示勸懲哉此書周官之篇所以言董正治官而詩時邁之詞所以有式序在位百官既正而庶民從之以正故舜之有天下選於衆而得皋陶湯之有天下舉於衆而得伊尹其不仁者皆化而爲仁也我朝太祖高皇帝受天明命統理萬邦掃胡元之弊俗復中國之常典既已高出百代而遠超舜湯矣當時侍從之□莫非皋陶伊尹下至庶民亦皆化於爲善不見有邪慝者而猶勤聖慮作大誥三編太宗文皇帝嗣大歷服復作爲善陰騭孝順事實二書宣宗章皇帝用保乂民又作五倫一書固與周官時邁所云同歸一揆欲求如舜湯之於皋陶伊尹而詳舉其人則事存史册考有未暇請以三聖制作所及而條陳之以見我朝教化有成而勸懲淑慝之明備焉執事所問剛斷嫉惡不容奸僞者都御史詹徽也交不變色德優於才者掌部事唐鐸也大誥嘉之視爲善陰騭大理卿張文瓘之斷獄四百人無怨言博陽侯丙吉之深厚不伐絶口舊恩者同一忠也何可辨其優劣夙夜

在公恪遵古道者左通政茹瑺也超出群職進膺嘉勞者知縣朱□□也大誥美之與爲善陰騭開封府功曹陳洎之爲政公忠注當貴顯密令卓茂之教化大行中牟令魯恭之政有三异者同一賢也何可議其得失他若大將軍徐達之克元都禁戢士卒無敢侵暴人民安業市肆不移知府費震之在漢中發廩賑飢民多來歸立爲保伍賴以存活此又我朝將帥守令之卓卓者也五倫書載之與曹彬之伐蜀申令戢下所至悦服富弼之徒青救灾有法從者如歸見采於爲善陰騭者不同一心乎御史丞章溢之念母不置遂以成疾母歿居喪悲戚而卒韓太初妻劉氏之姑疾體腐齧蛆號呼事達于朝姑獲賜葬此亦我朝孝子節婦之表表者也五倫書載之與張九齡之求養累詔不許毀不勝哀徐積之廬墓悲慟嘔血聞者泣下見采於孝順事實者不同一誠乎夫勸懲既至則邪慝□皆化而爲善猶舜湯選舉有法則不仁者皆化而爲仁於是進一賢者於衆人之中何患不賢者之不勸拔一能者於庶民之列何患不能者之不戒今聖人在上監于成憲而列聖之制作日益敷布勤于治理而列聖之教化日益申明敦勸懲别淑慝而野無遺賢朝無幸位所以保萬萬年之鴻業者實係於此矣愚也誦習講求出逢其盛敢不以善自勖以慝自戒惟執事其進教之

第二問

梁儲

同考試官教諭張批（小學家禮入所通習條目意義宜無不知場中乃多泛泛直寫問目何哉忽得此卷兼二書而條陳至終篇而益暢真□手此）

考試官教諭劉批（條對無遺而辨析有理昌黎低頭拜東野歐陽極口道聖俞正不能不爾也）

考試官教諭吴批（答小學家禮惟此甚悉其嘗究心者歟）

著垂法立教之典莫先於修身齊家推修身齊家之道斯可以治國平天下此朱子小學家禮二書所以大有功於世也即小學言之其大綱不過立教明倫敬身三者而立教篇所載首言胎教次言保傅之教次言學校君政之教又次言師弟子之教蓋人始生則母主之既就外傅則父主之子雖不言父教而亦在其中矣至稽古言父教乃孔子之所以教其子學詩學禮之事爲萬世立教之大法于此究極諸教之指歸故不得不有先後之序也明倫自父子之親君臣之義夫婦之别長幼之序至朋友之交其目有五敬身自心術之要威儀之則衣服之制至飲食之節其目有四然既立其大綱又舉古之聖賢立教明倫敬身之事以證之矣苟不取嘉言以廣之則漢唐宋諸賢言及於立教明

倫敬身者無以知不取善行以實之則漢唐宋諸賢行合於立教明倫敬身者無以見此内篇紀三代之事迹以爲小學之本源外篇具漢唐宋之言行以爲小學之支流也然又爲通論一篇寓乎其間莫非申明立教明倫敬身之略而致意於曰寵禄曰威儀者夫寵禄過則驕怠由以生左傳所載公子州吁之事姑置勿論而威儀者敬身之大節而立教明倫之所由以成者也諸家釋小學者饒氏許氏而熊氏著爲句解何氏纂爲集成黄氏輯爲通義然皆不及括蒼于氏之解爲明備其於威儀惟西山真氏言人之動作禮義威儀非可以强爲也皆有自然之則能者養之以福亦在敬而已矣今具載海虞吴氏之集解此其説之最優者歟即家禮言之其大綱不過冠昏喪祭四者而冠禮篇所載首言戒賓次言宿賓次言迎賓又次言賓揖將冠者就席始加再加三加蓋冠者成人之道始於正容體終於正君臣親父子和長幼而禮不可以不重故極於三加至笄禮亦有賓加笄而服背子乃醮乃冠不用三加者以女將從陽履順故惟一加而服背子之禮服以少致其謹始之意而示以裁抑之道也婚禮自議婚納采納幣親迎婦見舅姑廟見至婿見婦之父母其目有七喪禮自初終沐浴襲奠爲位飯含至小祥大祥禫其目四十有六祭禮自時祭忌祭至墓祭其目有三然既立其大綱又酌古之禮制而自附於孔子從先進之意以準之矣苟不取雜儀以附之則古今喪禮儀文之詳無以知不即祖禰以辨之則宗支祭禮降殺之由無以見此古禮或不宜於今務少加損益而不失謹名分崇愛敬之本俗禮或不合於古亦詳加折衷而必得略浮文敷本實之意也然又爲通禮一篇以列乎其前莫非表明喪祭冠禮之略而致意於曰祠堂曰深衣者祠堂立則禮敬有所寓朱子所定四龕一室之説姑置勿講而深衣平居之常服其制度精密古服僅存者也諸家釋家禮者蔡氏黄氏劉氏而王氏著爲深衣考朱氏復爲深衣刊誤然皆不如楊氏之説爲精確其於深衣之制惟慈谿黄氏言玉藻深衣制十有二幅深長也深長被體故謂之深衣未嘗言裳十有二幅言裳者鄭注之誤也今具載古燕岳氏之纂誤此其説之爲得者歟愚嘗考朱子小學書題有曰皆所以爲修身齊家治國平天下之本又考朱子家禮序有曰庶幾古人所以修身齊家之道於國家所以崇化導民之意或有小補故知修身齊家不可以不勉而垂法立教其功莫大於朱子也敢舉其概從下執事請教幸恕其狂妄而正焉

第三問

黄廷圭

同考試官教諭李批（以孔子信教二者爲時務之急可謂知本之論）

考試官教諭劉批（信以足兵食教以安富庶孔子之格言也而舉以答時務蓋王道之要儒者豈真迂腐哉）

考試官教諭吴批（策有援據當是有識之士）

足食足兵而守之以信既庶既富而加之以教此先聖之格言而今日之急務也請因明問而條陳之詩不云修爾車馬弓矢戎兵用戒戎作用逖蠻方此武衛之所以防禦寇亂也往者蠻夷弗靖或遇戰而畏怯以守而弛惰誠有如明問所云者今邊塵不驚而野草增緑亦已有年矣然逸不忘勞而武事其可以不修乎必欲將皆智勇兵皆精鋭則朝廷具有大法總府復有成規惟如孔子所云守之以信於將帥也量能而後遣乘便後用賞之必信賞一人而莫不皆悦罰之必信罰一人而莫不皆懼如是而使之各練習其兵士則何患戰之不克而守之不固哉詩不云乎式遏寇虐無俾民憂無棄爾勞以爲王休此有司之所以牧養斯民也往者軍旅屢興或供億而有費饋餉而致勞亦有如明問所憂者今閭閻寧謐而禾稼登隴亦既有年矣然安不忘危而治政其可以不飭乎必欲吏皆循庶民皆安乂則朝廷具有成憲撫察亦有定法惟如孔子所云守之以信於守令也獎勵其質能懲戒其貪墨進之必信進一人而莫不皆悦退之必信退一人而莫不皆懼如是而使之各愛養其人民則何患賦不正供力至重因哉流移之民許之附籍蓋朝廷一視同仁之心也然争奪田産以致興訟而相攻殺此其見利而忘義也今欲絶夫意外之虞亦惟如孔子所云教之而已誠能謹庠序之教申之以孝弟之義則斑白者不負戴於道□何況田産之微乎雖云流移附籍其必永建乃家而各安生業矣頑梗之徒使之向化此朝廷篤近舉遠之意也然田耕不賦以至丁壯而不役于官此其見小而遺大也今欲固其率服之志亦惟如孔子所云教之而已誠能使其壯者以暇日修其孝弟忠信入以事其父兄出以事其長上則可使制挺以撻堅甲利兵何況力役之微乎雖云頑梗向化其必畏威懷德而格其非心矣愚也窮經固將以致用觀理亦欲以應事故對明問不敢妄有所引以語小而遺大語近而遺遠竊舉孔子之説足食足兵而守之以信既庶既富而加之以教者如此以今觀于將帥守令與流移附籍强梗向化者其所以操縱之機設施之道在朝廷則有廟筭在大臣則有才略區區愚生乃舉孔子之説雖若迂闊不切然明問固云窮經以致用觀理以應事經豈外孔子哉理豈舍孔子哉故始終言之進退惟命

第四問

陳庸

同考試官教諭許批（策登出三代漢唐宋諸賢忠愛之實而歸宿於善名之重與心術之正亦是確論）

考試官教諭劉批（諫諍策場中皆善答惟此包羅無遺佳作也）

考試官教諭吳批（策有議論非泛泛者可比）

慕士之虚名不可不重其善名愛士之學術不可不察其心術斯言也先民固嘗及之今請以爲執事對夫諫諍者非徒然也孟子云非仁義之道不陳又云不得其言則去此萬世諫諍之法也自犯顔逆鱗叩頭流血者出而直諫之名起自和容愉色微言婉辭者見而諷諫之名立虚名之與善名學術之與心術判于此矣伯益因禹之有言也而吁以致戒既曰罔夫法度罔游于逸罔淫于樂而又曰罔違道以干譽罔咈百姓以從欲其諫不直乎而直之名未起召康公因王之游歌也而詩以致警既曰有馮有翼有孝有德以引以翼而又曰矢詩不多維以遂歌其諫不諷乎而諷之名未立伊尹將告歸而陳戒始言惟吉凶不僭在人惟天降灾祥在德而終之以無自廣以狹人近於直矣傅説既作相而受命始言木從繩則正后從諫則聖終之以對揚天子之休近於諷矣董仲舒天人之策諷也賈誼治安之疏直也而誼爲絳灌所毁遂至於見斥張藴古大寶之箴直也張九齡金鑒之録諷也而藴古爲萬紀所逸遂至於見疑他如婁敬諫漢高帝伐匈奴身受械繫而終見褒美劉行本諫周宣帝不之顧投笏求退而上爲斂容此直而不慕虚名庶幾心術之正者歟谷永之越職抗議似慷慨也而陰黨王氏劉栖楚之叩墀死争若高亢也而欲附逢吉其與范仲淹孔道輔之伏閤奏事叩環呼聲寇萊公之挽衣苦諍叩榻抗論唐介寧爲英州之行而必奪寵臣之命蘇軾寧爲雪堂之游而力沮新法之行者不啻霄壤豈曰優劣而已哉善名之重心術之正與務虚名而逞學術者不可同日語也又如司馬相如之賦子虚鋪張景物諫絶奢侈揚雄之賦羽獵盛言車騎諫去夸詐此諷而欲重善名庶幾學術之美者歟相如再爲通西南之書蓋喜功也起帝窮兵之念吾丘壽王亦有得寶鼎之對蓋好大也而萌帝封禪之心其視歐陽脩侍從規諫不諍口舌范淳夫經筵開陳色温氣和吕公著辨錫王勇智之語神宗聞之而爲戒范祖禹論酣酒嗜音之句哲宗聽之而首肯者不啻天淵豈曰是非而已哉蓋心術之正善名之重與眩學術以求虚名者不可同時而語也且名一也術亦一也有意於求名則心術不正矣何取乎學術有意於眩術則善名不重矣何取乎虚名故有伯益康公伊尹傅説之忠愛則所

以責難而順美者不訐不阿無求於諷直之名而自得夫諫諍之道有董仲舒賈誼張藴古張九齡之忠愛則所以告戒而陳請者不矯不媚無求於諷直之術而自得夫諫諍之正忠愛者事上之本也諫諍者忠愛之發也今欲臨大政决大計而一言之必如前數公與范仲淹寇凖歐陽脩蘇軾之當直而直非慕其名也當諷而諷非眩其術也理有不得已也則何患朝廷之不信而天下之不慕哉愚也學未能以及古道未足以入宫何敢出位而思但心術之上善名之重則不可以不□故以奉復惟垂教焉

第五問

李昕

同考試官訓導陳批（禮樂一策詞不冗而事不遺可羨可羨）

同考試官教諭張批（禮樂辨析明白考據詳備當冠策場）

考試官教諭劉批（五策皆優魁選其在是矣）

考試官教諭吴批（五策詳贍而□皆奇宜第□）

本立而文從而禮樂之制以明功成而治定而禮樂之制以備故歷代之制禮樂皆在功成治定之日而用禮樂必極本立文從之美也請申言之敬而將之以玉帛則爲禮和而發之以鐘鼓則爲樂敬者禮之本和者樂之本以禮之儀文觀之經禮三百曲禮三千莫非言其經常之禮委曲之節而禮文之重則玉帛是也以樂之聲音觀之八音克諧無相奪倫莫非言其衆音之備和諧之美而樂器之大則鐘鼓是也此書所以有五玉三帛之文詩所以有賁鼓維鏞之語孔子欲人因文以知其本故特舉而言之歟古今禮不相襲樂不相沿羲制嫁娶正姓氏以重人倫歌扶徠斲琴瑟以理情性而禮樂之端肇于此矣繼之者黄帝堯舜也象天地而製衣裳聽鳳凰而别律吕非黄帝極制作之大乎薦玉以白繒而大章以奏須瑞于群后而大韶以作非堯舜極制作之大乎至成王祭方明見蕃服以著朝儀教樂舞序祭饗以文聲音而禮樂之文盛于此矣前之者禹湯文武也以黑爲徽號而服妆冠而黑衣作樂曰大夏而九成五音以聽治非大禹盡參酌之妙乎服冔冠縞衣而作大濩服冕旒玄衣而奏大武非湯武□□酌之妙乎漢高帝用叔孫通朝儀與通因秦樂人所定樂制大抵皆秦舊焉武帝時河間獻王以爲治道非禮樂不成乃獻禮五百餘篇又獻所集雅樂蓋漢去古未遠獻王所集多得古書之遺豈無合於古者至明帝時博士曹充言漢再受命宜興禮樂自是樂凡四品一曰大予樂二曰周頌雅樂三曰黄門鼓吹樂四曰短簫鐃歌樂又采百官詩頌以爲登歌此其可考者也□太宗用房玄齡魏徵等所修貞觀禮及祖孝□推樂大概節隋舊焉玄宗

時李鋭與諸學士刊定五禮蓋唐古書猶多有存諸學士所修亦豈無合於古者起居舍人王仲丘請依顯慶禮修明祀事遂以高祖配圜丘方太宗配雩祀及神州地祇睿宗配明堂此其可言者也宋太祖因博士聶崇義上所撰三禮圖詔集儒學之士參議而閱定爲十五卷者非竇儼乎儼又改周樂章十二順爲十二安者蓋取治世之音安以樂之義也元世祖詔太保劉秉忠起朝儀徵儒生周鐸等議之而稽古典參時宜沿惰而□制者非許衡乎秉忠復奏無樂以相須則□不備乃製大成雅樂蓋依律運譜而成也及我朝太祖高皇帝功成治定制禮作樂詔有司各行鄉飲命禮部取儀禮及唐宋之制又采周官屬民讀法之旨參定其儀府州縣每歲孟春正月孟冬十月行□於學校民間里社以百宋爲一會每季行之於里中大率皆本於正□□之説而賓興賢能春秋習射亦通行焉又論尚書牛諒曰定著禮儀宜與諸儒參詳考議今百官常朝班次及奏事禮儀節目之大官僚所通習有不待於言也且以前代樂章率用諛詞以爲容悦甚者鄙陋不稱命尚書陶凱製宴享九奏之樂一曰本太初二曰仰大明三曰民初生四曰品物亨五曰御六龍六曰泰階平七曰君德成八曰聖道成九曰樂清寧而流俗諠譁之樂悉屏去之又諭禮部臣曰大成樂器以祀孔子此宜究心今登歌樂舞酌獻迎送名義之詳學校所通肄亦不待贅也惟禮樂之本所謂敬與和者則斯須不可以去身而禮樂之制所謂明與備者必見聞而後有所識愚也何幸生今之世而得昌言其盛哉謹對

廣東鄉試録後序

皇朝設科取士逾百年每三年大比上詔禮部申飭方岳祇舉舊章方岳重臣預聘儒碩司考校憲臣預汰冗濫嚴防範協恭萃和咸勤罔怠而士之升自庠序舉于山林拔于戎伍者亦奮志厲氣鼓勇□□□陳文藝有敬罔肆上下胥□□□丕應同一寅畏奮庸之心也抑何至哉廣東甲午鄉試璣藆叨職主司凡命題考校第貢士之名録中式之文刻爲小録一循其舊而執事之敬求賢之誠恒若不及罔敢斁思焉洪惟天眷聖明保佑申命純明不已故篤生賢俊無間遐邇雖海隅嶺表譽髦勃興惟聖天子秉哲貴德克承天休簡賢乂民慎終如始惟小大庶臣欽若德意進賢臣國竭忠效職惟爾諸士子漸被□□□□侯頓藏修丘壑詩書禮樂□□□□仁義忠信存養宜深矧兹英華之發言有章而文有則獲登名鄉舉將循資以有録位矣然文之中式特進身

入官之階耳若夫潤身以德任官以事德修于明事成于畏明之則德無或昧畏之則事無或隳德不昧而恒明則有化事不隳而恒立則有功化行功廣可以配天命贊皇猷可以共天職理天民而天之付畀於我者斯無愧焉天且不愧況怍於人乎垂聲炳耀永世無窮諸士子其以是自勉

成化十年秋八月既望江西廣信府鉛山縣儒學教諭劉璣謹序

成化二十二年廣東鄉試録

廣東鄉試小録序

聖天子君臨大寳于兹二十有二載天下以鄉舉選士凡七科矣成化丙午復當大比之期廣東藩臬重臣恪遵成憲預期禮聘儒紳以司文衡瑭等濫竽而至于時都察院右都御史宋旻受命宣撫作興士類太監劉倜韋眷總兵安遠侯柳景皆餝武備衛文教而敦崇儒雅巡按監察御史徐同愛以登庸髦俊國家首事凡百規畫靡不究心乃合諸郡邑士之可舉者重加精選得預試者千四百有奇鎖院而三試之内而提調監試則右參政周瑛左參議姜英僉事翁晏周啓外而綜理彌範則右布政使熊懷按察使馮俊陶魯左參政李芳謝瑀副使俞俊李瑢僉事張穀彭頎陳英李元鎮若後先匡贊則提學僉事張習躬親任之與凡執事者皆懋簡以充而御史徐同愛實監臨焉比撤棘得中式者七十有五人遵定額也爰第其姓名及文之純粹者具録以進謂瑭宜序諸首竊惟國家求賢雖非一途恒以科目爲重賢才入官之階雖非一致率以科目爲榮我太祖高皇帝受天景命奄有萬方惓惓欲以人文化成天下詔有司三年一開科取士重之以選舉榮之以賓興期得賢才以爲化理之本列聖相承率由舊典皇上繼承大統克篤前烈而於興賢之典益加慎重惟欲上當天心下安黎元爲宗社億萬年靈長之計也猗歟盛哉廣東嶺南大藩海岳靈淑之氣鍾爲俊英百餘年來士由科目以進昭崇勛揚休烈卓然爲世名臣者不可稱數先正有云豪杰之士繇科目而進斯言信矣夫國家以科目取士以賢才之士待之也士君子荷國家之造出而致用求無愧於科名盍以賢才之士自待乎爾多士登名薦書行將試禮闈奉廷對而荐陟華要其所以自待者必賢足以正君而善俗才足以修政而立事宏文碩學足以贊謀謨而黼黻乎治道爲上爲德爲下爲民躋斯世於唐虞三代之盛庶無愧賢才之稱而亦無負朝廷期待之德意矣其或静言而庸違枉已以徇人計而利禄謀而身家賢才之實漠乎其無聞則科目之榮且重者適足以取辱而致輕非士君子之所自待也非朝廷設科取士之初意也亦非瑭等今日之所願望也庸序諸卷首

以爲多士勸

河南開封府許州儒學學正朱瑭謹序

成化二十二年廣東鄉試

監臨官

巡按廣東監察御史徐同愛（仁夫浙江常山縣人　乙未進士）

提調官

廣東等處承宣布政使司右參政周瑛（廷潤貴州興隆衛官籍　甲戌進士）

廣東等處承宣布政使司左參議姜英（时俊浙江餘姚縣人　己丑進士）

監試官

廣東等處提刑按察司僉事翁晏（宗海福建侯官縣人　丙戌進士）

廣東等處提刑按察司僉事周啓（應文江西安福縣人　乙未進士）

考試官

河南開封府許州儒學學正朱瑭（汝貴直隸崑山縣人　丁酉貢士）

湖廣岳州府華容縣儒學教諭鄭焯（元耀福建莆田縣人　己卯貢士）

同考試官

浙江台州府太平縣儒學教諭黄縉（紹榮福建莆田縣人　丁酉貢士）

江西南昌府新建縣儒學訓導黄萬碩（光大福建莆田縣人　戊子貢士）

江西饒州府餘干縣儒學訓導左濬（希哲福建寧德縣人　戊子貢士）

應天府儒學訓導湯克諧（宗舜雲南大理衛籍　甲午貢士）

直隸常州府江陰縣儒學訓導王本義（汝宜湖廣松滋縣人　丁酉貢士）

印卷官

廣東等處承宣布政使司經歷司經歷蔣陽（鳳鳴福建龍岩縣人　辛卯貢士）

收掌試卷官

廣州府知府伍希淵（孟賢江西安福縣人　甲申進士）

韶州府知府詹雨（天澤浙江松陽縣人　丙戌進士）

受卷官

廣東等處提刑按察司經歷司知事王輅（廷載浙江錢塘縣人　文學才行）

廣州府同知邵濟（時濟湖廣襄陽衛人　壬午貢士）

彌封官

廉州府同知杜禮（玉節江西豐城縣人　乙酉貢士）

瓊州府通判丘端（原直廣西宜山縣人　癸酉貢士）

謄録官

潮州府推官姚繼（德紹福建閩縣人　甲辰進士）

廣州府順德縣知縣吴世騰（伯起福建莆田縣人　戊戌進士）

對讀官

廣州府南海縣知縣張烜（伯彰福建福清縣人　辛丑進士）

潮州府饒平縣知縣張濬（文哲福建侯官縣人　己卯貢士）

巡綽官

廣州左衛指揮同知張昂（伯顒直隸鳳陽縣人）

廣州後衛指揮僉事席蔭祖（紹英直隸合肥縣人）

搜檢官

廣州左衛左千户所正千户王武（振威浙江金華縣人）

廣州左衛中千户所正千户王震（東啓直隸全椒縣人）

廣州左衛後千户所正千户李讓（宗禮直隸山陽縣人）

廣州前衛前千户所副千户林茂（廣才福建莆田縣人）

廣州後衛前千户所副千户王祐（宗吉直隸臨淮縣人）

廣州後衛右千户所副千户宋瑄（用朝直隸昌黎縣人）

供給官

廣東都司斷事司副斷事毛玉（廷用浙江慈谿縣人　吏員）

廣州府東莞縣知縣李節謙（崇遜廣西蒼梧縣人　乙酉貢士）

廣州府番禺縣五羊驛驛丞吕璣（廷玉貴州石阡府人　承差）

肇慶府崧臺水馬驛驛丞吴世泰（時維福建懷安縣人　承差）

廣州府南海縣西南驛驛丞洪進（以道福建懷安縣人　承差）

廣州府南海縣河泊所官鄧肇（惟初江西信豐縣人　吏員）

廣州府清遠縣陰陽學訓術李遠（明夫廣東南海縣人）

第一場

四書

主忠信徙義崇德也　中也者天下之大本也和也者天下之達道也致中和天地位焉萬物育焉　夫義路也禮門也惟君子能由是路出入是門也

易

應乎天而時行　進得位往有功也進以正可以正邦也其位剛得中也止而巽動不窮也　以言乎遠則不禦以言乎邇則静而正　有事而後可大故受之以臨臨者大也物大然後可觀故受之以觀可觀而後有所合故受之以噬嗑嗑者合也物不可以苟合而已故受之以賁

書

日宣三德夙夜浚明有家日嚴祗敬六德亮采有邦翕受敷施九德咸事俊乂在官百僚師師百工惟時撫于五辰庶績其凝　若虞機張往省括于度則釋　予惟往求朕攸濟敷賁敷前人受命　乃命重黎絕地天通罔有降格群后之逮在下明明棐常鰥寡無蓋皇帝清問下民鰥寡有辭于苗德威惟畏德明惟明乃命三后恤功于民伯夷降典折民惟刑禹平水土主名山川稷降播種農殖嘉穀三后成功惟殷于民士制百姓于刑之中以教祗德

詩

天保定爾以莫不興如山如阜如岡如陵如川之方至以莫不增　鎬京辟廱自西自東自南自北無思不服皇王烝哉考卜維王宅是鎬京維龜正之武王成之武王烝哉豐水有芑武王豈不仕詒厥孫謀以燕翼子武王烝哉　即有邰家室誕降嘉種維秬維秠維穈維芑恒之秬秠是穫是畝恒之穈芑是任是負以歸肇祀誕我祀如何或舂或揄或簸或蹂釋之叟叟烝之浮浮載謀載惟取蕭祭脂取羝以軷載燔載烈以興嗣歲卬盛于豆于豆于登其香始升上帝居歆胡臭亶時后稷肇祀庶無罪悔以迄于今　我將我享維羊維牛維天其右之

春秋

夏城中丘（隱公七年）夏城郎（隱公九年）城祝丘（桓公五年）浚洙（莊公九年）城諸及防（莊公二十九年）城平陽（宣公八年）仲

孫何忌會晋韓不信齊高張宋仲幾衛世叔申鄭國參曹人莒人薛人杞人小邾人城成周（昭公三十二年）叔孫州仇帥師墮郈季孫斯仲孫何忌帥師墮費（定公十二年）　公會宰周公齊侯宋子衛侯鄭伯許男曹伯于葵丘諸侯盟于葵丘（僖公九年）宋公曹人邾盟于曹南（僖公十九年）晋侯齊師宋師秦師及楚人戰于城濮（僖公二十八年）秦人伐晋（文公三年）楚子陳侯鄭伯盟于辰陵（宣公十一年）公會尹子單子晋侯齊侯宋公衛侯曹伯邾人伐鄭同盟于柯陵（成公十七年）公會單子晋侯宋公衛侯鄭伯莒子邾子齊世子光同盟于鷄澤（襄公三年）公會劉子晋侯齊侯宋公衛侯鄭伯曹伯莒子邾子滕子薛伯杞伯小邾子于平丘同盟于平丘（昭公十三年）　楚人陳侯蔡侯鄭伯許男圍宋公會諸侯盟于宋（僖公二十七年）晋侯侵曹晋侯伐衛（僖公二十八年）楚子蔡侯次于厥貉（文公十年）公會宋公陳侯衛侯鄭伯許男曹伯晋趙盾同盟于新城（文公十四年）晋郤缺帥師伐蔡戊申入蔡（文公十五年）　晋人執鄭伯晋欒書帥師伐鄭（成公九年）

禮記

次國之上卿位當大國之中中當其下下當其上大夫小國之上卿位當大國之下卿中當其上大夫下當其下大夫其有中士下士者數各居其上之三分　德盛而教尊五穀時熟然後賞之以樂　三代之王也必先其令聞　率法而强之資仁者也

第二場

論

帝王之治一本於道

詔誥表（内科一道）

擬漢高帝定元功十八人位次詔（漢高帝六年）　擬唐以張九齡爲中書侍郎同平章事誥（開元二十一年）　擬宋以唐介參知政事謝表（熙寧元年）

判語（五條）

上言大臣德政　人户以籍爲定　禁止師巫邪術　縱放軍人歇役　詐欺官私取財

第三場

策（五道）

問　有善無惡天之命也自古帝王之興體天致治其勸善懲惡莫不有典法以詔誥臣民篤尚倫理弼成治化之隆姑舉十二言之若成湯之誕告萬方成王之訓迪百官其所懲勸考之於經概可見矣洪惟我朝太祖高皇帝大誥三編太宗文皇帝爲善陰騭孝順事實宣宗章皇帝五倫一書嘉惠臣民至精至悉蓋與商周之君异世而同心也三聖之書其間懲勸之條凡幾見而其旨之同於湯之誕告成王之訓迪果安在哉方今聖天子在上治教休明普天率土相安於皡皡之天善有勸而惡有懲述其所自皆聖學緝熙率由舊典之明驗也斯世斯民何其幸歟諸士子博古通今願詳著于篇以觀膺聖訓之功

問　諸史浩瀚固難以一二議也今姑舉司馬遷班固二家言之或謂固優於遷或謂遷優於固然不能無可疑者嘗即其書觀之遷曰天官固曰天文遷曰河渠固曰溝洫遷之封禪而固以郊祀易之遷之食貨而固以平準更之遷爲十表八書固志五行地里而其書之同异若此豈無優劣之可議歟遷序三千年事僅五十萬言固叙二百年事已餘八十萬言遷傳循吏止五人固傳循吏六人而其書之繁簡若此亦豈無優劣之可言歟或又謂遷有二失固有二得又謂遷固易地而處本無優劣是果至當之評歟諸生□學待問久矣其於二史優劣必有足論願以語我

問　格物窮理學者事也試舉天地萬物而質之可乎夫天覆地載天地何依附歟日照月臨日月何主宰歟日月運行何周天有遲速之异四時錯行何四仲有分至之殊天左旋矣日月麗天何爲乎右行日常盈矣月受日光何爲乎有虧同一陰陽也何以分大少匀一閏位也何以置久近日長日短何稽生明生魄何主南極何常隱而不見北極何常見而不隱月受日光似矣中間黑者何物歟雷無形像信矣聲之震霆何物歟風雨霜露自何成歟烟雲霾霧自何起歟風土一也西北多寒東南多暖何歟人品一也西北多强東南多弱何歟禽蟲之鳴伏變化何爲有時草木之榮悴開落何爲有節潛者不能飛何神龍或潛而或飛生者皆有種何麟鳳無種而亦生有角皆能觸麒麟何以角端有肉獸皆食生物騶虞何以不食生物石入水則沉地在水中何不沉歟器載滿則溢水歸滄海何不溢歟海潮乘子胥之怒然歟黄河自天上而來信歟此皆諸生耳目所見聞必講究之有素矣請吐胸中之藴以觀格物之學

問　民惟邦本本固邦寧古聖王之治天下非有异常絶特之事其所謂

仁政者不過省刑罰薄税斂二者而已以固邦國之本以結天下之心此其要歟仁政之化民天豈微哉因天討而作五列糾邦國以叙八刑明一成而不變也又有赦過肆青議獄緩死於義何在辨五物而制地征則三壤而成田賦明一定不可輕重也又有散利薄征弛力舍禁其要奚從虞周之制刑無容議矣或謂王者任德不任刑刑其可偏廢歟禹貢之爲法無間然矣或謂治地莫不善於貢弊若是其甚歟今律令非不明也有司按四方之罪非少怠也宜天下無不化之民矣然刑罰未盡清而民心未盡服者抑何故耶貢賦非無常制也朝廷寬恤之典非不屢下也宜海内無不獲之夫矣然賦斂未盡平而民心未盡安者豈無自耶伊欲獄孚於下而民不冤賦供於上而民不擾行何道而可願聞所以折衷

問　兵戎有國之大事學者所當講也夫用兵有法而法昉於何時禦敵有戰而戰始於何人若太公之六韜黄石公之三略所宜知也若孔明之八陣司馬之一成所當識也有曰伐曰侵曰戰曰圍曰入曰遷可詳其事議得失歟有曰敗曰取曰襲曰追曰戍曰以可悉其目别是非歟古之帝王有七旬而苗來格者有一怒而安天下者用何兵法而然昔之將帥有八戰八克者有七擒七縱者以何兵法而能夫兵法之善莫備於孫武子本義始計有曰經之以五事其事可指陳歟謀攻有曰知勝有五其勝可歷言歟軍形有曰度量數稱勝其意安在兵勢有曰五聲五色五味其事何居將通九變之利者知用兵與將有五危者孰得地形六者地之道將不可不察與六者非天地之災將之過孰失犯三軍之衆若使一人與并敵一向千里殺將者孰優始如處女敵人開户與戰勝攻取不修其功者孰劣火攻有五以何爲先用間有五以何爲最夫兵貴速不貴久興師十萬日費千金是尚拙速不尚巧遲也且如膺之瀧水猺蠻爲患久矣渠魁近已授首餘孽尚多潛遁今欲拙速耶則彼巢穴險阻急莫能進將欲巧遲耶則彼剽掠不息事不可緩欲以古人兵法治之不知何法爲善諸士子生長是鄉必有定見明以告我毋曰軍旅之事未之學也

中式舉人七十五名

第一名　張紹齡　番禺縣學增廣生　易

第二名　謝慶　東莞縣學增廣生　春秋

第三名　陳鍾　肇慶府學生　詩

第四名　余敬　新會縣學生　書
第五名　陸中行　肇慶府學生　禮記
第六名　何應潮　東莞縣學增廣生　易
第七名　吴言　儋州學生　書
第八名　田宏　香山縣學生　詩
第九名　錢璧　東莞縣學增廣生　春秋
第十名　陳昌期　順德縣學增廣生　禮記
第十一名　李大綱　潮州府學生　易
第十二名　徐志道　饒平縣學生　書
第十三名　韓棨　博羅縣學增廣生　詩
第十四名　鄭士忠　東莞縣學增廣生　易
第十五名　李鉞　東莞縣學增廣生　書
第十六名　陳鑒　順德縣學生　詩
第十七名　錢鐸　乳源縣學生　春秋
第十八名　張羽　順德縣學生　易
第十九名　梁辰　廣州府學增廣生　書
第二十名　李時達　博羅縣學增廣生　詩
第二十一名　周賓　瓊山縣學增廣生　禮記
第二十二名　林富　番禺縣學生　易
第二十三名　丘世喬　海陽縣學生　書
第二十四名　張忭　瓊山縣儒士　詩
第二十五名　何錫之　高要縣學生　易
第二十六名　林濟民　海陽縣學增廣生　春秋
第二十七名　蘇瑀　揭陽縣學生　書
第二十八名　葉漢　四會縣學生　易
第二十九名　甘秉倫　博羅縣學生　詩
第三十名　利仁　惠州府學增廣生　禮記
第三十一名　黄魁　順德縣學增廣生　易
第三十二名　李碩　博羅縣學生　書
第三十三名　李彰　新會縣學增廣生　詩
第三十四名　陳繗　瓊山縣監生　易
第三十五名　陳光　南海縣儒士　書

第三十六名　王繼昌　會同縣學生　詩
第三十七名　尹縉　東莞縣學增廣生　春秋
第三十八名　周奇健　瓊山縣學增廣生　易
第三十九名　梁衛　新會縣學生　書
第四十名　李琪　南海縣儒士　詩
第四十一名　顏文鋭　南海縣儒士　易
第四十二名　丘士奮　海陽縣學生　書
第四十三名　馬鵬　香山縣儒士　禮記
第四十四名　王組縝　東莞縣學增廣生　詩
第四十五名　李中　東莞縣學增廣生　春秋
第四十六名　梁瓘　順德縣儒士　易
第四十七名　陸週　封川縣學生　書
第四十八名　崔繼芳　臨高縣學生　詩
第四十九名　鄺澄　南海縣學生　易
第五十名　徐彰　德慶州學生　書
第五十一名　梁廷正　南海縣學生　詩
第五十二名　黎諫　南海縣學生　易
第五十三名　鄧德純　順德縣學增廣生　禮記
第五十四名　林世榮　吴川縣學生　禮記
第五十五名　王冕　饒平縣學生　春秋
第五十六名　劉文理　海陽縣學生　書
第五十七名　蕭岑　順德縣學增廣生　詩
第五十八名　張津　博羅縣學生　易
第五十九名　宋容重　新會縣學增廣生　書
第六十名　鄧廷璽　廣州府學生　易
第六十一名　胡濂　定安縣學生　詩
第六十二名　何葵　廣州府學生　禮記
第六十三名　張獻　南海縣學生　易
第六十四名　蘇霦　廣州府學生　詩
第六十五名　吴朔　揭陽縣學生　書
第六十六名　黎俊　南海縣學增廣生　詩
第六十七名　林安民　海陽縣學生　春秋

第六十八名　曾□　順德縣學生　易
第六十九名　耿浩　廣州府學增廣生　詩
第七十名　盧鑒　順德縣學生　易
第七十一名　黄在　新會縣學生　書
第七十二名　韓俊　文昌縣學生　詩
第七十三名　趙璧　東莞縣學增廣生　春秋
第七十四名　梁壯　南海縣學增廣生　易
第七十五名　黄金實　電白縣學生　詩

第一場

四書

主忠信徙義崇德也

張紹齡

同考試官訓導左批（德不外於仁義禮知作者多不知此惟此篇得之是用録出）

考試官教諭鄭批（發揮明白足作手）

考試官學正朱批（非得身心體驗之真者不能到此録之）

實其心而宜其事此所以崇德也蓋主忠信則存於心者無不實徙義則見於事者無不宜德之崇也夫豈外於此哉聖人因子張問崇德而告之以此蓋謂忠信所以進德也人不忠信則事皆無實德無自而進矣是故曰仁曰義必實心以體之使仁義之存於心者無一息之虚假焉曰禮曰智必實心以存之俾禮智之具乎内者無一毫之僞妄焉然心之實也固爲進德之本□不徙義則專於内而遺乎外進德之功不有而乎故日用之間發於心而見於事者或有未仁未義也必勇以遷之使事事合乎仁而當乎我焉云爲之際由乎中而應乎外者一有未禮未智也必速以改之俾事事循乎禮而周乎智焉夫内主忠信則心無不誠而本立矣外徙於義則事無不善而日新矣内外之功交致進修之道兩全則仁義之得於已者日修而罔覺禮智之萃於身者日進而無疆孰謂崇德不本於主忠信徙義也哉大抵子張才高意廣務外少誠聖人於此既告之以主忠信徙義矣他日問行則又以忠信篤敬告之皆所以因其失而教之使之誠善補過以成其德也然忠信徙義雖所以爲子張告實所以

示君子造道之門入德之要也此又非特爲子張也此所以爲聖人之言也

中也者天下之大本也和也者天下之達道也致中和天地位焉萬物育焉

何應潮

同考試官訓導王批（此作始終以心立説最是且辭簡理明故録之）

考試官教諭鄭批（體認真切）

考試官學正朱批（辭足以發理）

中庸論心該乎道之體用推而極之則其效大矣夫道之體用不外乎中和而一心有以該之也苟能加夫推極之功則位育之效不其大歟昔子思推本天命之性以明由教而入者謂夫人之一心性情具焉彼性之渾然在中而無所偏倚謂之中也中而曰天下之大本于以見中即天命之性而天下之理皆由是出乃道之體而心之所該者焉情之發皆中節而無所乖戾謂之和也和而曰天下之達道于以見和即循性之謂而天下古今之所共由乃道之用而心之所統者焉夫道之具於人心者其體用之全本皆如此然静而不知所以存之則天理昧而大本有所不立苟能自戒懼而約之以至於至静之中無所偏倚而其守不失則有以極其中而大本之立益以固矣動而不知所以節之則人欲肆而達道有所不行苟能自謹獨而精之以至於應物之處無少差謬而無適不然則有以極其和而達道之行益以廣矣夫静而無一息之不中則吾心正而天地之心亦正故陰陽動静各止其所天地不於此而位乎動而無一事之不和則吾氣順而天地之氣亦順故充塞無間驩欣交通萬物不於此而育乎吁始之所發端終之所至極其皆不外於吾心也如是彼由教而入者惡可外心以求道乎抑觀中庸此章首明道之本原出於天而不可易其實體備於已而不可離次言存養省察之要終言聖神功化之極然聖神功化之極固有非始學所當議者而射者之的行者之歸亦學者立志之初所當知也吁旨哉

夫義路也禮門也惟君子能由是路出入是門也

謝慶

同考試官教諭黄批（順題説理文氣自充無如此篇）

考試官教諭鄭批（詞達不冗）

考試官學正朱批（得孟子立言之旨）

道之在人爲甚切人之賢者爲能踐夫義爲路而禮爲門道之切於人也尚矣求其能踐之者其惟君子乎且夫事之合於宜者義也人之出處去就必

惟義是從而不可離義非在人共由之路乎理之中乎節者禮也人之進退行藏必惟禮是循而不可舍禮非在人出入之門乎夫義路禮門乃道之切於人者如此苟非君子之人則不能由是路而出入是門矣彼若庶人召之役則往役者非徇人也義之宜然也君子知乎此而守身以義故往役而不往見其所以由是路也豈衆人所可能哉不傳贄爲臣則不見諸侯非傲上也禮之當然也君子明乎此而律身以禮故不爲臣則不敢往見其所以出入是門也豈常人所能及哉吁義路禮門固君子之所以自處者亦人君之所以處乎賢者也苟見賢而不以是道是欲其入而閉其門塞其路矣賢豈爲吾用哉嗟夫戰國之士朝叩秦關暮游燕壁不待人君之召而衒玉求售者比比皆然禮義漠然也孟子以命世亞聖之才因萬章不見諸侯之問既反覆告之至此又以禮義之切於人者曉之其垂世立教之意有在矣他章有曰居天下之廣居立天下之正位行天下之大道孟軻氏其以斯言爲己任也歟

易

應乎天而時行

張紹齡

同考試官訓導王批（題本平易場中作者多專指九二爲應乾殊失本義之旨此篇體認切而詞不繁故録之以冠本房）

考試官教諭鄭批（辭理兼優於衆作故録之）

考試官學正朱批（得本義之旨）

順乎天而隨時有爲大有之君爲然也蓋君道莫大乎體天而致治也六五之君應天而時行此其治之所以元亨也歟昔夫子傳彖釋大有元亨之辭舉卦體而言謂夫下乾爲天而六五應之時有可爲而六五乘之六五之君其治有也應天而時行蓋必心焉同乎天心之至公德焉合乎天德之至健天命有善我則命有德而善必揚之焉天命無惡我則討有罪而惡必遏之焉一舉措也與天默契而不違一設施也與天吻合而不悖夫既無往而不應乎天尤必無適而不以其時時可行也於焉乘之以有行時可爲也於焉隨之以有爲善必揚之而揚善以時不先而不後焉惡必遏之而遏惡以時無過而無不及焉凡設施也必當其時之可凡舉措也必適乎時之宜五之應天而時行如此則治有之大善而亨也豈不宜哉粤稽諸古堯舜之承天道而通變宜民湯武之奉天命而志在救民此皆應天而時行者也故堯舜之世黎民於變而四方風動湯武之時兆民允殖而萬姓悅服是皆有元亨之治也然則堯舜湯武其大有之六五也歟

以言乎遠則不禦以言乎邇則静而正

張紹齡

同考試官訓導王批（此題作者多泛講不切能以陰陽之理貫於事物立説者僅見此篇）

考試官教諭鄭批（辭理俱到可取）

考試官學正朱批（説出易理之所以廣大者甚明）

隨所在而各足者易理之廣大也夫易理無間於遠近則隨在而各足矣謂之廣大不亦宜乎昔大傳聖人論易之廣大而言及此謂夫易之爲易陰陽之理而已是理也語遠而有所盡則周乎近而窮於遠矣非廣大也語近而有不存則該乎遠而忽於近矣非廣大也今焉以至遠言之吾知其際天極地事物之充塞乎兩間者陰陽之理皆有以體之而無遺不以地之至遠而有限量之可言焉往古來今事物之散殊於古今者陰陽之理皆有以貫之而無間不以時之至遠而有涯涘之可擬焉其遠之無有盡也爲何如以至近言之吾知其幾席之下事物之觸乎目者雖至微也不待涉於動作而陰陽之實理以具初不以地之近而有所違焉瞬息之際事物之接乎前者雖至小也不待形於施爲而陰陽之正理以存亦不以時之近而有所外焉其近之無不存也又何如吁言乎遠則不以遠而窮言乎近則不以近而偏易理之廣大非此而何歟抑嘗觀之中庸所謂語大天下莫能載即此之遠則不禦也所謂語小天下莫能破即此之近則静而正也所謂洋洋乎發育萬物峻極于天即下文言乎天地之間則備者焉蓋易之道即中庸之道子思之於夫子得傳道之心法不然何其言之不异若符節之相合也歟

書

日宣三德夙夜浚明有家日嚴祗敬六德亮采有邦翕受敷施九德咸事俊乂在官百僚師師百工惟時撫于五辰庶績其凝

余敬

同考試官教諭黄批（場中作此題者多襲陳言令人厭觀求其詞氣春容理致自見此作得之）

考試官教諭鄭批（發明臯陶知人之旨精切未有如此篇者）

考試官學正朱批（説書明盡此卷特優）

賢才修德不同各有以宜其職人君用賢盡道斯有以成其功蓋德有多寡宜職有大小也人君誠能用賢而盡其道又豈不致治功之成哉昔臯陶陳

知人之謨於舜及此謂夫官人之道不求其德之備而取其德之常彼人於九德之中有其三必日宣而充廣之而使之益以著是三德爲有常矣是人也而爲大夫必能夙夜匪懈明治夫有家之事焉人於九德之中有其六尤必日嚴而祗敬之而使之益以謹是六德爲有常矣若人也而爲諸侯必能克勤無怠亮采夫有邦之政焉夫德之多寡雖不同人君惟能合而受之寸善片長無或遺布而用之量德隨才無不當如此則九德之賢或浚明或亮采咸事其事而野無遺賢矣俊乂之人或有邦或有家皆在官使而下無遺才矣百僚皆以德而相師善與人同無娼疾也百工皆及時以趨事順于五辰無玩愒也由是禮樂明備而庶政有惟和之休刑政修舉而庶績有咸熙之美治功之成爲何如哉抑嘗考之人君御世不患治功之不成惟患賢才之不用不患賢才之不用惟患任使之無方苟徒求其德之備而不求其德之常幾何不虚譽隆而實德病哉故皋陶陳知人之謨拳拳及此無非欲以天下之才任天下之治也吁有虞雍熙泰和之盛良有以夫

乃命重黎絶地天通罔有降格群后之逮在下明明棐常鰥寡無蓋皇帝清問下民鰥寡有辭于苗德威惟畏德明惟明乃命三后恤功于民伯夷降典折民惟刑禹平水土主名山川稷降播種農殖嘉穀三后成功惟殷于民士制百姓于刑之中以教祗德

吴言

同考試官教諭黄批（題頭緒頗多作者甚爲所窘能摹寫穆王訓刑之意殆盡僅見此篇）

考試官教諭鄭批（文足以發理此作爲最）

考試官學正朱批（辭詳整而理縝密）

聖世君臣盡心以圖治尤資大臣明刑以輔治此賢王舉之以訓刑也夫爲治之本在德而刑特以輔其所不及耳賢王歷叙聖世之事以命吕侯其知本歟昔穆王之意若謂昔在有虞三苗昏虐人心蓋泯泯棼棼矣帝舜以爲治莫先於正人心也首命重黎修明祀典絶地天之通嚴幽明之分焄蒿妖誕之説舉屏息而不作當時大小之臣皆精白一心輔助常道雖鰥寡無告之微亦得以自伸焉尤恐無以盡達下情也於是虚心而問下民鰥寡得以聲苗之過苗以虐爲威過也帝則以德威而天下無不畏苗以察爲明過也帝則以德明而天下無不明焉民漸更化如此不命官分任其責治能有成乎乃命三后致憂民之功伯夷降典折民邪妄以正人心禹平水土主名山川以定民居稷降播種農殖嘉穀以厚民

生三后成功而致民之殷盛富庶也治化之盛如此不制刑以輔不及治能永保乎於是命皋陶爲士師之官彼民之漸涵吾治化固無事於刑其頑慢弗率者則制之于刑辟之中民之範圍吾治理亦無待於法其泯棼未信者則制之以刑罰之當非徒繩之以法也正以檢制其心而教祗德使民心之未正者悉歸於正焉非直示之以威也所以檢束其心而教敬德使人心之未善者皆化於善焉吁德以化之於先君臣圖治爲甚詳刑以維之於後一臣保治爲有要此有虞之治所以盡善也歟雖然德化乃聖人之本心刑罰亦聖人之不得已二者固不可偏廢也穆王訓刑首及乎此其亦知所尚矣惜乎專訓贖刑雖罪大辟之科而亦有金贖之例曾謂有虞之制有是哉夫子録之蓋以示戒云

詩

即有邰家室誕降嘉種維秬維秠維穈維芑恒之秬秠是穫是畝恒之穈芑是任是負以歸肇祀誕我祀如何或舂或揄或簸或蹂釋之叟叟烝之浮浮載謀載惟取蕭祭脂取羝以軷載燔載烈以興嗣歲卬盛于豆于豆于登其香始升上帝居歆胡臭亶時后稷肇祀庶無罪悔以迄于今

陳鍾

同考試官訓導黄批（后稷以農功封邰而肇祀後人郊祀而天格之速由后稷有農功也此作深得本旨録之）

考試官教諭鄭批（始終歸重后稷之農功有定見者）

考試官學正朱批（説后稷之功明白）

詩人原始祖受封主祭而詳奉祭之事述後王尊祖配天而推天饗之由蓋后稷以農功受封而肇祀天心眷之久矣後王尊以配天之祭而天饗之速者豈不由于此耶昔周公制禮尊后稷以配天故作此詩謂夫后稷務玆稼穡有功于民故堯封之有邰之地使主姜嫄之祀斯時也后稷以嘉種而降之其種伊何不惟有黑黍之秬而又有一稃二米之秠不惟有赤粱粟之穈而又有白粱粟之芑遍種之而既成也則穫而棲之于畝遍播之而已熟也則任而負之以歸所以然者將以肇宗廟之祭始群神之祀也然是祀也后稷之所奉也其事何如或以嘉穀而舂揄之或以嘉穀而簸蹂之釋之聲叟叟也烝之氣浮浮也謀焉而卜日擇士惟焉而齊戒具修祀宗廟之主而蕭脂以爇祀行道之神而牡羊以將燔焉而尸羞無不具也烈焉而尸羞無不供也所以然者將以興來歲之祀于無窮繼往歲之祀于不替也后稷以農功而肇祀如此後人寧不尊之以配天之祭乎于是我以菹醢而盛之于豆也我以太羹而薦之于登也馨香之氣始芬然而升上帝之神已居然而饗此何但芳臭之薦信得其時

哉蓋自后稷以農功而受封因稼穡而肇祀則庶無罪悔以至于今矣然則天應之疾者有由然也豈徒以其物哉抑觀此詩與思文均爲尊稷配天作也而詳略不同何耶蓋此爲序事宜詳不詳無以見其始終彼爲獻詞宜簡不簡無以見其嚴肅讀詩者不可不知

我將我享維羊維牛維天其右之

田宏

同考試官訓導黃批（此題朱傳本明白作者多蹈襲陳言令人厭觀一主朱傳措詞而説理者僅見此篇）

考試官教諭鄭批（周王敬天之意發揮殆盡）

考試官學正朱批（善發周人祭祀明堂之意）

奉物以祀天而冀天之降監此周王之大享於明堂也蓋有其誠則有其神也周王奉祭而冀天之降監其大享之誠何如哉此宗祀文王於明堂以配上帝之樂歌吾想周王於季秋之月行大享之禮而以父配帝意豈不曰我所奉於明堂之上以享上帝者果何物耶少牢之羊可以爲俎實也則維羊之是奉于以盡宗祀之誠焉我所薦於明堂之間以享上帝者又何物耶大牢之牛可以爲犧牲也則維牛之是薦于以行大享之禮焉然維羊之奉特以將吾誠爾彼皇皇后帝巍巍在上也庶其有感而在此羊之右乎維牛之薦特以行吾禮爾彼浩浩昊天高高在上也庶其俯降而在此牛之右乎曰其右之者蓋不敢必也周人明堂之祭尊尊之意有如是夫載觀思文之頌既尊后稷以配天矣此又尊文王以配帝何耶蓋萬物本乎天人本乎祖故冬至祭天而以祖配之所以尊尊也萬物成形於帝而人成形於父故季秋享帝而以父配之所以親親也尊尊而親親周道備矣猗歟休哉

春秋

夏城中丘（隱公七年）夏城郎（隱公九年）城祝丘（桓公五年）浚洙（莊公九年）城諸及防（莊公二十九年）城平陽（宣公八年）仲孫何忌會晋韓不信齊高張宋仲幾衛世叔申鄭國參曹人莒人薛人杞人小邾人城成周（昭公三十二年）叔孫州仇帥師墮郈季孫斯仲孫何忌帥師墮費（定公十二年）

錢璧

同考試官訓導湯批（題本平易場中作者得此失彼此篇體認真切詞不費而理自明説出春秋重民力之意故表而出之）

考試官教諭鄭批（措詞簡當）

考試官學正朱批（發明重民力之意可嘉）

役民而非時害義者春秋固著其罪役民而雖時且義者春秋亦重其事此可見民力不可以輕而用之也何則爲民立君所以養之也養民之道在愛其力今我魯隱當國七年夏也而有中丘之城九年夏也又有郎邑之築是二城也正農事之方殷勞民力於興作是使民非時矣桓公懼齊鄭之襲紀而有祝丘之城莊公恐納糾之見討亦有洙水之浚是二役也弗修德以禦患惟恃險以自防是使民害義矣夫使民不時害義則民力不足生養不遂豈君國子民之道哉故春秋必歷書以箸其罪也若夫莊公城諸防也乃龍見戒事之時宣公城平陽也於火見致用之日之三城也當三務之始畢正百穀之告成是使民得其時矣仲孫從晋定有成周之城魯定命叔季有郈費之墮之三役也供臣職以蕃王室張公室以弱私家是使民合乎義矣夫使民雖時且義豈能免營築力役之勞哉故春秋亦備書以重其事也吁不時害義固爲非雖時且義而亦書非以見勞民爲重事矣乎天抵民惟邦本本固邦寧故固國以保民爲本人君能愛民力而民力足則生養遂教化行風俗美而邦本固矣使不能愛民而輕用民力於守國之末務則邦本一摇雖有城池之固誰與之守此春秋於用民力必書以爲重也噫人君而知此義則知慎重於用民力矣

公會宰周公齊侯宋子衛侯鄭伯許男曹伯于葵丘諸侯盟于葵丘（僖公九年）宋公曹人邾人盟于曹南（僖公十九年）晋侯齊師宋師秦師及楚人戰于城濮（僖公二十八年）秦人伐晋（文公三年）楚子陳侯鄭伯盟于辰陵（宣公十一年）公會尹子單子晋侯齊侯宋公衛侯曹伯邾人伐鄭同盟于柯陵（成公十七年）公會單子晋侯宋公衛侯鄭伯莒子邾子齊世子光同盟于鷄澤（襄公三年）公會劉子晋侯齊侯宋公衛侯鄭伯曹伯莒子邾子滕子薛伯杞伯小邾子于平丘同盟于平丘（昭公十三年）

謝慶

同考試官訓導湯批（題本傳意作者多不知旨令人厭閱是篇知五伯莫盛齊桓諸臣有愧宰孔措詞整贍説理詳明蓋必用心於麟經者允宜録出）

考試官教諭鄭批（不戾傳意）

考試官學正朱批（文理切當）

伯主宰臣皆有功於王室也列伯不能繼其盛諸臣無以及其賢此可見五伯莫盛於齊桓而諸臣皆有愧於宰孔也慨自黍離既降雅頌不作王室之

不尊久矣咺賵仲子糾聘桓公王臣之不賢甚矣所幸齊桓創伯乃心王室合諸侯爲葵丘之會適宰孔有賜胙之行于時孔也嚴恭寅畏宣加勞賜級之命桓也俯伏下拜盡天威咫尺之恭已而宰孔言旋盟禮斯講申五命之詞示一王之法束牲載書而不歃血桓公之信義以著唯與之會而不與盟宰臣之名分以尊桓之伯業於斯爲盛孔之獎伯亦與有功厥後宋晋秦楚接踵而主伯於當時尹單劉子相繼而下臨於伯國使能蹈芳躅而繼休績則桓與孔豈得專美於前哉天何曹南有盟而宋襄之作舍無成城濮戰楚而晋文則陰謀取勝秦穆之伐晋也濟河焚舟未免有逞忿之失楚莊之盟辰陵也假義討罪不過濟貪利之私之數君者雖雄長於一時其於世道何補迴視齊桓之尊王室明五禁以一匡天下豈可同日語哉伐鄭盟柯陵也而晋厲則瀆尹武單襄以講信鷄澤謀外楚也而晋悼復扳單頃公以要言晋昭因懼楚爲平丘之會盟劉獻亦屈已以同事於牲歃之數子者瀆尊卑之大分則於君命有辱回視宰孔之獎伯主謹名分以表正天下豈可一例觀哉故春秋備書則其優劣賢否自見矣雖然齊桓固爲五伯之盛然自葵丘之後伯業漸衰何有王者不息之誠宰孔固爲諸臣之賢然前此阿順王命撫鄭從楚何有大臣格君之道合而觀之則桓孔之功過得失不可掩矣

禮記

德盛而教尊五穀時熟然後賞之以樂

陸中行

同考試官訓導左批（勤於治民則德盛應氏之注作者昧此臆説紛紛惟此篇認理詳明措詞典雅其禮經之翹楚者乎）

考試官教諭鄭批（説出天子以樂賞諸侯之意宛然在目）

考試官學正朱批（詞簡意足禮經無出其右者）

人臣德懋而有其驗人君必錫以章德之具也夫樂所以章德也人臣德懋而有其驗如此人君得不賞之以樂哉記樂記者謂夫昔天子之爲樂將以賞諸侯之有德者也彼爲之諸侯者勤於教民而勞來匡直之匪懈勤於養民而勤課巡行之不怠非有德而勤於爲治者不能也然勤於教民而教道未尊未見其德之盛也必若父子有親君臣有義與夫夫婦長幼朋友之教民皆承聽而無敢慢易則德之盛於此乎可驗勤於養民而五穀未熟亦未見其德之盛也必若麥熟於夏稻熟於秋與夫若黍若稷若菽之類各以時熟而無或愆期則德之盛於此乎可徵天子於此得不賞樂以章其德哉蓋樂有羽旄䕫所制也于焉錫之以羽旄以爲文舞之用樂有干戚䕫所制也于焉錫之以干戚

以充武舞之列是則樂舞一舉而侯德以著綴兆一陳而侯德以章先王賞樂於諸侯豈苟焉而已哉抑稽昔者舜作五絃之琴以歌南風夔始制樂以賞諸侯其賞之也一惟視其德之厚薄未嘗至於濫賞下文所謂其治民勞者其舞行綴遠其治民逸者其舞行綴短概可見矣噫制樂不以已而賞樂因其德此先王之世所以樂必盡善盡美而觀樂則可以知其德也後世燕奏肆夏庭舞八佾殆不知此

三代之王也必先其令聞

陸中行

同考試官訓導左批（場中作此題者多不知旨此篇説出三王無私之德明白簡切非熟於禮不能也置諸上第允愜輿情）

考試官教諭鄭批（文從理順）

考試官學正朱批（禮經義無有能如此作者）

論歷代受命而興由先世著無私之譽也夫三代王同一無私而已今聖人又原其先世之令聞豈無意哉昔聖人因子夏問三王之德參於天地而告之及此意豈不謂塗山啓會萬國歸心此大禹之王於夏也帝命下臨九圍是式此成湯之王於商也文王以文治而三分有二武王以武功而四海永清非文武之王於周乎三代之王如此夫豈無自而然哉誠以大禹受命而興非但禹之一身有是無私之德而天遂命之也蓋未王之先有顓頊爲之祖頊嘗法施於民其積德之深已有無私之令聞慰服於當時之人心矣夏之有天下實基於此成湯受命而興非徒湯之一身有是無私之德而帝遂命之也蓋未王之先有契爲之始祖契嘗敬敷五教其積德之厚已有無私之令聞固結於當時之人心矣商之有天下實肇于兹若夫文武之興王於周人皆知其有無私之德故天眷之也殊不知周之先世有后稷教民稼穡有王季其勤王家其積功累仁有素矣周之有天下不先有無私之令聞著于未王之先乎聖人論三代之王而必原其祖宗積德之所自此可見王業之興其積累非一日矣孰敢以私議之哉抑考閑居一篇皆聖人荅子夏之問始論爲民父母之道則在於致五至而行三無終論參於天地之德則在於奉三無私而先令聞蓋有爲民父母之道然後可以行三王之德洪範曰天子作民父母以爲天下王其序有如是夫

第二場

論

帝王之治一本於道

謝慶

同考試官訓導湯批（有發揮有指歸論之優者）

考試官教諭鄭批（春容大篇能闡明帝王之道者此作見之）

考試官學正朱批（詞富而理明當是作家用魁多士何忝）

論曰帝王之致治也豈有他哉亦曰道而已蓋道乃爲治之本也治而本於道則近而一家家以之而齊遠而一國國以之而治極其遠而天下天下以之而平矣苟爲不然則徒操爲治之柄而失爲治之本欲家國天下之治平也不其難乎愚嘗伏讀太宗文皇帝御製性理大全序文有曰帝王之治一本於道大哉皇言乎一哉皇心乎其真知帝王爲治之本乎且帝王之生豈偶然哉膺上天付托之重任斯民君師之責九重之上萬化之攸繫焉一日之間萬幾之紛至焉禮樂刑政於此而修舉井田學校於此而制立民吾同胞而民之衆也由我以子育物吾同與而物之多也由我以生遂天地之財成本於我化育之參贊本於我九夷八蠻之勞來而撫綏也本於我所係爲甚重也所關爲甚大也將欲治之以智耶智有窮而天下之大無窮智豈爲治之本乎抑欲治之以力耶力有限而天下之大也無限力豈爲治之本乎若此者舉不足以言治然則帝王之致治也非是道而何歟夫所謂道者原於天而具於人具於人而根於心非高遠而難行也非驚世而駭俗也求之人倫日用常行之間則可見矣是故親也義也父子君臣之道也親義之道行於上殆見人同此心而天下之爲父子君臣者必是則是效同一有親而有義矣别也序也信也夫婦長幼朋友之道也序别信之道篤於上殆見人同此理而天下之爲夫婦長幼朋友者必是矜是式同一有别有序而有信矣道乃天之經也天經正則萬化以之而行道乃地之義也地義立則萬變以之而出由是以制禮作樂則大禮與天地同節大樂與天地同和禮樂其有不興乎由是以賞善罰惡則賞一人而千萬人説罰一人而千萬人懼刑罰其有不中乎制田里以養民而民生之厚是道有以厚之也立學校以教民而民性之復是道有以復之也施於政而達於事者莫非是道之發越篤於近而舉於遠者莫非是道之流通所以財成天地者本於此所以參贊化育者本於比所以撫九夷而綏八蠻者本於此是則帝王之治天下其所以致雍熙悠久之盛者誠不外於此道矣區區之知力烏可

與道同日而語哉雖然此道也聖人未生具在天地聖人既生具在聖人聖人既往具在六經六經也者斯道之攸寓也六經之教明於天下斯道之明於天下也其日之中天乎六經之教行於萬世斯道之行於萬世也其水之行地乎帝王之生有先後道不以先後而或殊世運之興有古今道不以古今而或間千載之下遐陬僻壤疆域雖不同而同此父子親君臣義者誰之功斯道之功也百世之遠深山窮谷地勢雖不同而同此夫婦别長幼序朋友信者誰之力斯道之力也由是觀之帝王之有天下固不外是道以求治亦豈外六經以求道歟稽之於古伏羲神農黄帝之世渾渾然噩噩然道之寓於治也無迹而可見自是而後堯之親睦九族舜之慎徽五典非二帝之治一本於道乎禹之祗台德先湯之肇修人紀文王之緝熙敬止武王之皇建有極非三王之治一本於道乎下及漢唐之君或忽之而不行或行之而不純是以或治或否或久或近率不能如古昔之盛而人不得蒙至治之澤者夫豈無其故道之不明不行故也三皇遠矣二帝三王往矣秦漢以下諸君不足言矣洪惟我朝太祖高皇帝受天景命奄有萬方以身而體道以道而致治列聖相承孜孜圖治闡明六經之教昭示五倫之道百二十餘年皇風清穆治化休明足以肩二帝超三王而衍億萬年無疆之盛治非區區漢唐所可及也然則帝王之治一本於道正在今日愚何幸躬逢其盛

表

擬宋以唐介參知政事謝表（熙寧元年）

張紹齡

同考試官訓導黄批（表麗則）

考試官教諭鄭批（表豐贍）

考試官學正朱批（表得體）

伏以金鼎調元絲綸密勿之地玉宸贊化鈞衡崇峻之階詎意凡庸遽蒙拔擢端拜白麻之寵與參紫府之班恩命自天汗容無地兹蓋伏遇道同坤厚德配乾剛於昭不顯之誠用建維皇之極恭已克勤而克儉事親純孝而純仁法祖敬天誠不世出之主求賢圖治真大有爲之君俊乂滿朝盡傾心以襄大化旄倪塞道咸拭目以睹太平史不絶書人皆滿望用人如用藥不遺馬渤牛溲取士若取材肯棄竹頭木屑臣介生逢盛世名厠賢科昔在先朝叨居言路擬奪宣徽之使因攻宰執之私鋭意澄清危言剴切出補英州别駕自耳殘喘投荒爲社稷以生還已觖詞林之望脱風波於險道未忘淮浦之吟立朝素無益於明時論事輒有乖於物議揣已分宜填溝壑荷天恩不棄菲葑拔於閑散

之濱處以台衡之貳望非意及寵與憂并臣敢不砥礪猷爲激昂節操都俞吁咈用諧虞代之賡歌福禄壽康擬叶卷阿之諷諫勤于夙勤于夜恪殫犬馬之勞慎厥始慎厥終仰答乾坤之德伏願皇風清穆帝德光華永垂昭代之休厚賚蒼生之慶離明普照日同□而月同輝聖壽無疆天與長而地與允臣無任瞻天仰聖激切屏營之至謹奉表稱謝以聞

第三場

策

第一問

張紹齡

同考試官訓導王批（古今勸懲之典鋪張無遺博洽之士也高薦何忝）

考試官教諭鄭批（歷陳勸善懲惡之旨甚悉）

考試官學正朱批（詳明可取）

聖君作而勸善懲惡之典垂於後世人紀立而遷善敏德之化行於天下化行於天下有以見四海之人心同一理法垂於後世有以見列聖之製作同一心商周之君訓誥之作也以此我朝列聖之典參之訓誥而無不同者庸非此歟請因明問而陳其一二惟皇上帝降衷于下民若有恒性是天之命有善而無惡也奈何欲動情勝利害相攻而惡生焉故必有聖人者出居君師之位膺治教之責體天致治于以彰其善癉其惡使天下之民遷善去惡惇尚倫理而弼成治化之隆也自古帝王莫不皆然姑以商周之君言之若成湯誕告萬方有曰凡我造邦無從匪彝無即慆淫名守爾典以承天休其勸戒之意章章也成王訓迪百官有曰凡我有官君子欽乃攸司慎乃出令以公滅私民其允懷其勸戒之旨昭昭也故商之兆民允殖周之萬邦無斁治效之隆不可尚已洪惟我朝太祖高皇帝肇造區夏太宗文皇帝丕纘鴻猷宣宗章皇帝緝寧邦家三聖相承典章大備其斷自宸衷而頒行天下者則有若大誥三編爲善陰騭孝順事實及五倫書奎章宸翰照耀乾坤其所以嘉惠臣民至精至悉誠萬世不刊之大典也愚莊誦而拜考之則勸善之條隨編而互出懲惡之日以例而各見大誥有曰事君以忠陰騭所載韓琦之忠勛事實所紀趙抃之忠孝五倫書所謂事君以義謂之忠其與成湯各守爾典之誥其同條而共貫歟大誥有曰莅官以敬陰騭所載范仲淹之盡職事實所紀崔玄暐之守官五倫書所謂奉法利民其與成王欽乃攸司之訓其同符而合轍歟三聖之書無异於先

王之書三聖之治無异於先王之治肆我皇上嗣登大寶遠宗商周之道近守祖宗之法揚人之善則寒谷春熙糾人之惡則驚霜夏殞普天率土莫不見善有勸而不知所以勸者誰之爲見惡有懲而不知所以懲者誰之力經曰儀刑文王傳曰遵先王之法而過者未之有也然則今日之治謂非本於聖學緝熙率由舊典之明驗其可乎哉愚生佩服聖訓雖曰有年而其涯涘指歸未能窺其萬一叨承明問敢以是對惟執事進而教之

第二問

謝慶

同考試官訓導湯批（此策正欲觀士子之博洽答者多敷演問目此篇有考據有斷制蓋嘗究心於史學者宜置魁選）

考試官教諭鄭批（知二史優劣之詳）

考試官學正朱批（足見善讀史處）

知作史之難則秉筆者不容以或易知評史之難則持論者不可以或輕何也蓋作史者所以著歷代之得失評史者又所以明秉筆之是非秉筆不公則得失不可得而考持論不公則是非不可得而定此遷固二史所以不能免於君子之評而宜有以廑執事之問也請條陳之粤自書契既興人文漸著百篇之書斷自唐虞史學之淵源尚矣筆削之旨載在春秋聖心之要典傳焉自是以後代必有史史必有官然記者非一時作者非一手世之所稱遷固二子而已遷之史始於黄帝終於麟趾辨而不華質而不俚其文直其事核固之史起自高帝終於平帝贍而不穢詳而有體不激詭不抑抗搜羅千古錯綜一代皆富有良史之才而卓然名家者也然二子作之將以傳信方來君子議之或致疑於後世若王充著書甲班而乙馬張補持論劣固而優遷名出己見論者不一觀其天官有志遷之序也固以天文更之不知非關於漢之一代何益乎河渠有志遷之編也固以溝洫易之不知非出於漢之所治何當乎易封禪以郊祀不載原廟宗之事議失之太簡也易食貨以平準妄比九府貨泉之周法失之太謬也若夫表以著興亡理亂之大略遷有十表而固損其二書以載制度沿革之大端遷有八書而固增其二又於八書之外自立私見志五行不免劉氏之駁其錯志地里終貽邵氏之議其疏此遷固之書有同异而同异之間優劣見矣至若遷之所序合本末三千餘年之事斷於五十萬言之下何其簡也固之所序以始終二百餘年之事溢乎八十萬言之外何其繁也遷傳循吏取叔敖子産公儀休石奢李離五人人雖寡而名實不副者不與焉固傳循吏取文翁黄霸龔遂召信臣王成朱邑六人人雖多而僞增户口者亦與焉此遷

固之書有繁簡而繁簡之中優劣見矣然遷雖優也序帝紀始於黄帝而五帝之數不備律管減三分而黄鍾之制未精遷有二失不可掩爾固誠劣也然王子侯不稱姓而下卷書姓默寓感慨之意食貨志言財利而歷載張湯實原用刑之由固有二得不可誣也由是觀之遷優於固古人之論審矣君子固不可過爲矯激之論易地皆然後世之説失矣愚亦未見其爲至當之評蓋以作史無定法本之春秋有定法考史無定論本之春秋有定論秉史筆者有如子長孟堅之才可謂富矣若求春秋精微之義然專門名家猶不免後世之譏區區管窺蠡測何敢妄議二子之優劣但明問之下不容或默惟恕其狂瞽進而教之幸甚

第三問

陳鍾

同考試官訓導黄批（天地萬物之理敷説無遺蓋嘗用心於格物之學者）

考試官教諭鄭批（辨析精詳必刻意於理學者）

考試官學正朱批（善能窮理格物）

欲知天地萬物之詳當窮天地萬物之理蓋天地萬物本吾一體也以吾心之理窮之則天地萬物之理如視諸掌矣豈待求之於外哉請試陳之夫陽氣輕清而上浮者天陰氣重濁而下凝者地天地覆載萬物而天地則自相依附也陽之精爲日陰之精爲月日月照臨下土而太極則爲之主宰也日一日行不及天一度故一歲一周天而遲月一日行不及天十三度有奇故一月一周天而速曰春分曰秋分以陰陽之中也曰夏至曰冬至以陰陽之極也天左旋矣日月麗天亦左旋但天行速而日月遲故自天視之則見其退而右轉焉日常盈矣月受日光亦常盈但與日近則爲所蔽故自下視之則見其偏而有虧焉日爲太陽月爲太陰星爲少陽辰爲少陰陰陽分太少者以此三年餘分之積得三十二日有奇故三年一閏又積二年之後通得五十四日有奇故五年再閏閏位之置久近者以此或去極之度多或去極之度少此所以有日長日短也光生於日之所照魄生於日之所蔽此所以爲生明生魄也比極出地上三十六度故常見不隱南極入地下三十六度故常隱不見月中間有黑處山河之影掩映爾雷無形而有聲陰陽之氣擊搏爾如風如雨乃火氣水氣之化如霜如露乃金氣土氣之爲如烟雲如霾霧又何莫非水土之氣乎若夫四方水土一也陰氣盛於四北故多寒陽氣盛於東南故多暖天下人品一也西北風氣剛勁而人多强東南風氣柔弱而人多弱禽蟲感氣候而鳴伏變化草木觸氣候而榮悴開落龍之或潛或飛其神妙變化不測也麟鳳無種而生鍾

天地泰和之氣也麟之角端有肉仁厚而止觸騶虞不食生物仁心之自然地在水中而不沉一氣運之爾水歸東海而不溢氣盡而散爾海潮隨朔望之候乘陰盛也黄河自昆崙而出有其源也以爲憑子胥之怒自天上而來非世俗之談乎是天地也萬物也一太極爲之根柢一陰陽爲之樞紐執是而觀則天地雖大萬物雖夥其所以然之理皆在吾一心之内矣管見如斯未知是否惟執事其與進焉

第四問

佘敬

同考試官教諭黄批（此策剖析明白且推本在於得人蓋士之有才識者也）

考試官教諭鄭批（仁政一策議論平正必佳士也）

考試官學正朱批（政待人而後行此策歸重於此最是他日致用當不負斯言矣）

欲治天下在修爲治之法欲行治法在擇天下之才省刑薄歛者治之法也任擇賢才者治之原也有是法則治得其人則存欲天下之治而此法不修焉治不可致也欲行爲治之法而國無人焉法不可行也此天地之常經古今之通義也舍此則國不可以爲國況天下乎昔孟軻有曰省刑罰薄税歛二者仁政之大目正當今所急聞者刑罰天之所以齊民其倫要截然也惡可苟耶舜典因天討而作五刑曰墨劓剕宫大辟是也周官糾萬民而叙八刑曰不孝不睦不姻不弟不任不恤造言亂民是也此固刑之常矣而議獄緩死垂於羲易赦過肆青著於虞書陽舒陰慘取舍於輕重之間仁漸義涵流衍於常法之外何莫而非以省刑爲心哉賦税上之所以取下其法制秩如也惡可易耶禹貢則三壤而成田賦非九州穀土品節上中下三等者乎周官辨五物而制地征非山林川澤丘陵墳衍原隰者乎此固賦之常矣而散利薄征用於荒年弛力舍禁行於饑歲取民之仁常存乎中正之法恤民之念每寓於凶荒之政何莫而非以薄賦爲意哉刑制在虞周不能不用也董子乃謂天道之大在陰陽陽爲德而陰爲刑故陽常居大夏以長養生育爲事陰常居大冬積於空虚無用之處王者承天意以從事任德而不任刑蓋不專於任刑耳是豈刑不可任哉貢法在大禹未爲不善也龍子乃謂貢者校數歲之中立常定之法豐年多取不爲害凶年舉貸以足盈在當時未爲不善於後世不能無弊蓋用法者之弊耳是豈法之弊哉我國朝統馭六合留心民事慮民之不知避也創制律令以禁天下之奸慮民之或冤抑也列職中外以司天下之刑其虞周省刑之心

乎然而奉法修職者未必皆皋陶蘇公也故刑益煩而民益玩始有不得其死者矣恐取民之無制也均平賦税以理郡國之財恐傷民之力也屢頒恩詔以蘇田野之困其夏周薄賦之仁乎然而期會辦集者未必皆后稷君奭也故賦益重而民益殘始有不遂其生者矣誠得温良重厚之士如皋陶如蘇公之輩以司刑政任廉潔有守之人如后稷如君奭之流以領財賦處已誠廉矣則厚其禄榮其身雖有過三宥再宥而後加以罪取於民誠貪矣則收其禄役其身俾不齒於士則人人力於事功群才效其職業刑措不用培基本於萬年外户不閉跨四海而無靳治法其有不舉者乎天下其有不治者乎管見如斯不識執事以爲何如

第五問

張紹齡

同考試官訓導左批（場中多爲此策所窘惟是卷條答詳明處置允當非平素究於兵法者不能也）

考試官教諭鄭批（考據詳而區處當足以觀其所學矣）

考試官學正朱批（據古法而酌時宜必有用之士也）

論兵法於古人當考其實用兵法於今日當適其宜夫不考其實則不知古法之善不適其宜則不知變通之術又何能盡用法之妙哉何則兵凶器戰危事聖人不得已而用之非徒事乎詭道也蓋有仁義存乎其間焉自吕望爲師尚父則兵昉有法自黄帝征討蚩尤則兵始有戰故六韜爲太公相周之法三略爲黄石佐漢之術不可不知也八陣爲孔明兵法之最一成爲司馬賦兵之原不可不識也若夫春秋之時諸侯之兵有伐侵戰圍入遷之异然伐則聲罪致討侵則無名興師戰則兩兵相接圍則繯其城邑入則造其國都遷則徙其朝市則得失可議矣有敗取襲追戍以之殊然敗則詭道而勝取則悉虜而俘襲則輕行而掩追則已去而躡戍則聚兵而守以則用弱假强則是非可别矣至於大舜舞干羽於兩階七旬而格有苗文武應天順人一怒而安天下斯皆聖人之德化何兵法之有吴漢討公孫述而八戰八克孔明征孟獲而七縱七擒斯皆良將之奇略何兵法之爲夫兵法之善莫備於孫子本義其曰道曰天曰地曰將曰法非經之以五事者乎知可戰不可戰識衆寡之用上下同欲以虞待不虞將能而君不御非知勝有五者乎以至地生度度生量量生數數生稱稱生勝此軍形之五法也與夫五聲之變五色之變五味之變此兵勢奇正之變也凡用兵之法有九變之利將能通之則知用兵矣苟有五危爲用兵之灾非主將之過乎曰通曰挂曰支曰隘曰險曰遠此六者乃地之道將能察

之則利於用兵矣曰走曰弛曰陷曰崩曰亂曰北此六者非天地之灾乃主將之過也吁兵法原無得失而將之所行則有得失也用三軍之衆若使一人則投之無所往使三軍一心死鬥以取勝此無政之令亦法之善也若敵來攻我順詳其意示弱而勿拒彼必并力專向而無别謀我則設奇正之兵先爲歸路之伏故雖行里外可殺敵國之將此巧能成事非法之善而何若與敵遇微與之期如處女之弱彼必驕怠而露其隙我則乘隙用奇勢如脱兔敵不及拒此巧能取勝亦法之善也然戰勝攻取雖用水火而必勝必取者乃人之功苟不修其功行其賞此致凶之道命曰費留非將之罪而何吁兵法本無優劣而將之所用則有優劣也曰火人火積火輜火庫火隊此火攻有五非火人爲先乎曰因間内間反間死間生間此用間有五非反間爲最乎夫兵貴拙速不尚巧遲此用兵之大要也今之欲用兵者豈可不以此通其變而適其宜耶且廣之瀧水猺蠻其種類之生非一時爲地方之患非一日邇者渠魁雖殲餘孽尚多兹欲拙速也必將大振軍旅長驅直擣一舉而滅之可也但恐山險路崎兵不得進馬不得馳遇敵無交戰之場退守無立營之地挑之不出攻之無間雖奇謀深策亦無所施徒頓兵挫鋭而已欲巧遲也必將設奇示弱誘其出而擊之乘其虚而襲之可也但恐夷性狡譎熟知險阻我雖匿兵設伏以伺彼則憑高瞭望先知我東則彼西我南則彼北雖籌筭無遺亦無所用徒屈力殫貨而已夫夷情之向背由夷勢之盛衰也勢盛則肆惡而爲患勢衰則畏威而向化一向一背自古爲然爲今之計莫若選將益兵據其要險之處斷其出入之途嚴號令明賞罰固守而勿怠備禦而勿弛來則并力以奮擊去則堅守而勿追如此者久則必困困則其勢自衰衰則必畏威而自服矣或曰舉其衆而可以盡滅之取其地而可以賦税之遷吾民而可以編户之此貪功好利之説非爲國保民之計亦非兵家萬全之良策也况非今日之所宜乎敢以是爲終篇獻

廣東鄉試録後序

國家三載一試士周制也乃成化丙午秋廣東藩服大萃十郡之士圍棘而三試之遵成憲也于時監察御史徐同愛以爲重典不可易易規畫之周防範之密視往歲有加凡内外百執事咸出慎選罔不殫乃力畢乃智惟公惟勤冀是科之得人皆真才也撤棘之日得其才之通經術博古訓者七十五人故事有録而焯當序其後竊惟天生賢才所以爲世用也用之則天經以之而扶

人紀以之而立社稷黎元以之而安養無所往而非用賢之效矣賢之關乎世計其大矣哉顧惟今日所以取之之道何如夫文乃賢士之一藝耳彼其平居所涵蓄所進修不止於是而今之高下去取一於文而決者蓋文乃言之精而成章發乎心而貫乎道者也賢而心醇乎道文之發也純而正暢而不詭原於性而根於理否則詖淫邪遁梏於聞見而性理其背馳矣觀其文之醇駁而人之高下瞭然可見朝廷取士之科決於文者職此故也嗚呼士之登名兹録者以其賢而文之醇也由是而進嚮用有日其可自負於賢之名哉必於天經思所以扶之於人紀思所以立之於社稷黎元思所以安固而康寧之隨所任而始終不异其趣以弼我皇明億萬載無疆之盛治使用賢之效大著於斯世可矣苟徒竊賢名以自欺冒賢行以文奸豈但自戕而已而於聖天子設科求賢之意負之亦殆甚歟

湖廣岳州府華容縣儒學教諭鄭焯謹序

弘治二年廣東鄉試録

廣東鄉試録序

聖天子紹統之初聿新萬化以風四海而尤鋭意於求賢廣東雖南極海輒然風聲所至不數月而浹又明年是爲弘治二年大比之年也是舉也在祖宗列聖爲屢舉在皇上則首舉且所注意者維時今都察院右都御史屠滽總督其地祗若休命爲一方先比試之前四月適有召命而右都御史秦紘寔代之下車之初謂維新之政惟是爲重尤加意焉一時如太監韋眷總鎮於兹罔不協力太監王宣安遠侯柳景亦以有事兹土贊襄不後然始終其事矢殫心力者監察御史周南也于時實監臨焉若提調則左參政蔣雲漢左參議姜英監試則副使李士實僉事戴中考試則教諭吴清周服同考試則學正章晟教諭柯德贊朱麒訓導章英劉暟而左布政使熊懷右布政使謝瑀按察使李瑢陶魯右參政張玘副使翁晏陳英右參議周宏僉事周啓李元鎮陸遠董榮韋斌王經又先已各極鼓鑄相成之道於他日考試者以禮聘至其餘百執事以材選待試之士幾千人七日而三試之拔其尤者七十有五人録三場文字二十篇合所與共事於兹者得四十有一人自始事至終事二十有二日胥惕惕焉毋敢分晝夜視爲易事有遺力焉凡以求當上心而已蓋祖宗憲典在天下有不待申飭而克歲謹一歲以不失其初意如當日者莫科舉若而天下又略相同又况爲聖意所嚮敢少忽哉若我國家之所以爲教則又盡黜百家而一以聖賢之道教成則舉而用之欲其以是行也是道也人之所自有非自外至取之於已約以廉極之於天下大無不該而小不遺焉故以之事親則爲孝子以之事君則爲忠臣以之治國平天下則國治而天下平無所往而不可亦無往而可離也三代以前固嘗以是爲教士亦以是用其後夷霸雜而華實偏得失相半不敢復議於斯起而更張之不能不有待於我朝况又重之以求賢汲汲如今日哉士生其間亦何幸歟而其所以爲用必竭其所得以自效毋留藏焉庶於朝家教而用之之意爲得而亦可少仗是以報上若或以爲魚兔之筌蹄而棄之而自壞焉則將有議其後者矣豈所望哉

江西南昌府奉新縣儒學教諭吴清謹序

弘治二年廣東鄉試

監臨官

巡按廣東監察御史周南（文化浙江縉雲縣人　戊戌進士）

提調官

廣東等處承宣布政使司左參政蔣雲漢（天章四川巴縣人　丁丑進士）

廣東等處承宣布政使司左參議姜英（時俊浙江餘姚縣人　己丑進士）

監試官

廣東等處提刑按察司副使李士實（若虚江西新建縣人　丙戌進士）

廣東等處提刑按察司僉事戴中（師中江西新淦縣人　丙戌進士）

考試官

江西南昌府奉新縣儒學教諭吴清（澄清福建莆田縣人　己卯貢士）

江西吉安府泰和縣儒學教諭周服（舜章浙江永嘉縣人　丁酉貢士）

同考試官

湖廣德安府隨州儒學學正章晟（允明浙江烏程縣人　癸卯貢士）

直隸淮安府山陽縣儒學教諭柯德贇（廷贇福建莆田縣人　癸卯貢士）

浙江衢州府龍游縣儒學教諭朱麒（汝祥福建懷安縣人　丙午貢士）

江西吉安府廬陵縣儒學訓導章英（邦彦直隸績溪縣人　乙酉貢士）

直隸松江府上海縣儒學訓導劉暟（以昭江西安仁縣人　戊子貢士）

印卷官

廣東等處承宣布政使司經歷司都事張珉（中貴直隸含山縣人　監生）

廣東等處提刑按察司經歷司知事傅玶（商珍江西豐城縣人　吏員）

收掌試卷官

廣州府知府林泮（用養福建閩縣人　壬辰進士）

惠州府同知林仲璧（世彰福建莆田縣人　壬午貢士）

受卷官

廣東都司斷事司斷事吴瑛（德輝直隸武進縣人　監生）

南雄府推官林長繁（世殷福建莆田縣人　丁未進士）

彌封官

肇慶府德慶州知州王淮（宗豫福建福寧州人　甲辰進士）

肇慶府陽江縣知縣朱瓘（文焕浙江會稽縣人　壬午貢士）

謄録官

廣州府東莞縣知縣秦浼（汝亨浙江會稽縣人　丁未進士）

潮州府饒平縣知縣丘天祐（恒吉福建莆田縣人　辛丑進士）

對讀官

韶州府英德縣知縣丘策（載道福建懷安縣人　辛卯貢士）

廣州府順德縣知縣吴廷舉（獻臣廣西梧州所籍　丁未進士）

巡綽官

廣州右衛指揮使楊玉（潤之直隸全椒縣人）

廣州右衛指揮使劉煒（廷輝湖廣岳州府人）

搜檢官

廣州右衛右千户所正千户李淮（潮宗湖廣桂東縣人）

廣州後衛右千户所正千户王昺（德明山後人）

廣州前衛前千户所副千户林茂（廣材福建莆田縣人）

廣州左衛中千户所副千户方濟（允濟直隸當塗縣人）

廣州右衛中千户所副千户陸萬鍾（天爵廣東南海縣人）

廣州後衛中千户所副千户馮英（彦雄直隸滁州人）

供給官

廣州府通判李亮（公信江西玉山縣人　己卯貢士）

廣州右衛經歷司經歷何滿（謙之湖廣桂陽縣人　吏員）

廣州府番禺縣典史王廷敷（天錫福建莆田縣人　吏員）

廣州府永豐倉大使蔣盛（茂才江西鉛山縣　吏員）

廣州府新會縣東亭驛驛丞林直（世剛福建閩縣人　承差）

廣州府清遠縣廻岐水驛驛丞易居邦（民止江西泰和縣人　承差）

肇慶府崧臺水馬驛驛丞傅大澄（宗瀾福建仙游縣人　承差）

廣州府南海縣河泊所河泊官鄧肇（惟初江西信豐縣人　吏員）

廣州府清遠縣陰陽學訓術李遠（明夫廣東南海縣人）

第一場

四書

君子上達　仲尼祖述堯舜憲章文武上律天時下襲水土辟如天地之

無不持載無不覆幬辟如四時之錯行如日月之代明　諸侯朝於天子曰述職述職者述所職也

易

先王以建萬國親諸侯　六二引吉無咎孚乃利用禴　是故君子所居而安者易之序也所樂而玩者爻之辭也是故君子居則觀其象而玩其辭動則觀其變而玩其占是以自天祐之吉無不利　君子修此三者故全也

書

重華協於帝　爾交修予罔予棄予惟克邁乃訓説曰王人求多聞時惟建事學于古訓乃有獲事不師古以克永世匪説攸聞惟學遜志務時敏厥修乃來允懷于茲道積于厥躬惟斅學半念終始典于學厥德修罔覺監于先王成憲其永無愆　皇極之敷言是彝是訓于帝其訓凡厥庶民極之敷言是訓是行以近天子之光　自朝至于日中昃不遑暇食用咸和萬民

詩

蟋蟀在堂歲聿其莫今我不樂日月其除無已大康職思其居好樂無荒良士瞿瞿蟋蟀在堂歲聿其逝今我不樂日月其邁無已大康職思其外好樂無荒良士蹶蹶　天子命我城彼朔方赫赫南仲玁狁于襄　以篤于周祜以對于天下　上帝是祇帝命式于九圍

春秋

鄭伯使宛來歸祊（隱公八年）辛未取郜辛巳取防（隱公十年）取濟西田（僖公三十一年）取汶陽田（成公二年）取邾田自漷水（襄公十九年）　齊人伐衛衛人及齊人戰衛人敗績（莊公二十八年）晋荀林父帥師及楚子戰于邲晋師敗績（宣公十二年）季孫行父臧孫許叔孫僑如公孫嬰齊帥師會晋郤克衛孫良夫曹公子首及齊侯戰于鞌齊師敗績（成公二年）　晋人執虞公（僖公五年）宋公入曹以曹伯陽歸（哀公八年）吴伐我（哀公八年）齊國書帥師伐我（哀公十一年）

禮記

故聖人參於天地并於鬼神以治政也處其所存禮之序也玩其所樂民之治也故天生時而地生財人其父生而師教之四者君以正用之故君者立於無過之地也　凡養老五帝憲三王有乞言五帝憲養氣體而不乞言有善則記之爲惇史三王亦憲既養老而後乞言亦微其禮皆有惇史淳熬煎醢加于陸稻上沃之以膏曰淳熬淳毋煎醢加于黍食上沃之以膏曰淳毋　正直而静廉而謙者宜歌風　養其身以有爲也

第二場

論

帝王臨御天下

詔誥表（内科一道）

擬漢問賢良文學民所疾苦詔　擬唐以魏徵爲太子太師誥　擬車駕幸國子監祭酒率諸生謝表

判語（五道）

事應奏不奏　市司評物價　僧道拜父母　不操練軍士　告狀不受理

第三場

策（五道）

問　自古帝王之一天下必有非常之德而成非常之功三代以前迹皆經見自是以後姑未暇言仰惟我太祖高皇帝拔四海於胡塵成一代之帝業德冠百王功蓋萬世逮我憲宗純皇帝思求至治惟率舊章爰輯簡編續爲綱目宋元之事迹不遺而皇明之謨烈益著天下臣民家傳人誦請以我烈祖之神功聖德言之夫首帝堯之德於以見大哉帝王之道師孔子之言於以見大哉帝王之學安民以仁一如天之仁也推誠相與一動物之誠也討温台而戒毋縱殺取文石而慮爲厲民其與湯之寛文之仁世异而心同虜前元宗屬而還之釋前元皇孫而侯之其與釋箕子封微子迹殊而心一書古人行事於殿壁書大學衍義於兩廡其亦學于古訓歟毁陳友諒之鏤金床却方國珍之寶鞍轡其亦不貴异物歟是聖德寔冠百王而無前也在太平而稱爲神武不殺者何所指議江州而稱爲師直爲壯者何所見鄱陽既捷直趨武昌僞漢可蕩平矣何以復待他日之論降三郡來歸遣還質子國珍已降附矣何以復勞他日之致討王師始於何地伊誰以千艘來歸帝業成於何年伊誰以半夜北遁禮樂興材能舉則有廟社樂舞之制文武取士之科文儒崇絃誦作則有禮賢館之重五經師之尊是神功寔蓋萬世而莫并也竊以謂聖子神孫思欲光乎前而裕乎後不過修其德而纘其功純皇纂述之意其在兹哉不識此語誠然乎哉稽於簡册疏其事概亦可以見諸生之服膺明訓也

問　爲治莫要於敬大臣尤莫要於納諫諍夫廉遠堂高投鼠忌器體貌大臣國家常典彼相國尊官也而猶不免械繫之辱抑劍履上殿者非出於誠心乎太尉重任也而猶竟有詔獄之下抑朝禮益莊者果徒事虛文乎不免長

沙之謫又何益於前席之召問終有赤族之加又何必於麟閣之不名山南夜召喜見顔色胡卒莫去其追仇盡言之恨曲江召宴愛形詩章然終莫救其信讒投閑之譴親幸其第問以後事其與盟血未乾兔死狗烹者何矛盾歟定策兩朝略無疑隙其與驂乘致疑心不自安者何枘鑿歟君之視臣如手足則臣視君如腹心君臣一體心貌相符何道而致是歟誹木諫鼓明目達聰詢及芻蕘國家美政彼内多欲而外施仁義諫直也何以竟縮淮南之綬憂其末而忘其本言忠也胡爲僅改平原之任外戚竊柄人所難言而戒之者誰歟佞臣誤國人誰敢議而劾之者誰歟斬錯之争聞者毛竦或疑其爲復仇之舉子虚之作見者心醉何又啓其神仙之想叩頭流血心本徇國而世何以賣直加之叩鐶大呼心本忘家而人胡以過激議之納約自牖周易之云忠臣良臣唐賢所别耳目聰明流通弗滯何修而得此歟願酌其中行將獻之上

問　闢异端所以崇正道也异端之害而佛氏爲尤甚諸儒闢之而胡氏爲獨詳觀於崇正辯可見已且人道莫大於三綱而佛氏則淪之人情不外乎四端而佛氏則絶之論治人治國之要而妄以爲堯舜之風立歸空入善之説而妄以詆周孔之道内乖天屬而謂不違其孝外缺奉主而謂不失其敬果何説歟與上人言而謂依於仁與下人言而謂依於禮又何説歟生之後死之前人所當盡心者何以專爲前生後生之説天之下地之上人所共屬目者何以别立天上地下之名等慈悲也不及其父母妻子而及虎狼蛇虺可乎等棄舍也獨使人棄財舍僧不使僧棄財與人得乎河山大地必欲空之而卒不可空兵刑灾禍必欲度之而卒不獲度以上而崇其教者何人而欲毁之者又何人以下而泥其法者何人而力詆之者又何人曰惑曰懼曰貪今世之蔽何所歸曰立德曰立功曰立言吾人之志其何嚮是皆吾儒所當講不可一日廢也亦不得已而有言也幸盡言之以觀所學

問　國之治忽係君子小人之進退君人者不可以不知也是故牛口之下賤矣曾以之而成霸圖草廬之中微矣曾以之而成王業回紇之羅拜以何人爲重輕淮蔡之蕩平係何人之用捨稱爲得人耶律之語將安歸戒毋生事遼人之望將奚屬三苗之竄何遽形於攝位之際兩觀之誅何遽見於攝相之初國賊之刑一正而眠者始帖席矣司户之貶一行而市井皆相賀焉脱距之詩作而庶民歌於道拔釘之謡徵而士論快於朝吾今召君似知其賢天下必肥似知其忠能用之乎譽樹不已知其佞矣忌賢無比知其奸矣能去之乎夫既往之迹固歷歷可指而維新之政則蕩蕩難名取於衆善之中以匡一代之治亦可以見諸生致用之學

問　廣東爲地北距五嶺以達京國南負重溟以受島夷亦南陬一大都會也自入我朝百二十年仁漸義摩遭逢列聖化行俗美無間十州然覆盆之地日月或遺其明而吹律之谷陽春尚有所待是以於此不能無言焉夫海濱鄒魯前志豈溢美哉是教化未嘗不明也然而深山大谷之中桀鷔自雄者或尚昧於逆順披猖相扇者或樂趨於逋逃伊欲人皆知學盡如昌黎之時其民知義盡如東坡之説其道何由中州典禮前志豈過情哉是風俗未嘗不美也然而遐陬僻壤之地人不巾屨尚俎豆之足言鄉無詩書惟巫鬼之是事伊欲衣冠相尚盡如圖經之言華風可觀盡如廣平之治其術安在桴鼓不鳴久矣無盜賊之虞也然而三五鼠輩偶出入於近地一二狗偷尚竊伏於水鄉弭之之策誠不可忽夫化盜爲民固前輩之盛德以盜捕盜亦前輩之良規施之於今二者將孰宜烽燧無煙久矣無蠻夷之患也然而高涼之衆時或駭於鳥驚瀧水之徒尚未解於烏合制之之道誠不可緩夫高其城垣威以刑法固禦夷之術統以渠率粗定綱紀亦治夷之法施之於今二者爲孰得諸生生長是邦籌之熟矣革其陋而歸之華去其敝而歸之治必有可行之道其明言之用采以爲時政之助

中式舉人七十五名

第一名　區元廣　順德縣學生　易
第二名　陳文輔　廣州府學增廣生　詩
第三名　何文華　博羅縣學生　書
第四名　冼魯　番禺縣學生　禮記
第五名　洪世傳　潮州府學生　春秋
第六名　梁景行　順德縣學增廣生　詩
第七名　廖與　肇慶府學生　易
第八名　王文欽　南雄府學生　書
第九名　黄著　順德縣儒士　禮記
第十名　林銘　潮州府學增廣生　春秋
第十一名　倫文叙　南海縣儒士　易
第十二名　□□　番禺縣儒士　書
第十三名　鄧炳　順德縣學增廣生　詩

第十四名　任千之　東莞縣學增廣生　易
第十五名　陳希文　河源縣學生　書
第十六名　陳恩　東莞縣學增廣生　詩
第十七名　羅中　東莞縣學生　易
第十八名　吴經　潮州府學增廣生　春秋
第十九名　梁宣寶　順德縣學增廣生　禮記
第二十名　刑暄　文昌縣學生　書
第二十一名　蔡鎧　廣州府學生　易
第二十二名　吴赴　高要縣學增廣生　詩
第二十三名　莊琠　潮州府學增廣生　書
第二十四名　吴廷璧　潮州府學增廣生　春秋
第二十五名　陳昊賢　番禺縣儒士　易
第二十六名　羅列　廣州府學生　詩
第二十七名　何宇新　博羅縣人監生　書
第二十八名　曾恒　番禺縣儒士　易
第二十九名　鍾秉秀　廣州府學增廣生　詩
第三十名　黄堅　東莞縣學增廣生　春秋
第三十一名　林韜　東莞縣學增廣生　禮記
第三十二名　何海　番禺縣儒士　詩
第三十三名　梁應鰲　南海縣學增廣生　書
第三十四名　區玉　番禺縣儒士　易
第三十五名　梁軥　順德縣學增廣生　詩
第三十六名　姜文星　南海縣學增廣生　易
第三十七名　歐瓊　揭陽縣學生　書
第三十八名　馮顒　瓊州府學生　易
第三十九名　岑文瑞　順德縣學增廣生　詩
第四十名　陳享　番禺縣儒士　易
第四十一名　梁奎　順德縣學增廣生　詩
第四十二名　袁珽　東莞縣儒士　禮記
第四十三名　何賦　高要縣學生　詩
第四十四名　陳釗　南海縣學生　書
第四十五名　李尚賢　程鄉縣儒士　易

第四十六名　詹義　南海縣學生　詩
第四十七名　黎紳　東莞縣學增廣生　書
第四十八名　朱庠　瓊州府學生　易
第四十九名　伍士廉　廣州府學生　詩
第五十名　王寧儉　饒平縣學生　春秋
第五十一名　陳瑱　東莞縣學增廣生　書
第五十二名　李慧　順德縣儒士　易
第五十三名　胡文英　番禺縣學增廣生　詩
第五十四名　王冀　雷州府學生　書
第五十五名　潘禧　肇慶府學生　易
第五十六名　王尚學　仁化縣學增廣生　詩
第五十七名　謝琦　潮州府學增廣生　易
第五十八名　李溥　萬州學生　書
第五十九名　楊景隆　新會縣學生　詩
第六十名　吴偉　番禺縣儒士　易
第六十一名　龍炯　順德縣學增廣生　詩
第六十二名　史智　揭陽縣學增廣生　書
第六十三名　林允　增城縣學生　易
第六十四名　馮殷　新會縣學生　詩
第六十五名　李綗　廣州府學生　易
第六十六名　林鯡　肇慶府學增廣生　禮記
第六十七名　李珵　東莞縣儒士　易
第六十八名　馮濟　瓊州府學生　詩
第六十九名　吴良棐　增城縣儒士　書
第七十名　黎磐　電□縣學生　詩
第七十一名　黄閲古　東莞縣學增廣生　春秋
第七十二名　鄭韶　合浦縣學生　易
第七十三名　譚以良　新會縣儒士　詩
第七十四名　楊珣　潮陽縣學增廣生　書
第七十五名　梁毓　高州府學生　詩

第一場

四書

君子上達

區元廣

同考試官學正章批（此題反天理與知行本是注釋作者乃舍此而他求之何哉净而暢整而不冗則有些篇况餘作稱是多士之冠無以易子矣）

考試官教諭周批（詞達題意）

考試官教諭吴批（發出上達之意可嘉）

君子惟所循者正故所造者遠甚矣君子之所以异於人也所循既正所造有不遠哉昔吾夫子之意若曰天之生人不能以皆同人之爲人宜有以自异有君子焉知吾心之理有以壞於欲也於是思有以復之居必於仁由必於義而所居所由不敢一入於不善之區知吾性之天有以奪於人也於是思有以還之非法不言非道不行而一言一行不敢一置於有過之地動焉如是静焉如是不以動静而或殊暫焉如是久焉如是不以久暫而有异其反天理也如此殆見吾之所知者日累一日自然貫穿漸漸乎之於高明之域萬境圓融一天理之充周也吾之所行者日積一日自然成熟駸駸乎至於高明之所八荒洞達一天道之流行也欲盡而理還譬之陟遐不自知其至於遠矣人泯而天定譬之升高不自知其至於巔矣其日進於高明也又如此噫君子之所存既异於人故其所至亦异於人欲爲君子者宜於是求焉大抵君子小人如陰陽晝夜之不同然聖人之心嘗扶君子而抑小人故履霜之戒惟恐陰之漸盛閉關之謹惟恐陽之不長扶陽抑陰之意無往不在而人不皆爲君子抑獨何哉然欲爲君子豈有他道亦曰爲仁由己而已

仲尼祖述堯舜憲章文武上律天時下襲水土辟如天地之無不持載無不覆幬辟如四時之錯行如日月之代明

陳文輔

同考試官訓導劉批（此題内外本求不可不就聖人身上説就聖人身上説不謂之德謂之何哉明白整齊無如此作）

同考試官教諭柯批（此文一氣呵成略無凝滯）

考試官教諭周批（詞旨俱優允宜録出）

考試官教諭吴批（體認真切）

論聖德之全一造化之妙蓋聖人天地一而已□然則吾夫子之德非天地之道又何足以擬之哉中庸論天道至此若謂道莫大於堯舜仲尼則遠宗其道而不遺法莫備於文武仲尼則近守其法而不失合帝王而一之内外本末無不周備矣天道有四時仲尼則上法其自然之運水土有四方仲尼則下因其一定之理合天地而一之内外本末無有虧欠矣辟之天地焉博也厚也舉萬物皆在持載之中高也明也合萬物皆在覆幬之下仲尼之德内外本末乘載無不盡包括無或遺何以异於是辟之四時日月焉四時迭用二氣運行而不窮日月互明萬古流行而不息仲尼之德内外本末前不見其有始後不見其有終何以异於是吁不觀天地之道無以見聖人之德然非吾夫子又何足以當之此吾夫子所以盡中庸之道而爲聖之時歟大抵中庸一書子思子爲道統而作故其歷叙大舜文武周公而必繼以孔子之言歷言天道人道得時措之宜垂萬世之法而必繼此孔子之事於以見孔子爲道德之宗主古今帝王之師也夫豈春秋一孔子哉

諸侯朝於天子曰述職述職者述所職也

何文華

考試官教諭周批(題本揭書出若此題者亦明白平易但作者於述所職處多涉入巡守事敷暢而有條爲子起敬)

考試官教諭吴批(以考禮正刑立説深得先王述職之意一結尤見學識)

論下之朝上有其名而有其義焉蓋朝覲者臣之所以尊君也然亦豈無事而空行哉晏子舉以告景公而孟子述以爲宣王告宜也且天下國家非一人所能以獨理於是有封建之法焉四方萬國非一統不可以言治於是有朝覲之典焉是故列爵惟五小大不同均之爲諸侯也雖各有土地然六年一覲於天子之庭者無小大也分土惟三遠近不一均之爲侯國也雖各有人民然六載一朝於天子之堂者無遠近也其爲此舉豈無謂哉曰述職而已謂之述職又何謂歟其必封國之始所受於天子其大者有禮焉今則以所受之禮敷奏於朝廷之上使得以考其違僭而禮樂自天子出矣建邦之初所受於天子其大者又有刑焉今則以所受之刑條陳於殿陛下之下使得以正其偏枉而征伐自天子出矣此則所謂述所職也晏子之告景公如此景公果能行之則觀於轉附以至琅邪又何以异於先王觀哉孟子述以爲宣王告則雪宫以樂又豈得不與民同邪嘗觀古昔盛時諸侯之述職也既如此然天子亦以時巡狩焉當其往來之項慶讓黜陟纖悉具備夫豈無事而空行先王治天下之大法實不出此後世不此之圖而乃

區區於爲治之末雖欲言治皆苟而已有志於治者尚鑒於斯

易

先王以建萬國親諸侯

區元慶

同考試官學正章批（此題本冠冕作者於建國親侯處多不能以比天下立説殊失象傳之意此篇獨有所見是宜録出）

考試官教諭周批（能説出先王比民之意可取）

考試官教諭吴批（得象傳聖人之旨取之）

先王體比之象而盡比天下之道焉蓋建國親侯先王所以比於天下而無間者也象易者有見於此而著明之其旨深矣昔吾夫子傳比之象蓋謂地上有水比之象也先王觀象體義以爲水比於地不容有間君之於民容有間耶彼天下之大統御乎我者非一人欲人人而比之勢不能也必分茆胙土而萬國以建所謂百里者有焉七十里者有焉四海之廣仰戴乎我者非一姓若人人而比之力不及也必經野畫地而萬邦以立所謂五十里者有焉附庸者有焉萬國建矣民猶與我懸絶也使不親諸侯以比之奚可乎由是萬國之中有公也侯也我則托之以心膂隆之以恩寵而親之之禮有加彼豈不能達吾仁於天下是天下之民皆爲吾之所比矣萬邦立矣民猶與我阻隔也使不親侯國以比之其可乎由是萬邦之内有伯也子男也我則視之如手足待之以誠信而親之之意不替彼豈不能沛吾恩於四海是四海之民皆爲吾之所比矣是則先王之於民曾何相間之有乎抑論之地上有水君民合一之象故先王以建國親侯地中有水兵農合一之象故君子以容民畜衆蓋建國親侯封建法也于以之治國容民畜衆井田法也于以之防虞合而觀之則雖王者之政亦不出於此矣

是故君子所居而安者易之序也所樂而玩者爻之辭也是故君子居則觀其象而玩其辭動則觀其變而玩其占是以自天祐之吉無不利

廖與

同考試官學正章批（此題本是兩截而場中分截差者甚多間有不差而措詞又傷於冗長此作文理俱稱宜録以爲學者式）

考試官教諭周批（詞理平順録之）

考試官教諭吴批（得大傳立言之旨可取）

有君子身心學易之事有君子動静學易之效蓋易爲君子謀也使身心

學之而動静或違焉又豈能獲乎福哉昔吾夫子大傳言君子學易之事蓋謂否泰剥復潛見飛躍易之序也君子學易知其序之有常故於身之所處從容順適而安舒自得者得非在於此乎吉凶悔吝貞利无咎爻之辭也君子學易知其理之無窮故於心之所樂沉潛反覆而玩習不舍者又豈外於是乎君子身心之學易如此而其動静之於易何如彼易有象而後有辭君子静而學夫易也既觀夫得夫憂虞之象矣又玩其吉凶悔吝之辭焉筮有變而後有占君子動而學夫易也既觀夫剛柔進退之變矣又玩其所值吉凶之占焉若然則一動一静舉無違理是以自天祐之而静與吉會何所往而不利乎自天申之而動與吉合何所適而不宜乎君子動静之學易又如此抑論之易爲衆人作也而此獨以學易之事歸之君子者蓋以易非聖人不能作非君子莫能體故上文剛柔變化吉凶悔吝聖人作易之事而此身心動静無往非易君子學易之事也吁易之爲易聖人作之君子學之衆人棄焉此傳易聖人所以不能不深有望於君子也

書

爾交修予罔予棄予惟克邁乃訓説曰王人求多聞時惟建事學于古訓乃有獲事不師古以克永世匪説攸聞惟學遜志務時敏厥修乃來允懷於兹道積于厥躬惟斆學半念終始典于學厥德修罔覺監于先王成憲其永無愆

何文華

考試官教諭周批（此題本長作者難於該括不失之泛則失之略詞不繁而理自足者僅見此篇）

考試官教諭吴批（説命一題本論學進德之詞此篇講貫明白敻异衆作是宜録出）

賢王求訓於臣自許以力行之功大臣納誨於君必詳其爲學之道夫學所以進德也大臣因賢王求訓以輔德其可不詳進夫爲學之説也哉昔高宗命傅説之意若曰生質之美係乎天聿修其德在乎人故予之德有未至爾常以柔濟剛左右規正以輔成之猶麯糵之於酒醴可也我之德有未善汝必以可濟否左右弼直以輔就之猶鹽梅之於和羹也可毋以行之惟艱爲予棄予惟克邁乃訓而不怠焉毋以學終罔顯爲我棄我惟祗服其訓而不忽焉夫高宗以輔德望之臣而自許其力行矣傅説得不進其爲學之説哉於是稱之曰王以起其聽蓋謂人求多聞以資於人是惟立夫修治之事然必學于古訓以反諸已斯可得乎修治之理苟事不師古而能長治久安豈説之所聞哉然其學也必虚以受人遜其志如有所不能勤以勵己敏於學如有所不及則修治

之理如泉始達源源乎其來矣又必篤信乎此而不惑深念乎此而勿忘則修治之道有得於己又豈可以一二計哉蓋道積厥躬者體之立固學之半也而斅學于人者用之行非學之半乎必兼體用而後聖學可全也故始之自學終之教人一念終始常在於學則□治之德所造益深有不知其然而然者矣夫德雖造於罔覺而法必監于先王蓋先王成法子孫之所當守者也于焉而是法之則德修於身而措之治天下又豈不要之永久而無過舉也哉此爲學之道高宗所宜自盡也歟考之高宗得説以爲相既以舟楫霖雨爲喻至此又以麯糵鹽梅爲喻其所望者切矣傅説遂告以爲治之要於是又進其爲學之説則所勉者不亦至乎君臣之間交相責望有如此者异時高宗爲商令王傅説爲商賢佐良有以夫

自朝至于日中昃不遑暇食用咸和萬民

王文欽

考試官教諭周批（題本平易學者多泥舊文爲説殊失本旨惟此作體認真切必嘗用心於經學者）

考試官教諭吴批（場中作者多於不遑暇食及咸和萬民處講説欠通詞理俱到者此作得之）

聖人無時而自逸者以其心在乎民也夫聖人之心一視同仁之心也其於一食之頃曷嘗自暇自逸而忘乎民哉此文王無逸之實宜周公舉以爲成王告也歟意謂我周文王以徽柔懿恭之德誕膺天命之隆小民已懷保矣而憂勤之心不已也鰥寡固惠鮮矣而逸樂之念不萌也是故自日之方升而至于日之中一食之頃可少逸也文王則心有所在惟日孜孜而不遑於食焉自日之方中而至於日之昃終食之間可少緩也文王之心有所爲惟時汲汲而不暇於食焉然一日之晷屢移而一食之養不暇文王之心何心哉誠以多方之受非一民也寧無未安者乎故欲推吾懷保之仁以及之使寒者衣饑者食悉囿於春風和氣之中不啻懷保小民而已方夏之撫非一姓也寧無不獲者乎故必廣吾惠鮮之政以及之使老者安少者懷咸樂於光天化日之下不但惠鮮鰥寡而已文王心在乎民自不知其勤勞如此則無逸之實爲何如哉抑觀立政言罔攸兼于庶言庶獄庶慎則文王又若無所事事者不讀無逸則無以知文王之勤不讀立政則無以知文王之逸合二書觀之則文王之所從事可知矣噫周公作書以告成王一則欲其無逸以法乎先王一則欲其任賢以登於至治周公忠愛之心何其至歟

詩

天子命我城彼朔方赫赫南仲玁狁于襄

陳文輔

同考試官訓導劉批（竊意東萊説此詩乃騣栝一章大意而言學者執其説遂將城朔方置而不論不亦泥之甚哉整而婉無如此篇）

同考試官教諭柯批（南仲城朔方而玁狁之難除此作得之一結尤有歸著真佳士哉）

考試官教諭周批（講赫赫南仲處可見其明於上下之分）

考試官教諭吴批（豐蔚不冗）

表備邊之命著服遠之功此王者之勞還率也甚矣中國之待戎狄不在於攻戰而在於守備也然則城朔方而玁狁之難除有周禦戎狄之道有不至哉此勞還率之詩述其出師之時令衆之意若曰師出無名事故不成今日之師其名安在蓋我之此行寔受天子之命天子以朔方之地可遏玁狁之來寇故命我以爾六師往城其地庶乎守備之有所也我之此命寔自天子之所天子以玁狁之故欲以朔方爲大防故命我以爾三軍往城于彼庶乎防禦之有地也蓋以華制夷莫先於城郭而設險自固實利於國家我行之意其在兹哉傳命令衆如此但見當時之人知天子之倚重於南仲也如是由是自將改觀而南仲之聲威益振赫然動人矣玁狁雖在絶幕行且知之况城守有地自有以奪其入寇之心尚足慮哉聞南仲之受知於天子也若此由是自將起畏而南仲之氣焰益增赫然動衆矣玁狁雖在絶域行且聞之况邊備正修自有以破其内侵之謀尚足患哉王庭不南疆圉以之而晏然牧馬自北邊地爲之而恬若然則玁狁之襄謂不在於朔方之城而可乎吁守内地以自固致外患之自除禦戎之道尚孰有加於此哉嗟夫先王之待夷狄其所以自治者嘗密而所以治之者嘗疏是何也蓋夷狄譬之禽獸然惟力是恃尚何是非曲直之足言是以先王亦以禽獸待之而唯謹於自治而已後世不此之圖而乃務勤遠略不亦惑之甚哉願治之君尚其鑒之

以篤于周祜以對于天下

梁景行

同考試官訓導劉批（此題學者於對天下猶能言至篤周祜則多爲所窘明而暢如此篇者何可多得哉）

同考試官教諭柯批（大雅題最平易作者却多以對天下爲篤周祜又

或於篤周祜處以密人不恭講對天下處以侵阮徂共講昔横渠謂求詩者貴平易不要崎嶇求合近時學者多坐此病正大鄭重無如此作）

考試官教諭周批（此正是作大雅義者）

考試官教諭吴批（作者俱知爲伐密但少體貼親切如此篇者）

隆國祚而答人心此聖人之伐罪然也蓋文王之心一天理之所在也其伐密也不過欲厚周祜而答天下耳豈私怒哉詩人述文王伐密之意若曰小國不恭大邦是耻疆埸多事豈國家之福哉故我文王之伐密也不過欲取彼凶殘使宗廟無震驚之憂遏其寇亂使社稷無杌隉之患武功著而國勢尊義聲揚而王靈振國家之福寔不出此而文王之所以篤周祜者寧不在兹哉一方倡亂四國靡寧王事多艱豈天下之心哉故我文王之伐密也不過欲討彼有罪使四方無鋒鏑之若吊此無罪使萬姓有室家之安戰鬥息而上下寧禍亂平而遐邇悦天下之心夫豈外是而文王之所以對天下者寧不在兹哉一伐密耳國祚以之而靈長民心以之而悦服然亦因其可怒而怒之初豈有所畔援歆羨哉此所以爲文王之師也歟於虖豈獨伐密哉有苗之格南巢之放牧野之誅其心一也是何也蓋行一不義殺一不辜而得天下不爲者千聖同一道也後世之師不出於憤則出於貪不出於貪則出於驕流爲窮黷無所不至是又議興師者之所當知

春秋

齊人伐衛衛人及齊人戰衛人敗績（莊公二十八年）晋荀林父帥師及楚子戰于邲晋師敗績（宣公十二年）季孫行父臧孫許叔孫僑如公孫嬰齊帥師會晋郤克衛孫良夫曹公子首及齊侯戰于鞌齊師敗績（成公二年）

洪世傳

同考試官訓導章批（此題一本胡傳立説作者多失旨此篇剖析常變之例明白允宜録出）

考試官教諭周批（得聖人書法）

考試官教諭吴批（合傳意）

春秋紀兵既常例以立法復變例以示戒夫兵有國之大事也春秋於内外之交兵得不致意於將副主客之間哉何則衛黨子頽得罪於周齊因錫命而伐衛楚莊窺伯舉兵争鄭晋因救鄭而戰邲衛之伐也主兵者齊宜以齊爲主邲之戰也六卿偕行宜將副并書春秋一則以衛主戰一則獨書林父何耶凡伐者爲客受伐者爲主例也今齊人奉命討罪衛人不能徵詞請罪而憤然與之接戰則是衛人爲志乎是戰豈息争之道乎將稱元帥略其

副屬詞之體也今林父身爲元帥不能禁副屬之違令顧乃知難冒進棄其師而取敗豈專制之義乎故春秋於伐衛以衛及齊於郯獨書林父非所謂常例以立法者乎至若齊頃當國不能謹禮因房帷笑客之故致四國伐齊之舉魯則季孫主將三國則上卿舉兵之將副之例觀之宜略諸帥而獨書季孫以主客之例觀之宜釋諸國而以齊爲主春秋於此以四卿并列异乎於郯之書以四國及齊异乎伐衛之文何耶蓋争忿小故謂之憤兵今諸國大夫含憤積怒欲雪一笑之耻殘民毒衆以快報復之私憤孰甚焉履霜堅冰漸不可長今魯爲季孫一怒掃境内興師雖無人乎成公之側有不恤也然後政自季氏出矣專莫甚焉故春秋於戰鞌以四國爲主而列四卿於會非所謂變例以示戒者乎吁受伐者爲主例也而又有伐者爲主之詞將稱元帥例也而又有將副并書之文聖人書法有常有變義各不同豈可拘一例執一義以觀之哉不特此也他如内夏外夷尊王賤伯大義數十炳如日星固人所易曉若夫微詞奥義抑揚予奪非常人所能測非國史所能預故曰春秋非聖人莫能修信夫

吴伐我（哀公八年）齊國書帥師伐我（哀公十一年）

林銘

同考試官訓導章批（此題各有明白傳意作者多體認不真獨此篇能融會傳注成文自能出人頭地宜録以示後學）

考試官教諭周批（深得經旨）

考試官教諭吴批（體認傳意親切）

春秋兩特筆紀望國之被兵有諱其受盟之辱者有致其省躬之戒者此哀公之編兩書伐我聖人之意蓋有在矣何則我魯哀公八年吴人以執邾之故興伐魯之師兵加國都盟于城下春秋於此書伐我不言四鄙及與吴盟何哉誠以爲國貴乎禮義自强效死以守彼偷生惜死君子所耻今魯不能謀國有道折衝禦侮吴兵方至國猶可爲遂有城下之盟東陽甫克患猶未迫遽爲一敵之舉失節辱國恬不爲耻偷安苟免自爲得計向使魯能自强謀國如宋華元以國斃而不從齊國佐合餘燼以借戰何至有城下受盟之辱况吴輕而遠不久將歸乎故春秋書伐我不言四鄙及與吴盟者欲見受盟之實而深諱之也未幾我哀公十一年齊人以師郞之故國書爲伐魯之舉師自臨淄及清涉泗春秋於此非有城下之盟可諱之辱亦書伐我何哉誠以處己貴乎躬自厚而薄責於人彼自反而縮君子所予今魯不思理

曲在我而直在彼開門延盗會吴伐齊師鄎之兵方卷甲而歸國書之報不旋踵而至搆怨連禍惟其所召殘民毒衆伊誰之咎向使魯能戒其輕動鑒傳説甲冑起戎之言曾子出爾反爾之語何至有國書見伐之慘況齊本甥舅世締其好乎故春秋記斯師特書曰伐我欲省致師之由而躬自責也吁始因吴伐我而春秋爲魯諱下敵之辱繼因齊伐我而春秋欲魯省致師之由聖人拳拳爲魯之意一何至歟雖然周公怕禽之魯□秉周禮號稱人望聖人嘗有志於用魯奈何昭定哀之春秋有名無實削弱滋甚三卿專政鄰國交伐外有患而莫支内有變而不悟聖人望魯之意至是絶矣諸侯欲於魯觀禮得乎噫此聖人所以憂此春秋所以作

禮記

故聖人參於天地并於鬼神以治政也處其所存禮之序也玩其所樂民之治也故天生時而地生財人其父生而師教之四者君以正用之故君者立於無過之地也

冼魯

同考試官教諭朱批（禮運一題本正大作者往往忽之多分截不明此篇融會傳注組織成文發明聖人治政之要無餘藴矣宜爲本房之冠）

考試官教諭周批（詞能説理允勝他作）

考試官教諭吴批（通篇措詞簡當諸卷中蓋無出其右者）

論聖人合造化以治政而政所由治必推言治政在乎正身也蓋參并造化以治政惟聖人而後能也然則治政之要舍君身之正而立於無過之地何以哉記者論聖人庸禮之政而及此且君者政之所自出政者君之所由安是以聖人之君國也天地至大而難量則有以參贊其道而爲三焉鬼神至幽而難測則有以擬并其事而無間焉所以參之并之者無他凡以治政而已夫政莫大於禮之序聖人處天地鬼神之所存于以法其高下散殊之理此禮之所以序也政莫大於民之治聖人玩天地鬼神之所樂于以法其周流同化之機此民之所以治也然聖人果何法此以治政耶誠以時生於天貨産於地天時地利莫非政之所關人生於父德成於師父生師教罔非政之攸寓四者之政治之不有其要哉亦曰君以正用之而已於焉正身修德其於天時也地利也順之因之無所違體元居正其於父生也師教也左之右之無所拂曰順之曰因之則治道以張其要不在君身之正而立於無過之地乎曰左之曰右之則治道以得其要不在君德之修而處於至正之域乎噫治政在乎正身如此則聖人之所以參天地而并鬼神者其以是哉大抵人君治政能參三才之功固

自正身中來也求之古人孰可以當之觀夫欽明文思允恭克讓堯之身正何如也敬天授時之政一行而黎民有於變之風浚哲文明温恭允塞舜之身正何若也封山浚川之政一舉而四方有風動之休噫此堯舜所以爲萬世君人之法也歟

養其身以有爲也

黄著

同考試官教諭朱批（題本上文立説似易而實難於作者此篇文理通暢説出儒者備豫之行深合本旨是宜録出）

考試官教諭周批（文不蹈襲能發明聖人告哀公之意）

考試官教諭吴批（本傳注立説而辭氣整潔可嘉）

儒者豫養乎身正欲有應於世蓋事豫則立也苟不能豫養是身以應世又豈儒者備豫之行哉聖人告哀公之意如此且儒者講學於間燕從容乎席上以爲吾之一身關天下之大不有以豫養之則身不立而德不充矣將何以有爲哉由是居處齊難而坐起恭敬言必先信而行必中正則敬有以養其身矣於道途也不争險易之利於冬夏也不争陰陽之和則恕有以養其身矣夫如是則忿懲欲窒身立德充不惟可以當天下之變而不避而又可以任天下之重而不辭將見生民命脉待我而培養國家元氣待我而扶持以之爲股肱爲心膂則致吾君爲堯舜之君所謂爲上爲德者是已何嘗辭其任之重哉以之作舟楫作霖雨則澤吾民爲堯舜之民所謂爲下爲民者是已何嘗辭其責之重哉噫儒者養身有爲如此其備豫之行至矣聖人舉之以告哀公得無意乎抑考儒行一篇昔哀公覘孔子被服儒雅威儀進趨與俗不同怪而問之孔子既以不知儒服告之及問儒行而又悉數之者無非望其崇重吾儒也厥後哀公言加信行加義不敢以儒爲戲容或有以感動之歟惜乎終不能用孔子此魯之所以終於不振而深可爲之太息

第二場

論

帝王臨御天下

區元廣

同考試官學正章批（此論歷數古今華夷之事殆盡且以我聖祖爲二

帝二王以來一人而已其知言哉讀之真令萬世中國一快然也得士如斯亦可以報上矣）

考試官教諭周批（論有抑揚可取）

考試官教諭吴批（有證據起伏真杰作也）

以天下之大而主之一人天之意其有在哉蓋天地不可一日無人紀無人紀是無人也無人是無天地也世至無天地亦極矣天豈終恝然哉於是必生聖人而以是付之焉何以言之蓋極天地之所覆載極日月之所照臨此天下之大形勢也内則中國外則夷狄此天下之大界限也夷狄不可爲中國中國不可爲夷狄此天下之大名分也夷狄犯中國則誅之中國而夷狄則夷狄之此天下之大防閑也中國有三綱夷狄無三綱中國有五常夷狄無五常中國有禮義夷狄無禮義中國有教化夷狄無教化中國有封建夷狄無有也中國有井田夷狄無有也禮樂刑政中國有而夷狄無也紀綱法度中國有而夷狄無也此則天下之大區别也天下有帝王則其大形勢自尊天下有帝王則其大界限自明天下有帝王則其大名分自正天下有帝王則其大防閑自嚴天下之三綱必自帝王而始叙天下之五常必自帝王而始明天下之禮義非帝王無自而惇天下之教化非帝王無自而彰天下之封建非帝王不能行天下之井田非帝王不能定天下之禮樂刑政必帝王而後四達天下之紀綱法度必帝王而後一統此天下之大區别必帝王而後大明白也是知天下不可一日不繫屬於帝王而帝王亦不可一日不維持乎天下也昔者舜御中國之天下矣而蠻夷服昔者禹御中國之天下矣而有苗格中國有湯而氐羌來享中國有大王而串夷載路有周之盛時中國天下有人而玁狁于夷有周之中興中國天下有人而蠻荆来威是時中國夷狄爲夷狄非惟中國治夷狄亦治非惟中國安夷狄亦安自是以後不能無言焉以秦皇之强而終不敢窺西河以漢高之興而幾不能脱平城狼居胥之封僅足以雪七日之困辱呼韓邪之朝不足以償四海之虚耗烏孫守禮西域佩印雖可爲中國之榮觀無益於中國之大本是時中國猶自爲中國夷狄猶自爲夷狄終可言也至如晋陽之旅資威於突厥靈武之師借勢於回紇故中原之禍亂與唐世相始終是時中國不善爲中國夷狄不安爲夷狄然又可言也若夫澶淵之役猶貽後悔靖康之讎不共戴天然猶未也至於南北之勢已成而錢塘之潮不來矣閩廣之舟日南而崖門之旗遂仆焉於乎天地之氣魄至是索然沮喪日月之光華至是奄然晦蝕中國之土地至是盡爲朔漠中國之人民至是盡爲犬羊中國之冠弁至是盡爲辮髪中國之衣裳至是盡爲左衽自古帝王臨御天下之道至是蕩

然無餘矣雲擾於五胡何足言哉瓜分於五季何足言哉此天下之大變自開闢以來未見也此天下之大耻自開闢以來未聞也此天下之大憤自開闢以來未有也是中國不中國夷狄非夷狄矣十世之間九十年之内父不父子不子夫不夫婦不婦而又重之以大德不君泰定不臣天曆不弟腥氣熏天污流漲地人紀至是盡矣尚何言哉然地終不可以爲天夜終不可以爲晝冬寒之極必有陽春激湍之下必有深潭悠悠蒼天能無意乎於是淮甸之間真主出焉拯一世於腥羶之中脱萬民於穢濁之地天地已傾而復正日月已晦而復明六合朦朦而復清四海棼棼而復理天下之大形勢復尊天下之大界限復明天下之大名分復正天下之大防閑復嚴天下之大區别復大明白矣豈特可爲趙氏一大快實可爲中國一大快也豈特可爲一世中國一大快實可爲萬世中國一大快也蓋自二帝三王以來一人而已豈區區漢唐宋之足言哉此則我太祖高皇帝之所以臨御天下也是皆天之所爲也臣嘗莊誦北伐之檄而有以知其然矣其曰人君者斯民之宗主朝廷者天下之根本禮義者御世之大防是三言者舜之帝於虞禹之王於夏湯之王於商大王文武宣王之君於周我聖祖之帝於我朝其本在是矣所謂萬古一心千聖一道也臣故曰自二帝三王以來一人而已

表

擬車駕幸國子監祭酒率諸生謝表

區元廣

同考試官學正章批（表有四六乎筆且寫出當時氣象宛然在目）

考試官教諭周批（得體）

考試官教諭吴批（典贍）

伏以璧水縈迴潑潑乎鳶飛魚躍鸞與至止煌煌然日照月臨睹禮樂於無前知俎豆之有幸儒林增氣士類騰歡恭惟德本夙成聖由天縱位一祖五宗之位賢其賢而親其親心三王二帝之心仁極仁而義極義貢獻已却於四國孝養尤極於兩宫去惡不留已見朝無讒慝求賢如渴欣□國有老成而猶求治以虚懷不過崇儒而重道皆入大學允惟賢士之關於樂辟雍寔乃名教之地墻高數仞風動四方蓋天下必有達尊而盛德未嘗自聖禮增釋菜意已默通於先師幄次講堂心惟冀聞乎大道六經具在萬姓環觀作之君作之師於今爲盛不如堯不如舜豈敢以陳雖率舊章寔爲盛節尊禮師傅事邁漢皇大召名儒迹高唐帝堂堂乎示吾道以指歸勃勃焉大斯文之氣魄恩均六館荷雨露以霑濡光被百僚慶風雲之際會于今始見曠古希聞臣某等幸列學

宮叨趨輦路有慚待問空空然無地可逃莫罄名言蕩蕩乎惟天爲大涓埃何在海岳奚裨伏願日就月將冀聖學自今以始河清海晏祝皇圖于萬斯年臣某等無任瞻天仰聖激切屏營之至謹奉表稱謝以聞

第三場

策

第一問

陳文輔

同考試官訓導劉批（五策俱有可觀而論筆尤奇絶本房當放子出一頭地矣）

同考試官教諭柯批（取三場文字通觀之不浮夸不窘束赴敵場而從容整暇如此子亦可嘉矣雖不能盡録抑何用多録哉）

考試官教諭周批（策能答所問）

考試官教諭吴批（筆力健甚）

繹巍然焕然之語然後知前聖功德之隆咏不愆不忘之詩然後知後聖繼述之大甚矣創業之不易守成之尤難也兩盡其道其惟我聖祖純皇乎且自古帝王之一天下者非盛德無以得民心非大功無以一海内堯舜禹湯文武不容議矣漢唐宋能一天下者數君姑未言也若夫四分五裂合而復分南國北朝理也復亂紛紛擾擾又不必言矣然天地不可以長夜日月不可以長晦是以掃胡塵於六合開帝業於萬年不能不有待於我太祖高皇帝焉夫仁如帝堯學如孔子聖祖之德至是無以加矣故千古之首稱必歸之茅茨土階萬世之師法必歸之節用愛人其仁如天至誠動物聖祖之德與之爲無間矣故諸將之諭惟安民以仁之是言國珍之來必推誠相與而不疑成湯代虐以寬其即討温台而戒湯和以毋縱殺也文王爲人君止於仁其即取文石而折言者以爲厲民也虜黑漢而遣使還之其與釋箕子人雖殊而心則一赦買的而列爵侯之其與封微子事雖异而意則同高宗學于古訓矣而殿壁書古人行事兩廡書大學衍義其心則一爾武王不貴异物矣而毁陳友諒之鏤金床却方國珍之寶鞍轡其心豈二哉於乎此我聖祖之德所以高視百王而獨步千古歟至如神武不殺陶安稱於渡江之初師直爲壯徐達形於伐漢之議全師乘勝於鄱陽既捷之後武昌可蕩平也然保全智勇是以寧留羅復仁之論降質子遣還於三郡來歸之時國珍已臣服矣然陽降陰叛是以難逭湯和之

致討滁州爲王師之始至渡江而通海以千艘來歸戊申爲帝業之成於北伐而元人以半夜北遁命冷謙正廟社樂舞之制詔有司開文武取士之科禮樂興而材能舉矣處劉基輩以禮賢館延宋濂輩爲五經師文儒崇而絃誦作矣於乎此我聖祖之功所以雄視萬代而杰出一世也自是以後聖聖相承逮我憲宗純皇帝思臻至治之美一惟舊章之由爰輯簡編續爲綱目一以著宋元二代之事功一以昭皇明一朝之謨烈固鑒於成憲之夙志抑以燕翼子之遠圖所謂無忝爾祖聿修厥德者此也所謂於乎皇王繼序思不忘者此也所以光乎前者在是所以裕乎後者在是繼志述事之大固不出此長治久安之策何以逾之愚也循行數墨仰文謨武烈於何知摘句鈎章昧孔思周情之所在然飲江河固易於知足而摸天地實難於爲容有慚瓦缶之是將莫副天球之在望聊述所聞以復明問

第二問

區元廣

同考試官學正章批（五策文氣俱充而敬大臣納諫諍進君子退小人二策尤條答幾盡復參之前二場不覺爲子斂衽）

考試官教諭周批（□乃得子令人躍然）

考試官教諭吴批（三場文字可録者多録此以例其餘）

孔子論政不外乎敬大臣孝文求治必先於舉極諫蓋大臣者天子之腹心諫諍者天子之耳目未有腹心病而身能安亦未有耳目塞而身能治者也是以願治之君未嘗不於是致意焉夫廉遠則堂高投鼠必忌器先王之政蓋以大臣重則國體尊此體貌大臣所以爲國之盛典也是故劍履上殿高帝固厚於蕭何然請地之怒不免械繫雖卒釋於王衛尉之言亦可以知帝之心矣朝禮益莊文帝亦隆於周勃然言者及之不免就獄雖卒釋於薄太后之語亦終爲其德之累焉前席召問文帝之待賈誼非薄也若其長沙之謫雖見短於大臣然賈誼之量未之聞也誼其自取哉麟閣不名宣帝之尊博陸何厚也若其赤族之加固莫赦於禹雲然忠勛之祀可不念哉帝其少恩矣山南夜召德宗爲陸贄而喜見顔色矣然追仇盡言卒不免於忠州别駕之貶德宗何其猜忌歟曲江召宴文宗爲裴度而愛形詩章矣然信讒投閑抑何救於山南東道之行裴度何昧進退歟真宗幸曹彬之第問以後事其視韓信之兔死狗烹异道矣韓琦定兩朝之策略無疑隙其視霍光之驂乘致疑殊科矣之數者君臣之間誠意有孚與不孚故功名之際始終可善與不善夫君之視臣如手足則臣視君如腹心伊欲君臣一體心貌相符必如成湯之於伊尹高宗之於傅説

然後爲無忝也若夫誹木諫鼓之設明目達聰之詢先王之政蓋以言路通則治道善此詢及芻蕘所以爲國之美政也是故内多欲而外施位義汲黯之諫直矣然竟綰淮南之綬終食召君之言憂其末而忘其本蕭望之之言忠矣然僅改平原之任尚遲柄授之期五侯競侈外戚盛矣劉向之封事其人所難言哉王氏專政張禹蔽之朱雲之借劍其人所難能哉七國之謀晁錯爲漢亦至矣而袁盎之争安能免於報復之譏子虚之作相如之賦亦工矣而大人之奏安能逃於神仙之妄叩頭流血心本徇國世於鄒浩之諫而謂之賣直亦過矣叩鐶大呼心本忘家世於孔道輔之舉而謂之過激豈當哉之數者固有直諫諷諫之殊實亦有爲公爲私之异夫周易有納約自牖之言魏徵有忠臣良臣之論伊欲耳目聰明流通無滯必若成湯之從諫弗咈高宗之從諫則聖然後爲盡善也愚也績學抱坐井之慚造道有望洋之嘆然必欲致一得之愚以爲萬機之助則請以愚前所答者爲沙汰之瓦礫以愚後所陳者爲簸揚之糠粃庶幾三代以前之遺規可復爲一代無前之盛治區區之愚如是而已

第三問

何文華

考試官教諭周批（答所問之餘而揭出聖人之道以示人知所以闢异端矣）

考試官教諭吴批（策場固欲知士子之博也况闢异端尤吾儒分内事得子可以冠本房矣）

异端之爲正道害也甚矣君子不可一日而不講也是以孔子以攻异端爲萬世之大戒孟子以正人心爲萬世之大法然則欲崇正道可不先闢异端哉夫异端之害其甚者有佛氏諸儒之論其詳者惟胡氏愚嘗讀崇正辯而有以知其然矣且人道莫大於三綱佛氏則不親其親而名异姓爲慈父不君世主而拜其師爲法王棄其妻子而以生續爲罪垢何嘗有三綱哉人情不外乎四端佛氏仇視父母爲無惻隱毁滅形類爲無羞惡誘人施舍爲無辭讓同我即賢爲無是非何嘗有四端哉治人治國之要固堯舜之道也唐肅宗乃請惠忠演之不猶責明視於瞽矇歟歸空入善之説非周孔之教也顔之推以爲非周孔所及不亦漏反道敗德之誅歟内垂天屬而不違其孝外缺奉主而不失其敬此遠師之言也夫既垂天屬之重則非孝矣既缺奉主之恭則非敬矣非而曰是非喪心者不爲也與上人言依於仁與下人言依於禮此法慎之言也夫彼以天性爲淫欲心安知所謂仁以天秩爲分别心安知所謂禮名是而實非非知道者莫辯也人所當盡心者既生未死爾彼謂蝙蝠因商人誦經故生

爲人沙彌因愛戀龍宫故生爲龍前生後生之説若此其怪誕亦明矣人所共屬目者天下地上爾彼謂日月覆於阿修輪王之手下海水懸於阿修羅王之宫上其天上地下之説如是其誣妄難掩矣定蘭剜目飼獸何妻子之肯念釋曇棄身啖虎何父母之足言所謂慈悲寧及虎狼蛇虺而不及父母妻子者此也通達乞驢於人不得而謂驢尋死惠聞投金詐盗既還而謂金復在所謂棄舍寧使人以財與僧而不使僧以財與人者此也河山大地未可以法空也必欲空之而屹然沛然卒不能空兵刑灾禍未可以呪度也必欲度之而伏屍百萬卒不獲度在上而崇其教者固非一人而尤甚者則有梁武帝三捨身於僧寺唐憲宗迎佛骨於禁中然欲破其邪説而盡毁之者亦非一人而周武宗所謂崇建圖塔爲竭財悖逆父母爲不孝周世宗所謂毁無用之銅像鑄有用之銅錢其説爲易曉在下而泥其法者亦非一人而其最者則有何充所論沙門不應拜王者顔之推欲將黔首悉化入道場然欲拔其蠹根而力詆之者亦非一人而傅奕所謂减寺省塔益國利民韓愈所謂事佛漸謹年代尤促其説爲最明凡民淺識佛因迷之謂之惑凡民懦氣佛因惴之謂之懼凡民貪情佛因誘之謂之貪千古之下溺於异端之説者不過三者而已上士立德以教變之中士立功以法革之下士立言以辭闢之千古之下欲闢异端之教者亦惟三者而已於乎堯舜禹湯文武之德衣被天下孔子子思孟軻之道昭覺萬世凡南面之君循之則人與物皆蒙其福背之則人與物皆受其殃故聖人之道正則佛氏之説邪佛氏之説邪則聖人之道正無兩立之理此崇正辯所以不得已而有作而愚於是亦不得已而有言也有志於聖人之道者其留意於斯

第四問

冼魯

同考試官教諭朱批（此策答盡問目而□之以聖之事有學有識士也）

考試官教諭周批（策有題外意所學可知）

考試官教諭吴批（有策手）

即人材之用捨知治化之隆替蓋君子者致治之本小人者召亂之階未有君子用而國不治亦未有小人用而國不亂者也此又君國者之所當知也請因明問而條陳之詩曰樂只君子邦家之基是爲國者不可一日而不用君子也是故百里奚賢者也繆公舉之牛口之下加之百姓之上而秦之霸功成諸葛亮王佐之才也昭烈訪於草廬之中授以將相之任而漢之王業就三十年以身爲天下安危者郭令公也故一召之間非惟回紇以之而羅拜而吐蕃亦以之而夜遁焉二十年以身繫國家輕重者裴晋公也故一相之頃非惟淮

蔡以之而蕩平而諸鎮亦以之而臣順焉賢於䕫卜仁宗相文富矣故耶律有將相得人之稱毋去朝廷中國相司馬矣故遼人有毋開邊隙之戒蓋君子一進非獨可以爲邦家之幹而又可以服夷狄之心賢者之有益於人國也如此爲國者可以不用君子哉易曰開國成家小人勿用爲國者不可一日而不察小人也是故恃險爲亂三苗之惡亦甚矣故大舜攝位之時竄之三危之地而天下服焉言僞行僻少卯之奸莫倫矣故孔子攝相之初誅之兩觀之間而魯國治焉贓賄如山冤魂塞路來俊臣唐之元惡也故國賊之刑一正而眠者皆帖席矣錢穀俗使佞巧小人皇甫鎛唐之巨奸也故崖州之制一下而市井皆相賀焉大奸之去如距斯脱一竦之去非惟士夫快於朝而庶民亦歌於道矣欲得天下寧當拔眼中釘一謂之斥豈獨士論爲之快而天道亦不可誣矣蓋小人之一退非惟可以慰天下之心而真可以爲天下之福不肖之無益於人國也若是爲國者可以不斥小人哉至如毋薄淮陽吾今召君武帝固知汲黯之賢然卒不能用吾貌雖瘦天下必肥明皇固知韓休之忠然用不能久郭公所謂善善而不能用其此之謂歟上止樹下譽之不已太宗知宇文士及之佞矣然未聞其能去之忌賢嫉能無與爲比明皇知李林甫之奸矣然未聞其即斥之郭公所謂惡惡而不能去其斯之謂乎於乎用賢去邪而四夷來王先王之政也舉直錯枉而天下率服孔子之訓也他日孔子又曰尊賢而不能用賤不肖而不能去雖欲無亡豈可得乎以是而觀則爲治之要亦可知矣愚也稽於既往之迹以觀維新之政然后知我聖天子之進賢退不肖其即二帝三王之道歟執事必欲取於衆善之中以匡一代之治愚則又有一説焉中庸曰爲政在人取人以身敢以此一言獻未知執事然之否

第五問

洪世傳

同考試官訓導章批（能酌今準古鑿鑿可行本房之冠舍子其誰）

考試官教諭周批（有證據有斷制）

考試官教諭吴批（非事高談者）

先天下之憂而憂後天下之樂而樂非此不可以爲事民之所好好之民之所惡惡之非此不可以爲心蓋不以天下爲非事也不以民心爲己心非心□□□□子之於世必憂樂之天下而好惡同於民焉且廣東爲地五嶺距其北重溟環於南南陬一都會之地也自入我朝天涵地育荷列聖仁義之漸摩俗易風移欣十郡民物之康阜然以今觀之不能無説焉何也蓋日月尚遺於覆盆而陽春亦待於吹律是以帝堯之治不能無三苗周公之政不能無三監

而一幹之枯有以爲春林之累向隅之泣有以減滿堂之觀執事策愚之意其在兹哉夫海濱鄒魯潮陽之志非溢美也教化何嘗有不明哉然而深山大谷之中不明逆順者猶桀驁以自雄樂於逋逃者尚披猖之相扇其亦教化未盡至歟考之昔者潮州之人沐韓愈之化師以趙德遂皆知學封州之民知司馬之賢相率具祭可謂知義今使十州令長盡如韓愈而又損益時政廣里社之師儒明朝廷之綱紀毋遠於事情毋駭於視聽守而行之將見日漸月摩自有不知其然而然者矣學道易使其在兹哉中州典禮廣州之志非過情也風俗何嘗有不美哉然而遐陬僻壤之地無俎豆之習而巾屨不加惟巫鬼之媚而詩書不聞其亦風俗未盡美歟考之昔者化州之民被禮讓之教賤隸襟衽而衣冠相尚廣州之人承宋璟之治室皆塗塈而華風可觀今使十州令長盡如宋璟而又斟酌時宜定以鄉土所宜之禮制示以國家所制之衣冠毋垂於民心略便於民習守而行之將見日清月化自有不知其爾而爾者矣移風易俗其在兹哉於乎常衮之於閩文翁之於蜀於今猶受其賜有民社之責者可不念哉桴鼓不鳴盗賊之息久矣然而三五鼠輩出入近地一二狗偷竊伏水鄉誠有如執事之所言者弭之之策不可不講且縱賊歸農而化盗爲民此張咏之在益州也諭盗自贖而以盗捕盗此張敞之守京兆也然廣之盗賊則有二説或飢寒相迫遂變其良心或習染既深難改其故態若使盡明教化美風俗以革其習染而又均傜役省誅求以救其饑寒則益州之政其庶幾矣必不得已如京兆之治亦弭盗安民之策所可行者也烽燧無煙蠻夷之服久矣然而高凉之衆或駮於鳥驚瀧水之徒未解於烏合亦有如執事之所言者制之之道不可不知且高其城垣威以刑法此劉元城論制夷之道統以渠率粗定紀綱此諸葛亮治南中之法然廣之蠻夷亦有二説蓋山川險阻根不可以盡除瘴癘毒惡師不可以久處若使無事之時高城深池以自固有事之際聲罪致討之必奮則元城之論其庶幾矣必不得已如孔明之治亦以夷治夷之策所可用者也於乎尹鐸之爲保障李勣之爲長城於今猶慕其風受土地之寄者可不勉哉然此特其大者爾細瑣非所論也要而言之不過曰得人而已使得其人則必能以天下之憂樂爲憂樂而不怠若事以民心之好惡爲好惡而不咈其情尚何教化之不明風俗之不美哉尚何盗賊之不息蠻夷之不服哉生也居是邦固不敢非其大夫與之言又恐或失於君子執事儻不賜葑菲之棄而盡於芻蕘之詢不鄙千慮之愚而與其一隅之舉則時政之助實吾黨之幸豈空言無所用哉

廣東鄉試録後序

弘治己酉秋廣東復當鄉試于時監察御史周南於試事靡不究心惟必得真才是務將撤棘例有録以獻以傳服謹序其後曰自古天下國家非賢莫與爲理然取之恒足而亦未嘗借於异代顧人主所用與所以養之者何如耳廣東爲南海一都會地其於漢初爲南越以百粤雜處之初宜乎不聞其他也自歸漢歷唐涵煦數百年而后人才出而張文獻九齡其杰然者焉其後又爲南漢以四分五裂之餘宜亦不聞其他也自入於宋涵煦又數百年而後人才復出而崔清獻與之又其杰然者焉自是以入我朝涵煦又數百年矣以其數考之則人才之盛在今日有不得以多讓蓋天地必剥而後復氣化必漓而後淳而孟子於名世者亦以五百年爲期也人才之係於時其不易也如此然人之所以自力以見於世則不敢諉之他諸生勉之哉一代之師以地則二公在進而上之將自有得然予又有所不欲聞者三而墦哀龍望者不與焉務大體也慎毋洗瘢束濕以爲峻削務正道也慎毋標奇植异以爲矯亢務公心也慎毋鼓群樹黨發短疵長以相傾軋有一於斯則非惟於士無取而其爲天下國家累豈細細哉

江西吉安府泰和縣儒學教諭周服謹序

弘治八年廣東鄉試録

廣東鄉試録序

弘治乙卯歲當大比是雖常典然實賓賢之盛事命必取於上事必行於預不敢專且忽也於是廣東藩臬二司如例舉行時總督右都御史閔珪最深留意適有南京刑部尚書之命而右都御史唐珣代之甫入廣謂兹舉乃國家得人之本尤加意焉而總鎮太監王敬提督市舶太監王宣總兵官伏羌伯毛鋭又皆崇重文事協志勸相然專厥事矢厥心期必得真才以無負兹舉者則巡按監察御史汪宗器也至於大小庶務則左布政使金澤實嘗究意先試期八日擢右副都御史有巡撫江西之行維時提調監試則右布政使林同按察使李士實左參政徐源副使吴洪考試則教諭趙琥顧潤同考試則學正鄭嘉祐蔣昂翁文澤教諭汪儼陳觀劉栗彭申士則提學僉事歐陽晳素所甄陶今所簡拔者周防於外以相厥成則右布政使陶魯左參政姜英副使陳英瞿俊左參議孫珩右參議任穀僉事董榮王經袁慶祥黄華舒玠而内外大小執事亦罔不效力以共其職然皆受成於監臨御史焉試之日三聽試之士千二百有奇中式者七十有五人例爲録以獻既成琥當序其首惟昔我太祖高皇帝當用夏變夷之初日不暇給而即以聖人之道晚始得聞爲歉且謂士當學帝王之政務爲帝王師大哉王言誠千萬世所當法者也夫學必以聖人爲的荀子未爲知道然其言亦曰學始乎爲士終乎爲聖人聖人之學即周子所謂藴之爲德行行之爲事業彼以文辭而已者陋矣而今之取士必文辭焉者蓋非言無以爲知人之地自選舉變爲科舉率用是道歷代因之而不能變以至於今凡以此也然亦敷納以言之遺意也而其所謂文必六經之言是道必二帝三王之道是講而秦漢以下一切功利之説亦必非非是是使之判然爲兩途不得以相雜如是則其藴亦可知而其發也亦可觀矣使或有之無所補無之無所缺甚或離真失正反爲道害於乎是其人亦可知矣凡我國家所以教於學拔於有司而置於有位不過望之以此而已然則安敢舍是而他求哉諸生既與是選所謂發爲事業且有日矣然亦可不懼哉孔子曰患所以立是誠不

可以不懼也若以一第爲榮而即僴然自得豈所望哉

直隸太平府蕪湖縣儒學教諭趙琥謹序

弘治八年廣東鄉試

監臨官

巡按廣東監察御史汪宗器（鼎夫直隸繁昌縣人　甲辰進士）

提調官

廣東等處承宣布政使司右布政使林同（進卿福建龍溪縣人　庚辰進士）

廣東等處承宣布政使司左參政徐源（仲山直隸長洲縣人　乙未進士）

監試官

廣東等處提刑按察司按察使李士實（若虛江西新建縣人　丙戌進士）

廣東等處提刑按察司副使吴洪（禹疇直隸吴江縣人　乙未進士）

考試官

直隸太平府蕪湖縣儒學教諭趙琥（時用江西餘干縣人　丁酉貢士）

河南河南府洛陽縣儒學教諭顧潤（良玉應天府上元縣人　丙午貢士）

同考試官

湖廣襄陽府均州儒學學生鄭嘉祐（宗吉福建莆田縣人　丙午貢士）

湖廣武昌府興國州儒學學正蔣昂（世舉福建侯官縣人　丙午貢士）

山東東昌府濮州儒學學正翁文澤（時潤福建懷安縣人　丁酉貢士）

江西饒州府德興縣儒學教諭汪儼（仲温直隸婺源縣人　丙午貢士）

直隸鳳陽府潁州亳縣儒學教諭陳觀（尚賓浙江烏程縣人　壬子貢士）

河南汝州魯山縣儒學教諭劉栗（錫玉江西安福縣人　己酉貢士）

直隸松江府上海縣儒學教諭彭申（鐘嶽福建莆田縣人　己酉貢士）

印卷官

廣東等處承宣布政使司照磨所照磨陳傑（漢卿浙江慈谿縣人　知印）

廣東等處提刑按察司經歷司知事田昂（廷舉湖廣長陽縣人　監生）

收掌試卷官

潮州府知府周鵬（萬里湖廣永明縣人　戊戌進士）

韶州府知府錢鏞（用聲浙江仁和縣人　戊戌進士）

受卷官

雷州府同知劉彬（素彬江西永豐縣人　戊戌進士）

廣州府通判顧叔龍（文時福建莆田縣人　甲午貢士）

彌封官

惠州府推官李塤（和之福建侯官縣人　己卯貢士）

廣州府南海縣知縣蔣昇（誠之廣西全州人　丁未進士）

謄録官

肇慶府高要縣知縣左濬（希哲福建寧德縣人　戊子貢士）

潮州府潮陽縣知縣姜森（元茂浙江慈谿縣人　丁酉貢士）

潮州府海陽縣知縣饒槵（文中江西進賢縣人　庚戌進士）

對讀官

廣州府番禺縣知縣唐潑（文焕廣西全州人　甲午貢士）

肇慶府新興縣知縣蒙惠（允濟廣西蒼梧縣人　庚戌進士）

廣州府東莞縣知縣黄塗（廷冕福建甌寧縣人　己酉貢士）

巡綽官

廣州右衛指揮使張琳（國用山東壽光縣人）

廣州前衛指揮使王瑜（宗美湖廣江陵縣人）

搜檢官

廣州左衛後千户所正千户李讓（宗禮直隸山陽縣人）

廣州左衛後千户所副千户趙棐（汝輔直隸灤州人）

廣州右衛左千户所副千户孔鑑（克明河南武安縣人）

廣州右衛後千户所署千户事副千户嚴觀（惟遠直隸山陽縣人）

廣州後衛右千户所署正千户事副千户許全（大用直隸合肥縣人）

從化守禦千户所署正千户事副千户費明（廷輝直隸當塗縣人）

供給官

廣州府通判張浩（巨卿直隸華亭縣人　戊子貢士）

廣州府番禺縣縣丞吴瓊（廷器福建歸化縣人　監生）

廣州府南海縣縣丞李泉（文昭福建安溪縣人　監生）

廣州左衛經歷司知事馬榮（本仁浙江鄞縣人　吏員）

廣州府醫學正科馮璉（汝器廣東南海縣人）

廣州府番禺縣五羊驛驛丞錢槐（時茂浙江慈谿縣人　承差）

廣州府南海縣李右岐驛驛丞董鳳（廷儀廣西臨桂縣人　承差）

廣州府南海縣西南驛驛丞程子厚（子高福建閩縣人　承差）
廣州增城縣東洲驛驛丞陳鏞（世鳴江西新昌縣人　承差）
潮州府潮陽縣北山驛驛丞劉伋（仰道江西盧陵縣人　承差）
潮州府朝陽縣靈山驛驛丞滎光輔（克忠湖廣石首縣人　承差）
潮州府程鄉縣程江驛驛丞李憲（正綱湖廣祈陽縣人　承差）

第一場

四書

四時行焉百物生焉　遠之則有望近之則不厭　禹八年於外三過其門而不入

易

寬以居之仁以行之　无所往其來復吉有攸往夙吉　崇高莫大乎富貴　震起也艮止也

書

直而温寬而栗剛而無虐簡而無傲　慮善以動動惟厥時　文王騂牛一武王騂牛一　惟予一人膺受多福其爾之休終有辭於永世

詩

東方明矣朝既昌矣匪東方則明月出之光　他山之石可以攻玉　無矢我陵我陵我阿無飲我泉我泉我池　薄言震之莫不震疊

春秋

蔡侯鄭伯會于鄧（桓公二年）　秋九月荆敗蔡師于莘（莊公十年）荆人來聘（莊公二十三年）冬楚子使椒來聘（文公九年）　夏公會宰周公齊侯宋子衛侯鄭伯許男曹伯于蔡丘九月戊辰諸侯盟于蔡丘（俱僖公九年）　公會晋侯宋公陳侯衛侯鄭伯曹伯莒子邾子滕子薛伯齊世子光吴人鄫人于戚（襄公五年）吴子使札來聘（襄公二十九年）吴救陳（哀公十年）

禮記

凡三王教世子必以禮樂　喜則天下和之　凱以强教之弟以説安之故臣下皆務竭力盡能以立功是以國安而君寧

第二場

論

聖賢時人之耳目

詔誥表（内科一道）

擬漢武帝舉茂材异等可爲將相使絶國者詔（元封五年）　擬唐以張九齡爲中書令誥（開元二十二年）　擬宋以趙抃爲殿中侍御史謝表（至和二年）

判語（五條）

官文書稽程　私借官車船　僧道拜父母　不操練軍士　威力制縛人

第三場

策（五道）

問　自古帝王政教兼隆而君師道備莫有如我太祖高皇帝者竊嘗伏讀資世通訓參以唐虞三代之所行與夫先聖先賢之所言而有以知我聖祖真杰出百王而卓冠萬世也夫大哉之堯君哉之舜德云盛矣若君道十八事我聖祖之躬行心得盡在是矣其與之异世而同符者何居九官之命八柄之馭制云備矣若臣用十七事我聖祖之慶讓黜陟不出此矣其與之殊塗而同歸者安在表正萬邦大賚四海是固湯武之盛節若王綱振而强暴息民命焉得無歸乎黎明於變四方風動是固唐虞之至治若貧相恤而善相勸民德焉有不厚乎四民之内其弊各一僧道之中其罪有四不知昔之平章百姓與力排异端者其亦是道歟愚癡之性坐於失教仁孝之子源於其親不知人之困而不學與不學而能者亦果斯説歟天與之人歸之聖祖之吊伐湯武之吊伐也漢祖唐宗亦可彷彿歟民之禍民之福聖祖之誥教湯武之誥教也湯誥酒誥其相表裏歟夫聖祖之論本無巨細之殊而聖人之道自有先後之序先其本而後其末摭其巨而委其細必有其説幸盡言之以觀究心聖製之學

問　制治之道雖非一端而用人聽言實其要務書曰任賢勿貳又曰從諫弗咈帝王之治固不外此然用人而不知人則以枉爲直以直爲枉者多矣不知知人之道果安在哉聽言而不知言則以非爲是以是爲非者有矣不知知言之要又安在哉商人之夢周人之卜謂盡用人之道可乎考之當時論薦之自未聞考課之迹惡在然得效比之後世反或過之何歟若九齡林甫之在

唐寇準丁謂之在宋自今日觀之邪正固判然也于時何爲必罷九齡而相林甫必去寇準而用丁謂豈後世之觀人與當時异耶止輦受言諫官入閣謂得聽言之道可乎考之當時比周之患固少攻擊之風亦微然收功比之後世反或勝焉又何歟若維州取舍之在唐靈州棄守之在宋自今日觀之是非亦了然也于時何爲於維州而必舍於靈州而必棄豈後世之論事與當時殊耶夫既往之失何者當懲將來之虞何者當戒請折其中用獻之上

問　士之致用必上有益於國下有益於民如孟子所謂用之則安富尊榮得志則澤加於民然後可然或朦於大道昧於先務恐亦無所執持於國家何益哉試舉一二往事相與論之書曰監于成憲其永無愆詩曰不愆不忘率由舊章是欲保天下者莫先於守法也然則更化善治之説非歟昔人如惟飲醇酒無所事事與力排群議變爲新法者是非亦明矣不聞當時所致者何治效所開者何禍端語曰居敬行簡以臨其民史曰安静之吏悃愊無華是欲安天下者莫要於簡静也然則好煩其令之譏當歟昔人如采聽謀議汲汲如狂與中外利害一切報罷者得失亦判矣不聞當時所損者何政體所補者何治道以刻爲威以察爲明離散民心破壞國體酷吏將安用之然則啓羅織之門扇鍛鍊之焰宜不與吏民不煩温仁多恕者同科也不知流毒誰最甚而遺愛誰最深民者國之命財者民之命財聚於上民散於下聚斂之臣將安用之然則桑弘羊之言利裴延齡之聚斂宜不與杜延年之勸霍光司馬光之薦公擇同塗也不知貽害誰最大而救弊誰最切之數者自今日觀之不待辨矣無益於時而世主亦甘心焉者其故何哉夫前車可以戒後往古可以鑒今苟前言往行而有不知則事至亦何所措求有益於上下不亦難乎幸精擇之用卜他日

問　欲處天下之事當窮天下之理理有未明而欲處事各當其可吾見亦難矣姑舉异同之迹以求至當之論夫合從六國以拒秦與連衡六國以事秦异也其孰得而孰失立六國後於陳涉與立六國後於漢王同也其孰是而孰非入關中而先收圖籍入長安而先收神主其事不同矣孰爲知體矯北軍以誅吕安劉奉東宫以復周爲唐其功不异矣孰善其後伐遼之後魏徵是思奔蜀之餘九齡是億有如當時能聽其言事當何如幽薊之取惜不能用謀臣之議澶淵之役恨不盡用宰臣之策有如當時盡出其計效當何若夫變不可以先圖時亦難以再得必群疑了然然後臨事不忒是亦學者分内事也請陳所得

問　兩廣之地昔焉各一其統固爲兩藩今焉會於總制實爲一體請舉其大者而通論之人有言曰廣東之賊居民之三廣西之賊居民之七其説然

歟然而廣東之賊時擾村落廣西之賊時擾郡縣伊欲各有所處其道何繇又有言曰廣東以廣西爲藩籬廣西仰廣東爲供給其説信歟然而廣東之軍民未免因之而日敝廣西之疆境未見由此而遂安伊欲各得其分其術安在夫撥亂反正固在乎人而足食足兵當有其備以食而言漢有常平之制宋有折中之法不知何者最當可行於今以兵而言唐有鎮守之兵宋有藩籬之兵不知何者最善復宜於此夫兵食既足其本立矣然必嚴天誅以威其心建土宫以定其黨异時南中之賊孔明以何道而服其心邕州之賊狄青以何計而摧其鋭二者之策欲施於今亦可行歟益州四郡何處而遂致其平高凉太守何爲而世獲其力二者之效欲收於今又可得歟諸生生長是地目擊耳聞計之熟矣況學以待用豈徒待問而已安可言及之而不言哉

中式舉人七十五名

第一名　林高　廣州府學生　詩
第二名　周鑰　潮州府學增廣生　春秋
第三名　白參　廣州府學增廣生　易
第四名　翁夢徵　潮陽縣學生　書
第五名　區允莊　順德縣學增廣生　禮記
第六名　楊一源　廣州府學生　詩
第七名　區越　新會縣學生　易
第八名　葉元暉　潮陽縣學生　書
第九名　何正　南海縣學生　詩
第十名　鄭文卿　潮州府學生　春秋
第十一名　倫貫　番禺縣學生　詩
第十二名　潘節　肇慶府學生　易
第十三名　黄衷　廣州府學增廣生　詩
第十四名　陳天驥　吴川縣學生　易
第十五名　李商衡　東莞縣學生　書
第十六名　王組緯　東莞縣學生　詩
第十七名　冼文淵　順德縣學生　易
第十八名　趙汝弼　新會縣儒士　詩
第十九名　林誠通　南海縣學生　易

第二十名　楊璵　潮州府學生　書
第二十一名　梁貞　廣州府學生　詩
第二十二名　梁項　澄邁縣學生　易
第二十三名　黄璋　順德縣學增廣生　禮記
第二十四名　鐘昕　從化縣學生　詩
第二十五名　羅獻　順德縣學生　易
第二十六名　區行　廣州府學增廣生　詩
第二十七名　吴允禎　廣州府學增廣生　易
第二十八名　黄尚禮　番禺縣學生　書
第二十九名　蕭坤　順德縣學增廣生　詩
第三十名　梁廷貴　南海縣儒士　易
第三十一名　郭經　潮陽縣學生　書
第三十二名　陳果　海陽縣學生　春秋
第三十三名　岑恒　順德縣儒士　詩
第三十四名　林元　增城縣儒士　易
第三十五名　黄衮　順德縣儒士　禮記
第三十六名　蕭幹　順德縣學增廣生　詩
第三十七名　陸瑗　南海縣學生　易
第三十八名　王世謙　萬州學增廣生　書
第三十九名　岑英　瓊州府學生　詩
第四十名　沈瀾　廣州府學增廣生　易
第四十一名　盧宅仁　四會縣學生　詩
第四十二名　萬士賢　廣州府學增廣生　易
第四十三名　盧鉞　潮陽縣學生　書
第四十四名　陳鶚　廣州府學增廣生　詩
第四十五名　甘永泰　瓊山縣儒士　易
第四十六名　陳士華　博羅縣學生　書
第四十七名　梁億　順德縣學生　詩
第四十八名　蒲澈　從化縣學生　易
第四十九名　謝浩　海陽縣學生　春秋
第五十名　陳廷臣　海陽縣學增廣生　書
第五十一名　吴天挺　昌化縣學生　易

第五十二名　支榮　陽江縣學生　書
第五十三名　鄭銘　新會縣學生　詩
第五十四名　盧綸　增城縣學生　禮記
第五十五名　吴時俊　從化縣學生　詩
第五十六名　吴鉞　高要縣學生　易
第五十七名　錢廷嘉　東莞縣學增廣生　詩
第五十八名　黄常　順德縣學增廣生　易
第五十九名　陳介　從化縣學生　書
第六十名　曾述　潮州府學生　春秋
第六十一名　張紱　瓊山縣學生　書
第六十二名　陳炫　廣州府學增廣生　易
第六十三名　鄭應文　廣州府學增廣生　詩
第六十四名　陳紹裘　新會縣學增廣生　書
第六十五名　黄澣　澄邁縣學增廣生　易
第六十六名　林士良　瓊州府學生　禮記
第六十七名　劉文瑞　新會縣學生　詩
第六十八名　張世英　瓊州府學武生　易
第六十九名　彭寅　潮陽縣學生　書
第七十名　陳獻　番禺縣學生　詩
第七十一名　鍾湜　南海縣儒士　易
第七十二名　鄧公善　香山縣學生　詩
第七十三名　駱士弘　南海縣儒士　易
第七十四名　姚武英　番禺縣學生　書
第七十五名　陳越　東莞縣儒士　詩

第一場

四書

四時行焉百物生焉

白參

同考試官教諭劉批（題本平説學者往往串講殊戾本旨此作詞不贅而理自到故取之）

同考試官學正蔣批（講四時行百物生處明白且詞亦典雅是宜録出）

考試官教諭顧批（詞足以達意）

考試官教諭趙批（文順理明）

氣序自運而品彙自育此天道無言之妙也蓋天道無言觀於四時行百物生而其理見矣聖人之道不待言而後著亦豈异於是哉昔吾夫子因子貢未喻無言之旨故以此曉之謂夫天雖不假於有言其理自著於有迹是故曰春夏曰秋冬此四時也四時之行也但見寒往則暑來暑往則寒來時乎春時乎夏而春夏之至各適其期焉時乎秋時乎冬而秋冬之届不愆其候焉蓋二氣之一闔一闢錯行而不悖也一屈一伸流行而不息也四時之行如此天豈有言而後行哉若乃或飛潜或動植此百物也百物之生也但見本乎天者親上本乎地者親下飛者飛潜者潜而飛潜之物咸若其性焉動者動植者植而動植之物各得其天焉蓋物類之大以成大不相侵奪也小以成小不相假借也百物之生如此天豈有言而後生哉是則天道不言而四時行百物生莫非天理發見流行之實聖人不言而一動一静莫非妙道精義之發聖人與天同一不待言而顯者顧以子貢之賢而智弗及此歟大抵聖人之道雖以言而傳不以言而盡以言求道不過口耳於聞見之小以心求道斯能領會於方寸之間聖人之於子貢既以無言警之於先又以天道曉之於後豈無謂乎他日四勿之旨獨領於心齊坐忘之顔淵而一貫之妙獨契於一日三省之曾子噫厥有由矣有志於聖道者當以顔曾爲法

遠之則有望近之則不厭

林高

同考試官教諭彭批（題似易實難析理明而措辭贍者此作爲優）

考試官教諭顧批（發明章旨殆無餘藴）

考試官教諭趙批（講貫有條殊可人意）

遠人慕其化邇人安其化王者制作之善所致也蓋遠近之人心不易得也使非王者制作之善何以致其有望而不厭哉中庸二十九章言居上不驕及此謂夫王者居五位之尊行三重之道既有德以爲本又所驗之皆合天下之人將何如其感化乎是故自其遠者而言之則處於要者有焉處於荒者有焉遠者及之難其德未易遍難乎其心之有望也惟吾制作之善而聲教四訖焉故遠者悦其德之廣被莫不仰禮度之一而有引領之誠感書文之同而致傾心之念行焉而思以爲法四海同風也言焉而慕以爲則萬國一致也其望

之之心何如哉遠之有望則遠者爲之寡過矣自其近者而言之則居於甸者有焉居於侯者有焉近者察之詳其情未易齊難乎其心之不厭也惟吾制作之善而德澤下流焉故近者習其行之有常莫不由禮度之一而有相安之休遵書文之同而入相忘之境行焉而視以爲法久而益篤也言焉而聽以爲則恒而無變也其不厭之心何如哉近之不厭則近者爲之寡過矣吁王者制作之善而其驗一至於此宜子思言之以明人道也歟嗟夫有克明俊德之堯然後文章焕然而百姓昭明黎民於變有懋昭大德之湯然後耿命丕厘而商邑用協四方丕式故夫制作之善必有位以操其拳有德以爲之本然後可不然自用自專之患且不免而謂人心慕悦於遠近乎然則盡三重之道者必聖人在天子之位

禹八年於外三過其門而不入

周錀

同考試官教諭陳批（此作説大禹急於治水之意詞理明盡是之取爾）

同考試官教諭汪批（題本平易作者亦窘於措辭此篇文理條暢録之）

考試官教諭顧批（得立言者之意）

考試官教諭趙批（可觀）

大賢言聖臣久勞於國事每忘乎家事甚矣爲天下者不顧家也聖臣治水豈不急於國而緩於家乎昔孟子闢許行并耕之説及此若謂當堯之時洪水泛濫禹也爲司空之官任治水之責于九河而疏之于濟漯而瀹之是豈特一日二日之勞而已哉于汝漢而決之于淮泗而排之是豈特一歲再歲之勤而已哉蓋其曰疏曰瀹勞心焦思以跋履乎山川者日復日焉經歲月之八易也曰決曰排胼手胝足以踐行乎險阻者歲復歲焉歷寒暑之八遷也斯時也道路之順適不但一過其門而至於再過焉孰無内顧之心乎涉歷之周遭不但再過其門而至於三過焉孰無私家之念乎然而吾於内顧之容心奚忍生民之魚鼈故雖一過至於再過而未嘗一入其家也吾於私家之留念奚忍斯世之陷溺故雖再過至於三過而未嘗一造其室也夫以禹之勞於國而忘其家者如此雖欲與民并耕而食其可得乎大抵有大人之事有小人之事君子所以治野人而野人所以養君子此萬世之通道也神農氏教民稼詎謂許行稱述其事乃欲人君與民并耕而食乎孟子因陳相之言以堯舜禹之事反覆闢之而曰堯以不得舜爲己憂舜以不得禹皋陶爲己憂夫以堯舜所以憂民者其大如此則不惟不暇耕而亦不必耕矣彼許行者烏足以知此

易

寛以居之仁以行之

白參

同考試官教諭劉批（作此題者多襲陳言可厭此篇化腐爲新且説出大人成德之由非深有得於易者能如是乎）

同考試官學正蔣批（發明大人爲學之功文意宛然當是作手）

考試官教諭顧批（詞理通暢）

考試官教諭趙批（體認親切）

弘其量以容夫理公其心以體夫理蓋理之在人非寛不能居非仁無以行也乾九二君子之學能如此大人之德寧有不備者哉且乾之九二備大人之德者也然德之所以成未嘗不由於學是故學聚問辨矣使居之不寛則胸次淺狹而所積不多德何以全故必弘其度量于以容受乎學聚之所有大其心胸于以畜聚乎問辨之所得無衆寡無小大斂於方寸而不遺無精粗無隱顯存於一腔而不失萬善充於中也不見其不足萬理備於我也不見其有餘居之以寛也何如然寛以居之使行之非仁則私欲間斷而所行或息德何以成又必純乎天理于以體其容受之素渾然心德于以體其畜聚之實衆寡行之大小行之一仁之運用精粗行之隱顯行之一仁之周流萬善體於心也未嘗間於私邪萬理備於我也未嘗雜於物欲行之以仁也又何如吁寛居所以立仁行之體仁行所以達寛居之用君子之學得其要矣抑考乾之九二剛健中正出潛離隱澤及於物物所利見故周公擬以見龍之象而示占者以利見大人孔子作文言上章歷言其德之所以成所以明九二之爲大人而爲人所利見之意此以學言者所以明德之所由成以見聖人可學而至勉人希聖之功也孟子曰人皆可以爲堯舜觀於此益信

崇高莫大乎富貴

區越

同考試官教諭劉批（理到詞工非稺筆可及）

同考試官學正蔣批（崇高即富貴作者多爲所窘體認親切措詞豐贍無如此篇）

考試官教諭顧批（甚佳）

考試官教諭趙批（文氣昌）

論勢極乎天下者在尊極乎天下者蓋富有天下而貴履帝位尊之極也

然則論崇高之勢者孰有過於是哉皆夫子於大傳欲形容蓍龜功用之大而借此以明之謂夫巍然特出範斯世於仰瞻之下舉天下莫敢與并者此所謂崇高也是崇高也有如上天之不可望矣求其當此者其惟富有四海者乎翹然高拱域斯世於俯視之中舉天下莫敢與抗者亦所謂崇高也是崇高也有如日月之無得而逾矣求其當此者其惟貴爲天子者乎以言其富也任土作貢而享有九州之奉執玉來庭而畢獻四方之物以天下奉一人天下之富皆其富也豈有家有國之富可比哉以言其貴也端冕凝旒尊居於五位之間垂衣拱手正位乎九重之上操八柄而統馭乎四海立四極而臣妾乎萬邦以四海仰一人天下之貴皆其貴也豈三德六德之貴可倫哉吁富貴雖不期於崇高而崇高自莫大於富貴知此則蓍龜爲卜筮之大也可知矣抑又論之天地之大德曰生聖人之大寶曰位蓋天地以生物爲心故人以大德歸之聖人居崇高之位則可以參天地贊化育澤可遠施天下之人幸聖人之有位以蒙其澤故以大寶稱之然聖人所以保其位於永久者必有其道故又曰何以守位曰仁敢并及之

書

直而温寬而栗剛而無虐簡而無傲

翁夢徵

同考試官學正鄭批(筆力清健經義之可愛者也故表而出之)

考試官教諭顧批(題似易而實難作者多爲所窘此篇説理既明措辭亦雅宜在所録)

考試官教諭趙批(文理精緻必邃於本領者)

聖君命官之教胄子惟欲其德之適於中和也夫德以中和爲貴也教胄子者可不輔其偏戒其過而使之一歸於中和哉昔帝舜命夔典樂以教胄子其意若曰人之德性本無不備而氣質所賦鮮有不偏彼胄子之中有直者焉有寬者焉直而不足於温遍於直者也寬而不足於栗偏於寬者也是可不輔翼之哉汝必有以教之使其直不徒直而有温然和厚者存寬不徒寬而有栗然莊敬者寓夫直而能温直之得其中者也寬而能栗寬之得其中者也此直與寬者不偏中和之德不於是而成乎又有剛者焉有簡者焉剛而至於虐過於剛者也簡而至於傲過於簡者也是可不戒禁之哉汝必有以教之使其剛毅不屈而已而無暴虐之患簡易不煩而已而無傲慢之非夫剛不至於虐剛之得其中者也簡不至於傲簡之得其中者也此剛與簡者無過中和之德又不於是而成乎然則教胄子者欲其如此而其所以教之之具則又專在於樂

汝夔也可不既厥心哉抑論之帝王立教其初不可考已而始見於經則舜之命契以敷五教命夔以教胄子是也然命契之辭曰敬敷五教在寬固其所也今命夔而以樂爲教之之具何哉蓋樂始於人聲以樂爲教是以出乎人者入乎人而其感人尤易也樂之感通至於格神人舞獸鳳而况於胄子有不可化者乎

惟予一人膺受多福其爾之休終有辭於永世

翁夢徵

同考試官學正鄭批（題本正大傳亦明白終有辭於永世一句場中有專指臣説者亦有專指君説者殊戾本旨此作得傳意而辭亦明暢）

考試官教諭顧批（析理精詳行文豐贍蓋壁經中之優者）

考試官教諭趙批（深合本旨）

慶協於君臣名垂於悠久賢王期大臣化殷之效也蓋君臣同有殷民之責也使大臣果能敬德以化民則君臣豈不協慶於一時而垂名於永世哉昔成王命君陳尹東郊以治殷民至此期之若曰爾能敬典在德而民之允升大猷也其效宜何如哉是故殷民未静君之憂也福何有焉爾既敬德以化民則民安於下君慶於上可以垂拱而治也可以毖祀無爲也予一人之膺受多福者不在此歟殷民未静臣之咎也休何有焉爾既敬德以化民則上以得君下以得民有保乂王家之績也有永綏厥位之慶也爾君陳之成其休美者不在兹歟然而福之所在名之所在也由是德音孔昭耿耿而不磨他日稱東郊之政固謂予爲致治之君也千斯世萬斯世予豈不永有辭於無疆乎休之所存名之所存也由是令聞宣著昭昭而不泯他日稱東郊之政固謂爾爲輔治之臣也千斯年萬斯年爾豈不永有譽於不替乎是則君與臣而同慶名與世而并長皆爾君陳化殷之所致也爾可不致念乎哉嗟夫令德孝恭君陳之能事也敬典在德成王不過即其素履者以勉之耳殷民雖頑德豈不可化哉周公精微之訓曰至治馨香感于神明黍稷非馨明德惟馨成王亦舉以告君陳焉然而至誠感神矧兹有苗之説成王其有所見乎厥後君陳道洽政治澤潤生民有以哉

詩

無失我陵我陵我阿無飲我泉我泉我池

楊一源

同考試官教諭彭批（四句總是王師無敵之意此作得之）

考試官教諭顧批（文有片段）

考試官教諭趙批（善説詩者）

隨所至而無敵此王者之師也夫仁人無敵於天下然則文王之伐密以至仁而伐不仁何敵之有哉想昔文王之師當夫遏密之餘遂爲侵密之舉師之所至地有不同自其高者而言之則有所謂陵焉夫得地勢以制敵者勝密人如敢吾敵則將背陵而軍先據其高以高臨下尚何敵之能爲然而王靈先已震動其地無敢一人陳兵於陵以爲我師之敵是以我師如蹈無人之地所至之處即爲我有而陵即我陵阿即我阿矣初非利其有而幸其灾也彼之不恭自取之爾吾何心哉自其下者而言之則有所謂泉焉夫得地利以待敵者逸密人如敢吾拒則將臨水而軍下飲於泉以逸待勞尚何敵之足慮然而義聲先已懾服其心無敢一人飲水於泉以爲我軍之拒是以我軍如入無人之境所至之地皆爲吾得而泉即我泉池即我池矣初非乘其敝而樂其禍也彼之不恭自致之爾我何意哉是固師出萬□然實仁者無敵非文王孰能與於斯是宜皇矣詩人述而咏歌之也大抵兵者所以禁暴除亂不得已而用之然必本於仁義而后爲帝王之師是以先王耀德而不觀兵觀之三旬之師不及兩階之舞可見已後世如漢之北伐流而爲黷唐之東征激而爲驕惡在其爲仁義哉於乎佳兵者不祥之器有道者不處有國者宜鑒於斯

薄言震之莫不震叠

林高

同考試官教諭彭批（巡守典禮讀詩者多未考能舉其大要以立説無如此篇）

考試官教諭顧批（不瑣碎可觀）

考試官教諭趙批（典雅）

王者小示其威諸侯大服其威蓋巡守者天子所以御諸侯之大柄也然則武王之巡守諸侯有不服哉昔武王當克商之餘爲巡守之舉吾想其意以爲四海既統於一人萬國當歸於一統然天子之治天下莫先於政令苟有得失何以言治故凡乞言采詩於方岳之下者蓋將以驗政令之得失以略示儆於諸侯使知昊天成命之有在而觀聽爲之一改也天子之一天下莫大於制度苟有异同何以言一故凡協時同律於會同之時者蓋將以考制度之异同以薄示威於諸侯使知帝王大統之有歸而耳目爲之一新也王者之示儆如此諸侯之大服何如夫治天子之民當修天子之政國政瀆邦有常刑故凡來

朝之諸侯聞我周家之政令如□莫不各懷戰懼不惟會於岱宗者爲然而會於南岳者亦然尚敢逸豫如他日哉守天子之土當守天子之法侯度不謹國有常典故凡來會之諸侯聞我周家之制度如是莫不各懷驚惕不惟會於西岳者爲爾而會於北岳者亦爾尚敢僭逾如昇時哉夫一巡守而咸畏服如此則天之右序有周而武王之宜君天下也可見矣是宜詩人以此歌於祭告之頃也歟大抵巡守之典虞周异制而所以爲仁民之綱而御諸侯之術其道則同後世不知其道至或敝天下以飾虚名極侈心以爲觀美如秦之馳道遍天下隋之轉輪至塞外於乎其視先王之道不亦背乎有天下國家者不可不知

春秋

秋九月荆敗蔡師于莘（莊公十年）荆人來聘（莊公二十三年）冬楚子使椒來聘（文公九年）

鄭文卿

同考試官教諭陳批（此題見聖人立法嚴而宅心恕人皆知之但講貫親切者亦少是作見理明白措辭簡當殆究心於麟經者）

同考試官教諭汪批（體貼傳注穩當者無如此篇可取）

考試官教諭顧批（得胡傳意）

考試官教諭趙批（如此作方是）

春秋於夏之變夷者因其猾夏而絶之深因其慕義而進之漸此可見春秋立法謹嚴而宅心忠恕也慨夫姬轍既東侯度漸肆楚以祝融之後諸侯之爵而犯分不軌久矣今也當我莊十年之秋構兵於叔度之蔡以强凌弱而復詭道以取勝挾衆暴寡而猶變詐以相高所謂禽獸逼人者矣自常情觀之貶其猾夏可也而聖人則曰楚人犯分其罪又有大於此者苟不因其猾夏而絶之則孰知君臣之義當正乎故於敗蔡之役楚雖有君也而不書其君有臣也而不書其臣特以號舉比之夷狄若曰無君臣上下之分乃夷狄禽獸之道也何嚴乎噫荆舒是懲聖人之立法蓋如此夫楚無忌憚猾夏不恭吾恐其猖獗之勢茫無底止也今也楚成當我莊之世既舉來聘之恭楚穆於我文之時復修下人之義向也惟知恃力今則識禮義之爲貴向也惟事干戈今則知玉帛之當舉所謂出谷遷喬者矣自常法論之夷狄不可進也而聖人則曰楚本聖賢之後乃夏之變於夷者苟不因其慕義而進之則與人爲善之德安在乎故於始聘也改而稱人再聘也君書爵臣書名而稱使若曰行中國之事即冠帶禮義之君也何恕乎噫與其潔也聖人之宅心蓋如此是則立法謹嚴非刻也明分義正倫理也宅心忠恕非縱也慎用刑重絶人也一嚴一恕并行而不相

悖非聖人孰能修之也歟抑論春秋大義有曰興常典則體乎禮之經即此所謂謹嚴也本忠恕則導乎樂之和即此所謂忠恕也引而伸之觸類而長之則或絶或進而有公好惡之心既嚴且恕而有著拳制之意則詩之情易之變亦於是乎見焉吁一待楚也而其義有如此聖人之用大矣哉

夏公會宰周公齊侯宋子衛侯鄭伯許男曹伯于蔡丘九月戊辰諸侯盟于蔡丘（俱僖公九年）

周鑰

同考試官教諭陳批（葵丘一題書法明甚是篇組織傳注成文辭氣老健允宜録出）

同考試官教諭汪批（文理明快殆文場中之杰然者）

考試官教諭顧批（發明殆盡）

考試官教諭趙批（辭嚴義整）

好講而王臣預春秋特正夫臣分信講而王禁明春秋深美夫伯功此葵丘之役列序宰孔再言會地聖人扶世立法之意深矣當我僖之世齊桓主伯翼戴王室孔以宰兼三公銜命下勞而葵丘之會講焉春秋尊王抑伯宰孔在列曷爲列序諸侯而不殊會之耶誠以宗伯掌邦禮而禮莫嚴於君臣之分孔列王朝上兼師保任固重矣亦人臣之任也進宅百揆職固隆矣亦人臣之職也有進退之節出入均勞之義其可毫髮僭差歟經世之道所當致謹故前此首止殊會世子尊之也此則惟從列序之例所以正夫分焉昔夫子答子路爲政而以正名爲先此其見諸行事矣迨夫會禮既畢孔駕言還桓也復率諸侯束牲載書而葵丘之盟講焉春秋立法簡嚴會盟同地曷爲再言葵丘而不憚其煩耶誠以司寇掌邦法而法莫重於天子之禁桓於斯盟宣布五命之禁儼若大明之麗天昭示一王之法凛若秋霜之肅地不待刑牲歃血而諸侯咸喻其志孰敢肆其陵犯哉伯功之大莫逾於此故前此首止再言會地美之也此則復從首止之例所以美其功焉昔孟子稱五伯桓公爲盛此其極盛明驗也吁正臣分以立萬世之常經美伯功以適一時之拳宜春秋所以非聖人莫能修之審矣雖然以五伯論之桓固稱盛矣以王道揆之桓能無歉乎九國叛而萌震矜管仲死而放繩墨六嬖内寵五子争立安能善其終歟原其所自蓋由其心僞而不誠也宜乎仲尼之徒不道其事

禮記

凡三王教世子必以禮樂

區允莊

同考試官學正翁批（説此題者多牽强不拘拘執泥僅見此篇）

考試官教諭顧批（文亦燦然）

考試官教諭趙批（有大禮段）

觀列聖之教儲貳不過治其内外之道而已蓋禮以治外而樂以治内也三王之教世子舍此奚以哉記者著於文王世子之篇如此謂夫繼虞而王者夏而夏之後則有商焉繼夏而王者商之商之後則有周焉天與子則與子家天下者三王也一有元良萬國以貞傳天下者世子也世子之重如此教之可無道乎是故禮自外作故治外莫善於禮于焉教之以禮如在内廷則有父子之禮在外朝則有君臣之禮蓋禮所以起人之敬心敬心生則慢心窒矣變化氣質孰有善於此乎樂由中出故治内莫切於樂于焉教之以樂以絃誦則有雅頌之聲以舞蹈則有干羽之節蓋樂所以感人之和心和心生則戾心消矣薰陶德性孰有切於此乎師保疑丞非一人也無一人而非師出入前後非一地也無一時而無教教之之備如此則所以陶成其德也豈不大哉嗟夫三代之教尚矣然而世子之成亦皆有可徵焉如啓則能敬承繼禹之道太甲則能嗣守成湯之業成王則爲有周之令主世主率而由之則其爲教也大矣其視賜以帝範教以春秋者不亦异乎

凱以强教之弟以説安之

區允莊

同考試官學正翁批（仁民之道無大於教養作者拘泥注脚殊不成語此篇詞理明暢）

考試官教諭顧批（有詞氣）

考試官教諭趙批（體貼明白）

論君子之仁民有父道之尊者有母道之親者蓋父母斯民其道至難盡也然非凱弟之君子其孰能之哉昔吾夫子論君道難於盡仁故引凱弟君子民之父母之詩而釋之若曰彼詩之所謂凱者何哉凱以强教之也夫民莫不欲厚其生然而知其道者或寡我則以道驅之雖咈其情有不暇顧而必使之各得其養焉民亦莫不欲復其性然而昧是道者亦多我則以道率之雖違其心有不遑恤而必使之各得其教焉若是則父道于焉而盡而民豈不尊之如父乎詩之所謂弟者何哉弟以説安之也如民於所養有未安也吾則以民心爲己心所欲與聚所惡勿施務有以得其心使之相安於生養之天民於所教

有□安也吾則以百姓爲一體輔以立之翼以行之務有以悦其心使之相安於教化之内若然則母道於是而盡而民豈不親之如母乎是則有父之尊而率之於外有母之親而和之於内此之謂民之父母仁民之道尚孰有加於此哉嗟夫君道之難於盡仁也尚矣君哉舜也固無間然矣他如三代之盛而吾夫子猶不滿焉况其下者乎然而君子於漢之文帝宋之仁宗而每有取焉者何哉所謂禮失而求之野必不得已而思其次之意也是又不可不知

第二場

論

聖賢時人之耳目

周鑰

同考試官教諭陳批（其氣充然佳論也）

同考試官教諭汪批（論議叠出允爲佳作）

考試官教諭顧批（文思沛然迥超衆作）

考試官教諭趙批（有才氣有議論而開闔變化不逾矩矱奇士也讀之起敬）

論曰天生聖賢將以使之開天下之蔽也蓋天下之生久矣世道有隆污吾道有明晦而時不能以皆平人不能以皆乂也於時乎聖賢生焉天授之以高世之才能而以兼濟乎天下者責之聖賢者聰無不聞明無不見舉天下之蔽於聾瞽者而悉開之使之有所聞有所見焉此固天之所以命於聖賢而亦天下之所以望於聖賢者也聖賢畏天命而悲人窮寧肯獨善其身而不以兼濟天下乎聖賢時人之耳目請申其旨夫人有此生即有此身即有此耳目耳以聽是非目以視險易而吾之趨避從違者係焉然後身得而安矣奈何時之人雖有耳以司聽而聰之德喪雖有目以司視而明之德喪是非之莫聞險易之莫見置吾身於杌隉不安之地而甘心焉者衆矣聖賢同時人之耳也而聽德之惟聰同時人之目也而視遠之惟明以學則足以該貫乎天人之以識則足以洞徹乎今古以經綸運用則足以參天地贊化育而就不世之事功其才能豈不高出乎一世哉然而天之意固有在矣聖賢於此若乃括坤之囊止艮之輔徒使己之有餘而不以補人之不足豈上天所以生聖賢之心哉豈天下所以望聖賢之心哉亦豈聖賢所以自許以畏天命而悲人窮之心哉於是乎以先知覺後知以先覺覺後覺開聾者而使之有聞吾以爲時人之耳也開瞽者而使之有見吾以爲時人之目也人之蔽於衣食居處也爲來耜宫室以開

之人之蔽於倫理教化也爲庠序學校以開之爲之弧矢以開起禦侮之蔽爲之葬埋以開其送死之蔽開之工作以贍其器用開之卜筮以定其吉凶相欺也開之以符璽衡斗以息其争相積也開之以有無貿易以通其羡爵禄以開貴賤之等章服以開上下之分闢异端以開吾道之正辨霸功以開王道之真由是舉天下之大盡一時之人相安於有養有教之區賴聖賢以爲耳目也順適於樂生哀死之境賴聖賢以爲耳目也器用以贍吉凶以明賴聖賢以爲耳目也欺争以息有無以通賴聖賢以爲耳目也貴賤之有等上下之有分舍异端而由正學賤伯功而崇王道賴聖賢以爲耳目也耳有聞目有見是非以知險易以明而吾身以安矣尚何前日聾瞽之蔽而杌隉之患哉蓋至此然後上天之生聖賢也爲不孤天下之望聖賢也爲不負而聖賢之自許以兼濟乎天下者爲無愧矣不然禹之家門不入周公之吐握不遑孔子之席不暇暖孟子之轍不少休彼聖賢者豈好勞惡逸其性與人殊哉誠亦上畏天命下悲人窮以爲不如是不足以盡其責耳陽城在唐號稱有道固亦一時之賢士也初以隱居起爲諫議時人之耳目非其責歟然雖五年居於位而未嘗一言及於致也天之所以授我者何如天子之所以用我者何如天下之所以望我者何如而若是乎蓋城以一己之耳目爲耳目而不能兼濟乎天下徒使己之有餘而不以補人之不足也故韓愈氏爲論以譏之後此二年貶陸贄相裴延齡而城始極諫卒以顯名於天下後世是豈非有所激而然歟噫惟善人能受盡言城亦不可以盡非也謹論

表

擬宋以趙抃爲殿中侍御史謝表（至和二年）

林高

同考試官教諭彭批（四六文字當如此作）

考試官教諭顧批（麗而有則）

考試官教諭趙批（得駢儷體）

伏以柱後惠文鵷簉赤墀之下殿中執法豸峨丹扆之前議論是司班行攸肅顧兹紀綱之地必須廊之材苟瘝厥官適重其咎伏念臣抃品由下士奮自寒鄉何片善之足名無一言之可取迂愚之質砥礪莫前空疏之人衰遲愈甚問學不足以窺王猷之遠論列不足以協國是之公叨簪紱以多年濫麾符者數郡志圖補衮徒拆線以何爲心恐愧天每焚香而致告期終身以直道竭事君之小心偶一琴一鶴之相隨政誠無補忽如綍如綸之有命寵却何勝申重自天局蹐無地兹蓋伏遇齊莊中正睿知聰明仁恕爲心如天之覆恭儉成

性與日俱新纘一祖二宗之丕圖傳五帝三皇之正道再拜孔子陋歷代之遺規親享明堂宏一朝之大典避旱思求夫極諫禱雨不飾乎虚名藥不貴犀能以百姓爲一體膳猶却蛤不以四海奉一人三紀于兹四方極治然猶求賢若渴夢卜未忘納諫如流芻蕘是采遂令疏賤之迹得厠供奉之班豈有先容猥蒙特遇臣敢不勉驅駑鈍用效涓埃鷄鶡雖微實有晦而亦鳴之性蓬蒿至賤期遂折而不屈之天誓非堯舜而不陳敢謂夔龍之接武伏願無荒無怠永維帝德之罔愆俾熾俾昌仰見天心之有在臣無任瞻天仰聖激切屏營之至謹奉表稱謝以聞

第三場

策

第一問

周鑰

同考試官教諭陳批（此策條答無遺且筆力雄偉三嘆之餘爲子斂衽）

同考試官教諭汪批（敷張我聖祖之休烈而證以古帝王聖賢之言行殆無遺矣似此者何可多得哉）

考試官教諭顧批（隨問而答足見手筆可佳）

考試官教諭趙批（通三場而觀詞采燁然其佳士哉）

出於上而有以制乎下者人君之法運於上而有以動乎下者人君之心法者治天下之具心者感天下至本以是心以是法以治乎天下其有如我太祖高皇帝者乎愚嘗伏讀資世通訓參之以帝王之所行與夫聖賢之所言而有以知我聖祖盡君師之道兼政教之善超軼唐虞三代而陋漢唐宋於下風矣夫君道十八事曰孝曰仁之類是已凡我聖祖之躬行心得豈外是哉求之於昔如大哉堯也其仁如天君哉舜也克諧以孝所謂千聖一心者如此臣用十七事非忠非孝之類是已凡我聖祖之慶讓黜陟豈出是哉求之於昔如虞舜九官之命而有黜陟之典周禮八柄之馭而嚴予奪之制所謂千古一道者如此君者民之主若王綱振而强暴息君德隆矣昔者成湯放桀而表正萬邦武王克商而大賚四海驗之於是豈二道哉民者邦之本若貧相恤而善相勸民德厚矣昔者陶唐之時而黎民於變有虞之世而四方風動觀之於今豈二致哉士無用而農惰焉工犯分而商詐焉此四民之四弊即帝堯之平章百姓而欲其昭明者也家不成而親不養絶其後而傷其教此僧道之四罪即韓愈

之力排异端而惡其惑衆者也且如保赤子康誥嘗以爲言攻乎异端孔子亦憂其害然則聖祖所以爲我臣民慮者非即是心而何哉幼而失學爲愚愚而安爲爲癡即孔子所謂困而不學民斯爲下者也因人子之仁孝知父母之淳心即孟子所謂不學而能乃其良能者也且逸居無教帝舜嘗以爲憂學道易使孔子亦以爲訓然則聖祖所以爲我臣民憂者非即斯意而何哉聖祖之興曰天與之曰人歸之是固昭然矣然而用夏變夷其得天下之正曠千古而一人必湯武之吊伐乃其儔也漢祖唐宗可與之仿佛乎聖祖之訓有曰民禍有曰民福是亦了然矣然而有教無類其待天下之心超百王而獨步必湯武之誥教乃其擬也湯誥酒誥不與之表裏乎夫運一心於萬幾之暇明治法於大典之中巨細畢臣精粗具舉聖祖之訓無以加矣吾聞爲人唐止於仁又聞昔者明王以孝治天下然則仁與孝其制治之本而凡教我臣民之所以修於身而教於家者其制治之法哉以是爲治如運之掌何難之有此即聖人之道先後之序也愚也學非博古識愧通今况乎執爝火以窺日月之明指坳堂以擬江河之大多見其不知量爾然區區犬馬之心則有説焉書曰明明我祖萬邦之君有典有則貽厥子孫詩曰豐水有芑武王豈不仕詒厥孫謀以燕翼子愚敢以是爲今日聖天子獻

第二問

林高

同考試官教諭彭批（議論古今上下歷歷如在眼中且復舉問目未及者三四事反以相難似此作手寧可多得吾當爲于拭目矣）

考試官教諭顧批（雖論列陳迹然自出人意表）

考試官教諭趙批（有抑揚有歸宿不爲問目所束縛）

治天下之事有所謂先務者焉有所謂大本者焉用人聽言其先務也知人知言其大本也求之於虞則曰任賢勿貳求之於商則曰從諫弗咈觀此則帝王之治已可知矣然用人非難知人爲難而知人之道必居敬窮理然後人之邪正可得而知不然則以直爲枉以枉爲直如用人何聽言非難知言爲難而知言之要必心通於道然後言之是非可得而辨不然則以是爲非以非爲是如聽言何請以用人論之孔子之言曰舉爾所知後世論薦之自也有虞之典曰三考黜陟後世考課之由也然良弼之夢非熊之卜未聞由此二途也而以康兆民三分天下功烈如彼者其故何哉噫是有由矣説一起於版築即有爰立作相之命望一起於渭陽即有遂立爲師之舉蓋高宗文王之用人豈可

以常例律耶所謂君子之所爲衆人固不識也至如九齡林甫邪正异塗寇準丁謂忠佞殊軌殊不知直道而行難進易退者君子之常情巧於逢君善於固寵者小人之常態宜乎當時之用舍异也是固君心明暗之所致抑亦天下治忽之所關當時國論已甚昭昭豈待今日而後定哉以聽言論之司敗所聞曰君子不黨烏有如他時比周者之爲哉子貢所惡曰訐以爲直烏有如他時攻擊者之爲哉然止輦受書諫官入閣固非有此二弊也而幾致刑措庶幾成康治效如彼者豈不宜哉噫不但是耳聞賈生之言而有前席之聽覽魏徵之疏而有韋弦之比蓋文帝太宗之聽言豈可以常主目耶所謂致治之君不世出也至如維州之取舍僧孺德裕人執一端靈州之棄守輔臣楊億各持一説殊不知維州乃國家故地在所當取靈州乃邊防重地非所當棄惜乎當時之取舍异也是亦君心明暗之所致抑亦國勢强弱之所關當時公議已甚了了豈待後世而後明哉明問所及如此愚請再舉執事所未及者一二以畢其説夫托孤不疑卒以禍唐師相不名終以誤宋事在不疑利於我矣如禁門之血何豈容再誤忠於我矣如金匱之盟何夫用人聽言不能無議如此而知人知言古以爲難經曰知人則哲不知帝堯之外誰復知人傳曰我知言不知孟子之外誰復知言然二者之要又同歸於窮理而窮理之要又在君人者之一心愚所謂大本者此也愚也讀書未至望道未見折中群議固非所能然必欲執迂愚之説以爲上獻者亦妄意以爲尺短之餘或寸有長千慮之末或一有得此或明時之所不棄而亦或執事者之所見采也不知執事以爲何如

第三問

白參

同考試官教諭劉批（五策議論鑿鑿而是篇尤有識見得士如此高薦何忝）

同考試官學正蔣批（酌古準今卓有定見他日致用必有可觀佳士也）

考試官教諭顧批（有考據有斷制非博古通今者不能）

考試官教諭趙批（此策斟酌古人行事可否卓然有見他日事業豈苟爲者）

有有用之學有無用之學有用之學世不可無無用之學世不可有不可無者致君澤民之學也不可有者病國厲民之學也然則士之爲學可不審歟書曰與治同道罔不興與亂同事罔不亡誠以古者今之師前者後之戒苟不能考其迹以觀其用察其言以求其心是豈可以言學哉請因明問而條陳之昔孟子有曰遵先王之法而過者未之有也是欲保天下者莫先於守法也觀

於商之高宗監于成憲周之成王率由舊章固可見已若夫更高帝之約束者盜賊起改孝宣之政令者漢業衰豈不亦可鑒哉吾嘗求之漢而有得於曹參焉參雖未爲知道然當孝惠之時天下有晏然之美載其清净民以寧壹之歌豈不宜乎其惟飲醇酒無所事事非無意也不幸有如宋之王安石者力排群議變爲新法卒之群凶嗣虐流毒四海噫安石之咎其可辭哉法之不可變也如此若夫繼亂世者又當更化更化則可善治而灾害日去仲舒之言豈無見歟蓋公有曰治道貴清静而民自定是欲安天下者莫要於簡静也觀於行簡之論孔子然之安静之吏漢詔褒之固可見已若夫督責益嚴秦民遂亂政煩賦重隋盜并起豈不又可鑒哉吾嘗求之宋而有得於李沆焉沆最號爲知體故當真宗之時不用喜事之人宋朝名相惟沆一人之論豈不當乎其中外利害一切報罷非無謂也不幸有如唐之王叔文輩采聽謀議汲汲如狂卒之墮紊紀綱幾危家邦噫叔文之罪其可恕哉政之不可煩也如此則夫長人者好煩其令若甚憐焉而卒以禍之子厚之譏豈不當歟省刑罰王政之大者也奈何世有所謂酷吏焉如周興來俊臣開羅織之門吉温羅希奭扇鍛鍊之焰一則中外畏之甚於虎狼一則羅鉗吉網無能自脱斯人也擇人而食即揚雄所謂虎者是已流毒四海厥罪惟均然而天道好還當時身皆不免執事以爲離散民心破壞國體斯言當矣安得天下之令縣者皆如劉方吏民同聲謂之不煩又安得天下之典郡者皆如劉寬歷典三郡温仁多恕若是者遺愛在人不亦多乎所謂用一日則民蒙一日之福矣薄税斂亦王政之大者也奈何世有所謂聚斂之臣焉如桑弘羊之言利裴延齡之聚斂一則陰奪民利甚於加賦一則掊克斂怨以爲羡餘斯人也喙人求生即揚雄所謂蚊者是已貽害天下其咎則一然而公論自在至今臭遺萬年執事以爲財聚於上民散於下斯言得矣安得天下之進言者皆如杜延年之勸霍光修孝文之政事示天下以儉約又安得天下之用人者皆如司馬光之擇李公擇使人知朝廷之意息聚斂之心若是者救時之弊豈不大哉所謂寬一分則民受一分之賜矣夫紛更如安石浮躁如叔文慘毒如周來吉羅掊克如弘羊延齡斯人如在所謂投畀豺虎豺虎不食投畀有北有北不受然而胥能竊寵當時者其故何哉於乎是固一時用舍之失宜然愚以一言要之管子曰堂上遠於百里堂下遠於千里君門遠於萬里言壅蔽之爲害也斯言盡之矣吁安天下者非一道而守法簡静爲最先壞天下者非一事而酷吏聚斂爲最大士之所當法與所當戒者了然矣執事其有以教之

第四問

陳天驥

同考試官教諭劉批（此策歷歷有考據况餘篇俱能敷答其爲博古之士也無疑矣）

同考試官學正蔣批（辨析古人行事之迹是非不謬足見所藴）

考試官教諭顧批（論往古得失如指諸掌其積學待用之士乎可嘉可嘉）

考試官教諭趙批（策有斷制足見有用之學）

事固有同者而理則异事亦有异者而理則同故欲處天下之事當窮天下之理必理無不明然後事皆可處也請舉异同之迹而折中之嗟夫合從連衡均之爲六國謀也然各爲其主事宜不同考之魯仲連之論新垣衍之言則蘇秦張儀之得失當時已定何待今日哉陳涉漢王均之立六國後也然事雖無二時則不同觀之張良借箸之論漢王吐哺之駡則耳餘酈生之是非當日已明何待後世哉先收圖籍與先收神主事不同也然高帝初創帝業關中圖籍豈可或後世祖光復舊物長安神主在所必先以愚論之蕭何之與鄧禹均爲知體夫何异乎誅吕安劉與復周爲唐功無二也然安劉之事左袒一呼諸吕無遺復唐之事二凶雖除産禄猶在以愚論之五王之視平勃自貽後悔復何言乎唐之太宗伐遼無功而魏徵是思明皇間關幸蜀而九齡是憶借使當時能聽其言豈有外事遠夷之失漁陽鼙鼓之禍哉宋之太宗棄幽薊而不能用謀臣之議真宗幸澶淵而不能盡寇準之策借使當時能盡其計豈有燕雲北顧之憂靖康北狩之辱哉夫天下之事豈惟是耳帝舜子之讓位之迹同而治亂不同夷齊季札遜國之心一而治亂不一禁奇技异服與焚珠玉錦繡無异而晋唐之治异銷天下兵器與收天下兵器不殊而秦隋之治殊然則君子於此可不求其所以哉於乎指顧之際天日改觀變豈可以先圖呼吸之頃陵谷易位時豈可以再得隨時低昂與道消息非俊杰其孰能之故曰識時務者在俊杰

第五問

林高

同考試官教諭彭批（五策通可采而二問并此篇尤論議痛快參之前二場决知子爲奇士秋闈首薦恐無以易子也）

考試官教諭顧批（初場雄健論亦奇崛策復如此多士之冠舍子其誰）

考試官教諭趙批（三場文字種種出人意表而時務一策籌畫切當感慨有餘其殆負先憂之志者與擢冠多士允壯賢科）

禦戎之策不患無可爲之勢惟患無可乘之時不患無以處於今惟患無

以善其後夫居重而馭輕者勢也難得而易失者時也撫綏攻守處於今者也長治久安善其後者也知此四者則戎之禦不難矣執事發策下詢承學而以兩廣之務爲問吾知執事非但憂人之憂而亦不以空言無用之學待諸生也愚雖不敏敢不悉心以對夫以廣東言之大嶺峙其比重溟環其南乃炎荒一大都會也前志以爲質直尚信典禮藹然不虚美也其在於今風俗日美文物日盛尚何言哉但論地方之害則有盜賊焉或猺獞之居山谷或逋逃之聚田野爲海鄉害者恃舟楫爲山鄉害者恃險阻三分之説雖未必然其爲村落擾也甚矣以廣西言之居五嶺之表控兩越之郊乃西南一大形勝也前志以爲俗尚質朴士知經術不虚語也其在於今鄉多善俗士多良才又何言哉但論地方之害亦惟盜賊焉聚居深山大菁之中率皆曰猺曰獞之類以毒弩爲長技履絶崖如坦途七分之説雖未必爾其爲郡縣擾也久矣使廣西之賊無彼地以分其勢則我地蜀當其鋒藩籬之説恐或然也使廣西之地無廣東以爲之鄰則彼地恐難自給供給之説亦或然也欲處之各得其道使之各得其分則執事所謂撥亂反正之在乎人足食足兵之有其備嚴天誅以威其心建土官以定其黨噫斯言盡之矣愚請畢其説夫穀賤則增價而糴穀貴則减價而糴此漢常平之制也使民輸粟京師給以江淮之盐此宋折中之制也二法皆當且宜於今然愚又舉執事未及者一二以請質焉夫田賦有常制非有司所得而增損愚欲愛民力以豐財之源省冗費以節財之流不知亦可行歟鹽利有常法非有司所得而輕重愚欲極操縱之術廣商販之途苟所趨者衆則所得者多不知又可行歟用屯戍之人爲封疆之備此唐鎮守之兵也内屬番人團結塞下此宋藩籬之兵也二法皆善復宜於此然愚又舉執事未及者一二以求教焉夫尺籍有定額軍衛不能有加焉愚欲省不急之役以養其鋭氣厚賞功之格以作其勇心不知亦可行歟减耗非常數軍衛不能爲處矣愚欲開購募之門精選練之法蓋重賞之下必有勇夫不知又可行歟七縱七禽孔明以之服孟獲騎兵疾驅狄青以之破智高南征之師莫善於此執事必欲行之於今亦無不可善乎宋人有曰賊若一出一大斬獲則終身創矣如威已立與之盟則固許之臣則久此又策之上也但兵無常形變難預擬又在秉鈞者處之何如耳益州四郡統以渠帥高凉馮氏兩世忠貞土官之制實不出是執事必欲施之於今亦無不宜善乎宋史有曰疲易使之衆得梗化之民誠何益哉樹其酋長使自鎮撫此又策之上也但事難卒定謀必從長又在秉鈞者審之何如耳於乎兵食足則勢重撫綏攻守皆可行於今而欲善其後必如宋人之言宋史之論可也惜難乘者時爾夫執事之慮無遺策矣顧撥亂反正之才乃

置不問得非謂諸生不足與言歟無亦朝廷俱已得人不待言歟敢以是爲執事請

廣東鄉試録後序

聖天子臨御之八年乙卯當秋闈取士之期廣東藩臬諸臣如故事舉行時巡按察御史汪宗器實柄監臨之任自八月丙辰鎖院至于丁丑凡二十有二日綜理防範惟嚴惟慎而衡文訂義者錙銖較量不敢少有怠且忽也録成潤當序其後惟是邦在先秦以前去中州爲遠人才之生未聞也自唐宋以來亦間有顯人而已今兹文學詩書之盛乃至與中土頡頏而容有過焉者何耶殆天地氣化宣泄使然抑亦我國家列聖治化涵煦之致也夫廣南風氣當天下山川南極之地其發泄恒先於四方譬諸草木之英華恒呈露於杪末故觀之植物則芃然之花兢冬而發動物則嚶然之禽先春而鳴况人得氣之至靈而文又靈氣之精粹固宜其郁然而盛與氣化相須并隆也耶然英華發而本根蝕文采盛而醇朴漓聖人於物之蠢然者固莫如之何也於人則又有裁成輔相之道焉故爲之制度俾士必養之於學校教之經學以培其氣之厚取之科目以汰其習之浮士之涵煦聖化者不使文過乎質質過乎文而必欲文質之相稱故兹登名之士即其渾渾噩噩之文則知其有彬彬濟濟之行是氣化之中昆蟲草木逈然與中州自异至豪杰賢俊渾然自合天下而大同也治化之盛猗歟休哉諸生行將以文鏖戰春闈荐有禄位其尚尊所聞行所知明其體適其用必使踐履篤實光輝宣著大而贊助國猷匹休前哲小而分布州邑澤冒斯民後之人將指而稱之曰是廣南人物無讓乎中州者也是皇明治化涵煦所致也豈不榮且大哉若徒事於文而空言無施則雖焕然粲然與蟲魚草木同歸氣機之一物爾是奚足尚哉敬以是爲諸生勉

河南河南府洛陽縣儒學教諭顧潤謹序

正德二年廣東鄉試録

廣東鄉試録序

聖天子嗣大寶位二載□兹秋八月適天下賓賢之參議廣東藩臬重臣循舊典延伸□□以董文衡維時總督軍務都察院右都御使陳□雅重儒術總鎮兩□太監□□□□督市舶太監□宣總兵官伏羌伯毛鋭協德贊襄監察□□陳順巡按是方而監臨□事於是合提學副使林廷玉所簡之士闈棘而群試之凡一千六百有奇□昔益加時而勃與教諭王爲考試官教諭梁魁潘援誼杜子新高越完光嶽訓導陳坴爲同考試官提調監試則左右參議徐沂羅榮副使王檵僉事李希顔贊理防範則左布政使劉孟按察使林□□□□□右參政翁健之吴泰□□□□鄧概馮夔胡恩王□與凡諸執事悉懋選以任内外嚴密罔敢怠遑勃等精簡閲公去取擢士七十有五文理可觀殆不止是爰第其氏名梓其文爲録以獻勃當序其端竊惟天地養萬物必賴聖人以裁成輔相聖人養萬民必賴賢才以輔弼寅亮揆古迄今不聞借才於异代顧所養所用之何如耳洪惟我太祖高皇帝汛掃腥羶奄有華夏聖□□□□遑寢食首天□□學養士每三年一開科以取之著爲定制是即唐虞敷奏三代言揚之意也列聖相承恪遵祖訓百餘年來養之日厚取之月精迨我皇上克篤前烈尤加慎重蓋欲聖賢以圖治爲宗社億萬載無疆之計也猗歟盛哉國家養士之隆而求賢之篤如此士之登名斯録是皆所謂聖□□□行將捷春官奉□□要由庶職而大寮漸與利天下國家之責矣果將何以報稱之矧廣東爲天下雄藩海岳清淑之氣鐘靈毓秀士之生於其間者往往建殊勛著茂績項背相望代不乏人今諸士子膺主司之薦□惟正其誼不謀其利明其芷不計其功補衮職於朝廷沛恩澤於黎庶企前烈引後賢躋斯世於唐虞三代之□庶無負於海岳之所鐘毓□負於□之所陶鎔而諸執事皆有光矣若夫既得人爵之餘而遂棄天爵之修患得患失無所不至是即孔子所謂鄙夫也朝廷以賢而求主司以賢而薦士以賢而自期待者固如是乎嗚呼其裁之□

直隸鳳陽府宿州儒學學正陳勃謹序

正德二年廣東鄉試

監臨官

巡按廣東監察御史陳順（裕夫浙江金華縣人　丙辰進士）

提調官

廣東等處承宣布政使司左參議徐沂（希曾浙江永康縣人　癸丑進士）

廣東等處承宣布政使司右參議羅榮（志仁福建古田縣人　庚戌進士）

監試官

廣東等處提刑按察司副使王檵（正朝江西恭和縣人　辛丑進士）

廣東等處提刑按察司僉事李希顏（原復直隸華亭縣人　癸丑進士）

考試官

直隸鳳陽府宿州儒學學正陳勃（希和福建懷安縣人　辛酉貢士）

直隸徽州府祁門縣儒學教諭王傑（邦彦江西安仁縣人　庚子貢士）

同考試官

浙江紹興府蕭山縣儒學教諭梁魁（文彦直隸武進縣人　己酉貢士）

福建福州府長樂縣儒學教諭潘援（匡善浙江景寧縣人　乙卯貢士）

直隸安慶府宿松縣儒學教諭王誼（宜之浙江錢塘縣人　戊午貢士）

浙江杭州府富陽縣儒學教諭杜子新（明甫福建福寧州人　戊午貢士）

河南開封府鈞州新鄭縣儒學教諭高越（進卿□□□□□人　甲□貢士）

直隸保定府定興縣儒學教諭完光嶽（秀□□□□□□人　乙卯貢士）

浙江杭州府儒學訓導陳坔（克厚福建懷安縣人　辛酉貢士）

印卷官

廣東等處承宣布政使司照磨所檢校李茂（集魁江西永豐縣人　監生）

廣東等處提刑按察司照磨所檢校徐聰（志聞廣西平樂縣人　監生）

收掌試卷官

廣州府同知童壐（信之福建連城縣人　庚子貢士）

肇慶府德慶州知州王壐（仲信江西廬陵縣人　丙辰進士）

受卷官

亳州府同知劉世寬（汝敬福建清□縣人　癸卯貢士）

惠州府推官吴教（以寛福建莆田縣人　丙午貢士）

彌封官

廣州府東莞縣知縣陳塀（德階福建閩縣人　乙丑進士）

肇慶府四會縣知縣張思齊（希賢湖廣蘄州人　乙丑進士）

惠州府長樂縣知縣胡蒙（養正直隷祁門縣人　壬子貢士）

謄録官

肇慶府推官何繼宗（承之廣西蒼梧縣人　乙酉貢士）

廣州府增城縣知縣鄭行（世□□□□□□縣人　乙□□士）

對讀官

高州府化州知州倪範（景賢江西安仁縣人　庚子貢士）

廣州府清遠縣知縣岑璉（汝器江西餘干縣人　己酉貢士）

廣州府連州陽山縣知縣張咸（德亨江西淳梁縣人　壬子貢士）

巡綽官

廣州右衛指揮使王謙（益之山東武城縣人）

廣州前衛指揮使王邦（國本湖廣江陵縣人）

搜檢官

廣州左衛後千户所副千户賈聰（性敏直隷靈壁縣人）

廣州右衛右千户所正千户夏瓚（德堅直隷蕭縣人）

廣州前衛左千户所正千户董源（宗潔直隷蒙城縣人）

廣州前衛前千户所正千户周英（世傑浙江定海縣人）

廣州後衛左千户所正千户杜廣（德宏順天府平峪縣人）

廣州後衛後千户所正千户馮昕（孟暘順天府大興縣人）

供給官

廣東等處承宣布政使司經歷司都事楊喬(于遷江西貴溪縣人　吏員）

廣東市舶提舉司副提舉朱源（宗本直隷歙縣人　監生）

肇慶府陽江縣主簿林鏘（世□浙江永康縣人　監生）

廣州府從化縣流溪巡檢司巡檢劉絨（資□□西萬□縣人　吏員）

廣州府番禺縣五羊驛驛丞黄泝（源之福建南平縣人　承差）

廣州府從化縣李石岐驛驛丞蕭贇（用美江西高安縣人　吏員）

潮州府海陽縣鳳城驛驛丞吴崇恩（世榮福建閩清縣人　承差）

南雄府淩江驛驛丞蔡璋（廷器福建侯官縣人　承差）

惠州府博羅縣蘇州驛驛丞林穀祥（朝貢福建莆田縣人　承差）

惠州府海豐縣南豐驛驛丞林璧（汝立福建莆田縣人　吏員）
肇慶府崧臺驛驛丞李珠（重光廣西臨桂縣人　承差）
□慶府新興縣新昌驛驛丞康重華（欽益廣西古田縣人　承差）
□□府德慶州封川縣麟宋驛驛丞胡廷璋（朝用廣西融縣人　承差）

第一場

四書

居其所而衆星共之　載華岳而不重振河海而不泄　知者無不知也當務之爲急仁者無不愛也急親賢之爲務　視履考祥其旋元吉　□動而巽日進無疆□言盛禮言恭幽贊於神明而生蓍

書

汝惟不矜天下莫與汝爭能汝惟不伐天下莫與汝爭功　東漸于海西被于流沙朔南暨我式克至于今日　休公其惟時成周建無窮之基亦有無窮之聞

詩

螽斯羽詵詵兮宜爾子孫振振兮來歸自鎬我行永久　君子萬年介爾昭明　於穆清廟肅雍顯相濟濟多士秉文之德對越在天駿奔走在廟不顯不承無射於人斯

春秋

秋八月壬午大閲（桓公六年）　齊師宋師曹師城邢（僖公元年）　戊辰諸侯盟于葵丘（僖公九年）　晋侯齊師宋師秦師及楚人戰于城濮楚師敗績（僖公二十八年）

禮記

疑而筮之則弗非也日而行事則必踐之　周人修而兼用之　天子布德行惠　合鬼與神教之至也

第二場

論

聖王作民君師

詔誥表（内科一道）

擬漢令郡國舉孝廉各一人詔（元光元年）　擬唐以韓愈爲監察御

史誥（貞元十九年）　擬宋以翰林學士歐陽脩知貢舉謝表（嘉祐二年）

判語（五條）

□應奏不奏　私借官車船　僧道拜父母　宿衛人兵仗　老幼不拷訊

第三場

策（五道）

問　自古帝王之御天下必有制作以布□天下所以昭一代之盛也唐□□□之典謨訓誥卓乎不可尚已自所（西□□）若漢唐宋其間英君誼辟亦莫不各有□作然多出於文臣之所代言史氏之所紀録洪惟我太祖高皇帝聖由天縱德與日新其於詔敕所布悉皆親御翰墨□□□旨神□□□□義正詞嚴萬世如見伏讀□誥三編其首之所載何言其言之所主何意然不知漢唐宋之君亦有著作如我聖祖者乎唐虞三代之典謨訓誥亦有合於聖祖之制作歟請著于篇以鋪張當代之盛

問　周官之法其來尚矣而其書不免於後人之疑何哉或曰末世之書□□□之陰謀之書或曰文王治岐之所□□□曰成周理財之所用者或又曰此太平六典也可以致隆平頌清廟也將何所折衷歟今考其文分土不合於王制班爵不合於孟子而冬官之制缺而不講無惑乎後世之紛紜也若曰足以致隆平而漢唐宋之君相亦有慕之而未行行之而未效者獨何歟我古爲□其設官分職至詳至備是以太平之業追隆帝王然所以致之者固自有道也諸士子幸著于篇以驗博古通今之學

問　昔者天不愛道而圖出於河地不愛寶而書出於洛是皆所以發天地之秘闡理數之奥也試相與求之七前六後八左九右河圖之文也九前一後三左七右洛書之文也圖書之位與數皆不□而同於以五居中何歟河出圖畫羲易也洛出書而九疇叙禹□□□書之出有先後而或援大傳之言而□圖書皆出於伏羲之時信歟馬圖之位一六水居北二七火居南三八木居東四九金居西五十土居中而伏羲之卦乾南坤北離東坎西震東北兑東南巽西南艮西北伏羲何所則於河圖歟龜負之文戴九履一左三右七二四爲肩六八爲足而大禹之疇五行五事至於庶徵五福洪範何所則於洛書歟或謂泥圖書不足以知易範拘象數不足以盡圖書不知河出圖洛出書聖人則之其所則者何事天乃錫禹洪範九疇其所錫者何道諸士子强學待問久矣盍爲剖析毫厘詳著于篇以觀窮理之學

問　不知人無以爲君子而擬人必於其倫故擬以道者不拘其行擬以心

者不拘其迹而不知聖賢之道者徒擬□□□知王伯之分者徒擬以功其得□□□見矣後之評人物者吾惑焉有儔之□伊尹者有擬之以管葛者其出處果有同歟有稱以爲江左之夷吾者有論以爲苻堅之管仲者其事功抑有异歟耿弇之比韓信所并者何功裴度之比子儀所同者何事有前稱房杜有後稱姚宋者何賢之可以并稱有與韓公齊名者有與潞公齊名者何名之所以并著士君子讀書論世其於數君子中果以何者爲法詳言之以觀尚友之學

問　古人制治保邦之道曰兵曰食而已彼禦暴而安民者不外乎兵傳曰水不外乎地兵不外乎民自六鄉六遂都鄙之兵廢今之言兵者分而爲二不知亦有合於古之制歟天下之裕國而足用者不外乎食語曰民者邦之本財者民□心自九職九賦九式關市之法□□□言食者在愛其力不知有合於□□□歟或者謂民兵不可廢既募之後則有紀律方募之始則有差擇天下無必勝之兵而有不可敗之將將兵之得其人者漢唐宋皆有之其不煩兵黷武而勛業最著者誰歟議者謂民用不可缺周禮鑄錢以布天下均田以一人心恩意聯屬農務以之而定奸宄不容軍制因之而明天下所生財賦有限理財之得其人者漢唐宋恒有之其不加賦於民而國用自足者誰歟是二者皆天下國家之大務不可一日而不講者也諸士子請悉心以著于篇毋曰非予之所知也

中式舉人七十五名

第一名　黄錦　歸善縣學生　易
第二名　王天與　興寧縣學生　詩
第三名　李朝會　潮陽縣學生　書
第四名　余藴　饒平縣學增廣生　春秋
第五名　蘇雲　順德縣學增廣生　禮記
第六名　易逵　新寧縣學生　詩
第七名　蔡秉乾　瓊州府學增廣生　易
第八名　楊天祥　惠州府學增廣生　書
第九名　蘇子受　潮州府學增廣生　春秋
第十名　何宏　順德縣學生　禮記
第十一名　蘇會　順德縣儒士　詩
第十二名　梁佐　增城縣學增廣生　易

第十三名　何重　四會縣學生　詩
第十四名　陳洸　潮陽縣學生　書
第十五名　何文邦　南海縣學生　易
第十六名　孫集義　瓊州府學生　詩
第十七名　杜文燦　南海縣學生　易
第十八名　尹嵩　東莞縣學增廣生　春秋
第十九名　羅奎　海康縣監生　書
第二十名　林文英　東莞縣儒士　詩
第二十一名　李邦光　東莞縣學增廣生　易
第二十二名　何烱　番禺縣學生　詩
第二十三名　王朝貴　樂昌縣學生　禮記
第二十四名　吴準　廣州府學增廣生　易
第二十五名　李一寧　東莞縣學增廣生　詩
第二十六名　李翔　新會縣學生　易
第二十七名　黎貫　從化縣學增廣生　詩
第二十八名　鍾善經　順德縣學增廣生　易
第二十九名　周雍　廣州府學生　書
第三十名　何朝穀　海陽縣學增廣生　春秋
第三十一名　談儲　廣州府學增廣生　易
第三十二名　黄應寘　博羅縣學生　詩
第三十三名　陳璘　陽江縣學生　書
第三十四名　曾俊　廣州府學增廣生　詩
第三十五名　曾世昌　廣州府學增廣生　易
第三十六名　□琚　東莞縣儒士　詩
第三十七名　林桂森　海陽縣學生　易
第三十八名　羅爵　番禺縣學增廣生　詩
第三十九名　吴中立　增城縣學生　書
第四十名　謝明　番禺縣儒士　詩
第四十一名　招文選　南海縣儒士　易
第四十二名　李章　順德縣學增廣生　詩
第四十三名　梁文瑞　東莞縣學生　禮記
第四十四名　陳夢賢　四會縣學增廣生　書

第四十五名　黄棨　廣州府學增廣生　詩
第四十六名　殷用邦　東莞縣學增廣生　易
第四十七名　蔡尚義　饒平縣學生　春秋
第四十八名　李約　愽羅縣學生　詩
第四十九名　吴學　增城縣學生　書
第五十名　梁廷振　南海縣學增廣生　易
第五十一名　鄧麟　樂昌縣學生　詩
第五十二名　李翺　廣州府學增廣生　易
第五十三名　鄒府　廣州左衛軍　詩
第五十四名　趙良弼　潮陽縣學生　書
第五十五名　周宗本　瓊州府學增廣生　易
第五十六名　陳賢　番禺縣學增廣生　詩
第五十七名　盧津　南海縣儒士　易
第五十八名　□禧　化州學生　詩
第五十九名　金翰　饒平縣學生　書
第六十名　黎倫　順德縣學生　禮記
第六十一名　何琺　廣州府學增廣生　易
第六十二名　何瀚　東莞縣學增廣生　詩
第六十三名　羅肇魁　東莞縣學增廣生　易
第六十四名　譚誼　惠州府學生　書
第六十五名　梁舉　南海縣學增廣生　詩
第六十六名　何瓊　順德縣學增廣生　易
第六十七名　余紘　愽羅縣學生　春秋
第六十八名　盧秉章　新會縣學增廣生　詩
第六十九名　霍球　廣州府學增廣生　易
第七十名　江宇　廣州府學生　書
第七十一名　方一德　東莞縣學增廣生　禮記
第七十二名　楊節　廣州府學生　詩
第七十三名　戴尋　廣州府學生　易
第七十四名　李澤　番禺縣儒士　書
第七十五名　鄭廷佐　潮州府學生　易

第一場

四書

居其所而衆星共之

王天與

同考試官教諭高批（此題似易實難場中作者不失之略則失之晦求其説理詳明遣詞通暢無逾此篇是用録出）

同考試官教諭梁批（温雅可愛）

考試官教諭王批（模寫人君有德民歸之象殆無餘藴可嘉可嘉）

考試官學正陳批（意圓詞暢佳作也）

天樞奠其位列宿仰其尊此以德感民之象也蓋民之歸德猶星之拱極也聖人取象如此其意切矣思昔聖人之意謂夫欲知人君無爲之化當觀北極自然之尊彼天體維圓運行而不息北極則爲旋轉之樞天動而樞不動焉天行至健循環而不已北辰則爲環繞之軸天旋兩軸不旋焉奠位乎天中寂然其不動也旦如暮如□斯驗諸旦暮而不殊恒出乎地上隱然□至静也古如是今如是考諸古今而不爽夫北辰不動而衆星之麗天者同一拱北不能外之而他向列宿之躔度者咸一歸極不能舍之而他仰東有啓明西有長庚自東徂西星宿何森羅也皆隨乎天以旋繞星有异而向無异焉維南有箕維北有斗自南至北星辰何燦爛也皆仰其尊而歸向象萬殊而歸不殊焉夫人君爲政以德無心於感民天下之民同心而歸德豈不猶北□之不動而衆□之自歸乎大抵古今一理上下一心治天下者不患乎民之不歸惟患乎德之未備苟以德爲政則不動而化不言而信無爲而成所守者至簡而能御煩所處者至静而能制動所務者至寡而能服衆徵諸古人若舜之恭已南面四方風動是已外此則雖衡石程書亦何補於治哉然舜遠矣無爲而廷下歸幸有今日之盛

載華岳而不重振河海而不泄

黄錦

同考試官教諭王批（無贅辭無冗字説理□字正要如此）

同考試官教諭潘批（理學之文□□□不重不泄之旨僅見此作）

考試官教諭王批（性理文字所出如此可嘉可嘉）

考試官學正陳批（整潔明潤可以爲文矣）

任峙物之大而無外容流物之大而無遺地道之廣厚然也蓋華岳河海流

峙之大者也載之不重而振之不泄焉地道之廣厚何盛哉中庸是章以地道明至誠無息之功用如此意謂高崎於后土何莫匪山維彼華岳崇巒聳漢而迥出乎群峰孰得而擬其尊叠嶠連雲而卓冠乎列岫誰得而并其大華岳至重若難載矣地道惟至順而極厚故其形勢雖巍峨也悉奠於□載而無外坤德惟渾淪而磅礴故其體質雖□大也咸囿於包容而有餘彼廣博而息重不勝也地惟一誠而無息故其任重之功歷萬世□皆然何傾陷乎深厚而二任弗克也坤惟至誠而悠遠故其持載之力亘古今而一致□□蕩乎以至盈科而後進何莫匪水維彼河海洪流浴日而萬派之朝宗曰汝曰漢其支流耳巨浸滔天而衆流之聚匯曰淮曰泗其餘派耳河海至大若難振□而不知□之爲道□北無垠括四海於一囊不可以限量窺也坤之爲德渺茫無際斂衆流於一勺不可以紀極測也彼量小而容大則泄河海之積雖浩瀚不能外地之廣博而他往何滲漏之可言勢薄而納厚則遺河海之水雖汪洋不能舍地之深厚而地□□□□之可指吁華岳重也載之而不重河海川也振之而不泄地道至誠無息之功用如此聖人至誠無息之功用寧不於是而著明乎大抵誠者天地聖人之本聖人惟至誠故能極其盛而致功用之大天地惟至誠故能極其盛而有生物之功是則天地之所以爲天地此誠也聖人之所以爲聖人亦此誠也子思子即此明彼以見天地一聖人聖人一天地也天地聖人同一至誠無息之功用夫何間然之有

知者無不知也當務之爲急仁者無不愛也急親賢之爲務

李朝會

同考試官教諭完批（説理文字自是難得連日□閲僅見此卷故録出以爲後學範）

考試官教諭王批（理明詞整可取）

考試官學正陳批（措詞親切足洗陳陋）

知之施有所先仁之施有所先蓋知仁之用莫大於急所先也使泛於所施而不知其要是豈識道者哉昔孟子之意若曰君子於道識其□體則心自不狹知所先後則事爲有序彼若□源澄澈而識見精明此知者也知者内境昭融而大小精粗之理無不剖析其微妙中扃洞□而古今事變之故無不窮究其底蘊知□□不知矣使不以當務爲急則弊精竭神而於事爲無益故不必事事而治之也先其本而後其末萬事統宗之地必以爲急而不敢緩焉□□物物而理之也舉其綱而緩其目衆體所會是要必以爲先而不敢後焉知而急於先務則事無不治而其爲知也大矣非知之有所先者乎至若天理

渾融而私欲净盡此仁者也仁者擴同胞之念而一眠不得其所者皆以爲我之責普同仁之心而一夫不被□澤者皆以爲予以辜仁固無不愛矣然不以親賢爲務則德澤下壅而其仁無所施故他事未遑圖也尊德樂道汲汲乎賢才之是親末務未暇舉也用上敬下切切乎俊乂之是任仁而急於親賢則恩無不洽而其爲仁也博矣非仁之有所先者乎吁知仁之體無不該知仁之用有所急非孟軻氏著明之抑孰知其然哉雖然天下之事有要焉得其要雖不必弊吾之精神而治自裕不必竭吾之心力而愛自周全體具妙用行而知仁之道斯大矣求之古人其惟堯舜乎彼堯也舜也知不徧物而急先務仁不徧人而急親賢可謂識知仁之大而非泛用其心者矣治化之隆卓越千古有由然哉後之務知仁者當以堯舜爲法

易

視履考祥其旋元吉

黄錦

同考試官教諭王批（考祥元吉本義明白學者猶體認不真此作不費辭説而意義自足非深於易者不能也）

同考試官教諭潘批（題本正大閱卷多紛紛不一理足詞充精到無遺無如此篇宜録之）

考試官教諭王批（深合本義可取）

考試官學正陳批（得旨）

審所行以稽其福善所行斯大其福此履上九之爻辭也甚矣福不可以幸而致也自審而周旋無虧焉則其獲福之大也不亦宜乎且履之上九居卦之上處履之終故周公繫之以辭谓夫人之有爲有行不難於其始而難於其終彼初之與二非無所履至上則履道終矣君子於此惟反觀内省自視其所爲之何如四之與五亦有所履至上則履道成矣君子於是惟原始要終自審其所行之何若然祥降於德之修也吾之自視所爲正以考其祥之可獲乎否也慶餘於善之積也吾之自審所行正以稽其福之可致乎未也誠能自始至終皆周旋於規矩之内盡善而無虧由先及後悉從容於禮法之中至善而無惡如是則慎終如始百禄是遒莫大之祥以之而可得豈初之無咎二之貞吉者可比哉有始有卒萬福攸同非常之吉以之而可有豈四之終吉五之貞厲者可倫哉夫元吉生於所履之善如此則占者禍福視其所履而未定也抑又論之福善禍淫天之道也爲善去惡君子之行也君子修乎己而天之所以應之者雖有遲速終不爽焉故傳易聖人於此曰元吉在上大有慶也於坤曰積

善之家必有餘慶其是之謂歟

幽贊於神明而生蓍

蔡秉乾

同考試官教諭王批（題本平易無可疑者學者猶或穿鑿此作平平寫出而文理自爾完好宜録之以破群惑）

同考試官教諭潘批（發明義理殆盡不泛不鑿讀之令人快意此作得之）

考試官教諭王批（理明辭暢）

考試官學正陳批（詞理俱到録之以爲明經者式）

默相乎神化致産乎神物聖人之作易然也甚矣神物之生不偶也非聖人有以默相乎神化其何以致之歟大傳言聖人之作易如此意謂無易不足以成務無蓍將何以求易蓍之生也果何自哉彼化育機緘神明而不測聖人則極裁成之道默而相之有以成其能焉乾坤闔闢微妙而不窮聖人則致輔相之功幽而贊之有以成其化焉窮理盡性以吾心之妙契天地之妙體信達順以吾心之和召天地之和由是和氣充塞而蓍生矣其莖長丈其叢滿百造化所成何完具也覆以雲氣守以靈龜神明所相何珍重也圓神之德于是乎存雖同類於物而實异乎物陰陽之理于是乎具雖并名於草而實靈乎草所以分挂揲扐以前斯民之用者在是所以參伍錯綜以决天下之疑者在是易之數有所托而易之用行矣聖人作易之功如此雖然蓍雖物類之神而聖人又人類之神也蓋有是神物而不有聖人興之以前民用則亦混同區宇之間與物俱腐矣而神明之道何由而顯是則神物之生也固本於聖人贊化育之功其興也又本於聖人明天道之妙聖人有功於天地民物也豈淺淺耶學易者知之

書

汝惟不矜天下莫與汝争能汝惟不伐天下莫與汝争功

李朝會

同考試官教諭完批（大禹功德之高於天下者此篇形容殆盡）

考試官教諭王批（寫出舜美大禹功能之盛無逾此篇）

考試官學正陳批（説出聖君稱美大臣之意宛然在目想其人豈亦不矜不伐者與）

已不挾其所有人自服其所有聖君稱大臣之功德然也甚矣人有功德而自侈者常多也大臣處之而不自負心其來聖君之稱美也宜哉昔舜申命于禹而以功能之盛美之若曰汝之賢雖大過乎人汝之心則不有諸己彼若

勤于邦而念王事於乃心儉于家而置私養於度外此汝之能也常人處此未免志驕而氣盈矣今汝有是能而又以不矜之心承之雖其勤猶天健不以爲异行儉本天成不以爲絶德退然若愚自處於無能之地是雖不矜其能而其實不可掩但見天下之人慕克勤之德者仰餘光之不暇睹克儉之美者望下風之弗遑孰有與之争能者哉又以言之踐而叙府事於無窮功之試而底平成於永賴此汝之功也他人處此未免意滿而色揚矣今汝有是功而又以不伐之心處之雖其功塞宇宙不以爲奇勛業冠古今不以爲偉績欿然若虚自處於無功之境是雖不伐其功而其實不可泯但見天下之人瞻修和之偉烈者罔不帖然而嘆服睹河洛之成績者靡不浩然而□郊孰有與之争功者哉是則有莫大之美而异心不自以爲美此禹之功德所以見服於天下而帝命之歸誠有不容辭者矣大抵天下大器也授受大事也非至德不足以身天下之責非至讓不足以息天下之争禹以盛德大功度越世表誠忌之媒争之府也而人莫之加焉者何哉蓋至禮不讓而天下化至樂無聲而天下和故昌言則拜聞善則喜其所以感召之者蓋不在於論功之日矣噫終帝舜之命而成揖遜之治虞廷氣象千載可想

公其惟時成周建無窮之基亦有無窮之聞

楊天祥

同考試官教諭完批（康王期望畢公之意觀此作其一時氣象尤可以想見于數千載之下）

考試官教諭王批（得康王期望畢公之旨）

考試官學正陳批（體認真切非苟作者是宜録出）

賢王期大臣於□郊也立不世之大功垂不世之大名蓋功之所在名之所在也功立而名隨之其無窮之事業何如哉康王以是期望於畢公意謂公以勛舊之重臣而任保厘之重寄無窮之事業寧不知所圖耶尚其於此下都剛與柔而并行務使安民之功爲之而鼎建於此東郊德與義而兼施務俾化民之業爲之而聿修始而周公之功固大矣公當與周公同其大洪謨懿範有以光前而裕後周室之鴻休望公以衍之於百世也中而君陳之業固盛矣公當與君陳同其盛豐功偉烈以繼往而開來周家之景運賴公以延之於萬年也其基之建尚豈有窮乎然有是功則有是名而安民之令聞有以洋溢乎人心有是業則有是譽而化民之休聲有以膾炙乎人口始以盛名稱周公矣今以稱周公者稱其美德音孔彰爲之昭昭而不泯百世之下稱賢相者必歸之

公也中以美譽稱君陳矣今以稱君陳者稱其休令聞不已爲之耿耿而不磨萬年之後稱元老者必屬之公也其聞之著抑豈有窮乎是則一化殷之細故耳久安長治而垂化流芳咸萃焉爲畢公者曷不注意於斯哉抑論之志在一世之上者舉世不能濁其潔志在萬物之表者一物不能移其心畢公志於道德者也而功名固不足以累之康王乃以是相期待似非知畢公者何視之小而望之薄耶是不然上下异位而分願异趨康王以君道爲心畢公以臣節爲重故其所以待公與公之所以自待者异也嗚呼人心去古也久矣曲所學以逐時好者波流風靡而隨之功名之士固不可多得尚安以道德望耶

詩

君子萬年介爾昭明

王天與

同考試官教諭高批（有周太平氣象此作盡之且忠愛之心溢於言外他日效用其善鳴國家之盛者歟）

同考試官教諭梁批（父兄所願意正如此）

考試官教諭王批（辭不繁而理不遺杰作也）

考試官學正陳批（詩人微婉之意形容殆盡可與言詩矣）

詩人願君膺曆數之長享光大之福蓋人君之福莫大於悠久而光大也詩人願君如此忠愛之意何其至歟是詩父兄所以答行葦者也意謂醉酒飽德君恩於我厚矣我獨無以答之乎誠以吾君今日重熙累洽而榮膺寶曆固云福矣惟願天保定爾年以繼年自百年以至於萬年保有大業於不替焉久安長治而寵握乾符亦云福矣惟願天休滋至以年繼年由百年以及于萬年安享天位於不已焉將見繁祉萃君一身者必介之以爲天下無窮之福語皇風則清穆也語治教則休明也何昭明如之禎嘉集君一人者必大之以爲四海無疆之慶語土宇則昄章也語人文則宣朗也何光大如之以天下之福爲一身之福萬年此大業萬年此昭明也合四海之慶爲一人之慶萬年此天位萬年此光大也吁舉獲福之久爲君上之報若父兄者可謂盡誠以愛君矣抑又論之成周以忠厚立國故治道之盛傳世之遠獨超乎前代也如行葦既醉之詩君臣相感之厚古今以爲美談所以然者蓋由文武開之於前成康繼之於後盛德傳流八百年尚未艾也今讀其詩尤可想見當時之盛

於穆清廟肅雍顯相濟濟多士秉文之德對越在天駿奔走在廟不顯不承無射於人斯

易逵

同考試官教諭高批（形容文王之德之盛宛然在人佳作也）

同考試官教諭梁批（即人心以見聖德僅見此篇）

考試官教諭王批（得詩人奥旨）

考試官學正陳批（温柔敦厚詩意正如此）

詩人嘆廟祭得人之誠驗聖德在人之久蓋人心之所在聖德之所在也今在廟之人皆有其誠如此則文王之德之久豈不爲可驗乎此周公既成洛邑而朝諸侯因率之以祀文王之樂歌也形諸氣嘆謂夫穆哉此清静之廟乃祀我文王之所斯時之助祭者莫非明顯之諸侯爵雖不同而和敬之著無乎其不同也一時之執事者莫非衆多之賢士人雖或异而文德之秉又無乎或异也既皆精白一心而對於文王在天之神無一念之敢慢矣又皆恪恭乃職而趨於文王在廟之主無一事之少忽焉人心如此則是文王雖往矣著於人之肅雍無乃光於四方之未熄見於人之秉德無非顯於西土之餘光其德豈不顯乎文王雖没矣一昭假之頃人心無不敬畏一廟祀之間在人靡不奔趨其德豈不承乎信乎此德愈遠愈光而人人如是孰有厭之者乎誠哉此德愈久愈徵而世世皆然孰有斁之者乎吁有事清廟而升歌以此美盛德而告成功之意至矣嗟夫德之盛者入人必深心之誠者感□必久此理也亦勢也惟文王之德□亦不已至今行道之人猶知頌慕而况當時之臣庶乎又况奉祭之子孫乎傳曰周公升歌清廟苟在廟中嘗見文王者愀然如復見文王焉信不誣矣

春秋

秋八月壬午大閲（桓公六年）

余藴

同考試官訓導陳批（大閲一題傳意明白場中作者往往拘於對偶牽强成文不知及時修政已寓於不時非禮之書法中矣此作得之宜用録出以冠本房）

同考試官教諭杜批（此題不時非禮無備三意平説最是場中多作兩平殊戾本旨惟此篇敷演明白體貼精切宜録之以式後學）

考試官教諭王批（詞嚴義正）

考試官學正陳批（此可爲春秋義矣）

春秋譏望國之講武以其不時非禮而失政也觀壬午大閲之書而聖人不足於桓講武之意多矣昔魯桓君國四境多虞公有隱憂焉彼周之八月夏

之六月也乃於壬午之辰舉行大閲之法振鐸作旗而兵威孔盛鼓行鳴鐲而號令維嚴在當時必以威武奮楊誇我公者衆矣春秋何譏之深耶夫周制講武各有其時如搜以仲春苗以仲夏獮以仲秋皆於農隙而閲則仲冬無事戒衆庶修戰法視三時獨詳焉今桓當盛夏之時以簡車搜徒爲事吾見馳逐廢耘耔之業供億困南畝之民其不時甚矣不時則妨農如子民之道何先王閲禮厥有等差如□鼓之執太常之載大綏之下皆屬於王而諸侯則所執者賁鼓所載者旂所下者小綏視王固不同焉今桓以諸侯之卑侈然而行大閲之禮吾見本以明貴賤也而貴賤混淆本以習威儀也而威儀陵僭其非禮明矣非禮則犯上如臣子之義何夫既不時矣既非禮矣使其有警備之心猶不失爲保國之計也今乃懷鄭忽之懼懾齊人之威初非用民之訓軍旅也又非取物以祭宗廟也先時而無禦防之策未雨而乏桑土之謀其厲農失政如此經於是役書八月以見其非時書大閲以見其非禮而我桓失預備不虞之道亦於此可知矣雖然書有邦本之稱禮有逼上之戒易有復隍之虞聖人寓軍政於春秋而書法若此豈特爲魯桓告哉蓋所以儆萬世之爲人君爲人臣者使之必愛其民必敬其君必戰戰兢兢長守富貴而無危溢之行噫聖筆至此亦嚴矣

齊師宋師曹師城邢（僖公元年）

蘇子受

同考試官訓導陳批（學春秋者當以胡傳爲主至於作文亦當融會傳意此題士子作者多泥而不合傳惟此篇文不俗而傳不遺蓋得文定之家法者矣允宜高薦）

同考試官教諭杜批（傳本明白作者糊塗是篇文氣雄偉理趣優長寫出聖人所以予齊桓救邢之意無遺必究心於本領者他日躍天池登龍門魁天下士者必是子矣）

考試官教諭王批（理明氣昌）

考試官學正陳批（體貼傳意成文佳作也）

春秋於伯主恤患之兵美其功而不計其專也此可見齊桓之城邢其事雖專厥功懋矣春秋拳以予之宜哉何則邢以齊師次止緩不及事乃避狄難自遷夷儀桓也復偕曹宋之師往而城之具版築高雉堞曰保障也度地形營宫室曰封守也然王臣不行王師不出律以春秋之大法齊桓專兵之罪有不免矣君子予之何哉蓋以王命興師者正能救而予之者拳桓之斯舉雖曰大

師次止若無功也然邢以垂亡之勢莫遏狄人之鋒君臣弗遑於啓處國都幾至於丘墟此正下井而望救於人之時也今桓能移聶北之師往赴邢人之急拔諸憂戚顛危之中置諸豐樂平泰之地使姬姓之五廟鍾簴不移廣平之人民安堵如故所謂失之東隅收之桑榆者矣雖曰未嘗請命若專行也然邢乃有周之建國諸夏之友邦上而王朝不聞有九伐之施下而列國不聞有相救之義此正嫂溺援之以手之時也使桓上請王命然後啓行奏報之難機會之失外焉無以撲外夷方張之勢内焉無以慰邢人霖雨之望殆猶揖讓而拯焚溺者矣故經於此再叙三國之師而書城邢美桓公志義終有救患之功而不嫌其專也夫兵者春秋之所甚重獨至於救邢而書法如此聖人之情見矣雖然楚丘緣陵之城同一恤患也春秋又不予者何耶蓋邢能自遷城之者恤患也楚丘其國已滅緣陵未嘗自遷城之者專封也美惡不同予奪亦异此貴王賤伯羞稱桓文以正待人之意

禮記

周人修則兼用之

蘇雲

考試官教諭王批（題本平易能發揮周人養老文備之意獨愛此篇故録以式學者）

考試官學正陳批（文有矩度可録）

觀盛代養老之禮備歷代養老之制蓋養老王政之大端也有周盛王舉虞夏殷之制而兼用之其有見矣記王制者謂夫世至有周文武繼作太朴散而風氣已開治道盛而聲教咸暨凡制度之間監前代而彌文故養老之禮兼往聖而大備彼老之養有虞氏嘗以燕禮矣夏后氏嘗以饗食禮矣燕饗以飲爲主飲屬陽所以養陽氣也殷人又嘗以食禮矣食禮以飯爲主飯屬陰所以養陰氣也成周思欲悉備夫三代之禮而罔遺於是修飾燕饗之制而兼行之養國老於東膠之時焉思欲并包乎往古之制而靡外於是潤澤燕饗食之禮而并用之養庶老於虞庠之日焉故適乎春夏也正陽氣之生育則用虞夏之燕饗蓋順天之陽而養老者之陽允爲一代之鴻規非若虞夏之專於一矣時乎秋冬也正陰氣之凝聚則用殷人之食禮蓋因天之陰而養老者之陰信爲百王之偉制非若殷人之局於一矣吁舉養□之禮備歷代之制周人文極於是乎可見矣竊嘗因是而求其實周官外饔言饗耆老此周人以饗禮養老也行葦言飲射而繼之以祈黄耇此周人以燕禮養老也祭義曰食三老五更於太學天子袒而割牲執醬而饋執爵而酳此周人以食禮養老也其文盛之事

豈惟養老而已建官之制取民之法設學校制器服莫不皆然吾夫子從之有以也夫

天子布德行惠

何宏

考試官教諭王批（王者順時行政類能言之辭氣英特僅見此作）

考試官學正陳批（寫出王者順令行政之意殆無餘藴可嘉）

爲天下之主恤天下之人此順春令以行政也蓋天子者天下之主也當春令生育之時可不覃吾德惠以覆天下之人也哉且王者昭受天命爲天下君父乾母坤乃不地之宗子宅中圖大作億兆之元后神器於我乎畀屬而仔肩惟艱普天於我乎仰戴而付托滋重其德惠可不順時令以敷宣乎是故季春之月生氣發育也盛矣于以奉若天道溥吾心之德誕及於多方無敢吝焉陽氣發泄也甚矣于以承順天施推吾德之惠廣被於有衆無敢愛焉内而畿甸則命有司奉宣德意而出倉庫之貯儲窮乏之當先者蒙賑恤而無遺外而邦國則命諸侯奉行□體而備車旌之體貌名賢之當急者入招羅而匪逸由是四海九州歡欣鼓舞咸沐浴於和風甘雨之中一春陽動而萬物熙熙矣天子之德之布也何如哉群黎百姓愛戴尊親悉謳歌於光天化日之下一生氣泄而群品勃勃矣天子之惠之行也何如哉吁承天意以從事此王者之政令所以爲善也歟抑考聖帝明王之治天下憲天聰明動罔違天故德惠則以春夏而行刑罰□於秋冬而用追之九百撝布率不敢以人爲□之故風雨調而不□時人心悦而天下治月令一書雖出於諸儒之附會其亦祖先王之遺意也歟

第二場

論

聖王作民君師

黄錦

同考試官教諭王批（揄揚教化本於躬行之意藹洋洋詞不贅而意自新真杰論□）

同考試官教諭潘批（牽合陳語騎駕浮説論場之通弊也此作氣衝逸而辭整潔幾乎古作矣未可以舉子文字視之）

考試官教諭王批（筆勢滔滔略窘滯誠博洽之士也宜冠多士）

考試官學正陳批（論題平易操筆輒能成文獨此篇去浮冗而就簡切

一洗靡陋之習讀之使人肅然起敬也擢魁多士允壯明科）

任天下民物之責不之乎道以爲教也道原於天而寓於人人不能皆由於道也而畀諸聖王以教之聖王知其然則必以爲己任而不敢忽然其教之之責非一人所能及而必分諸天下之賢能以共之蓋其慮之甚遠教之條甚悉而其所以爲教則皆所以明人倫也教之爲道如是而已是以其教易明其學易成而其施之之廣至於無遠之不暨無微之不化聖王教化之澤於是爲盛請申紫陽朱子之論夫治之隆者道之行也道之行者道之明也道在天下固無古今之异而人之稟是道亦無古今之异道不外乎性也自世之言治者析道與教而二之是以或治或否或久或近皆者不能如古昔之盛者有由然也夫豈道之弊哉道猶元氣也一元之氣流行於天地之間亘古至今而不息元氣不息道亦不息也厥初聖王未生道在天地未有所□自天佑下民作之君作之師裁成天地□道輔相天地之宜以左右民莫非聖王之責天以是責而付之聖王聖王思天下之民養之固在於我而教之亦在於我夫既養之而不教之則民之不協于極者誰之責歟聖王於此豈不惕然而憂之乎然天下可以一人有不可以一人理一日二日萬幾非人無以代之於是擇天下之賢者能者而設官分職以長以治其教民之目則曰父子之親君臣之義□婦之别長幼之序朋友之信五者而已蓋民有是身則必有是五者而不能以一日離有是心則必有是五者之理而不可以一日離也是以聖王之教因其固有還以導之自有以辯其親疏之殺而使之各盡其情仁之爲教行矣自有以别其貴賤之等而使之各盡其分義之爲教行矣爲之制度文爲使之有以守而不失禮之爲教行矣爲之□□禁止使之有以别而不差智之爲教□□道是皆民生日用之常初非强彼之所無而益之亦非分我之所有而予之也然聖王之心猶慮吾之一身有限而天下後世無窮匪得人以任之則恐斯民由之而不知無以久而不壞也於是擇其民之秀者群之以學校聯之以師儒而其教之之法小學啓其蒙也大學養其成也詩書之文載比道以傳者開之以詩書明此教也禮樂之制節此道以行者成□以禮樂重此教也刑政法度先王以此爲輔治之具所以整齊乎此教也典禮命討先王以此爲作人之具所以鼓舞乎此教也蓋將使夫爲士者明諸心修諸身以爲治國平天下之基則吾之教有所托而可以及於無窮由是天下之父子以親君臣以義夫婦以别長幼以序朋友以信皆吾教之之功也道在一世則教在一世道在百世則教在百世道在千萬世則教在千萬世自古至今天地之所以常位日月之所以常明四時寒暑之所以迭行華岳河海之所以安其流峙中國夷狄之有界限黎

民之所以安居而粒食鳥獸草木昆蟲之所以長蕃而且育是孰使之然哉吾道之明吾教之行於天下而聖王之澤於是爲盛然則斯道也不於聖王身任而力行之將任之誰哉夫苟道不明於天下而欲其教之行治之純難矣聖王豈爲是哉□然惟天惠民惟辟作福聖王奉天之意而加之民者也是道也天寔以是啓之自易之衍卦畫洪範之叙九疇而道大明矣天生民而賦與之不能教之聖王代天立標準以任教於上而又設官以分教於下所以示其教於萬世若古之伏羲神農黄帝堯舜禹湯文武之爲君皋陶伊傅周召之爲臣既皆以此而力任治教之責率致雍熙泰和之□後世仰之不可反降及漢唐宋諸君亦□□心於教奈何道不由於心得教不本於躬行或求之於刑名簿書之間或惑於黄老清净之術所以人心漸壞風俗漸頽人材日衰而學校之政日廢矣然則知斯道之責在己而任斯道之重以化成天下幸有今日聖天子在上

表

擬宋以翰林學士歐陽脩知貢謝表（嘉祐二年）

曾俊

同考試官教諭高批（敦士風而回文運此表得之）

同考試官教諭梁批（典而有則）

考試官教諭王批（得駢儷體）

考試官學正陳批（此表能道出歐陽公意中語）

伏以聖皇御□□荒□天地之□□□□□庯四海際風雲之會歌鹿鳴而□□□□膺鶚薦而吏計初偕袿褐欲褫於國都文字先程於禮部惟兹盛典豈謂彌文必得真才庶充實用顧以選登之重寄委諸譾薄之腐儒恩命下臨憂兢中切兹蓋伏遇睿資天縱聖學日新親享明堂立一朝之典則躬臨太學修再拜之儀文敦至孝以奉慈闈訪遺經而御講幄大□□□□□□尤書無逸之篇從諫如流而詔屬□親賢若渴而待士之禮有加重科目以收人材每嚴乎掄選之法即文章以占德行乃屬乎貢舉之官切念臣脩叨隨法從愧列清華群書負涉獵之虚名六籍無淵源之實學輒復品題乎人物恐滋譏議於市朝辭避未由衷懷有激竊以昇平已久而習俗尚華理學弗明而文氣趨下貢士倏爾爲艱深之語時輩翕然有影響之機雕脂鏤冰莫資世用□□棘句□釣時名若非砭裁於今何以□□於後臣寧取其朴而去其華黜其新而復其舊庶回渾厚之化用移浮靡之風整竭愚庸欲付鑒衡於公道勉圖報稱敢植桃李於私門上以副當宁求賢之盛心下以酬微臣憫俗之素志伏願人文宣朗衍百世之鴻甘聖學□□□

繼萬年之寶曆臣無任瞻天仰聖激切屏營之至謹奉表稱謝以聞

第三場

策

第一問

黄錦

同考試官教諭王批（鋪張聖製之盛煒煒光彩宜録以冠多士）

同考試官教諭潘批（五策歷答無遺此篇於聖祖經世大規能知其要況文章雄深雅健足以華國誦之自當起敬）

考試官教諭王批（歷叙聖製鑿□□負且詞氣蒼古非積學有素者不能允宜高薦）

考試官學正陳批（唐虞三代典謨訓誥我聖祖制作兼總其妙而超越漢唐宋遠矣此篇敷對無遺揄揚有據固有識之士乎）

帝王之制作盛於古而後世不可及聖祖之制作盛於今而立言爲有意蓋千聖一心萬古一理此我聖祖之御製大誥與唐虞三代之典謨訓誥所以异世而同符也夫豈漢唐宋之可□□執事舉皇祖之制作下詢承學愚也幸際聖明之世佩服聖祖之訓久矣敢不悉心以對天生烝民與氣以成形而不能使之遂其生與之理以爲性而不能使之復其性故生人君以爲民物之主使之治而教之焉然不能家喻而户曉也必有假乎巽命之申不能耳提而面命也必有俟乎涣號之傾于以一天□□□志于以新天下之耳□若堯舜之典謨禹湯之訓誥是已是乃治世之洪規爲邦之大道所以爲天地立心爲生民立命爲萬世開太平者也又孰得而加尚之哉自是而降豁達大度知人善任一統而爲漢也若大風之歌寶鼎之作詞非不工也然非躬行心德之餘其於治道也奚補龍姿日表濟世安民又一統而爲唐也若帝範之書金鑒之録文非不□□然無□德涵養之素其於治道也奚□□伐訖□宋德隆興若戒諭之詞崇天之曆文有餘而道不足也皇明天啓聖祖龍飛備首出庶物之資居崇高富貴之位掃除腥羶復回倫理萬世之大功以建立教垂訓制禮作樂萬世之大業以立至於宸章聖翰□□雲漢睿□□□天葩炳耀乎日星義正詞嚴一皆聖心之所主宰非如前代之假筆於文臣故誠意伯劉基有曰萬幾之暇作爲文章舉筆立就莫不雄深宏遠言近指遠者此也文簡理備一皆聖衷之所運用非若前代之紀録於史官故翰林學士宋濂有曰帝爲文或不喜書命侍臣坐榻下□□受詞食之頃衮衮千餘言者此也□□訓戒民布告中外則有大誥之三編其間所載者皆布帛之

文菽粟之味所謂考諸三王而不謬建諸天地而不悖質諸鬼神而無疑百世以俟聖人而不惑者也漢唐宋之君胡可得而擬其萬一哉然其首之所言乃托始於君臣同游之一篇大哉王言□□□王心□謀之遠垂訓之深抑何至哉噫斯言也是即典謨之同寅協恭訓誥之同心同德者也愚嘗伏讀而深思之蓋有以窺見其萬一矣誠以君爲臣之元首臣爲君之股肱元首股肱實同一體君上臣下宜同一心明良相逢上下相交則盛德不勞而自成大業垂拱而自致洪名垂於悠久盛福享於無窮苟或隔尊卑於堂□之森嚴間情意於法制之詳密上不□□而信□下君門遠於九重也下不以□□事其□堂上遠於萬里也爲臣者雖竭惠誠以成全忘寢食而勤政亦無益矣抑嘗以是而稽之於古若堯舜禹湯文武之爲君皋陶伊傅周召之爲臣都俞吁咈藹和氣於一堂協心同慮會明良於千載故其泰和之治卓乎其不可及雍熙之盛邈乎其不可追噫有典有則貽厥子孫聖□□□嘉言孔彰□□下之法者有仁天下之心者也蓋心者治之本法者治之用也以是心而行是法則至治無難致矣此成周之法必有待於聖朝而太平之治真無愧於成周之盛者蓋□此耳區區漢唐宋烏足云乎請條陳之三代之法莫備於成周成周之法莫備於周官周公以大聖之資成文武之德斟酌前代之制創此不刊之典自今□□八柄於太宰而任相之意專六屬□□少宰□庶官之政理田有井牧溝洫之制而民有所養居有比閭族黨之分而治有所統爲之封疆爵秩大小足以相維爲之朝覲聘問上下足以相睦其用心至悉如天焉有象者在如地焉有形者載真太平之典可頌清廟者也鄭康成吴元章之言豈欺我哉夫何後之人不深考古人之意而妄爲□□之説語及周禮則曰文□治岐之書成□理財之書殊不知五等之爵九畿之服不可施於侯國惠下甚厚奉上甚約不但施於理財以此而誣聖人聖人何病乎其曰分土不合於王制班爵不同於孟子又不知王制之言出於漢儒掇拾之餘而孟子之論在於諸侯去籍之後以此而短周禮周禮何損乎至於因冬官之缺遂爲未成之書而何休林碩之輩又以爲出於六國之後凡此皆以常人之□□量聖□者也何其謬哉惜乎時异世□□□政□寥寥千載莫之能行其間篤好如隋王通而當時無願治之主太平之策付之空談深信如唐太宗而諸臣非王佐之才貞觀之治不能復古所謂君臣相遇自古爲難者是已漢之劉歆可謂有志矣所輔者攘竊之新莽名天下之田而爲王田果誰欺乎宋之神宗似亦有爲矣所任者堅僻之□□變祖宗之法爲新法果何謂乎所謂人□不仁如禮樂何是已幸而文武之道未墜於地至我太祖高皇帝應五百年之昌期掃數千載之陋習建極垂統紹文武之太平分職設官酌周官之全制如首罷丞相監漢唐之失也改置六部復

成周之法也今屬有多寡之异而職有分合之殊或因其大者非故爲同損益其小者非故爲异他如定官制則有諸司職掌而内外大小之□□備儀則有稽古定制而尊卑貴賤□□安其□農事也則歲時有種桑之法歲暮有給鹽之惠訓官僚也則都督有五事之規御史有九節之喻文官不許封公侯貴戚不許預政事謹其微也藩鎮不許擅殺官軍不許擅調制其拳也此又周官之所未備者而今大備之矣譬之日月麗天而四海仰其光焉江河行地而萬物資其利焉一世行□一世之太平也萬世行□萬世之太平□肆我皇上法祖勤民有隆無替行周官馭吏之法而天下無惰吏矣行周官治兵之法而天下無惰兵矣行周官勸農之法而天下無惰農矣况今輔臣有周公斯世躋熙皥海晏河清真中國之聖人四夷來王同越裳之重譯太平之象增光祖宗至治之休與周并美猗歟盛□□然盛□以仁政而寓仁心故致治之□□冠乎王我朝以仁心而行仁政故致治之隆獨高于千古程子曰必有關睢麟趾之意然後可以行周官之法度彼漢唐宋之君何足以語此哉書曰有典有則貽厥子孫我祖宗之謂也詩曰不愆不忘率由舊章我皇上之謂也請以爲終篇□□□肆我

蘇雲

考試官教諭王批（條答無遺必究心於性理者）

考試官學正陳批（是策正欲觀士子理數之學場中答者多得此遺彼鮮愜人意此作敷對詳盡略無窒滯必究心於理學者得士如此可爲嶺南慶矣）

甚矣圖書之論太極一理之妙用也聖心一道之精微也非庖羲莫能□□□以□卦非神禹無以觀書數而第□□□有□寡而縱横之脉絡實共貫而同□時雖有先後而闡著之源流實殊途而合轍其爲理則一而已矣執事舉此以策諸生其進之于天道人道之學也夫數之始一陰一陽而已陽之象圓圓者徑一而圍三陰之象方方者徑一而圍四圍三者以一爲一故參其一陽而爲三圍四者以二爲一故兩□□□□爲二參天兩地令之則爲五□□□所主而孤立於中也河圖以生數爲主而五數則爲生數之象生成相合而五十五之全數盡具於五數之中有交錯之義也洛書以奇數爲主而五數則爲奇數之象奇偶相根而四十五之全數敷對於五數之中有統會之義也此圖書悉以五爲中者然也洪荒而始爲皇者之皆也羲之聖化召祥時則有龍馬用也聖□河前乎禹也幾百年矣帝降□□□□□夏禹也禹之德政順天時則□□龜載□出於洛後乎羲也幾十世矣謂圖書之出於一時者謬也圖數有十羲則之虚其中五與十者太極也奇數二十偶數二十者兩儀也以一二三四爲六七八九者四象也析四方之合以爲乾坤離坎補四隅之空

以爲兑震巽艮者八卦也位則各以類□數則各以類屬因是象畫是卦有旁推□□之體用焉書之數九禹則之因中五□□配以皇極之疇八疇之所以宗者在是治道之所以主者在是以一爲五行二爲五事三爲八政四爲五紀者因皇極之所以建而配之也以六爲三德七爲□疑八爲庶徵九爲福極者因皇極之所以行而第之也順其位則五行爲始無適而非用錯其數則皇極爲統不可以數名因斯數第斯疇成叙倫馭世之大法焉圖書乃天地之泄其秘聖人作易範□以闕□也泥之必視爲荒唐是誠不□□□□□乃至約而該乎博聖人據圖書以一而觀萬也拘之則限於狹小是誠不可拘也夫圖書爲顯道之物易範爲載道之器天地聖人之心一而二二而一者也大抵河圖洛書相爲經緯八卦九疇相爲表裏此邵子曰河圖體圓而用方聖人以之而畫卦洛書體方而用圓聖人以之而叙疇卦者□□之象疇者五行之數象非禹不立數□□不行圖非無奇而用存乎偶書非無偶而用存乎奇陰陽五行固非二體八卦九疇亦非二致理一而用殊也苟非窮神知化獨立物表者莫能知愚也道未以物而不知天學未稽古而不知聖罔以窺□高明之萬一也幸惟進教之

第四問

李朝會

同考試官教諭完批（不泥异同□□□欲□□於變態無形之中觀人之法諒不□□□就是是士謂非具他日評品人物之藻鑒於此中者歟）

考試官教諭王批（評人物確有定見非胸中有定鑒者不能）

考試官學正陳批（尚友之志見到於終篇可以古其爲豪杰士矣他日見用尚期毋負此志）

觀古人出處之异者當知其所以异而同考古人出處之同者又當知其所以同而异□出處不同而心同道同者不害其爲同□處同而心術事功有同與不同者固不可以一概論也然必於不同之中而知其爲同於同之中又知其所以不同則得失優劣自不能逃於藻鑒之下苟稽右之學有未深而窮理之功有未至鮮有不以同爲异以异爲同而偏執拳衡以自爲輕重者矣請復明問之萬一夫擬人必於其倫讀書必論其世士君子評語人物要當得其情而不可枉其實也□□□□□行不同矣孔子俱以爲賢擬□□道□□惠伊尹迹不同矣孟子皆以爲□擬之以心也子夏以有若比孔子徒擬之以貌曾知聖賢之德有不倫乎公孫丑以管晏□孟子徒擬之以功曾知王伯之心有不同乎此得失較然無容議者後之人以孔明儔之伊尹然孔明之擁膝草廬三顧而起右伊尹之出

處其殆庶幾以殷浩擬之管□□殷浩之連年北伐師徒屢敗較管葛之□□得無遠讓正導之輔晋偏安一隅無有一匡之氣象是特江左之夷吾而非桓公之夷吾也王猛之治秦雖有謀略未見仁者之事功是特苻堅之管仲而□桓公之管仲也乃若漢高祖之名將有於□焉光武之功臣有耿弇焉韓請益兵忘追而破歷下以開基耿請收兵上谷而攻□何以發迹其事功同也立唐玄宗所景□兼任將相則有郭子儀焉在□□□□□□□□相則有裴度焉郭則□□則學□安危者三十餘年裴則以身修行所不足者二十餘年其出處似也於事而善謀者房玄齡也而杜如晦之臨事善斷實□□而相資應變而成務者姚崇也而宋□□持正守文亦與之而相濟其賢何歉□并稱耶可屬大事重厚如勃韓琦也而曾公亭之受遺輔政有始有卒實與之媲美逮事□朝名關華夷文彦博也而富弼之中時□（此處底本缺頁——編者注）

同考試官教諭杜批（有關鍵有斷制必學識之□□□□邁倫者也异日懋對入廷丕揚聖訓胸中錦繡轉見爲黼黻皇猷之用矣）

考試官教諭王批（諳練時務必俊杰之士）

考試官學正陳批（五策皆有之所景於時務尤切他日施于有政必有□□□□□）

禦天下之侮而統之在得其□□□□□用而理之尤在得人蓋法之在有所不足不善顧人所以用之者何如耳將兵者得其人則可以禦暴而安民理財者得其人則可以足國而裕用然其本又在於后天下者知之而不疑也任之而不貳也久之而使其有成功也非予之臆説也天下後世不易之定論也夫水不外乎地兵不外乎□□□兵制之大備者成周有六卿之□□遂之兵都鄙之兵居則爲比閭族黨州鄉□則爲伍兩軍師之制有事則驅之於行陣無事則歸之於田里兵無屯戍之勞將無握兵之患此法之所以善也降及後世兵農既分自漢有南北軍之屯唐有府衛方鎮之兵宋有禁兵廂兵之設法雖不同唯唐之府兵置十六衛天下之府□百餘所而屯于關中者至有五號令嚴於農獨有得於成周井田之遺□之□□爲本民以食爲天自古國用□□□□□周以九職仕官而後頒之以九□□□□□之以九式之用關市之賦以待王之膳脂邦中之賦以待賓客之類賦於民也必有定制而用於官也必有定式此法□所以密也去古既遠侈用無節自漢有鹽鑄之論唐有兩税之法宋有榷茶榷酒之議然□□務其本唯宋儒程子有曰養民之道□愛其力民力既足生養自遂教化行而□□美矣此誠知足國裕民之論也天下

無必勝之兵而有不可敗之將昔人未嘗不用民兵然既募之後則有紀律焉燧不練成精卒是也方募之始則有差擇馮□之立摽揀試是也古今將兵者多矣其不煩兵黷武而當時勛業最著者漢趙充國之老於邊事鄧禹之不妄殺無辜唐郭子儀之德望信於戎虜李光弼之號令嚴於軍陣宋韓琦之名重四夷范□□□□□關輔是數公者愛民之仁御所□□□□之矣天生財賦有限而用度無□□□務本以豐財之源儉約以節財之流寧藏富於民不斂怨於己若古均田之法是也周禮若國凶荒札喪則事無征而行泉府既可因此□養窮民又可以拳物之重輕□古鑄錢□□□也古今理財者多矣其不加賦於民□□時財用自足者若漢蕭何□□□餽餉不乏寇恂之河内給足唐裴□□□置倉河口歲省二十萬緡劉晏按行□勝□□四十萬斛宋鮮于侁救東土之弊西國用自裕陳堯佐減鐵課之濫而民心自悦是數公者理財之方愛民之□咸得之矣我國家承平日久兵士在天下日漸消耗往時各省有警民兵土兵之調皆有所不免識者謂當兼而用之然必操練之□□慎勸懲之行而統之尤在得□□□□□□兵者得其人而又任之不疑則□□□□禦侮而天下安矣財用在天下□□□在處迄今各省鹽鐵竹木之税皆藉以資用議者謂當講而行之盤抽之法嚴侵漁之弊革黜陟之必行而任之尤在得其人焉夫理財者得其人而又信之不貳則可以足國裕用而天下治矣然其根本之大者則又□於廷□閫以内寡人制之閫以外將軍制□□人任將之法也語曰節用而愛人使□以時古人理財之道也二者皆天下國家之大務草茅一得之見如此敢以質諸執事者

廣東鄉試録後序

正德紀元之二年當開科試士時監察御史陳順受命出按東廣乃惟試期薄近兼程而來既至綜理周詳如期入院悉心在嚴督察窮日與夜□發傑等叨典試事亦各矢□□□□誨文義較量錙銖罔敢□□凡此皆欲以求真才奉明詔而已既得士七十有□□録其氏名與其文之純以進僉謂傑宜序諸後□□□□百粵地秦漢置郡□□□□猶昒蒙然至唐漸盛□科試以文雅入相爲世蓋臣□□登天宰者自文獻始繼兼程有馮章靖□忠襄諸賢踵出我目□□□後世毋累主司知人之□則匪徒諸士鄉邦之光而□等承事於今兹者亦可以□藉於他時矣是爲序

直隸徽州府祁門縣儒學教諭王傑謹序

正德五年廣東鄉試録

廣東鄉試録序

皇明取士之制率三歲一舉於鄉正德庚午適賓興之年維時廣東藩臬重臣先事走聘才等俾司文衡至期巡按御史王昊實監臨之合提學副使李麟所簡士一千五百有奇鎖院而三試焉分房校藝務拔殊充於其文之勁徹純粹者取焉渾雄雋拔者取焉宏博中正者取焉深茂典雅者取焉其贍而不蕪平而不弱豪縱而不揚簡質而有體者亦取焉凡得士七十有五人爰列其名第并彙所著文爲鄉試録以獻甚盛典也於乎廣東遠落荒裔而一時詞華之盛乃克間篚中邦何哉詎非總督都御史林廷選廓靖方維使庠序樂於教育歟總鎮太監潘忠提督市舶太監畢真總兵東寧伯焦淇崇重儒紳致舒翹揚英之有加歟監察御史郁侃劉祥江萬實鮮冕奉公是邦風紀丕振有以起末學之嚮往歟抑經理于内若右參議王秩李希顏副使鄭岳僉事江潮以及諸執事咸殫厥心使文場筆札罔不罄其所長於一日歟防範于外若左布政使李思明按察使任漢左參政羅榮右參政鄒虞副使詹璽左參議翁茂南右參議董紘僉事李瑾夏璲趙繼宗譏察周詳絶乘凌蔽欺之弊而締構靡怠心留念歟是雖所司有輕重詳略之殊其爲人才之助則一爾然才猶以爲未焉粤自應聘而來度庾關抵韶廣旁觀聳視第見奇峰疊嶂卷阿大阜蜿蜒迤邐如鳥獸之騰舞巀嵲孤撑蓊鬱蒼翠若雲矗而氣浮則夫扶輿磅礴之所鍾殆非紛葩環麗之物得而獨當也其壤地之廣輪聚落畦塍動亘數百里而浮嵐秀水率映照上下城郭里市雖涉喧嚣而其間陂池林麓亦罔不可亭可廬則夫玩心觀理有不待入中條傍月泉然後得而静專也其川流之委會湞湟東注呀呷瀰泙飛湍激淙瞬息數十里巨溟南匯波濤日夕盪汩而魚龍神怪復隱見隳突則又有不待望五湖窺洛汭而後可以發其豪懷藻思者矧荷祖宗治化涵煦之久今上政教漸被之深猶嘉木美箭培植不置枝幹因碩茂而杪末尤曄暢敷華者嶺服之地爲然也夫若是如之何其不郁郁乎迥邁疇昔也哉雖然蛟龍騰翥遍雨八荒騏驥就駕一日千里諸士登薦鄉書部廷之進有階而嚮用且有日顧可泥尋常效圭撮而已耶大而經世宰物康國寧民次而

典司曹局循良州邑要皆自其所以盛者舉而措之可也是不惟上答聖朝作養之恩下彰主司知人之鑒而已嶺表山川土壤亦與有光焉若舍此而他求則非予之所知矣諸士其敬念之哉

直隸常州府儒學教授劉才謹序

正德五年廣東鄉試

監臨官

巡按廣東監察御史王昊（汝欽湖廣衡陽縣人　癸丑進士）

提調官

廣東等處承宣布政使司右參議王秩（循伯直隸崑山縣人　丁未進士）

廣東等處承宣布政使司右參議李希顔（原復直隸華亭縣人　癸丑進士）

監試官

廣東等處提刑按察司副使鄭岳（汝華福建莆田縣人　癸丑進士）

廣東等處提刑按察司僉事江潮（天信江西貴溪縣人　己未進士）

考試官

直隸常州府儒學教授劉才（尚用江西安福縣人　己未進士）

山東東昌府臨清州儒學學正何洽（允仁浙江富陽縣人　庚戌進士）

同考試官

河南汝寧府汝陽縣儒學教諭閔蔭芳（德慶江西浮梁縣人　己酉貢士）

陝西鞏昌府秦州秦安縣儒學教諭江萬玉（若玞四川大竹縣人　丁卯貢士）

浙江嚴州府桐廬縣儒學教諭莊文玄（叔升福建長樂縣人　乙卯貢士）

江西瑞州府高安縣儒學教諭林寬（仁量福建懷安縣人　丁卯貢士）

直隸真定府真定縣儒學教諭顧欽（伯承應天府上元縣人　戊午貢士）

直隸太平府蕪□□□□□楊鉛（晴風山西□水縣人　辛酉貢士）

浙江台州府臨海□□□□導陳碩（允□□□□□□□縣人　戊□□士）

印卷官

廣東等處承宣布政使司經歷司都事李清（□□□□□丘縣人　監生）

廣東等處提刑按察司經歷司知事童時溥（公甫浙江蘭谿縣人　監生）

收掌試卷官

廣州府知府曹琚（仲玉湖廣桂陽縣人　丙辰進士）

惠州府知府方良節（介卿福建莆田縣人　庚戌進士）

受卷官

韶州府知府華泉（文光直録無錫縣人　丙辰進士）

廣州府同知陳璜（朝貢福建龍溪縣人　癸卯貢士）

潮州府同知葉性（叔理福建閩縣人　己酉貢士）

南雄府推官居熊灌（潤之江西南昌縣人　壬子貢士）

彌封官

潮州府通判楊薰（大和江西南昌縣人　戊辰進士）

廣東市舶提舉司副提舉袁鍔（邦安江西都昌縣人　己酉貢士）

廣州府清遠縣知縣張欽（敬之江西南昌縣人　辛酉貢士）

廣州府香山縣知縣梁榮（天爵湖廣鄖西縣人　監生）

謄録官

廣東都指揮使司斷事司斷事陳景賢（汝齊福建仙遊縣人　監生）

肇慶府高明縣知縣周贇（廷揚福建莆田縣人　癸卯貢士）

對讀官

廣東等處承宣布政使司理問丘鈿（時華江西貴溪縣人　監生）

肇慶府德慶州知州楊純（秉誠湖廣巴陵縣人　癸卯貢士）

高州府信宜縣知縣陳勃（希和福建懷安縣人　辛酉貢士）

巡綽官

廣州左衛指揮僉事孫廷玉（國璋直隸懷遠縣人）

廣州後衛指揮僉事趙璇（廷珍湖廣澧州人）

搜檢官

廣州左衛右千户所正千户楊密（景茂直隸樂亭縣人）

廣州後衛中千户所正千户申平（丈衡直隸舒城縣人）

廣州右衛左千户所副千户鄧璋（國顒廣東南海縣人）

廣州前衛中千户所副千户蔡鳳岐（景翔應天府江寧縣人）

廣州後衛前千户所副千户梁樂（廷輔廣東番禺縣人）

廣州後衛右千户所百户任雄（國鎮直隸鳳陽縣人）

供給官

廣州府經歷司經歷程綸（朝用湖廣安陸縣人　監生）

廣州府南海縣縣丞傅儒（本珍江西進□□人　監生）
廣州府番禺縣主簿黄傑（世英江西南昌縣人　吏員）
從化守禦千户所吏目辜啓（迪之四川榮縣人　監生）
廣州府順德縣馬寧巡檢司巡檢劉汝楫（濟川直隸清梵縣人　知印）
廣州府番禺縣慕德里巡檢司巡檢韓瞻（仰道山西洪洞縣人　知印）
廣州府番禺縣五羊驛驛丞方良卿（君舉福建莆田縣人　承差）
廣州府增城縣烏石馬驛驛丞王禮（用敬湖廣麻城縣人　承差）
廣州府新會縣蜆岡水馬驛驛丞周仁（尊爵湖廣道州人　承差）
南雄府凌江水馬驛驛丞萬榮（汝仁湖廣麻城縣人　承差）
南雄府黄塘水馬驛驛丞謝逈（于明浙江餘姚縣人　承差）
韶州府曲江縣平圃水馬驛驛丞蘇貴（廷爵廣西靈川縣人　承差）

第一場

四書

生財有大道生之者衆食之者寡爲之者疾用之者舒則才恒足矣仁者以財發身　君子喻於義　夏曰校殷曰序周曰庠學則三代共之皆所以明人倫也人倫明於上小民親於下

易

天且弗違而况於人乎　告公從以益志也　履信思乎順又以尚賢也是以自天佑之吉无不利也　動萬物者莫疾乎雷撓萬物者莫疾乎風燥萬物者莫熯乎火説萬物者莫説乎澤潤萬物者莫潤乎水終萬物始萬物者莫盛乎艮

書

侯以明之撻以記之書用識哉欲立生哉四海之内咸仰震德時乃風股肱惟人良臣惟聖　曰雨曰暘曰燠曰寒曰風曰時　其作大邑其自時配皇天毖祀于上下其自時中乂

詩

于以盛之維筐及筥于以湘之維錡及釜南有嘉魚烝然汕汕君子有酒嘉賓式燕以衎　江漢湯湯武夫洸洸經營四方告成于王四方既平王國庶定時靡有争王心載寧江漢之滸王命召虎式辟四方徹我疆土匪疚匪棘王

國來極于疆于理至于南海王命召虎來旬來宣文武受命召公維翰無曰予小子召公是似肇敏戎公用錫爾祉厘爾圭瓚秬暢一卣告于文人錫山土田于周受命　自召祖命載戢干戈載櫜弓矢

春秋

荆人來聘（莊公二十三年）　盟于召陵（僖公四年）公會齊侯宋公陳侯衛侯曹伯伐鄭圍新城諸侯遂救許（僖公六年）　大搜于比蒲（昭公十一年）　季孫斯叔孫州仇仲孫何忌帥師伐邾取漷東田及沂西田癸巳叔孫州仇仲孫何忌及邾子盟于句繹（哀公二年）

禮記

故唯聖人爲知禮之不可以已也　灌以圭璋用玉氣也　樂者爲同禮者爲异同則相親异則相敬樂勝則流禮勝則離合情飾貌者禮樂之事也禮義立則貴賤等矣樂文同則上下和矣好惡著則賢□□别矣刑禁暴爵舉賢則政均矣仁以愛之義以正之如此則民治行矣　故君子與其使食浮於人也寧使人浮於食

第二場

論

聖人之道猶天然

詔誥表（内科一道）

擬漢勸農桑禁采黄金珠玉詔（景帝後二年）　擬唐加房玄齡太子少師誥（貞觀十三年）　擬宋以孔宜襲封文宣公謝表（太平興國三年）

判語（五條）

官吏給由　典買田宅　上書陳言　飛報軍情　辯明冤枉

第三場

策（五道）

問　自古帝王涣汗其大號所以推是心而布之天下者也若典謨訓誥誓命之文是已維持國脉統繫人心咸於是乎在我祖宗列聖中天而興明詔在天下固家傳而人誦矣聖天子嗣位益隆太平之治乃今歲夏四月偶因邊陲小警誕告多方海濱萬里之外俯聽仰思知聖天子有敬天法祖之心有勤民恤物之心有神武不殺之心是心也上與祖宗列聖合遠與古帝王合漢去

古未遠後之稱詔者以漢爲首漢之賢君若高文景武果能有是心乎抑能有是詔乎其間亦有粗合夫一二者乎諸生遭際明時獲沾聖化久矣有能鋪張揚厲述此盛德以昭示無疆者乎華國之才吾將爲爾薦之

問　諸子之書亦儒者之所嘗讀也班固作漢藝文志分爲諸子十家然所謂十家者有出於司徒者有出於史官者有出於羲和者有出於理官者又有出於掌禮之官清廟之官行人之官者又有出於擬議之官農稷之官捭闔之官者皆可得而言歟孟堅於諸子十家之外又删劉歆七略之説而有四家後世分四部之書而諸子百家皆列於子部豈亦仿孟堅之體歟十家之書有鹽鐵論潛夫論荆楚歲時記秦中歲時記昌言申鑒中論法訓之書風俗通義群書治要古今説苑管氏指要論衡説林世説類林之集斯皆作於誰歟他如鬼谷子尉繚子抱朴子廣成子金樓子鶡冠子鄧析子尹文子魯連子淮南子胡非子鬻子田子宣子陸子黔婁子之數子者抑果何許人而其所著果爲何家書歟學者若能修六藝之術而觀此十家之言亦可以通萬方之略矣願詳陳之毋隱

問　文章可以潤身政事可以及物後世之士亦各以其盛者稱鮮有能兼之者若唐之時有韓愈宋之時有歐陽脩皆以文章名一代而論其文者乃謂奥衍閎深佐佑六經醇深炳蔚渾然天質又謂韓愈之才自視司馬遷楊雄歐陽脩爲今之韓愈其果然歟今其遺文具在其間議論關涉義理之大者尚可指其一二而評之歟概之以聖人之道亦皆有所見歟愈爲裴晋公所知然卒不能薦之於朝至韓魏公之薦修乃曰韓愈唐之名士天下望以爲相而竟不用使愈爲之未必有補於唐而談者至今以爲謗今不用修臣恐謗必及國然則使唐誠能用愈果皆無所補歟其後修嘗爲執政矣一時建白亦有補於宋否歟抑二子功業掩於文章而卒不可得而兼歟請極論之以觀嚮往先哲之志

問　治天下以正風俗得賢才爲本然風俗可易而正賢才可易而得耶其轉移化導之機亦存乎其人耳夫輿圖之大姑未枚舉子粤産也請以粤論粤自交州置郡之後淳風古俗豈無可稱者歟在漢唐宋時有質直尚信民得華風者有習尚淳樸士多愿慤者有此郡文物不下他州者亦可以爲美矣不知其地可乎風氣既開之後長材秀民豈無間出者歟在漢唐宋时累徵不起志趣高尚者有録上金鑒坐貶荆州者有屢言邊情三使契丹者亦可以爲賢矣不知其人可乎聖朝敷德海隅丕冒俗宜無不正也然未變如信巫淫祀喪用樂之類其故何在抑可諉諸夷否耶才固無不生也然繼出如關敏鄧顒陳

鼎之徒其行何居抑可班諸賢否耶夫政由俗革魯多君子信乎有開必先也閩之先有常衮蜀之先有文翁吴之先有言偃楚之先有陳良固也凡在嶺表類是而先者果何郡何人歟亦有事類而實弗類者歟諸生以賢才抱藝而來他日均有移風易俗之責者盍各言之以觀厥志

問　書曰民惟邦本詩曰用戒戎作則恤民馭兵皆國之所恃以安而不可緩焉者試以策之諸士昔人留意恤民有以博其税斂進戒其君者有以輕税薄征諷諫其君者又有論惜元氣在輕賦役者立紀綱須寬民力者其人可悉數歟昔人留意馭兵有四萬騎分屯九郡而單于引去者有十一軍控制二邊而南詔請還者又有監博州軍修治器械虜人不入者閲延州兵日夜訓練敵人相戒者其人可歷指歟方今堯對一統禹貢攸同萬方惟正之供軍士樂於用戰比年以來湖湘遇歉或竭府庫或停起運以賑恤之設或諸路旱澇相仍不知若何而濟襄漢有警或調土兵或募民兵以應援之設或他處盗賊繼起不知若何而禦宋儒有謂斯民之休戚係守令之賢否又有謂天下無必勝之兵而有不可敗之將則守令將帥任兵民之責不可以不擇也兹欲各得其人而盡恤民馭兵之道必如之何而後可昔人在布衣時視天下事皆爲分内而況兵食二者尤今日之先務臣子憂國愛民之心所不能自已者請詳言之以觀用世之學

中式舉人七十五名

第一名　黄佐　廣州府學生　詩
第二名　蕭汝爲　潮陽縣學生　書
第三名　葉孟　東莞縣學生　禮記
第四名　潘濂　廣州府學附學生　易
第五名　李卿　潮州府學生　春秋
第六名　彭遇　廣州府學增廣生　詩
第七名　馮徽　廣州府學附學生　易
第八名　廖任　惠州府學生　詩
第九名　蔡士儲　瓊州府學生　易
第十名　薛侃　潮州府學附學生　書
第十一名　李道全　四會縣學生　詩

第十二名　劉信　新興縣學增廣生　易
第十三名　陳元泰　河源縣學生　詩
第十四名　陳世美　瓊州府學附學生　易
第十五名　盧金潤　東莞縣學附學生　春秋
第十六名　張淮　順德縣學生　詩
第十七名　蘇信　饒平縣學生　書
第十八名　陳赴　東莞縣學生　詩
第十九名　蔡符　順德縣學附學生　禮記
第二十名　李義壯　南海縣儒士　詩
第二十一名　蔡伯祥　瓊州府學附學生　易
第二十二名　朱璽　高要縣學生　書
第二十三名　譚諫　番禺縣學增廣生　詩
第二十四名　鍾汪　南海縣儒士　易
第二十五名　林士元　瓊山縣學附學生　詩
第二十六名　陳時用　南海縣學生　易
第二十七名　麥孟陽　高要縣學生　書
第二十八名　謝良慶　潮州府學增廣生　春秋
第二十九名　曾祐之　韶州府學生　詩
第三十名　容師成　香山縣學增廣生　易
第三十一名　淩士顔　化州學生　詩
第三十二名　梁旦　廣州府學附學生　易
第三十三名　柯挺之　潮陽縣學生　書
第三十四名　蔡邦紀　海陽縣學生　詩
第三十五名　方景元　東莞縣儒士　易
第三十六名　何亦顔　廣州府學附學生　詩
第三十七名　馮教　南海縣學生　易
第三十八名　伍克剛　增城縣學生　書
第三十九名　吴章　南海縣學生　詩
第四十名　陳仕齡　東莞縣學附學生　禮記
第四十一名　郭聰　揭陽縣學生　春秋
第四十二名　崔爌　廣州府學增廣生　詩
第四十三名　張溹　順德縣學生　易

第四十四名　王軾　揭陽縣學附學生　書
第四十五名　沙鷺　儋州學生　詩
第四十六名　李成章　瓊州府學生　易
第四十七名　龐世高　廣州府學增廣生　詩
第四十八名　鍾善言　順德縣學增廣生　易
第四十九名　王經　潮州府學增廣生　書
第五十名　黄彦　新會縣學生　詩
第五十一名　蔡萬英　海陽縣學生　易
第五十二名　羅裳　惠州府學生　詩
第五十三名　林顯　吴川縣學生　易
第五十四名　尹鳳儀　東莞縣學增廣生　春秋
第五十五名　劉瑞葵　潮陽縣學生　書
第五十六名　蕭鼎　順德縣學附學生　詩
第五十七名　辛紹佐　順德縣儒士　易
第五十八名　張世憲　廣州府學生　詩
第五十九名　陳驥　順德縣學附學生　易
第六十名　徐日焕　揭陽縣學生　書
第六十一名　田敏　肇慶府學生　禮記
第六十二名　陳政　定安縣學附學生　詩
第六十三名　詹旻　廣州府學生　易
第六十四名　徐衎　揭陽縣學生　書
第六十五名　冼尚文　廣州府學生　詩
第六十六名　何振民　南海縣學增廣生　易
第六十七名　唐澤　潮州府學增廣生　春秋
第六十八名　陳大章　瓊山縣學增廣生　詩
第六十九名　招宗廣　廣州府學附學生　書
第七十名　李廷瓚　東莞縣學附學生　詩
第七十一名　周著　瓊山縣學附學生　易
第七十二名　梁材　南海縣學生　詩
第七十三名　尹士英　從化縣增廣生　易
第七十四名　王恩　潮州府學附學生　書
第七十五名　陳錫　廣州府學增廣生　詩

第一場

四書

生財有大道生之者衆食之者寡爲之者疾用之者舒則財恒足矣仁者以財發身

黄佐

同考試官教諭莊批（此題舊以理財之效散財之效對待言之殊失曾子立言之意蓋生財有道而不自專惟仁者能之此作獨得其旨是用録出）

同考試官教諭江批（融會傳意發揮明白如此篇者蓋不多得）

考試官學正何批（詞氣雅健可嘉）

考試官教授劉批（大學義似此蓋穎出矣）

大學既詳言理天下之財自周於用必指言公天下之財自得乎民甚矣財之有繫於天下也理之固有其道而散之者豈有不得乎民哉曾子傳大學之十章論平天下在絜矩而推廣其意如此謂夫人君富有天下而恒慮其財之不久者顧未得生財之大道耳其道維何蓋天下之財以生而裕以食而耗也故必在國也農工商賈各事其業而無游惰之民在朝也公卿大夫皆惟其人而無幸致之位則財之生者衆而食者寡矣天下之財爲之難成用之易竭也故必念稼穡之艱難凡有興作而不奪其時計貨利之出入凡有經費而不逾其節則財之爲者疾而用者舒矣夫如是則既務本以開財之源而又節用以止財之流府庫充而供億之有餘倉廩實而荒歉之有備何患於財之不足乎夫生財有道如此而能公其財者誰歟蓋惟仁者至公無我知千萬人之心即一人之心利不獨專也以一人之心爲千萬人之心財不私有也藏富於民而不急於誅求取民有制而不事於掊克雖未嘗分我所有以與之也而民得以樂其樂者自然愛戴歸往尊之爲天子矣雖未嘗出吾所有以益之也而民得以利其利者自爾忻慕感悦戴之爲元后矣何有於民之不得乎然則爲治者可不知所以足國之道而顧以專利爲哉大抵財用國家所急而不可一日缺者也然或致之無道而徒朘削於民未有不失民之心者故曾子於此論足國之道而必歸之仁人豈非萬世君天下者之明法歟他日孟軻氏有曰無政事則財用不足又曰王如好貨與百姓同之於王何有其亦曾子之意歟

君子喻於義

薛侃

同考試官教諭顧批（喻義分明就知上説諸士子多於行義上□□殊

戾本旨此作卓有所見而詞亦雅贍録之）

同考試官教諭閔批（説理文字不冗則晦求其體認親切而善於措辭者無逾此篇）

考試官學正何批（整潔可誦）

考試官教授劉批（文有理致）

聖人論有德者深知夫天理之所宜也蓋君子之心一於理而已則其所喻者豈有外於理之所宜哉聖人論君子之异於小人者如此謂夫人品不同則其所喻亦异惟所謂君子者氣質清明而其所造詣者蓋極其深德性渾全而其所識見者一出於正天下之事開闔常變莫不各有當然之則君子則不昧於所從焉天下之物大小精粗莫不各有自然之理君子則能審其所向焉無適無莫於凡義之所比者知之極其精而他岐不足以惑之不信不果於凡義之所在者見之極其明而外物不得以蔽之大而一身之進退小而一物之取予在我之權度精切而所以處之者確乎不差奚翅龜卜而蓍筮邪大而死生之故小而食息之微在我之方寸虚明而所以辨之者的然不惑奚翅燭照而數計邪吁君子之喻於義者如此若夫小人則反是矣學者其可不知所以擇之乎大抵天下之道二義與利耳出乎此則入乎彼幾微之際蓋有未易辨者尚父之戒武王而曰義勝欲者從欲勝義者凶孟子亦曰舜與蹠之分善與利之間而已毫厘之不審天淵之懸隔聖賢每於是二者對舉而互言之其垂訓之意至矣厥後宋儒張子有曰無所爲而爲之者義也有所爲而爲之者利也朱子謂其擴前聖所未發是又後學之所當知

夏曰校殷曰序周曰庠學則三代共之皆所以明人倫也人倫明於上小民親於下

陳世美

同考試官訓導陳批（三代立學教民成俗之意具於此數語而能鋪叙有法僅見此篇）

同考試官訓導楊批（平平説去而步驟自然中節蓋必養之有素者）

考試官學正何批（文字有機軸）

考試官教授劉批（講語精確）

大賢詳舉三代之學必指其教之所以立而及其化之所由成也蓋人倫者立教之本也三代以是教民而民豈有不化者哉昔孟子答滕文公爲國之問及此若曰政莫要於教民法莫善於三代彼其都鄙鄉遂之地必有鄉學夏

之鄉學則取教民之義名之曰校殷之鄉學則取習射之義名之曰序周之鄉學則謂之庠蓋有取於養老之義焉是皆所謂小學也至於王畿首善之地必有國學則殷因於夏而稱之無异名周因於殷而名之無异義是則所謂大學也夫以庠序學校之設如此而其所以爲教者夫豈求之民性之外哉蓋以父子之親君臣之義人之大倫也然或奪於情而牽於愛則日就晦蝕矣必於學而講明之夫婦之别長幼之序朋友之信亦人之大倫也然或溺於私而流於俗則日就昏昧矣必於學而開發之本之於躬行心得之餘加之以鼓舞作興之道親義之倫明於上而天下之爲父子君臣者各得其分翕然相敬而相愛雍穆之化行矣序别信之倫明於上而天下之爲夫婦長幼朋友者各止其所怡然相信而相悦和順之俗作矣化行於上俗美於下三代教民之善如此文公爲國舍是將誰法哉抑論戰國之時三代之教盡廢區區小國之君如滕文者尚何望其能興三代之治然而孟子拳拳以是告之亦獨何哉蓋聖賢之所學者三代之法也齊梁之君地大民衆足以有爲既嘗以是語之而卒不見用滕文有志則亦安得不爲之告邪嗚呼於此可見聖賢之用心矣

易

天且弗違而況於人乎

潘濂

同考試官訓導陳批（作者多將天且弗違兼後天説况於人乎作利見説惟此篇於天人處體認真切録之）

同考試官訓導楊批（題本明白學者多體認不真此篇理順詞暢是用録之爲治易者式）

考試官學正何批（詞理俱到）

考試官教授劉批（得本義旨）

道所由出者既從乎大人道所同具者必從乎大人夫道出於天而具於人也大人所爲皆道天既從之矣人豈有不從者哉文言釋乾九五文義至此謂夫九五大人至公无私以道爲體是以天理民彝天國不能无賴於大人也彼則聰明以開其先凡心之所經畫者即天之所默成天且從之而不違民生日用天固不能无望於大人也彼則沉幾以創其始凡意之所建立者即天之所默定天且順之而不拂觀其通變神化也則佑之以吉无不利裁成輔相也則因之而无過不及天豈能違之哉天且弗違如此况人之生也藐然有身其心即天之心也於大人所經畫者必遵之以寡過混然中處其道即天之道也於大人所建立者必宜之而不倦在當世則曰立我烝民莫匪爾極出入惟順

帝之則而已求其自用自專者何有在後世則曰佑啓後人以正罔缺日用惟遵王之道而已求其不信不從者蔑如人又豈能違之哉吁大人所爲建之於天而天不悖徵之於人而人必從如此是其道德之純絶無有我之私允爲人類之首而爲人所利見也歟雖然分而二之天之□違人必不違也合而一之則天之視聽皆在於人人之從違即天之從違也是故觀天命者每卜諸人心善言天者必有驗於人外乎人以求天不可也噫安得學貫天人者而與之言易哉

履信思乎順又以尚賢也是以自天佑之吉无不利也

蔡士儲

同考試官訓導陳批（説出大有上九滿而不溢明白簡當較之衆作目別本房殆無出其右者）

同考試官訓導楊批（此題卦爻本義明白作者多無根據晚得此卷讀之令人嘆賞）

考試官學正何批（得潔净精微之旨）

考試官教授劉批（理明詞到）

能盡處有之道斯享所有之福聖人釋大有爻義然也夫有大者不可以盈也上九處之盡其道則獲天之佑不亦宜乎大傳釋大有上九爻辭如此意謂上九所以自天佑之吉無不利者何哉蓋其大有之世以剛居上而能下從六□則是五之虚中有信之德也彼則能履其信□措諸躬行者信以發志未嘗恃有而放誕五之柔巽有順之德也彼則能思其順凡存諸念慮者卑以自牧未嘗挾有而驕矜匪惟履信而已又能降志以尊尚乎六五之賢不自作其聰明焉匪惟思順而已又能致恭以崇重乎六五之德不自用其賢智焉夫上九能盡處有之道如此將見天眷來於信順之餘而所以佑之者有隆而無替帝心簡於尚賢之後而所以福之者方進而未已滿而不溢位之受於先者猶鞏用黄牛之革吉於我乎得矣何所往而不利哉大而不盈禄之得於舊者有繫於苞桑之固吉於我乎獲矣何所適而不宜哉吁盡道於已獲福於天上九其善於處有歟嗟夫謙則受益滿則招損大有上九所有既極使非持盈守滿之有道則如乾上九亢龍之悔旅上九喪牛之凶將不免矣尚望其吉無不利而保所有於終哉噫有大能謙必豫窮大者必失其居孔子之意又於序卦發之合而觀之則保有之道可得矣

書

侯以明之撻以記之書用識哉欲并生哉

蕭汝爲

同考試官教喻顧批（題本不難解而作者鋪叙多至晦澀詞不費而意自到無逾此篇）

同考試官教喻閔批（圓轉條暢經義似此者絶少）

考試官學正何批（意思周匝）

考試官教授劉批（説出有虞不輕棄人處宛然在目）

聖世於未化之人詳有以教之者欲有以全之也甚矣聖世不輕於棄人也則於侯明撻記而書識之者豈非欲化其善而全其生也哉昔帝舜告禹之意若曰臣鄰之責在汝無負固可以爲忠直之勸矣然一有頑愚讒説出於其間則爲盛治之累奚可無道以處之乎是故射所以觀德也於是取彼射侯試以射藝若使容體不比於禮而其發也或不能中節奏不比於樂而其中也亦不能多則其心之不正而爲頑愚讒説也無疑矣然於此而遂釋之不可也故必施夫夏楚而治之以學校之刑使其備嘗折辱於膚體之間庶幾記憶於心不至於或忘焉於此而遂置之不可也又必録其過惡而揭之於簡册之書于以暴著事迹於耳目之表庶幾愧念於心不能以自已焉然其所以教之之詳如此者果何意哉蓋以頑愚不改勢不免於刑誅矣所以侯明而撻記之者非忍外之也蓋欲啓其憤發其悱變頑愚而爲忠直而與濟濟臣工并生於天地之間不爲盛世之棄人矣讒説不悛勢必至於滅絶矣所以撻記而書識之者非故薄之也蓋欲改其惡遷於善變讒説而爲臣鄰而與烝烝士庶并生於覆載之内不爲太平之棄物矣吁教之詳可以見聖人之義待之至可以見聖人之仁宜乎史臣詳載之於書也抑觀有虞之世萬邦咸寧可謂盛矣近而九德咸事遠而黎獻共臣尚何庶頑讒説之足慮哉觀舜之命龍而欲審於出納防其漸也至此復以命禹而欲詳於教導化其惡也蓋深慮讒邪之害治而欲謹之於微焉夫子告顔淵之爲邦而曰遠佞人其意不猶是歟

其作大邑其自時配皇天毖祀于上下其自時中乂

蘇信

同考試官教諭顧批（講王者宅洛事辭意嚴整蓋精於經學者宜録以爲式）

同考試官教諭閔批（詞簡而意自見可以矯經生浮冗支離之習矣）

考試官學正何批（不蔓不腐自是作手）

考試官教授劉批（講語精切）

建天下之大業以行天下之大事大臣言作洛之意也蓋建都王業之大也奉天祀神治民之事咸於是乎行焉夫豈徒建也哉昔召公告成王宅洛而舉周公之言如此其意蓋曰不言王者居洛之事不知王者作洛之意彼擇地以□基之定之王城中建足以來百辟之朝會體勢何尊嚴也趨事以民經之營之下都外拓足以奠四民之居止規模何宏遠也是豈麗宫室而事游幸哉亦豈輕改作而圖壯觀哉蓋皇矣上帝天子配之自是可以體元居正臨萬國於覆□之下天維顯思仰之不愧也天神地祇天子佘之自是可以執圭奉幣舉大禮於郊社之時神之格思祭之不黷也至若和恒居師天子主之自是可以中天下而立謹身率物惟誠和之治是圖焉定四海之民敬德祈天惟撫綏之政是修焉吁洛邑之不徒作也如此人君於洛其可以易而爲之哉周公之意深矣抑洛邑之作豈真舍鎬京之舊而慕新造之樂耶蓋將有所事也是意也周公知之召公知之恐成王之不盡知也故周有中乂之言召復繼以自服土中焉召肯以周固言之乃更其説以自异耶故周公曰襄我二人汝有合哉噫此二公之所以同心輔政也

詩

江漢湯湯武夫洸洸經營四方告成于王四方既平王國庶定時靡有争王心載寧江漢之滸王命召虎式辟四方徹我疆土匪疚匪棘王國來極于疆于理至于南海王命召虎來旬來宣文武受命召公維翰無曰予小子召公是似肇敏戎公用錫爾祉厘爾圭瓚秬鬯一卣告于文人錫山土田于周受命自召祖命

彭遇

同考試官教諭莊批（長題難於包括此作明白整齊且深得詩人稱美召穆公之旨佳士也健羡健羡）

同考試官教諭江批（大雅題場中作者多體認欠真僅得此篇理明辭暢其葩經中之杰然者是用録出）

考試官學正何批（分截明白詞語平正夐异諸作）

考試官教授劉批（不枯不腴雅義正如此）

詩人美世臣歷建其功必詳述王者命之切而報之厚也蓋建功者臣之職報功者君之禮也君臣兩盡其道非盛世其能然哉昔宣王命召穆公平淮南之夷詩人美之意謂惟我召虎受命南征瞻彼江漢之水湯湯然而深廣率

此武夫之衆洸洸然而奮揚來求來鋪于以經營乎四方不矜不伐將以告成于天子當是時王國靡定以四方之未平也今既平矣王國於是而大定焉王心匪寧以天下之有争也今靡争矣王心於是而載寧爲若此者皆召虎之功也江漢既平王又命召虎視四方之侵地未闢要皆闢之以復其舊按疆土之徹法弗行要皆徹之以行其法固非病彼之民亦非急我之欲也但使其來取正於王國合人心於一統耳於是遂疆之而至於南海則大界之定截然矣理之而止於海邦則溝塗之分井然矣若此者亦召虎之功也然豈無所激勸哉蓋王初命召虎來此江漢之滸國事則遍治也王命則宣布也乃謂昔我祖文武受命于天惟汝祖召公爲周之翰今汝勿曰予小子故也但當似汝召公可焉汝能開敏其功果無愧於召公之維翰則我當錫汝以福必不靳於文武之褒崇然豈徒空言爲哉今王賜以策命念其祀先思孝也則厘爾圭瓚秬鬯一卣使得以祀其先祖知其對邑未廣也則告于文人錫山土田使得以廣其封邑然命不苟受必使往岐周興王之地而受之往不徒行必從祖康公受命之所以寵之一以昭報賜之厚恩非出於今也一以表世臣之賢功無替於先也吁臣有功而不負君之命君有賜而不負臣之功此有周之所以中興也歟嗟夫君臣相遇自古爲難周至宣王内修外攘志在恢復誠可謂有道之賢君矣時則有若吉甫方叔召穆公者出南征北伐各獻其功亦皆名世之賢佐也噫雲龍相從風虎相就中興之盛是豈偶然者哉

載戢干戈載櫜弓矢

黄佐

同考試官教諭莊批（寫出武王偃武之意□在目宜録之以式學者）

同考試官教諭江批（作此題者多不就巡狩上説且綴緝陳語可厭晚得此篇形容武王巡狩偃武之意親切可愛宜冠本房）

考試官學正何批（詞贍氣充必有學之士也允宜高薦）

考試官教授劉批（得頌體）

王者巡狩而藏乎武備正欲以偃乎武事也蓋用武非聖人之得已也周王巡狩而欲偃武焉武備安得而得不藏之哉此巡狩而朝會祭告之樂歌也其意若謂非武無以定天下徒武無以致太平彼當陳師牧野之時固嘗稱干而比戈矣今朝會一行而諸侯聽命干戈其可以弗戢乎會兵孟津之日固嘗張弓而挾矢矣今祭告一舉而百神受職弓矢其可以弗櫜乎於是大□明堂涣頒號令意以干戈雖且利也自今以始藏諸府庫毋復稱之比之以擾吾民

弓矢雖强且鈞也自是而後抗諸鞬服勿復張焉挾焉以方吾命干戈戢之非於鑠之師終於弛而弗張誠以大統既集尚文不尚武也於此不戢則武流於黷矣何以慰商民之宿望哉弓矢櫜之非虎賁之士恃其安而忘危誠以四海既清耀德不耀兵也於此不櫜則兵幾於窮矣何以昭我周之新命哉吁用武於天下未平之初固王者之大義偃武於天下既平後尤王者之至仁仁義并行文教斯舉此武王所以爲受命之聖君也天其不子之乎大抵事有定理兵無常形時乎用則用時乎藏則藏聖人何容心於其間哉一於用秦皇之黷武也一於藏晋武之銷兵也之二君者胥失之矣乃若唐之太宗比迹湯武其庶幾乎惜夫殿廷非習射之所也噫武王其盡美者耶

春秋

荆人來聘（莊公二十三年）

盧金潤

考試官學正何批（春秋義謹嚴如此作者絶少）

考試官教授劉批（題本胡傳作者體認欠真下筆多牽滯此作明白簡瑩是用録出）

春秋於外交内而進之嘉其事之善而原其類之善也此荆之聘魯遂以人稱聖人樂與人爲善而重絶人之意寓焉且荆楚嘗僭號不臣矣又嘗猾夏不恭矣春秋狄之宜也今而遣使聘魯遂以人稱所謂謹華夷之辨内夏外夷義安在乎蓋中國諸侯之事朝聘之禮爲重也荆楚一旦革其固陋求以自通駟牡之駕不遠千裡玉帛之將恭奠兩觀禽父之澤慰於仰止者不少禮樂之化得於觀感者必多非如入蔡伐鄭狼貪蠶食亂我中華之無厭也借曰假禮行詐不可測焉聖人樂與人爲善不追其既往不逆其將來與其潔而與其進以是心至斯受之矣況先王封建國聖賢之後不遺也荆楚上世祝融垂裕熊繹襲封苗裔之昌延於百世茅土之承列於五等元德顯功通于周室箸未泯衣裳冠帶視之百辟也何殊豈若西戎北狄狼子野心非我族類之可比也借曰以夷變夏方且膺之然聖人猶不欲絶其類不使與中國同不使與夷狄均推可遠而引可來苟可善焉斯進之矣故特書曰荆人來聘傳曰嘉其慕義自通故進之也又曰諸夏之變於夷者故書法如此聖人宅心忠恕於兹不具見乎雖然聖人宅心雖恕而立法則嚴後世之君能以聖人之心爲心則與天地相似凡變於夷者叛則懲其不恪而威之以刑來則嘉其慕義而接之以禮邇人安遠者服矣噫春秋所以爲天子之事百王之世之法□萬世之準繩也歟

盟于召陵（僖公四年）公會齊侯宋公陳侯衛侯曹伯伐鄭圍新城諸侯遂救許（僖公六年）

李卿

考試官學正何批（體貼傳意辭不費而意足蓋嘗精於是經者）

考試官教授劉批（説出聖人與桓之意整嚴可觀讀之令人起敬）

春秋既予伯主得用師待敵之道尤予伯主得討罪恤患之義此見齊桓召陵之師討鄭救許之事所以爲善也且夫盟者諸侯之所不得爲也春秋於齊桓召陵之盟何以予之耶蓋自荆楚伐鄭其勢浸强于時齊桓主伯志在攘夷八國南征楚人畏慴若可乘勝一鼓而直擣其墟矣桓則以爲大兵之後狃於一勝而不知止如萬全之道何楚人悔禍屈完請成若可以俘執事門而釁之鼓矣桓則以爲敵既來歸不招之以□而一其心如柔遠之道何於是載戢干戈而退舍召陵之地載敦玉帛而徼惠□完之盟於此見師雖强桓公能以律用之而不暴楚已□□公能以禮下之而不驕庶幾王者之師矣春秋書盟于召陵于次陘之下傳曰序桓績也聖人予桓之意明矣至若兵者聖人之所甚重也春秋於齊桓伐鄭救許之師何以予之耶蓋自鄭與楚合首止逃盟是時齊桓憂之急於討貳兵連六國執詞伐鄭宜若振稿然桓則以爲好攻樂殺於罪爲大是可忍心爲之哉許受楚攻朝不保暮宜若倒懸然桓則以爲救患分災於禮爲急是可坐視不爲哉於是寧遺力而不□新城之下即解兵而遠赴許人之圍於此見鄭可討桓公以義討之而不暴許可救桓公以義救之而不緩庶幾君子之道矣春秋書救許於伐鄭圍新城之下傳曰善之尤也聖人予桓之心亦著矣吁盟非美事而召陵之盟在春秋所宜有兵本凶器而伐鄭救許之兵在春秋不可無然則聖人之予之豈得已耶大抵伯者莫難於立功功既成則其志驕志驕則其行荒行荒則其業怠故陽穀之會於下之會肆於寵樂緣陵之城于匡之次楚之伐黄狄之侵衛忽於簡書而視召陵之盟救許之兵不可同日語矣先儒謂其量淺而器不宏又曰假之不久而遽歸是足以概桓之顛末矣使其慎終如始而敦不息之誠則進於王德而不爲聖門之所不道也

禮記

樂者爲同禮者爲异同則相親异則相敬樂勝則流禮勝則離合情飾貌者禮樂之事也禮義立則貴賤等矣樂文同則上下和矣好惡著則賢不肖别矣刑禁暴爵舉賢則政均矣仁以愛之義以正之如此則民治行矣

葉孟

同考試官教諭林批（説先王用禮樂治民情及民治行處前後照應明白是宜録之以式學者）

考試官學正何批（理明詞順）

考試官教授劉批（得旨）

禮樂异其用而民心所由感禮樂濟其偏而民化所由成夫禮樂之足以感民也尚矣但不能無偏勝之弊耳偏而能濟化豈有不成哉且先一因人情而作禮樂慮其乖而不同也則導以樂之和而凡聲容節奏之翕然者皆所以統同也慮其混而無异也則導以禮之序而凡儀文度數之截然者皆所以辨异也唯統同則情敦而雍睦之風作矣民不由之而相親乎難辨异則分定而侵陵之患息矣民不由之而相敬乎夫禮樂之有以感民也固如此使樂過於同禮過於异則偏勝而有流離之弊矣於此將何以救之亦唯合情於内而救其離之失此樂以和禮之事也飾貌於外而救其流之失此禮以節樂之事也禮以節樂而禮之義以立則貴賤秩然其有等矣樂以和禮而樂之文以同則上下藹然其協和矣賢否無别非所以輔禮樂也賢者從而好之不肖者從而惡之而賢否曾有不别乎政事不均非所以輔禮樂也暴者刑禁之必及賢者爵舉之無遺而政事曾有不均乎然猶未也仁以愛之使辨异之中一吾心之至誠□□者存義以正之使統同之中一吾心之截割斷制者在此又以仁義爲禮樂之輔也夫然則所以救其偏弊者亦無不至矣自是民之漸被於禮樂者同焉能异自相親而不至於流异焉能同自相敬而不至於離民治豈有不行哉至是則化成矣抑先王之作禮樂也效法天地而又有和敬之德以爲之本故推之於治宜乎民無不化矣豈唯民化而已哉位天地育萬物要皆此禮樂之所爲也後世人君不務出此往往因陋就簡以圖一時之近功耳宋儒歐陽氏有曰三代而上治出於一而禮樂達于天下三代而下治出於二而禮樂爲虚名者此之謂也爲治者盍亦知所務哉

故君子與其使食浮於人也寧使人浮於食

葉孟

同考試官教諭林批（寫出君子耻食浮之意儘是親切他日是見用殆非竊禄者矣）

考試官學正何批（明暢）

考試官教授劉批（文理通暢）

君子之仕也不欲厚其所受於君者唯欲厚其所事於君者夫事君之才

德薄而受禄厚則其仕也苟禄耳曾謂君子而肯爲此哉夫子之言如此其意謂夫古之君子未嘗不欲仕而其仕也亦曷嘗以苟禄爲哉彼如才僅可以爲士而君以大夫之禄予之德僅可以爲大夫而君以公卿之禄予之則食浮於人矣人情於此孰不利之君子必曰君之所以禄我者如此固足以自富矣報逾其分獨不有負於君乎賞過其功獨不有愧於己乎與其受之而使食浮於人不若辭之而使人浮於食也如德可以爲公卿而但受大夫之禄德可以爲大夫而但受士之禄則人浮於食矣人情於此雖若不堪君子必曰君之所以禄我者如此亦足以代耕矣吾唯盡其職耳位不滿其德何計哉吾唯敬其事耳禄不稱其功何恤哉君子之仕如此則其受於君者薄而事於君者厚所謂辭貴不辭賤辭富不辭貧者在是矣政事豈有不修而風俗豈有不美哉大抵三代以前君之爵人也唯恐不得其人臣之受命也唯恐不稱其職故有虞咨岳命官當時在廷之臣類皆推賢讓能而不敢直以爲己任也世降春秋僭爵食禄者不過藉此以□富貴耳辭富貴而寧處貧賤者幾何此所以争奪之禍作矣噫夫子言此其亦有所感也夫

第二場

論

聖人之道猶天然

馮徽

同考試官訓導陳批（論題正大士千類能道之但多模擬形似而無親切意味令人厭觀晚得此篇議論平妥而理致明白决非疏淺之學所能到也是用録出）

同考試官訓導楊批（議論層出而抑揚中度非老於文學者不能爲也健羡健羡）

考試官學正何批（文思清潤而氣象悠揚若不竟其説者可以占其中之所存矣）

考試官教授劉批（詞有根據作性理論當如是）

道至聖人而止也論聖道而必擬諸天其善於立言者矣何也道莫全於聖人也道以聖人而全亦以聖人而止窮天下後世無以復加者也自其迹觀之聖人亦天地間一人耳自其道論之則聖人未始不爲天而天未始不爲聖人也夫豈可以差殊觀之哉程子曰聖人之道猶天然門弟子親炙而冀及之然後知其高且遠也味斯言也程子不惟知聖人亦知天矣其善於立言者歟

且聖人之道何道也中庸率性之謂也原於天命之正具於人心之微其體則仁義禮智其用則喜怒哀樂其倫則父子君臣夫婦長幼朋友其法則禮樂刑政其文則詩書易春秋其爲道易明而其爲教易行也是道也人皆有之而獨以聖人爲言者何哉蓋道之得於天者雖同而其成於人者自异衆人有之而不知貧者踐之而未盡聖人獨能盡之而無餘故舉而歸諸聖人也然聖人之道亦不過循其性之自然盡其理之當然初非外此而别有所增益也論聖道而必以天爲言者何哉蓋天之所賦於我者本如是其渾全也吾於是而偏曲之則人矣而非天也本如是其博大也吾於是而狹小之則人矣而非天也本如是其精純粹美也吾於是而矯揉駁雜之則人矣而非天也聖人於其所謂渾全者而渾全之博大者而博大之精純粹美者而精純粹美之不偏曲也不狹小也不矯揉駁雜也一全其天之本體而無虧焉則善繼善述而克肖乎天矣克肖乎天者天固天也聖人亦天也其道不亦高矣乎不亦遠矣乎聖人之心亦非故欲爲此高遠以絶人也蓋其生也聖由天縱性本天成氣極其清質極其粹所謂渾全者博大者純粹精美者自然凝聚厥躬無少疵類無少間斷仁義禮智以立其體喜怒哀樂以達其用父子君臣夫婦長幼朋友□敦其倫禮樂刑政以立其法詩書易春秋以□其文至於動静語默之間食急起居之際無一事而非道也無一事而非道則無一事而非天矣故淪於早者自見其道之高不可及也狃於近者自見其道之遠不可即也吾嘗合天與聖人而觀之聖道之所謂一本者即維天之命於穆不已也聖道之所謂萬殊者即乾道變化各正性命也意必固我之絶無其太虚之明净乎仕止久速之適可其四時之錯行乎老者安而少者懷一物各付物之妙也用則行而舍則藏一盈虚消息之理也聖人之所以爲聖人者如此是蓋静與天游也動與天俱也易曰先天而天弗違後天而奉天時朱子曰孔子其太極邵子曰聖人與昊天爲一道皆此意也程子之言其弗信矣乎抑非程子之言也夫子之不可及也猶天之不可階而升也子貢嘗有是言矣天何言哉四時行焉百物生焉吾夫子亦嘗以天自謂矣惜乎當時門人默契此道者僅見顔曾二子而已其他如子貢者無言之教猶不能喻况其下者乎有隱之疑宜乎諸弟子所不能免矣於戲聖人作止語默無非教也亦猶天之四時行百物生無非天理發見流行之實也曾何有隱而亦何待於言哉學者果能悟夫子無隱之言力求其實而因以得其無言之妙則高者可及而遠者可即矣此固程子之意也

表

擬宋以孔宜襲封文宣公謝表（太平興國三年）

黄佐

同考試官教諭莊批（表體駢儷學者類能爲之求其意婉而厚語贍而莊寓忠愛於稱謝間者僅見此篇）

同考試官教諭江批（文辭典則氣象渾厚寫出崇德象賢之意可佳）

考試官學正何批（四六中用事切當録之）

考試官教授劉批（温純整潔可誦）

臣宜言今月某日某官某奉宣詔旨以臣宜爲右贊善大夫襲封文宣公者臣誠惶誠恐稽首頓首上言帝德重華開萬世文明之象儒問有慶荷九天錫命之光道尊素王恩及苗裔建官作一人之輔列爵居五等之先家學淵源世遠敢忘以續皇仁浩博才微幸獲涵容綸綍下頒箕裘内愧兹蓋伏遇沉幾先物英斷合天河洛圖書夙嘗授之宣廟範疇福德蚤已占之藝皇四海帝臣龍行雲擁萬方王會虎步風生閔農事戒田荒心欲所其無逸抑禎符絶遠物治必保其有終大哉中國聖人允矣太平天子明昭定烈不一再基崇德象賢越四十世上爵賜繇隋帝嘉名制自唐宗監彼儀文畀兹朽質重輔導俾兼其職輕征傜用復其家岱岳滄溟高揭仲尼日月魯邦兖土弘開夫子宫墻延賞無窮君恩已極受爵不讓臣罪何辭竊念臣宜下第乾德之初征商星子之鎮遠違廊廟久涉江湖詣闕上書迹頗似於韓愈還朝獻賦文不類於相如詎意菲葑謬登鼎俎仰天有愧俯地何從敢不砥礪廉隅期無負於明詔纘承統緒求不忝於前人啓沃之心尚圖夙夜將順之美莫補涓埃三祝華封堯仁曷能想像載歌天保周德難以形容伏願五星永聚奎躔人文與天文并耀六籍大明聖世國統與道統同尊臣無任瞻天仰聖激切屏營之至謹奉表稱謝以聞

第三場

策（五道）

第一問

黄佐

同考試官教諭莊批（朝廷盛德大業默寓詔旨此策發揚殆盡未復以古人自期遠大之到吾切有望於子）

同考試官教諭江批（能鋪張我聖天子至仁盛德之實誦之不覺嘆賞至再况五策翩翩氣充詞贍吾意此子殆不止魁一省而已健羡健羡）

考試官學正何批（我朝詔令如天難名子能詳悉無遺則才之宏博有可占矣華國之薦舍子其誰）

考試官教授劉批（此策議論閎闊揄揚得體有士如此真足以薦上矣）

聖人之感人心也有所以立天下之本有所以示天下之機有其本則允德協下而感之也深有其機則嘉言孔彰而應之也速是故問其德曰天下之大本也問其言曰天下之大機也聖人者作操其本握其機言出而天下從之夫天下豈可以空言感動之哉愚因反覆明問而有以知聖世皇言之大足以配帝王而陋西漢矣敬陳其概粵自戊申春正月我太祖高皇帝首以即位詔天下則上帝祖考之靈建元定號之正續中國帝王之統開億萬載無疆之休其精神命脉固已潛乎於天下矣乃若求遺書定律令定文武科取士之法出師以定中原馳檄以諭齊魯河洛燕薊秦晋之人此令行於立國之初者也先以農桑學校繼之以求言又繼之以赦宥存恤免姑孰金陵免唐鄧秦隴等處田租諭山東山西省臣諭元舊相諭高麗安南日本諸國此詔頒於一統之後者也嗣是而太宗之入正大統仁宗宣宗之纘緒英宗之復辟憲宗孝宗之繼體守文莫不有詔帷繼天立極之德無一而不備故經天緯地之文無一而不周萬世遵之萬世之治也乃今庚午夏四月聖天子特下明詔命討寧夏之罪首舉法天立政即堯之欽若昊天湯之祇承上帝而敬天之心何至也上念祖宗付托即高宗之監于成憲成王之對揚耿光而法祖之心何至也以同仁之政布天下即堯之協和萬邦湯之輯寧邦家也而勤民恤物之心至矣以問罪之師告天下即舜之徂征有苗啓之用剿有扈也而神武不殺之心至矣回視漢之高祖約法三章似得文王慎罰之意也文帝田租賜半似得大禹養民之意也宣帝之戒修職似得成王訓官之意也武帝之罷輪臺似得太甲悔過之意也然究其本則漢之君無精一執中之傳而漢之詔豈復有虞夏商周四代之書之氣象耶我聖天子有祖宗列聖之德發而爲祖宗列聖之言有二帝三王之德發而爲典謨訓誥誓命之文故曰聖人之心見於書猶化工之妙著於物非精深不能識也天下之人沐其德而莫知其本誦其言而莫測其機草茅何足以形容之然愚於漢而有感焉趙佗嘗帝越矣尺書南下佗即稱臣奉貢而何感之易耶漢文恭儉之風早遜謙抑之語海滨父老至于今猶能道之漢詔之感人蓋不止於山東之民扶杖而往聽也而况我聖天子之詔乎愚生也晚嘗鼓舞振作之下而誦習久矣兹欲鋪張揚厲以昭聖德神功於罔極則自有燕許大筆在而愚愧非其人也惟進教之幸甚

第二問

黄佐

同考試官教諭莊批（策問諸子之書場中善對者少惟此一卷考據精

詳評論切當且以六經折衷其説得士如此亦可以自慶矣）

同考試官教諭江批（晚得此策獨能於周秦漢唐上下千餘間所紀之書所作之人歷歷陳説無遺披閲之次不覺爲之斂衽）

考試官學正何批（條答有據而文亦清致其空谷之足音歟）

考試官教授劉批（考究既詳折衷尤當蓋學之博而知其要者也）

對欲博極夫諸子之書必折衷以六經之旨蓋諸子之書各以所見爲説駁而不醇雜而無統其於聖人之道背馳焉者多矣兹欲遍考其書而不以六經之旨折衷其説則其爲道之蔽也豈淺淺哉故曰衆言殽亂折諸聖其是之謂乎先儒有言不觀非聖之書又曰學不博則不能約則夫諸子之書固儒者之所當知請因明問而歷陳之可乎聖人之道載在六經如日月之中天萬古常明六經之外而有諸子諸子之書如燭照室輝光所及不越尋丈而户牖之外即爲幽暗故六經稱經者萬世之典也諸子稱子者一家之言也漢之時太史談爲六家要指劉歆則有七略迨夫班孟堅作藝文志而十家之名布在簡册儒家道家陰陽家則出於司徒史官義和法家名家墨家則出於理官禮官清廟又有縱横之家非出於行人之官捭闔之官乎又有曰雜曰農之家非出於擬議之官農稷之官乎孟堅於諸子十家之外删劉歆七略之説又備以兵法天文五行醫經四家後世分四部之書列諸子於子部然其紀載之體蓋亦仿於孟堅隋書之志經籍唐史之志藝文諸家之書多與班同而陰陽之家不列於目唐志又始以雜藝術類然後百家之書於此而咸備矣若夫十家之書各有所著桓寬有鹽鐵論王符有潛夫論荆楚歲時記作於宗懔秦中歲時記士鄧析子則鄭人與子産同時者尹文子則宋人與宋鈃同游者魯連子則六國之仲連淮南子則劉漢之王安胡非子非墨翟之弟子乎黔婁子非齊國之隱士乎鬻子則爲鬻熊田子則爲田駢宣子則爲宣聘陸子則爲陸雲論其人之所産不過秦漢上下之人論其所著之書不出藝文十家之外然皆起于王道既衰聖人既没之後時君世主好尚殊方是以十家之術蜂然并作各持其説取合諸侯論其書雖有蔽短之不同要其歸豈無梗概之可取使其人遭際明時設學校而陶鎔之以道德而表正之會其同而變其异取其純而去其謬則皆可爲六經羽翼矣學者若能修六藝之術以觀此諸家之書又豈不能通萬方之略而爲游藝之一助乎愚也無高睨千古之見乏貫串百家之學孤陋寡聞對揚明問固不能免夫掛一漏萬之誚作於李綽昌言則作於促長統申鑒則作於荀悦氏中論作於魏之徐幹法訓作於蜀之譙周應劭有風俗通義之書魏證有群書治要之典李吉甫則有古今説苑杜佑則有管氏指要論衡

説林非作於王充孔衍乎世説類林非作於義慶子野乎他如鬼谷子則周世之隱士尉繚子則六國之時人抱朴子則爲葛洪金樓子則爲梁元廣成子則爲商路公鶡冠子則爲齊隱矣

第三問

廖任

同考試官教諭莊批（評二公文章政事以道爲主而析以程朱之論可謂有見且先後布置俱合法程蓋嶺南之佳士也）

同考試官教諭江批（閱此一策考據詳明斷制精確豈嘗熟讀二公之文而尚論其世者歟）

考試官學正何批（此策於韓歐二公文章事業評品停當足見學識）

考試官教授劉批（詞氣春容而議論切實當是策手）

對文章政事出於道則隨所用而咸備文章政事離於道則隨所就而難兼蓋文章不可徒爲政事不可徒施要必有道以爲之本本有未至隨其才力之所就則優於此者未必能兼於彼而文章政事始岐而爲二矣請因明問而陳其概易曰言之無文行之不遠則文章固足以潤身書曰道洽政治澤潤生民則政事固足以及物然自三代而上士以修身體道爲本文章乃其餘事學以窮理盡性爲先政事乃其末節伊尹之德協于克一而伐夏救民之功伊訓太甲之書後世未有能及之者尹吉甫之德萬邦爲憲而攘夷安夏之功崧高烝民之什後世未有能過之者世變日下道學不明則所謂文章者藝焉而已而非載道之具所謂政事者法焉而已而非正己之推才性有通塞功力有疏密優於此者或劣於彼求其能兼之者實難其人試以韓歐二子論之唐之文章承八代之後專以雕琢綺麗爲工而氣象萎薾陳子昂嘗欲變之矣而力弗逮至元和間韓愈者出力去陳言務追古作宋庠謂其奥衍閎深佐佑六經史臣謂愈之才自視司馬遷楊雄殆非虚語矣然遷於愈固相上下雄之命意措詞詞短句滯澀不若愈之肆意有作不煩繩削則愈於雄似爲過之也宋之文章承五代之後專以聲律對偶爲事而文體卑弱穆修嘗欲變之矣而才不及至景祐間歐陽脩者出深黜險譎務趨平淡曾鞏謂其醇深炳鬱渾然天質蘇軾謂修爲今之韓子亦非過論也然修初得韓文於故壁破簏之中披閲校讎至老不懈雖未嘗規規追躡其故步而體裁矩矱自成一衆則修於愈庶乎及之矣今考其遺文愈之原道原性師説等篇發明天地人物之理往往有前人所未發者程子所謂不可漫觀者是已惜其因文見道而無格致之學故以博愛爲仁則語用而遺體性有三品則溯流而失源揆之以聖人之道不能無牴

牾焉修之本論易童子問詩本義諸作發明古今名物之理往往有經傳所未及者朱文公所謂平易説理者是已惜其專意業文而無濂洛之學故以繫辭□孔子之經周禮非周公所作揆之於聖人之道不能無枘鑿焉愈性鯁直李逢吉皇甫鎛輩深忌之晚爲裴度所知然卒不能薦之於朝議者深爲之惜然觀其始論宫市繼論佛骨刺潮州而以文行化俗使魏博而以口舌解圍其見於樹立者卓有可觀使唐果能相愈亦豈無所補乎修性狷介彭思永蔣之奇輩屢譖之晚用韓琦之薦而與同登政府不可謂之不遇及觀其遺司諫之書進朋黨之論議麟州之屯田阻六塔之河道其見於建白者綽有可紀則修之用於宋亦可謂無負矣然要其所至則愈以文章名於唐而身繫安危如裴度者終非愈之所優修以文章名於宋而功在社稷如韓琦者每爲修之所服則天下後世之公論不可誣矣愚生幸際明時思樂泮水固將假文字以進身而欲效其所欲爲者也其於韓歐二子未敢以爲終身之地而於商之伊尹周之吉甫竊有志焉執事幸毋以爲僭

第四問

蕭汝爲

同考試官教諭顧批（粤中風俗人才評品精核而篇末數語尤精采動人非積學之士不能也）

同考試官教諭閔批（此策條答詳明措辭清雅篇終又含蓄感慨不盡之意蓋尚友古人者也録之以考其後）

考試官學正何批（博雅之才具見此策嶺南佳士吾當於子拭目）

考試官教授劉批（辭嚴義正深得儒先探本之意是用録出）

對風俗因地而异同知有以變之則無不可同之地賢才因時而盛衰知有以典之則無不可盛之時蓋風俗賢□固未可以地與時論也亦在變之興之何如耳有化導之方有轉移之術培植之既固漸摩之既久則异可同衰可盛自有不言而化之妙此其機也而神其機者固執事所謂存乎其人也傳曰爲政在人經曰遐不作人其有見於此歟敢摭其説以對風俗不以人而變乎何東郊頑民乃卒化於三后協心之日賢才不以人而興乎何孔門諸賢乃并起於東魯洙泗之鄉是必有故矣今之東廣古南粤地也廣州等十府即漢交州所部南海等郡是已其地多民夷雜處其風俗不同自其變者言之廣之俗則質直尚信韶之俗則淳樸愿慤惠之俗則文物有加焉苦他郡之美具載圖志固不得而盡述也自其未變者言之如信巫淫祀喪用樂之類雖當聖朝誕敷文德之時鄉士夫固敦尚名教矣其比閭族黨之間深山邊海之區亦或有

不免者其故何哉以變之無其人耳使如執事所謂常袞文翁者置爲長民之吏則變而通之革而信之尚何風俗之不典化推移耶昔韓愈之治潮州也師延趙德潮人化之遂篤於文行張紘之治雷州也禮明宗子雷人化之悉更其舊習執是而徵諸常袞文翁蓋先後一揆焉嗚呼先民不作遺矩猶存安得若人者而爲風俗之指南哉其地多山川靈秀其人才問出自其賢者觀之在漢則有若董正之高潔在唐則有若張九齡之相業在宋則有若余靖之邊功焉其事行之詳具載史傳亦不得而概舉也自其賢而繼出者觀之如關敏鄧顒陳鼎之輩正值聖朝開國承家之日關敏固闔門死忠矣而鄧顒委身濟難之列陳鼎蹇諤不阿之行是皆人所難者其故何哉以興之有其人耳誠如執事所謂董逸民張文獻者首開南粤之荒則高山仰止景行行止尚何賢才之不項背相望耶昔言偃載道而南至宋范仲淹諸賢輩出而吴遂爲文物之望陳良游學於此至宋周茂叔大儒特起而楚遂爲道學之邦執是而徵之董正九齡蓋古今一律焉嗚呼不有先覺孰開我人安得數公者而爲人物之標的哉愚也仰往哲之孤高悼末俗之簡陋而欲振衣於千仞之崗久矣倘與其進吾將過闕里而吊古循東郊而問俗不知尚有往日其人否乎謹對

第五問

潘濂

同考試官訓導陳批（時務一策正欲觀士子議見何如此答考究將實得實處置有浹非迂腐之士也）

同考試官訓導楊批（論馭兵恤民二事援古證今卓有所見所謂識時務者在俊杰子足當之矣）

考試官學正何批（議處時事俱合機宜足見學識）

考試官教授劉批（論物事有根據有識見凡士哉）

天下之事所以防其患者在有其道所以任其責者在得其人夫法敝而爲之立患生而爲之防此理也亦勢也然非得人以任之則膠膠擾優紛變於吾前者日不知其幾而天下之事始多矣自今觀之民惟邦本本固邦寧民不可以不恤也天下雖安忘戰則危兵不可以不馭也今之談者動曰恤民在守令而難其人馭兵在將帥而難其人此非天下之通論也天生一世之材自足以效一世之用顧在任之何如爾載觀古之人孝武窮征遠討海内虚耗而東方朔進薄其賦斂之言德宗則愎自任藩鎮離心而陸贄獻輕税薄征之諫元氣欲惜賦斂當輕此胡安國上時政之忠議也紀綱欲立民力須寬此朱熹應直言之正論也是數君子其知國之所恃在民民之所恃在守令者乎趙充國

以四萬騎屯浴邊九郡而單于引去李德裕以十一軍控制西北二邊而南詔請還監博州郡修治器械而虜人遠遁此焉知節之謀略可嘉也閲延州兵日夜訓練而敵人相戒此范仲淹之威望可畏也是數君子其知民之所衛在兵兵之所馭在將帥者乎方今皇風清穆海宇輯寧干戈積府庫之塵閭里興載芟之頌太平之治復見於今日矣往年湖湘歲歉致廑當寧之憂於是竭府庫停起運而所以賑恤吾民者至矣執事猶懷意外之患而以諸路水旱爲慮愚以爲人君有憂勤惕厲之心自足以感召和氣固無是矣萬一有之則古人救荒之政具在或發倉廩以賑之或爲粥溢以救殍或興工作以聚失業或弛刑禁以釋無辜罷不急之務去無名之征募商糴粟可行也諸路借運可行也何患救荒之無其策哉近時襄漢有警致煩宵旰之憂於是調土兵募民兵而所以捍衛吾民者至矣執事猶抱意外之虞而以他處盜賊繼起爲念愚以爲人君有神武不殺之威自足以戡定禍亂固無是矣萬一有之則古人禦寇之法具在先加威武以慑其心次示招安以弛其計多方間諜擣虛攻盈居則謹烽堠出則禁侵掠賊勢少緩則一路之兵可捍禦也賊勢衆大則諸路之兵可召集也孰謂禦寇之無其略哉雖然此特其法爾而所以行夫法者顧在於得人耳先儒謂斯民之休戚係守令之賢否方今天下民力之匱竭不但湖湘爲然也若郡縣之守令果得人如召信臣之在南陽爲民興利而躬勸農桑卓茂之在密邑勞心撫字而視民如子賈琮之在交趾蠲復徭役而謳歌四起則必有以培植乎元氣而黎民享其安矣先儒謂天下無必勝之兵而有不可敗之將方今天下軍士之消耗不但襄漢爲然也若邊陲之將帥果得人如郭子儀之屯涇陽馭下以恕而將士樂用李光弼之代朔方號令精明而人心自服曹彬監征蜀之軍申令戢下而所在秋毫無犯則必有以振揚乎威武而軍士樂於□矣然守令之賢否將帥之勇怯則又在乎動廷慎選作興何如耳此廟堂密勿之至計天下經久之遠圖顧草茅賤士何足以語此然竊有志焉惟執事進教之可也

廣東鄉試録後序

我太祖高皇帝奄有天下之初規畫庶務而於設科取士則尤加之意焉是故三載一舉行之其制大備于洪武甲子條貫截然著焉令典歷世守之而無斁也乃今正德庚午適當天下鄉試之期洽膺聘而來濫竽取士之柄事既

竣刻士之邑里名氏并文之粹者與夫内外執事之職名爲鄉試録將獻諸天子傳之天下洽竊序其後曰惟天生賢與賢之用世要皆非偶然者東廣古南粵地也歷秦與漢土地開拓積數百年而文獻張公出焉東南文運藉是一倡自夫辨邪之智識事君之忠藎當時人物卒難并埒又積數百年而忠襄余公出焉其文章尚矣在朝也著蹇諤之風在邕州也收經營之績至今人誦之不已要之天有意於二公故其出而用世也如此夫豈偶然者哉矧我國家聖聖相承道化浹洽天心克眷畀以才賢宜乎數十年來賢人君子以文章魁天下類是者恒多夷考其政事參預舘閣職司臺諫者足以羽儀乎天朝布列方岳分牧郡縣者又足以鎮重乎外服故嘗論天下士必先焉論科目得人而莫敢少焉諸士子獲取於是矣行將角天下士則夫奉廷對服官序實昉於此將何以爲之地耶必曰不徒以文章爲也行檢其郛郭不徒以政事爲也學術其基本近師之今之前輩是也遠師之文獻忠襄公是也等而上之則雖伊博周召亦吾儔匹爾烏可以多讓哉使晝於一得沾沾然自喜而不知所以求進焉則天之生賢何如國家之取士何如乃以是而自處哉其爲科目之玷也固矣洽用是以相告云

山東東昌府臨清州儒學學正何洽謹序

正德十四年廣東鄉試録

廣東鄉試録序

正德己卯天下當復大比巡按廣東監察御史毛鳳祇若成憲預謀左布政使湯沐按察使王子言暨諸同官各舉所知以司考校而馳使聘焉先是廣惠山寇阻兵安忍御史以聞制命總督右都御史楊旦會同總鎮太監王堂總兵撫寧侯朱麒統師殲厥渠魁提督南贛兼制嶺東南諸郡右副都御史王守仁分兵遏其奔軼而鳳紀其功前後俘馘萬□核實奏捷相與奠□生民而後得以專意文事時則市舶太監牛榮亦陰贊之至斯鵬翀等偕來乃以八月戊辰入院合提學副使余本所簡士而三試之考試則鵬翀偕教諭張敔而學正李鼒教諭朱文簡林道蔡奇唐文明王崑訓導黃敏才皆同事於考校提調則右布政使邵賁右參政章拯監試則僉事張寬土宗源而左參政蔣曙副使汪鋐王弘陳祥左右參議鄭錫文周用左唐僉事顧應祥王大用陳綱朱昴汪克章都指揮王英潘昇等咸協心以□防自餘百執事亦皆遴選以充而御史鳳實監臨之矢心攸□罔敢或怠既得士七十有五人爰第其氏名并彙所著文爲録以献鵬翀當序其端夫自鄉舉里選之法變而秘名易書之制行歐陽脩固稱其無情如造化至公如權衡不可易也然科名日重實用日輕人材日衰風俗日薄則大儒朱熹嘗私議之而同時項安世亦以爲今日不可如何之法而欲於尋常尺寸之中略出神明特達之舉稍更闒茸已甚之習薄仲渾厚平直之氣則猶可致分數劑量之效而愈於己也識者韙之我朝設科取士斟酌近代而品式益具折衷朱子而理學是崇英雄□□□□□□百數十年重此□□蓋前此猶有賢良方正材識兼茂經明行修諸科而近悉能除之舉天下之人才一囿於是科之内皇化誕敷人文丕振故廣東雖僻□嶺表海隅而比年以來科目得人之盛乃與中州争先鴻儒碩輔登内閣者相望而邃學雄文擢倫魁者相繼而木已也今兹抱藝而來試于有司者雖以例格僅七百有奇而發爲文詞下筆輒數千言不倦鏘然爛然觸目駭中如宴金谷而芳餁標奇也如開顔集而雕繪滿眼也如縱天閑而雲錦成群也嘻盛矣然吾懼其盛衰相倚表裹异致而春華之有餘或秋實之不足也抑□求味於菽粟取文於布

帛而采神駿於驪黄牝牡之外主朱子之理行項氏之意庶幾得人焉以少裨國家他日負重致遠一日千里而出其所學以衣被天下餔啜蒼生皆其事也豈不偉哉顧紛華波動之間於言語文字之末而欲必得忠信樸茂之器亦難矣鵬翀不敏何足以知之然御史諸司之所以籥天地而綜理之密不遺餘慮鵬翀等之所以窮日夜而校閲之勤不遺餘力□將得真才以致之上也以是求之其將不有以是應之者歟

湖廣黄州府黄岡縣儒學教諭應鵬翀謹序

正德十四年廣東鄉試

監臨官

巡按廣東監察御史毛鳳（鳴岡浙江紹興衛籍臨海縣人　戊辰進士）

提調官

廣東等處承宣布政使司右布政使邵蕡（文實浙江餘姚縣人　庚戌進士）

廣東等處承宣布政使司右參政章拯（以道浙江蘭谿縣人　壬戌進士）

監試官

廣東等處提刑按察司僉事張寬（德宏直隸太倉州人　乙丑進士）

廣東等處提刑按察司僉事王宗源（志潔福建晋江縣人　辛未進士）

考試官

湖廣黄州府黄岡縣儒學教諭應鵬翀（雲卿浙江臨海縣人　辛酉貢士）

直隸鎮江府丹陽縣儒學教諭張敔（叔戊江西德興縣人　辛酉貢士）

同考試官

湖廣岳州府澧州儒學學正李鼐（□之直隸武進縣人　庚午貢士）

福建泉州府晋江縣儒學教諭朱文簡（元可浙江樂清縣人　甲子貢士）

江西吉安府廬陵縣儒學教諭林道（行夫福建寧德縣人　庚午貢士）

江西廣信府永豐縣儒學教諭蔡奇（宜獻福建晋江縣人　丁卯貢士）

廣西梧州府岑溪縣儒學教諭唐文明（元會廣西臨桂縣人　癸酉貢士）

廣西梧州府蒼梧縣儒學教諭王崑（玉卿廣西慶遠衛官籍直隸武進縣人　庚午貢士）

浙江湖州府烏程縣儒學訓導黄敏才（性之雲南中衛籍四川合州人

癸酉貢士）

印卷官

廣東等處承宣布政使司經歷司經歷吴汝諧（惟和湖廣鄖縣人　監生）

廣東都指揮使司斷事司斷事章麟（國祥直隸太湖縣人　監生）

收掌試卷官

廣州府知府魏廷楫（秉濟湖廣華容縣人　乙丑進士）

肇慶府知府黄瑗（純玉福建晋江縣人　乙丑進士）

受卷官

惠州府通判俞敬（一中浙江永康縣人　乙丑進士）

廉州府欽州知州李純（在誠福建莆田縣人　戊辰進士）

惠州府興寧縣知縣祝允明（希□直隸長洲縣人　壬子貢士）

彌封官

雷州府推官趙宬（受夫直隸吴江縣人　乙卯貢士）

廣州府新會縣知縣林與韶（汝韶福建莆田縣人　乙卯貢士）

惠州府歸善縣知縣歐良衡（一中湖廣茶陵州人　丁卯貢士）

謄録官

廣東鹽課提舉司提舉龔澤（汝仁福建閩縣人　戊午貢士）

廣州府從化縣知縣程相（公甫直隸祁門縣人　戊午貢士）

廣州府東莞縣知縣王莘（元聘直隸江陰縣人　丁丑進士）

惠州府博羅縣知縣林若周（吾從福建莆田縣人　丁丑進士）

對讀官

肇慶府德慶州判官彭昉（寅甫直隸蘇州衛人　辛未進士）

潮州府潮陽縣知縣宋元翰（良翰福建莆田縣人　乙卯貢士）

肇慶府四會縣知縣蕭樟（國材江西永新縣人　甲戌進士）

巡綽官

廣州左衛指揮使王鸞（國祥直隸合肥縣人）

廣州後衛指揮同知邵勛（國懋直隸定遠縣人）

搜檢官

廣州左衛中所正千户陸宗（繼本直隸合肥縣人）

廣州右衛右所署正千户巫鍾（國聲直隸定遠縣人）

廣州右衛左所副千户鄧璋（國顒廣州府南海縣人）

廣州前衛前所副千户胡勇（子忠惠州府歸善縣人）

廣州前衛左所百户王英（勝方直隸徐州人）
廣州前衛前所鎮撫魯賢（國良直隸定遠縣人）
供給官
廣東等處承宣布政使司理問所理問朱經（伯常浙江崇德縣人　監生）
廣州府通判趙桓（民望江西進賢縣人　甲子貢士）
廣州府推官沈煦（潤夫浙江平湖縣人　甲子貢士）
廣州府番禺縣知縣衡準（公式直隸實應縣人　辛酉貢士）
廣東鹽課提舉司吏目周輅（質中湖廣宜城縣人　吏員）
廣東陽江守禦千户所吏目張維（天經浙江餘姚縣人　知印）
雷州衛海康千户所吏目甘奇芳（迪美江西豐城縣人　承差）
廣州府順德縣典史趙琳（崇道直隸江都縣人　吏員）
廣州府南海縣官窯水驛驛丞李福（世海福建浦城縣人　承差）
廣州府東莞縣城西水驛驛丞李鳳（應祥廣西臨桂縣人　承差）
肇慶府崧臺驛驛丞張士寧（用賢雲南建水州人　承差）
肇慶府德慶州壽康驛驛丞韓府（守本浙江餘姚縣人　承差）
韶州府曲江縣濛裏驛驛丞易承仁（元之廣西蒼梧縣人　承差）
廣東市舶提舉司懷遠驛驛丞李泰（時亨福建龍溪縣人　承差）

第一場

四書

吾十有五而志于學三十而立四十而不惑五十而知天命六十而耳順七十而從心所欲不逾矩　王天下有三重焉其寡過矣乎　自得之則居之安居之安則资之深資之深則取之左右逢其原

易

内陽而外陰内健而外順内君子而外小人　中孚以利貞乃應乎天也　君子之道或出或處或默或語二人同心其利斷金同心之言其臭如蘭　履和而至謙尊而光

書

允厘百工庶績咸熙　佑賢輔德顯忠遂良　虎賁綴表趣馬小尹左右携僕百司庶府　大都小伯藝人表臣百司太史尹伯何擇非人何敬非刑何度非及

詩

葛之覃兮施于中谷維葉萋萋黄鳥于飛集于灌木其鳴喈喈　吉甫燕喜既多受祉來歸自鎬我行永久飲御諸友炰鼈膾鯉侯誰在矣張仲孝友　明明天子令聞不已　於皇來牟將受厥明明昭上帝迄用康年

春秋

冬十有二月祭伯來（隱公元年）春王正月公會王人齊侯宋公衛侯許男曹伯陳世子欵盟于洮（僖公八年）　冬十有二月丙午齊侯衛侯鄭伯來戰于郎（桓公十年）十有二月及鄭師伐宋丁未戰于宋（桓公十二年）盟于召陵齊人執陳轅濤塗秋及江人黄人伐陳冬十有二月公孫兹帥師會齊人宋人衛人鄭人許人曹人侵陳（俱僖公四年）　楚子伐鄭　晋郤缺帥師救鄭（宣公九年）楚子伐鄭（宣公十年）

禮記

臣有貴者以齒其在外朝則以官講信修睦謂之人利　致禮以治躬則莊敬莊敬則嚴威　言而履之禮也行而樂之樂也

第二場

論

賢主獨觀萬化之原

詔誥表（内科一道）

擬漢舉賢良方正直言極諫之士詔（建元元年）　擬唐以郭子儀爲關内河東副元帥河中節度使誥（廣德三年）　擬賜大臣歷代名臣奏議謝表（永樂十四年）

判語（五條）

講讀律令　封掌印信　收支留難　鋪舍損壞　冒破物料

第三場

策（五道）

問　自古帝王成一代之大業必立一代之宏規以夏商周三代而言之法制莫備於成周周有周官董正治官而又有周禮一書焉以漢唐宋三代而言之法制莫逾於有唐唐有六典措置有法而又有會要續編焉周禮蓋猶周官之傳也而顧其間有不能盡合者何歟會要本繼六典而作也而或以爲雖

備無取者何歟成周邈矣有唐陋矣洪惟我太祖高皇帝議禮制度卓越百王神謨聖斷高出千古特御宸翰著爲諸司職掌肇建紀綱該括治道誠億萬年之大典也列聖相承因時損益先皇御極繼志纂修盡發群編稡爲大明會典提挈綱維布列條貫而百八十卷之分類焉皇上特命儒臣重加參校頒布天下嘉惠臣民甚盛心也自今觀之有綱有目有主有附行諸今而無弊傳諸後而可徵視唐會要固治少而亂多矣擬之周禮亦异世而同符歟諸士子其敬陳之毋隱

問　人君爲治之大柄慶賞刑罰而已皋陶謨陳五服五章五刑五用商頌言不僭不濫不敢怠遑而皆歸之天命周官八則有刑賞以治都鄙又八柄詔王以馭群臣而悉掌之天官何歟孟子戒用殺勿聽左右齊威封即墨烹阿大夫而强天下其暗合此義非歟周人言爲政不私賞罰漢高官季布戮丁公以示後人其默契此意否歟有功不賞有罪不誅雖唐虞猶不能以化天下漢宣帝之言善矣而帝之誅賞或未善有功則賞有罪則刑誰敢不竭力盡心以修職業唐太宗之言當矣而帝之賞刑或未當下此者則又不必論矣抑有疑焉刑賞之施貴乎得中固不可以少偏也而皋陶則又曰罪疑惟輕功疑惟重然則聖人之於二者而處之不能無少不同矣此其微意可得而言歟爵禄之制必以功德固不容以濫受也然八柄爵禄之外又有予以馭其幸然則人主之於群臣而幸之不能不行私恩矣此其深意又可得而言歟請詳著于篇將以獻之明天子爲治化萬一之助

問　儲副天下之本其本豫定則有以繫人心而安社稷有國君臣所宜共圖而蚤建者也三代之時有道之長植遺腹朝委裘而天下不摇歷世數十歷年數百而後世莫及豈非聖人與子之法既明且備而及王之功亦行乎其間歟自時厥後教法益疏然漢之初年請建太子遂爲家法而定陶猶得以入繼君子亦有取焉唐之中葉定策禁中遂執國柄而七君不得以正始吾無論乎爾宋儒以太子正而天下定爲天下之至言固也宋臣以養宗子於宫中爲天下之大慮然歟并州通判三章何以告君然嘉祐之計遂决亦宰臣之盡力也上虞縣丞一言何以悟主然藝祖之後遂定亦執政之同心也宋之諸臣汲汲爲是當時不以爲罪後世不以爲非矧聖明在上而有不可以是言進者乎屬者前星未耀承華久虚聖天子一念及此則宗廟在天之靈海宇蒼生之福也諸士子其攄忠悃而敬陳之以獻于上

問　唐虞五載一巡狩周制十有二年一巡狩蓋帝王經世之大法而夏之一游一豫文之在囿在沼亦盛德所不廢也然竊疑之神禹之功大矣十旬

畋洛若未害也而五子之歌已作成康之澤深矣八駿巡游何遽損也而祁招之詩遂陳然則夏之所以復興而周之所以未墜者是歌是詩其亦有助於萬一否耶漢唐以來巡狩希曠而游幸頻仍有與豪俊方正擊兔伐狐者聞至言而嘉納有從期門私奴鬥雞走馬者故富平猶眷戀此其聽言有緩急也而興衰頓殊有幸南山不果而答其臣以畏卿嗔故中輟有游驪山既還而驕其臣以叩頭者安足信此其聞言有從違也而禍福隨异然則樂固不可極而言果不爲無益也我國家聖祖神宗削平群雄而身在行間斥逐醜虜而駐蹕口外蓋以憂勤成大業而以安逸貽子孫列聖相承恭已而治肆我皇上鋭意法祖北狩西征馳驅關塞雖羌胡遠遯晏然無警而臣子私心惴然未釋蓋聖主不乘危不徼幸也邇者涣發綸音播告南巡上疏者相繼而未有以回上心將言激聽厭而納約自牖之道有未至歟試以訪之諸士子苟言有可采敢不薦而進之

問　民非兵不衛兵非食不養此古今不易之定論也我國家設立衛所每衛五所每所千軍錯峙郡邑之中以爲民生之衛其立法周矣承平日久生齒之繁倍蓰於國初而兵戎之衆反不及十之三焉朝廷乃專命憲臣以清理其事巡行郡邑搜剔奸弊究逃亡之由重埋没之罰勾稽有度解補有程宜其漸復舊額也然行之已久卒無成效而行伍益見其消耗何耶我國家設立屯田田有定額租有定則歲收田租之入以爲贍軍之需其立法善矣承平日久民田之賦不减於國初而屯田之入常不及十之五焉朝廷乃專命憲臣以提督其事親歷衛所考求利弊嚴侵削之禁急逋負之追征斂有期出納有數宜其漸復舊規也然行之已久漫無成功而糧儲益見其虧乏何耶民壯之設所以補軍伍之不足州邑之下在在有之宜可以備用矣然比年以來是役悉爲虚設倉卒有警輒以雇募爲事有其人而無其用救弊之策將安施耶鹽利之興所以濟軍餉之不給藩省之地無處無之宜可以資用矣然比年以來歲課减於往昔尋常利市多爲勢要所據無其利而有其害救弊之方將安出耶凡此利病皆天下所同有而在東廣尤爲切要諸士子生長是邦得於聞見必講之熟而究之詳矣願爲我悉言之

中式舉人七十五名

第一名　潘大賓　海陽縣學生　詩

第二名　汪有執　瓊州府學生　易
第三名　舒素蘊　順德縣學生　禮記
第四名　周孚先　潮陽縣學增廣生　書
第五名　劉一松　潮州府學生　春秋
第六名　廖珦　南海縣學生　易
第七名　鄧直卿　廣州府學生　詩
第八名　陳大詔　肇慶府學生　禮記
第九名　黄鶴齡　從化縣學增廣生　書
第十名　周舜卿　饒平縣學生　春秋
第十一名　駱尭知　樂昌縣學生　詩
第十二名　譚朝重　南海縣學附學生　易
第十三名　何彦　順德縣學生　詩
第十四名　林鍾　高要縣學生　書
第十五名　邵廉　南海縣學生　詩
第十六名　陳疏　番禺縣學增廣生　詩
第十七名　黄學準　南海縣學生　書
第十八名　吴宗湯　南海縣學附學生　易
第十九名　鄭經正　潮陽縣學生　詩
第二十名　倫以詵　南海縣儒士　易
第二十一名　任紀　電白縣學生　詩
第二十二名　李春魁　潮州府學生　春秋
第二十三名　劉冕　肇慶府學生　書
第二十四名　陳桂芳　陽江縣學生　詩
第二十五名　何演　順德縣學生　易
第二十六名　歐陽建　廣州府學生　詩
第二十七名　鄭經哲　潮陽縣學生　書
第二十八名　吴預　廣州府學附學生　詩
第二十九名　姚世郁　潮陽縣學附學生　書
第三十名　錢介　東莞縣學生　詩
第三十一名　招源　廣州府學增廣生　易
第三十二名　周仲良　瓊山縣學生　禮記
第三十三名　潘勖　博羅縣學生　詩

第三十四名　劉體元　南海縣儒士　易
第三十五名　黄縉　海豐縣學生　書
第三十六名　何相　新會縣學增廣生　詩
第三十七名　謝邦信　東筦縣學附學生　春秋
第三十八名　蔡德進　東筦縣學附學生　易
第三十九名　許獻可　番禺縣學增廣生　禮記
第四十名　劉廣治　潮陽縣學增廣生　書
第四十一名　鄺用禮　廣州府學增廣生　詩
第四十二名　池世用　揭陽縣學增廣生　書
第四十三名　唐光　惠州府學生　詩
第四十四名　林一源　海陽縣學生　易
第四十五名　張一言　潮州府學生　書
第四十六名　鄧文憲　新會縣學生　詩
第四十七名　李邦直　茂名　縣學生　易
第四十八名　阮景虞　番禺縣學增廣生　詩
第四十九名　張士毅　瓊州府學生　易
第五十名　郭嘉賀　潮陽縣學增廣生　書
第五十一名　陳璇　潮州府學增廣生　春秋
第五十二名　林載陽　東筦縣學生　詩
第五十三名　彭繪　東莞縣學附學生　易
第五十四名　徐哲　南海縣學生　詩
第五十五名　朱廷文　潮州府學生　書
第五十六名　吕希望　惠州府學生　詩
第五十七名　程世鵬　揭陽縣學生　易
第五十八名　張詵　順德縣學生　詩
第五十九名　俞宗梁　瓊州府學生　易
第六十名　何公溥　博羅縣學生　書
第六十一名　吴會期　瓊州府學生　禮記
第六十二名　李楷　惠州府學生　詩
第六十三名　陳道潜　順德縣學生　易
第六十四名　曾守約　惠州府學生　詩
第六十五名　蔡嘉豪　潮陽縣學生　書

第六十六名　李一清　東莞縣學生　春秋
第六十七名　郭文翰　南海縣學附學生　易
第六十八名　潘珩　南海縣學增廣生　詩
第六十九名　何器　南海縣學附學生　書
第七十名　談文惠　順德縣學增廣生　易
第七十一名　吴誠　瓊山縣學生　詩
第七十二名　黎伯興　番禺縣學生　易
第七十三名　莊繼善　揭陽縣學增廣生　書
第七十四名　陳列　番禺縣學生　詩
第七十五名　廖廷臣　廣州府學增廣生　易

第一場

四書

吾十有五而志于學三十而立四十而不惑五十而知天命六十而耳順七十而從心所欲不逾矩

潘大賓

同考試官訓導黄批（發揮聖學之妙殆盡必能用心於内者）

同考試官教諭朱批（説理之文自是如此）

同考試官學正李批（作此題者辭愈繁而孔子謙己誨人之心愈晦是篇簡明可取）

考試官教諭張批（辭理兼到佳士也）

考試官教諭應批（説明聖人之心殆能以聖人爲則者）

聖人自名其學一終身經歷之天第焉蓋聖學無積累之漸而自名其經歷之次第焉蓋聖學無積累之漸而自名其經歷之次第如此寧非獨覺其進因其近似者而寓夫勉人之深意哉昔夫子之意謂夫爲學之功固不敢廢學造其極又豈無其漸哉吾年十有五也功收近小而篤志于大學之道察夫義理措諸事業心在是而爲之不厭矣及年乎三十也體極高明而自立於斯道之中天理爲主人心聽命守之固而無所事志矣自三十而四十焉玩索涵養益加夫致知之功於事物之所當然皆無所疑是蓋知之明而守復何所事乎自四十而五十焉窮理盡性自造夫至命之地於事物所以當然之故皆達其奥是蓋知極其精而不惑何足去乎及夫年躋六十則人言一入於耳吾心即

無不通知之之至不思而得也學至於此殆不知老之將至耶迄於年登七十則隨其心之所欲自不過於法度行之之妙不勉而中也學至於此又豈知甚□吾衰耶吁此固夫子自謙之詞而至誠無息之意亦可見矣雖然謂夫子必待於學而循其序非也謂無事於學雖學矣而必無經歷之次第亦非也蓋聖人有聖人之學而日用之間必有獨覺其進而人不及知者故自名其近似者以示人非心實自聖而姑爲是退托也學者固不可於志學之初遽有是心又不可於志學之後一無所事也亦曰勿忘勿助庶乎得之嗚呼此豈可易言哉

王天下有三重焉其寡過矣乎

汪有執

同考試官教諭蔡批（傳注中惟則二字子能玩味而發之於文是可録也）

考試官教諭張批（文有講貫杰作也）

考試官教諭應批（歸重王天下三字體認居上不驕意明当宜魁多士）

惟聖王行乎大法則舉世成乎大化蓋三重大法也而惟天子得以行之則人自得以寡過矣非大化之成而何哉中庸承居上不驕而言人道謂夫行大法不難而負於化天下之大化不難而本於王天下夫惟王天下者道凝小大而德妙皇極既有以立其本位居九五而時際昌期又有以操其權建一統之宏規行三重之大法其議禮耶本乎情而酌乎分使親疏貴賤之相接者有一定之體焉其制度耶隨其位而异其等使器用章服之分别者有不易之式焉其考文耶稽多寡於點畫訂异同於形象必求其精當也不容於損益焉所以新天下之耳目者在是所以一天下之心志者在是而何民之不寡過乎將見國不同也而政不□於國家不一也而俗不殊於家禮之所議者民皆□而不違以言天下之行殆同倫矣寧有作聰明而越於範圍者哉度之所制者民皆守而勿失以言天下之車殆同軌矣寧有逞私智而出於規矩者哉文之所考□方策無點畫之差契券無形象之失而書又同文矣奚有倍上者哉遵道遵路而民定于一會極歸極而民協于中吁德位時兼全於一人禮度文流行於天下□一不驕固如是夫嗟夫三重固一天下之制作而又有所謂不信民弗從者是可以見制作之不可徒爲也唐虞三代尚矣秦漢而下未嘗無制作者然而不驕之道果能知乎無在乎治之不古若也先儒謂作禮樂者必聖人在天子之位信然

自得之則居之安居之安則資之深資之深則取之左右逢其原

周孚先

同考試官教諭林批（説理親切録之非但以其文而已矣）

考試官教諭張批（發明自得之妙明白是好文字）

考試官教諭應批（非有自得之□者説不到此）

大賢著君子默契乎理而有無窮之妙焉夫所貴乎自得其理者王以居安資深逢原而其妙爲無窮也君子之學其不有所當務者乎昔孟子之意謂夫君子深造之以道而欲其自得之者何哉亦以自得之有其妙焉耳誠使持循之下默識心通凡夫理之所當然者自然得之於己涵養之餘優游厭飫凡夫理之所以然者自然會之於心不待安排布置於口耳之末也而有胸襟之了悟焉無俟襲取强爲於形迹之粗也而有精神之感孚焉自得如此則所以處之者道心爲主而天理有渾全之固人心爲客而物欲無摇奪之危居之何其安哉居安如此則所藉者淵泉如淵而静深莫測有以爲時出之地溥博如天而廣遠無際有以爲敦化之基資之何其深哉夫惟資之既深則日用之間探討之力不必加也尋繹之功不必事也取之於左適值其所資之本非體周於周矣乎取之於右即逢其所藉之原非一藏於貫矣乎□□自得之中有無窮之妙如此此君子之學所以欲其自得而必加夫深造以道之功也歟大抵時至戰國聖道秦無人心陷溺類馳騖於刑名功利而不知學爲何物而出口入耳者又不知所以爲學也故孟子倡爲自得之説正以續夫格致誠正之緒欲人求之於身心體用之間耳學者其毋以之藉口而以徑起頓悟爲事□□於虚空佛老之歸使孟氏之意晦而不明而其爲害又甚於戰國焉嗚呼此又不可不知也

易

中孚以利貞乃應乎天也

汪有執

同考試官教諭蔡批（利貞應天處作者類多發揮不明獨子言之縝密透徹亦深於易者）

考試官教諭張批（理致之文自别）

考試官教諭應批（易義依此作良是）

惟所信得乎理之當然者則所信合乎理之從出者此彖傳之旨也蓋天者理之□□出本自至正也人而信得其正則天人一理豈有不相合哉昔夫子傳中孚之彖及此吾想其意蓋以人而無信則爲詐爲僞吾固不知其可也信而不正則爲固爲諒又非所以爲信也中孚之辭而以利貞者是必端謹於

心術之微决擇於趨向之初以至誠不欺之心而裁之以大中至正之道固不失之詐亦不至於固也於□實不妄之發而度之以當然不易之理固不失於僞亦不至於諒也或以已而爲信也必以義自許非徒决死生以自誓而已或與人而相信也必以道相規非徒傾肝腑以相示而已若然其不足以應乎天哉誠以天之爲天固無不正之信但人之信往往有出於正之外今中孚而以利貞則質之於天者此理也反之於我者亦此理也在天在人吻合而無間天之信無不正也吾之信亦無不正也人道天道默契而爲一雖曰維天之命於穆不已難乎以測之也然正之所在則於穆不已者在是矣苟或失於固□其心雖誠其理則非烏能與天合哉雖曰天道流行誠一不二難乎以度之也然正之所存則誠一不二者在斯矣苟或至於諒焉其事雖實而道則悖烏能與天應哉夫既知乎此則知中孚之辭所謂利貞之意矣以此垂訓其明且盡而後世顧有如尾生之行召忽之死里克之忠何哉豈夫子所謂好信不好學其蔽也愚者□然學尤貴於知要否則本原不得以澄澈是非終至於混淆是以君子必大居敬而貴窮理也

履和而至謙尊而光

廖珣

同考試官教諭蔡批（朱子語録云秦人尊君卑臣雖尊而不光惟謙則尊而又光則此句與履和而至以下數句明是一例作者往往以尊光二字對至字講殊失本旨惟此作得之）

考試官教諭張批（明白簡當）

考試官教諭應批（發明大傳抑揚之意可録）

大傳陳易卦之德有順乎世而不可□者有高乎世而不可掩者夫順而未至者以其非禮高而不光者以其非謙也大傳於履謙之卦而抑揚其辭以陳之正以明其可處憂患也歟且履之爲卦上天下澤定分不易即人之禮也是禮也何以和而至哉誠以和不本於禮者則流蕩忘返不足以言至也惟履之爲禮其本則原於民之性凡行之者安之也初無扞格不勝之患其制則順於民之情凡由之者便之也初無勉强難行之病和則和矣然皆天理民彝之極致或損或益皆不可得也天經地義之當然亘古亘今皆不能外也其至極也何如謙之爲卦地中有山以卑藴高即人之謙也是謙也何以尊而光哉誠以尊不本於謙者則驕矜自肆難乎其有光也惟謙以自卑雖位居崇高首出乎庶物也而不操上人之心雖身處盛滿禮絶乎百僚也而恒存下人之念尊

則尊矣然人之望之也益見其道德之盛光輝發越自有不容掩矣人之仰之也愈見其事業之隆光明俊偉自有不可遏矣其光顯也何如夫履和而至可見履德之妙謙尊而光可見謙德之妙以之而處憂患也何有哉所以然者蓋有禮則安無禮則危謙則受益滿則招損其理有固然者故羑里之囚引躬自咎卒之能脱禍患者得非禮謙所致哉雖然大傳於此亦自處憂患者而言耳要之人身自不可一日而無禮亦不可一日而不謙也此學易者之所當知

書

允厘百工庶績咸熙

周孚先

同考試官教諭林批（發出允厘意思最爲切當且筆力老成佳士也）

考試官教諭張批（詞不煩而理自足獨見此篇）

考試官教諭應批（説允厘咸熙宏濵渾融宛然唐虞氣象）

行置閏之法致治功之成聖君命曆官然也蓋置閏之法行則時可以作事矣治功之成也謂不本於是乎昔帝堯命羲和之意若曰授時莫先於作曆正曆莫要於置閏閏置則四時可定矣歲功可成矣由是内而以此昭示于朝廷使百揆四岳以及乎庶尹率屬興事皆有定志焉外而以此頒告于邦國使州牧侯伯以達乎諸侯導民赴功均有常期焉時始乎春春之月不入于夏治民事者得以協乎天時無慢令也歲在乎子子之月不入于丑亮天工者得以偕乎天運無忒政也夫然後天之所以示乎人者有所考寒暑不至於反易而凡對時而育萬物者亹亹乎其有成作訛成易吾知其畢舉矣人之所以合乎天者無所違名實不至於乖戾而凡惟時而撫五辰者循循乎其有序禮樂刑政吾知其四達矣春而春夏而夏莫不以時而即叙先時後時之典有或干乎子而子丑而丑莫不以歲而質成三載九載之績有弗庸乎吾之所以欲汝置閏者有如此羲和當知舉其職矣嗟夫曆象者聖人治天下之重務也蓋曆象立而後天人合天人合而法制一法制一而政事修道化成矣今觀虞史堯典不數百言而命羲和者乃居其半焉豈敬天勤民之政固有不可後者歟及帝舜受終即書在璿璣玉衡以齊七政益可見矣故曰堯舜之知急先務也

何擇非人何敬非刑何度非及

黄鶴齡

同考試官教諭林批（穆王訓刑本意發明殆盡）

考試官教諭張批（寫出穆王仁厚之心可取）

考試官教諭應批（説盡穆王訓刑安民之心周家仁厚猶可想見）

啓安民之端而著安民之實賢王告諸侯祥刑然也蓋擇人敬刑而度所及所以安民也於是而能盡心焉祥刑之道備矣昔穆王訓刑及此意謂凡我有邦有土既知祥刑在於安百姓矣可不盡心於所事乎是故遇物而辯擇之謂也今則何者在所擇歟亦曰任官以司法若士師若鄉士若遂士莫非人也殆必詢之於衆察之於獨豈弟每得以登庸苛薄不容於雜進可也不然官將具而弗稱矣所謂當擇者非人乎臨事而謹敬之謂也今則何者在所敬歟亦曰制法以齊民若墨劓若剕宫若大辟孰非刑也殆必上嚴天命下恤民生悉聰明於參聽之始致忠愛於論斷之時可也不然刑將縱而弗平矣所謂當敬者非刑乎若夫因情以求其類度之謂也今則何者在所度歟亦曰治獄以懲惡或以詞證或以援據恒有所及也又必審其出入量其取舍有罪不得以輕宥無辜不敢以濫及可也不然刑將僭而無節矣所謂當度者非及乎夫盡心以擇人則民親上敬刑則民愛生度所及則民勸善信乎百姓安而刑祥矣抑於是而知穆王訓刑之善焉何者用刑之不善者法立未嘗不善也用心之不善耳故私心間而小人進怠心生而天德微忮心行而民命蹙反是而求盡心焉穆王之善訓也雖其制刑有非先王之舊而欽恤之遺意猶若未泯嗚呼孔子所以不得不録其書也

詩

葛之覃兮施于中谷維葉萋萋黄鳥于飛集于灌木其鳴喈喈

鄧直卿

同考試官訓導黄批（能分葛葉黄鳥輕重而文體整齊場中無如子者）

同考試官教諭朱批（能玩朱傳黄鳥鳴于其上而爲文是可録矣）

同考試官學正李批（后妃既成絺綌而追叙葛方盛時乃以黄鳥附之必有説矣此作獨能知之）

考試官教諭張批（文不重疊而理亦明白録之）

考試官教諭應批（講葛葉黄鳥得后妃本意可取）

賢妃追叙植物方盛而致動物之適情以見女工之所自也夫葛葉方盛則女工將有所施而黄鳥來鳴又因葛而知其所止者也既成女工者得不追叙以爲言哉昔后妃既成絺綌而賦其事其追叙之意若曰葛雖成於盛夏而實始於前時當夫初夏之際有葛生焉布濩覃延既引夫不絶之蔓纏綿依附且移于中谷之間觀其葉則萋萋然挹雨露之霑濡而發榮滋長之性何其若也飽土膏之饒洽而憔悴隕蘀之形未之見焉是葛葉也刈濩之具絺綌之資

不已權輿於此乎適夫葛生之時有黄鳥焉熠燿其羽載飛于陽和之天翔而後集斂翼于灌木之上聽其鳴則喈喈然肆求友之聲而地之向遠者無乎不達也調如簧之舌而人之有耳者皆所共聞焉是黄鳥也安於所寓得其所止不因葛葉而來乎夫以植物方盛則絺綌之功固有以知其端動物來鳴則葛葉之生因有以驗其盛后妃既成女工而追叙及此豈非不忘所自者哉抑考葛覃之詩后妃所自作而無贊美之詞然其勤儉孝敬之德悉具焉宜其配至尊而爲宗廟主也桃夭兔罝芣苢之風漢廣汝墳之化曾謂無所本哉嗚呼文王身修家齋之效亦可見矣雖然内有賢妃所以助之者深虞之二女夏之塗山殷之有娎周之太姒其致一也讀是詩者又當知周之所以興乎

明明天子令聞不已

潘大賓

同考試官訓導黄批（不已處得穆公之心可謂善説詩者）

同考試官教諭朱批（講不已最是）

同考試官學正李批（令聞不已舍丁文矢文德洽四國之意此作得之）

考試官教諭張批（説明召穆公愛君之心録之）

考試官教諭應批（穆公以文德望其君此作發揚盡矣）

大臣贊中興之賢君益中興之善譽蓋善譽固難而益之尤可尚也古人於君美而進之如此忠愛之心何如哉昔宣王命召穆公平淮南之夷詩人美之至此則述穆公美其君而進之之詞若曰王業必底於大成治道不貴於自足我明明之天子也遠紹文武之顯承而焕重明於五位近纘成康之熙洽而炳離照於九重旁燭無强誠不世出之主光被四表實大有爲之君誠以興師江漢則跋扈來歸而乾坤有再造之績赫赫厥聲洋溢遐邇可謂有令聞矣且將如日方升有隆而未艾用兵淮夷則桀驁内附而日月啓重光之運濯濯厥靈流布夷夏是固有善譽矣殆必如川方至有增而不已圖闢長治之謀而充拓光前之業頌於今而曰興衰者播揚於後日則曰中國之聖人焉慮切久安之計而恢弘裕後之規稱於今而曰撥亂者膾炙於方來則曰太平之令主焉是則致令聞者固在於武功之成益令聞者又出於武功之外也吾王庶幾以文德而加之意哉考之舞干羽而有苗格退修教而崇侯降聖帝明王雖用兵之際猶以文德爲本况武功既成之後而可不濟之以文以消其窮黷之心以衍太平之業乎此忠愛之穆公所以拳拳於令聞不已進其君而必繼之以矢其文德洽此四國也嗚呼宣王卒爲有周中興之賢主者謂召穆公無少助焉可乎

春秋

盟于召陵齊人執陳轅濤塗秋及江人黄人伐陳冬十有二月公孫兹帥師會齊人宋人衛人鄭人許人曹人侵陳（俱僖公四年）

劉一松

同考試官教諭王批（大傳於齊桓服楚虐陳得失自見此作援引斷制明白有學之士也）

考試官教諭張批（通暢可取）

考試官教諭應批（得謹嚴之體可録）

霸事有近於王者春秋序其績霸德有歉於王者春秋重其譏此桓公不戰以服楚庶幾王者之事而逞威以虐陳殊無王者之德也春秋予奪之宜哉且屈完觀師結盟而退則桓之伐楚固未大挫也春秋予之何耶誠以修德來遠王者之事也伐楚之役語兵力則已强矣語敵國則已服矣在常情孰不欲一戰以取捷也而桓也從容退舍盟好是修兵雖强也以律用之而不暴敵已服也以禮下之而不驕其心必曰善爲國者不師善師者大陣善陣者不戰吾何以勝楚爲哉噫舞干而苗格者舜也因壘而崇降者文王也桓之服楚殆庶幾乎故春秋特書盟于召陵所以序其績者如此迨夫齊欲徑陳陳不果納則桓之怒陳似未爲過也春秋奪之何耶誠以敬慎不渝王者之德也召陵之盟語其志則已得矣語其功則已盛矣在君子必將益修德以保終也而桓也驕心一生舉動頓异執濤塗未已也復合兵以伐其國伐其國未足也復潜師以掠其境曾不思曰愛人不親反其仁治人不治反其智禮人不答反其敬吾何以責陳爲哉噫勝夏而慄慄危懼成湯也東征而四國是皇周公也桓之虐陳寧無歉乎故春秋始而稱人繼而書侵所以重其譏者又如此嗟夫莫貴於王莫賤於霸王者之可貴規模宏大而憂樂吉凶不足以動其方寸也霸者之可賤識量淺狹而勝負得喪足以移其常心也王霸之分大率如此然究其歸則在誠與僞之間耳故曰以德行仁者王以力假仁者霸假之一字深得春秋誅心之法

楚子伐鄭晋郤缺帥師救鄭（宣公九年）楚子伐鄭（宣公十年）

周舜卿

同考試官教諭王批（謹夷夏之防明君臣之義爲主能玩詞同意异之傳是可録矣）

考試官教諭張批（得春秋屬比之意）

考試官教諭應批（合傳可取）

春秋貶外夷虐貳而録内救以見意不貶外夷虐貳而削内救以示義觀于楚兩伐鄭而詞同意异有以見聖人謹大防明大倫也慨昔中國之霸緒浸微外夷之虐焰漸熾有曰楚莊崛起争衡魯宣九年興師伐鄭斯時也鄭無可討之罪而楚以僭竊之夷惟欲肆其强暴以服鄭爲事非義舉矣幸而晋成畏此簡書特遣郤缺將兵救鄭奏凱柳芬則誠攘夷狄安諸夏之兵也春秋欲彰楚之罪得不録晋之善乎故於楚之伐鄭特稱爵者傳曰貶詞也若曰國君自將恃强壓弱憑陵中夏之稱也知然者以下書晋郤缺帥師救鄭則貶楚可知矣聖人謹夷夏之防蓋如此嗣是南北之干戈日尋鄭人之玉帛兩事楚莊憤怒力争經營魯宣十年復駕伐鄭斯時也陳有殺逆之惡而晋主中夏之盟苟能奉行天討以風示天下斯盡職矣夫何晋景舍此大義顧命士會舉兵争鄭宣威潁北則失誅亂臣討賊子之義也春秋欲著晋之罪得不没其救乎故於楚之伐鄭亦稱爵者傳曰直詞也若曰以實屬詞書其重者而意不以楚爲罪也知然者以傳書晋士會救鄭而經削之則責晋可知矣聖人明君臣之義又如此嗟夫躬天下之大難斯可以成天下之大業桓文所以得諸侯霸天下以其内奬王室外攘夷狄剪篡鋤凶汲汲焉躬天下之難耳奈何春秋中葉霸圖不競靈成景弗克負荷以討賊之大權遺楚莊號令辰陵噫此中國所以淪於爲夷而世道所以降爲戰國也安得起桓文於九原以定安攘之計

禮記

致禮以治躬則莊敬莊敬則嚴威

舒素蘊

同考試官教諭唐批（莊敬嚴威處士子多爲所窘此卷説理詳明措詞整潔蓋嘗究心於禮者）

考試官教諭張批（簡明可録）

考試官教諭應批（得旨）

君子窮禮以修身則禮之驗著於外矣蓋禮所以管攝乎人情者也君子以之修身則莊敬嚴威之驗豈容已乎記樂者謂夫禮之不可斯須去身者正以禮可以修外焉耳彼經禮三百至理所存也誠能研窮其要領以爲檢身之準繩匪但稽其繁文而已曲禮三千妙道所寓也誠能推究其旨歸以爲修身之矩度非徒事其末節而已或視聽也非禮勿視非禮勿聽而省察克治之必力或言動也言不過辭動不過則而體驗力行之益至夫然則修身之功盡而驗之著於外者當何如哉吾見不矜而莊衣冠自爾其整齊不動而敬瞻視自

爾其尊重出入起居罔有不欽也動容周旋自中乎禮也不亦莊敬矣乎既莊敬矣將見翼翼德容形於謙光之際抑抑威儀見於晋接之頃色足憚貌足畏凛然有不敢慢者在也威可畏儀可象儼然有不可犯者存也不其嚴威矣乎君子致禮治躬之驗如此然則著誠去僞之心其可少有間斷哉嗟夫心與身相爲流通禮與樂不可偏廢君子致禮以治躬致樂以治心内外交養功夫罔間至於内和而外順則德輝動於内而民莫不承聽理發諸外而民莫不承順禮樂之有益於心身豈細故哉古昔聖帝明王致雍熙悠久之盛治者用此道也故曰致禮樂之道舉而措之天下無難矣

言而履之禮也行而樂之樂也

陳大詔

同考試官教諭唐批（知和序之理本於人君之身且詞不陳腐宜録以式後學）

考試官教諭張批（理明詞暢）

考試官教諭應批（禮樂重人君説可取）

聖人答賢者問政有指所以爲序之道者有指所以爲和之道者蓋禮樂之道和序而已自非聖人指其言行之本於吾身者以示子張抑孰知其然哉且禮樂之道舉而措之固可化成乎天下溯而求之初非有外於吾身何則言者心之聲言而不履於理如禮何必也游言不倡所倡者措之於躬行妄言不發所發者形之於實踐如言夫閨門也使夫内外之有辯而毋事乎虚文言夫朝廷也使夫貴賤之有章而務求其明驗言而履之如此則自然之序得之於我而小大顯微之禮胥此焉備所以一法制而防範人情者在是所以辯上下而綱維世變者在是矣若乃几筵之鋪獻酬之交特儀物耳禮云乎哉行者言之實行而不樂乎理如樂何必也優而游之凡躬行者脱然而無所累厭而飫之凡實踐者坦然而無所疑行之閨門而成肅雍和睦之化無乖戾也行之朝廷而有都俞吁咈之風何順適也行而樂之如此則自然之和由我而出而欣喜歡愛之樂於是乎具所以和神人而通天下之志者在是所以移風俗而平天下之情者在是矣若乃綴兆之行鐘鼓之作特聲容耳樂云乎哉吁禮樂之道本乎言行如此君子可不深探其本哉大抵至禮不讓而天下治至樂無聲而天下和世之人主顧乃不能履中正而樂和平以先乎天下而徒規規於制度文爲之末以爲粉飾太平之具治道之不古若又何怪哉

第二場

論

賢主獨觀萬化之原

潘大賓

同考試官訓導黄批（立論甚正而結處且究徐樂餘言之非深爲有見）

同考試官教諭朱批（□□□□之原歸之心最是）

同考試官學正李批（不雕琢浮詞而節節整齊有學之士也）

考試官教諭張批（開闔抑揚曲盡賢主獨觀之意）

考試官教諭應批（説原字明白可録）

天下無心外之治也善治天下者反求諸心而已矣天下至大也然其理實具於一心一心雖微也然其用實周乎天下故化行於天下雖萬殊而原於吾心則至一圖治者自其萬殊而觀之固紛乎其不齊而難乎其爲力也自其一原而觀之則一以貫之而又何疑焉自心學不明於天下而世主往往忽之雖有雄才大略上嘉下樂之志非不好安而惡危好治而惡亂也而反就其所惡違其所好豈非鹵莽滅裂於本原之地歟故求治於天下不若求治於吾心泛觀於萬化不若約觀於一原大原既正大化自行天下可以久安長治而何有意外之虞耶漢徐樂告武帝以安危之明要而曰賢主獨觀萬化之原其亦有所見矣請論之夫天以天下畀之君非徒以崇高富贵之也欲其代天而理物也合四海九州之民而奉乎君亦非徒以奔走承順之也欲其爲民而立命也父母君師之責皆萃於人主之一身不可謂不重矣日有萬幾事有萬變紛至而沓來嬰前而躡後政教號令之繁皆歸於人主之獨斷不可謂不煩矣然馭天下之至博者必以至約制天下之至動者必以至静不觀萬化之原而何以爲治於天下乎人主之於天下導之而欲其樂於善也禁之而欲其戒於惡也紀綱法度禮樂刑賞之屬雖有萬不同皆其所以化之之具耳然孰主張是孰綱維是庸非人主之心乎人主所以制天下事者固本乎一心而心之所以能應天下事者以具乎衆理也方寸之小中涵太虚一腔之内畢備萬物而謂非萬化之原乎然天理雖根於道心而人欲未嘗不萌於人心苟吾一心之間理欲并行真妄錯雜而欲以化天下亦難矣故人主之心正則天下之事無一不正人主之心不正則天下之事無一不邪而危微精一之旨所以丁寧於虞廷授受之間而爲萬世帝王之心法也世之人主不察於是一心之微衆欲攻之聲色珍奇馳驅游衍土木之華貨利之殖邊功方技之張皇詭异紛然前陳

皆得以入之而君心荒矣荒則好大勤遠窮奢極欲而無所不至若武帝是也本原既失如治化何此民之所以不安而大勢之所以易動也徐樂以賢主之事啓之其意善矣然賢主所以觀萬化之原者蓋其講學以明是心寡欲以養是心以禮而制是心固皆所以用力於正本端原而爲應變神化之地也至於燕閑螻濩之時尸居淵默之地一念之萌尤必謹而察之果天理也則敬以擴之而不使其少有壅閼果人欲也則敬以克之而不使其少有凝滯此非賢主獨致其決而他人何所與力哉蓋至此而後道心純爲一身之主矣然雖獨觀乎此而謹之尤不敢獨恃乎此而遂已也於是盤有銘几有戒器有箴圖有規而在輿位宁旅賁官師皆有規典而無地不寓其警焉前有疑後有丞左納言右納史而侍御僕從罔非正人以朝夕承弼而靡人不獻其忠焉皆所以爲此心之防此理之輔而正萬化之本原此其所以居静制動守約施博措諸天下國家無所處而不當化成雍熙泰和之盛亦由此而可致而武帝何足以知之然樂非能爲是言也殆先漢儒者之緒論而樂能援之以自售耳方告以此且曰明於安危之機修之廟堂之上而銷未形之患似也而復蠱之以逐走獸射飛鳥弘游燕之囿淫縱恣之觀極馳騁之樂自若金石絲竹之聲不絶於耳帷幄之私俳優侏儒之笑不乏於前而天下無宿憂何哉繼勉之以天下爲務則湯文不難侔而成康之俗可復興亦是也而復餌之以圖王不成其敝足以安安則何求而不得何威而不成奚征而不服何哉夫未有人主縱欲而能安且無憂者也樂之言不我誣歟蓋其一出一入一捭一闔雅樂方陳而淫哇即繼無非詭遇以求合耳陋儒之希世取寵一至於此此識者所以謂汲長孺内多欲而外施仁義一語爲苦口之藥董仲舒正心以正朝廷數言爲格心之論歟惜乎帝之不悟而徒恨樂等相見之晚也

表

擬賜大臣歷代名臣奏議謝表（永樂十四年）

舒素蘊

同考試官教諭唐批（駢儷中寫出人臣對揚休美之心宜録）

考試官教諭張批（得體）

考試官教諭應批（四六過人可取）

具官臣（某）等茲者伏蒙聖恩賜臣等歷代名臣奏議各一部謹當表謝者臣等誠歡誠忭稽首頓首伏以録言异代式彰求諫之盛心散帙明庭茂對勸忠之殊典義存交儆仁出特恩臣聞上古有治人無治法中古有遺政無遺言粤稽名世之英迭展匡時之略謀王斷國代不乏人陳善責難功存致主

坐運而折衝千里立談而成信終身啓心沃心就事論事言有時而不用忠閲世而愈明尚有典刑布在方册受知明主爰命儒臣務精選以成書期多聞而建事集訏謨於群籍善之善者必收廣忠益於衆思醇乎醇者悉采上關君德人鑒可徵下切事情智囊不廢俟聖敢期乎百世興邦或係乎一言寶鼎千年神奸洞鑒靈龜五總休咎潛通結書局以告成登法宫而進御蓋宇宙無窮之變舉不出於目前若古今有异之宜當自得於言外海兼河潤隨翕闢而有餘星受日光賴表章而不朽竊爲萃編而心幸俄驚晋錫之躬逢用藥真方轉圜深意無功上答有愧中存欽惟皇帝陛下舜德罔愆賓四門之穆穆啓賢能敬君萬國之元元合日月以嚮明整乾坤而立極兩都并建雄鎮上游七佐参謀弘開内閣皇武既隆於底定人文尤篤於化成實惠潛孚厚栽培之命脉虚衷未滿廓延攬之規模載輯舊聞藉前言而畜德繼頒新命見下濟之謙光巨編崇琬琰之陳大號仰絲綸之涣蘭臺珍秘玉版分香蔀屋輝煌牙籤增重非特傳之爲寶蓋將宣之使言惟古之遺直既不忘則今之嘉言罔攸伏暨風聲於天下先雨澤於朝端豈知才劣位優自顧恩深報淺腹心是寄偶血氣之未衰元首克明何股肱之敢惰願爲骨鯁誓勿面從賢聖可希俯盡平生之學術忠良并遂仰酬今日之眷懷惟聖心允執厥中俾臣等順之于外兼聽必歸於獨斷力行豈在乎多言見諸事而深切著明加之意而高明光大廟謨恢遠永保不二心之臣國勢尊安增光大一統之業臣等無任瞻天仰聖歡忭感激之至謹稽首頓首奉表稱謝以聞

第三場

策（五道）

第一問

潘大賓

同考試官訓導黄批（周制之所以善唐制之所以失而我國家制作之所以比隆成周而陋有唐於下風者歷歷言之無遺可見子之學識其大者）

同考試官教諭朱批（善揄揚聖製之盛可録）

同考試官學正李批（辭昌而正且其中善加可否有識之士也）

考試官教諭張批（此作詳道其實可謂熟於典故矣）

考試官教諭應批（我朝諸司職掌會典二書所以垂創演繹後先相輝蓋參之周官周禮而取衷焉唐六典不足擬矣此策條析精核其於經世之學將有概於其中者乎）

聖人之制作也有所以定一代之宏規有所以周一代之經制紀綱立於前而後一代之宏規以定損益明於後而後一代之經制以周定於前者必極其規模之大周於後者必盡其節目之詳夫然後治具畢張成憲罔愆而有以保重熙累洽於無强也愚生蓋嘗誦聖祖之詒謀仰先皇之繼志上稽成周下迨有唐而後知我朝之獨盛矣請因明問而陳之三代而上法制莫備於周其可考者周官周禮而已成王功成治定董正庶官使帥其屬以舉其事故周官詳於戒飭之辭而略於分授之職而金履祥以爲周禮之經也周公總領百揆弼成君德事爲之制曲爲之防故周禮詳於六屬之事而未及乎公孤之任而金履祥以爲周官之傳也然周之所以善者有關雎麟趾之意以行周官之法度考之二書時巡歲見之有异六服九服之不同不過小有損益而何足深疑哉三代而下法制莫逾於唐其可考者六典會要而已六典成於開元盛時而經畫措置最有法度精密簡要猶有古意故曾鞏以爲得建官制理之方會要續編於蘇冕崔鉉而代德以後治少亂多郊禋闕儀食貨苛取故林駉以爲雖備而無取然唐之所以陋者大綱不正而萬目徒舉考之六典定於玄宗而注於李林甫蓋已兆亂階而其餘不足觀也已嗚呼周治隆矣而周禮非全書唐書備矣而治功無可述若之何其不獨盛於我朝乎洪惟太祖高皇帝以天錫智勇復帝王之中乂以天縱多能恢邦國之遠猷諸司職掌書成於宸斷見出於淵衷經綸周至輕重同得自今觀之革丞相以防專恣陞六部以分事權所以正百官也農桑有定賦而繼以救荒上供有定額而裁其經費所以擾兆民也群祀革不經之號五禮弘復古之規所以治神人也府部有相維之勢將士皆世業之家所以統六師也律有畫一之法刑有讞審之詳所以詰奸慝也工役有一定之員關津無加税之擾所以居四民也又立都察院以執法通政司以納言大理寺在平獄舉百司之事而括於九卿舉九卿之事而歸之朝廷其與周官不同者司徒之教并於禮部司空之職分爲户工至其簡明詳悉以立一代之宏規者蓋未始有异也先皇繼志載修會典今上參校而頒行之豈能有加於職掌之外哉蓋自百餘年來率遵舊典或繁簡异宜不能無離合或輕重异勢不能無變遷或草創有待於後人或事力稍寬於前代其大者若翰林重内閣之選六科崇七品之階設詹事府以領坊局之官削回回監以專欽天之職親藩之禄或隆或殺問刑之條或減或增皆不可以莫之紀也故揭之以官職制度而大綱正焉麗之以事物名數儀文等級而萬目張焉然一以職掌爲主而類以頒降群書也附以歷年事例也其與職掌小异者不過補偏救弊裒多益寡一事之軒輊一時之彌縫至其奉若欽承以周一代之經制者乃所

以爲大同也我祖宗良法美意昭垂於百年之前大烈耿光覲揚於百年之後聖子神孫佩服而無斁洪基昌祚安固而不摇其本皆在是矣是豈末世所可彷彿而亦豈容愚生之名言哉然治久而弊生有大而孽萌謹持盈守成之道而不忘思患預防之心端有望於今日敢以是爲芹曝之獻可乎

第二問

汪有執

同考試官教諭蔡批（詳言古今賞罰公私之异末復歸之務學正心知本之論也）

考試官教諭張批（以至公至正立説最爲切當）

考試官教諭應批（敷答詳明援引曲當敬羡敬羡）

人君能秉天下之至公行天下之至正斯可以運天下之大柄矣天下之善非慶賞無以勸天下之惡非刑罰無以威二者人君之大柄不可失也天下之心非至公無以服天下之理非至正無由行二者人君所以操柄尤不可失也故公正不忒者純王之心刑賞得宜者純王之政執此以稽此帝王所以得而後世所以失也愚嘗考之詩書矣皋陶言五服五章五刑五用商頌言不僭不濫不敢怠遑其所以必歸之天命者天之視聽在民天降灾祥在德一公正而已君不法天將何所法君不畏天將何所畏蓋不特詩書云爾也在易亦然遏惡揚善順天休命著於大有之象者非耶又嘗考之周禮矣八則治都鄙實具刑賞之條八柄馭群臣莫非威福之政其所以必掌之天官者總百官之殿最司四海之鈞衡亦一公正而已不徇己欲以起愛憎之端不惑人言以亂是非之實蓋不特周禮爲爾也在舜已然格則庸之否則威之命之百揆之禹者非耶齊威王排左右之議封即墨而烹阿大夫蓋庶幾其正矣愚以爲正者必如孟子告齊宣之言審之於衆論而歸之於獨斷也左右之烹僅用其一言然猶能折奸究而立數十年之霸業則夫純乎正者當何如也漢高帝待項羽之臣斬丁公而官季布蓋庶幾其公矣愚以公者必如左氏所記周人之言好惡無容心而刑賞無貳命也季布之購未免於貳命然尚能聲大義而勵四百載之人心則夫純乎公者又當何如也漢宣帝所以致中興之隆者其言曰有功不賞有罪不誅唐虞不能化天下可不謂知言乎然趙蓋韓楊何罪而誅許史弘石何功而用褒霍光之忠而赤族之誅不少貸知王成之僞而賜爵之命不可回此無他綜核之過必反眩勵精之鋭多不終無怪其偏私矣唐太宗所以造太平之業者其言曰有功則賞有罪則刑孰敢不盡心力可不謂善言乎然君羡以讖言而戮無忌以外戚而封蘇威被責終寬誤國之誅魏徵被褒或致

退朝之怒此無他英武非忠厚之資仁義非久假之物又無怪其偏私矣由是觀之帝王所以柄得其用者公正爲之本也後世所以治失其柄者偏私爲之累也蓋確乎其不可易矣而執事猶致疑於皋陶之論謂其不能無少偏於輕重之間蓋喜而賞者聖人之所欲怒而刑者聖人之所惡功罪或有疑似而屈法以伸恩大舜好生之德也後世若箝勒韃靼之弛青朱金紫之濫是則偏之爲禍而豈古人之所謂疑哉執事又疑八柄之目謂其不能不容私於恩幸之間蓋爵禄者當然之報予者特厚之恩群臣或有超异而優賞以示勸周官鼓舞之機也後世若登少艾於司馬寵胡兒於宫中是則私之爲禍而豈古人之所謂幸哉嗚呼古昔盛時德化爲先刑賞次之雖極天下之公正而於變時雍不專待此故曰不賞而民勸畫象而民不犯後世以法制治天下未嘗不以此爲先務也而又往往徇於偏私而失之然則德之不修而徒法果不能以自行乎執事欲有言以爲當宁獻亦曰明君以務學爲急□學以正心爲要

第三問

周孚先

同考試官教諭林批（以經權爲建儲之法而歸之於豫忠愛之意溢於言表）

考試官教諭張批（觀子此策可謂先天下之憂而憂者矣）

考試官教諭應批（答無遺而中有區處非徒以演問目也）

建天下之大本者必以豫濟天下之常經者必以權建儲天下之大本也與子天下之常經也根本久虚則天下之大計不可忽經常或變則天下之大慮不可忘天下雖有難處之事古人亦有善處之方亦惟定之豫而已矣濟之權而已矣執事惓惓忠愛之心發於策問而及社稷之大計愚生不敏何足以知之然嫠不恤緯而憂王室其敢不述所懷以復明問之萬一乎夫卜世歷年之遠者莫如三代貽謀燕翼之善者亦莫如三代蓋經權并用而豫則行乎其□故論治者必以三代爲法程也自其經而言之則啓之敬承繼禹成王之審訓命釗凡豫教養之法見於保傅傳者詳矣自其權而言之則盤庚繼兄陽甲而三篇敷告以後子弟更立而十世無争此則反王之功著於大紀論者昭矣漢唐而下教養漸疏然漢自孝文初年豫建太子傳至成帝雖非令主猶知擇立定陶此漢之所以得也唐自穆宗以後定策禁中其間文武號爲賢君而皆不能正始此唐之所以失也宋儒朱熹以贾誼所謂太子正而天下定爲天下之至言非論其經乎宋臣范鎮以真宗故事養宗子於宫中爲天下之大慮非論其權乎然非獨鎮言之司馬光之判并州蓋外官也當仁宗嘉祐之前已上

三章欲選宗室爲繼嗣迨知諫院後進極言然非宰臣韓琦等之盡力贊襄則帝亦未遽决也卒之英宗入繼治平無事則司馬韓范之功豈可少哉抑非獨光爲然婁寅亮之丞上虞蓋末秩也當高宗紹興之初乃能倡議乞選藝祖之諸孫慷慨一書足以悟主然非樞密李回等之同心將順則帝能無疑乎已而孝宗嗣立付托得人則婁李亦不爲無助矣是諸臣者功在社稷夫孰以爲罪名垂後世亦孰以爲非抑愚又有進於是者濟經以權非惟三代之君爲然也昔者聖莫如堯舜治莫逮唐虞堯擇嗣而得舜於同宗之下舜擇嗣而得禹於同祖之下蓋尤善處天下之變耳建儲以豫亦非徒三代之君爲然也我朝聖祖開基神宗紹統必先國本肇建元良或以太孫監國或以親王司香宗廟皆所以垂萬世之防也聖天子臨御十有四年矣英明天縱神武風行顧以椒寢未繁前星未耀久虚天下之仰瞻再肇强藩之構逆法宫燕閑之地獨不念及是乎伏望體祖宗之心以爲心法帝王之德以爲德選建親賢置諸左右縱未入承華之宫亦可任司香之典庶幾上慰九廟在天之靈下奠四海蒼生之枕也狂愚不識忌諱率爾妄言惟進而教之

第四問

劉一松

同考試官教諭王批（以此策觀子必能進言於君者矣）

考試官教諭張批（得納約自牖之意可取）

考試官教諭應批（詞婉而事實宜冠本房）

人君知有一言興邦之效而後可以盡君道人臣知有片言悟主之機而後可以盡臣道蓋一言可以興邦者知爲君之難片言可以悟主者因其心之明也昔晏子爲齊景公陳先王巡狩游觀之法今時流連荒亡之行而景公悦之夫晏子一陪臣爾而知所以畜其君景公一諸侯爾而知所以悦其臣矧聖天子在上而有不可以古義陳者乎此執事發策意也敢不述所聞而敬對之夫虞周之巡狩年數不同固也然舜之一歲巡四岳者兵衛少而徵求寡周之又六年乃時巡者考制度而明黜陟謂非經世而何哉夏周之游觀盛德不廢固也然一游一豫爲諸侯度爲臺爲沼民歡樂之夫豈般樂而然哉神禹之功大固在人爾然甫再傳而爲太康以逸滅德盤游無度則有夷羿之距而五子作歌金履祥謂讀是歌知仲康之宜君也成康之澤深亦未艾爾然甫再傳而爲穆王欲肆其心周行天下遂爲瑶池之宴而祭公矢詩朱子謂不有是詩則徐方御宸極矣是其祖功宗德固有以維持之而規誦箴戒亦豈無所禆補哉漢唐以來非復古制名雖巡狩實則游豫固不能以盡述也其間如文帝漢之

賢主也乃與豪俊方正而擊兔伐狐其視成帝從期門私奴而鬬雞走馬者亦何以大相遠耶然文帝聞賈山之至言則嘉納之成帝雖有班倡之讜言左遷張放而不忍也此其盛衰之所以殊豈不以聽言之有緩急歟太宗唐之英主也乃欲游南山嚴□已辦而不□其視敬宗欲幸驪山鋭意一往而遽還者亦何以遽相异耳然太宗畏魏徵之直諫故中輟焉敬宗雖有張權輿之叩頭欲身自試禍而不信也此其禍福之所以异豈不以聞言之有從違歟觀於成帝敬宗而知樂不可極觀於文帝太宗而知言爲有益亦彰彰矣洪惟我朝皇祖芟夷僭僞太宗逐北腥膻當時擲風沐雨於行陣之間駐蹕汗馬於沙漠之外非不可俟天定也以憂勤成大業安逸貽子孫耳累朝宅中而圖天列聖恭已而垂裳當時凝景命於穆清奠坤輿於磐石非不可講時巡也以宗社不可離大寶不可曠耳比者皇上□狩西征驅馳關塞于以肅羌胡飭邊壘蓋法祖之鋭心然而臣子長慮郤顧激切脯肝以爲不乘危不徼幸乃古人之深戒邇聞聖心毅然復欲南巡言者相繼得罪遠近莫不惕息而臣子惓惓忠愛之心終不能以自已也故執事發策諸生而亦詢之以是豈非欲收千慮之一得乎愚以爲巡游之利害廷臣類能言之顧左右之言未可信也諸大夫之言未可信也國人言之然後察之而芻蕘之言聖人擇焉今嶺海□□自視猶國人之□而疏□之言亦豈非芻蕘倫歟執事倘與其進而厠之鄉書進之天府少經睿覽未必不□察於是也不識以爲何如

第五問

舒素蘊

同考試官教諭唐批（能原其法之弊而善爲之□有用之學）

考試官教諭張批（議所以救弊之方不失立法本意子非但善處一方之務□）

考試官教諭應批（該博之學超邁之識宏濟之本皆於此策見之矣）

有晝一之定法有變通之時宜法立於前必有以守之則無弊弊生於後不有以變之則不通守國家經常之法酌見方變通之宜其不在於得人矣乎蓋不得其人或因循以長弊或更張而反常皆非所以善治也執事以時務策諸生蓋以後杰待之而莫非其人也何足以□遠姑以廣東之利病陳之可□以軍伍言之我朝設立衛所管領隊伍以衛郡邑大约以五千六百名爲一衛一千一百二十名爲一千户所而分之爲十百户所衛分軍數或有多寡而千百户所統則一固定制也然承平日久而廣東之軍伍不能以不耗矣何也番成於廣□而往者多斃役占於權門而勞者弗息在衛者不勝其剥削而逃

□解補者又多以奸賄而脱免欲其不耗得乎是其清查追究固有任其責者而愚則有説焉充軍事例極重者定發煙瘴廣東州縣多係煙瘴地面而其犯法之民乃發别省充軍顧不可少通其變乎請建言□朝□其犯法輕重俱發本省遠近衛分庶幾上伸其恩下安其主而軍伍之空缺有所填補矣以屯田言之我朝就於衛□度間曠土以立屯堡大約以十分爲率三分守城七分屯耕每軍受田納糧六石而餘丁所耕亦然蓋良法也然承行既□□廣東之屯糧不能以不乏矣何也正軍撤調而田失故主奸豪欺隱而糧走舊額耕種有利者或擅於本管之官舍荒瘠無收者乃派之虚陪之軍餘欲其不乏可乎是其督□考求固有司其事者而愚抑有説焉民田則例最輕者頃收三石軍所屯種乃民先所不耕而所收之租顧乃十倍民田獨不可變而通之乎請建議于朝□其地利腴瘠定爲徵收輕重則例庶幾人效其力官省其勞而屯糧之虧乏可以完納矣或伍之□又有民壯之設蓋古民兵也然必精差擇而時訓練乃可以用之昔者量免丁糧官給鞍馬器械而今鮮是恩矣私役民壯罪同私役□□□今慢是令矣毋怪乎有其名而無其實也糧儲之外又有鹽利之興亦今軍餉也然必禁私鹽而革官埠乃可以專之頃者便宜許帶六引盛行其私而官引將不行矣豈夾帶私鹽之法不可嚴於是地乎勢要盤據諸埠得擅其利而商賈亦不行矣豈侵奪民利之令不可明於是時乎毋惑乎有其害而無其利也執事以四者爲廣東之切要信矣然得人其於□切要歟誠得其人以理之則興利而除害也扶偏而補弊也柔不夫之因循剛不失之更張而天下豈有不舉之事哉管見區區未知是否惟進而教之

廣東鄉試録後序

聖天子臨御十有四年□□□開科矣巡按廣東監察御史毛鳳暨藩臬諸臣如故事奉行惟謹務期得士以副上德意八月庚寅事竣録成僉謂敔當序其末簡夫廣東北距五嶺南負重溟秦漢以來視爲荒徼唐韓愈嘗謂中州清淑之氣至嶺而窮氣之所窮盛而不過必蜿蟺扶輿磅礴而鬱積而物不能獨當柳宗元則疑陽德之炳耀獨發於□葩瓌麗而罕鍾乎人至宋歐陽脩猶言廣南進士例無舉業諸州但據數解發其人亦自知無藝一就□試而歸异作攝官爾乃今敔也應聘而不濫竽校文之任左顧右盼應接不暇而服於制額拔於什一止收如千人并其文之優者録之蔚乎豐潤而非有餘也渾乎簡素而非不足也庸非國家道洽政治禮陶樂鎔天日開明山川軒豁以故清淑

之氣之蜿蟺扶輿磅礴而鬱積者至是盡發爲人才而陽□之炳耀者亦至是始煥爲文章歟不然何昔之就省試者昇作攝官而今之赴南宫者連魁□□耶雖然唐得一張文獻而諤諤有大臣之節宋得一崔清獻而屹然有大臣之風固未嘗乏間世之賢□昔人以二獻并稱而余安道不數焉亦非以其文而已今是舉之所録而獻之上者其皆懷忠秉正願爲若人之儔歟抑亦操筆弄墨絺章繪句以苟富貴而與向之無藝業者均爲後世之羞歟知者當知所决擇矣諸君子其敬念之敔不佞於諸子有一日雅故録終以是規焉

直隸鎮江府丹陽縣儒學教諭張敔謹序

嘉靖十三年廣東鄉試録

廣東鄉試録序

嘉靖甲武廣東復當鄉試維時巡按監察御史戴璟飭材考役備物修禮著令甲焉乃聘德洪暨教諭張槩爲考試官學正甯元伯教諭謝恒紀穆曾茂卿黄梅余拱北訓導王寵爲同考試官提調維左布政使王俊民參政劉雍監試維按察使柴經僉事王崇百執事則知府鄒守愚史立模而下皆悋選也先試期三日入院既入凡閈閎階序之制鍾鼓旗布之設巡者瞭者詰者衛者具餐饍者監灌燎者司扃鑰者掌聲節者督御嗛者畢備而聽命焉御史遂率簾内外以矢曰薦士國之大者其有比于私慝以干彝典明神殛之德洪亦屬衆曰凡有二心有如此矢已乃進提學僉事田汝成所簡士一千八百有奇而三試之掣書授目杜關節也更番校閲致詳慎也黜落浮怪正體習也録中式者七十有五人以獻録成德洪當僭言首簡當讀粤方輿志及唐人書有曰中州清淑之氣至嶺而窮又曰陽德炳耀獨發於紛葩環麗之物而罕鍾於人愚謂理誠有之造化精華必有所寓不在人必在物蓋是時文命未敷故天地之氣尚有所限際耳自我皇明以來賢達之出比之中土非獨盛於科甲而一代文學之宗杰然爲天下倡故至今天下士樂得師資者未嘗不爲兹土之士慶也今幸盡讀多士之文師友淵源固知所自然拘於數不可盡録則知樂育於時以俟將來者未艾也是非國家文教誕敷蟠天極地而精氣所萃無遠弗届故魁環奇麗不稱諸物而獨于人也則夫諸士子生斯時者不大可自慶耶雖然天地之氣鍾於物則誠物爾矣鍾於人則誠人爾矣蓋未嘗有所矯飾其間也丹砂大貝鍾乳石英合浦之珠博羅之龜可以實包篚可以薦宗廟皆誠物也諸士子之生既得淑氣所鍾矣則其發爲文章也果皆陽德之炳耀乎抑未免有所矯乎孔子曰修辭立其誠所以居業也其言如是其心如是者謂之誠其心未然其言則然者謂之矯矯則僞矣天以誠與人以僞喪是棄天也有志者所必不爲也夫誠與矯惟知道者能察之而德洪則非其人也然則將若之何諸士子亦自察之而已矣夫物不貴華貴適於用文不貴華貴適於道君子之

道得之於心而樂措之於家國天下而順傳之於後世而尊其出也有源其流也不息其凝也不朽誠也誠於物者以形用誠於人者以神用神用者不朽形用者敝矯而僞則天之與我者先自刓敝雖有此心其神不凝君子所貴夫誠不敢矯焉以僞爲者惡自敝也詩曰靡不有初鮮克有終諸士子既得於天是有初矣慎無自敝以克厥終則國家之文教益弘而所謂爲天下倡者當益光而彌大此又國家之慶也夫豈徒諸士子之福司考校者亦與有賴焉諸士子其慎圖之是舉也維提督侍郎兼都御史陶諧都御史陳察總兵咸寧侯仇鸞皆懋宣威靈奠綏南服故士有寧宇得肆學以待問先任左布政使今光禄卿王學夔修廢振敝懋經略以光重令典參政朱珮參議劉勲洪昇陳端甫副使游璉鄧鋐僉事黄澄陳大珊吴大本吴玭江滙參將程鑒都指揮僉事陳松武鸞則皆贊襄防範與有勞也兹不可以不書

直隸蘇州府儒學教授錢德洪謹序

嘉靖十三年廣東鄉試

監臨官

巡按廣東監察御史戴璟（孟光浙江奉化縣人　丙戌進士）

提調官

廣東等處承宣布政使司左布政使王俊民（用章湖廣石首縣人　甲戌進士）

廣東等處承宣布政使司左參政劉雍（堯臣山東昌樂縣人　丁丑進士）

監試官

廣東等處提刑按察司按察使柴經（季常浙江鄞縣人　丁丑進士）

廣東等處提刑按察司僉事王崇（仲德浙江永康縣人　己丑進士）

考試官

直隸蘇州府儒學教授錢德洪（洪甫浙江餘姚縣人　壬辰進士）

浙江杭州府海寧縣儒學教諭張檗（孔瞻福建侯官縣人　戊子貢士）

同考試官

河南彰德府磁州儒學正甯元伯（仁甫湖廣衡陽縣人　戊子貢士）

浙江湖州府烏程縣儒學教諭謝恒（惟一江西新淦縣人　壬午貢士）

浙江處州府遂昌縣儒學教諭紀穆（希文江西永豐縣人　壬午貢士）

浙江寧波府象山縣儒學教諭曾茂卿（時育福建長樂縣人　壬午貢士）
河南河南府嵩縣儒學教諭黄梅（子春湖廣麻城縣人　辛卯貢士）
浙江杭州府錢塘縣儒學教諭余拱北（國臣福建莆田縣人　乙酉貢士）
直隸寧國府宣城縣儒學訓導王寵（汝敬廣西融縣人　丙子貢士）

印卷官

廣東等處承宣布政使司經歷司經歷沈隆（世昌湖廣沅陵縣人　監生）
廣東等處提刑按察司經歷司知事顧峘（朝鎮直隸長洲縣人　監生）

收掌試卷官

廣州府知府鄒守愚（君哲福建莆田縣人　丙戌進士）
惠州府知府史立模（季弘浙江餘姚縣人　辛巳進士）

受卷官

潮州府同知洪哲（用晦福建龍溪縣人　丁卯貢士）
韶州府推官陳廷華（良實浙江山陰縣人　癸酉貢士）
惠州府歸善縣知縣何世祺（勉翼福建福清縣人　丙戌進士）

彌封官

廣州府通判劉光（德厚湖廣麻城縣人　庚午貢士）
潮州府推官張默（時□江西南昌縣人　官生）
廣州府番禺縣知縣陳脩（宗道浙江山陰縣人　壬辰進士）
廣州府新會縣知縣陳豪（志興福建長樂縣人　壬辰進士）

謄録官

廣州府通判馬坤（順卿直隸通州人　癸未進士）
高州府通判陳大濩（則殷福建長樂縣人　辛巳進士）
廣州府東莞縣知縣林功懋（以謙福建漳浦縣人　壬辰進士）
潮州府揭陽縣知縣陳位（汝靖福建莆田縣人　壬辰進士）

對讀官

廣東市舶提舉司提舉萬振聲（以情江西安福縣人　丙子貢士）
潮州府潮陽縣知縣宋天民（若尹福建莆田縣人　壬辰進士）
肇慶府高要縣知縣顔德倫（天叙江西安福縣人　壬午貢士）

巡綽官

廣州左衛指揮使王鸞（國祥直隸合肥縣人）
廣州右衛指揮使王文俊（廷輔直隸無爲州人）

搜檢官

廣州前衛指揮使王寵（與賢直隸完縣人）

廣州前衛署指揮使劉紹宗（繼源山後和州人）

廣州左衛右所正千户張鉞（邦表直隸定遠縣人）

廣州前衛右所正千户張金（汝礪直隸南樂縣人）

廣州前衛左所副千户祝英（廷傑直隸壽州人）

廣州右衛前所百户孟宗賢（仁伯直隸沛縣人）

供給官

廣東等處提刑按察司照磨所檢校吴瑭（德夫直隸歙縣人　監生）

廣東監課提舉司同提舉徐立（守直浙江慈谿縣人　監生）

廣州府南海縣知縣廖輊（鍾範江西崇仁縣人　癸酉貢士）

廣州府南海縣縣丞殷棨（文輅江西星子縣人　監生）

廣州府三水縣縣丞郭瑞（明祥江西星子縣人　監生）

廣州左衛經歷司經歷黄鯨瑞（惟化江西清江縣人　吏員）

神電衛寧川守禦千户所吏目顔廷（時佐福建龍溪縣人　承差）

廣州府南海縣典史陳銑（舜聲江西進賢縣人　知印）

廣州府番禺縣五羊驛驛丞廖冠（廷望湖廣巴陵縣人　承差）

廣州府增城縣東洲驛驛丞朱慶（餘慶江西信豐縣人　承差）

廣州府清遠縣廻岐驛驛丞劉麒（宗器湖廣襄陽縣人　承差）

廣州府從化縣李石岐驛驛丞沈名（允楊浙江慈谿縣人　承差）

惠州府博羅縣蘇州驛驛丞陳世熙（叔雍福建閩縣人　承差）

廣東市舶提舉司懷遠驛驛丞章臺（本高浙江會稽縣人　吏員）

第一場

四書

夫仁者己欲立而立人己欲達而達人能近取譬可謂仁之方也已　誠者自成也而道自道也　存其心養其性所以事天也

易

觀乎天文以察時變觀乎人文以化成天下　當位以節中正以通　夫易聖人所以崇德而廣業也知崇禮卑崇效天卑法地　精義入神以致用也

書

慎厥身修思永惇叙九族庶明勵翼邇可遠在兹禹拜昌言曰俞　惟天聰明惟聖時憲　凡厥庶民極之敷言是訓是行以近天子之光　我咸成文王功于不怠丕冒海隅出日罔不率俾

詩

彼茁者葭壹發五豝于嗟乎騶虞彼茁者蓬壹發五豵于嗟乎騶虞　樂只君子邦家之基樂只君子萬壽無期　昭明有融高朗令終　赫赫厥聲濯濯厥靈

春秋

春鄭人來輸平（隱公六年）　冬鄭公孫夏帥師伐陳（襄公二十有五年）叔孫豹會晋趙武楚公子圍齊國弱宋向戌衛齊惡陳公子招蔡公孫歸生鄭罕虎許人曹人于虢（昭公元年）　公會晋侯宋公陳侯衛侯鄭伯曹伯莒子邾子滕子薛伯齊世子光吴人鄫人于戚（襄公五年）　冬楚子蔡侯陳侯許男頓子沈子徐人越人伐吴（昭公五年）

禮記

朝諸侯公職授政任功曰予一人　天子以德爲車以樂爲御　天高地下萬物散殊而禮制行矣流而不息合同而化而樂興焉　樂而毋荒有禮而親威莊而安孝慈而敬使民有父之尊有母之親如此而后可以爲民父母矣非至德其孰能如此乎

第二場

論

上下與天地同流

詔誥表（内科一道）

擬漢以諸儒講五經同异詔（甘露三年）　擬唐以同州刺史姚元之爲兵部尚書同中書門下三品誥（開元元年）　擬宋曾鞏謝賜唐六典表（元豐五年）

判語（五條）

擅離職役　別籍异財　服舍違式　私賣戰馬　僞造寶鈔

第三場

策（五道）

問　帝王之學以正心爲要唐虞三代所同也故盛德大業垂範無窮焉自漢而降此學不明雖或石渠詔講弘文引士清心貯籍奎章置員要皆彌文無益于用此治之所以不古若也洪惟我祖宗天啓聖神纘千載不傳之緒蓋嘗莊誦觀心亭記擬問心道衡説題暮雪雙禽圖暨明鏡止水之喻製筆自怠之規金獅安危之戒真有以上契帝王心學精藴而超出歷代諸君萬萬矣聖謨具在可得而敬述耶皇上法祖憲聖日躋盛隆心學之傳仰見追美先德凌駕百王久矣其見於聖製如祖德詩穀祇蠶壇賦平臺召見集固皆睿藻宸章秘之天府非草茅疏遠者所可盡見然敬一箴五箴則已昭啓維則頒四方矣諸士子有能覽悟其玄微者耶抑或有芹曝之獻以賛揚休烈於萬一耶願悉著之以觀子格心之學

問　六經之道同歸而禮樂之用爲急班孟堅有是言也不知若何急於六經耶歐陽氏謂三代而上治出於一而禮樂達於天下三代而下治出於二而禮樂爲虚名亦古今不易之論矣而又何所指耶及考董仲舒劉向皆以庠序爲禮樂之原而太史公以刑措爲禮樂所由起然則出於一者何道耶夫周官一書禮之綱領固然矣而又謂儀禮爲本經禮記爲義説可得而歷數歟世之疑周禮者不止一何休也皆不知周公致太平之書也而王荆公諸人崇信之又何以取敗歟漢之禮製於叔孫通及曹褒唐有顯慶開元等禮宋有開寶政和禮至於漢有制氏李延年京房之所較定唐有祖孝孫顔師古之所奏議宋有和胡阮李范馬諸人之建白其儀文音節亦備矣而率不免爲虚名何歟後之論禮樂者類曰文公家禮庶幾古人修身齊家之道而以何者爲之本歟蔡氏新書黄鍾圍徑之數變律半聲之例五聲二變之則亦精矣而所謂聲氣之元果求之黍尺葭莩之間歟抑别有説歟禮樂之難言久矣不知朱蔡二書可與周禮若是班歟諸士子悉心以對毋曰夫我則不暇

問　文者治之精華道之枝葉也聖賢何意於爲文哉其所以明道紀事宣上達下如菽粟水火之在人世不可一日缺焉者議者乃謂三代無文人六經無文法何耶後世以文章爲事業汲汲乎弊精神以求見於世亦已勞矣卒未聞有追古作抑又何耶或者曰學文之道急於明理明理果謂學文而急乎或者曰文章以體製爲先則大誥繫辭諸書又何所法程乎或者又曰文章與時高下三代之文至戰國而病涉秦漢復起漢之文至三國而病唐興復起夫

戰國秦漢之時若列禦寇莊周荀況之辨與夫賈傅董相史遷相如楊雄皆以文章鳴世其或邪或正或純或駁可得而品評歟唐之稱文者莫過韓愈氏當時學者誦其功并孟子固也但觀其讀墨篇與孟簡書何以爲异説所惑歟原道原性等篇又何以見大用而昧大體歟宋之稱文者莫過歐陽氏當時學者皆曰歐陽子今之韓愈似也但自稱乃曰我所爲文必與道俱文與道果二事歟或謂其説詩賦似李白記事如馬遷論治如陸贄然歟否歟或謂二子之文千變萬化韓無心而歐有心韓文高而歐可學又何所據也或謂有化工剪裁繪畫之文有治世衰世亂世之文不知二子何所造耶夫成癖類俳固不可爲文而文之所以爲文不可不講也其悉言之毋略

問　道之大原出於天而傳於聖賢實士君子進修之標的也大哉羲易爲萬世文字之鼻祖是矣而帝堯又何以開千萬世心學之源耶列聖相承傳授一統至吾夫子集大成以詔萬世至矣夫復何言姑以孔門傳授之始終論之孟子得夫子之道者也而何謂傳統於子思歟顔孟皆隱未見行未成也而何謂優湯武并禹稷歟或謂軻死無傳而又謂濂溪得千聖不傳之秘則傳孟子之統者濂溪也而何受學於希夷歟二程之統實得之濂溪議者乃以龍德正中比顔子而不及文理密察比孟子而過之抑又何所見歟夫聖賢一道也兄弟一氣也條例青苗西監之所處定夫中立之所愛至於論性論心間有不同何歟或謂明道孟子以後一人又曰朱子之功不在孟子下然則孟氏之統程朱皆得而傳歟當時若横渠堯夫延平東萊敬夫之賢皆不得與而龜山勉齋反繼程朱之統抑又何歟今之學聖人者曰學顔子爲近又曰立志以明道自期待何論顔子而不及孟子至於范希文儕之明道何歟就顔孟所至而造聖人微何以使之全粗何以使之粹歟厥後又有元亨利貞論統者又何謂也不幾於牽合而誇張歟諸子讀聖賢之書其必想像而旁通之矣願明以告我

問　爲政如張琴瑟論事若持權衡士君子淹貫經史何爲也凡廟堂江湖之所當憂吾分内事也而可孤桑孤之志哉他不暇舉姑以東廣事宜與諸生商之瓊州以黎峒盤於内即皇甫所擬虺蛇入室者也其將搗穴窮巢驅除之乎抑如韓管帥之勞來也高廉以猺獞環於外即伏波所爲銅柱表界者也其將鑿山刊道殄滅之乎抑如倉知州之撫諭也海賊之雙桅出没皆曰漳民糴穀麥之害也今前船雖盡毁矣而巡哨未必無私通之弊也不知昔人之立寨主與負海舟疏耶密耶番船之連年往來皆曰奇貨資軍餉之利之也今諸夷雖效順矣而將來恐未必無開邊之釁也不知昔人之貸緡錢與招舶商是耶非耶今之屯政未嘗不嚴也或謂武弁恃世襲而侵欺者愈衆何以化之昔

在欽州而課農業與范仲淹之行屯政有相合乎今之軍伍未嘗不補也或謂軍士苦輪班而逃亡者相望何以實之昔在端州而括隱丁與張説之變彍騎有相同乎積穀所以備賑也今永豐際留等倉皆不堪於久積不知李悝耿壽昌之舊規可潤色之乎均徭所以平施也而弓兵水夫等役皆不樂於親當不知君實介甫之争辨可決擇之乎凡此皆關地方之利害休戚不可不先庚後甲以爲之所也其條陳之吾將觀子之胸襟且以爲當宁獻

中式舉人七十五名

第一名　梁津　廣州府學生　詩
第二名　潘庭楠　肇慶府學生　易
第三名　梁以敎廣州府學生　書
第四名　饒相　潮州府學生　禮記
第五名　林時雨　饒平縣學生　春秋
第六名　黎民表　從化縣學生　詩
第七名　姚學古　潮陽縣學生　書
第八名　周文明　南海縣學附學生　易
第九名　葉成章　瓊山縣學附學生　禮記
第十名　李景元　崖州學生　春秋
第十一名　楊紹震　番禺縣學增廣生　書
第十二名　李兆龍　南海縣學生　詩
第十三名　龐嵩　廣州府學生　詩
第十四名　麥英　從化縣學生　易
第十五名　倫學智　南海縣學附學生　易
第十六名　何派行　香山縣學生　易
第十七名　趙時舉　饒平縣學附學生　書
第十八名　陳道　南海縣學生　詩
第十九名　高士材　南海縣學附學生　易
第二十名　招夢賢　番禺縣學附學生　詩
第二十一名　麥易東　番禺縣學附學生　易
第二十二名　麥文任　番禺縣學生　禮記

第二十三名　關于政　番禺縣學生　詩
第二十四名　湯欽　增城縣學生　書
第二十五名　林烈　東莞縣學生　易
第二十六名　馮在衡　南海縣學生　詩
第二十七名　許滄　曲江縣學生　書
第二十八名　何孟倫　廣州府學生　易
第二十九名　梁燾　香山縣學生　詩
第三十名　鄭臣　潮州府學生　春秋
第三十一名　張文鉅　歸善縣學生　書
第三十二名　陳潔　饒平縣學增廣生　詩
第三十三名　王漸造　廣州府學附學生　易
第三十四名　涂麟　番禺縣學附學生　詩
第三十五名　殷廷蘭　博羅縣學生　易
第三十六名　陳繼英　潮州府學生　書
第三十七名　黄持衡　番禺縣學生　詩
第三十八名　蔡廷相　瓊山縣學生　易
第三十九名　林世清　儋州學附學生　禮記
第四十名　李一龍　肇慶府學生　詩
第四十一名　陳鑰　潮陽縣學增廣生　書
第四十二名　李裕　文昌縣學附學生　易
第四十三名　侯國治　三水縣學生　詩
第四十四名　謝承志　潮州府學生　春秋
第四十五名　林允高　廣州府學生　書
第四十六名　羅本德　廣州府學生　詩
第四十七名　梁可大　南海縣學生　易
第四十八名　潘秉慎　廣州府學生　詩
第四十九名　劉士騰　香山縣學生　易
第五十名　孫蘭馨　新寧縣學生　詩
第五十一名　招于莘　三水縣學生　易
第五十二名　何橰　從化縣學生　詩
第五十三名　黄士謙　清遠縣學生　易
第五十四名　毛紹齡　潮州府學生　詩

第五十五名　吴可因　海豐縣學生　書
第五十六名　孔昕　清遠縣學生　易
第五十七名　何啓元　廣州府學生　易
第五十八名　張鳴鸞　東莞縣學生　詩
第五十九名　陳傅堯　瓊州府學生　易
第六十名　林大有　潮陽縣學生　書
第六十一名　孫勲　廣州府學增廣生　詩
（辛丑）第六十二名　黎材　順德縣學附學生　易
（辛丑）第六十三名　崔一濂　順德縣學附學生　詩
第六十四名　羅憲　南海縣學生　禮記
第六十五名　林一豸　揭陽縣學生　書
第六十六名　黄文典　增城縣學生　詩
（辛丑）第六十七名　陳善　新興縣學生　易
第六十八名　謝琳　潮州府學附學生　詩
第六十九名　譚紹崧　韶州府學生　春秋
第七十名　龐玠　南海縣學生　詩
第七十一名　陳賢　南海縣學附學生　詩
第七十二名　關應賓　東莞縣學增廣生　易
第七十三名　梁相　番禺縣學增廣生　詩
第七十四名　鄭天憲　揭陽縣學生　書
第七十五名　張卓　廣州府學增廣生　詩

第一場

四書

夫仁者己欲立而人己欲達而達人能近取譬可謂仁之方也已

潘庭楠

同考試官教諭謝批（論仁在孔門爲難此作辭理充暢而與物同體之意藹然言外豈嘗求仁而有得者耶）

同考試官學正甯批（欲立欲達處正仁人不待於推而自然及物之心此作善能發揮録之）

考試官教諭張批（疏暢）

考試官教授錢批（辭達）

聖人狀仁者之心而因示求仁之術也夫仁者以公物爲心也恕以行之則近之矣而又何以過求爲哉昔夫子因子貢以博施濟衆爲仁故告之以此若曰道在天下與其索之高遠而難爲功孰若求之切近而易爲力哉試以仁之體爲汝言之夫仁者其心公而溥其量恢以弘是故開吾之麗以植其生吾之心欲如此其立也即欲夫人之同立也而凡水火金木土穀惟修以躋諸富壽者森然其莫禦桀吾之彝以明其德吾之心欲如此其達也即欲夫人之同達也而凡黨庠術序國學是教以開其聰明者油然其自萌所施雖未能盡如吾願也隨吾身之所接而加吾固有之心何天理之流通乎所行雖未能悉副吾欲也隨物之自來而應以物所同然之願何至誠之惻怛乎仁之本體如此然非一蹴可至也而求之顧豈無其術哉蓋己之心欲立也譬夫人之喜康共猶夫我也則推所欲而與之聚之稱物得平施之宜己之心欲達也譬夫人之樂綏猷猶夫吾也則推所欲而爲之及之同人無于宗之吝是雖未能大道爲公也然涵養之漸充則將私欲消而真性湛求仁之方豈外於是耶雖未能與物爲體也然真積之既久則將查滓化而實理融求仁之術不有在於斯耶是則語之以仁立其的也示之以方啓其扃也夫子之教子貢至矣哉嗟夫仁之難成也久矣而夫子之教子貢不止於此他日又曰賜也非爾所及又曰一言終身行之亦深切而著名矣此子貢之晚年進德蓋亦以强恕爲入門乎厥後曾子絜矩孟子强恕之論實相表裏此亦可見聖賢傳授同一道也學者宜合而觀之

誠者自成也而道自道也

黎民表

同考試官教諭余批（自成自道正見内外合一之學作者於自誠處在物上泛講失本旨矣此作卓有定見可録）

同考試官教諭曾批（觀下文非自成已或問成子成臣之説當在人心發揮此作理勝而機軸自别可與語誠矣）

考試官教諭張批（精確）

考試官教授錢批（得旨）

中庸論誠物不可遺而人不可離也蓋誠與道异名而一理也中庸發自

成自道之訓其責望斯人之意何深切乎想其意謂夫君子之道具於人心而見諸行事天下豈有誠外之物而亦豈有道外之誠哉是故真實無僞之心完具於繼善之外初誠也誠何以切於物耶蓋有體必有性以爲之帥斯良知不匱而衆善可承乎權輿有物必有則以爲之彝斯真精不散而萬化可發於機括於德而舉輶毛固宜厥修之罔覺有孚而至盈缶是謂所履之其旋如實心事父實心事君乃臣子之所自成也否則非所以爲物矣推之萬物莫不然者物之於誠豈可遺哉若夫真實無妄之理發見於日用之常道也道何以切於人耶蓋無爲者在有覺者爲之運吾擇吾善而無資於人形而上者在形而下者爲之弘吾固吾執而無待於外克念有作聖之階當棄蹠之徒而由舜務學有緝熙之路必舍桀之行以從堯如孝於父忠於君乃臣子之所以自行也否則非所以爲人矣推之萬事莫不然者人之於道豈可離哉是則誠爲天命道外無誠也道爲率性誠外無道也思誠者於已取之而已矣抑誠也道也體用一原也自成自道物我一致也此所謂致用崇德而儒者内外合一之學不外是也彼語寂滅者不知道徇生執有者不識誠此子思□世之功於是乎大也人苟能反求而自得之則成己成物之道思過半矣然求之何先其要在於慎獨

存其心養其性所以事天也

梁以斆

同考試官教諭紀批（心性天一理場中能發明此意者絶少辭理精到不費雕斫僅見此篇）

考試官教諭張批（密緻）

考試官教授錢批（明順）

能全其天之與我者所以爲奉若天者也夫心也性也皆天之所以與我者也善事天者安可廢存養之功哉孟子之意若曰君子之學固先之致知而啓其端矣若非繼之以力行何以致其實哉是故虚靈湛一心之本體也物知相誘心斯蕩矣猶夫其弗盡也故必守之以惺惺之法渾然神明之退藏持之以乾乾之功昭然本體之澄徹是寂亦存也感亦存也寧有旦晝之梏亡乎純粹至善性之淵源也客感相攻性斯害矣猶夫其弗知也故必復吾固有之真從容以待其自化順吾擴充之量優游以俟其自成是動亦養也静亦養也寧有人爲之助長乎夫心也者天之神而吾得之以爲心也存心夫何爲也以爲天之不可褻而惟欽惟寅以繼其志性也者天之理吾得之以爲性也養性夫何爲也以爲天之不可忽而其難其慎以述其事上天之載固爾於穆而所以

對越之誠若相爲游衍也豈心外别有天爲之奉承哉維天之命亦維顯思而所以欽崇之理若相爲陟降也豈性外别有天爲之祇若哉是則天人一原也微顯一機也事天之道不出於心性之外矣君子其可重於視天而輕於待己乎大抵心也性也天也其名三其實一也是故虞廷止於言心中庸首於論性而説天莫辨乎易孟子此章兼而論之其實有得於一貫之道厥後西銘論事天之道蓋原於此故曰子厚養浩然之氣其以是夫

易

觀乎天文以察時變觀乎人文以化成天下

周文明

同考試官教諭謝批（題本發明聖人經緯天人之學頗難措筆此作辭不費而理自盡可録以式多士）

同考試官學正甯批（讀此作子其識貫天人者乎嘉羡嘉羡）

考試官教諭張批（識天人之理）

考試官教授錢批（明暢）

大傳極言賁道有以經天之時有以善民之俗蓋賁道莫大乎天人也彖傳極而言之旨哉且其意謂夫賁之道具於易而非始於易也不觀天人之際乎是故剛柔交錯人知天文之見於賁也而豈知用之可以察時變乎誠以二氣之盈虚消息固循環不窮吾求其日至以道其常七政之往來進退實變遷不定吾推其歲差以稽其變春夏秋冬之所以錯行固有以考其星鳥星火之各爲其度晦朔弦望之所以迭謝又有以究其天根月窟之互爲其宫是不必觀渾天之儀在璿衡之政而凡星宿之所以垂象月朔之所以頒令一剛柔之文也何有於弗經者耶文明以止人知人之文見於賁也而豈知用之可以化天下哉誠以庸天秩之分而觀會通以有行則可以納斯民於軌物之中惇天叙之典而辨等威於有則可以錫斯人於皇極之内在家而父子兄弟夫婦之三綱以明群黎有畜牝牛之化在國而吉凶軍賓嘉之五禮以叙百僚有變文豹之風是不必布象魏之法徇木鐸之教而凡群后之所以承德蒸民之所以陳常一明止之文也何有於弗成者耶是則時變難察也而察之於天文道化難成也而成之於人文賁道之大信矣抑古聖賢之有得於賁道者於帝吾得堯舜焉命羲和而齊七政是也於王吾得湯武焉修人紀而叙彝倫是也後世有以太玄而準易數以慚德而輩商周多見其不知量也易之道其大如此其孰以卜筮小吾易哉

夫易聖人所以崇德而廣業也知崇禮卑崇效天卑法地

麥英

同考試官教諭謝批（場中作者於知禮處類多窘滯是作以大中敦化發明聖學之資殆盡可式）

同考試官學正甯批（場中易義不拘則泛子能會意融暢深得潔净之旨）

考試官教諭張批（深得易道）

考試官教授錢批（精潔）

大傳論易爲聖學之資而必推其功之極也夫聖人自有心易之妙也然德業必資於易焉易之至也一至此哉大傳之意謂夫人知易書之作也肇於聖人而不知易書之既作也有功於聖人今夫高明極無窮之休此聖人之德若是其崇不特賢人之可久而已富有極無疆之盛此聖人之業若是其廣不但賢人之可大而已然崇非自崇也駸駸上達之機必於卦爻法象得之而易其爲聖人崇德之書矣乎廣不自廣也而蕩蕩難名之勢必於奇偶變通得之而易其爲聖人廣業之書矣乎是果何以見之蓋聖人以易而窮理則以大中爲極而廓虚靈之盡其知無弗崇也以易而循理則以敦化爲深而致踐履之實其禮無弗卑也夫其崇何所似也聖人非有心於效天也自與穹窿上覆同一體若所謂聰明憲天是已而德有不崇耶夫其卑何所似也聖人非有心於法地也自與静深不測同一機若所謂安貞應地者矣而廣則易道之有益於人如此而可遠乎雖然聖人性之也而何資於易蓋聖人先天而天不違而易理適與之相契也但聖人之心不自滿足而有假我數年之嘆也聖人尚然然則學者之居安樂玩尤不可缺也以此勉焉而得意忘言則易不在聖人而在我矣

書

惟天聰明惟聖時憲

姚學古

同考試官教諭紀批（天聰明作者類皆浮泛此篇以聲氣法象根於理者模寫得其旨矣録之以破群疑）

考試官教諭張批（文有思致）

考試官教授錢批（有見之言）

大臣之望君欲其與天而爲一焉蓋天之道出於公也聖人法天以爲治寧有外於此哉傳説以之告高宗謂夫惟天佑民也惟辟奉天也與其自任私智而無益於治孰若自天稽謀乎夫天聰而已矣人知其馨香則聞穢德則聞

赫臨之下無遁情焉以爲天如是其聽也不知天非有耳力以爲聽也而聽止於此耶夫天明而已矣人知其游衍則見出王則見監觀之間無遺物焉以爲天如是其明也不知天非有目力以爲視也而明止於此耶自其公之道見於凡物有聲者言之凡化機之所以自鼓而得於聲氣之元者孰非此理之流通蓋微而顯虛而靈無聞而無所不聞也夫是之謂聰乎自其公之道見於凡物有形者言之凡太虛之所以融結而至於法象之彰者孰非此理之敷布蓋一而神兩而化無見而無所不見也夫是之謂明乎天之道一出於公如此聖人若何而憲天乎蓋法天之聽則詛咒知之怨汝詈汝亦知之必將爲之宣鬱通滯以平天下之情可謂聽無所壅矣而聖人猶曰吾尚弗肖於天也法天之明則驩兜知之令色孔壬亦知之必將爲之除奸剔蠹以清天下之政可謂視無所蔽矣而聖人猶曰吾尚有忝於天也天之道於穆不已一息不公非天也故夫幽獨之所以幾康不异乎大庭之所以兢業凡緝熙敬止咸正無缺也天其有心之聖人乎天之道純粹至善一念不公非天也故夫小民之所以顧畏不异於大祭之所以祗肅凡篤實光輝自周有終也聖人其無爲之天道乎必如此而後謂之聰明必如是而後謂之憲天大臣責難之恭於此亦可見矣抑臣之告君責之以難而不詳以告之則何以感悟君心也傅説憲天聰明之訓固足爲君人出治之綱要矣而下文以慎言時動任賢事神不矜有備之説懇懇言之是則所以告嘉猷示同行者詳且至矣厥後高宗爲商哲王何莫不本於傅説啓沃之功也夫

凡厥庶民極之敷言是訓是行以近天子之光

楊紹震

同考試官教諭紀批（箕子述敷言之化見人君不可不建極之意此作論感發之機在於君辭約意盡矣佳士佳士）

考試官教諭張批（典則）

考試官教授錢批（麗而雅）

教行於民而德協於君皇極敷言之化也夫敷言之訓所以一天下之趨者也今歸化於君而有以近其光焉感應之機固至此哉箕子演皇極之疇以告武王謂夫天子之於庶民不同者分而所同者理也皇極敷言之理既發於君而有不孚乎人耶是故既見聖亦不由聖庶民之常態也今則漸濡久而善念興曰遵義遵道遵路諷誦以求其旨凡念兹釋兹所勿忘不罹咎亦不協極中人之故習也今則觀感深而真機動曰蕩蕩平平正直吟咏以味其真自一

話一言猶不廢匪徒時而颺之也而且祗遹以紹其聞凡有咎則畢棄者自於是乎乾乾也豈有民彝之弗蘉者耶非特勸而歌之也而且觀省以稽其德凡非幾則勿貢者將於此乎孜孜也豈有天道之實悖者耶若是者何以爲近天子之光哉吾知惟皇作極而覃被四表之文煌煌乎不可尚矣然在上有以慎其麗而在下有以勸其刑實一理之相爲感格惟王造哲而誕敷四海之光炳炳乎不可掩矣然在上有以爽厥師而在下有以從厥乂實一心之自爲流通全體昭晰雖未能盡如君道之備也而丕變之餘日异而月不同矣豈不庶幾焉爾乎大用顯行固未能遽擬天德之純也而維新之下月异而歲不同矣又何遠之有乎用是觀之則知上下一心也而孚格之機由於上君臣一體也而倡率之道在於君有天下者其亦知所懋哉抑論之民從所好違所令也久矣而箕子何取夫言教也蓋敷言之教以君德爲之本而非在言語文字之間後世此義不明而徒以法把持天下故説愈詳而無益於治若蘇威介甫之類可鑒也然則爲王道謀者如之何曰當求箕子所以敷言之意

詩

彼茁者葭壹發五豝于嗟乎騶虞彼茁者蓬壹發五豵于嗟乎騶虞

龐嵩

同考試官教諭余批（是作不事華藻而仁恩仁心剖析明白可與言詩矣）

同考試官教諭曾批（題意本易冗雜是作獨潔凈可觀録之）

考試官教諭張批（温厚和平）

考試官教授錢批（諷咏有不盡意）

詩人美諸侯必兩叙其仁恩之及物而嘆其仁心之自然也夫恩及庶類惟天下之至仁能之也是宜詩人重嘆而深美之歟南國諸侯承文王之化能修身齊家以治其國而詩人美之意謂言治者以仁民愛物爲全功言仁者以萬物得所爲極至孰有如我侯及物之仁者耶盍自春田之際而觀之是故植吾知其爲葭也則茁然而壯盛動吾知其爲豝也則一發而中五以此徵之則凡南國之中將無一人不得其所可見矣是蓋至仁之無恩皆自然而然之機而萬物之并生有不疾而速之化于嗟乎騶虞之仁得於天性而我侯實同之也其形體之异吾何知焉載觀茁然者不惟葭也而蓬亦如其盛一發而五者不惟豝也而豵亦如其番以此推之則凡蓬豵之外將無一物不盡其性又可知矣是蓋至和之鬱積既有以流通乎兩間而大化之宣昭自有以發舒乎品彙于嗟乎騶虞之仁本於天賦而我侯寔類之也其形迹之殊又何知焉是則政以昭德德以顯仁仁以及物諸侯之可美若此文王之化於是詩不有可稽

哉抑論之文王之化不特及於南國也桃夭之化及女子兔罝之化及武夫遠而江漢汝墳莫不然非特南國諸侯之賢而文王過化存神之妙有不可誣者不然當紂之時王室如燬非文王之怙冒西土人且弗獲自盡而況庶類之蕃殖耶嗚呼此騶虞爲鵲巢之應而季札之歌二南深美之也歟

樂只君子邦家之基樂只君子萬壽無期

陳道

同考試官教諭余批（美德祝壽乃古人尊賓實意子善模寫之宜録以式）

同考試官教諭曾批（辭意温醇寫出當時美祝氣象可式多士）

考試官教諭張批（婉曲有味）

考試官教授錢批（誠愛之情溢於言外）

詩人於所燕之賓美其德而祝其壽焉夫德福相因自然之符也觀詩人燕賓而必以是祝美焉其尊之之隆何如哉此燕饗通用之樂蓋謂君之燕臣也非優禮無以通堂陛之情臣之與燕也非齒德無以爲國家之望吾觀在燕君子人品之高明足以消人慢易之態器度之渾厚足以動人親愛之誠信如是其可樂也是故我觀其德焉德底於老成而浚明亮采之不器望隆於篤棐而左宜右有之皆能上而輔君可爲麥曲櫱鹽梅而天子是毗也下而修政可爲蕃宣藩屏而王國是楨也蓋信乎爲邦家之基矣然是樂只君子吾何以願之哉蓋其德望之隆既負重大之寄必壽考之永可樹高遠之勛吾將願其貞固以爲體申離祉於靈長平格以爲徵獲純嘏於保合身其用康而胡考之休蓋首五福而與國無疆者矣性惟爾彌而萬年之祐蓋作三朋而與天無極者矣夫燕所以昭德也德所以徵壽也主人之尊賓孰有大於是哉抑舜之戒禹曰不矜不伐言持滿之難也而何周王燕臣乃美德祝壽得無驕其志歟蓋德不可僞爲壽不可幸致美之所以規之祝之所以勉之也後世之燕臣者至有拔劍擊柱之風後庭玉樹之曲君臣規戒之意安在哉噫南山之賦真可以爲訓矣

春秋

冬鄭公孫夏帥師伐陳（襄公二十有五年）叔孫豹會晋趙武楚公子圍齊國弱宋向戌衛齊惡陳公子招蔡公孫歸生鄭罕虎許人曹人于虢（昭公元年）

李景元

同考試官教諭黄批（子産以禮相鄭處發揮殆盡是蓋深于春秋者）

考試官教諭張批（有斷制）

考試官教授錢批（得傳意）

春秋紀賢臣有所以抑内霸者有所以抑外夷者蓋禮國之幹也子産於晋楚而能以禮抑之春秋安得不書其事以彰其賢哉且魯襄末年中國之大勢在晋蓋其席屢世主盟之威所臨莫之敢抗也惟時公孫夏以師伐陳而獻捷于晋當時侵小之問晋之所以易鄭者何如使無人爲之干城則鄭以削弱之國而當表裏山河之勢土崩瓦解之時也可危也哉惟子産也氣正而理明忠激而詞勁論莊宣賴以入國既有以鳴陳人刊木之横援城濮命以輔王又有以服莊伯戎服之詰卒使晋人遂納其俘載禮其使焉夫以北方之國莫强於晋而能折之以成命是晋之勢不足懾而在我之禮有足恃者噫僑之相鄭允矣杜稷之衛乎魯昭初年天下之大勢在楚蓋其恃蠻夷積强之勢所至莫之敢攖也維時公子圍因于虢之會爲逆女於鄭當時衷甲之謀楚之所以窺鄭者何如使無人爲之砥柱則鄭以挫困之邦而當帶甲百萬之雄河决魚爛之秋也可懼也哉幸僑也幾審而慮熟氣昌而備周爰築在外之館既有以陰折其奸而不愛豐氏之祧又有以飽塞其欲卒之楚人垂櫜而入會虢以還焉夫南方之國莫强於楚而能拒之以弭患是楚之勢不足畏而吾人之禮有足憑者吁僑之在鄭展哉邦家之基乎夫以子産在鄭而强國終莫能屈其賢可知矣宜春秋備書而樂道之也歟抑鄭一也鄭忽以無故而失守子産以多難而興邦何也大要在志不在力而亦由簡公推轂之功也不然魯之有叔孫豹猶鄭之有子産也何鄭國以振而昭不免其身哉以是知人才係國之重輕而人君以用賢爲急

公會晋侯宋公陳侯衛侯鄭伯曹伯莒子邾子滕子薛伯齊世子光吴人鄫人于戚（襄公五年）

林時雨

同考試官教諭黄批（深得聖人與人爲善之意不徒曰文）

考試官教諭張批（辭約而義章）

考試官教授錢批（嚴整）

遠人慕義而守禮春秋所以進之也夫中國禮義之大宗也遠人既能慕而守之春秋安得不取其善而進之哉且夫春秋嚴華夷之大防故吴自郯之伐以號舉矣今戚之會遂進之以人何耶夫邦交人道之大倫也使其不知慕義而坐致乎諸侯亦不足取今則慕我中國之聲教遣壽越以請後會之期惟

以不得與樽俎之間爲辱此其心誠其志切視諸侯往與只會大不侔矣會盟中國只盛典也使其不知守禮而爲主於諸侯則尤可惡今則受吾中國之號令甘後名以締歸好之懽惟以不得厠衣裳之後爲愧此其禮恭其事順其視屈服諸侯偃然爲主大不同矣夫前此鷄澤之役會吴子而不至是其憑陵之威已著晋人方懼其蠶食也而况親於中國乎詩曰出自幽谷遷于喬木若吴亦可謂能遷善矣何意棄義之國而能慕義如此耶後此黄池之會與晋人而争長是其倔强之勢以萌中國方憂其虎視也而况主於晋伯乎易曰困于臲卼動悔有悔若吴可謂悔過矣何意棄禮之國而能守禮如此耶是故聞其名則非較其行則是取其今則是追其往則非此春秋進吴而稱人樂與人爲善之心一至此哉抑吴之與楚與徐越皆聖賢之裔夏之變於夷也犯順則狄之悔過則進之此聖人無絶人與天地相似也若純於夷者豈可通哉故潛之會唐之盟以號外之觀此而知聖人之書法本之以謹嚴行之以忠恕

禮記

朝諸侯分職授政任功曰予一人

葉成章

同考試官訓導王批（本題曰予一人處包括大正見人君有任重之意此作獨能闡之誠爲可録）

考試官教諭張批（精粹）

考試官教授錢批（筆勢雄達）

記者論大君聽治而及自稱之辭所以寓責望之意也蓋天子以天下爲己任也即其辭則所以求踐其實者將不敢不用其力矣且夫天降下民而作之君何以奉若天道以寵綏四方哉此其責任誠爲重且大矣是故諸侯國之衛也職民之麗也貴有以貞憲也于是乎五服各朝於方岳考制同度而黜陟惟明六卿各倡乎屬牧簡修進良而貴賤式序分焉有所統也位焉有所維也非以貞其憲耶政國之紀也功德之樹也貴有以昭度也于是乎欽乃攸司列其宅事宅牧宅準以觀其能嘉乃底績量其三德六德九德以大其受政惟于其凝也功惟于其勸也非以昭其度耶然天子於此必自稱曰予一人者何也蓋天下之責望於君者固甚周而人君之自任以天下者亦甚重以德威則欲其懷也以知人則欲其哲也而所以聯屬成身者必獨運乾綱以操張弛闔闢之權以庶績則欲其熙也以明試則欲其當也而所以宅中圖治者必皇建有極以攬予奪廢置之柄不特小民之祁寒暑雨怨乎我而山川鬼神亦以爲主誠遺之以艱大而不可逸欲焉者不曰予一人而何稱哉不特造化之雨暘燠

寒風之徵於我而凡鳥獸魚鱉亦以爲天誠投之以崧閟而不可狎侮焉者不曰予一人而何謂哉是則欲爲四方之主當顧一人之名記者斯言其責望之意可謂詞約而義該矣抑能盡予一人之道者惟二帝三王可以當之後世大綱正者近於霸萬目舉者雜於夷若議論多而成功少亦不足以爲至治而要之大學之道皆未之聞也是故聖人作則必以天地爲本然後可南面治天下而謂之予一人

天高地下萬物散殊而禮制行矣流而不息合同而化而樂興焉

同考試官訓導王批（此作能於造化上體認禮樂之妙是亦文之粹者用録以式）

考試官教諭張批（深得禮樂之本）

考試官教授錢批（辭氣充）

記者論造化具禮樂之妙所以原聖人制作之本也蓋禮樂不外序與和焉爾矣而造化具有此妙焉禮樂之時義大矣哉記者之意以爲禮樂之道人知其制出於聖人而不知其端肇於造化自夫以禮言之夫天輕清以浮象坱然居高不可升地重濁以凝形隤然在下不可極至於親上而各爲聚散大大小小分其群親下而自爲榮枯形形色色殊其態蓋分而言之萬物各具一太極也若是而謂禮制之行者蓋天地之道貞觀即截然等威儀則之不可移萬物之化川流即燦然品節文章之不可亂於凡直而行也經而等也推而進也放而文也凡所以爲序之至者皆流行於高下散殊之間矣故即造化以名禮不亦可耶以樂言之天道本陽而陰爲之盪絪緼初無停機地道本柔而剛爲之交互藏亦無定宅至於親上者皆本於天相見於亨嘉之會親下者皆本於地均獲夫保合之休蓋總而言之萬物同囿一太極也若是而謂之樂興者蓋二氣之無動無静即律吕變而旋爲宫萬彙之并育并生即金石諧而從其律於凡清明也廣大也周旋也終始也凡所以爲和之至者皆具於流行合同之間矣故即造化而謂之樂亦何不可耶是則禮樂之道天地不能隱其藏人物不能秘其藴聖人不過法其自然之妙而制作之耳而豈有違於造化者哉雖然天地設位聖人成能是必與天地合德而後禮樂可興也姑舉舜觀之重華協帝德已至矣故命官制禮作樂以致天下風動鳳凰來儀噫必如此無愧於造化也後世禮成於綿蕞曲士樂成於唐山夫人如此類者相望也又何禮樂之足云

第二場

論

上下與天地同流

梁津

同考試官教諭謝批（此題王道本於天德當在有心無爲處見之是作筆老意新而步驟縱逸通微之思鎮俗之體真妙於文哉）

同考試官學正甯批（聖人制法以民故曰有必無爲非無爲也惟無爲故化與天地無爲一矣此作發聖人有爲之迹以妙無爲之化其無爲之文矣乎録之）

考試官教諭張批（明暢）

考試官教授錢批（理勝）

聖人之道與天地參當自其純王之心之政而觀之也神也者言乎純王之心也化也者言乎純王之政也而所以謂之純王則廓然大公而物來順應之妙也非心之外别有神而政之外别有化也然聖人此心之神非謂寂然一無所事而謂之神也夫以一身爲天下民物之主凡有一夫之失所一物之不若其性吾之責也而可不用其心哉是故無心而成化者天地也有心而無爲聖人也其迹若不同矣而德業之盛則一而二二而一者也嗚呼此孟軻氏未發之意而君子擴之以盡王道也歟請昌其説夫古聖賢之論治而必舉天地以爲配者天地妙太極之真精道之至者也中庸曰大德敦化小德川流此天地之所以爲大也是以聖人配天地也易曰顯諸仁藏諸用鼓萬物而不與聖人同憂是言聖人不如天地之無憂也夫天地能盡物聖人能盡民是聖人與天地同一道也而曰不與聖人同憂何哉甚矣天地可以無心成化而口代天言身代天工者不可不以心存天下也以心存天下而猶謂之存神者雖有心也而實無爲也非實無爲也而以有爲爲應迹以明覺爲自然也是之謂神妙不測而普於無心也則與天地何害其爲同哉今夫聖人之於天下也無爲而民自朴不動而民自變若可以優游拱手而求觀厥成矣聖人之心猶歉然曰天下之民吾同胞也而吾不爲之正德利用厚生何以代天理物哉於是乎以三農生九穀以百工飭八材以商賈通貨賄以嬪婦治絲枲以慈幼以養老以賑窮以恤貧以寬疾以安富至於瘖者實土聾者司火刖者守囿墨者守門侏者扶盧各以器食之而孤者獨者矜者寡者皆有嘗餼盈天地間似無棄人矣猶未已也而達之以三德擾之以五典命之以九儀開之以六物稽之以九法

糾之以五刑申之以五禁凡正其行而强之道者聖人無不用心以爲之所以聯師儒以篤父子以睦兄弟以和賓客以正軍旅以嚴諸侯必使比相保閭相受族相葬黨相救州相賙鄉相賓聖人純王之政可謂具舉而畢張矣其究也以於變以丕應以風動以允懷以攸同以咸若以率俾問之在朝在野而皆不知此之謂所過者化所存者神也是故清和象元氣變通象陰陽昭明象日月文華象星辰潤澤象風雨威靈象雷霆高大象山岳静深象江漢而天之所覆地之所載凡有血氣莫不尊親至此則不知孰爲天地孰爲聖人孰爲天地聖人之神化矣謂非與天地同流而何哉抑聖人非特有同於天地也書五雲掌十輝齊七政宣八風開九州浚九河以至殺妖鳥攻猛獸蜡昆虫伐陽木高黍下稻服牛乘馬是又此心之神輔相天地之所不及而足以參乎天地矣其誰曰聖人之有心不如天地之無心哉至是而知聖人惟有純心而後有純政此王道之高出伯道而此心之時義爲尤大也抑孟子之論所以辨伯者驩虞之民不若王者皞皞之民也君子不論其民而論其心者心者萬事之根本也夫王者之所以純王之心曰欽明曰允塞曰祗台曰懋昭曰建極要在以誠意爲之本故其功效與天地參彼伯者久假不歸與王道如珷玞美玉之相反也又何怪功烈之如彼其卑哉是故有天德然後可語王道有誠意然後可語天德

表

擬宋曾鞏謝賜唐六典表（元豐五年）

李兆龍

同考試官教諭余批（近表多辭浮於理文浮於事此篇獨典則詳明且默寓忠爱之意其積学以待時者與）

同考試官教諭曾批（斟酌六典参以時宜深知所以稽古建官者可嘉可嘉）

考試官教諭張批（得體）

考試官教授錢批（典麗）

元豐五年某月日具官臣鞏比蒙聖恩頒賜六典者臣誠惶誠恐稽首稽首上言伏以殷監夏時忠質雖稱异尚周因商禮損益實在兼資適申晋錫之隆丕示革文之炳榮逾五服捧亟三薰竊惟龍雲鳥火聖人崇制以上賢春夏秋冬明王貽謀於勤事叙厥揆岳牧伯服休服采之聿彰纖及山澤川林掌葛掌荼之亦備由卯金以降多蹈襲乎秦儀至李唐之光欲變更乎隋制爰集九齡之輩遂成六典之書分職授功綜兵農而置史辨方經野定租税以康民總機務於尚書蓋取端揆之義屬庶僚於六部猶存倡率之規黜鸞臺鳳閣之侈

稱名正而言順芟車載斗量之蠹治綱舉以目張規模皆仿乎成周制度似超乎前代第六曹與九寺并設若十手挈乎一壺四監與六卿相持猶二垂加乎四益金倉弗司錢穀職近於虛都水不管山川名幾於礦緊麟趾之意或缺豈燕翼之貽靡臧不謂遺編之尚存偶廑乙夜之獨覽刊豕魚於儒碩鏤爲中禁之珍出珠玉於上方頒及外庭之彦玆蓋伏遇睿資入聖雄斷同神襲嘉運於重熙無廢舊章之率撫丕圖而遠馭將增祖武之光俯矜登瀛抱槧之謡載新易轍改絃之化謂司徒司馬政權不宜歸之樞府三司謂太僕太常事體不應分之判院判寺官多寄禄文士遥領乎外班事靡定員舊臣始兼乎資政固循晋周之成式更定未遑至來億育之建言真切可據蓋屢朝欲爲之先志逮今日始發乎淵衷取六典以摹賜群臣可爲準今酌古集諸儒而詳定官品方將臨制決疑官悉罷乎空名詔傳宣政班遂頒於新秩禮出明堂載歌周雅之德音庸踵皋謨之常吉冠裳動色精炫田龍中外騰歡聲諧岡鳳竊念臣資性偃蹇弗適時宜過誤頻仍屢寬嚴譴出知外郡既無撫字之勞留附中書豈有對揚之補伏願學典終始心單緝熙精厲開元謹日中之戒疊萌天寶懷城復之防旁求姚宋之材恤人言而畏天變永杜幽燕之警子庶民以柔遠人臣無任感恩仰聖激切屏營之至謹奉表稱謝以聞

第三場

策

第一問

潘庭楠

同考試官教諭謝批（此策事詳而核辭典而章於二聖合一之學推廣不遺閎深浩傳子豈凡士也耶敬羡敬羡）

同考試官正甯批（此策於我聖天子纘述心學之妙頗能言其概末復重一敬字其亦涵濡而有得者歟）

考試官教諭張批（言有忠愛）

考試官教授錢批（典則）

人君動静合一之學天德王道之本也蓋静所以效天下之至動者也不虛則無以利用動所以涵天下之至静者也不直則無以立本故虛則存神然後妙應物之感也由是而畜義焉以幸群生以命百物以則地義以象天明其何業不廣直則無我然後得正己之盡也由是而敦仁焉以制六志以慎百行

以宥密于至善以緝熙于光明其何德不崇故曰天德王道之本也是學也先千百世而作者唐虞三代其至乎後千百世而作者我祖宗皇上其盛乎執事以此策士蓋欲明聖化之有本矣敬條陳之夫乾静專動直是以大生焉夫坤静翕動闢是以廣生焉聖人合一之學其求端於此乎故堯曰執中舜曰精一禹曰安止幾康湯曰以義制事以禮制心文王曰不顯亦臨不聞亦式帝王授受一道也皆合動静而一之者也夫是以日新之德配天富有之業配地令聞嘉績垂于無窮自漢而下此學不講雜博相高者而以涉獵記誦華靡相勝者而以割裂裝綴願治之辟雖世相起也要皆隨世以就功名而終不得以與乎帝王之盛其或耻爲卑近而思奮以師則又不免蔽於老子浮屠之説静則徒以虚無寂滅之樂而不知有所謂實理之原動則徒以應緣無礙爲達而不知有所謂善惡之幾漢以宣帝唐以太宗非不石渠詔講弘文引士而僅以刑名慚德終焉其所學者可知矣宋太宗建清心殿以儲經籍元文宗立奎章閣置學士員非不好且盛矣而一則金匱之盟不踐一則以再傳之徹不得蒙業而安又何聖學之敢幾也夫所謂聖學者以實也不以文也彼徒耻夫帝王之所謂文者行之以爲是足以經緯天下矣而其益之竊取其近似者以爲口實如假易之變通以妄意紛更假書之柴望以甘心封禪慕鳳凰來儀之説援刑兹無赦之文者類相望也而當時諸臣復相與彌縫其闕而緣飾之故唐虞三代之學遂亡而治亦邈乎遠也洪惟我太祖高皇帝聰明天授獨起而紹述之使帝王心學之全復見于天下如觀心亭記有曰返視却聽上契冲漠其堯之執中乎擬問心有曰運之至精守之永久其舜之精一乎道衡説有曰心常復道而不迂性常如衡而不曲其禹之安止幾康乎題暮雪雙禽圖而有曰玩物丧志共湯之以義制事文之不聞亦式乎若我太宗文皇帝覽講義而有心如明鏡止水之喻即觀心諸篇之旨也因製筆而有今人自怠大儒積勤之規置金獅而有小事必謹小過必改之戒即道衡諸篇之旨也嗚呼此我祖宗合一之學真有以發帝王之精藴矣孫謀燕翼不有待於今日之盛乎肆我聖天子抵適憲章厥有成勣其見於製作如奉揚先烈有祖德詩勸重農桑有穀秖蠶壇賦親禮宰輔有平壹召見集固皆有本之學旁作逢源然奎閣未頒不可概見所可見者惟敬一箴惟五箴注則已昭揭宇内敷賁人心有年矣故嘗陟山忘大飲海忘深而仰窺聖學一二於宏綱大旨已乎以敬一之義言之夫敬所以存其心而不忽也夫一所以純乎理而無雜也而又以嚴郊廟以慎閑居以孚言行以貫終始是皆素豫乎内求利乎外者也所謂静一動也以五箴之義言之夫心所以統視聽言動者也懼其爲物慾所攻取也於是乎以觀邪正以辯

忠讒以謹號令以戒妄動是皆素豫乎外致養乎内者也所謂動一静也内外交養動静合一此聖學之所以增光先德駕軼百王者也請推廣而終陳之人君之學莫非敬也而敬天爲精故曰敬天之怒無敢戲豫敬天之渝無敢馳驅而所謂欽翼祗栗以祀天也温恭敬遜以承親也正恭嚴恪以臨衆也宣明端誠以享下也皆其推者矣莫非一也而一德爲要故曰德無常師主善爲師善無常主協于克一而所謂袚邪除穢以致精也考中度衷以致忠也昭明物則以致禮也制義庶孚以致信也皆其推者矣莫非視也而知人爲大故曰知人則哲能官人以至于辯是非明好惡察言行試政事量材能課功狀詰奸邪禁暴亂辯貴賤立紀綱考制度儐鬼神而皆其所自推也莫非聽也而容忍爲先故曰必有忍其乃有濟有容德乃大以至于匿暇疾務包涵辯妖祥考謗譽察甘言省卑辭進狂戇杜讒佞詢芻蕘采葑菲問遺訓咨故實而皆其所自推也莫非言也而慎令爲重故曰慎乃出令令出惟行弗惟反以至于審繁簡察弛張協謀議廣覽擇盡人情通物理善因革公廢置蠲猛暴除苛急正沿襲聳觀聽而皆其所自推也莫非動也而戒欲爲急故曰罔咈百姓以從己之欲以至于謹好尚慎威儀簡綴衣命受環詔彤管錫鸞鈴置巫史奉卜筮戒游田斥方技恤工作重征伐而皆其所自推也夫敬一以弘其體視聽言動以懋其用精焉而不窒其端純焉而不匱其量則一人之心真有以建天地中和之極而曰盛德配高明大業配博厚固其理也幸以是爲芹曝獻焉

第二問

梁以敎

同考試官教諭紀批（周禮壞於後世之私智今子以修齊之道求禮聲氣之元求樂誠知旨者也古制之興有日矣）

考試官教諭張批（識得制作之本）

考試官教授錢批（精核）

至哉周禮一書之妙也窺其粗而制作之陋矣竊其似而施行之亂矣酌其權而發明之幾矣夫禮樂有節有音有度有數故語粗不可不究其精也語似不可不探其真也語權不可不考其經也然其節可定也其體難圖也其音可調也其變難曉也其度可推也其義難準也其數可籌也其始難察也故反而求之者考於异詳以辯之者繹於同推而行之者協於一會而通之者貫於萬外是而用周禮是謂斧其根柢采其英華塞其江河汲其溝洫舍其冠冕服其旒綴者也而豈足以窺大聖人精神心術之藴哉知乎此可以答執事禮樂之問矣夫周禮制於周公而非周公作俑也夫自君臣父子六親九族各有上

下親疏之别養生送死吊恤慶賀又有進止威儀之數唐虞以上分之爲三在周始分爲五即宗伯所掌而太史以協事之類是也樂之制則自黄帝以來已有雲門大卷咸濩韶武之樂而或施之社稷山川之屬至周始備六代之樂即大胥以六樂之會正舞位是也是故周禮之爲書規模宏大節目詳悉有非大聖人不能作而何休以爲瀆亂不經是以鳻鶵嘲鵾鵬廢井笑海若也亦可謂不知忌憚矣今所傳儀禮十七篇亦周公雜著三代之禮以爲本經而戴記四十九篇漢儒纂集之以爲義疏如婚義當附婚禮冠義當附冠禮此晦菴之説甚明可考也後世通經學古之士論禮樂者莫不知周禮之爲尊若班固謂六經之道同歸而禮樂之用爲急歐陽子謂三代治出於一而禮樂達於天下後世治出於二而禮樂爲虚名謂非皆得禮樂之旨哉然謂急於六經出於一者蓋孔子删詩定書贊易修春秋而不及禮樂之制以爲不可斯須去身而莫急焉者其要本之一誠而已矣至董仲舒劉向歸之庠序是或一道也而豈知天子躬行以爲之倡而出於一哉及考司馬遷之律書其始不言律而言兵之偃及謂漢文帝偃兵息民而天地之氣始正此制作之本也永嘉陳氏謂律吕之法起於黄帝而律吕之説定於太史公是也此其説與治出於一之言何异哉以後世之禮樂者言之西漢之禮制於叔通而雜秦儀此兩生之所以不至也東漢之禮制於曹褒而取纖諱在當時張酺已有破亂聖術之奏矣唐有顯慶禮則許敬宗所附會而削國恤一篇以致後來山陵之論無定見敬宗之罪大矣開元禮則徐堅輩所撰而蕭嵩輩足成之大率不脱顯慶之舊也宋有開寶禮制於劉温叟而盧多遜爲之撰義纂政和禮則制於鄭居中輩而湖北漕者爲之撮要似若備矣然一時奸邪多以私智損益反不如開元禮之爲愈也是則謂漢唐宋之禮可也而較之周禮吾不知孰純孰駁也哉若以樂言之漢以制氏世職大樂不過識鏗鏘之末節而已武帝以李延年協律作十九章之歌尤爲可鄙此班氏謂鄭聲施於朝廷也至於京房以仲吕再生别名執始是徒知焦氏卦氣之去四而爲六十而遂以三分損益之數或棄或增其誤亦甚矣在唐則祖孝孫製十二和自豫和以至承和是也顔師古製七舞則長發以至光大是也然皆襲梁武帝之舊而已在宋則和峴諸人之辯皆無定論和峴用影表尺李照造新器阮逸與范鎮皆以徑三分累黍胡安定遷林鍾以下以就黄鍾而司馬君實於筆談通典皆不之考究比之范公又不及矣然則數子所定之樂謂之漢唐宋之樂可也其視周禮之樂孰高孰下哉至於王荆公崇信周禮而卒以取敗人曰用周禮之效也不知荆公之立青苗設條例是變仁義爲聚斂皆不善用之過也非周禮使之然也故嘗合而論之後世之不如三

代者豈後世終不可治哉要之以禮樂爲虚名而治出於二也歐子之論斷乎不可易矣至於可繼周禮之缺者舍文公之家禮蔡元定之律吕新書吾誰歸乎夫家禮略浮文敦本實其説多參用司馬氏程子高氏之説若夫明大宗小宗之法乃其大義而其本在於謹名分崇愛敬真可謂庶幾古人修身齊家之道者矣至於新書所載黄鍾圍徑之數以長九寸圍九分取淮南小史之説正其原也變律半聲之例以爲黄鍾至仲吕相生既窮遂變而上生黄鍾之宫餘八寸而缺半通其變也五聲二變之則角與徵羽與宫相去二律故角徵之間近徵收一聲而比徵少下羽宫之間近宫收一聲而少高於宫諧其聲也若聲氣之元則政善民安而天下之心和然後氣飛灰而聲中律故於此多截竹以擬黄鍾之聲而以氣應者用之然後以秬黍之法而參較焉非律生於黍也此其爲書明白而淵深縝密而通暢亦可謂善言樂者矣故以二書較之周禮固安勉不同道然可以繼往開來而功在萬世亦豈可誣耶故吾謂後世之禮樂叔孫輩陋者也介甫輩亂者也家禮新書幾者也後之欲用周禮者盍於家禮新書而參考之哉敢以是爲明問復

第三問

林時雨

同考試官教諭黄批（識見精明敷暢典實子於文學其深有得者乎）

考試官教諭張批（議論精確）

考試官教授錢批（辨博）

文章也者聖人道德之英華乎古今人品之槖籥乎英華也者天之紀也地之表也民之統也槖籥也者分量有所不充地位有所不造機軸有所不運是故破紀者陷壞表者邪失統者詖其間亦有屹然自立而以文華震耀天下乍而見之非不盎然可愛也然有不充則缺矣有不造則偏矣有不運則滯矣是故自聖人以下邪正不同路純駁不同色大小不同器清濁不同流而文章亦與之俱嗚呼文章固學者之末事也而於此可以觀心志焉可以考節操焉可以驗智識焉可以占才能焉文其可易言耶請因明問所及而陳之夫文章唯孔子之六經至矣而何所昉乎焕於被四表之堯而非堯也晝於畫八卦之包羲而非羲也其始於於穆不已之天乎蓋本爲一誠列爲四德散爲五行而聖人得之以爲心於是乎清明純粹之實自然光輝發越條理分明故達而在上則昌言嘉謨足以定國是而以文章見於政窮而在下則潛德隱行足以勵世俗而以文章筆之書聖人何嘗有意於爲文哉故夫三代無文人非無文人也風俗渾厚有欲工而不能之意然觀周詩田夫田婦摸寫之工何文人之多

也六經無文法非無文法也無意於立法而紆徐曲折有化工自然之妙若明問所論大誥繫辭諸篇是也後世之論文者吾惑焉如張文潜之説則學文以明理爲急如倪正父之説則爲文以體製爲先二者似之而實非也夫理非文外之物也惟平日務學明理之功既深則吾之爲文無意於明理而理趣有不可遏矣無意於合體而體製自有可觀矣若如二子之説則爲文之時尋何理以爲通貫檢何體以爲法程此即明問所謂以文章爲事業汲汲乎弊精神以求見於世而不自知其勞者也而何怪其不能追古作哉至於文章與時高下三代之文至戰國而病涉秦漢復起秦漢之文至三國而病唐興復起此劉夢得之説似之而亦有未盡然者夫文之興也以道道之興也以學而豈興於時哉如興於時則春秋何以興六經戰國何以興七篇哉其説亦牽合矣就其所論文人而品評之列禦寇之文平淡疏曠莊周之文跌蕩開闔荀况之文敷腴宏大皆有可觀者矣然莊列荒唐多寓言與佛氏老子之説相表裏至漁父盗跖篇又詆孔子之徒是叛禮背教甚矣荀子極偏駁觀其以性爲惡以禮爲僞以子思孟軻亂天下至於事黄歇教李斯則其爲人之卑又可知矣而何文之足論哉漢之能爲文者皆曰賈生董相史遷相如楊雄然賈之文質實董之文滋潤司馬之文雄健相如之文富麗楊雄之文奥衍是皆文人之白眉也但表餌之策幾於疏上林之賦流於侈法言妄擬論語史記乃後六經且卓君之開爐新莽之執贄固立身之大玷而哭懷王以殞命救李陵以殘軀亦不知義命者矣董之議論多騎墻而惑於灾异之説固非醇乎其醇也然正義明道之訓漢諸儒孰能出其右者耶漢之後曰唐吾得一韓昌黎爲一時山斗唐之後爲宋吾得一歐陽永叔足以追韓氏而先後争光者也今以二子之文論之愈之文刊落陳言酷排釋氏其言汗漫卓踔奫泫閎深真所謂日光玉潔周情孔思者也史臣稱之曰摧陷廓清之功比孟子而力倍之今雖不可謂倍孟子也獨不謂孟子之徒乎蘇子稱歐子之文也曰詩賦如李白記事如司馬遷論治如陸贄至於變文體濯士氣以救時行道其功亦不細矣以其文考之則豐樂亭等記玉顔身累等詩一唱三嘆寄美麗於平淡當時以爲今之韓愈夫復何愧哉但晦菴之論有曰韓千變萬化無心而最高歐有心而可學蓋韓之文如馭馬通衢塵陌縱横馳逐唯意所至何高也歐之文如賓主相見平心易氣而雍容揖遜此所以可學也若論其文之不能無病則讀墨篇以异端并之聖人孟簡書爲太顛所惑至以博愛爲仁三品爲性則見用而昧體誠有所不免者矣歐子自稱曰我所爲文必與道俱則與道與文爲二事故本論雖正而以封建井田之禮變佛氏亦拙矣又以琴書棋酒與老人爲六是何言之放誕不羈哉

蓋平日以性非所教而以十翼不出於孔子亦幾於叛矣是故晦菴所謂治世之文程子所謂化工之文二子皆不能造其藩籬祇皆飲酒賦詩而因文以見道也其在剪裁之下繪畫之上乎又就二子之文而低昂之歐晚年筆力亦衰其文終不如韓而韓之文又不如漢漢之文又不如先秦戰國蓋去聖有遠近而聞道有多寡也又就二子之人品而論之韓子以出使折藩鎮勁氣凜於冰霜以極諫貶潮陽精忠貫乎日月而歐之犯顔直諫救時行道君子恃而不恐小人畏而不爲則皆俊偉光明董仲舒以後所未有也其視荀楊之擇不精語不詳而爲名教罪人何啻珠玉之於瓦鑠耶昔吕與叔之詩有曰文如元凱方成癖學類相如始類俳獨立孔門無一事只輸顔子得心齊則固以君子之學務其遠者大者而不徒事其文也愚也讀古人之文固未嘗不策勵而欲追其步驟咏吕氏之詩又未嘗不猛省而欲造乎坐忘也惟執事其濯磨之

第四問

饒相

同考試官訓導王批（道統之傳在學者最當體究此策獨能探之得非學之有得者邪良士良士）

考試官教諭張批（深契源流）

考試官教授錢批（明備）

孔門道統之傳惟聖賢爲能深以造之明以通之夫聖人之道昭灼如火焉潤澤如水焉蓋無一息之間斷遏佚也而何待後人傳授以爲之主張哉蓋使世道而常如唐虞可無恙也唯立异者激之好高者揚之用邪者壅之自私者撲之激則其流横矣揚則其本摇矣壅則其坊壞矣撲則其光晦矣然則主盟斯世以任繼往開來之責在聖賢可得而辭者哉顧夫時有先後地有淺深有不可强而同者維扶世立教而議論不詭於聖人則皆可謂浚其流也揚其波也助其瀾也皆可謂嘘其烟也熾其膏也裂其焰也安得世世如大聖人而後可秉吾道之旌麾哉今夫世之語道統者曰奇偶二畫包羲爲文字之祖執中一語帝堯肇心學之源列聖相承曰精曰一曰義曰禮曰敬曰義辭雖不同而道實相同也孰知夫子集群聖之大成而作爲六經以詔萬世皆其所自得師哉故謂夫子爲文字之祖心學之源可也而豈可獨歸之羲堯耶夫孔子既爲萬世心學之源則其一脉之相傳不可不要其始而究其終矣夫孔門高弟唯顔氏曾氏之傳得其宗曾氏以是傳之子思子思以是傳之孟子此黄勉齋謂孟子傳統於子思之説也抑不曰傳孔子之統而謂傳統於子思者特據其及門受業言之也若以其功論之孟子藴經綸之大業而發明性道純乎純故

謂孟子傳子思之統可也傳孔子之統亦可也豈必見而知之爲傳道聞而知之者非傳道耶顔子卒於陋巷孟子亦不見用於齊梁是皆隱未見行未成也而朱子以顔子優湯武程子以孟子并禹稷者蓋顔子有若無實若虚氣象何温淳也然以有爲如舜而敢問爲邦則其剛大之志王佐之材又可想見故使其見諸事業雖不及湯而成就則渾渾無痕迹雖湯亦有所不及也是之謂優於湯武也孟子以身任道而息邪説拒詖行放淫詞自以爲承禹抑洪水周公驅猛獸孔子作春秋之功不然楊墨之禍世未止也以孟子比禹稷豈不宜耶孟子既没聖學失傳歷世久遠其間儒者非不知尊孔孟而談六經然不越文義訓詁之間而止矣濂溪生千載之下獨得微旨而發之圖書凡太極性命陰陽鬼神綱分彪别使學者曉然知所準的此正明問所謂濂溪傳孟子之統者也而謂受學於希夷豈知濂溪者哉自是一傳而得二程數傳而得紫陽二程之學皆以學庸語孟爲標的而達於六經辯异端扶正道故伊川謂明道孟子以後一人而已紫陽之學又集諸儒之大成而粹乎洙泗伊洛之緒故鶴山謂朱子之功不在孟子下也然則謂紫陽傳二程之統可也謂傳孟子之統亦可也謂程子傳濂溪之統可也謂傳孟子之統亦可也蓋千聖一心也萬古一道也何先後彼此之間耶當時横渠之精思力疾妙契疾書堯夫之天挺人豪英邁蓋世延平之身世兩忘精義造約東萊備四時之和涵千古之秘敬夫擴仁義之端謹義利之辯皆於吾道有聞焉者也而不得與道統豈非張邵猶宗乎二程吕張猶宗乎晦翁者耶程子之門若謝上蔡朱子之門若蔡季通亦庶幾有聞於道矣君子論道統而以程子傳之龜山朱子傳之勉齋者豈二子之學能過於張邵諸賢哉亦自其能傳中庸易學能成經傳通解皆見知之真者而許之也豈天下定論哉若夫二程之學晦翁以爲明道比顔伊川比孟者蓋明道之德性寬大規模廣闊伊川氣質剛方文理密察其氣象實相當也而一愛游定夫一愛楊中立亦豈不以二人氣象之相類哉但明道之比顔固亦然矣伊川檢束之功孟子不能及而孟子雄才又非伊川所能到也就以二程行事而觀之明道爲條例官不以爲□而伊川作行狀不載其事明道謂青苗猶可放過而伊川於西監則一一較計焉是非兄弟有二道也一則孔子之獵較爲兆一則孟子之不見諸侯也而何害其爲同耶及以二程之議論考之明道曰禀於天爲性感爲情動爲心伊川曰自性之有形謂之心自性之有動謂之情是則一以動爲心一以動爲情若不侔矣然以近思録所載二程體用寂感之説觀之則先儒謂紀録之誤是矣而二程豈有异説可駭者哉若夫朱子謂學顔子入聖人爲近而不言孟子以爲才高無可據之地也胡文定謂立志以明

道自期待而儕之希文不論其道而論其志也希文豈足以并明道者耶若夫顔孟所造皆幾於聖人充之則大矣養之則粹矣此又顔孟所以自爲深造之學也合而言之聖賢道統之傳孟子浚其流嘘其烟乎周程揚其波熾其膏乎紫陽助其瀾烈其焰乎彼吴草廬又分爲元亨利貞之説以論道統者豈其磨研六經疏條百氏而寓自任之意歟是固不可得而知也愚也識見寡陋豈能於前修氣象想像而旁通之哉姑舉所聞於父師者以復而亦不詳其是否也惟進而教之幸甚

第五問

梁津

同考試官教諭余批（酌今古以理外患内政而歸于得人通變之才識體之論咸可以觀矣）

同考試官教諭曾批（勢也者變之所由而德與謀所以弭變之方也子能悉之其深於經濟哉）

考試官教諭張批（練達治體）

考試官教授錢批（宏濟之學）

天下勢而已矣通其變可施不倦之神而識其重須爲亟反之策凡勢之將變其生有旁根也其趨有邪徑也其流有頽波也其仆有敗脉也吾欲爲拯救肅清之方則在顧乃德訏乃謀何也夫剛斷也者伐謀之斧斤也中正也者救偏之绳墨也容忍也者鎮浮之砥柱也惇大也者休否之靈丹也以是四者隨時出之以爲之綱紀則嬰盤錯而其鋒益厲矣乘叢雜而其界益明矣施鼓橈而其風益震矣遇喧囂而其聲益宏矣然則九州之事亦可决也八蠻之人亦可化也而何廣東一省之事宜有不可舉者耶且廣東之可患者曰黎峒曰猺獞曰海寇曰番舶此外患之不可不備者也曰屯田曰軍伍曰積穀曰徭役此内政之不可不修者也執事以是質諸生豈以愚生長是邦而籌之必熟耶而生非桑弦有志之人也顧嘗以董子爲政如調琴瑟晦翁論事若持權衡之説而三覆之矣請終言之瓊州中據黎峒誠皇甫規虺蛇入室之喻也頃者黎佛二爲妖殺虜官軍今雖生獲以快人心矣而黨與猶未革面也明問謂搗穴窮巢以驅除之誠是也吾謂生黎自昔不能爲患而所患者熟黎乃荆湘福閩之亡命雜居者也夫荒服固所不治而地利在所必争若得金牛通道以内立屯帥則宅中有圖大之勢而永絶禍根顧自古無爲此説而事勢未可輕議也則莫若於犬豖跳梁之境而决加天討之兵若杜杞之擒破諸蠻趙鋒之剿平三峒以作我南方之干城其歸我聲教者若韓璧之勞來不卷使供賦税亦可

也而豈可拘一說哉廉州僻近交阯即馬伏波所立銅柱表界之地也比年西山賊首恣行劫掠今雖已剿滅以張國威矣而餘孽猶未授首也明問謂鑿山刊道以殄滅之誠是也吾謂猺賊不能爲患而所患者浪賊乃本境奸宄之頑民交通者也夫山險有所不由而地勢在所必守若得屯衛星羅以把截要路則先人有制人之心而永安黎庶顧于今無可爲計而事勢未可妄論也則莫如於魚鹽貨市之際而嚴禁交通之人如泠應徵之擒治峒獠林概之選蠻籍兵以壯吾北門之鎖鑰其服吾羈縻者若倉振之深入賊境示諭禍福亦可也而豈可執一見哉海賊之雙桅出没明問曰漳民糴穀麥之害是也而議者以爲有巡捕交通之弊蓋謂軍衛貪鄙而受彼漳人之賄賂以縱出匣也頃者雙桅大船明詔所不容已盡毀矣豈能保無不測之虞耶所以召之必有土人爲之窩隱以分贓而使之然也莫若督軍兵之巡瞭戢官吏之奸貪如蔡謨之戍八所以備季龍李寶之備火箭以拒逆亮亦可矣至於葉義問之請立寨主方信孺之先負賊舟亦一方經略之策豈可棄哉番舶之連年往來明問曰奇貨資軍餉之利是也而議者以爲有將來開釁之憂蓋恐往來頻數而覘我中國之虛實以啓觸藩也比者交通番夷恩詔所不赦若少警矣豈能保無意外之患耶而所以致之則以番舶有商人爲之鄉導以圖利而使之然也莫若盛軍容以防閑按舊法以抽税如元佑之盡報物數而勿疏隆興之納税寬期以相愛亦可矣若夫胡則之溺水貸錢馬亮之遣使招徠特一時權宜之計豈可法哉今之屯政專委憲臣以督理之每年如漕法爲參究之典誠亦嚴矣而官軍之侵欺不已明問曰武弁恃世襲而敢於爲惡是也愚則曰下愚之性見利則乾没矣豈獨武弁爲然哉昔湅阿木之在欽州勤政務開屯田其與仲淹屯陝州之法吾不知其相合與否也但今之田非昔之田矣比年管屯僉事林希元亦將屯田事宜奏准蓋酌今之宜而爲之策也以是潤澤而審處之豈不臧乎今之軍政分委藩臬以督清之各府又各有官以嚴清查之法誠亦備矣而軍士之逃亡不止明問曰軍士苦輪班而敢於在逃是也愚則曰軍衛之官惟利是剥削雖不輪班亦豈能安其生哉昔馮拯在端州而括隱丁其與張説因衛士逃匿而募彍騎之法吾不知其相同與否也但今之軍非昔之軍矣比年軍政條例及清戎官建白亦已頒行遵守蓋參時之弊而爲之處也以是恪守而力行之豈不善乎積穀所以爲備荒之地也昔李悝立平糴之法耿壽昌制常平之規其意皆有可觀者矣而明問謂際留永豐等倉皆不堪於久積則是贓罰惟取价值貯庫而何以備荒歉也且不開貪吏囊槖之門哉愚謂廣東地氣卑濕固不可積於彌年猶幸連歲豐登亦不可濫於賑濟莫若以紙米罪穀每

倉爲官軍俸粮之用而小民秋粮夏税每年爲減价析色之徵則軍民兩便而適其宜矣與平糴常平何异哉均徭本以供役也司馬公則主差役王介甫則主於助役其言皆有所據者矣而明問謂弓兵水夫等役皆不樂於親當則是徭役惟取价值雇募而何以惠貧難也其不中積年包攬之欲哉愚謂徭役之願於納价以官吏得逞貪殘之由而官吏之遂於貪謀亦由徭户不願赴訴之故莫若以廣韶之願納价者聽其貯官而不使之自募以雷廉之願親當者聽其應役而不强其必同則貧富兩便而得其所矣與差役助役何异哉抑凡愚之所言者法也而所以爲之要在由前所言剛斷之四事而實責之在人也夫黎峒猺獞之出没其責在兵備海賊番舶之往來其責在海道屯政之修廢其責在管屯之僉憲軍伍之虚實其責在清戎之藩臬量積穀之出入以便官民其責在於粮儲均徭役之重輕以通民瘼其責在於守令而所以使之爲冰蘗而不爲溪壑爲保障而不爲繭絲爲胸中數萬甲兵而不爲棘門兒戲則又在撫按公激揚之論廟堂决黜陟之權此地方大計肉食者之所知也而豈藿食者所能曉其萬一哉狂瞽之言未知是否惟執事與其進而教之

廣東鄉試録後序

昭哉我國家以人文化成天下歲三閲而取士其周之大比而賓興者乎試之以文豈徒曰酌其章哉有道存焉其關於治運者懋乎其隆也槩嘗仰觀於天俯察於地見其確然而示人以易隤然而示人以簡乃作而嘆曰休哉其文乎天之精也地之英也人之粹也三才之道一而莫之或遷也于其易也唯其健也于其簡也唯其順也有神焉以握其機雖天地而弗得與其能也而況於人乎哉夫塞其體也帥其性也其心固天地之心也由是而發之言措之業皆夫人之文也文不足以觀士乎哉仰惟我聖上以天縱之資而紹帝王之學兢兢焉存其心純其理於敬一焉緝之則精一執中之傳允乎其相承而建極以風乎士心者固自有本也而文也者所以徵乎其心也士生於時得非其慶幸哉槩始應東廣聘事若隱有懼者意其地涉遐方士之心或未盡淑而文弗之辨邪徐而校之則震而弗靡其氣達也美而弗詭其才華也雅而有倫其制典也夫氣德之充也充則弗餒而於理也直才德之焜也華則弗涸而於理也澤制德之準也典則弗雜而於理也純三者集而心庶乎其亮矣槩敬竦而嘆曰於猗哉聖化之入人深也雖嶺海之遠猶且翕焉而丕變則中興之運於兹

乎昭矣二三子沐盛而起將奚以示我周行以觀國之光哉夫言之非艱行唯艱行之非艱心唯艱薦書衹成必實録其文者所以識其心而要其行於終也矧邇者聖諭太學務在惇本尚實勿徒專事詞章使大道明而彝倫叙用贊我國家文明之化則拳拳致望於天下士者至重至切二三子得無念哉亦惟曰貞其心而已矣蓋藴諸心者爲德性則宣諸言者爲德聲徽諸行者爲德業經而緯之造化在我必如是而后無愧於文也否則而堅而辨率歸諸僞君子耻之二三子得無念哉庶或勉之固諸大夫主司願也遂拜書于録

浙江杭州府海寧縣儒學教諭張槩謹序

嘉靖十六年廣東鄉試録

廣東鄉試録序

聖皇帝文涵武蕩海徼内外戎夷咸知向學矧嶺以南乃寰宇中州歲丁酉廣東如期舉試維時巡按監察御史余光恭先厥事暨提調官左布政使陸杰左參議余鍐監試官按察使蔣淦副使鄒守愚與先巡按監察御史陳大用以禮聘考試官學正王本才訓導郭愷同考試官學正黄仲陽教諭蔣孟倫林人紀陳玉郝光潤王蘭矢心入院恪供乃務維時右布政使柴經左參政詹瀚右參政朱珮右參議盧蕙副使顧可久葉照僉事吴玭江匯朱道瀾周相李默相與晝謨作範殫思獻藝維時提督兩廣軍務兼理巡撫兵部左侍郎兼右副都御史潘旦提督南贛汀漳等處軍務右副都御史王浚昭謀備典總兵安遠侯柳珣協寅觀成禮科右給事中沈伯咸湖廣道監察御史毛復恤刑郎中鄭朝輔咸諮度定規都指揮潘璵張輗李讓咸贊翼防範合提學僉事吴鵬所選士一千九百有奇録其中式者七十五人既竣事本才當叙諸首曰夫原道立法綿絡天地以法守道範圍古今國家制法秉公萬世不磨者科目其一也我太祖高皇帝開國統天開科延士肇於洪武三年定於洪武十七年中乃止者一十四載竭智力以旁搜厭巧者之暗移歷試罔效乃更繹思故制爲科式歸於正途俾豪杰向風哲人有守是百世王典通乎天地者也大之公孤論道次之九卿分理中之邦伯司牧外之將帥分閫文武并效纖洪畢陳洋洋乎聖謨帝懿彬彬乎鳳翥麟游猗歟盛哉或曰雄論無稽彌文不實言寓莊周談空鄒衍以科取人無乃摭華棄腴予應之曰官先事士先志志以論士言以發志典曰敷庶以言非乎世非洪龐人非淳古是故求賢良則深情進矣求隱逸則僞遁至矣求多途則私門啓矣是廣虚名而蔽實德乃覬進者之要津也况非豪杰所樂趨乎故謂藝文不能觀人者妄也謂科目不能盡士者迂也惟額於數不并一時終無留良矣惟執事者秉公司衡者深識務窮正學以貢於澤宫爾乃相與告誠於百執事曰聖天子在上賢公卿在下三年一比士類淹期庸弗慎乎得人以應社稷攸倚庸弗精乎分經校藝者毋眩浮獵毋奪鈎玄則真才得矣監臨提調者嚴憲肅令協恭和衷則大典成矣登明以選録士以應乃擇

日會謙謙畢進之曰嶺以南雖在遐荒入漢即爲名郡烈士奇節學士雄文卑俯衡廬潤吞滄溟無論漢宋且評本朝如丘文莊之經濟陳白沙之清修倫迂罔之純懿皆名諸天下亶非潤論諸士子鍾奇而力學際時而奮庸近儷諸公遠匹於古者志也進退以禮窮達罔變者毅也困而裕如亨而兼善者弘也若騁藝徼惠而棄其所學爾士子其自顛殞以疚乃心若别求往哲以無負明世廓之以配于天地厥亦自余爾多士其毋以余爲竅言哉

浙江湖州府安吉州儒學學正王本才謹序

嘉靖十六年廣東鄉試

監臨官

巡按廣東監察御史余光（晦之應天府江寧籍祁門縣人　壬辰進士）

提調官

廣東等處承宣布政使司左布政使陸杰（元望浙江平湖縣人　甲戌進士）

廣東等處承宣布政使司左參議余録（文甫浙江遂安縣人　辛巳進士）

監試官

廣東等處提刑按察司按察使蔣淦（汝潔廣西全州人　辛未進士）

廣東等處提刑按察司副使鄒守愚（君哲福建莆田縣人　丙戌進士）

考試官

浙江湖州府安吉州儒學學正王本才（思學江西安福縣人　甲午貢士）

直隸松江府華亭縣儒學訓導郭愷（汝才江西泰和縣人　壬午貢士）

同考試官

河南開封府許州儒學學正黄仲陽（宗乾福建閩縣人　辛卯貢士）

湖廣承天府京山縣儒學教諭蔣孟倫（邦典廣西全州人　甲午貢士）

浙江台州府天台縣儒學教諭林人紀（肇脩福建莆田縣人　戊子貢士）

江西贛州府會昌縣儒學教諭陳玉（汝良福建長樂縣人　辛卯貢士）

直隸太平府繁昌縣儒學教諭郝光潤（子玉湖廣華容縣人　戊子貢士）

湖廣荆州府夷陵州遠安縣儒學教諭王蘭（一芳貴州銅仁長官司籍江西奉新縣人　乙酉貢士）

印卷官

廣東等處承宣布政使司經歷司經歷沈隆（世昌湖廣辰州衛籍沅陵

縣人　監生）

廣東等處提刑按察司照磨所照磨胡鳳鳴（仲律山西太谷縣人　監生）

收掌試卷官

廣州府知府鄭絅（子尚福建莆田縣人　己丑進士）

潮州府知府鄭宗古（本醇湖廣石首縣人　癸未進士）

受卷官

廣州府同知謝存儒（懋珍湖廣蒲圻縣人　丙戌進士）

南雄府同知高濂（升之直隸江都縣人　辛巳進士）

瓊州府通判吕箎（仲和江西進賢縣人　乙酉貢士）

彌封官

南雄府推官侯廷训（孟学浙江樂清縣人　辛巳進士）

肇慶府推官汪九齡（良永浙江桐盧縣人　己卯貢士）

潮州府推官張默（時言江西南昌縣人　官生）

肇慶府新興縣知縣胡堯時（子中江西泰和縣人　丙戌進士）

謄録官

廣州府推官韓柱（廷佐浙江餘姚縣人　壬午貢士）

廣州府番禺縣知縣李愷（克諧福建惠安縣人　壬辰進士）

廣州府順德縣知縣胡崇德（伯賢浙江餘姚縣人　乙未進士）

潮州府饒平縣知縣翁五倫（大經浙江蕭山縣人　乙未進士）

對讀官

廣州府通判林元秩（禮卿浙江臨海縣人　癸酉貢士）

廣東市舶提舉司提舉彭詩（一中湖廣雲夢縣人　庚午貢士）

廣州府增城縣知縣文章（成之廣西臨桂縣人　壬午貢士）

肇慶府四會縣知縣羅愈（汝賢湖廣新化縣人　乙酉貢士）

巡綽官

廣州右衛指揮使王鉞（國器直隸睢寧縣人）

廣州左衛指揮僉事陳彪（德威直隸棗强縣人）

搜檢官

廣州右衛指揮使徐濬（元哲河南洓縣人）

廣州前衛指揮使王寵（與賢直隸完縣人）

廣州前衛左所正千户祝英（廷傑直隸壽州人）

廣州前衛右所正千户黎祖賢（世達湖廣汕陽州人）

廣州右衛前所百户孟宗賢（仁伯直隸沛縣人）
廣州前衛中所百户周楠（廷幹直隸無錫縣人）

供給官

廣東鹽課提舉司同提舉徐立（守直浙江慈谿縣人　監生）
廣州府經歷司經歷蔡相（輔之直隸無錫縣人　監生）
廣州後衛經歷林用信（中孚福建連江縣人　吏員）
廣州府番禺縣縣丞方朝相（敬甫浙江淳安縣人　監生）
廣州府南海縣主簿朱邦寧（本固江西南昌縣人　監生）
廣州府番禺縣主薄胡巍（希堯直隸歙縣人　監生）
肇慶府陽江縣主薄史鎧（聲甫直隸吴江縣人　吏員）
雷州衛守鎮石城後千户所吏目丁淙（會卿江西豐城縣人　監生）
廣海衛香山守禦千户所吏目周儉（節之湖廣江夏縣人　承差）
從化守禦千户所吏目鄭聞喜（士榮福建莆田縣人　承差）
廣州府南海縣典史陳銑（舜聲江西進賢縣人　知印）
廣州府陽山縣典史蔣稲（時盛廣西全州人　吏員）
韶州府樂昌縣典史徐璵（君佩浙江秀水縣人　吏員）
廣州府番禺縣五羊驛驛丞廖冠（廷望湖廣巴陵縣人　承差）
廣州府南海縣官窯驛驛丞陳亘（常甫福建甌寧縣人　知印）
肇慶府陽江縣西平驛驛丞丁佩（朝儀湖廣應城縣人　吏員）
惠州府歸善縣欣樂驛驛丞李邦（德任廣東高要縣人　承差）

第一場

四書

固天縱之將聖又多能也　致中和天地位焉萬物育焉　智譬則巧也聖譬則力也由射於百步之外也其至爾力也其中非爾力也

易

坤道其順乎承天而時行　九五涣汗其大號涣王居无咎　仁者見之謂之仁知者見之謂之知百姓日用而不知故君子之道鮮矣　君子藏器於身待時而動何不利之有動而不括是以出而有獲語成器而動者也

書

曰若稽古帝舜曰重華協于帝　德無常師主善爲師無常主協于克一

王來紹上帝自服于土中旦曰其作大邑其自時配皇天毖祀于上下其自時中乂王厥有成命治民今休惟德惟義時乃大訓不由古訓于何其訓

詩

九月築場圃十月納禾稼黍稷重穋禾麻菽麥嗟我農夫我稼既同上入執宮功晝爾于茅宵爾索綯亟其乘屋其始播百穀　夜如何其夜未央庭燎之光君子至止鸞聲將將　比于文王其德靡悔既受帝祉施于孫子以介眉壽永言保之思皇多祜烈文辟公綏以多福俾緝熙于純嘏

春秋

大雩（桓公五年）秋八月壬午大閲（桓公六年）晉人納捷菑于邾弗克納宋子哀來奔（文公十四年）　公至自伐齊（襄公十九年）盟于召陵（僖公四年）夏四月己巳晉侯齊師宋師秦師及楚人戰于城濮楚師敗績（僖公二十八年）三月公會劉子晉侯宋公蔡侯衛侯陳子鄭伯許男曹伯莒子邾子頓子胡子滕子薛伯杞伯小邾子齊國夏于召陵侵楚（定公四年）

禮記

凡官民材必先論之論辨然後使之任事然後爵之位定然後禄之爵人於朝與士共之　立太傅少傅以養之欲其知父子君臣之道也　五色成文而不亂八風從律而不姦百度得數而有常　天無私覆地無私載日月無私照奉斯三者以勞天下此之謂三無私

第二場

論

先天下而後天下之謂君詔誥

表（内科一道）

擬漢舉賢良方正直言極諫之士詔（建元元年）　擬唐以陸爲中書侍郎同平章事誥（貞元八年）　擬册立皇太子正位東宮群臣賀表

判語（五條）

犯罪自首　漏用鈔印　門禁鎖鑰　詐爲制書　造作過限

第三場

策（五道）

問　我朝建官植國表裏周官聖皇統大經而運乾斷群臣綸萬系而體

坤承三公集議而天子裁之盡去中書威福之權九卿分職而百僚佐之猶存冢宰統均之要六科有封駁之寄十三道有激揚之專大率君人如天運而健行三公如陰陽而輔理九卿如五行而敷化科道如風行以肅清至於振綱貞度以通上下則御史按藩其設也惟於史官未有專職以復於古夫史官默握予奪之柄而暗運砥礪之機以相天地垂戒道今雖有修撰編修之名而咸豫養經筵之德分直入史舘孰爲馬遷更番舉故事孰效吴兢乃以紀言動書事實爲末務而皆不屑爲矣聞之前人用心者亦不過集通報紀頒行而已豈諸臣咸不恭厥事以恪乃職殆亦不專其官以責乃成故耳聖天子在上禮樂爲昭文物爲備諸生毋惜討論往制以敷大典

問　天地爲廣龍蛇并育而不相悖聖王爲廣華夷同體而罔以凌故侵暴而後有甲兵之興不得已而後有征伐之舉若彼來格因受而化之不咎其往不拒其歸畜以禽獸古之道也何者天以星躔分野地以山川分域人以音形分類氣以清厲分俗自弗能一也而以力一之終罔能久昔人伐玁狁走東胡城朔方空幕南皆破胡以立武功征有苗伐鬼方開南夷誅徼側皆平蠻以成偉勲其間或難或易倏服倏叛勒燕然者雄赫赫之武立銅表者假煒煒之光薄伐不窮者得禦戎之體班師聽格者享來王之休何憚而不竟其説也今者吉囊猖獗人忌其强安南不庭人輕其弱竊恐主客分形而難易之勢已判議者昧兵徒睹其形而未究其實往日之事可考也諸生脱穎奮志投筆封侯此其時矣願上平胡平蠻之策以建丕烈

問　周宗維藩厥後晋猶主霸而魯猶會盟漢宗維强厥後光武中興而昭烈後振宗室丕隆國命攸倚也我皇明宗室如雲如林蕃邁周漢夫宗者國之幹也民者國之土也不厚其宗是弱其幹何以樹屏不恤其民是竭其土何以植幹今山西河南之宗室極盛而山西河南之民亦困矣及兹弗圖幹土兩傾後將何及今之計者無已則立宗學乎科目歲貢猶可聽之以開仕途是通其生也無已則分泒遷乎地無藩封猶可安之以立公籍是廣其生也王朝多官不以臨民尚可以任置田供賦不以妨民或可以耕昔者更生立朝直氣而奸懾劉欽耕野脱難而光復漢皆非乎請豫圖之

問　伐謀者將之微也全國者師之權也破敵者軍之法也是故不戰者帝其微以機發乎一戰者王其權以變應乎三戰者霸其法以形設乎今戎虜暴横深入肆掠寧縱弗戰作戰維何厚儲恤士固塞據險守以虎落布以渠答者戰之具也廣設戰車陷堅遮北鱗次爲陣鈎聯爲營者戰之技也夫步不勝騎騎不勝車軍之明驗我車既攻以興周兵車大會以霸齊故古者夷狄不得

志於中國帝王握長技以制勝者此也李忠定公鋭志破金其車三勝可得聞乎張統制經心剋敵其車制簡便可復講乎古人用武剛者破匈奴運偏箱者滅突厥冒狻猊者雄海内乘鐵籠者復全齊惟房琯不善用乃以取敗後世議者遂以廢車黄帝神於兵其造指南車以破蚩尤者何也

問　地分清濁肇於風氣未淳心無古今存於教化有道善教化則氣自變矣變氣質則俗自還矣明運丕隆海島沾渥雕題沐浴豈惟嶺南英材出而日昌獷悍革而昇昔或云廣之俗質直尚信韶之俗淳樸尚愨肇慶之俗勤漁績南雄之俗雜夷夏雷之俗多習學高之俗多簡嗇潮忠實而篤文行廉儉朴而稀訟牒瓊之衣冠可齒中州黎蛋混居野而畏法是朴風尚存或以在嶺外也邇來崇淫祀而吉禮亂慵耕稼而户口隱族寡恩而豪暴張兵不戢而盜賊縱伊欲行保甲之法舉鄉學之規輕折抽之利申漢條之例嚴酗酒之禁重賭博之律以救時維風政之重也諸生生於其地長於其鄉固自有轉移之方幸明言之將采以酌行也

中式舉人七十五名

第一名　馬拯　廣州府學增廣生　詩
第二名　劉漢　南海縣學附學生　易
第三名　林光祖　揭陽縣學附學生　書
第四名　何右之　廣州府學附學生　春秋
第五名　吴日乙　瓊州府學附學生　禮記
第六名　盧夢陽　廣州府學附學生　詩
第七名　何用行　廣州府學生　詩
第八名　陳棐　廣州府學生　易
第九名　柯文紹　海陽縣學生　書
第十名　蘇干汲　南海縣學附學生　詩
第十一名　成子學　潮州府學生　易
第十二名　張持　南海縣學生　書
第十三名　何大章　海陽縣學生　春秋
第十四名　何所聞　順德縣學生　詩
第十五名　張仲湯　東莞縣學生　詩
第十六名　黎獻臣　番禺縣學生　易

第十七名　許守愚　揭陽縣學生　書
第十八名　蘇志仁　潮州府學附學生　禮記
第十九名　符渭　南海縣學增廣生詩
第二十名　方大猷　南海縣學生　易
第二十一名　盧曰倫　歸善縣學生　書
第二十二名　盛若林　潮州府學生　詩
第二十三名　薛綸　博羅縣學生　易
第二十四名　陳學乾　揭陽縣學附學生　易
第二十五名　陳瑞龍　潮陽縣學附學生　書
第二十六名　莊元吉　海陽縣學生　詩
第二十七名　洪先志　海陽縣學增廣生　易
第二十八名　楊惟執　海陽縣學附學生　書
第二十九名　謝勲　程鄉縣學生　春秋
第三十名　鄭汝喬　瓊山縣學生　詩
第三十一名　林焯　廣州府學生　詩
第三十二名　麥天惠　廣州附學附學生　易
第三十三名　馮繼科　番禺縣學增廣生　易
第三十四名　王弼　潮州府學生　書
第三十五名　蕭大鈞　海陽縣學生　禮記
第三十六名　陳脩　番禺縣學附學生　詩
第三十七名　謝翰卿　廣州府學附學生　詩
第三十八名　陳士介　廣州府學附學生　易
第三十九名　陳公懋　廣州府學附學生　詩
第四十名　鍾繼瑶　廣州府學附學生　易
第四十一名　馮元　廣州府學生　易
第四十二名　陳師淑　潮州府學生　書
第四十三名　張岳　番禺縣學生　詩
第四十四名　梁木　廣州府學附學生　易
第四十五名　林繼述　潮陽縣學生　書
第四十六名　潘文澤　廣州府學附學生　詩
第四十七名　李仁卿　東莞縣學增廣生　易
第四十八名　蔡瓊　番禺縣學附學生　詩

第四十九名　鄺彦舉　南海縣學生　易
第五十名　盧昇　東莞縣學附學生　春秋
第五十一名　陳介　潮州府學附學生　詩
第五十二名　彭大年　南海縣學生　詩
第五十三名　陳恪　三水縣學增廣生　易
第五十四名　林植　東莞縣學附學生　易
第五十五名　李大標　潮陽縣學附學生　書
第五十六名　吴旦　廣州府學附學生　詩
第五十七名　陳紹儒　南海縣人監生　易
第五十八名　張玉　瓊山縣學生　禮記
第五十九名　林冕　番禺縣學增廣生　詩
第六十名　李文遂　番禺縣學附學生　詩
第六十一名　嚴濟寬　順德縣學附學生　易
第六十二名　林汝桂　揭陽縣學生　書
第六十三名　魏志簡　潮州府學增廣生　詩
第六十四名　黄行著　肇慶府學增廣生　易
第六十五名　李一莊　潮州府學附學生　春秋
第六十六名　陳遷　南海縣學附學生詩
第六十七名　李宜允　潮州府學生　書
第六十八名　唐維　瓊州府學生　易
第六十九名　陳捷　廣州府學生　禮記
第七十名　陳紹文　從化縣學生　詩
第七十一名　何綠　番禺縣學生　詩
第七十二名　古時俊　博羅縣學增廣生　書
第七十三名　林煜　東莞縣學生　易
第七十四名　張斯軾　惠州府學附學生　詩
第七十五譚大初　南雄府學生　詩

第一場

四書

固天縱之將聖又多能也

馬拯

同考試官教諭陳批（脱化題目以錯綜成文實不越於矩度用以式士作之範）

同考試官教諭林批（子貢能言聖人之藴此作能發子貢之言）

考試官訓導郭批（子亦善言聖者）

考試官學正王批（變合雄渾）

天裕聖人以大德而麗之以藝者也夫天生聖人以統道也縱之聖以爲統而多藝能盡其大哉太宰不知聖故以多能與夫子子貢告之曰退藏於密而不見其有者聖人之分智周萬物而時見其能者聖人之餘夫天篤聖人上焉賴以成天地之能下焉賴以定民物之志重其任而薄其德則弗勝也豐其責而嗇其才則弗舉也故定其命以爲固而莫爲之回縱其質以爲量而莫爲之限將其機以爲盈而莫爲之止大心以體天下之物而思通於參兩之相形盡性以窮天下之賾而神妙於萬類之爲一邇以正而遠不禦静以蓄而動有容範不立之則以順成庶彙之變也物罔逾其神以會通古今之宜也斯其所以爲夫子若曰多能乃滄海之引以川瀆天體之繫以星辰太虛固無所不備而散者非其本質太和固罔有不涵而藝者猶其技餘射御書數兼之以備物而弗專文章禮樂假之以應酬而匪本何者推之於大則或窒運之於彼則弗通吾終不敢允太宰之品而庸以狹吾夫子夫因天之縱夫子則守之而不蕩成已之能夫子則不貪之以爲功此又非太宰所能知也雖然據其大而略其小則弗該無以觀聖人之用即其末而遺其本則弗精無以測聖人之神其必合天縱多能而并觀之則聖藝之辨昭然矣在當時弗知夫子者豈特一太宰封人以爲木鐸則精矣而不化黨人以爲博學則泛矣而不根接輿以爲鳳鳥則又譏其德衰雖子貢以爲日月尚或可則其象惟夫子自曰空空如也吾弗測其空空而請名之以太空

致中和天地位焉萬物育焉

陳棐

同考試官教諭蔣批（中和不可分動静位育不可分中和此作得之是用録出）

考試官訓導郭批（近日爲文者往往言神化此篇不言神化惡足語心學極功）

考試官學正王批（是可以言心學矣）

廓一心而神萬化聖功之極也夫天地萬物一於心者也善學者其測始之所致而終之極乎今夫志以存之者運不息之機也氣以通之者合散殊之分也而造化行於其中學則貫於兩在者矣故學也者其藏諸心者聖也其利諸用者神也動静無端吾不間於致曲顯微合一吾不息於存誠寂以立中涵陰陽剛柔之體原性以爲命也感以達和順勝負屈伸之始率性以爲道也夫致極者致於其豫無助長將迎之私位育者應於其時有絪緼吻穆之妙體存故可以厚本也用利故可以明漸也厚本故可以合同也明漸故可以鼓舞也是故吾之一心固典天地之神而立萬物之命矣以健順爲紀則卑高以陳也以屈伸爲信則寒暑不易也以大德爲化則生生不窮也以小德爲序則形形不擾也是天地爲昭心爲神判然者不容於不渾然一矣萬物爲變心爲通涣然者不容於不混然融矣故擴一心於天地萬物象不徇於其有合天地萬物於一心理不淪於其虚斡旋之而無方曲成之而無體抑豈知心之爲浩浩而學之爲蕩蕩也乎昔者堯舜在上乾清坤寧鳳儀獸無明此以南向渾渾噩噩之化也臯夔在下三光時而萬物蕃明此以北向穆穆翼翼之心也後之人通兹學者其惟仲舒得之以爲中而更生或流於繆戾要之周文興而鳳鳴志一之動氣也湯仁茂而天旱氣一之動志也是故志氣互勝而爲數君子友數而致中

智譬則巧也聖譬則力也由射於百步之外也其至爾力也其中非爾力也

林光祖

同考試官教諭郝批（氣勢宏偉詞有斷截未説清任和爲鵠處極是）

考試官訓導郭批（詞雅意新形容智巧聖力之旨有巧思）

考試官學正王批（意思圓融）

觀聖智於巧力而列聖之造著矣夫聖智殊歸而同極巧力并發而一精觀於射則聖人之偏全曷其隱哉且孟子深知孔子者也擬之以樂而不足復喻之以射而愈彰乃曰古人以射而觀德吾今以射而論人則知吾孔子巧力全而德不孤矣何以知其然也夫聖人之智爲樂之金聲則著也爲射之巧則智亦神矣聖人之聖爲樂之玉振則昭也爲射之力則聖亦弘矣夫百步者射之則也是即聖人之地也鵠也者射之的也是即聖人之準也百步以爲期胡可中之以爲止中的以爲則胡可視之以爲難故至之而貫革者力可强其能無待於其巧中之而决拾者巧實神其妙何預於其强吾觀伯夷尹惠也咸射於百步之外不以遠而弗至者也是故射之有力者矣吾觀孔子也亦射於百

步之外不以遠而弗中者也是故天下之善射者也故曰時乎清也以清爲鵠時乎任也以任爲鵠時乎和也以和爲鵠射也者射乎其鵠也鵠也者心之時而隨寓以張者也中也者因其張而中於其時者也故曰可以觀孔子聖智之備矣古人以射名者飛衛紀昌是已二人相遇而交射於中路二矢相觸而絶塵於不揚矢窮而捍之以棘端棘末而中之以其矢是二人者天下之絶技也然而有相謀之心若吾夫子則射隼于墉往省于度天下無與爲敵而進於技矣

易

坤道其順乎承天而時行

劉漢

同考試官教諭蔣批（理明意盡格度不浮録之以式多士乃易義之執範者）

考試官訓導郭批（得潔净精微之旨）

考試官學正王批（明暢清雅）

文言論地之爲道惟代天以成化焉夫無成而代有終地道固有然者孰謂坤非以順爲職乎夫子既發承天之義以贊坤元此復申之以爲論大化則乾坤合德語功用則厚載爲勞何也夫其動剛德方祖萬物而富有無疆道若擬於乾矣然而隤然者其性也陰陽摩盪委至順以成能凡以相乾之運而已含物化光母六子而效法有常似與天同其用矣然而居卑者其分也化育流行謝玄功於勿有凡以順天之施而已彼其運橐籥於出震之始元其時乎坤即承之以動由翕而之闢也蓋氣之交相爲感而坤其後至矣鼓絪緼于下濟之初時其至乎地則隨應而通本藏以爲顯也蓋道之相須爲用而地其代終矣以一施者以兩受日新之業成于坤而非始于坤也應時而動則有之爾以氣感者以形禪大生之功繼乎乾而實肇乎乾也與時偕行斯其職爾是故觀于順承天施之義而地道舉矣觀于其道而陰陽之化尊卑之理蓋燦然可睹也嗚呼斯其所以爲闡易之藴歟雖然地載神氣其即天之氣也惟其氣至而應若承順然耳故上天下澤以明履尊天親地以明報此乾坤之大分也非順承不可以爲坤非時行不足以言順豫順以動故日月不過而四時不忒天地且然而況於人乎故曰君命順則臣有順命

君子藏器於身待時而動何不利之有動而不括是以出而有獲語成器而動者也

成子學

同考試官教諭蔣批（君子崇解道而慎器與時此作得之且瑩徹可録）

考試官訓導郭批（子亦藏器待時者）

考試官學正王批（意完辭整）

大傳推言解悖之利而結其意也夫除大患以收完功固非淺妄者所能與也君子得其器與其時矣於解悖也奚其疑大傳推言以釋解上六爻義而結之謂夫事匪豫立固昧致用之權動違厥時豈足以制天下之變君子人也藴康濟之鴻猷以除戎而圖難者畜之素矣猶必察夫天人之會因其勢而舉之不先時以階亂挾戡定之遠略以戢威而防患者德亦周矣猶必審夫機宜之際投其便而乘之不失時以啓侮吾知時與器謀在我已出萬全之策智勇失其據鬼神奪其私奚往而不利器與時會於人實有制勝之地天祐其順人助其信奚弗利之虞夫惟舉事括礙功斯僨矣苟動而利莫我括也由是以克大憝則允終有濟而難可夷不猶發彼有的而獲隼于墉乎動罔攸括孰能禦之由是以翦元凶則尚往有功而患可殄不猶捨矢如破而禽爲我獲乎彼爻易所謂公用射隼于高墉之上獲之無不利者亦曰上六以至高之位居解道之極是蓋器成於已夙負寧人之望動觀其變適當解悖之時是故成功如此其偉也不然内焉無以豫諸已外焉而弗揆於時其不用以罔召敗者幾希聖人奚取哉抑解而至於上六天下之險難已解所未盡者此耳聖人猶以藏器待時言之何也夫隼本鷙害之物而高墉則非所宜據者蠹蠆之毒不止是也然則圖之亦難矣復隍之喻智者所憂斯傳也無亦嘉解道之有成而深致慎重之戒歟

書

曰若稽古帝舜曰重華協于帝

林光祖

同考試官教諭郝批（發出重華協帝之精思子亦史臣之善于紀舜者得士如此可以慶矣）

考試官訓導郭批（詞暢意完）

考試官學正王批（開闔相照以爲文）

虞帝於唐繼離明以照臨天下也夫天不可名堯難其繼不有重華之舜烏能紹其大哉史氏曰吾聞之天地不絶人於莫同聖人不絶德以孤立蓋嘗仰遡之於太古洪濛之先時則文未開也其渾淪者無以爲著又嘗俯求之於世道升降之日時則璞已斲也其斷繹者莫之相承夫惟唐虞際貞元之會而堯舜亶文明之君則天至是焕乎其大闢人至是昭乎其成文矣夫法始於伏

羲而成於堯則堯爲盡制運開於太初而隆於堯則堯爲中數夫堯至矣極矣繼夫堯者實難乎其爲舜也抑豈知舜之同堯君臣之所懸而合天下之所快而睹乎上下殊其分變化比其同先後异其時參兩歸于一欽明而光被者堯之華也文明而丕升者舜之華也并二代而普照民物之仰而依者皞皞然矣合兩君而同明華夷之被而麗者炳炳然矣夫有其華而不重光猶在於有間重其華而不協美或涉於罔同今則華矣而謂之重重矣而協於一莫爲之期也而自有其會莫爲之模也而自契其神綜其緯以爲同者天地之所以成其數也宣其光以亮寅者二聖之所以和其衷也是蓋相乘之機聖人不能睽之離默契之道智者無以測其兆於是而知堯不可繼則亢而無朋非聖也舜不能繼則企而不及非聖也觀於重華則二聖之大見矣論者乃曰堯之世蕩蕩而無四凶之誅舜之世赫赫而有三苗之竄噫堯君道而爲統故可以厚其終舜臣道而爲繼故不得不虔於其始噫於兹而弗异抑奚其能同

惟德惟義時乃大訓不由古訓于何其訓

柯文紹

同考試官教諭郝批（經旨明而辭格不羈以式多士騁其雄弗逾其軌）

考試官訓導郭批（得周室敦化之意）

考試官學正王批（辭健而意圓）

因其有而覺之因乎古而信之訓之道也夫覺其有則易悟信以古則易從以是立教烏有外于乃訓者哉今夫當其可之謂時資其富之謂基今日東郊時可以教而基可以資有基無壞有時無失無乃是務乎是故强之以非有則扞格而不入暴之以無徵則苦難而不從詳立規者蹈於佔畢之習語奥遠者犯乎陵節之施皆非教之善也故德者教之範也開厥心之鑒而使之明義者教之則也詔寐者之名而使之寤以蕩凌德者範以制以侈滅義者嚴其閑是以人治人達之天下而咸中本覺爲覺通於智愚而畢照我弗立法以更張彼胡執迷而不復其斯以爲天下之大訓矣乎夫德義爲訓訓之大也不古爲訓訓之聒也故古者今之則也本其型以爲之模而弗過先者後之規也昭其準以爲之的而使趨檃栝設而無友弛之形绳墨張而無舛枉之弊是駕在前而繫以駒習之慣而不亂裘爲學而通於冶事以類而漸升我弗意見以乖方彼胡溺故而弗順其斯以爲天下之至訓矣乎夫政有恒而訓有要徵諸古而本諸身兹周室敦化之體也卒之閑蕩侈而歸於馴化頑側而效其順以延周祚者咸絪緼於兹而綿絡於後也夫君道立而天下定父道立而天下安師道

立而天下化故君也者統父師之紀而相也者代父師之任與造化相循環以位天地以紀萬物者也或者謂世趨氣漓訓不如法斯人也將胥斯世爲鬼魅其滅生人之道矣乎凡吾人得優游於今日者誰之錫也而忍於泯訓化之功

詩

九月築場圃十月納禾稼黍稷重穋禾麻菽麥嗟我農夫我稼既同上入執宫功晝爾于茅宵爾索綯亟其乘屋其始播百穀

何用行

同考試官教諭陳批（櫽栝成文簡勁閑雅宛然豳俗在目）

同考試官教諭林批（説出豳俗憂勤艱難之意而規格整重詞語偉煒可以爲文矣）

考試官訓導郭批（意宛而氣昌）

考試官學正王批（簡明而雅）

豳人自叙其終始之憂勤而力本之意篤矣夫因終而慮始豳人之計豫也然則烏可一日而忘農哉昔周公以成王未知稼穡艱難故陳后稷公劉風化之由以教之意謂農者我周開國之基而豳者後王作則之地王其曷觀之乎時維九月物則成矣圃可爲場也則先時而築焉時維十月禾則穫矣場以受禾也則自田而納焉黍稷重穋廣其入也禾麻菽麥异其種也嗟我農夫稼則無不聚矣然而久於外也都邑之室能無壞乎以休勤恤以樂盈寧宫功之執兹其時也不然則民力不堪其皆入室而奠麗之計疏豈可遂謂之無事哉然豳人之志則遠矣晝而取茅于野以備覆蓋無怠朝也夜而綯索于室以預葺治無怠夕也日夜以計其功經營以協其力率我農夫所以若是其亟者不曰時不可失乎獻歲發春農事始矣以迎氣於天以分利於地百穀之播又其時也不然則脉其滿胜穀乃不殖而厚生之道匱雖欲治屋固有所不暇矣吁慮之豫而曲盡其宜趨之亟而不懈於力豳人終始不忘於農微先公之化其誰爲之吾王可以思矣嗟乎夫下之機繫於人主之一心是故人主知農事則知保民知保民則知敬天不知則肆肆則無畏以易視其民而天亦棄之故民者國之幹也農者民之命也善守國者務先於察民之情而從其欲是故民悦而國安身尊而名顯故曰人情者聖王之田也其斯以爲七月之義乎

夜如何其夜未央庭燎之光君子至止鸞聲將將

盧夢陽

同考試官教諭陳批（文有識而思益深詞不費而理愈徹）

同考試官教諭林批（旨明而辭暢文瑩而思深且結有規警可録）

考試官訓導郭批（善狀周王無逸之心）

考試官學正王批（儆切）

周王審時而急於視朝可以見其無逸之心矣夫君人者心乎無逸則朝不逾節而事不廢紀兹其所以崇大業者乎昔有周王者將視朝而問夜之早晚曰嚮明而治哲王之經也坐旦而思理化之原也毋曰予一人正位凝命天視之以厚薄其德毋曰一日二日代天理物民視之以明威其治苟幾康之弗戒則理忽之攸繫今夜如何其意者夜猶未央乎顧庭燎者司烜設之以視朝者也乃今大庭則已炎百枚之束而炳乎其光矣宵衣以待猶曰未遑而我尚可以自佚耶彼和鸞者諸侯乘之以侍朝者也乃今君子則已播鸞聲之和而將然其至止矣辨色以入厥有常度而我獨可以弗興耶以序旅特以稽復逆以廣訪聽以陳謨功如其佚樂之志耽而兢業之道懈天下其謂我何哉呼王之心亦勤矣此其成精明之治弘文武之烈理道休隆而聲稱長美也易曰天行健君子以自强不息夫天以健運故萬物咸軌而靡亂君以不息爲健故萬化常張而弗弛是故君也者天道也故凡君之所恃以爲權者而皆繫之天若曰有一息之怠乘其間即與天違則百職隳而天下衰周王何其之訪其有得於此耶以此爲訓後世猶有宵衣之諷旬日一朝之典者

春秋

大雩（桓公五年）秋八月壬午大閲（桓公六年）

何右之

同考試官學正黄批（春秋之法杜微防漸是作引禮以斷之道名分之意凛然不獨取其文也）

考試官訓導郭批（有斷制）

考試官學正王批（整審）

春秋於望國始因事而志其吉禮之僭繼因事而志其軍禮之僭觀我魯大雩大閲之書而聖人道名分之意昭矣且魯桓胡爲而大雩也因旱暵之爲虐也夫春秋於歲事之常不書此胡書而特謂之大蓋嘗考之王制天子祭天地名山大川五岳四瀆於是乎用盛樂以和神人若諸侯惟祭社稷雩境内之山川焉爾夫何桓也不雩山川而雩上帝不用歌舞而用盛樂壇壝昭五方之臨金石協八音之奏彼固曰鬱暢以迎神祝嘏以受厘燔柴以通氣我能饗帝矣曾何思皇皇后帝不歆非祀可以僭事之乎吾見越席疏布昭其濆也腥醴孰醆昭其褻也是果禱旱祈天降澤承祐之道哉故經於雩祭不書此則因旱

暵以書而特曰大用見非天子而僭天子之祀其何以尊上帝也魯桓又胡爲而大閱也懼齊鄭以講武也夫春秋於時事之常不書此胡書而亦謂之大蓋嘗考之周制王執路鼓旗載太常殺下大綏於是乎教衆庶以修戰法若諸侯則執賁鼓載旂與小綏焉爾夫何桓也舍賁鼓而執路鼓載太常而下大綏物采違五等方儀降殺同一王之制彼固曰鼓鐸鐲鐃之以次旗表車徒之以規坐作進退之以節我能訓民矣曾何思林林烝徒不順非禮可以僭示之乎况夫不於農隙剌非時也不因田狩剌失政也夫豈制治保邦綢繆牖户之意哉故經於閱武不書此則因不時以書而亦曰大用見非王者而僭王者之政其何以平邦國也吁戎祀有國之大事君臣天下之大典春秋於魯之雩閱兩致譏焉正名敦典裁自聖心其性命之文矣乎抑桓之僭非桓也然則孰僭之曰成王之賜伯禽之受皆非也夫周公制禮作樂將欲傳之萬世而壞之自伯禽始公之心其康乎故曰周公其衰矣厥後季氏旅泰山歌雍徹而于紅比蒲昌間之三搜非時非地肆爾無忌其所由來亦漸矣是故孔子懼而作春秋

晋人納捷菑于邾弗克納宋子哀來奔（文公十四年）

何大章

同考試官學正黄批（改過知幾昔賢所難子能發一字之褒于盾哀是以不朽矣是知史法者）

考試官訓導郭批（得聖人與善之公）

考試官學正王批（謹嚴）

聖人修經有因其從義而予之者有因其存道而貴之者夫春秋大改過嘉知幾者也兹其有取於盾哀乎嘗考趙盾將兵納捷菑也置君非義經固人之而書弗克納謂予之也予之也何蓋君子非有過之患而勿憚改之難彼趙盾因邾文之不禄援捷菑以求復奉少奪長是謂犯順犯顺弗悛果於力勝能免怙終之咎乎今也方聞齊出貜且長之辭遂有義實不爾克之訟引師謝慝皇皇然猶恐不及是改過有風雷之迅而遷善同日月之明吾於易見乘墉之象焉於書見吝過之儆焉昔秦穆自誓垂諸百篇之末盾其有得於是乎春秋特書弗克納若曰有過知悔悔過勿貳可謂難也已乃若稱人則諱之傳謂外以諱爲善非歟載考高哀來奔緣宋亂也避難非夫經宜名之而特書其字謂貴之也貴之也何蓋君子非避禍之喜而預遠亂之難彼高哀當宋昭之無道蕭封人以爲卿□亂未萌孰不欲仕溺仕階禍禍蔓難圖得無陷阱之虞乎今也耻非君而不事遂接淅以如魯潔身高蹈望望然若將浼焉是先時有决躡

之智而臨事無濡尾之凶吾於易見貞吉之幾焉於詩見明哲之訓焉昔微子去紂列於三仁之首哀不庶幾於此乎春秋特書其字若曰危邦不入亂邦不居可謂明也已是故不稱名以別之轉謂獨取其去而褒之者是矣吁予趙盾則人知文過遂非之當戒貴子哀則人知蚤見預待之爲賢夫然後處仁遷義者有所法而忘身殉禄者有所警矣聖人垂訓之義大矣哉雖然盾固可予也异日縱穿侵崇以發桃園之大難誰實尸之哀固可貴也然猶有不明去就從違之義坐待其斃甘同匹夫匹婦之經於溝瀆而不得與死職比者是亦子哀之罪人也已故以趙盾論則不可以一事蓋一人以子哀論雖謂百世之師也亦宜

禮記

凡官民材必先論之論辨然後使之任事然後爵之位定然後禄之爵人於朝與士共之

吴日乙

同考試官教諭王批（此作深得先王官人之意百代之下易簡可行子可語政矣）

考試官訓導郭批（詞氣古雅）

考試官學正王批（明净）

先王官人惟慎序而布公也蓋序則舉用審公則好惡明先王之世無曠官矣王制之肯謂夫惟爵與賞天所命也非人得而專者則於鄉士之既造而入官之伊始也可無慎乎何則進弗以序則不才者或得以幸進先王于是以辨論爲先權衡懸而考核當必其行藝之足取而後器以使之授之以庶務政事修而績效彰因其職任之克勝而後爵以詔之加之以一命位既定矣禄斯視之錫之公廪恤其弘也食以常秩昭其廉也夫論述詳於官使之先禄爵施於明試之後其序進有如此者爵不於公則惡德者或至於濫及先王於是協衆志以布命以朝著者士之所萃也登崇俊乂必僉諧於疇咨之餘爵禄者天下之公器也顯庸車服必畫錫於大廷之上舉賢而置之爵雖自我而彙征之願實與在位者同之吾何私焉因能而官之命雖自我而錫類之典實與在職者共之吾何與焉夫其進之也悶然若不得已而其用之也退然不敢自是其布公有如此者夫官人之序既彰而公以至此先王之世所以朝無幸位野無遺賢也嗟夫知人則哲能官人人固不易知也以帝堯之世而静言庸違者尚或奸於其間況其餘者乎是故稽於有衆言不自用也秉心宣猶言考慎也以此爲防後世猶有狎昵私親謀及近褻以忝王章者其亦弗審於

先王之制也夫

立太傅少傅以養之欲其知父子君臣之道也

蘇志仁

同考試官教諭王批（教世子以正人正道立説修養之法無出於此且思致縝審官録以式）

考試官訓導郭批（理精詞裕）

考試官學正王批（雅正）

先王設官以教世子欲其察倫而已夫人倫萬化之原也察乎此則治天下特舉措之無難矣記者論教世子之法若曰世子君之儲也故其學以正蒙爲先而以養心爲要三王之教不獨禮樂也而又立之太傅立之少傅以養之是故表之以式定其趨也軌之以儀迪其性也是之謂身教而薰陶化育之者有所屬矣達之以理開其明也論之以事通其蔽也是之謂言教而啓迪輔導之者有所寄矣夫備官以責任而豈徒哉蓋以父子者恩之合也統承於宗祧之相禪而繼志述事之托重矣君臣者義之合也分原於乾坤之定位而創業守成之責大矣世子居子與臣之節知爲人子而後可以爲人父知爲人臣而後可以爲人君是故篤親親於父子之間以全吾仁推而極之仁民也愛物也仁不可勝用矣嚴尊尊於君臣之際以大吾義擴而弘之而敬長而尊賢義不可勝用矣夫太傅少傅之官立則群職舉而無往非正人君臣父子之倫明則群善萃而無往非正道先王教世子之法不亦詳至矣乎嗚呼有敬承之啓而後有夏有遷義之太甲而後有商有守成之成王而後可以延有周之祚也三王教世子之效其盛如此後世監軍之僨巫蠱之禍悖已甚矣何治之足云是故治天下者當以三王爲準

第二場

論

先天下而後天下之謂君

馬拯

同考試官教諭陳批（士子類掇陳言以眩觀覽此作構思宏深措詞高古是可與古作者更□矣悚服悚服）

同考試官教諭林批（晚得此作以君人之道曰謙曰容曰厚立説奇崛高邁獨取胸臆而終以先君後身自見佳士也）

考試官訓導郭（氣格高邃）

考試官學正王（理深詞正）

夫君人者貴於以志任天下則可以有乎天下以心下天下則可以托於天下任天下者天下歸之下天下者天下崇之崇則爲君而歸則爲國不崇不歸其何能王故君也者其勢尊矣而德謙也其分嚴矣而度容也其威神矣而體厚也天下承君以爲天君弗敢以天而自大天下敬君以爲神君不敢以神而自彰故曰容也者君之體也任也者君之道也任矣故先天下以有爲容矣故後天下而無爲有爲者王之始無爲者帝之終舍是而曰君則名隆而實隱身顯而國危故九五者君之位也萬乘者君之器也皇王者君之名也威福者君之權也位可尊矣而弗之保乎器可乘矣而弗之典乎名可榮矣而弗之實乎權可運矣而弗之守乎故遜穀者帝道也不穀曷任不遜曷容否則位孰宅之器孰藏之名孰主之權孰握之是徒擁虚器於天下而不知其身之入於敝也故聖王後其身而身先外其身而身存與道消息以法自然法自穀然者不以逸先先之以勞不以危後後之以樂勞者憂民與共勤之樂者宜民與共履之順先後之序知進退之度通屈伸之感悟得喪之幾萬務順焉而不爲功萬物歸焉而不爲主人稱之曰天地大君而聖王自謂孤與不穀人奉之以天下而聖王則先天下以其心是天下以豫大望於王而王乃以身後天下而自怵故谷無以虚將竭而不應君無以謙將亢而無民人不得誘其逾於先天下不得艱其緩於後是謂深根固柢長久之道光而不耀積而彌延政渾渾而民醇醇俗盰盰而道蕩蕩是之謂大君昔者過門不入禹先天下而不家成功不伐禹後天下而不有昃不遑食文先天下而弗寧庶罔攸兼文後天下而不預兹皆察於先後之微而不敢忽故天下後世紀之爲聖王世人不知曰崇高莫大乎富貴而君兼之法象莫大乎天地而君配之巍巍然也赫赫然也豈知聖王以道莅天下不以位臨以心同萬民不以分隔因天下之勢而乘之耳故可先而後之謂之怠可後而先之謂之迎怠也者廢天下者也迎也者擾天下者也不怠不迎與時偕行是以爲天下貴大國者下流大君者下民故無執斯無失也無矯斯無敗也無尊斯無屈也王者以一心周天下恒業業然若墜於淵懼爲君之日損也而奚榮其爲君世人榮君可加於庸主聖王則日懼而胡爲崇世人逸君可擬於中辟聖王則日危而胡爲逸江海能爲百川谷以其下也天下皆謂我大豈聖王之福其殆矣哉我有三道持而守之以與造化循環曰謙曰容曰厚不敢爲天下先不敢爲天下後今舍謙而驕舍容而察舍厚而刻則是昧其先後亂且及矣夫不敢爲天下先故能成器不敢爲天下後故能長存

故聖王欲先乎民必以身後之是以天下樂推而不厭故古者雖以拱璧先駟馬不如坐進識先後之勢也昔黄郊紫微二君問於碧虚子曰天地造化空茫唐濛致理之道絪緼無端厥先曷始厥後曷終碧虚子曰豁乎包乎混乎闢乎天下之後者子先之天下之先者子後之其庶矣乎夫民先則已後憂先則樂隨順之吉也已先則民後樂先則憂生逆之凶也是故先後無常因地以定序先後者道之紀因先後者人之宜故先民而後己者君也先君而後身者臣也先己而後人者學也先家而後國者治也子其識之毋混先後而异施毋反造化以自危黄郊紫微二君恍然有悟曰天下之道盡之矣乃謝碧虚之言而退一居無外一居無極相與游乎寥廓之宇而序天地之後先也天地爲之泰民物爲之康余嘗謂碧虚子之事則誕而言則理故五峰子述之曰先天下而後天下之謂君余亦述之曰先一人而後其身之謂臣

表

擬册立皇太子正位東宫群臣賀表

陳棐

同考試官教諭蔣批（此作能模寫社稷靈長之慶臣民愛戴之忱爛然可睹而氣格雄渾高出駢儷之上余爲之一唱三嘆）

考試官訓導郭批（融化經典無復渣迹莊重忠懇又在言外异日能以正道輔□之者非子而誰）

考試官學正王批（典則）

嘉靖某年某月某日臣某等誠歡誠忭稽首頓首上言伏以乾穆冲和玉牒衍洋乎天派神符協兆金枝瀰殖乎國維四郊葆元氣以氤氲九廟赫陽光而焞化麒麟振趾自上帝之降祥鳳鸑揚苞由神皇之誕祚卿雲爛乎朱掖化日麗乎宸樞玆蓋恭遇皇帝陛下至仁體天以默運大化配地以厚凝念國家之本繫於東宫順臣庶之心定乎主器乃玄思而獨斷豈懿惠之能移十奕之天孫端拱層霄九夷之君長拜舞彤闕靈門衛乎太乙玉鼎涵乎紫華二儀七曜焕其精五岳四瀆端其相渾濛之以羲皇之氣宇炳朗之以列宿之文章信一人豫懌於九重亶庶姓咏依於萬世固祖宗社稷之休實天地生靈之福者也伏願皇帝陛下養蒙作聖端可期日表之麗天慎始培基毋徒羡龍姿之冠世春坊選學行之名儒温室謹保携之懿姆豫而有立在賓客之得人懋以交修貴直諫之有士庶繼承罔愧於雲裔亶會紹肇顯於宗功臣等綿瓞賡歌日咏和於周德黄離布象朝遐祝於天庭竊修鳧藻之思慶睹龍翔之瑞守成有托亶錫羡於仙源殖本彌深永祚昌乎國運是乃寸衷願效於涓埃而天下恭

祈於無斁者也臣等無任踴躍歡慶之至謹奉表稱賀以聞

第三場

策

第一問

馬拯

同考試官教諭陳批（史古專職我皇上制作鋭意稽古獨兹未及子能議復焉其通達國體矣乎）

同考試官教諭林批（以史職擬乾曆深爲有見録之非獨以其雄博古雅爾也）

考試官訓導郭批（發明關治道意殆盡）

考試官學正王批（嚴整）

夫紀國之有史猶乾象之有曆也天之運也四時五氣司其權非曆則日月星辰之愆伏遲逆無所於稽而人時貿矣人主之宰天下也百工庶府効其職非史則家國君臣之治亂美惡無所於鑒而主德荒矣故奉天道者治曆以明時而善治體者隆史以匡過大矣哉史之益人國也執事以建官爲問而史職爲先無亦謂資言之士有達國體者乎洪惟聖朝稽古定制大率表裏周官如三公以待增秩而無專官固官不必備惟其人之遺意也罷中書而建六曹大政則裁於吏部固六卿分職冢宰統均之遺矩也他如設都察院大理寺通政司以備九卿置六科十三道以廣言路復歲遣御史分按諸藩以糾官邪而達民隱之數者則又雜取唐宋之制而酌用之是故爕理寅亮則陰陽協軌矣六府孔修則五行順布矣彰善癉惡則風雷交益矣其命官立制上擬天道誠有以備昭代之弘規而貽萬世之典則者矣顧史官未復於古豈非治朝之闕政歟夫史官何爲也天子弗遑自紀人臣弗敢議君故寄之史臣以默握夫公是公非之柄雖鬼神罔敢干其紀君相莫得窺其微何者天帝不能以官私其人人君亦弗得以官私其身也是故是非定而褒貶形矣褒貶具而儆戒嚴矣故蘇氏以爲域中有三權至推史官與天子等將使諱惡名而怵於非憚心誅而攝其惡豈獨相天地垂戒道於一時哉蓋自史筆肇見於放勛重華而其職乃專於佚克蘇黯周官具設漢制猶存晋魏相承唐典益備故馬遷得以綱羅放失見觀盛衰而述史記吴兢得以丐官筆札發紓志意而撰唐書良以官不貳事職不易業故耳迨我高皇之世太史起居

注如宋王諸公皆擅一時厥後沿革匪常盡歸翰苑所謂史官者不過修撰編修檢討二三執事而已自是遴選或未克廣其途儲養或未悉當其才愛惜或未能久其任蓋有如吕公著之所慮素養者矣是安能盡責以良史乎國有纂述講讀官僚悉領其事分舘編摩非無史也然居常侍從無幾宮闈言動罕聞所謂實録者不過裒諸題奏采諸邸報與臣僚家狀而已其後筆削或制於總裁才華或非其儔匹考訂或局於疏漏蓋鮮有如劉子玄之所謂三長者矣是又安得盡規以直筆乎雖然我朝史職頗同宋制請以宋事明之聚三舘之隽選京朝之良参以殿閣學士之重猶以爲未足也詳定取之法從校勘取之布衣甚者外召還政之臣使充修撰其博求史官有如此者愚故以爲今日太史起居注雖復設可也亦曰修祖宗之舊焉爾凡舘局之選也或試諸制科新進之士或改命在廷文行之臣英髦宿彦務在兼收所貴真才是需無論地望有大著作仍仿先朝纂修大典故事廣徵名儒下至山林隱逸悉召詣公車試可而進俾與群賢共事則淹洽者著精核之功才藻者盡潤色之美如是則史官備矣時政有記起居有注日曆有紀而郎舍人左右史復掌記言動御殿則侍行幸則從事靡巨細法得備書甚者一史成於十九年采輯多至數百家其盡心史職有如此者愚故以爲今日之編摩無藝論譔或疏非無故也亦曰隆任使之法焉爾凡居舘局者必久於其職俾飽探六籍明習朝章言動畢記巨微勿遺而又仿近年編類詔旨每月別使數人掌記外朝之事如除拜刑賞戎祀章奏之類咸繫日而書之畢則藏於東閣以擬日曆有大譔次則博采遺書稗官野語悉送上官假以歲月毋張僭賞以摇士心則事多本實不惑於諸司供報之誤詞兼博雅庶免於淺陋蹇澀之譏如是則史職盡矣嗚呼國是怕存斧鉞如在於治不亦幾乎由是以觀則史官之設其於公卿臺諫蓋有致重之道亦猶四時五氣之資曆而行也仰惟皇上述作兼隆禮樂明備崇奬儒臣加意史事邇作寶宬以藏謨訓納矇誦以采蒭蕘舜典堯文炳耀萬世則討論舊章以敷大典亶惟我聖天子攸望也抑愚又有説焉亮采宣猷者人臣之責也包荒覆物者君人之度也故豫養以成器能虛席以延幽隱風動以廣招徠而後天下之史才出矣開誠心奬勁節容直臣而後天下之史職修矣此愚生之所致願者也執事釋其僭而幸進之謹對

第二問

劉漢

同考試官教諭蔣批（帝王之馭夷狄以威懷爲上策子條析南北利害難易之形如指諸掌且以虎狼猿猱爲譬尤爲明切雖頗牧克國復生無以逾

子矣高薦何忝）

考試官訓導郭批（明達機變可以諭兵矣）

考試官學正王批（詞古識深）

夫兵有氣機以曲直爲强弱也兵有地機以主客爲難易也兵有天機以氣運爲盛衰也兵有人機以應暴爲勝負也世之論用兵者莫不曰南易而北難而其論夷狄亦莫不曰北强而南弱此觀其影弗睹其形據其勢不究其實之説也何者畏其强則備多而自寡顧强之縱而聽其侵乎輕其弱則虚張而弗豫乃弱之凌而竭其内乎愚生雖不知兵願於主客而分難易於曲直而決强弱也故人曰北難愚則曰易人曰南易愚則曰難何者遠近之勢殊而勞逸之形判也夫中國爲宗四夷爲守君子之所永懷暴在四夷禦在中國君子坐談長治而弗圖乎吾聞之玩治以忘戰則危恃强以好戰則憤故謀大事者不拘俗圖永安者不憚勞今日之事克詰戎兵者時也相其緩急者機也顧可昧而輕於動耶夫智者睹於未形謀者圖於其大機者應於其時今天下大勢遠近利害昭然在前故舍近謀遠者勞而無功獵狐棄彘者名爲不智愚請畢其難易之説可乎夫不得已而應者勝無故而加者危先爲不可勝者勝引兵以深入者危故近而爲主者兵之先遠而爲客者兵之忌愚請於北言戰功功亦大於南言戰謀謀亦洪昔竇憲求自贖乃勒石以成赫赫之烈馬援討叛賊徒表銅以竊沾沾之名究其實則徵側亂而刺史守以待匈奴强而孤軍懸以攻守以待者其功猶空名懸以攻者其績乃實效難易之迹已明徵矣夫北虜之强譬則虎狼虎狼之猛孰不畏之然陷阱可設羅綱可張因其貪饕鷙猛而進以取之是我得致人而不致於人之勝何强之不可折也夫南蠻之弱譬則猨猱猨猱之小孰不狎之然張機則懸崖而伏弛備則烏集而來或者久暴坐費而友以取侮是彼恃形我而彼無形之詐何弱之易以加也故自古以來征北者有功征南者無功乃往鑒也寧弗審乎生愚以爲武不可弛兵有所先莫先吉囊夫吉囊可容而弗誅生靈寧忍而不救乎夷狄可禦而弗窮中國寧坐敝而不戰乎故戰則守有餘備則守不足吾非爲攻之戰來則戰以破之張克伐之威以奪其魄戰以止戰將不有宣王之薄伐耶胡曰役中國以事夷也又以爲權有所設變有所圖莫貴於處安南夫安南可緩而弗征可聽其負固而不庭乎安南必征而弗宥可忍驅赤子以罹瘴乎故撫則享來王之福戰則有角勝之形吾不爲棄之弱來則柔以懷之握朝夷之道以制其柄征以無征將不有大舜之來格耶胡曰棄明德以争利也夫順天者昌得人者勝故王者奉天行伐霸者假義興師是以有成烈且犁庭於漠北者其勢險養寇於門庭者其

禍危今吉囊猖獗不犁其庭寧縱其在門乎故曰當戰且容卧室之虎謂其不傷人者吾弗信捕在澤之虺謂其不可置者吾弗知今安南阻絶猶守疆圉寧拒之不容貢乎故曰宜撫當戰者戰宜撫者撫王道也夫破胡有算得者四據勢形便我主彼客得地之利一勝也明運丕盛胡運方衰得天之道二勝也民怨其殘軍士思憤得人之機三勝也天下全力十倍匈奴謀臣虎臣内外協一得兵之權四勝也夫有此四勝乃謂吉囊不可克彼李牧之破東胡克國之平西羌又何人也謂其法不可本之以戰而他求技則自疏矣夫撫蠻有道得利者四不敝中國生靈以安一利也坐享修貢中國益尊二利也積財養兵并力西北三利也關市以通化其居積四利也夫有此四利乃謂安南必征彼干羽之舞兩階重譯之來百越又何道也謂其人不可懷之以德而兵以懲則自竭矣故曰善馭夷者明於威德而已矣善用兵者相其難易而已矣善權變者審於緩急而已矣故見機而應若轉石於千仞之山者勢也不見利而守若千鈞之弩不爲鼷鼠發機者謀也若當國者信其難易緩急之説愚請獻平胡之策與撫夷之頌

第三問

吴日乙

同考試官教諭王批（天下之變莫大於勢極而不返之病今之處宗室明亟矣然動以變成法離骨肉爲誠子獨能反覆論難毫析利害動中肯綮鑿鑿可行用世之才也是可薦子矣）

考試官訓導郭批（是作深籌遠識曲盡事變且意婉氣昌造詞古雅佳士也）

考試官學正王批（仁至義盡）

帝王之親親也其處之也仁其裁之也義仁以處之所以惇倫非以殖私也義以裁之所以永圖非以厚下也本之所在則衆建以貽安勢之所極則變通以定志咸所以親親也蓋事有相須而理有相成故天下之財不在官則在民天下之勢此重則彼輕理其極重而使之平蘇其方困而使之可繼是計之善也故曰太上修德以撫民其次親親以相及執事發策以宗爲幹以民爲土其在兹歟夫封建尚矣欽文光被九族久親浚哲明揚先彼有庳周垂有道之長卒之踐土會盟者晋魯其同姓也漢延四百之祚卒之興衰嘘燼者苗裔之猶存也是故封建者天下之大本大端以厚天倫以貽燕翼以大本根以固屏翰以鞏大業以庇生靈以杜僭逆詩曰宗子維城無俾城壞無獨斯畏此之謂也我太祖高皇帝稽古定制大封諸王錫之國而不屬以疆域班之禄而不煩

以人民兵衛有防出入有禁親王得以監夫郡國郡國得以统夫宗人自鎮輔奉國將軍以至于中尉因服而等差自郡主縣主以至于縣君以世而降殺愛以浹之分以閑之品節之詳貽謀之善無以加矣百七十餘年天潢之派其衍無窮玉牒所登其麗不億然皆食土之力以相滋浥顧壤地有限而膏腴將竭無惑乎執事之懃懃也夫國以宗爲幹而以民爲土理固然矣將植夫幹不容不厚其宗將沃其土不容不恤夫民審於謀國者舍是其曷以哉顧動關宗室諱於進言議若創聞難於慮始愚嘗中夜以思今日化之當更而治當亟處之當遠而計當早者莫大於此我皇上踐祚以來法祖尊親修明禮樂上兼三代盡善盡美邇者明詔載頒惓惓然宗室爲念且曰一切宗藩禄米未給者有司其處補之噫其即放勛睦族之仁重華有庳之義則將美以飭猷劑量以善後通變以濟時謂非執事之責可乎昔者賈誼陳治安而規諸侯晁錯贊密謀而計七國或托空言而速實禍是又不然談治安者空而無當計七國者徧而靡恩今欲培既茂之林而思衍其盛息不支之力而欲爲之所將以廣仁而非以寡恩將以圖安而非以速釁將以集謀而非以發難將以釋糾而非以多事愚亦何憚盡言之夫今之宗室山西河南爲極盛而山西河南之民亦既困矣豈惟兩藩哉聞之關陜宗禄折值而入囊頗云厚既而則遞減然猶不給既而則議處補然猶不能補則是凡有宗藩之地者其民可知豈惟民哉宗藩亦有食禄之名而往往不受其實故告乏干禄者迄無虚歲甚至屢空不給其狀又難言者又聞宗室中目擊興思固有請立宗學以興教化者亦有願辭禄入以就科第者玆非誠負曠達之識者歟愚於是敢以四善六可議者爲執事繹而陳之惟執事擇焉如其不詭于理而可比于蒭蕘則惟廟堂擇焉四者何詩曰文王孫子本支百世凡周之士不顯亦世今學校遍天下且以育士以及庶人矧曰宗戚而可以無教乎是故宗學之立拔本之論也以明倫理以興教化以涵俗習以一趨向是通其生而厚之是之謂善詩曰建爾元子俾侯于魯大啓爾宇爲周室輔今分封有地惟于西北而亦有未之藩封者地同則可以平施是派遷者導流之遺也且以立籍而非以啓宇且以僑寓而非以析籍是廣其生而富之是之謂善诗曰日之方中在前上處是不臨民之官也今宗學既建而以科貢入者將安用乎内之奉常且任羽士外之王官悉聽貲補是皆無所臨民而以有司治之者也獨不可任乎是之謂善詩曰稼穡維寶代食維好是不食禄而足者也今派遷而令立籍者豈其無事書契相通業可置也恒産自力田可耕也是皆無所妨民而惟正之供獨不可行乎是之謂善而猶有可議者何夫宗學立矣王爵之及幼而有尊何以臨之典學者不可議乎夫分派遷

矣財賦之地不可以封于何而遷地無藩封者不可議乎以科貢出者以宦入而今王官不内序無故不令逾廓此其故何也而曰宗仕可以典奉常諸職乎以義聚者以恩掩而今諸藩皆五服之戚也而曰王官可以通融爲乎齊民豪强猶恣兼并村儂蠢樸不習識吏而况以尊且戚者臨之乎宗藩所統如綱如領蓋有國主宗主者存細之而家事大之而請名請封諸典皆由卑達尊類爲之奏如令派遷則遠近無算何以自通旦夕有務何以咨正而希恩專制者且將乘間起矣今宗藩之有餘者孰又擇置田宅類以家僮典買而租稅之入則于其主第額税類存業户包陪貽累民且弗堪如令置田則明示以植産而便好惟其意常賦之入誰能速之訟牒呼號者且將毅然興矣凡是六者不可不預議者也無已則有二計仰惟皇祖封建之法尊位重禄仁至渥也親盡義存恩至遠也夫維奉國中尉親云盡矣而猶食禄得非仁之至極而可裁之以義者乎何者支庶不大遠于齊民今齊民長子孫則各有恒産其所以封殖自愛者無不爲子孫計是以無侈費無冗食積之既厚則均遺其子孫今宗藩食禄千百者不有可分之禄乎夫父子之恩天性之愛分其禄以貽所生猶之母哺而子茹之非割恩也紈袴多餓匹夫有以自謀故瘠土之民莫不向義其所以昕夕自力者無不爲其身計是以無暇逸無坐食卒乃大潤其家今親盡食禄者不可隸之爲庶士乎夫君子之澤五世而斬刊其虚藉而適其本性猶之名貶而實厚之非寡情也凡此二者皆濟窮達變補偏救弊之術也要約而論則學以教之宦以禄之籍以遷之田以食之皆以爲宗藩計也而其實不過仕與耕而已矣如以仕爲不可則直氣懾奸者非立朝之更生乎如以耕爲不可則脱難光復者非耕野之劉欽乎彼綿漢祚者豈其計盡出後人下哉况夫叢委而不散則聚食京師者可鑒也極重而不反則本實先撥者可慮也親盡而不處則引領坐食者可念也窮至而不恤則向隅之泣者可隱也史遷曰非常之原黎民懼焉及臻厥成天下晏如也是故慮始者難樂成者易矧此宗室之議尤非書生所當與乎維是天啓宗哲見炳議斁是之謂數理已極機會有開庸展親親之義以平章仁民之政端在于今擇四善究六議而酌二計詳爲之處漸爲之圖曲爲之防博爲之訪以成一代不刊之典以綿國家億萬載無疆之慶則有賢公卿在位聖天子在上幸無勞慮執事

第四問

何右之

同考試官學正黄批（車戰古法有八勝十敗後世以用奇始廢今日禦虜要法不懼陵突無逾於此可以謀國矣）

考試官訓導郭批（善談古今車戰之法）

考試官學正王批（論議明盡）

對先王之法繁而密其制敵也全以周後世之法簡而要其取勝也捷以直蓋王者之兵出於不得已而非以求勝敵也故其爲法整而不漏嚴而有制曲折以極其變奇餘以盡其數鈎聯相麗各有條理要以不可敗而已後世之兵必於取勝故其爲法屢出屢變運其智巧出其機軸凡可以速勝而得志者一切以簡易行之用奇掩襲前茅慮無追蓐厚儲陷堅遮北隨其所向而無不如意此後世之長技也是故帝者之世以謀勝其微以機發王者之世以全勝其權以變應伯者之世以術勝其法以形設故曰伐謀者微也全國者權也破敵者法也三者兵之不可闕一者也蓋嘗觀古者寓兵於農四丘爲甸甸出長轂一乘甲士三人步卒七十二人載以弓矢圍以戈戟守以虎落布以渠答而戰之具無弗備及其用也險野人爲主易野車爲主動則鱗次以衝突止則鈎聯以營衛先偏後伍前拒旁角出入以宅見可而進而戰之技無弗周故兵車之法動有節制古之帝王恒握長技以制勝宣王戎車之飭如輊如軒是故以之伐玁狁城朔方平淮夷而四國罔弗正管子内政之寄法令簡一是故以之南伐楚北伐孤竹九合諸侯而威振天下興周霸齊業隆名立車之爲用大矣自是以後兵車之變愈出愈奇而愈簡愈約田單以鐵籠全安平衛青以武剛當匈奴馬隆偏箱之制山溪陿隘運如通逵所謂一則治力一則前拒一則刺部伍誠得古法矣馬燧狻猊之冒行以載兵止則爲陣即哥舒翰所用以收黄河九曲者也亦甚輕利矣李忠定公鋭志破金乃言步不足以勝騎騎不足以勝車因繪統制張行中所創車法兩竿兩輪上載弓弩中設皮離下設鐵裙以長禦人以短禦馬布列方陣圖而進之而收三勝金狄之功矣此皆車之用也要之帝王禦戎之兵惟以持重不以掩襲其爲法周而整嚴而密本之以仁義而行之以節制者也戰國以後則要功眩巧追逐萬里志在破敵故變古司馬法以簡速勝矻矻乎肆天下而逞其欲矣邇者戎虜暴横深入肆掠不得已而應者時也先爲不可勝者技也爲今之計不練於用車則恐紀律未詳罔足以陷堅棄車而不用則恐倉卒無備不足以制勝要之造車有法用車以人荀吴之敗狄舍車而用徒車以出奇者也李靖西討突厥因車而節制車以正勝者也裁而變之神而明之敦義以一心握機以制勝遇坦途則爲司馬法之伍兩爲衛青之武剛爲李忠定之圖陣堂堂正正整暇有法雖有驕横之虜不可得而犯遇險途則爲管子之連軌爲馬燧之偏箱爲田單之鐵籠出其不意而以奇取勝雖有掩伏之衆不可得而當或其地不輕于馬馬不輕于車車不輕于

人人不輕于戰而妄用之則其法亂矣此房琯之所以取敗而非古人之善用者也噫非車之不利也用車者之罪也故曰不嚴整不可以全國不簡直不可以决勝因噎以廢食豈謀國者之深思耶今三代什伍之數管子治齊之法雖不得其詳而盡用之然取其近於嚴而整者以之守取其近於簡而直者以之攻雖未必如黄帝指南之車之用亦庶乎不可敗而有必勝矣

第五問

方大猷

同考試教諭王批（風俗與教化相表裏不得已而後用法子論風俗先崇教化以申例立學二事尤急其識時務者與如子言奚其難）

考試官訓導郭批（文意精到）

考試官學正王批（達變識要）

教也者風俗之樞機也法也者風俗之堤防也蓋樞機弗謹無以爲神化之方而若于訓者莫知自勵堤防弗立無以爲齊治之具而戾于習者莫知自懲是故教化行而後俗易俗易則民知嚮方教化衰而後俗偷俗偷則民日趨於弊將波蕩而不可禦上之人觀於時俗之弊昭軌植則而表樹先焉則俗易而淳厚之風可還矣嗟乎風俗之移人可哀也推之天下皆然者矧一方乎嘗聞天下有氣化有治化時之所鍾爲盛衰爲污隆氣化之懸於天者也政之所施足以挽衰于盛起污于隆治化之繫於人者也懸於天者不可以常恃而繫於人者胡可以自諉故廣谷大川异制民生其間异俗剛柔輕重遲速异齊言天下之風俗無常也修其教不易其俗齊其政不易其宜言君子之推行有道也顧導民者不可狃於俗而知教之易行耳我國家文教誕敷王章丕冒中外沐菁莪之化民人洽熙皞之休盛美之風天下爲同且以吾廣十郡之俗其淳龐作於古昔者固弗可得而詳也乃今則躋於治矣士不回守以修于家民不荒業以安于鄉純朴之風禮義之俗雖習尚靡一俗好弗侔未始不胥迪于彝也爾乃風會久而少漓氣化流而或玩蹈瀆祀之愆而吉禮攸紊廢力本之務而户口不蕃豪强得以乘奸而盗賊因以暴横悖理而傷化越軌而敗俗如執事之所言者不終無也夫古之風俗即今之風俗古之人心即今之人心古何爲而淳篤今何爲而澆漓古何爲導之而輒從今何爲禁之而弗止爲民上者其審圖之徒重其防弗究其本則法愈密而犯愈衆刑益繁而罪益多源之不治而末流潰是猶無鏑銜策綴而御馯馬難乎其止也是故政不能以無弊救之存乎時俗不能以常隆易之存乎變救其弊而不因其時弊不可得而救矣易其俗而不通其變俗不可得而易矣蓋政與時异道隨變施如所謂行保甲

之法舉鄉學之規輕折抽之利申漢條之例嚴酗酒之禁重賭博之律誠俗易之大機救時之重務也要而言之申例也立學也其尤急者也夫法久則民玩玩則無忌誠使有司嚴其堤防明律飭法如漢之察州郡者則豪暴者斂手頑黠者革心倍公向私者不敢侵漁刻剥割損政令如是則法立而民有戾于習者乎教弛則民賊賊則易肆誠使有司謹其樞機類族辨物如古之教鄉學者修六禮以節民性明七教以興民德齊八政以防淫一道德以同俗如是則教行而民有弗若于訓者乎故曰上之所爲民之所歸也雖然改政移風教又其本也古之善言治者必先於崇教化使比閭族黨之間耳目所濡染日用見聞罔非軌範之示則觀感啓進修之益鼓舞寓丕變之機治化彰而氣化亦還矣故曰化民成俗其必由學乎握其機而任其責者非執事其孰圖之

廣東鄉試録後序

吾聞之聖王運天地以爲化賢哲感聖王以爲期故運默而感速聖作而哲生天精凝焉天粹應焉作者不測生者不違罔知其故曷究其端故聖王者典天地以樞機造化者也我聖天子先崇聖文天下士以禮樂文章應之爲昭今弘神武天下士以韜略謀勇應之爲烈志一而氣應神一而景從惟兹元象用以赫觀望之者巋崑崙探之者浩淵海炳炳爛爛巍巍峩峩世人僉曰人文宣朗光昭萬世并曜隆古曷知元涵貞育洪權荒輿咸我聖天子大造緼融玄德廣運日月星辰天末光也山川喬岳地余章也於微見著因流溯源緊其闡之益以渾淪矣夫文人武士并禎王國文明武赫混於一初故文武一道文爲運機將相一體相爲握奇聖天子則權衡將相而無爲張弛文武而不誖者也今請與諸士子論文武一道昔者周吕鷹揚制禮作樂反亂致治伊尹放伐封禮覆暴歸作一德厥後蕭何奮沛守關發蹤指示定章立法孰將孰相原始未分它如項王關羽武力無倫項王悲歌拔山蓋世其辭丕雄關羽表心如日在天其論丕正張巡岳飛英勇冠絶文思飛騰若吾夫子拓關却萊開闔文武何暇列其大成揆兹以揚於前合一以論於後二之則裂矣得其一則弱矣姑且言藝出入墳典者正也搜玄發幽者奇也旁獵曲暢者揚也含英蘊腴者備也演遺起弱者伏也昔云觀劍而契於書古人以射而正其學桑弧蓬矢以志四方道胡有二學豈可偏以今聖天子神烈遠揚武不以兵兵不以戰日南醜酋聞且褫魄方圖納款修貢我以緩兵爲權彼以轉危爲福天下永亨雍熙矣諸

士子相與優游翰墨曷其弗可惟崇武生變弛武啓侮況吉囊猖獗不忘備禦諸士子今日以文進者以武顯方將獻策天朝志滅胡虜守其正則紛紜不亂出其奇則跳盪横衝張其揚則雁行以翼設其備則魚麗以待發其伏則節短而應疾取勝於無窮或乃神機默算本略運韜凌軋孫吳邁紹周吕豈其無人疇昔將入簾之夕夜夢巨蛇化爲龍余持矛刺之未能旦且與諸君子言之其祥非幻夫蛇陰類也主武龍陽類也主文蛇化爲龍兵滅而庶蕃文昭而武泯之象諸士子中能無兼文武如方叔召虎者出而張文翕武哉夫文武不一謂之偏張弛不宜謂之塞偏與塞豈以望於諸子余恐薪者之鹿爲夢而匪真余之龍爲真而匪夢而誰復能分之者其以獻之天朝而瑞世噫龍哉士哉將迎聖天子之運承天行以光大配地道而舍貞者也

直隸松江府華亭縣儒學訓導郭愷謹序

嘉靖十九年廣東鄉試録

廣東鄉試録序

時維三年大比之期巡按監察御史洪垣遵制聘取繼皋與教諭劉康爲考試官教諭蕭彦陳光明甘汝孚徐衍劉去矜王佩爲同考試官至期暨提調布政使楊銓參議汪大受監試按察使歐陽席僉事李文鳳入院飭事合提學僉事吴鵬所簡士而三試之既畢繼皋當叙諸文首夫文以闡道道以顯文道者氣之中正者也文者道之顯設者也文王之文純亦不已夫子之文章性與天道者也故文之高下類於風氣士習焉符之氣之漓者其文散氣之昌者其文華氣之樸者其文簡氣之雄者其文確氣之純者其文雅嶺南之風氣其殆近昌以樸以雄不懈而進於純者乎故其爲文爲直方爲果毅直方果毅陽明之象其變而至於純也爲近夫純也者道也所謂氣之中正者也故曰一陰一陽之謂道其爲氣也近華而不艷近樸而不野近確而不固苟損益之過與不及文之以道德化而裁之存乎其人焉爾故曰學以變化氣質氣質變化則盛德日新而風氣不與焉矣是故一變而爲唐張文獻公九齡以功業著焉再變而爲宋崔清獻公與之以節行著焉功業清節以漸而歸之道者蓋亦其風氣與時偕行也夫今則又再變矣自宋而來將五百歲聖人教化之盛氣運之隆厚藴而宏發之又豈無道德之士出乎其間以當斯選者乎未可知也今之觀道德之與功業清節也孰觀哉觀其文焉言焉已爾文有所言焉而所不言者見焉是故君子觀言則知默矣觀文則知質矣觀顯則知隱矣觀動則知静矣語默文質隱顯動静不失其正焉而道德存乎其間矣故曰觀今之功業清節之與道德也必於文焉言焉觀之觀今之文與言而其道德之藴豈無發越於其間而不可掩者乎夫固未可知也顧諸生所自期待何如耳期功業者必止於功業期清節者必止於清節正必之心累之也故志學于道德則不期功業清節而功業清節在其中矣是故其才可以致相業矣又必觀其有避相之心然後可焉其志能以避相矣又必觀其有聖賢之學然後可焉聖賢之學文王之純亦不已夫子之性與天道是也諸生皆誦法文武孔子其必有爲聖賢之志者乎否則雖博今古工文辭篤行義君子以爲猶未學也嘗觀自嶺以南多

知學之士其所漸磨而造詣又若大有所受者豈盡其風聲氣習之所入乎哉今之有司或徒以文觀之期以功業清節而止焉則又何以仰副聖君賢相之責望得夫德行道藝之士以共成正大光明之業也哉程子曰言學以道爲至言人以聖爲至諸子初服自待庶其在斯乎庶其在斯乎兹舉也提督軍務兵部左侍郎兼都御史蔡經都御史李顯總兵官安遠侯柳珣豫宏規制士庶聿興而協供庶務則參政蕭晚周禪參議宋茂熙周延副使陳大珊陳嘉謀涂楗韓楷僉事趙維雍瀾林希元劉廷範都指揮董廷玉楊忻參將高誼程鑒各以其職懋昭厥成蓋慎之也是故文事章矣總督軍務總兵官咸寧侯仇鸞參贊軍務兵部尚書兼都察院右都御史毛伯温則又奉命節鎮嶺南誕示威信以昭文德而有懷之士勃勃然動忠悃之思是故武事式矣文武合一則道德存而儒者之功用全諸士子逢兹盛典其將有以自奮也夫

江西九江府儒學教授林繼皋謹序

嘉靖十九年廣東鄉試

監臨官

巡按廣東監察御史洪垣（峻之直隸婺源縣人　壬辰進士）

提調官

廣東等處承宣布政使司左布政使楊銓（仲衡江西豐城縣人　甲戌進士）

廣東等處承宣布政使司右參議汪大受（叔可直隸婺源縣人　己丑進士）

監試官

廣東等處提刑按察司按察使歐陽席（崇珍江西泰和縣人　戊辰進士）

廣東等處提刑按察司僉事李文鳳（廷儀廣西慶遠衛人　壬辰進士）

考試官

江西九江府儒學教授林繼皋（德謨福建閩縣人　己丑進士）

河南汝寧府西平縣儒學教諭劉康（汝和江西安福縣人　甲午貢士）

同考試官

直隸安慶府宿松縣儒學教諭蕭彦（其士江西吉水縣人　辛卯貢士）

浙江台州府太平縣儒學教諭陳光明（道昭福建莆田縣人　乙酉貢士）

江西九江府德安縣儒學教諭甘汝孚（以德廣西桂平縣人　丙子貢士）

浙江台州府黄巖縣儒學教諭徐衍（宗易福建龍溪縣人　戊子貢士）
湖廣鄖陽府鄖西縣儒學教諭劉去矜（師禹四川富順縣人　戊子貢士）
直隸池州府銅陵縣儒學教諭王佩（韋岳福建晋江縣人　甲午貢士）

印卷官

廣東等處承宣布政使司經歷司經歷宋汝明（虞相湖廣安鄉縣人　監生）
廣東等處提刑按察司經歷司經歷程憲（希周直隸合肥縣人　監生）

收掌試卷官

南雄府知府鄭朝輔（左卿浙江西安縣人　丙戌進士）
惠州府知府李玘（文甫江西南豐縣人　己丑進士）

受卷官

廣州府同知程鐸（子木直隸歙縣人　乙酉貢士）
潮州府同知劉魁（焕吾江西泰和縣人　丁卯貢士）
肇慶府同知林允宗（希曾福建莆田縣人　己丑進士）

彌封官

廣州府通判黄鍾美（惟充廣西宜山縣人　壬午貢士）
潮州府通判魏一恭（道莊福建莆田縣人　己丑進士）
廣州府番禺縣知縣黄宗槼（時節福建閩縣人　戊戌進士）
廣州府三水縣知縣郭梅（子和江西吉水縣人　乙酉貢士）

謄録官

南雄府推官曾樂（思韶江西新淦縣人　乙酉貢士）
廣州府順德縣知縣吴寵（俊卿江西德興縣人　戊戌進士）
惠州府歸善縣知縣丘隅（止于福建莆田縣人　戊子貢士）
潮州府潮陽縣知縣胡景華（實之浙江上虞縣人　乙酉貢士）

對讀官

韶州府推官鄭錫麒（獻禎福建長樂縣人　乙未進士）
廣東市舶提舉司提舉金章（汝文直隸祁州人　己卯貢士）
廣州府龍門縣知縣吴宗元（子春江西金谿縣人　丙子貢士）
肇慶府高要縣知縣陳豫章（志賢福建長樂縣人　庚午貢士）

巡綽官

廣州左衛指揮同知何鈺（純甫山後小興州人）
廣州右衛指揮僉事夏賢（相卿直隸徐州人）

搜檢官

廣州後衛指揮同知趙希翔（朝卿湖廣豊州縣人）

廣州左衛中所正千户陸韜（尚武直隸合肥縣人）

廣州後衛右所正千户杜鎮邦（元静直隸平谿縣人）

廣州左衛前所百户江標（朝用湖廣黄岡縣人）

廣州右衛後所百户林挺材（喬卿廣東南海縣人）

廣州前衛後所百户施澤（潤卿直隸涇縣人）

供給官

廣州府南海縣知縣周蕎（惟登浙江鄞縣人　乙酉貢士）

韶州府曲江縣知縣胡德純（文卿直隸績溪縣人　乙酉貢士）

肇慶府陽江縣知縣潘英（廷獻南隸歙縣人　己卯貢士）

廣州左衛經歷黎登（仁科江西萬安縣人　吏員）

廣州前衛經歷胡岳（惟高浙江餘姚縣人　吏員）

廣州府番禺縣縣丞胡巍（希堯直隸歙縣人　監生）

廣州右衛知事徐經（伯書直隸興化縣人　吏員）

廣州府南海縣主簿鍾瑛（仲器湖廣武岡州人　吏員）

南海衛大鵬守禦千户所吏目蕭從望（民悦江西雩都縣人　知印）

廣州府番禺縣典史徐滔（宜大福建莆田縣人　吏員）

廣州府番禺縣五羊驛驛丞林淵（邦淵福建莆田縣人　吏員）

廣東市舶提舉司懷遠驛驛丞章臺（本高浙江會稽縣人　吏員）

廣州府南海縣官窯驛驛丞陳亘（常甫福建甌寧縣人　知印）

惠州府歸善縣欣樂驛驛丞李邦（德任廣東高要縣人　承差）

肇慶府新興縣獨鶴驛驛丞劉德孝（必述廣西臨桂縣籍江西安福縣人　知印）

第一場

四書

君子無終食之間違仁造次必於是顛沛必於是　温故而知新敦厚以崇禮　聖人既竭目力焉繼之以規矩準繩以爲方圓平直不可勝用也既竭耳力焉繼之以六律正五音不可勝用也既竭心思焉繼之以不忍人之政而仁覆天下矣

易

臨剛浸而長説而順剛中而應大亨以正天之道也　王假有廟王乃在中也　夫易廣矣大矣以言乎遠則不禦以言乎邇則静而正以言乎天地之間則備矣夫乾其静也專其動也直是以大生焉夫坤其静也翕其動也闢是以廣生焉　君子修此三者故全也

書

安汝止惟幾惟康　惟木從繩則正后從諫則聖后克聖臣不命其承疇敢不祗若王之休命　一曰正直二曰剛克三曰柔克　黍稷非馨明德惟馨

詩

春日載陽有鳴倉庚女執懿筐遵彼微行爰求柔桑春日遲遲采蘩祁祁　物其多矣維其嘉矣物其旨矣維其偕矣物其有矣維其時矣　泂酌彼行潦挹彼注兹可以餴饎豈弟君子民之父母泂酌彼行潦挹彼注兹可以濯罍豈弟君子民之攸歸泂酌彼行潦挹彼注兹可以濯溉豈弟君子民之攸塈　綏我眉壽介以繁祉既右烈考亦右文母

春秋

秋八月蔡季自陳歸于蔡（桓公十有七年）　春王正月宋公曹伯衛人邾人伐齊狄救齊（僖公十有八年）春晋侯侵曹晋侯伐衛（僖公二十有八年）楚子陳侯隨侯許男圍蔡（哀公元年）　春公觀魚于棠（隱公五年）夏五月宋人及楚人平（宣公十有五年）　叔孫舍至自晋（昭公二十有四年）

禮記

刑者侀也侀者成也一成而不可變故君子盡心焉　禮之以少爲貴者以其内心也德産之致也精微觀天下之物無可以稱其德者如此則得不以少爲貴乎是故君子慎其獨也　禮樂皆得謂之有德德者得也　是故其德盛者其志厚其志厚者其義章其義章者其祭也敬祭敬則竟内之子孫莫敢不敬矣

第二場

論

孔子之謂集大成

詔誥表（内科一道）

擬漢以卓茂爲太傅封褒德侯詔（建武元年）　擬唐以陸贄爲翰林

學士誥（建中四年）　擬宋廣州教授林勲上本政書表（建炎三年）

判語（五條）

舉用有過官吏　檢踏灾傷田糧　禁止師巫邪術　邊境申索軍需　軍民約會詞訟

第三場

策（五道）

問　三代而下惟漢得天下爲正我明亦然昔班彪稱漢高帝之興有五本朝學士宋濂稱我太祖高皇帝之興有六其詳可得聞與本朝得天下雖同於漢然漢得天下於亡秦其時去古未遠先王紀綱制度猶有存者高帝不能收拾補綴使先王典禮既亡而復存僅爲一時苟簡之治而已我太祖高皇帝得天下於亡秦千載之後乃能法古爲治使一代典章文物焕然二帝三王之盛則其神謨聖見度越漢高有前人之所未言者爾諸生能詳言之與三代而下繼體之君表章六經者或好大喜功致海内之虚耗收復淮蔡者或器小易盈致美業之弗終鋭志更法者或委用非人釀天下之禍亂未有卓然足稱中興之盛者肆我皇上龍飛藩邸運際昌期文武神聖全禀於天河清慶雲洊薦符瑞臨御以來孜孜求治其所以經綸大業巍巍乎足稱中興之盛有以度越漢唐宋之君者有五爾諸生亦曾聞而誦之乎夫陶鎔菁莪樸棫之化而鋪張敷揚一代之盛亦臣子事也試一一爲我言之

問　移風易俗莫善於禮禮樂不興則刑罰不中奢淫日蕩獄訟繁興是禮者天地之紀而民之所以生者也今之牧民者果能建萬世之長策舉明主於三代之隆而不徒區區簿書聽訟如王吉之言者乎夫外庭告冠聞者却立父在學禮君子譏之此在賢者且然則古禮之難復久矣然唐之牧守乃能獨行於一郡之間至有百姓聞之而泣下者又安在其爲不可乎説者謂夫子作春秋不存禮樂之制有志之士每動名實之思故有請擇司馬光冠婚喪祭之儀簡而易行布之民間者有請准令式行禮稍加奬勸以示風俗者有乞令教授有出身官旦望就學講習新禮而督察之者有欲請復古三科以興實學者使今日酌而行之其致治成效必有可觀然當時既能言之能行之而終不可以復純王之治其弊又安在乎程子曰治天下以正風俗得賢才爲本諸士子以賢才自負行當有風俗之責者如有用爾其將何以副之

問　出處去就乃士人出門第一步古先聖賢不少放過學者所宜精察而不可苟焉者也今以古人可議之迹與諸生論之昔武王伐紂夷齊隱迹於

首陽山遂餓而死微子乃抱祭器歸周箕子又就爲之陳洪範焉夫异姓之臣則力全君臣之義同姓之臣乃忘宗國以事之説者以存祀傳道爲言是矣然以武周之聖其道未嘗不在殷之宗祀周家必無絶之之理豈待抱祭器歸周而后存乎王莽易漢爲新龔勝不食就斃武后易唐爲周狄仁傑乃俯首以事之説者又謂仁傑之仕周將以爲唐也然君子寧功業之不建而不失身於匪人况中宗之不足扶植武三思輩之不能有成不待智者而后知仁傑之賢乃不知此何與至若元以夷狄入主中國許衡應聘而爲臣劉因則屢聘之而不起或謂劉高於許然愚觀渡江之賦乃快趙宋之亡似非夷元不仕者許之仕元或謂將變夷爲華然王猛之仕秦能以東晋正朔勸符堅許衡之仕元乃不能以宋中國勸世祖何與他如漢唐諸賢有以三顧聘之而出以三公召之而不出有三上宰相書而求出有下詔徵之而不出者先儒論之詳矣然或謂求出者未必爲非不出者未必爲正出者未必爲時召之而不出者乃又既出而成伊傅之業又何與此皆必有至公至大之義不可以曲學俗士之説拘者亦諸生之所當講也幸明言之庸占他日出處之概

問　聖賢間世而生常以五百歲爲期故自堯舜以來數千百年其所見聞而知之者具有可稽觀數於今適逢其會而我朝列聖躬行之至製作之盛獨步千古莫與之京而又我皇上聰明睿智擴縱自天敬一一箴直發前聖之所未發真所謂聞而知之者矣然漸濡既久不見有得於禹皋伊傅之傳以接斯道之緒者何與夫道不墜地必有見者近世儒臣獨識此意歷考當時造詣諸臣乃得十有五人撮其行實各爲編次名之曰皇明理學名臣言行録然則十有五人者果皆見知之實而真有得於道統之正者誰與且其言曰若薛瑄輩視程朱高弟豈多讓之就如餘人亦不但僅如陳同父輩而已即斯論也果亦灼有所見而言之否與周敦頤肇開宋學之源及其身鮮有不疑之者而過時乃定然則今之講求亦大率類此也與后之觀今猶今之視古也諸士子將何觀乎幸毋高論以對

問　宋人有言欲天下之治在乎才者居職欲才者居職在乎使其居閑之日少居閑之日少在乎清入仕之源以今日觀之歲貢科舉不增於舊員缺之冗率又過之然赴部待選動至數千給假家居恒逾二萬至有白首不得一命幸而得之亦皆垂老志得之年正所謂莅官之日淺居閑之日多以其莅官之所得而爲居閑仰給之資是以人才愈多治功愈壞欲其飭己安民難矣立法以來不聞有是循至今日積壅日深爲銓司者每欲疏通而不可得其故將安在乎蘇軾嘗曰可畏者天下安危而囂囂者以爲不可爲不

足恤必欲變而通之是矣然言變通者有曰四弊既去則其源自清有曰四色之人并行澄汰又曰必須調停之使入仕者有實用之效汰退者無失所之嘆其道又安取乎尹洙之與服飾陳襄之與折資差遣李東之與監臨物務其亦調停之説尚可彷而用之否乎爲官擇人不爲人設官此確論也究竟其實不知終以何説爲然

中式舉人七十五名

第一名　蕭來鳳　潮州府學生　書
第二名　譚維鼎　新會縣學附學生　禮記
第三名　高士楠　順德縣學生　易
第四名　蒙詔　廣州府學增廣生　詩
第五名　曾迪　惠州府學生　春秋
第六名　梁式　增城縣學附學生　易
第七名　黄城　韶州府學生　詩
第八名　林繼習　潮陽縣學增廣生　書
第九名　霍與瑕　廣州府學附學生　易
第十名　林允達　新會縣學生　詩
第十一名　吴書紳　揭陽縣學生　書
第十二名　劉格　從化縣學生　詩
第十三名　黄榜　海陽縣學生　禮記
第十四名　周鶴年　南海縣學增廣生　易
第十五名　方肯堂　廣州府學附學生　詩
第十六名　陳遷　番愚縣學增廣生　書
第十七名　郭維藩　揭陽縣學生　詩
第十八名　康建勲　順德縣學附學生　春秋
第十九名　蘇時化　番愚縣學增廣生　易
第二十名　孫裔興　廣州府學生　書
第二十一名　劉子興　海陽縣學生　詩
第二十二名　姚司衡　歸善縣學生　詩
第二十三名　龐瑜　南海縣學生　易
第二十四名　曾楚　廣州府學增廣生　詩

第二十五名　彭大均　廣州府學增廣生　書
第二十六名　梁翰翼　陽山縣學生　易
第二十七名　李光宙　南海縣學附學生　詩
第二十八名　曾渙　博羅縣學生　易
第二十九名　陳九成　肇慶府學生　禮記
第三十名　浦恩　海豐縣學生　書
第三十一名　郭維翰　南海縣學生　易
第三十二名　鍾夏嵩　南海縣學生　詩
第三十三名　盧宁　順德縣學生　易
第三十四名　張傑夫　新寧縣學生　詩
第三十五名　王所　東莞縣學生　春秋
第三十六名　王宗舜　潮陽縣學增廣生　書
第三十七名　傅大業　順德縣學附學生　詩
第三十八名　孔志道　南海縣學附學生　易
第三十九名　容朝望　新會縣學附學生　詩
第四十名　温舊聞　南海縣學附學生　易
第四十一名　李植　南海縣學附學生　書
第四十二名　梁士介　番愚縣學附學生　易
第四十三名　周都郃　廣州府學生　詩
第四十四名　潘洋　新興縣學生　易
第四十五名　夏建中　潮州府學生　書
第四十六名　賀一弘　大埔縣學生　易
第四十七名　袁水伸　東莞縣學生　詩
第四十八名　龍興　潮州府學生　易
第四十九名　龐一玑　南海縣學附學生　詩
第五十名　馬鍾英　順德縣學附學生　禮記
第五十一名　吴守貞　電白縣學生　詩
第五十二名　區益　高明縣學生　易
第五十三名　張忭　南海縣學生　詩
第五十四名　黎紳　番禺縣學附學生　易
第五十五名　劉沛　海陽縣學生　書
第五十六名　李應科　順德縣學附學生　詩

第五十七名　陳一元　潮州府學增廣生　易
第五十八名　鄭應科　合浦縣學生　春秋
第五十九名　何其厚　廣州府學附學生　詩
第六十名　李泰初　茂名　縣學生　易
第六十一名　張溥　順德縣學增廣生　詩
第六十二名　郭大鯤　海陽縣學生　書
第六十三名　李雲　新會縣學生　詩
第六十四名　李時行　廣州府學生　易
第六十五名　鍾鳴治　文昌縣學生　禮記
第六十六名　余宗沂　饒平縣學生　書
第六十七名　徐兆先　番禺縣學生　詩
第六十八名　陳學可　潮州府學生　詩
第六十九名　鍾元運　東莞縣學增廣生　春秋
第七十名　林養高　瓊州府學生　易
第七十一名　彭標　廣州府學生　詩
第七十二名　蕭端蒙　潮陽縣學生　書
第七十三名　汪一勺　南雄府學生　詩
第七十四名　蔡若中　揭陽縣學增廣生　易
第七十五名　麥聯芳　南海縣學附學生　禮記

第一場

四書

君子無終食之間違仁造次必於是顛沛必於是

蕭來鳳

同考試官教諭蕭批（造次顛沛時功夫極難更詳之）

考試官教諭劉批（能體認）

考試官教授林批（明浄）

君子體仁之功隨所寓而見其密焉夫仁者君子所以成德者也體之於身而不以所寓遷焉則其存養者不已密乎夫子之意以爲君子審擇於富貴貧賤而不苟者凡以求仁也仁其可已乎哉是故終食者富貴貧賤之小者也君子則自其不處不去者而精之時乎當取固致謹矣而其爲仁之心不以時取而始存

時乎當舍固致决矣而其克己之念不以時舍而始有蓋其天德完備合大小以爲功至理渾全貫心事而成體曷嘗少離於一飯之須乎至若造次而爲急遽苟且之時則其時爲又近人之所易忽者也君子則本體自然不容人力造次之心即其終食之心終食之心行於造次而不與焉固無有惑之者自夫時而論之斯謂之造次云耳顛沛而爲傾覆流離之際則其遇爲尤逆人之所易動者也君子則本體固有不待人爲顛沛之心即其平居之心平居之心行於顛沛而不與焉固無有變之者自夫遇而觀之殆謂之顛沛云耳所以然者仁本無物故不可以有物戕若見物而后覺焉則其於仁也遠矣功在事先故不可以有事勝若臨事而后養焉則其於造次顛沛也離矣此君子存養之功所以爲密而不處不去之迹不足言也雖然不處不去固所以爲仁矣然以原憲之貧子路之不耻與狐貉者立而夫子不與其仁何也二子者未見夫仁之體是以雖有所得猶不免於意必之心而未大耳此夫子言取舍之分而必繼之以仁者以此故曰見大則心泰心泰則無不足通於此者顔氏之子其殆庶幾乎

温故而知新敦厚以崇禮

高士楠

同考試官教諭王批（知新崇禮處似能見得）

同考試官教諭劉批（功夫説歸知能上端有着落）

同考試官教諭徐批（簡潔）

同考試官教諭劉批（中庸義當如此作）

同考試官教授林批（典實可取）

中庸論體道知能之功各相因而至焉夫知能者包小大而渾焉者也中庸互因其功言之而體道之全德見矣意謂君子之學固在致極以弘其大盡道以會其微然要其用功之實豈有他哉求諸吾心之知能焉得之矣是故吾心固有之知不假外求者所謂故也故非以强索見也君子則涵泳以温之既不敢忘以昧其恒覺之性亦不敢助以害其自然之真吾順吾事惟欲養其所有而已然非有知新之益固有之故豈如是哉又必有温則有知成心忘而端倪見習見息而生意滋即於吾之所謂故者而益日新焉以擴充其本體之明温故也知新也一天性之生生而不可已者也其不兼致矣乎至若吾心固有之能不待外益者所謂厚也厚非以掩襲得也君子則篤行以敦之主之以忠信而不可拔守之以質直而不敢漓吾厚吾生惟欲立其所有而已然非有崇禮之實固有之能豈如是哉又必日敦則日崇忠信之存而制義已精質直之

中而品節惟密即於吾之所謂厚者而益日謹焉以克復其本體之誠敦厚也崇禮也一天德之成能而不可二者也不其并進矣乎此知能之功所以相因而尊德問學者有所不能外也雖然子思之言之詳也非以多言晦道也爲夫學之偏者言之也學之有偏於外者故曰温故曰敦厚而亦有偏於内者故曰知新曰崇禮并言之而后中者立矣猶之存心致知之説博約精一之説也不得其説而徒爲内外之辯則于思之意遠矣是故子思之所憂也

聖人既竭目力焉繼之以規矩準繩以爲方圓平直不可勝用也既竭耳力焉繼之以六律正五音不可勝用也既竭心思焉繼之以不忍人之政而仁覆天下矣

譚維鼎

考試官教諭劉批（得孟子言心法之意）

考試官教授林批（不冗録出）

大賢廣聖人心法之用以見其可因也蓋法者心之著也聖人用之以盡民利爲政者其亦知所因哉孟子意謂爲政之道非心不立非法不行法之善者雖聖人莫違焉聖人欲制器以利天下嘗竭目力以用吾明矣又即其明者繼之以規矩準繩焉則軌物飭材制器之法立而後天下之爲方圓平直者以物付物以與之無窮而聖人目力之所不及者固在也欲作樂以和天下嘗竭耳力以用吾聰矣又即其聰者繼之以六律焉則稽數考聲作樂之法立而後天一之正五音者以數因數以與之無窮而聖人耳力之所不及者固在也制作且然而況於治乎夫不忍斯民之陷溺竭心思以圖平治者聖人之心也心不可見故又制爲教養之政以見之心以善政政以繼心則仁之道顯而爲治之法立其諸治之規矩六律矣天下後世用之以感人心平其政者仁其寧有窮哉仁之無窮即心思之無窮也已由是觀之爲政不可以無法欲立法者必於先王是因也先王之法固吾心之所存者耳雖然孟子之欲人法先王也非以其迹也以是心而充之也故曰苟能充之足以保四海齊王之以羊易牛豈無是心者哉要之不可以王天下未繼其充之之功故耳充之固所以爲法也若曰心法二用其不流而霸者幾希

易

臨剛浸而長説而順剛中而應大亨以正天之道也

梁式

同考試官教諭王批（發明剛長臨陰之義殆盡）

同考試官教諭劉批（講天人處足知學易之功）

同考試官教諭徐批（歸在人事上最是）

考試官教諭劉批（理明詞徹）

考試官教授林批（峻整）

彖傳釋卦名見陽長之機必本諸卦而表其占之善也夫二陽浸長陽道可行之機也况卦具臨陰之善占之大亨以正者非天理之當然者乎昔彖傳之意若謂君子小人消長之不一者勢也盡人謀而聽天命者理也玆卦之名爲臨者以卦體言之二陽浸長以逼於陰天啓其運君子有道長之機自此而爲泰爲壯其勢不可禦也時逢其適同道有爲朋之益自此而爲夬爲乾其漸不可遏也此卦之所以爲臨也辭曰元亨利貞者何哉吾有取於卦之德焉兑説而坤順是其防陰之道素若安閑固不失於于頏之壯且順理而行所以正己者不疏矣吾有取於卦之體焉剛中而五應是其制陰之道動中機會固不拂乎時措之宜且朋來無咎所以協恭者有人矣夫當剛長之時備臨陰之善如此故大亨者非偶然之故也蓋天者理而已矣理之所當得天人相成之妙志氣交應之幾君子安能以襲取哉利貞者非過爲之防也蓋天者正而已矣理之所當爲天運而人從時起而事以不復人謀亦不可以不臧幸乎天而人不繼焉豈君子所以處道行之會也哉大抵盛衰相推而運生焉安危相倚而機伏焉世道之不能以常如一日也然圖回之機未始不於和順得之任智以穿鑿挾權以急功恃勢以資奸其以弊天下均也是故事未成而幾先泄功未就而志已驕君子固病其驟也而陋前規以更張任已意以推行者卒以啓禍亂之原安危治忽之機君子可鑒矣

夫易廣矣大矣以言乎遠則不禦以言乎邇則静而正以言乎天地之間則備矣夫乾其静也專其動也直是以大生焉夫坤其静也翕其動也闢是以廣生焉

高士楠

同考試官教諭王批（説易廣大處不易見得）

同考試官教諭劉批（長題能收拾）

同考試官教諭徐批（模寫造化深見易理）

考試官教諭劉批（辭順理足）

考試官教授林批（純雅）

大傳詳易理之廣大必推而本諸乾坤焉夫易冒天下之道者也乾坤動

静之間而廣大見之易其性命之書矣乎大傳之意若謂易者理之會也乾坤者理之迹也人以易爲卜筮之書非知易者也易其至廣而无不包至大而无不有者乎是故言乎遠而有所不達非廣大也易則隨處充滿而无遠弗届夫孰得而禦之言乎近而或有所遺非廣大也易則隨在各足而小大有定不亦静而正乎又自夫天地之間言之體物或遺非廣大也吾見察於上下莫非陰陽之流衍塞乎天地无非變化之妙用兼體不累其至矣乎然易之所以廣大者何哉觀乾坤則知易矣夫乾以生物爲心自其静而别於坤誠之所復專而一也及其動而與坤交焉推行不息普天下而有莫禦之機是其周遍之體蓋實而无所不統矣大不於是而生乎乾之大即易之大焉耳夫坤以成物爲心自其静而别於乾機之所入翕而聚也及其動而與乾交焉充周不窮合群動而有難名之化是其含弘之量蓋虚而无所不容矣廣不於是而生乎坤之廣即易之廣焉耳此易書所以爲至而聖人統天地之心者以此學者苟不求之乾坤於心之動静曷足以知之哉大抵易書未作易在造化易書既作造化在易故天地之大事物之微无不出於陰陽之變聖人亦因而模寫之而已後世洞極有書潜虚有圖欲以擬易牽合附會自然之理益晦焉無惑乎天下以卜筮而小吾易也

書

安汝止惟幾惟康

林繼習

同考試官教諭蕭批（以惟幾惟康爲安汝止之實良是）

考試官教諭劉批（理明詞暢）

考試官教授林批（純正）

事適本原之善而致謹於發用之間大臣告君之修己也蓋君心主天下之善而審之於爲則得之矣聖禹以此箴帝舜之謹位也有以哉想其意豈不曰人君居天位而致治安者在乎事爲之善而事之善非在事也蓋吾之一心萬善咸備事之所取無窮而吾之付之也各因其則若有所定於中而其不可遷者是之謂止其止也惟懼夫欲之爲奪者矣帝也日觀萬化其必以道心爲主而帝德昭然其廣運使凡動静云爲之發莫不各取其固有於吾道心而止焉如天之運而日月星辰各得其麗也日臨萬幾其必守中心無爲而淵衷穆然其静定使凡事事物物之來莫不各還其本善於吾中心而安焉如地之容而山川人物各奠其居也是之謂安汝止然所以能使之安者果何如哉蓋事之欲爲而發動所由謂之幾幾分善惡在毫厘之間惟己所獨知者矣帝於此

必致審其念慮之發真所以昭德致理也而罔有飾僞之私則從而發之如其未然則禦寇之剛不可不厲也事之既爲而適當其理謂之康康成於幾則微者以著理無所容其僞矣帝於此又必致省於事爲之迹果足以達善宣猷也而匪爲違道之行則從而安之如其未然則改圖之功所不容已也夫審幾以達外則察之精而其善爲必行考成以觀内則守之一而其善爲益固如此而事有不得其所止者哉事得其止則治化益隆天位可保於無窮矣帝其可不念哉抑聖禹幾康之説是即精一之旨舜所受之堯者厥後舜之禪禹其所命精一之言亦即幾康之意三聖相授共守一道於此可見而幾之一字尤虞廷之所致謹焉者故皋陶陳謨有曰一日二日萬幾舜之作歌亦曰敕天之命惟時惟幾蓋天下之治忽天人之去留誠於此係焉聖君賢臣所以兢業而不敢忽而其警戒之言猶不忘於盛治之時有由然也是故觀其道之同可以知往聖之心學會其幾之審可以開萬世之太平

黍稷非馨明德惟馨

蕭來鳳

同考試官教諭蕭批（發出周公之意無遺）

考試官教諭劉批（明整）

考試官教授林批（簡古）

賢王舉聖訓著格神之本以命大臣也蓋至治馨香則神之所格者誠不在於黍稷矣此周公精微之訓而成王述之以告君陳也且昔周公之意若曰祀以感神爲極而治以明德爲本有其德則神易於感矣今夫君子修明禋以事天萃精神以假廟粢盛既具於静嘉則黍稷必列於昭薦當是時也對越者無言奏假而感神明之來享駿奔者顒若祼將而接靈貺之若通孰不以爲黍稷之馨而致然也殊不知簋實特所以羞神而祀有不求於備物略儀文之末節求苾芬之實體夫豈專在於黍稷之具而已哉誠以至治成於有本而康乂之休莫非至德之薰蒸大化神於不顯而太和之美莫非明德之融液敷聞在下則昭升于上上帝時歆其暢達固不待黍稷之陳矣而况禮行於郊社有不降監者乎精華旁達則馨香發聞百神胥悦其和氣固出於黍稷之外矣而况祀事之孔明有不昭格者乎周公之訓如此則知不能明德以治民者不可以事神君陳之尹東郊有神民之寄可不懋昭周公之訓以自明其德而化訓殷民以求無斁於神乎抑殷民爲梗周公誕保之而東郊之尹繼以君陳將舉周公之政必師周公之德而後可故成王命君陳首以周公之訓爲言欲其近法

而不違襲德而不貳庶漸濡相繼頑民懷服無异於周公時也下文式時猷訓敬典在德之言成王復爲君陳丁寧之卒之殷民式化世變風移君陳和中之治端有力焉而成王之因時制宜命德命治憂勤馴擾之心不少置焉嗚呼繼體守成之君其有賢於成王哉

詩

物其多矣維其嘉矣物其旨矣維其偕矣物其有矣維其時矣

蒙詔

同考試官教諭甘批（辭不費而事理詳盡）

同考試官教諭陳批（優賓之情宛然可見）

考試官教諭劉批（才思清妙）

考試官教授林批（精潔）

觀主人優賓之意自夫物之曲全見之矣夫燕飲之禮以備物爲尚也主人燕賓而能曲全焉是不可以觀敬乎哉此燕饗通用之樂歌以爲燕也者所以昭嘉會之禮洽賓主之情者也儀不及物是曰不享然享非多儀無乃太簡乎是故物有以多爲貴者多而不嘉雖多奚以爲也今君子有酒多且旨吾見嘉寓於多焉尊罍□□餚之芳也籩豆著静嘉之美也勸酬之下足以昭燕衎之光而弗嘉非所患矣物有以旨爲貴者旨而弗偕雖旨猶未備也今君子有酒旨且多吾見偕寓於旨焉食之飲之無缺儀也既戒既平皆陳饋也獻酢之餘足以明盡物之敬而弗齊非所患矣乃若物以有爲貴有而弗時是徒有也非君子之所以厚賓也今則無一物之不具則亦無一而不時焉以洽百禮順時物之宜以和五味亶芳臭之薦酌言嘗之真足以稱嘉美之會而無尚焉者矣又何患于弗時也哉夫其物之曲全如此優賓之意於是乎至固非以私惠爲德者其相孚之情可知矣抑嘗觀之易曰天道下濟而光明地道卑而上行成周之時衆賢和於朝而萬物和於野其君臣上下恩禮交洽以至昆蟲闓澤協氣濡潤一時燕饗通用之樂與笙詩相間歌者有魚麗嘉魚南山有臺諸作可以見上下感應之機可以見厚倫敦化之道此周之治所以爲盛也聖人以是録之於經後世猶有流連之行至忘設醴者惜無以是詩告之

綏我眉壽介以繁祉既右烈考亦右文母

劉格

同考試官教諭甘批（正大）

同考試官教諭陳批（文王昌后武王歸德處意明）

考試官教諭劉批（得稱頌體）

考試官教授林批（典實）

周王之祀親也必徵其昌後之慶極其隆焉夫克昌厥後先王之澤所以爲盛也後王奉先而以是徵之可以觀孝矣此爲武王祀文王之詩意謂皇考一德格天固有以昌後人而綏孝子矣然其實何如也彼畀之以福而壽弗綏猶爲徒福也今則綏我以眉壽焉錫以難老優游泮奂以延有道之長履大業而致盛治非皇考所以陰隲於予者乎與之以壽而祉弗隆猶爲徒壽也今則助我以多福焉俾以戩穀單厚多益以衍無疆之緒饗宗廟而保子孫非皇考所以左右於予者乎夫福壽之庇吾固以身蒙其休矣今日光於前人孰非其所遺者也是故明堂啓而祀事行既右我烈考焉駿奔對越有以合萬國之歡心凡行其禮奏其樂焕乎天子之制而非周邦之舊矣使先生莫開于前吾何以右之也哉不但是也清廟開而廣牡薦亦右我文毋焉饗祀妥侑有以備四方之禮物凡昭其度致其文巍乎母后之儀而非立國之初矣使先王弗昌其後又何以右之也哉然此非幸致者也皆我先王之德之庇也今日克承其休以纘前業敢忘所自乎嗟夫武王可謂知重其本而爲孝之純也已不自矜其功不自大其德表章前業世德作求蓋非幸其成而淺於自待者故孔子稱之曰武王其達孝矣乎惟其孝之達是以業益弘而慶益萃也集蒼姬之緒而畢未竟之功夫豈適然者哉記曰惟孝子爲能饗親讀是詩而知武王之孝也

春秋

春王正月宋公曹伯衛人邾人伐齊狄救齊（僖公十有八年）春晋侯侵曹晋侯伐衛（僖公二十有八年）楚子陳侯隨侯許男圍蔡（哀公元年）

曾迪

考試官教諭劉批（得傳旨）

考試官教授林批（有斷制）

列國報兵之情异春秋隨事而立法焉夫兵一也是非則存乎其事春秋曲直之準其容以無辯乎嘗考衛之伐齊狄之救齊晋之侵曹伐衛楚之圍蔡而知人情之得失若是乎其相遠焉何則楚丘有城衛文之受德於桓也已深聶北見却齊桓之遺恨於狄也已久夫情之厚者每懷人之德於不忘而多偏繫之私者則又計小忿而不釋何衛與狄之异耶一則乘其喪也而奉少以奪其長一則憫其難也而率衆以解其危怨隆於可報之恩義急於仇讎之人其得失果何如耶君子曰情貴乎厚而惡乎薄薄則忍而犯順厚則同而無我伐齊之兵其忍心之無忌救齊之旅其得同物之仁乎故書伐以責衛書救以許

狄者非偏也曲直之不可欺也豈故伸夷而抑夏歟若塊裸之侮曹衛之獲戾於晋也可略宗廟之壞蔡昭之駕禍於楚也實淫夫心之廣者每矜人之過於不校而無自强之志者則又委重怨於不圖何晋與楚之异耶一則懷其侮也而侵伐之必加一則計其暴也而遷徙之不恕可矜之小過必問終天之重怨不忘其是非果何如耶君子曰心貴乎公而病於私私則隘而不宏公則正而不拂曹衛之侵其褊心之所使蔡都之遷其得人情之公乎故書爵以責晋紀子以予楚者非私也是非之不可枉也豈故重外而輕内歟是則晋衛俱可惡也而負德者爲尤楚狄俱可取也而恤患者爲最因人示法春秋之義精矣抑於是而猶有憾焉無虧孝公之分可易耶不可易耶桓乃屬人以私而欲以愛惡定廢置卒之柩方在殯國被危辱功利之效其及也淺矣若曹衛與蔡之禍固其自取然斂盂之盟可重絶耶申胥之賢可少無耶君子以是知棄人不可以大甚而有國家之責者甚無比之匪人乎

叔孫舍至自晋（昭公二十有四年）

康建勲

考試官教諭劉批（典雅）

考試官教授林批（謹嚴）

春秋於大夫之歸國特表其制行以賢之焉夫執禮以維其身懷忠以衛其主舍之所以爲賢也君子特表之以示勸也爲宜且夫執叔舍者晋之逆也其歸舍者晋之順也去逆效順晋若可嘉矣而以之賢叔舍也何賢乎謂其持身有禮而事君以忠也何則天下之可畏者莫如强安於靡而罔克自振者辱也遠辱有道禮莫先焉彼其坐列於邾夷賂責於范鞅晋之無道亦甚矣怵於其勢者命斯順其誰能抗之而舍則能秉禮者是故陳之以周制以却其坐也取之以冠法而罔徇其求也蓋曰晋之所以辱我者勢我之所恃以不辱者禮抗節不回君子之所以係國輕重者也委靡之風熾矣而猶有不畏强禦如舍者不亦幸哉天下之可懷者莫如君志於奸而匪克夾義者亂也遠奸有道忠莫先焉彼其奪政柄而下移逐主君而外播季之不軌亦甚矣甘於其黨者謀斯協其誰能折之而舍則能懷忠者是故責之以逐君以正其奸也祈之以祝宗而罔受其欺也蓋曰君之所以榮我者爵我之所恃以自榮者忠正色立朝君子之所以能爲有無者也跛扈之習甚矣而猶有不忘君父如舍者尚亦利哉夫維觀舍之執禮而后有以見晋人之無禮觀舍之愛君而后有以顯意如之無君執足以壯國之勢歸足以係國之危臣道罔戾厥惟賢哉春秋特表其

姓氏而不比於意如之歸之例者得非彰其賢以示勸乎雖然國有賢臣惟福之植然而揚州乾侯之禍終不能免豈賢者無益於人國耶良由昭公任之不專信之不篤是以强臣之逼卒不可制千乘之尊求爲一匹夫而不可得矣噫昭之弗克厥終不足惜也并舍之賢而無以自效君子重爲之三嘆焉

禮記

禮之以少爲貴者以其内心也德產之致也精微觀天下之物無可以稱其德者如此則得不以少爲貴乎是故君子慎其獨也

譚維鼎

考試官教諭劉批（説理詳盡）

考試官教授林批（明整）

記者原禮有宜於存誠者因著君子存誠之故焉夫天地妙生物之德而君子之祀亦難乎其爲報矣然則不以物而以誠也有以哉禮器君子蓋謂禮不同或豐或殺惟其稱而已矣是故君子之行禮也郊以報天而不尚夫多儀社以神地而不貴於備物者誠以恭敬不足又何牲幣之足云而内志允孚自致神祇之來格矣所以然者蓋有以見天地之德雖極於至大而無外而其發育之妙則入於至密而無形故盈天下之物皆天之所生也然其所以生者孰得而測其機緘哉皆地之所產也然其所以產者孰得而窺其藴奥哉夫天地之德密緻精微如此縱盡取天下之物以報其功吾見物有盡而功無窮其能稱其德也乎孰若竭内志之誠以少爲貴使實意孚而幽明達庶或盡吾心焉耳以故行禮君子燔柴於泰壇虚文弗事也瘞埋於泰折縟禮弗向也防物誘欲而小心以昭事上帝者豫養於對越之先閑邪存誠而齋戒以神明其德者慎獨於駿奔之始則精明之德至而將享之道盡矣尚何事於盡物也哉由是觀之則知行禮者不在於儀文而在於誠心之感也今之君子宜知所法矣抑君子無弗誠也祭祀爲至祭祀無弗誠也郊社爲至故禮行於郊而百神受職禮行於社而百貨可極誠而已矣誠則天地斯格矣格則百順斯備矣弗誠弗敬不能以交人而況鬼神乎書曰鬼神無常享享于克誠易曰東鄰殺牛不如西鄰之禴祭蓋言誠也

禮樂皆得謂之有德德者得也

黄榜

考試官教諭劉批（典則）

考試官教授林批（理到）

記者原德之所由名而申其義以見君子知樂之妙也蓋禮樂之道大矣兼而有之則有德之名歸之矣尚有待於外哉且夫一貫而無二者禮樂之情同也會通以成德者善體禮樂者也君子蓋嘗審音知樂而幾於禮矣由是禮之寓於倫理者匪徒知其物采之施而已也神而明之有以析其奥樂之發於聲音者匪徒知其器數之宣而已也默而識之有以通其微夫惟析禮之奥則有得乎禮矣會道器而體之而治躬之妙豈有遺乎通樂之微則有得乎樂矣兼情文而有之而治心之理其咸備乎合和序於一致而粹然無偏達於禮而不達於樂者固不得而擬之也混中和於一途而渾然無迹達於樂而不達於禮者固不得而名之也不謂之有德乎然是德也非襲取而强名也蓋至道克篤於庸行而允蹈實踐各造其精微之域融會貫通和序之妙其心領之矣至理恒熟於素履而極深研幾咸達於性安之境交暢洋溢中和之實其神會之矣故曰德者得也舍是不足以言德矣何以盡知樂之妙也哉大抵禮樂一致也和序一機也自一身而達之天下皆是物也能全之者在有諸己而已有諸己則可以察倫可以知政可以格神可以易俗而其用溥矣否則其理昧其志荒聽古樂則唯恐卧而心迹之判遠矣故曰士之所難者在有諸己又曰待其人而後行

第二場

論

孔子之謂集大成

梁式

同考試官教諭王批（以大成爲本體足見深造）

同考試官教諭劉批（俱自胸中流出）

同考試官教諭徐批（集大成處發得精新似非文章之士）

考試官教諭劉批（是學孔孟而有得者）

考試官教授林批（不蹈襲）

夫子之道不可以名言者也夫可名言者則有迹有迹則小不可名言者則無迹無迹則大大者理也夫子之道具衆理而無迹是以見其用而不見其體見其出之之時而不見其所以時出之妙又烏可以名言哉不可名言而謂之曰孔子之謂集大成而後不可名言者益見矣夫大成何爲者也孟子以夫子之道至大難形故借樂以形之而非以爲真有所成也嘗爲之説曰可器者則有成不器者則無成有所成者則泥無所成者則通夫子通乎晝夜之道而

知故博學而無所成名惟其無所成名所以爲大成也非無所成也有所成而不與也猶之樂焉成於金石者則爲金爲石成於絲竹者則爲絲爲竹成於匏土革木者則爲匏爲土爲革爲木不復與金石絲竹更唱而迭用及夫黃鍾一變而后所謂金石絲竹匏土革木者大小清濁始終條理惟其所調而不得專其用以歸於黃鍾黃鍾又無所有焉以全其大何者八音有器黃鍾則無器焉夫子之道亦猶是也夫子不器故能成其大而伯夷伊尹柳下惠之三子者各有其器所以卒爲夫子之所有而夫子又未嘗以爲有也有者有之也有意必固我之心則其清任和也終不能無執之之心而將反爲清任和之所執是以行成而名立不若無名者之無所不成也無所不成則理也中也中無定在是以無名其諸樂之中氣焉爾也嘗觀記者述夫子之言曰在天成象在地成形如此則禮者天地之别也地氣上齊天氣下降陰陽相摩天地相盪鼓之以雷霆奮之以風雨動之以四時暖之以日月而百化興焉如此則樂者天地之和也是以禮樂極於天蟠於地行乎陰陽而通乎鬼神窮高極遠而測深厚樂著大始而禮居成物著不息者天也著不動者地也一動一静者天地之間也噫至矣夫子之道即雷霆風雨日月之道雷霆風雨日月之道即四時之道四時之道即陰陽鬼神之道陰陽鬼神之道即天地一動一静之道一動一静天地之間者不可物也天地之德不可物故以成形成象見其德聖人之德不可見故先王作樂以象成夫子之成不可名故假而名之曰大成大成者統同而辯异也是故夫子之道自其存已也人斯謂之清矣然之陳之宋之魯之見南子與互鄉之童子則大者未嘗變焉君子不謂之清也自其與世也人斯謂之和矣然佛肸之召陽貨之見夫子雖有欲仕之心而彼終欲致之而不可得則大者未嘗變焉君子不謂之和也自其急於仁天下也人斯謂之任矣然接淅而行明日遂行與不脱冕而行而卒之以歸魯則大者未嘗變焉君子不謂之任也不謂之任則人不可識不可識則無迹而其出也以時其斯之謂大成也已何者吾心廣大之體本如是也吾心之體無在而無不在無在故無方無方則神是以大生焉無不在故無體無體則化是以廣生焉大則不禦廣則不遺成性存存是以時中出焉以言乎聖人之道天地之間則備矣或者不知本體之説乃曰夫子集三子之所長而成其大如聚珠然而不知夫子之道自集自成若有所集而非集於三子若有所成而非成以三子也若謂集以三子則三者并畜而不虚縱有所至猶不免於襲取之弊其清也即伯夷之清任也即伊尹之任和也即下惠之和而隘與不恭有所不免其爲成也猶之三子而已豈夫子之道哉夫子之道孟子所謂聖智者是也智者知也知此本體者也聖者行

也行此本體者也知者行之始行者知之成之三子者惟其知之偏是以成之小夫子之大成所以爲大智也故曰知至至之可與幾也知終終之可與存義也是夫子之言也惜乎人之偏於見也仁者見之則謂之仁知者見之則謂之知君子之道鮮矣孟子真知夫子者也故曰行之而不著焉習矣而不察焉終身由之而不知其道衆也蓋嘆夫人之不知其體也至大至剛以直養而無害雖以冉牛閔子顔淵具聖人之體而不敢安則其所造其大而未化者乎知言養氣集義者其功也

表

擬宋廣州教授林勲上本政書表（建炎三年）

蕭來鳳

同考試官教諭蕭批（語健意精非留心本政者不能作）

考試官教諭劉批（清而有味）

考試官教授林批（典雅）

建炎三年某月某日廣州教授臣林勲謹以所撰本政書上獻者伏以賢君觀萬化之原因時立政忠臣思一得之益隨事昌言稽往牒以成編本生民之急務敢塵黼扆庸效芻蕘臣勲誠惶誠恐頓首稽首竊惟國保於民皇建有極所其無逸知小人稼穡之依率由舊章爲王業艱難之故實帝王心法之要爲民生衣食之源自井牧肇于黄虞經制已備至貢助行之湯禹法度爲詳以迄成周尤重民事風歌七月鴻雁無中澤之哀雅善三單草莽皆在公之役分田制禄足用安邊經界正而井地均什一行而頌聲作慨秦之世阡陌既開由唐以來兵農遂二趙過搜粟無補海内空虚陳靖司農秖益編氓耗竭反裘以負涸澤而漁何有乎正德利用厚生惡在爲勞來旋定安集潢池兆釁石壕吏之朘削尤深碩鼠傷殘安上門之流離具在近自建炎之歲上溯開國之初兩税之征數已增于七倍九伐之法人不知者百年皆緣經理之疏未獲雍熙之效惟明哲以庶績其凝爲泰在農夫以百畝不易爲憂久激愚衷曷酬洪造兹蓋伏遇繼天駿命垂世丕圖民安而視若未安治先邦本道至而望猶未至功妙時幾從善如圜進人加膝故自忘其固陋爰陳本政之書亦願察於細微壹明王者之制夫一而占田五十畝井一而爲夫十六人由兵馬以及餘緡自隸農而至匹婦斂散有節適緩急之宜勞逸相均便分番之直足兵足食有土有財是謂因略致詳復井田之舊庶幾以人立政增祖武之光事在可行言皆有據臣業慙學稼教不逮於蘇湖禄過代耕志欲裨於海岳雖非帝籍不刊之典誠爲平生獨得之愚行以十年化未三代者未之有也伏願端本善則明物察

倫先天下之憂謹日中之戒儆於有位養賢以及萬民紹乃前聞雪耻而酬九廟垂衣致治卑服即功調玉燭於氤氳占太平之有象鼓仁風以披拂衍盛世於無疆臣無任瞻天仰聖激切屏營之至謹以本政書十三篇奉表隨進以聞

第三場

策

第一問

蕭來鳳

同考試官教諭蕭批（不但善陳聖德且忠愛之心見於言外）

考試官教諭劉批（大雅之作）

考試官教授林批（有胸襟）

帝王之創業垂統也當有以昭曠代之宏規而其繼體守成也當有以隆中興之大業夫創業之君嗣王是法必宏規有立而後人爲可繼繼體之君先烈是揚必大業克隆而前人爲益光於乎此我太祖高皇帝之法古爲治而典章文物追蹤於二帝三王之盛皇上之經綸大業巍巍足稱中興之盛歟粤昔秦失其鹿天下競逐漢高起自豐沛手提三尺不五載而成帝業故史臣班彪贊其所以興者有五曰帝王之苗裔曰體貌多奇异曰神武有徵應曰寬明而仁恕曰知人善任使言其取天下於亡秦者以是也有宋不競元夷猾夏我太祖高皇帝不階尺土奮起布衣亦不十餘年而正夫統故當代文臣宋濂述聖祖之所以興者有六曰功高萬古曰得國之正曰獨禀全智曰敬天勤民曰家法之嚴曰兵政有統言其復我中國帝王之統者以是也夫我太祖高皇帝之取天下得國之正雖與漢高同而其復華夏於腥氈視起生民於塗炭者厥功尤偉固非漢高之所可同矣故曰功高萬古者也然而漢高代秦之興去古未遠先王之典則尚存六經之遺籍未散高帝不能收拾補綴其殘壞以追三代之隆而以苟簡之規模自足三章約法之外一切承襲秦舊無所建明卒使先王典禮湮而不章論治者不無遺恨於高帝也若我太祖高皇帝之興乃在亡秦千載之後矣觀其草創之初首建宗社以重邦國之本繼立庠序以先郡縣之化大業既定稽古立法制禮以序倫作樂以宣化建官以分職明教以齊俗凡所制作盡反元政典章文物直追前古之隆有非一時儒臣播誦之所能盡者此豈漢高之所可得而并論哉所以然者蓋漢高得天下於馬上不事詩書又嫚而侮人不喜儒生當時爲之議禮者僅以叔孫通鄙儒而帝方命之曰令

易知度吾所能行爲之則帝誠非有復古之心而真知垂統之大計者其安於苟簡也固宜我太祖高皇帝本以天授神聖之資應運而出兵戈倥傯即能延訪鴻儒以置帷幄購求遺書以備省閲其所得於講論聞見者既深且廣故能見超千古慮周萬世創制立法盡善盡美有以昭曠代之宏規也夫作之於前者固不可無久大之業而守之於後者尤不可無充拓之功歷觀前代繼體之君如漢之武帝能表章六經有功斯道矣而窮奢黷武卒致海内之虚耗唐之憲宗能收復淮蔡威震强藩矣而驕心一起反令美業之不終宋之神宗鋭意更法勵精求治矣而委用者無經世之學紛紛制作卒釀靖康之亂惡在其爲中興也我聖祖創大業於前列聖紹鴻休於後奕葉相承有隆無替至我皇上龍飛藩邸運際昌期稟文武聖神之資備剛健中正之德御極以來孜孜圖治其所以經綸大業議禮考文足以建萬世之長策而綿億萬年無疆之休者未能悉數而其卓然爲世大法度越漢唐宋之君者則有五事可言定圜丘方澤之制而分祀之議以一也者明倫大典之書而繼統之禮以明也留神經術則經筵日御以研聖賢之旨尊崇孔子則正號毁像而洗因循之陋察先朝之遺弊革中官之出鎮若此者皆前人講求之所未定智慮之所不及或牽於欲而不能爲或制於内而不敢爲者而我皇上稽古因心右文體道浚哲淵衷超然遠覽神謨聖斷毅然裁正有不待儒臣之贊一詞者猗歟盛哉中興之業前代未之有比也所以然者蓋我皇上聰明睿智超越千古而又以敬一之學上接堯舜禹湯文武周公孔子道統之傳凡其見諸事天法祖者率皆裁以往聖之心法故能剖折群疑吻合至道考衷立度盡制盡倫有以隆中興之大業也愚生生長遐陬沾濡聖澤其所得於典籍之傳樂育之化者不過如此何能以鋪張敷揚其萬一哉雖然愚嘗聞諸先儒韓愈有言曰莫爲於前雖美弗彰莫爲於後雖盛弗傳蓋創業者爲其可繼燕翼之仁也守成者光昭前烈繼述之孝也我太祖高皇帝之興有六以建不世之大功我皇上之度越前代有五以隆萬世之大業其功大則其德厚而澤遠有以衍無窮之緒仁之昭也其業隆則其氣振而運昌有以延無疆之休孝之大也於乎創之以仁守之以孝我國家之盛當視成周八百之歷而遠過之矣詩曰君子萬年永錫祚胤敬爲皇上頌之雖然愚生又有聞焉昔魏徵事唐太宗於晚年有十漸不克終之陳而太宗實嘉納之蓋人心易荒於逸樂而至治常虞於盛隆以數者成之而不足以其一壞之而有餘我皇上總攬乾剛裁决萬幾政權未嘗一日下移固無不克終之漸而愚生私憂過計有不能忘情於聖明之世者執事儻與其進尚能有言爲聖天子陳之

第二問

譚維鼎

考試官教諭劉批（議論根據）

考試官教授林批（條答）

執事之問以禮不以刑愚生則曰用禮者當如用刑焉用禮如刑則禮重禮重則民心革安處善欲驅之而爲惡也不可得已何哉善固民之心也重之以禮者非强其所無也特教之無素則發動之機塞而無以觸其懿美之衷於是乎有物而不化者苟浸漬之既久而又時執其機以振作之如今之用刑焉民固有勃然興起而日趨於善者三代教化之隆率此而已舍此而徒以法度把縛拘拘於簿書訟獄之間吾見上繁於刑民敢於悍將有刑之所不能禁者以此爲治終苟而已於乎此禮樂之所以當興而刑法之不足恃歟請因問而詳言之天高地下萬物散殊而禮制行矣流而不息合同而化而樂興焉古先聖王所以繼天立極垂世立教者莫大於是故其精神心術之藴寓於三千三百之儀冠婚喪祭朝聘鄉射之禮行於君臣父子兄弟夫婦朋友之間者不過庸言庸行而已是故形而下也不離於飲食器服之用形而上也則極於無聲無臭之微由唐虞以及三代罔不由是損益故當是時教化休明治隆俗美雖有刑罰無所用之下至亡秦焚滅典籍禮樂崩頹遂使後世言治率多苟簡在上者畏於檢柬或擇令易行或謙讓未遑既無以修復古昔節文度數之詳與夫道德性命之體在下者苟隨時好或綿蕞雜就或廢罷儀禮亦無以建立萬世之長策而舉明主於三代之隆然則刻期簿書而獄訟繁興穿鑿於俗吏之苟且詐僞萌生而質朴日消泛濫於刑罰之無極又烏怪乎王吉之抗疏乎於乎孫昌胤造朝告卿士以子冠篤古之士也鄭京兆乃哂其無預我事而曳笏却立程伊川主司馬文正之喪而品節周詳守禮大儒也蘇東坡乃譏其父在不宜學禮習俗之移人乃賢者不免矣況其下乎執事謂古禮之難復似也然禮終不可復乎書曰天秩有禮自我五禮有庸哉禮者上下之紀天地之經緯民之所以生也道德仁義非禮不成教訓正俗非禮不備分争辯訟非禮不决君臣上下父子兄弟非禮不定宦學事師非禮不親班朝治軍莅官行私非禮威嚴不行禱祠祭祀供給鬼神非禮不誠不莊故禮者緣人情而制之者也禮果不可復乎昔者裴耀卿守宣州嘗行之一郡矣白華華黍南陔由庚歌於堂所以明孝子養親萬物遂性之道也而致宣州之民□者踴躍聽者感泣仁孝慈愛之心勃□□咏歌之下者何哉蓋禮樂之感於外而精神之發於中也禮果不可復乎禮之根於人心也大矣聖人本因其心而制節之固非强世之物也自後世禮樂之教不行天下日流於鄙俗之敝故説者慨夫子之作春

秋下存禮樂之制博士顔復至有虚名失實之嘆豈非探本之論乎古人有見於此斷斷乎以禮之必可爲國民之不可無禮故裴耀卿之在唐玄宗朝也則請乞令天下大州每年各備禮儀准令式行禮稍加勸奬以示風俗使民習禮聞樂上奉君親下安鄉族自然和氣浹洽化理清平而不任刑法矣胡銓之在宋寧宗朝也則請以司馬光冠婚喪祭之儀乞詔禮官討論擇其要而易行者布之民間使耆儒宿學轉相傳授而武夫悍將亦令通行欲使民知禮則知尊君親上奉先思孝而天下不足治矣若夫五禮新儀下頒州郡有司慮其推行之不及也乃欲諸州鏤板行屬州委教授縣委有出身官旦望就學講習新儀監司歲終保明具奏察其勤弛以爲懲勸此則通判李新嘗請於徽宗者焉三禮全書王安石妄廢儀禮而獨存禮記之科致使學者誦虚文以供應舉甚變亂也儒臣慮三禮之散失也乃欲就秘書省關借禮書自行招致學徒類編三禮以興起廢墜垂之永久使士知實學以爲制作之助此則先儒朱熹嘗請於寧宗者焉夫此四臣者既能行之而各言之矣當時若可以復純王之治然乃俱付之空言而不臻實效其故何哉蓋其所遇者唐之玄宗宋之徽寧固非議禮作樂之君此其治之所以不古復而禮之所以終不行也洪惟我太祖高皇帝龍飛淮甸以大德而受大命驅除夷狄洗污習而回華飛創造之初固嘗編輯大明集禮上自虞夏下及唐宋歷代所行儀文度數爲之因革損益凡吉凶軍賓嘉之禮條目具備復以冠履車輅儀仗鹵薄字學樂律諸目附之於後固已經緯天地貫徹古今垂一世之大典矣列聖相承恪遵罔斁肆我皇上誕膺寶曆議禮考文勵精圖治又皆本諸躬行漸以膏澤其於儀文大禮固嘗申明校正而增定焉然朝廷之上品節雖已詳明而遠郡偏州苟且尚仍其舊以至鄉飲讀法猶屬虚文日用常行殊無畫一故時方丱角已衣成服恐冠禮不舉也鄙俗雜亂不識親迎恐婚禮不備也火焚水溺拘忌陰陽五服之制輕重未别恐喪禮之不齊也春秋不知當祭之時祭日不知早晚之節器皿今古之或异牲牢生熟之不同恐祭禮之不嚴也若此者夫豈上德之未敷下民之不率哉固係牧民者不能宣揚禮樂有如唐宋四臣舉禮以爲教抑亦典禮之制未嘗著爲彝式頒行於下有如刊定律例諸書使臣工悉行遵守耶是不可以不講也傳曰功成作樂治定制禮今六府既修三事既和休貺備至功已成治已定矣申明禮樂以幸天下正在今日曩者四臣之所請其度數散見於典籍可考也上有聖天子學古作極是議禮制度之有君矣下有大臣宰輔夙夜惟寅明法習禮是稽古考禮之有臣矣爲今之計誠能具疏於朝請乞禮官將洪武年間頒考慈録諸司職掌洪武禮制禮儀定式及永樂中頒降文公家禮等書逐一參考凡係天下郡縣家鄉臣民所當行之禮敕翰林儒臣簡節删潤著爲一書

印行天下使之如大明律令諸書一體遵守如四臣之所議者又於學校村社選人習學演行其至要者尤乞申命銓曹掄選修德講禮如裴耀卿四臣輩俾爲州縣正官學校教職各務以身爲教專一管領而提督學校憲臣敕書中亦首以此載入俾其按部提督察其勤惰以爲勸懲緩驅以令使樂而不駭勸曉以文使徐而知義則民心惟善之思思則辯辯則安安則起居動息造次顛沛莫不在是則四臣之所言不行於昔而得行於今矣如此而民不革心治不純王者無是理也綜核考課之法轉移鼓舞之機是在聖君賢輔精神心術一運用中耳普天率土向風承式又何患乎專恃法律以逐逐於簿書獄訟之繁猥也夫王者牧民設刑以輔理刑非所先也今律民之書一字有易則監司置郵而下郡縣士民常禮乃反無書以稽之本末重輕之不稱從可明矣雖然此非愚生之言也嘗伏讀政要見我皇祖之諭群臣有曰治天下之道禮樂二者而已若通於禮而不通於樂非所以淑人心而出治道達於樂而不達於禮非所以振紀綱而立大中必禮樂并行而後治化醇一或者曰有禮樂不可無政刑朕觀政刑二者不過輔禮樂爲治耳苟爲治徒務政刑而遺禮樂在上者雖有威嚴之政必無和平之風在下者雖存苟免之心終無格非之誠大抵禮樂者治平之膏粱刑政者救弊之藥石大哉王言此固千萬世移風易俗之格言也愚也愧非賢才其於禮樂豈曰能之願學焉舊矣敢以是爲明問復幸轉而聞之上

第三問

高士楠

同考試官教諭王批（誠非曲士可以語此）

同考試官教諭劉批（篇末一段尤見忠義）

同考試官教諭徐批（出處亦甚難言以仁立論得之）

考試官教諭劉批（有斷制）

考試官教授林批（論古人心迹處可備參考）

考論古人於千載之上者有二焉亦曰概之以常道之正要之以所遇之時爾道也者中也仁也當理而無私心之謂也古之君子或懼其無以爲訓則守正以植萬世之大經或懼其無以濟時則旁行以權一時之大義凡以求適於吾心之安而不拂乎天理之至公至大而已知乎此則古人出處去就之大節豈不可考而區區形迹之似是而非似非而是者舉無所逃矣執事發策下詢承學而以古昔聖賢出處去就爲問愚生末學何足知之然嘗考之經傳而得其概矣紂敗厥德武王伐之所以順天應人無所私也吾固知夷齊微箕之心與武王之心一而已矣然夷齊義士也不可干也於是乎有扣馬之諫首陽

遁迹竟爲餓夫蓋所以標表人極以示萬世之有君者至矣至若微子抱祭器以歸周箕子就武王而衍極先儒以爲非臣周矣執事乃復以是爲疑豈真然哉夫亦以二子者真有以見其大而無所滯於心固不必以臣周之説爲解也自今觀之紂爲無道天命在周商之哲人已罔知其能吉微子之去遁於荒野而其歸周也乃在武王定命之後箕子囚奴安於受辱而其陳範也由釋於武王戎殷之時考之左傳楚子馮伯答問與武成釋箕子囚之説可知已其囚遁也以忠其來歸也以道豈直不臣仇已哉書曰自靖孔曰三仁愚嘗讀此未嘗不想二子無我之心與天爲一拘拘曲學之見烏足以知之是故可以觀仁矣哀平不綱新莽篡位女主革命唐室陵夷蓋飭已智以奸天位忠臣之所共憤也吾固知龔勝之心之於梁公之心一而已矣但龔勝舊臣也無可爲也於是乎有二姓之辯義不受辱絶食以死薰膏不避甘就燒焚以立一身之節者至矣若夫仁傑之於武后乃北面俯首不以爲非先儒以爲心在唐室矣執事乃復以是爲疑豈真然哉夫亦以仁傑能觀事察體以成其大而無所累於身固不必以心在唐室之言爲解也自今觀之天未厭唐人心思李武三思輩之不能有成仁傑豈不知之要亦以宗室雖危廬陵無恙尚屬可爲之時舍此不爲恐大唐社稷不血食矣毋子之性孜孜左右以悟其心卒之引薦諸賢委曲周全以成其志五龍潛授夾日以飛誠有得於旁行之知而不流者故其撥亂反正動必以理未嘗挾數術以濟其私今觀史氏所載其議論可知已其始也以權其成也以正豈直心在唐已哉吕温謂其蒙耻奮忠以權大謀世亦謂之知言而大儒朱子感興詩亦曰向非狄張徒誰辯取日功愚嘗觀此未嘗不服仁傑沉幾潛運獨立物表區區匹夫之諒烏足以知之是故可以觀智矣至若元以夷人入主中國此世道大變之極也當時儒者許衡乃應聘而爲臣劉因則屢聘而不起以迹擬之劉信高於許矣然戰則爲王降則爲奴渡江賦之所誇揚似乎欣幸趙宋之亡者劉之心毋乃未嘗以元夷爲非者耶然以静修之賢甘心爲之不以爲諱而又不爲之臣其在當時必有所見果合於至公至大之義未可知也五胡亂華姚弋仲老羌耳尚言胡人之不當據有中土正朔相承王景略臨終尤以勸苻堅之不當圖晋許以一世大儒得君行道將欲以華變夷乃曾無一言以存宋祚夫豈其非耶毋亦有見於天命所在混一之勢已成人心去宋值時不競而言之無補耶其在當時必有所見果合於至公至大之義亦未可知也此皆死生之際聖賢所處乃其大者隆中高卧管樂自比諸葛孔明其人也以昭烈三顧而後出披裘釣澤隱迹富春嚴子陵其人也光武以三公召之而不出文起八代之衰道濟天下之溺乃三上宰相書而求出非唐

之韓愈乎既已委質事隋隋亡去官不仕太宗下詔徵之而終不出非隋之劉子翼乎之四子者出處之義先儒嘗論之矣然愚以爲出與不出其中有道存焉不可以形迹辨者學者必能察於仁智之體不爲世俗之見以先入之議牿其心然後足以識之顧其心之所主今皆不復致詳但以子陵之賢后之論者終不足以明其出處之心愚則不能無説焉夫子陵豈不欲仕者哉光武以帝室之胄憤世艱危無以自拔子陵乃與之周旋於草莽之間以强其志定大謀卒之光復漢室克成中興之功此其大者人所不見或者以爲隱士出山而成伊傅之業是矣然以其抗世祖而不屈也遂謂之薄三公而不爲子陵豈薄三公者哉觀其譏切侯霸之語懷仁抱義純確無疵苟非養之有素深有得於學力者不能或者多其高尚之節至與周黨等并觀則非矣何者凶奸掃定其忠攄矣寓釣富春其道隱矣召之而至其出時矣柔道致理其幾見矣三公不就其志弘矣士各有志其詞遜矣此其進退出處從容道義無可議者而亦無知之者此愚之所謂世俗之見也噫豈獨子陵哉夫出處去就一道也道者仁也仁則不私不私則公公則大其用舍也以時而已不與焉此孔子之所以獨與顔淵者也苟有係吝之心存乎□□則行爲貪位藏爲獨善其有不爲貪位獨善者而亦不自知其所以出處之故是故知德者鮮矣不明於德而拘於曲學俗士之説吾見以存祀傳道之名托迹於微子箕子而忘宗以事讎者靡極也其亦將爲仁乎無仁傑之心藉口於旁行濟時包羞苘禄以屈節於惡人之朝者靡極也其亦將爲智乎身陷夷戎不顧華夷之辯包藏二心甘出犬馬之儔又安知非曲説之惑人而俾流禍之接踵也哉愚也草莽之見固欲竊效於古之君子以自處其身唯執事進而教之

第四問

蒙詔

同考試官教諭甘批（有志之士出言自是不苟）

同考試官教諭陳批（此子策俱優至於言理處尤詳）

考試官教諭劉批（學有考究）

考試官教授林批（知學然更有進步處）

有見而知之者則必有聞而知之者此固氣機之潛運而上下之相爲感者尤不可誣也是故上有隆儒重道之君而後下有懷道秉德之士上得其人而聖人之道行天下不患無善治下得其人而聖人之學傳天下不患無真儒同時者得於見知之的後時者亦得上有所考而與聞乎心法之要焉此其所以上下同德而世教休美也有以哉執事策試諸生而以當世道統之傳下詢

蓋有望於諸生者不淺也夫道何統乎堯之授舜曰惟精惟一允執厥中此千聖傳心之要法而道之所由宗也然聖賢不世出則其出也有時故孟軻氏曰五百年必有王者興其間必有名世者由堯舜至於湯五百餘歲若禹皋陶見而知之若湯聞而知之由湯至於文王五百餘歲若伊尹萊朱見而知之若文王聞而知之由文王至於孔子五百餘歲若太公望散宜生見而知之若孔子聞而知之軻嘗私淑於孔子之門人蓋與乎見而知之者矣軻之死不得其傳秦漢以來天下之士莫知所以爲學是以天理不明而人欲熾正學不傳而异端起彝倫之在人心者雖不可泯而斯道一脉亦且不絶如綫矣延至有宋一元協運五星聚奎上之人知所以教下之人知所以學濂溪周敦頤作著太極圖通書以示學者刊落繁蕪直究道體真有以闡夫陰陽五行之奥而天下之爲中正仁義者得以知其所自來言聖學之有要而下學者知勝私復禮之可以馴致於上達明天下之有本而言治者知誠心端緒之可以舉而措之於天下其所以上接洙泗千載之統下啓河洛百世之傳者脉絡分明規模亦宏遠矣由宋迄今適逢其會胡元運竭聖人篤生於是我太祖高皇帝龍飛九五作萬世君師之極嘗謂禮部侍郎曾魯曰帝王之治莫盛於堯舜觀其授受其要在允執厥中而病儒者講之雖精未免背馳於行事又曰人君一心治化之本存於中者無堯舜之心欲施於治者有堯舜之治决不可得而務存心立政以成堯舜之事功成祖文皇帝繼統尤切儆戒其覽學士解縉進呈大學正心章講議則曰人君誠不可有所好樂一有好樂泥而不返則慾必勝理若心能静虚事來則應事去如明鏡止水自然純是天理朕每朝默坐未嘗不思管束此心爲切要是我祖宗創業垂統之初即有以啓斯道之真傳於上而其所以明世教淑人心者有以媲美於唐虞矣列聖相承躬行體道代有制作蓋獨步千古而莫之與京洪惟我皇上聰明睿智文思温恭聖學本乎天縱至道得於心傳御製敬一箴勒石兩京國學及天下府州縣學以開示心學之全有曰敬者存其心而不忽之謂一者純乎理而不雜之謂又曰其敬維何怠荒必除郊崇恭敬廟嚴孝思肅於朝廷慎於閑居省躬察咎敬戒無虞曰一維何純乎天理勿參以三勿貳以二行顧其言終如其始静思無欲日新不已於乎大哉王言一哉王心揆之精一執中之訓豈非同條而共貫者哉執事所謂發前聖之所未發真猶湯之於堯文之於湯也已夫以道統之傳列聖相承後先不墜我皇上則又默契而光大之如日中天則所以勉勉綱紀以造就乎四方者深矣然漸濡聖化者乃未嘗有得於禹皋伊傅之緒以爲名世之望成見知之盛者豈有之而未見耶抑尚有待於薰陶之既久而後出耶夫天理民彝不可泯没况

上有累朝列聖作人之功今日皇上躬行之化百七十餘年間儒臣隱逸豈無造詣誠確神會心得以垂衍斯道之一脉者乎近世儒臣楊廉獨識此意乃歷考當時諸臣如力行好古進趨有程有若河津之薛瑄堅忍貧賤進修不倦有若崇仁之吴與弼或仕或不仕皆鋭志理學而潛心於聖賢者也端嘿沉静慕回如愚有若布衣陳真晟學求自得勿助勿忘有若白沙陳獻章或者作與不著作皆絶意舉業而返求於心學者也以至胡居仁之議論的當根據程朱布政使陳選之講明正學務實近裏侍郎張元禎之反躬研理侍講納忠聞望輝映於後先也羅倫之氣節奇偉任道甚力布政使周瑛之每事檢心學求自得郎中莊㫤之博學大志温醇和易互相爲羽翼也以至急流引退究心理學則有重内輕外篤信朱子如章懋飭躬勵行深明易理如蔡清者焉遭時星變抗疏直言則有卓然自立如張吉篤志聖賢如鄒智名并四諫奇氣疏節如黄仲昭者焉凡一十五人撮其行實各爲編次名之曰皇明理學名臣言行録其意蓋亦慮夫理學之失傳而所以扶持世道於不廢者就中論之如薛瑄之學貴踐履性與天通陳獻章之主一養心造詣充裕以至吴與弼之分别聖學俗學是皆奮起乎百世之下倡明斯道之統以爲天下法程雖若不敢遽謂其俱有見知之實然考其修身慎行明道立言由下學以至上達卑不遺於事物高不淪於空虚粹然一出於正回視游黄諸子親炙程朱之門而其後不能無少謬者殆爲過之暨如羅倫之好善惡惡心事如青天白日胡居仁之學主忠信排斥异端章懋之精極義理身體力行莊㫤之慷慨豪邁樂取人善以及鄒智之雅負奇氣守義據經皆卓然有以自立以爲四方表雖若不敢盡謂其涵養弘深各造其極然尚論一時之清風勁節才識忠款志之必爲君子而不爲小人學之必爲道德而不苟利禄端使海内之士想望風采可仰而不可及回視陳同父輩之出入於義利王伯之間而不免以豪杰自逞者其不猶有可議矣乎於乎道之不明也久矣流俗之難挽人心之難覺也今世果無其人乎固有篤於深造而不求人知者蓋偶未之見耳昔周敦頤肇開宋學之源當時見其政事精絶者則以爲宦業過人見其有山林之志者則以爲襟懷灑落世有知其學者則又或疑其出於希夷而未嘗知其有道必至身没而后道始章名始定今之論者毋亦類此歟然則論我朝見知之學而有以得其正傳者詢名責實固有俟於後之君子也方今聖天子學有緝熙凡所講明制作以昭著於天下者無非斯道之實用公卿而下以及士庶沾濡聖澤者亦皆丕變維新凡所措之身心以爲化民成俗之本者亦皆體道之實功將見上有善治以行聖人之道致天下於仁義禮樂之域下有真儒以明聖人之學上接夫周程張朱道統

之傳固當應期而出以徽柔一代治教之盛者矣愚何幸身親見之

第五問

曾迪

考試官教諭劉批（非泛言者）

考試官教授林批（有見）

用人者貴於公天下之法而不必盡天下之情入仕者在於端致用之本而不可計一身之利蓋人有不可盡之情而法無可必盡之術吾惟持之以公則情之不得盡者與我皆無憾也而又何嫌於法耶士有欲用世之志而法無可幸進之理吾惟俟之以正則身之難於進者於法固相安也而又何急於利耶審如此則入仕者不患其居閑之日多而掌銓者亦何憂其積壅之日深也哉維昔羲后以物命官推擇之典邈矣無聞爰洎唐虞建官惟百夏商官倍當其時疇咨明揚考言詢事旁招俊乂列于庶位上以道求下以行應無常法也逮于成周大司徒以鄉三物教萬民考其德行道藝而賓之于王曰選士曰俊士曰造士曰進士論定而後官任官而後爵位定而後禄擇才取士始爲詳矣然猶未有銓選之法也至漢成帝立常侍曹尚書一人以主公卿之選立二千石曹尚書一人以主郡國之選用選法始起光武改常侍曹爲吏部尚書以總三曹之事而選法專隸之吏部矣自時厥後魏有九品中正之法唐有三曹選法宋有國初之選法有元豐之銓法然皆愈詳愈敝愈敝愈變用中正者膏粱閥閲坐登仕版而寒素有不得進之滯循資格者闒茸讒諂立升要路而豪杰有不得伸之嘆故崔亮嘗變中正矣而停解之法賢愚同貫或咎亮之失才魏玄同張九齡嘗欲停資格矣而選舉之制迄不可復終莫能遂其志此宋人調停之説所由起也恭惟我朝稽古定制設吏部尚書佐以侍郎有郎中員外郎主事爲之屬有文選可以掌文官銓選之法蓋古之資格也用之累朝得人爲治至我皇上殫心化理尤慎用人冢宰之官不輕授任常慮選法爲滯重以天語丁寧宜乎仕路清通人才彙進矣而執事猶曰赴部待選動至數千給假家居恒逾二萬至有白首不得一命幸而得之亦皆垂老志得之年深嘆夫壅滯之弊而欲求變通之計者何也將謂入仕之源有未清歟愚觀今國家入仕之途不過歲貢科舉吏員三者而已外此則有蔭補之胄納粟之例而已然歲貢科舉定額未增于舊蔭補胥吏資格不混其常納貲入監非爲常例其視上官均之所謂四弊曰雜流曰特奏曰資蔭曰入流者不待去而自無惡在其爲仕源之不清也將謂冗濫之員未盡去歟考自皇上臨治以來屢敕吏部通查天下凡官之事簡可兼及因時添設者盡從裁革至今停選而又有六察嚴糾劾

於監臨吏部明考察於朝覲其視歐陽脩之所謂四色曰年老曰患病曰貪污曰不才者已皆汰而不留烏在其爲冗員之未去也然則變通之法將無用乎愚嘗思之厥初生民寡鮮大地爲墟爰自三代養育以迄于今齒類益繁猶皆各奠攸居未聞有巢栖而穴處者乘除消長之數天固有自然之妙而非人之所能與也銓選之法何以异是嘗觀今之需選者科貢率十餘年而得官胥吏十五年而得官蔭補者半之若進士之選則又速矣循資之外又有揀選遠方之例家貧親老者得就此以申其願若不爲壅矣其間歲貢出身之人容或有皓首膺命之悲蓋其所成之時則然也固無害其爲選法之通矣又竊嘗觀之天之生物洪纖巨細各惟其質遲速榮悴各惟其時夭札久固各惟其氣不能强之而使同是雖父母之於子有不能爲之謀者况以天下之欲仕者年有壯老地有遠近家有貧裕資有深淺各挾其情以求伸於銓部三尺之法而掌銓者欲遷常法以曲成則物議未孚欲盡詢察以從事則聰明有限何以盡使之各得其情而無失所之嘆雖有智者亦不能爲之法矣故曰冢宰者天官也天之於物惟付之無心而已無心者至公也故掌銓者必至公如天進退遲疾一惟其法而毫髮已私無所容又能揭示奸弊如魯宗道不使吏升堂如杜衍則虚明之下自得其平有不能適當其情者乃其所遇之窮於我固未嘗有心也如此則蘇軾之所謂天下安危所係而欲變而通之者不足慮於下矣而其入仕者亦必守正俟命進用則經國爲民推行所藴居閑則孝弟力田無求於上苟年垂衰暮圖報無時則寧受服飾如尹洙之言若陳襄之與折資差遣李東之與監臨物務以利誘人者不以自待其身則靖恭之下行誼已章雖終身未沾一命而其所榮者不既多乎如此則蘇軾之所謂以莅官之所得爲君閑仰給之資者非所恤於上矣然而掌銓者何難於用法也昔在唐宋有墨敕之官有内降之除皆自宫闈而出幸濫之輩溷我清流此猶可諉曰衡之未平天子奪之也今皇上於吏部尚書簡任責成未嘗侵職慎惜名器不輕授予而今之士人猶有囂囂於銓部者豈所居之者敦尚勤儉甄别清通如毛玠山濤者未得其人耶抑豈所謂天地之大人猶有所憾者耶嗚呼吾果至公如天則人言不恤可也如或未然得無有塵於位乎而入仕者又何難於守正也古之時公卿大夫之子弟皆自幼年入學至四十方仕士修其學學至而君求之故其行備業全事理績茂秦漢以降乃异於斯其行教也不深其取材也務速人才愈多治功愈壞職此之由今之需選於銓部者胥吏雜流無容深議其出於科貢入貲者皆謂之士人我國家既養之於庠序董之以憲臣比其有成則又晋之國學廣其聞見教之不爲不豫矣而猶有汲汲於求仕敗德於授官者豈所教

之者身先孝弟敦尚行實如陽城安定者未得其人耶抑亦執德不固見義未明修之於家而壞之於庭耶嗚呼吾知窮達有命則守正以俟可也如其未然得無有負於教乎執事曰變通之法以疏壅滯愚則曰非壅滯之足患也要在掌銓者之秉其公執事曰莅官之資以給居閑愚則曰非資給之足恤也要在入仕者之安於教然則銓選之法終無可言乎曰入貲之例以濟時艱不宜於數開田里之賢盡收科目無庸於辟舉資格以待常品則不亂序於私親超用以待异才匪爲徇法於權貴獎拔恬退則奔競者自抑崇尚清節則請謁者羞爲此在掌銓者加之意而已若夫慎簡其人是在吾君吾相之權衡人物也草茅之言不知忌諱惟執事進而教之幸甚

廣東鄉試録後序

嘉靖十九年秋八月廣東鄉試録成康以執事當序諸末簡乃復申勖多士曰古稱虎嘯而風冽龍興而致雲世有明聖之君必有賢良之臣睹諸虞夏商周可尚也已惟我皇明列聖繼作禮樂聲教之澤漸濡浸潤積百有數十餘年今上紹承鴻緒文明浚哲道化丕隆溢於四海章逢之士衣被薰育雖在疏逖莫不窮經學古磨濯淬礪以賢良事業自期待易曰聖人久於其道而天下化成其弗信矣乎今獲選而進之天子之庭奮庸熙載固其會也康於多士竊猶有餘懼焉夫文辭藝也道德實也古之進也以道德今之進也以辭章爾多士以辭章進自今觀之固有光明俊偉建功樹業庶幾豪杰者出乎其間亦豈無脂韋澳泖與時乾没始慎而終以詩謬者是非辭章之罪不善用者之過也夫聖人之道入乎耳存乎心蘊之爲德行行之爲事業故六經爲文之宗孔孟爲道德之宗皋夔稷契伊傅周召爲事業之宗諸士子亦既明六經誦法孔孟欲見諸事業矣究其所用或昧焉康也能無懼乎今夫勾粤之簳鏃礪羽栝遇射疏及遠則有功以之掊棰則與槁樸無擇也湛盧干將之劍氣凌紫蜺輝奪白日遇斷犀象蕩争寇則有功以之刲穫則與鉛刃無擇也是故器一也用之於此則善於彼則不善諸士産於粤猶粤簳神劍也不務道德而第以辭章爲工吾懼其進爲槁樸鉛刃也詩曰靡不有初鮮克有終爾多士勖哉

河南汝寧府西平縣儒學教諭劉康謹序

嘉靖二十二年廣東鄉試録

廣東鄉試録序

嘉靖二十二年秋有司以令甲舉士于鄉蓋自初元迄于兹八舉矣彝章具存官聯有嚴凡在臣工仰體聖天子寤寐英賢之意罔敢視爲泛常及時豫事唯謹於是歲當大比前巡按監察御史姚虞謀之藩臬諸僚預聘梓芳等職司考校秋八月咸至于廣東會城則提學副使林雲同所選十郡應試之士既皆期集以待事矣巡按監察御史舒遷爲監臨官總攝群務賦政于諸司藩司則左布政使查應兆左參議徐九臯爲提調官臬司則副使韓楷游居敬爲監試官受卷掌卷等官自知府胡鳳以下凡十有八員皆慎簡以充藩臬諸僚惟左參政柯相僉事商大節先期入賀萬壽聖節右參政蕭晚僉事雍瀾考績銓曹按察使龔亨擢任在任者右參政周禪左參議沈澧副使周延陳茂義僉事趙維翁溥王舜卿何元述皆各以其職防範于外于時提督軍務巡撫兩廣兵部尚書兼右都御史蔡經廓靖方維綏定荒服偃武修文興學重教巡撫南贛右僉都御史虞守愚兼制嶺東南諸郡武略風行四民安業御史遷丕振風紀先集群議所長訂定科場條貫削其煩苛不經者申飭其大禁大防而加察詳焉會核供應百需省其浮泛不經者歸諸實用而加隆焉鎖院三試士如制士獲以其一日之長自見斐然盈目矣梓芳暨教諭項壇爲考試官學正林金唐時雍教諭鄭鳳蔡士達謝明德鄒文元許以明爲同考試官分經校藝夜以繼日罔敢怠遑浹旬告成事不愆于素拔士七十有五人梓其文之優者二十篇爲録以獻梓芳當序諸首簡聞之易大傳後天卦位曰離也者明也萬物皆相見南方之卦也聖人南面而聽天下嚮明而治蓋取諸此也其在堯典羲叔宅南交曰明都禹貢聲教訖于四海曰東漸于海西被于流沙朔南暨説者以爲聖人嚮明之化無遠弗届不可以地爲限故朔南言暨而已聖朝都六合之上游於卦位爲艮而定鼎之都正直其南嶺海之間爲東南一大都會又正直其最南當重熙累洽之時被文明之化委潤漬芳尤深且厚其在皇極經世書己午皆中天文明之會夫以時以地皆有文明之象焉而其山川之雄深磅礴鬱積之久將不有博達卓偉之士出乎其間以鳴國家之盛而炳

天地之靈者乎識者於是邦之士固不能無厚望也雖然諸士今茲登進凡以其文辭也學博而辯精氣昌而辭達主司斯録之矣易稱龍德正中德博而化是所以天下文明也彼文辭而已者何與焉必也有物之言乎吾以觀其修辭立誠矣必也有本之文乎吾以觀其精義利用矣行必掩言言必足志由此其選也其於身心性情必有得也其於天德王道必有明也其於立本致用必有倫也舉而措之天下國家其於典章文物禮樂刑政必秩然有條而不紊粲然順理而成章也其於聖人嚮明之治亦可以仰裨萬一乎夫宇宙内事乃已分内事故經天緯地文之至也聖人之能事也而聖人所以能經能緯者其妙用不外乎吾心夫苟不外乎吾心則亦焉往而不可自力哉諸士其志之愚於是乎尤有厚望而不能自已於言也

應天府溧水縣儒學教諭李梓芳謹序

嘉靖二十二年廣東鄉試

監臨官

巡按廣東監察御史舒遷（于喬直隸黟縣人　乙未進士）

提調官

廣東等處承宣布政使司左布政使查應兆（瑞徵直隸長洲縣人　辛巳進士）

廣東等處承宣布政使司左參議徐九皋（遠卿順天府大興縣籍浙江餘姚縣人　己丑進士）

監試官

廣東等處提刑按察司副使韓楷（以正湖廣江夏縣人　辛巳進士）

廣東等處提刑按察司副使游居敬（行簡福建南平縣人　壬辰進士）

考試官

應天府溧水縣儒學教諭李梓芳（啓孝湖廣華容縣籍江西豐城縣人　戊子貢士）

江西臨江府清江縣儒學教諭項壇（温伯浙江永嘉縣人　丁酉貢士）

同考試官

湖廣靖州儒學學正林金（聲之福建連江縣人　丁酉貢士）

直隸鳳陽府泗州儒學學正唐時雍（子協福建莆田縣人　辛卯貢士）

江西南康府安義縣儒學教諭鄭鳳（翔于福建莆田縣人　甲午貢士）
浙江温州府平陽縣儒學教諭蔡士達（望之福建同安縣人　丁酉貢士）
浙江嘉興府桐鄉縣儒學教諭謝明德（明之江西高安縣人　辛卯貢士）
湖廣寶慶府邵陽縣儒學教諭鄒文元（師善福建閩縣人　甲午貢士）
直隸松江府華亭縣儒學教諭許以明（堯克福建同安縣人　辛卯貢士）

印卷官

廣東等處承宣布政使司照磨所照磨羅萱（良育江西豐城縣人　監生）
廣東等處提刑按察司經歷司知事戴瑋（子儀江西上饒縣人　監生）

收掌試卷官

廣州府知府胡鳳（文明湖廣黄梅縣人　丙戌進士）
南雄府知府胡永成（思貞江西安福縣人　己丑進士）
潮州府知府龔湜（茂揚湖廣崇陽縣人　己丑進士）

受卷官

廣東等處承宣布政使司經歷司都事高時（行之浙江臨安縣人　乙未進士）
韶州府添注同知朱懷幹（守正浙江歸安縣人　壬辰進士）
韶州府通判濮樟（棟材浙江海寧縣人　丁酉貢士）

彌封官

惠州府同知陳琦（亦韓福建莆田縣人　丙子貢士）
廣州府番禺縣知縣周希程（道夫浙江象山縣人　辛丑進士）
廣州府順德縣知縣方大樂（憲夔福建莆田縣人　辛丑進士）
惠州府龍川縣知縣蔡鴻漸（于磐浙江鄞縣人　戊子貢士）

謄録官

潮州府同知王貴（道充江西清江縣人　壬午貢士）
廣州府通判馬子文（公遠江西樂平縣人　乙酉貢士）
南雄府推官曾樂（思韶江西新淦縣人　乙酉貢士）
廣州府新會縣知縣何廷仁（性之江西雩都縣人　壬午貢士）

對讀官

廣州府推官駱居敬（行簡浙江山陰縣人　辛卯貢士）
惠州府博羅縣知縣經彦寀（叔和廣西全州人　戊子貢士）
高州府茂名縣知縣鄭豸（秉憲福建莆田縣人　己卯貢士）
高州府茂名縣典史馮焕（養晦直隸山陽縣人　戊戌進士）

巡綽官

廣州右衛指揮同知文雄（傑卿直隸穎州人）

廣州後衛指揮僉事楊南（明甫直隸和州人）

搜檢官

廣州右衛指揮同知李文（彦章山後人）

廣州左衛右所正千户張漢（彦高直隸定遠縣人）

廣州左衛中所百户魏斌（彦文湖廣江夏縣人）

廣州右衛右所百户巫鏜（國鳴直隸定遠縣人）

廣州右衛前所百户孟宗賢（仁伯直隸沛縣人）

廣州右衛後所百户黄簡（約卿江西泰和縣人）

供給官

廣東等處提刑按察司照磨所照磨朱孔年（文符直隸長洲縣人　監生）

廣東鹽課提舉司副提舉鄭禄（世爵直隸武進縣人　監生）

廣州後衛經歷司經歷易堯（用中湖廣攸縣人　吏員）

廣州前衛經歷司知事淩璧（光耀江西龍南縣人　監生）

韶州府照磨所照磨羅廷威（汝重直隸歙縣人　監生）

廣州府南海縣縣丞官凝秀（尚賢福建光澤縣人　監生）

廣州府清遠縣縣丞何玹（養輝湖廣城步縣人　監生）

廣東都指揮使司斷事司吏目張啓（德彰福建松溪縣人　吏員）

廣東市舶提舉司吏目彭用光（克輯江西廬陵縣人　承差）

廣州府龍門縣典史周昊（德燦廣西恭城縣人　吏員）

南雄府税課司大使黄先（言後江西南昌縣人　知印）

廣州府番禺縣鹿步巡檢司巡檢虞邦崇（望之浙江縉雲縣人　吏員）

廣東鹽課提舉司批驗所大使張世和（時中福建閩縣人　吏員）

廣州府東莞縣鐵罔驛驛丞鄭宸（民望江西安仁縣人　吏員）

廣州府南海縣河泊所河泊繆賚（繹實直隸泰州人　吏員）

第一場

四書

立則見其參於前也在輿則見其倚於衡也夫然後行　忠恕違道不遠

施諸己而不願亦勿施於人　夏曰校殷曰序周曰庠學則三代共之皆所以明人倫也人倫明於上小民親於下

易

乾始能以美利利天下不言所利大矣哉　九五井洌寒泉食　是以君子將有爲也將有行也問焉而以言其受命也如嚮无有遠近幽深遂知來物非天下之至精其孰能與於此　巽德之制也

書

詩言志歌永言聲依永律和聲　若升高必自下若陟遐必自邇無輕民事惟難無安厥位惟危慎終于始有言逆于汝心必求諸道有言遜于汝志必求諸非道嗚呼弗慮胡獲弗爲胡成一人元良萬邦以貞　所寶惟賢則邇人安　至治馨香感于神明黍稷非馨明德惟馨爾尚式時周公之猷訓惟日孜孜無敢逸豫

詩

麟之趾振振公子于嗟麟兮　伐鼓淵淵振旅闐闐　君子之車既庶且多君子之馬既閑且馳　思文后稷克配彼天立我烝民莫匪爾極貽我來牟帝命率育無此疆爾界陳常于時夏

春秋

夏齊侯衛侯胥命于蒲（桓公三年）　晉侯伐秦（文公四年）夏楚人侵鄭（宣公三年）　叔孫豹會晋趙武楚公子圍齊國弱宋向戌衛齊惡陳公子招蔡公孫歸生鄭罕虎許人曹人于虢三月取鄆（俱昭公元年）
春王正月公會齊侯宋公陳侯衛侯鄭伯許男曹伯侵蔡蔡潰遂伐楚次于陘楚屈完來盟于師盟于召陵（俱僖公四年）三月公會劉子晋侯宋公蔡侯衛侯陳子鄭伯許男曹伯莒子邾子頓子胡子滕子薛伯杞伯小邾子齊國夏于召陵侵楚（定公四年）

禮記

毋不敬儼若思安定辭安民哉　自恒山至於南河千里而近自南河至於江千里而近自江至於衡山千里而遥自東河至於東海千里而遥自東河至於西河千里而近自西河至於流沙千里而遥西不盡流沙南不盡衡山東不盡東海北不盡恒山凡四海之内斷長補短方三千里爲田八十萬億一萬億畝　是故大人舉禮樂則天地將爲昭焉　可言也不可行君子弗言也可行也不可言君子弗行也

第二場

論

聖人天地之用

詔誥表（内科一道）

擬漢舉民孝弟力田者復其身詔（惠帝四年）　擬唐以裴度同平章事誥（元和十年）　擬宋以胡瑗爲國子監直講謝表（皇祐四年）

判語（五條）

官吏給由　別籍异財　男女婚姻　轉解官物　辯明冤枉

第三場

策（五道）

問　人君之御天下也承天而出治撫民以長世其淑人存乎學其輔理存乎官是故敬天也仁民也興學也命官也四者爲治之大端也稽古帝王之治莫備於詩書在書則堯典之曆象皋陶之安民五教之敷九官十二牧之命在詩則大明之昭事臣工之來牟武王之辟雍江漢之經營若此類不一而足可舉其概而言與我宣宗章皇帝御製五倫書於祖宗之典謨蓋章章焉其所謂敬天仁民興學命官四者與古之聖王同符也可述其一二與今皇上以天縱之聖纘列聖之統於兹四者尤孜孜焉如郊祀之制豳風無逸之扁敬一五箴之頒銓選考課之重皆敬天仁民興學命官之推也諸士服膺聖謨涵濡至治有年矣其敬颺之并著夫天人相因之機治教相須之義以冀其可有庸于世也

問王者創業垂統則有佐命之勛而守成令主亦莫不有輔弼疏附之臣羆虎之士以翊戴其世我太祖高皇帝汛掃胡元肇造區夏列聖緝熙前猷綿無疆之丕緒于時佐命翊世之臣載於開國功臣録名臣言行録者彬彬然繼軌于昔人不知當時所以致人才之盛者其道何繇皇上嗣統嘉靖我明邦聖作物睹俊乂在官明良之盛千載一揆矣而乃者明詔屢頒旁延幽伏若人才猶不足於任使者何也豈今之生才不及於昔邪將所以序進而風厲之者有遺説邪宋儒朱熹所謂振綱紀以待之者其説可采乎否也卷阿之詩召康公所以告成王而保盈成之業者也兹欲藹藹吉士四方爲則以繼卷阿之盛其必有道矣詳著于篇

問　虞書象以典刑夏作禹刑湯制官刑則刑法之制其來遠矣至于周則士師之所掌有五禁五戒八成司刑之所掌有五刑司約之所掌有六約

夫均一刑也而職异目殊其故何與至鄭鑄刑書叔向譏之晋鑄刑鼎仲尼嘆之夫象魏之法所以昭示天下之人使知畏避也而顧譏之嘆之則所謂懸象者非與又其後若魏李悝著法經六篇漢初約法三章比景武則增至三百五十九章隋置十惡之條唐制刑書有四律書十有二篇宋因唐律令而分律敕爲二其間或繁或簡不知與周官之所載者亦有同者否與然又聞古之時畫象而民不犯後世則法愈繁而民僞日益滋無亦治天下之法不專恃于刑邪我朝大明律一書論者謂篇目一準於唐之舊其損益厘定皆可考也昔人有言讀書不讀律之弊蓋言致用在乎兹也請詳述歷代法律之所以异與我朝采用之因以觀子將來所以致用者何如

問　昔人有曰古之爲國者先治身故以禮樂之用爲本後世爲國者先治人故以禮樂之用爲末然三禮至今行於世猶先漢舊傳而所謂樂六家者影響不復存矣漢興制氏以雅樂聲律世在樂官頗能記其鏗鏘鼓舞其義有可得而言否與六國之君魏文侯最爲好古孝文時得其樂人竇公其所獻書果先王之舊與武帝時河間獻王好儒與諸生共采周官及諸子言樂事者以作樂記獻八佾之舞與制氏果相近與王定傳其説以授王禹禹數言其義獻書二十四卷劉向校書得樂記二十三篇其説有可得而考與沿是而唐而宋王朴李照之所校定范鎮司馬光之所論陳其得失可得而言與若本之聲氣之元而盡變律之妙大破諸家之陋可窺先王之舊則蔡元定之書得其傳矣請推原其義以占稽古之學若曰非曰能之願學焉則非今日之所願聞也毋讓

問　經略之效重乎干城鎖鑰之寄本於固圉董率師兵備禦徼塞爲斯民之保障控一面之走集責莫重於將帥而其大者莫急於備邊古之人内懷謀略外彰威武如方叔克壯其猷召虎徹我疆土卓乎不可尚已然闢地千里而匈奴不敢飲馬於河出守雲中而夷人不敢近雲中之塞立幕府於西域而諸國懷集更盡還於都護而上書復留其亦方叔召虎之流亞邪可得而指其人與若遣戍還屯北方無事勸以耕牧郡中樂業胡夷内附野無風塵威信大行遂罷屯兵秦漢而下代不乏人而當時不免拊髀之嘆禁中之求何與洪惟國家臨馭天下守在四夷一統之盛亘古莫及邇者北虜猖獗蹂躪三晋警動中原備邊諸將乏於任使而少成功是何故與傳曰有制之兵無能之將不可以敗無制之兵有能之將不可以勝豈兵之無制抑將之無能與古之人所謂備邊六失其亦有切於時弊否與又有所謂六術五蘿三至今可得而行與請悉言之以轉聞於上毋徒嘐嘐然爲老生之常談而已

中式舉人七十五名

第一名　倫文　順德縣學附學生　易
第二名　湯相　惠州府學生　詩
第三名　蕭敬德　潮陽縣學生　書
第四名　楊穗　番禺縣學生　春秋
第五名　何嵩　順德縣學附學生　禮記
第六名　龍垓　順德縣學附學生　易
第七名　李价　番禺縣學增廣生　詩
第八名　鄭國臣　海陽縣學生　書
第九名　潘漸　廣州府學附學生　易
第十名　董鳳　高要縣學生　詩
第十一名　梁有譽　廣州府學生　詩
第十二名　陳獻經　揭陽縣學生　書
第十三名　張大綱　龍川縣學生　禮記
第十四名　陳表　文昌縣學生　易
第十五名　盧讓德　廣州府學附學生　詩
第十六名　陳以鼎　饒平縣學附學生　書
第十七名　林維傑　三水縣學生　詩
第十八名　蔡汝漢　饒平縣學附學生　春秋
第十九名　林威　番禺縣學生　易
第二十名　余磐　饒平縣學生　書
第二十一名　何藹然　順德縣學附學生　詩
第二十二名　吴廣　南海縣學增廣生　詩
第二十三名　林挺春　順德縣學附學生　易
第二十四名　廖瑚　潮州府學附學生　詩
第二十五名　宋治　新會縣學生　書
第二十六名　張于逵　番禺縣學附學生　易
第二十七名　周廷輔　肇慶府學生　詩
第二十八名　黎天啓　廣州府學附學生　易
第二十九名　羅忠言　南海縣學附學生　禮記

第三十名　朱靖　龍川縣學生　書
第三十一名　余涵　慱羅縣學生　易
第三十二名　杜桂　廣州府學生　詩
第三十三名　周士宏　番禺縣學附學生　易
第三十四名　陳大有　南海縣學附學生　詩
第三十五名　羅見麟　廣州府學附學生　春秋
第三十六名　陳一儲　潮陽縣儒士　書
第三十七名　劉百全　慱羅縣學生　詩
第三十八名　殷伯固　慱羅縣學生　易
第三十九名　陳簡　南海縣學增廣生　詩
第四十名　羅宇　順德縣學增廣生　易
第四十一名　吴璜　海豐縣學生　書
第四十二名　崔栢　番禺縣學附學生　易
第四十三名　耿寬　合浦縣學生　詩
第四十四名　林大章　新會縣學附學生　易
第四十五名　陳一松　潮州府學附學生　書
第四十六名　梁用逵　廣州府學附學生　易
第四十七名　歐天叙　樂會縣學生　詩
第四十八名　李堯卿　廣州府學生　易
第四十九名　李峻　新會縣學增廣生　詩
第五十名　周瀹　增城縣學生　禮記
第五十一名　曾應珪　南海縣學增廣生　詩
第五十二名　張大行　廣州府學附學生　易
第五十三名　鄭金　肇慶府學增廣生　詩
第五十四名　劉守陳　新會縣學附學生　易
第五十五名　王世臣　茂名　縣學生　書
第五十六名　梁質　電白縣學生　詩
第五十七名　賓公輔　廣州府學附學生　易
第五十八名　陳至言　潮州府學生　春秋
第五十九名　王休　東莞縣學生　詩
第六十名　謝光業　揭陽縣學增廣生　易
第六十一名　林大春　潮陽縣學生　詩

第六十二名　陳至德　潮陽縣學生　書
第六十三名　關銘　連州學生　詩
第六十四名　古文炳　番禺縣學附學生　易
第六十五名　黄礱　新會縣學生　禮記
第六十六名　許瀾　番禺縣學附學生　書
第六十七名　王道廣　番禺縣學生　詩
第六十八名　黄宏　順德縣學附學生　詩
第六十九名　蕭尚禋　從化縣學附學生　春秋
第七十名　李尚德　吴川縣學增廣生　易
第七十一名　林子峻　海陽縣學附學生　禮記
第七十二名　屈紹先　東莞縣學附學生　詩
第七十三名　張星　潮州府學生　書
第七十四名　鍾繼瑜　廣州府學增廣生　易
第七十五名　譚圭　從化縣學增廣生　詩

第一場

四書

立則見其參於前也在輿則見其倚於衡也夫然後行

倫文

同考試官教諭許批（造理之作難於措詞是篇文峻潔而意精到可以式矣）

同考試官教諭蔡批（講參前倚衡處有躍如意是善言心學者）

考試官教諭項批（體認真切）

考試官教諭李批（得旨）

聖人教賢者密存誠之功而行斯得焉夫隨寓有見則存誠之功密矣體信達順而行焉有不得者哉夫子答子張問行及此蓋以道寓言行而其要唯在一誠誠妙感通而其功由於不息故時有動静心無存亡方其立也乃斯須之頃耳而忠信篤敬之理則見其卓然參於吾前焉夫理無形也夫安有所見也蓋其存養之功念念不忘精意凝聚視無形於有形而吾前非前也理也固若參而可見焉爾立而見焉則非立之時可知矣或在輿也亦倉遽之際耳而忠信篤敬之理則見其儼然倚於吾衡焉夫理無象也又安有所見也蓋其體

會之力亹亹匪懈心思專一昭無象於有象而吾衡非衡也理也固若倚而可見焉爾在輿而見焉則非在輿之時可知矣無時不然何在非見是謂體道之純見道之真者也存誠之學斯其至矣由是不必議而后言言皆忠信不必擬而后行行皆篤敬而蠻貊之邦有不可行乎哉蓋天下原無理外之心至誠而不動者未之有也雖夷狄亦爲可往之邦州里之至近者又何疑焉此其理甚明其應甚大而其機之在我無難也子張亦識此而已抑子張之學多務外不情夫子教之非一曰闕疑闕殆懼其誣也曰慮以下人懼其高也曰忠信篤敬懼其詐妄而無實也所以藥之者至矣至參前倚衡則益以精矣豈其學有所得而夫子乃進于是邪書紳之勇豁然不疑亦庶幾無負夫子之教矣

忠恕違道不遠施諸己而不願亦勿施於人

李价

同考試官教諭鄒批（此題是中庸示人入道要義能發明剴當類此篇者殆少）

同考試官教諭謝批（融會朱傳或問成文似有得忠恕之旨者）

考試官教諭項批（文有思致）

考試官教諭李批（純暢）

中庸論公心可以近道而必即其同于人者以見之焉夫道本於心合人已而一之者也忠恕之事盡焉則其心公矣道不由是而可得哉中庸引孔子之言以明道之費隱至此蓋曰道本不遠於人而人自遠之者其有我之心累之也盍求諸忠恕乎何者道之體具于心本寂然至虚也反之心而不實則其體窒道之用見于事本廓然大公也推諸人而或睽則其用滯惟夫忠恕也本真實以爲推行之地通人已而出無妄之衷則其心公焉將見中孚而不匱有以協乎物則之常藴之於心者靈而瑩也雖其涉于强勉未即與道爲一也而道自是可即矣時措而罔乖有以全乎民彝之懿達之於事者公而溥也雖其出于人爲與道之渾然者有間也而其去道不遠矣夫忠恕之近道如此而其事何如亦惟以己度人而不悖所施耳彼交際之間人或以非禮加諸己則佛然而不願者己之心也揆諸人而同焉稱物之餘即不以是施於人蓋較量而無异者人之情也求諸己而慊焉體同人之念齊隱顯其一致視夫人也猶夫己也而凡見于上下之交者粲然有文以相接焉曷敢以自私邪廓無我之公兼大小其不殊推夫己也及夫人而凡形于親疏之叙者藹然有恩以相洽焉曷有於自异邪由是則心公而理自得始勉而終則安道豈遠乎哉吁此求道

之方莫要於忠恕而志于道者當知所從事矣抑忠恕一也而曾子他日以之狀夫子之道曰忠恕而已是忠恕即道也而中庸言近道者何也蓋道與忠恕非二物也有安勉之殊耳中庸言忠恕者就學者之求道者言之也曾子言忠恕者借學者之忠恕以明聖道也要之自忠恕而求之則忠即一也恕即所以貫天下之事也而以之治人以之責己皆莫能外焉而夫子之道其在我矣彼以聖道爲不可幾及而甘心焉者其殆未見乎此與

夏曰校殷曰序周曰庠學則三代共之皆所以明人倫也人倫明於上小民親於下

楊穗

同考試官學正唐批（闡明倫處真切讀者可以知所用力矣）

考試官教諭項批（辭意體貼）

考試官教諭李批（明净）

大賢叙三代之教而著其化成之效焉蓋教之大端棐民彝而已矣此三代立學以明倫也而於化成天下何有哉孟子告滕君爲國之問也若曰養民不可以無教而教民不可以無法盍亦法諸三代焉耳矣是故黨遂之地不有鄉學乎夏之陳教則爲校矣而殷取諸射也斯曰序焉周取諸養也斯曰庠焉是三代之所异也都邑之地不有國學乎夏之貽則嘗立學矣而殷之繼夏也弗易其名焉周之繼殷也弗易其名焉是三代之所同也然其所以爲教者豈异邪皆以明人倫而已蓋五典之在人也秩然有叙而不可斁焉者也教之不明而行弗著習弗察矣故夫匡直輔翼之詳也政教戒禁之備也凡以申其義也使察夫天秩之序而不敢違昭其則也使啓夫天性之良而不容已此其所以經綸大經而左右斯民者乎夫然故人紀之修明也既有以建極於上而民心之觀感也自有以會極於下禮義著而肅雍之行篤説以相感頽乎其順也澆漓革而敦睦之俗成仁以相愛頎乎其至也此其所謂百姓昭明而黎民於變者乎不然則五品不遜而百姓於是乎弗親矣教之不可以已也如此文公之爲國也舍是將奚法哉抑是法也豈惟三代爲然舜命契爲司徒敬敷五教即是物也中和位育之功體信達順之效胥此焉出帝王以此祈天永命而惜乎滕之不足以與此我聞曰民心罔中惟爾之中然則立教者非躬行以率之其何與化之有豈弟君子遐不作人嗚呼其懋敬也夫

易

乾始能以美利利天下不言所利大矣哉

倫文

同考試官教諭許批（潔净精微易義正當如此况能言天道之難言者邪）

考試官教諭蔡批（不事浮辭而統天之妙自見且結處尤爲有味取之）

考試官教諭項批（得旨）

考試官教諭李批（雅健）

聖人申乾元統天之妙而極言以贊其全焉夫天道之運無窮以元而始亦以元而終也乾元之所以爲大其在兹乎夫子之意以爲造化之理一通一復其機則然耳而孰知實一氣之流行乎亦于其生物者見之矣何則物莫不有始也孰始之乾元始之耳氣至而滋自無而有也油然有莫已之機日彰而新自微而著也勃然有必達之勢是造化雖分而天德之一初與萬物同其顯焉物各有所利也孰利之乾元利之耳精華之氣普萬物而不相妨害充周不窮其益也果有方邪無心之化隨小大而各全其天機緘莫測其妙也果可言邪是氣機各异而乾始之返宅與萬物同其藏焉一變一化合四德而爲神成始成終該造化而無間窺之也不可得其際也推之也莫能窮其端也謂之曰大矣哉其信乎天德之全矣乎聖人以是明統天之義噫盡之矣非知道者孰能識之雖然是理也合天地聖人而一之者也天地之常心普萬物而無心聖人之常情順萬事而無情堯舜有先天不違之政而四方風動黎民於變時雍利孰大焉蕩蕩難名自堯舜視之一浮雲之過太空耳故曰乾元用九天下治也孰謂易爲卜筮之書已哉

是以君子將有爲也將有行也問焉而以言其受命也如嚮无有遠近幽深遂知來物非天下之至精其孰能與於此

龍垓

同考試官教諭許批（易道精微場中之文殊多纏繞可厭此作條暢清潤可以式矣）

同考試官教諭蔡批（詞不繁而理自足非精於易義者不能作録之）

考試官教諭項批（詞理明切）

考試官教諭李批（簡當可取）

大傳論辭占極感應之妙而必推本其由也夫有感必應易之所以爲妙也苟無至精者存焉其能然乎大傳此言尚辭尚占之事若謂易爲斯民而作非君子不能用也是以君子將有爲也將有行也抱蓍問易以之發言而處事焉殆見易之告人叩之即鳴無所於滯也示吉凶於贊命之下感而遂通無所

於留也明失得於挂扐之餘如聲出而嚮應間不容髮也事端之倚伏無窮有遠有近也遠近以之而畢露機緘之潜隱難明有幽有深也幽深以之而皆顯於來物而先知森不可掩也夫若是者蓋由易之爲道通乎神明之德匪徒淆諸物者也體乎天地之撰匪徒淪於迹者也理極天下之精而不雜所以命之始通應之即至者此耳精極天下之至而無疵所以出之有本付之各當者此耳否則理有未精真妄錯矣其何存體以裕天下之用乎精有未至純疵參矣其何稽實以待天下之虚乎吁信非天下之至精何足以與此歟雖然辭占豈能自爲之精乎易非聖人不能作也聖人之心純一无二故其發於辭占者如是耳豈惟聖人有是心乎大極之真二五之精夫人所同具也吾能從事於洗心之功而退藏於密焉則精一之妙不在易書不在聖人而在吾方寸中矣學者勗之

書

詩言志歌永言聲依永律和聲

蕭敬德

同考試官教諭鄭批（發揮人聲廣大深切蓋嘗究心古樂而得其要領者録之以示諸士非徒以其文也）

考試官教諭項批（詞簡意盡）

考試官教諭李批（精當）

觀聖君命官以作樂之本樂其可知矣夫作樂有本而非無因强致也其惟人聲矣乎原其所由生要其所由和舜命后夔典樂其可知如此誠以育才莫先於格心格心之要在制樂然樂何所本哉彼人心之動因言以宣故有所興寄以泄其湮鬱之情有所諷諭以達其忠愛之旨志固隱而弗彰詩則顯而可見蓋無是志則無是詩而無是詩亦何以發是志哉故曰詩言志既形於言則必有長短之節故抑揚反覆而有餘味咏嘆淫佚而可深思言固出於自然歌非由於外得蓋有是言自不能已於歌而無是歌則亦無所取於言矣故曰歌永言歌之所永聲斯出矣聲非依夫永乎謂之依者宫商角徵羽雖各調之不可以强同而其清濁高下之間一歌之長短自時出之耳是永妙乎聲之理而聲妙乎永之中矣然聲之所出易相亂也而和之則以律焉謂之和者損益相生更迭乎十二之管而陰陽律吕有以始終條理而成文也是舍律無以爲聲而諧聲必在夫律矣由是而太和之音可宣也由是而神人之道協應也格心之化於胄子乎何有抑古先聖王之感人心召和平必以樂豈教化之具他無所事而專在乎此已哉噫難言也夫觀舜之所命必以人聲爲主則知人心

固有之物何嘗有假於外特無以和之耳本之人心而達之樂聲由其樂聲而入乎人心以和感和其孰能間之遐哉邈矣鐘鼓鏗鏘具焉耳妖淫愁怨則又下矣在齊聞韶其有所感也夫

至治馨香感于神明黍稷非馨明德惟馨爾尚式時周公之猷訓惟日孜孜無敢逸豫

鄭國臣

同考試官教諭鄭批（講亦透徹殆得成王命君陳本意）

考試官教諭項批（詳整）

考試官教諭李批（明贍）

賢王舉聖臣之訓而深勉大臣以由訓焉夫以德徵于治治徵于感訓之精微斯其至矣非深致敬篤之功者孰能與於斯賢王以是爲大臣告其旨深矣昔成王既勉君陳昭周公之訓矣復舉其訓之精微者以深勉之意豈不曰周公之訓固所宜懋昭矣而其訓何如吾嘗聞之矣其意蓋謂舉其成則爲至治循其本則爲明德今夫禮樂教化之浹洽也典章文物之昭著也治化之隆則精華上達而馨香發聞焉由是郊焉而有以饗帝也廟焉而有以饗親也對越之頃則不疾而速而神明昭格焉故以饗以祀苾苾芬芬而黍稷特羞神之具耳是豈黍稷之馨哉蓋惟德動天至誠感神而明德寔感神之本也謂非明德之馨哉使非根諸心德之盛以爲感格之本抑末矣是訓也至精至微神而明之固存乎人焉耳爾爲君陳者必以爲能明德斯治無不至能敬篤斯德無不明所居之職即周公前日之職也欲盡其職道豈遠乎哉尚惟式是明德之訓而盡心焉耳矣所治之民即周公前日之民也欲治其民術豈多乎哉尚惟式是至治之訓而竭力焉耳矣勵惟日不足之勤而不敢少游於逸期以感格無外而自效運自强不息之健而不敢少溺于豫深以洞達無間而自省是則敬爲德輿德爲治本由訓之功于是爲至耳否則將刑驅而勢迫人亡而政息矣烏在其爲懋昭邪吁以明德著精微之訓以敬篤著懋昭之功能於是而深致其功焉事神且不難矣于化殷人乎何有抑考之苗民逆命帝命徂征因益之贊而還兵焉卒之文德敷于兩階有苗格于七旬此唐虞家法也蕞爾殷民至勤周公以師保之且諄諄以明德至治爲訓至是成王舉之以示君陳和中之的卒之畢公成終而道洽政治矣後世論者謂泰和在唐虞成周噫其亦有所驗於此也夫其亦有所感於此也夫

詩

麟之趾振振公子于嗟麟兮

湯相

同考試官教諭鄒批（説麟處多失之俚雜莊雅不浮者僅見是篇）

同考試官教諭謝批（發明文王后妃之化意婉而有則讀之可以興矣）

考試官教諭項批（明净可録）

考試官教諭李批（温厚得風人旨）

詩人興聖嗣之興於善而嘆其爲瑞焉甚矣聖人之化行自近始也而公子之善因之則其爲興王之瑞也固宜是詩美文王后妃化行于家作也其托興之意若曰觀聖人之化者徵於家觀至治之瑞者徵於德吾於公子有徵矣彼麟之爲物不恒有也其性固仁厚矣則形之踐履不戕物也其趾亦仁厚焉物之得於所性者則然也况我公子微柔懿恭之化被之於家庭有日矣則其德修於躬者罔覺焉幽閑貞静之教釀之於宫闈既久矣則其行成於已者日懋焉但見其體仁以長人而好生之心得於天畀之初者油然而不已坤厚以載物而子惠之念形於物感之餘者渾然而克全殆振振其仁厚亦如麟之趾焉夫公子之德既同於麟則其爲瑞亦符於麟矣蓋麟者生於聖世乃興王之兆也今公子既有是德則亦天之篤生以啓文明之運者乎麟者出於昭代乃太平之符也今公子既有是善則亦世之快睹以開至治之基者乎是麟非麟也而公子以之蓋積累之澤而和氣鍾焉瑞爲真瑞也而我周有之蓋敦龐之化而禎祥萃焉吁嗟乎是公子即麟也而何形之拘哉是則觀公子之爲聖瑞則可以見文王后妃之化所由來者遠矣詩人其亦善言聖人者與抑嘗於是有疑焉文王之在商也蓋服事之矣而麟趾之咏則似文王之有王心也不幾於倍邪是不然文王位雖未王而道則可王心雖切於服事而天下之人固已厭商而屬周矣王室如毁蓋其章也然則麟趾固周人之咏而亦當時天下之所同心也不然則孟津之會諸侯八百豈一朝之所嚮往哉雖然非文王之心也時之至不能却也故文謨武烈相爲因已而文王之心固昭如也

思文后稷克配彼天立我烝民莫匪爾極貽我來牟帝命率育無此疆爾界陳常于時夏

梁有譽

同考試官教諭鄒批（講后稷文德意透徹是有關鍵文字）

同考試官教諭謝批（詞婉而理密得周人尊祖配天意取之）

考試官教諭項批（莊重可式）

考試官教諭李批（蒼勁近古）

詩人言聖德配天而必著其實也蓋養民而因有以教之則文德寓是矣此后稷之可以配天也與想周人尊祖配天之意謂夫祀莫大於饗帝也我今日尊祖以配天其德豈無可言者乎誠以德以經緯爲文也我后稷則以化成之藴昭而爲彌綸之用其文德莫尚焉巍巍乎唯天爲大也由是因以參贊之能廓而同化育之盛真可配之無忝焉何以見其文德也蓋天能生民而不能使之遂其養遂之者我后稷乎故當夫洪水既平之後而黎民阻饑也則播之嘉生使我烝民得以粒食者伊誰之力邪由夫溥至公於樹藝而莫非其德之至矣謂之至者至當而蔑以加也且其播厥百穀之日而種有來牟也因貽之我民使皆及時而興耒耜者伊誰之命邪乃上帝以此遍養下民者而后稷特善承之耳是其養民者有相天之道也夫既有以養民而俾之厚其生則自有以導民而因以正其德彼民之常道向也困於艱食而弛其恒矣至是則俯仰無累而恒心生焉無有遠近之殊而皆得以篤其彝也而五品之遜於君臣父子先之矣教化以興而爲善輕焉無有疆界之异而皆得以秩其倫也而典禮之陳於中國之太遍之矣由是觀之則文教之敷者民生之遂也民生之遂者播種之功也彌綸造化於是見焉此后稷之文德所以克配彼天也噫觀周人尊祖之祭而必本其德如此則天心之昭假可想已明於饗帝之仁者其在斯乎大抵郊者天子之祭也古者天子祭天地自虞類于上帝其來遠矣而尊祖之祭則見於是詩焉然不特是也而明堂之享配以文王夫祀天一也在郊則配以后稷萬物本乎天人本乎祖配以祖所以致敬也在明堂則配以文王萬物成形於帝而人成形於父配以父所以致孝也孝敬隆而王道基矣嗚呼此周制所以盡善也而裁之者周公也論祀而不本於孝敬則豈所以明周公之志哉

春秋

夏齊侯衛侯胥命于蒲（桓公三年）

楊穗

同考試官學正唐批（胥命行事不傳作者强以推爲牧伯入講非經旨也此作得之）

考試官教諭項批（得聖人思古意）

考試官教諭李批（古雅）

貳國信諭之近正春秋特書以善之也蓋信以待人王者之事也此齊侯

衛侯亦猶行古之道矣乎春秋安得不深致其意哉且司盟掌盟約之載詛祝作盟詛之辭懼民之不信也而于蒲之會春秋善胥命者何曰不聞大道之行乎有虞氏未施敬於民而民敬夏后氏未施信於民而民信盟之興也其衰世之志邪世又下衰相詭以智相軋以勢盟不足質也詛不足懼也屢盟長亂而大道不可復矣况有能言相結信相諭者乎今也齊之僖公衛之宣公寔爲于蒲之會于斯時也懲傾危之宿習質邦國之劑信歃血以詔神載書以定約孰曰非典刑哉二君者不然玉帛旅陳盤墩無設意氣以相感焉禮讓以相先焉其意若曰信不由衷盟無益也苟有明信又奚盟焉前此蔑宿之盟非不勤也而伐邾伐宋之旅尋起瓦屋之盟非載僞也而防鄧中丘之使相繼玆欲締與國之交堅金石之固何必沿衰世之風蹈傾危之習乎夫盟可尋也亦可寒也神可要也亦可瀆也二君其籌之熟矣是故不要之神而要之人不信之誓而信之心春秋之世蓋絶無而僅有者也故春秋特起胥命之文於此有取焉曰慎此術也以往庶幾哉大道之行可復而淳古之風可還矣與美蕭魚之意同一見諸行事之實也嗚呼蓋有不得已焉爾蓋有不得已焉爾抑嘗由胥命之後而觀之維彼四國離合靡常維此二國邊鄙不聳逮惡曹之刑牲雖期於濟惡然猶以見信諭之果弗渝而盟誓之果不足恃也聖人變今復古之意寧能不惓惓邪夫子之得邦家者其經世之略可睹矣惜乎有志於三代之英而托諸空言也與

晋侯伐秦（文公四年）夏楚人侵鄭（宣公三年）

蔡汝漢

同考試官學正唐批（會傳成文發揮敷暢春秋義之優者）

考試官教諭項批（詞不繁而意足）

考試官教諭李批（嚴整）

春秋略報怨者所以與强國之改過表猾夏者所以與二國之反正夫春秋以改過爲大反正爲美也晋楚無足論矣得不於秦鄭而致意哉且晋襄胡爲而伐秦也以報王官之役也吾嘗聞之戰殽啓釁繼有彭衙之師取汪未幾延及焚舟之憤若此者非晋襄之所全勝乎而暴弗能懲兵弗知戢爰勤晋旅載擾秦疆玆其常情也於誰責而可然使秦繆前言罔顧轉相效尤又庸愈乎而秦也至是能果於釋怨矣增修德政任賢息民以弭二國之争以撫西戎之衆不賢而能如是乎傳言春秋不譏晋侯所以深善秦伯者蓋以晋襄至此無足賴焉而秦伯見伐不報善可知矣思昔仲尼定書列秦誓於百篇之末者取

其誓言之終踐乎故觀於斯者可謂達義與楚莊胡爲而侵鄭也以討即晋之故也吾嘗聞之伐宋無功穆爲不吊之舉晋成初立鄭輸士會之盟若此者非荆尸之所深憾乎而肆彼凶殘憑我諸夏侵掠郊圻聳動邊圉兹其常性也於誰責而可然使鄭人犧牲玉帛待諸境上又何立乎而鄭也至是能堅於從伯矣豺狼莫邇親暱莫棄仗信以固晋好堅守以老楚師不明而能如是乎傳言經書楚人侵鄭與鄭伯之能反正者蓋以楚莊至此無足尤焉而鄭國見侵於楚正可知矣思昔宣王封國建母弟於近畿之地者望其屏翰之無忝乎故觀於斯者可謂能國與吁略晋所以美秦也而晋之罪自彰絶楚所以進鄭也而楚之横益著鄭固庶幾免於夷矣孰謂晋文之胤也而遺其善於秦繆乎大抵聖人之惡惡也嚴而與人爲善也甚弘其於晋侯之伐秦楚人之侵鄭可概見矣不然勤於拜賜而勇於濟河奚以賢於晋乎始而背晋繼而反楚二三其德亦何可恃之有故曰聖人不爲已甚

禮記

毋不敬儼若思安定辭安民哉

張大綱

同考試官學正林批（此聖人篤恭之學也是義足洗影響牽合之習矣録以爲式）

考試官教諭項批（得旨）

考試官教諭李批（精健）

記者論君子之敬德而足以治焉蓋敬者出治之本也君子修己以敬矣而其效不足以安民乎哉曲禮言此以著聖學也若曰治以安民爲極而學以敬德爲要是故斯須之弗敬則心不存矣君子知體物之不遺而其幾之在我也乃持之惟厲而閑之是力戒懼非必於其動也寅畏非必於其顯也慢易曾不得以入焉心其敬矣乎容色之不謹心不敬也惟敬則必肅然其端恪凝然其静專儼乎其若思焉非禮弗動也而有不謹乎言辭之不謹主不敬也惟敬則必舒徐而不躁明確而不支秩乎其有章焉非法弗道也而有不謹乎夫君子修己之功如此則静虚動直而經綸之所奄被也將必通天下之志内直外方而謨猷之所涣發也將必平天下之情修禮以達義體信以達順天下之民莫不咸足其願而各得其所匹夫匹婦蓋無不獲自盡者矣謂之曰安民哉信乎篤恭之效自然及物而非可以襲取强爲焉者此天德王道體用一源而聖學之所以成始成終者也敬之時義大矣哉嗚呼以此爲治天地訢合山川鬼神莫不寧鳥獸魚鼈咸若而况於民乎然夫子嘗告子路以修己安百姓而曰

堯舜病諸聖人顧猶歉於此邪夫固其望道未見之心也與有未見之心斯有不息之學矣

是故大人舉禮樂則天地將爲昭焉

何嵩

同考試官學正林批（文有關鍵結尤雋永殆可與語禮樂者）

考試官教諭項批（平順）

考試官教諭李批（簡當）

記者推聖人之制以宣化所以著其盛也蓋禮樂偵天地之情也然則聖人有制於天下而化育之道將不於是而宣乎今夫大人者以聖人之德而居天子之位建中和之極知禮樂之情者也其治之定也豈曰履中正而已乎必將與天下履之而制之禮焉其功之成也豈曰樂和平而已乎必將與天下樂之而作之樂焉法散殊之宜以爲經曲之典殊事合敬天地同其節而非過制也本同化之妙以爲聲容之飾异文合愛天地同其和而非過作也大人舉禮樂如此而何以昭天地邪蓋天能生物而陽之散也庸能必遂其生乎地能成物而陰之密也庸能必遂其生乎地能成物而陰之密也庸能必遂其成乎故夫合愛之文也將以達乎陽之所生而不使過於亢焉合敬之事也將以暢乎陰之所成而不使過於肅焉由是則道并行而不悖也絪緼其化醇矣由是則物并育而不害也性命其各正矣運其化者天地也而宣其化者禮樂也雖謂之禮樂之化焉可也夫是之謂成天地之能禮樂之道其盛矣乎抑因是而觀於天人之際矣感通之機其應如嚮是故帝王之世禮樂達於天下而天地不能違焉後世不知此義則禮樂秖虚名耳於以宣化也不亦遠乎嗚呼三代而上天人一者也化機存乎人焉耳三代而下天人二者也化機任乎天焉耳有參贊之責者其念之哉

第二場

論

聖人天地之用

倫文

同考試官教諭許批（詞氣渾融體製嚴整讀之惟恐其竟也自是作手）

同考試官教諭蔡批（脱去藻繪意味冲淡隱然古作者矩矱是可以經

生目子哉録之）

考試官教諭項批（詞純理正善言聖人者）

考試官教諭李批（理精而實文簡而暢）

聖人與天地合德者也故其功在天地焉大哉天地洋洋乎宰制萬物役使群衆豈人力也哉聖人者以其眇然之身寄於天地覆載之間乃能裁之成之輔之相之而天地之化爲之燦然流行截然順適悠然無所止極豈於天地範圍之外別有所更張施布哉亦惟因其自然者導之而使順也防之不使有佚也而天地之化於是乎成矣故曰天地心普萬物而無心聖人情順萬事而無情又曰天地設位聖人成能蓋天地以生物爲心而有聖人則天地生物之心始著是聖人天地之用也猶言其爲天地所作用云耳夫聖人人耳何以爲天地之用蓋人莫不有形也聖人則踐其形夫人莫不有性也聖人則盡其性夫人莫不有心也聖人則大其心聖人者固天地之所獨厚者也然非徒厚其身已也蓋將賴之以爲用而成其造化之妙焉者是天地生物之心也是故爲之食以食之爲之衣以衣之爲之教以教之爲之賞以勸之爲之罰以懲之爲之撙節愛養以阜育之凡以體天地之心而成其造化之妙者也苟其不然則相侵奪相淩亂相揉擊以斃也造化之機不幾於息乎聖人之有功於天地也如此然豈聖人强爲之與天地有自然之化人心有自然之理聖人有自然之用故其行也莫知其所以行其止也莫知其所以止其利也誰庸其殺也誰怨是謂不識不知順帝之則蓋相忘於天地造化之中而聖人無功天地無能矣夫無功者天下之至功也無能者天下之至能也而天下之人不識不知有一種异道者出倡爲邪説將以其私意小見施煦煦之仁鼓沾沾之智率天下之耳目而愚之以壞其相生相養自然之道於是詳爲之辯曰觀乎天地則知聖人觀乎聖人則知天地蓋本其自然而言之又曰聖人天地之用則豈有所矯揉造作以參乎其間而可以語聖人天地者哉子思子曰惟天下至誠爲能盡其性能盡其性則能盡人之性能盡人之性則能盡物之性能盡物之性則可以贊天地之化育可以贊天地之化育則可以贊天地之化育可以贊天地之化育則可以與天地參矣程子之言蓋本諸此

表

擬宋以胡瑗爲國子監直講謝表（皇祐四年）

湯相

同考試官教諭鄒批（陳謝中寓忠愛意且渾厚莊雅一洗近習録之可以黜浮矣）

同考試官教諭謝批（叙事精贍造語典則必士之有素養者）

考試官教諭項批（鏗鏘可誦）

考試官教諭李批（典麗）

皇祐四年某月某日伏蒙聖恩以臣瑗爲國子監直講者臣誠惶誠恐稽首頓首上言伏以世際昌期觀人文以化成天下道隆教典慎師範以表樹風儀敬業樂群禮樂詩書之囿摳衣鼓篋東西南北之人蓋大學實賢士所關而直講非冗員可比省循非據愧懼交并竊念臣海濱下士章句庸儒慨詞藻之徒煩一字之奇一句之巧思身心之靡淑今人與居古人與稽寡過未能有志弗逮泰山耕讀方偕孫明復以終身湖序遭迴謬預范仲淹之薦剡名齊經義治事庸攄一得之愚備數榱桷棟梁曷補萬間之庇科條采取固知葑菲不遺鍾律參同載辱絲綸下降百年知遇嗟犬馬其何堪千里奮飛豈鷦鷯之素習不稱其服殊增維鵜之憂薄采其芹詎承在泮之寄惟虞廷典樂欲直寬剛簡之不偏乃周室作人本德行道藝以爲訓自慚樗櫟敢望菁莪誦説雖勤顧立教之無本規程具在恐壯心之或違兹蓋伏遇聰明天縱恭儉性成衆賢之登大奸之去皇風清而醇穆立州縣學定科舉法帝道焕以昭明繼述於祖宗有光而大孝通于四海簡易與乾坤合德而至誠協乎兩間衍理學之正傳表章戴記慕先師之遺矩謁拜宫庭多士吐氣而舒眉萬方舉手以加額臣愚不敏豈無耿耿之懷主聖難逢况抱區區之素陽光獨照葵赤如傾臣敢不努力前修效明經之穎達崇心正學卑作賦之相如即理敷揚因才造就陳言務去啓之以賢聖之途實行必敦申之以孝弟之義明乎體適乎用鑿鑿不爲空談尊所聞行所知彬彬咸稱吉士庶化民成俗之意可以少見涓埃而以人事君之忠亦非虚縻歲月者也伏願終始惟一聿收日新之功夙夜必勤猶嚴九仞之戒極高明而致廣大履中正而樂和平君子顒卬式睹鳳凰之雅周王壽考載歌棫樸之章俗易風移人心以道心爲主日升川至文運與國運同隆臣無任瞻天仰聖激切屏營之至謹奉表稱謝以聞

第三場

策

第一問

湯相

同考試官教諭鄒批（天因於人教先於治作者類能言之求其稽國朝之典章闡聖王之謨烈而意趣雋永者無逾是篇録之以式多士）

同考試官教諭謝批（敬天仁民興學命官是我祖宗典謨之大者我皇上紹而明之真以純王之心發而爲純王之政也是策敷颺殆盡而復明以中庸篤恭之説焉庶乎因政而仰窺聖人之心者邪佳士也）

考試官教諭項批（敷答詳贍而忠愛之意溢於辭表宜録以獻）

考試官教諭李批（能闡揚我祖宗我皇上敬天仁民興學命官之意而篇末歸重於純之一言其知所本矣子其沐聖化而有得者乎）

對天人一理也而貫通有道焉治教一機也而推行有要焉夫善言天者必有徵於人民心所嚮而天意得矣則外人以言天者迂也詳於治者必先慎其教學術既端而官箴寓矣則舍教以言治者乖也知乎此則所謂敬天仁民興學命官四者其貫通之道推行之要皆可識也而我朝祖宗典謨之所昭布皇上道德之所經綸庶可得而闡其萬一矣書曰天聰明自我民聰明天明畏自我民明畏言天人一理也易曰聖人以神道設教而天下服矣又曰觀乎人文以化成天下言教所以致治也故古之聖君恒重於斯焉其施之也不悖其厘之也不遺若堯命羲和典曆象而敬授人時則欽若昊天之心見矣皋陶陳治道在安人而先以知人則惇典庸禮之效基矣敬敷五教在寬則專之契焉所以教民者至民禮樂水土刑農工虞則分命九官十二牧焉所以用人者謹也他如璿璣之齊惠鮮之政司徒之掌君陳畢命之詞皆是意焉此其見於書者然也大明之詩曰小心翼翼昭事上帝言文王之事天敬也臣工之詩曰於皇來牟將受厥明言成王之重農事也鎬京辟廱無思不服非武王之建學乎經營四方召公是似非宣王之命召虎乎他如將享之祀求定之徂棫樸之作人皇華出車之遣使皆是意焉此其見於詩者然也夫詩書所載皆古帝王事也三代而下是道微矣若泰畤之祀崇敬天之文也而多欲未除鞭背之禁切愛民之意也而遼左興師橋門觀聽學則重矣而車馬印綬之誇於教何補爾書褒勸官則敕矣而綜核名實之過於治或苛此皆心不純王政未師古故也求其追美唐虞比隆三代者其惟我祖宗乎嘗莊誦宣宗御製五倫書而獲睹焉蓋太祖高皇帝創造鴻業成祖文皇帝恢紹丕猷列聖繼之授守一道如因博士許存仁進講尚書洪範則諭以天道微妙難知人事感通易見天人一理必以類應又曰上下交修斯爲格天之本因久旱而減膳素食且曰謹於修己誠以愛民庶可答天之眷此太祖之敬天也因日食而罷朝賀宴會之禮且諭群臣調燮陰陽消弭災變因災變而罷慶賀之禮且敕群臣反躬省愆遑遑夙夜非成祖之敬天同符於太祖者乎因與傅瓛論恤民而諭曰吾民居於田野所業有限而又供需百出豈不重困遂免太平租賦二年應天宣城等處租賦

一年與中書省臣論賑恤而諭曰得天下者得民心也又曰恤其老則天下之爲子孫者悦恤其幼則天下之爲父母者悦此太祖之仁民也因南陽縣言欲捕逃民諭尚書郁新等曰人情懷土誰肯樂去其鄉又曰今其鄉田廬生業必已廢棄歸且何依捕之徒益困之耳因山東登萊諸郡兩水傷麥命户部議所以寬貸之者且曰君民一體民貧不可不恤非成祖仁宗之仁民有同於太祖者乎諭省臣令郡縣立學而曰治國之要教化爲先教化之道學校爲本命御史臺官選國子生分教而曰致治在於善俗善俗本乎教化是太祖之興學可見也頒五經四書性理大全書於六部國子監及天下郡縣學諭禮部臣曰此書學者之根本而聖賢精義悉具矣又曰古人有志於學者苦難得書籍如今之學者得此書而不勉力是自棄也則成祖之興學紹太祖而不殊矣命蔡哲爲參政而諭之曰君子立身行己莫先於辨義利夫義者保身之本利者敗名之源又曰公即無私義之謂也私即亡公利之謂也以張温兼行都督府僉事而諭之曰將帥之道有功不伐則功益顯恃功驕恣則名益隳又曰功蓋天下守之以謙是太祖之命官可見也諭尚書蹇義都御史陳瑛等曰爲國牧民莫切於守令守令賢則一郡一邑之民有所恃而不得其所者寡矣遂令巡按御史及按察司察府州縣官能否廉貪具奏焉則成祖之命官繼太祖而無間矣夫我祖宗之典謨與唐虞三代而兼隆有如此者迨我皇上聖由天縱政本心隆則先聖後聖其揆一也如天地分祀之制出自宸衷而遇有灾變則降敕修省敬天以心而不專于迹也豳風無逸之篇揭之名亭而近因民疫則製藥廣賚仁民以實而不專于文也敬一五箴之頒自國都達之四方而正學之崇每形於詔令焉興學之勤何如也銓選考課之法特慎於冢宰之司而勵翼之旨每儆乎臣工焉命官之重何如也此其遠紹帝王之盛美近敦祖宗之顯謨真有以合天人兼治教而極其隆矣抑愚猶有所謂貫通之道推行之要者則又在於純而不已焉中庸曰詩云維天之命於穆不已蓋曰天之所以爲天也於乎不顯文王之德之純蓋曰文王之所以爲文也純亦不已夫聖人與天地合德者以其純焉已耳純者誠之謂也心一於誠而不間以私焉則存之爲内聖之體達之爲外王之用隨其所在而精粹之道寓焉是故以之敬天則昭假不遲也以之仁民則博施濟衆也以之興學則天下化成也以之命官則師師相讓也由是而天人交孚而休徵自應由是而治教并懋而泰和以臻帝王之治將隆之百世而無斁矣中庸末章又言君子篤恭而天下平而以上天之載無聲無臭終焉蓋恭而至於篤純之至也合德於天而并其聲臭無之則化民之極而天下之人真有不識不知順帝之則者也其斯爲治之至乎愚敢以是爲

今日聖天子頌焉謹對

第二問

蕭敬德

同考試官教諭鄭批（我祖宗謨烈之盛皇上中興之業追軼帝王其鼓舞人才之道子能鋪張揚厲之蓋以俊杰自負而思奮者乎）

考試官教諭項批（皇上嘉靖之治光符烈祖觀子所作其志於追迹前修者裒然爲嶺海彦矣）

考試官教諭李批（暢達忠愛識治之才也佳士佳士）

人君砥礪賢才以成天下之治亦曰振紀綱而已矣大哉紀綱乎張理上下整齊人倫治道之所不容一日弛焉者也詩云勉勉我王綱紀四方是故朱熹之言曰四海之廣人各欲行其私而善爲治者乃能總攝而整齊之使各循其理而莫敢不如吾志之所欲則先有紀綱以待之於上也其知治道之要矣乎執事欲致賢才以輔中興之功以繼卷阿之盛此忠臣舉明主於三代之隆者也顧愚何足以知之雖然是豈有外於紀綱也哉夫天地交而其道通也上下交而其志同也自古天下之治未有不本於君臣一德者也是故虞夏明良之盛不可尚已嗣是而尹咸盤启之於商也尚奭申甫之於周也其所以先後疏附以格于上帝者豈异焉炎漢而下創業守成之主雖其治有純駁然當其時又曷嘗不有心膂股肱之臣羆貅貙虎之士以共成天功者乎慨自胡元入主中國天地剖判以來所未有之變也天命我高皇帝起而廓定之再闢渾淪彝倫攸叙帝王之勛於斯爲烈而聖聖相承紹丕謨章洪業博厚高明之治配德無疆矣于時也維天純佑佐命翊世之士以其彙征屬者黄金楊廉嘗撰著開國功臣録名臣言行録以紀之是故沉毅有謀端重有武顒顒焉尊主庇民之心者徐達其人也無堅不摧無敵不碎赳赳焉南征北伐之威者常遇春其人也運籌制勝燭物炳幾昭回制作爲時王佐者劉基其人也春日載陽列宿繁張篤棐綱常爲世儒宗者宋濂其人也而李文忠之文武兼資沐英之知勇并懋陳瑄之灌輸京師張輔之拓綏禹迹顧佐之廉公有威于謙之藎略自獻王翺之日嚴五德李賢之趾美三楊彬彬乎三代之英也其餘宣力陳猷亮熙帝載者不可勝數方今聖明御宇撫運中興嘉靖之治邁迹商宗矣翕受敷施賢哲在位雖九官之布列宜無讓焉猶且夙寤晨興仄席俊乂屢廑明詔延訪幽伏豈人才果未足於任使邪知人安民堯舜之用心也執事以爲今之生才不及於昔者過矣無已則亦於其所以序進而風厲者加之意焉耳辨賢否以定上下之分核功罪以公賞罰之施朱熹所謂振紀綱以待之於上者此也恭

惟我太祖之訓有曰政事得失在庶官任非其人則瘝官曠職在公平以別賢否而已又曰人君操賞罰之柄以御天下必在至公無善而賞是謂私愛無過而罰是謂私惡此不足勸懲成祖之訓有曰朕圖唯求賢以資治理其内外諸司各舉所知毋媢嫉蔽賢毋徇私濫舉又曰朝廷大公至正之道有功則賞有過則刑不以功掩過不以私廢公大哉王言一哉王心辨賢否以定上下之分核功罪以公賞罰之施奚以加於此哉祖宗所以致人才之盛者其道固如此然則今日之緝熙前猷夫亦於此加之意而已誠令量材而授官商德而定位賢者必進不肖者必退有功者必賞有罪者必罰廉耻殊塗臧否异軌天下之人誰不益自洒濯矜奮仰承休德以追配于前聞人風行化流刑清俗革百姓和樂群生暢遂澤潤方外延被草木受天之祐享鬼神之靈政治茀禄之休寧有既也哉雖然辨賢否則序進之義章矣核功罪則風厲之機慎矣苟非豫養素教於其始而愛護培植於其終則亦焉能使之成德達材任重道遠以成匡弼宣翰之績也乎此又棫樸之澤巖廊之任非愚承學之所能及也抑卷阿之詩召康公告成王其始極言壽考福禄之盛而繼之曰有孝有德以引以翼豈弟君子四方爲則然則昔人所謂賢才者可知已而愚非其人也載歌鳳凰之章以揚厲國家明良之盛意庶幾乎惟執事進而教之

第三問

倫文

同考試官教諭許批（法者因時而立泥古者往往失之大明律一書蓋酌古而宜於今者廣大淵微信非聖人不能作也子能言之而證以舊法鑿鑿有據可以見經濟之學矣）

同考試官教諭蔡批（律法詳於周官備於漢唐宋而折衷於我聖祖是策能備道所繇而末復以禮刑先後立論其稽古而有見者邪）

考試官教諭項批（論歷代與我朝律法明瑩不遺亦有志於用世者）

考試官教諭李批（考據精詳必博古之士也）

法因時而立也拘於古者不可以行於今法以理而善也徇其迹者不可以得其本故法者所以致治也亦緣世而立也時既异則其法不能以盡同理者所以善法也亦因心而著也心既同則其迹不害其爲异執是以語律法則可以得坊民之則而探矜恤之本矣而古今之迹亦奚必於盡同哉夫如是而知我朝律書所以爲憲古立極之制也且刑法何昉乎蓋自虞書象以典刑夏作禹刑湯制官刑則自唐虞以來未有捨刑而能治者然其法未詳也至周而大備焉考之周官則有士師掌國之五禁之法以左右刑罰一曰宫禁二曰官

禁三曰國禁四曰野禁五曰軍禁而且徇之以木鐸書之于門閭焉禁者所以禁之未犯之前也以五戒先後刑罰毋使罪麗于民一曰誓用之于軍旅二曰誥用之于會同三曰禁用諸田役四曰糾用諸國中五曰憲用諸都鄙戒者所以敕之事爲之際也而八成之法亦掌之士師焉非所謂邦汋邦賊邦諜犯邦令橋邦令爲邦盜爲邦朋爲邦誣八者乎蓋正亂之成法於是乎在矣司刑掌五刑之法以麗萬民之罪則墨劓宫刖殺其罪各五百焉是五刑之名見于虞而其目始著于此矣司約掌邦國及萬民之約劑則治神治民治地治功治器治摯六者各爲之約焉是有約以結其信有劑以固其約矣他若禁殺戮之所司禁暴民之所禁凡以袪民之暴衛民之良而已夫其置官非一制刑各殊蓋各治其職而聯之者秋官也豈涣而無統乎然而律書未有也至鄭子産鑄刑書而叔向詒書譏之蓋以先王議事以制不爲刑辟懼民之有争心也晋趙鞅鑄刑鼎仲尼嘆其將亡蓋以不能守唐叔之所受法度以經緯其民而棄其度也其與周官所謂懸法象魏挾日而斂之意雖不同而其意則各有在矣魏文侯時李悝著法經六篇一盜法二賊法三囚法四捕法五雜法六具法蓋以刑法著而爲成書後世律書所由始也其與周官官守之事分隸職掌之法雖不一而其詮次則已漸備矣自是而後漢高帝約法三章人以爲除秦苛法矣未幾蕭何定律令於李悝所造六篇益事律擅興厩户三篇合爲九篇叔孫通又益律所不及爲十八篇則律法漸詳也比于文帝以髡鉗代黥笞三百代劓笞五百代斬趾景帝定棰令武帝進張湯趙禹之屬條定律令凡三百五十九章則禁網甚密也後雖有蠲除條奏之詔應經合義之論裴頠劉頌之請然亦竟無成法此漢之法未盡善也隋之律令置十惡之條緣齊之制而加損益焉至唐則太宗命長孫無忌房玄齡等增損隋律爲刑書有四則律令格式是矣律書十有二篇則名例衛禁職制户昏厩庫擅興盜賊闘訟詐僞雜律捕亡斷獄是矣蓋本古而會其全律書爲善焉迨高宗增損格敕以後又有垂拱開元太和開成諸格大中刑律統類則不能守其初也宋之法制因唐律令格式而隨時損益則有編敕至神宗乃更其目曰敕令格式而律恒存乎敕之外曰敕者禁於未然之謂也曰令者禁於已然之謂也曰格者設於此以待彼之謂也曰式者使彼效之之謂也則是分律敕爲二比唐爲繁焉迨徽宗崇寧之後臣僚又有引例破法之論則法益倍其舊也夫周官而下漢唐宋之法代益加繁然要之五刑之法麗於司寇司刑者則名制雖殊意義實宗之矣善乎漢陳寵之言曰禮之所去刑之所取失禮則入刑相爲表裏者也故周官之所刑皆棄於禮者也而其所禁所戒所成所約要皆以法而維禮者也然則綜歷代之法而

不悖於禮以合周官之意者其唯國朝大明律一書乎蓋其纂集舊條潤色新制雖出於尚書劉惟謙等之所刊修而痛革繁例斟酌彝典實本於聖祖宸衷之所裁定篇目雖準於唐之舊而損益則協乎今之宜以今考之爲卷三十爲條四百六十分六部以定其綱則有吏户禮兵刑工之殊取八字以明其例則有以准皆各其及即若之异笞杖徒流死非五刑乎議親議故議功議賢議能議勤議貴議賓非八議乎且其析户婚以爲户役婚姻分鬭訟以爲鬭毆訴訟厩庫一也則分厩牧爲兵倉庫爲户焉職制一也則分公式於吏受臟於刑焉是不但因唐之名又足正唐之謬蓋統紀丕彰厘定靡忒真有乂得周官象魏之意而爲聖代不刊之令典矣記曰作者之謂聖其在斯乎雖然愚猶有説焉書曰刑期于無刑又曰惟刑之恤哉則刑者固所以齊民也而欽恤之意寔行乎其中焉夫何上古之時畫衣冠异章服以爲戮而民不犯而後世則法日以繁而民僞日以滋豈止刑之義可行于古而不能行于後世哉噫非也夫世有古今而人心無古今孔子曰斯民也三代之所以直道而行也顧上之人所以振厲之者何如耳愚讀吕刑曰伯夷降典折民惟刑解者曰伯夷降天地人之三禮以折民之邪妄然後知古聖王之治天下蓋不以刑而先於禮也記曰凡聽五刑之訟必原父子之親立君臣之義以蘿之夫君臣父子固倫之大者也而非禮不立則刑亦以輔禮之不逮者耳故禮者所以防未萌之欲刑者所以懲已施之非禮猶諸坊也坊以止水坊決水潰然後徐爲之障不已難乎孔子曰古之知法者能省刑本也今之知法者不失有罪末矣使有莅民之責者能先其本後其末以禮御民以刑輔禮則伯夷之折民皋陶之弼教胥得之矣而何今之不可擬諸古哉愚敢以是而爲今日用律者之望也

第四問

楊穗

同考試官學正唐批（樂律之不傳久矣是作條答詳晰援證精當其辯折諸家蔡氏之學數語得其肯綮末復推極作樂之原深造自得非章句士也）

考試官教諭項批（明悉精確不作影響掇拾語宜録）

考試官教諭李批（疏暢雅純）

興樂於三代之上也明其義乎興樂於三代之下也稽其數乎何謂義樂之情是已何謂數樂之律是已三代而上非不稽其數也夫人而能爲數也三代而下非不明其義也數猶失其傳也而况於義乎稽其數明其義而樂其可興矣孔子曰安上治民莫善於禮移風易俗莫善於樂帝王之世垂拱揖讓不降階序而運天下者用此道也晁氏所謂古之爲國者以禮樂爲本其弗信乎

周室既衰禮壞樂弛漢興承秦滅學之後諸儒稍稍修輯三禮猶行於世而樂最要眇以聲律爲節時爲鄭衛所亂所謂樂六家者影響無傳焉制氏雖以雅樂聲律世在樂官頗能記其鏗鏘鼓舞而不能言其義孝文時得魏文侯樂人竇公獻其書乃宗伯之大司樂章也今所存於周官者此耳武帝時河間獻王采刺群籍以作樂記獻八佾之舞與制氏不相遠也今所録於戴記者此耳厥後内史丞王定傳之以授王禹禹成帝時爲謁者數言其義獻記二十四卷劉向校書得樂記二十三篇與禹不同其道浸以微滅嗟乎漢初去周未遠先王制度遺文蓋猶有能識之者假令上有願治之主下有識治之佐以時搜訪興修墜典放絶鄭衛于以合天地事鬼神成性類和邦國帝王盛烈可揖讓而旋至也討論遺法稽其度數立之學官垂諸簡策帝王遺軌可因緣而存著也顧乃陵棄謙讓莫之省飭竟使暗鬱湮滅而不宣此稽古之士所爲發憤而增嘆也後世雖或隨時有作然古制淪斁既久非夫開物成務之才其孰能興之雖然魏晋周齊隋唐五季以來所爲論議踳駁雜然淆亂莫或折衷者豈非鐘律乎太史公曰王者制事立法物度軌則壹禀於六律六律爲萬事根本焉而黄鐘尤六律之根本也陰陽相生自黄鐘始故律書生黄鐘之術曰以下生者倍其實三其法以上生者四其實三其法言黄鐘爲諸律之本也又曰氣始於冬至周而復生神生於無形成於有形然後數形而成聲聖人得細若氣微若聲神而存之雖妙必效言黄鐘始於聲氣之元也班固志曰黄帝使伶倫取竹斷兩節間吹之以爲黄鐘之宫又曰天地之風氣正而十二律定劉昭志曰伏羲紀陽氣之初以爲律法又曰吹以考聲列以候氣皆以聲之清濁氣之先後求黄鐘者也嗚呼是非古人制作之意也邪而何後之議者之紛紛也究其大都咎在以黍定尺以尺生律而不知求聲氣之元耳識乎此則明問所謂王朴李照范鎮司馬光之得失可知已王朴不考金石而專恃累黍以定尺蔡元定謂其不知黍之長短大小不可恃而李照嘗病之似矣然李照減朴之律鑄工受賂而莫之能辨也又庸愈乎范鎮用房庶一黍之起積一千二百黍之廣之論蔡元定謂其增益班志以就其説而司馬光嘗駁之似矣然司馬光以爲非黍無以見度非度無以見律而謂律生於度與黍也又何戾乎伊欲正諸家之舛以窺先王之舊非蔡元定律吕新書奚取焉其説莫先於求聲氣之元而因聲以定律因律以生尺誠所謂卓然者其術以爲欲求聲氣之中而莫適爲準莫若多截竹以擬黄鐘之管或極其長或極其短長短之内每差一分以爲一管皆即以其長權爲九寸而度其圍徑如黄鐘之法焉如是而更迭以吹則中聲可得淺深以列則中氣可驗苟聲和氣應則其爲黄鐘者信矣黄鐘信則十一

律與度量權衡者得矣是誠有得於遷固劉昭之旨而深造乎鐘律之源者也嗚呼生乎千載之下而得聖人度數之源於千載之上其所謂神解者非邪抑求聲氣之元固也然天地之氣曷自而正哉今世之論古樂者必稱韶武曰韶九成而神人和也武九變而神鬼格也而不知其善且美者固有本也書叙虞之治曰九功惟叙九叙惟歌叙周之治曰道洽政治澤潤生民彼其協氣嘉生薫爲太和此天地之氣合以生風天地之氣正而十二律定八音克諧無相奪倫者乎是先王作樂之義也非固聰明睿知達禮樂之情者其孰能與於此故曰稽其數明其義而樂可興矣方今聖天子在上建中和之極體天地之撰審聲協律以備一代之制維其時也鳳儀獸舞之盛豈直專美於虞庭而已哉

第五問

何嵩

同考試官學正林批（成王時禮樂教化阜成兆民周公猶不忘詰兵之訓故選將練兵時務第一義也是策獨能審核弊源敷詳法要蓋嘗究心當世之務者經文緯武之學豈可以場屋之士例視之邪敬録以獻）

考試官教諭項批（書生籌邊能一掃常談而議論英發辭氣慨慷且區畫精詳□鑿鑿可行决知非凡士也經世之志吾將于子有望焉）

考試官教諭李批（策時務正欲觀士子之經濟子於兵戎能悉其利害綽有處斷結末數語尤見忠悃殆通達國體者允宜高薦）

執事紆謀曲慮策及邊防愚生乃俯思而言曰斯國家之大計方今之急務每廑我皇上宵旰之慮而中外臣工所共翊贊憂惟分猷念以相從而不敢怠遑者也其無所執究循襲雷同仰愧古人下甘委士愚生不敢也然執事戒曰毋嘐嘐然老生常談噫亦豈有新异可喜之論聳動明德愚生讀書至帝王之事曰無怠無荒四夷來王曰明王慎德四夷咸賓徛與休哉然順逆何常之有蚩尤暴亂黄帝伐之有苗徂征七旬乃格亦何嘗不勤兵旅費經營要之内治修外武揚亦指期輯定爲耳信夷狄之爲中國患自古記之又何暇言商周事乎秦漢而下屢逐屢出如火之勢炎炎方殺隨復蒸而上升且其所損傷又倍多矣仰惟我太祖高皇帝驅除胡穢統一寰宇裔孽遠遁邊境肅清成祖文皇帝再申北伐三犂其庭喙息僅存誰復敢隻馬南向斯其威武奮揚祚運隆盛振古未聞彼區區歲幣書問少結歡心何可同日語也然久縶之鳥翅長思奮頑獷之馬稍曠即逸數年以來吉囊俺哈窟穴河套比復猖悖滋甚擾我邊鄙三晋之民不保家室中原警動皇上天討用張顧將帥諸臣若乏於任使者但見經略之謀鮮固侵軼之侮靡懲餽餉遣輸十不當一强弩勁甲日以就敝

詎不痛哉夫以犬羊之徒縱其豺狼之性飽溪壑之欲而逞其飈風迅電之長材巨技賴我皇上德霈如天威動如神可以遠揚不殺之英風默斷匈奴之右臂不然又將何所不至而豈不爲之寒心哉語曰七年之病三年之艾此言雖細可以喻大夫禦敵先於設備設備要在得人古今人才不甚相遠然而古何其多今何其少古何其能今何其弱方叔之克壯其猷召虎之徹我疆土赫然周室詩人誦之茲文武具足之材忠誠無貳之上將也宣王中興於茲爲烈焉降之而下代不乏人蒙恬一裨將軍耳闢地數千里而匈奴不敢飲馬于河魏尚一雲中守耳而雲中之塞虜不敢近鄭吉以卒伍從軍有何威名而諸國懷集段會宗爲西域都護更遠野性何常乃至上書乞留至於遣戍還屯北方無事勸以耕牧郡中樂業胡夷内附野無風塵威信大行遂罷屯兵如馬成馬援蔡彤鄧訓等輩縱未方叔召虎比量論列然而功勛燦然著於海内藏於記府矣我國家煦濡休養百七十餘年仁禮忠節豈不足以固結人心威罰黜責豈不足以激勵士氣魁奇卓犖之英不可數見守邊固圉之臣動失機宜其故何與雍容詩書而口不談兵也粗猛介胄而志餒豢養也故聞金鼓則不思踴躍見烽燧則靡克奮揚雖有忠義素懷亦不免因人成事而徘徊懼誅僥倖前進又武夫故態何以倡率三軍勵敢死之氣運籌帷幄決必勝於千里也哉此拊髀之嘆禁中之求載揆今日何莫不然然愚聞之用者非所養養者非所用知者未必賢賢者未必知此甯戚所以扣角而歌毛遂所以處囊脱穎也今堂堂天朝茫茫海宇伏龍鳳雛亦豈無人第恐旁招之道未廣蔽佚之弊未袪耳昔人謂貪可使也詐可使也干城之賢不棄二卵而况抱貞履節奇謀殊略無自表見投閑終老安可盡誣謂今人不如古人哉皇上屢下明旨體立賢無方之義俾夫左右百辟各攄忠藎虚心采訪誠勞於求賢矣必不咎細過不徇常調推轂而任授鉞而寄毋責其專制毋限以繩墨言官毋得輒論得失俾志意舒展才能畢盡萬一罔效議以軍法彼將何辭蓋專任成功古聖帝明王率由斯道當今用人計無易此昔唐陸贄論沿邊守備事宜曰措置乖方課責虧度財匱於兵衆力分於將多怨生於不均機失於遥制嗚呼馭將之失悉乎無遺議矣楚荀况與臨武君論兵於趙孝成王而以六術五藋三至爲説何謂六術號令欲嚴以威賞罰欲必以信處舍欲周以固徙舉進退欲安以重欲疾以速窺敵觀變欲潜以深欲伍以參遇敵決戰必行吾所明無行吾所疑何謂五藋無欲將而惡廢無怠勝而忘敗無威内而輕外無見利而不見其害凡慮事欲熟而用財欲泰何謂三至可殺而不可使處不完可殺而不可使擊不勝可殺而不可使欺百姓嗚呼用兵之法詳哉其言之也愚則以爲用兵在任將任將在

得人然將以禦敵兵以轉戰食以養兵我皇上神武明聖奉法之吏凡百措置罔敢違越近以山西失事撫臣而下明議其罪而懦懦退怯之夫省愆思奮精神百倍所深憂者兵食之不足而食尤急耳志曰雖有石城十仞湯池百步帶甲百萬而無粟弗能守也故晁錯論安邊之策要在積穀充國建破羌之議先務屯田今屯田不修鹽政日壞加以天灾時行赤土千里今日請内帑明日請内帑累萬之齎不支數月剥削之吏猶有遺奸嗷嗷枵腹荷執戈矛以當方張之逆虜雖使孫吴將中軍而衛霍之徒爲之左右惟有授首以謝朝廷而已六術五藿三至將焉用之縱機不遥制力不衆多措置不乖方課責不虧度亦何以責其成功此必然之勢也願我皇上馳域外之議觀昭曠之道軫念時艱圖惟國計諸凡冗費悉爲停省專一積聚財穀以實邊儲與左右大臣孜孜講求屯田之修之宜鹽政之壞之故移粟塞下其道何繇拜爵募民於理當否不膠故常不安姑息不爲因循苟簡之政不爲淺近目前之規務使倉庾充般士馬飲飫敵愾折衝惟將用命儻梟獍之雄未當勝敗猶可懸賞廣募而敢死之士至矣由是而誠撫恤也明賞罰也時間諜也謹斥堠也慎機宜也呼吸變化惟將爲之不計近功不由内制不惑謗議上無掣肘之虞下有死綏之勇制兵能將端在是矣此食以養兵兵以衛將將以禦敵其機實相承也稼穡匪懈殷武之勲以成峙糧在申薄伐之績攸賴廟堂大議群工咸在諰諰草莽又何足以贊皇猷惟執事少裁察焉

廣東鄉試録後序

嘉靖癸卯廣東鄉試録成壇以職事得申言於末簡曰文豈可以已哉嘗聞之夫子曰文莫吾猶人也躬行君子則吾未之有得然則文非聖人之所厚望於天下也而取士以文也何哉嗟乎文也者言之精也存之爲德行發之爲事業由乎中應乎外者有本也有本故有用也實之不足而藝焉是工無本也無本之文聖人所不取也以聖人不取之文而概并其有本者棄之烏乎可哉不觀之於其初乎今夫天浩浩焉耳矣成象者著天之文也今夫地茫茫然耳矣成形者法地之文也孰爲之本哉陰陽交而天之理盡焉剛柔交而地之理盡焉是理也妙之乎造化顯之乎萬物藴之乎聖人之一心聖人以一心之理經天緯地化成天下根之爲仁義播之爲政令宣之爲禮樂舉而措之爲功烈統而括之爲六經陰陽鬼神之奥典謨訓誥之辭揄揚咏嘆之節是非予奪之公恭敬退讓之儀高下清濁之變孰非心胸之所流布詞氣之所闡揚故曰六

經者心之聲也易曲而中書正而備詩婉而章禮嚴而泰樂和而節春秋謹而微無心乎文而天然之妙見矣夫子嘗致意焉追三代之英而從先進之禮樂謂文皆聖人之所不取不亦舛乎且根本盛則枝葉繁停畜深則流派遠爲玉必輝爲珠必媚爲錦綺必炫麗有本者固如是也况乎咀六經之華而茹其實美在其中者其爲文也可得而掩耶嗚呼皦明一言叔向知其奇士顔子好學一論識者知程子之爲正學諸士挾能棘闈三試乃罔不人人思奮披肝膽罄積學千百中得俊者僅僅蓋不啻一言已耳讀其文不可以知其人耶廣東嶺海巨邦奠位南離漢唐以後人文宣朗肆我祖宗以來聲教漸被聖天子中興益隆教化浸漬涵濡彬彬乎多士之區雖中州莫之或先也斯録也安知其不以有本之文出而鳴昭代之盛植弘大之業揮霍天地昭揭日月褎然爲科目之光矣乎主司良有望焉不然虞夏之道不可及已商周之道不勝其敝蓋不病其不文病其過於文焉耳士習之厚薄世道之升降實隨之豈惟兹粤南已哉吾夫子之憂益可想矣嗚呼爾多士其克念哉

江西臨江府清江縣儒學教諭項壇謹序

嘉靖二十五年廣東鄉試録

廣東鄉試録序

嘉靖丙午秋粤當大比士監察御史楊以誠奉命按治寔維監臨申嚴胥飭凡簾内外百執事咸慎簡以充先是前巡按御史陳儲秀稽度規恢表章令甲徵静深等以需校藝至是咸集乃以静深暨教諭蕭萬斛總試而分經校閲則學正吕天恩教諭黄繼宗雷孟冬吴珊陳英選提調則左布政使朱紈左參政張鏊監試則按察使屠大山僉事何元述規畫維允罔弗寅恭事事維時兵部右侍郎張岳奠綏南服保釐化誨人有寧宇士咸思奮都御史顧遂屏翰方隅燕及士類敦獎縫掖振雅觀文總兵平江伯陳圭雅尚儒術恤刑郎中杜拯樂觀巨典右參政張烜左參議朱憲章右參議方民悦副使張珫袁載僉事陳捷都指揮王寵則皆協志宣猷率作于外右布政使龔輝左參議顧中孚僉事施雨都指揮夏忠先期次第入賀若左布政使今升都御史應大猷按察使今升山東右布政使駱顒副使今陞湖廣右參政游居敬雖先後去粤亦皆與有聞焉者也既圍鑰院御史率衆而籲諗曰諸大夫其有思乎衆唯唯又曰兹役也事君以人也苟弗參以衆見非忠也其毖諸曰辭尚體要有弗誠弗衷弗率于訓者其麾諸曰上再三俞議矣其祇奉德音無侵無昵協于大公惟真材之務得其勖諸衆唯唯内外咸精白事事乃進提學副使陳垲所簡士二千四百三試之遵制額拔其雋七十五人并梓其文之粹者以獻而静深職務猥序首簡竊惟粤本虞夏要服而祝融遐壤也頃静深以介聘而來也道彭蠡泝章貢南度庾嶺煙雲杳靄之間一翠千里星日之南際天爲壑蓋奥區也已既乃俊髦畢來雲蒸景附縱觀乎所爲文則深蓄浚發其體類皆雄渾昌大而莊重秀偉其達也冲和浩放而洋洋纚纚其究也淵邃貞明而變見鼓奮蓋皐和之委溟浸之光聖人之錫極均是乎得焉吁盛矣可爲嶺南重矣彼云職方者謂清淑不類中州而多乎瑰奇瑋麗之産蓋未也何也山之入中國昉昆崙經岷嶓數萬里而窮於海故盤爲五嶺嶺至峻位離得天地禮信光亨之氣而上應乎嚮明之治是故鐘英炳靈逢期翊運後先名碩固種種也乃斯文又得於磅礴鬱積而非偶然者與始南國之榛狉也周宣起而强理其臣贊之歌

金石矢文德焉我皇祖受命宅夏遂臣荒服越裳來王齊哇秩祀蓋禹平舜肇所未有也列聖熙洽肆我聖天子中興薄海内外涵濡煦嫗頃者修文告款雕題允乎叙戎之成烈而追琢人文播爲心法典訓又皆危微精一之旨使尹召復生不知何如以對揚也而况衣被雲漢之士優游猒飫有不焕然而維新者乎文不惟以地盛矣雖然文也者爲經緯爲綱維爲軌憲斧藻龍光均維弘濟布帛菽粟民用莫先焉是故吾人之文與天地帝王一也諸士子孕殖於造化之勤而長育於文治主司又以文進之其千載一時矣將無毅然而己任者乎昔者周禮在魯孔氏之徒相與斟酌乎禮樂而論説乎仁義故太史公涉汶泗觀鄒嶧講射而嘆焉以其非徒文也夫士之不爲徒文者必也爲德行爲事業其進也必樹績流聲必奮庸熙載爲先資成信而不爲静言而庸違者三代之英由此其選也静深有徵文之慶矣而又懼夫文之徒者將無以地重而爲治化累故根極之以鄒魯之文獻迪焉冀自今所謂豪杰者必無負於地於時爲朝家徵實用而主司亦庶乎塞也維二三子交相成也其懋圖之

江西撫州府儒學教授潘静深謹序

嘉靖二十五年廣東鄉試

監臨官

巡按廣東監察御史楊以誠（明夫江西宜春縣人　戊戌進士）

提調官

廣東等處承宣布政使司左布政使朱紈（子純直隸長洲縣人　辛巳進士）

廣東等處承宣布政使司左參政張鏊（濟甫江西南昌縣人　丙戌進士）

監試官

廣東等處提刑按察司按察使屠大山（國望浙江鄞縣人　癸未進士）

廣東等處提刑按察司僉事何元述（元孝福建晋江縣人　壬辰進士）

考試官

江西撫州府儒學教授潘静深（時見貴州普安衛籍浙江桐鄉縣人　丁酉貢士）

直隸安慶府望江縣儒學教諭蕭萬斛（時應江西泰和縣人庚子貢士）

同考試官

湖廣武昌府興國州儒學學正吕天恩（仁甫廣西灌陽縣人　丁酉貢士）

江西撫州府樂安縣儒學教諭黄繼宗（允肖福建莆田縣人　丁酉貢士）
江西廣信府貴溪縣儒學教諭雷孟冬（貞卿湖廣長沙縣人　癸卯貢士）
浙江嚴州府壽昌縣儒學教諭吴珊（佩之廣西宜山縣人　癸卯貢士）
河南汝寧府信陽州羅山縣儒學教諭陳英選（資任福建長樂縣人　丁酉貢士）

印卷官

廣東等處承宣布政使司理問所理問雷騰（一舉廣西宣化縣人　監生）
廣東等處提刑按察司照磨所照磨朱憲昌（士廉江西高安縣人　監生）

收掌試卷官

廣州府知府曹逵（履中直隷太倉州人　己丑進士）
韶州府知府陳大綸（伯言廣西南寧衛軍籍直隷舒城縣人　己丑進士）
惠州府知府吴至（道卿浙江餘姚縣人　壬辰進士）

受卷官

肇慶府同知趙塤（平仲浙江餘姚縣人　己丑進士）
廣州府同知程鐸（子木直隷歙縣人　乙酉貢士）
廣東鹽課提舉司提舉鄭寅（思敬浙江餘姚縣人　乙未進士）
廣州府東莞縣知縣孫學古（汝邃浙江蕭山縣人　甲辰進士）

彌封官

韶州府同知胡瑞（應龍江西新喻縣人　癸酉貢士）
廣東市舶提舉司提舉孫校（右文浙江平湖縣人　壬辰進士）
廣州府香山縣知縣鄧遷（世喬福建閩縣人　戊子貢士）
肇慶府四會縣知縣莊深（静源福建晋江縣人　辛卯貢士）

謄録官

惠州府同知徐緝（文熙浙江山陰縣人　乙未進士）
廣州府通判龔良猷（起虞湖廣蒲圻縣人　戊子貢士）
惠州府博羅縣知縣經彦寀（叔和廣西全州人　戊子貢士）
肇慶府高要縣知縣朱良玉（潤甫浙江安吉州人　監生）

對讀官

廣東等處承宣布政使司經歷司都事李人龍（子乾直隷華亭縣人　乙未進士）
肇慶府德慶州同知錢萱（懋孝浙江海鹽縣人　乙未進士）
廣州府番禺縣知縣蔣賁（子素廣西全州人　甲辰進士）

廣州府順德縣知縣金蕃（世宣浙江餘姚縣人　辛丑進士）

巡綽官

廣州右衛指揮使海晏（平甫直隸大興縣人）

廣州後衛指揮使同知趙希翔（朝卿湖廣常德府人）

搜檢官

廣州左衛指揮使王金（汝礪直隸合肥縣人）

廣州左衛指揮同知胡湘（楚卿湖廣衡陽縣人）

廣州右衛右所副千户王楨（惟幹江西泰和縣人）

廣州前衛右所署正千户黎輔（翊卿湖廣沔陽州人）

廣州前衛中所副千户彭軾（行可江西新城縣人）

廣州前衛後所副千户林廷宣（聲佰福建莆田縣人）

供給官

廣東等處提刑按察司經歷司知事王惟伋（子學福建長汀縣人　監生）

廣州府經歷司經歷湯銘（新之浙江安吉州人　監生）

肇慶府經歷司知事駱友道（文載浙江諸暨縣人　知印）

南雄府保昌縣主簿黄金（國用江西南昌縣人　吏員）

廣東都司斷事司吏目張啓（德彰福建松溪縣人　吏員）

肇慶府恩平縣典史黄鯤瑞（惟騰江西清江縣人　承差）

韶州府翁源縣典史許鑰（鎮邦湖廣永興縣人　吏員）

廣州府番禺縣五羊驛驛丞鄭大用（子才浙江常山縣人　承差）

廣州府番禺縣湴湖驛驛丞閭義芳（朝用湖廣麻城縣人　吏員）

廣州府增城縣東洲驛驛丞方聰（克明直隸六合縣人　吏員）

廣州府增城縣增江驛驛丞何綱（子振浙江新昌縣人　承差）

廣州府曲江縣濛湨驛驛丞王輝（用晦福建閩縣人　承差）

廣州府南海縣河泊所河泊繆賁（繹實直隸泰州人　吏員）

第一場

四書

曾子曰士不可以不弘毅任重而道遠　洋洋乎發育萬物峻極于天優優大哉禮儀三百威儀三千　集大成也者金聲而玉振之也

易

六二直方大不習無不利　凡益之道與時偕行　易則易知簡則易從易知則有親易從則有功有親則可久有功則可大可久則賢人之德可大則賢人之業易簡而天下之理得矣天下之理得而成位乎其中矣　易之爲書也原始要終以爲質也六爻相雜唯其時物也

書

日宣三德夙夜浚明有家日嚴祗敬六德亮采有邦　説拜稽首曰敢對揚天子之休命　星有好風星有好雨　昔周公師保萬民民懷其德往慎乃司兹率厥常懋昭周公之訓惟民其乂

詩

南有樛木葛藟纍之樂只君子福履綏之南有樛木葛藟荒之樂只君子福履將之南有樛木葛藟縈之樂只君子福履成之　蓼彼蕭斯零露湑兮既見君子我心寫兮燕笑語兮是以有譽處兮　維玉及瑶鞞琫容刀　穫之挃挃積之栗栗其崇如墉其比如櫛

春秋

三月公及邾儀父盟于蔑（隱公元年）春公會戎于潛（隱公二年）冬十月齊師滅譚譚子奔莒（莊公十年）春王正月丙午衛侯毁滅邢（僖公二十有五年）　春齊人執鄭詹（莊公十有七年）　楚屈完來盟于師（僖公四年）十有一月壬戌晋侯及秦伯戰于韓（僖公十有五年）　夏公會齊侯于夾谷（定公十年）

禮記

凡居民材必因天地寒暖燥濕廣谷大川异制民生其間者异俗剛柔輕重遲速异齊五味异和器械异制衣服异宜修其教不易其俗齊其政不易其宜　善教者使人繼其志　禮義立則貴賤等矣樂文同則上下和矣好惡著則賢不肖别矣刑禁暴爵舉賢則政均矣　故明乎其節之志以不失其事則功成而德行立

第二場

論

君子無所不用其極

詔誥表（内科一道）

擬漢令二千石興廉舉孝詔（元朔元年）　擬唐以開府儀同三司長

孫無忌爲司空誥（貞觀七年）　擬宋曹彬平江南群臣賀表（開寶八年）

判語（五條）

擅離職役　得遺失物　上書陳言　關津留難　斷罪不當

第三場

策（五道）

問　大學之書帝王修齊治平之道具載於此而宋儒真德秀所著衍義又所以羽翼聖經發揮理道治天下者不可以不講也我聖祖高皇帝甫定天下留意帝王之學因宋濂之請令左右大書衍義揭之兩廡以代圖畫朝夕諦觀當時指司馬遷所論而令大臣條析觀晁錯所言而與侍臣講論聖謨洋洋具在典册不識諸士子亦有聞歟我皇上即位之後嘗令侍從繙閱經書通鑑以資所聞維時輔臣以經書微奥通鑑浩繁請以大學衍義進講皇上欣然嘉納因感賦五言古詩十韻命二三輔臣先後賡和總而輯之名曰翊學詩傳播中外久矣亦可得而揚其盛歟聖子神孫萬世相繼乃祗遹紹聞固有在也願詳述之以爲聖學之助

問　諸子讀經雖各占其一然諸經大要則所當與聞者試舉一二商之易之分上下經也先儒多求其故矣乃朱子則以其簡帙重大故分之果爾則宜上下經各三十二卦矣而多下經以四何哉元儒豫章蕭氏乃爲讀易考原謂上經一卦不可增下經一卦不可減其説然歟否歟可得而言歟書之分古今也今文多艱深古文多平易古文果孔壁之舊歟朱子則疑其序吴澄氏并疑其書是歟否歟或謂張霸僞爲或謂梅賾擬作其然歟詩之有大小序自毛公以來未之有議也而朱傳獨去之不知果能盡得詩人之旨歟東萊吕氏畏服朱子者也而讀詩記不從朱子而從毛氏亦何歟春王正月春秋第一義也安國胡氏則謂孔子以夏時冠周月不知周月其可以夏時冠否也或謂周改月不改時或謂時月皆改其説孰是歟周禮冬官之缺久矣吴澄氏謂冬官實在五官之中而未嘗缺也儀禮之逸多矣取小戴投壺奔喪等篇又取大戴明堂公符而補之其説然歟否歟或謂三禮考注非澄作亦有所據歟此皆千古不决之疑其陳之尊經之學亮有定見也

問　易曰聖人觀乎天文以察時變又曰君子以治曆明時而箕子傳治法九章則曰協用五紀易書之旨果同揆歟説者謂聖人協用五紀其義有三可得聞歟成周立馮相氏掌歲月日辰星之位辨其叙事以會天位保章氏掌五物以詔救政訪序事不知所謂歲月日辰星之位當何所辨日月星辰之變

當何所觀歟星土九州當何所别十二歲之相五雲之物十有二風當何所占歟堯謹曆象舜察璣衡後世遂有宣夜周髀蓋天渾天之術歷代增飾其法益精又有所謂簡儀仰儀者不知孰有合於唐虞之制歟三代之曆不可考自漢以來作曆不同而最著者曰太初曰大衍然太初法本於律大衍數起於易其義可得而言歟元人郭守敬所制授時曆法或謂其度越千古然歟否歟我朝更制大統曆而積分猶授時之數何聖人憲天立法不爲殊術以改觀而猶仍勝國之舊歟朱子謂古人曆法疏闊而差少今曆法愈密而愈差以洪武中元統之論考之則今日之差愈甚矣兹欲考元定法隨時協天平秩敬授以度民庸觀象玩占以裨王政固帝王參贊化育之首務也諸士抱負有年豈無有達象緯之秘而通星曆之微者耶願究言之以觀所藴

問　嶺南山川深鬱故其靈淑所鐘多瓌奇豪雋之士自漢以下代不乏人有累徵不起太守奏旌其門者有教授於家寇盜戒勿相犯者有獻金鑒録著白羽扇賦文章風度號爲賢相者有著中興自治萬全策獻愚忠録文章議論切中時病者有莊宗出獵而叩馬諫者有真宗東巡而獻賦頌者有排群言宗孔子爲韓愈所尊禮者有知品式通易學爲仁宗所見知者有屢言邊情三使契丹者有投匭論事南歸讀易者有進右丞相不就而謚清獻者有爲時讒沮而謚忠簡者有論王安石爲其鄉所推者有從蘇軾爲其弟所稱者之數君子出處固异制行亦殊其功業有崇卑文章有高下不識可悉數而究言之歟迨至我朝風氣日淳文物日盛衣冠禮樂之士蓋彬彬倍昔而碧海瓊崖黄雲紫水獨當元氣之會今即其人而論之亦竊有可疑者律己之嚴而不預名臣之數著述之富而不居理學之科其故何歟受崇仁之學而出處不同膺優召之隆而受官不仕其意何歟其所謂功業文章者又孰爲之軒輊歟諸士子居其鄉論其世起思齊之念懷景行之心則其講究必精而品評必當矣幸詳言之觀所以尚友者

問　廣東爲揚州要服限隔山海未易綏寧趙佗自王即延祚滿百觀莊參之料韓公之敗良不易歟伏波樓船雖幸成功然動天下之力矣古謂用兵斯地者鮮能大得志豈其然歟厥後有議罷徵發而專任牧守者有議選經略使而可無侵叛者有議雜用南北之兵而可永無事者其説可復采而行之否歟我國初永忠諸將略地至嶺表不勞餘力而悉平豈聖祖之烈將士之良自非尋常可比數歟迄今黠酋遺孽叛服不常近征討雖大克捷然數年之後又未可知其他負險而幸未逞者猶不少也豈果無經久之道一勞而可永逸者歟又濱海諸郡番寇爲梗邇議轉募舟兵以爲戰備方覺未便亦豈無簡要之規可靖盗而安民者

歟是誠嶺表之積患也願聞所以經畫胥圖一方久安之計

中式舉人七十五名

第一名　謝頤　博羅縣學增廣生　詩
第二名　嚴文輔　肇慶府學生　易
第三名　郭敬賢　海陽縣學生　書
第四名　羅鴻　番禺縣學生　禮記
第五名　馮仁　南海縣學附學生　春秋
第六名　李鍾亮　程鄉縣學生　詩
第七名　洪朝璋　潮州府學附學生　書
第八名　陳大本　南海縣學增廣生　易
第九名　張子翼　瓊州府學附學生　禮記
第十名　何鴻　廣州府學生　春秋
第十一名　劉應魁　韶州府學生　書
第十二名　劉禹龍　三水縣學生　詩
第十三名　張廷臣　廣州府學生　詩
第十四名　陳玉成　陽山縣學生　易
第十五名　崔大壯　番禺縣學附學生　易
第十六名　華士迥　文昌縣人監生　易
第十七名　張一清　潮州府學增廣生　書
第十八名　鄧思仁　廣州府學附學生　詩
第十九名　王守充　歸善縣學生　易
第二十名　梁大中　廣州府學附學生　詩
第二十一名　周坦　惠州府學增廣生　易
第二十二名　鍾大賓　曲江縣學生　禮記
第二十三名　李元鳳　興寧縣學生　詩
第二十四名　林㰚　三水縣學生　書
第二十五名　黎復初　廣州府學增廣生　易
第二十六名　魏良佐　乳源縣學生　詩
第二十七名　李大有　歸善縣學生　詩
第二十八名　岑遠　南海縣學增廣生　易

第二十九名　盧瑄　博羅縣學生　詩
第三十名　曾一經　惠州府學生　詩
第三十一名　盧大元　新會縣學附學生　易
第三十二名　龐尚鵬　順德縣學附學生　易
第三十三名　張大會　潮州府學生　書
第三十四名　戴朝恩　南海縣學附學生　詩
第三十五名　劉澤　從化縣學增廣生　易
第三十六名　李鵬舉　惠州府學生　詩
第三十七名　海鵬　瓊州府學生　易
第三十八名　陳宗魯　揭陽縣學增廣生　書
第三十九名　朱朝用　廣州府學附學生　詩
第四十名　劉源深　海陽縣學生　春秋
第四十一名　姚東陽　潮陽縣學生　書
第四十二名　蕭懋道　揭陽縣學附學生　易
第四十三名　方民懷　廣州府學附學生　詩
第四十四名　丘凌霄　海康縣學增廣生　禮記
第四十五名　羅夢鶴　英德縣學生　書
第四十六名　劉子榮　潮州府學附學生　詩
第四十七名　翟瓘　東莞縣學附學生　易
第四十八名　李鳳　番禺縣學附學生　詩
第四十九名　陳元諒　惠來縣學生　書
第五十名　唐守明　廣州府學生　詩
第五十一名　謝光積　揭陽縣儒士　易
第五十二名　劉應龍　和平縣學附學生　詩
第五十三名　黎楚　番禺縣學生　易
第五十四名　黄朝聘　南海縣學附學生　詩
第五十五名　夏大勛　饒平縣學附學生　書
第五十六名　林紹宗　潮州府學生　易
第五十七名　高士蜚　新會縣學增廣生　易
第五十八名　鄺元祥　三水縣學附學生　詩
第五十九名　謝光秋　潮州府學增廣生　易
第六十名　胡元釗　三水縣學增廣生　書

第六十一名　雲上行　南海縣學附學生　詩
第六十二名　鄭旻　海陽縣學生　易
第六十三名　刁騰蛟　興寧縣學生　詩
第六十四名　李煒　順德縣學增廣生　禮記
第六十五名　蕭端賁　潮陽縣學附學生　書
第六十六名　黄學伊　東莞縣儒士　詩
第六十七名　潘元翰　番禺縣學生　易
第六十八名　蘇黎庶　從化縣學生　詩
第六十九名　蕭端升　潮陽縣學附學生　春秋
第七十名　劉以節　潮州府學增廣生　詩
第七十一名　李從龍　新會縣學增廣生　詩
第七十二名　林大芳　新會縣學附學生　易
第七十三名　謝升　博羅縣學附學生　詩
第七十四名　梁柱臣　順德縣學附學生　書
第七十五名　吴國用　程鄉縣學生　春秋

第一場

四書

曾子曰士不可以不弘毅任重而道遠

謝頤

同考試官教諭陳批（弘毅二字正指充養而言此作精暢渾融是能用心於内者）

同考試官教諭吴批（體認發揮深有醖藉）

考試官教諭蕭批（知學修辭無愧於士矣）

考試官教授潘批（理暢辭純當是作者）

大賢言士當大有所養以其大有所受也蓋任重道遠則所受大矣然必弘毅爲之地焉此養心之學不可以不大也曾子之意以爲天下之情其示人以不廣者其居之必不寬而其謂己爲不能者其爲之必不力而况士志於道而可以易言哉弘毅其具矣弘也者以言乎其有容也吾心本然之量其何有於不容而自私者每狹之士則何可以狹也毅也者以言乎其有執也吾心自然之能其何有於無執而自棄者恒怠之士則何可以怠也是必尊德性也而

廓然存虚受之咸不使物欲得以隘吾度其斯以爲弘也矣道問學也而奮然勵必爲之志不使安肆得以勝吾强其斯以爲毅也矣夫士之所以不可不弘毅者何哉爲其有體道之責焉耳是故爲器重者舉之而莫能勝士則將舉其重器而勝之者也非弘則物大而吾小負荷之非其任故大心則能體天下之物而重可勝矣爲道遠者行之而莫能致士則將行其遠道而致之者也非毅則力竭而氣匱要約之無所歸故貞固能幹天下之事而遠可致矣毅而本之以弘則近利非狃而耻於一善之安弘而出之以毅則全體不息而自無半塗之廢此爲士者所當自勉也知此則知所以爲學知所以爲學則知所謂爲士矣抑曾子非徒爲是言也蓋舉所自得以詔人也曾子之學專用心於内弘毅蓋其任道之本也故能唯一貫而得統於夫子可謂勝重任而遠到矣樊遲之鄙何足語弘冉求之晝何足語毅無怪乎傳道者之不多見也矣

洋洋乎發育萬物峻極于天優優大哉禮儀三百威儀三千

羅文輔

同考試官學正吕批（道爲天地人物之紀洋洋優優正言道之所以大處子思之意爲學者立本此篇發揮真切而歸重于凝道之功録之）

考試官教諭蕭批（詞意明暢不襲塵語）

考試官教授潘批（清雅可誦）

中庸論聖人之道至大而至精也夫與天而爲一可謂至大矣體物而不遺可謂至精矣不有以見聖人之道之大乎中庸二十七章先言聖人之道以發君子之學也蓋謂道必有所寄體於人而盡於聖人者也故以其道之極於至大者言之夫道流動充滿洋洋焉耳矣生長收藏天之用本如是也而高明覆物道與之同其用故知化而天爲昭焉陰陽和而萬物皆得性命正而百昌咸遂則聖人之道歸焉耳穹窿覆幬天之體本如是也而高明配天道與之同其體故盡性而天爲參焉神無聲臭而一理爲之貫通道無際涯而兩間爲之充塞則聖人之道極焉耳若然則斯道也其大無外所謂天下莫能載焉者此矣又以其道之入於至小者言之夫道充足有餘優優焉耳矣立經制而總綱維之要是禮儀也舉其凡則三百而道無乎不在用之朝廷邦國而人道群達之閨門鄉黨而彝倫叙有本有文而禮不爲虚器也致委曲而盡節目之詳是威儀也極其數則三千而道無乎不該周旋裼襲節文之而不忒升降上下範圍之而不過至精至密而禮不爲粗迹也若然則斯道也其小無内所謂天下莫能破焉者此矣夫語大遺小語小遺大則道有不備矣兼小大而一之非聖

道之大而能若是乎嘗論之聖人者道之管也乃君子則與道爲二必有希聖之功而後有凝道之德夫聖人曷可希也吾德性所賦與聖人一而已故尊吾德性而學之所以希也德修道凝不异於聖人矣若曰聖本生知非學可至則違道遠矣所以君子貴自勉也

集大成也者金聲而玉振之也

郭敬賢

同考試官教諭黃批（體本承上起下蓋聲振二字即含蓄聖智二義作者漫以始終條理牽繞可厭獨是篇體認傳注發揮明白故録以式）

考試官教諭蕭批（純正）

考試官教授潘批（典實）

大賢明乎樂之備者而揭其要於三音焉蓋金聲玉振大成之樂明矣不揭言之何以喻聖之爲大乎孔子所以异於三子者如此且夫人有大聖樂有大成不觀其深則擬倫有未至也何也蓋一樂之奏而衆音以成故成矣必謂之大也衆音之成而一樂以備故大矣又謂之集焉若是者豈其萃衆和而遺節奏之妙包群美而失綱紀之宜也蓋八音之中有定屬焉惟金以聲之乎蓋洪以亮者金也而聲則金之職也金以聲之則鬱者宣之而使達隱者泄之而使光蓋一音鎗然而衆音之精華於是乎呈露矣又惟玉以振之乎蓋清以越者玉也而振則玉之能也玉以振之則焕者翕之而使專紛者凝之而使固蓋一音詘然而衆音之美實於是乎斂藏矣於其聲也若衆音未知而啓以知也其陽一噓而萬物皆春乎於其振也若衆音未能而翼以能也其陰一吸而萬物皆秋乎蓋向非金聲則不能相率而其失也靡向非玉振則不能相成而其失也流亦何取乎大成也哉吁此金石所以爲重而聲振又大成之要與可以觀樂亦可以觀聖人矣雖然又即樂而評焉三子一音耳不得爲大成猶未爲無成也蓋亞於大成者矣使季札聽之其在齊陳之間乎乃孔子則韶矣惜乎位之不舜也故曰韶盡美矣又盡善也而聽之三月不知肉味其志可知也於乎大成不可作矣而聖智未爲無所寓也固萬世之金聲玉振也善學者毋自曠焉可矣

易

六二直方大不習無不利

嚴文輔

同考試官學正吕批（直方二字類能言之至大與不習無不利處輒纏繞可厭此作得旨宜録爲式）

考試官教諭蕭批（體用之學發明殆盡）

考試官教授潘批（明暢）

聖人繫坤爻辭必著其德之盛而行之安也甚矣盛德不容於强爲六二有直方大之德而利於行也夫焉有所倚哉且坤之道以柔順正固爲直以賦形有定爲方以德合無强爲大而六二則得夫坤道之純者故周公繫其辭曰天下之道盡於性矣君子之學率其性焉止矣坤之六二其有得於率性之學者乎蓋其天性融而本體不虧涵養純而人爲不鑿語乎其内則無反也無側也渾然而存天下之正矣語乎其外則無適也無莫也秩然而通天下之故矣然且精微徹性命之原而易簡合以成德上下極同流之妙而久大渾乎無强則天地之高深聖人之神化一以貫之矣其直方大也何如夫天下無不可能之事人每外求而不足耳六二誠有是德則焉往而不利哉但見理本諸素而幾無不通誠妙於爲而施無不裕其静也藏諸用也先事而具夫通變之權其動也顯諸仁也因感而彰吾順應之妙心即體而欲即用以時措之誠有不思不勉而從容中道者矣豈待學之而後利哉體即道而用即義推而行之誠有從心所欲而不逾矩者矣豈必慮焉而後能哉夫是以知有盛德者必有大業而所養不純者亦無惑乎臨事而困也占坤六二者尚知其所以不習之故乎愚嘗因而求之率性以爲行者其行自利因性以爲學者其學易成六二之德固其所性之純不可誣而近性之學實居多也蓋天地之性不專一則不能直遂不翕聚則不能發散而夫人之性得之於静者未始不失之於動則君子之學以主静爲貴矣六二坤道也天下之至静也存養多而外馳寡此其所以順動之道不習而利者與

易則易知簡則易從易知則有親易從則有功有親則可久有功則可大可久則賢人之德可大則賢人之業易簡而天下之理得矣天下之理得而成位乎其中矣

陳大本

同考試官學正吕批（發明易簡德業數字已見體認後段筆力尤非衆作可到）

考試官教諭蕭批（詞氣疏暢而精密可式佳士佳士）

考試官教授潘批（簡潔老健）

備體乎乾坤之德則賢聖之道在是矣夫易簡之理本諸乾坤而體之則存乎人也要其所歸賢聖不可以驯至哉大傳論乾坤之理而人兼體之若曰

乾坤之易簡已徵於造化之功而吾人之德業在盡乎效法之道是故易乾德也心體之光大而不艱深者即此易也人之存心也以之則人情自通矣不易知耶簡坤德也心體之平直而不矯僞者即此簡也人之應物也以之則人情自附矣不易從耶惟易知則同心者衆益見其可親易從則多助之至自易於成功矣由是驗之人之同則自信益篤而德可久用人之長則衆善悉有而業可大矣兼體易簡之道不亦庶幾矣乎故語其所就也可久雖未至於上達而深造者自得之機也可大雖未底於成功而積累者富有之漸也德崇業廣皆可以稱賢矣要諸其極也則成性存而道義出通之易簡而無遺人道盡而天地參同諸造化而无外功深理得誠足以爲聖矣賢聖所造不同易簡之理固非二也吁易簡足以盡乾坤之德而復有以該聖功之全天人合一之妙有如是夫考之子思子亦嘗有致中和之論矣其要惟在於喜怒哀樂之間即夫子易簡之説也夫子著其功效之大而未悉其求得之方觀子思戒懼慎獨之訓可以相發明矣私欲不蔽則吾心易簡之體自明賢而聖聖而天固馴以致之者也欲盡易簡之道宜於戒懼慎獨始

書

日宣三德夙夜浚明有家日嚴祗敬六德亮采有邦

郭敬賢

同考試官教諭黄批（浚明亮采正見德宜於治不涉效上説刻此以釋執經者之疑）

考試官教諭蕭批（得虞廷任德之旨）

考試官教授潘批（辭簡明而意明盡）

大臣言常德者皆宜於治以爲官人者告也夫致治本於德也德不同而皆宜於家邦之治則官人者宜知所重矣皋陶陳知人之謨者如此今夫以人圖治者政之要也以德詔爵者君之柄也人君之立政其可以弗審於是耶是故九德有其三其德彰矣而未大也夫能不以三德□安而日宣之加懋昭之功于以擴充其所未至務緝熙之學于以推廣其所未能蓋愈昭明則愈盛大而德之在我斯有常矣若而人也使之有家則能以三德而推之于政含章以從事吾見夙夜之匪懈也而以致明作之功精白以承休吾見朝夕之靡遑也而以翊寅亮之業蓋其所浚明者即其所宣著者出之也而謂家之政有弗成耶九德有其六其德彰矣而未恒也夫能不以六德自滿而日嚴之寅恭自度範之使歸于正而不逾莊敬自强約之使合於中而不放蓋愈檢束則愈精密而德之在我斯有常矣若而人也使之有邦則能以六德而推之于政神以盡

能而經制之顯設者錯爲經緯之章化以盡利而禮樂之昭宣者奕爲休明之治蓋其所亮采者即其所嚴敬者出之也而謂邦之政有弗成耶夫三德宜于家是可爲大夫矣六德宜于邦是可爲諸侯矣德不同而職因以异此固官人者所當辨歟吁吾以是知隆古之盛也皋陶言知人必曰九德而夏之籲俊亦曰迪知忱恂于九德之行至于成湯之克即文武之克知灼見凡以德而已彼古之治所以卓乎不可及者非以是歟三代而下用人不以其德戰國以縱横秦以刑名而漢以詐力嗚呼德則蔑如矣而安望其治之古也夫

昔周公師保萬民民懷其德往慎乃司茲率厥常懋昭周公之訓惟民其乂

洪朝璋

同考試官教諭黄批（作此題者非塵俗可厭則散漫不整是篇清新簡健有醞藉之意録之）

考試官教諭蕭批（發揮懷德處可觀且得周家仁厚立國之意）

考試官教授潘批（格峻語莊是周書文字）

賢王言聖臣所以得民因望大臣以法古之化也蓋周公以德得民治之準也君陳法之以爲治而民焉有弗化哉此成王所以命君陳者也意以治莫難於化民政莫善於師古我之命□治殷也亦曰以周公爲法而已矣昔周公慮萬民之弗率也以身師之而所以教之者無不至慮萬民之弗寧也以身保之而所以養之者無不周夫其教之至也故其澤不衰而民猶思之殆有根心而不可解者矣夫其養之周也故其仁不匱而民猶懷之信有没世而不忍忘者矣夫民懷周公之德如此今爾之往也其所司者即公師保之舊也而所守者即公教養之常也爾其慎乃攸司而毋忽易之恒懼其不能稱焉率由典常而勿紛更之恒懼其不能守焉亦曰尊其所聞善繼公之志而使若彝之訓益以昭著於當時行其所知善述公之事而使撫事之訓益以顯明於今日夫然則立之經制者皆殷民服習之常而推之無不準矣奚有駭而不信者耶陳之藝極者皆殷民聞見之舊而動之無不化矣奚有悖而不從者耶是何也殷民方懷周公之深而君陳能行其政是宜從君陳之速也吁至是而殷民之懷可慰而周公之德愈不窮矣君陳其勉之哉雖然周公之德殷民懷之繼之君陳畢公世變風移宜可無慮矣然而反側之習或未變焉是豈周之德猶未至耶亦曰殷先王之德未之忘焉耳嗚呼周人能使殷民之不忘周而不能使殷民之不忘殷吾於是知殷周之德爲極盛也已

詩

南有樛木葛藟纍之樂只君子福履綏之南有樛木葛藟荒之樂只君子福履將之南有樛木葛藟縈之樂只君子福履成之

謝頤

同考試官教諭陳批（傳就字即周禮圭璧就采三就再就之義與縈類耳非全也録此析疑矣）

同考試官教諭吳批（謂逮下爲樂只詩人善於立言者也此篇詞意渾融不露是善作者）

考試官教諭蕭批（明切）

考試官教授潘批（温厚）

詩人屢興后妃以德而致福其稱願者深矣蓋德有致福之理也而屢形之咏歌焉不益信乎樛木詩人有感於后妃而陳之以詩蓋曰南山之上樛木生焉不期於葛藟也而覃延不已者纍焉以其下援也惟我君子樂易以兼容物雖微而必愛慈和以遍覆人雖賤而可親此德也非心乎福履也但見帝降昭焉保佑萃安貞之慶神相極焉和寧備元吉之休福與德胥屬之矣何陧兀乎南有樛木幹曲而柯垂矣故萋萋然如有感焉以荒之者葛藟也况乎君子以和召和者吾見福履之來也參會於後先或啓以知也周旋乎左右或翼以行也蓋如孤特而匡翊之不已焉樛木在南條垂而枝委矣故莫莫然如有應焉以縈之者葛藟也况乎君子以順感順者吾見福履之集也相纏綿焉静則與游也相依附焉動則與俱也蓋如判涣而就之弗遑焉是何也福本乎德而福爲德之徵相須以必然者也向非遠取諸物孰能名言之若此吁詩人之感愛誠矣哉抑録詩至樛木四咏后妃矣而繼以螽斯何居蓋關雎敬也葛覃勤也絺綌儉也師氏孝也采耳其敬之純乎樛木逮下也其孝敬之流乎是故德至樛木而盛矣螽斯樛木之祥也徽音嗣矣文昭武穆其委澤乎向非聖人雎雎之化不息而久曷克臻此是故觀女德之光徵教家之極明天人之妙廣胤祚之原莫備於樛木斯孔子録經之旨

蓼彼蕭斯零露湑兮既見君子我心寫兮燕笑語兮是以有譽處兮

李鍾亮

同考試官教諭陳批（講譽處二字詞不繁而意足迥异衆作）

同考試官教諭吳批（一寫字見周王平時思慕此篇發明躍然而無冗贅可嘉）

考試官教諭蕭批（莊重）

考試官教授潘批（典雅）

王者初燕諸侯而興來朝恩禮之渥也蓋朝而燕錫有休美焉則恩禮渥矣非慈惠而能然乎周王燕諸侯而道達於初燕之頃若曰我觀蕭之生也既蓼然而長大矣乃天之垂澤也斯湑然以零露焉夫承藉乎上物固有然者矣况我於君子乎惟君子而來也王章求焉庶乎晋接之願矣斯我心之慰也夙懷寫矣豈復睽違之恨乎然我何以爲情也蓋君子非常常而見也凡今之周旋乎殿陛者皆我所寤寐於江湖者也豈但已哉乃金石陳而歌咢作焉尊壺列而獻酬行焉相與以繾綣也且和氣溢而色笑形焉樂意充而詞説盡焉相與以綢繆也如是而君子有譽處矣何也燕行乎賓主者也笑語洽乎家人者也今也以人臣得之吾見寵光被於一旦而萬方之觀聽以新藩宣焉昭德也屏翰焉昭功也不爲有譽矣乎知眷結於九重而一國之榮懷以久優游焉守貴也泮奂焉守富也不爲有處矣乎蓋如是則君子之休美無窮而我亦庶乎懿好之盡矣豈徒燕哉吁王之慈惠至矣抑周之諸侯類多忠信慈惠謹侯度師保萬民有以爲譽處地者是故天子嘉樂焉不然不幾於昵乎若令德之爽兄弟之宜是又不以私惠爲德而進人於善者蓋祝頌而儆戒之也馭臣之體備矣於乎此上下交德業成而爲泰也與

春秋

三月公及邾儀父盟于蔑（隱公元年）春公會戎于潜（隱公二年）冬十月齊師滅譚譚子奔莒（莊公十年）春王正月丙午衛侯毁滅邢（僖公二十有五年）

馮仁

同考試官教諭雷批（分别内外親疏之旨明悉其邃於經學者乎）

考試官教諭蕭批（組織傳意成文得旨）

考試官教授潘批（得謹嚴體不類衆作）

春秋有因信好而异詞以明王道者有因覆小而异詞以示王法者夫夷夏各安其所王者所以防天下而君子篤于親則人道立矣此内外親疏之間春秋所以致意也或曰天子與天地參者也魯隱之盟邾于蔑會戎于潜也敦好同也春秋於儀父書字而戎獨舉號覆載之内曷爲以夷夏分内外邪君子曰并育者王德之體也内外之防否泰分焉先王設五服之制所以辨族類而明王道也魯之盟邾雖法所深禁猶曰同類戎并生于天地而實類于禽獸矧東郊密邇攘斥是宜而奚以會爲隱不能修文繩武以迪猷昭烈而禮求于野

比之匪人邦交聯夷虜之陋屈體長猾夏之階大防一潰世道罔賴苟以并育之故而同于待邾之禮則否甚而忘泰矣春秋傾否致泰以衛世道者也是故儀父書字而戎獨舉號蓋嚴外夷之旨以明王道之用也或曰聖人與天地合德者也齊桓之滅譚衛文之滅邢也覆國同也春秋於齊不名而衛燬獨名仁愛之中曷爲以親疏爲差等邪君子曰一本者生物之理也親疏之秩仁義分焉先王制五服之節所以辨世類而示王法也齊之滅譚雖法所必誅猶曰异姓邢非周公之胤邢滅非文之昭邪矧菟圃連兵干戈宜省而何以滅之燬不能反躬修睦以敦本蕃周而恣其悖心遷怒已甚禮至仕而禍機成國子戮而宗姓滅天理既絶人道遂隳苟以一本之故而同于滅譚之罰則兼愛而失義矣春秋由仁義行以立人道者也是故於齊不名而衛燬獨名蓋重覆親之罪以示王法之正也是則明王道之用則夷夏安而王德之體亦全矣知王法之正則親疏序而仁愛之施亦博矣體用兼該仁義不悖此春秋所以爲天子之事乎雖然隱公之立實攝焉故于邾于宋于戎而求好會盟未已吾固不敢以膺懲之義望之也及觀木瓜之賦衛文感桓公忘亡之賜而從宋襄之伐忍于背桓何有于邢邪報者天下之利也略于報德而刻於報怨其何以勸秉心塞淵易乎初矣是故治外者先治内而君子之宅心也于其厚無于其薄

夏公會齊侯于夾谷（定公十年）

何鴻

同考試官教諭雷批（惇禮明信聖人化强之績此作模寫明切宜録以式）

考試官教諭蕭批（詞嚴義正可法）

考試官教授潘批（發明傳意殆盡録之）

聖人相君出會而化可見矣夫至誠能化亦人心同然之理而勢有弗與焉者夾谷之會孔子所以化齊也兹會也孔子相定公晏子相景公再侵之怨雖平而齊之君臣未嘗一日不欲得志於魯也犂彌劫魯之謀既有以動景公輕逞之心而左右司馬之勢未足以當萊人鼓譟之釁魯于是乎危矣然天下安危之幾有弗與于勢者聖人以理爲勇而不恃力以爲武有見於理之順逆而無見於勢之强弱是故歷階而升動容中禮孚號有衆不怒而威以謀夏亂華于盟逼好者爲不祥爲愆怒爲失禮而夷夏之防嚴神人之訓明矣獨立不懼諭之于道以齊之心奪齊之氣也合好以盟罷享而退以古之禮律今之人也彼齊則亦有同然者故其君愧悟而責臣以古人之道其臣逢善而道君以謝過之質離心離德者相好而不相猶干戈俶擾之際遂成揖讓之風以力以

詐者革面而且革心一言折衝之間爰收俄頃之化人見齊之暴也而不知理之在人可以感而通齊自是失其衆失其强矣人見魯之危也而不知人心之理可以順而服魯自是不有齊之衆齊之强矣聖人固未嘗曰吾恃此理以遏犂兵屈齊之勢而寢其謀顧其盛德之至有以感其同然之心而直詞正理又有以奪其横暴之氣至誠則動動則變變則化齊固不能自已其順德之忱而魯亦不知其所以感乎之速矣非聖人而能若是乎是故可以觀聖人之神化矣可以觀人心同然之理矣嗟夫文武一怒而安天下孔子一怒而革齊皆天下之大勇也自古可恃者理不可恃者勢維時犂兵鼓譟雖敬仲子犯肈而出亦窮已不大聲以色而順之帝則齊且章章歸我侵强王道大哉景公君臣謂鄰國有聖人而咨度詆議乃以女樂沮魯君之用夫子不能專且久雖有桓子遺言之悔竟亦無及使天下未見聖人之大順大化與天地同流然萬世功德教化亦無窮矣

禮記

善教者使人繼其志

羅鴻

考試官教諭蕭批（繼志處最難説此篇發揮詳盡當是作手録之）

考試官教授潘批（詞意純雅亦善學而得其志者乎）

善爲師者必使人有默契之妙焉夫授受之道以契爲神也然非爲師者之善教焉則何以致是哉且夫學之有師所以傳道授業也師之有教所以長善救失也然瀆之以言則感之也已淺庸之以力則治之也過詳善教者知循序而進固下學之事而啓之以妙悟則在吾有以握其機知隨問而答固設科之常而因之以微言則在彼得以極其趣進而顧其安使而由其誠惓惓焉以成物爲己任也施之也無悖求之也無拂循循然以誘人爲己事也故能使爲弟子者承夫詔迪之餘而意義之深長能繹思而自得黜夫口耳之贅而精神之體會直吻合而不殊吾雖引而不發而躍如之妙已迎則觸處而洞達應感以心足以得助我之益也吾惟時之以化而沛然之機已達則應速而無疑相授以道足以爲得人之慶也不然則爲弟子者得吾之言而不得吾之意格焉而莫之通矣猶歌者之教人盡吾之辭而不盡吾之變倡焉而莫之和矣曾是以爲善教者乎吁教立則善類益衆志繼則吾道不孤不責吾之不善教而責學者之不善學亦不足以爲人師矣抑古之善教者莫逾於孔子孔子之徒三千進而請問莫不退而有所得也速肖之徒皆繼志之具而顔子之四勿曾子之一貫則繼志之大者非聖人而能若是乎雖然學者亦不可以不自力也

是故使人繼志者謂之善教能繼師之志者謂之善學

禮義立則貴賤等矣樂文同則上下和矣好惡著則賢不肖別矣刑禁暴爵舉賢則政均矣

張子翼

考試官教諭蕭批（禮之義樂之文類皆忽之條暢明悉毋逾此篇）

考試官教授潘批（講好惡刑爵爲禮樂之輔渾融有味）

論治人之道禮樂相資刑政爲輔也夫禮樂有偏勝之弊則救弊之術不可緩也然術豈多乎哉亦不過禮樂刑政之具而已樂記言此以爲道本無弊而用之者弊之聖人固不得不爲之所也是故人情之所以流與離以禮樂之偏勝也樂勝而流者資禮以飾其貌而中正以爲質莊敬以爲制則禮之義立矣由是禮教達而名分不渝治典修而官爵自序孰有紊貴賤以蕩而無節者乎禮勝而離者資樂以合其情而審一以定和比物以飾節則樂之文同矣由是和敬和順而顯比之道行不僭不逼而一體之恩著孰有睽上下以遠而不交者乎是禮資於樂樂資於禮所以約之於中也然教化或尼則刑政當修矣是故禮樂之所以過不及正以刑政之未舉也於吾禮樂之教有能否則示之以好惡能者吾好之否者吾惡之使曉然知所趨也則賢者克知而益得以自勉不肖者莫掩而不得以自容旌別具而勸懲之道著矣於吾禮樂之教有從違則用之以刑爵違者吾刑之從者吾爵之使凛然不可越也則刑不及善人而民咸服爵罔及惡德而民作愿賞罰明而董戒之道得矣是政以行之刑以防之所以齊之於一也吁先王救弊之術如此所以卒歸無弊而禮樂之用不窮也歟大抵禮樂之説管乎人情矣先王豈待人情之弊而後救之言此以見禮樂交相爲用之妙以著并行不悖之實也然政刑亦先王所不廢特不以先於禮樂耳孔子不以政刑先德禮亦此意也讀者不可不知

第二場

論

君子無所不用其極

謝頤

同考試官教諭陳批（題本平易而含蓄貫通渾成精密此作體認發揮兼得之矣高薦何忝）

同考試官教諭吴批（詞氣雄偉格力高古抑揚開闔俱有法度其邃於文者乎）

考試官教諭蕭批（道德近易宏深正欲觀學者用心之極子能檃栝而要之以敬具見學識）

考試官教授潘批（大學立極千古此作發之而末言嚮往鑿鑿皆實地録之不獨以文云爾）

君子之學所以大成者無他焉體用之一也内外之合也顯微之無間也何也道一也言乎已則曰明德而新民之體以立言乎人則曰新民而明德之用以行其理皆至善也而通極于天是之謂體用之一也學有内外理無内外君子者要之明德而未始有内也理純吾内利用吾外也要之新民而未始有外也理純吾外致養吾内也是之謂内外之合也内外合矣而理貫乎心則無顯無微是内也外也顯微皆不可有間也是之謂學之大成而無所不用其極矣何也至善也者心之極也知至善而止之學之極也彼世之自私而忘情於民物者貿貿於人己之學惟近小者之狃而安也是故明德非以新民新民非以明德明德新民矣而弗至善之止皆非一體用而合内外者也然使一而合也不從事於吾心之敬又何以顯微無間也是故敬也者聖學成始而成終者也君子之學如弗大成也則已矣君子而大成焉又豈可以偏曲而致也哉故曰君子無所不用其極大成之學也今夫極之義弘矣吾無取於象焉而觀乎其理是故觀易明天極於乾矣觀簡明地極於坤矣觀至德明人極於心矣而至德又易簡之配也道是以爲大也夫惟大也則此學與此心會焉此心與此理會焉明德新民而皆止至善則心也理也立極於我矣是豈可以易易言哉蓋一體用合内外通貫顯微而後可以語此學也且何謂明德之極也至虚也而至靈也至寂也應天下之至感也至無也受天下之至有也天未始不爲人人未始不爲天也一而萬萬統而一也而物也知也意也心也身也莫不由乎本然而格之致之誠之正之修之善有一毫弗至弗止也是明德之極也而新民者豫乎其内矣又何謂新民之極也至公也而至順也由之皆得也體之各足也靡者以之起淆者以之一涣者以之萃也至動寔天下之至静至化寔天下之至神而家也國也天下也莫不由乎本然而齊之治之平之善有一毫弗至弗止也是新民之極也而明德者利乎其外矣是何也學之體用本無不一也内外本無不合也其不一不合者人也所謂自私而忘情於民物者也而吾之學不如是也使吾之學如是則窒乎内不能虚而靈矣滯乎外不能公而順矣其能免於虧缺滲漏而無累乎本然也哉嗚乎此君子必無所不用其極也

然則明德之用極也如之何曰敬以明之也夫心者性之郛廓也而聲色臭味皆動於性之欲而客氣又乘之於此乎弗敬也則陽明少而陰濁勝德性昧而物欲行塞乎空洞瑩徹者矣必也持之主一無適焉居之整齊嚴肅焉懋昭以式趨焉緝熙以引緒焉宥密以宏蓄焉不略於精微焉不蔽於廣大焉自欺自慊之戒且求焉十目十手之視且指焉好樂忿懥憂患恐懼之必察焉親愛賤惡畏敬哀矜傲惰之無僻焉而孰非敬之防閑翼衛以極之也蓋倡猷而錫極者也是以爲新民地也新民之用極也如之何曰敬以新之也夫民胞物與天責乎我者也而理一分殊親疏賢不肖固倍蓰而千萬也而弗敬焉則情所在而溺肆殊焉勢所在而輕重判焉舍厚而敦薄焉舉近而遺遠焉而鹵莽滅裂者作矣必也嚴恭寅畏以臨也必也齊莊中正以觀也必也以離照以咸感以同人而亨也不以疏間親也不以賤妨貴恩掩義也孝弟慈以成教也上下四旁以絜矩也好惡必協也藏身必恕也進忠信而飭驕泰也内本外末以經賦也彦聖娼嫉以辨官也而孰非敬之周流運用以極之也蓋刑于而作孚者也又自新之成也蓋至是不惟極之用而極且建於君子矣然而君子未已也蓋極矣猶懼乎遷也故必曰不及焉必曰未見焉不以德爲已明也必曰猶病焉必曰如傷焉不以民爲已新也推而參天地也贊化育也而其心兢兢焉業業焉果而確焉猶一日也是故自十五而百年此學也自一身而子孫臣庶此學也自没世而千萬世此學也是故自效驗而觀之明德而曰克曰峻曰顧諟新民而曰日新曰振新所開來何如也明德而聞武之克也聞堯之峻也聞顧諟於太甲也新民而聞銘於殷誥若詩於周也所繼往何如也德明而命以明則神明與居民新而天命以新則造化與游所立心於天地何如也彪炳以盛德威儀則爲精華爲馨香浸漬以親賢樂利則爲鴻恩爲大化所立命於生民何如也蓋至是一人之德之民天下萬世之德之民莫不明且新於君子矣而君子猶用極而已耳非有所加也故曰君子之學一體用合内外貫顯微而爲大成也是學也二三帝王所已試者也孔子不得君師之位故以詔萬世使萬世知爲已試而弗疑也而曾氏子發乎其藴是二三帝王建一世之極者也孔子以萬世建極者也然則學者又何以詣極也曰審幾也定志而養氣也必慎獨而德可明也必以義爲利而民可新也亶乎其學問自修也裕乎其定静安慮也優游猒飫融之以漸也勿助勿忘需之以化也而始終以一敬則幾於極矣蓋心一也理一也學一也嗚乎此學之爲大也

表

擬宋曹彬平江南群臣賀表（開寶八年）

嚴文輔

同考試官學正吕批（場中作表者類冗長剽襲殊爲可厭此作體裁雅重辭章藻繢不爲雕琢牽綴而意味深長寓忠愛於讚頌之表非特工爲四六而已佳士佳士）

考試官教諭蕭批（事核而辭麗録之）

考試官教授潘批（頌叙有法足爲四六式）

開寶八年十二月某日臣某等上言十一月乙未西南路行營都部署曹彬克昇州江南平者廟謨宏遠輿圖撫一統以宅中皇路清夷方國用四征而底定武略遂收於閫外捷書馳奏於日邊歡動在廷慶均率土臣某等誠歡誠忭稽首頓首竊惟李昪襲楊吴之業遂啓南唐景通擅山海之饒頗窺中土自世宗蹙其北境始畫江爲自守之謀及我朝事於南淮乃遷國效圖存之計邇當子煜之嗣立外修臣節以稱藩奉表貢琛貶卑彌激聚兵峻壘包蓄漸章惟聖德無所不容爰修文告彼庸人迷而弗悟罔效駿奔勞赫怒以徂征用壯猶而問罪推轂而將心自厲鑿門而士氣益增取道上游共集堂堂之陣誓師横海期成善善之功虎旅飈飛萬騎從天而下龍船雲護千艘不日而成駕彼靈鼉信憑虚而飛渡緩兹餓鶻仍寬挺而招携徒勤一介之來未悉四封而至及師環於户外始面縛於軍前籍丁税而入版圖拯泥塗以奠袵席未冒蔡城之雪遄開楚國之氛幕府風清秦淮月白兹蓋伏遇應圖受曆濟世安民寬裕温柔蕩配天之大德剛健中正握宰物之玄機謂王者稱域中之至尊化靡遺於六合而聖人以天下而爲度治可分乎一家用是廓帝紘而恢王綱次第削四方之僭割荷天衢而提地理指麾息五代之紛争首定西川孟昶貽羞於寶器繼平南粤劉鋹呈技於珠鞍軫念江南本同赤縣承塵輦下敢效彤軒方期四海之會同豈許一江之限隔恩每徠其歸順義曲示乎包荒詎謂不悛果成自掇師徒用命陋京觀於鯨鯢川岳效靈震神威於草木方且憐其正朔之會稟露布勿宣憫彼鋒刀之横罹天顔爲動好生協德風衍遐圻大統書元化均殊裔設此座而待行見獻俘近卧榻而鼾孰敢越志□晋代奏燒炬之績得之惟艱隋人成窺并之功掩其不備事慚今日語不同年臣等幸睹鴻休欣逢景運仰靈明而作頌才謝揚雄欽允塞而陳詩功懷召穆伏願南歸吴越北定漢遼桂海冰天盡尊親於夷夏金縢玉策紀謨烈於登閎包干戈以虎皮千載慶文明之嘉暢叙彝倫於龜範萬方拱皇極而會歸臣某等無任瞻天仰聖欣躍屏營之至謹奉表稱賀以聞

第三場

策

第一問

謝頤

同考試官教諭陳批（我高皇帝暨我皇上心法治功所匹休帝王垂憲後聖皆得乎大學者子能揄揚之其涵濡有得者乎）

同考試官教諭吴批（條答詳盡末復以臣鄰交儆爲言可以占子他日試用矣）

考試官教諭蕭批（聖學精微不啻言語文字間也子獨觀其大者可以占嚮用矣）

考試官教授潘批（善鋪張揚厲取之）

大哉帝王之學乎其握樞而總要者其千聖之真傳乎其廣業而崇功者其百王之大法乎是故其事則人己交修也其功則身心兼體也其始也師資啓沃至精而至一則内聖之德於是乎立其終也匡翊贊襄至純而至備則外王之業於是乎成作乎千萬世之下繼乎千萬世之上所當啓佑憲章而不容已者此我皇祖典學之法皇上家學之承立極而繼天君治而師教皆與帝王同其盛矣請得而敬陳之今夫大學者孔氏之書也非孔氏之書也二帝三王之書也行二帝三王之道致二帝三王之治信不可不講也然而春秋未試也秦漢無聞也豈其書不足徵且信哉春秋秦漢之君固未志乎二帝三王之治也韓愈李翺之徒尊信於原道復性之篇而不及於政非樂乎其學樂乎其文也程朱大儒之出發明於學問思辨之功而未究其施蓋阨乎其時非阨乎其志也真德秀氏者作爲衍義羽翼聖經既能韓愈李翺之未能又備程朱大儒之未備自今觀之以綱則二以目則四首之以典謨訓誥與思齊之詩家人之卦子思孟子荀況董仲舒楊雄周敦頤之説則帝王治之序也次之以堯舜禹湯文武商高宗周成王漢唐以下數君之賢則帝王學之本也所謂綱也明道術辨人材審治體察民情格物致知其要矣崇敬畏戒逸欲誠意正心其要矣謹言行正威儀修身其要矣重配匹嚴内治定國本教戚屬齊家其要矣所謂目也蓋古今之精英治亂之龜鑒也是故一陳於理宗端平之朝再見於吴澄進講之日然悦而不繹聽而不行則誠有如我皇上所諭者彼烏足以語帝王之盛也哉蓋聖學之顯晦氣數之盛衰固皆有待而非偶然也洪惟我聖祖高皇帝投戈講藝覃精帝王之學嘉宋濂之請令左右大書揭之廡壁以代丹青是心也即殷湯銘盤之儆武王几豆之箴也一日御西廡令濂條析衍義中司

馬遷之論濂曰人主能以義理養性則非僻不能侵興學校教民則外侮無從作聖祖因謂濂曰朕之爲君上畏天地下畏兆民兢兢業業不敢自逸又嘗觀衍義中晁錯之語德秀解之曰人君不窮兵黷武則能生之而不傷聖祖顧謂侍臣曰晁錯之言其所該者廣真氏之言其所見者切朕常思爲君恤民所重者兵與刑爾濫刑者陷人于無辜黷兵者驅人于死地有國者所當深戒也由前則心正身修之力而敬畏尤慎獨審幾之發誠意之實功也由後則物格知致之端而兵刑尤畏天畏民之要治平之絜矩也大哉皇言其得與觀劘體驗之深者乎嗣是我昭皇喜楊士奇之言而以監戒目之既善繼而善述純皇定經筵之例而命儒臣讀之尤日就而月將即文武作之於上孔曾承之於下徽猷莫之尚矣我皇上上嘉下樂鋭意帝王之治乃資益是書又取先朝之制而損益之月有常期章有定限是心也即大禹寸陰之惜高宗時敏之修也伏睹聖諭有曰是書綱舉目張治亂興亡罔不該括朕勉循是言爲修己治人之則豈不大有裨哉又曰匪徒知之實欲行之尚賴卿等竭誠協恭輔導朕躬則衍義之功不在真氏而在卿等矣聽講之餘充然有得因賦詩一章曰帝王所圖治務學當爲先下作民之主上乃承乎天致治貴有本本端化自平人君所學者其序有後前正心誠其意志定必不遷吾志既能定理道豈復顛身修本心正家國治同然國治乃昭明萬邦斯協焉於變帝堯典思齊文王篇萬化修身始朕念方拳拳既又親灑宸翰以賜輔臣命賡和之而其詞有曰無欲德乃明主静志不遷一理散萬殊察見毫芒顛有曰聖學能敬止帝業可光前釋兹恒在念知止固無遷有曰孔論述蕩蕩箕疇贊平平致此術非遠大道存目前有曰大學示綱目燦然羅目前功至德自固外物詎能遷有曰乾乾自不息安安而能遷升堂入其室登山陟其顛君倡臣和彙爲一帙而翊學詩名焉大哉皇言又有得於學問自修者乎由是二紀以來遵道者丕變睹聖者奕新而大顛微言揭如星日則顧諟緝熙之顯德薄海内外禮備樂和刑清政舉而鴻恩濊澤同乎天地則親賢樂利之成功堯舜都俞於當時三王熙皥於前古美業無以加矣而執事尤有厚望焉又以聖子神孫所當祗詭遹紹聞者爲問此詢蕘采菲之過也海隅末學何足以知之雖然我皇祖之表章至矣繼我皇上之規式詳矣他日閣幃之獻納宫職之論思必有贊睿知於方來守成憲以萬世而程朱之發明真氏之衍義信乎其爲遇矣然真氏又謂君臣者皆不可不知大學蓋君以清出治之源臣以盡正君之法也此又在中外之臣洗濯精明共承休德協恭篤棐寅亮天工於以仰體兢業之衷於以祗佩本端之訓如是則上下一於至善功化極於新民與帝王并休與天地同久庶乎聖學萬一之助也

詩不云乎世德作求永言配命成王之孚下土之式愚請誦此以爲獻

第二問

嚴文輔

同考試官學正吕批（五經异同處場中作者率多摭綴浮泛獨此篇能總群言而折中之詞義明備卓有定見讀之斂衽尊經之學子蓋用心者）

考試官教諭蕭批（詞氣充暢剖析精明足破千古不決之疑宜刻以傳）

考試官教授潘批（條答詳明博洽之士也）

學者有讀經之要有尊經之實夫分章析句非所以讀經也黨同伐异非所以尊經也讀經者貴舉其要尊經者貴致其實夫讀經者莫不有疑焉裁之以吾之心是故其要可得而舉也亦莫不有得焉體之以吾之身是故其實可得而致也請因執事之問之所及而質之易之分上下經也先儒韓康伯孔潁達程伊川頤朱晦菴熹吴草廬澄皆嘗求之矣而未有以得其至當之歸者元泰定間泰和有蕭漢中者爲易學考原之書以發之其説以乾坤坎離爲上經之主震巽艮兑爲下經之主乾坤坎離本體之卦居於上經其體之分出於上經者用於内也分出於下經者用於外也震巽艮兑本體之卦居於下經其體之分出於下經者用於内也分出於上經者用於外也用於内爲主用於外爲客嘗考其卦體之所以分又考其卦體之所以合則知上下經一體不可多不可少而兩經中一卦不可先不可後矣是其説雖若有异於儒先者然邵康節雍嘗曰乾坤坎離上篇之用兑艮震巽下篇之用則蕭氏亦因而推極之耳非無稽也况分合序次燦然有章豈得以异於程朱而否之耶先正朱升氏稱其爲古今之絶學蓋亦非虚譽矣書之有今古文也其在於伏生之所授晁錯之所受者爲今文其在於孔壁之所藏安國之所序梅賾之所上者爲古文今文多艱深古文反平易此世之所疑也朱子曰小序决非孔門之舊安國序亦非西漢文章是疑其序矣吴氏曰伏氏書辭義古奥其爲古書無疑梅賾所增雖無一字無所本而平緩卑弱不類先漢以前之文是并疑其書矣愚嘗論之錯之受書也所不知者十二三略以意屬讀而已則今文固不能無訛孔壁書出而不能有所是正其能免於儒先之疑乎然以爲張霸僞爲則舜典汨作九共等二十四篇當時已覺其僞矣以爲梅賾擬作則網羅逸書從容理道賾何人也而能之乎人心惟危十六字者萬世道學之源德無常師十六字者千聖心法之要賾何人也而知之乎意者科斗隸古文或不能相通斷簡殘編言未免於附會謂之皆孔壁之舊固未敢謂之非孔壁之物亦豈敢乎要之不詭聖言有裨吾道固不害其爲經也詩之有大小序自毛學傳而説詩者宗之至朱子

詩傳始盡去其序而經是求東萊吕氏讀詩記則宗毛氏以立訓考注疏以纂言若大相异者愚嘗稽之朱子之去之非以爲廢疾也其可者固存之傳矣吕氏之宗之非以爲墨守也其義則兼取之諸家矣朱之傳嘗吕之用吕之記亦朱之存亦何大相异耶然觀程子曰學詩而不求序猶欲入室而不由户也而朱子之序讀詩記謂其足以息夫同异之争而存夫謙讓之意真有得於温柔敦厚之教則序固不可廢而宗毛學者之未必爲非也春王正月春秋開卷第一義也安國胡氏則謂夫子以夏時冠周月以爲見諸行事之驗也而程子亦言之愚嘗考之矣左氏曰春王周正月公羊氏曰王者孰謂謂文王也則固以爲周正矣杜預作長曆僧一行推步日食亦皆以爲春秋用周正惟穀梁氏則又以爲用夏正也夫春秋而以爲夏正則周之所謂建天統一王制者何也春秋而以爲夏時冠周月則夫子之作春秋正僭王之罪而自改周之正朔可乎是二説者之不能無議也故即以春秋而考之書秋大無麥苗是周之秋也若夏之秋則不復有麥苗矣書冬十月隕霜殺菽是周十月也若夏十月則隕霜不必書矣書冬十月雨雪書正月無冰亦猶是也而又何疑乎或曰然則時可改乎曰奚而不可也陽生於子而極於巳子陽生而春始巳陽極而夏終陰生於午而極於亥午陰生而秋始亥陰極而冬終奚而不可也故周時周月之説蓋可據也而敢故异於傳春秋者哉冬官之缺久矣而吴澄氏三禮考注執周官司空掌邦土居四民時地利之義以爲冬官特散見於五官之中而未之亡也故大司空則取之大司徒小司空則取之小司徒職方氏之類則取之夏官司民之類則取之秋官以足之然後六官皆備儀禮之逸多矣而考注取諸二戴以補之公符明堂諸侯遷廟諸侯釁廟則取諸大戴者也奔喪投壺則取諸小戴者也愚嘗論之矣冬官不亡之説非獨考注爲然也宋人俞庭椿王次點元人丘葵俱言之矣然觀穆王命君牙爲司徒而有祁寒暑雨小民怨咨之語今舉而歸之司空則司徒豈專教而不及養者耶是亦未爲確也逸經之補則有可議者王居明堂有朱草日生之云此緯説也而可以補經乎公符篇有漢昭帝祝辭此贅言也而可以補經乎是亦未爲當也又嘗考之吴澄三禮叙録矣曰冬官雖缺今仍存其目而考工記别爲一卷附之是吴澄未嘗補冬官也曰澄所纂八篇其二取之小戴其三取之大戴其三取之鄭注是吴澄未嘗以公符遷廟釁廟補儀禮也故楊文貞士奇謂吴澄之書爲郡人晏璧掩爲己作而增損之此書蓋已亂於璧則所謂成朱子之意而不但爲戴氏之忠臣者豈可據以爲定論耶雖然此特讀經者之一事也若其全經之義則豈可以章句之末盡之吉凶消長之理不可以莫之察也危微精一之訓不可以莫之事也

性情禮義之正不可以莫之養也王霸義利之辨不可以莫之究也中正和樂之懿不可以莫之敦也執事固以尊經之實而望諸生矣愚則以爲必心得乎此而體驗之以身而後可以爲尊經之實也不然則分章析句出口入耳者之所以弊學黨同伐异粗心浮氣者之所以病道是焉得爲尊經乎膚陋之談不足以酬明問幸進而教之

第三問

郭敬賢

同考試官教諭黄批（曆象之法學者不可知通場究心者寡子能考經據史以對而旁搜遠輯溢出問目之外他日訪求星曆之士更定其法子豈其人耶）

考試官教諭蕭批（天文器數條對無遺且獨詳於歲差之説子其兼知曆理者乎）

考試官教授潘批（曆數方今重務取兹匪徒文而已）

聖人之協天也以至用者尚其時以觀變者尚其象以正時者尚其法以考象者尚其占法以正時故用可致而功可稽也占以考象故變可觀而德可正也故曰聖人作則以天地爲本以陰陽爲端以四時爲柄以日星爲紀先天而天弗違後天而奉天時此聖人所以位天地育萬物蓋王道之大端而至治之首務也昔者天錫禹以洪範九疇也曰協用五紀一曰歲二曰月三曰日四曰星辰五曰曆數而唐仲友曰聖人協五紀有三義焉步其數以授時觀其文以察變法其序以分職三者備則協用五紀之道盡矣堯之曆象授時而周官馮相實掌之舜之璣衡察變而周官保章實掌之易曰觀乎天文以察時變又曰君子以治曆明時易之旨洪範之義也蓋嘗聞聖人之造曆數也察紀律之行觀運機之動原星辰之迭中寤晷景之長短於是營儀以準之立表以測之漏下以考之布筭以追之然後元首齊乎上中朔正乎下寒暑順序四時不忒故曰曆數者先王以憲生殺之期而詔作事之節也非天下之至精其孰能與於此愚嘗仰觀天文歲月日辰星之异位也日月星辰之异變也星土九州之异辨也十有二歲之相五雲之物十有二風之异名也斯數者所以步數授時而觀文察變者也是故以歲月日辰星言之自攝提格以至赤奮若自建寅以至建丑自玄枵以至星紀自甲乙以至壬癸自角亢以至室壁皆其位也以日月星辰言之日月五星行乎十二辰之次緯天右轉而日有薄蝕暈珥月有盈虧朓朒星有赢缩圜角皆其變也其分星其星土則玄枵爲齊爲青星紀爲越爲揚實沈爲晋爲并大火爲宋爲豫娵訾爲衛爲冀鶉尾爲楚

爲荆析木爲燕爲幽以至周之鶉火秦之鶉首趙之大梁魯之降婁兹非星土之辨乎如歲星在木則火爲相在金則水爲相而雲物所占曰青爲虫赤爲兵荒白爲喪黄爲豐年黑爲水言乎律言乎風則艮爲條從大吕太簇震爲明庶從夾鐘巽爲清明從姑洗仲吕離爲景從蕤賓坤爲凉從林鐘夷則兑爲閶闔從南吕乾爲不周從無射應鐘坎爲廣莫從黄鐘兹非十二歲之相五雲之物十二風之别乎古者聖人則之伏羲畫八卦以象二十四氣炎帝分八節以紀農功黄帝考定星曆建立五行五官各司其序不相亂也少昊氏以鳥名官而鳳鳥氏實爲曆正顓帝命重黎司天地以屬神民建孟春以爲元是爲曆宗堯命羲和欽若昊天曆象日月星辰敬授人時舜禹受之循而弗失也夏德之衰而羲和淫湎廢時亂日矣湯武革命始作曆明時敬順天數至周乃立馮相氏辨其叙事以會天位而保章氏則志其變動以觀天時之遷以此五物者以詔救政訪序事夫辨叙事志變動則協時撫辰而天人相因者于是乎在矣詔救政訪序事則思咎飭身而君臣交修者于是乎在矣故漢志曰祐術開業淳耀天光重黎其上也典曆象以授民事立閏法以成歲功羲和其隆也取象金火革命創制治曆明時應天順物湯武其盛也及王德衰曆紀壞禨祥廢秦漢以來古曆不傳所存者自黄帝至魯凡七家其用於漢初蓋顓帝曆耳然度數之失服色之乖議者非之于是武帝招五經之儒徵術數之士更用鄧平所治元起太初自是以後言曆象者曰周髀曰宣夜曰蓋天曰渾天宣夜之説謂宣明也夜幽也幽明之數其術兼之然蔡邕以爲絶爲師説不知其狀矣周髀之説其本包羲氏立周天曆度其所傳則周公受之於商其言以天似蓋笠地法覆盆天地各中高外下北極之下爲天地之中然而蔡邕以爲考驗天象多所違失矣周髀即蓋天之説也而惟渾天近得其情立八尺圓體之度而具天地之形以正黄道以察發斂以行日月以步五緯蓋洛下閎始經營之鮮于妄人耿壽昌繼之至于六合三臣四游并列爲三重者唐李淳風所作而黄道儀者僧一行所增也始張衡别爲渾象置輪密室以漏水轉之以合璿璣所加星度則渾象本别爲一器唐李淳風梁令瓚祖之而熙寧沈括之儀則詳密更出於淳風令瓚之表蓋自靖康之亂而儀象之器盡歸於金矣元郭守敬創爲簡儀仰儀及諸儀表其説謂昔人以管窺天宿度餘分約爲太半少未得其的乃用二線推測於餘分纖微皆有可考而又當時四海測景之所凡二十有七東極高麗西極滇池南逾朱崖北盡鐵勒至今用之夫自堯曆象之後而有舜之璣衡所謂璣衡蓋堯之象也自舜璣衡之後而有漢之渾天儀象所謂儀象蓋舜之璣衡也歷代相承未嘗有改而改之自守敬始豈天豫生智巧創爲一代觀天

之器以待聖祖曆數之傳而啓中國文明之治耶以曆言之漢有泰初有三統有四分有乾象而由魏以至隋則黄初景初泰始乾度七曜元嘉皇極之异名唐有戊寅有麟德有景龍有大衍有至德有五紀有正元有觀象有宣明有崇元而自晋以至宋則調元欽天應天乾元崇天明天觀天紀元統元乾道淳熙會元統天之异變然西漢莫善於泰初而唐莫善於大衍泰初本於鐘律蓋黄鐘容一龠長九寸九九八十一則爲八十一分故唐志曰漢造曆以八十一分爲統母其數起於黄鐘之龠是其法一本於律而終漢之曆爲最詳矣一行之曆本於大衍其曆本議曰天數五地數五五位相得而各有合所以成變化往來屈伸也故其數以四十九分爲筭而所主在五位相得而各有合之一言是其法一本於易而終唐之曆爲最密矣然而不止是也東漢四分魏隋皇極而五代欽天皆莫善也泰初以八十一分爲日法四分則蔀月九百四十皇極則一千二百四十二大衍則二千四十欽天則七千二百其多寡有如此者泰初以三百八十五爲斗分四分則用章法十九皇極則萬二千一十有六大衍又以七百七十九爲虚分欽天則一千八百八十四其增損有如此者自宋迄元郭守敬改治新曆與南北日官參考累代曆法復測候日月星辰消息運行之象酌取中數以爲曆本而名曰授時其説曰上能求合於數百載之前則下可以行之永久古稱善治曆者數家今以其曆與至元庚辰冬至氣應相較未有不舛戾者而以新曆上推往古無不吻合故丘濬濬氏謂曆法至守敬可謂度越千古泰初大衍莫過焉我朝制曆雖以大統爲名而積分猶授時之數蓋祖其術而不滯師其意而不泥此聖祖因革損益之大端也豈曰一代之興必有一代之曆而聖人創制改物必更爲術數以新天下之耳目耶雖然一定者曆象之法也不齊者天地之運也夫天地之數妙不可測者常在於杪忽毫厘之際而其象與氣相爲推移贏缩亦有時而不齊故雖聖智有不能窮其賾者積之歲月則曆之不能無差固也洛下閎謂八百年後當差一度當時史官考之則泰初已差五度而閎不之察至晋虞喜始立歲差法以五十年日退一度然失之太過矣宋何承天增之以百年退一度然失之不及矣隋劉焯取二家中數以七十五年退一度雖爲近而亦未密也故大衍推之得八十三年而差一度朱子謂大衍當時最爲精密只一二年後便差歐陽脩曰事在天下最易差者莫如曆而不可不修者亦莫如曆則考元定法隨時合天信今日不容已者矣自黄帝調曆起辛卯顓帝用乙卯虞用戊午夏用丙寅殷用甲寅周用丁巳魯用庚子秦用乙卯漢泰初用丁丑三統用庚戌四分用庚辰曆家之説立元雖不同而皆準度於甲子洪武中博士元統言授時法以至元辛巳爲曆元至

洪武甲子積一百四年以法推之大約七十年而差一度每歲差十分五十杪辛巳至今年遠漸差合乎修改夫元統上言之時歲在甲子矧今又歷二甲子餘矣年愈遠數愈多則差當益甚也然則如之何而可杜預曰治曆者當順天以求合非爲合以驗天蔡邕曰以籌筭爲本以天文爲驗筭之既精驗之皆合則在人之天審而在天之天定矣請於疇人之外詢訪委注必有能明曆理如楊子雲善立差法如邵堯夫者出焉苟得其人相與講明推測占驗布筭使歲月日時皆得其叙章蔀紀元不失其正則步數授時有以協先後之宜觀天察變有以知順逆之故由是民功可熙王道不悖而帝王所以參贊化育者于是乎得之矣愚也學不足以際天人識不足以通今古敬因明問而概陳之

第四問

張廷臣

同考試官教諭陳批（嶺南人物諸士鮮能言者而子抑揚進退尺度不差可以觀尚志之學）

同考試官教諭吴批（誦詩讀書以論其世若子者寧爲一鄉一國之士而已乎）

考試官教諭蕭批（答此問者匪自侈或妄肆譏評此卷不事誇詡不苟予奪可以觀衡度矣）

考試官教授潘批（許張崔四子固是評丘陳二子亦當）

君子觀人於鄉也其論不可以不備學者取友於古也其辨不可以不明何也論之不備則不足以侈其盛而人或病乎遺辨之不明則不足以正其志而人或病乎隘今夫人材之生不偶然也鍾靈而後發應期而後出凡夫懷瑾握瑜而抱一節以自見者皆地之産而邦之良也是烏得而遺之然而人品不同分量亦异苟其取人也恕而待己也廉曰某善是是亦足矣吾師是是亦足矣然弗究其大弗會其全則立志未高取法未廣而所成就者藐乎卑矣學者其可隘於一節而不達觀乎名德之極也執事發策以嶺南人材爲問蓋將啓之思齊觀之景行也愚也請復明問而終之以志可乎稽古嶺南僻在荒壤三代而下始通中國然而嶺嶠之蜿蜒溟海之涵育則其鬱積者宜舒而韞藏者必泄矣自漢以來風氣漸開文采日著考之傳志所載曰典禮無异中州日習尚淳樸曰士多願慤曰士篤於文行以故清修篤行之徒瓌偉不群之士凡以表山川而隸社稷者先後繼出載在史牒彪炳輝耿也在漢末有若董正志操高潔累徵不起晋南海太守嘗奏旌其門矣在元末有若陳杞窮極理學領薦不仕寇盜群起輒相戒勿犯其家矣於唐得張九齡焉識漁陽之將則曰必爲

後患諫仙客之封則曰恐辱縉紳至於上金鑒録以獻忠也著白羽扇賦以况志也其忠貞非後世所及矣於宋得馬持國焉胡銓稱其議論操履表裏渾如郭棣薦其宣力精敏持論公正至於著中興自治萬全策以定國是也集愚忠録以明時政也其偉才亦當時之所重矣莊宗出獵扣馬諫止明宗幸鄴伏閤固諍者何澤也真宗東封召獻賦頌灾异言事極詆時弊者許申也沉雅專静通經有文章能知先王之道其論説排群言宗孔子而爲韓愈所重者非趙德乎天性簡重多識古今臺閣品式通易學獻金華五箴修景祐廣樂記而爲仁宗所知者非馮元乎余靖以文學著稱遷右正言號爲四諫官而時論重之至屢言邊事三使契丹經制嶺海撫寧夷獠則才略誠可尚已林巽對策鯁切有司不敢收其後投匭論事而仁宗重之至不就儀曹南歸讀易著書八篇稱爲草範則貞介亦可嘉已謚清獻者崔與之也撫成都則威惠兼濟而兵民悦服其政績有如此者巡珠崖則停車裁决而海上澄清其風采有如此者居廣州則肩輿諭賊而叛兵羅拜其威望有如此者至於召爲禮部尚書除參知政事進右丞相皆不就此其清風勁節寧不足以興起百世耶謚忠簡者李昴英也身當汀卒之變計平摧鋒之寇其膽略有如此者畏天恤人之疏國本閹寺之奏其切直有如此者諭洞酋孝弟之化止鄉帥嗜殺之殃其惠澤有如此者雖其遷直寶謨閣進大宗正卿擢吏部侍郎竟不大用然其宏謨偉略寧不足以杰稱一代耶若夫論王安石新法而行實朴茂爲鄉里所重者則盧侗其人也從蘇軾學文而氣和言道爲潁濱所稱者則姜唐佐其人也是數君子其出處不同制行亦异至其發揮掀揭吾固未敢以崇卑優劣論也然約而言之則文章風度如張九齡才猷風節如崔與之者吾無間然矣其次則余靖氏之文章才略李昴英之文行忠勛固吾鄉之軌範也雖然未盡也陳元以經學振起一時昔人謂嶺表多賢自元倡之斯漢之儒宗也留正謹法度惜名器毫髮不可干以私斯宋之名相也若梁觀國黄執矩李春叟張奂之載在儒林區册廖冲孟賓于歐陽獻可之列於文苑疏源以下以卓行稱張九皋以下以宦績著此猶异代之才也我朝教化日隆文物益盛儒林如林光張詡文苑如孫蕡王佐卓行如李真祐唐豫宦績如陳謨吴讓雖僕未易數也其最者則丘文莊浚浚其大也陳獻章公甫其杰也斯元氣之會也已蓋即而論之浚浚之嘗著朱子學的編世史正綱補大學衍義輯家禮儀節其在位也以寬大啓上心以忠厚變士習政事一循典章之舊文章務革奇怪之體在太學則師道尊登□□則相業顯君子謂律己之嚴著述之富當時大臣無出其右者明問乃疑其不預名臣之列居理學之科議者謂相軋而隙也言者譁然遂指所爲悼亡等作而

訾之不知陶靖節之閑情賦亦不足爲靖節病而是非得失君子固有辨也邇有輯近代名臣言行録者固已指而白之則浚浚之遺論已定矣烏足爲病耶獻章家居作詩談道自樂閉門讀書輟夜不寢始求之博曰雜矣又求之静曰偏矣其訓人也曰去耳目支離之用全虚靈不測之神又曰不離日用之間而見鳶飛魚躍之妙君子謂主静之功自得之學近世諸儒無出其右者明問獨疑其出處不同受官不仕不知與弼以布衣膺聘而獻章卒業國學需選天曹况其章疏所陳有始終願仕之説此所以拜官而不辭卒之乞歸終養歲有徵辟皆謝病不行則雖曰願仕而未必仕也邇有輯理學名臣言行録者亦嘗表而論之則獻章之志可見矣烏足爲疑耶是二君子其出處亦殊制行亦异文章功業吾又何敢軒輊之然浚浚之功業在輔弼著述在天下莫不家傳而人習之則發揮理學之功多矣獻章不立功業不爲著述然鼓舞天下之士莫不嚮慕而景從之則講明理學之功多矣雖然數君子者尚矣未之能行也乃所願竊有進於是孟子曰以友天下之善士爲未足又尚論古之人是故學必以孔孟爲的仕必以伊吕爲準則取法高立志大趨向正模範端雖未必爲孔孟伊吕也庶幾守洙泗之遺矩竊鄒魯之耿光而莘野渭濱之風視之嶺海有間矣雖然竊有志焉而未逮也執事弗以爲嘐嘐而進教之幸甚

第五問

陳玉成

同考試官學正吕批（廣東民患惟山猺海寇爲甚子機要之説確乎有見必平日究心於時務者末復以治人治法爲言深諒子之惓惓矣）

考試官教諭蕭批（有議論有經制且俱妥帖可行吾將占子爲有用之才不獨以其文也）

考試官教授潘批（説經久簡要處讀之如指諸掌是可見之施爲者録之）

善撫夷者握其機而已矣善禦寇者執其要而已矣何謂機動之而不得不行驅之而不得不從是也何謂要事舉而不見其敝民利而不見其害是也機不得則終古無良圖不有以致之孰從而應之要不得則目前之近利雖欲以安之適所以擾之而已矣寧何補耶然此非强之以所不堪也植其紀不易其俗修其備不貽其害民夷之從之也易矣兵法曰因其勢而利導之機與要之謂也撫夷禦寇之略其在兹乎執事發策重以東粤積患爲念期與經晝以圖久安甚盛心也愚鄉人也聞見□矣私憂而過計之者亦久矣請敬陳之竊惟東粤古揚州外徼也自今言之土沃民阜穀饒賦薄視諸省謂非一樂土哉但嶺海限隔强域自分故漢之囂佗嘗有自爲一州之議佗據之即啓百年之

祚文帝方且置之度外撫以温言要惟視彼爲未易與故也自後徭獞諸種叛服不常每廑征討伺便則非時虜掠失利則深竄潜藏搜薙多方莫可蹤迹信乎鮮能大得志矣今聲教文明已無愧中土然形勢險阻固自猶昔是以黠酋遺孽竄伏崇巇每爲中郡之殃番盗巨魁出没溟渤時肆濱海之擾誠如所策執事欲爲經畫之計而參諸往古之猷就其所言亦皆切中當時之事但今古异勢事變异宜恐難例論取其善者而師其意焉可也韓千秋之見挫於吕嘉果如莊參之料然以二千人而遽欲得志良率易矣其取敗宜也博德輩之收功於南海足洗千秋之辱然以天下全力而從事一方甚勞瘁矣其取勝無可稱也此皆無關於勝敗之數者也永和間李固欲阻四州徵發之役故有專任牧守之議開陳反覆利害較然荆揚兖豫之徵并從報罷而祝良張喬卒以成功州郡之可任其效著矣但今郡縣事權之寄法非漢比直以責成烏足辦此是固之議未可盡通於今者也然境内之事何者非守令之責力之可爲者任之可也仁宗時宋初欲止北人嶺外之戍故有南北雜用之論因時調停非爲定説其謂歲留北兵五千人分屯要害募土人爲鄉軍百人給北兵三十以勁弩利兵佐之俟其出掠一大斬獲則兵威自張是亦兵家之略但北人不勝炎瘴多生疾疫去家太遠人情奚堪是宋初之論不必復講於今者也然南人止習戈矛不善弓矢益以北人之長技亦制寇之一策也此皆所謂師其意焉者也獨韓愈氏有專責經略使之請蓋一方之重臣也即今提督之設非其官耶邇幸聖天子簡命得人平蠻累捷封川柳州相繼寧輯矣昔國初之有事於百粤也廖永中則整旅東趨楊璟則陳師西伐所在破竹兵不血刃兩廣悉平會兵奏凱此誠所謂大得志者而戡定之績今復著焉則我聖祖之啓運開基皇上之中興振武英略神功後先相輝映矣然執事猶爲未盡之憂更求經久之道以撫山猺簡要之規以禦海寇此體國之長慮也敢以所謂機與要者告焉夫今之山猺寧矣而愚固與執事之憂者何也蓋猺之寧者暫也而不寧者其常也誅殺之後不久復集山谷使然奚怪耶封川諸邑雖平或不能保於數年之後况羅傍瀧水諸盗方衆且强幸其未逞耳征之常不足撫之則有餘其機惟在設土官以統之而已矣凡舊設之地不惟猺不爲殃且其精鋭每爲國家用設官之利彰彰明矣今之爲患於郡邑者皆散處之猺僅數十人各爲一群而叢處耳苟視其地之大小以爲官之崇卑取衆酋中素所信服者授之而即使盡有其地慰撫長巡無不可者諸酋若不服從則天兵助而征之其勢必歸於一也蓋以朝廷威福臨之如粤西土官之制永無征討之勞而反獲其用則亦何憚而不爲哉嘗有病此者則曰其酋不應命也殊不知加以名號而他無

可欲者以利之則是虚名雖榮約束徒擾何爲而願之哉果如所處則以國家之力爲之驅廣土衆民必人情之所欲也不亦動之而不得不行驅之而不得不從者乎就其地用其人而鼓其所必趨故曰因勢而利導之也今之海寇備矣而愚亦與執事之憂者何也蓋今之議者戰也而愚之所見者則守也風波迅速盗舟獨宜追兵雖設何益耶近濱海之郡轉募舟師皆在他邑雇直既寡將權復輕利則進不利則退海洋之戰孰從而稽之耶及以功報又類非寇也稱戰皆虚事議守則實功其要惟在募土兵以守之而已矣凡言戰者皆由於武弁之喜功守則民蒙安静之福而若輩無以自見故甘心爲之他不暇計即如所募之舟直輕價厚而其人率多悍徒應募而來將圖他利向賊死戰豈其心耶區區募資知不足以係之者又陵擾居民莫之能制虜來猶可尹來殺我此之謂也苟惟專爲守計改募土兵則所守之地即其室廬桑梓之區共樂爲守且偵戍未嘗出境而日有所給則德我者深雖半其直亦所願者况臨之者即即其本籍之長吏統屬既定號令易行視他募之樂則就不樂則去飄忽不可羈者又難同日語矣防守之衆一呼即集盗賊何虞耶亦嘗有病此者則曰其人不善戰也殊不知濱海之人地利素熟壯年受募精習奚難顧所以簡教振作之者何如耳不亦事舉而不見其敝民利而不見其害者乎投所欲違所惡而責以所不難故亦曰因勢而利導之也蓋大酋既撫則小醜之竊發者不虞矣邏守既嚴則島嶼之棲泊者無所矣此蓋機與要之説也至其原本則治人治法之説又所當留意者乎若夫兵食之宜阨塞之要威信之實練習之方固有概於中而未敢盡也惟執事裁其可否

廣東鄉試録後序

洪惟我聖天子御極之二十有五年秋八月廣東鄉試事既訖萬斛不佞敢諗於諸士子曰自萬斛獲與斯役嘗竊自懼以爲國家取士于文務莫重焉乃今持獨見之是一旦取素所不知者七十五人於數千之中其皆賢才矣乎萬有一焉非賢與才也其何以逃罪苟曰拔十得五斯已矣此可以恕人而未宜自諉也夫循言識實聖哲惟難何則其達之詞也未必皆若其所存也是故躁而詞莊貪而詞介暴而詞温懦而詞勁冥而詞昭是將循奚道以决之今惟其文取耳矣庸知其中無前所云若人也既又自解曰粤山海阻奥鍾奇毓秀奮舒景光後先相望矧自明聖建極垂範彰明好惡登崇茂實甄陶漸漬益醇

以熙薄海内外罔不泳游聖澤砥礪于名行粤多才杰苟在士籍宜無庸違而況七十五人者尤其庠校之英乎此萬斛心口自語之實非面謾也夫事之輕重世之榮辱恒繫乎其人是舉也誠得一人焉振于德業天下且將視之若泰山與華衮也又況乎七十五人者皆能有聞也其弗益榮以重乎使有一人焉負厥瑕疵天下且將以爲口實矣又況乎或不幸而有二三其人也其弗益輕以辱乎夫宴以鹿鳴導以計偕賓之以盛禮固將期之以大效也上之必能黼黻鴻猷協和神化次之必能輸誠殫慮輯寧民社忠功義烈昭昭乎若揭日月盈天壤斯庶乎仰答洪造萬分之一乃無負主司遴選之意苟惟禄與位焉是崇是圖其究也罔所底止有司者將持尺寸議其後不但昧昧已也夫施厚而報薄俊延而鄙却却榮出而辱歸將謂之何古人有言行萬里者始跬步鹿鳴之歌固巖廊之跬步而輕重榮辱之兆端也夫八音不諧則至樂不全水火不積則光炎不博蹄嚙善走未若騏驥之良唐虞之廷不猷盛德之彙萬斛也竊有全望於爾諸士子也幸相與勖之云爾

直隷安慶府望江縣儒學教諭蕭萬斛謹序

嘉靖二十八年廣東鄉試録

廣東鄉試録序

在昔成周以鄉三物教萬民鄉大夫掌鄉政令而鄉吏各教其所治三年考其德行道藝賢者能者莫不興起嚮用我國家弘文崇道三歲開科天下守臣各掄鄉之俊升之禮部寔成周制云嘉靖二十有八年復當鄉試巡按廣東監察御史陳策樹聲明紀損益章程一旹人文焕然丕振旹提督巡撫兵部右侍郎歐陽必進揆文奮武奠綏南服申戒所司展采錯事先是巡按御史黄如桂敷揚德意表勵令甲無不豫所建張乃禮聘宗和暨教諭黄玉藻考試教諭張汝楠林服休江文弼程伯鎬張緎同考試既至則右布政使蔡雲程左參政沈應龍提調僉事張煌江以朝監試而御史陳策寔監臨之於是進提學副使蔡克廉所簡士二千五百有奇三試之得人七十有五以其名氏及文之優者録書以獻宗和謹叙諸首竊謂今日所掄固豫養之學校而教治於鄉之吏者也其爲教也其鄉三物者乎禮賓之制則無不合乎成周而試之以文亦於德行道藝有考而賢者能者興乎嘗伏讀聖諭蓋拳拳曰崇正學迪正道夫正學者堯舜禹湯文武周公孔子之學也正道者堯舜禹湯文武周公孔子之道也以此得之爲六德以此行之爲六行以此游之爲六藝而文在其中矣初不謂立教作人者孜孜誦書綴文以應有司之求而已夫不以誦書綴文應有司爲立教作人之務而至有司之求卒不越乎書義文詞之間何也道德者深緼而未著也行藝者散見而易飾也文則見之外而緼於中可章著不可矯飾者也故曰有德者有言蓋因言而知德非貴彼之能言爾辟之借鑒以别媸妍四方人士之林妍媸淑慝之鏡舍文其奚以哉又古者士初見必執質慎始也今介質禮衰而文章人人負以自信繇一介之臣脱迹草萊觀光上國設不以文何爲利見之資故録名氏又録文詞亦明有質云爾當今聖天子馭寓禮樂神化參贊兩儀而道藝德行之教風行嶺海蓋超然堯舜禹湯文武矣諸士漸漬衣被争相磨濯雲從景附陳力宣猷當爲皋夔稷契之臣無負周公孔子之道詩曰王國克生維周之楨濟濟多士文王以寧則斯録也固多士進身之信質國

家得賢之明鑒也如或不然虚質耳其於斯鑒不有遁形乎哉夫質而虚者不誠之過鑒而遁者不明之招語云繇忠信而後有禮忠信者誠也諸士先立乎其誠宗和等不明之罪吾知其免夫是舉也提督都御史喻智兼振德威丕揚風教總兵平江伯陳圭雅崇儒術俎豆臨戎會瓊黎不靖副使黄光昇錢檠朱道瀾右參議方民悦僉事徐緝都指揮張國威各有事於兵僉事陳崇慶參將馮文焯都指揮俞大猷亦備兵它郡而綜理要束文院以外惟左參議姜儀云左布政使韓楷以考績行右參政陳仕賢都指揮劉滋以入賀行按察使李遂副使朱憲章左參議項喬僉事張臬以遷代去然并與有襄翼者也書之

河南汝寧府信陽州儒學學正林宗和謹序

嘉靖二十八年廣東鄉試

監臨官

巡按廣東監察御史陳策（時偕福建莆田縣人　乙未進士）

提調官

廣東等處承宣布政使司右布政使蔡雲程（亨之浙江臨海縣人　己丑進士）

廣東等處承宣布政使司左參政沈應龍（翔卿浙江烏程縣人　乙未進士）

監試官

廣東等處提刑按察司僉事張煌（用韜福建閩縣人　戊戌進士）

廣東等處提刑按察司僉事江以朝（于春江西貴溪縣人　丙戌進士）

考試官

河南汝寧府信陽州儒學學正林宗和（節之福建晋江縣人　癸卯貢士）

江西吉安府萬安縣儒學教諭黄玉藻（仲冤福建莆田縣人　庚子貢士）

同考試官

福建汀州府長汀縣儒學教諭張汝楠（伯材廣西桂林中衛籍臨桂縣人　甲午貢士）

直隸常州府武進縣儒學教諭林服休（爾道福建侯官縣人　癸卯貢士）

湖廣永州府東安縣儒學教諭江文弼（右卿貴州普定衛籍四川巴縣

人　丙午貢士）

直隸池州府青陽縣儒學教諭程伯鎬（朝京福建閩縣人　癸卯貢士）

江西南安府南康縣儒學教諭張緎（時鳴湖廣湘鄉縣人　癸卯貢士）

印卷官

廣東等處承宣布政使司理問所理問雷騰（一舉廣西宣化縣人　監生）

廣東等處提刑按察司照磨所照磨沈玉山（恩昆直隸昆山縣人　監生）

收掌試卷官

潮州府知府袁鳳鳴（子時湖廣辰州衛官籍直韓□□縣人　戊戌進士）

高州府知府歐陽烈（懋之江西泰和縣人　壬午貢士）

廉州府知府胡鰲（巨卿湖廣沅陵縣人　壬辰進士）

受卷官

廣州府同知余坤（叔□湖廣巴陵縣人　己卯貢士）

肇慶府同知曾樂（思韶江西新淦縣人　乙酉貢士）

廣東鹽課提舉司提舉鄭寅（思敬浙江餘姚縣人　乙未進士）

廣州府推官莫子麟（瑞卿廣西横州人　辛卯貢士）

廣州府東莞縣知縣孫學古（汝遽浙江蕭山縣人　甲辰進士）

彌封官

惠州府推官李仁（静甫福建晋江縣人　戊子貢士）

廣州府南海縣知縣黄季瑞（宗和福建閩縣人　丁未進士）

廣州府香山縣人　知縣鄧遷（世喬福建閩縣人　戊子貢士）

廣州府增城縣知縣李萃（亨甫湖廣武昌衛人　乙酉貢士）

肇慶府高明縣知縣陳富春（聲元福建莆田縣人　戊子貢士）

謄録官

廣州府連州知州龔雲從（時際福建莆田縣人　辛丑進士）

廣州府新寧縣知縣張國器（紹賢江西進賢縣人　壬午貢士）

廣州府從化縣知縣吕天恩（仁甫廣西灌陽縣人　丁酉貢士）

惠州府博羅縣知縣李長盛（宗裕福建莆田縣人　辛丑進士）

潮州府揭陽縣知縣鄭用賓（于觀福建莆田縣人　丁酉貢士）

對讀官

高州府化州知州傅昂（抑之江西金谿縣人　辛卯貢士）

惠州府龍川縣知縣歐陽深（子静江西廬陵縣人　甲午貢士）

潮州府海陽縣知縣朱龍（德承湖廣漢陽所官籍　甲辰進士）
潮州府潮陽縣知縣劉景韶（子成湖廣崇陽縣人　甲辰進士）
肇慶府恩平縣知縣阮琳（廷佩福建莆田縣人　庚子貢士）

巡綽官

廣州左衛指揮同知姚允恭（懋敬直隸臨淮縣人）
廣州右衛指揮僉事劉高明（遠煦直隸昌黎縣人）

搜檢官

廣州右衛指揮使李文（彦章山後人）
廣州後衛指揮同知趙希翔（朝卿湖廣常德府人）
廣州右衛後所千户董玘（廷重直隸蒙城縣人）
廣州前衛左所千户祝鸞（文瑞直隸壽州人）
廣州後衛左所千户洪廣（振宇直隸鳳陽府人）
廣州後衛中所百户周楠（良材直隸無錫縣人）

供給官

廣東都司經歷司經歷任洛（道鳴湖廣蒲圻縣人　監生）
廣東等處宣布政使司經歷司都事談崇文（簡之浙江德清縣人　監生）
廣東等處承宣布政使司照磨所檢校羅欽（敬夫湖廣夷陵州人　監生）
廣州府通判王軫（應文江西大庾縣人　辛卯貢士）
廣州後衛經歷司經歷鄭炳（文輝浙江錢塘縣人　吏員）
肇慶府新興縣縣丞姚階（時登江西峽江縣人　監生）
韶州府曲江縣主簿盧堯鼎（惟和浙江東陽縣人　監生）
韶州府仁化縣主簿鄭元（啓陽福建莆田縣人　吏員）
廣州府東莞縣典史宋文華（學盛福建莆田縣人　吏員）
廣州府三水縣典史王廷理（繡文廣西融縣人　吏員）
廣州府南海縣江浦巡檢司巡檢周任（良卿江西新城縣人　吏員）
惠州府博羅縣善政里巡檢司巡檢獨孤芬（德常江西南昌縣人　承差）
廣州府番禺縣五羊驛驛丞鄭大用（子才浙江常山縣人　承差）
廣州府增城縣烏石驛驛丞賀正良（德元江西新建縣人　承差）
廣州府增城縣增江驛驛丞何綗（子振浙江新昌縣人　承差）
廣州府三水縣西南驛驛丞李璣（舜用江西安仁縣人　吏員）
韶州府曲江縣芙蓉驛驛丞洪國興（有禎江西南昌縣人　承差）

第一場

四書

君子學道則愛人　或生而知之或學而知之或困而知之及其知之一也或安而行之或利而行之或勉强而行之及其成功一也　其爲氣也至大至剛以直養而無害則塞于天地之間其爲氣也配義與道無是餒也

易

天行健君子以自强不息　天地感而萬物化生聖人感人心而天下和平觀其所感而天地萬物之情可見矣　乾知大始坤作成物乾以易知坤以簡能君子知微知彰知柔知剛萬夫之望

書

乃聖乃神乃武乃文

其爾克紹乃辟于先王永綏民説拜稽首曰敢對揚天子之休命汝則從龜從筮從卿士從庶民從是之謂大同身其康强子孫其逢吉　爾克敬典在德時乃罔不變允升于大猷

詩

四月秀葽五月鳴蜩八月其穫十月隕蘀民之質矣日用飲食群黎百姓遍爲爾德　虎拜稽首天子萬年　受小球大球爲下國綴旒何天之休不競不絿不剛不柔敷政優優百禄是遒受小共大共爲下國駿厖何天之龍敷奏其勇不震不動不戁不竦百禄是總

春秋

蔡侯鄭伯會于鄧（桓公二年）

九月晋人執季孫行父舍之于苕丘十有二月乙丑季孫行父及晋犨盟于扈（俱成公十有六年）冬公會晋侯宋公衛侯曹伯莒子邾子滕子薛伯杞伯小邾子齊世子光伐鄭十有二月已亥同盟于戲（襄公九年）公會晋侯宋公衛侯曹伯莒子邾子齊世子光滕子薛伯杞伯小邾子伐鄭戍鄭虎牢楚公子貞帥師救鄭（俱襄公十年）公會晋侯宋公衛侯曹伯齊世子光莒子邾子滕子薛伯杞伯小邾子伐鄭秋七月已未同盟于亳城北楚子鄭伯伐宋公會晋侯宋公衛侯曹伯齊世子光莒子邾子滕子薛伯杞伯小邾子伐鄭會于蕭魚（俱襄公十有一年）滕子來朝（桓公二年）齊人來歸鄆讙龜陰田（定公十年）

禮記

是以君子恭敬撙節退讓以明禮　趨以采齊行以肆夏周還中規折還中矩進則揖之退則揚之然後玉鏘鳴也　六者非性也感於物而后動是故先王愼所以感之者故禮以道其志樂以和其聲政以一其行刑以防其奸禮樂刑政其極一也所以同民心而出治道也　故可以爲文可以爲武可以擯相可以治軍旅

第二場

論

聖人人倫之至

詔誥表（内科一道）

擬漢令郡國舉孝廉各一人詔（元光元年）　擬唐以房玄齡杜如晦爲僕射誥（貞觀三年）　擬宋司馬光進十科舉士法表（元祐元年）

判語（五條）

官員赴任過限　人户以籍爲定　致祭祀典神祇　軍民約會詞訟修理橋梁道路

第三場

策（五道）

問　書稱典則詩咏舊章所以經世範俗使之畫一可守而施措有法見於載籍者無國無典章焉考於今而周禮一書與唐之六典其事猶著有足徵者恭惟我太祖高皇帝立國垂統布令成法有綱有紀列聖丕承潤色雖政歸法祖而制與時宜蓋浸明浸備矣然皆未暇稽稡定爲一書迨于敬皇而後會典始成不知其與周官唐典亦有所取合否歟其所宗本以何書爲主其所纂輯於何書爲据事無細而不録厥有何意令有寢而必書厥指安在今之頒布服習其亦久矣可得而頌言歟肆我皇上邁德中興議禮制度光於列祖思弘永業以垂後裔於是申命儒臣特加修輯將備所未備精而益精者也孔子曰如或知爾則何以哉假令諸生獲與載筆之列於是役也又何以佐於下風

問　樂本於聲律也尚矣昔人謂聲生於日律生於辰其説可得聞歟夫聲有五固矣其後有增二變而謂之七聲者昉於疇歟又有謂七始七華者同歟否歟夫三音俱不變而宫徵獨變者何歟律有十二固矣其後有衍而相生爲六十律者昉於疇歟又有爲十二均十一均者同歟否歟夫聲律旋相爲宫

而黄鐘獨不爲他律役者又何歟夫曰正聲矣而又曰子聲曰正律矣而又曰變律豈作樂者必待於半變而後成歟魏晋以來制樂律者多矣荀勉梁武之笛律何爲不同杜夔阮咸之校尺何爲互异夫律定於尺尺成於黍何世之論者紛紛於短長廣狹之辨而莫之一也諸士講究有年將必有妙解神悟如師曠州鳩者願敷言之以爲今日虞廷作樂之助

問　古者六藝之文射其一也制則成周大具有射人以掌射法而司常司裘樂師司馬太僕太史中書各有所職以治其事其名則大射賓射燕射之分而六弓八矢及夫射侯射耦射地射節之异等威品節較森然也要之義何居至其教士則以鄉射不知所以爲教者又何如也周衰禮廢漢唐之君間舉以行之我國家置圃學宫輯定射儀頒天下章明悉備莫可尚已然置射於學果即鄉射之教而射儀所載亦於成周之制有同异乎否也夫禮觀會通時因損益諸生漸濡聖化歌且習於斯吾知其不待教而興者然化裁通變之宜神明鼓舞之用其尚有道乎

問　氏族所以尊祖敬宗序世系明昭穆其從來遠矣今試舉一二商之稽古有以國氏者有以地氏者有以字以名氏者又有以次以族以官氏者其義云何有以凶德氏者有以吉德氏者有以技以事氏者又有以族系氏以謚氏以爵氏者其指安在至於以志爲氏以美之字爲氏以所封之邑爲氏以一時之事爲氏又率意而更其姓者有之豈果可以已爲之歟甚者氏以聲近而訛以字近而訛族以姓多而訛以望多而訛又因姓而妄附他人者有之豈又果無一定歟紀氏族者有世家有譜局令史有譜牒其能序别之否也論氏族者有風俗通有元和姓纂有宰相表其能厘正之否也夫不得與於德宗之譜者乃傳致其訛不能齒於城南之牒者乃鑿摘其失甚哉氏族之不可不講也兹欲定譜牒如成周小史所職使天下曉然不紊於宗祖是非以成棠棣行葦之美其道何繇也爾諸生抱博古務本之學其必有能詳之者願毋泛毋略

問　瓊海文物彬然甚盛也然而環黎爲居咫尺有夷夏之辨夫黎固人類耳絃歌聲聞不可一入其心豈性與人殊哉而威信法約亦嘗有土舍以領制之者也生黎誠愚熟黎不聞大將之號令乎而今乃數數不靖至廑上命赫然舉兵將誅之夫以萬全之力視此直狐鼠耳其束身擊頸可計日待也然欲爲久安長輯之計其道何繇兵家所談要不越乎撫守戰三者書生之論將不在是歟謂斯人之無不可化不知化黎亦有其人乎諸生生長斯土請先陳革心宣化之圖而后及於川原夷險之勢叛服失得之因如何古者出兵受成於學行將在泮獻馘也故以此質之諸生

中式舉人七十五名

第一名　胡庭蘭　增城縣學生　詩
第二名　王贊襄　瓊州府學生　禮記
第三名　謝良任　廣州府學附學生　易
第四名　金文業　饒平縣學生　書
第五名　陳試　廣州府學生　春秋
第六名　蕭應韶　番禺縣學生　詩
第七名　謝應垣　番禺縣學增廣生　易
第八名　吴壽齡　定安縣學生　書
第九名　海瑞　瓊州府學生　禮記
第十名　許尚静　饒平縣學增廣生　春秋
第十一名　岑用賓　順德縣學生　詩
第十二名　黄誥　東莞縣學附學生　詩
第十三名　崔吉　三水縣學生　易
第十四名　畢于禎　南海縣學生　易
第十五名　劉懷仁　饒平縣學附學生　書
第十六名　蔡常毓　東莞縣學增廣生　易
第十七名　陳德純　潮州府學生　書
第十八名　葉廷模　海陽縣學增廣生　詩
第十九名　吴兆榴　順德縣學附學生　易
第二十名　徐行　惠州府學生　詩
第二十一名　梁任大　南海縣學生　易
第二十二名　何思聰　順德縣學附學生　禮記
第二十三名　朱孔陽　東莞縣學附學生　詩
第二十四名　林時芳　潮陽縣學生　書
第二十名　五麥稠　東莞縣學生　易
第二十六名　張學顔　瓊山縣學生　詩
第二十七名　林有源　潮陽縣學生　詩
第二十八名　莫天賦　海康縣學生　易

第二十九名　陳便殿　南海縣學附學生　詩
第三十名　羅焕章　高明縣學生　詩
第三十一名　徐鏗程　鄉縣學生　易
第三十二名　鄭昊　順德縣學生　易
第三十三名　蕭憲肅　潮陽縣學附學生　書
第三十四名　李果新　會縣學附學生　詩
第三十五名　沈喬楠　饒平縣學增廣生　春秋
第三十六名　李師周　從化縣學生　詩
第三十七名　楊希説　潮州府學生　易
第三十八名　孫振興　番禺縣儒士書
第三十九名　羅一道　東莞縣學附學生　詩
第四十名　洪應聘　揭陽縣學生　易
第四十一名　吴逢春　潮州府這附學生　書
第四十二名　霍超　南海縣學附學生　易
第四十三名　蒙諫　番禺縣學生　詩
第四十四名　龍堯達　順德縣學附學生　禮記
第四十五名　劉源涌　潮州學生　書
第四十六名　黄夢説　增城縣學生　詩
第四十七名　蔡希尹四　會縣學生　易
第四十八名　杜一元　從化縣學生　詩
第四十九名　羅惠　饒平縣學增廣生　書
第五十名　何賢　南海縣學生　詩
第五十一名　李質　廣州府學生　易
第五十二名　梁紹曾　廣州府學生　詩
第五十三名　文濟武　廣州府學增廣生　易
第五十四名　黎兆鵬新　會縣學生　詩
第五十五名　黄爽　揭陽縣學生　書
第五十六名　黄儀　東莞縣學生　易
第五十七名　歐陽弘　惠州府學生　春秋
第五十八名　何夢龍　番禺縣學附學生　詩
第五十九名　鄺元輔　三水縣學附學生　易
第六十名　潘璘　海陽縣學生　書

第六十一名　李光宸　廣州府學增廣生　詩
第六十二名　羅黄裳　肇慶府學生　易
第六十三名　郭棐　南海縣儒士詩
第六十四名　聶龍靈　新會縣學增廣生　禮記
第六十五名　傅太聘　潮州府學增廣生　書
第六十六名　麥魁　廣州府學增廣生　詩
第六十七名　李邦仁　連州學生　易
第六十八名　區次顔　廣州府學附學生　詩
第六十九名　周望　東莞縣學增廣生　春秋
第七十名　何惠　順德學附學生　詩
第七十一名　王與大　東莞縣學增廣生　詩
第七十二名　老兆瑞　番禺縣學附學生　易
第七十三名　黄榴　南海學附學生　詩
第七十四名　鄭獻衷　廣州府學附學生　書
第七十五名　梁符　番禺縣學附學生　易

第一場

四書

君子學道則愛人

胡庭蘭

同考試官教諭江批（治道以禮樂爲急禮樂以養人爲本觀聖人答爲邦之問概可見矣此作冲和明贍豈亦學道而有得者歟可以占其用矣）

考試官教諭黄批（文有體貼故不易得也）

考試官學正林批（精當）

君子而知所學則有仁者之施焉夫愛人仁之施而學道斯知學也知所學則其施如此君子可不學以爲務乎此夫子之言子游既試於武城者夫子哂之故以此對若曰偃之以禮樂爲教是非敢於自用也蓋嘗聞教於夫子矣彼發政宣令而治人者君子也其責治人其道不在於責人也於是有君子之學焉學不知道猶弗學也有志乎學是必有志乎道其視天下之道皆吾性之所有也循其典常之則而豫立夫出政之原會其貞一之趨而精察夫使民之本則凡禮以治躬樂以治心學之弗得弗措也如是而愛人之體立矣吾見其

身修道其道不獨於成身也於是有愛人之仁焉人本一體莫非我也有見於道則必無見於我其視天下之人皆斯道之所關也擴同胞之義而自切懷保之恩推理一之公而尤廑匡翼之教則凡升之大猷錫之皇極一夫不獲予辜也如是而學道之用行矣是非聞見之學也修身以立教而天理之含蓄深厚而有餘亦非强勉之愛也體仁以長人而生意之流行真切而莫遏故不患無仁人之施而患淑已之道未至不患無博施之用而患體道之學未充是則君子之道然也偃之教人禮樂正以教人學道也道無分於君子小人禮樂可以邑小而棄之耶噫偃之心其自許乎愛人之心矣夫子之哂蓋喜之也抑小人學道則聞絃歌其在武城然耳然非君子學道以先之何以使民之知學耶故觀於小人所以教武城既至矣觀於君子其所學於洙泗者不亦深歟

或生而知之或學而知之或困而知之及其知之一也或安而行之或利而行之或勉强而行之及其成功一也

金文業

同考試官教諭林批（此題入手多率易而作故往往令人厭觀是篇辭意精鍊而閑雅自如可以式矣）

考試官教諭黄批（講畢餘意自長題之法）

考試官學正林批（簡明）

聖人第言入道之等而要其歸之同也蓋道人之所同具也入之有等者質之殊耳而謂其不同歸也可乎夫子言此以道進哀公也意謂天下之達道固以達德而行謂之德則無不同者得乎天者也而賦於人有質焉謂之人於是乎各一其質矣有生而知之者有學而知之者有困而知之者生知者不思而得也學知者思而后得也困知者思之不得困於其心而后作也夫執此而高下之將曰聞道有蚤莫然而人患不悟道耳蚤者有悟莫者亦有悟要皆明乎善而已生知學知困知其知同其致同則謂之心同可也而有异乎有安而行之者有利而行之者有勉强而行之者安行者不習而利也利行者習而后利也勉强者習而不利作之不止而后成也夫視此而優劣之將曰行道有難易然而人患不至道耳易者可至難者亦可至要皆復其初而已安行利行勉行其行同其功同則謂之道同可也而又有异乎始以德而同中以質而异人之自雜其天也而終之所不异又原於其始之同天之未離乎人也自雜其天而謂身之不可入德賊其身者也未離乎人而謂人之不可語道誣其人者也然則修人以完天變异而反之同吾人可不勉歟抑知道者知行道者仁知之

成功而一者勇三德之不可缺一也然其知知此其行行此其一一此夫豈有二物哉故曰所以行之者一也君子於此又當求知行合一之學

其爲氣也至大至剛以直養而無害則塞于天地之間其爲氣也配義與道無是餒也

謝良任

同考試官教諭張批（氣塞天地須就人身言始有發揮故又曰配道與義是修最得孟子之意）

同考試官教諭程批（氣壯辭昌子固負浩然之氣者）

考試官教諭黄批（結引易大壯義甚發明）

考試官學正林批（文氣洪然）

大賢論浩然之氣必著其本體而極其功用焉蓋剛大而塞天地氣之本體也養之成焉則其功用斯配乎道義矣善養之功其可已乎孟子告公孫丑之意若曰浩然之氣固爲難言而亦有可以言者彼大而或可限非大之至也乃若其氣則不離於形而不囿於形語大天下莫能載焉不亦大之至乎剛而或可屈非剛之至也乃若其氣剛不外於體而不局於體語剛天下莫能撓焉不亦剛之至乎人惟不能善養之爾使能加存養之功優游以俟其自化不以私智戕之則大者無失其爲大而磅礴渾淪殆塞兩間而無外矣務擴充之學紓徐以俟其自成弗以人力參之則剛者無失其爲剛而周流布濩殆彌六合而無窮矣夫氣之爲氣本如此則其養成之功用何如哉蓋吾之氣即天地之正氣也而實理以宰之吾之理即天地之正理也而必氣以輔之今惟氣合于理則義乘氣以出所以裁制萬事者若有以翼其能定大計决大疑固强立而不反焉理合于氣則道附氣以行所以綱維萬事者若有以贊其勇當大任臨大變固獨往而不懼焉使無是氣則柔巽不能以自振見義不爲或失之無勇矣疑懼不能以自立遵道而行必半塗而廢矣豈不至於餒耶夫氣之擊於人其大如此信乎氣之不可以不養也考諸易曰大壯利貞象曰雷在天上大壯君子以非禮弗履夫乾之剛也震之動也是固浩然之氣也非禮之勝正大之利是直養無害塞天地而配道義也正大見天地之情剛大參天地之化善養之極也故知大易之大壯則知孟子之浩然矣

易

天行健君子以自强不息

崔吉

同考試官教諭張批（自强不息則與天行同健君子憲天之學聖學也此作得旨宜録之）

同考試官教諭程批（此題作者多分爲兩段殊失本意此篇詞意渾融其殆深於易者）

考試官教諭黄批（心學意正如此）

考試官學正林批（明整）

天道有不已之象君子有不已之學夫天惟至健故其行不已也君子自强而純亦不已斯爲善法天者矣夫子大象之意蓋以三陽之卦爲乾其象則天也上下皆乾是天之行也今日一周明日又一周迭運有常一日之員機無暫停也循環不窮萬古之順動未少變也非至健者能之乎健以主不息之用行以達至健之體此天之所爲天也天不息道之在人亦不息人而操舍之相乘反覆之爲害於是違天遠矣謂君子之法天也有是哉吾知至精以察天人之機而一之以無欲無欲則剛也至健以致理欲之決而守之以無妄無妄則誠也成性恒存而道心爲主於内無使終食之違有事勿正而人心退聽於外不容一息之懈其藴也天之性也會動静於一原而無或二或三之雜其發也天之情也合終始於一致而無日至月至之憂蓋惟至剛也故常伸任天下之重而險夷不變者此也惟至誠也故無息致天下之遠而悠久無疆者此也非自强何以不息非不息又何以自强此君子之所爲君子也天行健者天之乾自强不息者我之乾也天健而行不息於造化君子强而行天健於一身人而配天然則君子既聖矣乎抑是君子也其孰以之中庸曰文王之德之純是已然行曰天行在天無心也强曰自强於人無力也天無心故健力不由人故不息吾人爲不用力耳一日用其力未有力不足者然其可以有心强致之哉曰勿忘勿助得之

乾知大始坤作成物乾以易知坤以簡能

同考試官教諭張批（發明乾坤生成易簡非體認之深者不能及此佳士佳士）

同考試官教諭程批（詞氣明暢而精密無冗贅語非衆作可及）

考試官教諭黄批（典雅可式）

考試官學正林批（簡潔）

大傳即乾坤相須之功而表其德焉夫知始作成功則相須也於此不有見其易簡之德乎此言乾坤之理分見於天地也若曰乾道成男坤道成女若乾坤之各專其一矣然相對者固相因以全其用并立者實并運以效其功以

言乎乾乾之所主先天下之化而不獨於男也一氣先之肇其根一理先之命其性蓋即一物而無所不始合萬物而無所不知其知大始乎曰始則機緘猶微而未顯矣以言乎坤坤之所爲后天下之化而不獨於女也性命於此而各正太和於此而保合蓋承天施而無所不成舉物類而無所不作其作成物乎曰作則形迹已著而可求矣夫知物之始若甚難矣而乾至健其德行恒易化機一動而遂通生意隨感而俱得物物而始之匪物物而命之其□□言也其知不可言也其知之妙乎使其不易何以大其知耶作物之成若甚煩矣而坤至順其德行恒簡因天之有以資生代終之外無他事物物而成之匪物物而雕之其成可見也其作不可見也其能之妙乎使其不簡何以廣其能耶要之始物者乾所以始者乾無與也成物者坤所以成者坤無與也易知者無知也易能者無能也故曰無心而成化至矣哉嗚呼易而易知人之良知也簡而易從人之良能也法乾之易不在乎乾法坤之簡不在乎坤曰在我而已

書

乃聖乃神乃武乃文

吴壽齡

同考試官教諭林批（此作以天地鬼神雷霆日月推廣題意甚切聖神文武之德且渾厚老成讀之宛然見聖人氣象宜録以式）

考試官教諭黄批（善發聖人之藴）

考試官學正林批（明快高古）

大臣贊聖帝之德有不可測之妙焉甚矣聖德之盛也聖神文武隨所變而見焉耳夫孰得而測之乎此伯益所以贊堯者也蓋曰德淪于有象者每易於形容而妙入于無方者殆難以窺識帝之德惟其廣而運也則其變化之妙何如耶吾見其睿通乎微不待思慮之勞大入于化無俟學習之力猶夫天地之大渾然而無迹也則既謂之聖矣而又見其神焉知來者研其幾而不得其朕也妙應者藏諸用而莫識其端也運而無方圓而不滯蓋有與鬼神同其幽者矣夫曰聖曰神自可見言之也見其聖而謂之聖見其神而謂之神帝固不知也夫豈可以易擬耶不但是也吾見其以無私爲威自有以畏天下之志以不殺爲勇自無以容天下之奸猶夫雷霆之威凛然不可犯也則既謂之武矣而又見其文焉和順積而英華發炳蔚以成其章也博厚極而高明著經緯以盡其變也抑而愈揚遏而愈光蓋有與日月合其明者矣夫曰武曰文自所變言之也變以武而名之武變以文而名之文帝固無心也夫豈可以輕測耶夫帝德之妙如此此所以能盡克艱之實也舜也欲盡其道當於帝之德而效法

焉可矣舜聖德也言克艱而必歸之堯不自聖之心也然後知舜之讓也而爲服善之虚益之贊也而爲效忠之勤師師諤諤之風固有并行而不悖者矣虞廷之治益隆有以哉

爾克敬典在德時乃罔不變允升于大猷

陳德純

同考試官教諭林批（題本平易作者非涉腐贅則務奇僻是篇詞不襲而理獨優讀之風味自别也録之）

考試官教諭黄批（發敬典在德意親切）

考試官學正林批（理致氣格不群佳士）

賢王於大臣責以躬行之實而期以化成之效焉夫實德足以感人也躬行以率之則民化於道也自有不容已矣成王欲君陳弘訓而示以端本之治也若曰治不本於身者治之末也化不至於道者化之淺也是故倡導有本而應感有機爲君陳者當知尚矣彼典者吾之常道也不可忽也德者吾之實理也不可僞也爾能持寅畏之心而察帝則以左右兢兢乎惟恐其或墜焉秉欽翼之念而奉天理以周旋惴惴乎惟□其或失焉不惟敬於心而且體於身深造以道之下自得夫居安資深之機而匪由於襲取者矣不惟措之躬而且得之心率履不越之餘真足爲軌世範俗之本而不待於强爲者矣夫如是則爾之所得者實而其所好者誠矣吾見誠之動物不令而行而昔之百姓不親者莫不去其物欲之累實之感人不疾而速而向之五品不遜者悉皆革其習染之污敏于其德也遷于其善也藹然成禮義之俗而相忘於皇極之天信乎治道日進于休明而否者於是爲泰矣敦于其倫也若于其性也蔚然成文物之邦而率由於王道之盛信乎世運日臻于熙皡而污者於是爲隆矣是何也典者所共由者也以此而導之故民之入也易德者所固有者也以此而率之故民之感也深所謂從厥攸好者此也不然命且違之矣吁必如此而後可以弘周公之訓抑自古之民必從其好堯舜帥天下以仁而民從之從所好也然殷民之頑以武王服之周公毖之其仁至矣而尚不從乃成王猶致望于君陳何耶蓋堯舜承時雍之世武周當變革之時勢不同耳故出治者貴端本論治者貴識勢

詩

虎拜稽首天子萬年

同考試官教諭江批（作此題者語病陳俗是篇清新精切令人誦讀不

厭且忠愛之意溢於言外高薦何疑）

考試官教諭黄批（理明辭暢非苟作者）

考試官學正林批（得祝壽意）

大臣之於君也致敬以受命而祝壽以答恩焉夫感恩思報臣下之義也大臣敬於受命而答恩則稱壽焉其忠愛何至哉昔宣王命召穆公平淮夷詩人美之及此若曰君之使臣也有勸功之典臣之愛君也有報德之誠召虎於王何如哉彼王念江漢之功也蕃錫寵臨彰榮世美其策命可謂隆矣虎也蒙自天之恩澤而府拜登嘉若弗克勝幸希世之遭逢而稽首拜受罔敢或忽雖命在文考之庭而感激之意周旋於盤辟之間蓋儼天威於咫尺者矣雖身在岐周之廟而翼畏之容踧踖於傴僂之際固仰清穆於瞻承者矣夫稽首受命一敬之不容已也然其祝願效忠之私殆有出於常情之外者乃曰爲元后作民父母天子於今日固尊榮矣其必自天佑之而壽考萬年長守貴焉以一人玉食萬方天子於今日固茀禄矣其必天保定爾而萬壽無疆長守富焉履位于乾保大于豐秩秸申錫之休永爲天地山川之主也凝命於鼎享治於泰純嘏有常之慶永爲華夏蠻貊之宗也是人君所可願欲者莫大於此必如是吾報答之心或少盡矣噫于以見召公敬王之禮焉于以見召公報王之義焉世臣忠愛至是哉雖然矢文德洽四國則所以養壽命之源置天下仁壽之域公之忠愛尤深遠也故曰太上壽德其次壽名天子萬年之頌文德四國之洽其壽德壽天下乎頌而無諛召虎以之嗚呼周家有道之長宣王壽德之應可徵矣

受小球大球爲下國綴旒何天之休不競不絿不剛不柔敷政優優百禄是遒受小共大共爲下國駿厖何天之龍敷奏其勇不震不動不戁不竦百禄是總

蕭應韶

同考試官教諭江批（或湯昭受天命全在敬上此作最得本旨且收据簡當無浮泛冗長之病是固有醖藉者録以式多士）

考試官教諭黄批（格語峻整佳士也）

考試官學正林批（簡而文）

詩人兩著聖人受命之迹而必本其所自也夫天人之際判矣而其機恒相感也則夫成湯有此善政武功天其能舍諸此商人於祫祭之頃而頌之意謂惟我成湯懋敬格天而天既命之以式圍矣抑何以見之天子統萬方而居則凡天下之玉帛要皆惟皇之所錫也是故我商大小之球咸於湯受焉則有以爲下國之綴旒而何天之休矣然天德無私親其所以得此者匪私干之也

蓋帝王之政所貴者中而天命去留之機恒於此乎擊焉今我湯以日躋之敬而敷於政也於其競絿而相爲倚伏焉於其剛柔而相爲運用焉寬裕而不拘中行而無迹則凝命迓休之道其在此也百禄不是遒乎天子以四海爲家則凡庶邦之財賦要皆惟辟之玉食也是故我商大小之共咸於湯受焉則有以爲下國之駿厖而何天之龍矣然天心無常享其所以得此者匪幸致之也蓋王者之師存乎仁義而天命予奪之會每於此乎定焉今我湯以日躋之敬而敷奏其勇也於其仁以育物而震動不形焉於其義以剛中而戁竦不作焉德威并著天下歸心則祈天永命之道其在此也百禄不是總乎夫成湯以敬受命之迹如此則知天人之相與蓋有會逢其適者矣稽古温恭祗台後此敬止敬勝治化洽而祚運長率是道也觀湯之盤銘自警昧爽日新則其優優之政不殺之武見於建中綏猷推亡固存者厥有遺烈矣况當時之大畏小懷乎曰大德者必受命

春秋

蔡侯鄭伯會于鄧（桓公二年）

陳試

同考試官教諭張批（入春秋爲楚懼者寔自三國始聖人傷之其慮遠矣此篇櫽栝傳意而蔚然成章宜録以式）

考試官教諭黄批（得聖人强本治内之旨）

考試官學正林批（順暢可誦經義之優者）

春秋紀諸侯講好而著其懼外之失焉此三國懼楚而忘其所以自治者故春秋傷之如此且蔡鄭曷爲乎會鄧也蓋自黍離降而包茅之貢絶姬轍東而乘廣之焰熾楚爲中國患也駸駸乎日以張矣三國皆鄰於楚者乃即于鄧會焉推戒心以要言援修睦以相結凡以爲楚也君子謂諸侯于是乎始懼楚矣夫楚之可懼者勢也而其可恃以無恐者下有自治之道乎使能任賢明政而樹德以奠邦輯衆善鄰而協謀以禦侮則人和固於城郭忠信堅於甲胄荆楚雖大何懼焉而乃好會徒煩訏謨罔協不虞弗戒空懷剥床之憂豈以楚地五千里其大不可敵也不思天下莫大於理不循天理而以地之大小分勝負可乎先事弗備徒懾門庭之寇抑以帶甲數十萬其强不可敵也不思天下莫强於信義不惇信義而以力之强弱分成敗可乎苞桑之擊略而不圖蠶食之虞怵而未已三國之務亦末矣卒之鄧爲之滅蔡爲之虜鄭爲之服役其皆自貽伊戚者乎吾于周公得膺懲之訓焉于宣王見采芑之師焉禦外以安内蓄威以昭德先王之經世也有遺烈矣寧有惴惴焉徒懼如兹會也聖人于此有

深慨焉特書於册以示經斯世者可以觀夷夏盛衰之機也可以明强本治内柔服遠人之道也不然外相會不志此獨奚爲志之哉抑周之盛時楚居南服未梗也及其衰也楚氛惡矣玆鄧之會寔以肇中國陵夷之端向非九合一匡之功諸夏之厄殆不止虜蔡滅鄧已也然則流禍中國也其三國乎而中國之幸不爲楚者桓之賜也故曰微管仲吾其被髮左衽矣嗚呼此春秋所以作乎

滕子來朝（桓公二年）齊人來歸鄆讙龜陰田（定公十年）

許尚静

同考試官教諭張批（垂法示公咸聖人不得已焉蓋一經大旨攸繫言之明潔而無費辭是之取爾）

考試官教諭黄批（得謹嚴體）

考試官學正林批（文約而盡）

聖人修經有所以垂大法者有所以示大公者觀滕侯朝魯而稱子齊人歸邑而書來聖人垂法示公之意何如哉慨昔鍾巫之變桓公實與焉滕也不能致辟於魯顧光鄰國而來朝惟是與賊爲黨有不容於或貸者然命德討罪權出於上可也聖人春秋之匹夫耳□侯而子寧不幾於僭乎殊不知春秋天子之事也假史修經王法攸寓是故於諸侯之滅理廢倫者不奉天恭罰以黜其爵焉則何以垂大法於後世哉噫僭之初生也由於分之不定夫子黜滕侯而比諸夷狄此名實所由以定與黄帝之伐蚩尤大禹之戮防風事殊而理一也何僭之有至若夾谷之會孔子寔相之齊也不敢有加於魯遂歸侵疆以謝過惟是順理化强有不容於或掩者然表功嘉績事公於人可矣春秋夫子之筆削也特書曰來寧不避夫嫌乎殊不知聖人以天自處也視人猶已大同無間是故於諸侯之感化效順者不即事據實而書于册焉則何以示大公於天下哉噫人之避嫌也由於内之不足夫子書來歸以志其心服此盛德所由以著與書紀大舜之格苗傳稱文王之降崇功同而體一也何嫌之有是則黜人之爵而弗爲專序已之績而無所避此春秋所由作夫子所以爲聖也歟抑考之夫子嘗曰知我罪我者其惟春秋乎又曰知我者其惟天乎夫惟求知于天則齊物我通古今所往皆安而何异同之可議夫惟付其知罪於人則筆削予奪見諸行事深切著明復何擅黜之可疑顧惟定公不能舉國以聽俾聖神功化僅見於章章之歸田豈不重可慨夫

禮記

是以君子恭敬撙節退讓以明禮

王贊襄

考試官教諭黃批（講恭敬撙節退讓處詞不費而意足可取）

考試官學正林批（以爲克己復禮之學良是惟得此旨乃有此作）

觀君子篤治躬之道而禮之義昭矣夫禮無本不立也君子反躬以自治則禮之情得矣其義不由是而著明乎記者之意謂夫惟天下無非禮之事故君子致凝禮之功亦不過反求諸其身耳是故由齊莊有恭之名君子與人有禮而不侮執事有恪而不懈肅肅乎盡其恭而恭焉由主一有敬之名君子明禋以直其内慎獨以防其外洞洞乎盡其敬而敬焉知欲不可從也則損之又損而節以制度不役志於多儀蓋有克而去之也何撙節如之知志不可滿也則雖休勿休而卑以自牧不徑情於所接蓋有推而遠之也何退讓如之君子於此其治躬之道可謂盡矣而謂之明禮何哉蓋禮反其始所以著誠去僞者此也惟恭與敬則中正無邪而一德之聚有所以立其本者禮主其減所以領惡全好者此也惟撙節退讓則敬恭無失而凡衆之動有所以慎其出者故不必俎豆之是事也而大禮必簡與天地同節者本諸身而可見不必周旋以爲容也而至禮不争與秋冬同義者即其事而可知禮不於是而有明乎是則禮之於人其用爲甚博而君子之庸禮也其道爲甚約信乎禮切於人而不可以外有所求也抑禮者節文而已恭敬撙節而節生焉退讓而文生焉然必能敬而後能節必能節而後能讓敬讓立而禮行焉故此亦足以觀禮矣然究而言之則克己復禮之學莫近於是君子何可以不盡心乎爾

六者非性也感於物而后動是故先王慎所以感之者故禮以道其志樂以和其聲政以一其行刑以防其奸禮樂刑政其極一也所以同民心而出治道也

海瑞

考試官教諭黃批（此題不雖鋪叙成篇但覺宂長可厭理明辭暢無逾此作）

考試官學正林批（講慎感處不露而意象自見且以閑養分配亦是正理録之）

記者原先王謹於治人之情而著其法之盡善也夫人心易動而物之感多變也先王慎其事則思善其治而法焉有不善者哉記樂記者之意蓋謂人性本善而物至無方及夫喜怒哀樂愛敬之既發則非人生而静天命之本然

蓋其應感起物而動有不能以自己者其機如此而先王何以治之哉惟人心之危則養之不可以不周惟物化之易則閑之不可以不至于是有禮焉習之於其静而志以之道無弗節者有樂焉效之於其動而聲以之和無或乖焉蓋養之如此其周也懼其行之弗協也齊八政以一之而使之日遷乎善懼其奸之弗率也明五刑以防之而使之日遠乎罪蓋閑之如此其至也先王之於民也由其有六情之感是以有四事之施斯蓋异情而同功其爲慎感之道一也夫然後政以德孚觀其所感而丕應徯志矣何民而不同乎此心哉道以政通極其所至而四達不悖矣何治而不出于此道哉蓋至是而禮樂可作刑可措而化可昭焉况其在聲音之間者乎抑考禮運叙聖人修德治情之政蓋譬之於田耕種耨穫猶以爲未也必食而肥焉斯已矣然後協于天下謂之大順則夫人情所係豈不誠重矣哉夫治民不求諸其本而曰吾有以治之舍術數則刑名而已是烏能得其化服哉

第二場

論

聖人人倫之至

胡庭蘭

同考試官教諭江批（是題人皆知之但命意不得要領語多虚蔓此以道不遠人爲主渾確詞旨俱自胸中流出且一至字發揮明盡蓋深得孟氏之意是非體認特精見理獨到者不能也録傳）

考試官教諭黄批（純正粹雅自是大家氣象）

考試官學正林批（論有學識非漫然隨衆者）

道極於聖人也而聖人不遠人以爲道於是立人極於天下夫聖人亦人也而道曷爲極之也以其盡人也盡人者不遠乎人也不遠人而人盡斯人之至也人之至者人之極也聖人立人極夫豈不欲人人之爲聖人而人之求聖人者於人之外是以道遠乎人而聖人益不可幾及而聖人立極之意孤孟子憂之故曰聖人人倫之至夫曰人倫則知遠人非道求之人倫所以求聖也曰至則知惟聖盡倫未至乎聖不可言倫也今夫言天者物之父生物之至也言地者物之母成物之至也言聖人者人之命盡人之至也夫天則高矣而曰父地則廣矣而曰母天地之至也且不能外於物聖人獨能外人以盡人耶何人之自小其身也則望聖人者甚大自忽其倫也則視聖人者太深故二三子以

孔子爲有隱而公孫丑謂道若登天甚矣知之難也雖堯舜之民比屋可封然但使之由而已未能使知也夫堯舜不能使人之知孔孟不能釋有隱之疑登天之惑無惑乎聖道之不明也道不明而後處士横議邪説浸淫學術之壞可勝言哉慕高遠者則虚談性命曰至也不知性命即人倫之緼使道之高遠而外人倫是异端也非性命也守近易者則博識文章曰至也不知文章乃人倫之發使道之近易而遺人倫是俗學也非文章也故以子貢之聞性道猶言事君事親以息倦子游以文學稱而曰灑掃應對末也而非本彼惡知其所學正以學爲事君事親以此息倦則其所乾乾者何學也聖道更無精粗灑掃應對精義入神一理耳而分本末兩事可乎堯之命舜曰愼徽五典舜之命契曰敬敷五教堯舜之道無他孝弟而已矣是故精義入神精者人倫也灑掃應對粗者亦人倫也多識博文博此人倫也盡性至命至此人倫也人曰至人人之外無所謂至也倫曰至倫倫之外無所謂人也人莫不飲食也鮮能知味也夫孰不爲人也而不知所以盡人耳謂之盡人人人可以自盡天下無無人倫之人則無不可作聖之人矣其有至不至譬之行者聖人則已適國吾或半途而廢然天下達道固莫得而阻之使不至也吾惟即人倫以作聖繇達道以修身則是至也殊途而同歸也矣堯爲君盡君道耳而欲爲君者則之舜爲臣盡臣道耳而欲爲臣者則之大匠誨人以規矩學者亦以規矩盡人而不則聖人猶方員而不法規矩是謂聖人人倫之規矩可也盡人之性所以盡己之性人倫之規矩立而益以見人倫之至矣然規矩取至於外者也聖人之至則在乎心非有待於外也是心也人皆有之亦非有待於人也嗚呼外者器也心者神也聖人神以立極則無待於規矩學者神以盡倫則亦無待於聖人噫斯其至矣

同前

岑用賓

同考試官教諭江批（論人倫者非塵腐可厭則牽縺不了是作意見超卓格裁高古用五倫而能擺脱不鑿其必學力之到者矣）

考試官教諭黄批（論學有此思致是達倫之士也）

考試官學正林批（自得之文）

天下之道本一也聖人立其道爲天下極者非有以异於天下也夫非有异於天下天下以爲不可及而卒异之者天下自异之也惟天下之自异也而後聖人之道立以法天下以傳後世聖人始擅其异于天下抑孰知倫一道也

道一性也性一天也天下無二性而謂有二道哉道不容以有二而聖人人倫之至亦盡乎天之所以與我而先得乎人心之同初非有二也聖人一其道而天下二之聖人同乎人而天下异之則聖人修道立極以一天下之二以同天下之异其責有不容已矣蓋無所二者聖人之道也無所异者聖人之心也憫天下之异而歸天下之一者聖人之分也噫此聖人所以爲人倫之至也書曰天叙有典敕我五典五惇哉又曰惟皇上帝降衷下民若有恒性克綏厥猷惟后夫典自天叙性自降衷一也而惇之自我綏之惟后一天下之二也天一之天下二之聖人一之全乎天盡乎人而非聖人之异也自今觀之仁得之元義得之利序别信得之亨貞聖人之於人一也相臨也而君而臣相親也而父而子相聯相儷相際也而兄弟而夫婦而朋友聖人之於人一也仁行之於父子義行之於君臣序别信行之於兄弟夫婦朋友聖人之於人一也但物之感人無窮人之應物無節以無節之應而遂無窮之感則心以氣昏性以情鑿道以欲蔽而一者二矣是故賢智者過乎一者也愚不肖者不及乎一者也仁者見之謂仁智者見之謂智偏乎一者也夫道本一也而偏焉而過不及焉二也道之不明不行也我知之矣而得謂之至哉惟聖人者清明在躬志氣如神氣通極於性性通極於命命通極于天是故其未發也涵之於五性也天神天明天精天粹倫之體所以立也雖鬼神莫窺其際矣而何其至乎猶未也發之於五品也以篤父子以正君臣以睦兄弟以和夫婦以孚朋友不思不勉無過無不及倫之用所以行也雖天地莫與其能矣而何其至乎猶未也達之於五教也表儀以樹藝極以陳聲名以發文物以紀刑政以一官師以徇盡已盡人存神過化倫之功所以極也而天下後世莫能加毫末於此矣而何其至乎是故父子正仁而天下父父子子者取衷焉君臣止義而天下君君臣臣者取衷焉兄弟夫婦朋友止於序别信而天下夫夫婦婦兄兄弟弟友友者取衷焉激之不能使之高抑之不能使之卑小者而不能加益大者而不能加損天下見聖人如是而不可加也則曰聖人天之所厚而非人之所同而其人倫之至真若天墜地出而震其异於天下孰知聖人非求异天下也自其人之同者充之亦非得厚于天也自其天之與者盡之故曰性一天也道一性也倫一道也道一而天下二之始見聖人爲不可及而以人倫之至异聖人聖人豈有心以人倫獨异于天下哉天下之道本一也聖人一其所一一天下之不一而已一其所一者聖人無异天下之心也無一而無不一者聖人同天下之分也蓋至此則天下之偏乎一過不及乎一者皆歸於聖人之一矣而聖人盡倫立道之效至於天地訢合萬物昭蘇横四海塞天地施之後世而無不一矣易曰天下之動貞

于一者也裁成天地之道輔相天地之宜一之至也聖人與天地參矣又如之何其可及也嘗聞之聖可學乎一爲要一者無欲無欲則静虚動直静虚則明而人倫之理洞然於吾心而無所蔽動直則公而人倫之理渾然於吾身而無所虧勿助勿忘兩忘俱化是亦聖人之一也孟子曰堯舜性之也人皆可以爲堯舜噫知堯舜之可爲則知聖人之可學矣

表

擬宋司馬光進十科舉士法表（元祐元年）

陳試

同考試官教諭張批（四六自歐陽諸公始一變徘體典則雅正至以屬對律切叙事陳情若行散文者故言表必依於宋是表正自得其體裁且善寫司馬忠愛之意録之）

考試官教諭黄批（莊重得告君之體）

考試官學正林批（一表佳甚）

元祐元年某月某日尚書左僕射兼門下侍郎臣司馬光謹以所撰十科學士法進呈者運屬方隆國以多賢爲實士嚴始進禮無不介而行在人主之必求貴官人之有法臣光誠惶誠恐稽首頓首竊以才難自昔器罕通方唐虞二帝之間兼收九德稷契五人之輩各效一官周家以三俊甄才漢法以四科辟士得則丞相故事失則開元聖書蓋有能有不能自天性之常分而無可無不可惟人君之曲成矧當繼體之初急在用人之際若皆求備何以獲周彷徨於付托之隆愈難其任反覆於圖惟之隙稍得其方瑣以科條具而列上自表著欽賢之地暨侍從補衮之階一軍在將帥之身諸路以監司爲命經術備啓沃論思之用文學分對揚潤色之司授計正辭非其人則莫理治書閲獄得其情而後平冀收一綱之功定以十科之目搆緣雲之厦屋杞梓兼裁航治水之艅艎篙楫并御試諸其職能其官乃命以官責在其人必有是斯能舉是歲一官而三薦人無舉而不公自然耳目之周坐致賢才之衆狐無粹白蓋有千金之裘樂以大成必合八音之奏初爲此策有與共圖咸謂可行故敢祈於一鑒有如未盡亦不憚於再籌恭惟聖本生知明不自用疇咨海内懷初服之投艱廷攬日中宜大人之繼照爲德不忘其舊用人必盡其長念先帝之所遺起愚臣於既老桑榆且迫恐孤四世之恩犬馬何能尚銜一飯之報事必盡乎方寸言不妄於生平抱此區區何能已已以兹末議遂復上陳伏願皇覽丕昭見葵心之有在帝謨克廣采葑體以無遺萬有一其必行非臣獨荷十得五而猶慰爲國有人臣光無任瞻天仰聖激切屏營之至謹具疏隨表上進以聞

第三場

策

第一問

王贊襄

考試官教諭黄批（大明會典自是會聚國朝諸典并諸條例爲書以便遵覽與周禮體裁本自不同子言具有折衷末意尤見忠愛録之不獨以其文也）

考試官學正林批（策涉制書事關本朝士子類於沿習帖括得之故多縱筆成篇而無復考定規裁之意此篇據經討古不昧時宜俊杰之士也）

繼天而作其體大繼聖而述其法詳大其體故道可得而冒也化可得而裁也物可得而昭也極可得而建也詳其法故類可得而舉也政可得而齊也禮可得而因也道可得而久也故惟聖而後經天下之體立惟明而後守天下之法融記曰作者之謂聖述者之謂明明聖者述作之謂也請得以是復明問焉蓋自昔人君定命於艱難之際勞心於草昧之初事孰於見聞之下慮深於憂患之餘其於保大定功以爲燕翼計者蓋莫不有典章焉顧其立國之初萬務叢舉事每病於不給承平則愈復闊略物忘其舊率多簡陋之風故以西漢之盛二百年無服章之制雖唐六典亦蒙宇文之舊徒文具而無所設施宋會要不定朝會之儀至熙寧而始議其禮其他固不足徵也於惟皇祖躬上聖之資雄曠古之績盡倫盡制有綱有紀故其見於製作也有□□祖訓以厚倫有諸司職掌以立政有洪武禮制大明集禮孝慈録教民榜諸書以貞天下之教有大誥大明令大明律軍法定律諸書以弼天下之教黜厘元政弘敷帝猷聖王之文燦然備具所謂本道德也所謂致隆高也所謂綦文理也其視禹之典則湯之儆訓文武之謨烈不遐有光矣嗚呼盛哉所以經天下之體也非聖其誰能修之成祖紹統列聖承休憲章之在率履不越經理之宜潤色咸備至於敬皇思成□祖之志稍遵條格之規開局編摩發揚盛典其所宗本以諸司職掌□王其所纂輯以祖訓諸書爲据以其所關之重故事雖細而必録以其所著之善故令雖寢而必存起於洪武之初元附以歷朝之行事綱領宏大類例該洽朝家之式秩然咸在所謂總方略也所謂一統類也所謂振毫末也將使奉法之吏誦數之儒歸極之衆是彝是訓矣嗚呼休兹所以守天下之法也非明其孰能修之若其於周官唐典之同异則有可言者愚故不可以不盡也唐典姑置諸周禮一書蓋周公既相成王建都於洛乃損益二代之制定爲一王

之法筆削既成不可附益雖洛邑之建必有官屬一不綴及歸於一統耳其曰孺子來相宅其大惇典篤前人成烈是已彼所謂惇典成烈之書也比於諸司職掌蓋庶幾焉會典者抑蘇洵所謂纂集故事使無忘於後人如其所編嘉祐禮書隨事記録詳其曲折不爲筆削者是已故不必取合乎周禮耳恭惟□上獨稟明聖承運中興天孝尊親主敬法祖議禮制度有述有作追隆古之上儀備皇朝之法則耶郁乎洋洋乎體大而文洽德昭而福應蓋愚之所不能殫舉也兹復申命儒臣修輯會典誠欲其官無曠牒禮無漏儀事歸於盡善盡美者矣今者碩輔論思名儒校理秘籍載啓嘉謨允列所以翊右文之盛治贊不朽之大業者固非野人小子之所得窺也而執事乃假以載筆之言重以下風之佐恧乎其不足以承明問也蓋愚聞之事者君子行之而小人言焉愚也亦將有小人之言於此蓋會典以纂集爲務故有類聚而無筆削周禮以典常爲主故有定載而無附續故會典獨可采集近事增續舊文所謂備所未備者也若夫精而益精則我皇上明聖之烈述作之宗逸廓千載此其一遇也語曰日中必熭操刀必割謂宜折衷象魏之書參伍皇王之紀作爲一經傳之無窮所謂懸諸日月不刊之書也不其偉歟草野之見誠不知其可否亦惟執事有以教之

第二問

胡庭蘭

同考試官教諭江批（樂導和者也不得聲氣之元而秖以器數論樂抑末矣子於議評之間而知歸重于心焉蓋觀樂之深者豈但竑博已耶）

考試官教諭黄批（考究精詳品裁允確非剽竊者所可倫也）

考試官學正林批（學有根據文有條理）

聖王之作樂也所以宣天地之氣而泄人心之和者也蓋人心之和與天地之氣相爲流通故達於聲氣之元者而後可以善音律之用通於人心之極者而後要可以妙推行之機持此以作樂則情文兼舉本末具備可以爲一代之大成矣苟弗此之務而徒滯其迹於聲變异同之間備其數於修短廣狹之辨則所謂樂器之末者且未之識矣其何以語作樂之大方哉此固執事策諸策生之意也請敬陳之記曰流而不息合同而化而樂興焉言樂之所自始也易曰雷出地奮豫先王以作樂崇德言樂之所由作也稽昔淳古葦籥女媧笙簧伏義紀陽氣而爲律黄帝以鳳鳴而定音樂有由作矣是故聲出于日其法五行之説乎如甲已爲角乙庚爲商之類是已五行相滅而後相生猶五音相反而後相和也律出于辰其法十二辰之説乎如子爲黄鍾寅爲太簇之類是已辰固順布而不窮猶律以族宫而各足也要之聲出于天天無形也律制于

地地有形也有形生於無形而無形者復資於有形聲律顧可二乎哉自是言聲者有五聲二變有班固之七始胡樂之七華夫婆陀般贍音出侏儷鶚識沙臘聲局方外斯所謂夷制也亦不足云矣彼黄鍾林鍾太簇爲三才之始姑洗蕤賓南吕夷則爲四時之始固亦術數之末技制樂之餘規也可與七音同語哉吾所取者文武之全音耳蓋曰宫曰徵曰羽曰商曰角其相次相間犁然分矣故角徵之間近徵也收一聲謂之變徵羽宫之間近宫也收一聲謂之變宫何也宫爲君商爲臣角爲民徵爲事羽爲物也臣有常職民有常業物有常形是故角徵羽三宫所以無變也君總萬務貴通變以宜民事屬萬機必化裁以盡利是故宫徵二宫所以有變也言律者有京房之六十律有黄帝之十二均王朴之十一均夫黄鍾仲吕固名正聲孰始南事奚取變律况包育待謙等篇斯所稱噍殺也亦舛於樂矣彼虚宫之位而不用其大君取足四聲而不知其全律朴亦暗地奮之義夫殷奏之宜也豈足云十二律之衍歟吾所取者黄帝之十二均耳蓋十二律八十四調義取旋宫象月數矣五聲之并以宫而爲主君子謂成損益之規得黄鍾之正矣何也黄鍾萬事根本作樂之元也是故其制長九寸各因而損益之以和音樂音樂得其和是役衆律也以正時序以審五度以嘉五量以謹五權非他律所能役也至於正聲子聲之别正律變律之辨其指又可知已夫正聲十二全律也子聲十二半律也變聲又十二變律也一均之内宫聲爲主是故商角徵羽四聲短於本律故用正聲焉中吕蕤賓林鍾之宫長於本律故用半聲焉推之而正律變律可識也惡得云於樂無所相成哉蓋天統元氣無不兼聲也地統元形無不兼律也人統大成無不兼天地也所謂具三才之道者非歟然形聲者天地也諧之者人也何也樂生於音音生於律律定於尺尺成於黍制樂者所當究心矣夫何荀勉以角律之長而制笛自黄鍾二尺分寸蕤賓三尺九寸咸長短之不倫是四角八角之數也梁武以十二律管而制笛自黄鍾二尺八寸至應鍾三尺三寸皆自長而漸短是十二律長短相乘之法也要之私見制律非其元氣律不可定已杜夔校尺長於汲冢阮咸校尺合於始平要之异同之間滯於形器尺不可定已晋田父之尺則加七厘梁表之尺則加二分蔡邕之銅籥錢樂之渾儀以至後周之王尺鐵尺皆長二分有奇其於長短固古今异也公孫崇以爲累黍之長劉芳以爲累黍之廣元正以爲取二黍之間以至李照之以横累寸胡瑗之以横累尺其云廣狹亦人人殊也豈非黍有大小年有豐歉歟以黍定尺又不可成已夫古人因黍起數積而至於度量權衡此樂之由制也後世之黍未必如古又不求諸自悟之心乃區區於大小廣狹之迹多見其惑矣司馬遷曰樂所以爲治而

和正心也故宫動脾而和正聖商動肺而和正義角動肝而和正仁徵動心而和正禮羽動腎而和正心是樂非自外作也故欲求音樂者亦惟求諸其心而已矣又何必屑屑於器數清濁之間哉後世若儒者之論樂莫備於蔡元定律吕一編蓋其明白淵深縝密通暢九分一寸之説則淮南大史可推五聲二變之數則杜預通典可考黄鍾圍徑本於漢斛之□分變徵非調出於孔氏之禮疏而先求聲氣之元因律以生尺尤所謂卓然者然則備音樂之缺者舍此其誰乎方今聖天子履中樂和凝道器於一身明天察地貫性命而成則其於製作之妙固已兼統而會萃之矣愚也何幸躬逢其盛

第三問

謝應垣

同考試官教諭張批（古者射以觀德□爲文具是作得其體要且能敷揚我聖祖置圃學宫育德造士至意其欲因文務實尤有真見録之）

同考試官教諭程批（古今射法鋪叙殆盡而反已自修之意隱然自寓有志之士也）

考試官教諭黄批（深得立射本意）

考試官學正林批（條答詳盡）

文者有其實者也禮者適於宜者也實不足以振民育德而爛然於器數儀典之間雖盛亦靡宜不足以興治化風而戔然於糟粕故常之説雖正亦迂故孔子於史野之際求彬彬焉而嘆夏商之道不勝其敝言貴損益之也夫言六藝者皆文也則皆務實也而獨於射乎執事獨舉射爲問毋曰射禮廢而天下無男子欲以男子之道望愚生乎蓋自弧矢之作始於黄帝侯明之典載乎虞書事之盡禮樂而立德行者莫若射以故聖王務焉及周之興牧野一戎散軍郊射凡所崇三射之制立五善之目澤以擇士侯以封侯郁乎盛矣然秦滅典墳尺子之禮見於周官略不備所僅僅者諸侯二篇而已姑舉六官所載則有射人以射法治射儀而司常共旌司裘共侯歌節以樂師治正以司馬掌次張其耦次太僕贊其弓矢而太史飾中舍筭各職所事而不相奪明有司也天子將祭與諸侯群臣射而擇其賢者與於祭曰大射諸侯朝于天子而天子與之射曰賓射天子勞其使臣及與群臣飲酒而射曰燕射國之大事在祀故曰大而賓客燕息明有義也以言六弓王弓孤弓天子之弓也合九而成規唐弓大弓諸侯之弓也合七而成規夾弓庚弓大夫之弓也合五而成規尊卑統馭明有廣狹也以言八矢枉矢潔矢利火射殺矢鍭矢利近射矰矢第矢用諸弋恒矢庳矢用諸散前後重輕明有利鈍也大射之侯則王熊虎豹諸侯熊豹大

夫麋賓射之侯則王三侯五正諸侯二侯三正卿大夫一侯二正燕射之侯則天子熊侯白質象尊嚴也諸侯麋侯赤質象賓服也大夫布侯畫以虎豹象變化也士布侯畫以鹿豕象賤微也天子六諸侯四孤卿大夫三爲耦判矣大射於郊賓射於朝燕射於寢爲地分矣天子騶虞爲節樂官備也諸侯貍首爲節樂會時也卿大夫采蘋爲節樂循法也士采蘩爲節樂不失職也仰其度品節之中而名位等威之義不章章較著歟至其教人之射則曰卿射州長春秋以禮屬民而射于序鄉大夫以五物詢衆庶而射于庠是已要皆以禮將之謂之禮射故曰其容比禮其節比樂又曰内正外直持弓矢審固而後可以言中是其教也以德也非以射也故爲士者藏修游息於禮樂之間而不覺其漸漬陶鎔以成德行先王之所爲教者有其實而已周衰禮廢列國兵争主皮貫革之風相沿浸失古制斯禮餼羊兩漢之間惟明帝辟雍一行耳唐開元中頗嘗論著一曰射於射宫一曰觀射於射宫而給事中許景先疏奏罷之其後復行之安福樓下噫微矣宋淳化間有司具圖而曰俟弭兵之日行之乾道間駸駸討論又以舊制煩苛不可此不幾於文實并廢者哉恭惟我太祖高皇帝統一車書修明禮樂洪武三年詔天下學校創射圃射儀圖式著爲令凡成均博士弟子及郡邑有司學官罔不治射蔚然文明之會莫可尚焉夫置圃於學猶鄉之射也而責之提調有司博士學官猶在州長云爾但百餘年來諸生涵濡被服日用繇之而不知其所爲教者不曰桑弧蓬矢有事四方也則曰文事武備不忘危亂也夫使章縫而得爲干城之資顧不美乎然竊非其本也孔子曰興於詩立於禮成於樂無他養之也諸生歌於斯習於斯又射且學於斯吾知天機與制器相觸情性與肌膚并融不亦樂乎則生生則不知足之蹈乎之舞此聖學也豈易易言哉是故好學不倦旄期不亂以繹志也子爲子鵠臣爲臣鵠以射已也此實我太祖養士置射之微亦成周教人禮射之意也至中間斟酌損益之制又有可言者要之儀禮詳而今射儀易簡戒射張侯陳器定耦大較同而士民俊秀大夫子弟以及品爵高卑之射各有其位則昔所未具也自行省而下衛府州而縣而學之射各有其圖則昔所未睹也誘射請射取矢視筭大較同而執旗六人掌于容後似與舉旌偃旌者稍别中的者飲三爵中采者飲二爵似與不勝立飲者迥殊狐鵠糝鵠之异采亦崇卑异侯之旨而儀不設樂以射教子弟無燕禮也鹿中兕中之异器亦庠序异射之遺而文無迎賓以射主長官無賓禮也其同者實也其不同者文也我太祖之所爲禮者適於宜而已夫生今而不遵聖王之制者謂之悖好古而不得先王之心者謂之泥悖者吾知其不敢也大抵仍襲儀禮舊篇曲儒所見往往然爾寧不動執事會通之

思耶且如古人席地而坐坐而取矢禮也今之坐不然矣必如古之人則使尊賓皆跪以取矢將爲敬乎古者堂必有阼階及階揖升堂揖禮也今之階或不然矣必如古之人而至畫地爲階以成三揖非爲戲乎孔子射於矍相而使公罔之裘揚觶子路延射蓋在觀射堵墻之時耳今行之學宫則環而視之皆孝弟詩書之倫烏有賁軍之將之可去也而必於揚觶不已虚乎傳曰政不偕時固之敝也禮不從宜執之愆也是故神而明之存乎其人而我太祖之制則固會通百王全善大美誠百世以俟聖人不惑者也有志者儻實舉而行之則所謂化裁通變之宜神明鼓舞之用其盡在於斯夫抑愚言文而必求實者蓋言體也言禮而必協宜者蓋語用也明體以適用此正心誠意之學不可不講也今之庠序豈惟游藝有弗若于古人毋亦志道據德之功所未究心乎嗚呼文者質之衰古人以六藝爲文君子曰非至文也乃至并其六藝而學官寘之弗講弟子懵焉不知而人士相語則曰文盛文盛是何哉所謂文者執事其教之

第四問

金文業

同考試官教諭林批（宗法所以明氏族世系不淺場中蓋鮮知之子能稽古援經條分縷析是誠究意于惇本之學者録玆匪徒取其文焉爾）

考試官教諭黄批（博物洽聞子誠足以當之可敬）

考試官學正林批（條答無遺博古之學也）

秩天下之大倫者莫先于族類之辯正族類之大本者莫重于宗法之立夫氏族統同於天下所以明有系也宗法别屬於一家所以明有本也使宗法不立則氏族不明氏族不明則昭穆紊矣親疏淆矣尊卑貴賤無自而序且别矣天常人紀舛盭錯謬其何以溯流窮源循末探本使人倫之昭賁世道之熙隆於天下也哉噫此宗法之關于氏族者信其重乎請因明問而陳之禮曰繫之以姓而弗别雖百世而婚姻不通是先王氏族之重所以達天親之本始昭人道之懿彝也故裴駰曰天子賜姓命諸侯命族族者氏之别名也所以統繫百世使不别也氏者所以别子孫之所自出也是故以國氏者堯之後繼封於唐而爲唐氏舜之後始封於虞而爲虞氏以至齊魯秦吴氏是也以地氏者傳説築于傳巖而爲傅氏東蒙主於蒙山而爲蒙氏以至東郭北門氏是也氏以字者子桑子言而龍氏容氏則以名焉氏以次者孟孫季孫而五王續祈左史右史倉人庫人則以族以官焉其義不亦徵乎以凶德氏者所以著其惡而蛸也莽也非以凶德乎以吉德氏者所以彰其善而冬日也老成也非以吉德乎曰巫氏曰卜氏以技氏者也曰竇氏曰所氏曰巫乙匠陶氏以事氏者也他如

楊孫賈孫則又以族系氏者焉惠叔顔文武成宣以謚氏者以至成公氏成王氏王孫公孫氏則又以爵氏者焉其指不亦邃乎故自是而姓氏之傳燦然博矣三烏五鹿氏以志也如陳伯袁之後爲袁氏齊公子高之後爲高氏衛公子衛孫之後爲孫氏魯閔子騫之後爲騫氏非以美之字爲氏者乎如文王封蚺叔於沈後爲沈氏晋穆公封成師於韓後爲韓氏晋獻公封畢萬於魏後爲魏氏非以封之邑爲氏者乎黄帝之子爲弓之長因爲張氏周史佚世守其官因爲史氏平王少子有文在手曰武因爲武氏金日磾獲匈奴祭天因爲金氏是又以一時之事爲氏者也要皆表功德明倫理亦未爲失道也至如吴是因孔融之嘲而改儀曰是嵇康因嵇山之家而改奚曰嵇束晰之避難也則改疏廣之氏而爲束賀循之避諱也則改慶譜之氏而爲賀此其率意更改以致後世之莫辯者自是基之矣夏啓封支子於辛莘後爲莘氏武王封虢叔於西虢後爲郭氏氏以聲近而訛也如邾子之後去邑而爲朱氏邘氏之後去邑而爲于氏非以字近而訛其姓者也如祁氏一族也凡六别其姓嬀氏一族也凡四别其姓非以姓多而訛其族者乎杜氏一姓而有五望張氏一姓而有十望劉氏一姓而有六望是又望多而訛其姓者也要皆世遠裔繁音轉字訛理勢所必然也至如安東王氏出於阿布恩營州王氏出於高麗果可以附周齊之後柳城李氏出於契丹代北李氏出於沙陀李正已出於高麗李寳臣出於奚種寧可以紹皋陶之系此則因姓附人以致君之姍誚者厥有所由矣故嬴秦滅學公侯子孫失其本末司馬遷乃約世本修史記因周譜以明世家而天下始知姓氏所自焉至魏立九品官人之法官有世胄譜有世官由是有譜局令史而氏族始有所掌焉他則山東士人崇尚閥閲而高士廉譜牒所由考也博稽記載紀氏族者不可以序别之乎應邵之作風俗通訛陋無稽以至唐宋諸儒乃因陋踵誣沿襲不改實邵之誤起之也歐陽脩之作宰相表精詳有據以至九十三族如鍾陳韓高舛訛亦甚殆修之詳致之也他則姓苑宂雜考正是非而林寳元和姓纂之由作也彼善於此論氏族者不可以厘正之乎嗚呼李義府不得與於李德宗之譜乃傳致其訛杜正倫不能齒於杜城南之牒乃鑿摘其失背本斁彝是何心也不寧惟是於王氏不知其元城宜春卭城也於劉氏不知其陶唐奉春元海也於馬氏不知其馬服馬矢石氏不知其周衎後趙也甚哉氏族未易辯也蓋係于譜牒之明廢而已故曰古之氏族繁而知之者多今之氏族簡而知之者寡其斯之謂歟雖然三代以前姓氏之權出于上而譜牒爲易明三代以下姓氏之權出于下而譜牒爲難考故遥遥華胄聞者非焉汾陽一拜識者耻之寧非譜牒之不講耶兹欲定譜牒明世系使是非出于一

定而天下知所以尊祖敬宗報本反始如執事所謂仿成周小史之所職者頒行天下則極建於上俗美於下本源澄而支裔自清統系正而昭穆斯明矣棠棣行葦之美不其復見于今乎故以此治國則國有倫以此擊民則民不散豈不爲同人之道哉要之在宗法之立耳故曰宗法立則人知重本而朝廷之勢自尊誠講明氏族者所當注措焉

第五問

陳試

同考試官教諭張批（平黎一策諸士類能言之究理亂之源達失得之故於戰勝之外編户治之以理化之則子根本之論也録之表經世之學）

考試官教諭黄批（經畫詳明區處允當是必留心於平黎者矣）

考試官學正林批（具見匡時之略）

人曰王者之不治夷狄也愚則曰未嘗不欲其治也人曰夷狄之不可理化也愚則曰未嘗不同此理也夷狄辟之禽獸然彼惡知所謂理者求其大治必至於大亂故以不治爲治也於戲天地萬物本吾一體即禽獸而聖人未嘗不愛也鳥儀獸舞之化是果何理哉而夷亦人類也其耳目口鼻與人同其飲食男女與人同則其樂生惡死趨利遠害之情猶人耳安得而不以人治之王者所不治乃車書文物之外非中土也今之黎峒地屬瓊海固中國之要郡且黎内而民外其斯民腹心之疾也將母治乎自昔平黎者曰撫曰戰曰守三者之外無長策也至其言兵不曰機則曰權曰略而已三者不言而言理書生之迂談也三策不用而以治爲策達士之駭聽也然愚也本書生也故以書生之説進執事於三策之外必得夫久安長治故以治之之策進耳夫瓊顓顓大海之中三代以前猶南服荒徼至漢元封始置珠崖儋耳二郡縣是歷代更置不常而黎則隖上蠻也故有二種曰生曰熟生黎居内熟黎居外要其居皆盤紆蒙密非人迹所窮俗稱黎母山其最高處也一名五指峭若人指屹立時時霧靄中故生黎所據尤峻險不可迹任其犴獷不受欺觸賦役不供然不甚出爲民患爲民患者熟黎耳熟黎耕省地輸公税而分隸四郡者也其初閩楚奸氓蕩貲亡命及南恩藤梧高化從征之兵占食其地因自稱峒首頭目而貪狡習凶始也賦役并供後駸駸不服差矣噫繇來漸也竊迹往事觀之廣幅之調不堪遂攻郡而殺守一也初元苦於久叛卒從棄郡之請二也自吴以絶險不取至宋之南通無功三也乾封瓊州之陷百二十四年而後復四也紹定十年之亂郡城數十里莽爲盗區五也至順之三軍既陷復寇乾寧而澄邁隨之以破六也□□居勢彼高而我下若與我爲主賓二則制人賓則制於人此勝負之

機也迨我國朝神功聖烈四夷咸賓諸峒悉心歸附而崖州羅活等峒間爲瓊患噫狐鼠耳於是辛丑大征蕩然剗滅矣乃未十年復有今日之舉論者咎之有司綏字失宜是誠然也然所釀長積大之者又豈一朝一夕哉其言撫者在昔固行之宋慶禮親諭首領釋仇相親李崇矩抵峒慰遣衆皆懷附朱國寶爲宣撫使而降者三千户涂棐爲副使而千家村向化此具有成績者然非定計也一時兵力未充姑蓄力有待如此耳其言戰者在昔亦行之而於失得之際可三致嘆焉以完澤新鋭之兵當既疲之寇勢若破竹而納間受降此可伐不伐者也咸通四將所向亡故群黎喘息待命而僅置忠州以還此伐之不盡者也平章至元之師刊石五指功勩偉甚然任用土人誘亂終元之世此能伐而不能處者也三者既失欲毋今日得乎至言守者不過以斬伐之威未伸招輯之恩難致而暫强勉支吾之也斯又下矣夫誕修文德非撫乎然用之未事之先者也豫無保厘之方俟叛而撫之是釀亂也細柳堅壁非守乎然施之有備之際者也本無制勝之策不得已而守之是示怯也三者之中所須於今日燃眉之急戰其不可已乎或曰黎故無兵也頃緣一二射利之徒以魚鹽爲媒而潛授戈甲以販商爲號而遞報實虚故漢技得以資頑而狼心易於鼓釁然則通貿之禁宜嚴而於把隘之司加之意可乎或曰黎故不叛也始壞於撫黎土職而終壞之土舍居則剥黎以肥身變則間黎以阻化聞撫則格號令將亂玉石之心聞征則泄事機自固輔車之勢然則亟謪之防根蔕之深姑令率其酋長聽有司之命可乎或曰莫先於開道誠使於五指諸山東若牛嶺西若回風乘此大衆之力而斬鉏草木燒赭藤蘿鑿山通徑黎不得有其險矣是則然也然孰與守之或曰莫要於屯田誠使於岐黎諸峒申畫封疆設營置堡一仿屯兵之制而多方招募願耕者聽民黎雜居黎不得專其田矣是則然也然孰與制之衆建州邑其開道屯田之完功乎蓋盡群黎而版籍之治之之功孰大於此然不易言也又聞黎椎髻跣足寢食不釋弓絶無人禮至其重契箭謹然諾錙銖不爽呿呿吁吁棧居而蓬處其庶乎敦樸渾龐之風歟昔人有言太古不可見蓋於黎獠彷彿焉噫傷之者至矣誠使建州編户之後遍置塾學日夕誨諭子弟而擇其耳目聰明納之黌宫紓徐於衣冠之列吾知真性呈而天機悟也若有奪夫弓矢之好攜携携而翼之漸而灌之不利於速成不貪於近名不安於小康於斯時也誰復與黎哉此謂以理化之者也尤不易言也於戲戰勝之策效在目前治之者非假之歲年不可高宗伐鬼方三年克之其百世之功乎百世之功未足言也王者必世而后仁使黎而歸仁焉其萬世之功乎噫要皆書生之説也執事儻不以其説爲迂則豈惟治黎哉則豈惟治黎哉

廣東鄉試録後序

惟兹鄉試御史以代至孔邇庶工朋作兹乃先事考慎勞於夙夜既戒既叙將即事會督府司馬偕總兵平江伯奉命討亂於黎戈船十萬席捲南行洗兵廣海之間刷馬越臺之上御史介兩府賓館贊揚威命商校武事叙戎慓夷本末具舉既而曰有嚴有翼共武之服共武之服以定王國督府亦申意文場討論厥事綢繆於詩書之敦究極乎賓興之典既而曰我覯之子維其有章維其有章是以有慶於時文武將吏咸在登降燕勞詞訓兼備威儀孔多士獲覯兹盛際咸願奮揚惟曰國家所以甄材命官文武兼資久而益隆之道庶其在此惟士所以恒既厥心思以一日自見以無負於國家緩急有賴庶其在此乃咸啓發憤悱大放厥詞至於其日殆若觀兵涿鹿校戰昆陽一怒未渫屢鼓不衰至皆引筆盡紙繩而不輟探罙罙之思順亹亹之意其精神所搆也蓋有聞聲響赴迹涉之而影從者即是殆無弗能於言者矣而其雄偉非常信如所云有摧陷廓清之象斯殆有所感會矣文與武交贊而成功者也兆是役矣詩云濟濟多士克廣德心桓桓于征狄彼東南其斯之謂歟既事官師交賀人懷好音雖諸士之心其獲與是選亦誰不樂此者而玉藻猥以無能獲承是役惟一日之觀不可易是以有愛願無己之心謂諸士時則既嘉矣言則既從矣事則既合矣亦姑務大其所存而已循緝於感會之餘發皇於耳目之表究文武之所用效將相於他日俾後之人考其由來徵是舉焉不益美歟詩曰文武吉甫萬邦爲憲

江西吉安府萬安縣儒學教諭黄玉藻謹序

嘉靖三十一年廣東鄉試録

廣東鄉試録序

歲壬子皇上御極之三十有一年天下例舉士於鄉維時東粵駿茂畢集巡按御史郭文周奉命而至寔司監臨矢心殫慮夙夜兢惕以敷揚聖天子之休命先是巡按御史蕭世延規擴程式禮聘儒臣以賢與教諭荀文奎至謬主考試教諭龍子昂張其恭教授張誼學正楊培教諭孟陽曾可耕至同考試提調則左布政使談愷右布政使劉采監試則按察使張元冲僉事尤瑛罔不精白一心嚴恭寅畏期以共成以人事君之忠至期進提學副使張希舉所簡士三千有奇三試之擢其雋得七十五人録名氏與其文之優者以獻以賢以例謹序諸首簡竊謂國家建學崇儒敦尚行實以厚治化之本而其斂士也則以文設科定式百八十餘年于兹矣得人甚盛有不可以殫述者蓋士修其行真精内藴實德在躬如抱璞懷珍秘其輝光而不露主司一旦欲搜括而登薦之非文焉曷所辨乎惟兹東粵固天地之隩區而人文之名藪也校文之役彌重以艱以賢實惴惴然惟不得人是懼乃窮日夜之力而求得其所謂抱璞懷珍之文者則三千之徒蔚然一律精潤而輝煌炫采奪目甚至不能以去取隘於額僅拔其最尤者登薦於天府而其待用於將來者固充斥不可限量也以賢乃作而嘆曰大矣哉皇上作人之化其亘古今而獨盛者哉東粵之地實控南交平秩以來向在荒外秦漢始入職方而化理弗宣唐宋浸有文物而氣機未盛蓋其地最遠故天地之氣流行而至也獨後聖人之化磅礴而光被非久道弗成焉洪惟我祖宗列聖統一寰區聲教四訖迨我皇上文思炳焕道化益隆涵育薰蒸浹于三紀濱海而居數千里之地航海而南又千餘里之境所謂極天所覆極地所載之處也聖謨彝訓頒布不遺海隅之士若親被金玉之聲而適際膏雨之潤者生長而習之今皆成立於學術而蜚耀其英華固宜其文之特盛而校文者之不能以去取也蓋聞前百餘年粵之文則盛矣其郡邑猶以腴瘠殊絃歌後數十餘年粵之學術益正矣其人士猶以意見爲同异同文合道之會實惟我皇上久道而化成之於戲火德統天文思四被巍乎大哉不可尚矣嗣是而後九疇協瑞帝臣之願猶未勃於海隅姫運中興疆理之功南遵

淮海而止耳皇上文明之化薄海内外罔不孚洽謂非亘古今而獨盛哉東粤之士抑何幸而生於今日也雖然諸士之文則誠盛矣昔者幡然數語對揚三篇君子以爲伊傅之先資諸士商確時事之切而昭晰化理之原皆盡發於其文此先資之實也行將嗣服有位果能必踐其言以成其信自列於伊傅之儔歟否歟在昔有之曲江金鑒光於日星蒲澗卧龍揚其風烈固一鄉人物之表也然皆孑然於唐宋間斯時也粤之生材未盛而天下之材又不皆如二臣其時事固可知也諸士之生受天地交至之氣而沐聖人悠久之澤彬彬並出以其所自許者而措之爲經緯施之於廟廊若思皇多士濟濟然以楨幹王國則唐虞三代之風可想見矣苟行之而弗信其言其所樹立表見必不能逮其鄉之先哲而復望其有興致太平之業如伊傅之盛哉校文者不得人之罪於是乎不可逭矣諸士圖之鹿鳴之歌曰人之好我示我周行君之所資也曰德音孔昭示民不恌民之所資也康濟經綸謂之大道必誠必信行顧其言謂之德音諸士以此自勖自勵則所以建功業配前修而致太平者皆於是乎在此校文者之幸實國家無疆之慶也諸士其敬圖之是舉也文武爲憲興起譽髦則提督兩廣軍務兵部右侍郎應檟提督南贛等處軍務都御史張烜武靖文興雅尚儒術則總兵官鎮遠侯顧寰嘉樂逢掖式增士氣則清戎兩廣監察御史王紹元翊襄防範均有成勞則条議周鯤趙承謙尹祖懋副使何元述僉事曾烶劉洵李萬實王德杜璁參將馮文焯俞大猷都指揮張國威劉滋而參政徐禎副使沈瀚都指揮張裕雖先期以入賀行亦有勞於先事者也例得并書

浙江温州府平陽縣儒學教諭黄以賢謹序

嘉靖三十一年廣東鄉試

監臨官

巡按廣東監察御史郭文周（景復福建福安縣人　甲辰進士）

提調官

廣東等處承宣布政使司左布政使談愷（守教直隸無錫縣人　丙戌進士）

廣東等處承宣布政使司右布政使劉采（與質湖廣麻城縣人　己丑進士）

監試官

廣東等處提刑按察司按察使張元冲（叔謙浙江山陰縣人　戊戌進士）

廣東等處提刑按察司僉事尤瑛（汝白直隸無錫縣人　甲辰進士）

考試官

浙江溫州府平陽縣儒學教諭黄以賢（君向福建閩縣人　庚子貢士）

河南開封府尉氏縣儒學教諭苟文奎（華甫陝西狄道縣人　丙午貢士）

同考試官

直隸徽州府歙縣儒學教諭龍子昂（行敬江西泰和縣人　庚子貢士）

直隸廬州府六安州英山縣儒學教諭張其恭（伯安雲南昆明縣人　丙午貢士）

湖廣常德府儒學教授張誼（子正山西安邑縣人　戊子貢士）

湖廣承天府沔陽州儒學學正楊培（德夫貴州安南衛人　丙午貢士）

河南河南府永寧縣儒學教諭孟陽（子東陝西咸寧縣人　丁酉貢士）

浙江台州府僊居縣儒學教諭曾可耕（仲野江西廬陵縣人　庚子貢士）

印卷官

廣東等處承宣布政使司經歷司經歷李夢麒（兆祥陝西南鄭縣人　監生）

廣東等處提刑按察司照磨所照磨沈玉山（思昆直隸崑山縣人　監生）

收掌試卷官

肇慶府知府李寵（元勛湖廣麻城縣人　戊戌進士）

雷州府知府羅一鸞（應周福建閩縣人　甲辰進士）

瓊州府知府張子弘（汝容江西廬陵縣人　甲辰進士）

受卷官

惠州府同知林應麒（必仁浙江僊居縣人　乙未進士）

潮州府通判張維岳（堯臣浙江杭州右衛人　乙未進士）

廣州府推官胡崇曾（參伯浙江會稽縣人　庚戌進士）

潮州府推官羅元禎（汝符江西鄱陽縣人　庚戌進士）

高州府化州同知宋曰仁（思表福建莆田縣人　丁未進士）

彌封官

廣州府番禺縣知縣毛汝麒（伯祥浙江龍游縣人　庚戌進士）

廣州府南海縣知縣沈應乾（惟順直隸五河縣人　庚戌進士）

廣州府東莞縣知縣何價（君藩湖廣郴州桂陽縣籍衡州衛人　庚子貢士）

廣州府增城縣知縣盛賓汝（以善直隸常熟縣人　辛卯貢士）

廣州府從化縣知縣吕天恩（仁甫廣西淮陽縣人　丁酉貢士）

謄録官

惠州府興寧縣知縣黄國奎（子聚江西廬陵縣人　丁酉貢士）

惠州府海豐縣知縣王一貫（在會福建莆田縣人　辛卯貢士）

潮州府揭陽縣知縣鄭用賓（于觀福建莆田縣人　丁酉貢士）

潮州府惠來縣知縣林春秀（實甫福建閩縣人　丁酉貢士）

瓊州府臨高縣知縣陳址（道從福建連江縣人　庚子貢士）

對讀官

廣州府通判汪應奎（文明直隸休寧縣軍籍歙縣人　乙酉貢士）

南雄府推官胡寶（惟賢江西新建縣人　辛卯貢士）

廣州府順德縣知縣方攸躋（均敬福建莆田縣人　庚戌進士）

雷州府海康縣知縣易文亨（嘉甫廣西臨桂縣人　甲午貢士）

雷州府遂溪縣知縣張天叙（惟典福建晋江縣人　辛卯貢士）

巡綽官

廣州右衛指揮同知武尚文（懋兼河南汝寧縣人）

廣州後衛指揮僉事任漢（于湛直隸鳳陽縣人）

搜檢官

廣州左衛指揮同知高暘澤（朝恩直隸全椒縣人）

廣州後衛指揮僉事楊南（明甫直隸和州人）

廣州後衛指揮僉事王泝（孟源山後龍山縣人）

廣州右衛左所副千户林輔（于相浙江黄巖縣人）

廣州右衛中所副千户蕭仕明（國高江西南康縣人）

廣州前衛後所副千户林廷宣（聲伯福建莆田縣人）

供給官

廣東都指揮使司經歷司經歷任洛（道鳴湖廣蒲圻縣人　監生）

廣東等處承宣布政使司照磨所檢校黄誥(汝欽四川新寧縣人　監生）

廣東等處承宣布政使司理問所理問王良樞（慎卿浙江烏程縣人　監生）

廣州後衛經歷司經歷鄭炳（文輝浙江錢塘縣人　吏員）

廣州左衛經歷司知事劉繼（孝之直隸武進縣人　吏員）

南雄府經歷司經歷冉希哲（宗晦湖廣石門縣人　監生）

惠州府歸善縣主簿秦相（希旦廣西永福縣人　監生）

南雄府始興縣典史許志學（師道福建晉江縣人　吏員）
廣州府番禺縣五羊驛驛丞馬縉（廷儀直隸宿州人　吏員）
廣州府南海縣官窑驛驛丞沈璣（山美直隸長洲縣人　吏員）
廣州府增城縣烏石驛驛丞賀正良（德元江西新建縣人　承差）
廣州府從化縣李石岐驛驛丞秦天富（安之廣西靈川縣人　承差）
韶州府英德縣清溪驛驛丞周大播（奇肖福建莆田縣人　承差）
肇慶府德慶州壽康驛驛丞范秉綱（天振浙江鄞縣人　承差）
惠州府博羅縣蘇州驛驛丞陳廷光（思明福建閩縣人　承差）

第一場

四書

莫春者春服既成冠者五六人童子六七人浴乎沂風乎舞雩咏而歸夫子喟然嘆曰吾與點也　及其至也察乎天地　居仁由義大人之事備矣

易

大哉乾乎剛健中正純粹精也　豐大也明以動故豐　知周乎萬物而道濟天下故不過　離也者明也萬物皆相見南方之卦也聖人南面而聽天下嚮明而治蓋取諸此也

書

夔曰戛擊鳴球搏拊琴瑟以咏祖考來格虞賓在位群后德讓下管鼗鼓合止柷敔笙鏞以間鳥獸蹌蹌簫韶九成鳳凰來儀　涇屬渭汭漆沮既從灃水攸同　惟皇上帝降衷于下民若有恒性克綏厥猷惟后　丕昌海隅出日罔不率俾

詩

采采芣苢薄言掇之采采芣苢薄言捋之　曾孫來止以其婦子饁彼南畝田畯至喜攘其左右嘗其旨否禾易長畝終善且有曾孫不怒農夫克敏　君子萬年景命有僕　有飶其香邦家之光有椒其馨胡考之寧

春秋

夏小邾子來朝（僖公七年）　夏齊人伐我北鄙（僖公二十有六年）春王二月秦人入滑（僖公三十有三年）　夏楚人侵鄭宋師圍曹（俱宣公二年）　春齊人陳人曹人伐宋（莊公十有四年）冬公會晉侯宋公衛侯曹伯莒子邾子滕子薛伯杞伯小邾子齊世子光伐鄭十有二月己亥同盟

于戲（襄公九年）

禮記

樂所以修内也禮所以修外也　作者之謂聖　仁人不過乎物孝子不過乎物是故仁人之事親也如事天事天如事親是故孝子成身　鄉飲酒之禮六十者坐五十者立侍以聽政役所以明尊長也六十者三豆七十者四豆八十者五豆九十者六豆所以明養老也民知尊長養老而后乃能入孝弟民入孝弟出尊長養老而后成教成教而后國可安也君子之所謂孝者非家至而日見之也合諸鄉射教之鄉飲酒之禮而孝弟之行立矣

第二場

論

仁者先難而後獲

詔誥表（内科一道）

擬漢賜天下今年田租之半詔（文帝二年）　擬唐以褚遂良爲黄門侍郎誥（貞觀十八年）　擬宋以范仲淹兼知延州謝表（康定元年）

判語（五條）

擅離職役　脱漏户口　服舍違式　從征違期　盜賊窩主

第三場

策（五道）

問　成周以鄉三物教萬民而賓興之其教之之節與夫取之之法考之周官可見已後世建立學校而設科目以收天下之士有西京東京之制有弘文崇文之制有太學三舍之制有明經孝廉賢良茂才之科有六科二科之法有制舉十科之條其孫業遊志舉賢選才與成周讀法賓興之義亦有同歟我太祖高皇帝創業垂統制禮作樂一時侍帷幄備顧問者多以徵聘而至雲從景附率皆耕莘釣渭之儔豈人材固有出於學校科目之外而設科誠未足以盡士歟然高皇帝當天下甫定即建學立師開科取士中間雖嘗罷去而又旋復遂定爲一代之典列聖相承涵濡化育宗工元老悉由兹起雖徵聘之詔間下而郡縣鮮有應者豈今之人才又盡出于科目而無遺歟今之建學設科豈即周人之遺制歟聖天子建中立極文明之化被于海表彬彬文學之士有限于定額而取之未盡者而論者乃謂學校之設幾於空文士習日趨文體日敝

又何説也兹欲師成周之意捄今時之弊以復祖宗養士興賢之盛轉移化導其幾何在諸士子其正言之

問　三王同道而异物殊俗而一德道者所以格物也德者所以變俗也而世儒之説乃曰夏道尊命商人尊神周人尊禮又曰有虞氏貴德而尚齒夏后氏貴爵而尚齒商人貴富而尚齒周人貴親而尚齒夫命也神也禮也德也爵也親也蓋均爲國者之所不廢而謂代主其一則何以施諸治歟彼富者多財之謂耳而云商人貴之則若後世之計然桑弘羊劉晏輩固宜見取於湯與伊尹也豈其然哉夫忠質文相爲始終相爲表裏非判然三物也今亦分屬之三代自董仲舒以來沿襲其説莫之論駁果誠然歟我明肇造區夏先天開人因時立政其於上數者何所主歟抑竝用而錯施隨在而致隆也夫論治者貴識體識體則可以知致用知致用則可以知其所敝而後知所以捄之之術則可以善其道於不窮此堯舜所以通變神化使民不倦之術也諸士其勿漫然語之幸斟酌以對

問　古者人無异學不待辭費而道自明自堯舜至於孔子一也如是而言之如是而行之道在是矣孟子而後何其紛紛也語道則曰天曰命曰虚曰性曰情曰倫曰德其名不同也語學則曰致知曰力行曰涵養曰克治曰慎獨曰誠曰敬其義何多也然志功名者口耳焉習之而不察而願學聖賢者又拘攣牽泥而無所從入蓋論説愈詳名義愈立而道愈晦矣今夫大學中庸孔門傳心之書也吾不能無疑焉格致誠正所以修身矣而知止能得之間又有所謂定静安慮者此當何所屬也至誠無息徵之悠遠矣而致曲有誠者亦有形著明動變化之目其視博厚高明同歟否也戒懼慎獨而中和自致可謂易簡矣此在大學誠意一言足以該之而正心修身先後反覆言之而不置然則意誠而猶有心不正身不修者乎心不正身不修則所謂誠意者安在也夫師友源流有一無二而立言之殊如此豈無其説歟抑旨趣本同而人不察歟夫學莫貴於自得自得之則凡名義之散殊聖賢之同异必有會通一貫之見矣執事者願有覩於斯人也

問　廣之多賢自古記之彼張九齡之相業崔與之之聞望卓乎遐哉莫可尚已他如以經學振一時而爲嶺海之儒宗以清白式鄉閭而變粤人之偷俗悃愊無華不慕榮達而行義信於州里制行雅飭非力不食而孝慈化乎邑人或以自治身心爲功而胡寅表其特操不移或以真知實踐爲事而張栻稱其精確有守又有遊晦菴之門不爲虚文之學講行禮教而作禮經疑者有讀周程之書即棄科舉之業潛心理學而著論語解者至若冬月捕魚供母而人

目其池爲曾湖躬自負土葬父而人目其居爲參里有年方四歲而世稱孝童有瞽已十年而孝感復視有四十始登進士第晚調邕州推官而即罵賊被害者有年十二應童子科檄攝梅州簽書而誓盡忠報國者有貢米七千石自言世受國恩非死莫報者有散粟四千石自以世食宋禄抱道不仕者凡此皆嶺表之产而諸士之前聞人也往者如可作也諸士將誰與歸乎請盡言之以觀平居之志毋徒曰此一節之士乃所願則學聖人也

問　我朝聲教四訖垂二百年於兹寓内之治盛矣惟兹嶺海之間盗賊未之衰息其故何歟夫今之患者一曰傜二曰黎三曰山賊四曰海寇夫傜黎异種而同類如猿猱麋鹿然不可以禮教馴也往歲崖感之捷黎稍戢矣而傜漸横其勢殆將用兵用兵之道不過二端曰大征曰鵰剿而已二者果孰爲便歟若夫山賊其初皆民也而負阻爲梗誅之則不可勝誅撫之則未幾復叛處之之策又何者爲長歟今衛所之兵耗原額者率三之二加以公私之積猶可哀痛今夏雨澤愆期民間遑遑米穀涌貴以此興師尚未見全勝之形也至於海寇來如風飄去如雲散倏忽千里莫知其端雖有强將勁卒殆無所施又何術以禦之歟或者謂遏其流莫若塞其源棣於末莫若除其本然則盗賊之繁滋其本原果何在歟用兵之外將别無弭盜之道歟諸士生長於斯日切剥膚之患宜有長慮矣願詳著于篇

中式舉人七十五名

第一名　張大猷　番禺縣學生　易
第二名　陳吾德　廣州府學增廣生　詩
第三名　杜一寅　饒平縣學生　春秋
第四名　王天性　揭陽縣學生　書
第五名　陳懋芳　定安縣學生　禮記
第六名　唐守文　廣州府學生　詩
第七名　區志才　順德縣學生　易
第八名　羅獻臣　番禺縣學生　書
第九名　鄒可張　廣州府學生　詩
第十名　韋憲文　順德縣學附學生　易
第十一名　謝紹祖　海陽縣學增廣生　書
第十二名　陳王道　南海縣學附學生　詩

第十三名　翟守謙　東莞縣學增廣生　春秋
第十四名　梁士楚　番禺縣學附學生　易
第十五名　林大本　潮州府學增廣生　詩
第十六名　鄧于蕃　南海縣學附學生　詩
第十七名　陳所學　番禺縣學附學生　詩
第十八名　陳萬言　南海縣學附學生　禮記
第十九名　方希曾　廣州府學生　易
第二十名　薛守經　揭陽縣學生　書
第二十一名　梁殿建　廣州府學增廣生　詩
第二十二名　彭魯　海豐縣學生　詩
第二十三名　陳善藏　順德縣學生　易
第二十四名　何道瀾　順德縣學增廣生　詩
第二十五名　陳承勛　揭陽縣學生　書
第二十六名　梁任重　廣州府學生　易
第二十七名　何振初　番禺縣學附學生　詩
第二十八名　梁典　廣州府學生　易
第二十九名　劉宅夏　番禺縣學生　春秋
第三十名　佘國璽　揭陽縣學附學生　書
第三十一名　陳誥　廣州府學附學生　易
第三十二名　黎民衷　從化縣學生　詩
第三十三名　何維復　廣州府學生　易
第三十四名　李良柱　番禺縣學增廣生　詩
第三十五名　尹思惠　東莞縣學附學生　禮記
第三十六名　黄雄　潮州府學增廣生　書
第三十七名　梁有貞　廣州府學生　詩
第三十八名　黎復性　南海縣學附學生　易
第三十九名　何予方　廣州府學附學生　詩
第四十名　鄭褧　廣州府學生　易
第四十一名　鍾道　長樂縣學生　書
第四十二名　胡世祥　惠州府學生　易
第四十三名　張于勛　從化縣學增廣生　詩
第四十四名　楊侯度　順德縣學附學生　易

第四十五名　湯邦明　海陽縣學生　書
第四十六名　陳其才　廣州府學增廣生　易
第四十七名　郭岱　番禺縣學生　詩
第四十八名　唐憲　廣州府學生　易
第四十九名　朱謨　南海縣歲貢生　詩
第五十名　盧存禮　東莞縣學生　春秋
第五十一名　馬顒　廣州府學附學生　詩
第五十二名　劉朝鳴　番禺縣學增廣生　易
第五十三名　趙崇典　東莞縣學生　詩
第五十四名　陳一敬　程鄉縣學生　易
第五十五名　鄭廉恭　潮陽縣學生　書
第五十六名　李佐　從化縣學增廣生　詩
第五十七名　楊存禮　廣州府學增廣生　易
第五十八名　陳成憲　瓊州府學生　禮記
第五十九名　譚經　番禺縣學附學生　詩
第六十名　陳嗣光　廣州府學附學生　易
第六十一名　陳三俊　番禺縣學附學生　詩
第六十二名　黎恕　番禺縣學生　書
第六十三名　冼明伍　番禺縣學生　詩
第六十四名　陳堦　潮州府學附學生　書
第六十五名　許培之　新會縣學附學生　春秋
第六十六名　吕調陽　順德縣學附學生　易
第六十七名　余繼芳　新會縣學生　詩
第六十八名　何維椅　廣州府學附學生　詩
第六十九名　周元賓　海康縣學生　禮記
第七十名　陳尚賓　高要縣學生　易
第七十一名　蘇惟一　順德縣學附學生　詩
第七十二名　鄧周　樂昌縣學生　詩
第七十三名　葉春及　歸善縣學生　書
第七十四名　姚嘉義　惠來縣學生　書
第七十五名　程大慶　定安縣學生　易

第一場

四書

莫春者春服既成冠者五六人童子六七人浴乎沂風乎舞雩咏而歸夫子喟然嘆曰吾與點也

張大猷

同考試官教諭曾批（是題意義形容殆盡蓋亞於浴沂者也）

同考試官教諭孟批（鋪叙出人意表）

同考試官教諭龍批（能體認）

考試官教諭苟批（平實雅健可法）

考試官教諭黄批（明净）

賢者叙其樂與人同而有以契聖人之心焉蓋聖人以天下爲度而無意必之心者也賢者言志而獨有契焉夫子嘆而許之也宜哉其夫游於聖人之門者孰非用世之士而能知聖人之心者則鮮矣曾晳言于夫子若曰天下有不在我者非我所能必也三子皆有四方之志矣而點則未之逮焉點嘗念夫春既莫矣春服成矣斯時也陽亨之德方暢而天道和於上萬物之生咸遂而人事宜於下時則有若冠者五六人焉有若童子六七人焉何者而非吾之可與偕者乎由是與之浴乎沂焉與之風乎舞雩焉安往而非吾之可以游者乎遊而樂樂斯咏矣有感則動而遂歌以繼其聲樂而歸歸且咏矣或倡而和而言旋以紀其興夫及時而與吾徒相樂也而點之願畢矣於是夫子喟然而嘆曰吾與點也蓋足乎己者無所於待而有意於事爲者末矣點也安於所遇悠然無出位之思其視天下之物殆無足以累其心也點於夫子之道不有以觀其深邪盡其性者無所於間而有意於獨行者狹矣點也與物同游擴然有大公之量其視天地萬物殆無一不囿於其度内也點於夫子之道不有以識其大邪夫子方以世之莫我知也能不訢然有感于點之言哉然則非夫人之與而誰與矣吁此所以不覺其嘆息之深也雖然聖人猶有微意焉夫對時育物致天下老安而少懷者夫子之願也今乃徒與二三子者講論游息於春風沂泗之上蓋樂天之誠有不勝其憂世之情者與點之嘆聖人之旨深乎不然獨樂其身而忘天下亦果哉末之難矣

及其至也察乎天地

陳吾德

同考試官教授張批（此題場中作者不涉于浮冗則涉于粗疏是篇詞

整而意且到可以垂式矣）

考試官教諭荀批（説察字有意見有闡揚宜録之）

考試官教諭黄批（中庸義得如此典實而明白者殆鮮矣）

中庸論道之全體而有以著乎兩間也甚矣天地之大也而莫非斯道之昭著焉道之大也斯其至矣中庸論費隱至此結言之若曰夫道一而已矣百姓之所與能者此道也聖人天地之所不能盡者亦此道也是故造端乎夫婦者自其一節言之耳而非其至也由其一節而及其全體焉天下無一而非物則亦無一而非道近而不可遺者至是遠而不可禦矣天下無時而無物則道亦無物而不體發微而不可見者至是充周而不可窮矣但見莫高匪天道則極乎天也而充塞無間者有以昭格而不可掩莫厚匪地道則際乎地也而範圍不外者有以旁燭而無所遺仰而觀之成象者一何多矣静專動直之藴於此露其生生之迹而法象之森羅斂於無者著於有也俯而察之成形者不可紀極矣静翕動闢之精於此呈其化化之端而氣機之布列藏諸用者顯諸仁也觸處流行非形器之所能滯而徹上徹下夫孰遏其廣運之妙矣不然聖人道之統會也胡爲而有所不能盡邪隨在充滿非方所之所能拘而窮高極遠夫孰禦其動盪之神矣不然天地道之形體也胡爲而人猶有所憾邪吁是可以見道之費也而其所以然者則隱而莫之見□道其可以須臾離哉雖然察乎天地者非他也即夫婦之所能知能行者耳學者苟忽乎居室之間而徒妄意於天地之大則流蕩忘返而何以踐其實哉是故君子惟有事於戒懼謹獨以自致其中和之德則小大遠近一以貫之而天地設位者聖人於是乎成能矣

居仁由義大人之事備矣

王天性

同考試官學正楊批（窮觀其所養此亦不苟作者也）

同考試官教諭張批（窮達一道士非兩截人也子其得無具大人之體者與）

考試官教諭荀批（能發孟氏之意）

考試官教諭黄批（峻整）

士修其性而所以長人者在是矣蓋仁義者性之德也治人之方也修之而不失大人之事豈外是哉昔孟子答王子之問及此蓋謂君子之於天下不可必得者位也而其不可不豫者道也子不觀士之所有事者乎夫冒天下之道而無所不統者仁也士則非仁莫居焉舍弘之體不牿於有我之私中心之

安務底于無欲之好蓋有止其所而不遷造次飲食莫之能違矣夫幹天下之事而無所不貫者義也士則非義弗由焉權度之精不眩於取舍之極議擬之審務盡其利用之神蓋有協於是而協損益化裁莫之或外應夫士之所尚如此而大人之事不在兹歟蓋大人之所以爲大人者謂其仁足以容義足以正能立乎其大者而已今士而居仁由義也則是達行之具豫養於窮居而道腴之中涵有以裕經綸之大本用世之業素定於家食而天德之内蘊有以應萬物之散殊雖未嘗履大人之位也容民畜衆之德既存於我則所以育天下之民而使之各遂其生者舉而措之裕如耳豈待試之而後知哉雖未嘗爲大人之事也經世宰物之具既在於我則所以成天下之務而使之各得其當者以時出之沛然耳豈待行之而後信哉蓋有其位者大人也而其德則士也有其德者士也而其體則大人也位不在而道在焉信乎士之有所事矣抑魯哀公不知儒孔子示之以行而儒始尊王子墊不知士孟子示之以志而士始重夫春秋之際魯國之儒一人而戰國之士不足以語仁義也明矣然則聖賢之言實警世之爲士爲儒而不知自立者也而豈以動齊魯哉

易

大哉乾乎剛健中正純粹精也

韋憲文

同考試官教諭曾批（潔净精微發明乾德殆無以加矣）

同考試官教諭孟批（不事浮藻而乾之所以爲大自見蓋深於易也）

同考試官教諭龍批（作此者俱不能有所發明惟吾子得之）

考試官教諭荀批（得旨）

考試官教諭黄批（敷暢）

文言贊乾之大必詳著其德而極言之也甚矣乾之德未易名言也文言推極其至而乾之所以爲大也可識矣今夫四德之流行化之所以辯其异也元始之貫通機之所以統其同也而要其主宰之妙則又本於乾焉大哉乾之爲德也語其神則合一而不測探其藴則充周而不窮盛德之至有非擬議之所能盡者歟是故專一之體樞紐乎造化者静存而不橈直遂之用根柢乎品彙者動運而無息何剛而健也行之無過不及而顯諸仁者順布而有序立於不偏不倚而藏諸用者散殊而有常何中而正也夫剛健而或得以息之非至也今則體用一原而陽明之德渾然其不貳一息之陰柔莫得而間之矣一何其純邪夫中正而或得以雜之非極也今則動静無端而維天之命極誠而無妄一毫之邪枉莫得而干之矣一何其粹邪夫純粹者以言乎剛健中正之至也而要之其純粹者則又

神明之德非方體之可指上天之載泯聲臭於俱無而微妙之極有不可以致思者矣又何其精邪夫語德而至於精則幽深玄遠即之而不可見矣發之而不可限矣彼四德者各取足於一乾而成其大矣乾之大爲何如哉大抵理一而已合之而知其异析之而見其同非元之外復有四德四德之外復有乾也聖人以一心應萬事而中正仁義之德以時出焉豈待事事而爲之所哉故曰惟精惟一又曰一以貫之噫觀於乾者可以知聖學矣

知周乎萬物而道濟天下故不過

張大猷

同考試官教諭曾批（發揮聖人所以用智與不過處極爲條暢清潤宜録之以式多士）

同考試官教諭孟批（詞不繁而理自足非精於易義者不能道也）

同考試官教諭龍批（詞理明順且用意之精可取）

考試官教諭苟批（平實）

考試官教諭黄批（清通）

智以仁用而智斯協于中矣蓋智以仁爲實用也智且仁而聖人之智所以無敝者歟大傳言易道之大而聖人用之以盡性也若曰天地者性之原也知仁者性之德也聖人之所以盡性而參天地者亦惟其仁智合一而已矣何則聖人全智本於天成而庶物之情有以兼知而無外聰明原於天縱而民故之賾有以洞察而不遺精入於無形微而知其隱也粗及於有象顯而知其彰也吾見其有周知之德矣然有是察物之智也即有是濟物之仁也而通變宜民之政足以溥道化於四達有是觀物之明也即有是處物之當也而更化善治之道足以廓德澤於覃敷盡人之性而民無失所也盡物之性而物各得宜也吾又見其博施之仁矣審若此則智何過之有哉蓋智及之而仁不能以濟之此道之所以鮮能而智之不免太過也今智以知之而仁以行之則昭明有融之體推而爲覆天下之政而不墮於空虚宣哲無疆之用著而爲保四海之治而不淪於幻妄明通公溥相待而成也而帝德廣運之餘益見其爲聰明之時乂乎高明博厚相依爲用也而仁恩洋溢之際益顯爲明哲之作則乎謂之曰不過信乎仁得智以開其先智得仁以成其終矣吁此聖人所以爲大智而合德於造化者也體易之撰於此可見其一端矣大抵陰之理統於陽矣仁之理盡於智矣智豈有過哉仁之不及而見其過也若夫姑息之恩姁姁之愛則爲仁而過而智斯不足矣蓋智也者兼仁而言之也臨之爻曰知臨大君之宜

吉故聖人能用其智而天下之事畢矣

書

夔曰戛擊鳴球搏拊琴瑟以咏祖考來格虞賓在位群后德讓下管鼗鼓合止柷敔笙鏞以間鳥獸蹌蹌簫韶九成鳳凰來儀

羅獻臣

同考試官學正楊批（形容韶樂感通之妙斯其至矣其深於樂者乎録之）

同考試官教諭張批（述者之謂明樂未易言也是作發明殆盡矣）

考試官教諭苟批（正當）

考試官教諭黄批（典實）

大臣極言聲樂感通之妙所以著聖德之盛也夫韶樂之作盡幽明人物而胥應焉非帝舜之德其何以至此哉昔后夔以典樂爲職其自叙者如此意曰樂者象成者也予嘗奏簫韶於清廟而有以觀其□深矣是故自堂上而言於鳴球而戛擊之於琴瑟而搏拊之立辨之韻依登歌以克諧疏越之音與人聲以相比而樂和矣但見幽而祖考感殷薦而來格明如虞賓與群后而德讓洋洋乎濟濟乎而孰知其所自乎自堂下而言有管與鼗鼓焉有柷與敔焉有笙與鏞焉作止之有節貫條理以始終吹擊之異宜隨咏歌以遞奏而樂和矣但見太和之動盪物類感而自馴鳥獸之無知天機應而率舞蹌蹌乎而孰知其所以然乎夫上下間作樂之一成也由是而九之翕如繹如始終不紊乎條理盡美盡善聲容具備乎情文蓋簫韶底於九成而靈物於是乎畢至矣但見鳳凰希世之瑞也覽德輝以來庭而翩然其羽若以奮其至德之光望廟庭以至止而翽然其音若以鳴其至治之盛至此則聲和形和而天地之和應矣吁蔑以加矣蓋重華之懿配天地之難名故簫韶之成同造化而不測此理之常無足怪也故曰大人舉禮樂則天地將爲昭焉記者乃言師曠之歌玄鶴載集瓠巴之瑟游魚出聽是徒知其器數之妙設爲之辭而不知有虞氏之樂之善之美者固不在於彼也

惟皇上帝降衷于下民若有恒性克綏厥猷惟后

謝紹祖

同考試官學正楊批（原題發揮得成湯誥萬方本意）

同考試官教諭張批（詞語峻整不效尋常鋪叙者）

考試官教諭苟批（結猶廣大）

考試官教諭黄批（春和而雋永）

聖君原道出于天而成之者君也蓋天與人以性而不能使之各安於道也有相之責謂不在於君哉昔成湯誥萬方而首發此意謂天下之所以生者天也而其所以成者后也觀后之配天而知有天下者不容不任其重矣是故皇矣上帝若與民不相及也今此下民若與天不相屬也不知乾道顯化醇之仁而畀之以立命者莫非自有之中帝載運資生之德而分之以與物者莫非無妄之懿順其自然而保合焉則純粹不雜者具於形神之後而與生俱生蓋有一定而不可移者矣循其固有而順受焉則中正無邪者凝於儲精之始而因物賦物蓋有各足而不相假借者矣夫何降之爲衷者普物而無私而若之爲性者因稟而不齊也其惟后乎奉天道以牖民而輔相裁成復斯人之常性體天心以立教而匡直輔翼升斯世於大猷聖人成能而後百姓與能也一道德以同俗俾各由於典禮而不悖者此豈非大君之責而豈得而辭之乎惟皇作極而後惟民歸極也興教化以致治俾各叙其彝倫而不汩者此豈非大君之宜而孰得而與之乎是則天生人而后成之其所係之重如此君天下者而可以易爲之哉雖然聖人豈特成民之性而已蓋聖人在位則五行得其常三光順其序通變不倦而天之所以爲天者寔有以範圍之矣大哉后乎此所以克配上帝者歟成湯之論及此非特爲一時之侯牧誥而闡堯舜禹授受之正傳以詔萬世者意亦至矣

詩

曾孫來止以其婦子饁彼南畝田畯至喜攘其左右嘗其旨否禾易長畝終善且有曾孫不怒農夫克敏

唐守文

同考試官教授張批（發明盛世氣象真藹如也可以式矣）

考試官教諭荀批（古昔上下相親之情讀是作者至今可想見宜録之）

考試官教諭黄批（典則）

詩人於公卿之省耘而叙其上下相與之情焉蓋公卿之省耘以厚農也則夫所以相親而相感者亦其情之不容已哉此詩述公卿有田禄者力農以奉方社田祖之祭也至此若曰民事不可緩也及時而致力者小人之分因時而勸相者君子之仁也我曾孫當夫平秩南訛也爰省我民而施惠焉其至止南畝也適與饁者而相值焉觀婦子之趨事見内外之協力斯時也無一人不勤于農矣彼田畯以勸農爲職者至而見之不有以動其色喜耶夫曾孫之與饁者俱來也既以悉其勤苦之情感其事而恤之也又寧已夫一體之愛於是取左右之饋以嘗其旨否之宜是時也無一念不切于農矣豈曰公卿以肥甘

自奉者棄而遠之而不致其體念耶其上下相親之情有如此然曾孫之來固以稽人力之勤惰亦以卜年穀之登耗也使力田者弗底於治又何以慰其心乎今惟通人力以合作而竟畝無不易之禾則受帝命以率育而西成卜善有之終國之粢盛於是乎供民之粒食于是乎賴也彼曾孫者方將歸其功于農夫耳而豈有怒耶於是爲農夫者和豫通于上感而益竭夫藨蓘之力踴躍得于勸相而益效夫封植之勞將以溥美利于無窮將以引豐年於勿替也此正農夫勉竭於曾孫耳而豈有惰農耶其上下相感之情又如此噫非公卿之厚于農事而能致是哉盛時氣象可想見矣抑論履崇者其體常卑享逸者其心常勞觀公卿之力農於耕則省於耘則省於斂則省而體悉慰勞之情勸相教戒之義無一不至焉推此志也夫寧有怙侈於位而不以民之休戚爲己休戚者乎夫民者國之本也農者民之命也保命固本憂勤無斁周家有道之長風化之所由來者遠矣

有飶其香邦家之光有椒其馨胡考之寧

陳王道

同考試官教授張批（詞語明問不事鈎棘且有得於詩人歌咏之意可取）

考試官教諭荀批（發揮尊賢養老處冠冕可則）

考試官教諭黄批（莊重）

詩人述豐年之慶備物而足以成禮焉蓋尊賢養老禮之大者也非豐年之備物何以成是禮哉周人賽禱而述此以歸功於神也意若曰稼穡天下之大利也有年天下之大慶也今之所賴于神貺者豈直備百禮爲祖考之格已哉是故國有仁賢所以資理也而燕享之設固以洽上下之交而昭其盛年穀不登則冢宰無以制用矣而何禮之能行耶今也美利咸入足以供旨酒之儲而盈缶之注莫不飶然其香也於是以享賓客焉鹿鳴以乞言粲然周行之示也菁莪以燕樂炳然有儀之光也蓋明良之志雖孚于在昔而萃合之精采將益昭于尊俎之間矣其爲邦家之光何如耶國有老成所以爲憲也而共養之制固以致優崇之意而安其體年饑不足則司徒且欲眚禮矣而何文之遑恤耶今也百室俱盈足以供酒醴之具而大斗之酌莫不椒然其馨也於是以養耆老焉修其禮于東膠而國老安于國也昭其文于虞庠而庶老安于鄉也蓋難老之休雖得于天錫而元氣之保合將必資于甘旨之奉矣其爲胡考之寧何如耶夫曰邦家光是謂賢賢治道著矣曰胡考寧是謂老老養道備矣而皆以豐年得之明神之賜不可誣已大抵周家以農事開國故所以致意於農者

無所不至來咨來茹王有成法而君臣之所告語惟欲其知小人之依與稼穡之艱難而已則豐年之獲不爲無本不徒明神之是恃耳噫太平之象盈于歌咏泰和之氣不在成周間耶

春秋

夏齊人伐我北鄙（僖公二十有六年）春王二月秦人入滑（僖公三十有三年）

杜一寅

考試官教諭苟批（隱栝傳意而蔚然成章宜録以式）

考試官教諭黄批（是題多忘傳意獨此作詞不繁而意獨至春秋義之最優者）

二國之却敵由其得服敵之道也此魯之於齊鄭之於秦所以諭之備之者有以服其心敵之却也宜哉昔齊孝以洮向之盟有疑于魯既侵其西鄙矣兹又爲北鄙之伐焉夫其伐魯者將以圖魯也負氣好勝者處之寧不攘臂而起乎幸而僖公使展喜犒師又使其受展禽之命方師之未至也先之以文告焉曰股肱夾輔申王命也其曰彌縫匡救昭伯職也至於棄命廢職之説所以詰齊者殆一言而威於三軍矣夫以展喜之賢而又得其説於展禽之聖有不足以重魯者乎用是孝公悔罪引師而還魯其寧矣噫吾聞訓典之修介紹之達古之人應敵有辭乃所以無敵也魯其得於此道哉若秦穆使杞子戍鄭掌北門之管因鄭之備也秦人乃爲入滑之舉焉夫其戍鄭者期以得鄭也輕敵寡謀者處之將不坐受其困乎幸而鄭穆因弦高告變使皇武子辭秦方秦師之過周也申之以守禦焉觀其乘韋之先牲牢之犒將迎之預也觀其居有一日之積行有一夕之衛勞送之預也至於資餼之竭麋鹿之取之説所以備秦者殆發其奸而促之去矣夫以弦高之謀而復濟之以皇武子之見有不足以重鄭者乎用是杞子懼而遁齊秦僅移師入滑鄭其免矣噫吾聞桑土之謀衣袽之戒古之人思患預防乃所以無患也鄭其得於此道哉若魯莊之敗齊師于長勺并兹二者而棄之是以見惡於春秋抑他無足論者獨齊魯仇也莊也敗之曷爲不取豈以莊無敵仇之志乎至於乾時之書聖人之旨愈微矣如彼秦穆隨敗于殽歸作秦誓而卒踐其言庶幾掩入滑之貪乎仲尼定書是以列秦誓於百篇之末也

春齊人陳人曹人伐宋（莊公十有四年）冬公會晋侯宋公衛侯曹伯莒子邾子滕子薛伯杞伯小邾子齊世子光伐鄭十有二月己亥同盟于戲（襄公九年）

翟守謙

考試官教諭苟批（得聖人固本用兵之意且格高而辭健可取）

考試官教諭黄批（是篇指意人皆知之然不能如此發揮也）

春秋予二霸有得於節兵者有得於善勝者觀於齊桓之伐宋晋悼之伐鄭盟戲固霸功所由以成也非春秋之所予乎且齊及陳曹之師曷爲而伐宋耶以宋忘北杏而背齊也當其時桓方圖霸列辟宗之雖侈盛耀威人其有違之者乃能謀於管仲謂合諸侯不以兵車也命將行師悉從節約授鉞無上卿之尊出車無如林之旅而陳曹又宋之近郊未嘗勤民於遠焉嗣是伐郳伐鄭伐徐諸役殆二十餘年一致戎馬無繁征輸自薄豈惟齊民安諸侯之民舉安矣古之善爲國者每恤民以固國之本仲也知之而桓實用之南摧西抑業成一匡無惑也否則疲民以逞將能善其後哉經於伐宋特以人稱所以著其善也若晋及列國之師曷爲而伐鄭耶以鄭違子展而即楚也當其時悼也紹霸諸侯方懷苟好攻樂殺人其無疾之者乃能聽于智罃謂善陣者不戰也遂許鄭成同盟于戲分軍以養其鋭堅壁以逆其來楚雖以救鄭爲名亦且置之勿問焉嗣是牛首北林東門之旅歷三駕而皆然逸以待勞静以制動豈惟勝筭在我而楚寔受其困矣古之善有兵者常不戰以屈人之兵罃也知之而悼實用之服鄭敝楚光昭先烈固然也否則暴骨以逞其可與争哉故經於伐鄭盟戲下書蕭魚之會所以著其美也嗟夫五霸莫盛于桓文功業固宜媲美獨文之子若孫如襄如悼過齊遠甚豈文之處狄有年險阻艱難之備嘗而桓則驕於逸樂所以垂裕後昆積之有厚薄故邪若究其極固皆聖門之所不道春秋每因事而致予奪於其間其無乃爲世道計乎

禮記

作者之謂聖

陳懋芳

考試官教諭苟批（詞氣昌大意義精微真巨筆也宜録之以爲禮經之式）

考試官教諭黄批（莊重典雅卓然罕儷佳士也取之）

記者論制禮樂之人唯聖者能之也夫無所因而創者難爲功也自非至聖建中和之極其何以有制於天下也哉記樂記者意謂君子體道之功有淺深故其修道之事有大小然則禮樂豈易作哉吾知其竭心思之巧而開物成務以立萬世常行之道合天下而範圍之有以獨秉乎修道之權運獨得之妙而創制立法以成一王不易之規舉一世而甄陶之有以懋建乎維皇之極如禮或未具也則協義以起其儀制因情而爲之節文凡其經緯之章率皆斷自

一心而不假於繩承之舊如樂或未備也則因心以定乎律本觀氣以察乎元聲凡其節奏之妙舉皆自我作祖而不涉於往迹之沿若此者非聖人而能若是乎必其聰明睿智獨得於天深究於陰陽往來之運而禮樂之明備者莫非其躬行心得之精中正和平兼備於己達觀於人心和序之原而制作之炳煥者莫非其精神運用之妙身爲律也聲爲度也首出庶物而正位凝命之餘權與善而兼隆矣使或德猶歉於天縱則一人作之其何以能使萬世之利用而不倦也哉言而履之行而樂之優入聖域而治定功成之後道與時而并懋矣使或德未底於性成則作之自我其何以能使天下之率履而不越也哉是則唯聖人能擅禮樂之作由聖人能知禮樂之情然禮樂之情固亦不外器與文之間耳學者苟能由其粗以會其精即夫器以要諸道則禮樂之情思過半矣抑論三代以上治出於一而禮樂達於天下故自朝廷之上以達於閭巷之微自綱常之大以至於民生日用之小無非禮樂之用蓋歷上古以至於周凡數聖人而後成也是以纖悉明備盡善盡美有以感人心而成治化卓乎不可尚已秦漢以來禮文散逸而樂之音節無復有知之者無怪乎治之不古若也雖然其無體之禮無聲之樂之在夫人心者猶夫古也欲復古者尚其識諸

仁人不過乎物孝子不過乎物是故仁人之事親也如事天事天如事親是故孝子成身

陳萬言

考試官教諭苟批（發揮仁人孝子之道詳盡無遺）

考試官教諭黄批（體貼明白且平正可則亦學禮而有得也）

聖人論仁人孝子之止於道必原其理之一而著其身之成也夫仁孝初無二理也君子克盡而兼體焉此其所以能成其身也歟昔孔子答哀公之問若曰形受於所生而無不全理根於所性而無不足君子之成身以成其親者豈他求哉良以君子一身以言乎事天也則謂之仁人仁人之所以爲仁初非有加於所性之外也太公以立其體順應以溥其施凡所以修一德以協於天者亦止於仁之道耳曷嘗過於物耶以言乎事親也則謂之孝子孝子之所以爲孝初非有加於實理之外也本良知以致覺率良能以爲行凡所以聚百順而事其親者亦止於孝之道耳曷嘗過於物耶然果何以見之哉蓋天親之分雖殊而仁孝之理則一故仁人之事親也疑其近而或至於褻也致其慤而慤焉致其敬而敬焉恒若天監在兹者矣夫豈親而不尊而或爽於事天之道也哉其事天也疑其遠而或至於疏也窮神以繼其志知化以述其事恒若如臨

父母者矣夫豈尊而不親而或乖於事親之道也哉夫事天事親初無二理此其所以不過乎物也成身之道亦豈外於是哉蓋形也者天地之塞也人道未盡斯棄天矣今焉仁孝之道克全而無偏焉則天之所以與我者踐形惟肖仰焉而無愧於天矣體也者父母之遺也子道未盡斯辱親矣今焉愛敬之理兼體而不累焉則親之所以與我者體受歸全俯焉而無忝所生矣身豈有不成乎是則不過乎物遠則可以事天近則可以事親而内則可以成身如此吾性自足亦何假於外求哉抑論堯舜之道孝弟而已矣而其治至於格上下和人神孰非明德以爲祈天享親之本哉彼哀公者何足以語此而夫子語之者豈以孝弟性之德而堯舜人皆可爲乎他日問政又以事親知天必本之修身哀公雖未之能行而因以告萬世者非徒托之空言也

第二場

論

仁者先難而後獲

張大猷

同考試官教諭曾批（先難之意後獲之義發揮無餘藴蓋嘗從事於斯語者）

同考試官教諭孟批（議論渾成絶無斧鑿痕可取）

同考試官教諭龍批（説先後處精切而有餘味）

考試官教諭苟批（結以立志更有歸著）

考試官教諭黄批（正大）

論曰仁之道天道也求仁者能去其期必之私心以順其流行之本體其斯可以爲仁矣何也仁者天地生物之心而人得之以爲心是以仁之在人心也其流行而不息者與天道相爲無間也而不知者反持其期必之心以求之噫期必之心私心也私心一萌雖切於爲仁而流行之本體已窒矣是尚可以爲仁乎是故求仁者必有先難後獲之心而後可以進於仁也請因夫子告樊遲之意而申言之嘗聞之夫子曰大哉乾元萬物資始乃統天蓋言仁道之至大如此也又曰君子去仁惡乎成名蓋言仁道之切於人如此也是以聖門之徒莫不以仁爲學夫子則各示以爲仁之方如因其病而藥之不執泥其方術凡皆使之拔去病根以復還其本體而後已此先難後獲之訓固因樊遲之病而藥之者也噫克己復禮爲仁夫子嘗以是告顔子矣夫克復之一語實與危

微精一之訓互相發明求仁之方此其宗旨也外是而謂可以求仁者疑若迂緩而無功噫豈其然哉聖人教人之爲仁也其言雖有高下淺深之不同而其實則皆使人克去其私而已矣蓋仁本天道也有一毫私意以雜之者便與天不相似天之道本流行而不息也有一毫私意以間之者其流行者便窒塞而不通故求仁而非克去其私心非求仁之方也人知忍心害理以賊仁之爲私而不知有志於仁而持之以期必之心者亦私也樊遲粗鄙近利其問仁雖至再至三而期必其效實其不能忘於心者也故夫子不得不示之以仁者先難後獲之心夫仁者之心至正而明達至易而值簡而有所先難者何也蓋原於天而具於心者之謂仁以是仁而體諸身之謂事是故明善誠身將以措之天下國家也盡己之性將以盡人物之性以參天地而贊化育也推天地萬物一體之心將以博施而濟衆也皆謂之仁者之事其事若是其甚遠甚重而甚大也非竭其心思以運之則仁不流矣而何可以易視之非周悉其精神以體察之則仁無序矣而何可以易視之非盡其分量以充擴之則仁弗至矣而何可以易視之一念不仁與木之槁腐同也一夫不被其仁與四肢之痿痺同也又何可以易視之是以仁者之心其念念罔不急乎仁道當爲之事竭其心思以運之周悉其精神以察之擴充其分量以盡之若射之有志跣之視地者然若臨深淵履薄冰者然自少至壯自壯至老自一人而至於千萬人自一事而至於千萬事惟見其難而先之至於期必其有獲之私截然不萌于念慮蓋順其仁之本體而爲其事之當爲祇見其無間可息也而曷知預期其效祇見其毫髮之未盡有餘欠也而曷知先必其功此後獲之謂也非謂以獲爲後而後之也夫以獲爲後猶知有所謂獲知有所謂獲而其私猶未忘也非仁者之心也即是以觀仁者之心其廓然如太虛然一物不得以雜之者也流行如天道然一物不得一間之者也遲也執是方以自反其心以求仁雖未能即造其域而近利之私已勝將無一時一事而非天理之流行其進於仁也不亦裕如哉是故由敬恕以求之者則私意無所容由訒言以求之者則私意不能入皆均之爲克己復禮之旨也惟顏子之資至明而至健有乾旋坤運雷迅風行之機固直以克己復禮語之自顏子而下固不得不因其病而藥之使之自克其私也求仁豈有二道聖人之教豈有二理也哉雖然先難後獲之訓遲則聞之矣然就其資之易入以爲持循用力之地者將安在乎吾觀遲之聞教於夫子者非一日矣居處恭執事敬與人忠語之以爲仁者何諄諄也曰知人曰愛人語之以仁智者何諄諄也進之以崇德修慝辯惑之要廣之以好義好禮好信之心遲於數者之道融會貫通心體而力行而皆先其所難又必專主其恭敬之心

以堅其先難之志則仁道渾全位天地而育萬物篤恭而天下平之效皆自我而致之直與天下歸仁者同其大矣然則先難後獲之訓孰謂其非求仁之宗旨哉矧顔子求道於瞻忽之難而後有見道卓爾之妙則又未嘗不自先難入也故先儒曰顔子喟然之嘆其在克己復禮之後三月不違之時是可知也噫豈惟顔氏子哉千聖傳心之法亦不外是矣堯之兢兢舜之業業其仁如天矣而博濟猶病於未能文王之緝熙敬止爲人君止於仁矣而視民如傷望道而未之見莫非先難後獲之心吾夫子冠千聖而獨盛者仁之至也然遜仁於不敢謙仁之未能而學不厭誨不倦者不知老之將値則先難後獲夫子實有是心也其約言之則爲克復之訓其遠宗之實出於精一之傳求仁者不可謂其專爲樊遲而發可也抑又因是而推言之求仁莫切於克去其私心尤莫先於立志夫士而有志於仁曰必如是而後可以爲人可以無愧於天則由敬恕而入可也由訒言而入可也由先難後獲而入可也如其志之弗專則雖聖人與居日聞克復之訓衹見其汗漫無據迂緩而無功耳故夫子又嘗有言曰苟志於仁矣無惡也言求仁者當先立志也合是而觀之爲仁之方斯其盡之矣斯其盡之矣

同前

鄒可張

同考試官教授張批（夫子稱後獲非謂絶不言效正是勿忘勿助意思發夫子之蘊者吾子也宜録以爲式）

考試官教諭荀批（議論正當場中作者無出其右）

考試官教諭黄批（夫子之意在藥樊遲是作非苟然者）

仁之本體難名也心之本體難盡也外心不可以言仁非盡心不可以言求仁然心學之妙可易言哉故緩其所難者是忽其心於無所攝心無所攝則荒急其所獲者是繫其心於有所期心有所期則滯荒則愈疏而愈離滯則愈馳而愈晦心之本體已失矣其何以言仁蓋仁之理即吾心之所以爲心者也求此理於吾心則功不容有所息養此理於吾心則機不容無所待無所息以致其功則日以密有所待以裕其機則漸以純此固吾心提挈之力紓徐之化默相爲用而不容或間者矣然則仁者之難能有難於求盡此心者乎仁者之獲能有所獲而加於心盡之外者乎仁者之先後豈非心學之妙獨能有得於勿忘勿助之間者乎説者或有取於董子正誼明道之説以足其意夫以功利爲道誼之獲而曰不計不謀是亦能明於理欲之大較矣但於涵養本原以盡

此心之量似有所未盡者善乎子朱子曰先難後獲仁者之心深見乎心外無仁仁外無心一先一後之間誠顧自得者何如耳何也人性不添一物故易言繼善言顯仁所以發明天道流行本然之妙所謂純粹之精未嘗有所倚著於物者及禀受成性則參奪於氣質而形生神發善惡以分故有百姓日用而不知者矣夫仁道本微囿於氣質者又以失其故此仁之本體之所以難名也由是惟求之吾心之真惟求之吾心之覺以去其氣質之疵以復其所謂本然者故一念少間則息矣一念少累則雜矣此心之本體所以爲難盡也夫以不容名之仁惟求之於未易能盡之心苟無得於勿忘勿助之間以自得其意則緩之不足以盡神急之不足以體化其何以言心亦何以言仁哉故孔門罕言仁而惟言求仁亦未嘗以仁輕以與人也惟嘗曰仁則不知故於好仁之成德則嘆其難於克伐之不行則許其難則仁者之所謂難固可知矣又懼人之或阻於難而不知有所求也則曰我欲仁斯仁至矣此正仁者之獲其機惟妙於吾之一心則然耳然則其難也吾心之難吾自知之也其獲也亦吾心之獲吾自知之也其先後也亦吾心之先後吾自知之也可易言哉故無心可也畏其難而無所用心以荒於無不可也心有所用可也急於難而過用其心以滯於有不可也荒其心而失之無是之謂忘滯其心而失之有是之謂助忘則息矣吾心不息之本體不如是也助則雜矣吾心不雜之本體不如是也無得於心則無得於仁此盡心以求仁其心得之妙誠在自得之何如也何也蓋人心之出入無常操存不易一念之微功取者衆故防檢少怠則外入内出而真者漓矣此難之所以當先也其可無所用心而或失則忘乎至於人心之所謂私者凡起於意必則亦私矣故曰有意爲善雖善必粗此無將無迎而心學之微之所以妙也此獲之所以當後也其可過用其心而或失則助乎不忘不助則功日以密機漸以純圓融之化合一之神是其終也無難無獲無先無後一以貫之者矣此誠在吾心之所自得也嘗觀孔門諸賢之所以求仁亦各因其所自難者而先難之有不已之心而又無所容其心斯已矣故遲之近利則所難在於德之崇而慝之修也吾惟於所當崇所當修者而先之由是而進吾無所期焉可也牛之多言則所難在於言之訒而爲之不易也吾惟於所當訒所當爲而先之由是而進吾無所期焉可也仲雍之所難猶在於防其客私之易入也吾惟於敬恕而先之餘無所期焉可也至於顔子之學得於乾道其所得邃矣然其所難猶在乎與禮之未一也吾惟於克復以致其力四勿以決其機餘無所期焉可也夫求仁而至於顔則幾矣故曰三月不違夫仁至於三月仁進而未已也仁特曰不違仁入而未優也故一則曰欲罷不能一則曰欲從末由則先

難後獲之學顔之自得顔自知之矣惜乎猶於一間之未達也故夫子嘗惜之曰吾見其進未見其止求顔之止非所謂賢而聖聖而天無難無獲無先無後之妙乎天體道如顔猶歉於所止之未達孰謂仁道可易能哉此心學之所以難而勿忘勿助誠在自得之愈不容以自已也故易言修德損益備矣於損則先難而後易於益則長裕而不設先難則無所於忘長裕則無所於助而曰後易曰不設則精神之極鬼神之通優游厭飫之餘怡然理順之化心極于此而立心德于此而純吾心與仁自相合一而有不能以自知者矣孰謂心學之妙可易言哉雖然猶有要焉曰敬而已蓋敬即勿忘勿助之所有事也主一而無息則成始而成終心學之妙盡諸此矣故曰學者須要識得

表

擬宋以范仲淹兼知延州謝表（康定元年）

區志才

同考試官教諭曾批（鋪叙范公忠誠慷慨之意藹然見於言外不但其詞藻之攻緻而已）

同考試官教諭孟批（意拔而事核未可以駢儷視之）

同考試官教諭龍批（文采爛然而義且到）

考試官教諭苟批（典則）

考試官教諭黄批（表之佳者也）

康定元年五月某日陝西招討副使臣（仲淹）伏蒙聖恩命臣以前職兼知延州者符分重鎮折衝當千里之繁隼建專城民社繫一方之寄古稱閫外今并侯封虎帳宏開綬雙懸乎螭紐熊車獨軾略兼著於鷹揚顧兹文武之相資實乃封疆之重務荐膺寵命實激愚衷臣誠惶誠恐稽首頓首上言伏以群牧設自虞廷爰任柔能之責州伯紀於戴記總司連帥之權秦始罷侯郡俱置守繼而歷代授以專官漢儒稱其師帥之尊班史重爲吏民之本故第五倫鮑昱皆以太守入拜三公而鍾離意黄香亦由尚書出知列郡晋云守相内史并綰青綬銀章唐號持節諸軍悉領魚符虎竹勝國柄漸移於方鎮我朝制益重其事權改枝郡直隸京師不復羈縻於帥府令長吏得自奏事足以懾讋夫諸藩任實匪輕官寧易攝矧兹上郡古稱白翟之居揆以要荒最近黄沙之磧長城因河爲塞正當五路咽喉提封在洛之交式值三流會合所惜先朝設險久已陵夷以致夏賊乘虚漸成猖獗保安失事范雍之責難辭劉石被擒元昊之炎益熾雲屯風散勢不可支日守月防民難久困青澗永平等寨方憂保聚之未成明珠滅藏諸凶尚苦招徠之無策四郊多壘豈惟土地之羞三面受攻

恐釀腹心之疾登祈僊而悵望空憶嫖姚騁土門以長懷真慚李廣必如段紀明之破羌虜方可言攻或效趙充國之制先零斯爲善守至于臣輩本以凡流誤承投大遺艱轉覺愧心靦面茲蓋伏遇撫運亨嘉凝圖丕赫三聖有光於纘緒萬機無替于經綸安不忘危敏而好學省耕賜綵憫農再見於豳風鑒古製圖式治遠徵於舜典推誠信以懷夷狄隆恩禮而御臣工萬方仰福於和平百職承休於恭默正宜舞干羽以效唐虞之治何期聽鼓鼙而思將帥之臣謂守位曰仁須先邦本而近民爲政莫過州司材難求全官不必備因臣經略諸郡遂命兼攝一州初未悉於邊情仍濫尸乎民事循墻莫避覆餗何堪竊念臣少歷孤貧長成樸陋以泥古不通之學幸竊科名當釋褐始進之時猥參司理南京課士謬荷晏殊之知北闕上書偶合王曾之意叨除官於館職尋出河中蒙召補於諫垣實逾望外久懷葵藿未效涓埃奉使江淮謬有六宮之疏權知京兆妄陳百官之圖狂瞽以披龍鱗詎意雷霆之開霽迂疏而效螢爝寧增日月之光明在饒方荷賜環遽承專命至陜未能温席復授兼官固知聖主量其無他尚憫愚臣材爲有用與之掩瑕藏垢試以錯節盤根成命自天措身何地感已深於刻骨分寧惜於捐軀臣敢不勉竭忠貞圖以宏恢遠略常效匪躬之蹇蹇遠師敷政之優優招集流亡訓練徒旅通斥堠而修城堡開屯市以贍有無藏兵於農相機而動養威蓄鋭先爲莫勝以挫其鋒設伏藏奇繼出不虞以攻其蔽求千慮之一得期百戰而萬全雖我片甲莫捐使彼隻輪不返盡復靈夏横山之土遙追燕然銅柱之勛以天下爲一加卧榻側更無他人鼾睡合華夷爲一統潢池中不復赤子弄兵庶先憂莫負於平生而後樂可期於今日伏願清心慎德外寧猶抱乎内憂制治保邦文事兼資乎武備敷求俊乂懷保困窮養萬民以致賢人□一怒而安天下拓列聖未成之業守在四夷開累世太平之基式于九有臣無任瞻天仰聖激切屏營之至謹奉表稱謝以聞

第三場

策

第一問

陳吾德

同考試官教授張批（談鄉舉里選之法於三代之下誠爲闊論是作獨能闡明高皇帝至意與聖天子之所圖惟而要之於本末兼舉子殆醇儒也）

考試官教諭荀批（以言取人寧將已乎但以敦本實之爲貴耳子固超

然於驪黄牝牡之外者）

考試官教諭黄批（大雅之作）

古今之不相沿者制也其不以古今而异者制之意也得其意則由今之制可以興理失其意則制雖古無益也制也者法度規條之謂也意也者精神心術之謂也意寓於制制所以行乎其意也師其意不泥其制其善立法者乎我聖祖是已姑即養士興賢者言之夫帝王之制莫備於周自今觀之庠序學校皆學也閭族之師黨之正州之長鄉遂之大夫皆師也屬民讀法考善糾過敬敏任恤之書於閭孝弟睦婣之書於族德性道藝之勸於州比於鄉賓於司徒興之也亦養之也知仁聖義中和之德孝友睦任恤之行禮樂射御書數之藝皆士之所以學也則皆他日之所以治也國無异制士無异學才無異用此周之所以爲盛也聖祖龍飛慨然先務欲復古庠序之法未即大位之先即建國學洪武二年詔天下立府州縣學八年詔立社學而科舉之設則始洪武三年至十七年又頒科舉程式遂著爲令考之當時居學職者皆葉儀宋濂戴良吴沉其人又命國子生林伯雲等分教北方而諭之曰致治在於善俗善俗本乎教化教化行雖閭閻可使爲君子教化廢雖中材或墜於小人其崇尚慎重之如此至科舉之制革罷諸科獨隆進士其所以試之又惟經術時務而已凡前代詩賦墨義一切不用而詔天下曰務在經明行修博古通今文質得中名實相稱也其規條法度雖不一一合於周官而所以敦教化勵風俗興賢圖治則固周之意也此聖祖之所以盡制也而凡漢唐宋區區之事固不足以瀆執事之聽矣夫唐宋以詩賦取士若浮文而少實而史尚稱其臨事設施奮其事業爲國名臣者不可勝數宋人亦言豪杰之士由之而進况我聖祖良法美意遠絶唐宋加以列聖菁莪棫樸涵濡之化是因宜其名德之輩作而肩背之相望也故循聖祖之制不失其初意而司教化選舉者又得其人則亦可以盡士矣執事又謂聖祖之興帷幄顧問率多徵聘之士是固然也此則惟天厭亂生是多賢以資聖君以翊昌運以隆大業而不可以常者也若湯之伊尹周之太公是已故元聖獲而九圍式後車載而王業成豈偶然哉聖天子建中立極惟一惟敬屢下明詔諄諄於教化人才之是先光天之下至于海隅文明化成矣然而學校之社幾於空文士習日趨文體日敝誠有如或者之論則非制之不善也失其意也夫鄉舉里選之不可行於後世也審矣以言取人唐虞不廢而昔之號爲知人者往往能决其人之終身於數言之間矧兹搆思而成章者謂不足以覘其素乎養之於學校使因行以爲文取之於科目使因文以考行然後論官而責之成聖祖斟酌損益之熟矣惟夫沿習之久教法先廢師儒之職

士非大不得已者則不屑就督學之臣歲一至乎其地無以悉其平日旌賢紀過之籍縱有之亦不足據至於藻鑒之司取據目前則雖詭行僞言一入程式而莫之誰何矣噫此其弊也遂使士之進身國之用人首尾先後判爲二道未仕也則從事於詩書禮樂之際既仕也則從事於簿書期會之間所用非所養所學非所用其表裏如一始終不變者固不敢謂無其人然而教化之不古治理之不臻則必有由矣祖宗之初意聖天子之所圖惟者甚不然也爲今之計亦惟重師儒之選不必責之以課程儀節之末慎藻鑒之托必使得之於驪黄牝牡之外而後觀之以任使委之以歲月覈之以考課則兔罝歌干城之才鳶魚詠作人之化而真才可得矣而又徵聘之詔間一下焉如先朝之於吴與弼陳獻章可也薦舉之典間一行焉如宣德中之方面守令皆從舉保可也此亦增光華嚴委任之一道也言固有聽之爲常談而理不能外者此之謂矣執事以爲然否

第二問

王天性

同考試官學正楊批（聖人致治之道豈與世推移特貴於實意之存耳是作得之）

同考試官教諭張批（議論井井且有根據不但條對而已）

考試官教諭苟批（識其敝而亟反之其必有需於子也）

考試官教諭黄批（不苟於措詞者）

知聖人致治之迹當知聖人致治之道迹也者治功之著于一時而可見者也道也者心術之通于萬世而不易者也緣迹以求則一代殊軌考道無失則百王同神知此則凡所以立體所以致用所以捄敝者皆可得而數於前矣執事所謂异物同道殊俗一德者是已請更僕焉夫虞夏商周古之盛王也其治尚矣而謂其命神禮之异尊則出於表記謂其德爵富親之异貴則出於祭義與忠敬文之論而皆以爲孔子之言愚則曰是非孔子之言也好事者飾之也聖人之道同王者之政一也書稱湯曰纘禹舊服稱武王曰乃反商政政由舊此之謂也夫命者四時教令以教民勤事之謂也神者四時祭祀以教民事君之謂也禮者君臣相會與國交接相施予之謂也聖王之治天下於此三者則無不修也無不慎也故民事則尊命鬼事則尊神王事則尊禮并隆而不相害也并行而不相悖也未有能尊其一而遺其二者也夫天下有達貴者德是已德於天下無不貴也有公貴者爵是已在朝廷則重在宗族則屈也有私貴者親是已在宗族則伸之在朝廷則屈之也聖王之治天下於此三者則無不

修也無不慎也故以德王天下以爵尊朝廷以親定宗族并隆而不相害也并行而不相悖也未有能貴其一而遺其二者也至於忠敬文之説則又非數者之比何則古昔聖王之爲禮必本於忠忠者禮之本也然而不恭則禮不見故表之以敬敬者禮之體也然而不文則禮不昭故著之以文文者禮之成也其變節次第相緣而立不容僞也故凡正於内者則隆於忠接於外者則隆於敬旁暢曲折極意之變則隆於文三者本末也表裏也相待而成相須而行也不可一日離而以爲千歲而代興可乎且富者以世禄多財雄長人耳爲義者必耻之爲吏者必疾之而進列於德爵之間故曰非孔子之言也語曰殷因於夏禮所損益可知也周因於殷禮所損益可知也孔子之言蓋如此由是言之則命也神也禮也三代同尊矣德也爵也親也三代同貴矣忠也敬也文也三代同尚矣而其所與民變革者則其間之正朔徽號樂舞度數耳孔子之所謂損益也洪惟我太祖皇帝用夏變夷創業垂統其於詩書所稱祗台建中敬止之德莫不身兼有之至於三代之所敦尚亦無不備舉試述其概如祖訓以詒子孫大誥以警臣民則申命之慎也郊廟社稷之必躬岳鎮海瀆之正號則秩神之謹也樂章戒夫淫奢禮儀著之定式則隆禮之至也府部内外之相維班序奏對之有度則辯爵之嚴也宫閫叙家人之禮分封奠磐石之宗則親親之篤也忠敬以出之文物以章之故盛德大業超軼百王列聖相承駿惠率循莫之有改也即聖制之萬一則亦可以明三代之道同矣然就彼所言而折衷之夫所尊者三而禮爲重禮所以和神人辨上下也所貴者三而德爲本德所以尊尊親親之則也所尚者三而忠敬爲主文勝則不勝其敝也聖天子以德爲車以禮爲御以忠敬爲策其欲載斯世以登諸隆古者蓋惓惓也天下之人亦既翕然從化矣蕩蕩贊堯郁郁從周他又何知焉必憂其敝惟夫公私之際文勝漸極駸駸乎所謂巧蔽不慗矣識者謂當亟捄之夫捄之之術非盡鏟華采刓雕幾而後質也華采之鏟雕幾之刓而實意之不存則益以趨天下於僞彼華采雕幾制度之備者耳吾能使人不忘忠信誠慤之心則樸素之俗自成而以華采雕幾爲耻矣董生所謂漢宜致用夏之忠庶幾得之而曰夏之忠則非也湯之纘禹武之由舊皆是物也百王之所同也爲今日計是在廟堂一轉移之間耳示之以好惡訓之以軌物風行雷動不疾而速朝議而夕見效也淳龐之治復之易易焉愚生慮之熟矣不識執事然之否

第三問

陳懋芳

考試官教諭苟批（道無二致學無多門觀於是作可以覘其體驗之切

實踐之功矣宜式多士）

考試官教諭黄批（不迂不譎子其談道學而有得者與）

天下之道貞夫一者也君子之學求諸心者也不貞夫一不足以言道其爲道也非幻則窒不求諸心不足以言學其爲學也非馳則污吾之所謂道固實而不幻也通而不窒也道之所以妙也吾之所謂學固内而不馳也正而不污也學之所爲粹也知此則名義更端括之一貫聖賢之説异趣同歸又何疑乎執事憂多言之晦道志可望而知矣愚則以爲言者無過也襲焉而不求諸心者過也粤稽道學之端肇自堯舜當時執中之外無他道也精一之外無他學也五品之外無他教也三代因之至于孔子亦祖述之焉其與門弟子答問告語詳矣而語性者僅一見罕言命與仁子貢亦嘆天道之不得聞其答問仁惟顔子告以全體餘則各即一事語之何其謹也而其門人德業多所成就非後世可及此無他道學素明邪説未作人性未鑿故一誘掖救正遂底于成也夫子既沒异端漸起其語道也不幻妄而無當則窒塞而不化其論學也不馳騖而罔功則污鄙而就下於是曾子述所聞而爲大學子思述所聞而爲中庸其曰德曰民曰至善曰仁曰敬曰孝曰慈曰信曰天命曰性曰道曰教曰費隱曰鬼神皆道也其曰明曰新曰止曰戒懼曰慎獨曰學問思辨曰篤行曰尊德性道問學曰誠曰恭皆學也則固不待宋儒之推廣而道學之名義已錯陳矣蓋以是數者理之不容終秘者也吾幸有所聞見而不以告人焉則彼异端者亦且以其私見小智倡爲邪説以眩惑斯民矣故憂深而言之切慮遠而説之詳凡以衛道也即二書而論之大學以明學也故言節目次第爲甚備格致誠正所以修身矣而定静安慮則又就知至意誠之間指言其所得相因之妙耳非復有二説也中庸以明道也故言規模氣象爲甚悉高明博厚至誠之徵矣而明動變化則又就致曲之有誠者指言其功用之盛耳以見其成功一也中庸言戒懼慎獨要矣而學必博問必審思必慎辯必明是即格致之義大學雖言正心修身而其要則不外於誠意意誠矣又欲察之身心而勿失則所以致中和也師友源流於是爲至無可疑者嗣是而孟子承之則仁義禮智以明性善知言養氣而不動心有以發前聖所未發至于濂洛關閩之學興而古聖賢道學之旨發揮殆盡無餘藴矣夫孔門之士得夫子一言而守以終身後世欲求體用之説修爲之方則不必師友而闔户可得宜人材之迥出於古也而不然夷考其人非以其無所知也非以其不能言也而以其理之未嘗有得於心也言之不本諸心也則見人之見言人之言而道不與也荀卿楊雄一時之所謂儒也而不識性今五尺之童稍解句讀使談仁義則若固有之然不可謂是

童子之賢於楊雄荀卿也明矣夫道也者人之所以爲人之理也天地萬物皆備於此也而體驗之爲貴學也者求盡所以爲人之理也範圍曲成皆其事也而實踐之爲尚體認之真踐履之至則執其一端足以成身舉其一隅足以見道謂明德新民之不出誠意謂天地位萬物育之不外慎獨可也謂達德達道九經之不可闕謂格致誠正之不容紊亦可也言天則人舉無上下矣言性則情隨無内外矣言知則行該無先後矣言敬則誠立無安勉矣夫如是則窮神知化而非幻也出往游衍而非窒也參天兩地而非馳也灑掃孝弟而非污也道其與我一矣善事其心者歟不然心無所見心無所得而漫然爲之漫然言之而且曰惡用是名義論説紛紛爲也是猶盲者忘其蔽而尤日月之明食焉不知其味而謂黍稷無益民用也不亦悖哉是將不爲童子之談仁義則幸矣乃若自得之學則愚豈敢

第四問

杜一寅

考試官教諭荀批（廣自唐宋以來號稱多賢子能殫述而揚厲之且進之於古道真尚友者也）

考試官教諭黄批（不有先哲就開我後人子其善師資矣）

君子學以造其理也而成己成物之爲貴行以履其事也而致孝致忠之爲貴作于前者非此無以懋修于當時繼於後者非此無以匹休於往古況居鄉而思以友其鄉善人不於其學行之與稽是足爲尚友者乎然其取之也不可以不恕其論之也不可以不核取之不恕則人有遺善而無以示予奪之公論之不核則己無真知而何以定取舍之極執事發策秋闈豈不能援引三代之英以登進諸生於至道而乃區區於其鄉先達毋亦曰一鄉之善士斯友一鄉之善士頌其詩讀其書不知其人可乎是以論其世也愚也非其人也請因明問而復之粤本嶺南僻在荒壤三代而上不通中國自漢而下風氣漸開人文漸著今即傳志所載而考嶺南之所隷或謂其習尚淳樸或謂其士多愿慤或謂其典禮無异中州或謂其士篤于文行歷漢而唐而宋代不乏人載在史牒彬彬可考於曲江而得張九齡焉識禄山之逆信有幾先之明諫仙客之封真得大臣之體上金鑒録以獻忠即易之所謂納約也著白羽扇賦以況志即傳之所謂成仁也其相業之在當時何如耶文獻之謚亶乎其可以爲文矣於增城而得崔與之焉撫成都則兵民悦服巡珠崖則海上澄清辭相位而不就千載一人誠不愧於理宗之稱也築菊坡以自適寒花晚節真有得於韓琦之咏也其聞望之傳於後世何如耶清獻之謚庶幾乎聖之清也二公之學行卓

乎具不可尚也而粤之以學名者更僕未易數也姑就其著者而論之以經學振一時而爲嶺海之儒宗陳元之學未能或之先也以清白式鄉閭而變粤人之偷俗董正之學用夏以變夷也悃愊無華不慕榮達而行義信于州里者程皎也其殆忠信之學而可行於蠻貊者乎制行雅飭非力不食而孝慈化乎邑人者羅威也其殆爲己之學而推之以淑人者乎以自治身心爲功者梁觀國之學也特操不移誠如胡寅所表者矣以真知實踐爲事者簡克己之學也精確有守誠如張栻所稱者矣郭叔雲游晦菴之門因禮教廢而作禮經疑則講行禮教虚文之學必其所不爲也李用讀周程之書因經學晦而著論語解則潛心理學科舉之業□其所不事也是數子者其學不同莫非造其理而已所以成己成物者迄今猶可考而知也粤之以行著者亦未易數也姑自其著而論之冬月捕魚羅孟郊之供母也人目其池爲曾湖以其行之不愧於曾也躬自負土黄舒之葬父也人目其居爲參里以其行之有似於參也年方四歲而世稱孝童鄧魯之孝性諸天者也非有所勉而行之也瞽已十年而孝感復視陳壽之孝通乎神者也非有所爲而行之也譚必年四十而始登進士第可謂遇之遲矣晚調邕州推官即駡賊而被害致身之義行之老而不衰也蔡蒙吉年十二而即應童子科可謂達之早矣檄攝梅州簽書誓盡忠以報國許國之忠行之久而不變也貢米七千石伍起隆急君之義也又自以世受國恩非死莫報其諸邦無道之武子乎何其行之愚而不可及耶散粟四千石區適恤鄰之仁也又自以世食宋禄抱道不仕其諸晋處士之陶潛乎何其行之貞而不可浼耶是數子者其行不同莫非履其事而已所以爲孝爲忠者迄今猶可傳而誦也要之學也者所以學其行也古之以行名者非謂其不足於學也其學著而可傳故稱其學而略其行也行也者所以行其學也古之以行名者非謂其不足於學也其行顯而可紀故述其行而略其學也是皆嶺表之聞人也蓋其或得於天分之高或得於問學之懿其履之爲德行措之爲事業雖不必其備道全美要之如五音迭奏各適於用不失爲君子而可奉以爲法程者也詩曰高山仰止景行行止夫子曰文之以禮樂亦可以爲成人矣是數君子之學之行愚生殆未易窺其藩籬也又烏敢以容喙於其間耶雖然學者之取法於古人也所以期而至之者存乎志志不及于高遠不足以言志所以趨而赴之者存乎學學不集其大成不足以言學古之有志者多矣而先儒獨曰志伊尹之志蓋伊尹之志志聖人者也古之好學者多矣而先儒獨曰學顔子之學蓋顔子之學學聖人者也故曰無輕議前人又曰姑舍是是尚論也

第五問

翟守謙

考試官教諭苟批（史稱范文正公自做秀才時便以天下爲己任況於鄉乎是作如老於世故者殆非凡士也取之）

考試官教諭黄批（有用之學非漫語者敬服敬服）

弭盜之法猶理身然察其脉理以按其虚實以證其標本不執於古方而善用之以護養其元氣足矣故急於攻治以凋耗其原本焉不可也緩於攝伏以痿痺其肢體焉亦不可也蓋盜賊蝟興自古爲患元氣之淤壅真如人身然使無得於脉理虚實標本之説而惟執一方以行之則急之而過於激其漸也將無以戢其勢緩之而過於縱其漸也將無以懾其心無以戢其勢是道之使亂也無以懾其心是狎之使驕也是豈爲制馭之術也哉何也盜賊本一也吾所以弭之者其事本無難易其機亦無重輕也但自其可以行吾法與不能盡用吾法者始有不同於其間使非運之於心以得乎操縱變通之妙於不可盡者而必於吾法之行則所關甚大而將來隱憂有難殫述者是吾本體之已虚而有攻之以藥石者也烏乎可於可以行吾法者不能隨時而即爲之所是又不知急於其標以爲吾榮衛腠理之防者也豈知手足之疾終貽患於腹心哉知此可以知弭盜之説矣我朝聲教四訖百八十餘年于兹寰寓内外罔不率俾以承休德方駸駸焉其向盛也惟兹東粤盜賊繁興殆無寧歲此自古盛世之所不免者况介於嶺海之間又其所趨習之勢使然乎今乘其勢而維持之務以禦亂而無以生亂務以除害而無以爲害則所以弭之誠有道矣故一曰猺二曰黎三曰山賊四曰海寇均之以今日之爲民患者也然猺黎則盤據已夊而山海則聚散無常則弭之之道以相機宜以通時變誠不可昧乎理身之道而忘乎護養元氣之術也蓋猺之與黎猿猱麋鹿之性不馴教訓正所謂不能盡用吾法者也今之猺獞猖獗説者欲倣往歲征黎之法而行之夫使其法之行也一舉而成未嘗不可但恐東追西伏主客之形既分老師匱財成敗之機未決且今日之兵之食非可隨取而卒辦者况大軍之後荒年能保其無他變耶無已鵰剿之法其可行乎夫曰鵰剿則於其所聚之地衛所之兵各守哨以自爲衛矣其聲援不接之處又分設枝兵立爲團營之法以坐待之其糧草不必輓餽之勞也即於郡邑軍餉之積許隨時以處分焉外此如用嚮導以觀其隘易則責之鄉兵懸重賞以疑其腹心則責之招主其法皆可行也此則伺其不意以擣其虚之法矣雖然猺獞之横可憂也黎雖稍戢亦猶可憂也蓋生熟之黨據瓊中土大勢過瓊之半且生聚之久其所产也又足以供其求彼之

所處亦固矣然亦未嘗盡無樂生之心也往歲之變亦起於有以激之矣今因稍戢而豫防之則督捕徵求之濫可弗爲之禁乎土舍剥削之害可弗爲之嚴乎豪右附業以漁其利可弗爲之曲處以平其心乎三者行彼亦各自相安未有必須大征而後始定者也此則處乎猺黎之道愚所謂不敢過於攻治以傷於其本之意也若山賊之與海寇初皆吾民其陷溺而爲之未嘗不可行吾之法以治之也但負山爲險者或起於勢之所迫而然且戰之與撫於其地也爲便説者欲取一策而行之夫以揭竿之徒本無固志而烏合之衆其勢易分故或戰以折其奸雄之氣或撫之以安其反側之心惟隨時達權以行之可耳但誅之不可以勝誅撫之未幾以復叛若玩之則益肆矣其何以遏其延蔓之漸耶無已其惟困之之法乎夫曰困則於其出没之所保甲之法鄉落各自爲守矣而烽堠之設以爲聲息之助者又聯屬以行之衛所守禦巡哨之外如團營責之分兵糧草資之軍餉凡屬郡邑皆如處猺獞者以處之焉外此如絶嚮導之愚民令自首告給之以資産止窩藏之奸細令相糾劾賞之以官緡皆可行也此則知乎彼己致人而不致於人之法矣雖然山賊難處也海寇之縱横則處之爲尤難蓋其以兕楫爲室廬與風濤爲朝夕剽悍矯捷習於水戰又非困於衣食之所致爲之也要多番徒爲梗其所以陰助以張其勢者尤衆矣今欲奪其勢而剗除之則藤牌手之漳民可不善處而借其力乎兵船之敢勇可不豫爲分佈以壯其威乎横江烏艚之制假以客商引目潜自出入者可不嚴爲毀革必任怨行之而不恤乎二者行自可以散其依附之勢彼亦有所忌而不敢肆也此則處夫山賊海寇之道愚所謂不敢緩於攝伏以傷其標之意也雖然此亦自今日所以弭盗言之也盗賊繁滋之本源亦既見其略矣必未然知防則有備無患今之所當加矣者未能有出於兵食二者之外也但今則兵耗於原額者三之二矣其所僅存率老弱者參半焉食之不足稽之公私之積可知也加以水澇作沴將來歲辦何以處之二者不足欲以語守猶不暇也況可輕於動衆而不重爲之慎哉然欲足兵非能他有所求也蓋脱軍之賄滋則逃亡者多私役之賂行則在營者寡侵牟漁獵之過而流離困憊又相踵也故其弊也已久今欲嚴簡悦以稽覈之以復乎兵之所不足非主將之卓然自立足爲衛所之勸者不可能也由是加之以民兵之精練益之以土兵之招募亦庶乎可以語兵矣孫武子曰視士卒如嬰兒可與之赴深溪視士卒如愛子可與之俱死非所以爲主將發乎然欲足食亦非能他有所求也蓋民田之開墾則私減於升科屯田之舊額則匿名於隱占影射虚詭之弊而單弱之坐困又不可紀也故食之耗弊亦非一日矣今欲踏勘清理以補乎食之所不足苟非守

令之清操自勵協恭一心不可能也由是加之以歲額正辦之糧益之以公贖賑備之數亦庶乎可以語食矣丘文莊曰得一賢令如得勝兵三千人得一賢守如得勝兵三萬人非所以爲守令發乎兵食有備而將帥守令俱得其人自可以潛消其心而陰奪其魄彼醜類亦且自畏而遠遁矣縱有未戢而吾弭之之法又酌量於機會之際變通以行之彼亦安肯促死而自越於生成之外哉此乃愚生目擊心恫因執事之問而僭及之也惟進而教之幸甚

廣東鄉試錄後序

嘉靖壬子廣東鄉試録既成文奎以職事得申言於末簡文奎惟自古建國治民必資於俊乂唐虞以來疇咨旁招不可尚矣成周經制立法屬鄉大夫以三年大比其士興其賢能序而升之定其論於大司馬而授禄位焉當是時士不齒於鄉而能致顯庸者亦鮮矣蓋書稱惟孝友于兄弟施於有政而大司徒所教六德六行皆自其比閭族黨周旋委曲之履而徵之類非聲音笑貌之所能飾也明興百八十餘年道化汪濊文治熙隆我聖天子益崇禮樂聲教四訖廣東固巨麗之陬而祗德之所漸也士生其地適其時值賓興之盛典負夙學以登崇不可爲不榮遇矣其亦思國家稽古定制所以命鄉論秀之本意乎嘗讀聖祖洪武三年之詔曰特設科舉以起懷才抱德之士務在經明行修博古通今文質得中名實相稱而我皇上敷教設科敦尚本實患士習浮靡文體不正往年嘗命廷臣出掌文衡以一其趨向矣而見于詔諭者又每拳拳焉今觀諸士之文爾雅深厚雄偉亮節各發其長殆瓊海珠璣爭光而并耀主司得此亦慶以爲希世之玄珠潤國之至寶矣但論篤是與在聖人不能無疑于及門之賢而躬行君子且未敢自以爲得也諸士其寧以今日之文爲已足乎易曰觀乎人文以化成天下夫何莫非文也約之以禮則其文不虛矣成之以行則其文匪史矣昔者成周之時自朝廷以至里巷禮樂絃歌之化蓋彬彬然雖婦人女子猶能歌咏聖德以通諭其指意况士大夫乎棫樸之什曰濟濟辟王左右奉璋峩峩髦士攸宜言髦士化文王之文德而無行不宜也爾諸士其尚懋之純德熙載以對揚聖天子之文命

河南開封府尉氏縣儒學教諭苟文奎謹序

嘉靖四十年廣東鄉試録

廣東鄉試録序

聖天子崇尚人文以臻至治億萬斯年與天無極嘉靖四十年廣東例當大比御史蔡結奉命巡按寔監臨之方以得人爲急務乃申明成憲百爾具舉藩臬諸臣嚮風承流先事繕修貢院禮聘文儒戒勵有司儲備供億祇承德意唯謹時則提督兵部右侍郎兼僉都御史張臬始莅節鎮廓清百粤副都御史楊伊志綏定南韶總兵平江伯陳王謨振揚戎旅户部郎中戴科劑量軍需嶺海多士得以雍容就試届期合提學僉事王學顏所簡士二千七百有奇鎖院而三試之以大昇及教諭黄士元爲考試官教授秦紹益教諭孫燿童天胤曾諶蕭標翟務忠曾士彦爲同考試官經理于内者提調則左布政使劉廷誥左參政馮覲監試則按察使熊逵副使張子弘防範于外則左參議馮皋謨副使賀鏤鄭維誠宋大武僉事皇甫涣李伸參將鍾坤秀張四維門崇文前期以入賀行者右參政劉慤僉事王學都指揮僉事金堂以考績行者左參議袁應樞皆與聞之既撤棘得士之中式者七十有五人擇其文二十篇爲録以獻甚盛典也大昇當序諸首簡竊惟徐兖荆揚以南皆海隅之地也書稱堯舜之德曰帝光天之下至于海隅蒼生周召成文王功于不怠則曰丕冒海隅出日罔不率俾今泰山有日觀而羅浮亦宵中見日蓋陽德所鍾先於東南而山澤之氣通焉爾氣通則地靈粤才夙稱海濱鄒魯則有繇也欽惟太祖高皇帝光宅四海詒謀列聖惟以堯舜執中之傳徵諸寶訓爲萬世法者至矣迨我睿宗獻皇帝純德同符乎文王大化淳流于南國聖天子繼統中興治道隆盛凡在光被仁覆之下懷生之類亦皆翕然闓澤而况駿茂异倫者乎多士當斯世獲薦于鄉雖唐虞舉黎獻成周登賢能何以加兹且是科也歲值辛酉稽諸字訓其義甚美蓋辛者新也酉者有也易曰富有之謂大業日新之謂盛德揆厥所元則乾父坤母賦人以易簡之理故德性之知本無不能也擴而充之善端弘則德進而可久久而無窮則日新矣舉而措之才美著則業修而可大大而無外則富有矣是乃學以至乎聖人配乎天地者也業隨德而時發其諸地承天而時行與乾以易知者誠也坤以簡能者才也敬義夾持少有不至則修詞居業僞

焉而已僞則陰晦難親嵬瑣債事罔與成功將焉用之唐虞成周所謂文章道藝者豈顓以此求賢論秀哉帝臣所以敬應作人所以譽髦必有鼓舞之術默而成之者矣是以元首執要而股肱宣力陶鈞獨運而群材緝熙致中和召休徵如詩書所稱者皆本其道心推之安見其繁且難也自力政廢德而敷奏明試以及賓興之典一切不行人各以其習尚自見於是善爲説辭者則言語而已矣長於經濟者則政事而已矣精於稽古者則文學而已矣能知本者其惟顔氏之子乎爲學而見道卓爾非不博文也爲仁而請事斯語非不聽言也爲邦而得聞治法非不興事於服膺聖教而融諸德性則典禮由衷而出約而履之所謂道心則然也彼辯易簡者乃盡去言語文字事理以爲障無乃非博約之教乎於戲立教雖善好學者鮮則遁世而道弗行矣今多士將進而服采濟時則有孔顔之所不及爲者平日所學謂何而德業可汩没無聞哉夫帝王效天法地懋建德業必得人而後有成故舜之承堯也得五臣焉武王之繼述文王也得九人焉其同心共事必先其大且急者天下方饑且溺則禹稷視爲由已必地平天成烝民乃粒以至神龜出洛錫聖叙疇而後其心始安周公之留君奭以夾輔也曰耇造德不降我則鳴鳥不聞必致隆平頌清廟咏鳳凰于卷阿以證成功而後其心始安何者才與誠合動天感神則瑞應固其宜也豈惟是哉伏生班固亦言之矣明良喜起徵表于天俊乂百工相和而歌卿雲帝乃倡之有曰日月光華旦復旦兮言日新也文王之化不徒應於麟趾騶虞他如赤烏白雉玄矩黄彝之事君臣動色左右相趨蓋用昭明寅畏承聿懷之福天保歌之有曰俾爾多益以莫不庶言富有也方今諸福之物可致之祥叠見駢臻不可殫紀殆有前史靡得而言者焉兹計偕行矣休烈淳耀時至氣和其尚體天地之撰哉日躔壽星萬寶收成道荆揚濯江漢而觀南國恭儉之風逖聽恩紀集咏禾稼耕織諸篇而繹思之則知睿宗之厚民生猶岐周也懷保惠鮮仁翔于裨海之外而人無能名其藏諸用而爲業之大者耶日躔奎壁百嘉暢遂道徐兖以入燕瞻望大朝之門高朗達天朱紱青衿攄獻其忠者濟濟如也追誦本始則知太祖逖元虜以肇人文而聖天子億萬年執中之治顯諸仁而爲德之盛者永永無極矣謂之超虞邁唐信矣哉向之進修也帝制王猷稽古有得猶見日於海隅也乃今盛德大業上下與天地同流者身親見之獲近清光而夙夜匪懈即所以事天也昭受天寵自今始矣瑞應繇人貴乎自立若五人暨九人者位冠群臣業施後世豈真不可晞而及哉其德性固與人不同也張九齡曰功濟生人者其祥大崔與之曰人瑞國之寶彼皆鄉先正也才與誠合能不愧乎其言豈非久大之期與語曰唐虞之際於斯爲盛大昇不佞敢拜

手颶言上以爲今日頌而下以爲多士勖

直隸蘇州府太倉州儒學學正宋大昇謹序

嘉靖四十年廣東鄉試

監臨官

巡按廣東監察御史蔡結（儀仲湖廣漢陽縣人　癸丑進士）

提調官

廣東等處承宣布政使司左布政使劉廷誥（汝欽浙江慈谿縣人　戊戌進士）

廣東等處承宣布政使司左參政馮覲（晋叔浙江海寧縣人　甲辰進士）

監試官

廣東等處提刑按察司按察使熊逵（于漸江西清江縣人　甲辰進士）

廣東等處提刑按察司副使張子弘（汝容江西廬陵縣人　甲辰進士）

考試官

直隸蘇州府太倉州儒學學正宋大昇（道平福建莆田縣人　壬子貢士）

江西廣信府貴谿縣儒學教諭黄士元（子常湖廣黄岡縣人　己酉貢士）

同考試官

湖廣永州府儒學教授秦紹益（禹卿廣西馬平縣人　己酉貢士）

直隸廬州府廬江縣儒學教諭孫燿（思晦江西豐城縣人　己酉貢士）

河南南陽府南陽縣儒學教諭童天胤（錫卿湖廣江陵縣人　乙卯貢士）

湖廣長沙府湘鄉縣儒學教諭曾諶（恒孚江西樂安縣人　乙卯貢士）

浙江湖州府武康縣儒學教諭蕭標（立卿福建莆田縣人　壬子貢士）

江西南昌府奉新縣儒學教諭翟務忠（希誨廣西臨桂縣人　乙卯貢士）

浙江嘉興府平湖縣儒學教諭曾士彦（敬脩廣西桂林右衛籍湖廣大冶縣人　乙卯貢士）

印卷官

廣東等處承宣布政使司理問所副理問劉宗恕（以行江西萬安縣人　監生）

廣東等處提刑按察司照磨所照磨孫鋭（汝恒直隸當塗縣人　監生）

收掌試卷官

廣州府知府包應麟（子仁浙江臨海縣人　庚戌進士）

惠州府知府顧言（子行浙江仁和縣人　丁未進士）
肇慶府知府徐鵠（鳴川浙江海鹽縣人　丁未進士）
雷州府知府魏文焲（德章福建侯官縣籍福清縣人　甲辰進士）

受卷官

潮州府知府何鏜（振卿浙江麗水縣人　丁未進士）
廣州府同知賀涇（汝明江西廬陵縣人　丁未進士）
瓊州府同知楊子充（復初福建福清縣人　甲午貢士）
廣州府推官俞咨益（汝虞浙江山陰縣人　己未進士）
潮州府推官鄭仕（懋官江西新淦縣人　丁酉貢士）

彌封官

韶州府同知蕭元征（進之江西泰和縣人　丙午貢士）
高州府化州知州畢竟立（惟中江西貴谿縣人　丁酉貢士）
廣州府順德縣知縣王守成（儒可湖廣江夏縣人　庚子貢士）
潮州府海陽縣知縣熊炅（文韜江西新建縣人　甲午貢士）
潮州府揭陽縣知縣彭文質（在份福建莆田縣人　己未進士）

謄録官

惠州府同知諸應爵（世德浙江餘姚縣人　庚子貢士）
廣州府連州知州成相（公輔直隸海門縣人　癸卯貢士）
廣州府南海縣知縣陳思忠（均衡福建莆田縣人　己未進士）
廣州府東莞縣知縣喬誥（世欽直隸上海縣人　癸卯貢士）
廣州府三水縣知縣陶守訓（允徵廣西平樂縣人　壬子貢士）

對讀官

廣州府通判黄餘慶（子積江西安義縣人　壬午貢士）
廉州府推官郭崈（叔瞻湖廣潛江縣人　歲貢）
肇慶府高要縣知縣尹鳴商（仕衡浙江烏程縣人　庚子貢士）
肇慶府新興縣知縣周崑（維瞻浙江仁和縣人　丁酉貢士）
南雄府保昌縣知縣楊士中（思養福建晋江縣人　庚子貢士）
雷州府徐聞縣知縣袁伯嵩（宗鎮江西豐城縣人　己酉貢士）

巡綽官

廣州後衛指挥使阮鐸（鳴邦直隸桐城縣人）
廣州左衛指揮同知姚允恭（懋敬直隸臨淮縣人）

搜檢官

廣州右衛指揮同知徐思爲（玉吾直隸臨淮縣人）

廣州左衛指揮僉事黄映朝（國正直隸荆山人）

廣州前衛指揮僉事麻綱（用鎮順天府大興縣人）

廣州後衛指揮僉事王泝（孟源山後人）

廣州左衛中所正千户陸韜（尚武直隸合肥縣人）

廣州右衛中所正千户江濬（國源直隸合肥縣人）

供給官

廣東都司斷事司斷事趙桌（公才江西安福縣人　監生）

廣州府通判徐梅（希説湖廣溆浦縣人　歲貢）

廣東鹽課提舉司副提舉沈濤（定甫浙江仁和縣人　監生）

廣州左衛經歷司經歷陳濟（可望湖廣龍陽縣人　吏員）

廣州府經歷司經歷陳華（英之浙江縉雲縣人　監生）

廣州府番禺縣縣丞徐天祥（子善浙江臨安縣人　監生）

廣州府南海縣縣丞藍坊（爾立福建崇安縣人　監生）

廣州府番禺縣主簿劉實（若虚廣西馬平縣人　歲貢）

廣州府南海縣主簿曾達（德夫江西豐城縣人　承差）

新會守禦千户所吏目王棟（子隆浙江山陰縣人　知印）

廣海衛香山守禦千户所吏目吴天澤（子霑浙江長興縣人　知印）

廣州府南海縣典史潘陵（元高浙江上虞縣人　吏員）

肇慶府廣寧縣典史劉文炳（明之直隸太平縣人　吏員）

廣州府三水縣胥江巡檢司巡檢徐植（建甫浙江餘姚縣人　知印）

廣州府南海縣官窯驛驛丞陳應孚（均貞福建莆田縣人　承差）

廣州府東莞縣城西驛驛丞吴椿（庭秀福建莆田縣人　吏員）

廣州府清遠縣横石磯驛驛丞周鳳岐（汝瑞廣西恭城縣人　知印）

南雄府黄塘驛驛丞胡天瑞（文祥湖廣巴陵縣人　承差）

廣州府番禺縣河泊所河泊王汝諍（守道湖廣監利縣人　吏員）

第一場

四書

子貢問曰賜也何如子曰女器也曰何器也曰瑚璉也　仲尼祖述堯舜

憲章文武仁之於父子也義之於君臣也禮之於賓主也智之於賢者也聖人之於天道也

易

嘉會足以合禮　天施地生其益无方　以言乎天地之間則備矣夫乾其静也專其動也直是以大生焉夫坤其静也翕其動也闢是以廣生焉廣大配天地　物大然後可觀故受之以觀

書

夔曰於予擊石拊石百獸率舞庶尹允諧帝庸作歌曰敕天之命惟時惟幾乃歌曰股肱喜哉元首起哉百工熙哉皋陶拜手稽首颺言曰念哉率作興事慎乃憲欽哉屢省乃成欽哉乃賡載歌曰元首明哉股肱良哉庶事康哉　俾萬姓咸曰大哉王言又曰一哉王心克綏先王之禄永底烝民之生　五者來備各以其叙庶草蕃廡　六服群辟罔不承德

詩

七月食瓜八月斷壺九月叔苴采荼薪樗食我農夫九月築場圃十月納禾稼黍稷重穋禾麻菽麥　卜爾百福如幾如式　天生烝民有物有則民之秉彝好是懿德我受命溥將自天降康豐年穰穰

春秋

秋及江人黄人伐陳（僖公四年）　春王二月秦人入滑夏四月辛巳晋人及姜戎敗秦于殽（俱僖公三十有三年）春王二月甲子晋侯及秦師戰于彭衙秦師敗績（文公二年）秦人伐晋（文公三年）晋侯伐秦（文公四年）　春公孫歸父會楚子于宋（宣公十有五年）　秋公會劉子晋侯齊侯宋公衛侯鄭伯曹伯莒子邾子滕子薛伯杞伯小邾子于平丘　八月甲戌同盟于平丘（俱昭公十有三年）

禮記

凡養老有虞氏以燕禮夏后氏以饗禮殷人以食禮周人修而兼用之　故樂者天地之命中和之紀人情之所不能免也　天子者與天地參故德配天地兼利萬物　禮之以和爲貴忠信之美優游之法

第二場

論

萬世文字之祖

詔誥表（内科一道）

擬漢議振貸及養老詔（文帝元年）　擬唐以李泌爲中書侍郎同平章事誥（貞元二年）　擬宋曾公亮進新唐書表（嘉祐五年）

判語（五條）

官吏給由　轉解官物　鄉飲酒禮　優恤軍屬　帶造段匹

第三場

策（五道）

問　孟子曰人倫明於上小民親於下夫惟明倫也而後民知親親親則愛身敬事遠於刑辟仰率聖人之教以臻仁壽之域故曰聖人久於其道而天下化成豈其微哉惟我太祖高皇帝甫當踐祚即申五常懷生之類孰不佩誦興起而於祖訓又禁後世不用墨劓剕宫之刑其滋培國脉衛養元神以綿丕丕無疆之基者良有由矣至我皇上敬天法祖恭己愛民壽考萬年自今伊始曩者出自宸衷特修明倫大典一刊千古之謬以植萬事之綱常頒布海宇日照月臨皆曰聖人之教我也頃欲臣工慎刑罔干和氣仰廑敕旨懇示欽恤洋洋聖訓雲行雨施又皆曰聖人之生我也好生之德洽於民心帝祉靈承與天無極天下之民熙熙皥皥歌舞聖人之壽彌熾彌昌以迓億萬年永永之庥將康衢華封不足尚矣何幸而躬逢其盛哉諸士涵濡聖澤鼓舞有年願鋪張而揚厲之用昭謨烈於無窮

問　夫道一而已矣道一則學爲道者亦一古今聖賢不容殊异爲也夷考古昔帝王所傳咸謂得統經傳稱説莫匪心法然不能盡一焉何也説者謂六經之用同歸乃戴記經解所述入國之教及荀卿楊雄氏所謂六經辨説各有攸指于今沿爲體要豈又不相爲用與四書垂訓孔門所授受也由觀魯論專言爲仁七篇之作并詳仁義大學始教以誠爲自修之首中庸入德則由明诚慎獨臻于神化儒先遂以涵養省察體驗擴充標别爲諸書大都其果然與夫味道之深则表章輔治皆聖人之徒也苟求諸心而未得焉則古本之定疑孟之作亦志於道者所不容已耶盍試言之以協于一

問　記曰今人與居古人與稽春秋而降賢哲類出嘉言善行紀載備矣請以一二所疑者與諸士詳之夫扣角之歌賤士也而齊賴以霸駔儈之流薄計也而魏式其閭豈固有當於心與深源既起以素望也而無功於山桑房相醇儒殆重器也而無救於陳濤豈真不適於用與渭川之屯遺恨吞吴而與客圍棋者乃成淮淝之捷好水之役無徵智膽而歡呼達旦者顧定澶淵之功他如雲長偉烈

厄於麥城鵬舉精忠阻於恢復豈業有所限耶聖人之稱讓於先識國門之待輸心六丈知固有不及耶夫名實之際君子之慎所與也乃若所就固有幸不幸者時耶勢耶抑所遇然也此皆稽諸古而不能無疑者何以示我

問　守令係重民生自古記之矣粤故嶺海之外而制置之吏正己率物導利興理代不乏人其循良較著者可更僕數與夫來晚興歌酌泉勵操不可及矣乃有務清簡而江山名廉易舊政而去珠復返以至辭俸却餉投珍江中不持一硯其潔己之致足以廉頑立懦豈聞風興起者耶抑所植之性爾也又有修教庠序督訓蠶桑使民從化就利而移石奠瀧陶瓦禦火除苛政減繁課或化輕揚之俗或感諸番之學無不膾炙人口雖古所稱道德齊禮何加焉其進於是者若誠以驅鱷文足起衰至今誦之不忘而提刑過化洗冤澤物有以啓伊洛之傳而曁及南粤非特循良已也方今飭新吏治屢廑詔旨濱海之區思得若人理之意甚急也而未之多見豈古今人不相及耶諸士繹思古昔以論其世盍詳著之將以告夫有位者

問　東廣之患莫過山寇海倭然已非一日矣文武諸臣防禦亦殫力焉今固未敢再犯城郭顧漳贛惠潮峒酋糾結出没山海互爲倚伏乃民無完宇野有棄田在在瘡痍公私告急矣憂時者可不諳求其故乎議者曰盗皆民也撫之爲宜彼欲已饜未有少挫敵鋒者撫以徇之是厚其毒而誨之侮也又能必後之不跳梁乎議者曰盗猶水也不决不潰毅然大舉力爲驅除以雪神人之憤又恐一隅兵食勞且費焉不能支也議者曰倭突則攻海寇嘯則攻山官分信地兵亦异施僨事者刑師律者否夫合三省之力協庶官之心尤懼不逮乃分以任之業相推諉安所圖成乎兹皆疑而未决者諸士睹厥利害審切乃心必有犁掃之術可佐安攘者幸昌言以對將采而用焉

中式舉人七十五名

第一名　王弘誨（乙丑進士）　定安縣學附學生　詩

第二名　何天衢　高明縣學附學生　易

第三名　馬象乾（丁丑進士）　連州學生　春秋

第四名　葉夢熊（乙丑進士）　歸善縣學生　書

第五名　陳維翰　瓊州府學生　禮記

第六名　郭棨　廣州府學附學生　詩

第七名　梁紹綦　從化縣學生　易

第八名　鍾維藩　廣州府學增廣生　詩
第九名　黄溥　南海縣學附學生　易
第十名　方亮工（辛未進士）　廣州府學生　詩
第十一名　蔡蘭　海豐縣學生　書
第十二名　李大芳　南海縣學增廣生　詩
第十三名　周裔登（戊亥進士）　南海縣學增廣生　易
第十四名　岑諫　廣州府學附學生　詩
第十五名　林華（戊辰進士）　文昌縣學生　禮記
第十六名　張大藩　廣州府學附學生　易
第十七名　勞守謙　新會縣學附學生　詩
第十八名　關玉成　南海縣學附學生　春秋
第十九名　蘇兆印　南海縣學附學生　易
第二十名　梁肇脩　順德縣學生　詩
第二十一名　劉朝孚　廣州府學生　易
第二十二名　鄧邦基　徐聞縣學生　書
第二十三名　黎邦琰　從化縣學附學生　詩
第二十四名　霍珊　順德縣學附學生　易
第二十五名　趙思基　番禺縣學附學生　詩
第二十六名　袁三接（壬戌進士）　番禺縣學附學生　易
第二十七名　杜漸　廣州府學增廣生　詩
第二十八名　黄文星　新會縣學生　易
第二十九名　吴與言（乙丑進士）　大埔縣學增廣生　禮記
第三十名　顔璉　長樂縣學生　詩
第三十一名　唐伯元（甲戌進士）　饒平縣學生　書
第三十二名　李應蘭（乙丑進士）　東莞縣學生　詩
第三十三名　梁夢雷　順德縣學附學生　易
第三十四名　鄒迪　潮州府學府學生　詩
第三十五名　姚光泮（乙丑進士）　南海縣學附學生　易
第三十六名　吴鑒　南海縣儒士　春秋
第三十七名　陶維垣　南海縣學增廣生　詩
第三十八名　歐學程　番禺縣學生　易
第三十九名　林喬松　海陽縣學生　詩

第四十名　劉興學　海陽縣學附學生　書
第四十一名　周廷賓　從化縣學生　詩
第四十二名　倫貞一　番禺縣學增廣生　易
第四十三名　陳一厚　程鄉縣學增廣生　詩
第四十四名　林守萬　番禺縣學附學生　易
第四十五名　黄仕禎　番禺縣學附學生　詩
第四十六名　王汝爲　瓊州府學生　易
第四十七名　李萬石　順德縣學附學生　詩
第四十八名　郭紹鸞　香山縣學附學生　書
第四十九名　張鳴鶴　東莞縣學生　詩
第五十名　關與張　廣州府學生　禮記
第五十一名　王嶸　電白縣學生　詩
第五十二名　李楚　南海縣學附學生　易
第五十三名　鄧邦髦　徐聞縣學生　書
第五十四名　秦尚宗　番禺縣學附學生　詩
第五十五名　梁棠　瀧水縣學生　易
第五十六名　鍾三桂　番禺縣學增廣生　春秋
第五十七名　毛裕燕　博羅縣學生　詩
第五十八名　劉鍾　廣州府學附學生　易
第五十九名　陳萃龍　番禺縣學附學生　詩
第六十名　黄希哲　潮州府學附學生　書
第六十一名　鍾沛　番禺縣學附學生　詩
第六十二名　劉士進　南海縣學附學生　易
第六十三名　王顯先　會同縣學增廣生　詩
第六十四名　林休（乙丑進士）　博羅縣學生　易
第六十五名　陳應斗　順德縣學附學生　詩
第六十六名　廖文炳　新會縣學生　易
第六十七名　李任芳　三水縣學附學生　書
第六十八名　何懽　廣州府學生　詩
第六十九名　萬一龍　番禺縣學附學生　易
第七十名　羅奎　興寧縣學生　詩
第七十一名　楊崇勛　惠州府學生　易

第七十二名　何進修　番禺縣學生　詩
第七十三名　周校　增城縣學生　禮記
第七十四名　黄瑚　潮州府學附學生　書
第七十五名　王遂　東莞縣學附學生　春秋

第一場

四書

子貢問曰賜也何如子曰女器也曰何器也曰瑚璉也

王弘誨

同考試官教諭蕭標批（子貢之才之美全在器與瑚璉上見此作不用實事意含語中而文采自露且得夫子之旨宜録以式）

同考試官教諭曾士彦批（提掇□綴不離本意而詞復清勁當是作者）

考試官教諭黄士元批（説器與瑚璉處簡健切實）

考試官學正宋大昇批（詞不落套可以爲文）

聖人因賢者之問而深許其才之美焉甚矣美才之難得也賢者之才亦器之不凡者聖人之許之也有以哉昔夫子稱子賤爲君子子貢蓋聞之矣然思齊之念不容自已也乃直以已爲問曰賜也何如將以考其成焉夫子就其才而許之曰物之言利者莫如器先王制之以前民用者也女也穎悟幾於上智納之至繁而不匱通達裕於平居投之所向而各適藏乎身者優然以待用效之動也恢乎有餘地焉不是之器而何哉夫子既命之矣然擬議之間未敢自信也乃又以器爲問曰何器也將以究其歸焉夫子又就其美而許之曰器之可貴者莫如瑚璉夏商用之以享宗廟者也女也質美之中涵有以增天下之重才華之外見又以賁天下之觀俾立朝而潤色皇猷其清廟之望乎或從政而宣昭物采其邦家之光乎是亦瑚璉也已矣夫先之以有用之才繼之以不凡之器聖人之教人也如此子貢方人其容以器自安哉抑子貢之在聖門視顔閔亦不多讓似非歉於德者夫子但器其才而於君子若靳焉何耶蓋自刀磋琢磨之時已知其不器矣勵而進之然後達一貫之旨至聞性與天道而晚年宫墻之喻天階日月之説則又造乎高明之域所謂君子者非歟器不足言矣乃知聖人之教所以達材亦以成德

仲尼祖述堯舜憲章文武

何天衢

同考試官教諭童天胤批（場中作者往往於□□文武上發揮而祖述憲章四字殊欠分曉獨此篇體認親切隨義闡明一洗浮蔓之習非精於理者不能式之）

考試官教諭孫燿批（莊重大雅無一字不從題上發出而末言仲尼得統於人何等氣象大家之作也）

考試官教諭黄士元批（自是説理文字）

考試官學正宋大昇批（渾厚精確迴异他作）

帝王之道法聖人兼體之焉夫堯舜盡道文武盡法也夫子兼之非天下之至聖其孰能與於此且夫藴諸心之謂道顯諸政之謂法帝王一而已矣合而有之其惟仲尼乎何者五帝之先莫不有道而執一中以建極堯舜之道斯全矣仲尼生周之時世相遠也而道之所在其能違乎是以祖而述之稽神化於唐虞獨宗授受之秘會幾微於精一庸泯制作之勞於删書而嘉其盛焉往者賴以承也於尚論而贊其大焉後者賴以啓也雖南面之治未嘗親炙於其庭而萬世心學之源若出於口授者矣其所以祖述堯舜者如此三王之世莫不有法而監二代以成文文武之法斯備矣仲尼爲周之人時相近也而法之所在能無從乎是以憲而章之念斯文之未墜遵成度以周旋幸謨烈之具存昭耿光以對越在周禮者秩之恪乎其持循也在方策者舉之焕乎其彰明也雖東周之興未能少酬乎其志而一代維王之制皆由之終身者矣其所以憲章文武者如此是則遠宗其道道外無法也近守其法法外無道也兹仲尼集群聖之大成而盡中庸之道者歟雖然仲尼之生得統於天者也故其道法上與天合凡律天時襲水土行四時明日月育萬物植乾坤於不毁者皆是物也豈止宗典謨之數語守周官之一書而後盡聖人之能事哉故仲尼不獨會帝王之全而又成天地之大

仁之於父子也義之於君臣也禮之於賓主也智之於賢者也聖人之於天道也

馬象乾

同考試官教諭翟務忠批（此篇機軸變化迴异諸作且惜詞瑩潔可式）

考試官教諭黄士元批（結發明聖人盡倫合天處尤妙）

考試官學正宋大昇批（順暢）

大賢舉至理各屬於人責成之意有在矣蓋仁義禮智天道人固有之也

而各有所屬焉學者可不責成於已耶孟子之意以爲斯道之在天下也有不可易之分則體道之在吾人也有不容已之功今自其分而言之德愛曰仁天下無適而非仁也而父子之恩則無所解焉其所以愛而能勞養而能敬怡然有恩以相親者非此仁之浹洽乎德宜曰義天下無適而非義也而君臣之義則無所逃焉其所以令而不違共而不二恪然有分以相守者非此義之綱維乎以節文者存乎禮則於賓主焉見之退讓以飾情嘉會以章度酬酢之秩固會通之觀矣以甄别者存乎智則於賢否焉見之秉哲以知人作謀以辯物權度之精固明覺之良矣至於神明之撰性命之原淵微而莫測於穆而不已者有天道焉合一而無間其惟聖人乎窮神以繼其志其藏諸用者渾然天道之本體也知化以述其事其顯諸仁者燦然天道之流行也非聖人其孰能之哉是則命之在人者固有不同而性之在我者則無或异矯其异而歸之同盡性者當知所從事矣大抵仁義禮智之性即天道之流行而賦於物者蓋五行之生各一其性其在我者則有厚薄之稟在人者則有遇不遇之殊而聖人盡性以立極修人以合天此其所以爲人倫之至孟子對舉而互言之示人以希聖之準也然則學者當何如亦曰盡倫盡性則聖可至天可合矣故曰道之大原出於天

易

嘉會足以合禮

何天衢

同考試官教諭童天胤批（嘉會處便是禮凡一事一物都到恰好處便是嘉會此作發明殆盡録之）

同考試官教諭孫燿批（辭不費而意足得潔净精微之旨者）

考試官教諭黄士元批（有體認有布置）

考試官學正宋大昇批（説理明白）

惟君子能全乎禮之德以見其合天之功也夫禮之德本無不全者也君子能嘉其所會則禮即此而在矣是不可見其合天之亨哉文言之意以爲乾道之亨即人性之禮而爲嘉之會者人皆有之也能全之者鮮矣惟君子則反情以和其志殊事有合敬之休可觀可度焕乎其有章焉比類以成其行隨在皆文德之懿盡善盡美郁乎其有文焉苟斯須之未和非嘉會也自一心以施於四體有周旋焉有折旋焉而動容所及無一而非莊敬之發見也或彼此之少乖非嘉會也自一身以達之五倫有主恩焉有主義焉而交際所接無一而非和順之貫徹也夫君子嘉其所會如此而謂不足以合禮耶蓋天理有自然

之節文也兹焉觀其會通則文明以止適得乎天秩之體人事有當然之儀則也兹焉履其中正則經緯有章允協乎人紀之常周旋者其中規也折旋者其中矩也嘉之所在即會之所在其與天道之咸章也夫豈异哉主恩者其懽然也主義者其燦然也會之所存即禮之所存其與品物之咸亨也抑何殊哉噫君子法天成性之功至矣雖然亨於時爲夏萬物皆相見於後天之卦爲離文明之象也君子致禮以飾治囿天下於文明之中使百姓和天地官群物咸若若記之所稱述皆大順之實也豈特嘉會一身而已哉故曰大禮與天地同節

以言乎天地之間則備矣夫乾其静也專其動也直是以大生焉夫坤其静也翕其動也闢是以廣生焉廣大配天地

梁紹綦

同考試官教諭童批（易之廣大本模倣天地而有此作推其相生相配始終一貫言之可謂善發易之精蘊者矣）

同考試官教諭孫批（天地乾坤廣大其名雖殊其實皆易理也此作能提出此意非深於易者不能）

考試官教諭黄批（精當）

考試官學正宋批（明凈）

大傳論易之廣大察乎天地因推其相生相配之妙焉蓋天地之間無乎不備易之廣大也然不推其相生相配之實抑何以知其然哉大傳贊易之意謂夫易之爲書也語法象則謂之天地語性情則謂之乾坤語功用則謂之廣大是廣大也不但遠近之不遺已也極而言之仰觀俯察散殊而不可盡者孰充塞是上際下蟠充周而不可窮者孰森希是蓋天地之間莫非氣也而亦莫非理也易之廣大有如此然豈無所自耶亦本之乾坤耳夫乾天下之至健也其爲物也一而實静專以藴化育之機而動直以達流行之用藏諸用者顯諸仁舉天下之道器盡在其包羅之中乾之所以大也易之大不於是而生耶夫坤天下之至順也其爲物也二而虚静翕以涵各正之體而動闢以運無方之化復乎命者育乎神舉天下之形色咸在其舍弘之内坤之所以廣也易之廣不於是而生耶夫廣大之相生於乾坤若此則其相配乎天地也夫焉有所强哉蓋天以無不覆爲大而易以無不備爲德异位同功大有以配乎天矣地以無不載爲廣而易以無不包爲量异形同體廣有以配乎地矣天地也乾坤也廣大也一皆易書之實理也故曰以言乎天地之間則備矣此易之所以與天地準也與抑天地之廣大由於動静之互根而人心之廣大則由於主静以立體蓋静無不存則動無不得矣性由此

盡命由此立而參贊位育之功有不難致者至此則廣大不在易而在吾身不以易配天地而以吾身配天地矣體易之功於是爲大

書

夔曰於予擊石拊石百獸率舞庶尹允諧帝庸作歌曰敕天之命惟時惟幾乃歌曰股肱喜哉元首起哉百工熙哉臯陶拜手稽首颺言曰念哉率作興事慎乃憲欽哉屢省乃成欽哉乃賡載歌曰元首明哉股肱良哉庶事康哉

葉夢熊

同考試官教授秦批（史臣先述作樂以紀咸後述賡歌以示警事不相蒙而意實相成此篇發明意在言外可與言史者矣）

考試官教諭黄批（善模寫太和氣象）

考試官學正宋批（明順）

史臣即樂以徵治而因述夫君臣交儆之言焉夫樂以象成功而昭治道者也有虞之治而君臣責難之無已此其不可及也歟作虞史者以爲作樂之本在上不在下感召之機以實不以文觀夔之言曰莫難和者石聲之立辨也予則於石之小者輕以擊之而其聲清以揚焉於石之大者重以擊之而其聲濁以下焉石聲既和八音有不和者乎莫難感者人物之异情也今則見夫百獸之舞而物無不和可徵焉見夫庶尹之諧而人無不和可徵焉人物既和政治有不和者乎此皆君德之孚而風動之象也治云尚矣而虞之君臣未已焉帝用作歌以爲靡常者天之命也而可弗敬乎天無時而不在則無時而不敬可也天無事而不在則無事而不敬可也然豈徒君爲然哉乃歌曰君之資臣猶元首之資股肱也股肱而喜則元首之起庶事之熙自有不期而然者矣敕天之道不有望于臣乎臯陶賡歌以爲惟艱者君之位也而可弗念哉興事之難而成始不可以不敬也考成之難而成終不可以不敬也然豈臣所敢與哉乃歌曰臣之輔君猶股肱之輔元首也元首而明則股肱之良庶事之康亦有不期而然者矣御下之權是不在於君乎噫于功成作樂之後而不忘交相警戒之言有虞太和氣象不可以想見其盛歟雖然天運于上而百物生者以雨風露雷之各成其能焉耳君運于上而萬事理者以禮樂刑政之各舉其職焉耳故簡以御煩而責成乎臣者此之謂善用其明勞以代逸而效法乎君者此之謂善用其喜蓋君道猶天然而臣道也地道也終其事而不敢有其功者也

六服群辟罔不承德

蔡蘭

同考試官教授秦批（成王承文武大定之後而首勤攘外安内之功可謂儆戒無虞者矣此作體貼得出録之）

考試官教諭黄批（六服通乎内外此篇發揮承德處殆盡）

考試官學正宋批（典雅可録）

觀群侯之尊王而聖世之治昭矣夫臣者行君之令而致之民者也于其承德也不可以見一王之治哉史臣將記成王之訓官而先之以此意謂人君之御天下也惟德之所施者博則威之所制者廣周王之撫萬邦也果何如哉但見自王畿而外有所謂侯甸男采衛焉分土之廣狹不必其盡同均之爲天子之土也自天子而下有所謂公侯伯子男焉列爵之崇卑不必其皆齊均之爲天子之臣也侯度固其所素謹者今則睹王政之惟新益篤其忠貞之念成憲固其所克遵者今則仰王威之丕振益勤其嚮往之心知王之考度凡以爲民也而所以承順其德意者不但朝聘之禮爲然也凡夫敷五典時地利而聚民之所欲者莫不事爲之制焉知王之戡亂亦以爲民也而所以對揚其休命者不但征伐之事爲然也凡夫詰奸慝刑暴亂而去民之所惡者靡不曲爲之防焉外攘之舉即内治之修其在外服者猶其在内服也孰有違上所命而棄于王化之外者哉畏威之念即懷德之心其在大邦者猶其在小邦也孰有自作不典以干夫王法之譴者哉吁觀此而周王大一統之治可見矣抑成王承文武之後謨烈具存固無所謂不庭者淮夷之征止于一隅又安有所謂四征哉史臣紀成王之初政固以見安不忘危之心亦以見王者無外之化耳噫有周官以訓百官則自公孤而至卿牧皆有常職治人備矣有周禮以治天下則自朝廷而達邦國皆有常禮治法具矣人法具備此有周之治所以享國長久也歟

詩

天生烝民有物有則民之秉彛好是懿德

王弘誨

同考試官教諭蕭批（此題性理之學場中作者非浮即枯是篇以本色語發之沛然殆無餘蘊其深造而有得者歟）

同考試官教諭曾批（發則與彛德處精潤透徹可與語心學矣）

考試官教諭黄批（善發性情之藴是見理者）

考試官學正宋批（至微之理文足以發）

詩人原天之生人性善而情亦善也蓋性命於天而情發乎性本無不善也天之所以生人者固如此哉昔尹吉甫作詩以送仲山甫而推其所由生也

若曰明於天之道者斯可以言性察於民之故者斯可以言情求之生人之初而知天之所以篤生賢哲矣是故天之生烝民也太極儲其精未有物先而此理爲之不息二五凝其化既有物後而此理爲之各具由氣而生者必有主乎氣者畀之以昭當然之極蓋時有古今而此無虧欠也依形而立者必有形而上者付之以植天然之中蓋人有智愚而此無豐嗇也是物則也帝降之衷本之於有生之初而恒性在焉原於天而不可易者備於已而不可離也繼善之理得之爲固有之良而成性存焉命之流行而不已者性之一定而不移也非民之秉彝乎是以至德中涵既原天下之一而無有不善故循性而動自統天下之同而無不好善好爵之縻根心而不容已理與心融未有人而不好是德者其諸天下之達德乎理義之悦同然而無所間心與理契未有懿德而人不好之者其諸人情之大順乎兹見性情之善賦予之公夫人之同得於天者而山甫獨全美德此所以异於凡民歟雖然心統性情者也惟能善事其心然後是非好惡出於性情自無不正此大較也仲山甫小心翼翼大本已端故能不茹不吐保身事君職業備舉以光中興偉業而爲當時之賢佐也吉甫之言不爲無助矣故曰爲此詩者其知道乎

我受命溥將自天降康豐年穰穰

鍾維藩

同考試官教諭蕭批（受命降康處都是得天是篇以此貫説甚有照應且詞藻焕發盛世之音也取式多士）

同考試官教諭曾批（題意正大士子多爲陳言束縛未見發明是作清暢脱俗場中少見録之）

考試官教諭黄批（語明意盡善作頌者）

考試官學正宋批（文思雋永且得詩人口氣）

商王膺天眷之隆而獲有年之慶此祀典之由秩也夫君德莫大於得天也商王祀事之所由備者何莫而非天之所與哉此祀成湯之樂及此若曰王者繼統而御世也固天命之所歸而備物以用享也亦天休之所及蓋商之先后受命固不殆矣使不得乎天亦不敢以祭也今則保兹世序而景命之有僕者以一人而統其盛克享天心而駿命之不易者以一身而會其全臨君師之任而貴爲天子所以主暢而殷薦者此也昭受于天不既廣乎紹神明之統而富有四海所以假廟而萃涣者此也靈承于帝不既大乎夫我之受命固溥將矣使年不順成亦難乎其成享也兹則天心仁愛而太和之氣布濩於兩間厚

之以明昭之賜帝命不違而絪緼之化遍及於庶彙畀之以大有之祥我田既臧普美利於不言而黍稷介倉箱之富則夫載清酤而賚思成者其將有攸賴乎我稼既同示豊亨於有象而收成極萬億之多則夫戒和羹而綏眉壽者其將有所資乎夫受命之隆是天與之使之主祭也降康之裕是天與之得以備物也由是而假先獲福也固其所哉抑成湯敬德享天已非一日而桑林數語尤足以綿亳都命脉之長故奕世發祥豐年叠見修禮作樂致力於廟和上下洽神人聲靈所振天地爲昭而玄王之緒賴以不墜何者而非先澤之所留也噫頌明德歸功於祖受明命求端於天若湯孫者其察於天人之道也歟

春秋

秋及江人黄人伐陳（僖公四年）

馬象乾

同考試官教諭翟批（此題會合兩傳以見齊桓之得失作者牽制文義難於竣整是篇□融精切且有斷制宜録之以式多士）

考試官教諭黄批（得聖人予奪之旨）

考試官學正宋批（體裁正大）

伯主用遠國以討貳春秋善其謀而病其德也此齊於江黄用以制楚則善用以虐陳則非也而功過不相掩矣且轅濤塗倡避軍之謀申侯行師老之贊齊桓所爲怒也乃率江黄以伐之夫伐陳而後動二國之兵前此未之與也何以爲驗其謀也蓋用師之道貴萬全而取勝故有正有奇法之所以爲善也彼楚之陵駕中華也得非以江黄與國爲之捍蔽矣乎齊欲制楚而非此以爲掎角之資吾見厚集之衆雖當其前八國之師孰援其後二廣之雄未可以遽帖也惟其申以陽谷之好授以按兵之寄迨夫盟禮之既定然後連兵以伐陳則知侵蔡次陘之不與者非不用夫江黄也羽翼方城之外使進焉有所憑坐制漢水之境使退焉有所據伏至險於大順藏不測於至静兵法之奇將以待敵之可勝者也斯非謀之成乎夫師老而後致不共之問兵出非無名也何以爲病其德也蓋持勝之道貴克終而不替故有容有忍德之所以爲大也彼陳之謀避軍道也無乃以伯政無良莫之攸思矣乎齊欲討陳而反已以省見戮之由吾見愛人不親將以反仁治人不治將以反智一謀之愆何至於大逞也夫何恣勝外之餘威忘輔伯之舊好械執之辱未已撻伐之師繼之其視勤鄭禮楚之不同者非偶拂其初心也志溢於功成之後而弗克自持氣驕於克敵之餘而莫能自抑包荒之量已淺容受之度不弘匡救之仁假之不久而遽歸者也斯非德之衰乎噫此一役也明於制楚而暗於懷陳桓之得失如此宜其

止於伯而不得進於王也抑考江黄受盟管仲能鏡其終矣殊無一語以箴伐陳之失豈其懵於此也蓋量淺之桓而仲以小器佐之數年經營惟一楚耳召陵之後侈心生焉自修乏制心之學事君無格心之功宜誠僞勤怠互异如此然一匡之績叔世賴焉聖人且以仁稱之仲固不可多得也

春公孫歸父會楚子于宋（宣公十有五年）

關玉成

同考試官教諭翟批（發揮聖人經世之略精確顯明是深于經學者）

考試官教諭黄批（詞嚴義正）

考試官學正宋批（整飭有體）

春秋志望國交外之迹所以示經世之略也此觀魯之屈志以下楚其自治者疏矣春秋得無譏乎昔楚師在宋虐焰張甚魯宣懼其及也乃從獻子之謀遣歸父而爲宋之會君子所以譏之者蓋以攘夷安夏匡時之偉略强本治内保邦之良圖當时荆楚爲仇於大邦重兵横加于上國其目中已無諸夏矣此不獨當爲宋人計當爲天下計也魯宣於此誠能擇義而行則畏簡書以攘夷狄存先代於垂亡此其策之上也如欲相時而動則嚴兵旅以爲聲援消外患於方張未爲謀之失也奈何内政罔修惟懷不免之懼剥床是慮遂忘下比之傷周公之裔義非不明也以此制人何向而不克顧乏有爲之志未及而薦賄何其鄙也千乘之國力非不足也以此備豫何敵之敢窺顧忽深長之思千里而畏人何其陋也若曰庭實之獻以修睦也然鄰封告急乃以壇玷之好而往與亂華者同焉屈我之體而示之弱使益肆其桀驁之威則將何以待之若曰禮幣之交以行成也然四境無虞乃以下敵之禮而遠於殘夏者施焉畏人之勢而中之利使益恣其無厭之求又將何以應之魯之君臣筭不及此何國之能爲也吾知非惟無以制楚也適以長楚憑陵之志非惟無以恤宋也適以怠宋堅守之心夷夏盛衰之由蓋决於此矣聖人修經至此蓋曰中國有常尊之體則外勢自屈有常勝之謀則外侮自消治内以馭外蓄威以奠邦斯非經世者所宜知乎直書其事而義自見矣抑楚之横晋成之也徇小利而忽遠猷楚得以竊義自張矣桓文而在能無少戢乎魯宣負惡而不能自固齊猶足以奔走之欲其不惴於楚焉難矣然華元當危急而不受城下之盟魯於無事乃切後時之虞何節概之相遠也君子於獻子有遺論矣其於宣也何尤

禮記

故樂者天地之命中和之紀人情之所不能免也

陳維翰

同考試官教諭曾批（命紀必須融會體貼上文作者不泛則繞此篇意盡而詞復警健可式）

考試官教諭黄批（詞意精確）

考試官學正宋批（明順）

論正樂之在人其功大而不可離也蓋人莫不有天地中和之理也樂以命之紀之人情其得而免乎樂記結言樂之切於人也曰人知凡樂之動不能外乎情而不知人情之治實有資於樂蓋嘗於其聲容之感化者而觀其深矣今夫天地之賦於人者有曰親曰敬曰順之道焉樂聲之作而因以廣之則德音之洋溢有以感觸夫天性之真中聲之揄揚有以啓發其秉彝之懿以達其神以興其德而凡天地之所不及者皆正樂以鼓舞之也樂非天地之命乎中和之具於人者有曰莊曰正曰齊之儀焉樂舞之舉而因以飭之則干羽之習合有以遠暴慢而攝威儀綴兆之周旋有以黜邪僻而全恭敬以動血脉以通精神而凡中和之在於吾身者皆正樂以綱維之也樂非中和之紀乎夫樂爲天地之命則致樂以治心而精粗相凝之體實平心宣化之資樂爲中和之紀則致樂以治躬而情文兼備之具爲志和行成之本養德養身而有無關性術之理亂是日用之所必資焉者而可以終身違哉成身成性而得失係志氣之安危誠吾人之所必有事焉者而可以斯須去哉由是而知正樂之感其化甚神而生民之道惟樂爲大也先王立樂之方不其盡善盡美矣乎抑君子於天地之命而見樂有盡性之功焉於中和之紀而見樂有踐形之功焉踐形盡性樂之於情甚切矣故曰禮樂之説管乎人情記者於此可謂達樂之本矣作樂者夫苟不知天地中和命紀之理而但求之文采節奏之間抑末矣又安能感人動物之神速也哉故正樂之功於是爲大

天子者與天地參故德配天地兼利萬物

林華

同考試官教諭曾批（題本明白正大場中士子類能敷演成篇求其渾厚精粹者亦不多見録此以式）

考試官教諭黄批（文理嚴整可誦）

考試官學正宋批（順暢）

聖君之合乎造化於其德業徵之矣夫德配天地德之盛也兼利萬物業之大也天子如此其參於天地也宜哉經解記孔子之言也嘗謂天地之大也

夫人難乎其參矣獨不觀聖人在天子之位乎是故乾稱乎父坤稱乎母而大君則宗子於其間天位乎上地位乎下而聖人則成位於其中崇效卑法而神化以備仰觀俯察而人極以立參乎天地者其惟天子也已矣蓋嘗自其盛德大業而觀之今夫大哉至哉天地之爲德固極盛而無以加矣惟天子者以一心涵性命之原而剛健中正之懿與之相似而不違以一身建中和之極而含弘光大之體與之克肖而無忝其發之也高大光明而高明之德與天配也其積之也廣博深厚而博厚之德與地配也上下同流而渾合無間日新之盛德謂不克配於天地矣乎大生廣生萬物之并育固至賾而不可限矣惟天子者裁成天地之道而一體之公能使天下無一物不得其所輔相天地之宜而茂對之心能使天下無一物不被其澤盡己之性而盡人之性則自夫物之同類者而利之也盡人之性而盡物之性則自夫物之异類者而利之也過化存神而曲成不遺富有之大業謂不兼利夫萬物矣乎夫曰德配天地則天子與天地同體曰兼利萬物則天子與天地同用體用備而法象昭信乎可以與天地參矣抑先儒有云仁者以天地萬物爲一體是故天子之參於天地非有所增益於性分之外也夫亦全乎其所謂一體者而已矣然天地之大也人猶有所憾惟天子建中和之極而後覆載生成之偏者得以彌綸而範圍之則雖謂天子之有功於天地可也故曰天者群物之祖也者群物之母聖人者群物之命

第二場

論

萬世文字之祖

王弘誨

同考試官教諭蕭批（論場不知易者每至空疏固陋而知者又復散漫支離惟此篇融會先天之圖深於理數而復文勢沛然若江河之決而莫之禦是宜録出）

同考試官教諭曾批（萬世文字之祖人多知出陳氏而不知爲朱子之論司馬遷此作考據精詳而步驟縱逸抑揚開闔俱有程度真佳作也可以式矣）

考試官教諭黄批（詞宏氣昌大家氣象）

考試官學正宋批（雄健之作）

道之大原出於天也聖人承天心以闡道而人文於是乎啓矣作易非聖人意也天也太極動而陽生焉静而陰生焉動静互爲其根而循環無窮焉此天之道也天不能自秘其道而於圖乎見之聖人者發天地之藴通神明之德

而援此以立象而先天之圖畫焉蓋先天地而知天地之終後天地而知天地之始惟以闡道也而非以爲文也而天下後世之文卒不能外焉天地之紀典則之會萬事萬化之原胥於是乎出是豈聖人有所强於天下後世哉聖人無所强於天下後世而道之所在天下後世不得不從天下後世未始求文於聖人而文之所在天下後世不得不祖非祖其文也祖其道也非祖聖人之道祖天之道也大矣哉先天之易也玆其爲萬世文字之祖乎今夫鴻濛之世顓侗惚穆雖有畫前之易與天下相忘於無言之天聖人之所樂也逮伏羲氏作而先天之圖畫焉聖人豈故爲是贅哉風氣日開人文漸著造化之精天亦不能自秘而河圖於是乎出焉一六居下二七居上三八居左四九居右五十居中此自然之數也天之文亦天之道也然是圖也夫人而皆見之不夫人而皆知之伏羲氏之王天下也首出庶物因天開人於是神道設教而卦畫焉虚五與十而太極之體立矣積二十之奇合二十之偶以一二三四合七八九六而儀象定矣折四方之合補四隅之空而八卦位矣是豈聖人勉强矯拂於其間哉一因其數之自然而不可易道之本然而不可容强者耳自今觀之圖之從中起也易之本太極也是即萬事萬化生於心也乾健坤順也艮止震動也離麗而兑説也坎陷而巽入也即吾心性情之德也萬之原於一也奇者陽之文也偶者陰之文也奇奇偶偶者象之文也三畫皆奇乾之文也三畫皆偶坤之文也以至奇偶之或上或下或多或寡則震巽坎離艮兑之文也因而重之則自復至乾自姤至坤六十四卦之文也縱横錯綜莫不各有其理對待流行莫不各有其義而天下之文昭矣蓋自本於而榦自幹而枝若有所迫而自不能已何莫而非自然之數自然之道耶由是聖人發揮辭而筆之經無不可者何止于圖而靳於言耶噫聖人之精因畫以示使天下後世有因畫而求吾心焉則文固燦然而具陳道固渾然而具在如以畫而已矣則盈天地間皆神化之糟粕耳此則聖人意也然雖無文也而天下之至文存焉無言也而天下之至言在焉聖人非有求於天下萬世而其文其道自有以通乎天下萬世之人心天下萬世非有期於聖人而不能不取足於聖人之文之道是故黄帝堯舜得之而爲垂衣之治湯武得之而爲順應之舉文王箕子得之而爲艱貞之行莫非此道也莫非此文之祖也夏后氏之連山商人之歸藏文王之彖辭周公之爻辭孔子之十翼莫非此道也莫非此文之祖也以動者尚其變以言者尚其辭以制器者尚其象以卜筮者尚其占莫非此道也莫非此文之祖也温柔敦厚之詩疏通知遠之書恭敬退讓之禮廣博易良之樂屬辭比事之春秋莫非此道也莫非此文之祖也以至萬事萬化稼穡耒耜舟車宫室書契臼杵弧矢市

易以開天下之物以成天下之務何莫而非此道何莫而非此文之祖耶是非聖人之意之也先天無言之秘實有以闡三才之理則立极垂憲一無言之圖而固有以冒天下之道矣由是千百世之下有聖人出焉非祖其文祖其道非祖聖人之道天不變則道亦不變自有以範圍而不過焉耳易不云乎聖人立象以盡意知象之可以盡意則知圖之可以盡文矣又云天生神物聖人則之則圖之原於天而不可易不亦彰彰著明矣哉夫先天之圖爲萬世文字之祖史遷紀五帝而顧獨遺焉陋矣宜子朱子之所爲興慨也若之何後之言易者紛紛也有五行有卦氣有太玄有洞極有潛虚其不知所祖而昧焉者乎有圖説有通書有易傳有啓蒙有皇極經世其知所祖而明焉者乎夫先天之學多言以晦之固易之障也而得諸儒以爲之羽翼而大明又易之幸也哉

同前

何天衢

同考試官教諭童批（卦畫所以爲文字之祖處模寫殆盡非潛心易學者未易到此佳士佳士）

同考試官教諭孫批（詞格高古氣象宏大開闔變化意趣不窮亦文字之有數者録之）

考試官教諭黄批（有源委有波瀾）

考試官學正宋批（氣概闊大）

天有顯道也聖人作易以開斯道之原其達諸天乎夫天者道之原也天不言而以道示人夫人囿于斯道日用而不知也不能不賴聖人以開其原聖人者天之所命首出庶物神靈特异先天地而知天地之終後天地而知天地之始承天之意而作易以開斯道之原使天下後世緣其原而得其所以達諸天者斯文賴以著明謂非聖人立道之極而爲吾道之祖不可也孔子傳易而首包犧曰包犧氏始作作者創之謂也後有作者述之而已知乎此則伏羲作易而爲萬世文字之祖者可得而論矣爰自混沌未鑿鴻濛未闢一元之氣渾淪而已矣固無所謂道也迨夫天開於子而爲群物之祖地闢於丑而爲群物之母人生於寅而聖人成位乎中故聖人者天地之宗子民物之祖也三皇之時風氣未開太朴未琢民生其間與草木鹿豕何异巢窟可居未有宫室之文羽毛可蔽未有冠裳之文男女無别未有嫁娶之文結繩而治未有書契之文斯時也道固未彰也及夫包犧氏作以木德王天下天地之盛德在木帝出乎震包犧氏應運而興時則於氣爲泰於令爲春故曰其帝太昊蓋又天地一大

開闢也是故華渚流虹明象日月而聖德徵矣天應以鳥獸文章地應以河圖洛書而貞符協矣伏羲氏亦烏能如渾敦之時與斯世相忘於惚穆之天哉夫龍馬負圖而出也固天所以示文明之精而泄斯道之原也伏羲仰觀俯察遠求近取則其圖稽其數由太極而兩儀由兩儀而四象由四象而八卦剛柔以立其本動静以互其根是故其體微而彰其事閎而肆其理約而精聖人者由此而發揮於詞摸寫於經可也包犧氏何靳於言而不與天下萬世立教哉噫聖人非不言也聖人之意以爲吾示以畫使天下後世緣畫而求諸心焉則得意忘象得象忘言盈天地間糟粕煨燼固無非教也徒以畫而已則圖書不過象數之迹雖言焉亦贅疣矣噫此聖人待天下意也自今觀之一奇一偶者儀之文也奇偶各二者象之文也奇偶之純乾坤之文也奇偶之雜則震巽坎離艮兑之文也因而重之則六十四卦之文昭矣斯不亦微而彰乎日月星辰水火土石剛柔之體用也寒暑晝夜風雨露雷陰陽之消息也性情形體飛走草木象形之變動也斯不亦閎而肆乎虚五與十而爲太極所以具吾心之體也健順動止麗説陷入所以達性情之用也神明之德通焉性命之理寓焉斯不亦約而精乎噫此圖之所以至妙至妙也無文也而實萬世之至文無言也而實萬世之至言道不在兹乎後有作者堯舜紹之而作十六字湯武承之而作誓誥文王衍之而作卦辭周公係爻孔子著傳蓋統於六經而文字始盛矣至於孟子七篇而文字始辯矣然何莫而非祖於圖哉蓋數聖人者冥會於异世之感神明其得意之象所以作之於經垂之於訓凡言乎陰陽者體其微而彰者也言乎天地萬物者發其閎而肆者也言乎人心性情者闡其約而精者也不求之詞而求之畫不求之畫而求之心真可以上接包犧氏之統而得文字正脉之傳也故論文字而始於八卦祖伏羲也精於十六字宗堯舜禹也盛於六經子湯文周孔也辯於七篇孫孟軻也至於諸子百家非無作者不過文字之餘裔謂其有得於祖述不可也傳易者曰書不盡言言不盡意聖人立象以盡意知象之可以盡意則知圖之可以盡文字矣説經者曰易爲五經之原蓋五經皆祖於易而易則祖於畫知易爲五經之祖則圖爲文字之祖又可知矣然則聖人之立卦也果在於文字之間乎蓋聖人之道達諸天者也天不言而二曜循環列宿經緯四維奠位莫非文也莫非道也二氣之推遷五行之順布以至品物之流形莫非文也莫非道也聖人法天以作易則圖位布列爻象交錯寧非所以成天地之文而呈斯道之體哉故天者道之祖也畫者文之祖也聖人者萬世之祖也由此而書契易焉甲曆著焉嫁娶辨焉衣裳制焉宫室作焉朴野變焉文教興焉由此而口代天言焉手代天工焉心代天意焉身代天

事焉故謂聖人建天下萬世之極可也謂聖人裁成輔相以左右民亦可也前乎此者三皇莫神焉史稱其澹泊無爲造化之真宰未彰陰陽之氣方孕而未育也後乎此者堯舜莫盛焉史稱其放勛重華造化之元神已暢陰陽之氣長養而蕃廡也包犧氏上繼三皇應運而生下開群聖撫運而治故稱乎祖焉是以論帝系者以包犧爲五帝之首著月令者以太昊爲四時之春序書言三墳而首伏羲六經首易而伏羲爲道統之始合而言之則伏羲信乎爲群聖民物開物成務之祖非特文字之祖已也故乾稱父坤稱母乾坤者大父母也伏羲氏其天地之惟肖乎使無伏羲則如日之夜如月之晦蠢愚之習喬野之俗民未知書何以同文民未知禮何以辯等民未知樂何以和行又安能揚天地之大業而昭耿光於萬世哉故先儒斷其畫易爲文字之祖而開萬世人文之治也説者曰酒醴之美而明水之尚反其本也文繡之美而疏布之尚貴其質也三皇之世渾樸未鑿民僞未生包犧氏作八卦制六書視三皇之修意已不同矣堯舜益之十六字至於六經詳矣何數聖人者游心犧皇不欲與天下相安於忘言哉蓋包犧之世河出天苞所以開文明之漸時也至堯舜則著矣所謂堯舜通變垂裳而治亦時也若湯文周孔則時之异爲之也數聖人雖欲與斯世同躋三皇之治不可得矣故曰作易者其有憂患乎六經之作亦聖人不得已也孔子欲無言而祖述惟堯舜聖人之意可識矣厥後文字愈繁而心學愈支大玄潛虚洞極皆所以病易宋儒曰圖雖無文吾終日言不離乎是此可與見易矣

表

擬宋曾公亮進新唐書表（嘉祐五年）

馬象乾

同考試官教諭翟批（場中多務浮詞此作獨敷叙典實而忠愛之心油然具見宜録以式）

考試官教諭黄批（典則可録）

考試官學正宋批（有體制）

嘉祐五年六月某日具官臣曾公亮謹以所撰新唐書上進者伏以道闡皇猷昭一代經綸之迹史傳國是備九重清暇之觀荷掄選以編摩敢對揚而進獻臣公亮誠惶誠恐稽首頓首上言竊惟握幾圖理常重保邦之謨因事納忠貴得資治之要自皇極演於龜範彝訓是陳迄書法精於麟經勸懲斯備繼有左右史之職乃爲紀言動之官雖王者能自得師惟大聖取人爲善顧兹唐紀義切殷盤武德紀元一朝之得失攸在天祐竣簡歷世之興衰具存草創于

吴兢之文就緒于劉煦之手但文繁而實則隱致意晦而詞徒多故善惡不炳於丹青而義例未彰於方册難仍舊貫宜創新規兹蓋伏遇神功丕顯聖德難名恭儉性成四海樂時雍之治寬仁天縱八荒懷文德之威闢黄樞以求言圜青衿而論道謂享國長久已徵於成周而近代箴規莫切於唐室載稽往牒爰集衆思董以臣脩而任綜核之司副以臣祁而嚴考訂之責如臣庸品亦忝清班付以提舉之專責諸委托之重自綸音既示不敢憚竹帛之勞而汗簡頗蕪亦且費芟艾之力事兼述作義裁古今鈎玄析類參以彼已之長挈領提綱務盡异同之見冠本紀以明帝系叙列傳而辯人賢删禮樂儀衛之繁盡天地律曆之變食貨後於選舉刑法先乎藝文方鎮特書而夷夏之防斯峻爵秩聯列而堂階之分以昭體統攸存幾微具見事雖增而文則省書雖舊而義則新聊備近世之章程用補名家之闕典竊念臣公亮等識陋左狐才疏班馬共仇藜閣纂輯凡三百年累易光陰先後計十七載憂深瘝曠幸遂進呈儻芻蕘或采於萬幾庶葵少輸於一得伏願量弘臨智心體咸虚鑒憲無愆比弦韋而置諸几座資古有獲切夢卜而睹乎羹墻龍德日新上纘綏和之盛駿謨天保直追惚穆之隆則寶祚衍於靈長伫見圖書再出而玉曆傳之永久將與天地無疆臣無任瞻天仰聖激切屏營之至謹以所撰新唐書二百二十五卷隨表上進以聞

第三場

策

第一問

王弘誨

同考試官教諭蕭批（我太祖暨我皇上好生之德先後同揆遠稽堯舜之仁古今合一子能歷歷揄揚之蓋涵濡有得者他日服官政必其推廣此心者耶）

同考試官教諭曾批（聖人之德莫大教民生民二端此作紬繹問目而敷演成章有養之士也録之以風天下）

考試官教諭黄批（聖朝滋培國脉全在於此子也仰窺而極贊其盛是得於久道之化者）

考試官學正宋批（敷對詳明獨見此篇）

聖人之御天下無所不用其仁其敷教也所以奠民性也其恤刑也所以

壽民生也天之生人若有恒性未嘗不欲其奠麗天地之大德曰生又何嘗不欲斯民之壽且孳也天何言哉聖人者出體天之心法天之令建中正以爲極本彝倫以爲教威之休之蒸蒸向乂以完其天終身游泳俾勿壞焉書曰天佑下民作之君作之師惟其克相上帝寵綏四方是也聖人南面而治章善癉惡整齊人道刑固不廢然哀矜懲創不盡法以爲刑俾之知所顧避回翔倫理以全其生易曰聖人以順動則刑罰清而民服是也彼堯舜之仁天下豈無所用其心哉洪荒之時彝倫未叙天下之生久矣乃急急焉命契爲司徒敬敷五教民始知方又命臯陶爲士師明刑以弼之民始知法又繼之曰欽哉欽哉惟刑之恤哉若不樂於用刑聖人之意可識矣故當時之民不見威福心志不揺日用飲食怡然相安於垂裳之盛忘堯舜之刑而歌堯舜之仁天下之情可想矣故稱聖人之至者必曰堯舜而稱仁壽之極者亦必曰堯舜帝典在焉固贊天行仁之準也巍巍蕩蕩不可尚已迄周以降修短代殊仁厚立國者未免禮樂之讓文學飾治者祇矜縱囚之歸堯舜之澤久不曁已仰體天地之德弘開唐虞之治其惟我太祖與我皇上乎我太祖高皇帝聰明睿智文武聖神天厭胡元眷之明命迅掃腥膻之毒穢大啓土宇於昄章草昧之初忿疾於頑特製大誥三編與民更始申明五常甚惓惓焉必有藏讀者罪得減等蓋出之在衽潊以文德家傳人誦用夏變夷仁之至也及天下大定又著祖訓一書禁後世不用墨劓剕宫之刑歷六年七謄藁乃獲告成貽謀之慮遠矣此皆聖心之獨斷臣下不得而窺者也二百年來莊誦佩服莫不惴惴聳敬如對越陟降之靈顧今深仁厚澤怙冒寰區人心聯結國脉平康丕丕無疆之基引之勿替如明問所及者不在兹歟至我皇上以上聖之資操制作之柄敬天法祖恭已愛民克孝克仁盡倫盡制甫當踐祚即命大小儒臣纂修明倫大典詞嚴義正裁自宸衷伏睹御製序曰王天下者皆本奉天命承宗祀立人極建綱常作民之主未有舍是而外求諸道以能化行四海澤被生民者也又曰上承乎天奉宗祀於億萬斯年下勤乎民務盡君人師長之道期於禮樂之興刑罰是中大哉皇言炳如日月咸切人倫且内列歷代授次後繫本朝宗圖正閏分明統嗣章著舉世及之文義情兼盡折人後之論邪正頓釐漢宋謬談一洗而更新之矣是典一布如日升暘谷普照述方即絶徼窮鄉亦知引領皆曰聖人之教我也於是天下之人相率而趨於道化父父子子兄兄弟弟各得其所敢有頑冥不靈勿若于訓者乎頃欲司牧臣工監于祥刑彰信兆民罔干和氣仁言德意仰塵綸綍伏睹敕文曰司民牧者未盡得人或道理不明或律法不通或任情以作威或深文以鍛獄甚或貪賄聽屬顛倒是非不顧冤抑是何心歟又曰省改前愆

惟公惟慎盡心聽讞民以不冤大哉皇言霈如雲雨有裨民命且内揭古昔帝王及我祖宗罔不慎重於刑溯極源委仁愛一心灾沴休祥互發以動其善念國法神譴交儆以弭其非心俗吏舛錯一舉而震疊之矣是敕一頒如大寒冱凍忽轉陽春即昆蟲草木亦知嚅跂皆曰聖人之生我也於是天下之人相率而守其章程强者弱者智者愚者久寡其過敢有怙終不悛勿迪于政者乎我皇上之敷教即太祖之仁也亦天之心也有教則民性自奠性既奠則良心鼓舞義氣奮揚可以奠邦矣皇上之恤刑即太祖之仁也亦天之心也無刑則民生自壽民既壽則衆心翼戴協氣自臻可以壽國矣其始也錫庶民之極其究也斂天下之福後先媲美照耀萬世堯舜之盛不是過也而所係豈其微哉自今觀之好生之德洽於民心太和之氣充塞宇宙禎符滋至景貺洊加壽星現焉甘露零焉玄龜出焉白鹿呈焉芝草挺焉醴泉涌焉惟天監觀陰騭於惚穆之中惟皇上時憲默運於陶鈞之上於萬斯年自今伊始天下之人遭逢聖世家興禮讓官無繁刑利涉而思禹功含哺而懷稷粒又皆舉手加額同聲而祝聖人之壽彌熾彌昌與天無極永孚於烋是典也是敕也帝典祖訓今古并傳則生長壽域胥教胥生者何可紀極也猗歟盛哉治之至已生也南海之人未探金匱石室之藏然涵濡聖化畜積亦有日矣蠡測之見無補高深敬以一得之愚揄揚今日之盛

第二問

何天衢

同考試官教諭童批（經書之旨道同教殊古今學者之凖的是作發揮所以然處甚明非潛心聖學者不能也）

同考試官教諭孫批（聖賢因人施教學者由教體道載在經書無不合□□能闡明其義而末復誦説程子之語以示窮□讀書之要能知所本者）

考試官教諭黄批（發明殆盡）

考試官學正宋批（能知理學源委）

聖人之道統於心者也其同而异者所以爲教也聖人之教求諸心者也其异而同者所以爲學也知其所以异而後可以論學知其所以同而後可以體道譬之水焉山下出泉無异源也由是之焉爲澗爲沚爲江河其支流至衆也然莫非水之分也是道之所以异教也及其歸也以江以河浮于淮達于泗而皆放乎海焉是學之所以同於道也又譬之往上都者或帆於水或馳於陸及其止也無异致也故曰天下之道殊塗而同歸百慮而一致嗚呼觀其深矣稽之上古道原於天而備於人然惟統會於聖人之一心故聖人者道之管也

堯以是傳之舜舜以是傳之禹禹以是傳之湯湯以是傳之文王周公以及於孔子無异道也一中之授受歷數聖人而不易焉無异統也乃其因時以立教而垂之爲經著之爲書斯其所指不同始言人人殊矣而其所以爲道與所以造於道未嘗异也今以六經言之自孔子而上聖人達而在上其道行其紀載聖人之言行有易書詩禮春秋之爲經皆所以載道也而教存乎其中矣其同而异者也經解之言曰温良敦厚詩教也疏通知遠書教也廣博易良樂教也潔凈精微易教也恭儉莊敬禮教也屬辭比事春秋教也是故因性爲教以著入國之義然其明六經之指要不可易也稽之後儒則荀楊其辨矣荀卿氏曰禮之敬文也樂之中和也詩書之博也春秋之微也楊雄氏曰説天莫辨乎易説事莫辨乎書説體莫辨乎禮説志莫辨乎詩説理莫辨乎春秋固皆沿戴記之遺義也然非二道也易之通變宜民亦書之政事也書之降衷恒性亦詩之性情也中和且平非禮樂之由興乎命德討罪非春秋之微權乎故曰六經之道同歸實未嘗不相爲用也雖有爲指之殊者道固本同也以是而類推焉則所謂詩以道志書以道事樂以道和易以道陰陽春秋以道名分者莫非道也莫非聖人之所以爲教也是謂聖人有异教而無异道孟子有曰夫道一而已矣誠然哉見道之言與以四書言之自孔子而下聖賢窮而在下其道明其傳述師弟子之問答有論語大學中庸孟子之爲書皆所以爲教也而學存乎其中矣其异而同者也朱子之言曰論語之言莫非操存涵養之要七篇之旨類多體驗擴充之功不先乎大學無以盡論孟之精微不參之論孟無以極中庸之歸趣不會其極於中庸無以建立大本而經綸天下之大經是雖標别次第以示積德之基然其明四書之指要不可易也考之聖門則其説爲詳矣論語專言爲仁直指人心之原七篇并詳仁義兼統立人之道大學始教以誠意爲自修之道明德新民之端也中庸體道由明誠慎獨以造於篤恭聖神功化之極也固不外乎朱子之達論也然非二致也無適無莫未始不言義也强恕求仁固亦專言仁也誠意爲功而格致先之矣是亦明善也知幾入門而敬信繼之矣是亦誠意也故曰及其成功一也實未嘗不統于同也間有立言之别者教之或异也以是而引伸焉則所謂終始之事中和之致博約之誨存養之説者莫非教也莫非學者之所以造於道也是謂聖人有异教而無异學子夏有曰君子學以致其道誠然哉造道之言與斯義也萬古一道千聖一心故其道本同而所以异者因時之教也不害其爲同其教雖异而所以同者造道之歸也無病於其异此經書之要準而爲學之不可不審者也自夫仲尼没而异端起九師興而易道微三傳作而春秋散齊魯毛韓詩之末也大戴小戴禮之衰

也書殘于古今詩失于齊魯至於家語齊論間見雜出大學中庸混編戴記孟氏之好辨當其時且訾焉而聖人之道之教幾乎晦矣宋儒類出表章而發明之然後經書之藴奥可悉得而聞其功非眇小也然异同之辨儒先率多致意而原异求同必達於道斯可與論學也是故以温公之篤信而有疑孟之作董槐之學本於輔廣而欲重定知止之條以復於大學古本不可謂無志於道然惟大儒朱子之説至今不能易焉故爲得統於濂洛而上溯於周孔其道同也後之君子明斯道之大原而求之心不惑异説而妄自置門户焉斯於道思過半矣程子曰讀書者當觀聖人所以作經之意與聖人所以用心聖人之所以至於聖人而吾之所以未至所以未得者誦味而思之平其心易其氣闕其疑則聖人之意可見矣嗚呼知言哉

第三問

馬象乾

同考試官教諭翟批（叙事中見論議是善説古人者且備極底裏如身處其時可以爲文矣）

考試官教諭黄批（叙論詳當）

考試官學正宋批（其事核其文贍）

君子之所以表裏人物而尚論其世者其道何以哉是故嚴於名實之辨者可以徵用矣審於利鈍之故者可以觀時矣達於運數之歸者可以語勢矣著於微漸之致者可以燭幾矣是故用之不孚其名不足稱也時之未遇其成不可必也運之所屈其業不可冀也幾之所著其漸不可長也以是博觀往行則權稱度量其有爽乎語曰前事之不忘後事之師鑒也乃學者論世尚友折衷爲要矣試於明問所及陳其臆説焉夫邃古之初人懷敦行三代之際咸茂令猷聖賢輩出仁義燁如也春秋而降淳風散而物僞滋用舍殊而操行判得失是非之辨君子以爲先務焉是故飯牛車下扣角而歌甯戚之在齊誠賤士也桓公感於堯舜在念之深慨而舉加上位於是取威定霸一匡之烈亦與有力焉則誠有其具國所利賴也豈以貧賤而有所遺乎行雜市廛駔儈爲業段干木之在魏固薄計也文侯仰其逾垣以避之高操而過廬必式於是賢士歸心三晋之國天下莫强焉則偃息藩魏仁賢之致也豈以隱逸而無所賴乎晋之殷浩人以素望歸之至謂深源未起如蒼生何殆與安石埒名矣乃山桑之役遂至無功虚名之無益於用也庾翼有言曰王夷甫立名非真實長華競此輩宜束之高閣其已深中其匿與唐之房琯帝每虚心待之琯且辭情慷慨以天下爲己任庶幾李泌流亞矣乃陳濤斜之戰遂至不支泥古之無效於時也

賀蘭進明有言曰迂闊大言引用浮黨真王衍之比其蓋深得其情與孔明三代遺才師若時雨乃渭濱之屯屈辱司馬握筭勝矣顧終成鼎立之業者以所敵吴魏咸得其人也不然則天下奇才豈能深服乎仲達耶魏公間氣所鍾自許智膽乃好水之戰邀擊元昊戒約審矣顧終墮泥合之計者由所遣福懌違其節制也不然則置勝負度外豈不誠讓於范公耶淝水之師秦衆八十萬臨之江左蓋甚危矣安石且從容賭墅焉則久戰之兵不可屢逞遠鬬之勢殆於弩末安其燭之審也卒之朱序一呼遂以八萬兵勝之亦符堅之驕盈易乘耳景略猶存安豈能無虞乎澶淵之幸邊書一夕屢至中外殊震駭矣萊公且驩呼飲博焉則擊之使隻輪不返創之令百年無事準其計之深也卒之利用受戒祗以十萬幣却之亦親征之軍氣特振耳欽若不出準豈得如意乎關羽大節蜀將之絶倫也乘水而攻樊城威振華夏此興復漢室之機也陸遜乃潛躡其後至麥城之困羽遂殞其軀焉嗟乎是天未欲漢混一吴豫故蔣濟之計行而董昭之筭得也孫權乃曰蒙取關羽過於子敬以是而幸勝焉權真漢賊也哉岳飛精忠中興之元勛也屢戰而抵朱僊鎮元术喪膽此恢復垂成之業也高宗以金牌班師至片紙付吏飛遂報殁焉嗟乎是天未欲宋重復中原故書生之諫聽而黄龍之會阻也或者乃曰將在軍君命有所不受以是而規飛焉是豈純臣之義也哉知者睹未然君子之達觀也李沆日奏四方水旱盗賊蓋致憂勤警戒之意焉王旦不之然也至於他日遲回去就之間乃曰李文靖真聖人也旦於是乎始嘆服矣旦固恐煩聖慮者沆之知微知彰亦萬夫之望與愛君防其漸人臣之遠慮也范仲淹欲寬晁仲約之罪蓋章祖宗盛德之事焉富弼莫之省也至於他日國門待命之際乃曰范六丈聖人也弼於是乎始輸心矣弼固欲正軍法者淹之識微慮遠亦聖人之徒與是皆名實所由辨時勢運數所由歸而先幾之遐覽也不可不審也故嘗以是而合觀之甯段之於齊魏實浮於名也殷房之在晋唐名浮於實也孔明稚圭其時之所爲乎安石平仲其殆審於勢乎關岳之困逢其運之厄也李范之知炳於幾之先也是稽古之準也不然則齊魏之賤士無左右之容名高遠遜於浩瑄而王寇之舉大非武侯魏公所可希冀雲長固劣於吕蒙武穆爲未盡其忠而王富於二賢誠當訾其過慮也嗟乎此天下所以多目論而難以語於賢豪之際矣又嘗以是而類推之牛口之舉秦穆顯名于天下五伯之達權也夫何讓於齊君羊裘之訪世祖植節于東京帝王之遠慮也又奚數乎魏主江左夷吾導固無愧於素望顧任之審耳内相倚賴贄亦不虚其重器誠不負於學耳鞠躬盡瘁成敗莫睹亮真人龍也聲色不動兩宫晏然琦誠社稷臣也以安之明違衆舉親而不免

於絲竹風流以準之才善斷大事而竟稱乎天書鴟尾雲長之烈傲以取覆其偉不可及也武穆之勛厄於垂成其忠不可掩也文靖務抑浮薄斷斷兮古大臣之直亮矣文正之先憂後樂其自任以天下之重乎旦之薦準忘其短已擴然弘人之度也弼之使虜竟定獻納偉然丈夫之節也君子達觀而取節焉豈不誠然能尚論其世耶

第四問

葉夢熊

同考試官教授秦批（廉靖以持已惠利以及民守令之賢無逾此二端是作悉數其事亦抱當世之慮者豈但記誦之文已耶）

考試官教諭黄批（叙事有條理）

考試官學正宋批（推尊韓周二子是能知德政本原者）

古之善爲治者其處已也盡道然而廉靖其本矣其處人也盡制然而惠利其先矣能立其本則議道自己而風化端能知先務則置法以民而德施普是謂不求治於人而求治於己不求利於己而求利於人在當時而利賴之詠歌之故樹績也弘在後世而傳誦之儀刑之故垂範也遠斯古之明於不朽者德之選而治之致也執事軫念嶺海之民慨然思古循良以風有位策諸生誦説其事甚盛德也敢以嘗所繹求而服膺之者以對夫郡縣非古也自秦罷侯置守縣統之令以制置其民而乂安之五嶺之外至漢始隸郡邑歷代以來率由斯制故守令之於民最重漢宣帝曰庶民安其田里而無嘆息愁恨之心者政平訟理也與我共此者其惟良二千石乎明帝又曰郎官出宰百里苟非其人民受其殃是言守令之係民者重也故曰守令者所使承流而宣化者也上德不宣則恩澤不究下情不達則幽隱莫通有意斯民者又安得不重之耶兩漢之治號稱近古然考之循吏傳則班史所載西漢僅於六人范史所紀東漢亦止十二人嗟乎難矣稽之於粤往所爲郡縣者代有令德愚嘗以二端概之曰廉靖以持已也曰惠利以及人也何也傳曰大人者正已而物正也此責已之義也世之砥礪名行者鮮矣賈琮之爲刺史也簡選良吏蕩定諸縣乃其民歌之則曰賈父來晚今見清平非以其能却琛獻率屬化之乎吴隱之之爲廣州也清操逾常始終不易乃自酌貪泉有曰夷齊試飲當不易心非有見於不見可欲使心不亂乎費貽故節士也仕合浦而江山名廉則莅政清簡而千載懷德無讓於古之甘棠矣孟嘗故孝廉也守合浦而去珠復還則革易前弊而吏民攀請庶幾乎古之惠人矣繼美處默以肅弊俗王鎮之之行也而果不受俸禄去官無异焉真蕭然無營者與約戒官屬無今交通王方慶之教也而能

受訴吏民通却參餉焉非秋毫無索者與嶺南節度乃搜家珍投之江中李勉之廉潔徵其沉雅矣頌德請碑豈違道干譽之故哉端州爲守至於秩滿不持一硯包拯之清介稱其峭直矣河清之比豈聲音笑貌之爲哉是數君子者爲行不同同歸於潔已而章章尤著者尚德哉若人也傳又曰天生斯民使司牧之此爲民之義也世之勤恤民隱者鮮矣衛颯之爲桂陽也庠序婚姻之教下車汲汲焉期年而民從化政何著也茨充之代颯也蠶桑編屨之訓使民惓惓焉既而民獲利益德何溥也武溪之毒淫也而挑移盤石六瀧爲奠至於行旅出途則周憬之功不衰也茅茨之患火也而教之陶瓦民知棟梁遂使延燒無患則宋璟之遺愛至今也奏去繁課而重定田賦周渭之存恤廣南可不謂至德乎乃其諭降交阯威信蓋益著矣請除苛政而蠲免户役張士遜之施惠南雄可不謂至仁乎乃其記名御屏節概固有素矣余靖因廣俗輕揚而教之禮法此簡而不苛化之入人深也嶺海晏然偉哉經制之烈耶程師道大修學校而日引講解故諸番願學感之及人遠也威愛并行彬彬然德禮之致耶是數君子者爲政不同同歸於利民而昭韙在人者仁人哉其利博也夫正已率物政之本也其本端而後措之治裕如矣道利興理政這施也其施普而後顯其德於不窮矣此合一之義也前所紀載故各自其著者言之耳若夫兼體備道無不可法者其惟唐宋二子乎考之在唐有韓愈氏佛骨一表萬代所瞻仰也乃忠誠馴鱷魚之暴文章起八代之衰而潮陽之民至今知學豈徒因文見道已耶在宋有周敦頤氏太極一圖前聖所未發也乃羅浮發詠與道爲體提刑過化所在澤物而南粤理學至今有傳豈直一方循良已耶是又德行政事之宗而論世尚友者之準的也仰惟聖明在御恩惠覃被薄海外内無遐遺矣邇者屢廑詔旨惻念民隱責成守令甚切當事之臣祗承德意繩舉而振勵之一時郡邑之吏無不滌心易慮遵典則以慎修仰前哲而興起而凡垂髫扶杖之民無不思見德化之成誠千載一時也然故記所存令德嘉猷皆宜則傚而揆厥要領則敦行爲先故曰人有不爲也而後可以有爲此達義也當世君子誠能明決擇而師表昔賢則仰昌黎之患而博愛行宜所當三復廣化原也紹濂溪之學而公已公人所宜深意普德施也由是以創仁義之塗則風俗可同以究輯綏之澤則仳離可安以揚扞圉之威則奸宄可息以垂變通之利則財賦可供所以幸元元而底式序者莫此爲大矣嗟乎斯爲不失民望無負於明時乃後之人必有溯求德澤如今兹者

第五問

陳維翰

同考試官教諭曾批（東廣大計莫如蕩平山寇此策援引詳明籌畫精確必抱經濟之略者得子良可自慶）

考試官教諭黄批（抵掌談兵通達時務而所條十二略尤中機宜子非胸中有甲兵者耶是用録出）

考試官學正宋批（平寇之術鑿鑿可行取之不徒以其文也）

嘗聞龔遂治渤海而盜賊散魯恭至樂安而渠帥降豈有异術哉亦不過酌緩急之宜察輕重之勢持操縱之權審進退之機而已矣彼二子循吏也二盜未甚也故不竟所施而業已定矣廣之山寇在門庭乎在腹心乎將撫之乎將剿之乎其緩急輕重操縱進退在眉睫間不待智者而知也今夫言東南之患者皆曰莫如海倭彼以舟楫爲室家以風潮爲朝夕得利即返失利則遁猶可料也至山寇殆又甚焉生也目擊其事懷憤久矣敢不直述以對請先言三不可撫而後及十二略可乎何者福之漳豫章之贛廣之潮惠山海參錯險不可窺其民獷悍狡黠易於爲盜即累金之家亦樂爲諸酋役使噪應如響矯之則操戈相殘矣習俗然也邇尤相煽爲虐賂殘倭以張羽翼飾虚聲以駭見聞震動諸郡所至蕩然荼毒之慘忍言之哉此一不可撫也前者豨突鼠跳猶畏官府廉之今白晝横行絶無忌憚甲子大城相繼被害矣嶺東一帶戎馬躪蹀民棄室廬委田叢莽賦税何所出乎垂涎帑蓄在在戒嚴刁斗之聲相聞宵達旦矣守土之臣疆埸之將所廢餐以爲備也此二不可撫也我兵勢强彼不堪窘抑願待不死出自悔心招可從也今未有挫衄之者乃僅以名通聊懈官兵之加而身憑險阻肆螫如故有司亦已揆度蓋拒之則失信激之恐重爲民仇姑羈縻之若與之明誓是立赤幟耳效順之名何可輕也此三不可撫也當是時不早爲之處萬一游俠之輩見盜不耕穫不菑畬子女金帛無所不有終歲勤動何爲哉亦胥化而爲盜匿山谷聯巢穴牢不可破大可懼也知乎此則犁掃之責當有慨然任之者矣兵可易言哉大衆壓境未免師老匱財間道鵰剿又恐誨之使防而益長其無忌兵可易用哉前所謂十二略者願悉其説一曰責守令民皆兵也時簡稽比什伍養之有素矣賊入吾土以身先之少則戰多則堅壁以守其去也馳報鄰徼不啻家人父子頃刻雲集腹背夾攻賊雖强能四面受敵哉有不教者秦越其民者也二曰重將領三軍之命繫之一將必士卒和附方可使蹈湯火投溝壑今提千萬烏合之兵一旦付之臨陣即孫武不效也或軍人或民兵或募丁挑選一千餘人令之操演識名籍馴意氣精藝材稍稍助以犒賞兼得上下其食以勸義心習之既熟能無用命哉三曰協官守石渠之伐兩將軍异同幾敗乃事三省盜情均之爲民驅害文移關白如證左

券而軍中策應不爽片時使奸細不得觀望而摇奪語曰衆心成城况發縱指示乎若泥文墨分比鄰則非同舟共濟矣四曰嚴信地淮陰之兵不敢越紀律所恃者信耳今盗一也在山在海不可测識官督军兵各分布扼塞設伏邀擊官不侵於他委兵勿移之别役如涉洋登岸賊得自由不知出入即按地核罪正以軍法有不股慄哉五曰明應援春秋之法嘗譏不救地壤相接而坐視勝敗漸不可長也先期確申期會攻西則擊左東亦如之攻南則繞後北亦如之攻中左右前後各起非其守地仗義而至者超格酬之敢有披靡者哉六曰公賞罰重賞之下必有勇夫罰尤不可廢也廢罰則人不畏賞罰有成書章章明也亦衆庶共睹者誠賞不逾時罰不掩耳即入虎穴探虎子利害鏡於前而敢却步哉何也感則心奮畏則心寒不待驅也七曰許便宜兵事稱機言貴神速而賊情呼吸迅於鳥舉必俟批答而行則動經閲月能披堅以聽哉糧餉轉輓屬之當道一聞警急將領挺身赴之少假文法作其鋭氣事寧甄别未爲晚也閫外之令一切不令撓之俾得從容畫策吾但責之以成庸無次第可觀者哉八曰開糾擿漢時青徐幽冀盗發詔令自相糾擿五人共斬一人除其罪未幾即解賊苦兵革與之更生有不踴躍而應乎果不昵夙好從中自戕但具首級以告亦除之獲酋長者充上賞約如金石彼此遞效黨類疑怯或可乘而定也九曰用間諜古之賢將不愛千金能使人出萬死以問敵國幸與不幸之間彼往者善探陰計灼見虚實使我得静以制彼即畀上爵亦不爲過何惜千金也十曰懲納賄虞受璧乘卒失下陽貪小債大也賊計詭譎往往賄間兵官擁冑旁觀逗遛不至賊勝諉之力薄賊不勝佯示歸徑縱之逸去此故態也有若人焉立徇之法恐諸葛不能蔽馬謖矣十一曰原脅從書云殲厥渠魁脅從罔治彼被虜者肯捐親戚擲墳墓而甘心從盗哉大兵所向首開自新來者鞫無异狀收録幕下資爲嚮道老幼無依者還之鄉里此風一聞賊雖結之以恩必不忍自納於死矣十二日謹接濟米粟硝黄賊所仰需於人者價高數等冒禁交易暮夜掩襲誰則詰之若置而不問是借寇兵而齎盗糧非計之完也峻其防於守隘之官而犯者盡法不貰法重於利彼忍殞命而不顧哉是故責守令而民可使也重將領而兵可制也協官守而事可圖也嚴信地而志可固也明應援而心可齊也公賞罰而勇可倡也許便宜而令可施也開糾擿而勢可孤也用間諜而情可燭也懲納賄而威可振也原脅從而黨可携也謹接濟而命可握也由是宣布聖明之威靈申播祖宗之德澤受節制於兩鎮紀功績於憲臣然後行事如雷霆之震疾不可犯如鬼神之運秘不可窺功收萬全在此一舉蕞爾山寇何足平哉酋之所獲以俘以獻地之所復以寨以堡四郊銷多壘之

患百姓安耕鑿之常神人之憤已紓國家之祐益篤海隅蒼生何其幸歟不是之務而徒規規於撫譬之患癰疽者勢已迫矣不付醫手而聽其自潰其如身何書生常談或可以效安攘之助惟執事采焉（此處底本缺頁——編者注）

嘉靖四十三年廣東鄉試録

廣東鄉試録序

皇上御極之四十有三年乃歲甲子天下例復當大比士於鄉廣東試事巡按御史陳聯芳實監臨之夙夜兢惕思祗承聖天子寤寐求賢至意章程防範視昔倍虔焉維時提督兩廣兵部右侍郎兼右僉都御史吴桂芳文武爲憲海嶠肅清提督南贛都察院右僉都御史吴百朋威德宣揚疆境底定總兵官恭順侯吴繼爵敬共武服雅尚章縫十郡之士咸得溥志鼓篋抱藝待試乃以前巡按御史陳道基先期禮聘乾知及教諭劉崇禮爲考試官教授饒應禎教諭周德崇樂浹姚英林琛韓詩劉汝昭爲同考試官簾以内翼如也左布政使杜拯右布政使陳暹司提調按察使李逢時副使莫抑司監試其百執事咸慎選以充簾以外肅如也遂晋提學僉事樊仿所簡士一千八百有奇鎖院三試之遵制拔其俊七十有五人并録其文之優者以獻乾知猥以職事宜序諸簡端謹稽首颺言曰猗與休哉我國家車書一統之盛皇上久道化成之效觀之粤可知也乾知嘗讀世紀考輿圖粤之有土在南大海之隅豈非古所稱方外之區哉堯宅周疆之迹遐逖難稽秦漢以來置郡列藩漸稱率服然史言其貢酎之奉不輸大内則亦羈縻云耳延及唐宋人物浸盛張崔諸賢德業文章蔚然著矣然志叙陽山猶言其畫地爲字大都民間亦惟以齒革草木珠璣犀象之屬相較量同文之化尚未洽也天開泰運我明奮興皇祖受命造基幅員之廣窮天際地維兹嶺表遂奠雄藩而瓊南溟渤之陬特蒙天語稱爲奇甸有華夏之風焉山川效靈人文勃勃乎增焕矣聖謨弘遠投戈之暇首詔天下建置庠序延禮學官以長育賢才乃於甲子歲定科舉之法凡三年一賓興而登進之東粤人士遂濟濟彬彬與中州相頡頏而寶藏貢賦之甲於天下蓋弗論已列聖相承益敷文德惟我皇上聖神撫運仁壽同天四十三年以來峻德之所潜孚豐芑之所培植士之生於南服者薰炙漸摩既深且遍矧徵諸歲德值在甲子實與聖祖初開文運之期適爲符合焉夫元會之數運行無窮甲子十二干支之始也萬物生生變化不匱亦皆滋萌於子出甲於甲則逢兹歲紀實爲

千百載之一時凡在寰宇之内含精禀氣之物莫不思呈祥露彩自赴於熙運士固天民之秀而庶類之英者也幸際昌時彙征而起可無舒奇吐异發巖穴之珍以需國家之用蒸蒸然雲合景從哉今乾知於諸士之應舉而來者縱觀其爲文上下古今辯析義利醇正者經傳之發雄博者子史之淹詳明者敷奏之體微婉者規諷之遺雖其命意騁辭固人人殊而不靡不蕪不怪不削則灼灼乎若繁星之燦浩浩乎若長江之沛雝雝乎若祥鳳之和鳴所謂連城之璧清廟之材者非耶周南召南詩人所以美文王之明德也文王之化自北而南至於江漢汝墳遵化而兔罝野人皆可爲公侯之好仇腹心然後爲王道之成詩曰周王壽考遐不作人此之謂也粤去京師萬里而遠不啻江漢之於岐豐而已今日得士若此則聖天子至德之化悠久不息光于海隅洽于遠邇駕成周而追聖祖蓋有明徵已乾知謂以粤士而知國家車書之盛皇上久道之化非臆也抑猶有説焉周家得人之盛止于九人而九人之奮庸熙載垂聲光於不朽者非徒以其言而已也今主司之所録者惟言而多士之見録亦惟以其言使果言皆根心而非飾辭以干進則自兹對大廷布有位以養萬民以楨邦國爲宗社樹億萬祀靈長之計諸士信無負於地與時而乾知亦與有光矣如或華其文而嗇其實言於静而違於庸主司不明之罪固無所逭諸士之生名服應昌辰求一人之幾於九人而不可得寧不有愧也已吁文王在上兔罝野人亦知争自濯磨以階嚮用諸士今舉於鄉者吾知其决不甘於兔罝野人之不若也乾知又何懼哉是舉也巡按御史姜儆以奉命至振揚風教刑部郎中余良翰以平讞至嘉尚文士至若飭武于省則總兵俞大猷綜翊于外則左參政郭應聘右參政陳惟舉左參議陳紀許公高右參議曹天祐副使方逢時戴一俊僉事周時中徐甫宰劉穩署都指揮僉事亦孔昭治兵于疆則參將門崇文王詔入賀于朝則右布政使今陞廣西左布政使林懋舉僉事勞堪署都指揮僉事于一芳咸先後服勤而試典攸賴者於法得書

直隸廣德州儒學學正楊乾知謹序

嘉靖四十三年廣東鄉試

監臨官

巡按廣東監察御史陳聯芳（以成福建閩縣籍長樂縣人　丙辰進士）

提調官

廣東等處承宣布政使司左布政使杜拯（道濟江西豐城縣人　戊戌

進士）

廣東等處承宣布政使司右布政使陳暹（德輝福建閩縣人　乙未進士）

監試官

廣東等處提刑按察司按察使李逢時（化甫直隸德州衛籍江西贛縣人　甲辰進士）

廣東等處提刑按察司副使莫抑（允升廣西馬平縣人癸丑進士）

考試官

直隸廣德州儒學學正楊乾知（懋始浙江餘姚縣人　壬子貢士）

湖廣德安府隨州應山縣儒學教諭劉崇禮（以節江西貴溪縣人　乙卯貢士）

同考試官

湖廣永州府儒學教授饒應禎（鳳儀江西新淦縣人　庚子貢士）

浙江杭州府海寧縣儒學教諭周德崇（民範江西金谿縣人　壬子貢士）

河南河南府陝州閿鄉縣儒學教諭樂浹（□和湖廣蘄水縣人　乙卯貢士）

應天府六合縣儒學教諭姚英（彦卿福建浦城縣人　辛酉貢士）

江西饒州府浮梁縣儒學教諭林琛（子重直隸江陰縣人　乙卯貢士）

江西廣信府弋陽縣儒學教諭韓詩（承志直隸吴縣人　癸卯貢士）

浙江嚴州府淳安縣儒學教諭劉汝昭（效著江西萬安縣人　乙卯貢士）

印卷官

廣東等處承宣布政使司經歷司經歷袁宲（國和江西吉水縣人　監生）

廣東等處提刑按察司經歷司知事張廷玉（國信直隸婺源縣人　監生）

收掌試卷官

肇慶府知府鄒光祚（承卿江西鄱陽縣人　丙辰進士）

惠州府知府張存義（宜甫福建建安縣人　癸丑進士）

雷州府知府陸瓚（邦器浙江龍游縣人　癸丑進士）

韶州府知府吕天恩（仁甫廣西灌陽縣人　丁酉貢士）

受卷官

惠州府同知翁夢鯉（希登福建莆田縣人　庚戌進士）

潮州府同知胡廷順（貞孚福建閩縣人　庚子貢士）

南雄府同知張尚（懋志江西新建縣人　癸卯貢士）

肇慶府通判楊士中（恩養福建晋江縣人　庚子貢士）

廣州府推官周標（以升福建晋江縣人　壬戌進士）

彌封官

雷州府推官陳紹（仲道江西高安縣人　丁酉貢士）

廣州府番禺縣知縣滕伯輪（汝載福建甌寧縣人　壬戌進士）

廣州府南海縣知縣郭夢得（甫卿福建同安縣人　壬戌進士）

廣州府東莞縣知縣舒應龍（時見廣西全州人　壬戌進士）

潮州府程鄉縣知縣顔若愚（崇默福建龍溪縣人　己酉貢士）

謄録官

高州府推官楊逢元（統之廣西鬱林州人　丁酉貢士）

廣州府順德縣知縣李有則（子彝福建建陽縣人　己酉貢士）

廣州府連州陽山縣知縣陳子芳（惟秀福建懷安縣人　壬子貢士）

肇慶府四會縣知縣劉順之（體信廣西馬平縣人　壬子貢士）

韶州府乳源縣知縣李繼芳（堯奕福建晋江縣人　壬子貢士）

惠州府河源縣知縣康日章（伯顯福建懷安縣人　乙卯貢士）

對讀官

廣州府通判張文光（有孚直隸常熟縣人　丁酉貢士）

雷州府遂溪縣知縣龔轍（元通直隸華亭縣人　辛卯貢士）

惠州府興寧縣知縣陳其箴（仲正福建莆田縣人　癸卯貢士）

潮州府大埔縣知縣張孔脩（德成福建福寧州人　己酉貢士）

高州府吴川縣知縣黄一棟（輔斯福建晋江縣人　己酉貢士）

肇慶府德慶州封川縣知縣唐時雨（子化福建莆田縣人　乙卯貢士）

巡綽官

廣州右衛指揮使劉莊（惟敬湖廣巴陵縣人）

廣州右衛指揮同知徐思爲（玉吾直隸臨淮縣人）

廣州右衛指揮僉事楊勛（懋功直隸全椒縣人）

廣州後衛指揮僉事王泝（孟源山後人）

搜檢官

廣州左衛指揮使趙陞（惟遷直隸灤州人）

廣州右衛指揮使王煦（子明直隸合肥縣人）

廣州右衛指揮僉事劉高曉（仲陽直隸昌黎縣人）

廣州後衛指揮僉事楊堯佐（憲伯直隸和州人）

廣州右衛中千户所正千户江浚（國源直隸合肥縣人）

廣州右衛前千户所副千户牛誂（輯卿河南林縣人）

供給官

廣東都司經歷司經歷茅健夫（子陽浙江歸安縣人　監生）

廣東都司斷事司趙桌（公才江西安福縣人　監生）

廣東等處承宣布政使司照磨所檢校朱衣（子衷浙江崇德縣人　監生）

廣東鹽課提舉司提舉陳文周（汝中直隸常熟縣人　監生）

廣州前衛經歷司經歷胡天與（汝賢江西萬安縣人　監生）

南海衛經歷司經歷方良輔（子卿直隸休寧縣人　吏員）

廣州後衛經歷司知事葉敷榮（仁卿浙江崇德縣人　監生）

廣州府番禺縣縣丞徐天祥（子善浙江臨安縣人　監生）

廣州府三水縣縣丞徐機（慎卿直隸江都縣人　監生）

東莞守禦千户所吏目章憲（德儀福建劭武縣人　知印）

從化守禦千户所吏目劉仕上（以近江西南昌縣人　知印）

廣州府税課司大使上忠（藎卿湖廣江夏縣人　知印）

廣州府番禺縣慕德裡巡檢司巡檢李朝用（治卿福建建安縣人　知印）

廣州府東莞縣福永巡檢司巡檢張夢龍（恩光江西萬安縣人　吏員）

廣州府三水縣横石巡檢司巡檢盧一金（世德福建閩縣人　知印）

廣州府南海縣官窯驛驛丞林茂和（德音福建閩縣人　承差）

廣州府清遠縣安遠驛驛丞龔演（本直福建上杭縣人　吏員）

第一場

四書

爲仁由己而由人乎哉　久則徵徵則悠遠悠遠則博厚博厚則高明博厚所以載物也高明所以覆物也悠久所以成物也博厚配地高明配天悠久無疆　其自任以天下之重如此

易

大哉乾元萬物資始乃統天　君子之光有孚吉象曰君子之光其暉吉也　天生神物聖人則之　易之爲書也廣大悉備有天道焉有人道焉有地道焉兼三才而兩之故六六者非他也三才之道也

書

萬邦黎獻共惟帝臣惟帝時舉　若作和羹爾惟鹽梅　皇極之敷言是

彝是訓于帝其訓凡厥庶民極之敷言是訓是行以近天子之光曰天子作民父母以爲天下王　小大之臣咸懷忠良

詩

采采芣苢薄言有之　既齊既稷既匡既敕永錫爾極時萬時億　保兹天子生仲山甫仲山甫之德柔嘉維則令儀令色小心翼翼古訓是式威儀是力天子是若明命使賦王命仲山甫式是百辟纘戎祖考王躬是保出納王命王之喉舌賦政于外四方爰發　聖敬日躋昭假遲遲上帝是祇

春秋

八月公會齊侯宋公鄭伯曹伯邾人于檉（僖公元年）　公孫敖帥師及諸侯之大夫救徐（僖公十有五年）叔孫豹及諸侯之大夫及陳袁僑盟（襄公三年）　公會晋侯宋公衛侯曹伯齊世子光莒子邾子滕子薛伯杞伯小邾子伐鄭會于蕭魚楚人執鄭行人良霄（俱襄公十有一年）夏楚子蔡侯陳侯鄭伯許男徐子滕子頓子胡子沈子小邾子宋世子佐淮夷會于申（昭公四年）　齊人來歸鄆讙龜陰田（定公十年）

禮記

以天地爲本故物可舉也　朝廷之美濟濟翔翔　詩言其志也歌咏其聲也舞動其容也三者本於心然後樂器從之是故情深而文明氣盛而化神和順積中而英華發外　夫義者所以濟志也諸德之發也是故其德盛者其志厚其志厚者其義章

第二場

論

知其性則知天

詔誥表（内科一道）

擬漢賜民今年田租之半詔（文帝二年）　擬唐以裴耀卿爲黄門侍郎張九齡爲中書侍郎并同平章事誥（開元二十一年）　擬宋以范仲淹參知政事富弼爲樞密副使謝表（慶曆三年）

判語（五條）

官員赴任過限　人户以籍爲定　致祭祀典神祇　邊境申索軍需　修理橋梁道路

第三場

策（五道）

問　宋儒有言仁者以天地萬物爲一體是以至德之君所以保民性命而納之壽康者率詳且切粤觀嘗草辨味而醫藥肇傳内經著論而方脉啓秘故當時之民瘥札不生龐皓相踵而二君者并躋遐永之筭享昇平之休其應詎不章章明哉周禮周家致太平之書也以醫職屬之天官而其法制纖悉備具可得而聞其詳歟嗣是而後有赦太倉令而春和賑貸者矣有見鍼灸圖而特禁鞭背者矣有頒太平聖惠方有輯簡要濟衆方者矣不知果有合於帝王之仁否歟洪惟我太祖高皇帝之開基也詔郡縣贍彼疲民以有司之粟而醫學之設載在令甲我成祖文皇帝之嗣服也命太醫院施京民以内府之劑而惠民之令申在禮部仁心美政固以肇萬年靈長之基矣迨我睿宗獻皇帝仁敷南國德合天心醫方選要之集允爲濟民利物之實肆我皇上純孝體親至仁育物特命刊刻普錫中外所以康乂我民者亦云至矣近又取胡濙所進衛生簡易方梓而頒之俾遠方貧魯之民咸知調治保全之道至於藥粥之施疾苦之問時行屢下靡可殫述此其仁即天地之仁而其心即祖考之心矣是以好生之德洽于萬民太和之氣通于上帝愛戴之所輸眷命之所篤聖躬日以康寧聖壽日以綿衍即詩所稱萬有千歲猶未足以擬之也宗社無疆之慶端在是矣諸士皆沐聖皇久道之化而囿於仁壽之域者也盍颺言之以效天保之祝

問　君子之立言將以明道也道一而已矣則言道者宜不得异同於其間也顧世儒之論乃人人殊何哉性命之説自子思首發之朱子釋之曰天所賦爲命人所受爲性矣而又曰所賦者氣所受者理信斯言也性命固有二歟道器之説自大易始發之程子訓之曰形而上者爲理形而下者爲物矣而又曰道亦器器亦道信斯言也道器固惟一歟仁統四端先儒論之詳矣而有以陰陽五行四時配之者是又不以四端之統爲言何也心統性情先儒論之備矣而有以性之有形者爲心性之有動者爲情是又以性之統乎心情爲言何也知者動仁者静則動陽而静陰矣而解易者乃有智爲陰而仁爲陽之説不與孔子之言殊乎成己仁成物智則仁體而智用矣而釋聖者乃有智自明而仁及物之論不與子思之言悖乎盡己爲忠盡物爲信忠信只一理也而又謂忠爲天之道信爲人之道者則信與忠果有异乎知以明理行以履事知行有先後也而又謂道之不名由於行之過與不及者則行視知果尤急耶夫道在天下自有至當歸一之妙學以明道當得根極要領之論衆言淆亂將安折衷

尔諸士其必有知言窮理之學而不惑於异同之説者試詳言之以占所養

問　用兵者必訓練之有素然後可以應變而威敵陣法固不可不講也周禮大司馬萬有二千五百人爲軍小司徒乃會萬民之卒旅而用之至於春教振旅夏教茇舍秋冬教大閲治兵并如戰之陳則營陣有定制矣嗣後兵家相傳謂黄帝立丘井以制兵爲八陣之圖列之爲天地風雲變之爲虎蛇龍鳥其説載于握奇篇者詳矣然其義果何所取歟古之用圖以致勝者亦可指而言之歟漢時嘗令數演陣法習之於長樂舘矣不知果合於圖否也精於圖義者莫如諸葛亮史稱其魚復平沙之上累石爲行蓋森然備矣或謂其爲常山蛇勢然歟否歟至唐李靖用之則更其制而爲六花陣夫八陣即九軍也爲方陣六花即七軍也爲圓陣似不相蒙矣而謂爲亮之舊何也兵之數必起於五守則爲營戰則爲陣奇正相生分合時异然後可以取勝則教練之法宜莫如圖矣而或者乃謂古法之環曲者所以固拒後世之直鋭者所以克捷則圖亦有不盡用歟世之名將如睢陽之善守武穆之善戰乃云不依古法教戰陣又謂運用之妙在於一心則陣法似又所當略矣其言果一定而可從歟方今嶺海多警帷幄資籌則兹亦在所急者願諸士抵掌談之毋曰軍旅之事未之學也

問　記曰今人與居古人與稽則論世固儒者事也况居其鄉而景其人私淑爲尤切者乎嶺表百粤之區人文攸卒今考志牒所載其經術文章行誼政事之知名者試舉與諸士評之有進春秋微由者有請立左氏博士者有通毛詩三禮春秋而屢薦不出者有講五經進易解而時論不徇者可謂精於經術矣有獻獄空年豐賦頌者有作异物志水土記者有作廣樂記太常釋義者有登科作賦稱李伯夷者可謂富於文章矣至於當宋儒倡明正學之時又有能聞庸學述語孟者有師朱子而篤志力學一意實踐者有師南軒而講明性理學慕濂洛者視前數子有果爲孰優歟有因姓而嶺邑以之著名山陂以之表异者有因孝而里以參號湖以曾子稱者有名奉化鄉慕德里者有名慈廉江義江者其行誼亦云偉矣有正色立朝人薦其才堪大用者有提刑明允人贈以清通仁厚者有以能吏顯者有□□吏聞者其政事亦云杰矣及觀李昴英稱張姜劉三人于唐陳璉取余崔二人于宋比前數人又果爲孰勝歟逮我明興治化隆洽人才輩出其克繼前修而足垂後範者固班班可紀也諸士尚稽述而品第之以觀尚友之學毋曰是一鄉之善士而已

問　東廣嶺海之隩區也倭夷山寇頻年告擾至廑當宁宵旰之憂近者仰仗皇威爰加剿蕩然虜情叵測内備當嚴則爲地方計靖安者不得不於兵食亟圖之也廣之兵衛所額戍之外繼之以民壯矣繼之以打手矣繼之以哨

兵矣然空虚如故防禦罕聞其故何歟至於土兵之調藏進狼之隱憂募充之徒起弄潢之明釁則兵之足當何道以致之也廣之食軍民税糧之外益之以□食矣益之以舶利矣益之以橋税矣然支給不時匱乏屢告其故何歟至於内帑之疏留恐非常久可繼之事市墟之雜課衹生箕斂無益之奸則食之足當何計以臻之也議者欲立團保以集鄉兵刷屯鹽以收額利不知於古法果有合而於時事果有濟否歟諸士抱剥膚之虞思寧宇之策其必籌之熟矣幸明以告我

中式舉人七十五名

第一名　李成性　廣州府學增廣生　詩
第二名　梁譽　南海縣學附學生　易
第三名　陳法　南海縣學附學生　書
第四名　劉守元　饒平縣學生　春秋
第五名　梁棟材　東莞縣學生　禮記
第六名　陳大諫　東莞縣學增廣生　詩
第七名　李上馨　番禺縣學附學生　易
第八名　張翼　番禺縣學附學生　詩
第九名　周裔先　南海縣學附學生　易
第十名　梁棟隆　番禺縣學附學生　詩
第十一名　黄守謙　海豐縣學生　書
第十二名　鄒兆陽　廣州府學附學生　詩
第十三名　何述恭　香山縣學附學生　易
第十四名　黄鏊　廣州府學生　詩
第十五名　王文明　海陽縣學附學生　春秋
第十六名　林接雲　陽江縣學生　易
第十七名　梁鵬　廣州府學附學生　詩
第十八名　李伯芳　英德縣學生　禮記
第十九名　何述忠　香山縣學生　易
第二十名　何建中　三水縣學生　詩
第二十一名　容雲鵬　新會縣學增廣生　易
第二十二名　陳一定　揭陽縣學生　書

第二十三名　鄒舜龍　南海縣儒士　詩
第二十四名　張賢　廣州府學生　易
第二十五名　李遠　歸善縣學生　詩
第二十六名　黎思勉　東莞縣學附學生　易
第二十七名　熊九疇　番禺縣學生　詩
第二十八名　黎紹詵　廣州府學增廣生　易
第二十九名　劉正　南雄府學生　春秋
第三十名　王啓先　會同縣學生　詩
第三十一名　鄔須明　大埔縣學增廣生　書
第三十二名　王一益　潮陽縣學增廣生　詩
第三十三名　梁雲龍　瓊州府學附學生　易
第三十四名　張于京　南海縣學附學生　詩
第三十五名　佘嘉詔　廣州府學生　易
第三十六名　陳所有　定安縣學生　禮記
第三十七名　李燾　河源縣學生　詩
第三十八名　馮應鰲　廣州府學增廣生　易
第三十九名　梁應球　番禺縣學附學生　詩
第四十名　劉檟　歸善縣學生　書
第四十一名　陳士暹　從化縣學生　詩
第四十二名　陳經　三水縣學生　易
第四十三名　何嶺　東莞縣學附學生　詩
第四十四名　鄧俊　三水縣學生　易
第四十五名　李基　番禺縣學附學生　詩
第四十六名　梁大成　四會縣學生　易
第四十七名　潘思誠　河源縣學生　詩
第四十八名　傅敏德　番禺縣學附學生　書
第四十九名　黄敕　番禺縣學增廣生　詩
第五十名　錢大行　東莞縣學附學生　春秋
第五十一名　譚時進　番禺縣學附學生　詩
第五十二名　尹瑾　東莞縣學附學生　易
第五十三名　黄卷　廣州府學附學生　書
第五十四名　林嘉　程鄉縣學生　詩

第五十五名　譚大壯　南海縣學生　易
第五十六名　王懋德　文昌縣學增廣生　禮記
第五十七名　楊應魁　香山縣學生　詩
第五十八名　林鶴舉　番禺縣學附學生　易
第五十九名　鄧萬　三水縣學生　詩
第六十名　周光鎬　潮陽縣學增廣生　書
第六十一名　鄧筠　三水縣學增廣生　詩
第六十二名　陳大有　瓊州府學附學生　易
第六十三名　鄭用淵　番禺縣學附學生　詩
第六十四名　陳在廷　番禺縣學附學生　易
第六十五名　李春顯　廣州附學附學生　詩
第六十六名　莊希益　揭陽縣學附學生　書
第六十七名　鄭兆芝　南海縣學附學生　易
第六十八名　蘇民懷　從化縣學生　詩
第六十九名　黎民敬　順德縣學附學生　易
第七十名　龐一夔　南海縣學附學生　詩
第七十一名　李汝梅　廣州府學附學生　易
第七十二名　王時元　瓊山縣學附學生　禮記
第七十三名　林獻芹　東莞縣學生　春秋
第七十四名　鄭佐　廣州府學附學生　詩
第七十五名　彭翔漢　保昌縣學生　書

第一場

四書

爲仁由己而由人乎哉

李成性

同考試官教諭林批（此篇場中作者多掇拾套語且以己之克禮之復對講殊失口氣此作體認真切而措詞雅健非苟作者宜録以式）

同考試官教授饒批（渾融典雅發出其機在我而無難之意殆盡非俗學可到）

考試官教諭劉批（整潔深邃是亦有得於心學者）

考試官學正楊批（善發聖人告顔子之旨）

聖人決爲仁之機在於己示大賢以心學也蓋仁心德也爲之在我夫何難之有哉夫子告顔淵之意謂夫學莫要於爲仁機惟決於在己自今觀之仁通於體天下之大宜有所待而後足而效收於一日之速若有所資而後成矣殊不知仁者心之理也還吾所固有之理斯有欲之則得之妙爲仁者吾之心也求吾所自有之心即有操之則存之神公之與私相爲倚伏去私以全乎公其省察之也由己之心耳果何容於人之用其力理之與欲相爲出入遏欲以全乎理其克治之也由己之心耳果何藉於人之預其功以一心之小而體仁道之大豈不至易而天下之歸蓋自得於近取之餘矣以一念之微而會仁道之全豈曰難能而一日之效蓋無俟於遠求之勞矣是雖善取諸人其功之所進非不賴於有相而理足於己其機之所決則在我而有餘也回也其知所以自任哉抑是道也惟與顔子足以發之請事斯語之後蓋已默識其全體既竭吾才而三月不違進於是矣此固天德之純而王道之基也他日爲邦之問夫子復斟酌禮樂以告之則體用全而聖學備矣然則吾人欲求其要豈有他哉亦曰求之於心始得

久則徵徵則悠遠悠遠則博厚博厚則高明博厚所以載物也高明所以覆物也悠久所以成物也博厚配地高明配天悠久無疆

梁譽

同考試官教諭樂批（長題不難於敷演而難於收拾此作意無滲漏而詞獨簡潔俗套爲之一洗耳是文之可式者）

同考試官教諭周批（認理明確而措詞雅健讀之宛然子思發明天道口氣佳作也）

考試官教諭劉批（渾融得旨）

考試官學正楊批（瑩浄無瑕）

至誠有恒之業與天地參者也夫至誠之心本與天地而無間也則其業之發於外有不參於天地者哉中庸此章言天道也若曰法象莫大於天地功業莫大於聖人而要之一誠足以貫之也今至誠不息而久矣吾見實心之藴也既緝熙於有常則實理之著也必發揮於事業寧有久而不徵者乎徵則有漸之化永賴之功亘萬古而常存焉斯其悠遠也已悠遠則其積也浩蕩之仁磅礴之澤盡一世而甄陶焉斯其博厚也已博厚則其發也峻極之烈光被之休貫百王而獨盛焉斯其高明也已至誠之業如此則天地之體用已全具而

不遺矣而有不同於天地耶蓋覆載萬物而各底于成者天地之用也至誠之博厚而物由此載焉高明而物由此覆焉悠久而物由此成焉大用之顯行與天地之化育者同流於上下建之而非有所悖矣至誠久道之用孰非天地之用乎博厚高明而恒久不已者天地之體也至誠之足以載物則博厚一地焉足以覆物則高明一天焉足以成物則悠久一無疆焉全體之極盛與天地之奠位者并立於兩間合之而非有所强矣至誠久道之體孰非天地之體乎夫觀至誠功業之極其盛如此大哉誠乎斯其至矣雖然聖人固可同于天地而天地不無賴于聖人蓋聖人出入造化而爲天地立心者也使天地而非至誠以相之則無以成其能爲造化不幾于息乎此裁成輔相所以贊化育之不及而得一以清得一以寧者莫非中和之所致也不然何以曰聖人天地之用

其自任以天下之重如此

陳法

同考試官教諭姚批（伊尹濟世之心因遇湯可爲堯舜之君足以行己所樂之道故慨然自任此作發揮得旨而格調高朗詞氣充揚讀之一唱三嘆真杰作也他日必能辦天下之事者）

考試官教諭劉批（高明之識充健之才）

考試官學正楊批（得趣之文沛然理順）

大賢推聖臣自負之重以明其始進之必正也蓋天下至大也聖臣以之爲己責則所以自任者誠重矣其肯苟于始進乎哉想昔伊尹樂道畎畝之中既抱夫天民先覺之具值湯三聘之日又逢夫親見堯舜之時其相須爲甚殷矣而尹之自任者何如哉匹夫匹婦分至微也而引之爲己辜充其量之所包必欲盡萬民而俾乂之然後於願爲始慰堯舜之澤未易究也而承之爲己責要其志之所存必欲舉一世而兼濟之然後於心爲始安今日之君即堯舜之君也有堯舜之君而其澤乃未遍於天下其咎在我而不容辭而孜孜焉必思以共其付托之重今日之民即唐虞之民也爲唐虞之民而猶有未被堯舜之澤其職在己而不容逭而汲汲焉必思以副其仰望之殷通天地民物爲一體而隱居求志之日已全具乎輔世長民之道荷經綸參贊於一身而君臣相遇之始已預期乎時雍風動之休是其任之也重故思之也不得不深思之也深故救之也不得不切尹之出而將有所爲如此則其進自必以正矣而豈屑於割烹之事哉雖然聖賢出處莫非天也而其心則惟爲道計耳詩稱降于卿士實左右商王而尹亦以天生斯民使予先覺信矣尹之爲天民也應聘而出欲

以道濟天下者亦以奉天心耳故曰有天民者達可行而行之者也世乃以割烹疑之豈知聖人之心哉

易

大哉乾元萬物資始乃統天

梁譽

同考試官教諭樂批（始物統天只一氣也人多不能發此作深識其旨取之）

同考試官教諭周批（是善於言天道者）

考試官教諭劉批（精潔無一閑語可式）

考試官學正楊批（明净）

乾元之所以爲大以其妙氣化之全焉夫一氣流行則物以之始而天亦統于是矣乾元之大不可見耶且夫天之性情謂之乾而乾之始謂之元大矣哉乾之元其根柢品彙綱紀造化而浩乎不可以限量者乎何言乎其大也蓋萬物寓形于宇内孰其始之也元則陽氣潛嘘萬有賴之以立命一心復見群動籍之以造端氣雖未行而太和之保合已基於此焉一元之氣是固物之所以取足而生出之不窮矣理雖未立而性命之各正已兆于此焉一元之理是固物之所以取給而發生之不息矣然元不但資物之始而已也由之以推於無端則肇于始而不盡於始由之以達於不已則即其終而無間於終始物者元也而生物長物以馴底於保合之歸者亦莫非元也氣之所行見其有嗣續而無停機矣元其獨擅統馭之權者乎出震者元也而加美亨通以漸至於各正之地者亦莫非元也理之所運見其有貫徹而無間斷矣元其獨專宰制之柄者乎吁元而曰資始見其有父道焉元而曰統天見其有君道焉乾元之大如此信乎不得而并之也與大抵乾元之義甚大而惟君克配之君之道乾之道也乾之道生生而不已者以其體之健也人君象乾而健與乾一則生生之德即乾之不已矣不已而洽純萬國咸寧之化與天同其運也是故體乾者人君之職而至健者又合乾之功

天生神物聖人則之

周裔先

同考試官教諭樂批（刊落陳言而詞從理發讀之便覺不群）

同考試官教諭周批（認理真切措詞古雅邃于易者也敬服敬服）

考試官教諭劉批（文雅健可味）

考試官學正楊批（精確）

造化呈靈於物聖人法而用之焉夫蓍龜之生天所以示卜筮之用也聖人則之以立法其憲天之道者乎大傳之意若曰聖心具易書之藴而造化實易理之原孰謂卜筮之興果聖人之强制哉彼天地絪緼而神明得于幽贊遂呈之爲物象之精貞元會合而太和溢於兩間乃鍾之爲文明之瑞以植物則神見乎蓍焉叢以百莖其示以天地之全數乎而筮之爲用此其昭垂之矣以動物則神見乎龜焉列以五行其告以變通之神機乎而卜之爲用此其默啓之矣夫天地欲以前民之用不能不泄於物以開其先則聖人本以成天之能不能不盡其神以繼其志由是以蓍可筮也則用之以四十有九既分揲焉又掛扐焉四營之制孰非本蓍之神者以爲之準乎以龜可卜也則鑽之七十有二有雨霽焉有蒙繹克焉五兆之徵孰非本龜之神者以爲之法乎是蓋聖人以一心通造化之神而制之用者將以盡參兩成能之道以一人竭神知之巧而法之備者欲以遂神道設教之心造化闡其始聖人待其終而民用之神謂不由此也哉雖然有神物而後有卜筮然則神物未生易書可無作乎蓋造化顯仁則神在物象造化藏用則神在聖心無行非易書無往非酬酢佑神之用也又其極則一念之神人皆有之亦皆易矣彼不求之吾心而欲以擬易亦鑿矣哉

書

萬邦黎獻共惟帝臣惟帝時舉

陳法

同考試官教諭姚批（春容雅暢是善形容□世得人之盛者可録）

考試官教諭劉批（純暢得旨）

考試官學正楊批（意明辭藻）

大臣期聖君欲其致天下之賢而用之也甚矣德之足以感人也舉萬邦共臣之賢而惟君所用焉其所感於明德深矣大禹欲舜之純任乎德也意謂人君以舉賢爲功尤以明德爲本帝德光天之下而至于海隅蒼生也則其感人何如哉夫萬邦至遠矣黎獻之生於其間至無盡矣皆視君德之修否以行藏其道者也今則聖人在上既啓其利見之心而明德所孚又動其觀光之誠懷忠以待舉者則思效明時而爲帝之忠臣焉身雖未列乎臣鄰而志已切於用賓矣秉直以待用者則願立聖朝而爲帝之直臣焉位雖未膺乎弼直而志已奮於從王矣是一德敷而足以來天下之賢如此則是賢也其致也有所自而其出也有所爲者也帝於此當何以處之乎蓋奮庸之志雖存乎賢而登庸

之舉則存乎帝必也大旁招之典而揚于側陋廣翕受之公而簡在王庭以忠而願臣乎帝者則時舉以顯其忠起之萬邦之遠而置諸百僚之近股肱耳目行將斯人任之矣以直而願臣乎帝者則時舉以遂其直拔之黎民之中而列之庶官之上翼爲明聽行將斯人身之矣夫黎獻共帝臣之願則野無遺賢惟帝盡時舉之道則賢無遺用允若兹雖有頑讒者皆化爲黎獻之歸矣此固承之庸之之大機也而奚必以威爲哉雖然舜之意固惓惓於在朝之臣矣而禹乃以在野之賢爲言何歟噫是固聖人之心無窮也其欲頑讒之威者儆于有位之意也不以治之已至而忘戒于臣也其欲黎獻之舉者不廢困窮之意也不以臣之已良而蔽賢于野也君臣一心明揚得人九德事俊乂官而庶績其凝也有以夫

皇極之敷言是彝是訓于帝其訓凡厥庶民極之敷言是訓是行以近天子之光曰天子作民父母以爲天下王

陳一定

同考試官教諭姚批（敷言之訓通乎天人是作簡明詳盡亦可謂善發天人之藴者矣可録以式）

考試官教諭劉批（清雅）

考試官學正楊批（得旨）

君子於敷言贊其合乎天著其感乎人也蓋敷言之訓一天也庶民由訓以近君而莫不尊親焉其感人之深哉箕子更端其言爲武王告也蓋曰君人者上承天道下治人情者也敷言之訓固欲臣民諷咏以歸於極矣而其通於天人之際不有可言者乎彼維皇以極之理敷之爲言非高遠而難明狹小而難行也易知簡能是爲天下之常理公平廣遠是爲天下之大訓夫理之大原出於天而君之大訓純乎理焉則是訓在君也而所以爲訓者天也太極之精因言以示而天道有至教矣天不言也而所以代言者君也於穆之藴因言以宣而帝天有明命矣敷言之妙其合天如此故不曰君而曰帝以見君之未始不爲天也由是凡厥庶民極之敷言奉之以爲訓而守之以爲行也諷咏深而體内機融庶幾於道德之華踐履熟而天則見漸被夫明光之化又且感德而思其自頌美以歸於君樂其所以恩育我也而頌之曰天子作民父母焉愛而知勞藹乎一體之義也樂其所以君長我也而頌之曰爲天下王焉克綏厥猷允矣元后之宜也敷言之訓其感人如此故雖言民不言臣要之臣之未始不同於民也是始焉敷言以合天之德君錫極以與民矣既焉由訓以頌君之德

民保極以與君矣君臣相與皇極之盛也以是訓民彝倫有不叙哉雖然建極其本也天有太極聖有心極其理一也人君以天之心爲心故能以天之訓爲訓天下之人信而從之非從訓也從以心也從以天地也苟心極不建而徒以歌咏爲訓則言教而訟民幾何不疑哉此虞廷九歌之勸必先善政之德云

詩

保兹天子生仲山甫仲山甫之德柔嘉維則令儀令色小心翼翼古訓是式威儀是力天子是若明命使賦王命仲山甫式是百辟纘戎祖考王躬是保出納王命王之喉舌賦政于外四方爰發

李成性

同考試官教諭林批（題意重在天眷宣王中興故生賢□而興之以德職之隆者以爲君也此作發明得旨而二章末德職交互言之尤有見識蓋□於詩者是用録之）

同考試官教授饒批（詞意明盡體裁嚴整經學之俊者可以爲式矣）

考試官教諭劉批（善發天眷明德之意）

考試官學正楊批（深得吉甫贈言之旨）

天眷明君而生賢佐故德與職之并隆焉蓋天之生賢以爲君也則周臣之德與職而并隆者寧非天意之獨厚與詩人作此以送仲山甫之城齊若曰天之眷我周也舊矣明德如吾君固帝心之簡在者是以寵綏所萃而保祐加焉將以弘其中興之烈斯良弼于焉而攸賚敷錫所及而保定隆焉欲以致其德業之成斯賢臣于焉而特出山甫之有生實天心之所厚也豈凡民之所可幾哉今觀其德也柔順之貞允協于中正之軌外之則儀色令嘉内之則小心抑慎表裏其合一矣遠之則成憲是師近之則自修不懈知行其并進矣以至順于王心而一德之交孚宣乎王命而四達之不悖其見之設施措之事業如此是德爲全德而所以膺乎其職者有本矣孰非天之所厚耶又觀其職也綸綍之命爰畀以責任之隆位冢宰而百辟爲憲諸侯賴之以統領矣嗣世官而王躬是保君德賴之以輔養矣以至王言攸代爲喉舌之司德政爰敷應臣民之望其入而柄政出而宣勞如此是職爲全職而所以闡乎其德者有徵矣孰非天之所厚耶夫如是則措之天下裕如矣于城齊也何有雖然山甫當周之中葉而弼成宣王復古之盛治其振起之功豈少哉而詩顧以柔嘉言之其諸易之坤乎蓋臣道也地道也柔順而應乎天無成而代有終者也況非宣王之鋭志于中興仲山甫其孰庸之故觀是詩而知周家有君有臣之盛

聖敬日躋昭假遲遲上帝是祗

陳大謙

同考試官教諭林批（場中作此篇者昭假與是祗看不透徹故講多混淆或至重疊惟此作旨趣渾融而字眼挑剔且瑩潔順暢詩之精者也允宜録式）

同考試官教授饒批（意精而密詞健而雅非有得於心學者不能道此）

考試官教諭劉批（善狀聖人敬德之純）

考試官學正楊批（能言天人感通之際）

聖君純一敬以事天而受命之原可稽矣夫敬者德之聚也聖君純乎敬以事天此天命之所由歸歟是詩頌成湯之德意謂天心之所眷者德人君之所奉者天湯之受天明命也豈徒以生之得其時哉蓋其紹精一之真傳而聖學緝熙於無斁宗祇台之心法而敬德常切於中涵不邇不殖全其天也而慎修之益勵恒見其與日而俱升制心制事密其守也而操存之愈熟若見其維日之不足以至精誠之極明格于於穆之神聖心與天心相爲流通矣而一敬之悠久不息者惟凛乎上帝之是事篤恭之至感通于冲漠之表聖德與天德相爲孚契矣而一敬之恒永不渝者惟儼乎天載之是虔如此而始如此而終出往游衍之間莫非終日對越之時也敢曰德已至矣而或容之以一念之怠哉天固不已敬亦不已陟降出入之際莫非欽崇天道之地也敢曰敬已純矣而或容之以一息之逸哉噫天有顯道其命也時矣惟聖時憲其德也至矣湯之受命以此商家之王業不於是而成哉抑是道也百王基命之端亦千聖傳心之要也蓋自帝堯以欽命之德啓其原而聖主明王相率由不越一德格天而曆數之傳有自來矣商人叙祖德受命之祥而推極於此其知本之論也噫敬止者膺假哉之眷執競者荷成命之休君子合而觀之益信

春秋

公會晋侯宋公衛侯曹伯齊世子光莒子邾子滕子薛伯杞伯小邾子伐鄭會于蕭魚楚人執鄭行人良霄（俱襄公十有一年）夏楚子蔡侯陳侯鄭伯許男徐子滕子頓子胡子沈子小邾子宋世子佐淮夷會于申（昭公四年）

劉守元

同考試官教諭韓批（講不戰不欺簡切明白具見楚鄭屈服於晋之心可式）

考試官教諭劉批（深得駕外服内之旨）

考試官學正楊批（謹嚴得體）

春秋美霸主制外服内之功兩即事以徵之焉夫謀以敝楚而不敢争誠

以待鄭而不敢叛蕭魚之績偉矣春秋美之也宜哉昔晋悼修文襄之業復中國之霸怒鄭叛也而申撻伐之威喜鄭服也而講蕭魚之好君子以爲美悼公者何耶蓋楚負江漢之險未可以戰勝也鄭懷晋楚之疑未可以力争也悼也知之於楚則禦之以不戰焉納魏縫息民之諫從智罃分軍之謨好謀而成將無敵於天下矣制人而不制於人偉哉其謀之善也於鄭也則示之以不疑焉禮鄭囚而遣之歸命叔盻以告于衆忠信是尚將可貫於金石矣相好而無復相猶至哉其誠之孚也果而楚也疲於奔命三駕之後不敢啓争鄭之圖逮良霄之執姑遷怒焉由悼之用謀有以勝之也不然方城漢水楚所常恃者豈帖然出晋之下哉鄭也堅於内附二十餘年不敢萌背晋之心至于申之會方即楚焉由悼之推誠有以固之也不然犧牲玉帛鄭已久待者豈安然猶晋之依哉故春秋前書伐鄭會蕭魚之事以表悼公駕楚服鄭之謀後書執良霄會申之事以徵悼公駕楚服鄭之效比而觀之美自著矣吁先儒謂悼公有君子之資於此可見雖然悼誠賢矣然陳鄭一也知救鄭而失於存陳吴楚等也知抑楚而暗於通吴凡此皆不學之過也是故帝王之道至誠無息伯者之業假而遽歸君子貴王道而賤伯術也良有以哉

齊人來歸鄆讙龜陰田（定公十年）

王文明

同考試官教諭韓批（時作多講序績意此篇專就歸田上發揮得旨宜録以式多士）

考試官教諭劉批（講以天自處辭不煩而意自足）

考試官學正楊批（嚴正可誦）

春秋紀大國歸地之誠而化强之績著矣此見三田之歸聖人秉禮之化之所致也春秋據事直書而何嫌於序績哉鄆讙龜陰魯故田也齊之侵久矣至是來歸謂齊人心悦而歸之者何耶蓋自夾谷設會而齊志不睦孔子相禮而魯化大行千盟逼好之語有以却萊夷之兵而奪其謀其辭一何嚴也愆義失禮之戒有以罷野享之設而沮其奸其義一何正也由是齊也良心生於文德之感而悟之也深善念萌於古道之孚而悔之也切君以夷俗責其臣求蓋其既往之愆臣以謝過勸其君深冀其將來之善數百里之侵地一旦奉而歸之不吝之改將以求惠徼於魯國庶婚姻之好猶舊也數十年之疆土一旦舉而復之降心之從將以免獲戾於魯君庶邦交之禮如故也來歸既出於齊之誠心則非卑屈以邀之也以禮爲國之效也前此之歸濟西非所論矣歸田既

非爲齊之勉强則非悔禍以致之也以禮化强之徵也後此之歸歡闡不足言矣故春秋特書齊人來歸與屈完之來盟同一序績焉所謂齊人章章歸其侵疆者是已亦何嫌之有哉吁此聖人以天自處之心也抑孔子之聖晏子之賢齊魯可變之機也二國之君竟有所沮而不之用噫二君不足惜也晏子齊之良也能教其君以改過而不能教之以用人此所以止於以其君顯也歟雖然聖人爲國以禮之意固已見之行事矣如有用我期月而可豈虚語哉

禮記

朝廷之美濟濟翔翔

梁棟材

同考試官教諭劉批（説出濟濟翔翔之儀宛然在朝廷之上蓋知以禮事君者）

考試官教諭劉批（明飭可嘉）

考試官學正楊批（典雅得體）

記者著君子在朝之儀一至敬之形容也蓋禮莫嚴於朝廷也君子濟濟其出入而翔翔其翕張其斯以爲敬君之至乎記者立教之意蓋曰朝廷爲禮法所自出而威儀係上下之具瞻君子之在朝宜如何其爲儀哉彼其儼天顔於咫尺而堂陛之森嚴者有以峻等威之防天下之分莫辨於此矣覩天子之耿光而左右之趨蹌者無非懷欽翼之念人臣之心莫慎於此矣故自其出入之齊言之則尊卑循其等凡北面以趨進者若有範圍之而不越大小順其序凡退食以趨出者若有聯屬之而不違一出一入而濟濟其盛者其一敬之整肅乎自其翕張之善言之則升降雖至煩也而手容之翼如者泯其矜持之勞俯仰雖殊致也而端拱之凝然者適其安舒之休其翕其張而翔翔攸宜者殆一敬之發揚乎濟濟於出入非勉强也祗承之恪不忘於步趨之頃而威儀之淑慎自以肅天下之觀翔翔於翕張非矯飾也翼戴之忱懋昭於容觀之際而朝儀之丕振自以秩百僚之度何莫而非敬君之至也哉吁此記者所以著之以爲教而人臣立朝之儀其斯以爲至當之矩也與抑是道也吾於孔子而得其的矣觀其鞠躬於入門足躩於過位趨翼於下階其濟濟翔翔之盛何如哉此聖人所以爲事君盡禮要之莫非盛德之至也故欲希聖人敬君之儀者其必求聖人敬君之心而後可

詩言其志也歌咏其聲也舞動其容也三者本於心然後樂器從之是故情深而文明氣盛而化神和順積中而英華發外

李伯芳

同考試官教諭劉批（詩歌舞是引此以發明樂之有本此作能收拾警拔不支可與論樂矣録之）

考試官教諭劉批（詞不費而意周匝）

考試官學正楊批（説理精當）

記者推樂本於心而有内外相孚之盛焉蓋樂由人心生也觀詩歌舞之本於心而被於器可知矣其積中發外之盛宜何如哉記樂記者意謂大哉樂之爲道乎本之於德性之精發之極聲容之盛樂固爲德之華矣果何以見之彼樂必有詩也由志之動於中者而宣諸詞説之際樂必有歌也由詩之形於言者而調諸音曲之餘樂必有舞也由聲之發於外者而協諸容觀之度是三者皆樂之所由生也然是聲容之肇端於志非無所本也内焉感於心而欣喜萌其端歡愛泄其藴樂之啓其始者在是矣然後志之形見於聲容不能無飾也外焉被於器而音律以宣之干羽以舞之樂之成其終者在是矣是故聖人之作樂也情之感觸者深自溢於中聲之暢志之藴藉者厚自闡於德容之光其視天地之氣積之盛而生物之妙發之神者不有同機乎故志和行成實德之中孚不能遏則呈露於歌舞者足以動四氣之和而聖人以一心會聲氣之元豈徒囿於物者哉審一定和大順之内藴不容秘則顯設於聲容者有以著萬物之理而聖人以一德端制作之本豈徒假於外者哉吁樂之本原於心則德之盛者樂斯備心之德通於樂則樂之備者德斯彰樂其信爲德之華也與大抵樂之爲道與人心通也聖人始以心德之和形之聲歌而成樂繼以大樂之教洽之人心而成治大章蕭韶之樂固洋洋太和之響也何者而非和德之感召耶故曰聖人作樂以感人心而天下和平

第二場

論

知其性則知天

黄守謙

同考試官教授饒批（場中作者多因體認欠真非澀則蔓獨此作出入經傳及宋儒諸説融會通徹發揮明盡且又體裁峻雅宜録以式）

考試官教諭劉批（立意切當而措詞精健）

考試官學正楊批（善發性命之旨）

大哉人心之理乎其通性命而一之者乎君子知盡性之學而至命之理在是矣夫性也者人也未始不原于命也命也者天也未始不付于人也性也命也天也未始不具于心也不知其性可以言天乎不知其天可以言性乎不知其性其天又可以言心乎是以君子不求天于天也而求天于性不求性于性也而求性于天不求性于天也而求性于心盡則皆盡知則皆知而性天之理一以貫之矣彼外心以求性者不知性者也外性以言天者不知天者也性也者命之立乎命也者性之存乎心也者命之基乎此之謂知天之學今夫天之説何所始乎詩曰上天之載無聲無臭又曰維天之命於穆不已夫天無聲不可聞也無臭不可即也於穆則玄默而難窮也而天可以易知之乎噫天不可知而可知者性也性不可知而可知者理也天即理也理即性也性即心也盡性盡天也知性知天也而可以不可聞不可即不可窮言乎此知天之説非深于道者不可也易曰窮理盡性以至于命則知性也天也心也一以貫之也故言性命者必本之乾道焉乾道莫非天也性也言恒性者必先之降衷焉降衷莫非天也性也言秉彝者必先之物則焉物則莫非天也性也是以君子知吾性之外無餘天斯知吾性之外無餘理也知吾性之外無餘理則知吾心之外無餘學也是天一則性一性一則天一天一則心一而知性知天盡心之學而豈可以二言哉夫易之爲書開物成務冒天下之道也然舉全經之旨不外元亨利貞四德而已而聖人一舉而歸之乾乾固所爲天也故吾心仁義禮智即四德之原也莫非乾也莫非天也可以上下言而可以上下判哉是故元亨利貞非妙于無而仁義禮智非滯于有也仁義禮智非妙于無而惻隱羞惡是非辭讓非滯于有也元亨利貞仁義禮智非妙于無而天下五常百行萬事萬物非滯于有也有無一而性天之説盡之矣是故探之則淵然微者其體幽以深者也存之則渾然純者其用粹以精者也本之則湛然虚者其用神以化者也莫非天也亦莫非性也人惟性有未知則于心有所未盡于天有所不達故謂性爲惡謂性爲外謂性爲三品謂性爲善惡混謂性爲明心進性紛紛然求勝其説非惟不知天亦不知性也非惟不知性亦不知心也是以君子以性也即命也非命外别有性也命也即性也非性外别有命也性也命也即心也非心外别有性命也故于天有不知必其性有不知也性有不知必其於心有未盡也而可語一貫之理哉是以君子神而明之會而歸之故灑掃應對精義入神一原也志于爲學從心不逾一理也格致誠正修齊治平一道也致曲有誠形著動變一機也善信美大聖神不知一本也而天性可易知之哉昔者子貢謂文章性與天道有聞有不聞未免見文章天道爲二也曾子聞天子之一貫即以忠恕言之悟也使曾子又以一貫告之則泥矣惟以忠恕明一貫焉則一理渾

然隨感而發蓋通性天而一之者也故曰曾子傳道于夫子也他日夫子有以告曾子者語之子貢子貢尤有非歟之疑是未免岐天人而二之固不如曾子之唯也孟子之知性似有得于曾子之一貫而無疑于子貢之文章天道也雖然非孟子之言也嘗聞之子思矣子思曰天命之謂性亦非子思之言也夫子曰思知人不可不知天夫子言性自人而歸之天子思言性自天而歸之人孟子言知天之性蓋知天之未始不爲人人之未始不爲天也此孟子受學于子思而私淑于孔子也雖然孟子之言不止此也他日論耳目口鼻原之于性而歸之于命言仁義禮智原之于命而歸之于性蓋理在于命則返命而爲性理在于性返性而爲命學至于返命爲性返性爲命則造化在胸中矣故孟子曰我知言

表

擬宋以范仲淹參知政事富弼爲樞密副使謝表（慶曆三年）

張翼

同考試官教諭欒批（體裁莊重詞語典雅且忠愛之意每溢於言外宛然二臣口氣非特表於四六而已宜録以式）

同考試官教諭周批（此表不難於富麗而難於典則是作用事核實而不誕措詞温雅而不靡是表中之獨步者宜稱杰士）

考試官教諭劉批（兼立格造詞之善）

考試官學正楊批（得臣子對揚之體）

慶曆三年八月某日具官臣范仲淹臣富弼伏蒙聖恩以臣等參知政事及爲樞密副使臣謹稱謝者黄扉贊化道隆弼直之司丹地分謨義重安攘之托台座望高于三省鴻樞秩冠乎六卿寵錫同升榮叨异數臣仲淹臣弼誠惶誠恐稽首頓首上言竊惟虞廷亮采咨庶岳以宅百揆周典建官詔司馬以專九伐仲山補衮丕揚順治之休方叔壯猷懋著來威之績安危注意賴平勃之交歡謀斷相資羡杜房之濟美齊收芳譽嵩□駢雙驥於長衢共拜臺儀崔馬應列星於南斗稽文武之并用代著徽猷致内外之乂安人皆碩德但三臺互建舊惟兼秩之虚名而兩府宏開今見清朝之勝事佐玄功於北極文昌實政理之司分景緯於中樞武庫屬兵車之府曩蒙藝祖屢注宸衷納陶穀之言薛居正首膺妙選當建隆之始李處耘特進兼銜累朝名臣如沆如端如蒙正咸贊襄於左右一時元老若賢若準若知節并敭歷於後先睠惟今日西北用人之秋正值聖明夢卜求賢之際詎期寵命猥及凡庸伏念臣仲淹臣弼肄業南都謬負先憂之志掄材北闕誤收方正之科胸中數萬甲兵慚韓琦之并列境外二字獻納幸夷簡之易書犬馬徒勤未遂横山之志封疆在望常馳易水之思樗櫟散材甘辭榮於聖世泥塗末

質忽晋貳於崇階感恩自天措躬無地茲蓋伏遇應期出震握紀御乾寬仁上邁乎成湯勤儉遠符乎大禹承三朝之泰運文治聿新大一統之輿圖淳風四達孝思謹重闈之奉惜費忍中夜之饑遇水旱而密禱禁庭志存民瘼聞鼓鼙而躬親騎射念切邊防禮御辟廱化作九圍之式□威宣靈武風清萬里之塵蓋休養生息者已二十年而久安長治者自千萬世也然猶注意鈞衡寤寐憶濟川之舟楫留情鎖鑰拊髀思細柳之旌旗顧黄閣清嚴黼黻恒輸於龍衮而紫樞重寄韜鈐特慎於虎符何期二臣偶諧四輔臣仲淹懼辱諫官之薦荷聖恩未允其懇辭臣弼恐緣奉使之勞蒙天語復諭以特用集夔龍於沼上欲敷禮樂三千收頗牧於禁中思壯山河百二蓋聖主期致太平之盛匪愚臣徒叨爵禄之榮臣等既忝爲輔相之司敢自負責成之意鹽梅交和沛霖雨於蒼生尊俎折衝消烽煙於紫塞畢江湖之素志敬陳民事數千言竭薪膽之愚衷願上安邊十二策同心輔政敢云周召之希蹤協力宣勞共慶唐虞之親見贊一人之斡旋元化陰陽順而風雨時修五伐以控制遐方萬國寧而四夷服伏願祚昌天保慶衍日恒舞干羽於兩階茂著文明之化垂衣裳於五位彙征俊乂之良居重馭輕滄海全歸于禹貢蓄威昭德薊門永固于堯封瞻皇極之尊鴻圖億世效華封之祝鳳曆萬年臣等無任瞻天仰聖激切屏營之至謹奉表稱謝以聞

第三場

策

第一問

梁棟材

同考試官教諭劉批（我皇上仰體祖宗仁民至意刊布醫書以全斯民之命恩至渥矣是以上天篤愛而錫以億萬年無疆之壽□有所自此作敷對有條揄颺詳悉而忠誠之意溢於言外宜録以傳）

考試官教諭劉批（揄揚聖壽之隆而本于聖學之敬聖治之神有識之士也）

考試官學正楊批（敷答有條而贊揚得體子其沐聖化之深而忠愛之情見乎詞者歟）

聖人之愛民也深是以其衛民之生也切聖人之體天也至是以其受天之眷也隆何則莫不欲生者民之情也聖人以民之情爲情凡可保合性命而納之生全之域者莫非愛民之無窮也而好生之德洽于民心矣欲民之生者

天之心也聖人以天之心爲心凡其諴和小民而躋之仁壽之治者莫非體天之無已也而太和之氣通于上帝矣好生之德洽則民生安而邦本固以迓雍熙之衡以綿悠久之化其所以壽萬民也即所以壽一身也太和之氣通則天意得而眷命凝以受康寧之祉以衍靈長之祚其所以錫福於民也即所以斂福于天也君民一體上下一機帝王之治於斯爲盛矣觀此則我皇上之法天弘化推仁育物光揚祖宗超越隆古而寧聖躬衍聖壽者不可以揄揚其萬一乎恭惟皇上秉至神極聖之資撫重熙累洽之運盛德大業之美輝映乎天地深仁厚澤之布淪洽乎遠邇洋洋哉盛美乎其不可一二殫述也明問欲諸生效祝天保以颺言聖壽乃舉頒賜醫書爲言得非以民命之於國脉所係甚重而醫方之於民命所關最切者乎善哉宋儒程頤有言曰仁者以天地萬物爲一體夫言天地而必及萬物見天之於民其理不殊也言天地萬物而必曰一體見君之敬天恤民其機不二也故奉天而惠民則元后父母之責盡因民而得天則祈天永命之慶衍此相因之理而綦隆之治也盡此道者神農黄帝其選乎神農氏之王也五穀熟而人民育矣乃爲之味草木之滋妙神化之術察寒温平熱之性辯君臣佐使之義而醫藥傳焉黄帝之興也衣裳垂而天下治矣又從而探天下之賾原性命之理明榮衛之清濁究順逆之盈虚而内經著焉二聖人體天愛民開物成務其所以仁天下之法甚精且詳也故其民既享龐皓之福而二君亦躋遐永之年明效大驗豈不章章較著哉周禮周公致太平之書也今觀醫師掌醫之政令率官分治而統之於天官歲終則稽其失全之多寡而上下之焉藏冰出冰出火納火皆所以助陰陽之運而療民疾于未然也食醫疾醫瘍醫皆所以扶血氣之和而療民疾于已然也法制纖悉莫備於兹是以疾苦不貽於黎庶太和洋溢於宇宙卜世三十卜年八百厥有繇哉嗣是而後漢文帝赦太倉令而春和賑貸唐太宗見鍼灸圖而特禁鞭背太平聖惠方頒於宋太宗焉簡要濟衆方頒布於宋仁宗焉雖其有限之仁未足以媲美於帝王之盛而即其愛民之念皆不失爲一時之賢君也已洪惟我太祖高皇帝誕膺寶籙再闢渾淪乃於開基之五年詔天下郡縣凡民之疲癃不能自全者官爲養贍督醫治療而醫學之設遍于郡邑且又申諭曰仁政所先常加存恤焉成祖文皇帝光造丕基聿垂洪緒乃於嗣服之四年命太醫院凡民之疾苦不能得醫者出内府藥劑隨宜散施而惠民藥局之令申在禮部且又加敕曰必有實惠勿爲文具焉是心也固天地萬物一體之心也其所以下濟乎民上承乎天登斯世萬年生成之域綿國家萬年靈長之祚蓋已肇於兹矣迨我睿宗獻皇帝仁敷江漢德合蒼旻爰集醫方選要之篇實爲濟民利物之

賨惟天陰騭下民則是書之懿能不布護流衍使四海九州之衆咸緣是以登於并育不害之天哉肆我皇上以聖人居君師之位以孝思盡繼述之責特命刊刻普錫中外天下臣民咸莊誦稽首曰我皇上純孝體親仁及萬民若此也近又取禮部尚書胡濙所進衛生易簡方再命鋟梓頒布遐邇天下臣民又莊誦稽首曰我皇上至仁同天施及不匱若此也肆兹遐陬僻壤海隅窮谷皆得良方要術家諭户曉受讀珍藏保全調攝天下舉欣欣然躋於仁壽之域沐於浩蕩之恩而皇上藥粥之施覃被邦畿疾苦之問廣延下國他如蠲租有詔憫水有令賑饑有命勸農有詩時行屢下尤難言罄蓋天地生物之心無已故物之成大成小者雖各正性命而栽培之化無一時之少間皇上生民之心不已故民之并育并生者雖各保合太和而撫綏之念無一時之少疏允矣其仁即天地之仁心即祖考之心也是以好生洽于民心而國家之元氣厚太和通于上帝而天地之和氣應其愛戴所輸則四海之廣億兆之衆莫不歡欣鼓舞以祝聖壽於無極如江漢所謂天子萬年令聞不已殷武所謂壽考且寧以保我後生焉其眷命之所篤則思或啓之行或翼之莫不單厚多益以增聖壽於無窮如天保所謂受天百禄降爾遐福嘉樂所謂保佑命之自天申之焉聖躬之日以康寧聖壽之日以綿衍蓋將與天同運應地無疆而詩所稱萬有千年豈足以擬之哉方今普天之下民物熙熙華夏以奠蠻夷以服山川以寧海宇以謐草木以蕃鳥獸以若何者非皇上萬壽之所錫乎頻年以來瑞應穰穰壽星現焉卿雲爛焉甘露零焉芝草挺焉瑞兔毓焉白鹿出焉何者非皇上萬壽之所徵乎此無他民有欲生之情而聖人者維持調護錫以生全之慶則德洽於無外而維祺之吉以集天有好生之心而聖人者敷教錫類代厥生育之工則仁周於不息而滋至之祥以孚我皇上所以紹祖宗億萬年之統膺天地億萬年之曆者孰非大哉皇心一念至仁之所致哉執事乃欲以颺言之雅望庠序之士則愚也亦竊嘗推本而揄揚之矣伏睹我皇上至德淵微聖學之緝熙者亹亹也其宣布而爲臣民所服膺則敬一有箴四箴有注欽天有紀微詞奥旨上接唐虞精一之訓而萬世心學之傳胥此發焉不有以壽道統之脉乎聖德廣運治功之昭揭者炳炳也其注措而爲民物所快睹者則明倫有儀耕桑有制宏綱大紀上繼唐虞昭明之治而萬世太平之澤胥此開焉不有以壽治統之脉乎道統明則所以合天地之德者愈久而愈昌治化宣則所以和天地之氣者愈厚而愈長斯世斯民相與永賴于皇仁覆載之内而皇上之壽自宜與天地相爲悠久矣愚跧伏嶺嶠游于久道之化仁壽之域也非一日矣雖模寫天地難於形容然華封之祝則豈敢後於康衢擊壤之歌哉謹封

第二問

劉守元

同考試官教諭韓批（諸儒發明道學之言其异同各有攸當子能考據詳明辨析精確末段又恐多言之晦道而欲求之於心是可以觀所養矣）

考試官教諭劉批（蘊籍深富而敷答詳盡）

考試官學正楊批（論理明悉而措詞醇雅）

儒者之明道也以言故説之必極其詳學者之會道也以心故析之必極其精夫道統於心寓於言本至一者也説之詳則雖散於殊途而要不外乎一致之理析之精則雖岐於衆説而皆可約以一定之歸故以心會道謂道之一可也以道觀言謂言之一亦可也知乎此則可以立衆言之折衷而不惑於諸説之异同矣非知言窮理之學孰能與於此哉愚生泝濂洛之淵源誦儒先之緒論則嘗究心理學而欲就正有道也久矣明問及焉敢不述之以對今夫性命之説自子思發之朱子釋之曰天所賦爲命人所受爲性其言天人之際甚明也而又曰所賦者氣所受者理蓋自其與形俱形而言之則涉於氣自其禀受一定而言之則主夫理然論氣不論性不明論性不論氣不備則其實非二物矣朱子之言豈固爲二耶道器之説自大易發之程子訓之曰形而上者爲理形而下者爲物其言物理之分甚辨也而又曰道亦器器亦道蓋自其涉於形象之質則謂之器自其原於物則之良則謂之道然道非器不顯器非道不立則其原不相離矣程子之言豈自爲异耶仁統四端程子專言仁也而朱子之答袁機仲又以陰陽五行四時配之者則是分言其性而各指其用耳要之仁之貫徹於四端之中猶五行之根乎木四時之本乎春條理雖極其分明而脉絡則實相流通焉必如是而後四端之旨無遺論矣心統性情張子專言心也而程叔子之論又以性之有形爲心性之有動爲情者則言心之主宰而性之發用耳要之人受天地之中以爲心而性者即心所具之理情者即心所達之用故言心而性情皆在其中治心而性情皆得其正焉必如是而後心性情之論無餘蘊矣孔子之論仁智也曰知者動仁者静矣而朱子之解易則有仁陽智陰之説疑於异也殊不知以本體言則知動而仁静以生禀言則仁陽而智陰義固各有所屬耳况明通足以公溥則動而未嘗無静也無私足以有覺則静而未嘗無動也動經無端陰陽無始觀仁知者合而一之斯可矣子思之論仁智也曰成己仁成物智矣而朱子之釋聖則有自明及物之説疑於殊也殊不知成己成物者思誠一貫之功不厭不倦者成德合一之妙意固各有所指耳况存神妙於應物則成己固成物之本也達順由於體信則成物固成己

之推也體用一原人己無間論仁智者一以貫之而已矣盡己爲忠盡物爲信程子嘗示人以立誠之要矣而乃謂有天道人道之别者則似以内外人己分之也要之存於内而無不實者忠也即信之存也發於外而無不實者信也即忠之驗也其殆有體用而無二致者乎知以明理行以履事朱子嘗示人以進道之序矣而又謂道之不明由於行之過不及者則專以氣禀之偏言之也要之致知之功深則所以翼其行者益裕力行之功至則所以發其知者益精其殆交相進而不可偏廢者乎是故自其异者而觀之則隨在而命名指事以立教猶之江淮河漢之异其流也東西南北之殊其方也先後彼此之間雖諸儒不能相爲謀耳自其同者而觀之則名殊而旨一教异而道同猶之千流萬派而惟海是趨也千蹊萬徑而惟國是適也至當歸一之極蓋諸儒不待期而合耳甚矣諸儒立言之詳而有功於道也雖然道以有言而明亦以多言而晦學以知言爲始尤以忘言爲終爻象文言之作視乾坤之畫爲已詳典謨訓誥之篇視精一之言爲已演而况於後世諸儒之紛紛哉孔子性與天道不可得而聞而才辨如賜則予欲無言告之其爲斯道慮也至深遠矣然則吾人當如何亦曰求之諸儒之言以盡其博反之吾心之真以守其約而必先之知行以密其功主之忠信以務其實會之仁義禮智以體其全則道也器也貫而通之矣性也命也盡而至之矣心以會道道以致一蓋至是則六經語孟皆筌蹄也諸子百家皆贅龐也而况於异同之説足以惑之耶方今聖人在君師之位心極明而經術正道德一而風俗同愚知執事必不望諸生之求道於言也故敢以是質之不知以爲何如

第三問

李上馨

同考試官教諭周批（兵法兵機不可闕一惟在神而明之耳此作敷答詳明而援析嚴切可謂知兵者矣）

同考試官教諭樂批（稽評古人陣法如指諸掌而末引陶崔教閲之事有益於粤中之兵政子其庶幾胸懷甲兵者乎）

考試官教諭劉批（不事雕辭而事核文健自是談兵之體）

考試官學正楊批（詞氣渾雄而體裁嚴飭蓋文之有步驟者）

善治兵者練之有其法而運之有其機練之無法則無節之兵不可用也運之無機則執一之見不可通也是故必法練於有素而奇正之相生者使兵無所不可由機運於一心而權變之無迹者使人有所不可測隨事迭施因時妙應則兵之所出其衆如漢其重如山其不可禦如川其神速而難備如疾雷

迅雷不及掩耳瞬目也而又何攻之不克何堅之不瑕何海邦之氛不可奏功而朝食耶易曰師出以律否臧凶言兵之不可無制也兵志曰微乎微乎至於無形神乎神乎至於無聲言法之不可盡執也通乎此者可以抵掌談戎矣且師曷爲而有陣也師者衆也衆之所萃易於混亂而無統將兵者無法以制之則分而不知所以合合而不知所以分金鼓之聲旌旗之節雜陳莫辨一遇衝擊則彼此不相顧而獸奔鳥散不可阻遏即自謀且不暇也而暇於謀人乎哉吁此陣法之不可不講也考之於故營陣之法備於周禮而尤莫詳於握奇篇大司馬三軍之制萬有二千五百人爲一軍小司徒乃合萬民之卒旅而用之伍兩軍師之中四奇四正而陣法寓焉至於四時之教仲春振旅仲夏茇舍仲秋治兵仲冬大閲又孰非使之習坐作進退之宜徐疾疏數之節乎黄帝征蚩尤之迹遐不可稽矣而戰國之時兵家著述謂八陣圖乃黄帝臣風后所製以取勝于涿鹿之野者今觀握奇所載八其圖所以定位衡抗於外軸布于内風雲附其四維所以備物而虎踞蛇蟠飛龍翔鳥弛張犄角離合不窮奇哉圖也雖未必出於風后之製而後之欲立營陣之法者孰能外之乎周之文武大聖人也神武不殺其用兵宜不必於圖矣而降崇之績鈎陳之壘且不廢焉宣王中興亦用此以制淮夷詩人歌之曰截彼淮浦王師之所又曰綿綿翼翼不測不克蓋美王師之無敵也漢興去周未遠陣法猶有能通之者而其君相亦究心武略敷演陣法以五營士爲六十四壘習之於長樂館故當時將兵諸臣俱能勒功萬里之外大振中國之威豈非陣法章明而將士有所憑藉與自後精於圖者于三國有諸葛孔明焉鼎立之時魏已有天下之半孔明提孤軍出斜谷司馬懿以蓋世之英雄率步騎四十萬而不敢决戰者知其陣之不可犯也至今魚復平沙之上舊迹不磨六十四壘布于前者八陣也二十四壘環于後如却月者游兵也或直而方或曲而圓出入無方變化不滯其奪造化之神機乎晋桓温見之謂爲常山蛇勢蓋會之意象之表而非妄言者矣孔明而下能通其術者于唐有李靖焉靖之陣法雖授於韓擒虎而六花之陣方圓异其形九軍七軍异其數矣但七軍即九軍之變六花者内外俱圓八陣又未嘗不外方而内圓也觀其對太宗自言臣本諸葛亮八陣法但靖以時久戰伐將帥通達是法者頗多故更亮之制使人不能窺耳若宋蘇軾謂司馬之法主於環曲所以固拒管子之法主於直鋭所以克捷則是古法局于營守後世專于進戰二者殆不相爲用矣豈所以盡圖法之妙哉夫圖以决勝則治兵者之練士盡于圖可也而張巡之教戰惟使士知將意將識士情岳武穆之言亦曰陣而後戰兵家之常運用之妙存乎一心則二子之見有自得於陣法之外者故睢陽

之守卒致江淮之保全而朱仙鎮之捷黠虜如兀木且將棄城遠避焉此其故何也蓋法寓乎機而心寄於法可相和而不可相離者養由基以射名天下其法不盡於彀率而公輸子之巧又未有舍繩墨而專以目中者也是故孔明李靖精于法者兵固極天下之至安矣而機以神之又未嘗不極天下之至變張巡武穆妙于機者兵固極天下之至變矣而法以紀之又未嘗不極天下之至安辟之醫焉岐黄製方者也用方治病百無不中者而庸醫用之則反有以古方而誤人者盧醫扁鵲不用方者也膏肓之疾一望之而可知焉故有岐黄盧扁之術則用方可也不用方亦可也若非其人則用方不應不用方亦不應何者方不出於心而心又無以神乎方故也治兵者亦若是而已孔明李靖非所謂岐黄而張巡武穆非所謂盧扁耶不然趙括知書長平蹶績任福違制易水隳功皆往事之明鑒也法之與機其可偏廢哉方今嶺南之區山海之寇雖云就殄而嘯聚竊發者日爲吾民患兵固不可一日去也但謂之兵者出於召募則市井無藉之夫也隸于兵藉則豢養脆弱之輩也平居選之不精練之無法以之臨敵何怪其如潰癰潰土而莫可倚賴耶吁神兵不留訣八陣之圖不可傳矣愚聞陶侃刺廣州患兵不堪用而所教五營士即大將居中外列四營之制崔清獻爲帥日分諸軍爲三等教閲不一歲而淮東軍聲大振此二公者陣法雖未必如古而志之所載皆鑿鑿可行者也今當事者誠能選其什伍厚其資給又仿二公之法而神明于心時演習其士卒則兵皆可用何寇之足貽民患哉愚生之見若此執事以爲何如

第四問

陳法

同考試官教諭姚批（品第嶺表人物若燭照數計而末段立志之論允爲希賢希聖之階執此以往殆不止爲一鄉一國之善士而已録之非徒以其文也）

考試官教諭劉批（稽核詳明而品題雅當蓋留心景行者）

考試官學正楊批（論人明悉而責己遠大蓋有志之士也）

古之君子所以樹休光於當時而垂芳譽於後世者有四美焉窮之經術以致用也暢之文章以述志也修之行誼以立德也措諸政事以表業也隨其學之所得而不求其全則凡爲經術爲文章苟有一之幾乎道皆尚論者所不棄也然進之以身心性命之大原則義理之學其見卓矣據其善之所造而不責之備則凡爲行誼爲政事苟有一之合乎道皆遠稽者所不遺也然律之以可久可大之極致則德業之賢其造深矣特此四者以進退古今表裏人物寧

不足以定臧否之評而决趨舍之衷也哉執事以粤才爲問蓋亦啓諸生以高山仰止之思乎則愚請得而論其世矣吾粤僻居嶺表由周以前未通中國也秦漢而下畫野分疆風氣漸開文物始盛晋司馬彪嘗著九州春秋而略於嶺服王範見而病之乃搜羅粤典名曰交廣春秋而人文賴以不闕歷世既遠荒寥靡傳尚論君子猶惜於文獻之不盡徵焉姑即志牒所載明問所指者而評之可乎試以經術文章言之高固進春秋微由以開楚之文治陳元請立左氏博士以存漢之經學通毛詩三禮春秋雖屢辟而不就者則董正其人也講五經進易解雖時論有不徇者則石汝礪其人也之四子者在朝廷則崇正闢邪而治教興在畎畝則講書陳禮而道義明謂非經術之精不可也林從周賦頌之獻名曰獄空年豐而其意本於尚寬和楊孚志記之作名曰异物水土而其志在於端貢獻作廣樂記太常釋文則有如馮元焉登科作賦人稱李伯夷則有如李渤焉之數子者以獻納則可格心而正事以著作則可立言而垂訓謂非文章之富不可也夫均之爲經術均之爲文章則隨其所得皆有可取而求其進於是者則周濂溪傳二程之學於北而梅鼎臣父子述庸學于其時朱元晦定敬夫之交於南而李用父子述語孟于其後鄭南升郭叔雲皆師事朱子者也一則篤志於力學一則用意於實踐黄執矩簡克己皆師事張子者也一則講明乎性理一則學慕乎濂洛夫諸子非不窮經也而無經術之名何者講究之功多也非不著述也而無文章之名何者踐履之學勝也其視前數子專收藝文之譽者不爲優之哉以行誼政事言之義梅鋗者目居地爲梅嶺義程旻者目居邑爲程鄉而吴霸之招復流徙有吴山之名張夔之築陂灌田有張陂之稱是皆因乎姓者也孝黄舒者名其里爲曾參孝羅孟郊者名其湖爲曾子而李廷珙之奉化鄉孔元勛之慕德里李祖仁之慈廉江陳紀之義江是皆因乎人者也地因姓著則仰其人而克知其爲地之光居因人顯則履其地而即仰其爲人之實數子之行誼亦不可爲不偉矣張宋卿正色立朝鯁介鮮交胡銓以才堪大用而薦之于廷吴純臣提刑明允不事鈎鉅鄒應隆以清通仁厚而書之爲贈化徭酋復流民人號之爲能吏廖顒也課耕牛興文學人號之爲良吏者黄勛也或以正直之風采而臺紳推重或以卓异之政績而吏傳有聲數子之政事亦不可爲不杰矣夫均之爲行誼均之爲政事則據其所造皆有可録而求其進於是者則李昴英謂曲江之張九齡日南之姜公輔湟中之劉瞻三人者皆唐士之最陳璉謂余忠襄之遺芳百載崔與之之行高一時二人者皆宋士之英今觀公輔炳幾先之見劉瞻却四方之賂器度遠矣然盡忠輸誠文章相業卓冠士林則九齡尤唐之杰出已余靖屢言邊情三使契丹才

猷著矣然澄清海上力辭樞命出處合宜則與之尤宋之特立已是二子者其處也有以養其出可久之德幾焉其出也有以用其入可大之業具焉較前數子各擅政行之稱者不爲勝之哉逮我明興治化隆洽海表人文彬彬輩出如李質黄哲之通經也蘇福黄克義之文章也關敏鄧顒之忠義也周新陳鼎之明政刑也視漢唐宋諸先哲固不多讓求其經術文章行誼政事可以繼前修而垂後範者不有陳獻章丘浚乎或病獻章之學有體無用而不知日用常行洞見鳶飛魚躍之妙者獻章之體也才與誠合而治化可興者獻章之用也造詣如伊人豈徒理學可稱雖試之功業何歉哉至於丘浚律己之嚴理學之博尤人所難及今觀家禮儀節惟風教也世史正綱明正統也朱子學的治身心也大學衍義補陳王道也博雅如伊人豈徒相業可觀雖謂之道學何愧哉愚也考理學名臣之篇觀嶺南人物之志能無動思齊之念發濯摩之心也哉雖然窺河而數星凡象緯皆星也觀斗極薇垣之象則衆星之光微矣倚臺而見山凡丘陵皆山也登泰岱嵩華之巔則衆山之形卑矣故觀才于一方之近則今之諸子自陳丘以下皆所當取法也而况古之才乎觀才於天下古今之遠則古之諸子自張崔而外猶不能無遺論焉而况今之才也此愚所以有感於人才之難也非才之難也而立志之難也志苟立焉而復充之以義理之學使天下之道融會貫通於吾心由是明之爲經術而經術皆道也發之爲文章而文章皆道也措之爲行誼施之爲政事而行誼政事皆道也則近而爲陳爲丘可也遠而爲張爲崔可也等而上之則周程也張朱也韓范也富歐也吾從而并駕焉可也又進而上之則孔孟也伊傅也周召也吾從而效軌焉可也此正士君子終身之所誦法而不以一善成名者也若曰徒友一鄉之善士而足焉則豈愚生所安哉

第五問

梁棟隆

同考試官教諭林批（兵食之計今日粤中最切者子能錯綜問意斟酌時宜皆鑿鑿可行之論且文意精密體裁嚴峻宜録以備當事者采）

同考試官教授饒批（談兵食强弱盈縮之際不襲陳説而獨見端原且末言城堡守令之説皆地方至計書生而議事若此其識時務之俊杰歟）

考試官教諭劉批（議論精明處置詳妥）

考試官學正楊批（憂時之志用世之才）

昔唐臣陸贄有言備禦國家之重事兵食備禦之大經兵不理則無可用之師食不足則無可固之地理兵在制置得所足食在斂導有方諒哉其言之

也豈惟陸贄之言爲然哉守邊勸農之議晁錯以言於漢矣作内政寓軍令通鹽策重五穀管仲以告於齊矣豈惟管仲晁錯言之哉周禮一書周家致太平之書也體國經野纖悉備具其詳至鄉遂皆兵山澤皆賦所以固邦本而張國威其孰不以此爲重務乎知此則明問可得而復矣愚也生長海邦涵濡太平熙皞之化有年矣顧承平日久奸宄漸生頻年以來海倭山寇迭相爲難賴藉天威遠布文武重臣下及將校咸殫心宣力不崇朝而嶺海肅清百姓鼓舞更生矣此其故豈無以致之哉夫廣東嶺海隩區土地聯絡接荆吴帶閩越南控交桂地方數千里而島夷時出入邊陲張帆倏至山林洞壑雜以猺獞奸民往往依險爲盗有司急不能制往時寇至然後調兵比兵至則寇已去兵行然後給食比食至則兵已疲今皆先期而集之兵先事而備之食故成功最速以此言之理兵足食之策即此可以占端倪矣請因明問而悉陳之夫廣之兵衛所額成其來舊矣此外有民壯有打手又益之以召募增之以調集兵非不多也然名藉空存而技擊非素練之卒白徒應募而不戢有自焚之虞是數者果可恃乎議者欲立團保以集鄉兵集之誠是也然或居處有遠近則勢不相援攻擊非素習則力不可支心志非結於平時則臨難不能以共濟貧民不農殖不土著輕棄其家鄉如鳥獸然而豪猾之徒復倚藉官勢而魚肉其鄉之人且一籍名在官寧逃走而不願爲兵者有矣是團保可易集乎夫民見害不見利而欲其鼓舞以赴公上之急自古及今未之前聞也兹欲行之存乎良有司耳往時廷議曾一及之矣其曰召民爲軍已失軍衛定籍倉卒應募類非土著居人欲令所司查原編火夫内家有二丁以上者再加精選以備鄉兵之籍無事則放歸農仍復其身之役今所行保甲法非此意乎以是比其什伍堅其約束時爲簡閲而賞賚行焉如古寓兵於農之法寇至則鳴金召集有不相援者罰無赦寇退則公舉有功之人貧者厚其資富者復其役或時給冠帶旌閭里以榮其身家如是而民有弗勸乎故集鄉兵有五利焉非有期會徵發而輒至一利也民各爲其父母妻子人自爲戰家自爲守二利也不費餉於官而坐得制勝之術三利也熟諳道路險阻能伏而能擊四利也永守其鄉閭非如官兵之倏聚倏散賊得乘其虚五利也夫團保既集矣而民壯而軍兵而召募可無以處之乎以愚計之軍兵汰其老弱籍其精壯務以取足于原額民兵稽其名籍選其驍勇不使占役於公家不足則召募打手以繼之而召募非有常數也視時爲盈縮而已是數者皆必習之於簡教夜戰聲相知則足以相救晝戰目相見則足以相識如是而勸以厚賞威以重罰則前赴不旋踵矣故兵一也集鄉兵爲常守之兵用官兵爲應敵之兵陸贄所謂制置得宜者非此謂乎若夫遠調

狼兵或不得已而偶爲之耳非長籌也昔者越王句踐一小國耳十年生聚教訓卒得志於吴未嘗借兵於他境矧以全盛之東粤行之而謂兵不足用也是可不思其故哉廣之食軍民稅糧其來遠矣此外有工食有夷舶有橋稅而又益之以市墟請之以内帑宜乎有餘食也然賦稅雖有定額而徵入或無全數雜稅雖仍其初而費用實倍於昔是數者可盡恃乎議者欲刷屯鹽以收額利收之誠是也然鹽場轄於瀕海盗賊之區屯田設於建立州縣之後係乎地者多空名鹽法阻於私販之盛行屯田苦於豪右之欺并係乎人者多敝政而所司不能履畝而驗盡室而稽也故上之無以完納課粒供三邊百府之用下之無以抽取餘利爲本處軍餉之資督責雖甚嚴祇具虚文而已屯鹽可易議乎夫民見利不見義而欲其畢力以完公家之稅自古及今未之前聞也茲欲行之存乎有官守者耳頃者廷議曾屢及之矣大要講求立法之根源究極今日之弊政課額有無增於前也丁口有無減於舊也今所講論經畫者非以是乎以是抑兼并阻私販稽其訟牒而撫綏加焉如古通商重農之政而又官吏之剥削者有罰課粒之逋負者有懲其能加意職守利興而民不告病者以异等擢之如是而政有不舉乎故舉屯鹽有三善焉出天地自然之利而民不加賦一善也安庶物便百姓兩利而俱贍二善也不待轉輸飛挽而兵食賴焉爲安邊足用之本三善也屯鹽既舉矣而夷舶而橋稅諸所須者可無以處之乎以愚計之夷舶禁其欺僞不責諸夷而責諸通夷之商賈橋稅稽其漏報不責諸商而責諸所司之廉察無已則量查墟市之稅以益之而墟稅非正額也終當減除之而後已夫與其多方以求益乎軍餉不若精選以嚴定乎軍制若夫竭賦稅以養不戰之卒糜膏脂以優坐食之徒非國之善謀也故食一也取正額以爲養兵之費刷餘利以充應募之資陸贄所謂斂導有方者非此謂乎若夫求益内帑不得已而偶一請之非可數得也昔者管仲用於齊諸葛亮用於蜀皆以一隅之地庸濟時艱矧以全盛之東粤爲之而曰民未足食也是可不加之意哉雖然理兵足食可矣抑尤有繫於此者二焉城堡不可以不建也良牧守不可以不重用之也夫地廣而無以聯絡之則勢易爲亂民衆而莫與憑藉之則居無固志東自潮惠西及高廉其間曠數百里不相及者宜建立城堡爲通塗溪洞山巖瀕海之區盗得出入爲患者宜多築營寨爲固守而會省要地尤宜厚其防焉昔人所謂屯水陸兵萬餘之衆貯十萬人三載之糧非此其時乎至如牧守者民之所懸命也理兵足食皆牧守之所有事也夫人勞未息不可以歲辱大征民隱難知不可以日徹公聽所恃以足食足兵爲地方建不拔之業者惟是良牧守大以深根固本之治施之而今固不可不慎其選也是故

牧守良而化可究也城堡建而民可依也食足兵强而威可振也保邦固本之猷太平萬載之功也書生常談知不足以裨廟謨之萬一惟執事進而教之幸甚

廣東鄉試録後序

嘉靖甲子歲廣東鄉試事竣既撤棘循例讌諸貢士于藩司自御史藩臬而下百執事咸在焉酒行樂作雅歌幣將諸士子咸雍雍與與揖而升堂有章之儀粲然外見御史色喜曰掄材重務聯芳謬司監臨自載事以來凛凛焉惟弗獲真才以仰副德意是懼百執事亦分猷共惕罔敢自寧乃今觀所録士之文與其人信所選無留良也藉是可以報天子矣崇禮叨校士役聞御史言喜而且懼乃肅諸士而申之曰夫人才之産於世也負奇懷异孰不欲脱穎而出褎然自見於世哉然而抱璞不售終其身而文采弗章者則所遇之非其時也尔諸士幸生聖天子壽考作人之世沐棫樸菁莪之化在庶民中既進而爲士矣今又得以其文見録於主司偕計吏上南宫獻策大廷駸駸乎事業炳見可不謂之遇乎即觀今日之讌諸士一書生耳囊固椰林葦澤之産繩樞甕牖之儔也一旦薦録賢書與縉紳大人揖讓堂階之上不爲逾越及撤讌而歸則里中父老子弟咸群然歆艷之亦不以爲侈大者則以諸士負俶儻异常之才别於凡民足以當之也今取渚其三試之文而讀之雖文質殊尚輕重异調長短各裁不相爲侔然率皆言引詩書動合矩度美哉洋洋文其盛矣然劍遇割則知利事遇辨則知才所貴於士者謂其才之足以辦天下事也非徒以其文焉已也兹所録士之文信美矣使异時宅揆亮采寅工錯事以其所行者質諸所言之文如投左券然一一符合人將按録而求之曰是科所選士殆彬彬篤行君子也其永聞于世矣倘或侈言無當實行不掩則如木騮不駕鉛刀不割即飾以金韉橐以玉鞞外雖煒然華美其實無所用已抑又聞之仲尼曰國有道不變塞焉而訓者謂不變其未達之所守云夫士窮居在膠序中其所挾持孰不欲希蹤伊吕執鞭周孔自管晏而下即藐乎卑之勿論也此其志豈不杰然壯哉及至脱燕爵之困鼓鴻漸之翼遠迹圭竇之間致身風雲之上則忘初筮之志昧終克之戒沿風靡之習渝如石之操移情於膏潤奪志於温飽回心易行毁玉改度舉平生而盡棄之不啻若弁髦然是鄙人之行也何以爲士哉崇禮向以受聘之粤也見道周之橘纍然下垂僕夫指余曰此橘也味至甘美然爲南土所宜木一渡江而北則化而爲枳矣崇禮因感而悟之曰以南北易地而移其性者凡木也非美植也以窮達易位而移其守者凡民也非良士也故松

柏不因時而改柯良士不虧志而渝守彼豈其所植之性然哉今日薦士里中人固嘖嘖然以爲俶儻异常别於凡民矣尔諸士其忍甘自隳之以負國家盛典蒙誚於鄉人如僕夫之所指議哉崇禮爲諸士子（此處底本缺頁——編者注）

隆慶四年廣東鄉試録

廣東鄉試録序

隆慶庚午爲皇上御極之四年天下鄉試士凡再舉矣廣東遠在海隅御史趙焞蓋自闕下受明命萬里馳至而監臨之秦等文學官則以前御史楊標禮聘繼至也闈館既飭掫扞載嚴百執事莫不懔懔受御史策以襄翼盛典司提調則右布政使莊應禎右参政桂嘉孝司監試則按察使佘敬中副使江一麟以秦與教諭萬濟川爲考試官學正林大觀廖雲鵬教諭唐汝禮王世道鄭誨陳然陳文彬爲同考試官如期進提學僉事佘立所選士二千二百有奇鎖院三試之得七十五人録之遵制也録且獻御史謂秦當以職事序首簡謹拜手言曰職方氏紀南粤爲揚粤蓋内之也所從來遠矣夫揚粤負嶺帶海界諸夏以控制百蠻豈非天下一巨區乎無論聲暨唐虞功冒成周即楚相傳書以往秦郡其地而漢藩其王修貢入侍駸駸章甫國矣南海衣冠之氣晋人有能望而測之者彼誠謂山海靈秀蟠鬱廣衍不當獨鍾异物必得异才應之顧風氣之開也以漸而其盛也以時方唐宋盛時張余諸賢相望崛起功被一世譽流無窮業已彬彬視鄒魯間至於鴻筆之士鼎甲之臣則莫盛於我祖宗朝秦以其時考之尤宜增盛於今日何也應期也蓋自我皇祖以及先帝興教育士垂二百年培養以待皇上者至深厚矣我皇上又以崇儒重道敦本尚實風之如登極初詔首罷珍异之役表用巖穴之遺蓋粹乎帝王盛節賤遠物而寶賢才海邦黎獻聞風希聲塗歌而邑頌之矣頃屬窮島巨寇稱釁萑澤兵連十郡士至無所息踵我皇上南顧憂之爲發内帑金數萬詔遣重臣視師平之有司者始得投戈而講藝焉諸懷鉛剌經之士遂晏然脱荆棘而就試于有司此我皇上之有大造於粤也夫培養厚則掄用有餘資詔令一則觀聽無异嚮而又出之鋒刃之衝置諸樽俎之序則其戴恩而思報也益奮奮不可遏秦是以不假洞靈之測而知得士之必盛於今夫得士非以文也而文則其先資之信也今披睹其文類多明理習事通經術潛乎天人之際而鏡於得失之林述性而弗矯其真譚藝而弗詭於道圖事揆策而皆度於衷秦始擊節賞之已而不可勝録則撫卷三歎曰士盛哉古敷言試功若考德行道藝以獻賢能何以加此

哉雖然秦又有聞議賢而下之臣之忠也使士飾其説以自媒而録士者又止賢其説而不計其實則失所爲議賢之道不忠孰甚焉昔者伊尹就聘數語傅説對揚三篇皆先資也卒之堯舜君民霖雨天下即畎畝巖穴所自信者以成其信次則杖策鄴下屏語隆中曾不移時而定天下大計及其功烈所就如合左券然由是觀之古人之自獻皆量其能而後言也辟諸田獵射御貫則能獲禽不則厭覆是懼何暇思獲秦不佞敢以忠道自責而以量入之道望諸士諸士其爲伊傅乎爲禹亮乎毋徒沾沾豪舉爲也是役也先總督兩廣左都御史兼兵部左侍郎劉燾夙著勛猷士有寧宇今提督兩廣巡撫廣東兵部左侍郎兼右僉都御史李遷奮武揆文譽髦斯士先巡撫廣東右副都御史熊汝達飭度綏化士民用章先提督南贛右僉都御史張翀今提督南贛右僉都御史殷從儉約法樹防澤流教遠右參議史嗣元按察使分巡伸威道張子弘副使許宗鎰史朝宜僉事楊芷羅向辰防範於外綜翊惟周右參將羅繼祖遊擊將軍李誠立署都指揮僉事來熙晏秋元捍禦於外保綏孔固副使施堯臣左參議黎德充以入賀行左參政姚世熙僉事張士純以遷秩行皆先後贊襄與有勞焉故事得并書書之

直隸太平府儒學教授鄒秦謹序

隆慶四年廣東鄉試

監臨官

巡按廣東監察御史趙焞（子明山東平原縣人　乙丑進士）

提調官

廣東等處承宣布政使司右布政使莊應禎（希周福建惠安縣人　丁未進士）

廣東等處承宣布政使司右參政桂嘉孝（純甫四川成都縣人　癸丑進士）

監試官

廣東等處提刑按察司按察使佘敬中（子星直隸銅陵縣人　己未進士）

廣東等處提刑按察司副使江一麟（仲文直隸婺源縣人　癸丑進士）

考試官

直隸太平府儒學教授鄒秦（景益直隸濬縣人　癸卯貢士）

湖廣黄州府黄陂縣儒學教諭萬濟川（汝舟江西南昌縣人　己酉貢士）

同考試官

直隸鳳陽府亳州儒學學正林大觀（朝教福建莆田縣人　壬子貢士）

直隸鳳陽府潁州儒學學正廖雲鵬（子翀福建候官縣籍江西新淦縣人　壬子貢士）

直隸鳳陽府宿州靈璧縣儒學教諭唐汝禮（思敬浙江蘭谿縣人　甲子貢士）

河南開封府祥符縣儒學教諭王世道（時鳴江西萬年縣人　壬子貢士）

湖廣荆州府夷陵州遠安縣儒學教諭鄭誨（忠卿江西浮梁縣人　戊午貢士）

江西南昌府南昌縣儒學教諭陳然（少自湖廣沅陵縣人　戊午貢士）

浙江嘉興府嘉善縣儒學教諭陳文彬（仲質廣西陸川縣人　甲子貢士）

印卷官

廣東等處承宣布政使司理問所副理問羅廷芳（汝桂湖廣安鄉縣人　監生）

廣東等處提刑按察司經歷司經歷程玠（國信直隸休寧縣人　監生）

收掌試卷官

南雄府知府林應節（時卿福建莆田縣人　己未進士）

潮州府知府侯必登（叔良雲南廣南衛籍直隸上元縣人　己未進士）

肇慶府知府熊倖（德甫江西星子縣人　丙辰進士）

高州府知府吴國倫（明卿湖廣興國州人　庚戌進士）

瓊州府知府周思久（子徵湖廣麻城縣人　癸丑進士）

受卷官

韶州府同知熊曉（達夫福建甌寧縣人　壬子貢士）

南雄府推官殷濡（子需直隸常熟縣人　戊辰進士）

惠州府長寧縣知縣趙鉞（可虔福建長汀縣人　丙午貢士）

肇慶府德慶州瀧水縣知縣譚文達（時義廣西賓州人　乙卯貢士）

彌封官

廉州府同知江萬仞（若度福建晋江縣人　癸丑進士）

廣州府連州知州徐美（中夫福建邵武縣人　壬子貢士）

廣州府增城縣知縣張孔脩（德成福建福寧州籍浙江餘姚縣人　己酉貢士）

謄録官

潮州府同知陳學麟（尚經福建懷安縣人　戊午貢士）

潮州府推官來經濟（濟時浙江蕭山縣人　戊辰進士）

廣州府南海縣知縣蕭騰鳳（明仲福建晋江縣人　戊辰進士）

廣州府東莞縣知縣張鏜（汝揚江西永豐縣人　戊辰進士）

肇慶府四會縣知縣劉順之（體信廣西馬平縣籍湖廣善化縣人　壬子貢士）

對讀官

廣州府推官王任重（尹卿福建晋江縣人　戊辰進士）

肇慶府推官李時春（元卿福建候官縣人　乙卯貢士）

惠州府博羅縣知縣顔容舒（日莊福建晋江縣人　戊辰進士）

潮州府海陽縣知縣秦舜翰（國宗福建晋江縣人　戊辰進士）

潮州府潮陽縣知縣黄一龍（雲卿福建晋江縣人　戊辰進士）

巡綽官

廣州左衛指揮使趙陞（惟遷直隸灤州人）

廣州右衛指揮同知王暹（于明直隸無爲州人）

廣州右衛指揮僉事李田龍（文見湖廣桂東縣人）

廣州後衛指揮僉事楊堯佐（憲伯直隸和州人）

搜檢官

廣州左衛指揮使胡潮（信吾湖廣衡陽縣人）

廣州右衛指揮使楊永勳（紹先直隸臨淮縣人）

廣州左衛指揮僉事陳嘉謀（伯成直隸棗强縣人）

廣州前衛指揮僉事黎軾（元敬湖廣沔陽州人）

廣州後衛中所正千户宋鸞（朝漢直隸昌黎縣人）

廣州右衛左所副千户濮漢（應陽直隸臨淮縣人）

供給官

廣東都指揮使司經歷司經歷戴嘉謨（陳之直隸績溪縣人　監生）

廣州府通判駱秉韶（宗虞浙江臨安縣人　乙卯貢士）

廣州左衛經歷司經歷游希賢（及大福建莆田縣人　吏員）

廣州右衛經歷司經歷陳繼祖（汝承浙江錢塘縣人　吏員）

廣州前衛經歷司經歷胡天與（汝賢江西萬安縣人　監生）

廣州府照磨所照磨鍾鳳（子邕浙江平陽縣人　儒士）

廣州府南海縣縣丞胡恕簡（近仁江西會昌縣人　監生）
廣州府三水縣縣丞沈紀（子肅浙江會稽縣人　吏員）
廣州府新會縣主簿潘明（用晦福建閩縣人　吏員）
韶州府英德縣主簿鍾在信（諫卿廣西興安縣人　監生）
南海衛東莞所吏目劉孔洤（伯源廣西全州人　知印）
韶州所吏目朱官（一德浙江蕭山縣人　知印）
廣州府番禺縣典史張柯（大茂直隸蕪湖縣人　吏員）
廣州府南海縣典史歐嵩（仰卿福建莆田縣人　吏員）
廣州府香山縣典史蔣邦位（廷立廣西全州人　吏員）
廣州府番禺縣沙灣巡檢司巡檢楊春華（元實福建長汀縣人　吏員）
廣州府三水縣横石巡檢司巡檢傅國華（子實江西南昌縣人　知印）
廣州府番禺縣五羊驛驛丞楊春（□篤福建龍溪縣人　吏員）
廣州府增城縣東洲驛驛丞史本（子端浙江山陰縣人　承差）

第一場

四書

子曰性相近也習相遠也　所求乎子以事父未能也所求乎臣以事君未能也　中天下而立定四海之民

易

聖人以順動則刑罰清而民服　天地節而四時成節以制度不傷財不害民　夫易聖人之所以極深而研幾也唯深也故能通天下之志唯幾也故能成天下之務唯神也故不疾而速不行而至　震東方也

書

九德咸事俊乂在官百僚師師百工惟時撫于五辰庶績其凝　導岍及岐至于荆山逾于河壺口雷首至于太岳底柱析城至于王屋太行恒山至于碣石入于海　無偏無黨王道蕩蕩　一人有慶兆民賴之

詩

彼君子兮不素餐兮　南山有桑北山有楊樂只君子邦家之光樂只君子萬壽無疆南山有杞北山有李樂只君子民之父母樂只君子德音不已
恒之秬秠是穫是畝恒之穈芑是任是負方命厥后奄有九有

春秋

晉人敗狄于箕(僖公三十有三年)晉欒書帥師救鄭(成公六年)春王三月甲寅齊人伐衛(莊公二十有八年)齊師宋師曹師城邢(僖公元年) 晉人宋人衛人曹人伐鄭(宣公十年)八月戊辰同盟于馬陵(成公七年)

禮記

事君以自顯也 大樂與天地同和大禮與天地同節 使民有父之尊有母之親如此而后可以爲民父母矣氣如 白虹天也

第二場

論

人主制馭臣民之柄

詔誥表(内科一道)

擬漢詔諸儒講五經异同於石渠閣詔(甘露三年) 擬唐加裴度同平章事誥(長慶四年) 擬宋遣使分賑諸州群臣謝表(建隆元年)

判語(五條)

官史給由 轉解官物 禁止迎送 優恤軍屬 修理倉庫

第三場

策(五道)

問 書稱元良詩詠燕翼自古帝王所以爲宗社萬世計至深遠也三代之盛不可尚已然典則風愆與夫謨烈之垂班班可考則盛治固有本矣我太祖高皇帝誕膺天命肇造區宇深惟國本之重爰作昭鑑録以爲萬世聖子神孫法其大旨可得聞與嗣我成祖文皇帝則有聖學心法宣宗章皇帝則有御製帝訓憲宗純皇帝則有文華大訓三書之旨不知於昭鑑録同與否與我皇上盛德格天前星炳耀東宫正位睿知夙啓行且進講宫筵述祖宗之訓以資啓沃副聖心其將奚先諸士咸懷忠愛之忱願悉陳之將轉聞于上

問 帝王慎乃儉德非獨爲天下節財其爲慮蓋遠也稽之唐虞夏商周如史臣所紀典謨訓誥所載數聖人儉德先後一揆至漢唐晋宋諸君有衣弋綈履革舄有詔恐妨農事害女紅者有身衣大練色無重綵有身御浣服食無兼珍者有焚裘焚錦於前殿者有碎七寶器有以節儉試進士以民力戒嬪御者類以儉

名也孰優劣與洪惟我太祖高皇帝承帝王之統敦儉德以爲天下先開國之初屢却珍獻鉅若金玉飾馬鞍鏤金床水晶漏細若香米蘄簟蒲萄酒不但毁絶不受且下令以爲戒而又論省臣以惜民力法子孫至意此豈與古帝王有异較耶迨我皇上中天撫運法祖愛民登極一詔行之信如四時諸生嘗伏誦之矣如裁省光禄供億清汰内府諸需至於珠寶香蠟之役一切罷之以蘇民困且諭部臣曰朕加意節省用自有餘猗歟此即典謨訓誥文也媲美唐虞同符聖祖社稷生靈抑何幸耶諸生博古憲今其將殫述而揄揚之毋忽

問　書曰知人在安民知人固所以安民也又曰知人則哲惟帝其難之則人才難得亦難知矣然晏元獻之判西京也與范希文論人一問答而萃四相張忠定之守金陵也一諮詢而得二子皆當時之俊則人才得亦不難與房杜微時曾靡尺寸之暨而司銓衡者預以公輔期之盧駱王楊文藝燁燁一時而占器識者已逆睹其後焉則知人之鑑顧亦易與彼慨人之難知至有江海浮雲之喻抑又何也方今聖明御極思得才賢以乂安斯民意甚殷也天下士懷瑾握瑜雲蒸風會然用輒乏才至塵當宁知人之慮何與夫知之真而後用之不謬不知知人果有其術與古有所謂五視九徵之法亦可采而行之與大學衍義所以辨人才者悉矣可得聞其要與爲政在人誠切務也故以質之多士

問　人有恒言聖本生知無事于學乃孔子大聖人也其自謂曰我非生而知之者好古敏以求之者也又曰我學不厭豈孔子之上復有所謂生知者乎抑其學固與人异也夫學之益人自昔然矣故佩猳之子解利劍而升堂築埋之兒聞斷機而學孔不謁執政者固曾欲更經利舉之人冠冕南州者其進在驚汗浹背之後藉令此四子者安其故習罔典于學其終身所就能至此否耶又有自謂做人不倚師友載籍者有所見一定不須窮索人稱其爲天資出人非假學力者皆若於生知似矣而一則不免於禪學之疑一則坐蒙乎晚出之訴此又何耶夫學人也不學而知天也天人之際非知道者孰能一之二三子儻有達於此者乎其以所自有者商之毋剿昔人已吐之語

問　寇賊奸宄蠻夷猾夏古盛世亦不免者東粤之寇有猺黎倭醜及巢浪諸種類不一彌竟山海出没不時其所從來舊矣晝計者曰剿與撫大都不越此兩者然鐃歌甫畢而羽檄復馳納款未幾而嘯聚旋熾豈制禦之術此兩者猶不足以盡之而别有其説與或謂禦山寇易禦海寇難蓋謂其雲帆風浪蹤迹飄忽欲擊而殪之難也乃今舍其檣楫執梃刃而與山寇并訌則山與海何别而計又將安施耶又謂黎猺盤流卒難盡殲當先拔其苞孽如治病先腹心而後手足其説似矣然刊山通道之謀費重而難舉土舍招主之設詭譎而

難憑腹心手足總之爲病則所以治之者又當孰先後也夫士明於當世之務者然後可與言經濟矧二三子生長海邦恫瘝久矣其以嘉謀相告當事者將采而行之

中式舉人七十五名

第一名　霍鎮東　南海縣學生　詩
第二名　金節　廣州府學增廣生　書
第三名　徐贇化　東莞縣學附學生　易
第四名　許岸　潮州府學生　春秋
第五名　陳絇　東莞縣學附學生　禮記
第六名　林應祥　惠州府學生　詩
第七名　梁倖　茂名　縣學生　易
第八名　周篤棐　潮州府學生　書
第九名　冼桂芳　廣州府學附學生　詩
第十名　吳鉞　南海縣學附學生　易
第十一名　馮瑞　番禺縣學生附學生　春秋
第十二名　黄廣　惠州府學增廣生　詩
第十三名　冼思謙　廣州府學附學生　易
第十四名　姚岳祥　化州學生　詩
第十五名　沈希傑　澄海縣學生　書
第十六名　熊承諒　東莞縣學附學生　禮記
第十七名　謝安嶽　海陽縣學生　詩
第十八名　曾養志　潮州府學增廣生　易
第十九名　劉晄　惠州府學生　詩
第二十名　黄應兆　廣州府學附學生　書
第二十一名　黄試　博羅縣學生　詩
第二十二名　李栻　番禺縣學附學生　易
第二十三名　梁文燦　南海縣學附學生　詩
第二十四名　陳時進　海陽縣學附學生　書
第二十五名　曾淶　廣州府學附學生　易

第二十六名　毛裕年　博羅縣學附學生　詩
第二十七名　易道源　南海縣學增廣生　易
第二十八名　孫蕙　南海縣學附學生　春秋
第二十九名　楊向榮　潮州府學增廣生　詩
第三十名　楊瀧　大埔縣學生　書
第三十一名　周之翰　廣州府學附學生　易
第三十二名　馮應麟　陽江縣學生　書
第三十三名　張思擴　番禺縣學生　詩
第三十四名　王天麟　瓊州府學增廣生　禮記
第三十五名　梁焕　肇慶府學生　詩
第三十六名　謝養浩　東莞縣學附學生　易
第三十七名　陳謙　廣州府學附學生　詩
第三十八名　霍與瑺　番禺縣學附學生　易
第三十九名　朱廣章　饒平縣學附學生　詩
第四十名　夏宏　潮州府學增廣生　書
第四十一名　王施澤　東莞縣學附學生　詩
第四十二名　李學曾　番禺縣學附學生　易
第四十三名　劉時可　高明縣學生　詩
第四十四名　梁岳　番禺縣學附學生　詩
第四十五名　劉夢賜　新興縣學生　詩
第四十六名　張佩　廣州府學生　詩
第四十七名　劉道　廣州府學生　易
第四十八名　李奈　東莞縣學生　春秋
第四十九名　王原校　番禺縣學附學生　詩
第五十名　宋茂栢　潮州府學附學生　書
第五十一名　蘇良輔　南海縣學附學生　詩
第五十二名　倫大經　南海縣學附學生　易
第五十三名　謝良翰　番禺縣學附學生　詩
第五十四名　唐世臣　南海縣學附學生　易
第五十五名　林有聲　潮州府學生　詩
第五十六名　毛鶴騰　博羅縣學生　禮記
第五十七名　馮順宣　廣州府學附學生　易

第五十八名　李子衎　揭陽縣學生　詩
第五十九名　張守讓　從化縣學附學生　易
第六十名　羅兆旗　南海縣學附學生　詩
第六十一名　鄧鑑　順德縣學附學生　易
第六十二名　歐陽潢　從化縣學生　春秋
第六十三名　王鯤　歸善縣學生　詩
第六十四名　霍公悦　南海縣學附學生　易
第六十五名　鄧璿　廣州府學附學生　詩
第六十六名　吴鴻達　四會縣學生　書
第六十七名　廖朝天　歸善縣學生　詩
第六十八名　衛康侯　廣州府學附學生　易
第六十九名　黄可久　會同縣學生　詩
第七十名　張守謙　從化縣學附學生　易
第七十一名　王時春　東莞縣學附學生　禮記
第七十二名　馮家相　南海縣學附學生　易
第七十三名　陳祈　從化縣學生　詩
第七十四名　霍藎臣　廣州府學附學生　易
第七十五名　錢觀光　香山縣學附學生　書

第一場

四書

子曰性相近也習相遠也

霍鎮東

同考試官教諭王批（性字場中作者率欠體認是篇發明真切蓋嘗究心性學者）

考試官教諭萬批（見理精深措辭醇雅）

考試官教授鄒批（體認精確）

聖人原性之初而究其所由异焉夫性之相近者其初也至有相遠則由於習耳而豈性之有异乎夫子欲人自識其初言此若曰天下之論性者惟因其所習之异遂以性爲相遠矣曷自其初而觀之夫性也者帝降之衷盡夫人而各正民秉之彝隨所賦而惟均雖其乘夫氣者有清濁之不同矣然禀氣之

初其天精未汨也蓋不過統同中之小异耳雖其麗夫質者有厚薄之不一矣然凝質之初其天粹未漓也蓋不過合一中之少間耳但形生之後而命於天者不能不間之以人神發之餘而成於人者不能盡全乎其天或習於善焉則與善同歸不惟清與厚者然也即氣質之不美者亦可日進于高明而其去夫惡也于是乎頓殊矣或習於惡焉則與惡同歸不惟濁與薄者然也即氣質之美者亦將日流於汙下而其去夫善也于是乎迥別矣要之原其始之所賦可以分數言不可以等級論也于此而善反之則天地之性存焉而容可以自諉乎究其終之所异乃習之使然非天之降才爾殊也于此而不善反之遇所以异於禽獸者幾希而容可以弗慎乎吁觀于夫子之言則知人之欲盡性者誠不可不端所習矣抑聞氣質之用小學問之功夫則欲端所習者又存乎學也奈何後世性學不明而杞柳湍水紛紛异議非孟子力倡性善之旨辭而闢之則夫子立言之意湮矣故曰孟氏有功聖門

所求乎子以事父未能也所求乎臣以事君未能也

全節

同考試官學正林批（發揮聖人自責之意最爲婉切宜録之以式多士）

考試官教諭萬批（辭不繁而意縝密）

考試官教授鄒批（簡潔可嘉）

聖人責人以子臣之道而以之自責焉甚矣聖人人道之極也而自責者不外乎子臣之倫道之不遠人也可見矣昔中庸引夫子之言以明道也若曰學以盡倫爲先倫以君親爲大丘竊有志焉而未之逮也是故子之事父天之性也吾固謂不可解於其心而求人以爲子之翼矣然而吾之所以事父亦人之所以爲子也反之於己其能如其所求乎蓋親之恩罔極而人子之孝養爲無方苟一毫之未盡即子道之有虧皇皇焉惟懼其忝爾所生此吾之所以明發有懷也敢曰能之而姑以自恕哉臣之事君天之制也吾固謂無所逃於其分而求人以爲臣之共矣然而吾之所以事君亦人之所以爲臣也反之於己其能如其所求乎蓋君之尊如天而人臣之忠愛爲無己苟一毫之未盡即臣節之未純皇皇焉惟恐其上負吾君此吾之所以夙夜匪懈也敢曰能之而容以自諉哉是則子道也臣道也不遠於人也而以此責人自責夫豈遠人以爲道哉雖然聖人亦非心以爲能而故爲是退托也蓋臣子之心無窮雖忠孝之至亦不過其當爲之分耳自昔稱忠孝莫盛於舜與周公然一則夔夔齋慄一則公孫碩膚與夫子未能之心一也若自以爲已足則豈聖人之心哉

中天下而立定四海之民

徐贊化

同考試官教諭唐批(格局正大辭氣明整可以觀所養矣敬羡敬羡)

考試官教諭萬批(辭健氣渾迥异衆作)

考試官教授鄒批(醇正典雅)

觀君子一統之治而道之大行可知矣夫君子以天下爲度者也中天下而定四海則一統之治在是矣不可以見道之大行也哉昔孟子論性而先之以此曰君子之欲行其道者心也而所賴以得行其道者勢也廣土衆民勢固可資而不猶有所限乎兹焉體元凝命而居中以君臨乎萬邦嚮明出治而宅中以宰制乎六合中國之要樞于是乎握也而乂安之澤有以弘敷而不匱天下之根本于是乎植也而撫綏之仁有以廣運而無方中天下而爲紀法之宗盡一世而怙冒之而凡四海之待命於我者胥此焉定其分矣中天下而爲綱常之主盡一世而甄陶之而凡四海之取則於我者胥此焉定其性矣斯蓋語其統御之大則極天所覆也極地所載也而聯屬天下以成其身矣廣土云乎哉語其德業之隆則覆之如天焉載之如地焉而以萬物得所爲極致矣衆民云乎哉吁觀於君子之所樂在此其視夫所欲者誠有間矣雖然所謂君子之樂之者非徒以是爲榮也蓋一夫不獲猶曰時予之辜而道既大行君子之心始慰矣不然堯舜事業亦漠然無所與耳寧足以動其心耶故大行窮居必處之一而後見君子所性之藴

易

聖人以順動則刑罰清而民服

徐贊化

同考試官教諭陳批(豫道不外順動此作就豫上發揮精密典雅點民服尤有關鍵宜冠本房)

考試官教諭萬批(發上下和樂意明雅)

考試官教授鄒批(發豫道明悉)

聖人以豫道治天下而大順之化成焉蓋順而動豫道也聖人以此爲治而天下有不順應之者乎此見豫之道大也且豫以和樂爲義而以順動爲德推其極天地既不能外之以運化矣聖人之治天下何如哉蓋其心與理涵而本之爲和順之積故其動與理俱而達之爲至順之猷以總萬幾非一無所爲也然皆隨感而順應之聖人之所爲固人心之所欲爲者也而一毫私智不存

焉以裁庶務非一無所事也然皆因勢而利導之聖人之有事乃天下之所恃以無事者也而一毫己意不與焉夫如是吾知順動之德既參諸天地而不違則和樂之情自通乎上下而無間國有五刑將以弼教也兹則教已孚於神道之設而民默順乎帝則焉刑不必施而天下咸以聖人之心爲心矣是謂無爲而治其治之所以益隆乎刑有五罰將以明法也兹則法已昭於大道之公而民自格其非心焉罰不必用而天下皆以聖人之德爲德矣是謂不言而化其化之所以益神乎盡民而服之又不假刑罰焉順之極也豫之至也而以順動得之豫之爲義大矣哉嗟乎此堯舜事也精一執中垂拱無爲而時雍於變堯舜不知焉殆與天地之順動一道也至於禹則有不然者下車之泣蓋傷之也而刑罰其可遽措乎雖然禹非不能順動而民自爲心時也無害其爲服也人君欲法堯舜其惟以順動乎

夫易聖人之所以極深而研幾也唯深也故能通天下之志唯幾也故能成天下之務唯神也故不疾而速不行而至

梁倴

同考試官教諭陳批（融會幾深本旨説入通志成務一神所爲意明徹可玩允宜高薦）

考試官教諭萬批（諸作幾深神類用套堆積此獨脱去浮辭洞見本真殆邃於易學者）

考試官教授鄒批（歸功聖人得旨）

大傳以易道歸聖人而因推其妙用焉甚矣易非聖人不能作也易作而天下之妙用具是矣人可不知所尚乎大傳之意若曰易之爲道闡於聖心者甚微而利於天下也甚大是故辭占象變皆易也而以爲聖人道何哉蓋以吉凶之理精入無形若是乎深矣聖人以心涵之而繫之辭焉決之占焉所以洩此理之祕而究極其深也深極而精有不顯乎老少之端變動莫測若是乎幾矣聖人以心契之而裁之變焉定之象焉所以發此端之微而研窮其幾也幾研而變有不著乎夫惟辭占一深也故能受命知來示人以失得之報而天下無復有惑志矣惟象變一幾也故能成文定象鼓人以趨避之方而天下無復有廢務矣惟深與幾而無思無爲一天下之至神也故機動於無端而化應於無迹志之通也若或啓之務之成也若或翼之所以妙於寂而通於感者又豈待疾而後速行而後至也哉此其精變之用雖達之天下而幾深之妙實闡於聖人惟聖人妙神道以設教故天下自鼓舞以盡神易有聖人之道不其然乎

雖然易之作也聖人豈得已哉幾深之理弗彰則天下無由以寡過因二以濟民行其慮蓋深矣故象變立即不能忘象辭占立即不能忘言尚易者又執其象與言而求之聖人之意益遠矣宋儒有言君子修之吉小人悖之凶蓋得之言象之外也其深於易者乎

書

九德咸事俊乂在官百僚師師百工惟時撫于五辰庶績其凝

金節

同考試官學正林批（近作于九德俊乂百僚百工講多纏繞子獨辭不費而理明悉佳作也）

考試官教諭萬批（虞廷得人氣象宛然在目可取可敬）

考試官教授鄒批（清脱得旨）

大臣論官人之效羣賢用而治功成也蓋治道以人而立也群賢悉效其用而治功其有不成者哉皋陶陳謨至此若曰天下無不可用之賢人君貴得善用之道誠於九德之人而翕受敷施矣吾知德之在人雖有多寡而均爲有常之吉也舉咸自奮於明時而因才以任事人之抱德雖有大小而均爲俊乂之良也兹皆布列於庶位而隨事以服官以斯人也任斯治也同道以爲朋則見其百僚之師師焉惟善是主乎契于人已之交無睽志矣率職以自效則見其百工之咸勤焉若時是務順播乎節宣之宜無曠官矣夫衆悉致既有以豫敏政之本群力畢宣又足以臻廣業之休庶績之分理於邦家者不齊也自是其人存則其政舉而治具燦然爲之弘敷矣放勛之業於今其爲烈乎庶績之分布於天下者不一也自是有治人斯有治法而衆功秩然爲之就緒矣熙載之治今兹其考成乎吁治不自成而成於官之得人人不易得而得於知之有道帝於知人之謨可不加之意哉雖然官人要矣而君身尤爲取人之本苟少肆於功成之餘亦未有能盡其用者故君臣相遇自古爲難此皋陶陳謨必先之以允迪厥德而無教逸欲之戒尤惓惓於庶績其凝之後也嘉有虞之治者尚鑑兹哉

一人有慶兆民賴之

周篤棐

同考試官學正林批（通篇氣格渾融而歸重一人有慶尤見卓識是文之可傳者）

考試官教諭萬批（規模宏壯辭氣端重得人君訓諸侯敬刑體）

考試官教授鄒批（瑩練）

賢王言敬刑之福由君而及之民也夫民藉君以自安也君慶於上而民以賴焉其刑之祥何如哉穆王訓刑之意若曰人君以一人而臨兆民有斂福敷錫之道焉而其機則司刑者致之兹爾能敬刑以成德也將見惟予一人幸剛柔之兼濟而民用不犯垂拱以迓乂安之休樂正直之無爲而化成有象恭己以享平康之盛天地之和氣慶其有以導迎之也優游於清穆而帝位其不疚矣國家之元氣慶其有以培植之也伴奂於密勿而皇圖其永綏矣此蓋敬之所成即慶之所集而汝之所爲日勤於己者斯其所以上效於君者也然豈專於予一人哉今此兆民幸生明盛之世莫不獲有所庇以自適其安全之願欣逢有道之長莫不得有所依以自遂其生養之情以定其趨賴上剛柔之克也藉以寡過皡皡焉相安於至治矣以同其風賴上正直之化也則以自治熙熙焉相忘於大道矣此其德之所成即民之所賴而君之所爲集慶於上者斯其所以錫福於民者乎吁敬刑所致其效有如此者爾諸侯可無用勤以自慰哉抑此化中之會有虞事也今想其太和宇宙邈不可尚乃穆王以之責成諸侯豈其有志於重華事業哉顧其本未可以易言也然觀日勤數語猶有哀矜惻怛遺意則文武之澤固在也是故夫子猶有取云

詩

南山有桑北山有楊樂只君子邦家之光樂只君子萬壽無疆南山有杞北山有李樂只君子民之父母樂只君子德音不已

霍鎮東

同考試官教諭王批（題長辭簡意亦周密深得詩人祝願之旨）

考試官教諭萬批（辭意温醇可式）

考試官教授鄒批（敷腴）

詩人兩即物以美君子之德而天人與之矣夫惟德爲足以得壽而永譽也王者以是美諸侯蓋本其所以致之者與此燕享通用之樂歌謂夫人臣以祗天惠民爲大節則必以得天獲民爲順應我君子不有可美者乎彼南山有桑北山有楊山之生木則然矣我樂只君子以亮采有邦其文炳也以浚明有家其文蔚也寧不載錫之光哉吾知天之所佑者德也而至和之所保合元氣爲委順焉其必萬有斯年而與邦家相爲悠久矣斯謂有德者必得其壽與南山有杞北山有李地之敏樹則然矣我樂只君子平易以近民有父之尊也和順以率物有母之親也豈不爲孔邇者哉吾知民之所與者德也而篤實之所輝光令名爲無窮焉其必一德允孚而人之頌父母者不衰矣斯謂有德者必得其名與吁王者以是而美其臣逮下之仁可想見矣抑論之上下交而後爲

道之泰也周之盛時臣子之忠愛其君皆頌不忘規今觀南山之詩君之宣慈惠於其臣尤必先其所以致之者蓋上下交相爲儆也玆其所以爲成周有道之長與

方命厥后奄有九有

林應祥

同考試官教諭王批（體裁莊重辭理簡明商人頌祖之意宛然想見）

考試官教諭萬批（成湯誕受帝命當時王業之盛見於人心土宇如此是作闡揚殆盡）

考試官教授鄒批（典雅）

商人頌聖祖受命自其王業之盛言之也蓋人心土宇王業之所係也商王受命而大一統焉是宜詩人侈之登歌也與此祭祀宗廟之樂歌也意曰一代之王業成之者人也本之者天也我武湯之受天命而興何如哉彼四海之諸侯皆有夏之臣庶也玆焉智勇天錫既舉夏正而爰革之但見六服群辟莫不欽一人之威命而奔走之恐後庶邦冢君舉皆仰皇靈之振肅而歸向之不違禮樂征伐于此焉受也政教號令于此焉受也蓋人心之所在即天命之所在天既以命夏者而命商則四海之諸侯得不以戴夏者而戴商耶九有之土地皆有夏之輿圖也玆焉聖武布昭既盡禹績而一統之但見式廓之增舉覆載之所加者悉入于統馭之内幅隕之廣凡照隊之所及者皆在其疆理之中内而華夏莫非其地也外而蠻貊莫非其地也蓋土地之所歸即天命之所歸天既以命禹者而命湯則九有之土地得不以附禹者而附湯耶吁詩人于登歌之際而追述之其亦不忘所自者矣雖然基命以裕後前王之所以垂統也修德以保業後王之所以承先也商人祭祀而惓惓以祖宗功德爲言無亦以法祖望其君與撫成業者尚繹思之

春秋

春王三月甲寅齊人伐衛（莊公二十有八年）齊師宋師曹師城邢（僖公元年）

許岸

同考試官教諭鄭批（是作深得春秋謹嚴家法録之）

考試官教諭萬批（體裁峻整筆力渾雄）

考試官教授鄒批（雅健）

伯主始奉命討罪春秋予其正繼專命恤患春秋予其權于以見桓之有

功於天下也伐衛則正城邢不嫌於專春秋兩予之也宜哉衛伐周而立頹桓公伐之春秋予之以正者何蓋君令臣共分也正以秩分者也衛可伐也威不可作也向使專命而行其誰能悦之桓蓋能知正者有侯伯之賜有召伯之請奉辭問罪一以王命臨之使衛之得正法者桓之力也昭哉其命討之公乎是雖衛抗如故也然方侯度無統之日微桓也起而振之天下將不知有周矣此其義何如也而桓可少乎哉故予之若曰持天下之名分者不可一日而無正予桓者興常典也邢避狄而遷邑桓公城之春秋予之以權者何蓋安内攘外義也權以達義者也邢可城也時不可後也向使請命而行其疇能聽之桓蓋能知權者爲狄人之逐爲邢邑之營具器度工一以便宜從之邢之幸不亡者桓之力也偉哉其綏定之績乎是雖師出若專也然方小國潰亡之時微桓也起而存之斯民其不免左衽矣此其功何如也而桓可没乎哉故予之若曰濟天下之事功者亦不可一日而無權予桓者不得已也是知討罪予之重王道也恤患予之重世道也何莫非聖人之精義哉雖然伐衛正矣取其賂則偷城邢美矣待其潰則不仁大抵瀆義於衛觀釁於狄養禍於邢此皆伯者計功謀利之心爲之論桓者當取其功不可略其心

晋人宋人衛人曹人伐鄭（宣公十年）

馮瑞

同考試官教諭鄭批（招携以德是作發揮明盡可以式矣）

考試官教諭萬批（認傳切實措辭雄蔚）

考試官教授鄒批（嚴正）

伯者恃力争貳春秋深責之焉夫人心不可以力强也晋争鄭而失所以感人者伯業其替乎自柳棼之敗楚之怒鄭益淫鄭之平楚是急兹四國所爲伐也春秋稱人則責伯之詞也何責之深乎蓋伯者匪不武之患惟務德之難鄭介大國之間將擇强而求庇焉者今弃而從楚社稷之故也豈其情哉晋苟反身修德則楚屈而鄭自服矣奚事於兵奈何信義罔聞招懷失策少西有可問之罪也爲之戡定而以德鎮之彼將帖吾之義而不敢携矣不伐陳而伐鄭義乎不義乎鄭有可分之灾也爲之安靖而以德撫之彼將懷吾之仁而不忍二矣不觀德而觀兵可乎不可乎夫篳路藍縷吾無望其知德耳矣晋友邦也楚以兵争鄭吾亦以兵角楚不知晋之所以駕楚者何如也其無乃尤而效之也乎裔夷异族吾無責其競力耳矣晋宗盟也鄭方困楚之令吾亦脅鄭之成不知晋之所心信鄭者何如也其無乃驅而去之也乎自是晋之争鄭雖力鄭

之從楚益親南北之勢分辰陵之謀合天下不伯晋而伯楚矣晋也其能得志於鄭哉吁此春秋所以重責晋也雖然鄭獨無罪與不擇所從甘心外比下喬而入谷矣楚獨無罪與謀夏亂華入陳入鄭暴而不戢欲何爲哉君子謂逺道之入鄭自貽之慼也郯勝而志驕天下日擾擾焉楚矣景不桓不文其世道之不幸夫

禮記

事君以自顯也

陳絢

同考試官學正廖批（人君爲天下所事故即自顯以見當事之義此作得之録以爲式）

考試官教諭萬批（得君而事可以自顯子能發明此意知尊君矣）

考試官教授鄒批（事君之義明徹）

記者論事君之益所以明爲下之分也夫臣以事君爲分也因以自顯則益矣分之不可不盡如是夫禮運之意曰天下有大分君臣是已天下有大義以臣事君是已何則惟辟作福者也凡畀一命之寄孰非君之所以寵其臣乎惟民從乂者也凡膺一命之榮孰非臣之所以荷其君乎故百姓仰大君之在上而策名委質以覲夫耿光慶明君之有作而先資自獻以承其休德或左右宣力則式昭夫錫予之隆惟賢惟能其顯於官使者何如也或出入均勞則用彰夫崇報之典馭貴馭富其顯於爵禄者何如也此則以道事君以道自顯者也而非有私於身也人臣靖共之心當如是耳以忠事君以忠自顯者也而亦非有要於君也人臣敬事之心不容已耳此之謂盡天下之大義此之謂明天下之大分百姓事君如此不可以觀人君之所以尊哉大抵上有明聖之君則下必有忠順之臣此唐虞三代之盛君臣相得而共成正大光明之業以顯於後世也苟爲不然則自卑求幸自小求用此又富貴利達之心將以稱於天下曰自顯則未也事君者其思之

大樂與天地同和大禮與天地同節

熊承諒

同考試官學正廖批（禮樂能同天地乃聖人制作之妙也是篇渾融得旨可録）

考試官教諭萬批（道出同和同節氣象深得禮樂之情者）

考試官教授鄒批（善言禮樂）

先王制作之大有以合乎造化焉夫天地有和節禮樂之原也非聖人制作之妙孰能與之同哉樂記言此若曰大哉禮樂之道乎制作於聖人而貫通於天地者也何則天地以一陽之氣煦育品彙有自然之和焉先王之樂人見其静而易也豈知與天地同和乎蓋大樂之與天地一氣相爲流通耳是故流而不息之機一太和之洋溢也合同而化之妙一性術之交暢也八音諧而萬舞奕和之至也而天地之和敦於此矣至是不知孰爲大樂也孰爲天地之和也有弗同者與天地以一陰之氣品制群動有自然之節焉先王之禮人見其文而簡也豈知與天地同節乎蓋大禮之與天地一理相爲契合耳是故尊卑之各定皆截然者與其辨也動静之有常皆燦然者與其秩也三綱正而九疇叙節之至也而天地之節别於此矣至是不知孰爲大禮也孰爲天地之節也有弗同者與吁大人舉禮樂之妙如此則其贊化育而感人心也固其所哉雖然至和無聲至敬無文吾心之禮樂也論聖人之大樂大禮不必求和節於天地而惟求之吾心焉斯得其本矣不然人而不仁其如禮樂何然就二者而觀之禮又樂之本也聲音之道所由生也苟非至治之極則至樂無因而作矣故曰禮先而樂後

第二場

論

人主制馭臣民之柄

霍鎮東

同考試官教諭王批（意新筆健格古思深佳作也可以占所藴矣）

考試官教諭萬批（議論切當格調古雅）

考試官教授鄒批（辭雅氣昌積學之士也）

聖人能以天下運諸心而不以其心徇天下夫聖人一心而天下之臣之民則億萬其心也聖人豈能日斤斤焉敝精竭神以求與億萬之心合喜怒而輕重低昂其法哉蓋亦有機焉以執之矣機運於心以達之天下天下之心一聖人之心也何也喜怒一人之私也賞罰天下之公也吾以一人之喜怒而賞罰乎天下未有不以爲誖者苟以天下之喜怒爲喜怒則賞一人焉喜以天下也罰一人焉怒以天下也天下有不心服而勸且懲者乎夫惟其心之勸且懲也則舉天下之人惟聖人所輕重低昂而莫敢不用其命是法行於天下而不見其迹機執於一人而不見其勞聖人又何樂乎役其心以徇天下哉宋儒劉氏以賞罰爲人主制馭臣民之下柄請得廣其意而論之今夫聖人作而在上天臣民之主也大臣小

臣吾股肱也群黎百姓吾赤子也故聖人視天下有一臣之不共一民之不懷是股肱之痿痺而赤子之水火也不爲之所則患愈深起而圖之不得其機則又不勝其自擾聖人曰吾爲天下元首待痿痺而後治之病獨股肱乎哉吾爲天下父母待水火而後急之危獨赤子乎哉是故其圖之也必預執之也必簡運之也神妙而無方與天下爲一體而無復痿痺水火之足患焉何也聖人之心至明也至公也明則天下之善惡功罪一無所隱公則所以善善惡惡功功罪罪者一無所私於是賞罰行焉聖人非以意爲之善與功人心所共是也惡與罪人心所共非也然人人能是非之而不皆能賞罰之故聖人先得天下是非之心以議法賞足爲天下勸罰足爲天下懲是聖人以天下治天下其執而運之者固自我也此所謂制馭之柄非徒以法束縛之馳驟之之謂也方十六相之未舉而四凶之未去也堯非蔽賢而容奸也及舜舉而去之非自用也其善惡未著堯不得以意先之先之固非天下之心也善惡既著舜不得以意後之後之尤非天下之心也其斯爲萬世賞罰之凖乎嘗考周禮以八柄詔王曰爵以馭其貴禄以馭其富予以馭其幸置以馭其行生以馭其福奪以馭其貧廢以馭其罪誅以馭其過夫賞之柄五罰之柄三此柄之所由名而爲聖人之所執則一焉故自作威作福而言則柄懸於君不可移也自命德討罪而言則柄授於天不可易也自于祖于社而言則柄制於命不可假也自衆共衆弃而言則柄公於人不可私也自不費不暴而言則柄止於節不可過也凡此皆聖人之所以運諸心而一乎天下者也是故賞當功而不僭罰當罪而不濫天下之心悦服於此矣賞得罰而益恩罰得賞而益威天下之心鼓舞於此矣由是天下無不共之臣無不懷之民比屋可封而不仁者遠焉非臣民之故也以聖人之賞罰素明也聖人不能保天下之皆善而不惡有功而無罪而惟恃吾所以生殺予奪乎天下者各當乎天下之心而使之亹亹而趨緦緦而懼莫知誰之所爲此聖人之世所以德多而刑少以其心運於法而非法之所能盡也然猶未也昔者先王將賞爲之加膳蓋喜之也至於罪人則五聽而後刑三讓而後罰蓋慎之也嗟乎聖人之微意不可識乎皋陶氏曰功疑惟重罪疑惟輕與其殺不辜寧失不經左氏亦曰賞以春夏刑以秋冬兹所謂仁可過義不可過聖人一天道也天道陽主乎生育陰積於空虚任德而不任刑仲舒蓋善言天人之際矣然則聖人仁天下之心又何可以法盡哉後世烹阿封即墨者不以毁譽撓其柄封雍齒斬丁公者不以恩怨淆其柄雖皆有意爲之然猶庶幾得聖人之遺意焉乃至賞不必善罰不必惡或奪其所不肖以予其所賢或殺其所憎以生其所愛使豪杰解體衆庶離心遂爲厲階同一制馭之柄而顧逆施之若此宜其與聖人遠也可鑑哉

表

擬宋遣使分賑諸州群臣謝表（建隆元年）

金節

同考試官學正林批（場中作表率皆浮蔓此能敷宣賑民實意深爲可嘉）

考試官教諭萬批（辭華駢麗音調鏗鏘四六之佳者）

考試官教授鄒批（典則可誦）

建隆元年某月某日具官臣某等伏蒙聖恩遣使分賑諸州稱謝者伏以恩詔肅將仰天地好生之德惠施均渥知帝五開國之猷和氣溢乎兩間歡聲騰於諸路矧濫親民之責能忘戴主之忱臣某等誠歡誠忭稽首頓首上言竊惟天之立君爲民民之立命在食故虞廷受禪先憂四海困窮而稷穀用登乃致萬邦作乂餉遺鄰國格天之業斯弘粟散鉅橋卜世之圖益永月令乘時和以布德相命無私司徒散貨利以救荒政存有備九年之積足國正以足民三舖之賙濟衆爲能得衆但法無舉息而代有污隆阻饑之念一疏康食之風鮮奏聞省斂省耕而大戒齊令偶新以移民移粟爲盡心梁仁未溥驅人民於蜀道恐多不待之虞給衣食於縣官似匪可經之策設糜良苦嗟來而食者幾何貸種徒殷累息而收者必至蓋豐凶奏自司牧心類亡弓出納持之大農迹同銷印此膏施難於下究而美意卒爲虛聲非遇明時曷臻實效兹蓋恭遇睿謨神授景運天開德紹唐虞功兼覆載紫雲獻彩適符聖作之期赤日重輝允協人歸之兆蓋自改元御宇惟思發政施仁慨五季之陵夷兵連禍結閔諸州之荼毒水溢旱乾鳥而鵠形望之頗無生氣竹花木酪采之已竭餘根疹癘干天仰觸如傷之視哀號徹野彌嬰若保之懷謂農事係王業之安危而君心以民隱爲休戚北漢之師且緩先遣使以恤侵中原之略未遑遂分州而賑之發金錢於内帑周賫同符資粟麥於郡倉漢餫殊轍自三川以周河北均覃雨露之恩由兩畿以達淮南盡慰雲霓之望輶軒所至待哺之息更生詔令分傳推食之仁普及兹有道之國天不能災而保民之君人所共戴者也嵩呼雷應壤擊風從臣等竊禄當官不免素餐之耻視饑由己徒深絶粒之憂欲厚下而未能雖省躬而莫措惟兹駿惠實出鴻私四方之菜色潛消百辟之葵心愈奮敢不奉揚德意保輯生靈夙駕桑田爲三農無逸之勸委輸困廩備五穀不升之需伏願洞悉時艱周諏物力固已凝之天命兢業恒存綏既定之人心惠鮮益廣拓封疆以恢帝統萬方臻富庶之休登賢俊以輔皇圖百代衍靈長之慶臣等無任瞻天仰聖忻躍感戴之至謹奉表稱謝以聞

第三場

策

第一問

霍鎮東

同考試官教諭王批（事詳而核辭典而文且忠愛懇切之情具見篇末子其負經世之具者乎允宜首薦）

考試官教諭萬批（敷揚我祖宗燕翼大計詳矣盡矣非素懷芹暴之忱曷能究心如此）

考試官教授鄒批（是篇條答明悉足備皇儲進講之助宜録之以式多士）

人君愛天下必先愛其所親故垂裕之圖不可以不遠人臣忠其君必先忠其所愛故輔翼之術不可以不端茲執事策承學首以古今儲訓爲問蓋善體皇上愛子愛天下之心而以三代有道之長期願之也意誠忠矣愚生即委瑣未通於國體其能默默無一辭之贊乎竊聞左師之言曰父母愛子則爲之計深遠此在衆庶且然況天子之子乎故愛之必有以教之也又叔孫之言曰太子天下本則天子之愛其子非愛天下乎故教之乃所以愛之也三代盛王享國長久率用是道有典有則夏之貽也茲啓所由以敬承禹道也三風十愆殷之訓也茲太甲所由以克終允德也文謨武烈周之佑啓也茲成康所由以祈天永命弘濟艱難也故夏爲天子十有餘世殷爲天子二十餘世周爲天子三十餘世三代有道之長其故可知也然周之卜曆視二代又過之二教太子之法亦至於周大備嘗讀大戴禮文王世子而能言其略焉夫自勸膳之禮肇於文嗜鮑之禁嚴於武抗世子之法行於周公周之所以固國本而造王業者從來遠矣然猶慮夫天下後世諭教之無法也則又監二代而酌爲令典於是有始生之禮負之有司見之南郊過闕則下過廟則趨是也有襁褓孩提之訓入則有保出則有師太傅在前少傅在後保其身體傅其德義導之教訓而又選天下之端士孝悌博聞有道術者以輔翼之使得見正事聞正言行正道是也及其少長則入於學入東學上親而貴仁入南學上齒而貴信入西學上賢而貴德入北學上貴而尊爵入大學承師問道退而考於太傅則德智長而治道得矣既冠成人則有紀過之吏徹膳之宰進善之旌敢諫之鼓大夫進謀士傳民語則化與心成而中道若性矣猶未也春誦夏絃秋學禮冬讀書無一時非教也行以和鸞步中采齊趨中肆夏無一動非教也周之所以久於二代其故又可知也詩書所稱一人元良萬邦以貞詒厥孫謀以燕翼子其斯之謂乎

秦人弃禮義而教刑獄二世之蹙寔自貽之此周秦之辨賈誼陳於漢室者至詳也惜文帝未遑用耳漢唐晋宋諸君稍稍修故事無論儲寀更置教法詳略即其身已多不免於風愆者又安望其典則佑啓如三代哉宜不足以勤執事問也惟我太祖高皇帝順天應人驅夷宅夏衣冠萬國鞮譯八荒宇宙一再造矣乃其所以貽諸聖子神孫者又非獨崇高之業已也文德武威躬兼三代建儲置輔略昉成周首闢大本堂以修重傅之禮而諭皇太子以崇敬天之學已又博采古今作昭鑑録凡歷代善所當法惡所當戒者紀載既詳甄別尤審且命輔導諸臣日以此進講夫録以鑑名語有之矣以銅爲鑑可正衣冠以古爲鑑可知興替故法善即典則佑啓也戒惡即三風十愆也兹一鑑也上以照千古下以照萬世大哉王言其終天地而不磨者乎逮我成祖文皇帝則有聖學心法之撰綱凡有四君道也臣道也父道也子道也而君道其大要焉目凡三十有一有統言者有專言者而學問其急務焉宣宗章皇帝則有御製帝訓爲篇二十有五首君德以重神人之主終馭夷以峻内外之防而修治之術殆無所不備焉憲宗純皇帝則有文華大訓爲目有四曰進學曰養德曰厚倫曰明治而四者之要亦以務學爲急焉是三書也繹自宸衷而其旨廓閎深遠證諸往迹而其辭體要簡嚴重儲教即所以揚祖德也範當世即所以登三王也要之皆皇祖昭鑑之遺意也曷可以同异論哉恭惟我皇上撫運重熙受天眷命篤生聖胤照耀前星天下臣民莫不頌螽斯歌麟趾爲社稷靈長慶矣紀元二年儲位早定此尤皇上遠覽獨斷神人悦從上以培仁厚之基下以開纘承之緒自非德合三代其能然乎然垂裕之道在君輔翼之責在臣故賈生又曰太子之善在於早諭教選左右夫心未鑿而先諭理教則化易成開於道術智誼之指則教之力也賈生通達國體確乎其言之也今皇太子天授睿質仁孝著聞釋襁褓以親帷幄養德義以端聖功兹非其時哉蓋天下臣民之願亦皇上真愛之心也講筵肇舉儲寀環侍啓沃之道將奚先乎曰三代教法與祖宗謨訓具在舉而行則古今無二理誦而咏之則述作無二心故語不必煩使樂聞也譬不必遠使樂悟也儀不必瀆使樂行也功不必程使樂化也色温氣和使易親也辭嚴義正使知憚也憸夫壬人勿使在側遠物异寶勿使在前夫然後志氣清明義理浹洽游息三王陟降列祖太子聖日聖矣太子聖而國本固矣書曰若生子罔不在厥初生學記曰禁於未發之謂豫宋臣程頤氏亦曰輔養之道非待過而後諫在涵養薰陶而已夫涵養薰陶正慎初防豫之謂也其得啓沃之大旨乎舍乎此則智囊之辯不足任也博望之賓不足賢也稽古之力不足師也宣猷之集不足侈也承華之箴翼善之記不足鑑也此在吾君吾

相加之意耳若夫卜世悠久奚啻超越成周而已哉草茅之見如此不識可聞於廟堂否惟執事幸教

第二問

金節

同考試官學正林批（儉天德也我聖祖皇上惓惓躬行誠萬代所宜誦法者子能揄揚詳悉可嘉可嘉）

考試官教諭萬批（嶺海操觚之士能敷宣聖德無遺可謂被化之深者矣録之）

考試官教授鄒批（莊雅豐贍識見尤卓）

聖人之心無欲故不見天下有可欲不見可欲斯所以遺於天下者無窮矣夫人君見可欲而動以其心不能無欲故也心爲欲所動而勢又足以聚之則將竭天下有限之力以供吾無益之娛日亦有不足者惟聖人之心冲虚澹泊一無所欲而天下之物無一足以動之且存心於天下加志於窮民方兢兢業業焉未遑也又安能恣欲以私便其身耶故宫室有制乘輿服御有度不貴异物不陳玩好非故矯焉以天下儉其身蓋所以謹細微防逸欲爲天下萬世慮至遠也此聖人之世所以家給人足穀粟貴而金玉賤道德一而風俗同聖人之所遺也而寧有窮乎哉此二帝三王之事惟我皇太祖暨我皇上爲能曠千古而符節之請陳其概傳曰儉德之共也書曰慎乃儉德惟懷永圖夫儉以德言不儉則不德矣圖以永言不儉則不永矣然則儉豈人君之細行也哉且人君富有天下玉帛萬國處勢既便衆欲易攻非儉不足以制之然待其攻而後制未善也吾無所用其制而欲無所用其攻斯善之善者也今夫彤車白馬大輅越席金銀珠玉不飾錦繡文綺不展大哉堯之爲君也而萬世心學之源所由啓乎舜得之則飯糗茹草若將終身茅茨土階不改其舊而好生之德以溥禹得之則疏儀狄絶旨酒卑宫室惡衣服而永賴之績無疆不邇聲色不殖貨利非湯之所以代虐者乎分同姓以珍玉分异姓以遠貢非武王之所以易暴者乎之數聖人者性反不同而其心之無欲一也先後异代而其澤之無窮亦一也下逮漢唐晋宋英誼代興雖寡欲之學未聞而崇儉之風可述漢文衣綈履革帳無文繡惜費罷露臺之役下詔却千里之馬此其儉殆性生也孝景承文守成躬行節儉詔曰雕文刻鏤傷農事也錦繡纂組害女紅也又曰黄金珠玉饑不可食寒不可衣其禁勿采此其儉非僞爲也班固所稱文景移風易俗黎民醇厚以爲庶幾成康豈溢美哉其次則有身衣大練色無重綵如漢光武者偉然中興烈也明帝嗣之身御浣衣食無兼珍承考之道似矣乃復惑志

於沙門奚足以紹勤約之風乎有令撞碎七寶器命公主不得飾翠繡如宋太祖者卓然開國意也仁宗述之試進士以富民在節儉戒嬪御以絲粒皆民脂繩祖之武似矣乃至失德於宫闈奚足以延仁厚之脈乎又其次則晋武焚雉頭裘于前殿玄宗焚珠玉錦繡於殿前非不示人儉也然溺志酣歌卒釀新亭之禍委權胡孽自貽羯鼓之憂是儉一也而名實相懸初終异節其優劣固較然矣即有彼善於此豈可與帝王之道同日論哉洪惟我太祖高皇帝躬神聖之德承帝王之統澹然無欲不假虚聲姑自却珍獻一節言之方谷珍以金玉飾馬鞍獻則却之曰寶玩非所好也江西行省以陳氏鏤金床進則命毁之曰窮奢極欲亡之道也司天監以元氏水精宫刻漏進則命碎之曰此謂作無益害有益也其大者類如此至若香米進於金華蒲萄酒進於太原則以口腹累民却竹簟進於蕲州則以勞民傷財罷其細者類如此又下令曰四方非朝廷所需不得妄獻且語省臣曰宋太祖家法子孫不得於遠方取珍异甚得貽謀之道嗟乎我皇祖節用愛人謹始範後之微意與古帝王何間然哉頃年以來民風滋侈物力浸匱奢示以儉文救以質蓋有待矣賴我皇上受命而興代天理物上思祖德下憫民窮身先節約以風示四方愚生伏睹登極明詔竊爲社稷蒼生稱慶焉夫光禄以司膳也聚天下之方物以供玉食燕饗有常數焉常數之外明詔一裁而省之凡天下有冗費如光禄者又何所不釐乎内府以司藏也納四方之職貢以備匪頒好用有定式焉定式之外明詔一清而汰之凡天下有闌出如内府者又何所不剔乎至於采取金寶珠玉織造絨葛綺錦與夫芝石香蠟之類既罷其役以爲民節力又約其婚以代民輸租且惓惓諭部臣曰朕加意節省用自有餘朝野肅然改觀臣民并受其福德音所被真如頌典謨訓誥异文而合旨也媲美帝王同符聖祖猗與休哉雖然皇上儉德誠無以加矣顧愛君必防其漸慎德必始於微况一人之好尚萬方之耳目寓焉一念之敬忽萬姓之休戚關焉古者工瞽獻規女史紀過刀劍户牖莫不有銘所以防逸欲於易萌而不敢以自聖也是故舜無欲也而有惟危惟微之戒禹無欲也而有罔游罔淫之戒湯無欲也而有自滿自用之戒武無欲也而有玩人玩物之戒此可見帝王之心虔始以令終謹微以圖大淵默非静也臨御非動也深宫非内也大廷非外也畿甸非邇也要荒非遠也匹夫非寡也億兆非衆也持一敬以宰之則無欲之心通於神明撙節之道範乎天地蓋有不令而行者矣今我皇上儉與帝王同德敬與帝王一心而顯微初終之義當有不待戒而常惺者顧愚生所欲自效舍芹暴無以也儻執事以爲然乎

第三問

徐贊化

同考試官教諭陳批（以觀心爲知人切要確論也録之）

考試官教諭萬批（敷答明盡有養之士也）

考試官教授鄒批（條答有據）

聖人有周天下智故以先務爲急聖人有愛天下之仁是故以知人爲難急於先務智之所以周天下也而仁之用益廣難於知人仁之所以愛天下也而智之用益神仁智相成此隆古聖帝所以致治之盛也夫有啓運之君必有名世之臣則人才之得如景從響應理固然矣乃知人則哲古之聖人猶以爲難者何哉蓋聖人之所謂才者與俗异必其涵養此心精純粹美凝之弘深静密出之通變圓神然後可以受大荷艱綏猷經世惟其所用無不宜之夫當其用之也固若景星之在天人皆見之矣方其未用也則若良玉之在璞孰從而辨之蓋天之生人不數其知而得之也豈易易乎哉當堯之時群后德讓豈惟禹稷皋夔爲賢即州牧侯伯莫非俊乂之選也然觀皋陶陳知人安民之謨而禹吁之曰惟帝其難信斯言也雖聖人亦有歉焉况逮後世風氣漸漓矯僞日滋則人之難知不尤甚乎昔晏元獻之判西京也以人物詢范文正遂舉富文忠張文定對焉卒之并薦於朝説者謂一問答而四相萃矣張忠定之守金陵也以人物詢范延賞遂舉張希顔對焉卒之并薦於朝説者謂一咨詢而二隽得矣何堯得之之難而元獻與忠定得之之易也至若房玄齡杜如晦二子微時曾靡尺寸之豎高孝基一見即以公輔期之若取携然王勃楊炯盧照鄰駱賓王四子一時焯有文藝之名裴行儉一見即以不終卜之若符券然何堯知之之難而孝基行儉知之之易也噫是豈無其故哉蓋堯以安民爲慮自以知人爲急其鰓鰓然先天下之務者乃其憂天下之心爲之也彼數子者不過品騭之偶合焉耳夫其憂之也深故得之也難而精神之相孚自出於都俞吁咈之外合之也偶故得之也易而終身之所就遂定於一時邂逅之間難易之辨何足怪哉且范富固杰然也房杜學於文中子未遽與以禮樂之興况其他乎藉令范富諸子與禹皋并生不知可與相頡頏而堯亦概以禹皋許之否乎若猶未也則堯得人之憂終未釋矣然則今之所謂易者固堯之所謂難而蘇子江海浮雲之喻誠有見於此與我國家道化隆洽賢哲彙興皇上御極以來獎謇諤之臣顯巖穴之彦天下士懷瑾握瑜雲蒸風會至盛也其抱禹皋之志而同州牧侯伯之風者當亦有其人矣顧臨用尚爾乏才而知人之慮尤惓惓焉豈非帝堯仁天下急先務之心哉夫今天下之人才即古天下之人才其知而

得之也蓋有道矣而術不存焉是故行之以五視則所謂居視其所親達視其所舉富視其所與窮視其所不爲貧視其所不取者非不可也而未足以盡之也行之以九徵則所謂遠使之而觀其忠近使之而觀其敬煩使之而觀其能卒然問焉而觀其智急與之期而觀其信委之財而觀其仁告之危而觀其節醉之酒而觀其則雜之處而觀其色者非不可也而亦未足以盡之也何也知人以術故也以術知人則公孫弘猶得售其儉也谷永猶得售其直也謙恭下士者猶得售其忠也隱居終南者猶得售其潔也非真能知人者也夫成天下之事者才也而所以善其才者心也心術正矣無論翕張注措皆才也即才有未至而其心亦得以自效不害其爲才也苟憸而邪矣無論翕張注措皆非才也即小有才焉適足以害乎其心亦何取於才也知人之道論心焉耳矣故見利不滓始終純皭者心也而小廉曲謹見色豆羹者非矣知難不懼從容順應者心也而懃竦周章巧於趨避者非矣遇事不苟權度精切者心也而儇佻脂韋冥行用罔者非矣直道而行計安社稷者心也而依阿澒涊希榮邀寵者非矣於此論之則心術攸判人品較然其可得而欺哉雖然有要焉人君一心天下之心係之而知人之道則自君心之明且正者爲之本也真德秀之衍大學也以辨人才爲格物致知之要凡帝王知人之事聖賢觀人之法憸壬罔上之情皆載焉而推原於人君之一心則君心者庸非天下之心之衡鑑乎故必寡欲以養此心格物以明此心誠意以實此心親君子遠小人以維持此心俾惟精惟一上契帝堯之心法則鑑空衡平群品莫眩百僚協師師之風而萬邦成時雍之化矣所以運天下之仁智者不益廣且神哉

第四問

許岸

同考試官教諭鄭批(醖藉宏深議論正大殆天資之美學力之優者取之)

考試官教諭萬批(聖賢爲學宗旨發揮明徹皆自得語也非剿説可比)

考試官教授鄒批(敷腴渾雅録之)

性原於天也則求道者不可無知性之學學成於人也則盡人者不可無合天之功蓋性道一原也求道而不知性是徇口耳者也而何以造於自得之真天人一理也盡人而不能合天是泥形器者也而何以探其本原之妙此古昔聖賢雖資稟氣習其始或不能以盡同及其從事於學以求聞道而知天者則固未始有异也今夫天不言而四時行百物生者自然而已矣人之學道者亦惟求其自然者而已矣自然之道蓋著見於日用彝倫之間而無事於矜飾矯强之勞者也是故平旦而好惡相近焉孩提之愛親敬長而不學不慮焉乍

見孺子入井而怵惕惻隱之心生焉皆所謂天也生知也自然者也而何待於學耶蓋聖人者順此者也而亦必學焉者戒慎恐懼以求不失其常而已非有加也賢人者其自然亦與此同也而苟不學焉則好惡相近者有時而牿亡之矣愛親敬長者有不能達之天下者矣見孺子入井而怵惕惻隱焉者有時而内交要譽矣故學也者所以去其矜飾矯强之勞而歸之於自然者也此所謂以人合天而其知未始不一也此聖賢所學之大較也春秋之時有孔子者出以天縱之聖具上知之資自其爲兒時固已知陳俎豆設禮容大與人异矣及其長而道益尊四方之士從之游者蓋三千焉此自古以來未有盛焉者宜若無俟於學矣而孔子方且好古敏求焉晝忘食夜忘寢學不厭而誨且不倦焉者何也蓋誠有見於道之無窮而學不至於知天者非聞道也故曰下學而上達知我者其天乎是生知亦未始不學也乃謂孔子之上而復有所謂生知者非然矣孔門之徒惟子路爲最勇觀其初見之時佩猳舞劍而以爲學之無益則其人可知也及聞孔子忠仁之論括羽鏃礪之譬遂儒服委質受教焉而卒躋於升堂之列蓋雖未入于室而非學不至是矣孟子生於戰國之際方其嬉戲爲墓間事踴躍築埋固所謂閭巷子也及聞母氏斷機之訓遂勤修不息而卒願學孔子觀其七篇仁義炳若日星則自洙泗以後一人而已此非問學之功而有是乎以至謝顯道之不謁執政羅仲素之爲南州冠冕固皆所謂載道之器也然顯道以去矜學仲素以潛思力行學則亦非無本而然者不然則更經利舉之習卒不免爲功名之士而所謂驚汗浹背者亦不過一時羞惡之良而已其何能以有成耶他如陸子静自謂做人不倚師友載籍楊中立所見一定不須窮索朱仲晦稱其爲天資出人非假學力者若於所謂生知者似也然子静之學又自謂不出於人情事勢物理之外而中立之力學通經亦非徒恃其天資之美而已者至其禪學之疑蓋不知者泥於尊德性之一言而晚出一節毁三經闢和議於世教亦有賴焉豈得以其應時宰之聘而遂訴之耶由是觀之道不可離也而人卒離道者則不學之過也可學者人也學至乎純亦不已而性通焉者則知天之極也此天人之所以合一也故曰天者自然而已人之學道者亦惟求其自然者而已嗚呼天豈遠於人哉人之心固天也人自不知耳今夫人之日用飲食語默動静之間一闔一闢一張一弛所以出之不窮而應之甚裕者蓋自有天則存焉雖以孔子之聖亦不過默識乎此耳故意必固我之盡無温良恭儉讓之皆備仕止久速之各當其可者蓋已合乎自然之道而與天爲一矣若孟子固願學孔子者而氣象巖巖猶不免焉宜乎諸子之有所未逮也雖然亦存乎共學耳拘譾滯礙非學不通發揚蹈厲非學不斂簡

伉尊大非學不遜陰幽暗塞非學不暢儇佻捷敏非學不静盛麗紛華非學不澹汗漫遺落非學不密學之學之少而習焉長而安焉老而忘焉則其去聖賢不遠而自然之道將有與天爲一者矣愚生自束髮讀書不知學爲何事蓋囿于其習者久之而後知所以求道也乃者聞執事之教而愓乎其有省焉至于所謂自有者則茫乎其未之有也惟進而教之使卒有聞焉則幸矣

第五問

陳絢

同考試官學正廖批（議論詳悉區畫措置之方鑿鑿可行非心思淵邃識見卓越曷能至此）

考試官教諭萬批（訏謨弘略動合機宜足占遠器）

考試官教授鄒批（是能究心時務者録之）

弭盜之術得人爲上得策次之夫籌幄之士一借箸掉舌而能折衝樽俎之上者計策也乃謂其次於得人何哉計策誠工矣而苟非其人則如畫餅膠舟何濟於用故曰弭盜之術在得人得人者得仁人也仁人者以社稷生靈爲一體而計功謀利之心有不存焉者也誠得是人而布之上下庶位之間則東粤之寇不足平矣稽古唐虞之際時雍風動其治盛矣而寇賊奸宄蠻夷猾夏亦不免焉然有皋以明刑禹以誓師故卒綏而格之得人故也東粤介在五嶺之外山川阻深盜賊多有故其種類有曰猺獞曰黎曰倭曰浪數者蓋自漢入中國以來而已然矣彌竟山海出没無時畫計策者曰剿與撫夫制禦之術豈復有出於此兩者之外哉顧其人用之有效不效耳何也蓋剿與撫人人談之也剿而撫撫而剿闔闢變化神其用於不測者非有仁人之心運焉不能也今夫官府親民布德達隱久之情孚漸爾面革此撫也厲兵揚鼓申嚴約束陳師在郊力窮請死然後責以無禮隨宜安集此剿而撫者也乃今未諭施惠惠褻不懷方疑示信信反成詐兼之墨夫利其金帛游徼鼓其熒惑故納款未幾而嘯聚復熾矣撫之不可於是乎剿然剿有大征有鵰剿大征者合數道之師儲竟歲之糧掃穴犂庭期無噍類是矣然猾酋先遁無辜濫及兵多費侈不可數也其惟鵰剿乎賊衆俶擾螘聚蜂屯我乃攻其不備搴旗梟俊餘衆戢斂束手歸降或稔惡不悛中情叵測則又陽示弭兵陰從要擊此撫而剿者也乃今既獲輯寧復加掩襲被虜歸還概行殄戮希功冒賞冤抑滋多以致向善之念漸微從邪之習愈錮故鐃歌甫畢而羽檄復馳矣自非仁人之心神明變化則此兩策者有不倒行而逆施耶然則制禦之術亦惟明於此兩者而難易先後自較然矣或謂禦山寇易禦海寇難蓋以雲帆風浪飄忽無定欲擊而殪之難也

然操檣檝則爲海持梃刃則爲山此何常之有惟得其人則防海者扼之於海而不能登山防山者蒐之於山而不能入海矣奚難易之足云耶或謂治賊如治病當先腹心而後手足蓋以黎岐中盤猺獞外據其治之宜有先後也然腹心有病則手足固爲之捍翼手足有病則腹心亦爲之不寧總之爲病耳惟得其人則刊山通道之謀自萬全而不必惜其費土舍招主之設自率訓而無所肆其詭矣又何先後之可言耶合而言之猺黎者鳥言夷面荒憬不類然重信約刀耕火種大都與吾民同也其馴者宜撫黠者宜剿倭醜者以舟爲家以剽掠爲糧非言語可化宜剿不宜撫浪賊者游手游食逃租避罪爲猺黎倭醜作耳目附山則寇山附海則寇海利則聚害則散撫之在貰罪散黨安生業寬逮繫薄斂省刑剿之在譏偵覘糾舍匿禁私餉殲渠魁而脅從罔治也然而非其人不可也蓋撫剿之策固所當講而所以善用其策於不窮者惟在百執事以仁存心分任其責耳如填撫百姓興教化省繇役聯保伍使守望相助責在守令曉暢軍事謹尺籍伍符遇敵先登不愛其死責在將領旬宣敕法簡師庀賦激勸有司賢不肖責在岳牧監司別功罪明賞罰寬假文法而考其成功責在部使者選將調兵明節制發縱指示酌緩急而用之責在督府誠使督府部使者以是行之於上岳牧監司將領守令以是行之於下上下同心文武聿力流通實意剔去浮文省簿書期會之煩而加意民瘼去奔走迎送之苦而專力兵防蓋所謂以社稷生靈爲一體而計功謀利之心有不存焉者也如此行之而盜有不息者否矣苟不得其人而惟日紛紛焉討求制禦之術即使良平復出將焉用之頃者仰荷聖天子憫念海隅蒼生一時布在上下庶位者皆出廟堂慎選則愚生前所謂仁人者豈少哉顧群孽之航浮箐伏伺釁而動者尚多而嶺海之間猶未有按堵期也則夫上下同心舉萬全之策以慰更生之望者宜莫逾於今日矣愚生第拭目俟之

廣東鄉試録後序

隆慶庚午廣東鄉試録成濟川從品藝之後竊系言于末簡曰嘗讀西漢書陸賈綰方寸之印銜其主命遨游南越爲後使臣所歆艷知五嶺外爲一大區會也欲攬擷其勝而無繇頃應聘度庾關見矗巘崇岡不可名狀詢之自兹山迤邐以南其嶙峋巀嶭突然聳三十二峰於羅陽之界者羅浮山也比理檝浮凌湞入三江襟帶灑沈總之望靈洲以達朝夕之池浩蕩淼茫瀰天浴日濟川乃躊躇四顧奪目駭心蓋羅浮鎮山渤澥巨浸大觀具在矣扃鎖元氣磅礴

鬱蟠宜有英能俊乂鍾於其間爰蒐往牒代有聞人至於國朝以德業炳彪一時者後先趾美信造物所鍾不虚也暨得閲多士之文閎意眇指祖義本仁昔人評文謂峭拔千尋波瀾萬頃乃今并見之可不謂盛與聖門立教德行爲先兹文藝末耳孰是而可悉多士醖藉固未敢盡必第心之精微因言以宣由多士之文以概其中亦庶乎瞰聖域之壼奥窺斯道之涯涘者故陟羅浮必起於蹊徑由谿徑而可躋其巔矣探海必始於支流由支流而可泝其深矣文藝者固道德之蹊徑支流也不可以觀人乎哉方今聖人御極嘉意右文教化浹於章縫弓旌遍乎嵒穴多士瞻仰涵濡已非一日兹得與計偕縣次續食行將釋短褐據文軒奉其薄技展采錯事必厚自培養争相濯磨攄涓埃之益以稱塞主上高厚之恩汪濊之澤於萬一俾後稱嶺表得士惟兹科爲最若祇以空言自綴澳認以裂膏腴絓牛鼎於纖枯其何能勝宋人以燕石爲璞緹縚十重售鬻於市發函視之主人掩口竊笑多士縟文蔑實與玉表石衷等猶之局於谿徑支流之末即仰止望洋於羅浮大海胡可得哉審爾豈直慚恧鄉之先哲山川且羞之濟川鰓鰓然慮多士之一或類是也濟川學愧爲山識侔測蠡然所以爲多士者則忠矣毋倂其言忽之

湖廣黄州府黄陂縣儒學教諭萬濟川謹序

萬曆元年廣東鄉試録

廣東鄉試録序

歲癸酉恭遇今上嗣登大寶萬曆改元睿德天縱聖學日新然猶朝夕納誨寤寐材賢賓興海寓維秋八月□畿□□□藩省□得循故□□以奉揚聖天子維新作人至意嶺海□天萬里凡巖穴之士苟抱片善寸長莫不快睹龍飛昌運爭期自顯彌切利見而願帝臣届期巡按御史張守約至寔監臨之祇將明命肅度矢公視昔益毖乃以前巡按御史楊一桂所徵聘教授徐宏與鏊爲考試官教授任弘業教諭金玄劉鶴齡蔣□爲同考試官提調則□布政使張子弘右布政使□□監試□按察使胡□□□子明簾内外百執事□弗慎簡申飭冀獲材賢以報明聖而翼文德于是進提學副使王璽所選士二千二百有奇鑰院而試之三凡得士登等七十有五人并録其文之粹者以獻鏊當有言以告兹登等士鏊惟國家掄材準周制士始育學繼舉于鄉升之南宫晋與廷對即周所稱升司徒司馬告王者是已而今之日固成周再遘也東粤□□重譯所繇入之舊鄉也諸士浸聞周之教乎成周教士稱三物曰六德六行六藝夫士既養以德行而又摩揉之以藝故其庸之足爲國楨者此物此志耳世之副墨洛誦之子亦鮮不聞其説假令今日號諸士以六德則應者十且一二號以六行則應者四五號以六藝則應者七八何則教學之失其本匪一朝夕矣今世教唯藝士自捉髮以藝學且藝非其藝亦矧曰行又矧曰德故驟而語曰若學務智仁蒸于聖義而極詣中和無异乎其目相睢盱口相嘍啨而重愢莫當也故應者希也唯高者止愛護名檢卑者則曰吾取貴富華當世足矣焉用它此匪直海邦雖畿甸侯綏咸然以未識其大也學者學聖人之道豈一朝而躐取其大哉原本先也諸士盍觀之海至大矣俾百川一朝而希海之大誠難也然海竇於原泉而聖人之道實本諸心是故心之覺爲智覺而生爲仁夫覺且生非虚也六行蓋之矣生則通于家邦天下而裁成輔相行而宜焉是爲聖義其極則致中和而天地位萬物育非獨成周之教即堯之克明峻德以逮親睦平章協和而底於鳥獸魚鼈咸若若斯乎其大也皆是物也而况于區區之藝雖智足補天地辯足雕萬物能足窮海内非在外也故昔之訓

覺曰大斯則學聖人之道誠得其本則大自乃身諸士無悶其莫當也子東粵士海觀習矣今校其文皆翩翩有始興諸君子之遺音亦彷彿乎志其本矣鏊獨意今上濬哲訪落敬學將獨觀其原本皇乎巍乎攬斯道之大登閎蹀三五有日矣東粵士既多海觀豈無欲返其本以游其大而以學弼亮乎聖主永肩成周之治仰成國楨之矚不在兹歟將復令重譯以不波告禎弢長鋋强弩而稛載不試也豈不稱東粵冠古今極盛哉鏊故曰大自乃身諸士無悶其莫當也不則士秖望洋終淪漚生之幻已爾不亦左乎是舉也提督兩廣巡撫廣東右都御史兼兵部右侍郎殷正茂奮武綏文先提督南贛右副都御史今陞南京兵部右侍郎李棠今提督南贛右僉都御史劉思問樹防弘化按察兼左參政唐九德按察使分巡潮州道陳奎右參政管巡視海道劉穩右參政管伸威兵巡道蘇愚副使李渭陳復升陳烈副使兼左參議顧養謙右參議諸察僉事李林趙可懷陳□□均防範克周都督同知總兵張元勛副總兵管參將事李誠立參將梁守愚白瀚紀沈思學胡震陳濠晏繼芳遊擊將軍今陞參將王瑞署都指揮僉事侯繼高均捍禦孔固先期入賀右參政魏文焮署都指揮僉事蕭應祥及遷秩按察使江一麟副使吴一介皆夙與有勞者也故書

直隸蘇州府儒學教授潘鏊謹序

萬曆元年廣東鄉試

監臨官

巡按廣東監察御史張守約（希會廣西永福縣人　乙丑進士）

提調官

廣東等處承宣布政使司左布政使張子弘（汝容江西廬陵縣人　甲辰進士）

廣東等處承宣布政使司右布政使程嗣功（汝懋直隸歙縣人　丁未進士）

監試官

廣東等處提刑按察司按察使胡直（正甫江西麥和縣人　丙辰進士）

廣東等處提刑按察司僉事何子明（汝晦四川南充縣人　乙丑進士）

考試官

直隸蘇州府儒學教授潘鏊（希鼎直隸婺源縣人　甲午貢士）

河南歸德府儒學教授徐宏（子充江西臨川縣人　癸卯貢士）

同考試官

直隸揚州府儒學教授任弘業（子勤山西長治縣人　壬子貢士）

廣西梧州府藤縣儒學教諭金玄（默成廣西臨桂縣人　丁卯貢士）

湖廣黄州府蘄州廣濟縣儒學教諭劉鶴齡（瑞甫廣西臨桂縣人　丁卯貢士）

湖廣岳州府澧州安鄉縣儒學教諭蔣垠（道卿廣西全州人　丁卯貢士）

印卷官

廣東等處承宣布政使司照磨所照磨胡采（孟受浙江嵊縣籍餘姚縣人　甲午貢士）

廣東等處承宣布政使司照磨所照磨王三接（汝晋浙江麗水縣籍山陰縣人　監生）

收掌試卷官

廣州府知府胡心得（元静浙江德清縣籍仁和縣人　乙丑進士）

雷州府知府唐汝迪（吉甫直隸宣城縣人　丙辰進士）

高州府知府蔣彬（原中直隸吴縣人　己未進士）

韶州府知府舒大猷（子升湖廣通城縣人　丙午貢士）

受卷官

廣州府同知毛爲光（龍伯浙江縣人　己未進士）

南雄府同知宋堯武（季鷹直隸華亭縣人　戊辰進士）

潮州府同知姚孟賢（汝德浙江慈谿縣人　戊辰進士）

肇慶府同知李文簡（志可福建同安縣人　戊辰進士）

韶州府同知毛彬（質夫貴州前衛籍直隸崑山縣人　甲子貢士）

韶州府曲江縣知縣金從洋（汝孝直隸華亭縣人　辛未進士）

彌封官

廣州府推官錢岱（汝瞻直隸常熟縣人　辛未進士）

潮州府程鄉縣知縣武尚耕（邦聘應天府溧水縣人　辛未進士）

肇慶府新興縣知縣王民順（道服江西金谿縣人　辛未進士）

肇慶府四會縣知縣俞文達（行之直隸婺源縣人　辛未進士）

高州府電白縣知縣王許之（以忠江西高安縣人　辛未進士）

潮州府饒平縣知縣劉汝皋（德卿湖廣蘄州人　戊辰進士）

謄録官

潮州府推官章如鈺（伯温浙江會稽縣人　辛未進士）

廣州府番禺縣知縣沈思孝（純甫浙江嘉興縣人　戊辰進士）

廣州府順德縣知縣胡友信（成之浙江德清縣人　戊辰進士）

廣州府增城縣知縣王良心（性德浙江永嘉縣人　辛未進士）

廣州府新會縣知縣伍睿（用思廣西全州人　辛未進士）

廉州府□靈山縣知縣馮盛宗（□□浙江慈谿縣人　辛未進士）

肇慶府高要縣知縣張延熙（壽卿廣西臨桂縣人　辛酉貢士）

對讀官

高州府推官施之藩（惟价浙江錢塘縣人　辛酉貢士）

廣州府南海縣知縣陳贇（宗謨江西南昌縣人　辛未進士）

廣州府東莞縣知縣董裕（惟益江西樂安縣人　辛未進士）

潮州府海陽縣知縣馮笏（正□直隸長洲縣籍吴縣人　辛未進士）

惠州富歸善縣知縣劉尚志（汝立直隸懷寧縣籍潛山縣人　辛未進士）

肇慶府德慶州封川縣知縣陳起耕（田甫廣西宣化縣籍直隸舒城縣人　戊午貢士）

廣州府連州連山縣知縣周鳳來（廷瑞浙江臨海縣人　甲子貢士）

巡綽官

南海衛指揮使韋宷（君敬直隸鳳陽縣人）

清遠衛署指揮使陳應詔（以徵湖廣黄岡縣人）

肇慶衛指揮同知郭堯臣（舜甫直隸滁州人）

惠州衛指揮僉事趙頤（□程順天府人）

搜檢官

南海衛指揮僉事李一琦（紹魏河南武安縣人）

東莞守衛千户所指揮使李焯（文徵山西陽曲縣人）

惠州衛千户吴槐（□□直隸滄州人）

陽江守禦千户所署正千户史紹武（元承應天府江寧縣人）

衛增城守禦千户所署正千户周文煦（宗舜直隸鳳陽縣人）

香山守禦千户所副千户李惟鳳（翔漢浙江常山縣人）

供給官

廣東等處承宣布政使司理問所副理問余賢（伯秀湖廣荆門州人　癸卯貢士）

廣東都司斷事司斷事鄧謨（養虛江西南昌縣人　吏員）
廣州府通判周如漢（允章浙江餘姚縣人　監生）
廣州府經歷司經歷曾檠（思頌江西新淦縣人　監生）
韶州府經歷司經歷熊漢儒（正誼江西吉水縣人　監生）
南海衛經歷司經歷路中行（與之直隸貴池縣人　吏員）
清遠衛經歷司經歷程育林（汝化直隸休寧縣人　吏員）
廣州府番禺縣縣丞江銓（秉之江西清江縣人　監生）
廣州府南海縣縣丞胡恕簡（恒之江西會昌縣人　監生）
廣州府順德縣主簿徐倫（天叙浙江餘姚縣人　知印）
廣州府順德縣主簿彭汝卿（用憲江西廬陵縣人　知印）
韶州府樂昌縣主簿王一鳳（鳴岐金吾衛籍江西新建縣人　儒士）
廣東鹽科提舉司吏目胡宗仁（元善浙江嘉善縣人　吏員）
廣州府番禺縣典史林煌（得光浙江鄞縣人　吏員）
廣州府從化縣典史張銘（文信福建南平縣人　吏員）
韶州府仁化縣典史唐天用（行之廣西全州人　吏員）
廣州府南海縣江浦巡檢司巡檢蕭克顯（希陽江西廬陵縣人　知印）
廣州府三水縣胥江巡檢司巡檢邵時魁（文元浙江建德縣人　知印）
廣州府番禺縣五羊驛驛丞葉迓（恩天浙江餘姚縣人　吏員）
廣州府南海縣官窯驛驛丞秦寬（汝量湖廣黄岡縣人　吏員）

第一場

四書

居敬而行簡以臨其民不亦可乎　誠之者擇善而固執之者也博學之審問之慎思之明辨之篤行之有弗學學之弗能弗措也有弗問問之弗知弗措也有弗思思之弗得弗措也有弗辨辨之弗明弗措也有弗行行之弗篤弗措也人一能之己百之人十能之己千之陳善閉邪謂之敬

易

六五知臨大君之宜吉象曰大君之宜行中之謂也　恒久也剛上而柔下雷風相與巽而動剛柔皆應恒恒亨无咎利貞久於其道也天地之道恒久而不已也利有攸往終則有始也日月得天而能久照四時變化而能久

成聖人久於其道而天下化成觀其所恒而天地萬物之情可見矣　德言盛禮言恭　聖人之大寶曰位何以守位曰仁何以聚人曰財理財正辭禁民爲非曰義

書

欽哉惟時亮天功　慎乃儉德惟懷永圖若虞機張往省括于度則釋欽厥止率乃祖攸行　我式克至于今日休我咸成文王功于不怠丕冒海隅出日罔不率俾　簡孚有衆惟貌有稽無簡不聽具嚴天威

詩

厹矛鋈錞蒙伐有苑　俾爾戩穀罄無不宜受天百禄降爾遐福崧高維嶽駿極于天維嶽降神生甫及申維申及甫維周之翰四國于蕃四方于宣至于海邦淮夷蠻貊及彼南夷莫不率從莫敢不諾

春秋

元年（隱公元年）夏公會宰周公齊侯宋子衛侯鄭伯許男曹伯于葵丘（僖公九年）　夏單伯會伐宋（莊公十有四年）衛侯使甯俞來聘（文公四年）秦伯使術來聘（文公十有二年）冬十有一月晋侯使荀庚來聘衛侯使孫良夫來聘丙午及荀庚盟丁未及孫良夫盟（成公三年）仲孫蔑會晋欒黡宋華元衛甯殖曹人莒人邾人滕人薛人圍宋彭城（襄公元年）

禮記

修身踐言謂之善行行修言道禮之質也樂者天地之和也禮者天地之序也和故百物皆化序故群物皆别樂由天作禮以地制　以繼先聖之後以爲天地宗廟社稷之主有行之謂有義

第二場

論

君道稽古正學

詔誥表（内科一道）

擬漢歲首存問長老詔（文帝九年）　擬唐以房玄齡杜如晦爲僕射誥（貞觀三年）　擬宋司馬光進三劄五規表（嘉祐六年）

判語（五條）

擅離職役　欺隱田糧　服舍違式　飛報軍情　聽訟迴避

第三場

策（五道）

問　易稱上下交而爲泰自昔若明良卷阿之作并著君臣相與之義其致泰□□嗣是非獨得之艱難相值者罕焉漢武宋神謀王資也而遘非其臣則瘴董仲舒程顥王佐材也而際非其主則躓至今談者蓋扼腕焉然後之君有召見博詢時事者有召對繼燭者有開天章召對賜坐者有講讀賜飛白書於延英者有書日新厥德有書明良慶會者後之臣有進治安策者有至言者有政論者有聖主得賢臣頌者有□寶箴者有千秋金鑑録者有丹扆六箴者有三劄五規者有上皇帝書者其相與之間抑亦有明良卷阿之遺意歟洪惟我聖祖統天出治信任儒臣大誥三篇首示以君臣同游至稱宋濂等爲四先生或稱爲帝者師或呼以老先生而不名濂等忠謨密猷不可悉陳其上下之交渥矣至矣邇者我皇上出震繼離焉由其説廓而正之諸士責也曷正言之毋辭

問　漢宣帝曰太守吏民之本也數變易則下不安民知將久則服從其教化言守令必久任而洽也于時居官者長子孫至用官爲氏其二千石有理效輒以璽書勉勵贈秩賜金或爵至關内侯是以漢良吏有文翁龔黄朱召韓劉之徒其久洽之績豈其微哉我祖宗以來嘉惠元元慎選民牧大略仿漢治考課雖以三年而告成則用九載故有以九載再期守蘇以先後十八年蒞吉以六年居温以十九年令東莞其人與事亦可得而稽歟蓋當時久者或至二十年雖藩臬撫臣皆然故其時仕者皆竭智殫力若治其家政其條章易習教化易治官靡苟且民免送迎蓋不假封建而其功倍矣或者以爲久任必與超遷聰明天縱初登大寶即御平臺延禮輔臣日勤講讀咨諏理道又時灑宸翰語極褒嘉而輔臣殫新啓沃則既有帝鑑之獻不知於明良卷阿之盛果可謂再遘而與聖祖果□否歟抑其道之所在若精一執中緝熙光明之旨將有待而竟陳歟爾諸生固已鼓舞詠歌之矣其能敷陳道之所□或以加土壤於岱華者願極言之以觀利見之忱

問　學術爲天下裂廓而正之者存乎其人蓋自孟軻氏歿學者不一家楊墨之下可略而言稽之周秦之間有鬻熊子老子已而有南華冲虚文始三子有子華亢倉鄧析鶡冠尹文五子又有慎子鬼谷子文子商子孫子吴子尉繚子公孫子韓非子孔叢子其最著者荀子漢六朝之間有新書有繁露玉杯有淮南鴻烈有論衡有潛夫論有昌言有申鑑有説苑有中論有世説其最著者楊子文中子唐宋之間有天隱子玄真子聲隅子有潛虚有意林其最著者

周子程子凡□數十子者總之則道德縱横刑名儒家者流國朝儒臣宋氏蓋嘗疏剔而觝排之始以鬻子終以周程其歸依可知已要之人之學各蔽所見而失其本若道家蓋有意其本而過求者也縱横刑名則依彷之以相馳騁而儒者反屑屑競於其末其極則博而寡要宜不足回數十子之轅也嗚呼周程至矣非所謂由本達末者哉今之論學術者欲令數十子咸知所歸依豈亦當反觀其本者歟諸士涵泳問學久矣矧昔海濱嘗有嚮道君子出并行而不失斯果然歟議者又謂守久任則壅於中不通於上下竊嘗折之以正統成化之科額一也曷爲不壅而通歟蓋吏之中才而不職者多賢而能官者少不職者速黜而能官者久任未嘗壅也其亦果然歟今東粤多盗久未盡平其亦以守令未久之故歟諸士篤桑梓以及封守其尚以漢吏與今所宜者并明言之

問　節人情官天地理萬物禮樂之功用大矣□三王不相襲禮五帝不相沿樂惟其與天地同和節耳漢唐宋以來英君誼辟代有作者其沿襲與否有可得而詳言者歟説者謂後代之禮如聚訟惟朱子之家禮一集庶可以補禮書之缺後代之樂若局戲惟蔡氏之律吕新書庶可以備樂書之遺果何所見而然歟我朝洪武初命儒臣編集大明集禮一書吉禮十有四嘉禮五賓禮二軍禮三凶禮二其于古禮合乎否歟當時儒臣之所考究與禮官之所詳定者可得聞歟至于樂之一書亦嘗命儒臣搜采宸斷折衷祭報之有頌宴享之有章至如聖安治安安定之曲與夫天香鳳韶千秋氣靡之屬亦各有制然尚未及成書者豈猶有所待歟昔瓊山丘氏建議欲明詔天下求知音律者其事甚悉兹值我聖天子會中和之極擅制作之權則夫修集樂書以成昭代之盛舉者是在今日也諸士子涵育有年當必有觀其深者其著之篇

問　天下盗賊奸宄雖治世不能無要在消弭而防範之者有道也消弭不得其道則久而彌熾害將有不可勝救者嶺海山川盤錯邇來多盗縱横流毒黎元殆甚幸頼天子威靈分閫授鉞不終歲而殲蕩之然層巖餘孽重島遺奸猶有未盡殄者語曰刺虎必斃除草必拔言不可忽也然則今日善後之策可不講歟古人有進弭盗三策者則在寛文法之拘銷奸猾之黨以招降爲大患以窮治爲深禍者有論禦賊四事者則在州郡置兵爲備設捕盗之官明賞罰之法去冗官用良吏以撫疲民者其説果盡善歟議者見粤中幅隕之廣欲增置郡縣分立水寨以聯屬之而又云凋殘之餘生理未復恐非所以休養之又有見于山海之阻欲相地立營團練保甲以控制之而或謂公私之積猶可哀痛不無勞民傷財之慮然則銷弭防範必何道而後可昔人謂克敵在將將非其人兵雖衆不足恃或又謂得一良令如得勝兵三千人得一良守如得勝

兵三萬人其亦要道歟而深識者又謂東粤必不可無撫臣蓋責專則力不分地近則事易達即此之西粤撫臣事體均耳亦何有牽制之慮其終可行歟子諸士身與休戚者也予知其無諱言也

中式舉人七十五名

第一名　鍾維誠　廣州府學附學生　詩
第二名　區運　高明縣學生　易
第三名　鍾大咸　高要縣恩貢生　書
第四名　譚默　仁化縣恩貢生　春秋
第五名　譚師孔　廣州府學增廣生　禮記
第六名　張大化　惠州府學生　詩
第七名　傅敏功　番禺縣學附學生　書
第八名　梁憲　廣州府學附學生　易
第九名　韓鳳鳴　博羅縣學增廣生　詩
第十名　羅名世　順德縣學增廣生　易
第十一名　李思振　潮州府學增廣生　書
第十二名　黄敕　廣州府學附學生　詩
第十三名　趙襄　廣州府學附學生　春秋
第十四名　官廷玉　瓊山縣學增廣生　詩
第十五名　裴彬　廣州府學生　易
第十六名　梁聰　新興縣學生　詩
第十七名　龐尚龍　廣州府學附學生　易
第十八名　袁璧　東莞縣學增廣生　禮記
第十九名　麥來牟　番禺縣學附學生　詩
第二十名　吴林春　潮州府學附學生　書
第二十一名　蘇履中　三水縣學生　詩
第二十二名　吴中謙　南海縣學附學生　易
第二十三名　車樌　惠州府學增廣生　詩
第二十四名　盛尚志　瓊州府學附學生　書
第二十五名　薛克炫　博羅縣學生　詩

第二十六名　劉泰然　仁化縣學生　易
第二十七名　陳欽宸　潮陽縣學生　詩
第二十八名　盧統宗　東莞縣學增廣生　春秋
第二十九名　張光祖　饒平縣學增廣生　書
第三十名　區大樞　高明縣學附學生　易
第三十一名　陳應魁　番禺縣學生　詩
第三十二名　陳遵　興寧縣學生　易
第三十三名　羅仁方　南海縣學附學生　詩
第三十四名　孫兆葵　廣州府學附學生　禮記
第三十五名　薛良鳳　饒平縣學生　書
第三十六名　林培　東莞縣學附學生　易
第三十七名　梁鶴鳴　三水縣學附學生　詩
第三十八名　陳達衢　潮陽縣學生　書
第三十九名　李維春　廣州府學附學生　詩
第四十名　盧熙　歸善縣學生　書
第四十一名　鄭堯章　東莞縣學附學生　易
第四十二名　韓鳴金　博羅縣學生　易
第四十三名　吴登第　瓊州府學生　易
第四十四名　鍾洪勳　番禺縣學生　詩
第四十五名　陳治策　瓊州府學增廣生　易
第四十六名　張賽　從化縣學增廣生　詩
第四十七名　梁夢升　廣州府學附學生　易
第四十八名　廖述曾　惠州府學生　詩
第四十九名　駱三才　東莞縣學附學生　春秋
第五十名　李棠　海豐縣學附學生　詩
第五十一名　廖希堯　廣州府學附學生　易
第五十二名　宋仕明　普寧縣學增廣生　詩
第五十三名　張榆　廣州府學附學生　易
第五十四名　洪居中　澄海縣學附學生　書
第五十五名　袁裔　廣州府學生　詩
第五十六名　蕭建勳　廣州府學附學生　詩
第五十七名　蔡宗堯　瓊州府學生　禮記

第五十八名　袁應文　東莞縣學增廣生　詩
第五十九名　仇順方　南海縣學增廣生　易
第六十名　李南疆　程鄉縣學生　詩
第六十一名　林懋晋　潮陽縣學增廣生　書
第六十二名　鄭同寅　香山縣學生　詩
第六十三名　邢栻　文昌縣學生　易
第六十四名　商大才　瓊州府學生　春秋
第六十五名　林承芳　廣州府學附學生　詩
第六十六名　陳志頤　潮州府學附學生　書
第六十七名　吴愚　程鄉縣學生　詩
第六十八名　饒與齡　大埔縣學生　禮記
第六十九名　區大相　高明縣學生　易
第七十名　馮紹京　香山縣學增廣生　詩
第七十一名　謝天章　番禺縣學附學生　易
第七十二名　蔡存仁　從化縣學增廣生　詩
第七十三名　黎次瓊　新會縣學生　易
第七十四名　李暹　南海縣學附學生　易
第七十五名　丘峻　瓊州府學生　易

第一場

四書

居敬而行簡以臨其民不亦可乎

鍾維誠

同考試官教授任批（敬簡非二物惟敬以行簡則簡非肆也故爲可此作獨能發明其亦篤意事心之學者與録之）

考試官教授徐批（意旨洞徹詞亦雋永）

考試官教授潘批（理暢詞逸）

賢者論簡而有取於主敬者焉夫敬者出治之本也以此行簡而臨民之要得矣兹其爲簡之可與仲弓質諸夫子若曰君子之運治也有大體其宰治也有大原故簡可尚也而豈徒哉蓋簡不能以自行而敬則所以宰之者也必寅恭以作所克端夫化理之原時幾以自敕豫植夫經綸之本謂政無可忽而日切廢弛

之虞蓋肅然不敢怠矣由是執其至約之道與民由之端拱玄默之治固此心之兢兢者主之也謂事□可慢而日廑叢脞之慮蓋懔然不敢康矣由是持其至要之規與民守之惇大寧一之化固此心之翼翼者出之也如是而爲簡不亦可乎蓋簡不徒行而有敬以先之則體要在我事不苦於煩也而咸得其理綱維自我民不病於擾也而各安其治其心常惕而其政常不勞蓋無爲而實無乎不爲者也以此加民君子謂其得敦臨之體矣其神常存而其形常不役蓋無事而實未嘗廢事者也以此出治君子以爲得知臨之宜矣此則簡而無弊或庶乎其可歟吁若雍者可謂善論簡而默契夫子之意也已彼伯子惡足以語此抑簡豈易易言哉堯舜垂衣之治亦不越此蓋欽明温恭有敬焉以宰之也彼老氏者流亦曰我好静而民自正而卒不可治國家者離敬以爲簡也圖治者其辨之

誠之者擇善而固執之者也博學之審問之慎思之明辨之篤行之有弗學學之弗能弗措也有弗問問之弗知弗措也有弗思思之弗得弗措也有弗辨辨之弗明弗措也有弗行行之弗篤弗措也人一能之己百之人十能之己千之

區運

同考試官教諭金批（綱領揭而獨明條例詳而弗贅非心會於誠之者之旨弗能也宜録以式）

考試官教授徐批（渾融峻潔題旨□然）

考試官教授潘批（不晦不繁）

中庸指言誠之者之事而因詳其功焉夫擇善固執誠之者之所以以進於誠也然其功寧不各有所當盡者哉夫子以思誠之學望曾君也蓋謂誠固有天人之异人當有合天之功誠者之事固惟聖者能之矣若誠之者則何如哉不思而得未能也以察其幾必精以擇之而理無不析善之所由以明也不勉而中未能也以致其決必健以執之而欲不能間身之所由以誠也此固誠之者之事也然人之所禀不齊功之所施亦异是故有學知利行者焉以致知爲入門而學問思辨所以求其知者兼盡而無遺以踐履爲實地而反身循理所以求其行者敦篤而匪懈先之以定見繼之以定力而擇執於是有全功矣其仁和交修者乎有困知勉行者焉志不沮於畏難而所以從事於知性者隨在而必要其成力不弛於自畫而所以加功於百千者因人而益勵諸己主之以必爲奮之以有爲而擇執於是無遺力矣其勇於自治者乎天然則其始也雖有學利困勉之殊其終也自有以人合天之妙所謂及其知之成功而一者蓋如此君子欲希聖希天者舍是奚以哉嗟夫此虞廷精一之旨也擇善則精

固執則一惟精惟一誠在是矣夫子告君以此真以帝道望其君者歟然有要焉立志是也志立則功隨而可賢可聖苟志不立而欲功之盡也其將能乎故曰學莫先於立志

陳善閉邪謂之敬

鍾大成

同考試官教諭劉批（陳善閉邪亦非二事也是作發揮殆盡蓋有志于格君心之學者）

考試官教授徐批（紬繹陳善之旨而歸諸堯舜是亦知敬君之大者矣）

考試官教授潘批（善言敬君者）

人臣以道正君心敬之至者也夫君心萬化之原也人臣心在正君敬孰加於此哉孟子以事君之道責其臣如此謂夫爲人臣者孰不欲敬其君也然不貴敬之以迹而貴敬之以心吾所謂敬者果何如哉彼善者君心之所固有而邪則其所本無者也惟不能導之以善而邪心入之矣其必殫嘉猷以入告潛消其未發之私矢明謨以論思豫遏其未形之欲善道莫大於堯也則日陳於王前啓心沃心以翼君德不使邪念之或萌焉斯已矣善道莫備於舜也則日陳於君側自靖自獻以詔王爋不使邪慮之或滋焉斯已矣若而臣者不謂之敬耶蓋阿意曲從者佞也而非敬也因事納忠者敬也而未至也兹惟篤棐根於由衷故事君必防其漸精誠積於有素故輔德必謹其微陳堯之善道閉其邪真敬其君如堯也期望之甚切斯匡弼之愈殷推其心如君不得爲仁聖之君乃其所甚恐者矣陳舜之善道閉其邪真敬其君如舜也有是翼翼之忱斯有是謇謇之論推其心苟治不得爲仁覆之治尤其所深懼者矣謂之曰敬其斯爲純臣之道與觀此則事君者當知所自盡矣雖然敬豈易能哉蓋必己有善也而後能陳善於君己無邪也而後能閉邪於君所謂大人正己而物正者是已要其機尤係之上焉君知此爲敬則樂與嘉納而敬行矣不然將不謂拂情逆耳者乎此又在納善者所當知

易

六五知臨大君之宜吉象曰大君之宜行中之謂也

梁憲

同考試官教授任批（中即知之中也唯是□瞭然詞亦整暇非凡驟可追）

考試官教授徐批（意朗詞健）

考試官教授潘批（暢潔）

二聖交著臨爻之善唯急親賢而已夫親賢者君之知而道之中也臨爻具有是善二聖所以深嘉之歟且人君之臨天下以用賢存乎知以用知存乎中其道常相須者也臨之六五虛中而應九二則備是善矣周公係之辭曰知人則哲大知也大君之所宜有也惟五之君臨知自用之爲小也廣咨詢之見而虛己以求賢知用人之爲裕也大明揚之典而登庸以致治明此作君則惠鮮者惟其人吾執機以運之而容保之治成也明此作師則敷化者惟其人吾總理以圖之而教思之澤溥也非大君之宜而吉之道乎夫子象復申之曰用人惟己中道也大君之所宜行也惟五之知臨識偏聽之爲患也虛中順應罔非無我之公鑑獨任之生奸也公己無私莫非大中之度以厚民生則養賢及民而已不與焉執吾中以用天下之中一皇極所由運也以正民德則命官敷教而已不勞焉本吾中以求天下之中一純心所由基也大君之宜非行中之謂乎要之知非有异於中乃中之不蔽者也中非有外於知乃知之不偏者也臨之六五兼而有之其斯爲君道之極歟抑稽古唐虞岳牧疇咨明目達聽莫非知也亦莫非中也而兢兢業業以純養此心者其本焉蓋人之心以虛中而明以有欲而昏心一不純則本原之地塞而以之用人行政難矣故曰純心要矣用賢急焉知此則知人君尤不可無養心之學

聖人之大寶曰位何以守位曰仁何以聚人曰財理財正辭禁民爲非曰義

羅名世

同考試官教諭金批（意旨聯絡而詞不繳繞理財以下滔滔若行江河傑作也）

考試官教授徐批（疏暢若不經力）

考試官教授潘批（理明力裕）

聖人隆天下之大權行天下之大道蓋位乃聖人出治之權也位隆而道與之隆焉功業其見於此乎大傳即聖人以明易也有曰聖人者與天地參者也天地有大德固不外於生矣聖人有大寶足以克配天地者其位乎彼聖人有天下而不與何樂于位而寶之也然不欲以位高天下實因位以成天下故有憲天之政矣必膺繼天之責而後可以弘其施有經世之法矣必操撫世之權而後可以大其用是位也者聖人爲天下而寶之者也夫豈徒虛位之居已哉有道以行乎其間矣是故以守位存乎人聚之不可已也以聚人存乎財理之不可已也至於理財以厚天下之生正辭以敷天下之教禁民爲非以明天下之刑皆所以居位而致治者其道何以哉曰義焉耳蓋義者事之宜也所以裁制乎天下者也惟聖人以義理財則導之而生養遂矣以義正辭則教之而

倫理明矣以義禁非則治之而爭奪息矣本天理之宜以經政而操縱惟時緣人心之制以軌物而施爲當可其聚人守位者此也其治功與天地同者此也位曰大寶得非恃此以爲之具乎即是而聖人之功業見矣雖然聖人豈獨有功於民物哉天地以生爲德矣若裁成其道輔相其宜以贊化育之所不及咸於聖人乎歸之則天地位萬物育其功不曰天地而曰聖人是聖人且有功于天地矣故曰聖人天地之用觀於此益信

書

欽哉惟時亮天功

傅敏功

同考試官教諭劉批（格莊重詞典雅讀之鏗然深得敕命之體）

考試官教授徐批（敬天要務不出此數言矣）

考試官教授潘批（雅粹）

聖君總敕群臣惟主敬以贊化而已蓋群臣之事莫非天之化也敬以贊之臣道其有終乎帝舜總命群臣之意若曰天下有治人斯有治法人臣能事君斯能事天咨汝二十有二人朕之命汝者亦既詳矣汝之承命也當何如哉彼代天以理物君道也猶一元之運焉相君以弘化臣道也猶五行之布焉而敬也者固事天下之本也要必念吾心通于天心而慎乃攸司恒存欽若之志以治化關于元化而敬爾有職共成寅亮之勛君之用賢以尊帝也而群工際此中天之運孰無左右上帝之心乎必使天道相爲昭天法相爲守而夙夜匪懈可也臣之事君以奉天也而庶官際此熙洽之期孰無參贊化機之願乎必使順天以育物體天以惠民而朝夕惟寅可也以莅新職則思敬以虔其始焉意氣揚于廟堂務期贊助乎敕天之治斯已耳不然一念荒而庶職廢豈奉若之道哉以仍舊職則思敬以厚其終焉精神奮于寮寀務期贊襄乎光天之業斯已耳不然臣職曠而百度隳豈代終之義哉吁嚴之以天下則知不可無憲天之政勵之以敬則知不可無純天之心帝舜敕群臣何言約而意盡歟抑論舜之命官既以天下功責其臣至皋陶陳謨復以天工贊其君何耶蓋調元者臣之事不可忘寅亮之心而體元者君之職尤宜盡兢業之道然必元首明而後股肱良則倡率之機實在君而不在臣也

我克式至于今日休我咸成文王功于不怠丕冒海隅出日罔不率俾

李思振

同考試官教諭劉批（體大而整語精而確宛然周召輔君氣象）

考試官教授徐批（有思致有筆力）

考試官教授潘批（文有關繫）

大臣于同列叙其致治之盛而以極盛者期之也夫治以無外爲極也大臣不安于已至而期成乎此焉何其謀國之遠哉想周公告召公之意若曰大臣當國既先天下而善其始當後天下而成其終試觀今日之民心亦云休矣而所以致之者非無自也惟我二人盡篤棐之功是以心一而澤以流式顯亨嘉之景象道同而政以洽用昭文治之精華養道布而民罔怨咨卷阿鳳凰之歌於吾身而親見也教道敷而民罔僭忒鳧鷖既醉之雅殆方興而未艾也然是休也即文王功之所在也使功未遠究則休猶小康亦我二人輔君之未至也故必勵敬修之功相期丕殫乎文德竭纘後之力相與奮揚乎文謨見冒有夏未已也猶欲廓而大之使修治之勛遍于海隅之地而凡有血氣者莫不尊親斯可矣怙冒西土未已也猶欲推而極之使燮和之烈達于日出之區而凡在照臨者罔不臣服斯可矣必如是而後文王之功爲有成今日之休爲無疆也乃今未至于是尚其不怠以圖之哉抑因此而知周公忠愛無窮之心也蓋當是時不特民罔尤違而且天下休滋至若可已矣而周公之告召公方惓惓然視已治爲未治必欲至于丕冒率俾而後已焉推是心也以之輔君則可言忠以之率祖則可言孝此其所以爲元聖而立萬世人極也歟

詩

俾爾戩穀罄無不宜受天百禄降爾遐福

張大化

同考試官教諭蔣批（士子類以戩穀罄宜對講是作獨融會貫通非有精思者不能宜録以式）

考試官教授徐批（忠愛之意宛然）

考試官教授潘批（雅健得體）

臣子祝君受福之備而復期之久焉蓋戩穀罄宜君之得天者備矣而尤以遐福期之忠愛一何至哉周臣願君意曰奉天以御世者君也眷君以錫福者天也有道如君則天之所保定者豈其微哉蓋人君一身萬化出焉行之而一有未善非福也推之而一有不宜非善也兹則天錫爾極惠迪皆元吉之旋帝翼其行順應得咸宜之利自起居以及于號令動罔不臧也而施之即無不當焉以一人統萬善之備固非特宜室宜家也已自朝廷以達之海寓政無不美也而推之即無不準焉以一身聚百順之休亦非特宜民宜人也已夫善無弗宜即百禄也而既自君受之矣然禄有弗常非遐福也寧不自天申之乎吾

見感孚有本在君昭受之方隆而寵錫有加在天降監之無已匪直今日戩穀然也常居五位之尊則常予之以亨嘉之慶俾善於始者益善於終矣天子靈長之祚其與天無極乎不但今日罄宜已也永膺萬年之曆則永畀之以達順之祥俾宜於前者亦宜于後矣帝王光終之吉其應地無疆乎吁天之福君於斯爲至而臣之愛君可謂彌篤者矣抑幾康弼直申命用休禹謨陳天人之應也天保臣子獨侈言其福何哉曰戩穀曰罄宜非慮善以動而行無不得者何以有此然則是福也固修德爲之本也于是而知詩人美不忘規之義

崧高維嶽駿極于天維嶽降神生甫及申維申及甫維周之翰四國于蕃四方于宣

韓鳴鳳

同考試官教諭蔣批（此作發明詩人本意殆盡結以封建尚功爲言尤覺關縱可以式矣）

考試官教授徐批（清健爽切無一閑句）

考試官教授潘批（簡明純雅）

詩人本二賢所由生因表其輔世之功焉甚矣賢才之生不偶然也觀申甫之發祥而功之顯於當世也宜哉是詩吉甫送申伯作也首言其降生之自若謂我申伯之封非徒以親親然也嘗推本觀之而知其功之在天下要有不可誣者矣彼嶽山高大而峻極于天此固神靈之所萃也夫其萃之也厚則其發之也必弘故始也既生負天下之望如甫侯者以開其先繼也又生負天下之望如申伯者以衍其盛蓋天地清淑之氣于是焉鍾國家文明之祥于是焉啓矣然生既有所本則出必有所爲其功業之顯著也果何如哉但見維兹申伯及彼甫侯以之經理於内則樹風猷彰物軌王室賴之以增重焉所以贊天子之順治者皆其功也不維周之翰乎以之捍衛於外則明等威固封守庶邦賴之以底寧焉所以佐天子之撫綏者皆其功也不四國于蕃乎以布一人之命令則邇無不被遠無不暨德澤賴之以下究焉所以俾聲教之四訖者皆其功也不四方于宣乎夫作之於前而王靈丕振承之于後而王業益彰嶽之降神如此而申伯固我周之元勛也對謝之典其容已哉抑論封建帝王公天下之大端大本也奉天道而不以己私與焉則天下可幾而理矣吉甫送申伯而先著其功夫亦有見於此歟後之封建者宜何如亦曰展親以敦睦庸勛以勸功崇德以象賢合三者而後可

春秋

元年（隱公元年）夏公會宰周公齊侯宋子衛侯鄭伯許男曹伯于葵丘（僖公九年）

譚默

同考試官教諭劉批（發明君相體元調元意甚透徹必邃于經學者録之）

考試官教授徐批（深得元字本旨）

考試官教授潘批（整確）

聖人修經而體元調元望君相焉于此見君相父母天下其責甚重而春秋以體元調元望之其旨深矣且天地之生育萬物君相之參贊兩間皆以元爲用也春秋明其用以詔後世故于君相有厚望焉何也大君天地宗子也天地以元妙生物之化其用或有所未全在宗子當有以終其用矣必也效法乎一元之運而爲下爲民吾正吾心而懷保之庶乎一正心而民咸服參兩之功建於兹矣夫是之謂體元而後人君之職盡稽古舜之帝也曰元日湯之王也曰元祀兹君天下者之準也隱公一年而經書元年蓋望君以體元必如舜湯而後可豈徒述其文已哉大臣宗子家相也大君以心體天地之元其職不容以易盡在家相當有以終其職矣必也燮理乎兩儀之化而爲上爲德吾盡吾心而感格之庶乎一正君而國自定寅亮之業成於兹矣夫是之謂調元而後宰相之事盡稽古禹爲帝師曰宅揆旦爲王佐曰作宰兹相天下者之的也宰孔與會而經書宰公蓋望相以調元必如禹周而後可豈徒隆其稱已哉吁元一也君體之則爲元后相調之則稱元聖斯功用可與天地參矣顧不美歟抑論唐虞之時明良喜起賡歌一堂太和元氣充塞宇宙後稱極治者必歸焉迨至春秋上下不交而元氣湮矣孔子作春秋以拯頹綱而體元調元之義首發于魯公即位之始蓋示以一心而昭泰交之義也噫明於春秋之義何明良之盛不可再睹哉

仲孫蔑會晋欒黶宋華元衛甯殖曹人莒人邾人滕人薛人圍宋彭城（襄公元年）

趙襄

同考試官教諭金批（體裁平正詞氣爽切發聖人追書之意殆盡）

考試官教授徐批（會傳成文當是作者）

考試官教授潘批（雅健）

伯兵討叛邑春秋追書以謹度焉觀于彭城之書宋而知聖人之謹王度

者嚴矣且自魚石入而彭城已非宋有矣今此見圍于晋何以猶係之宋耶蓋先王之建國也疆域本有定界封守則有定分此固王度所在不可一日亂者維兹彭城非宋地乎武王錫之以光茅土之封微子受之以爲世守之業有此宋即有此彭城矣楚何有也乃以黨叛之故顧取之而封石焉孰不曰取之者楚即楚之彭城矣乎受之者魚石即魚石之彭城矣乎詎知楚人雖能取之宋以亢不衷而終不能更宋之分土魚石雖能受之楚以資不軌而終不能亂宋之版圖處以五大夫疆域若已移矣然問其所處之地則固宋之疆域也稽諸形方氏所載夫誰得而移之戍以三百乘封守若云易矣然問其所戍之地則猶宋之封守也稽諸職方氏所掌夫誰得而易之經故于彭城之圍不曰圍彭城而特係之宋若曰是彭城也本宋地也楚不得而取之魚石不得而受之而可以不書宋耶觀經所書而聖人所以固疆域固封守以謹一王之度者亦深切矣聖筆其精矣乎抑是圍也晋悼之義舉也晋悼初立八卿用和兹憤魚石之不共爲宋討之以歸寘諸瓠丘遂使楚也不得厚樹于石以成其逆而石也不得久庇于楚以成其奸夷夏之防君臣之倫不至於胥亡者多此一圍之功也卒之晋有聲于天下蕭魚會而駕楚服鄭之績成豈無自哉

禮記

修身踐言謂之善行行修言道禮之質也

譚師孔

同考試官教諭蔣批（修身爲行禮之本重在躬行實踐士多以言行平講唯此作理致精明詞氣純雅可愛可傳之文也）

考試官教授徐批（體裁雅當）

考試官教授潘批（精確）

君子務自修之實德而禮之本在是矣甚矣禮不虚行也君子慎厥身修而實德在我矣禮其不可行乎曲禮之意謂夫禮之文固散于天下而禮之本實原于吾身何則道一也自其體諸身者謂之行而言者言此者也不修身以踐之則言浮于行非行之善也故必反身修德以踐其所發之言飭躬勵行以蹈其所言之實則言之如其所行而一心藴誠慤之美行之如其所言而一身敦篤實之休斯其爲善行耳夫曰善行則行無不修而言合於道矣如是而非禮之質乎蓋禮不外于言行而忠信其本也今行修言道則言行交孚而忠信在我矣故禮雖未行也然一誠内藴已豫乎崇德之基而實德中存自妙夫隆禮之本禮儀若是其博也出吾之誠慤者以行之則體具而用自周凡宏綱之顯設取之一心而自足矣威儀若是其賾也舉吾之篤實者以措之則本立而

文可行凡品式之弘敷運之一身而有餘矣忠信非禮之質而何是則行禮以修身爲先而脩身以忠信爲本欲行禮者其可外身以求之哉雖然禮本于身固矣而身之所以修豈有外于心之敬乎蓋心者身之主而禮以敬爲主也心能主敬則身無不修而無體之禮立矣尚何禮之不可行哉故曲禮論禮之本在于修身而其首揭之以示人則曰無不敬學者合而觀之始得

樂者天地之和也禮者天地之序也和故百物皆化序故群物皆别樂由天作禮以地制

袁壁

同考試官教諭蔣批（禮樂本于天地之和序作者類不能發斯義獨究本旨且詞能達意是深得禮樂之情者）

考試官教授徐批（調莊意微）

考試官教授潘批（整切）

記者論禮樂本於造化必原造化所以爲本也蓋造化之和序制作之原也孰謂聖人之禮樂而不本諸此哉樂記君子意謂禮樂後天地而闡其用天地先禮樂而肇其體何則聲律之宣播樂也樂作于聖人非聖人始也天地有自然之樂和之謂也而樂之始其本於天地之和乎儀文之顯著禮也禮制于聖人非聖人始也天地有自然之禮序之謂也而禮之始其本於天地之序乎若此者果何以見之自陽之動而爲氣之和也故百物之生同囿於化醇之仁焉此固天地之和爲之而樂興于是矣自陰之静而爲質之序也故群物之成同歸於區别之義焉此固天地之序爲之而禮行于是矣是和也氣之行於天者然也聖人于是取法乎氣而作為之樂焉是樂由天之和而作者也樂由天作而謂非天地之和乎是序也質之具於地者然也聖人于是取法乎質而制爲之禮焉是禮以地之序而制者也禮以地制而謂非天地之序乎是知和序開制作之原天道之至教也禮樂發天地之藴聖人之至德也禮樂本於天地如此欲興禮樂者可不求端于此哉抑有本焉本諸心而已矣蓋性天之妙和序藴焉吾心本自有禮樂也能本諸吾心以探造化之藴本諸造化以成制作之能則禮樂與天地同其和節者亦不外心而得之矣不然本之則無其如禮樂何哉

第二場

論

君道稽古正學

裴彬

同考試官教授任批（君心萬化根本是作歸本在正心深得先儒立言之意未以親賢國治結之尤識君道要領録之以式多士）

考試官教授徐批（識調高遠詞理暢徹）

考試官教授潘批（意盡詞健）

人君所以運天下之治者有本焉故必有以端其養而後能善治道于不窮何則人君以一人統天下而舉天下之衆群然望治于君之一身苟事事而求物物而理日以其身爲天下役而不足是必有本焉以宰之心也者固化理之本而運治之要也知其要而養之弗端則眩于是非淆于好惡紛擾于外誘此心率貿貿焉無所趨于正而亦何能以善天下之治故所貴于君道者必務學以養其心稽古以正其學而後運之治理裕如矣程子曰君道稽古正學則志定而天下之治成此誠達本之論也請申之天生民而立之君君代天而爲之治威福靈爽由我以弛張賢否淑慝由我以進退臣民夷夏由我以統馭而震懾其責何甚重也其責重則其道大其道大則我之所以求盡其道以稱其責者爲甚難是非反其本而養之端欲善天下之治道而稱之曰宜君吁亦鮮矣盍亦觀諸天乎今夫天日月星辰經緯罔愆寒暑陰陽節宣不忒而所以默宰其樞者乾實爲之故易之贊乾以剛健中正矣又獨歸于純粹精之一言要其本也人君之道乾道也知乾之所以爲天則知君之所以爲學矣且人君之學何學也涉獵章句馳鶩翰帙春華秋實之兼採風雲月露以爲奇此墨卿之學非經生之學也窮本詩書討求禮樂明天人分際通古今大義文章爾雅訓辭深厚此經生之學而非人君之學也石渠觀之親白虎殿之御衛士傳餐而食舉書輙乙其處此後世人君之學而非其學之正也或學于君疇或學于務成昭或學于西王國或學于成伯子或學於尉繚或學于虢叔此聖王從學之一端而亦非其正也而要其學之所以正則未易窺也必也求端于心乎故曰人君之學心學也正學者正其心學之謂也夫人之一心出入無時不由理義則入嗜欲嗜欲勝則理義愈微固未有一日而可廢學者况人君之尊其位可以配天地其靈可以侔鬼神其威可以鞭撻乎四海隨吾意之輕重低昂轉移順逆而天下不吾拂是故事物變化紛綸四出至易淆也左右任使忠邪并進至難辨也投吾意之所不拂而以眩吾之聰明奸吾之措注者至易蔽也以吾易淆之心而當難辨之時欲以驅其易蔽之私雖有疆明之資莫之能勝又况其始入之時亦必有覺其爲非者及其積而久久而化焉此心將日爲外物所馳逐而失其所爲主故其本常始于杪忽而其末將尋於斧柯其端常發於蟻孔而其勢必至于潰堤治道之無成毋惑也是必舉天下之治理而無

一不會之於吾心舉吾心之至理而無一不精之於學術舉吾心之學術而無一不稽之於古訓昔者養由基以善射名天下而舍正鵠則不能中的公輸子以至巧名天下而舍準繩則不能成象古訓者誠吾心之正鵠而爲學之準繩也説命亦曰學于古訓乃有獲然人知故訓當學而不知所以學者安在是故曰精一曰執中堯舜之正學也吾其稽之以求吾心之精一而執中而後已曰袛德曰懋昭禹湯之正學也吾其稽之以求吾心之袛德而懋昭而後已曰緝熙曰敬勝文武之正學也吾其稽之以求吾心之緝熙而敬勝而後已繇是則自大廷以及深宫自常伯以及虎賁自户牖以及服御莫非吾心之寓則莫非端吾心以臨之兢兢乎惕惕乎惟恐吾幾之未審而又爲之箴銘爲之曉告以致其誠一念之發而正與必曰能合于古訓否乎吾敬守而擴充之若履春水奉拱璧而保護之惟恐弗至也一念之發而未正與必曰得無悖于古訓否乎吾省察而克治之若斥鴆毒驅螽螢而屏去之惟恐弗速也事物不能爲之淆左右不能爲之惑嗜好不能爲之移而舉向者紛然可喜之欲亦皆悉退聽焉而不使復隱伏于吾靈臺之側夫是之謂正學學正則志定而天下之治由此以可成以主持其威福以進退其人才以撫綏其臣民而臣妾乎夷夏誠有不殫傾耳聽已聰不殫用目而視已明不出户閾之近而宰制四海之廣不離日用之常而規創萬世之遠何則所出者有本而所操有要也譬之一元運于上而化工成焉氣機行焉其極定故也故曰人君之道乾道也運天下之治而善其治于不匱者率此也雖然正學固所以純心矣然而人主一身深居燕閑之時多而接見廷臣之時少使其深居燕閑也而左右前後皆正人焉則導之善而誠善矣苟一有便佞者介其側則前所謂可喜可欲之事未必不爲之蠱惑也雖有稽古之學徒焉爾故必任賢勿貳日與師保講讀諸臣相召對而問難焉則所親常正人所習常正事稽古之功爲有獲而學以正志以定矣不然一暴十寒一傅衆咻可慮也已此又輔養君德者所當知

表

擬宋司馬光進三劄五規表（嘉祐六年）

黄敎

同考試官教諭蔣批（三劄五規作者類多謭略是篇雅勁詳明忠懇之心溢於詞表可録以式者）

考試官教授徐批（藻詞駢贍雅韻鏗鏘表之佳者）

考試官教授潘批（典則可誦）

嘉祐六年某月某日具官臣司馬光謹以所撰三劄五規進呈者伏以離明久照帝王先保治之謨泰道交隆臣子罄匡時之略呈琅玕而進御排閶闔

以颺言志在傾葵恩希采菲臣光誠惶誠恐稽首頓首竊惟自古帝王有作率稱德業兼隆曰如天曰好生至仁廣被爲欽明爲濬哲大智弘敷以言以功聿舉官人之典不震不動丕宣用武之猷纘創造之鴻基内修外攘荷祖宗之燕翼日就月將微若出入起居無時逸豫大而政刑賞罰不敢怠遑似兹化理之隆允籍敷陳之益虞廷從欲取善皋謨商室承休沃心伊訓聰明時憲中興之烈斯弘陟降曰嚴基命之圖始固叔世而下皇風寖微賈誼數千言空切治安之願仲舒二三策莫防奢侈之萌千秋鑑上於九齡内照之明未啓六事箴陳於德裕外游之侈難移非際昌期曷伸忠悃兹蓋伏遇紹帝凝圖體元斂福禮隆慈幄常朝每謹問安學懋經筵盛暑猶專御講仁心遍覆四郊懷不殺之威惠政覃施九有蓄多財之富刈麥著省耕地之咏憫農再見周詩燒羊忍一夕之饑恭儉奚稱漢德屢下求賢之詔常虚納諫之懷駿業四十祺有光鴻圖億萬年斯永然帝心聖不自聖兼聽罔弃乎芻蕘故愚衷安益圖安邇言欲塵于旒纊伏念臣光才非博洽性本朴忠數椽西洛之居良知預培于擊甕一旦内廷之對榮遇幸被于簪花效犬馬以無從顧夔龍之有詫絲綸宣布雲霄上何補涓埃獻納司存兩露邊敢忘芹曝敬陳三劄兼進五規謂君身爲萬化之原必德修而極乃建臣子任百僚之寄惟才稱而事不隳欲求威武之奮揚要在簡稽之精當知祖宗創業不易貴先天下之憂思國家全盛將盈宜謹日中之治慮周意外冰切履霜明炳幾先桑綢未雨務黜浮以崇雅須先質而後文凡此朝政所關言雖煩而不厭惟期聖心有悟意甚切而無窮魏徵十漸之章敢云合志蘊古六箴之訓竊附同心謹上獻於九重祈賜觀於一夜雖泰華不增高於土壤而細流亦委潤於滄溟伏願懋止輦之芳規集思廣益宏轉圜之雅量舍已從人見于羹見于墻身心匪懈書之座書之几夙夜惟勤晋德緝熙而忠邪不惑乾剛獨斷而威福必行化酌春和登萬民于壽域功參大造陋百代之澆風則赫赫皇圖永睹金甌之絢綵明明景運當看玉燭之光昭臣無任瞻天仰聖激切屏營之至謹以三劄五規隨表封進以聞

第三場

策

第一問

鍾維誠

同考試官教授任批(我皇上今日君臣相與同符聖祖追古明良卷阿之

盛經生罕有能言其概者是作述古揚今宛然唐虞成周氣象泰道蔑以加矣）

考試官教授徐批（我皇上延禮輔臣與輔臣殫心啓沃交泰之義著矣子能揄揚之而所陳精一緝熙之旨尤見忠悃必負名世之具者）

考試官教授潘批（敷對詳明格調峻整足鳴我國家之盛宜録以式）

夫上下交而爲泰豈偶然哉蓋易之乾上坤下曰否乾下坤上曰泰夫乾陽坤陰而坤上於乾反用成泰者何哉曰以其交也交故爲泰也泰固有大通之義焉君臣之間猶之乾坤其分嚴於堂陛其勢隔乎冠履是故雖有齊聖之君振迅陶鈞之上而值非其臣莫承其意之所嚮則君之心罔通於其下雖有篤棐之臣建白闕廷之下而值非其君莫諒其中之所蓄則臣之道不通於其上此非其值之艱相得之艱也非得之艱相通之艱也繇是臣不通於君則奉身而遠君不通於臣則袤佞者進天下之治功不成而世道終于否塞其又不然者君欲爲小康之主而臣適應其求臣能爲雜霸之治而君適際其偶以是而語相值之孅相得之殷誠近之矣然以語相通之義亦未也故曰非偶然也嗟乎通之時義大矣哉夫子之傳曰天地交而萬物通上下交而其志同夫天地之泰運諸氣世道之泰承諸治而獨以志言何也蓋君臣之志志道而已志道則勢分不能隔形迹不能閡夫是而後謂之大通繇斯通于家國通于天下通于天地萬物而成泰唐虞隆矣元首股肱明良喜起而周人之卷阿也豈弟游歌泮涣優游古今言君臣相得者必首稱焉然觀敕天之戒既謹於惟時又察於惟幾而精一執中之旨嘗丁寧於授受之晨德音之矢先之以凴翼繼之以顒卬而緝熙光明之學尚繾綣仔肩之日是唐虞成周之相得者誠有道通焉而非徒以情好咏歌爲也彼其上下孜孜咸欲以迪道而勢分形迹罔與者此其故何哉夫道者始于一心而通于家國天下以達天地萬物至無間也而三代君臣所繇以適治者也是故其志者以此則其相期者亦以此所謂志同而道合者也三代而下邈乎難言求其大有爲之君稱雄才大略鋭意太平足以謀王者孰與漢武宋神乎求其大有爲之臣稱明道正誼龍德正中足以佐王者孰與董仲舒程顥乎當其時君臣誠相值矣假令二君移其用公孫弘王安石者以用二臣則雖未登唐虞成周而天漢熙豐之禍斷斷免焉然卒用公孫安石以自貽其戚夫以千載一值顧得于彼不得于此卒知君瘅其國臣躓其時百世之下所爲扼腕者此也而它曷望焉自是以後語君如唐之宣文宋之仁宗或召見而詢事或召對而繼燭而賜坐而又有飛白之書有日新厥德明良慶會之書數君所以體貌臣工者非不至懇懇也然能收海内富庶之實效者自天章召對之外寥無聞焉此豈盡無臣哉要其君未嘗有志于道故其

施之臣者未耳語臣如賈誼賈山崔寔王褒張蘊古李德裕蘇軾之徒或以治安策或以至言或以政論或以得賢臣頌而又有大寶之箴有丹扆之箴有上皇帝之書數臣所以陳見誠悃者非不至斷斷也然其殫匡時救敝之良圖者自治安五規三劄金鑑録之外寥無聞焉此豈盡無君哉要其臣未嘗有志于道故其獻諸君者小耳又何以望三代大通之泰道哉洪惟我高皇帝廓清中夏優禮儒碩乃作大誥三編首之以君臣同游曰歷代君臣同心一氣立綱陳紀昭示天下爲民造福粹乎啓泰之至訓已而於宋濂等則稱之以四先生於桂彥良則許爲帝者師於劉基則呼以老先生而不名夫我祖神聖其俯視諸臣不啻海岳之一涓埃而猶虚己下交孜孜不怠兹其心不追蹤三代之君與維時諸臣如宋濂之進講有曰人主能以義理養性則邪説不能侵興學教民則邪説不能作確乎保泰之嘉謨已而王禕則以祈天永命爲疏桂彥良則以明學格心爲規劉基則以修德省刑爲勸夫四臣雖賢其仰贊神聖亦不啻螢燭之於曜靈乃獨披悰揭衷亹亹不置兹其心不庶幾三代之臣與君臣上下相值相得訢合流暢泰道之昌巍乎烈哉肆我皇上英年睿智出震繼離甫登大寶延禮碩輔咨諏理道誦習典謨平臺召經筵之御講讀之勤諏訪之切靡不諄至乃又時灑宸翰語極褒嘉至有良臣輔政鹽梅舟楫之喻而爲輔臣者圖報殊遇殫心啓沃則既有帝鑑之獻一時上下相值之盛相得之深可以咸成周登唐虞而同符聖祖泰運之再昌蓋十七史所不能談近代靡得言者而執事猶欲竟陳以加土壤於泰岱愚生何知焉雖然嘗懷之矣而終始言之者此志此道也昔者唐太宗日與群臣語治雖三代盛王罔以遠過中年身致太平斗米數錢即五嶺皆外户不閉行旅不齎糧幾致刑措乃自言曰此魏徵勸行仁義既效矣已而四夷來服酋長宿衛帝顧曰徵之力也徵再拜以謝彼其君臣之相得亦以仁義相通且見效矣非它淺鮮者比然徵終始無二而帝則不免克終之艱竟蹈十漸之弊何以故則以太宗始未嘗真志于道未有養心之功故也豈不悲哉竊獨思之古今人主睿知易悟者未嘗無之亦未嘗不可以養心告者若虞典之精一周頌之緝熙匆虞其難入也誠日導之俾反觀于其心何不可也蓋俾能友觀其心則知精一者吾心之不雜以二而幾非外也緝熙者吾心之恒續其明而本非昧也夫既日導之而日游其中又日誘之以唐虞成周帝王之躂日辨之以漢唐宋賢君雜霸之卑以日興其志夫是乃謂蒙養之聖功嗟乎自非上誠有不世出之資下誠有大人格心之學者其疇臻焉臻此則大通之道備矣乃若今上延禮咨諏與各輔臣帝鑑之獻固草莽臣之鼓舞咏歌也而竊計上下之必是出也至于數召于平臺煖閣數見于齊宫

便殿又或君臣同游如祖宗時故事推而京官五品以上更宿延見諫官隨大臣上殿議事如唐宋一二故事咸舉非難者是則上下之通通於道而志之同同于道此非獨上下終始其慶天下終始其福雖以位育天地萬物可也其它財賦之不足四夷之叵測詎足語與是誠所謂千百載一遇之猶旦暮也敢以是爲吾君相獻

第二問

張大化

同考試官教諭劉批（學術之正準於周程非諸子可及是作評品精確而歸依原本非究心理學者不能也可式）

考試官教授徐批（評品諸子確有定論而篇末以周程爲準尤見定志之學）

考試官教授潘批（學知所宗品□□當）

三代而上道術出于一故行道者衆而言道者希三代而下道術出于二故言道者衆而知道者希夫道之在天下有本有末本者人見其藏於内也而不知非内也末者人見其散於外也而不知非外也是非强一之也雖頃𨯂不得而二也不觀諸日月乎今夫日月貞明之體至約也而其耀下土暾八埏鉅而山川細而草木莫非日月之末光豈嘗有二物哉自人之求日月者或獨索諸貞明之體則嘗拒山川草木之光而眇忽之是固謂失也而愚者謂日在淵而逐於淵狂者謂月在江而攫於江則其失益遠矣是本末二之也嗟乎此所謂後世之語道術者也夫道之本果安在哉心者斯道之日月也性其貞明之體也率之爲五行散之爲萬行置之塞天地横四海貫古今則貞明之寓於山川草木者也是則有本即有末夫惡得二唯孔子既殁大義既乖而天下之异議起异議者則二之爲患也雖孟氏獨得其傳而當其時固已有楊墨諸子并駕其説於天下故孟子曰吾爲此懼閑先聖之道距楊墨放淫辭邪説者不得作彼楊墨孟子既距放之矣庸知其後之愈熾愈盛言人人殊何啻駕五車汗九牛哉然則□而正之者寧不望斯人與執事發策以諸子著述下詢承學將廓而正之而愚非其人也請得而彷彿其大都鬻熊著書二十篇老聃著五千餘文莊周著内外雜三十一篇世稱南華經列禦寇著凡二十篇世稱冲虚經關尹喜著九篇世稱文始經至于文子鈃著十二卷亢倉子九篇鶡冠子四卷子華子程本著十卷鬼谷子一名玄微子或云即王詡著十三章孫武著凡十三篇吴起著六篇尉繚子二十四篇慎到著四十二篇公孫龍著六十四篇尹文子著二卷韓非著五十五篇孔叢子名鮒著七卷荀况書三十二篇

此則周秦間之著作者然猶有曾子子思子言子管子晏子者世皆知其贋故弗及也漢六朝之間陸賈賈傅并有新書暨董子玉杯繁露世咸僞之淮南鴻烈解出漢劉安招集其徒著二十一篇論衡出王充八十五篇潜夫論出王符凡三十六篇昌言出仲長統三十四篇説苑出劉向二十篇申鑑出漢荀悦五卷中論出魏徐幹廿篇世説晋語無足論揚子法言十三篇文中子王通門人所記十卷唐宋之間天隱子或曰即司馬承禎所著凡八篇玄真子出張志和十二卷聲隅子出宋黄晞凡十卷潜虚出司馬公意林唐馬總會元撰其他作者百家咸弗論嗟乎自周秦而下何其多言哉何其多言哉不有周程則漫然無旦天下曷所趨國朝儒臣宋氏嘗著諸子辯以爲鬻子非自著於老子稱豪杰士傷其本之未正而末流之弊至貽虚玄長晋室亂之機於莊子則惜其未見孟子於列子則疑其多同竺法於荀子則詆其才甚高而不見道於楊子則云雜黄老於文中子則辯其附託而取其爲近其它評隲是非鑑别真僞若辨白黑而於篇終則唯以周程爲歸宿其旨瞭矣然而未究本末之實未致幾微之辨則趨者終莫已也蓋孔子既殁其本末一貫之宗先本後末之序傳諸曾子以逮軻死不得其傳獨西河以文學名其學遵聞見謹器數後代傳之浸失其真至有累世不能通當年不能究故譏者曰儒者博而寡要勞而少功不幸老氏直窺本原出已久矣而其言象帝之先知常曰明其與大易先天不違神明其德之旨無以大异謂其無得于本不可也雖然至于此而愚有二慨焉嚮令老子者從是而培其本順達其末不使失序則何惡於老哉彼則以本爲精以物爲粗嗒然獨與神明居而啬其末迫焉後動不得已而後應此則所謂獨索貞明之體而拒山川草木之光謂其本之能正亦未可也此一慨也當其時又令吾儒咸務其大而先其本不牽於聞見器數而漸進其末則爲老之徒必曰儒者之道有本有末而學之序先本後末一何全且中也彼之賢而蚤智者必有歸也然吾儒者猶復以末爲先以六藝爲工以聞見器數爲上至争一典一器之是非若聚訟若刻舟誠有累世窮年而莫殫者則彼將憚其艱苦其多而悲其泛不反顧而走哉是吾儒之驅之也甚矣又何异乎遂日于淵攫月于江而竟忘其本此所謂益失之遠者也此二慨也繇是莊列鼓其波諸子煽其焰而天下不之儒而之老者蓋紛如矣是故谷神不死玄牝之門則神仙家之焉聖人不仁芻狗萬民則刑名家之焉將噏必張將弱必强則縱横家之焉以奇用兵以無事取天下則黄石張良之徒之焉我好静而民自正我無事而民自富則蕭曹與漢文帝之焉然蕭曹文帝卒使天下食寧一之福致刑措之盛終漢之世而老氏不爲無功雖然使語以五倫萬行塞天地横四海貫古今若

堯之協和舜之風動以及鳥獸魚鱉咸若若此者老氏寧有之歟然則有志斯道者欲廓而正之者果何以也嗟乎本末之實愚既言之乃若幾微之辨謂不以老氏常薔于其内而後儒徒詳于其外將本末胥病之歟漢儒它勿論若楊子蓋嘗考其年無仕莽之實而宋氏已病其涉黄老矣文中子雖近而附託淆訛終駁書耳執事謂人各蔽所見愚不意一蔽而千百年之久也其不足回數十子之轅亦曷疚哉天運往復于是乃有周程二君子出周子通書則以無欲爲明通公溥之本程子則以太公爲順應之本而尤致意於性無内外之一語其於聞見器數夫皇急焉當此時非獨有老蓋亦有釋唯二君子倡明其間天下乃知學之有本末而先後之序亦彰其在二氏與它諸子猶若日月一出而群星不得以肆其芒孟子以後至是一明豈非廓而正之者之得其人歟然廓之者未幾而蔽之者復衆所謂蔽者又非若諸子之舛繆怪賊也蓋末詳則本略此重則彼輕其勢然也于是天下士莫溯其源則又鮮之老而多之釋焉然而儒者猶復增壘濬塹以拒其來歸乃至吾儒中有詳於立本之旨明於先後之辨者則概以二氏拒之嗟乎大學訓曰物有本末事有終始知所先後則近道矣又曰此謂知本後儒咸倒置焉愚不知斯道之奚所底也國家成化間海上嚮道君子若陳獻章者初非不知求諸繁也蓋其始從臨川繁而無得乃反觀而求之約體道於勿忘勿助之間悟道於至近至神之妙固已近證濂洛上窺孔孟而多自得矣其時天下識者至稱之活孟子云愚獨讀其言曰我大而物小物有盡而我無盡則我物猶二也其於程子性無内外之旨猶未盡也雖然其亦今世之詳於立本者與而其間博極群書者反詆之爲禪然則今天下之語學者蓋轉喉而諱矣學何繇入道何繇正學者既莫取衷而彼嘵嘵若數十子者終何以回也雖然執事已言之矣斯道猶日月也日月之明體末光雖各因於所見而日月自若也知本之學非曾子始言之孔子蓋曰女以予爲多學而識之者與繇是上稽帝王之業弘矣而其學曰精一曰建中曰懋昭曰緝熙敬止蓋未有不始自吾心本體之明者也吁世之任道君子豈無有揭日月而行之者與而執事曷憂愚生竊有志焉幸進詔以竟其旨

第三問

傅敏功

同考試官教諭金批（守令親民久任與超遷之法行然后治可致子能備述我祖宗之制而期今日力行之是能究心治理者）

考試官教授徐批（發明吏治之法精詳確當可録）

考試官教授潘批（是篇條答明悉有裨實用非臆説也録之）

君之設官分職以爲民也然必有責成之術而後民化洽必有激揚之典而後官箴勵何者勢使然也蓋守令之勢於下親詳而於上卑疏唯親詳故其志易洽而功難成不久以任之則雖愷悌之吏鮮不阻於時而罔效唯卑疏故其分易凌而志難持不禮以優之則雖强幹之臣鮮不屈於勢而自恕故欲天下之治安莫若慎擇守令而久其任慎則無以奸其事久則有以行所志從而旌其賢聲殊恩遇之叙其循績不次擢之夫然後天下之吏治飭而實政顯收豪杰於網羅卧赤子於袵席而薄海内外帖然就平矣是久任之法誠時政之急也而多盗之東粤不尤爲最切者與請述其概守令之制蓋自秦始封建廢而郡縣立環千里爲郡郡有守一郡之利害以之環百里爲縣縣有令一縣之利害以之孫洙謂守令爲民之本董子稱師帥子瞻喻乳保誠見夫兹任之荷也重哉且天下之官内自宰卿百執事外達監司藩臬非無貴官右職可行其道也然坐廟堂立殿陛願忠悃於論思而錢穀決獄則曰不知以其有主也司激揚理旬宣輸鴻猷於移檄而會計科理則曰不親以其有司也是天下之官親民者惟守吏矣夫以一郡一縣之事責一守令閭閻之蒼赤未可卒洽綿永之利益未易驟布苟不濡之歲月待之優游則强明遑捷給以躐虚聲中材縻廪餼以苟遷延實用罔效反滋民敝故王嘉曰居官數月送舊迎新交錯道路蓋言任之不可不久也然人情喜遷而厭常樂疾而患遲苟非卓然有志之士不有所勵孰克其終故左雄曰守相長吏惠和有顯效可使增秩蓋言久任之貴超遷也今夫傭巧匠者利其金鑿需之時月而後責以細器否則反不如拙工之遲養騏驥者豐其芻粒潔其羈絡而後責之千里否則反不如駑馬之馴故欲收守令之效而任不久是速之而求工業以細器也久守令之任而遷不超是饑之而求騏驥以千里也帝王鼓舞豪杰之術固如此乎自有郡縣以來守令莫良於漢于時吏漢者蜀郡興教化則有文翁渤海息盗賊則有龔遂而曰寬和曰恤老非黄霸朱邑乎禮讓守馮翊則有延壽异政治中牟則有魯恭而曰召文曰均輸曰一錢非信臣倪寛劉寵乎循良聲迹輝映簡編此豈獨其臣之多賢蓋君有以鼓舞之耳故居官長子孫倉庫爲姓氏則任之久也賜書而增秩賜金而爵侯則禮之優也是以吏稱其職人安其業故能降來儀之瑞建中興之功漢世良吏於斯爲盛厥有田矣暨我國家祖宗以來郡縣之制不改於秦民牧之慎依仿漢治慎選以端化本即宣帝重吏民之本告成則用九載即宣帝不數易之意故况鍾吏員也治蘇九載而陳本琛以十八年莅吉文淵尚書郎也守温六歲而盧秉安以十九年令東莞任之何久耶以諭德擢趙瑁而吴鎰則知州轉禮部以檢討授胡儼而智高則知府陟通政遷之何超

耶一時臣工争相磨濯循理之吏得成其化率土之民各寧其所蓋無假封建而治隆成周陋漢代於不足言矣然而邇來久任之法疏數易之弊生居官者率三歲爲期間一歲二歲甚者半歲而遷譬之逆旅過客奔馳傳舍里甲頻其迎送吏書巧其奸緣民以暫駕候其上而服教者玩官以寄寓需其遷而殫心者希間有瓌瑋篤志之士鋭意建明而條縷方舉促行命至故今之稱循良者不過應期會了簿書至於大化遠猷概乎未聞此豈其心之不欲才之不逮勢限之也噫吏治若此雖在守中土令腹裏者且不可况吾粤乎夫粤之郡縣阻山濱海有使臣不遍視守臣不周歷所賴者惟守令耳其民狃於故習安於耳目弃耕犁而習擄掠蓋亦舊矣七年之病豈三年之艾所療况夫官兹土者萬里馳至已後憑期章句經生始限於吏事之弗諳内都弱質初懼夫風氣之匪宜逮甫莅期餘則始以覲事入旋以召擢行名爲三年實則無幾其中委印於權署則或恣其毒用兵於將領則徒治其睫求其端弭盗之化永安民之略雖在賢能者有所不暇况中才乎故粤盗之所以久未盡平者誠以守令弗久故也爲今之計豈必借才异地而别求他術哉亦循祖宗朝之故事行之方兹聖天子加意南顧一時監督諸司以真誠倡率於上若守與令雖才有大小資有後先率多望風肅勵勉承德意就而論之豈無斥貪墨廣賑貸如况蘇州乎豈無禮學校勵廉耻如陳吉安乎有若人焉則使九年可也十八年亦可也豈無廉明平恕如何温州乎豈無寬厚温平如盧東莞乎有若人焉則使六年可也十九年亦可也如此而任之如此而久之待其政績顯著功成論定然後優其旌异崇其榮名或如諭德之擢或如禮部之轉令而檢討之可也守而通政之可也上以久責於官官以久效於民民以久習於政日漸月磨耳習目熟始而革焉中而從焉終而安焉而帶牛佩犢之俗成弦歌禮樂之化洽矣又何患郡郡之不龔黄縣縣之不魯召而嶺海之太平不有期耶抑又論之久任可也所久者非人將不遺虺蜴之哀乎超遷可也所遷者非人將不挂僞增之欺乎庸弱自安而民之疾苦何以通之此又考課者之責也而非吾虞也至謂守令久任則壅于中不通于上下泥者輒格而不行此又非也夫正統成化之間科額果非殊也當其時久任尤衆果曷爲不少壅而反通歟執事謂吏之中材賢而能官者少不職者速絀能官者久任而超遷吾未見其壅也蓋天下不爲斯民擇官而反爲斯人惜官朝廷不念萬民之無依而反憐一官之未悦此今日之大弊也以愚言之雖大小臣工久焉可也雖粤之外久焉亦可也若夫便宜以假其權包荒以容其過隆禮以重其任則又在上者爲民而加之意耳雖然久任超遷之法成中材也若忠智之臣則近有建樹亦必爲百世之計何覬於超高

節之士則雖遭斥挫亦必有堅忍之志何羨於遷敢以是爲守令之豪杰者告

第四問

官廷玉

同考試官教諭劉批（我國家禮法大備獨樂制未及成書大成之集是在今日是篇考究詳明法制燦然備矣末推本養心以會中和之極尤爲確論）

考試官教授徐批（子能究心制作會極中和可謂達禮樂之本者）

考試官教諭潘批（是篇探討明悉足備聖天子明聖之助宜録以式）

大哉禮樂之用乎帝王所以恢弘理道而闡制作于不窮者也至哉禮樂之精乎帝王所以統一性真而藴制作于有本者也何則禮以節萬物者也而探其本必有無體之禮爲之基樂以和萬物者也而溯其原必有無聲之樂爲之宰此其用之所該固甚鉅而道之所係則甚微矣是故帝王之御天下無時非禮非必治定而後有禮也唯夫治已定熙熙然品類之咸秩而禮始大定無日非樂非必功成而後有樂也唯夫功已成渢渢乎百姓之太和矣而樂始大成故曰禮以飾治樂以象功昭其用也又曰至禮不讓而天下治至樂無聲而天下和闡其精也使徒徇其用而不得其精秖儀節氣數云耳曾是而可以爲禮樂哉由是則禮樂汚隆可得而定其衡矣請述所聞以復嘗觀記曰天高地下萬物散殊而禮制行矣流而不息合同而化而樂興焉此言禮樂之所自始也又曰禮者非自外至自中出根於心者也曰樂音之作由人心起此言禮樂之所自出也故禮非强世所以達吾心之節而推之于治理者此焉樂非恣意所以宣吾心之和而著之于聲音者此焉故小而行之于一身此禮樂也此節和也大而達之于天下此禮樂也此節和也遠而垂範于後世此禮樂也此節和也故外禮樂以求治道者舛舍節和而論禮樂者謬上古風氣未開人文未著上下相忘于沕穆之中而日用飲食含哺鼓腹未嘗非禮樂焉迨夫堯舜三代聖帝盛王方其篤父子睦兄弟和夫婦正君臣設制度疇非節也禮也已而父子親兄弟翕夫婦宜君臣悦制度安疇非和也樂也其極則大禮與天地同節大樂與天地同和朝著習之天下安之民日遷善而不知誰知爲之至于九夷八蠻通道鳥獸魚鱉咸若器車生醴泉出麒麟游于郊鳳凰巢于阿至德熏烝協氣響應禮樂之教施之天下後世而無朝夕疇非吾心與天下古今人心之節和者始之是故三王异世不相襲禮則忠質文之殊尚子丑寅之各建其制不同而其節無不同也五帝殊世不相沿樂則咸池大章之异曲大韶大武之各名其調不同而其和無不同也談者獨稱帝王禮樂之盛良有繇哉三代而降英君誼辟究心于禮樂者非無人也以禮則漢之高祖嘗命叔孫通興綿

蕝之儀矣而曹褒新禮之作則雜五經讖諱之文唐之太宗嘗命房玄齡定貞觀之禮矣而無忌顯慶之儀又蹈率意妄作之咎宋之藝祖嘗命劉温叟編通禮之書矣而盧多遜之纂義聶崇義之禮圖亦不免牽合附會之其它若魏晋梁隋侈然自謂一代令典而不知因陋就簡其去漢唐宋遠矣又况若曲臺新禮禮閣新儀尤無足尚者乎以樂則建元之二十三篇既多殘缺不全而房中之樂則雜楚聲而非正雅貞觀之一十二和固已湶瀯不合而破陣之樂則多盛氣而寡和平杜淹魏徵之所論述固已淺陋不經而王朴製尺之法竇儼鐘律之議則有滯于器數而鮮實見其它若宋梁陳隋褎然自謂隆古之遺音而不知導欲增悲其視漢唐宋下矣又况若霓裳羽衣玉樹後庭尤不足齒者乎所以然者漢唐諸創業君雖具天資之美終歉心德之純一則雜伯一則雜夷一則武功終于不競又安望其執此以探制作之本而移易風俗也哉嗚呼古禮不復古樂不作而古之人心未常亡也是故宋之大儒考亭朱子慨禮之湮没也乃制爲家禮一集以謹人道之始以厚人道之終信能行之則各親其親各長其長而比屋其可封矣然止家人之禮而朝著無與也以處勢者限也元定蔡氏慨樂之散逸也乃著爲律吕新書以究律吕之本原以詳律吕之證辨信能求之則以求六律以制萬事而雅音或可復矣然止楮墨之詳而中聲莫究也以所膠者器也所謂三代之禮若聚訟惟家禮一集可補禮書之缺三代之樂若局戲惟律吕新書可補樂書之遺亦豈盡然歟洪惟我太祖高皇帝誕膺天命驅逐胡元滌百年之污穢開萬古之文明混一四海度越千古治至盛矣功至隆矣制禮作樂兹其會矣故于即位之初開禮樂二局徵天下耆儒宿學若宋濂詹同牛諒輩以充之暨俊乂梁寅等編輯大明集禮一書吉禮十有四如郊丘正合祭神祇革濫封其大者也嘉禮五如革同姓之婚行鄉飲之禮其大者也以至賓禮正拜跪贄見之節軍禮定統體相維之道凶禮有救灾恤患之仁又皆其大者也雖經制有不同然其出于人心之節者殆與周禮先後一揆者與又嘗命學士詹同暨陶凱等編定宴饗樂章一曰上萬壽二曰仰天恩三曰感地德四曰民樂生五曰感皇恩此五奏之曲也一曰本太初二曰仰大明三曰民初生四曰品物亨五曰駕六龍六曰泰階平七曰君德成八曰聖道成九曰樂清平此九奏之曲也以至聖安治安安定之曲熙和壽和豫和之曲天香鳳韶千秋氣麾之曲雖音調有不同然其出于人心之和者又不先後韶武者乎蓋由我皇祖中和建于上至治馨于下故其制作之善考三王建天地質鬼神而俟聖人其盛莫可上已列聖相承繼述益隆孝廟之時又命學士李東陽重加蒐輯著爲大明會典則國朝之禮固已布中外憲萬世矣顧樂書

未睹論者紛紜而輔臣丘濬議欲詔求天下知音之士講求編集以成一代之書補屢朝之缺其説甚備而未行方今聖天子聰明天縱問學日新有其德有其權矣當二百餘年重熙累洽之期久道化成之日將欲合群議而編集之本以元定之新書加以朱子之鐘律然後密室以候始氣截竹以求元氣權爲九寸如黄鐘之法焉非不善也然愚以爲無成以其無本也夫和者樂之本雖后夔師曠不能易也今有一人歌焉方其心氣和平則音節亦優游而平中及其少乖則少違大乖則大違何則人心者即密室而和則律管之節也其候管聽鳳特取證耳抑聞李兩山獨主劉恕及長孫無忌以爲黄鐘宫音也始音也陽之初生也而九則爲老陽之數故司馬遷黄鐘九寸之説已不可憑是以歷代作之如胡瑗范鎮輩皆不能成又惡能取必新書哉房庶亦曰古樂與今樂不遠此與孟子之意符矣愚意以爲使天下由今之樂而去其胡器滌其哀怨禁天下之淫詞艶曲而嚴其法天子中心守正以正朝廷百官繇是心和氣和形和而天地之和應之已無日非樂矣乃命知音者講求黄鐘長短以定中聲以示萬世亦未晚也然則君心禮樂之原養心制作之本務學養心之要親賢務學之資一旦舉禮樂而天地昭有在矣書乎何有

第五問

龎尚龍

同考試官教諭金批（弭盜方略士子類能言之此作論議區畫更悉鑿鑿可行非有卓越之見經濟之才曷能至此）

考試官教授徐批（問議遠猷足占所蘊）

考試官教授潘批（能究心時務者）

善治盜者無他必備禦周而後患可戢必責任專而後功可成夫盜賊之不能無猶嘉禾之有稂莠深山之有虎兕也用治奸宄載之虞書而取諸明允之有道武遏寇虐歌之周雅而本諸惠綏之有方是以雖甚盛世不能保盜賊之不生發惟恃吾防禦而消弭之何如爾消弭有道則可以杜其不興防禦有道則可以禁其不犯不周防禦不專責任是猶舍鎛而薅稂莠捐戈而搏虎兕者也欲以戢禍亂取近功成消弭防禦之計者必不幾矣夫必越拘攣之見然後能陳遠大之猷必抱恫瘝之衷然後能圖萬全之畫執事以東粤弭盜善後下策承學豈亦以拘攣爲患而恫瘝於目擊之日久將有意於遠猷石畫而蒙未逮也請姑述所見聞爲執事告東粤故嶺海陬區也其土沃饒其民獷悍其地接楚湘帶閩越南控交黎茫沆大洋延袤數千里而緩急卒難調度繇是虺蛇騰首鯨鯢鼓鬣山林洞壑雜以蠻猺而赤穲之亡籍者率蠅附蟻聚依險爲

寇甚至累金之家亦樂爲諸酋役嘯應如響奔突靡常數拾年來肆螫于惠潮諸郡縣間蓋已蕭然無完廬矣邇者天威振武重臣抒謨文武協心將士戮力不三月而水陸積逋大小諸巢相繼剪伐蕩定赭山洗海雖渠魁之素號驍桀者悉繫而置之若羊豕然固海宇内赫然一京觀也然而餘孼喙息于林菁孤酋駭遁于外境一時尚未能以盡殄者此則失巢之鳥脱罟之魚四散亡命以冀須臾無死豈真有智謀勇略以復敢與吾兵抗哉或者遂謂諸郡縣諸將領布誠信以招徠之設間諜以疑貳之又于山海要地多方警備俾其出無所歸掠無所獲夫然後徐覵其動而爲之圖則釜魚決不能久爲生計斯固其一時應敵之策而非消弭之永圖也或者又以山孼之多必欲搜而殪之海酋之遠必欲窮而追之吾恐叢莽嚴險之中三五成群此竄彼伏力固有所不能周而洪濤巨浪之内乘汛往來東奔西突勢亦有所不能給而爲之圖者似不可以過求斯又一時審勢之説而非防禦之至計也是故善後之策尤不可以不講焉昔者秦觀有弭盜三策意以寬文法之拘俾智勇者得畢計殫力而動無所牽消奸猾之黨俾交通者舉怵罪避咎而謀不敢肆又必以招降爲大患以窮治爲深禍其爲見亦達矣然可以治鄉盜而不可以治大盜因其□而用之不在良守令歟歐陽脩論禦賊四事意者州縣置兵設捕盜官以訓練之使各自爲防申飭禁令明賞罰以勸懲之使各相用命而必去冗官用良吏以撫疲民其爲議亦確矣然可以守常而未可以禦變酌其勢而行之不在才監司歟增置郡縣分立水寨説者爲凋殘之餘非休養所宜似矣然而幅隕曠邈道路險遠聲教難通盜賊每每跳梁出没其間而道路爲梗非此其何以聯屬之必也度其必不可已之地而建置之使犬牙相入封疆相錯又申其應援之令每賊至各出鋭師四向起而攻之凡坐視其儕封之敗者與失律同罰則是賊腹背受敵而我多樹兵也若亟欲闔全粤而移置之非不善也而非其時也相地立營團練保甲説者謂公私之匱以傷財爲慮似矣然而山海要害之處應援難及盜賊往猖肆剽劫于其地而丘落爲墟非此其何以控制之必也擇其必不可少之區而設立之使民聚爲市市列爲堡又嚴其收保之令每賊至各自固守郡縣趨而助之凡忍視其四境之殘者與失城同罪則是賊進退掣肘而我得完壘也必欲沿山海而棋列之亦非不善也而非其勢也防範周矣而所以振揚之者存乎將蓋古者將之於軍如心使臂如臂使指赴湯蹈火而莫敢後者誠足以制其命也今之將非無人有能爲李光弼之靴刀致身吴起之吮癰感士者乎未也有能爲淮陰之背立沮水爲狄青之夜出崑崙者乎未也得若將焉則士皆超距作矣氣自足以横海上而何敵不摧故曰克敵在將將非其

人兵雖衆不足恃也規畫備矣而所以注措之者存乎守令蓋古者守令之於民如手足之捍頭目如子弟之衛父兄尊君親上而莫敢悖者誠足以結其心也今之守令有能爲雲中守之却虜渤海令之散盜乎未也有能爲張敞之威信法雄之擊斬者乎未也得若守令焉則民皆裹糧從矣化自足以懾群醜而何虜不服故曰得一良令如得勝兵三千人得一良守如得勝兵三萬人然此皆治盜之方略爾尚未得爲遠大之猷萬全之畫也必也如執事所謂復撫臣之議乎蓋東省向無撫臣自曾西煽虐倡議建鎮于嶺東重地控制之虜用以平而地方卒蒙其福既而議者又以不便輙報罷去夫粤東西事體等也往者古田之役一撫臣任之而事定功成迄爲天下烈何常聞其牽制哉以東粤而云撫臣之不便不知何說也况惠潮距省逖甚脱有警羽檄非兼旬不得達督府比及調遣而虜已解嚴矣今以撫臣駐節其疆以鎮壓兩郡而控轄全省責專則力不分地近則事易達一切選將調兵酌緩急而行之可以呼吸定一切理財繕器調盈縮而用之可以頃刻集與夫廉吏治核功實又具得于耳目之所習睹記而毫髮不能爽責任專事權一聲施易而督府獨總核彈壓于上體勢爲之益崇繇是盜可弭民可安惠潮可保永無事矣惠潮安而全省之民皆將舉而登之春臺也故曰撫臣復之善有撫臣而其他便宜皆末計也夫備禦周則禍患戢而不擾責任專則事功成而不勞治盜善後遠猷石畫計若無先此者雖然又有說焉蓋天下事權可一而不可分總兵者一省之兵馬皆其所總攝也今以督府臨之彼固唯唯受成焉而唯命之是聽撫臣勢分與總兵埒萬一有撓于其間而操縱不能盡如吾意則僨矣若以事權盡屬之撫臣則總兵亦一將耳又何有利害大關係也故既立撫臣則總兵當徹即以其總兵之所統分各參游等將一如章程所載使各守其信地而撫臣從中調遣節制之則處處皆兵路路皆將盜賊之生發隨得而撲滅之何難哉此又策議之所未及者也能道韜略者鮮究其指趨喜談時務者弗裨于實用此杞人之所爲過計而忘忌諱者也惟執事財幸

廣東鄉試録後序

皇上御極之元年百工悦豫九邊寧一思以文德風動海陬黼黻太平而廣東越在嶺表頻年山海弗靖士罔樂業主上南顧赫然乃命大吏秉鉞蕩平海濱萬里親弦誦安詩書莫不含英披耀争濯磨以自見秋當大比承學多士

浮海踰山雍雍雲集連袵而試淬鋒而待三日以文戰而捷者七十有五人彬彬然視昔增盛焉録成宏當序末簡乃振袂言曰爾諸士顧不感上恩德哉夫諸士目倦亏旌耳疲鉦鼓數年矣一旦去危即安刺經騁藝計偕續食而歌鹿鳴果誰貺哉唯主上振武崇文神聖威靈所變化也爾諸士能無忻然改耳易目之喜乎而胡以報上恩德也嘗聞逸國之臣多迂困土之臣多智則以其操慮安危深淺殊耳諸士良苦水陸備歷艱難操心慮患如彼其深且危也是故習鬱閼則動忍堅而應變裕觸黷大則慷慨多而負荷弘是之謂智足困土而今日所急需者也賴聖恩拔之氛祲之場值兹昌隆之運可謂希世奇遘矣夫際昌隆之運而漫無表見是曰後時後時者廢幸袵席之安而忘情靡監是曰恣已恣已者悖意諸士必不爾爲也蓋人情能不忘其危而後能設身處地以顯其智慮諸士行將釋褐大廷展采亮工矣盍俯而思得無有如吾嶺海前日之艱難者乎尚其舉所備歷者厚相砥策爲聖天子負大肩重懋植宣謨靡不一一求諸身而見之事四民胡以康阜九有胡以順治盤錯紛糾胡以斡濟寇攘奸宄胡以芟夷操罔弗貞猶之履冰謀罔弗周猶之臨深濟濟乎兢兢乎殫力竭忠襄潤鴻業咸自其操慮危深者出之斯不負昌隆之奇遘而可以少答其涓埃而宏亦得以徼進賢之慶於多士何其幸歟諸士既皆困土之臣而又宿抱報主之志則其所自計者又逾于宏之爲諸士計也宏不尤幸歟

河南歸德府儒學教授徐宏謹序

萬曆七年廣東鄉試録

廣東鄉試録序

萬曆己卯秋八月天下士復□□□□廣東則巡按監察□□□□□□□□臨之恪奉□□□□□□□□□□□□□□□□□□□□□□然嚮之屆□□□□□□□□四方至□□□□□□□及訓導唐師□□□□試學正趙之垣教諭侯必恭梁學奎李一元楊際明訓導劉世節唐一唯司考試而提調則右布政使錢藻左參議漆彬監試則按察使莊國禎副使趙志皋一切内外百執事庀僚分寄咸充其選既復群百執事齊籲而盟惟公惟昚期綜材實而收之以不虛簡任至意越日進提學副使孫錝□學副使舒大猷所遴□二百才奇試之一而功令率循無爲文具文學校閲不令旁干則御史尤諄諄焉于是遵制拔其雋七十五人并彙其文之如式者以獻録成御史顧日休宜序諸首日休不佞猥以職事獲與掄材之盛敢不唯唯蓋自周制天子命侯國建學造士士之有造而秀者鄉論之第升之天子銓叙材品而禄爵之當其時上弘薪槱之道賓賢之典罔或不虔士以賢見賓登之論選罔忒不適考信於王制以迹其盛則聖世人文可溯而窺也明興準周甄士三載賓賢方之爲烈肆東粤士競爽稱文繇其文評隲其材豈不彬彬然秀哉夫士挾材不難際時難際時不難遇君難懿我皇上睿喆秉籙經幃不輟御幸學右文廣厲多士斂琱還樸無言逖邇菁英躍於聽睹藻采新於風問夫孰不願爲材曩粤棘兵土無寧業詔趣文武大吏不崇朝而清之即今文治同風要以轉呻謳而絃誦寔惟粤士不無幸者是以日休從鐍院後繙據多士所爲文大都淹六籍漱衆流指事陳政不卑卑吐華此非帝德焜燿宜不及此夫士偃蓬蒿抱藝媒合惟恐不得當有司有司業以士進矣吹一吷以快里耳折楊皇華則嗾無與和績緝緒言以詭世資竟之實不揜名履不循素至令主司廩廩懷懼則何以稱哉先是言官上正文體五事又愢重試務而顓之監臨委寄内簾以湛衡鑑皇上嘉與元輔疏聞輒下禮卿條便宜頒之郡國搜羅雋彥誠急之也鄉始論士即注聖衷如此士灑心以應明德趣安所決哉在昔文治初闢區册趙德才能

不逾中人猶然附青雲以有聲此一時也非馳鶩勤思抗蹟嵬伐則不足以軼前徽照後禩何者主上明聖則當意之難遘會熙明則表見未易吾聞廉吏綰綬而鍾乳復賢守剖符而明珠還彼守長耳至於山靈告詳淵光生媚矧我皇上儼然以純德臨照之而嘉禮慶成關雎歌洽則羔羊在位兔罝在野其應不爽多士資適逢世當令蚌胎讓采乳穴遜珍其所自效宜何如者言蘄成信不弁髦其先資事蘄當功不虛恢於注厝宣猶展采直與素絲一節公侯匹體詎兔罝野人下哉惟多士决策焉异時抽天府賢書論讚其盛如所爲追頌王制者必在今日矣是舉也先總督兩廣軍務都察院右都御史今陞南京兵部尚書凌雲翼今總督兩廣軍務兵部右侍郎劉堯誨後先節鎮敉武宣文提督南贛汀韶軍務都察院右僉都御史蒙詔風猷表士而右參政劉經緯徐時可張明正右參議王來賢副使劉世賞張堯年僉事馬千乘熊惟學侯應爵右都督總兵官張元勳副總兵陳璘侯繼高參將楊瑄夏尚忠季金顧宗文游擊金丹韓沛朱文達葉歡署都指揮僉事祖萬松咸防範惟周先期入賀則左參政孫光祖僉事劉倬署都指揮僉事成大儒遷秩則左布政使今陞順天府府尹施堯臣與聞盛典例得并書

浙江杭州府海寧縣儒學教諭鄭日休謹序

萬曆七年廣東鄉試

監臨官

巡按廣東監察御史龔懋賢（晋甫四川内江縣人　戊辰進士）

提調官

廣東等處承宣布政使司右布政使錢藻（自文直隷如皋縣人　己未進士）

廣東等處承宣布政使司左參議漆彬（中甫江西南昌縣人　辛未進士）

監試官

廣東等處提刑按察司按察使莊國禎（君祉福建晋江縣人　壬戌進士）

廣東等處提刑按察司副使趙志皋（汝邁浙江蘭谿縣人　戊辰進士）

考試官

浙江杭州府海寧縣儒學教諭鄭日休（德卿福建閩縣人　甲子貢士）

浙江湖州府儒學訓導唐師錫（邦魯福建莆田縣人　丁卯貢士）

同考試官

湖廣襄陽府均州儒學學正趙之垣（衛甫四川涪州人　庚午貢士）

直隸常州府無錫縣儒學教諭侯必恭（季懿雲南江川縣籍直隸上元縣人　庚午貢士）

浙江湖州府烏程縣儒學教諭梁學奎（宗文江西東鄉縣人　甲子貢士）

河南南陽府桐栢縣儒學教諭李一元（會春浙江鄞縣人　辛酉貢士）

江西吉安府儒學訓導劉世節（克和湖廣華容縣人　辛酉貢士）

湖廣長沙府善化縣儒學教諭楊際明（遇卿雲南太和縣人　癸酉貢士）

江西瑞州府上高縣儒學訓導唐一唯（希曾廣西義寧縣人　癸酉貢士）

印卷官

廣東等處承宣布政使司照磨所照磨周大庾（維億直隸睢寧縣人監生）

廣東等處提刑按察司經歷司知事袁憲（子綱浙江餘杭縣人　知印）

收掌試卷官

南雄府知府陳頤正（觀甫浙江慈谿縣人　壬戌進士）

韶州府知府周嘉謨（明卿湖廣漢川縣籍景陵縣人　辛未進士）

廣州府推官劉朝噩（質之江西永新縣人　甲戌進士）

韶州府推官郭宗磐（漸甫福建晋江縣人　辛未進士）

受卷官

潮州府推官陳應熙（仲穆福建甌寧縣人　丁丑進士）

廣州府番禺縣知縣詹啓東（知震福建安溪縣人　甲戌進士）

廣州府香山縣知縣馮生虞（德卿四川大足縣人　丁丑進士）

彌封官

肇慶府推官羅應台（德臣貴州永寧衛籍直隸泰州人　丁卯貢士）

廣州府南海縣知縣周文卿（蓋之湖廣江夏縣人　辛未進士）

廣州府順德縣知縣沈鈇（繼揚福建詔安縣人　甲戌進士）

謄録官

肇慶府通判陳朝錠（元之福建閩縣人　庚午貢士）

廣州府三水縣知縣陳楊善（宗舜福建莆田縣人　丁丑進士）

惠州府龍川縣知縣林庭植（槐卿福建福清縣人　辛未進士）

惠州府長樂縣知縣沈汝梁（邦楨福建漳浦縣人　甲戌進士）

對讀官

廣州府東莞縣知縣楊寅秋（義叔江西泰和縣人　甲戌進士）

惠州府歸善縣知縣林民止（敬夫福建莆田縣人　甲戌進士）

潮州府海陽縣知縣徐申（維嶽直隸長洲縣人　丁丑進士）

高州府電白縣知縣張希皋（直卿湖廣安陸縣人　丁丑進士）

巡綽官

肇慶衛指揮使李芳（子茂福建建安縣人）

肇慶衛指揮同知郭堯臣（舜甫直隸滁州人）

肇慶衛指揮同知聶鑑（光華直隸含山縣人）

肇慶衛指揮同知倪靖（天相直隸平谷縣人）

惠州衛指揮僉事牛思弼（伯佐山東武定州人）

肇慶衛指揮僉事蘇物阜（贊育廣東南海縣人）

搜檢官

韶州守禦千户所指揮使汪世臣（國佐直隸桐城縣人）

雷州衛指揮同知柏惟賓（吉甫湖廣漢陽縣人）

南雄守禦千户所指揮僉事王將（國衛直隸泰州人）

南海衛左所正千户劉宗（維翰湖廣咸寧縣人）

新會守禦千户所正千户潘寵（賓吾浙江青田縣人）

南海衛前所副千户李元賓（瑞芳直隸虹縣人）

從化守禦千户所副千户馮鳴秋（紹捷直隸滁州人）

雷州衛左所百户鮑學志（立夫直隸青陽縣人）

供給官

廣東都司經歷司經歷冷逢時（夏卿江西南昌縣人　吏員）

廣東等處承宣布政使司理問所理問吴一貫(仕參福建閩縣人　吏員）

廣州府通叛吴應雷（子春福建永安縣人　辛酉貢士）

廣州後衛經歷司經歷謝可久（以德福建歸化縣人　吏員）

惠州衛經歷司經歷包漢（仲蕭江西南城縣人　吏員）

惠州府經歷司經歷姚良輔（相夫浙江崇德縣人　吏員）

廣州府照磨所照磨於文德（伯崇直隸盱眙縣人　監生）

肇慶府照磨所照磨李時鳴（卿道江西吉水縣人　儒士）

廣州府番禺縣縣丞馮立（守中直隸通州人　監生）

廣州府南海縣縣丞賀仕行（果甫江西永新縣人　監生）

廣州府南海縣主簿徐元表（伯仁福建同安縣人　知印）
廣州府新會縣主簿蔣巖（惟瞻浙江錢塘縣人　知印）
廣東都司斷事司吏目胡大順（體仁直隸太平縣人　承差）
廣東市舶提舉司吏目金廉（清伯浙江仁和縣人　知印）
廣東鹽課提舉司吏目嚴芝（廷馨浙江西安縣人　吏員）
香山守禦千户所吏目沈經（子章直隸常熟縣人　吏員）
廣州府番禺縣典史王宷（維實江西南昌縣人　吏員）
廣州府東莞縣典史王機（子正浙江山陰縣人　吏員）
韶州府仁化縣典史蕭天庠（廣儲江西廬陵縣人　吏員）
韶州府翁源縣典史高世芳（德懋福建懷安縣人　吏員）
廣州府清遠縣迴岐巡檢司巡檢鄭應時（邦憲福建仙遊縣人　吏員）
廣東市舶提舉司懷遠驛驛丞詹雲鳳（文儀直隸懷寧縣人　承差）
廣州府番禺縣滋湖驛驛丞王潮（時信江西新建縣人　承差）
廣州府南海縣官窯驛驛丞唐文明（應祥江西南昌縣人　承差）
廣州府三水縣西南驛驛丞魏一謙（受益福建侯官縣人　承差）

第一場

四書

衛公孫朝問於子貢曰仲尼焉學子貢曰文武之道未墜於地在人賢者識其大者不賢者識其小者莫不有文武之道焉夫子焉不學而亦何常師之有　詩曰妻子好合如鼓瑟琴兄弟既翕和樂且耽宜爾室家樂爾妻帑子曰父母其順矣乎　士之仕也猶農夫之耕也農夫豈爲出疆舍其耒耜哉

易

君子黄中通理正位居體　利貞久於其道也　言行君子之樞機樞機之發榮辱之主也　六爻相雜唯其時物也其初難知其上易知本末也初辭擬之卒成之終若夫雜物撰德辨是與非則非其中爻不備

書

稽于衆舍己從人不虐無告不廢困窮　伊洛瀍澗既入于河　自殷王中宗及高宗及祖甲及我周文王兹四人迪哲　則亦有熊羆之士不二心之臣保乂王家

詩

春日載陽有鳴倉庚　樂只君子天子葵之　雝雝在宫肅肅在廟不顯亦臨無射亦保四海來假來假祁祁景員維河殷受命咸宜百禄是何

春秋

鄭人伐衛（隱公二年）　齊師宋師曹師次于聶北救邢夏六月邢遷于夷儀齊師宋師曹師城邢（僖公元年）　衛人救陳（宣公十有二年）　會于蕭魚（襄公十有一年）　冬鄭公孫夏帥師伐陳（襄公二十有五年）

禮記

君命大夫與士肄在官言官在府言府在庫言庫在朝言朝　故人者天地之心也五行之端也　樂行而民鄉方可以觀德矣　君子恭儉以求役仁信讓以求役禮

第二場

論

周家王業根本

詔誥表（内科一道）

擬漢開籍田詔（文帝二年）　擬唐以姚元之爲兵部尚書同中書門下三品誥（開元元年）　擬皇上御文華殿親書大字賜輔臣九卿講官正字官各一幅謝表（萬曆二年）

判語（五條）

官吏給由　攬納税糧　禁止迎送　私賣軍器　詐爲瑞應

第三場

策（五道）

問　君心唯在所養而培養之功必于學焉伊昔喆王典學首稱殷高宗説命所陳其辭可指而述歟厥後代有英辟或石渠講經或臨雍拜老或弘文置館或崇政説書其學亦有得于説命之要歟我太祖高皇帝聖神御極萬幾暇即與侍臣講論經史列聖相承并崇聖學其大要可得聞歟我皇上睿質天授學問夙成而經筵日講猶勤勤焉紹庥闡繹直超殷宗上之一時講讀諸臣所納誨必取衷于典學之撰矣夫帝王之學與韋布不同其大本大原固有在

也考之會典所載進講後凡五府軍政六部要務詹事等官皆得以次敷陳今日可復行否耶宋儒在經筵有反覆開導覬有啓悟者有講色莊嚴繼以諷諫者今能有進於是乎諸士懷忠藎之忱素矣願詳著于篇以爲聖學緝熙之助

問　學術事功非二物也世之言學術者必稱孔孟言事功者必曰伊周若岐而二之何歟假令數聖賢者生同其時其所建立發明亦有相符合者歟漢唐以來有潛心大業罷黜百家者有攘斥异端推尊孟氏者不謂非學術也而世儒何每有訾言有運籌决勝佐成帝業者有潛授豪賢卒正主器者不謂非事功也而尚論者何猶遺議歟若夫濂洛關閩之學慶曆熙寧諸君子之勛班班史册稱盛矣視前數子者孰優其於孔孟伊周之軌亦庶幾否耶然樹立俊偉者不以理學稱而多所發明得理學之傳者乃用之不果究焉豈所學不適於用而用者無待於學歟諸生誦法孔孟亦志伊周矣推學術以建事功此其時也願質言之無隱

問　吏數易置則民不安兩漢之盛也牧守長子孫焉是非其效驗較著者歟我皇上御寓之初首用輔臣議久任責成不驟遷以奪其成效一時吏稱民安臻上理矣而或者謂久任便民不便吏然歟夫置吏爲民民誠便不便吏何傷顧使吏多滯嘆人懷厭心不有以鼓舞振作之亦奚以厲世而磨鈍也乃其道安在歟先正有言久任之法與超遷相表裏其説可得聞歟祖宗朝蓋兼用之矣其在今日可踵而行之否也或又謂文法之拘勝則顧慮多内外之勢懸則覬慕起斯二患蓋自古已然兹欲使長民之吏皆樂於久任以殫修厥職而不負責成則將何策而可

問　象緯禨祥之説推天徵人多所牽合然蓋尚矣乃孔子作春秋紀灾异而不言事應何歟考之星官彗孛飛流皆變星也説者謂孛而不已繼之以彗而晏子則曰君不修政孛星將出彗何懼焉則孛又甚於彗矣然而建元元狩中有孛于西北孛于東方者矣地節中有孛于西方孛于參者矣永平建初中有孛于天船孛于天市孛于紫宫者矣夫語中興之業宜無二於四君者乃其變若此而徵應不見豈史失其傳歟抑天道遠而難言歟或四君者所以消弭之者有道變不爲灾歟有言星變結和太上修德其次修政其次修救其次修禳其亦有當否我皇上敬天朝夕乾惕頃書十二事座右以備觀省宜無容言者比以星變輒警畏勵精簡廷臣而科條之百司皇皇思過不暇雖知天心仁愛之至而臣子無己之心猶有所願效者諸士計必蓄於衷願詳言之吾將以聞于上

問　語計安者非禦夷則弭盜夫夷狄非我族類其有時爲梗不足怪者

盗吾人也人情莫不樂生而獨試其身于盗毋亦有以驅之者耶説者謂盗有源然耶東粤阻山濱海地廣邊夷又其民呰窳偷生多盗邇荷聖天子神武當事者經略山海之間足稱蕩平然境内汰兵异省亡命往往窺伺其間盗固滋有也他則澳夷結落隱然敵形珠販連檣公肆剽掠瓊崖黎岐雖别生也然十字之議未行桑土者憂焉羅旁猺浪雖戡定也然漏刃之孽未殲衣袽者戒焉吾慮廣之銷兵無日也夫廣用兵有年矣剥閭閻實行伍以至筭及雞豚民財詘矣議兵則民無以堪去兵則盗無由息今其計將安出歟抑别有調停均節之術可以禦夷弭盗而亦不重爲民病者歟諸士爲桑梓慨中必有上策願悉以對

中式舉人七十五名

第一名　吴國光　新安縣學生　易
第二名　黄淳　博羅縣學增廣生　詩
第三名　黄希奭　潮州府學生　書
第四名　劉堯佐　廣州府學生　春秋
第五名　蒙而鎡　三水縣學附學生　禮記
第六名　牛大緯　瓊州府學生　詩
第七名　陳建中　廣州府學附學生　易
第八名　歐陽勁　從化縣學生　詩
第九名　潘湛　廣州府學生　易
第十名　甘守正　南海縣學附學生　易
第十一名　鄺堯齡　南海縣學生　易
第十二名　陳見龍　潮陽縣學附學生　詩
第十三名　何維翰　順德縣儒士　易
第十四名　何兆湖　廣州府學增廣生　禮記
第十五名　梁爲熹　順德縣學增廣生　易
第十六名　陳紹虞　惠州府學生　書
第十七名　彭哲與　廣州府學附學生　易
第十八名　李一楠　大埔縣學生　春秋
第十九名　袁光裔　番禺縣學生　易

第二十名　林朝鑰　南海縣學生　詩
第二十一名　尹思敬　增城縣學增廣生　易
第二十二名　謝晛　東莞縣學附學生　詩
第二十三名　李如沆　海陽縣學增廣生　書
第二十四名　楊應宿　東莞縣學附學生　詩
第二十五名　梁尚通　順德縣學附學生　春秋
第二十六名　鍾萬春　清遠縣學生　詩
第二十七名　鄧良佐　番禺縣學附學生　詩
第二十八名　余熙　饒平縣學生　書
第二十九名　李彝　新會縣學附學生　詩
第三十名　陳光潁　順德縣學附學生　易
第三十一名　區元望　順德縣學附學生　易
第三十二名　姚日熙　潮州府學生　書
第三十三名　盧欽明　東莞縣學生　詩
第三十四名　謝與思　廣州府學附學生　易
第三十五名　陳嗣舜　順德縣學生　春秋
第三十六名　劉拱辰　南海縣儒士　詩
第三十七名　范守慤　潮陽縣學附學生　書
第三十八名　謝嘉言　東莞縣學增廣生　詩
第三十九名　方莘　廣州府學增廣生　易
第四十名　黄應明　廣州府學生　詩
第四十一名　嚴應恩　順德縣學附學生　易
第四十二名　孔宗堯　順德縣學附學生　易
第四十三名　孫光校　潮州府學增廣生　書
第四十四名　鍾檍　東莞縣學附學生　詩
第四十五名　范時馨　潮陽縣學附學生　書
第四十六名　鄧光祚　韶州府學生　書
第四十七名　吴宗札　南海縣學增廣生　易
第四十八名　陸逵　南海縣學附學生　詩
第四十九名　殷樾　博羅縣學生　易
第五十名　曾守謙　順德縣學附學生　詩
第五十一名　黄夢鴻　番禺縣學附學生　易

第五十二名　張文燿　電白縣學附學生　詩
第五十三名　葉繼　廣州府學附學生　易
第五十四名　林志孟　順德縣儒士　詩
第五十五名　霍良翰　廣州府學附學生　易
第五十六名　程述頤　南海縣學附學生　詩
第五十七名　陳大訓　徐聞縣學生　春秋
第五十八名　黎應鳳　增城縣學生　詩
第五十九名　施孔儉　陽江縣學生　禮記
第六十名　羅紳　南海縣學附學生　詩
第六十一名　關沛　廣州府學附學生　禮記
第六十二名　謝嵩　南海縣學附學生　書
第六十三名　陳夢斗　廣州府學附學生　詩
第六十四名　黄贇猷　順德縣學生　詩
第六十五名　何孫謀　香山縣學生　易
第六十六名　黄燁　南海縣學附學生　詩
第六十七名　蕭日華　湖州府學增廣生　書
第六十八名　王而酆　廣州府學附學生　詩
第六十九名　何與倫　廣州府學附學生　易
第七十名　曾養正　定安縣學附學生　易
第七十一名　郭復　廣州府學附學生　易
第七十二名　梁以楨　番禺縣學附學生　詩
第七十三名　蔡俊　揭陽縣學附學生　書
第七十四名　陳萼　肇慶府學生　易
第七十五名　徐兆羆　清遠縣學增廣生　詩

第一場

四書

衛公孫朝問於子貢曰仲尼焉學子貢曰文武之道未墜於地在人賢者識其大者不賢者識其小者莫不有文武之道焉夫子焉不學而亦何常師之有

吴國光

同考試官教諭侯批（體裁純正思致精確發夫子何常師處透徹可式）

同考試官學正趙批（聖學師道道無不在則師亦無常是作發揮精徹獨得本旨宜録以式）

考試官訓導唐批（平正通達）

考試官教諭鄭批（雋雅）

大夫究聖人之學而賢者明其無專學焉夫聖道恒寄于人也無人非道則無人非學矣孰謂仲尼有常師哉且夫帝王之道備于文武文武之道集于仲尼則謂仲尼學文武可也謂其師文武亦可也何公孫朝以仲尼焉學問焉將謂其有常學乎亦將謂其有常師乎子貢迺告之曰子疑夫子之焉學哉亦未知其得統于文武耳蓋文武生而道在文武文武往而道在後人道有大者人之賢者則識之謨烈之重光固奕世之紹述也而賢者有斯道焉是道在賢者而未墜矣道有小者人之不賢者則識之經制之緒餘固後人之誦法也而不賢者有斯道焉是道在不賢而未墜矣吾夫子于賢者學之學道之大也而又不遺其小則賢其師而不專于賢也于不賢者學之學道之小也而又盡其大則不賢其師而不專于不賢也道垂啓佑恒得人以衍其盛而合大小皆聖學之資學切憲章每因人以繼其傳而隨賢否皆得師之益夫子焉不學也焉不師也而亦何常之有哉至是而文武之道在人者又在夫子未墜于地者將昭垂于萬世也已公孫朝其知之雖然仲尼非徒學文武也學文武之道將以行之也是故東周之思與人存政舉之論每惓惓焉其心誠欲使咸和永清之治復見于今日而所學不徒托之空言也已故君子觀于夢寐周公而益信吾夫子師文武之心

詩曰妻子好合如鼓瑟琴兄弟既翕和樂且耽宜爾室家樂爾妻帑子曰父母其順矣乎

梁爲熹

同考試官教諭梁批（詞旨明透進道之序躍然）

同考試官教諭侯批（講詩詞聖言渾融雅暢而道之序自見杰作也）

考試官訓導唐批（見深語到）

考試官教諭鄭批（精醇）

中庸引言道之行於家而進道之序見矣夫宜家而親因以順焉道之行於家者然也觀此而進道之序不有明徵乎中庸明費隱也意謂風化之自始于家庭故善觀道者觀諸家而已嘗即道行于家者觀之而知進道之有序焉彼常棣之詩爲宜家而發也言妻子之合而有鼓瑟琴之和言兄弟之翕而有

樂且耽之美室家之宜妻帑之樂胥此矣是詩也特妻子兄弟之咏而未及於父母也乃夫子則謂其父母之可順焉何哉蓋妻子兄弟之身未始不與父母相聯屬則父母之心亦未始不與妻子兄弟相流通者也兹惟道隆于家而一家之恩義既交孚而罔間則心通于親而一念之豫順自浹洽而無違好合妻子之心也亦父母之心也而和於妻子者不可必其和於父母乎允若之化固自其刑于者基之矣既翕兄弟之願也亦父母之願也而宜於兄弟者不可必其宜於父母乎底豫之風固自其友于者始之矣然則詩人所咏其旨深哉吁君子觀道於妻子兄弟而思順親之化又觀道於父母而思聚順之原則道之行遠自邇登高自卑也此其一徵矣乎雖然宜家之驗非止順親已也推而極之雖天下之順亦不外此蓋化行自近而正家固正天下之本也嘗讀詩至文王之化御于家邦而必本諸刑于其義不亦深切著明矣乎有家國天下之責者當自得之

士之仕也猶農夫之耕也農夫豈爲出疆舍其耒耜哉

陳見龍

同考試官教諭李批（發揮載質意親切且體格醇正思致俊拔佳士也取之）

同考試官教諭梁批（是題口氣最難體貼而平正冠冕卓爾大雅獨見此作取之）

考試官訓導唐批（典雅純粹）

考試官教諭鄭批（典確）

士必載質而出例之農可知也夫士必仕載質所以仕也不然是農夫而舍耒耜矣可乎哉孟子例言以曉周霄者意曰君子之在天下謂道不可以不行故身在必出謂身不容以苟就故進必以禮子疑士之載質也亦即農夫觀之乎蓋士謀道者也以道爲志則得之不忍私其身而皇皇然思以應廟廊之求者其心也固無論其出疆與否而皆然也猶之農夫謀食者也以食爲念則求之無敢愛其力而汲汲然思以盡畎畝之務者其心也亦無論其出疆與否而皆然也然士欲仕而仕之禮質是已農欲耕而耕之具耒耜是已使農之耒耜可以出疆舍則士之質亦可以無載也孰知農夫之出既不擇地而耕則耒耜之用豈爲出疆而舍百畝之不易彼誠憂之則凡所以爲明農計者必有身出而器與之俱矣况士將委質人國者而可一日廢先資之信哉百穀之未播彼誠念之則凡所以爲力穡謀者必有身往而器與之偕矣况士將傳質爲臣

者而可一日廢見君之禮哉蓋良農能耕不能使耕之舍乎耒耜彼舍焉者不欲耕者也非農夫常也君子能仕不能使仕之不載乎質彼不載焉者不欲仕者也非士之常也知乎此而君子之載質可無疑矣噫孟氏之梁之齊出疆者數矣而卒不合豈獨無質哉非堯舜之道不陳非仁義之猷不言是孟氏之質也吾能載質以待用而不能必人之我用用不用人也孟氏則俟之而已胡肯以輕售也噫是又孔氏家法也

易

君子黄中通理正位居體

吴國光

同考試官學正趙批（場中發中順類多支蔓子能刊落陳言直攄心藴深于易者録之）

同考試官教諭李批（剗琱追雅不厭咀嚼）

考試官訓導唐批（潔净）

考試官教諭鄭批（純正）

文言著君子中順之德所以釋黄裳之義也夫黄中而通理中也正位而居體順也合而觀之黄裳之義明矣嘗謂人君之所貴者德而君德之所貴者則有要也六五之所以取象于黄裳者何哉吾有以觀其深矣彼人君以一人而建極于上其德尚中自夫或失則偏非中也非可以語黄也惟君子則精一之功以純而德之在内者立天下之大中焉語中之統體則萬理貫徹而不遺何若是其通也語中之散殊則脉絡分明而不亂何若是其理也合之大而析之精而天然自有之妙會于君子之心矣是故以中德而象於黄也謂其色之中也人君以一人而正位于上其德尚順自夫或失則戾非順也非可以語裳也惟君子則謙遜之衷恒存而位之所居者布天下之大順焉貴爲天子而虚其心以禮天下之士待臣之體則然也尊爲元后而抑其心以下天下之人待民之體則然也位愈高而德愈下而柔嘉巽順之懿達于君子之身矣是故以順德而象于裳也謂其飾之下也要之中存于内立其體也而實爲順之基順見于外達其用也而實爲中之驗觀此而黄裳之義寧有餘藴哉愚嘗仰稽于古譚治道之盛者莫過于堯舜君德之盛亦莫過于堯舜也二典所稱曰允執厥中曰温恭克讓夫非中順主哉而窺其原則兢兢業業爲之也然則欲全中順之德可無主敬之心乎故曰敬者聖學之所以成始而成終也

言行君子樞機樞機之發榮辱之主也

陳建中

同考試官教諭李批（樞機二字講多未融是篇精暢古雅不群經義之佳者）

考試官訓導唐批（精致）

考試官教諭鄭批（瑩潤）

大傳喻言行之切於人而明其所係之重焉夫善否不同而榮辱因之是所係固甚重也君子於言行其可苟焉而已哉大傳什中孚九二爻義如此今夫中孚之理妙於感通而感通之要存乎言行人之忽於言行而不加擬議之功者亦未審其所係之何如耳彼樞運而户斯闔機動而矢斯隨言天下之至速者莫踰於此矣今言出乎身即加乎民觸則必應若有所轉移於其間是言焉一樞機也行發乎邇即見乎遠感則必孚若有所斡旋於其内是行焉一樞機也樞機之發所係豈其微哉自其應之於千里之外也言而民信行而民悦何榮也顧榮非自榮而樞機之善實爲榮之主焉善爲主則榮爲應人情莫不欲榮也而孰知主是榮者之有所在乎自其違之於千里之外也令之而不從推之而不協何辱也顧辱非自辱而樞機之不善實爲辱之主焉不善爲主則辱爲應人情莫不惡辱也而孰知主是辱者之有所存乎夫樞機爲榮之主是榮固自己求之也樞機爲辱之主是辱亦自己求之也觀其所主而擬議以致其慎者信乎其不容緩矣雖然慎之之功非可以襲取爲也古之君子豫養於暗室屋漏之中不動而敬不言而信故孚誠所積而潛通默喻捷於響桴若養之不豫直取一言一動而矯飾之乃曰吾將如是而化邦如是而格豚魚也亦繆於中孚之旨矣

書

稽于衆舍己從人不虐無告不廢困窮

黄希奭

同考試官訓導劉批（意充詞徹明良克艱之意躍然在目可以式矣）

考試官訓導唐批（發克艱意超脱可誦録之）

考試官教諭鄭批（簡暢）

虞聖歷舉克艱之事見效之所由致也蓋有其效者必有其事也使非忘私愛民好士之至何以臻至治之效哉帝舜言此將以歸美于堯也意謂人君統治于上善吾善焉民吾民焉賢吾賢焉而欲盡道其間亦甚難也允能克艱效莫大矣然其事何如彼嘉言至賾若難乎廣延也今曰罔伏則入告悉一時之謀猷矣而曷以臻此必其咨訪心虚有得於稽衆之公從善量廣無有于舍

己之吝夫稽衆可能也而舍己以從之則忘私之至矣持此心以樂取天下善尚有懷讜論而不欲盡者耶萬民至衆若難乎得所也今曰咸寧則是至仁被一時之億兆矣而何道以洽之必其恩深懷保而厚澤首加於窮民德普惠鮮而苛政不及於無告夫不虐可能也無告而不虐則愛民之至矣持此心以撫綏天下民尚有失所而不獲安者耶賢人至無盡若難乎矣悉致也今曰無遺則是登崇盡一時之豪杰矣而何道以徠之必其賢有可舉雖側陋而必揚才有可用雖世類而不拘夫不廢可能也因窮而不廢則好士之至矣持此心以鼓舞天下士尚有抱其道而甘於在野者耶是爲言爲民爲賢勢若至涣而難萃而取言愛民好士道則克盡而無虧此道盡而效自因之矣斯帝堯之所獨能而我君臣所當交勉者也吁舜之克艱亦可見矣雖然舜之爲君好察邇言則罔伏矣好生洽民則不虐矣闢門求賢則不廢矣而顧爲是退托者何哉蓋聖心至虚視己能恒若未能此所以治益治而聖益聖也後世夜前席以納言行小惠以愛民亟問餽而好士視此可以以愧矣

自殷王中宗及高宗及祖甲及我周文王兹四人迪哲

陳紹虞

同考試官訓導唐批（發揮迪哲二字理精詞練經義之最佳者宜録以式）

考試官訓導唐批（得周公告成王之旨）

考試官教諭鄭批（明實）

大臣申言古人無逸之實惟行其所知而已夫小人之依非知之難而行之難也商周盛王能迪哲矣斯爲無逸之實與周公申之以勉成王也意謂君人者孰不思爲小民計哉而率難善治者凡以不知法古力行耳我思古人知民依者有矣然知之而不能行猶弗知也矧曰其能迪哲乎惟觀于殷有中宗高宗祖甲其人焉觀于周有文王其人焉兹四人也本濬哲之神以周悉乎民隱既真知而不遺推明哲之懿以善體乎民情自允蹈而無歉治民祇懼中宗以之而高宗之嘉靖殷邦亦能蹈其知焉思其艱必圖其易而實德之孚于民者合先後而其揆一也保惠庶民祖甲以之而文王之咸和萬民亦能踐其知焉知其依必奠其麗而實惠之及于民者協异代而其道同也小民艱難之狀爲九重獨見之猷而知之真者又何嘗不行之至乎商周之際所以惠養黎元者其在斯矣舉閭閻疾苦之情爲廟堂灼知之哲而察之精者又何嘗不行之力乎二代之盛所以造福生靈者其在兹矣夫惟其迪哲也是三宗文王所以永也可爲無逸者之法反是而不能迪哲也則非所以紹前修也寧不足爲嗣

王戒哉吁周公之忠愛亦云至矣雖然成王亦令主也而無逸之訓邠風之作周公所爲惓惓而不置者豈過計哉蓋周家以農事開國王業根本係焉周公欲成王法祖爲政嘗懼其以逸心乘之故也厥後成王果能繼美文王四三宗而稱哲王焉何莫非周公之功哉

詩

雝雝在宮肅肅在廟不顯亦臨無射亦保

歐陽勁

同考試官教諭梁批（發揮文德之純詞簡意盡可稱明經士矣）

考試官訓導唐批（詞瑩思徹邃養士也録以式）

考試官教諭鄭批（冲粹）

詩人於聖君而極美其德之純焉甚矣文王之德之純也肅雝交至而臨保常存兹文王之所以爲文歟此咏歌文王之德也意曰天下之稱至德者惟其純焉止矣苟有一之未純非所以語至德也文王之德其所自來遠矣而其德之純也何如哉彼宮室之中其地親矣處親則道貴和焉而文王之和非有所勉也徽柔之懿範時溢于敦睦之餘在文王惟率其和親之則而不自知其雝雝之至于是者和一何至耶宗廟之内其地尊矣處尊則道貴敬焉而文王之敬非有所勉也懿恭之小心時嚴於對越之頃在文王惟率其敬畏之衷而不自知其肅肅之至于斯者其敬一何至耶至若人情每以顯而臨以不顯而忽惟文王之視不顯猶顯也故雖不睹不聞極天下之至幽而此心之翼翼者儼乎上帝之臨矣當其時以聖心之敬止而猶不忘夫緝熙者其以是哉人情每以射而保以無射而弛惟文王之視無射猶射也故雖不思不勉極天下之至善而此心之存存者兢乎持守之密矣當其時以道岸之先登而猶望之若未見者其以是哉是則在宮在廟异其地而聖心之和敬不以地而間也不顯無射异其時而聖心之敬畏不以時而間也文德之純一至于此詩人咏歌之也其亦知德者乎抑吾於是而知文王之心一天之心也天惟不已故天之化益神聖德惟純故聖之修益極天也文王也一而已矣子思子言天之所以爲天又言文之所以爲文而終之以純亦不已焉其旨深矣故曰觀天則知聖人

四海來假來假祁祁景員維河殷受命咸宜百禄是何

黄淳

同考試官教諭楊批（發商家世業世德之盛詳盡簡古宜録以式）

考試官訓導唐批（精確）

考試官教諭鄭批（警健）

商人申言賢王一統之業而推其世德之得天也夫業隆一統則受天命而何百禄矣而惟世德以宜之此賢王所爲天下烈歟宜商人歌於廟祀以揚其盛也蓋謂一代王業之興豈偶然哉必有盛德者爲之前焉尤必有盛德者爲之後焉惟德盛而後其業隆也吾觀武丁而知商之德與商之所以王也已何則王假有廟萃人心也乃今龍旂建矣大禧承矣四海之康侯悉萃爲假廟之人文矣何异于方命之初乎皇建有極大一統也乃今邦畿奠矣肇域廣矣景河之形勝悉屬于有商人之幅員矣何改于奄有之舊乎是人心也土宇也皆君之禄也皆天之命也而非德則無以宜之也維昔有成湯而德以基命者已何天禄於其前維今有武丁而德以保命者又何天禄於其後有人之命以一德而昭受之宜也非幸也人心之攸同即諸福之畢集視諸何天休而遒百禄者其媲隆也已有土之命以一德而寵受之宜也非幸也土宇之昄章即繁祉之駢臻視諸何天寵而總百禄者其濟美也已由是而知我商之業有湯以爲之前美而彰矣有武丁以爲之後盛而傳矣此守成之賢有光于創業而頌成湯之烈者固宜稱武丁之功不衰歟抑武丁何修而得此哉蓋本之以恭默思道之學而成之以鹽梅舟楫之助人已夾持世德克懋此商道之所以赫然興也商人祭祀而惓惓以祖德爲言無亦以法祖望其君歟撫成業者尚繹思之

春秋

衛人救陳（宣公十有二年）會于蕭魚（襄公十有一年）

梁尚通

同考試官學正趙批（體傳精詳措詞秀雅可録）

考試官訓導唐批（措詞婉轉用事精贍藝林匠手也）

考試官教諭鄭批（嚴整）

春秋紀受過讓善之事所以教天下忠也此孔達之過任於己魏絳之善歸於君皆忠道也春秋取之其亦以愧擅平者與華元子反結成而二國平焉人方以一時之功壯之矣曰獨不聞有孔達之任過者乎方宋之討陳而衛之救之也晋致渝盟之討人孰不避罪而退者達則思執政自己於君何尤也乃曰請以我説焉危能授命式昭任事之勇難無苟免不爲全軀之謀雖其抗伯奸宋而先君之諾是踐固亦謀之不臧者然不論其謀國之非而惟取其慷慨之義則亦庶幾哉國爾忘家君爾忘身之忠也已又不聞有魏絳之讓善者乎方晋之服鄭而鄭之饋樂也君致和戎之賞人孰不貪功爲力者絳則思諸侯賓服實君之靈也乃曰臣何力焉勞而能謙持成功于不宰滿而知損讓大美

于一人雖其以夏交戎而内外之防以潰固亦策之無良者然不論其建策之失而惟取其卑遜之節則亦庶幾哉有功不伐有能不矜之忠也已彼元反者取必於己以成平國之功而君不與焉是以息兵之善歸己而以構怨之過歸君也即使過非孔達孰若以達之處過處之善同魏絳孰若以絳之讓善讓之哉雖然君子尚有遺論焉華元素多大勳國人所與視之三駕之功絳有成勞者何异元與絳均之晋宋之良也已彼孔達賈禍身不償責與子反相楚助桀爲虐又安有軒輊也尚論者當合而觀之

冬鄭公孫夏帥師伐陳（襄公二十有五年）

劉堯佐

同考試官教諭侯批（事約而盡語暢而精）

考試官訓導唐批（藴藉雄渾而奇氣逸語時於點綴見之佳士佳士）

考試官教諭鄭批（古健）

春秋紀兵見賢臣執禮之效焉夫爲國以禮毋憚于强也晋爲伯而鄭伐陳非禮其何以抗之哉且人之爲國非强大之患而無禮以自樹之難禮誠樹焉則外震四鄰而内張國勢恒必由之矣維鄭之伐陳而獻捷於晋也侵小有問戎服有詰其易鄭何如者使無人焉爲之應對其能免乎所幸子産以晋之能加我者勢而不能加我者禮也問以侵小則明陳人之罪不曰大德大惠之未忘則曰井堙木刊之爲患忠激而詞勁何正氣之不回也詰以戎服則昭嗣守之遺不曰城濮之命猶在則曰夾輔之績未泯理直而氣壯何正論之不屈也然則晋也聞其詞之順能無悦乎感其義之嚴能無從乎而文子不敢犯莊伯不能詰固其所矣故人見陳功既拜孫夏復伐必得其平而晋卒不能有加于鄭以謂鄭之能抗晋也如此而不知以僑之能馳詞也謂晋之有畏于鄭也如此而不知以僑之能執禮也不然晋國天下莫强焉將悉鄭之力有不能得志者而竟得之一介使哉夫昭盟府之勛者解懸磬之耻伸德義之辨者遏鼓躁之威彼聖人之化尚矣而僑將不得爲展禽哉然則鄭忽以世嫡之胄國君之貴乃不自立而受制於人其視子産爲何如吾於是知得人則理失人則亂理之必不可誣者坎坎伐檀置之河干固非國家之利母金玉爾音而有遐心人君寤寐英豪當如此

禮記

君命大夫與士肄在官言官在府言府在庫言庫在朝言朝

蒙而鎡

同考試官教諭侯批（冲淡中有雅趣平正中吐奇葩肄君命意作者非

冗則疏子獨發之瑩然非有體認實學不能到）

考試官訓導唐批（精貫無遺）

考試官教諭鄭批（融徹）

人臣之習君命也隨事而异其言焉夫官府庫朝事不同也而言亦因之以异焉其殆善於習君命者乎且君制命焉臣致君之命以布諸民焉君臣之交其相待以有成也久矣故君命有頒所以統治權也爲大夫士者分雖間於尊卑之殊而心實同夫奉若之忱命之斯肄之矣肄當何如官也府也庫也朝也均之關於政而爲王命之所必及者也則言官也言府也言庫也言朝也均之承王命而爲臣職之不容怠者也故命降於官則所言者官而不得以府雜之至于言府亦當其在府斯言之耳而胡敢二三其習也命降於庫則所言者庫而不得以朝雜之至于言朝亦當其在朝斯言之耳而胡敢肄之不專也大夫總其綱焉官府庫朝不一其事而亦不一其言蓋君命所在吾惟知專此心以肄習之而已矣庶士分其目焉官府庫朝不一其政而亦不一其習蓋君命所及吾惟知一此心以欽承之而已矣否則所命在此所言在彼幾何不紊王章也耶吁敬君命者誠不可不謹所習矣雖然人臣事君之心出于一則純二則雜純則敬雜則慢甚矣心之不可二用也人臣有利於君則爲之故官守則盡職言責則盡忠夫亦各有攸當耳噫以此爲訓後世猶有玩視天子之明命者可慨也夫

樂行而民鄉方可以觀德矣

何兆湖

同考試官教諭侯批（理精詞雅發明觀德處尤暢）

考試官訓導唐批（冲融雅暢）

考試官教諭鄭批（淵邃）

即樂化之大行而君子之所養可知矣夫化之成者本乎德也樂化行而君子之盛德可以觀矣樂非彰德而何且致治有本成化有機未有本之不立而足以基化化之未行而足以象德者也君子既廣樂之方以教民矣及夫太和洋溢而遵道者效則君之治至順流通而嚮風者有從欲之休樂行於平情而民之情因以正焉養其善心滌其邪穢曉然不迷於至善之途也樂行於道志而民之志因以和焉以之好善以之聽過昭然不惑於向道之域也如是而君子之盛德不可觀乎吾知德在君而未始不通諸民化在民而未始不本諸

君也故即民習之丕變可以驗其養盛之休因民則之式和可以探其純粹之蘊情之正矣雖人人而具之然治之隆者積之厚也化溥天下機本吾身君子情正之德至此無以加矣志之和矣雖盡人而有之然俗之美者養之隆也道徵諸人機先乎已君子志和之德至此無以尚矣樂非彰德之至要者哉信乎必積中而後可以發外有天德乃可以語王道也君子既知其化之盛而又知其德之神則所以端化本者不容已矣大抵廣其節奏樂之末也省其文采德之餘也君子審一以定和然後比物以飾節夫是以心和氣和而天下之和應不然徒求之聲音舞蹈而曰可以感人心而天下和平豈理也哉

第二場

論

周家王業根本

黄淳

同考試官教諭李批（筆力雄渾發重本之意精切末復歸重守成擇相意尤得肯綮此必邃養者録之以式多士）

考試官訓導唐批（爽勁脱塵）

考試官教諭鄭批（簡古）

古之聖王所以立萬世之基者其本於立民之命乎夫王者之所天在民民之所天在稼穡稼穡不務則重違其所天而民命不立民命不立則邦本不固如天下何如國家不拔之基業何明主辨之蚤矣故他務未遑惓惓焉惟農桑是務苟可爲生民立命而使之得所天者靡不竭心思以圖之人見王者之興也道行而教立治定而功成禮備而樂和舉國祚而苞桑之延千百載而無窮則以爲王業之成也如是而不知其有本焉而非一日之積也周家王業根本説者謂始於重農桑誠知本之論矣請申之自古帝王有一代之興必有一代之業有一代之業必有爲之根本者羲黄以降若勛華熙皞夏商郅隆寧獨君德茂哉彼其心乎民者誠切而所以培國本者有道也姬周自后稷始封至文王新命武王遏劉成王龍受矯矯之造而八百祺有道之長于焉肇開此何以故哉論德者曰緝熙其敬執競其心而宥密其基命世有令德矣是王業之根本也論功者曰伊濯其勛維揚其武而禮樂其太平世有豐功矣是王業之根本也論治者曰咸和其民永清其乂而日靖其四方世有盛治矣是王業之根本也噫是則然矣不曰民惟邦本本固邦寧乎不曰爲國之道民事不可緩

乎且天下廣兆民之衆其勢難一其情難以聯屬而顧群然相率起而君我者無他若曰是能父母我者也父母之於子日撫摩之鞠育之其饑也食之其寒也衣之使之欲無不遂而君人者有父母天下之寄顧不能子視其民民誰與我明王知其然是故視天下之民皆吾民而視民之事皆吾事尊居于五位慮周于九垓一民饑曰我饑之也何以食之一民寒曰我寒之也何以衣之一夫不獲曰時予之辜也何以扶植而全安之是之謂不民其民而子其民民之所以日益安而王業之所以日益培也此非其根本也乎哉嘗溯周家論之稷也降種明農即邰肇祀王業根本萌于斯矣而猶未達也嗣是公劉徹田國家光顯太王宣畝實始翦商王業根本達于斯矣而猶未成也迨夫文即田功而懷多福受方國武重民食而伐大商奄九有夫然後根本之所貽若培之益深植之益固而王業觀厥成矣以至成王仰承熙洽内之制體作樂識泰平之天子外之越裳西旅歌中國之聖人則又根深而發榮本固而末茂而王業其益盛矣何也王者以民爲本民以衣食爲本而農桑又爲衣食之本重農桑是即重民之本而重民之本乃所以培王業之根本也彼德之隆也功之偉也治之巍然赫然也何者而不根本於是哉有周王業之興邁夏商而追勛華良非偶矣抑嘗合而觀之周家王業根本其樹立開先固后稷以來之功而栽培滋養使太和在成周宇宙間彌久而彌固□則成王守成之功居多也夫創業之主發□□□具於小民之依□□□□之無難繼□□君足不越巖廊目未曰先知稼知農桑爲何物耶自非神明特知□□□□則八珍在前九嬪在御四方六合之衆吾得臣妾而頤指氣使之則上之窮蓬萊煉金石而疲天下以必不可致之事次之標銅柱走天馬竭百姓力争不必有之土而臣必不可臣之民下之則馳逐三風弁髦億兆窮奢極侈以快己私且將自伐其根自戕其本而不暇念矣然則雖有祖宗培植之業奚賴焉而成王獨不然吾是以知其守成之力所爲栽培滋養于周家王業之根本而有功祖宗者大也雖然□偶戌□□明秉天縱哉無逸之篇豳風之詩一□曰□□□穡之艱難則知小民之依一則曰□知而褐何以卒歲周公之朝夕告戒者惓惓焉以成主之明而加之訓誨之□宜其在沖齡而習國家之務處富貴之極□軫饑寒之慮高居穆清之上而洞悉閭閻田里之情也則所以保有王業而根本盛大引瓜瓞之緒延本支之傳雖至黍離以降而人心戴周猶然文武成康之遺風焉固成王之所培植者厚而周公輔相之功何可泯也愚竊爲之説曰帝王之興創業固難守成尤難而其要則不可無賢臣爲之輔也故曰人主之職在論相

表

擬皇上御文華殿親書大字賜輔臣九卿講官正字官各一幅謝表（萬曆二年）

何兆湖

同考試官訓導劉批（藻思麗詞悉中矩度且鋪張我皇上嘉惠臣工宛然虞廷作歌交儆氣象宜録以傳）

考試官訓導唐批（典則得體）

考試官教諭鄭批（莊麗）

萬曆二年某月某日具官臣某等伏蒙皇上御文華殿親書大字頒賜謹奉表稱謝者伏以龍文璀璨欣瞻日月之光鳳藻煇煌喜溢章縫之會闡羲皇之心畫焕河洛之圖書制出特恩誼存交儆臣等誠惶誠恐稽首頓首上言竊惟點畫成文蒼頡顯字書之迹明良交泰唐虞彰喜起之風商宗夢卜於築巖望隆舟楫周室矢音于鳴鳳治比圭璋自協衷之義既微而一體之情遂隔十行一札徒夸恭儉之文玉署商霖未著箴規之訓自非神明巧悟疇能墨妙臻奇若復上下情暌安得都俞濟美歷稽往迹未若今時玆蓋伏遇皇帝陛下堯文有焕舜孝重華雅崇三事之臣夙慎六卿之選經筵時御禮獨切于隆儒講幄日親心尤勤于向道學三王學二帝聖功遠軼乎前修爲八體爲六書宸翰復臻于佳妙頃當聽朝之暇俄驚御墨之頒中使傳呼雲章來于天上群工拜捧華衮動乎人間謂臣等職分殊司乃命字各爲寓義保衡宅揆交歡道協虞殷夾輔同心簡畀榮符周召正己率屬仿周官六典以阜成陳善責難切殷王三命以聽納逮于正字勉之敬畏亦以運筆先於治心二十餘紙揮毫而妙畫天然八十餘字迎穎而奇鋒手應驚鴻矯鳳擬筆勢之飛翻周鼎商彝象體裁之莊重然且文昭是訓義著作忠儼垂户牖之銘寵賁絲綸之指臣等仰觀心悚恭視驩騰争傳曠世之奇共羡不期之遇所愧雕龍思乏窺豹才難日侍直于鑾坡寧堪視草時顧瞻乎玉簡未稱濡毫猥承睿藻之輝徒切揄揚之願敢不竭其魯鈍奉以著龜疑丞師保恒觸目以興思左右阿衡永書紳而圖報班聯三殿能忘夙夜之在公位列九官誓作百寮之帥正螭頭啓沃勉竊附於從繩作礪之風藝苑專精將一洗乎魯魚亥豕之謬伏願至誠無息上德益謙省觀不替夫風愆顧諟無忘于日監率乃攸行紹二祖八宗爲太平之天子念惟典學同天長地久稱有道之聖人臣等無任瞻天仰聖激切屏營之至謹奉表稱謝以聞

第三場

策（五道）

第一問

吴國光

同考試官教諭楊批（對揚皇上心學而篇末歸重府部敷陳尤見忠懇）

考試官訓導唐批（論聖學歸於大本大原有見）

考試官教諭鄭批（對揚殆盡）

古之聖帝明王所以致盛治隆大業者必係於所養養之云者非以其億兆之推奉也端玄居尊以天下恣睢也養之以德而成之以學學以經政則不泥政以適時則不跆由是恭己而成功淵默以待治則理道歸焉矣故廣厦細旃左圖右史非以飾觀也而澄本之要實具焉遠取三五近取季叔雌黄是非非以飾議也而理道之務實存焉六曹之封駁九官之獻替五兵七校之條列非以瀆其納聽也而經畫之權寓焉今之經筵備是矣而執事猶謂君心惟在所養欲求其大本大原之所在無亦以諸生之中有能識政學之要者與夫養之道難言也今之所謂養者不過曰八珍九鼎所以養口也椒蘭芬茝所以養氣也大輅越席所以養體也錯衡和鸞所以養聲也然皆晚近世之所務而上世之所後也董子所謂正心以正朝廷學禮之所謂五學成於上百姓化於下是聖王之所事而不徒章句耳矣故切而不愧化與心成而治紀係之吾得殷宗之説命焉其曰霖雨之於旱也礪之於金也舟楫之於巨川也鹽梅之於和羹也股肱之於人也伊湯之以托諷也而究本於輔德沃心率屬匡辟蓋理人之大機統之君子謂殷宗以政爲學也其指要管是矣自漢以來蓋寥寥焉石渠講論名儒召集吾得宣帝而恭顯方士得以伺其隙則已雜於支岐矣臨雍拜老諸儒執經吾得明帝而鍾離宋均以察慧言則已傷於苛細矣弘文置館考定五經太宗之學似矣而大綱未正如貞觀之鮮終何崇政説書累幸太學仁宗之學勤矣而吏治媮惰如天聖之微瑕何是數君者或博覽而不究義理或書史而無關身心蓋自殷宗以後之事殆難言之矣洪惟我太祖高皇帝提三尺掃胡元闢乾御寓天下既定戢藏干戈講究經藝隨在有得觀其聽宋濂講大學而喜爲治平之要朱善講周易而悟家人之指許存仁講洪範而推庶徵之義其曰帝治莫隆於堯舜則謨典之精也曰人心莫嚴於氣機則日躋之敬也曰文章莫要於經世則訓誥之略也曰爲君畏天地兆民則六馬之馭也列聖相承紹庥趾美仰惟成祖悟峻德於大學揭性善於講説非其學之

自得師者乎仁宗覽正宗而辨學取三經之直指非其學之先體要者乎於大學而知財用於豳風而念稼穡在宣宗之心法可想也羨嘉言於典謨悟治安於講讀在英宗之心法可窺也以至文華大訓之書綱目續編之史敬一有箴心箴有注又我憲宗世宗之意緒所存而足以軼邁乎三五之遺烈者矣此豈徒獵篇籍以博見聞習藻繪以飾偉儀也哉皇上睿質天授英悟夙成當訪落之年邁師古之志講幃不輟御墳典不輟究緝熙聖學直有以遠邁殷宗而上之愚獨以爲帝王之學與韋布不同在尋究指歸而不在侈靡在提挈綱領而不在涉獵雖考究往古而不可不閱歷世務雖敷求前哲而不可不達知民情五府之軍政有成列矣而九邊將領伍符尺籍獨不可因間而條其精脆以振惕之乎冢宰之考績有成憲矣而調補署置分曹計吏獨不可因間而別其殿最以科條之乎司徒之歲會有常數矣而户口阨塞贏縮息耗獨不可因間而制其緩急以均節之乎宗伯之於禮司馬之於兵固各有司存矣而臚鬺封拜擇將籌邊又不可不敷陳揚確以推移於權變者也司寇之於刑司空之於土固各有職守矣而平亭操縱地利物力又不可不敷陳參酌以節適於時幾者也凡此皆祖宗法度與墳典相出入論學經政與直講相爲用而不徒限局迷遠拘玄妨素以屑屑於詞章者矣昔者蘇軾程頤之於哲宗也或反覆開導或莊嚴諷諫要不出就事論事納約自牖即今之所論政學可爲後世法程至明也但朝廷日有萬幾法宫遠於天上簾堂之勢隔臣主之分嚴道古則病於迂徐談今則傷於瑣細難乎相悦以解也然學在資人道在師心得其心則三風十愆莫非成訓□□其人則四墉九主莫非儀刑矣説命曰非知之艱行之艱惟王忱不艱允協先王成德蓋聰明聖智者戒於自用廣聞博取者戒於近名故審其所以戒而勉其所以行則可以邁德殷宗而繩休祖武不然則日之孜孜陳對者未有不以爲土苴贅疣也雖然飛坌之微不益華嶽涓滴之潤何裨江河然而有需焉者取益無擇也夫學之道持心難慎終尤難蓋上智不能無欲而小人巧於伺間况以天子之尊臨之以環向待命之衆脱□□語千里響應一有不慎安知不中之神仙土方土狗馬以侈靡其心者漢之武宣宋之真神其明鑑也故知所以持心又知所以慎終資公孤之弼亮究宫諭之誦規考六卿之質成察臺省之獻納迹六代之興替監祖宗之建立而又昭無欲之路博和睦之化明自然之道覽六藝之意酌虞夏之質文定殷周之損益不徒以侈彌文耀觀聽弃華取實則天下曉然知聖學之所在大化可成禮讓可興即三五之隆何以加諸

第二問

黄希爽

同考試官訓導唐批（學術事功一原即漢唐宋諸賢各有所得子獨闡明詳盡考據精確而末段尤見尚友之志取之）

考試官訓導唐批（學術事功原非二物世儒岐而二之蓋未之深體也是作俯仰品隲得其源委异日必能推學建功者取之）

考試官教諭鄭批（辨博峻整）

夫所稱於天下爲大儒者必有振古之學術而後有振古之事功要之學術事功非二也古之學者天地之變動日月星辰之運行萬物之散聚山川溪谷之險易阨塞皇帝王伯之污隆與夫墳典丘索陰符揣摩奇正權變靡不習貫而用之以正出之以時故雖勇奪三軍而不攘臂於睚眦之小智蓋天下而不角勝於閭伍之間辯屈群策而不輕試於唇吻之末力高一世而不爲舉鼎絶臏之事行必大道有時乎徑竇可由約誓是尊有時乎要盟不信可經可權可静可動尸居而龍見雷聲而淵默養其全鋒以待天下顧眄呼吸而豎峻偉不群之業其發也若機括其炳也若日月掀揭照耀萬世之所咄嗟慨噫鼓掌而甘心焉者也乃今之爲學術者好申一隅之説多謬通方之論貴席上者以清浄爲腐議束名實者以柱下爲誕詞從横游談則病其辯譎權謀功利則詆其詭曲吾以爲才智有偏兼而其致用有遇合要以適時應變取節焉耳矣夫玉巵無當賤於瓦缶太阿不割不直鉛刀彼其侈談而無益於用也何异哉至其語事功則又曰德衰於符斗信折於繩契爲誕而已矣忠敝於管晏質破於申韓爲名而已矣噫彼徒知上古之不符斗不繩契而不知今之民則符斗繩契之民也知其治之不必管晏申韓而不知時之趨爲申韓管晏也夫伏羲無制令夏后氏不負言殷人誓周人盟今取必於符斗繩契固不可而謂其盡廢符斗繩契能爲治乎謂申韓管晏之爲王道固不可而謂其因俗適事無益於時也亦非達權知變之論矣試即古今所記述表著者舉其一二上下之蓋自羲農而降語學術則孔孟其人矣當時反鄆讙墮三都誅少正卯以及王齊反掌羞稱伯功事功統是矣至於夾谷之會請具司馬井田世禄推移於去籍之後此非其識時達變不可以尺度拘也乎語事功則伊周其人也當其時耕莘野樂堯舜一見而言素王九主之事以及周禮太平之書兼三王施四事則學術盡是矣至於鳴條之役東山之舉以身當天下之大任而後世無异議當時無貶詞又非其聖人之權而得於所養者深乎故謂孔孟之專於學術伊周之專於事功是世儒曲學之談而非聖賢達天之學也秦漢而下其以事功學術

稱者班班史册吾未暇論論其著者董仲舒之潜心大業罷黜百家韓愈之攘斥异端推尊孟氏吾以爲二氏之學術無以尚之矣蓋其當秦灰絶學之後佛老縱横之餘則或治春秋而推陰陽灾异之變或擯佛老而倡仁義禮樂之統使後世知六藝之科孔子之術明先王之道而不絶如綫者則董韓之功也乃其用之不究漢唐之君有責矣説者猶有遺議何耶毋亦以政府之書膠西之事乎此則所遭之窮而於二氏無損也子房運籌决勝佐成帝業仁杰潜授豪賢卒正主器吾以爲二子之事功無以加之矣蓋其當群雄逐鹿之餘諸武用事之際則或嘘赤帝之精於灞上取虞淵之日於天中使天下後世知發縱指示之功間關維護之力則狄張之翼運豈可少也或者乃有雌黄何耶毋亦以黄石之書屈身之誚乎而不知此正所謂奇正之變以建大勛蓋庶幾乎用權而不離乎經者其於二子何病也在宋之以學術稱者敦頤發秘於太極二程妙契乎性心横渠著論於正蒙朱子集成於諸儒可謂用心於性命之學而上接乎千古不傳之秘矣然宋之天下文勝而武衰詞多而功少至黨人之錮與之相終始南渡之後寖以微廢諸子謂何夫綿蕝之儀非馬上之習也端甫之服非韃弧之具也則其用之不果究者諸賢之遘會有然而謂其學術可少耶其以事功稱者則有慶曆熙寧諸君子韓琦之號令西賊寒心仲淹之備邊諸羌輸戴富弼以二字折契丹之氣歐陽脩以黨論正朝廷之綱天下想望以爲中興復見也然未幾而忠邪并進法制紛更則或以危言而出將以飛語而落外何其鋭治之不終也豈諸賢之所托有然耶抑固天耶夫雅奠鄭并秦師曠不能適五音驥駑聯衡造父不能致千里用不同也宋之所以寖至微弱而不克自振者自弃干城也於諸賢奚尤吾嘗合而論之學術則孔孟尚矣粹乎其無議矣董子其源乎韓子其流乎濂洛關閩其大明中天乎吾獨慨干戈倥偬之中禮樂未遑之日乃能振絶學於微言倡六藝於往緒即漢武不能用舒而其改正朔易服色無幾亦略見施行雖有江都之命吾知舒之心固無憾矣自漢迄唐幾數百年异端之起而日熾卒無有一言當其鋒者而獨爲廬居火書之説天下始而疑終而信乃始群然而攻之所謂起衰濟溺焉者不爲溢美即唐宗之不能用愈而愈固可有詞於天下後世矣此其於濂洛關閩諸子殆未可以軒輊論也要之韓董當其難而濂洛諸賢則而醇之焉耳伊周之事功遠矣莫可追矣子房用高帝者也仁傑用武后者也韓范富歐則用於慶曆熙寧者也用人者進退之權在我用於人者進退之權在人吾獨念群雄角逐之時乃以其眇然之身歸漢以圖韓仇既絶棧以杜侵道已而仇報身爲帝師乃從赤松子以終其爲韓之忠隱然有所托而高祖不疑焉非良之善藏用而然乎

周紀亂唐之日仁傑以身犯不測之地至於觸柱被面幽囚折辱而不辭既乃帛書暴冤抑何慘也而卒以反周爲唐豪杰之所扼擥切齒而莫能振乃以孑然之軀不動聲色談笑而正之天下晏然不見其迹其亦偉矣二人者其間固自有權術存焉故語其光明正大則或謝慶曆諸君子而要其用權濟變則宋之諸賢不無少遜之矣然而張狄得用其權慶曆諸賢之不能用其權亦天也雖然學術事功均繫於所養故古之英雄豪杰其才智勇力非不足以建天下之事成天下之功然養之未足則不勝其矜能憍躁之態視天下無不可爲者如此則其用在外而不在内其才智易見其勇力易折往往技癢無成焉彼何嘗不學其術疏也故善養者深沉微奥斂其鋒椎然其蟄屈頽然其如廢也斯可以有爲於天下兵法曰始如處子敵人開户繼如脱兔敵不及距斯可以語養矣

第三問

劉堯佐

同考試官學正趙批（守令本以親民而久任繼以超遷則不惟可以措民于治而吏亦無顧慮覬慕之私是策獨得此意取之）

考試官訓導唐批（久任之法至爲便民而振作鼓舞亦不可廢如寬文法一内外尤其先務者此策得之議行即何稱兩漢良吏盛哉）

考試官教諭鄭批（通曉吏治澤以古雅）

人君所以弘化理而奠宇内者久任之法也然維其法於不墜者必有道焉夫守令親民之官也官與民情本相通而久任之法不立則官視其所居如逆旅無以從容展錯而民咸奔走蹌蹌日睹新舊往來之繁曾不見膏澤之洽閭閻也乃若任久矣法誠善矣顧天下無無弊之法儻使居官者有淹滯之嘆若强其所弗堪則亦何以安其心而理民事哉是故設官所以爲民也便官所以便民也通於斯道何久任之不可行乎敬述所聞爲明問復焉今夫人君以一身居九重之上不能遍天下以布其澤而爲之守若令者承其德意而廣施之蘇軾曰君者父母也民赤子也守令乳保也其言當矣然守令非久任則循良之績弗著何也觀夫豢牛羊之家使一人牧之亦必假以歲月而後可以責其蕃息若今日一人牧之明日又一人牧之則牛羊日瘠雖欲蕃息不可得矣矧守令當牧民之責者乎故安心治民使休澤汪濊淪浹乎無外殆非勉强期月之間而苟以求名者之所能也嘗考載籍而得其概矣漢去古未遠當文景時爲吏者長子孫遂致海内富庶之效宣帝每拜刺史守相輒親見問及其退也又考察所行以質其言嘗曰太守吏民之本也數變易則民不安民知其將

久不可欺乃服從其教化用是良吏爲盛赫然稱中興焉逮及明章下詔猶有此意漢末轉動無常見于左雄之奏斯漢業衰矣明興祖宗稽古定制百官咸以九年通考課其功過以相乘除而黜陟焉故有附過還職之法斯即古三載考績之意也然此時久任之法蓋與超遷之法兼行之矣以郡縣言之况鍾九年守蘇州此郡之久任也而趙瑁擢爲諭德非郡守中之超遷乎盧秉安十九年令東莞此縣之久任也而王佐擢爲侍講非縣令中之超遷乎諸如此類殆不可一一數矣先正羅欽順曰超遷與久任相表裏超于前自可責其後久超于後固無負其前之淹誠確論也惟此法不盡行人情往往厭淹滯而喜速化抑或有所希冀於前者之一二而益無固志蓋漸靡有然矣皇上天縱神明冲齡御極首從輔臣之議敕銓曹行久任之法大都郡縣遷轉以六年爲期甚盛典也行之既定郡守縣令始人人灑然動志務爲經常悠遠之圖而不敢苟且因循以支吾于旦夕四海元元已受庇宏矣顧有謂便于民不便于官者何歟愚生以爲官民一體也官稱不便即非可久之道蓋厭斁之心一生則注措舛盭澤弗下究四境群黎必有皇皇蹙額室家靡寧者矣是官之不便乃所以爲民之不便不爲之一處焉不可也且以愚生所目睹其視祖宗時猶若有差殊焉昔百官皆久任兹毋乃獨久于郡縣耶昔悃愊無華并與超遷兹毋乃猶有守即墨而沉淪者耶説者謂文法之拘勝則顧慮多内外之勢懸則覬慕起今豈盡無之耶朝廷省議論假便宜若無文法掣肘之患而利害交關之際或多巧避是顧慮之態未盡袪也朝廷嘉賢能錫宴賞若無内外隔絶之殊而選除升取之間或多干進是覬慕之態未盡變也盍不思所以振作而鼓舞之乎夫欲爲振作鼓舞之計其道有二焉一曰嚴虚實之辨夫玉巵華而不酳輙售波斯之价畫龍飾而不雨每致葉公之好今有司之巧臘名譽者何以异此乃其純心爲民者人恒弗之知也司激揚者誠毋以鷹鸇先鸞鳳鈎鉅察奸者一時固駭人視聽也而歲月既久則術窮矣必置之弗録奉職循理者下車固無赫赫名也而月計有餘則職盡矣必揚之弗弃如是而吏不樂于久任未之有也二曰酌難易之勢夫合抱之木非利器不能伐九折之坂非造父不能御今有司之才堪繁劇者何以异此若其居簡僻之地者則不必爾也司銓衡者誠參以地方論殿最如民淳地僻責以六年可也而衝津省會之區即旌异稍先焉不爲過矣中原樂土循資叙録可也而邊海窮荒之所即拔擢獨優焉不爲濫矣如是而吏不安于久之前聞也嗚呼守令者牧也民則其所牧者也牧久而民得所矣上者風也守令則從風者也風行而守令率職矣厲世磨鈍之權是在廟堂有以風之耳雖然愚猶有獻焉方今堯舜在上輔以皋夔整齊吏治之

方計無遺晝惟持而行之信如四時變而通之不膠一定創之一時不至紛更于他日推之四海毋爲遷就于一人如是則可以久任可以超遷可以便民可以便吏福星載路常泯鴻雁于無聲棠陰滿天永享昇平之有日矣愚生一得之慮如此惟進教之幸甚

第四問

蒙而鎡

同考試官教諭侯批(敷陳天人感應之理甚悉進規處尤懇切足見戀愛)

考試官訓導唐批(人君修德歷億兆年當如一日而心仁愛則尤殷殷加之意堯稱警予是也是作深得皇上謙抑之衷而尤欲效其無已之助忠愛之悃具吐毫端矣)

考試官教諭鄭批(發揮修德格天之旨隱有忠讜)

吾觀周禮分野之説星土州域質驗拘合以及左氏天官五行傳逆臆傅會五勝五德之論其亦微矣夫取應必則無徵者疏測驗奇則示象者淺孔子作春秋二百四十二年之間日食地震隕石退鷁之類書之不置而未嘗牽合事應豈非以志變動觀妖祥備憲戒救政序事而不以迹拘也乎夫天人之際精祲有以相動善惡有以相推事作乎下者象動乎上故賤臣叩心飛霜擊於燕地庶女呼天振風襲于齊臺衛先生爲秦晝長平之策太白蝕昴荆軻慕燕丹之義白虹貫日精之所變如影響之應形聲以爲寥邈曠遠而無所徵証者非也乃今之談者不云堯湯之水旱則云太戊之穀桑不云高宗之雊雉則云宣王之旱魃如此則馮相保章之所觀候臺銅儀之所司皆漫緩不經天人之分始暌而恐懼修省皆無所事矣夫徵人事則其迹拘歸氣數則其修怠災沴之來雖盛世或不能無要其所以備具消弭之者固自有道也吾考之天官星文彗孛飛流皆變星也説者謂孛而不已則繼之以彗是彗甚於孛也乃晏子曰君不修政孛星將出彗何懼焉則孛又甚於彗矣然而以西漢言之武帝建元元狩中有孛于西北孛于東方者其時外攘四夷封狼居胥平氐羌昆明南越赤雁白麟之瑞史不絶書宣帝地節中有孛于西方孛于參者其時鳳凰嘉穀白虎威鳳之祥更僕未數二君者何也吾意其時興學郊祀正朔定歷與夫信賞必罰綜核名實則武宣之治先之矣以東漢言之明帝永平中有孛于天船孛于太微者史稱其時澤臻四表遠人慕化五穀登穰麥善僬僥儋耳款塞章帝之建初中有孛于天市孛于紫宫者史稱其時蕃輔克諧群后德讓而鳳凰黄龍神爵甘露之瑞合於圖書者數十百所此何也吾意其法令分明幽枉必達内外無倖曲之私在朝無矜嚴之色與夫深元元之愛著胎養之令則二

君之治有以振之矣太史公曰星變結和太上修德其次修政其次修救其次修禳至如占雲物候息耗華南嵩高三河之郊與夫勃碣海岱江淮之間氣候青紫亦近於馮相保章之説要以德政爲上求禳爲末則庶幾者我皇上敬天之心朝夕乾惕頃書十二事座右以備觀省如所云謹天戒任賢能親賢臣遠嬖佞明賞罰慎出入慎起居節飲食收放心存敬畏納忠言撙節用無非恐懼修省以仰體天心可謂至矣乃者以星變益省躬思過朝夕不違而又爲之振揚剔勵簡在廷之臣而敝其吏治以回天變其於天心仁愛扶持全安之意誠有以仰對而無遺矣然臣子愛君無己之忠則猶有願效者大抵妖不勝德變不虛生西漢之武宣尚矣然而雄才大略長駕遠馭傾無量之費以快心狼望之北而德教不純刑名繩下趙蓋韓楊之死説者猶謂有關漢家元氣則二君所以致之者有自來矣東漢之明章是矣而人冤不能理吏黠不能禁出入無節喜怒過差與夫以刻爲明以苛爲察以輕爲德以重爲威或者於二君有遺憾焉今天下乂安四海承德九夷八蠻通道六服群辟奔命恐後可謂太平之盛際中興之美事矣愚猶以邊烽不驚戎雖款塞而夷情叵測則張皇之戒宜亟也百績既張治用成矣而君門萬里則清問之説宜究也名實既覈官職辨矣而元氣所在則敦大之體宜裕也飛輓不後方輸足矣而民力既竭則均節之法宜慎也陪僕暬御雖皆正人而情禮比狎則逢合之端宜察也凡此皆以爲之於無形而消之其未萌所謂制人而不制以天者詩曰敬天之怒無敢戲豫書曰先王克謹天戒臣人克有常憲此亦足以觀矣吾考之周禮有救日月之鼓又有救日月之弓矢夏時于房弗集嗇夫庶人或馳或走彼其弓矢何補于日月而奔走何益於辰星耶然而有取焉者用以示敬天之意雖知遠而難言而吾所以自盡惟此耳有天下者覽詩書之訓規考周夏之補救則知天之宇非遠心之宇非近可以通一無間矣故君臣和則三台平矣王道成則斗魁明矣萬事順則七政齊矣賢人出則龍角見矣王道被草木則營室歷九象而可觀矣陰陽和萬物榮則天一出閶闔而有光矣其動也若機括其應也若影響蓋未有有其事而無其驗者要在識治者之求端焉耳雖然天之理至微而其變徵即不必牽合求配要亦非無因而至者故惟有道之主爲能順天之使天權常爲人用可静可動而不可與變星官曆家占候推測若步筭之不得不然而吾心已自有天矣不然俟其變而後圖之雖金泥玉簡登封禱祀對格之秘如此猶不免土龍芻狗耳大抵天下之勢倚伏剥復乘除之數往往而是故守文太平之世無驕陽伏陰當是時最苦無變狃於故常而不知振至於一敝

不可救起夫惟時有小小星异提撕警惕日相尋於無逸以求其所謂偏而不舉之處然後天下之治可以常振而不廢久安而不危然則其無變者乃其所以爲變而有變者其固所以爲無變也歟

第五問

牛大緯

同考試官教諭梁批（談時務者類多剿襲此作籌畫精詳議論剴切重責實效爲經久計有用之才也録之）

考試官訓導唐批（安民者苦於議兵防盗者憚於去兵計難兩得也矧可憂者不止盗哉是作明於調停均節之術以禦夷以弭盗以乂安元元期臻實效得筭多矣經濟既具隨試咸宜良爲國家得人慶）

考試官教諭鄭批（以責實談時務善於劈劃矣）

弭盗之法必知其源之所在於其内外名實之間而圖之則無兵刃而安無障塞而固矣今之雜處山麓教令之所不馴閭伍之所不比與夫土著不毛之夫幾捲握之利走死地如鶩者内寇也風濤出没攘奪虔劉螘聚蠭屯去來飄忽舷居而水食者外寇也患在内者根據難拔患在外者迅疾莫測要之内借外以爲聲援外待内以爲指縱二者今昔之所以駸尋莫禁有然矣夫粤天下之澤國也負山阻海其民有魚鹽之利果陏蠃蛤不待賈而足稍耕耨之足給一歲然而呰窳偷生急末作喜攻戰以侵伐亦其天性也語曰涓涓不息將成江河綿綿不絶將尋斧柯大抵天下事有形而圖之者易無形而圖之者難兩軍相當形勢險易奇正去來之變要可抵掌而談也攻城略地乘鋭犯堅阨塞要害之處可以指畫而定也帷夫無形之幾微隱潜伏包藏媒胎睹其外若無所見而其實有不測之隱憂急之則亟而害小緩之則遲而害大起而騷除之則狃於目前數十年積習之敝而莫能頓拔所謂時之不得不然而勢之不容不然者其惟汰游靡練土兵爲之其未有而制之其未動斯爲今日之要務乎粤之稱兵有年矣平定之後可以萬全無虞而執事猶有不必然之慮者母亦有見於向之所謂幾而爲萬億年無疆之策乎夫自番州而上接牂牁九疑此嶺南界也其地番夷市舶交易蓋自唐結好立户而已然矣洪武初令商番止集舶所乃後稍稍築私室於灣澳以便交易則已有雜居之意矣嘉靖間盗發禁之徒去尋又別集今之香山濠鏡澳林林然聚也夫市之可也居之不可也乃今則居矣居而聯絡矣又或匿亡命畜死士矣而漳潮無藉蚊附而蠅集矣官爲之榷則任其便而譁然齮齕莫誰何矣今承平既久國家威靈萬無一失脱有不測何以待之今成者即不可亟毁廢者勿令其續成又禁其來者不得附益如洪武中只就舶所故事數年之

後以次散落是亦陰折其武悍之氣而剥落其附比之黨也或者其庶幾矣不然吾見其寖以滋蔓昌熾而不可圖也合浦欽靈山雷此海北界也其俗類西粵地墝埆不耕作民以采珠爲業然自吴已有禁矣唐宋間尋弛尋復至洪武中猶復採取已而禁嚴民以饑困然大盗巨艘掠而取之而不得則攻埋椎剽久而戍者私焉陽浮而陰示其意既乃半其入則取其没而得者掌握錐刀之末抵死鉗釱載道亦可憫也先是烏兔白鴿二寨面峙夾而戍已廢烏兔而并於白鴿益單弱莫濟盗公行無禁矣議者欲復烏兔嚴其戍而差其罪劫殺爲上從者次之没而得者未減之是亦救敝之微權乎不然吾莫知其所終也已瓊崖亦南溟之一都會也則黎岐爲急盤據山峒郡縣環乎其外進有所掠而退有所守彼無外憂而我有内患蓋自職方以來千六百年餘靡有寧日元至元間大舉空其巢窟勒五指山嘉靖間渡師直檮其穴賊迸首就死可謂偉矣然皆未有善後之略以故隨散隨聚其舉之也未睹目前一息之安而調發傳置儲芻之費不待遠計瓊崖之間固已數十萬矣如此即累舉何益也議者欲於大兵之後乘其威力從瓊至崖千里而遥自儋至萬六百餘里横徑以十字通道直走其峒洞胸達背爪分之然後邑里亭障衣冠禮樂而沙灣羅合郎温嶺脚諸峒悉爲坦途是亦一勞永逸之計而瓊之民或者其少息也自春恩陽電而上亘高凉蒼梧亦嶺西一都會也其間猺㹳最著從晋康都城走高要楊柳兩山之間如大牛石歌村石龜古種古蓬上馬綿邈千餘里皆爲巢窟往時劫高州破其城嗣後出没莫禁蓋我聚而彼散我進而彼退我厚集其陳而彼星落以伺吾釁近一舉蕩平爲東安西寧二都界兩山之間而統之於羅定州候燧亭障爲函夏經略廣於是狼奔烏遁無復逸志是誠千載一會也但其招插安輯愚以爲園田漆林之類宜悉以付之勿與之競豪眇而履畝之税不必煩劇新民復業者任之其不能盡懇者始令屯兵雜耕如孔明渭濱之事而又聚其兵力營堡千百爲屯統以偏裨勿令使分即有流劫相機鵰剿數年之後可以衽席而爲樂土之民矣昔人有言夷狄而中國則中國之中國而夷狄則夷狄之夫商番之居内地者始終於内地綱紀潛通勾致一二莫覺既乃蔓衍莫禁而因有所要其中籍者率濫惡所輸無幾而其奇赢不訾者大抵揚航去不報籍以故國計日絀籌策莫措此未必不有以導之如中行説教匈奴故事是中國而夷狄之所以可惡也然則夷夏之禁防其可以不嚴乎夫利百物之所生也天地之所載也而或專之爲害多矣考之咸通開實中有弛廉州珠禁罷嶺南媚川采珠者國初洪熙中間一行之然亦未聞有啓争肇釁之事也今既不可遽弛而防戍又如此疏闊是不亦重抑細民而爲巨盗利藪耶宜其刀鋸没溺至死而不避也黎岐十字之議是矣然興師十

萬日費千金益以渡海之難又况粤之兵食入不給其所出即欲大興何所抑給考之宣弘間落窑黎亭諸酋竊發皆以兵備統漢達官軍討平之雖未必長治久安之策要之號令嚴明備禦有賴亦一面之干城也至如西嶺之事又不必慮者蓋其始也險阨相迫則攻之難其既也出没飄忽則守之難今而攻則檮穴矣守則連城列障矣其惟寬其徭賦節其物力以維結其心使其不樂於夷俗之無法而苦於官府之有法則數年之後與漢人無异矣雖然變故不時有治平不忘戰惟智者爲能圖危於無形而消患於未萌東粤之最急者莫大於兵食古者寓兵於農軍藏於六卿將寓於六卿以伍兩卒旅師軍而寓於井邑丘甸縣鄙以振旅芟舍治兵大閲而寓於蒐苗獮狩有事則爲兵無事則爲農故不煩均節而財自給今兵農既分而屯田之制又寖以廢弛於是有白徒游食以靡民財物力安得不屭今行間無謁客矣士伍無頂名矣劍戟無脆弱矣其要在於徇名責實起居必精動静必一訓練必習責成於大將而毋拘束於文法寇至而能摧鋒者賞之失事者罰之則營衛固而備禦周而民得盡力矣此實其源之所在所謂無形之險而難圖者内患外患其究在此故曰知其源之所在於其内外名實之間而圖之則無兵刃而安無障塞而固矣

廣東鄉試録後序

廣東鄉試録成師錫以職事宜序末簡竊謂人才之興關乎氣運而振作培植恃聖人在位與運應也唐虞三代卓乎尚已明興高皇帝設科取士諸所創規條纖悉具至徵文學畀之典試士抱策入者不得以名通何權一而範周也當其時風淳俗樸有司靡敢飾名實炫觀聽而聖祖宸慮之嚴乃此以故士益敦本尚質發爲文詞務根極理要非經訓不言一入爲吏則逡逡守法度他有卓犖奇偉亦皆從繩墨注厝非有泛駕而馳者一時人才誠足肩唐虞駕三代謂聖人所振作非歟列聖紹休代光文教世廟初嘗出京朝官柄試事蓋仰繩祖武廣厲而振德之也頃者皇上眷念賓賢懿典諮之輔臣下言官之請允禮卿之議一遵成憲申爲今傳示四方師錫奉檄至東粤未及席則御史以典試詔旨至伏讀未畢則又以五事詔旨至師錫偕同事津津色喜以謂皇上作人睿慮同符聖祖固如此哉比及鎖院乃窮日夜力手自披校期采荆山而探滄海俾無遺珍焉顧藻績毁質雕鏤亂真師錫鰓鰓焉是懼乃竊持三術用探厥藴其沉涵道真厭飫理奥者聖學昭也博大宏衍周詳通敏者政體具也幹

以正直澤之忠厚者節概正也此師錫之所采以告成事以塞責也鹿鳴既歌多士畢集乃進而告之曰休爾多士其尚知聖天子掄才至意乎天子神聖嘉與海内賢雋共臻至理御寓以來蓋三論民秀於鄉矣而督有司詔旨視昔有加上體祖宗心下以端多士之習默焉鼓舞將用之也爾多士其何以稱上意乎夫士窮居草茅坐誦書史誠願得一見天子披忠悃或受命爲吏舉平生稍施行之乃至有顛越所挾持捐若弁髦弗遑顧學名見道而以文奸才稱練達而以濟慾事務苛細而以沽名則師錫向之三術無乃三懼乎聖天子在上雖殊方偏國猶輸忠款歸命闕下奉政令惟謹而況多士漸摩聖澤視齊民不啻百倍視慕化來者不啻千倍一朝際風雲躡文陛而立以自附於當世名賢長者後忍令先資盭之一至此哉先民有言上不負天子下不負所學爾多士習聞之矣乃稱其不負者何在師錫不敏竊謂不負其心而已何者忠信之性固多士所素植也誠堅忠信之素衷奉不負之成訓以仰副皇上側席盛心而聖祖設科不爲希寵藉手則豈特多士之休將主朝聲榮亦與斯録俱矣勖乎哉

浙江湖州府儒學訓導唐師錫謹序

萬曆十年廣東鄉試録

廣東鄉試録序

今兹歷在壬午蓋聖天子十紀元四設科云廣東爲南海陝區士喁喁北面以待舉巡按監察御史羅應鶴先期至申要束而綱紀之矻矻乎其豫□時藩臬□則左布政使李江左參政周之屏監試則按察使徐時可副使朱東光諸文學以聘至考試則道淳暨教諭胡仕朝同考試則教諭姜天麒鄒絢高應烇姚一理訓導鄭人和楊成性楊敦叙群有司以檄至程能授事唯其人既就列御史奉詔令而令之三既授成帥百執事告司盟而申之五比日至□提學副使支可大海南提學副使唐□□□□□□□□百有奇三□□□□□□□□五人策名程藝上之天府故事多士始進主司宜必有久要之言籍既成御史揖道淳而授簡竊聞天地盛德之氣始於西北而盛於東南疇昔聖帝明王率由北産帝臣王佐亦以類從薄海而南暨聲教而已迄我太祖中天而興挺生南國嚮明而治此其嚮方由是閎儒莊士奮起海濱或參密勿或職論我世祖重明麗正南紀應符文命覃敷光被海寓二三大夫握珠懷寶蔚爲國華其言骨鯁其行瑰琦美哉煌煌乎蓋鶉火之次也及我穆考坐銷熒惑海不揚波皇上在宥萬方文德四洽多士搏扶摇而上殆將乘海運而天飛有如垂天之雲何論朱鳥敦牂之歲盛德在南天澤□□壬午乃今鄉國多士寔應昌期夫律天時協地紀本之以帝德類應之以人文多士其皆得之殆千古一覯也顧士之自獻必重先資主司爲之推轂而戒塗必重先發君子慎始何莫不然子之成人父命之冠爲之有室父命之婚入學親師師命之學夫何命命其始也故三加同祝醮同誓鼓篋同呻即父師無异辭子弟信而從之無改慮要以天親則父道尊則師可知已主司以□□□長□多士於千百什一之中非有父之親師之尊也藉第令有口不越乎質文言行以爲言上士聞而服膺儼若功令此何以故主司之所昭事則奉君事也其所颺言則代天言也臨之以勿貳律之以在三加于父師一等矣道淳幸爲役疇敢以不佞而廢言今夫士寧質有其文無寧言過其行比年主司之所忠告率術此爲繩墨

之言以言揚則其文以也□□命曰所習非所用朝藉手而夕屏之静言之謂何違何亟也仲尼四教首事以文其言兩端小大殊矣小言之則莫吾猶人是也大言之則文在兹是也爾多士擅經術飫道腴該古今盡倫物挾筴具在其誰曰不文由是而見之行則得時而駕矣上之經緯天地黼黻治功下之廣厲四方斌斌君子之士也之文也在坤爲五在乾爲二美中四暢天下文明以是爲文文之至也猶未也士之得與于斯文也本之吾心文滅其質極于不懈其心亡矣夫坤陰德也本諸二之敬義乾陽德也本諸三之乾乾天命不已地主有常天地無心此其心也二曜五辰四時百物山澤通氣草木蕃蕪雖天地未始廢文文有本也多士仰觀俯察宜莫盛于乾坤乾乾敬義以純其心彌綸之本在是矣幸哉得士若此寧非盛德之旺于南也與哉夫然則南極列星不爲熒羅浮之山牂牁之水不爲麗明珠翠羽珊瑚木難不爲珍以是而觀人文日幾幾望其熾而昌也何可廢耶上屢詔詔臣工一以正人心端士習爲務心純則正習吉則端誠得若而人相帥而潤色帝業當宁方注目而視拊髀而思逐逐耽耽猶懼不蔇非惡文也惡其文之敝也然則主司所爲口實非述陳言良以廣詔旨云爾多士受命而虔其始視父師有加由是而爲天瑞爲地靈爲譽髦爲連茹爲四暢爲文明令出惟行主司之言信矣毋將曰闈以内尒爲政闈以外尒無預焉是猶既弁之髦既奠之雁既贄之束脩無所用之矣假令法言可距謂明詔何彼鵬以鯤化起羊角而下鴻毛何所貴之貴嚮往也浸假而浮沉煦沫直將與鰋鮪同科去鯤千里去鵬萬里矣多士生斯世也長斯土也其將爲鯤鵬耶鰋鮪耶慎所擇矣是舉也總督總兵□務先兵部左侍郎今爲譽髦都察院右都御史劉堯誨夙著勛猷士風丕變今兵部尚書兼都察院左副都御史陳瑞文武爲憲譽髦斯士提督南贛軍務先都察院右僉都御史張煥今都察院右副都御史王緝陳常申晝訓典旁宣刑部郎中王橋平亭疑法嘉樂章逢右布政使王元敬右參政張明正左參議胡時化副使鄭岳僉事侯應爵沈植張友舜薛夢雷總兵官署都督僉事黄應甲副總兵陳璘于嵩參將成大儒葉歡濮朝宗張應科游擊李棟署都指揮僉事秦經國胡九經咸綜理防範協襄盛典而副使劉倬右參議陸萬鍾署都指揮僉事陳居仁以入賀行按察使今陞廣西右布政使趙可懷以遷秩行皆與有勞者例得并書

湖廣武昌府武昌縣儒學教諭陳道淳謹序

萬曆十年廣東鄉試

監臨官

巡按廣東監察御史羅鶴（德鳴直隸歙縣人　辛未進士）

提調官

廣東等處承宣布政使司左布政使李江（汝貢錦衣衛籍山東武定州人　己未進士）

廣東等處承宣布政使司左參政周之屏（伯卿湖廣湘潭縣人　己未進士）

監試官

廣東等處提刑按察司按察使徐時可（惟易湖廣黄岡縣人　乙丑進士）

廣東等處提刑按察司副使朱東光（元曦福建浦城縣籍江西臨川縣人　戊辰進士）

考試官

湖廣武昌府武昌縣儒學教諭陳道淳（茂弘福建晋江縣籍福清縣人　丁卯貢士）

河南汝寧府信陽州羅山縣儒學教諭胡仕朝（克忠江西南昌縣人　丁卯貢士）

同考試官

江西廣信府永豐縣儒學教諭姜天麒（道瑞浙江餘姚縣人　戊午貢士）

浙江寧波府慈谿縣儒學教諭鄒絇（素甫福建德化縣人　甲子貢士）

浙江湖州府武康縣儒學教諭高應烇（裕中浙江嘉興縣人　庚午貢士）

湖廣武昌府江夏縣儒學教諭姚一理（原純直隸建平縣人　己卯貢士）

直隸廣德州建平縣儒學訓導鄭人和（克嚴福建閩縣人　庚午貢士）

直隸廣德州建平縣儒學訓導楊成性（汝存雲南浪穹縣人　癸酉貢士）

江西饒州府德興縣儒學訓導楊敦叙（汝齊雲南蒙化府人　丙子貢士）

印卷官

廣東等處承宣布政使司理問所理問王夢麟（維振福建閩縣人　庚午貢士）

廣東等處提刑按察司經歷司知事楊鎮（仲威四川酆都縣人　監生）

收掌試卷官

廣州府知府周啓祥（源伯浙江海寧縣人　戊辰進士）

潮州府知府郭子章（相奎江西泰和縣人　辛未進士）

肇慶府知府王泮（宗魯浙江山陰縣人　甲戌進士）
高州府知府李熙（穆之福建晋江縣人　戊辰進士）
雷州府知府陳贇（宗謨江西南昌縣人　辛未進士）
肇慶府同知董石（叔玉湖廣麻城縣人　乙丑進士）

受卷官

韶州府同知秦應驄（行之浙江慈谿縣人　甲戌進士）
廣州府南海縣知縣周文卿（蓋之湖廣江夏縣人　辛未進士）
廣州府順德縣知縣葉初春（處元直隸吴縣人　庚辰進士）
潮州府海陽縣知縣徐申（維嶽直隸長洲縣人　丁丑進士）
雷州府海康縣知縣沈汝梁（邦楨福建漳浦縣人　甲戌進士）

彌封官

廣州府推官陳紹功（及卿福建晋江縣人　庚辰進士）
廣東市舶提舉司提舉翁仲益（受甫福建閩縣籍晋江縣人　甲戌進士）
廣州府增城縣知縣游應龍（廷從福建莆田縣人　庚辰進士）
廣州府香山縣知縣馮生虞（德卿四川大足縣人　丁丑進士）
高州府電白縣知縣張希皋（直卿湖廣安陸縣人　丁丑進士）

謄録官

肇慶府推官唐民敏（學卿廣西全州人　癸酉貢士）
廣州府新會縣知縣袁奎（文卿江西豐城縣人　庚辰進士）
潮州府潮陽縣知縣章邦翰（公佐江西南昌縣人　庚辰進士）
雷州府遂溪縣知縣譚一召（忠卿江西大庚縣人　庚辰進士）

對讀官

廣東等處承宣布政使司經歷司都事陳楊産（以清貴州銅仁府籍四川富順縣人　甲戌進士）
肇慶府高明縣知縣張佐治（思藎福建平和縣人　甲戌進士）
肇慶府廣寧縣知縣黄南金（師説福建面安縣人　戊午貢士）
雷州府徐聞縣知縣蔡宗周（敬冕福建龍溪縣人　庚辰進士）

巡綽官

韶州守禦千户所指揮使汪世臣（國佐直隸桐城縣人）
肇慶衛指揮同知盧延齡（壽卿直隸合肥縣人）
神電衛指揮僉事魏忠（諫卿直隸安肅縣人）
雷州衛指揮僉事顧汝錫（敬甫隸江都縣人）

南海衛左千户所正千户劉宗（維翰湖廣咸寧縣人）
從化守禦千户所副千户任肇魯（彦勳直隸鳳陽縣人）
搜檢官
肇慶衛指揮使聶鑑（光華直隸含山縣人）
惠州衛指揮使張獻文（子直浙江烏程縣人）
神電衛指揮使馬夢陽（應兆河南儀封縣人）
肇慶衛署指揮使左衡（持平直隸太和縣人）
雷州衛指揮僉事錢朝賓（邦選直隸巢縣人）
雷州衛指揮僉事趙夢鳳（明瑞直隸鳳陽縣人）
惠州衛左千户所副千户石璧（朝玉湖廣武陵縣人）
惠州衛中千户所百户魯紹顔（道賢江西餘干縣人）
供給官
廣東等處承宣布政使司理問所副理問陶化（子成湖廣黄岡縣人監生）
廣州府同知朱一栢（應貞直隸寧國縣人　壬子貢士）
廣州府通判劉維藩（价夫浙江錢塘縣人　戊午貢士）
廣東鹽課提舉司提舉聶有功（子謙江西永豐縣人　監生）
羅定州同知游于謹（守行四川内江縣人　監生）
廣海衛經歷司經歷張克念（可聖四川内江縣人　吏員）
惠州府照磨所照磨錢思聰（體明浙江山陰縣人　吏員）
廣州府番禺縣縣丞李焞（崇明廣西宜山縣人　恩貢）
韶州府曲江縣縣丞汪埲（汝衛浙江臨安縣人　知印）
肇慶府陽江縣主簿李宗魁（明暉福建同安縣人　吏員）
廣東鹽課提舉司吏目嚴芝（廷馨浙江西安縣人　吏員）
惠州衛河源守禦千户所吏目何雲衢（道明直隸無錫縣人　吏員）
南鄉守禦千户所吏目王嘉言（惟善直隸壽州人　吏員）
惠州府歸善縣典史林朝（國會福建福清縣人　吏員）
惠州府博羅縣典史陳道（志公福建莆田縣人　吏員）
惠州府長樂縣典史陳廷憲（汝章直隸蕪湖縣人　吏員）
惠州府興寧縣典史蔡銑（日誠福建晋江縣人　吏員）
廣州府連州連山縣典史董子美（一德直隸涇縣人　吏員）
廣州府順德縣江村巡檢司巡檢蔣鑑吾（希會廣西全州人　承差）

廣州府新會縣松柏巡檢司巡檢張朝思（睿卿浙江山陰縣人　吏員）
南雄府始興縣清化逕巡檢司巡檢何堅（子立浙江於潜縣人　知印）
廣州府三水縣西南驛驛丞魏一謙（受益福建□□縣人　承差）
高州府茂名縣大陵驛驛丞林舜化（國泰福建福清縣人　承差）

第一場

四書

孔子曰益者三樂損者三樂樂節禮樂樂道人之善樂多賢友益矣樂驕樂樂佚游樂宴樂損矣　或生而知之或學而知之或困而知之及其知之一也或安而行之或利而行之或勉强而行之及其成功一也子曰好學近乎知力行近乎仁知恥近乎勇　稷思天下有饑者由己饑之也

易

象曰天地交泰后以財成天地之道輔相天地之宜以左右民初九拔茅茹以其彙征吉象曰拔茅征吉志在外也九二包荒用馮河不遐遺朋亡得尚于中行象曰包荒得尚于中行以光大也　彖曰萃聚也順以説剛中而應故聚也　探賾索隱鈎深致遠以定天下之吉凶成天下之亹亹者莫大乎蓍龜是故天生神物聖人則之　神也者妙萬物而爲言者也動萬物者莫疾乎雷撓萬物者莫疾乎風燥萬物者莫熯乎火説萬物者莫説乎澤潤萬物者莫潤乎水終萬物始萬物者莫盛乎艮故水火相逮雷風不相悖山澤通氣然後能變化既成萬物也

書

帝曰俞允若兹嘉言罔攸伏野無遺賢萬邦咸寧稽于衆舍己從人不虐無告不廢困窮惟帝時克　后非民罔使民非后罔事無自廣以狹人匹夫匹婦不獲自盡民主罔與成厥功　夙夜罔或不勤不矜細行終累大德爲山九仞功虧一簣　太史司寇蘇公式敬爾由獄以長我王國兹式有慎以列用中罰

詩

七月食瓜八月斷壺　菁菁者莪在彼中沚既見君子我心則喜　干禄百福子孫千億穆穆皇皇宜君宜王不愆不忘率由舊章　天命降監下民有嚴

春秋

冬十有二月齊侯鄭伯盟于石門（隱公三年）春築臺于郎築臺于薛秋築臺于秦（俱莊公三十有一年）六月雨（僖公三年）　八月公會齊

侯宋公鄭伯曹伯邾人于檉（僖公元年）秋齊侯宋公江人黄人會于陽穀（僖公三年）遂伐楚次于陘楚屈完來盟于師盟于召陵（俱僖公四年）　公會晋侯宋公陳侯衛侯鄭伯曹伯莒子邾子滕子薛伯齊世子光吴人鄫人于戚（襄公五年）

禮記

將適公所宿齊戒居外寢沐浴史進象笏書思對命既服習容觀玉聲乃出揖私朝煇如也登車則有光矣　大德不官大道不器　爲人君者謹其所好惡而已矣君好之則臣爲之上行之則民從之詩云誘民孔易此之謂也　敬慎者仁之地也

第二場

論

王者如天

詔誥表（内科一道）

擬漢舉質樸敦厚遜讓有行者詔（永光元年）　擬唐以張説兼集賢院學士誥（開元十六年）　擬上以御製猗蘭操示輔臣謝表（宣德七年）

判語（五條）

加減罪例　功臣田土　行宫營門　聽訟迴避　帶造段疋

第三場

策（五道）

問　文武并用安寧長久之術譚君道者類能言之夫文與武固相須與自古皇王帝者之略所以經緯張弛率不外此其道何若漢魏而降文章爲盛君臣上下動以賦頌相雄而周官大閲之典季世踵行以爲故事其於文武何居亦可得而言其略與我皇上天縱聖神乃文乃武邇來萬幾之暇特詔近臣披閲圖史抽對章句而暮春教閲深惟先事之備天下欣然想見太平之盛矣聖學方新聖治方勤抑有可爲顯謨弘烈之助者否伏聞皇上所口授儒臣洞然心性之語而閲武之日諸所憫念憂勤意至渥也將以何者可裨萬分一焉諸士夙抱忠悃行且揚于大廷必有所以先資自獻者

問　古稱才難天下事孰非須才而辦者五三上世勿論兩漢以來亦各因俗爲治不假於异代何謂無才蓋非才之難也才而如九德三俊之徒者難

也士固各以才效用今之爲士者大略有四品修詞之家稍能操翰輒自許不朽盛事是謂文章之士其不能者則自托於圓覺定慧超悟本心是謂談禪之士又其高者慷慨負俗蟬蜕當世浮游塵表是謂清言之士又其通者俯仰儕俗敏捷便給以赴事功是謂衒霍之士斯四者可以言才乎其亦有適於用否乎談轉移於今日則遵何術或以爲宜登質直崇正學責實功察似求真何施而可諸士其臚列而縷數之吾以觀才品焉

問　史自尚書春秋左氏而下世稱太史遷遷之書學者户誦之訓故則若篤若廣若駰若誕生若伯莊若貞若守節諸家評騭則若固若緦若知幾若轍若周若元量諸家可指言之與有議其記煩而志寡者有恨其博不足者有知其有激而言之者有稱其隱而彰直而寬簡而明者稱多愛愛奇者博學善叙事者然與非與後世治遷史各以其意以意尊信不掩其瑕以意詆訶不掩其瑜以款啓爲月旦不睹其全至其體裁綜覈品騭甄録間是非當否可指摘其一二與舍遷史而外亦可删削昭雪訂正成一家言否與誠併舉二十一史次第潤色一準於遷史豈非千古快事而世或難其人也諸士中蓋有博洽爾雅如遷者幸相與折衷之毋讓

問　孔子有言國家不患寡不患貧貧與寡不足患則所患者可知已明興二百餘年生養休息閭閻日庶稱夥矣帑藏日積稱富矣顧衆之所聚螘食土田今土非能加益也將歲竭國計給之與彼衆靡窮而藏有限何以待之與説者謂歷稽往牒金用三品通錢法以增民貲亦救敝之一策與上自三代下及漢唐宋藉爲國用國家自洪永迄今阻格不甚行其故何在鼓鑄不得其方流通不盡其術其弊何在夫銅錢資也今銅散於委巷壅於商賈而僅僅開滇池一隅尚有遺寶若乃錢制病不精涂病未廣官病不耑譚錢法者亦間及之甲是乙非未獲本策而以曰法難過矣尒諸士足掛市里周悉民利願詳言之俟司計者裁焉

問　東粤昔稱奥區自弄兵以來莫寧其所則四戰之國已比者賴主上威靈廟堂勝筭文武臣工朋心比力夷險除穢漸號完土顧粤地内多重岡複嶺山寇尚間有椎剽外連巨海水寇叵測其能即寢武事以文令乎則戰非所諱言矣戰之説有二曰大征曰鵰剿大征則靡財甚罄郡縣之貲無足以佐軍興鵰剿則漏奸賊以遺禍二者孰宜戰守之兵在水陸二寨或謂民甫息肩當撤兵以寬民力或謂嶺外非馴民有角者觸有齒者齧其天性固然解甲束馬脱有警能驅市人與鬬乎即水陸二兵議留議撤緩急輕重必有能辨之者諸士爲枌巷籌石畫當陳於未戰毋徒曰俟鼓之日也

中式舉人七十五名

第一名　梁維屏　廣州府學附學生　詩
第二名　莫維則　定安縣學增廣生　易
第三名　吴正偉　潮陽縣學附學生　書
第四名　張　萱　博羅縣學生　春秋
第五名　蔡德璋　潮州府學增廣生　禮記
第六名　黄維貴　廣州府學附學生　詩
第七名　嚴旗先　順德縣學生　易
第八名　余　鏜　新會縣學增廣生　書
第九名　黄如桂　和平縣學生　詩
第十名　張　萃　博羅縣學附學生　春秋
第十一名　王家相　南海縣學附學生　詩
第十二名　鄺行可　番禺縣學附學生　易
第十三名　柯少茂　廣州府學生　詩
第十四名　黄仕鳳　揭陽縣學附學生　書
第十五名　蔡春邁　海豐縣學生　詩
第十六名　翟廷策　南海縣學附學生　禮記
第十七名　韓鳴鸞　博羅縣學生　詩
第十八名　何太庚　番禺縣學附學生　易
第十九名　鄺廷竅　廣州府學生　詩
第二十名　程應龍　潮州府學生　書
第二十一名　李延大　樂昌縣學生　詩
第二十二名　麥鎮鰲　三水縣學附學生　易
第二十三名　林一英　瓊山縣學附學生　詩
第二十四名　吴應鴻　新會縣學附學生　書
第二十五名　尹守衡　東莞縣學附學生　春秋
第二十六名　李同芳　東莞縣學附學生　易
第二十七名　黎日章　東莞縣學附學生　詩
第二十八名　談應召　廣州府學附學生　易

第二十九名　林憲夔　瓊州府學生　詩
第三十名　林熙春　潮州府學增廣生　書
第三十一名　區大倫　高明縣學生　易
第三十二名　鄭學忠　順德縣學增廣生　詩
第三十三名　關世教　廣州府學增廣生　易
第三十四名　余士奇　東莞縣學增廣生　春秋
第三十五名　黄　琮　饒平縣學生　詩
第三十六名　何如簡　新會縣學附學生　易
第三十七名　黄文炳　海陽縣學生　詩
第三十八名　許子偉　瓊州府學附學生　易
第三十九名　何若麟　香山縣學生　詩
第四十名　温可貞　新安縣學附學生　書
第四十一名　韓　擢　博羅縣學增廣生　詩
第四十二名　洪　信　廣州府學附學生　易
第四十三名　江應春　河源縣學增廣生　詩
第四十四名　陳　睿　廣州府學附學生　詩
第四十五名　葉　滋　番禺縣學附學生　易
第四十六名　劉克脩　廣州府學附學生　詩
第四十七名　趙公性　番禺縣學生　禮記
第四十八名　易騰雲　廣州府學附學生　詩
第四十九名　何獻科　惠州府學生　書
第五十名　馬夢吉　順德縣學附學生　詩
第五十一名　高爲儀　廣州府學生　易
第五十二名　王家泰　瓊山縣學生　詩
第五十三名　洗繼登　廣州府學附學生　易
第五十四名　丘化南　南雄府學生　詩
第五十五名　李元暢　高州府學生　春秋
第五十六名　胡與京　廣州府學附學生　詩
第五十七名　吴尚賢　瓊州府學增廣生　易
第五十八名　姚淑明　潮陽縣學附學生　詩
第五十九名　李鳳姿　番禺縣學附學生　易
第六十名　譚善繼　三水縣學附學生　詩

第六十一名　郭浡然　南海縣儒士　易
第六十二名　蘇日登　廣州府學附學生　詩
第六十三名　詹一惠　惠來縣監生　禮記
第六十四名　陳應龍　瓊州府學生　詩
第六十五名　駱應圖　歸善縣學增廣生　書
第六十六名　黎弘濟　廣州府學生　詩
第六十七名　許時謙　饒平縣儒士　書
第六十八名　蒙　賢　番禺縣學附學生　易
第六十九名　陳光祚　東莞縣學生　書
第七十名　劉若侗　順德縣學附學生　易
第七十一名　張鳳翼　澄海縣學附學生　詩
第七十二名　陳駿惠　澄海縣學生　易
第七十三名　林數仞　長樂縣學生　書
第七十四名　羅良信　廣州府學增廣生　易
第七十五名　樊子遷　瓊州府學生　春秋

第一場

四書

孔子曰益者三樂損者三樂樂節禮樂樂道人之善樂多賢友益矣樂驕樂樂佚游樂宴樂損矣

梁維屏

同考試官教諭姚批（題多頭緒作者類煩冗可厭此卷刊落言筌直見本色宜式多士）

同考試官教諭高批（渾厚古雅不事綺麗是文之復古者）

考試官教諭胡批（醇雅可誦結意尤精）

考試官教諭陳批（發損益意精透）

樂有損益于心之敬肆辨之也夫樂生于心者也心敬則益心肆則損是以君子慎所樂與夫子意謂吾人一心曷嘗無所用哉其有所向也而樂生矣其有所入也而樂成矣顧均之爲樂也樂得其道而益者有三樂得其欲而損者有三何言乎益也心存于中感物而動其所深嗜而篤好者節禮樂焉道人

之善焉多賢友焉養吾中和之德則本體益融廣吾觀摩之資則進修益懋蓋一念敬將上達無所不至始焉心樂之既乃與之俱化而不自知也故曰益者三樂何言乎損也心馳于外逐物而流其所深嗜而篤好者驕樂焉佚游焉宴樂焉矜夸之氣勝則檢節之意微淫惰之習滋則賢善之交遠蓋一念肆將下達無所不至始焉心樂之既亦與之俱化而不自知也故曰損者三樂吁人之爲學求其益不求其損而一念易移入乎損即出乎益盍早辨之而已是樂也豈惟學者宜慎之夫快意當前恒情易溺而憸媚之徒日從臾其間損之樂日益而益之樂日損非宣哲濬明疇能鑑焉彼夫履綦鳴玉左規矩右準繩而又朝夕箴圖先後師保以相爲交儆斯能察於損益之際而自得其心者與

或生而知之或學而知之或困而知之及其知之一也或安而行之或利而行之或勉强而行之及其成功一也子曰好學近乎知力行近乎仁知耻近乎勇

莫維則

同考試官教諭鄒批（題中一與近正相照應此作最得肯綮而詞更冲雅録之）

考試官教諭胡批（理精詞整）

考試官教諭陳批（大雅之文）

論人於達德要之則一求之則近也夫終而一者成德也始而近者入德也彼困勉者可自諉耶且夫達德在人理本一而非二機本近而非遠也人顧自力何如耳彼道著於人不必生知而後可語知也或得之學或得之困雖若各一其知及觀於既知之後無二知焉何也道要之能知而止也道體於人不必安行而後可語行也或由于利或由于勉雖若各一其行及觀於成功之後無二行焉何也道要之能行而止也夫于知可以觀知于行可以觀仁于知仁之一而可以觀勇矣彼未能一者其何以近之哉天下不皆生知知未易幾也惟學而好焉勵一求通之心則何蔽不可祛而知近矣天下不皆安行仁未易幾也惟行而力焉持一邁往之心則何私不可克而仁近矣天下不皆知盡仁至之人勇未易幾也惟知耻焉存一愧悟之心則何懦不可起知與成功之一而勇近矣是蓋道隨人而可行二之即非道德隨人而可入遠之即非德知所求焉即由近而一何難哉雖然近之易一之難也故虞庭之傳心曰一夫子之貫道曰一是一者聖學也帝治也此夫子本之行道之一推之九經之一正欲舉其君於堯舜文武耳若曰卑之無甚高論豈識聖人告君之心哉

稷思天下有饑者由己饑之也

吴正偉

同考試官訓導楊批（聖人憂民饑處正在不能人人教稼穡上此作描寫精神入微矣）

同考試官教諭姜批（格高詞偉鏗然乎希世之音也可以式矣）

考試官教諭胡批（發意明盡詞更悠然）

考試官教諭陳批（思深語到）

聖臣念當世之饑而任失養之責焉夫稷以養民爲職者也失養而饑責將誰諉此稷之所以深思與孟子發禹稷救民之意如此且夫任天下之職者當先天下之憂禹職在治水固思溺由己矣而稷則何思哉蓋舜嘗憂民之饑而以播時百穀屬之於稷稷已承舜之命而以粒我烝民引之於躬官以稷名固天下之所賴以爲養者乃其心俯仰以思九州如此其廣吾之疆理焉得在在而履之苟吾之疆理一有未至九州之内得無有枵焉而待食者乎此枵焉而待食者不可歸之於天也職我之故耳世有稷在固天下之所恃以無饑者乃其心蚤夜以思百姓如此其衆吾之稼穡焉得人人而教之苟吾之稼穡一有未周百姓之中得無有閔焉而望歲者乎此閔焉而望歲者不可咎之於人也時予之辜耳不以帝命率育爲己有相之功猶以庶奏艱食爲己未盡之責惟其思之也深故其救之也急此稷之所以勤其官而爲天下烈與大抵三代而上君爲民立命三代而下民莫能自必其命爲民立命者視民饑由己民莫必其命者以爲饑於我何與焉安有玉食萬方而恝然若是者即能加意窮民又或不罪己而罪歲嗟乎任人如舜任事如稷則阻饑之民可轉而爲厚生之民夫歲固君人者自爲之也

易

彖曰萃聚也順以説剛中而應故聚也

嚴旗先

同考試官教諭鄒批（發明上下萃道詞不費而義自盡）

考試官教諭胡批（典確可誦）

考試官教諭陳批（精當）

彖傳釋萃之名義以上下之一心也夫情以一而聚也卦德體上下通爲一矣此其所以萃與彖傳曰人君以一人之身能使天下翕然從之而不忍離者無他焉有以一其心故也兹卦之名曰萃則是有天下有分土而無分民人心可使聚而不可使散乃四海一家之時也於卦何取哉蓋卦之德坤順兑説

是順以從君者民也而説道之使君實有以先之斯時也父母赤子何其休戚之相關也卦之體剛中而應是誠實下交者君也而虚中之誼臣又有以結之斯時也元首股肱何其喜起之交協也上焉者聯屬乎下則由朝廷而邦國而四方黎獻熙熙然其若一人下焉者聯屬於上則由公卿而有司而群黎百姓藹藹然其若一心蓋方其未合也遠而疏疏而渙即一堂之上已不相屬而況于民及其既合也群而聚聚而親即萬里之遠可以相通而況于近吾於是而知萃在天下而所以使之萃者君也通于此而可以識萃之名義矣雖然萃固難而保萃尤難夫人之一身四肢百骸融而爲一苟精神元氣一日不貫即索然離矣是故爲人君者運其精神以馭群工培其元氣以厚黎民者保萃之道也

神也者妙萬物而爲言者也動萬物者莫疾乎雷撓萬物者莫疾乎風燥萬物者莫熯乎火説萬物者莫説乎澤潤萬物者莫潤乎水終萬物始萬物者莫盛乎艮故水火相逮雷風不相悖山澤通氣然後能變化既成萬物也

鄺行可

同考試官教諭鄒批（格高意渾而變化轉換處絶無痕迹佳作也）

考試官教諭胡批（是大家機軸録之）

考試官教諭陳批（思致筆力不凡）

造物之妙神化相須者也夫一故神兩故化也兩不可見而一神之用不幾於息哉大傳合先後天而發之也若曰至矣造化之功其極天下之至神者乎以爲倚於物也而未始滯於有以爲離於物也而未始淪於無蓋妙萬物而爲言者也何也天下之物成於造化而造物之功成於六子雷吾知其動物風吾知其撓物顧其所以動且撓者雷風不與也神也火吾知其燥物澤吾知其説物顧其所以燥且説者火澤不與也神也水吾知其潤物艮吾知其終始物顧其所以潤所以終始者坎艮不與也神也生成各專其一而存主莫測其用所謂神妙萬物者非耶然是六子之變化也豈自爲之運哉而物之成也豈自爲之成哉吾觀於先天之卦水火則相逮矣雷風則不相悖矣山澤則通氣矣而分陰分陽者藏其宅夫是以變化之餘物得其潤且燥焉物得其動且撓焉物得其説且成焉而根陰根陽者神其功是變非他也陰之合於陽而後變也化非他也陽之合於陰而後化也成非他也陰陽之相須而成也故觀先天後天之卦而神化合體用備矣大抵神統乎形神主其逸而形任其勞者動静之分也後天聖人退二老于不用而生尅嗣續各因其時無非所以尊神道耳噫造化之神常得於静人心之神常失於動奈之何其不思

書

后非民罔使民非后罔事無自廣以狹人匹夫匹婦不獲自盡民主罔與成厥功

余鍠

同考試官訓導楊批（詞理俱精而説無自廣狹人處更有關係可録）

同考試官教諭姜批（就題發揮無一字不精到）

考試官教諭胡批（構詞命意迥异衆作）

考試官教諭陳批（得伊尹告君之意）

大臣論君民相須而欲取善廣其量焉夫人君合天下以成其善也知君民之相須而取善可有遺乎且人君非一人之身也聖德非一善之積也盍觀君民之際乎彼君使人者也非民則孰與奉一人之役是君不可無民也民事人者也非君則孰與統萬姓之心是民不可無君也故庶民之論議雖微而有可采一己之聰明雖高而不可恃寧以聖人而擇芻蕘之言也毋自廣其能而狹人之能也寧以天子而納閭閻之慮也毋自廣其善而狹人之善也何也生一自廣之心則何德非已存一狹人之念則何人有德忠智之謨且阻于千里之外矣夫婦之愚安能自效乎師保之訓且塞于九陛之下矣夫婦之賤安能自達乎雖匹夫匹婦之善未必裨于天子之聖明而一言一善之遺終有虧於聖人之光大何自而成厥功耶信乎聖德無可滿之量而庶官左右之外尤有不盡之師也人君可不合天下以成其善哉嗟乎人君之最患莫大乎有己彼天之所大奉左右所從臾巍然自視不勝其廣舉天下莫與比智而較能夫惟心虚則萬善皆入而可以併包天下故堯稱大哉以其能舍己也此一德之本也

太史司寇蘇公式敬爾由獄以長我王國兹式有慎以列用中罰

黄仕鳳

同考試官訓導楊批（詞旨精透發周公惓惓慎獄之意盎然當是作者）

同考試官教諭姜批（發意明悉措語鏗鏘是邃於經學者）

考試官教諭胡批（朗然可誦）

考試官教諭陳批（有藻思）

大臣告太史欲以祥刑而垂憲焉蓋祥刑垂憲萬世也蘇公以之太史可無書乎周公若曰刑之所係大矣用之得人則以刑壽國用之匪人則以刑病國爾太史其知哲人之刑乎彼司寇蘇公之掌邦禁也一輕一重悉裁之於敬惕乎天命之嚴一取一舍悉歸之於敬凛乎民情之畏式敬爾由獄焉敬至則

刑不濫而四海之大命以立社稷有道之長若或延之也刑清則世自泰而一代之元氣以培國家不拔之基若或固之也用罰至是無乎不慎無乎不中而可爲後世式矣爾其書之史焉俾嗣公而興者心公之心典公之獄者法公之法輕之不可重之不可而輕重之間有中在也昭乎成憲之如新式而用之爲天下持平而已矣取之不得舍之不得而取舍之間有中在也秩然令章之咸具式而用之爲朝廷執法而已矣敬獄之風异人如一心而王國之長亦萬年如一日也哉吁用獄敬則刑罰中紀載公則垂示遠周公既以誤獄戒成王而復以敬獄告太史其爲周家之慮深哉蓋聞虞廷恤刑欽哉是敕夫敬所以制中也爲民司命敢不敬與穆王荒耄猶曰何敬非刑具嚴天威豈太史之書司寇之式有以啓之然訓祥刑而列罰鍰何屑屑焉故下式敬而上罔知體也

詩

菁菁者莪在彼中沚既見君子我心則喜

黄維貴

同考試官教諭姚批（發我心喜處透徹而精采熚如）

同考試官教諭高批（詞俊調高理明意婉詩義上乘也）

考試官教諭胡批（以有儀有形心喜最妙）

考試官教諭陳批（題淡而文有味）

詩人興已之見賢而誠於喜焉夫喜出于心其喜也誠矣詩人以之真能悦賢者哉歌菁莪者意謂見賢而喜者情也顧儀弗備則簡心弗至則虚今之樂且有儀豈飾喜哉彼莪之菁菁而盛也中沚在焉是物且因地而適矣况見君子而喜也有不由于心乎吾知方其未見也仰而思思而憂吾之精神先與君子相爲流通及今既見也遇斯喜喜斯陶吾之意氣自與君子相爲浹洽喜起形于一堂匪迹也本吾中心好之者爲社稷慶也慶歸社稷喜出吾心殆舉其素所藴結于衷者而盡宣之矣笑語形於九陛匪文也本吾心乎愛之者爲生民幸也幸在生民喜自吾心殆舉其素所抑鬱于衷者而盡暢之矣是蓋鐘鼓載陳喜之聲也玉帛交錯喜之容也於聲容而樂之其心猶有未慊式燕未舉心先和也幣帛未將心先獻也於根心而喜之其儀始爲不虚吁菁莪詩人真篤于好賢矣嘗觀明良感召如宫應而角動由心先之故不介而親也若儀不及物賢者豈虚拘哉然隰桑亦好賢也惟欲其心之不謂不忘而是詩播之咏歌彰之儀物若亟于自見其心何哉蓋隰桑喜見欲心之藏于已菁莪燕賓欲心之達于人豈好之有淺深耶

干禄百福子孫千億穆穆皇皇宜君宜王不愆不忘率由舊章

王家相

同考試官教諭姚批（以俊雅之詞發微婉之趣鏘鏘乎明堂遺響矣）

同考試官教諭高批（頌美得體鋪叙有法令人讀之不能釋手）

考試官教諭胡批（得頌不忘規意）

考試官教諭陳批（詞莊而麗）

詩願王者之福惟後胤之多賢也蓋王者以後胤爲福也多而且賢百福孰大于是想其答君貺若曰天下惟有道之君爲能集昌後之福故帝王之享有全福每於後嗣徵之也王之福何如哉吾知顯德在王其于禄也有道百福在天其申錫也無窮福王之子而子以千億天若爲宗社而發其祥福王之孫而孫以千億天若爲邦家而衍其慶然非徒多而已也貞元會合則賢聖繼出莫不穆穆焉皇皇焉王有世德而子孫皆象賢也大德得位則君王聖明莫不宜君焉宜王焉王有世業而子孫皆勝任也據敬美之猷豈不能更一法制哉過之不敢忘之不敢惟知我周有家法在焉吾爲先王守之而已矣撫君王之位豈不能作一聰明哉無敢過越無敢遺忘惟知我周有祖訓在焉吾爲先王率之而已矣蓋周官洛誥之貽本爲萬世之君王而立極善繼善述之道遂合千億之子孫而共由至是則帝王之統有托而明聖之緒不患無傳矣百福其遠哉嘗觀創業之君憂深思遠其法足垂永久而好大者耻循習喜事者樂紛更非福也故以旦之臣輔成之君取其舊而盡更之何難哉尚曰儀刑文王則知敬美不足恃而成憲所當遵也是詩其有周公之忠愛耶

春秋

八月公會齊侯宋公鄭伯曹伯邾人于檉（僖公元年）秋齊侯宋公江人黄人會于陽穀（僖公三年）遂伐楚次于陘楚屈完來盟于師盟于召陵（俱僖公四年）

張萱

同考試官訓導鄭批（比屬端整而不分愈深禮謹最得傳旨）

考試官教諭胡批（形容桓伯帖楚意殆盡）

考試官教諭陳批（森然得體）

春秋紀伯主憂外有善于制之者有善于服之者此桓之制楚服楚則能憂之效也且善始者不必善終自昔記之迺有以識明之主才優之臣而不克持其終者非其初然也方楚之未帖而桓仲憂之以爲楚之伺釁而動寔嘗我威而江黄新服用列爲齊不用則楚其信不可失也故檉會而鄭勤矣陽穀會

而伐楚謀矣樽俎折衝方行華裔而加之與國之援其威内振其信外孚將無俟撻伐一加而溱洧以南漢陽以東悉就齊之畫中矣又以楚之逆師問故寔覿我訶而屈完來款以德則服以衆則難其禮不可失也故陘次而包茅問矣召陵退而盟禮成矣文告威讓氣奪强敵而加之先好之徼其詞順其禮恭將無俟攻戰爲威而方城之城漢水之池悉安齊之宇下矣夫以桓仲之憂楚而思屈其力也如是思屈其心也如是慮其勝而持其勝也又如是其爲念一何深而爲禮一何謹也此無异故焉方憂之君不必王德而可與慮危方憂之臣不必王佐而可與圖艱也楚帖而志驕志驕而行肆陳之討遂紛紛矣考桓仲之初决策也固曰速得志於天下諸侯夫桓之得志孰逾召陵者故桓仲之驕溢召陵以前爲之也

公會晋侯宋公陳侯衛侯鄭伯曹伯莒子邾子滕子薛伯齊世子光吴人鄫人于戚（襄公五年）

張萃

同考試官訓導鄭批（傳中來會就是不爲主此作發揮有見）

考試官教諭胡批（融會二傳成文可誦）

考試官教諭陳批（得進吴意）

春秋于遠人與好而特進其慕義焉此吴之慕義而聽習於戚异乎夷矣欲無進之得乎□于戚之會吴以人稱我無所貶而彼爲可會何也夫自伐郯以還而諸侯俛首於北吴人雄視於東者逾十餘年而悼也賢伯也通吴以制楚義舉也彼雖潛號之夷乃其慕我華風也甚堅而欲從事於會也甚切是故悔淮上之不至而遣壽越以求通也則曰寡君願徼福于唐叔二文奉贄幣以見于君惟不虞之不戒以至失時寡君敢伏其辜感善道之爲期而煩魯衛以告虔也則又曰君幸惠徼于泰伯仲雍哀寡君而賜之會寡君願與二三兄弟相見以謀其不庭君無所辱命戚之會蓋以與中國之壇坫是幸者而敢爲主哉維時雞澤之盟内則諸侯聽命君子以吴之來也其心同于友邦矣嘉父之款外則諸戎事晋君子以吴之來也其事异乎夷狄矣此之不進而亦從于柤之例待之是使夷不變夏而中國不伸於夷也故特稱人以進之蓋聖人之情春秋之義如此云於乎晋之通吴猶楚之通秦也楚抑吴興儒者或謂悼非策然以吴當秦悼亦籌之審矣惟晋無悼而後吴興故夫儒者之論是責人於無己也

禮記

大德不官大道不器

蔡德璋

同考試官訓導楊批（講不官不器有分别而華藻蔚然）

考試官教諭胡批（典雅不浮）

考試官教諭陳批（俊逸）

惟道德之大者其用不能限焉蓋凡用之可限者必本之未盛也曾謂道德之大而限於用哉嘗謂君子之學以藴于心而非無用也以效于用而非無體也觀于聖道而知體用之相須矣彼德之小者度德而官之誰曰不可惟天下有大德彼其涵養甚充而其所藴藉甚深也吾知理煩治劇何所用而不宜任大投艱何所效而不稱其始若未嘗以一長名而天下有大責任於斯人乎負荷之而其藴卒不可窺也若曰德之各一其任如官之不相攝豈所以論於大德者哉道之小者隨材而器之誰曰不可惟天下有大道彼其抱負甚宏而其所設施者甚裕也紛然臨之而泛應有全能卒然投之而妙用無應迹其始若未嘗以一藝見而天下有大事功於斯人乎運量之而其用卒不可究也若曰道之各一其用如器之不相通豈所以論于大道者哉吁惟不官然後見聖人之德惟不器然後見聖人之道君子察此可有志於本矣斯人也惟夫子足以當之觀其學殫累世藝兼多能其却萊兵反侵地墮名都視天下事皆緒使也若以偏材而欲輒試于用則窒而不達即欲以狡獪猥詷托之于通方而曰我且不官我且不器謬矣學者可不務本哉

爲人君者謹其所好惡而已矣君好之則臣爲之上行之則民從之詩云誘民孔易此之謂也

翟廷策

同考試官訓導楊批（根極理趣一洗塵言是大推文字）

考試官教諭胡批（説謹字見理）

考試官教諭陳批（明暢）

論君心當慎以其感人之易也蓋好惡通於臣民君之誘人易矣徵於詩而可不慎與且夫人君托於音樂以明其教非徒自娱於音也將以通天下之感也是故德音溺音邪正辨矣而爲人君者可不謹其好惡哉當知以好感者其心易以淫君無以其淫者爲好也以謹其好必要諸德音即弗入於心必察矣以惡感者其心易以私君無以其私者爲惡也以謹其惡必要諸溺音即習移於心弗顧矣所以當謹者曷故哉正以臣不自爲惟君是爲君誠好矣臣即相率而爲焉不問其所好何如也民無定從惟上是從上誠行矣民即相率而

從焉不問其所行何如也此其爲之本在君不在臣從之機在上不在下誘民何易易耶觀詩以誘民語君德以孔易道民心正此好即爲行即從之謂也然則謹其好惡孰非謹其誘民者哉而子夏之言進乎音矣嗟乎人主之好惡易溺豈直是哉端儒莊士程容於柔曼則遠親异亢言激論角聽於頌媚則距内异始之中其所好者不一二人既達則諧臣肩比諛歌耳滿爲而從之成風矣人主達於子夏之説者何論聲音即通於政治可也

第二場

論

王者如天

梁維屏

同考試官教諭姚批（格調古雅含蓄泓深説如天本旨最親切有味非邃養不能）

同考試官教諭高批（不事馳騁而淵然蒼然純是大家機軸敬服敬服）

考試官教諭胡批（論王道甚精透誦之悠然）

考試官教諭陳批（就題立説先進之文）

聖人以無心治天下故天下忘乎聖人之治天下忘乎聖人之治而聖人之治益大彼天下群生喁喁然待命於聖人而聖人者以一人制天下之命有群衆則有是非有是非則有刑賞有刑賞則有喜怒聖人豈异人哉奈何以無心治之而能使天下與之相忘也嗟乎此聖人之治所以爲大洪濛寥廓覆之如天舉萬物終始於其中而不自知也今夫天太虚無垠譬之橐籥鼓以二氣運以四時吸之嘘之通之復之吸則寒嘘則暑通則元亨復則利貞一翕一闢互爲其根其榮茂也物不以爲德其凋落也物不以爲怨何則無心故也天無心以萬物爲心榮茂凋落皆物所自取故曰栽者培之傾者覆之因材而篤而天無與焉人則各一其心形骸格于外情識横乎中同我者是异我者非是我而予之者德非我而奪之者怨棼棼藉藉莫適爲主有聖人者出是天建于天下而全界以所覆乃相率而聽命於聖人故聖人繼天而王王者覆冒天下者也洪範有之惟辟作威惟辟作福王者操威福之柄可以養人可以教人可以榮人辱人可以生人殺人而以有心與之舉天下惟吾所欲爲而莫之敢抗將恣意肆行何所不至而天下之后我者讎我者各任其喜怒交起而争王者亦人耳何以覆冒天下蓋嘗讀史至陶唐之世而神游其天彼其出而作入而息

鑿飲而耕食孰非受放勛之賜者乃擊壤而歌帝力何有於我哉立我烝民莫非爾極矣而康衢之謡方且不識不知吾以是知天之爲大而堯之爲天也故曰大哉堯之爲君巍巍乎則天蕩蕩乎無能名夫王者不以我治天下而以天下治天下以我治天下者民寒而曰我衣之也民饑而曰我食之也民遠於善而曰我教之也民陷於罪而曰我刑之也上知有我下亦知有我上有我故任威福下有我故任德怨威福德怨交于上下而喜怒叢生淳化日漓善乎禹之言曰堯舜之民皆以堯舜之心爲心至於予而百姓各自以其心爲心蓋慮之矣欲通天下以爲心則莫若以天之心爲心以天之心爲心故知有天下不知有我不知有我故有心於天下治無心於治天下以無心治天下故上不任威福下亦不任德怨皇極之敷言有之無偏無陂遵王之義無有作好遵王之道無有作惡遵王之路故未嘗衣食天下而農人舉趾紅女在機民以爲自給自足而王者不言澤未嘗提命天下而司徒敬敷典樂克諧民以爲自親自遜而王者不言化未嘗敲扑天下而五聲兼聽三居克允民以爲自耻自格而王者不言威我惠民而視以爲雨露之滋我明民而視以爲曜曦之照我戮民而視以爲風霆之震霜雪之肅當其時協氣横懷生浸潤固無咨嗟怨嘆之聲亦無感恩圖報之迹上之心常通於下不出廟堂而九垓八埏之外若端委而化下之心常通於上無事煦沫而踵武逖聽之夫若玄默而信故曰王者如天不令人喜不令人怒也彼偏霸之徒爲驩虞之治欲以力征經營天下筭計見效似捷於王者而不知其囿於天覆之中直醯雞視之耳會葵丘示義安知大義問包茅示禮安知大禮伐原示信安知大信戰泓示仁安知大仁故曰眇乎小哉所以屬於人謷乎大哉獨成其天此天人之辨也夫天之所生孰非肖天者而自弃於天則有我之心累之故同天者忘己希天者克己不令人喜不令人怒王道之大也無有作好無有作惡王心之純也慕王道者先其心而已矣

表

擬上以御製猗蘭操示輔臣謝表（宣德七年）

黄如桂

同考試官教諭姚批（藻麗博雅於陳謝中寫出臣子引類報國之意當是作乎）

同考試官教諭高批（博而不窮于僻麗而不傷於丐是擅長抽對者）

考試官教諭胡批（典贍有則）

考試官教諭陳批（學富而詞工可録）

宣德七年某月某日具官臣某等伏蒙聖恩以御製猗蘭操宣示臣等者

伏以宣室求賢綸綍煥龍章之懿明庭播雅琳琅分鳳藻之輝語出仙葩儼蘭函而日麗寵頒儒素奉芝檢以春融韻協羽商聲諠朝野臣某等誠惶誠恐稽首頓首竊惟賢才應運以出祥開草木之蕃哲后論德而官心切菲葑之采故禮嚴琴瑟思在良臣而語載芝蘭比于君子曆開蓂莢闢四門以延英化衍菁莪來多士以楨國商林拔傅巖之秀梅鼎惟馨周室樂莘野之賓鹿鳴載咏自中阿之好既熄致空谷之音無聞惟宣父之興思托幽蘭以紀操謂紫莖被九畹當作明王之香而丹潁賽千秋豈宜衆卉之伍世雖傳其遺響誼既遠於前徽迎申生以蒲輪那識蓬心可采屈嚴陵於諫草疇云蘭味不忘映庭凝露之詩詞似工而不關遺佚臨池從風之賦句雖麗而奚裨譽髦文不在兹事應有待恭遇皇帝陛下九乾含粹三象儲精育德青宫漱藝圃禮園之潤敷文紫極覃冰天桂海之聲光奕葉而祖德有詩重本根而憫農有詔廟堂席側無取峭蒨菁葱巖穴弓招旁及絲麻菅蒯蓋已弘櫄薪之道亦兼蓄梓漆之材然猶思服媢于國華廑縶維於場藿親揮睿藻特製猗蘭聯璧貫珠名雖沿於孔氏振幽拔滯義實創自宸衷曰身隱曰道光遺賢是慮若幽谷若茂草潛德孔昭曄曄其芳一語仰王言之麗嗟嗟厥茂四韻睹御墨之華副在蘭臺儼矣明堂大雅恩施芸閣猗與宣聖徽音豈徒美媲夫五絃將用形求于九野昔高皇頒耆儒之敕不弃芻蕘迨文祖賜明經之詩兼收草莽先朝特典今日重光遂使篠派瑣材依白雲而翹首茅菼群品候清角以彈冠某等識謝爨桐恩銜殞蘗御仲由之瑟終閟響於丘門學宋玉之謡未均音於郢路芳騰金陛戴周露之滋培蔭結玉池仰堯雲之芘覆猥荷奎章之燦爛幸探天旨之淵純竇衮初頒矚慶雲之五色朱絃一拊聆韶律之九成足徵丹扆雄文更詑黄扉奇覯敢不益勤吐握用廣登崇聽賢人予輔之聲期斷金以共濟遵群材偕來之旨務連茹以同升伏願善人與居德音是茂毋采華而忘實毋弃瑟而好竽于彼高岡于彼朝陽收孝德馮翼而四方則心阜民財以解民愠歌明良喜起而萬事康臣等無任瞻天仰聖激切屏營之至謹奉表稱謝以聞

第三場

策

第一問

梁維屏

同考試官教諭姚批（闡揚皇上敷文振武之盛詞藻蔚然且忠規懇切尤見芹曝之忱）

同考試官教諭高批（今天子德備文武草茆儒生知有恬熙之化耳矣莊誦揚搉得其大本如子者應不多見宜録以獻）

考試官教諭胡批（經生中能鋪張文治武烈而直攄忠悃知志在自效者）

考試官教諭陳批（意忠懇而詞典雅得盛世敷文振武氣象宜録）

聖人之所以合神順命則地揆鴻名白于天下而常爲稱首者道莫大乎文武夫文靈通虚應焕藻擒菁思馳三玄炎揮五際舄奕廓廟暐曄寰區其道懿矣盛矣若乃撥亂夷世睿筭雄圖七德有耀群策是奄委命環裘歸心風海煌煌乎非大武之弘烈歟故文與武非二物也肄武敷文非二事也薦紳之家委蛇而歌肆夏則云帝王德化不在用兵而武是用詘介胄之夫攘臂而議韜略謂迂步闡武抵掌却敵不能以寸而文事方之左矣不知象意方先性情未啓希微奥窔之中而匪文則何以恢廓其精神而新天下端委甚都莊辭容與而陡然當衷甲折衝之會匪武又何以震耀其聽睹而服天下夫惟上聖之主含吐陰陽彈壓山川吹萬各適得一以寧蓋嘗隆之仁義禮樂騰茂蜚英以盪文章而新風雅乃又于天下從容之際藏人情之所甚畏而修其國容以養奇杰之氣至以天子之尊而馳騁于原野親金鼓干戈之事而不爲過吁此其爲文豈徒飾理詭曼緣設小物賓賓焉以灼于世而其爲武豈匹夫一劍之學沾沾一吷而見爲威哉美哉洋洋乎期運之會昌聖神之芳軌而我皇上文章之盛與其所以大閲武承平之際者可得而揄揚其萬一矣蓋自混沌既判黄皇肇基垂衣不足而爲結繩結繩不足而爲書契書契不足而玉龜石馬瀠河而沉於洛河洛不足而舜戚軒弧賁相望於堂階干戚不足而青丘丹浦鮪水鳳墟相與從鞭弭于中原而夏籥虞箾堯章湯濩雍熙恬愉之歌乃以爲象成告功之具夫然後而知世之不能不文也文之不能不武也勢也聖人所不能違也而文之不可無武也武之不可無文也理也聖人所不可偏廢也其後冥契綦闡圖□愈增抽演闕文綱罹遺韻則詩歌賦頌電發于清都岐陽石鼓蒐狩類禡奇正行師方圓布陣則鞞琫鞢韐動容于章冕要之趣向不同質文亦异建安六代之季君臣上下流連于寶瑟瑶臺沉湎于輕紅濃黛相與置酒迎風賡酬迭和所創音什蕩靡不經如巫山芳樹朱鷺烏栖樅陽白紵銅鞮元會相羊誇誕鋪張一時而栢梁之體華林之編至與臣下競短争長無復雅道而三代禮樂蕩然於斯矣乃若閲武之禮代相沿踵太始咸寧有宣武堂之閲武德有同宫之閲貞觀有城西之閲顯慶有滍水之閲開元有新豐之閲建隆有金明之閲他如甘泉上苑長楊五柞校獵射熊凝笳疊鼓不過以供一時之逸興侈千古之雄心而已且也矜文則軍容不耀强□則觚翰爲塵偏雄之技叔霸

之風烏□向哉天啓聖神乃文乃武參神玄造叶契太虚協氣蒸于八埏太和溢于六宇蓋嘗觀于今之天下海波謐矣邊塵浄矣倭酋達虜之寇昔日所宵旰而憂者今俱解辮而内爲國家貢賦之土而荆魏之勇士宛洛之俠少悉籍爲戍卒驍騎破的揚威于萬里之外士大夫雍容緩帶相與修先秦西京之業道路風騷而闤闠左國蓋嘉隆之纂組弘正之講明洪永之謨謀臻厥盛熾集其大成而文恬武熙之象郁郁皇皇轥三軼五於都哉亦可謂綦隆泰際矣乃皇□猶聖不自聖本仁祖義摶剛捖柔聿弘安攘之烈躬震夷夏之觀頃來萬幾之暇揮灑宸翰遍賜群工而特敕儒臣分直内閣校讎圖史叙述賦誦抽對章句當斯時也皋陶不及賡明良之歌召公難於矢鳳凰之雅薄海内外想望風聲快睹化成之文有八九十老人相與含哺而謳吟而我明一代之文章行將自皇上而裁成之已然而皇上方且睠然南北特軫先憂不矜承平不娭治康爰當暮春之吉遂教大閲召諸五陵三輔六郡良家之子材官蹶張弘農越騎藹然雲集敕兵部先期演習十千萬全營法上以是日親試之諸凡前茅者中權者後勁者陣魚麗者搴朱旗者擊刁斗者步射者隊射者射而騎者飛驌驦者驥騄蹀躞者爲賢王塞者爲將軍細柳者上按轡而親校其高下定其勝負爲推轂受鉞歌之采薇杕杜鐃吹奏凱而歸天下聞之以爲天策神兵芒星揮電舒雲絶日而遼左諸軍遂以是時所斬首虜四百四十閲之次日露布上聞始命太常祀告太廟宣示中外江漢黎民遠方選裔畚鍤鉏耰于節旄之下吁亦盛矣而執事猶欲詢所以爲芹曝之效愚又將何説而處於此□聞帝王之文與經生二帝王之武與武弁二故丹青追琢特以爲清閑之助而校蒐閲武間一行之以壯神氣而已伏睹皇上所分授詞調有孝弟忠信仁義禮智之目御製聯語有静裏收心涵養德性之句大閲之日憫念軍士勞苦倍加賞賚又察其介胄之制堅利與御前不類特發内帑於工部俾一新之顯謨弘烈固非區區之所能窺測者而因得以輸一二之悃焉夫深宫燕閑之中而較之正人君子則□□异濡毫染翰之際而較之儲精垂思則華實异□聽朝訪道之頃而較□履盈持滿則久曹异□亦臨亦保慎獨之要也惟時惟幾身體之學也慎終如始防微之道也凡此皆文德之精而皇上之所謂收心養性者其意蓋不越此也天下之勢安若覆盂而薊邊黠虜狼貪叵測焱服焱叛則羈縻之難嶺南諸猺憑林嘯峒新州方設措置未安則約束之難更卒繇戍役羡召募朽甲鈍戈緩急不足爲用則練習之難故既濟衣袽未雨桑土見以爲迂闊而其機豫南顧議櫶北顧議剿見以爲參商而其謀周將知兵兵擇將識地形器用利見以爲無奇而其筴當凡此皆兵家之萬全而我皇上之所以長慮却顧

者其慮蓋周乎此也而又有説焉吕東萊曰聖人之文與天地□綜以元氣之機軸斲以陰陽之斧斤濯以江漢之波瀾日月雷霆嵩衡岱華來往毫端聱隅子曰以道德爲疆埸以仁義爲將帥以命令爲陣伍以忠信爲干戈智以師之禮以戰之則何戰而不克此之謂文武合一之道長久安寧之術而今日之所可爲廟廊獻者書生之言惟執事擇焉

第二問

莫維則

同考試官教諭鄒批（人才最□□□□□□騭士品而惓惓於名實邪正之辨有深思矣）

考試官教諭胡批（評古今才品語極剴切）

考試官教諭陳批（讀之覘子自處矣可式）

學者尚論古昔至唐虞成周之間淳懿郅隆類非後世所敢望云即綿邈至于兩漢何翩翩乎多材也今天下非乏士也累朝列聖之所培植菁莪棫樸之所養育非不畢具也高賢大良濯心劘志蘄豪杰自命非遜能往喆也乃士判于名實習分于淳漓豈人才與世相升降有不可究詰抑風靡于漸俗成于習所從來長遠矣請即執事所問而以臆對天下蓋有文章之士絺章繪句呻吻而談先秦櫛韻比聲拮居而卑大曆一操染則謂千古盛事一語稍合則謂靈均以來此祕未睹意味偶同則嘵嘵然而謂努力中原鞭弭當世始而倡之者一二人既而和者數十人又其後人人能矣蓋又有談禪之士襲空寂之微談執生滅之幻論深者湛錮其中而遂以遺世淺者借其言語文字之奥而姑以釣奇始而倡之者一二人既乃仿效成風矣蓋又有清言之士目不睹當世之務而土苴天下身不接利害之交而焦螟萬物迹其議論非不慷慨自負而考中叩藴則未有淵然不可窮之量確然不可奪之守徒沾沾自喜者矣蓋又有銜霍之士譎譎娓娓不可方測極其能于詞刺乾没而用其奇于脂臾希合其便給敏捷能使人人當其意而命之曰材之四人者愚試取而品騭之夫照矚三才暉麗萬有莫近于文玄辭之宰獨照之匠精者發揮道妙大者鼓吹休明斯亦何可少矣顧士之能文譬農之服耜工之貿易其本業耳若乃高自矜詡黨同伐异相掎摭而不能相下謬也命詞不依爾雅而餖飣古文奇字□駴目詗心而止悖也曾弗能自發一識而掇拾前人之遺揭日月而行之謬之謬者也二氏之學其精深奥妙能使人之憬然有悟而其騖空虚而遁溟涬足以澄汰其世累貪鄙之心顧吾儒之理廣大精微何所不備士誠精于理道則玄言精義纚纚具也況繇其言不可用于天下國家斯於世教所關不眇小矣清

言之士其雄談偉論□是以抗俗而破愚則不可謂無禪於世其虚而無當言及而行背之則不可謂有禆于世若夫衒霍者流彼非能肩鉅剸繁爲縣官備緩急又北能持重馳悠爲元元倚辦大命彼其所謂才者不過巧于覻時而捷于應物用之而善亦足小辦用之而不善適足殃民小人之雄哉嗟夫以彼其材皆世所謂高明之士也彼其論辯足以傾動時流故耳觀巷説之徒入焉而喜其聲稱足以歆艷後進故希光附景之士入焉而信其機神足以駕馭群哲故負材抱奇之輩入焉而愚于是維世君子搤擥而談以爲洪永之間其士質如元氣之在渾濛成弘之間其士英如太阿之發于硎蓋至于今而文質離矣夫天下惟上智爲能不與世而推移惟上智爲能觀世而易化談轉移于今日則遵何術哉愚以爲質直之士宜雋也夫以椎魯少文與纍瓦結繩較則其數不勝以戇直不阿與剽輕獧捷較則其數不勝顧其淵中沈識耻言過行渾兮若樸訥兮若愚豫兮若冬涉川猶兮若畏四鄰猶足以軌世而範俗不然則飾其鞶帨而雕其渾樸將何所底止也愚以爲吾儒之學當講也有日月則爝火自微有正學則异端自息僞學繁興天下惑于僞而遂疑其真其真者既無以自見而後一切洸洋謬悠之説得以自露其奇譬如寶在玄室有所求而不見白日照焉則群物斯辨學者心之白日也今即不宜户分而旿析以增言詮然使吾道炳若日星則彼間間詹詹者將不攻而自破是孟氏反經之説也愚又以爲責實之政宜詳也士之赴名若水之就下責之以名則競于飾名而計工責之以實則巧於修實而其計益工言與行違不啻倍蓰必虚心以鑑之多方以觀之真能天下弗顧而始信之高尚之士真能請劍折檻而始信之節義之士真能剸繁理鉅而始信之經濟之士其以虚辭相矜詡與夫捷給爲佞警敏爲能舉無以自售則實行其可興乎嗟乎人主未嘗不欲用材而求之以似則卒無以得其真天下亦未嘗不蘄用於人主而浮慕其名則卒無以見其實此名實之所爲眩也語曰鼓宫宫應鼓角角應夫以四海之大兆民之衆上之鼓舞淬礪者如此而下之應之者如彼未之有矣且夫天下之索奇騖异者固斯人爲之乃其恢詡世運扶張人紀亦未始非斯人爲之顧所倡何如耳不然天下之氾氾泯泯居無一物托之乎質直滑稽從臾巽愞不振托之乎中庸其流爲頑鈍而無耻安所用之且執事所惡惡其似耳假令有能揚扢古今錯繹經緯追典紹謨歌風續雅可以其文學而概少之乎假令有能精通性命而不遺世啓妙契名理而不襲言詮可以其爲釋老家言擯之乎假令有能感慨負俗是非不回能使人聞其風而爲之興起可以清言弃之乎假令有能併包衆能兼總萬略指顧而疆寓寧談笑而事功集可以其敏給而概論之乎蓋聞之天

下惟純粹皛懿之士默成象語成爻徙倚乎汗漫之宇而浮揚乎無畛崖之際淵然有潛渾然無隅凝然弗移而充然不可以形拘斯其人不可多得其次則聰明俊异其思必有所寄而其神必有所之彼必不録録而與庸衆人伍故曰智士無思慮之變則不樂辨士無談説之序則不樂察士無凌誶之事則不樂夫惟操人才之權者潛移而默化之使其精神意氣盡導之于中正篤實之歸而不用之于奇异頗僻之域則向之栩栩有述者皆可進而九德三俊之徒也陶者之治埴也員者中規方者中矩夫陶冶人才者亦若是也唐虞成周之才且旦暮遇之矣

第三問

吴正偉

同考試官訓導楊批（勘抡馬遷得其梗概而詞直追蹤之至欲剛潤二十一史甚中肯綮有志哉）

同考試官教諭姜批（遷史獨尊後代評騭至於成林誠讀子四議當爲愧屈矣末復指摘二十一史欲加筆削咸得其大何□中之富也）

考試官教諭胡批（有史識而才足以發之）

考試官教諭陳批（有多識有定見）

史才之難自古記之若乃品騭秇林揚抡述作豈不尤難矣哉自史遷出而其書彪炳當世熠耀千載諸浚心之士各以其意揚推之至今日而闤闠龍門道路太史人人能言之矣夫甲可乙否漫無指歸是一閧之市也白首習書索之茫如是女史之授也傳耳和聲不綜終始是郢書之誤也錯簡斷篇□次不類是續凫之譏也執事慮之而欲諸生折衷其説生也鄙何足以知之蓋聞之自昔治太史者有二家焉一曰訓故若延篤音義徐廣音義裴駰集解鄒誕生音義□伯莊音義司馬貞索隱張守節正義之類是已指專音釋皛奥未窺然而錯節衍語昭昭然揭日月而行不可廢也一曰評騭若班固之互見瑜瑕劉勰之多所褒予劉知幾史通備極詆訶蘇子由古史尤多彈射以至譙周古史考褚元量史記至言類是已家爲同异人各牴牾然其得與失相兼而不能相掩不可廢也至于片語見褒單詞致貶不一而足其謂史之失自遷固始記煩而志寡者文中子也其謂以三千年之史籍而跼蹐于七八種之書恨其博不足者鄭樵也其謂先黄老序游俠述貨殖自感其所遇有所激而言之者晁無咎也其謂與善隱而彰懲惡直而寬賤夷狄簡而明者蘇洵也其謂多愛愛奇者秦觀也其謂博學善叙事傳之簡牘千餘年而不磨滅者范祖禹也諸如此類蓋無慮數百家未可更僕數愚竊以爲論史多端而大致有三其嚴事史

記者高史遷之名而不敢有所齮齕豈惟順之又從而爲之辭辭有未通務曲而傳之于意意有未安務曲而證之于事轉相讚述弗知其非此以意爲尊信者也竇夏后氏之璜忘其考矣其詆毀史記者以史遷雄視千古而窺其所未軌於正以其雄睨千古則務操其説而求勝以其未軌於正則得乘其間而有所詆訾此以意爲詆訶者也洗垢索其瘢痕吹毛求其瑕纇矣其信與疑半者則又執其片語隻字如覯若講若之分蛟龍交龍之辨謂滅之字□力謂後其勝後會等語此以款啓爲月日者也據大鼎而竊寸臠既非全味執微纇而揜夜光亦未得矣故曰運千刃而後可以飛硎操千曲而後可以聽聲談何容易哉愚嘗檃括諸家參考聞見其可議者有四而諸委瑣之談不與焉夫史以徵往信來正名定分至不可紊也遷總之表志分爲紀傳是矣而項羽則紀吕后則紀正統之義何居陳勝則作世家孔子則作世家外戚則作世家世繼之意奚取兵法一代之重典也何以附于律書列傳賢否之衡鑑也何以傳夫龜策序司馬相如于四夷之後則詮次失宜大宛與南越諸夷不相序次則分析何以此其體裁之宜議者一也史貴闕文夫子志之理無足徵寧存而不論乃高辛四妃皆以神异而生子虞舜見阸遂以匿空而獲出文王之聖也而獻賄以免罪伐崇以報忿何其誣也周公之聖也而叔虞之封竟以成人君之戲何其謬也載后稷至文王凡十五世按后稷始封至文王即位凡一千九十餘年則周□□皆百餘歲以宰我爲臨淄大夫與田常伯亂夷其族則誤於闞止爲聖門羞此其綜核之宜議者一也史之詞有褒貶其權與賞罰等而彰癉失真世將何觀叡聖之篇詩人所以咏武公也而謂其襲殺共伯后兄之争降王之對亞夫所以爲名臣也而謂其守節不遜子貢居言語之科大子蓋屢稱之而史遂夸飾其事如所稱存魯亂齊破吴强晋業已厚誣何乃傳于貨殖使聖門賢者與錙銖齷齪逐時俯仰之徒并列郅都之爲中郎將野彘之争引宗廟太后之重其爲濟南守中尉道不拾遺貴臣斂手何乃傳于酷吏使忠公之吏與椎埋沈命舞文詆法之儔次比此其品騭之可議者一也史之所重關治道則書禆□□則書若徒以綺篇繡合彫章縟彩故可略也董仲舒傳不載天人三策賈誼與屈原同傳不載治安等書若長楊羽獵大人子虚即義亦奏雅詞可剛煩又孔子世家多采論語舊説至管晏列傳則不録其本書以爲世俗所有夫諸子雜家經史外傳弃而不録微杜博聞此其甄録之可議者一也大抵持論則易授簡則難史如馬遷千載讓杰焉彼其去古未遠其磅礴淳庬之氣猶藴崇而未漓故其文沉凝藴藉渾厚大雅後世淺中之士日規月摩而不能及其覽矚千古感當世書無所不窺而神有獨至故其文悲歌莽宕激昂悲壯後世

涂觀之士刻心濊志而不能及其浮江淮上會稽探禹穴講業鄒魯名山大川無所不歷故其文窮致極神翱翔變化後世耳觀之士句摘字攻而不能及斯亦千載之閎裁不□之盛事也今天下號稱郅隆而學七大夫争爲古文辭之業□□治爾雅未必無足當司馬者而又當史學大明前史之醇疵昭然在人□記得以肆其力于藻飾而增損其事辭且夫從古以來踳駁可指固不獨□史記也二十四史繁複過半或一事而代有志述名异而詞襲或一人而各爲是非此抑而彼揚則删削宜嚴也漢末之董承耿紀晋初之諸葛毋丘齊興而有劉康袁粲周滅而有王謙尉迥殉身謀國大義凜然而諸史俱以迹書則昭雪宜急也班范荀袁之并紀漢王于之并紀晋徐裴之并紀宋而體裁互异范曄以董宣爲酷吏陳壽以諸葛亮非將才舊唐書以李義山長孫無忌爲伍而褒貶失真王喬鳧復出于風俗通左慈羊鳴傳于抱朴子而引據未雅則訂證宜急也諸如此類宜盡薈幕而商榷之成一家言執事謂難其人何也愚以天下未嘗無人顧人卓舉奇偉之才或沉伏下僚或限於職業而不得當載筆之任則其人難或志在名山沉淪思奮而不得盡窺石渠天禄之藏則其人難或書足護聞材畢授簡而不能以其力羅四方奇杰之士各以所長見則其人難誠及此時自石渠虎觀而外不靳别開一局以待天下文學之士俾博學宏詞卓然當世者裁其總而諸稱能染翰績學家悉分局校讎充于任使毋限以職業毋拘于隱顯毋計以歲月俾上自羲皇迄于本朝博而雅約而該以續詩書之際亦古今一快事也而執事以爲可否

第四問

張萱

同考試官訓導鄭批（譚錢法未有處置詳盡若此者是識時務之士）

考試官教諭胡批（議論詳核足覘該）

考試官教諭陳批（指陳利弊最切時宜）

蓋經國理人者有衆與富之患而亦有既衆既富之患古今所患者曰生齒未繁積藏未豐斯二者小之乎其爲患也古之人十年生聚十年教訓何憂於不衆惟林林種種而衆矣饑之則亂食之則費故衆之患甚於未衆者在彌亂而經費也一年餘三年之積三年餘九年之積何憂於不富惟熙熙穰穰而富矣專之則怨分之則竭故富之患甚於未富者在釋怨而救竭也故夫豪杰之士所爲愁心積慮而講者莫如食而分之食而分之者非朝饔之夕飧之家給而户賜之也蓋有道焉其在今日則錢法所宜亟講者古昔盛時庶人家授田百畝食鹽自丈夫至嬰兒月有數年七十至九十饋肉有差家三幼以上至

五紡復征予葆凡三等此四者古人所以安衆與富之道今皆不然然則古之民寡今之民衆寡者富在於民而衆者富在於官加之田不益毛海不益鹺國中之老者幼者遞死遞生蕃育滋庶此不食而分之以振其乏絶匪亂則怨徒食而分之而短於經計匪費則竭司計者之憂也明興餘二百年高皇帝仁厚儉勤垂庥甚盛廓培底於列聖九有熙洽聖天子䌫其大德以覆露之自玉牒蕃以及閭閻生齒日息不可謂不衆太倉之積與夫三輔諸路覈藏日盈不可謂不富衆在於下不得不仰於上富在於上不得不給於下故錢法者不收之田不計之海不出之府庫無損於國而利於民今日救敝上務也考之列星圖曰天錢十星在北落西豈天之所布不可變而治天下者當因之與夏鑄歷山商鑄莊山成周立圜法泉府制獨詳則先王所籍也漢自元狩至元始成五銖錢二百八十億萬唐開元中天下七十餘爐歲入錢百萬宋元豐中天下五十三監歲入錢千萬則後王所貲也國家百典上稽三代下陋漢唐宋乃自洪永迄今錢阻格不甚行而欲富埒古人乎此愚所未解也鑄不得其方用不盡其法一或齟齬輒曰錢法難行吁亦過矣古今議鑄無若西漢二賈誼之言曰銅畢歸於上山之言曰民不應與主共柄今奸民私鑄陰持主柄以厲公錢果如誼言上收銅勿令布民安所得銅而私鑄之故收銅之説持柄息奸之要術也高皇帝始定天下令軍民惟鑄鑑及軍器一切廢銅并收之官毋私藏無何寢罷至於今浮屠瞿曇與夫齊民之鏞鈃鋗盉大氐亡慮皆銅矣令將創焉而奪民銅則民駴貿以金則時絀儻於京師及三輔諸路支郡各責一官與民市銅售之錢視銅之直私藏者罪無赦大約可一歲收盡民銅民以銅得錢而可無私藏罪其誰不欣然而輸之官官以錢得銅而可爲續鑄貲又何憚而不收之民况藏銅于民銅直銅也而奸鑄有訾銅一入官銅盡錢也而經用益饒聖主所爲持大枋澹公私無先此畫者故銅之權不可不收也黄帝封銅山令十里外乘者行行者趨齊桓公封銅山令犯者左足入刖左右足入刖右今滇中之銅估人得擅回易而盗扣者罪止戍奸鑄者何慮無銅今欲禁奸鑄則亡如封銅山而嚴盗扣令俾回易者亡得擅即有項梁參木之徒無自逞□故銅之源不可不固也或曰天地之利不導之而封之何也曰非也法錢未布則閉之以塞奸法錢既流則開之以疏利傾□之銅止滇南一隅隘矣山海經曰海内銅山四百六十七漢鄧通鑄於嚴道吴王鑄於豫章唐鑄於陜宣衢信銅冶九十六宋鑄於諸路銅冶百三十六國初令天下行省置寶泉局文皇帝遣官於江浙閩廣鑄錢宣德間始罷采信饒□則銅非僅産於滇也儻盡籍天下銅山仿漢唐宋故事即山鑄錢則天地之銅盡爲國計故銅之利不可不開也善

乎孔顗之言曰民之盜鑄嚴法不能禁者由上惜銅愛工故也上之惜銅愛工者曰鑄錢利國錢成之利不足鑽工非也王者以四海爲家費百萬以鑄百萬則二百萬費千萬以鑄千萬則□千萬何契契乎錙兩之較也第顗之説則又有未□者不惜銅似矣不擇銅而定其衡則雜不愛工以矣不擇工而峻其□則疏銅者錢之質也蒼則蒼黄則黄而誰能違之輕重者錢之衡也四銖則太輕六銖則太重而誰能準之工者錢之範而弊之藪也模不模範不範而誰能覈之故惟不雜錫鐶以虧其肉好獨留五銖以一其耳目擇二局之良者分遣諸路爲工倕而高垣圉嚴干掫以稽其奸挾斯弊祛範良矣故錢之制貴精也夫錢泉也流於下而壅於上行於賤而閡於貴即日肆人於市無以爲也志曰天用莫如龍地用莫如馬人用莫如龜此言用錢之涂不可狹也漢隆慮主以錢千萬爲其子贖死今鍰金獨不可入乎漢律人出一筭筭百二十錢今民賦獨不可入乎漢募豪民入粟縣官而内錢於都内今開納獨不可入乎漢館陶主爲其子求郎不許賞錢千萬今賞賚貴戚閹尹獨不可予乎漢胡降者贍以少府禁錢今諸邊夷市獨不可予乎漢時時出内庫錢賜軍士今養軍獨不可予乎夫錢下而不上則其權在市井上而下下而上則其權在朝廷誠用之如循環行之如流水上闢其出之涂若賜予若吏禄若雇直無不以下下闢其入之涂若軍興若筭事若鍰贖無不以上何不行足慮故錢之涂貴廣也周立九府則周公太公齊有管敬仲楚有孫叔敖咸宰相主之唐賜爐止世民元吉則親王領之晏琦以侍郎領鑄錢使於江淮杜鎬等以祕閣校理討鑄錢故事於禁苑彼其利溥而用鉅豈直法勝人亦與焉誠宜略仿古制如愚所云專責一官者無惜稍假以權聽其心計而□嚴以法正其黜陟贋而窳者黜壅者□□污者黜聽民開山藏器者黜從奸鑄者黜又何不行爲慮乎故錢之官貴耑也夫收銅之權則利不散之委巷固銅之源□□□無所牟於山澤開銅之利則地不愛寶精錢之制則奸鑄不得亂其形廣錢之涂則下不賤錢耑錢之官則法必行而民重犯六者雖管賈餘談而國家完計亡以代此矣嗟乎海内宗室觳食者半百官奉薄或至箕會瀕海閭左動噪脱巾水旱天行民室縣罄當此之時使公錢之貫山積帑藏則以親親重其禄可也以厲百官豐其餼可也以軍需優其直可也以寧元元減其筭可也不人食而飽不家分而給彌其亂而經其費什其怨而救其竭所謂民衆國富霸王之本則由斯術也哉范子曰府倉實民庶殷無曠其衆以爲亂梯時將有反事將有間必有以務天地之恒制乃可以有天下之成利黜自佚范子生今之時譚今之事其所謂恒制成利者必曰錢法也

第五問

蔡德璋

同考試官訓導楊批（粤苦用兵亦不能去兵讀子策可佐經略一籌矣）

考試官教諭胡批（鑿鑿可行誦之竦服）

考試官教諭陳批（畫粤事切中機會）

今天下言粤事者殊矣异日者嶺東西間莽爲盗區海以外諸孽句引外夷躙中土主上南顧廑宵旰籌之比者文武大吏奉上威靈廟堂指筭剗薙而芟夷之今其時勢大殊往昔山箐不揭竿瀚海無波民耒耜遍山谷島嶼商帆絡繹來薄即伏波樓船而在且卷舌不道臨蔡將梁事蓋稱底定已迺執事猶斤斤然度勢議時辨征剿之利患校水陸之存□此治世之先憂忠臣之長慮也而愚何敢無説以對蓋聞之戰無論大小識時者勝兵無論衆寡因地者强時者戰之機也而地者兵之形也機之所伏有微有著故其戰殊有勍敵逋寇千人成權萬人成武而溪肆稱雄者不可以小習之有乘隟竊發匿形坳澤却笠山林而隨撲隨滅者不必以大誅之各隨其機之所宜而已形之所在有險有夷故其守异有平原廣壄無羊腸鋸齒之險進不必郭圉退不必亭障而可以不失其險者不必以多守之有洪澤巨海無通邑大都之塹我可以往彼可以來而不能不失其險者不可以寡守之各隨其形之所宜而已不伺其機之微著而概議征誅征誅煩則民罷是梯亂也而何以議戰不順其形之險夷而多置什伍什伍衆則帑竭是坐困也而何以議守故善戰者重用大而善守者重用衆嘗觀之司馬法矣其曰大軍以固多力以煩而又曰凡誅以明武有殺一人而三軍震者有殺一方而萬人喜者則戰之大小無常□戰曰用兵之道用衆治衆利正而又曰一而當十十而當百百而當千千而當萬此守法也則兵之衆寡亦無常已宜大而大而毋故翕之以自衂宜小而小而毋故張之以自疲宜衆而衆而毋自寡其衆以來敵之侵宜寡而寡而毋故衆其寡以耗天之聚既度其時又度其地如斯而已矣今之議粤戰者曰粤之内地重岡複嶺懸崖密栅所繇入者隘所從歸者迂彼飽可以待我之饑是故方馬埋輪不足以踐其逕也五火不足以燔其林也五間不足以攜其黨也非大舉兵而盡創之無以震明威而夷亂窟至其據阪背險半隱半出名曰撫民有隙即内訌者竄在林藪蟠於沮澤短鏦衛前積弩陪後以伺我出入鵰剿□□恐與巨賊連耳嗟乎此二説者東粤之戰也其在嘉隆之際則然今日之粤無有逆主令者可□□□以無戰故其議戰也异於昔日必戰之時今之議粤宋者曰粤之外地表海限澳方舟聯艦所臨者瀚波所備者番夷彼突可以衝我之逸是故廣

塹深坑不足以杜其入也飛橋不足以遏其鋭也天浮不足以擊其渡也非多徵兵而拒守之無以圉跳梁而實舟航至其絶岸遮壘且戰且守名曰陸兵有警即堵截者屯在海鎮界於山谷晝登雲梯夜設雲火以伺賊出入士卒不多恐詒内地憂耳嗟乎此二説者東粤之守也其在嘉隆之際則然今日之粤毋敢攻我土者可以守可以無守故其議守也异於昔日必守之時蓋嘗以秦漢事參之秦併天下略定揚粤置南□象郡以謫徙民粤漸以亂任囂首事趙佗阻□馴□嘉德函封漢節粤大亂矣元鼎之初樓船戈船出師十萬定爲九郡粤漸以治其後輯寧終漢不叛至建武間蠻里張游來獻白雉封歸漢君粤大治矣夫十萬之師可以攻元鼎之虜而不可徵於建武之際樓船之將可以斬亂越之吕嘉而不可加歸漢之張游繇斯以談而今日粤中之戰守其概可論已夫粤豈忘戰之國哉而當久創之餘民始息肩則鵰剿不可廢而大征不可屢何以明之四而合圍獸窮之攫可虞也千里輓車脱巾之呼可戒也飛霜匝地蘭艾之盡可隱也況自用兵以來山箐海氛次第盪覆矣即欲大舉將焉用之間有頑梗未銷山谷時警一夫横行折其首而貸其醜一方怙强夷其壘而赦其鄰既不黷兵亦不糜廪此鵰剿之法所當講乎非謂剿之勝於征也今昔之時异也夫奥豈忘守之國哉而當暴露之後民始安堵則陸兵不可增而水備不可撤何以明之反側甫寧而干戈且尋是疑寇也上著可練而客兵未捐是糜餉也關梁既闢而甲楯不釋是塞貨也況自平寇以後民壯弓兵旋復增額矣即欲再增將焉用之若夫海氛塹屏夷情叵測東連暹羅番舶之往來宜稽南通日本悍鹵之出没宜防内嚴下海之禁外緝句引之奸此水兵之防所當嚴乎非謂水之加於陸也山海之殊也往者剿伐不加專事姑息亂萌不折逆黨盈野吾勤於剿不輕於撫則小寇漸夷不敢滋蔓故其議剿也即所以議征也内寇陸梁躑躅林莽實與海寇聲勢相倚吾嚴於外俾不得入則内寇益孤莫爲羽翼故其備水也即所以防陸也夫朱明長嬴不能盡其所以爲温也必隨之以揫斂之氣而爲秋玄武沍陰不能盡其所以寒也必隨之以敷榮之氣而爲春孰爲此者天也天不能常秋而不春而況於人乎竊嘗辟之病者當其耳鳴鼻張目眩舌橋斯時也厲三陽之鍼和五分之熨甚則割皮解肌搦髓揲荒無所愛於其膚何也其勢延也迨其少間則當橋引案机調飲飯擇晏日車步廣志以適筋骨柔血脉以瀉氣法不當砭灸則氣逐而篤今之粤其少間之時乎而論者一切曰大征也益兵也是毒熨鑱石於病起之餘其篤立見脉法曰二陰應外一陽接内者不可以剛藥剛藥入則邪氣流行爲重困於俞嗟乎治粤者奈何使其俞而重困也

廣東鄉試録後序

萬曆紀元以來南粤士凡四比矣其初比也士甫脱湯火之厄創夷者未起流散者未息肩蓋惕惕有戒心焉故其言憤以厲再比則創夷起而負擔息肩矣還定安集猶未也蓋凛凛無忘心焉故其言惻以傷三比則還定安集矣生聚教訓猶未也蓋瞿瞿無逸心焉故其言慷慨而有餘思乃今四比則憺然忘之矣神靈威武之所變化幾復嶺海之舊出溝壑而衽席罷呻吟而謳歌偃枹寢烽而絃誦戢戈櫜矢而衿佩鄉盛俎豆之容士遑庠序之業物力浸阜逸心亦或萌其間故其言雍容閑雅而無遺藻録之若有不勝録焉竊聞异時之談南粤也宦游者以爲善地旅游者以爲陸海自頃軍興之後□稍稍難之今之願游者如故矣夫沃土民逸瘠土民勞習也富歲多賴凶歲多暴資也南粤故富歲沃土資與習恒相成凋敝之餘又復其始武功荒之文德康之三朝休養夫孰非上恩耶士多賴而善惟此時忘勞而淫亦惟此時往者盗起天未悔禍民易與爲非惡氛彌山狂波沸海草野流膏川原厭血士逾山蹈海莫必其□歲當大比僅乃半至尚不□此輟藝廢講况今安堵而□暇自逸哉歷九折之坂懸車束馬迄以安度戒也周道如砥車驟馬馳有時顛蹶忘也嘉隆間事固士所耳而目之者即身所不及詢諸父老念之刺心語之動色抑知其□乎夫盗所以起民弗安也民之弗安吏弗稱也往聞南粤之民不苦盗而苦吏吏實爲厲階而民乃爲盗藪夫吏之酷貪之囮也吏之貪盗之□也士蓋嘗憤疾斯輩居則□爲吏若此人將不食其餘□我一旦綰綬且羞與爲伍□其自許信非貌言然九州棋布孰非命吏乃南粤多弗稱何也君門萬里其民柔易與而珠璣瑇瑁翠羽丹砂之貨多也可欲亂心而無可畏者以持其後則中才易移寧獨南粤士得毋有憤於目擊而忘於身親者乎夫士也方與計偕今日之士他日之吏也養之則士用之則吏課士以言課吏□功養與用等耳善爲吏者□不不不待大□次慮□焉善爲士者以□□其業不待大比而勸其次慮比焉然使吏誠以慮計之心待計何所不舉使士誠以慮比之心待比何所不修今南粤幸賴天之靈徼福於明聖氛消波恬士緩帶而升竊恐其忘之也而躬蹈昔之所求於吏者故爲追述往昔以動其操危臨深之思詩不云乎□金□遠士其以前事□□有以對□（此處底本缺頁——編者注）

弘治五年廣西鄉試録

廣西鄉試録序

維弘治壬子適皇上在位之五年天下又當大比之期總督兩廣右都御史閔珪祗若德意先期會巡按廣西監察御史鄭惟桓朱文暨藩臬二司布政使李孟暘黎福參政程廷珙洪漢楊守隨參議吴昭按察使傅希説副使周孟中陳寓徐瑁僉事劉信黎鼎陳烓禮聘麒與教諭趙堦司考教學正陳琓教諭林光重謝愷訓導熊縝余默同考校于時總鎮太監王敬總兵伏羌伯毛鋭同莅兹土武功既成文事攸舉至期巡按監察御史祁司員乃合孟中所提督之士而覆閱之凡七百有奇鎖院圍棘以就三試則福昭司提調希説烓司監試而廷珙漢信又皆贊襄防範於外與凡中外百司皆遴選以充至於秉公殫慮而始終監臨之者寔御史祁司員也試巳得中式者五十有五人爰録其氏名并其文之合程度者以獻麒謬忝校文宜序諸首竊謂天地之化其開也有漸聖人之化其成也亦有漸廣右去京師萬里古百粤地也自秦漢迄今更數千百年我祖宗開基誕敷文德無遠弗届列聖相承延及皇上薰蒸融液聲教益覃然後學校之設詩書之化遍舉漸摩殆駸駸然與中州齒而深山大谷猶有怙終而迷復者何哉譬之陰崖寒谷陽和之所不及豈理然耶然觀泰伯逃吴至德之聲漸被無窮子游北學中國遂爲聖門高弟常衮廉閩親與諸生爲主客之禮閩人始知文學而歐陽詹遂登龍虎榜吴與閩皆昔粤地也自泰伯常衮之風化子游歐陽詹之倡先遂爲詩書上國隱然海濱之鄒魯矣廣右在宋時張栻出守静江民知向化流風餘韻至今猶存馮京崛起慶遠解省廷對名皆第一卒膺大拜史稱其有中立不倚之操則風化之倡先之未必無其人也詩書士迨今亦且多矣獨其間頑悍之習猶使人不能無憾焉者豈以風化倡先之者吴閩則肇自周唐之遠廣右僅啓於有宋之近而其入人不能無淺深之間也耶雖然以數與時考之將必有褎然出而先天下者矣諸士子果能修於身化於家推之鄉達之天下由近而遠自易而難易异俗而歸大同使我聖朝之化如天下之覆如地之載如日月之照臨陰崖寒谷陽和遍及頑悍之

習罔有不率俾不愧於同一古粤之區則人必將稱之曰廣右有此人物如此無忝於古昔第一流人物矣顧不偉歟諸士子幸相與勉之

浙江衢州府龍游縣儒學教諭朱麒謹序

弘治五年廣西鄉試

監臨官

巡按廣西監察御史祁司員（宗規浙江山陰縣人　戊戌進士）

提調官

廣西等處承宣布政使司右布政使黎福（天與江西樂平縣人　丙戌進士）

廣西等處承宣布政使司左參議吳昭（守愚福建莆田縣人　戊戌進士）

監試官

廣西等處提刑按察司按察使傅希説（商佐山東武城縣人　丙戌進士）

考試官

浙江衢州府龍游縣儒學教諭朱麒（汝祥福建懷安縣人　丙午貢士）

福建建寧府松溪縣儒學教諭趙堦（文升浙江鄞縣人　己酉貢士）

同考試官

河南開封府睢州儒學學正陳琓（廷珍湖廣漢陽縣人　丙午貢士）

浙江金華府武義縣儒學教諭林光重（德輝福建莆田縣人　丙午貢士）

廣東潮州府饒平縣儒學教諭謝愷（原仁福建莆田縣人　己酉貢士）

直隸鳳陽府壽州儒學訓導熊縝（文密湖廣麻城縣人　己酉貢士）

江西廣信府儒學訓導余黙（克容浙江龍游縣人　己酉貢士）

收掌試卷官

慶遠府知府陳遵毅（貴弘江西廬陵縣人　己丑進士）

梧州府知府何珧（汝玉廣東順德縣人　乙未進士）

印卷官

廣西等處承宣布政使司經歷司都事賴洪（志大福建永安縣人　監生）

廣西等處提刑按察司照磨所檢校周冕（文瑞浙江金華縣人　監生）

受卷官

廣西等處承宣布政使司照磨所检校曾達（成章廣東翁源縣人　監生）

左州知州程迪（養吉直隸歙縣人　庚子貢士）
藤縣知縣王懷（惟德廣東番禺縣人　乙酉貢士）

彌封官

永淳縣知縣張璁（潤夫廣東樂昌縣人　戊子貢士）
靈川縣知縣黄衮（廷章四川新津縣人　戊子貢士）
比流縣知縣羅嵩（維嶽胡廣通城縣人　監生）

謄録官

廣西都指揮使司斷事司斷事孫瀚（宗淵貴州清平衛籍　丁酉貢士）
宣化縣知縣霍宸（章美廣東順德縣人　辛卯貢士）
義寧縣知縣黄祐（天錫湖廣邵陽縣人　壬午貢士）

對讀官

廣西都指揮使司斷事司副斷事黄蘭（世芳四川富順縣人　甲午貢士）
興業縣知縣單忠（正鄉湖廣攸縣人　辛卯貢士）
興安縣知縣鄭普（天助福建漳浦縣人　丙子貢士）

巡綽官

桂林中衛指揮使王黼（汝章直隸潁上縣人）
桂林中衛指揮僉事胡銘（克新直隸滁州人）
桂林右衛指揮使邢勝（原敬山東黄縣人）
桂林右衛指揮使陳曜（文昭山後龍山縣人）

搜檢官

桂林中衛中右千户所正千户李勛（世勛四川長壽縣人）
桂林右衛左千户所正千户羅琮（廷璧湖廣雲夢縣人）

供給官

廣西等處承宣布政使司照磨所照磨張春（景暘直隸江都縣人　秀才）
桂林府推官余良佐（希夔湖廣咸寧縣人　甲午貢士）
桂林府照磨所照磨蹇昌（文盛四川金堂县人　監生）
桂林中衛經歷司經歷黎岳（鍾傑廣東德慶州人　監生）
臨桂縣縣丞李魁（世傑廣東合浦縣人　監生）
靈川縣縣丞王祐（天錫山東高苑縣人　監生）
桂林府递運所大使李玉（德潤湖廣石首縣人　吏員）
臨桂縣東江驛驛丞陳廣（宗海廣東順德縣人　承差）
臨桂縣南亭驛驛丞趙本（仕源山西趙城縣人　吏員）

永福縣蘭麻驛驛丞鄭德敷（廷濟福建閩縣人　承差）
臨桂縣盧田市巡檢司巡檢丁榮（勉仁湖廣巴陵縣人　吏員）
靈川縣白石潭巡檢司巡檢丘廣（仕寬湖廣湘陰縣人　吏員）
柳城縣洛好鎮巡檢司巡檢鍾岳秀（廷楨廣東番禺縣人　知印）

第一場

四書

發憤忘食樂以忘憂　溥博如天淵泉如淵見而民莫不敬言而民莫不信行而民莫不説　文王視民如傷望道而未之見武王不泄邇不忘遠

易

大觀在上順而巽中正以觀天下　出可以守宗廟社稷以爲祭主也　顯諸仁藏諸用　君子藏器於身待時而動何不利之有動而不括是以出而有獲語成器而動者也

書

詢于四岳闢四門明四目達四聰咨十有二牧曰食哉惟時柔遠能邇惇德允元而難任人　三百里揆文教二百里奮武衛　月之從星則以風雨　天明畏弼我丕丕基

詩

赳赳武夫公侯腹心　我車既攻我馬既同四牡龐龐駕言徂東　赫赫明明王命卿士南仲大祖大師皇父整我六師以脩我戎既敬既戒惠此南國王謂尹氏命程伯休父左右陳行戒我師旅率彼淮浦省此徐土不留不處三事就緒　有飶其香邦家之光

春秋

元年春王正月天王使宰咺來歸惠公仲子之賵（隱公元年）秋翬帥師王人子突救衛（莊公六年）季子來歸（閔公元年）　齊侯衛侯鄭伯來戰于郎（桓公十年）齊人衛人鄭人盟于惡曹（桓公十一年）　元年春王正月公即位（文公元年）　晋陽處父帥師伐楚以救江（文公三年）

禮記

博聞强識而讓敦善行而不怠謂之君子　司徒脩六禮以節民性明七教以興民德齊八政以防淫一道德以同俗養耆老以致孝恤孤獨以逮不足

上賢以崇德簡不肖以絀惡　古之聖人内之爲尊外之爲樂少之爲貴多之爲美朝覲然後諸侯知所以臣

第二場

論

孔子之道大而能博

詔誥表（内科一道）

擬漢諸儒講五經异同於石渠閣詔（甘露三年）　擬唐以魏徵爲太子太師誥（貞觀十六年）　擬立皇太子正位東宫賀表

判語（五條）

選用軍職　攬納税粮　奏封失序　從征違期　干名犯義

第三場

策（五道）

問　帝王之德莫大於孝而其治天下亦莫先於孝觀於帝舜以大孝而天下化武王以達孝而下土式蓋可見矣仰惟我朝太祖高皇帝御製大誥三編申明五常而首以父子之親太宗文皇帝御製孝順事實而首以虞書之克諧齊栗宣宗章皇帝御製五倫書而首以家人之父父子子是其制作之盛足以爲法於天下可傳於後世列聖之心蓋與舜武同一心也繼惟皇上曩在春宫仁孝之聲聞于天下嗣登大寶愛敬之誠洽于重闈是其德教之至足以加于百姓刑于四海皇上之心又與列聖同一心也先儒論舜武之孝皆由庸行之常推之以至其極而所謂極者莫大於尊養之備稱號之隆而已然以尊養爲孝則後世之君尊養於其親者宜無不備矣尊養果足以盡孝乎以稱號爲孝則後世之君稱號於其親者宜無不隆矣稱號果足以盡孝乎夫大孝達孝皆上聖事業也我列聖之心既同乎舜武之心皇上之心又同乎列聖之心而其爲孝之極果安在乎夫孝也者百行之本萬善之原可以動天地感鬼神化强暴格鳥獸孚草木在匹夫尚然况天子乎然則皇上之孝由一念以充塞乎兩間皆諸士子耳濡而目染必有能鋪張之者矣幸詳陳以獻

問　大學孔氏之遺書而初學入德之門也朱子章句綱舉目張條分縷析無容議矣然或問一書又所以發明章句未盡之意學者類多忽而不講是以不能充然有得今姑撮其大概與二三子論之明德新民止至善三綱領也

世有不務明德不屑新民而不求止至善者誰歟格致誠正修齊治平八條目也世有不探其端而驟語其次者誰歟釋明德而終帝典所言亦有序乎釋新民而先盤銘所論果有義乎切磋琢磨於學問自修之功何所別聽訟無訟於明德新民之義何所當有言格物致知所當先而不可後者兩條可指明歟有言涵養本原之功以爲格物致知之本者五條可歷數歟道有善惡也而誠意者何所先心有體用也而正心者何所急且意誠則心宜無不正矣何爲有不在之語心正則身宜無不修矣何爲有好惡之偏仁讓言家貪戾言人而家與人果有别乎首桃夭次蓼蕭終鳲鳩而三詩之序亦有意乎至如孝弟慈三者釋齊家治國既以爲言矣而復見於治國平天下之章不幾於重覆歟自身而家而國而天下均爲推已及人之事矣而釋傳者一事自爲一説若不能相通歟絜矩二字平天下之要道也後人深得此章之旨者誰耶敬之一字聖學之所以成始而成終也後學能知用力之方者誰耶凡此皆讀大學者之所當知而或問中之所備載者也幸詳言之以觀窮經造詣之學

問　自古國家建立儲貳所以承宗廟之重繫臣民之心事莫有大焉者也然易曰蒙以養正聖功也書曰慎厥終惟其始則教養輔翼之功尤當慎重於厥初焉古者元子之生接以太牢負以卜士孩提有教輔翼有人或問安於内豎或抗法於魯公迹其德器治功之所成就卓乎不可及已漢唐以來英君誼辟亦各知所用心有委重二傅年甫十二輒通論語崇尚儒學太子而下莫不受經其人可指言歟有賜以帝範而極諫責之群臣導以師傅而每見必自先拜其人可詳陳歟作書有法蓋有就學於資善堂者矣而所輔之人何如師保賓客蓋有處以耆舊老臣者矣而爲教之術安在究其法意所存德業所就抑果有合於古人否歟洪惟我朝列聖相承儲副之建宫坊之制蓋盡善而盡美矣然所以教之輔之之道可述其一二乎較諸歷代亦果有异同否乎諸士子豫養用世之學亦必有見於此者矣願詳言之吾將以聞于上

問　書曰學古入官易曰君子多識前言往行以畜其德學固不可以不博也然考諸往古驗其實用亦有不專於博者如商周盛時賢才相望體用具備其人不可尚已下此漢有論過伊管而治安一策有救時弊學際天人而賢良三策切中帝心固有可稱然亦有緣飾儒術而曲學阿世博極群書而劇秦美新至於安社稷輔幼孤者乃在於少文不學之人可歷指而言之歟唐有文過子房術密賈誼而有内相之稱抵轢晋魏上軋周漢而成潮陽之化固不可及然亦有學比相如而名節蔑聞文學絶倫而才猷靡卲至於陳十事獻六箴者乃出於好獵任子之流可悉數而論之歟及宋有文章名冠天下而著嘉祐

之勛有文學無所不通而致元祐之治學博之效固有可見有如博學强記者疑可取也而乃怙勢妬賢少習吏事者若可短也而能定策開基何彼此之不同耶通今學古者在所與也而乃變法誤國學術不足者似可少也而能退敵弭兵何彼此之有异耶夫以其博也而無益於治以其不博也而有補於時則君子之學果貴於博否乎雖然天下之理出於一原而何以有取於博古今事物萬有不齊而何以能致其博諸士子積學待用有年請詳言之毋略

問　邦本固在於民國事莫大乎戎撫民勵兵誠國家久安長治之策舍是非可以言治也姑以廣西論之古號百粤之地素爲難治況邇年以來民敝兵壞莫此爲甚以民言則土曠人稀弱肉强食深山大澤夷類十占八九窮簷蔀屋編氓僅得二三師旅迭動其財已窮科差百出其力已竭民敝若此司民牧者可忍而不之究心哉兹欲袪除而撫摩之術果安在以兵言則行伍空虚武備廢弛粮餉稍緩剽掠遽及於省城勞苦窮年役占無間於小大蠻寇肆暴而守卒逃匿主將遇害而麾下坐視兵壞若此司兵政者可忍而置諸度外哉兹欲飭治而振起之計將安出夫法敝於今當稽諸古古之人有爲鬱林太守而招降數萬有爲柳州刺史而流逋四歸有攝興安而餽餉大爲民利有知梧州而免税以爲民便皆善於撫民者也果可施於今乎有爲桂州都督而息轉漕之勞有爲容管經略使而貽詔答之榮有平邕州之亂而廣人磨崖紀功有死静江之戰而部將自焚無降皆善於勵兵者也果可用於今乎諸士子生長斯邦目擊而心惟久矣願爲我陳之

中式舉人五十五名

第一名　徐淮　臨桂縣學增廣生　書
第二名　黄璹　陽朔縣學生　易
第三名　宋澍　慶遠府學生　詩
第四名　季鑾　横州學生　春秋
第五名　蔣曙　全州儒士　禮記
第六名　許紀　象州學生　易
第七名　龍奇　臨桂縣學生　書
第八名　楊檪　宜山縣學生　詩
第九名　莫輝　荔浦縣學生　易

第十名　蔣璣　平樂府學生　書
第十一名　藍貴　荔浦縣學生　禮記
第十二名　陳堯道　柳州府學生　詩
第十三名　莫禎　懷集縣學生　易
第十四名　勾輔臣　臨桂縣學增廣生　書
第十五名　劉良佐　馬平縣學生　詩
第十六名　歐一清　柳州府學增廣生　春秋
第十七名　何士麟　蒼梧縣學生　易
第十八名　吴琬　横州學生　書
第十九名　羅文義　馬平縣學生　詩
第二十名　張廷組　平南縣學生　易
第二十一名　彭瓘　鬱林州學生　詩
第二十二名　劉瑛　慶遠府學生　易
第二十三名　陸嘉鯉　横州學生　書
第二十四名　崔復秀　靈川縣學生　詩
第二十五名　莫潛　臨桂縣學生　禮記
第二十六名　王鐸　臨桂縣學增廣生　易
第二十七名　李瑄　貴縣學生　書
第二十八名　李昇　蒼梧縣學生　詩
第二十九名　黄臨　桂林府學生　春秋
第三十名　袁直　桂林府學曾廣生　易
第三十一名　鄧鈩　南寧府學生　詩
第三十二名　喻江　藤縣學生　書
第三十三名　吴瑶　馬平縣學生　詩
第三十四名　陳竽　柳州府學生　易
第三十五名　石瓏　梧州府學生　書
第三十六名　陳琦　全州學生　禮記
第三十七名　秦純　宜山縣學生　書
第三十八名　葉槐　横州學生　易
第三十九名　傅乹　臨桂縣學增廣生　詩
第四十名　莫汝能　馬平縣學生　易
第四十一名　鄧友　陽朔縣學生　書

第四十二名　陳滋　桂林府學生　詩
第四十三名　趙錢　宜山縣學增廣生　易
第四十四名　陶楫　鬱林州學生　書
第四十五名　顔玉　永淳縣學生　禮記
第四十六名　王傑　柳州府學生　易
第四十七名　覃奎　横州學生　詩
第四十八名　顧汝忠　横州學生　春秋
第四十九名　佘崇鳳　柳州學府學生　詩
第五十名　陳謨　藤縣學生　易
第五十一名　居鼒　融縣學生　詩
第五十二名　羅迪　蒼梧縣學生　書
第五十三名　陳貴　桂林府學生　易
第五十四名　秦端　柳州府學生　詩
第五十五名　梁琮　慶遠府學生　書

第一場

四書

發憤忘食樂以忘憂

黄鼒

同考試官訓導余批（題似易而難作者多失之冗泛精緻者僅見此篇）

考試官教諭趙批（認理明措辭當可取）

考試官教諭朱批（簡明通暢可嘉）

聖人自言其好學求之切而樂之深焉蓋天下之理必學之而後得也然則聖人未得而求之切已得而樂之深其好學之篤爲何如哉想昔吾夫子因子路不對葉公之問故告之以此若謂吾之所以爲人無他惟篤於好學而已彼其應事接物之間莫不各有本然一定之理方其未有所得則理與我若有間也而憤可客已乎殆必奮發激昂孳孳焉直欲求通夫此事之理心一於是何食之暇計哉黽勉精進汲汲焉直欲求達夫此物之理志有所在何食之暇念哉是何耶理無終窮不造其極自有不容於已者耳及其既有所得則我與理若相契也而樂寧有既乎殆見天君泰然静與天游雖宫商相宣不足以喻之矣外憂豈足以介

于懷胸次悠然動與天合雖律吕相和不足以方之矣外慮豈足以動于内又何耶心無繫累獨得之妙自有莫知其然者耳是則惟無憤也憤則自有以忘乎食惟無樂也樂則自有以忘乎憂一憤一樂循環代至吾之爲人如斯而已矣抑觀聖人猶天然天道有寒有暑而化工之妙以全聖人有憤有樂而學問之功以備夫豈有所勉强於其間哉乃若夫子之所自言一則曰好學二則曰好學蓋亦謙已誨人之意是不以既聖而自居也然深味之則其全體至極純亦不已之妙有非聖人不能及者亦在其中矣有志於希聖者宜致思焉

溥博如天淵泉如淵見而民莫不敬言而民莫不信行而民莫不説

徐淮

同考試官教諭林批（題本平易作者多不精切此篇體認明白渾全是用録出）

考試官教諭趙批（理明詞暢宜録以式後學）

考試官教諭朱批（體認精切必深於理學者）

中庸論至聖之德積於中也極其盛發於外也當其可蓋有諸中必形諸外也孰謂聖德發見之當其可不由於充積之極其盛者哉中庸三十一章以小德川流言天道也且天下至聖聰明睿知本於生知仁義禮智根於固有其積於中固溥博淵泉而以時發見於外矣然豈止於充積而已耶以溥博言之其夫無外莫天若也五者之德周遍廣闊一如天之大不可以限量窺焉溥博而曰如天則充積之極其盛也可知以淵泉言之其深無際莫淵若也五者之德静深有本一如淵之深不可以涯涘測焉淵泉而曰如淵則充積之極其盛也可見夫聖德之盛如此則其發於外者豈止於以時而已耶是故見之於身則爲德容動容周旋有以聳人之觀瞻莫不敬之如神明矣形之於言則爲德言涣號宣布有以足人之聽聞莫不信之如蓍龜矣施之於行則爲德行政教覃敷足以感人之心志而民又豈有不説乎夫聖德之發見而當其可者如此非充積之盛曷克爾哉大抵莫强於人心而可以德感莫柔於人心而不可以力服聖人之德既極其盛則外有以正天下之觀内有以通天下之志其敬信説服自有不期然而然者矣抑豈止此哉聲名洋溢乎兩間尊親無間於庶類德之所及直與天道胳合而爲一焉故曰配天

文王視民如傷望道而未之見武王不泄邇不忘遠

宋澍

同考試官教諭謝批（善形容文武憂勤惕厲之意宛然在目可嘉可嘉）

同考試官學正陳批（題本正大作者皆蹈襲陳言令人厭觀此篇融會傳注詞理俱到真作手也是宜録出）

考試官教諭趙批（文有發越可取）

考試官教諭朱批（詞理簡切佳作也）

大賢舉二聖之事有不自足其所已足者有不自忽其所易忽者蓋聖人之心一憂勤惕厲之心也然則有周二聖之事雖若不同而此心寧有异哉宜孟子并舉而言之也且夫當天下三分有二之際而以服事殷者文王也文王之心何心哉彼怙冒西土化行江漢民已安矣而文也遹求厥寧遹觀厥成視咸和之民尚若瘡痍之未瘳焉聰明齊聖徽柔懿恭道已至矣而文也不顯亦臨無射亦保企精一之傳初若堂奥之未窺焉謹怠荒於已治之餘加緝熙於既聖之後可謂愛民深而求道切矣其不自足之心爲何如若夫纘太王王季文王之緒而遂有天下者武王也武王之心何心哉彼邇者耳目之所常接人易狎也武則聽微言如大政對僕御如嚴賓初不以其邇而或泄焉遠者耳目之所不及人易忘也武則視疏遠如左右慮千里於几席初不以其遠而或遺焉存一敬於易泄之時持一誠於易忘之頃可謂德之盛而仁之至矣其不自忽之心又何如噫文武之事不同而所以爲憂勤惕厲則一此天理之所以常存而人心之所以不死也歟抑不特此惡旨酒好善言者禹此心也執中而立賢無方者湯此心也思兼三王以施四事者周公亦此心也然文武之聖上有以接禹湯之統下有以啓周公之傳先後一揆父子一心此其所以開八百年之洪基超二代而獨盛歟

易

出可以守宗廟社稷以爲祭主也

黄鼒

同考試官訓導余批（題本平易作者多不原上文立説且分守宗社主祭作兩段殊失本旨此作見理明措辭當宜録以爲後學式）

考試官教諭趙批（説出長子之義可嘉）

考試官教諭朱批（簡明雄健宜冠本房）

彖傳論儲君繼世足以承祀事之重焉蓋儲君天下本也自非震之長子曷克以繼世而承此祀事之重也哉昔吾夫子傳震之彖至此推言不喪匕鬯之義謂夫當震驚百里之時正驚遠懼邇之日而震之長子恐懼爲心而所執之匕鬯不喪誠敬爲念而所持之重器不失天命與之人心歸之由是出而繼

先世之統皇皇穆穆于以宰制乎六合進而纘前人之緒赫赫明明于以統御乎萬方彼宗廟之美未易守也方能恐懼如此則可以守之而享祖宗於不巳延國祚於無疆而宗廟之神莫不依之而立矣豈不可爲宗廟之祭主乎社稷之大未易保也今能誠敬如此則可以保之而享神明于無窮壯基圖於不拔而社稷之神莫不由之而安矣豈不可爲社稷之祭主乎吁極敬懼之心承祀事之重震之長子其優於負荷也歟大抵莫爲之前雖美弗彰莫爲之後雖盛弗傳君子創業垂統固有光於家國矣不有儲君出而繼之則宗社孰爲之守而祀事孰爲之主乎然則震之長子其殆光前而裕後者歟

顯諸仁藏諸用

許紀

同考試官訓導余批（本義顯藏二字作表裏説場中多襲陳言體認不切令人厭觀是篇發明顯仁藏用深得本旨宜録）

考試官教諭趙批（辭達而已此篇庶乎）

考試官教諭朱批（發明顯藏二字得旨）

著於外者造化之功斂於内者機緘之妙一道之所寓也夫仁乃造化之功用乃機緘之妙也然而所以顯之藏之何莫非斯道之所寓哉大傳聖人論一陰一陽之道至此謂夫天地之間莫非陰陽陰陽之道无非動静是故自道之動而行乎陽者言之則爲顯諸仁焉蓋必自内而外自裏而表續生意於幾息之餘著貞性於幾泯之後勾者萌甲者拆焕乎品物之咸章卵者形胎者息蔚乎庶類之咸美凡其流動充滿而不可掩者何莫非此造化之功乎此顯諸仁所以爲用之迹德之發也自道之静而具於陰者言之則爲藏諸用焉蓋必自外而内由表而裏歸已續之生意於中固既著之貞性於内脆者堅華者實充然性命之各正大成大小成小□然大和之保合凡其凝静收斂而不可見者何莫非此機緘之妙乎此藏諸用所以爲仁之心業之本也吁一顯一藏而顯微無間曰仁曰用而體用一源斯道運行於天地間曷嘗一息之或停哉大抵此章論道之體用皆不外乎陰陽也上文曰繼之者善成之者性蓋以賦受言此曰顯諸仁藏諸用鼓萬物而不與聖人同憂蓋以表裏言皆兼人物而通論之也若以流行不息言之則繼而成成而復繼顯而藏藏而復顯循環無端一生生而無窮矣故下文又曰生生之謂易聖人之言各有攸當讀易者此又不可不知

書

三百里揆文教二百里奮武衛

龍奇

同考試官教諭林批（作此題者多不以禹制服爲重獨此得之且一結尤佳宜録以冠本房）

考試官教諭趙批（文簡意足録之）

考試官教諭朱批（詞能達意可取）

内治用乎文外治用乎武此聖人定綏服之制也蓋地有内外而治有文武勢固然也禹定綏服而分爲二等者如此其嚴華夏之辨何如哉且夫水土既平法制斯定侯服之外有綏服焉内取王城千里外取荒服千里以五百里之地介乎内外之間聖人制治方略能無异耶是故内三百里密邇侯甸而安中國之治在所重也禹於是而有揆文教之制焉揆之何如殆必學校立焉人倫明焉而施爲有其序五典敷焉民則和焉而詳略有其宜勞來匡直之政恒修禮義仁讓之化有漸則所以治乎内者在是矣外二百里聯属要荒而安邊疆之治在所急也禹於是而有奮武衛之制焉奮之何如殆必修車馬也備器械也而嚴禦戎之具比什伍也時簡教也而精練兵之方王靈布昭於遐服武備保障乎群黎則所以治乎外者在是矣吁文武之治既异華夏之辨自嚴聖人經理之周密有如是哉雖然文武并用國家長久之道也史臣叙禹定服似乃岐而二之何歟蓋聖人之治各有所主内治非無武也而以文爲主外治非無文也而以武爲主初非各一其用而有所遺也其視後世彼此偏廢卒以貽窮兵黷武之譏致夷狄侵陵之患者詎可同日語哉此其制治之微意讀者自當於書法之外求焉

天明畏弼我丕丕基

徐淮

同考試官教諭林批（天明畏主今日卜吉而言作者往往將預告之卜混講此篇體認真切詞理俱優故録之）

考試官教諭趙批（詞贍理明可嘉）

考試官教諭朱批（説出成王諭臣之意宛然）

賢王原天命之可畏實天眷之所存以見卜之不可違也夫卜伐有殷而吉是明命可畏而天眷周之意有在也成王原此以示邦君御事則卜之不可違者可見矣且王之意若曰國有大事當稽于天天有明命一寓於卜則卜之

所在天命之所在也彼夫往伐武庚蓋嘗求之卜矣而朕卜有并吉之祥是上帝討罪之意昭告於鑽灼之間凛乎其無赦可畏孰加焉徂征四國我嘗决之龜矣而三龜有并吉之兆是上天禍淫之命顯示於墨食之頃赫然其不僭可畏孰甚焉然天之意果安在哉誠以今日之歷數即武王之歷數基莫有大焉者也苟武庚不靖王基不幾於危乎兹蓋使我肅將天威戡彼禍亂于以奠安宗社而綿歷數於無疆也非弼成我之丕基而何今日之五服即武王之五服業莫有大焉者也苟四國靡寧王業不幾於衰乎兹蓋使我奉行天討摧彼敗亡于以制定疆土而嗣五服於無窮也非輔成我之大業而何夫天之眷周驗諸卜而可見我之伐殷質諸天而無疑爾邦君御事何乃欲違卜而勿征乎抑考武王集大統而有天下凡以順天而應人也不期而會者八百國人心從周可知矣夫何一傳而至成王蠢爾四國乃敢動摇其間豈不以三監有隙實有以啓之耶是以成王上原天命下憫人窮而反覆終始乎卜之一言蓋所以斷天下之疑定天下之業而求匹休於前人也卒致罪人黜服而爲繼世之令主也宜哉

詩

赳赳武夫公侯腹心

宋澍

同考試官教諭謝批（題本冠冕場中臆説紛紛多以赳赳作才甚戾本旨此篇不惑衆見察理詳明蓋嘗用心於詩者高薦何忝）

同考試官學正陳批（作此題者不泛則略求其認理精切措詞温厚無踰此篇健羨健羨）

考試官教諭趙批（詞理豐贍）

考試官教諭朱批（以才立説得旨）

詩人美武勇之賤者而同體於貴者此其才之可用也夫以武勇野人而與公侯同心德則人才之盛可見矣非蒙聖化其能然乎昔文王化行俗美賢才衆多雖之野人而其才之可用猶如此故詩人因其所事而美之及此意謂當岐王之始適賢才輩出之時彼其肅肅以罝兔者一田野之民耳設罝之間但見其如熊如羆而有以振果敢之氣其武何赳赳也罝兔於中林者一獵者之儔耳施罝之頃惟見其如虎如貔而有以奮强壯之威其勇何赳赳也是武夫也沐聖德於綱紀之中沾神化於振作之下其可用之才不與公侯同心德乎是故人雖微也才則公侯之貴如輔相朝廷之政公侯爲國武夫亦爲國其心與之同焉心之同者才之大如參贊國家之務公侯爲民武夫亦爲民其德

與之同焉德之同者才之同也豈特善匹而已哉吁野人有可用之才如此而文王德化之盛因可見矣大抵天下之事有所爲者必有所益故勤於菑田者則以自養樂於植材者則以自庇况善於作人者豈不得人以爲用哉詩人稱文王之作人則曰勉勉我王綱紀四方稱文王之得人則曰濟濟多士文王以寧如此詩之武夫則亦在其綱紀之中者矣易曰雲從龍風從虎聖人作而萬物睹其文王之謂歟

赫赫明明王命卿士南仲大祖大師皇父整我六師以修我戎既敬既戒惠此南國王謂尹氏命程伯休父左右陳行戒我師旅率彼淮浦省此徐土不留不處三事就緒

陳堯道

同考試官教諭謝批（見理明白行文條暢宜置優列）

同考試官學正陳批（此題宣王自將以征不庭命皇父休父治其軍事場中作者往往認理不真立説穿鑿惟晚得此作理明詞順非精於葩經者不能允宜録出）

考試官教諭趙批（作大雅義當齊莊嚴重此作得之）

考試官教諭朱批（斂繁就簡可佳）

王者自將以伐遠既親命世臣以治其事復傳命大臣以副其事蓋軍事至重不可忽也今王者既親命世臣以治之而又傳命大臣以副之慎重其事也爲何如哉昔宣王自將以伐淮北之夷詩人作此以美之謂夫吾王當徐方不庭之時動萬乘自將之舉故玉音渙發赫赫明明而命卿士之謂南仲爲大祖兼大師而字皇父者蓋以文事武備而籌策素習也命之何如整我從行之六軍而上下同心修我敵愾之戎事而器械精好師嚴器備而有制勝之勢所以然者淮夷爲患南國爲之不寧當既敬既戒執訊獲醜而惠此南方之國無擾攘之患焉有嚴有翼聲罪致討而安此南土之人無侵凌之害焉夫軍旅之事既有大師以治之可無司馬以副之乎於是王命肅肅如絲如綸而詔尹氏策命程伯休父而授以司馬之職者蓋以料敵制勝而計出萬全也命之何如使之左右陳行而無愆於六步七步之法戒我師旅而無爽於六伐七伐之律循彼淮浦而省徐州之土所以然者師之久處農事爲之荒廢當式遄其歸無久留於彼令三事得以就緒而俶載南畝也早畢其事不久處於外令三農得以就業而有事西疇也吁王者行師命臣分任其事如此則成自將之功也可必矣雖然宣王之服淮夷豈特分命二臣指授方略之得其宜而已蓋由推赤

心以置其腹中耳故卒章曰王猶允塞徐方既來徐方既同天子之功不然書何以曰至誠感神矧兹有苗後之治夷者可以鑑夫

春秋

齊侯衛侯鄭伯來戰于郎（桓公十年）齊人衛人鄭人盟于惡曹（桓公十一年）

季鑾

同考試官訓導熊批（題目平易作者浮泛不切惟此篇一本傳意而文足以發之殆行空天馬自不能群也録之）

考試官教諭趙批（融會傳注成文可取）

考試官教諭朱批（有斷制）

列國兵舉於逞忿春秋既著其罪信講於固黨春秋尤示其責此于郎書爵以來戰爲罪惡曹書盟以奪爵爲貶觀春秋之書法而三國之罪自見矣且魯桓非義得國而嘗結援於諸侯齊鄭投間濟私而因納交於我魯今何爲而有郎之師乎蓋鄭忽因救齊之有功怒魯以周班而後已故要齊衛之兵特戰于郎之地聲威大奮勢云强矣初非誅暴禁亂之舉甲胄長驅忿固泄矣寧免悖道縱欲之譏夫兵凶戰危聖人所慎也使其以道興師而伸討逆之義尚有可言乃以私忿小怨親帥其師而戰于魯境尚爲知類也哉故春秋紀兵以受伐者爲主此特列齊衛鄭之爵而以來戰書者是主三國而罪之也夫戰郎之師既□而怒魯之氣當舒又何爲而有惡曹之盟乎蓋三君既思啓釁於魯恐其尚懷報復之心即惡曹而爲盟植私黨以自固詔於鬼神惟圖以仇魯也而懲忿窒慾之義罔聞誓於牲歃惟務以樹黨也而處已息争之道安在夫盟以長亂聖人所惡也使其講信脩睦以公天下爲事猶有可取顧乃私相要誓謀以敵人而愈陷於惡尚爲知義也哉故微者盟會不志於春秋此盟實齊衛鄭之君而以人書者是微三國而貶之也吁惡曹之三人即戰郎之三君也一戰一盟而均失於義一爵一人而各致其誅春秋之意夫豈苟然哉大抵春秋孔子之刑書也褒善貶惡錙銖不爽隨事立義其變無窮一人之身俄而進退焉豈特於此見之哉前伐山戎書齊人後獻戎捷書齊侯則知伐戎者即齊侯也上之會蜀書公子嬰齊下之盟蜀書楚人則知盟蜀者即嬰齊也比事求之春秋懲惡之義思過半矣先儒謂通於春秋然後能權天下之事信哉

晋陽處父帥師伐楚以救江（文公三年）

歐一清

同考試官訓導熊批（此題自有明傳易於遣詞作者率多遺之惟此篇組織傳注發明用兵之法筆勢雄偉讀之令人起敬）

考試官教諭趙批（發明傳意殆無餘藴）

考試官教諭朱批（此篇深得本旨佳作也）

伯國失恤患之道春秋紀用兵之法夫用兵貴乎得宜也處父救江有愧於人多矣春秋得不致意於書法間哉昔者楚窺晋政挑釁圍江處父先事而伐楚欲引兵以自救其謀未爲失也胡爲不足於春秋而書以耶蓋嘗考諸經矣楚始伐鄭齊桓合召陵之師而鄭患自弭又嘗圍宋晋文角城卜之戰而宋禍以紓今江國小而弱楚人圍之必不待舉國甲兵之衆以勢易爲力也楚當是時負覆載不容之罪以義所當討也使晋襄果能謀如桓文命齊秦諸兵以剪其羽翼率曲沃大衆直擣其腹心伸我王法問彼悖逆楚必震恐而江圍自解矣豈不得用兵之法哉何乃君怠臣昏計不出此獨遣處父之孤軍遠攻陸梁之强國友邦未見其從征元惡不聞其致討意者晋人於此豈誠心於伐楚哉特恐失諸侯之好而姑以塞其責耳是以門于方城而建旗未旆一遇息公而卷甲遂還一矢莫加於楚狄毫無補於江既不如召陵之盟有以服其心又不如城卜之戰有以讋其氣楚益猖獗江竟滅亡晋實爲之也善用兵者果如是乎故春秋於侵伐多不言所事此特書伐楚以救江傳云以者不以者也言救江雖善而所以救之者非其道矣其紀用兵之法爲何如哉嗟夫王風不競荆蠻暴横其爲患於中國久矣然中國加兵於楚者僅有三處父救江有伐楚之名而無伐楚之實晋定召陵有伐楚之勢而僅爲侵楚之陋所謂彼善於此者其惟齊桓召陵之師乎管仲相桓屈完受盟固其所也噫賢如管仲乃能相君而成安攘之績彼處父者何以爲哉

禮記

司徒修六禮以節民性明七教以興民德齊八政以防淫一道德以同俗養耆老以致孝恤孤獨以逮不足上賢以崇德簡不肖以絀惡

蔣曙

考試官教諭趙批（詞暢理明可取）

考試官教諭朱批（題本正大而組織傳注措詞莊重無如此篇是用録出）

大臣於鄉學必詳其教民取士之法也蓋教民取士鄉學之政令也大臣於此烏可不詳其法而總其政令哉且夫先王立鄉學之教必設大司徒以總其政令然其教民取士之法當何如哉彼民性非禮節之則易以疏必修冠昏喪祭鄉相見之六禮以節民性使不至於流焉民德非教興之則易以廢必明父子兄弟

夫婦君臣長幼朋友賓客之七教以興民德使不至於廢焉八政不齊則亦禮教之害又必齊其飲食衣服事爲异别度量數制之八政以防民淫所以使之無過行也道德异尚則其體不一又必一其人所共由之道衆所同得之德以同民俗所以使之無异習也六十曰耆七十曰老養耆老以享食之禮則推愛親之心於是爲至矣無父曰孤無子曰獨恤孤獨以常餼之養則損有餘之心無所不及矣至於能帥教而才德穎出者爲賢於賢者上之則命鄉秀或升於司徒而名選士或升於國學而名俊士其崇德也可見不帥教而無善可録者爲不肖於不肖者簡之則命鄉習禮或移郊遂以示其不變或屏遠方而示以不齒其絀惡也可知噫教民取士之法其詳如此非大司徒總其政令孰能然哉雖然此特鄉學教民取士之法耳下章有曰樂正崇四術立四教順先王詩書禮樂以造士至於大樂正論造士之秀者以告于王而升之司馬曰進士此又言國學教國子民俊及取賢才之法也蓋古者鄉學教庶人國學教國子及庶人之俊而皆升其秀者而爵禄之此所以人無不學野無遺賢治隆俗美而爲王道之成也歟

朝覲然後諸侯知所以臣

藍貴

考試官教諭趙批（簡明）

考試官教諭朱批（辭理俱到發明武王大教之意殆盡録之）

聖王始制尊君之禮群臣自效尊君之誠夫禮莫尊於朝覲也然則群臣知自效其尊君之誠者豈無所由來哉樂記論武王克商之後武功告成而文教之誕敷封賞既行而禮制之當舉彼其春見曰朝諸侯敬君之大禮也武王即位之初遂制爲朝禮以嚴上下之分所謂天子當宁而立諸公東面諸侯西面之禮於是乎定矣秋見曰覲諸侯尊君之大典也武王踐祚之始即制爲覲禮以明君臣之義所謂天子當依而立諸侯北面而見之禮於是乎舉矣夫朝覲之禮既有定制由是析圭儋爵而爲公爲侯者非一臣也今則莫不再拜稽首於冕旒之前功罪舉焉黜陟行焉而知所以臣者一天冠地屨之截然也尊君之誠容有已乎分茅胙土而曰伯曰子男者非一國也今則靡不對揚休命於殿陛之下賞罰明焉予奪加焉而知所以臣者一山高澤卑之自如也敬君之心容有間乎此朝覲所以爲大禮武王所以爲大教也歟抑論武王當商家之季興牧野之師救民於水火之中撥亂而歸之正大教之舉豈止此哉觀其習射以貍首騶虞爲節諸侯以裨冕搢笏爲容明堂耕籍養老之禮以次而行皆以一天下之制度新天下之觀聽所以周道四達而禮樂交通也孔子語賓

牟賈武樂之遲而又久者其以此夫

第二場

論

孔子之道大而能博

徐淮

同考試官教諭林批（作者多於大博二字分别不精理明詞暢者僅見是篇宜録）

考試官教諭趙批（議論疊出詞理渾成非筆端有造化者安能辦此）

考試官教諭朱批（論有抑揚有歸宿且辭氣舂容真佳士也）

舉斯道之全體而獨歸於聖人善言聖人者也夫道原于天而畀于人本至大而且博也顧見之小者自失其大局於偏者自狹其博而道之全體虧矣然則大以該其博博以成其大舉全體而咸備於一身不於聖人之歸而誰歸哉是其一理純全渾淪而無外萬善畢具該貫而無遺無惑乎門弟子不能遍觀而盡職也韓愈氏有見于此而獨言之可謂善言聖人者矣請畢其説天地生物而厚於人天地生人而厚於聖人人也者道之寓也聖人者人之至而斯道所由以傳者也然群聖相承至孔子而獨盛聖道相傳至孔子而獨全道全於孔子則其集群聖之大成而既大且博也固宜且孔子之道何道也堯舜禹湯文武周公之道也亦天下古今所共由之道也然知之而不能有有之而不能咸者衆矣道之全體惡乎備彼夷之清尹之任惠之和幾于大矣而所就各倚於一偏何有於博聃之禮弘治樂郯之宫似乎博矣而所知各局於一善何有於大下此則愈小愈狹初不足以企吾道之彷彿其視所謂大者博者何物耶學者欲識斯道之全曷不於孔子而觀之乎是故仁義禮智其性也而一由於天縱親義序别信其用也而一出於安行仰之彌高鑽之彌堅何窮盡也瞻之在前忽焉在後何方體也語其所至渾然如元氣流行而諸子之清之任之和直道中之一端耳曾足以方其大耶古今事變貫徹於敏求之餘物理精粗昭融於黙識之表釣弋獵較事至微也而無乎不能乘田委吏職至卑也而無乎不稱究其所有充然如萬象森列而諸子之禮之樂之官僅道中之一藝耳曾足以擬其博耶譬諸天輕清在上穹然其形也而日月行焉星辰繫焉舉萬物而無不覆譬諸地重濁在下隤然其質也而華岳峙焉河海振焉舉萬物而無不載聖人之道天地之道也知天地則知聖人矣是則非大無以該乎博而

大者博之所寓也博無以成其大而博者大之所包也具其大而不遺於博孔子之道如之何其可及乎夷考當時七十之徒相與受學亦皆得其性之所近如淵騫之德行予賜之言語初非無所得也而各一其善由求之政事游夏之文學亦非無所得也而各一其長何也道大而博不能遍觀而盡識也及門之徒尚然則夫授受於列國源遠而末益分者可知矣宜乎百有餘歲之後僅一孟軻氏上接其傳而得其宗也噫至哉孔子之道乎其備全體而獨盛亘古今而一人者乎愈也后孟軻而生乃復遠窺而特稱之謂非善言聖人者能之歟抑愈於此既稱夫子之道而謂得其傳者在於軻矣至於原道復歷叙列聖相傳之統而嘆軻死不得其傳焉其意豈不以軻之所自任者自期耶惜其志雖有在而大道未聞閎中肆外之文尚未敢上擬夫子之所謂博者而况於其大乎雖然道具於心者也道有顯晦而心無存亡又安知千載之下不有以心感心而契此道之傳者哉

表

擬立皇太子正位東宫賀表

楊樑

同考試官教諭謝批（駢驪有則）

同考試官學正陳批（詞氣渾厚而忠愛之心見於言外可謂善頌禱者矣）

考試官教諭趙批（表有忠懇之誠非區區騁浮詞者）

考試官教諭朱批（得體）

弘治五年三月初八日伏遇皇上册立皇太子正位東宫率四方群臣賀者臣等誠惶誠恐稽首頓首上言伏以紫極穹窿光映前星之焕青宫突兀高依北闕之尊開萬年不拔之洪基成一代非常之盛事光生宇宙懽動華夷恭惟至誠至聖允武允文篤孝重闈循大舜克諧之道丕承列聖同武王善述之心帝德罔愆天心攸格熊羆夢叶肇嫡派於天潢麟趾化行植本宗於帝胄方幼冲而岐嶷即睿智而聰明福慶攸鍾人心均戴臣工懇請謂主器不宜以久虚聖意允從謂輿情不可以固拒光凝赫赫之命敬展煌煌之儀授册寶而正位東儲涣綸音而敷恩下土此誠自古帝王欲求而未得欲遂而未能者也臣等職忝百司班參群辟咸樂鳶飛之化盛事幸逢式勤燕賀之心名言莫罄伏願君謨協贊昭彰日月之明國本滋培磅礴乾坤之大皇圖有永聖壽無疆臣等無任瞻天仰聖激切屏營之至謹奉表稱賀以聞

第三場

策

第一問

黄鼒

同考試官訓導余批(鋪張列聖之孝媲美前古而推原於一誠蓋佩服有待者歟)

考試官教諭趙批(敷揚列聖之德如繪乾坤之象非筆力所易到此答殆庶幾乎)

考試官教諭朱批(有策乎)

帝王之制先於孝而足以垂立教之典帝王之孝本於誠而有以弘化民之功蓋孝也者百行之本萬善之原古今人心所同然也帝王垂世立教之典化民成俗之功固不外此而要其所極實本於此心之一誠耳此我朝列聖之制作暨皇上之德教蓋與虞帝之大孝武王之達孝同一揆矣是豈後世所能及哉請因明問而敷陳之天經地義莫尊乎親降衷秉彝莫先於孝一自然而然初非有所勉强而爲者也肆我太祖高皇帝創業垂統追帝其先推而製夫大誥三編申明五常首以父子之親太宗文皇帝肅靖邦家推而製夫孝順事實首以虞帝之克諧齊栗宣宗章皇帝繼體守成推而製夫五倫一書首以家人之父父子子大哉三聖之制乎至哉三聖之心乎是皆欲以一人之孝而爲天下之孝以一家之孝而爲萬世之孝豈不與舜武异世而同符哉且舜盡事親之道而瞽瞍底豫武王盡繼述之道而王業始成一則備大德而尊富保饗之具全受天眷而禄壽名位之兼得所以尊養乎親者備矣一則追王先王而上祀乎先公制爲禮法而遍及於天下所以尊崇乎親者隆矣夫大舜武王虞周之大聖也以一誠而著大孝達孝之稱以一孝而致雍熙太和之盛聖德所極又何加焉自周而下若漢高祖尊崇其父爲太公唐太宗尊崇其父爲太上皇舉天下而奉一人尊養非不備也而揆諸大舜之孝不同熙鴻號以示四海稱號非不隆也而質諸武王之孝有間夫高祖太宗漢唐之英主也儀文雖具初非躬行心得之誠治效雖臻未免雜霸雜夷之誚二君且然他何望焉恭惟皇上繼列聖之德踐列聖之位盡愛敬而歡洽兩宫崇徽號而恩敷天下是以仁孝之著充塞乎兩間德教之孚施及於四海匹夫匹婦必有息風感神之异如阮卓劉平之輩卧冰泣笋之祥如王祥孟宗之流者矣推而極之郊焉而天神格廟焉而人鬼享以至九夷八蠻之賓服鳥獸魚鱉之咸若何莫而非皇上

一心之誠之所致乎由是而觀皇上之孝遠追虞周而無歉近法祖宗而有光信足以爲法於天下可傳於後世漢唐諸君安能彷彿其萬一哉詩曰孝子不匱永錫爾類傳曰至誠而不動者未之有也謹拜首稽首以爲今日頌

第二問

宋澍

同考試官教諭謝批（大學一策正觀士子窮經之學作者多掛一漏十條答詳明無踰此篇）

同考試官學正陳批（善答所問必用心於本領者）

考試官教諭趙批（縷析無遺可取）

考試官教諭朱批（末以敬字爲指歸最佳）

不有諸儒之説則大學之旨無以明於世不究諸儒之意則大學之理無以得於心此讀大學者所以必欲約其旨於章句而詳其義於或問則充然有得而於脩己治人之道無遺矣請申言之夫大學一書乃垂世立教之大典進德修業之本根學者固不可以不講也聖經賢傳作於前朱子章句明於後有所謂三綱領者焉有所謂八條目者焉綱舉目張條分縷析固無容議矣然或問一書又朱子集諸儒之説發明章句未盡之意也聖遠言湮知之者能有幾哉是故明德新民止至善三者不可偏廢也如管仲不務明其明德佛老不屑乎新民而王通不求止於至善果足以知道乎格致誠正修齊治平八者自有次第也如韓子原道其言極於正心誠意而無曰致知格物是不探其端而驟語其次何足以造道哉若夫釋明德而終帝典者所以示淺深之序釋新民而先盤銘者所以發新民之端切磋功易琢磨功難雖有學問自修之别而知行二者所當兼盡也聽訟無异於人而自無訟可聽者蓋聖人已德既明而民德自新則得其本之明效也程子有知至循理之論有談虎傷人之喻此兩條者非言格物致知所當先而不可後之意乎曰立誠意以格之曰入道莫如敬曰涵養須用敬曰致知在所養又曰收其心而不放此五條者非言涵養本原之功以爲格致之本乎道有善惡也非開其知識之實則不能致其好惡之實故誠意者必先致知焉心有體用也然一有自欺之萌則不得其本然之正故正心者必先誠意焉意誠而不能操存則身在於此而心馳於彼故心有不在也心正而不能加察則好惡必陷於一偏故身有不修也抑豈特此哉仁讓之化積於一家貪戾之禍起於一人即善必積而後成惡雖小而可懼之戒也桃夭蓼蕭之言家人兄弟曹風鳲鳩之言正是四國亦刑于寡妻至于兄弟以御于家邦于家邦之意也孝弟慈固所以修身齊家而治國者也釋平天下復以爲

言者以三者人道之大端衆心之所同而不能已耳何嫌於重覆哉自身而家而國而天下均爲推己及人之事也傳所以釋之一事自爲以説者亦以勢之遠邇事之先後而所施有不同耳何名爲异説哉至於好惡以人而不以己義利以公而不以私此絜矩二字平天下之要道也陸宣公拜本民心之論吕晦叔小人聚斂之語非得此章之旨而何小學以敬養其本原大學以敬收其成功是敬之一字聖學之所以成始而成終者也程子主一無適之言謝氏所謂惺惺法尹氏所謂收斂心身者非知用力之方而何是則諸儒之説不一也而推原聖賢之意則一或問之論有异也而發明章句之義無异讀大學者舍此不究而欲得於心難矣哉雖然大學之書或問固所當知或問之中一敬尤所當重蓋敬者一心之主宰而萬世之拳輿也能敬則放心以收大本以立而是書之綱領條目一以貫之而無疑矣愚生造詣未精謬述以對惟執事進而教之

第三問

蔣曙

考試官教諭趙批（歷陳前代暨我朝建儲之制甚悉且終篇之獻尤見忠懇佳士也）

考試官教諭朱批（儲貳一策隨問隨答得此於風簷寸晷之下亦難矣）

儲君之繫於國也大矣而輔養之道當慎于厥初焉蓋養之不以其正則無以成儲君之善輔之不以其人則無以弘蒙養之功養以正學輔以正人則德業有成而一代之重器有所托矣此自古之明王暨我朝之列聖建儲之制謹始之道所以盡善盡美而爲有道之長也豈漢唐而下所可論哉請敷陳之儲嗣天下之本也天命人心屬焉宗廟社稷係焉前有祖宗垂創之艱後有子孫長久之計而教養輔翼之道誠不可不早爲之地也古者元子始生接以太牢而嫡長之分已致隆於相接之儀負以卜士而保受之禮不少忽於斯須之頃樂以修內禮以修外而孩提有其教尊以師保弼以丞疑而輔導有其人此固三王重儲嗣之大略也是故問安內豎文王盡世子禮於王季也雖愛敬之心出於天性而涵養薰陶之功焉可誣耶抗法伯禽周公示世子法於成王也雖迂其身以善其君而左右弼正之法抑何備耶是以誕膺天命而撫方夏之隆敬迓天威而致泰和之治德業之盛卓乎不可及已降自漢唐有一代之君自有一代之制顧所建不同而所就不能以無异焉年甫十二輒通論語奭太子之多才明敏可尚也而二疏傅德之功蓋不終焉太子而下莫不受經漢顯宗之崇尚儒學可取也而一時傳經之士初無聞焉親賜帝範十有二篇而群臣復有極諫之命唐太宗之教子亦云善矣豈可以未專師保之任而遽少之

乎李沆李至官兼賓客而太子每有先拜之儀宋太宗之重傅亦云美矣豈可以未聞術之訓而遽議之乎皇子有資善堂之學非宋真宗乎然作書有法於學何功則張士遜之職爲王友宜見譏於王旦也儲宫有師保之置非元世祖乎然正學無聞於教何補則王顒輩之耆舊老臣徒見稱於諫官也之數君者儲貳之學非無所養也而擇術或非其正儲貳之側非無所輔也而遴選或非其人寮采具員而無保傅之嚴講讀備禮而無箴規之益肆君德所成或駁或純治道所臻有得有失揆諸三代何可同日而語哉仰惟我朝聖祖創業於前列聖守成於後紀綱法度超越千古而於儲貳之制尤惓惓焉宫坊官属選自儒林朝夕勸講本諸經術其所以成就德器而正天下之本者蓋有在矣故百有餘年聖德神功彌漫宇宙閎休偉烈照耀後先蓋上與三代明王媲休并美而陋歷代於下風矣揆厥所自何莫而非蒙養中來耶矧我皇上恭膺天眷甫建青宫四海人心咸有攸属自貽哲命兹其始矣則夫教養輔翼以衍億萬斯年之休者端有望焉詩曰貽厥孫謀以燕翼子愚敢以爲列聖頌書曰監于先王成憲其永無愆又敢以爲今日獻

第四問

徐淮

同考試官教諭林批（此策答者率多臆説令人厭觀求如是篇之詳明斷制者可羡）

考試官教諭趙批（不拘問目不遺事實方見作手）

考試官教諭朱批（足見該博之學）

讀人求多聞之言則知學固貴於能博讀誦詩三百之章則知學尤貴於能用蓋能博則有以爲立政之本是其體也能用則有以收所學之功是其用也有用而無體固不足於政有體而無用亦何取於學哉竊嘗考之書曰學古入官易曰君子多識前言往行以畜其德則學不可以不博明矣所以然者蓋將舉此而措之於用耳若伊尹誦詩讀書佐商以肇一代之基姬旦多才多藝相周而垂百王之法學行兼該體用具備卓乎不可尚已下此不能無優劣之可論者焉姑以漢唐宋言之洛陽少年論過伊管賈誼其才矣而治安一策實救文帝之弊道明三代學際天人董仲舒其儒矣而賢良三策切中武帝之心智於子房而文則過辯如賈誼而術不疏陸敬輿也而忠義足以弭奉天之難當時稱爲内相文起八代之衰道濟天下之溺韓昌黎也而精誠足以馴鱷魚之暴潮陽號爲易治歐陽脩有名之冠天下之文章而嘉祐相業以救時行道爲責司馬光有無所不通之文學而元祐政治著旋乾轉坤之功之數人者體

既具矣用亦周焉譬之入陶朱之室隨取而隨足發扁鵲之厨隨施而隨效博而能用一何偉歟至如緣飾儒術公孫弘之辯論可取而懷倍約順旨之諛言不顧行於論奚益博極群書楊雄之學術可尚而有劇秦美新之作大節不謹於術何工李太白之翰林風月學非不豪也然黨永王而名節蔑聞其如政教何柳宗元之瓊琚玉珮文非不美也然附叔文而才猷靡卲其如治道何博學强記盧多遜爲當代名儒而數短趙普其致崖州之竄亦宜也通今學古王安石固才高一世而務行新法其壞熙寧之治非少也之數人者學雖有餘政則不足譬之積困廩之盛不免於枵腹泛滄浪之深而乃以渴斃博而無□何足稱哉乃若周勃重厚少文而能誅吕安劉霍光不學亡術而能擁昭立宣功之所建於博何預哉姚崇性好射獵而以十事要説李德裕起自任子而以六箴獻納業之所就何係於博哉東征西討無不如意趙普開國之功可紀也即其所學自論語之外無餘業焉澶淵請盟親扶日轂寇準弭兵之力居多也求其所藴於張詠之誚不能免焉若此數人以學則無淵源以政則有經濟是何也或天資之偶合或才力之有餘故耳然考其終身不能無議焉定亂者勃也械繫者亦勃也擁立者光也啓禍者亦光也雖善應變僅濟小康况又迎合成務乎雖善規諫未聞悟主况又朋黨傾軋乎太平可致而金匱之誓盟不可渝北門可托而朱能之天書不可信使其學之有本安至是哉苟不究其始終執此而曰學無益於政是猶見人之眇焉能視而欲抉其目跛焉能行而欲刖其足於理可乎比事而觀之則學而當博博而當用斷斷乎其不可易矣抑説者又謂天下之理同出一原若不取於博也殊不知泛應曲當用各不同學不博則不能守約理不窮則不能力行君子其可以不博哉古今事物萬有不齊固難致其博也誠能近述諸今遠稽諸古事事而窮之物物而格之則亦何患於不博哉愚生才慚樗櫟學愧荒蕪以博不無望洋之嘆以用恐有出位之思姑述所聞以復明問若究其幼學壯行之志則自伊周之外未暇論焉執事恕其狂瞽而教之幸甚

第五問

李鑾

同考試官訓導熊批（處置此土兵民之事甚善蓋亦識時務之俊杰乎）

考試官教諭趙批（立法得人雖係常談而治道之大要恐不出此）

考試官教諭朱批（篇終有題外意所識可知）

天下無不可爲之事在爲之者得其法天下無不可救之弊在救之者得其人夫有一事必有一法法非不善也而用法之非其人故有不善耳苟得其

人以之撫民而民安以之勵兵而兵强何憂乎法之不立事之不可爲而弊之不可救哉執事發策以廣右兵民之弊爲問愚生含情憤激而欲言之久矣敢不悉心以對書曰民惟邦本本固邦寧傳曰國之大事在祀與戎則兵民二事有國家者不可不究心也况廣右邇年以來民敝兵壞可忍而置於度外乎以民言之則土曠人稀弱肉强食深山大澤多占於夷類窮簷蔀屋略存乎編氓師旅興而民財已窮科差繁而民力已盡誠有如執事之所慮也爲今之計莫若竭撫字之勤絶掊剋之害黎元之凋敝者寬其征輸復其流亡而闢土地以居之夷類之頑梗者殲其渠魁撫其餘黨而立保甲以統之軍需預積使免推挽轉運之勞科差裁省俾無隳突叫囂之嘆撫民之術豈有外于此哉夫法既立矣而行之者在乎守令之得人也誠使得人如谷永之守鬱林以恩信招烏滸之人幾十餘萬柳宗元之刺柳州以禮化致流逋之歸樂生興事攝興安而有陶弼則勸浚靈渠以通餽餉大爲民利知梧州而有梁適則奏免折税以省轉運甚爲民便有人而能撫民如此則變惡爲善轉危爲安而民何憂於敝乎以兵言之則行伍空虚武備廢驰剽掠起於月餉之稍緩勞苦原於私役之無已寇盗發而戍卒輙逃主將亡而麾下坐視誠有如執事之所言也爲今之計莫若精訓練之方嚴名實之核給粮餉不失其時而妄冒竊掠者雖强必誅公差操以節其力而役占侵漁者雖貴必黜以守則時其簡閲使絶逃竄之念以戰則嚴其號令俾奮效死之心勵兵之計豈有出于此哉夫法既立矣而行之者在乎將帥之得人也誠使得人如王晙之都督桂州罷戍卒開屯田以息轉漕之勞謝肇之經略容管布威令息忿昏而貽詔答之褒討儂賊而得狄青則張燈饗士削平嶺南廣人爲之磨崖紀功守静江而得馬墍則恩信結下戰死踰時部將爲之自焚無降有人而能勵兵若此則恩威兼盡上下相親而兵何有於壞耶是則民安係於守令兵强由於將帥理固然也至於鼓舞轉移之機尤在乎當道者何如耳誠使勸懲一出於公賞罰各得其當則人心思奮事功有成而民安兵强不期然而然矣管見區區未知執事以爲然否

廣西鄉試録後序

弘治壬子秋廣西鄉試列郡士得其文中式者凡五十有五人遂次第其氏名并彙集其前列數人文爲録既成僉謂堦當序其末簡竊惟天以大道畀諸聖人聖人以大道傳諸六經無非所以爲民也故易以前民用書以匡民德

詩以正民俗禮以節民性樂以和民心春秋以嚴民防一皆道之所寓惟明於道者而後能加之民也自秦燔載籍易以占春秋以史獲免樂竟淪滅無傳書詩禮既熄而復出禮有儀禮十七篇即古禮經禮記多漢儒所作朱子以爲禮經之傳是也然禮經何以不傳乎自宋王安石柄國而廢之也然迄今數百年閭閻學士珍藏什襲在在有之真若有神物護持之者禮經豈終廢歟夫聖道之有六經猶人身之有六腑一腑病則諸腑弗寧人身日就危矣一經廢則群經無徵聖道幾於蝕矣六經可多廢哉先正有曰六經之道同歸禮樂之用爲急以禮視樂禮爲尤急樂已廢矣禮幸尚存顧在民間經生造士所誦習者禮記而已禮記雖未詳禮之節度而亦足以發禮經之義程子嘗謂其儘有格言則與群經皆不可不究心者諸士子以能明易書詩春秋禮記見録於有司使或未究其極晝於半途終亦必亡而已矣繼自今鈎微剔賾根極領要瞭然大道之指歸如有用我執此以往民用前之民德匡之民俗正之民防嚴之民性節且和之斯不負天與聖人所以爲民之意也若徒藉是以捷巍科都高官呫呫自足而於民生疾苦若罔攸聞甚至以不道加之不獲罪於天與聖人也者幾希噫樂廢矣易書詩春秋且在若復儀禮爲經别禮記爲傳訂之先正立之學官使天下後世學者獲見五經之全行當仰睹我聖天子製作之盛

福建建寧府松溪縣儒學教諭趙堦謹序

正德二年鄉試録

廣西鄉試録序

皇上嗣無疆大歷服萬化一新右文興行以風四方翕然景從猗歟盛哉乃改元之明年秋屬賓賓興之期詔天下開科取士廣右遠在邊裔自頃以還仰仗天威既平思恩未幾有連賀之捷内修外攘克用底寧凡管内公私財力之需方思祗若德意求所以節縮而爬梳之顧求賢重事其曷敢後先是巡按監察御史張津以興賢舉廢爲任聽提學僉事姚鏌延五經師于會城以教州里之秀至是巡按監察御史盧翊寔莅厥事惓惓焉杜僥幸羅俊彦之是務適總督右都御史陳金新膺簡命式是南服作興士類總鎮太監潘忠總兵伏羌伯毛鋭控制嶺嶠雅重儒術鎮守太監蔡昭副總兵康泰獎與斯文員外郎楊泮以公事至嘗勉勵之御史盧翊取姚鏌暨攝提學僉事蔡鍊所試士試之司考校爲教諭黄常訓導夏鐖分考爲教諭余成徐大用王根周尚賢潘洂訓導劉桐提調爲右布政使俞深左參政王臣監試爲按察使王寅副使鄭岳贊襄防範爲左布政使王綸右參政楊茂元副使陳崇德左右參議林璿錢灝僉事丁隆胡獻沙立及諸執事非其人不以爲視舊加嚴且密焉既三試得其文之最如干篇萃爲録常作而曰昔人有云文章士之末也然立言存乎其中即末而操其本可十七八蓋蒲梢駃騠望而可知其躍千里也夜光明月見而可知其燭十乘也求士者顧可忽於文哉粤居五嶺之表三湘之南重江束隘聯嵐含暉自昔雜於夷俗僅於羈縻有不可以中國之治而治之者今則有華風同内地矣謂非聖治益光鴻化彌遠漸被浹洽之久且深曷克爾耶竊嘗觀諸粤之山左右皆平地拔起高數百丈或四面峰巒駢立石如染黛水則湘灕匯流達于潯梧合彼兩江演迤曲折奔湧澎湃以入于海澄潭碧泓瑩然若玻璃淪漣清瀉可鑑毛發山拔而水清他所未有也是必有磊落奇偉之才英爽俊邁之器鍾靈毓秀應時輩出而爲世用者乎况况象犀玳瑁珠琲之珍异一無所産山川炳靈精采蕩耀不屬之人將焉屬乎若夫名人寓公遺風餘烈猶有存者若馬伏波狄武襄之戰功柳河東黄山谷之文章張南軒吕東萊之道學劉賢良馮三元之才望余忠襄元次之治績皆足以使人欽仰希慕之不置如在

家庭鄉黨然士生是邦有志於斯世其亦尚友古之人植德不回挺拔流俗以與斯道利安元元斯則爲天下士也而孰敢以遠方之士待之蓋不必向陽之植而始茂濱河之壤而始沃也慎毋以遠自待哉常等濫竽論秀他日致得士之稱於談者之口亦庶乎其與有光焉若曰歌鹿鳴而已爾志温飽而已爾則吾未敢賢乎爾也

江西吉安府廬陵縣儒學教諭黄常謹序

正德二年鄉試

監臨官

巡按廣西監察御史盧翊（鳳翀常熟縣人　庚戌進士）

提調官

廣西等處承宣布政使司右布政使俞深（濬之浙江新昌縣人　乙未進士）

廣西等處承宣布政使司左參政王臣（世誉江西廬陵縣人　己丑進士）

監試官

廣西等處提刑按察司按察使王寅（敬夫直隸容城縣人　辛丑進士）

廣西等處提刑按察司副使鄭岳（汝華福建莆田縣人　癸丑進士）

考試官

江西吉安府廬陵縣儒學教諭黄常（克庸廣東順德縣人　乙卯貢士）

福建興化府儒學訓導夏鐩（必順浙江餘姚縣人　戊午貢士）

同考試官

浙江紹興府嵊縣儒學教諭余成（成之廣東海陽縣人　癸卯貢士）

湖廣岳州府華容縣儒學教諭徐大用（喬用福建莆田縣人　乙卯貢士）

直隸寧國府太平縣儒學教諭王根（景仁浙江黄巖縣人　辛酉貢士）

福建興化府莆田縣儒學教諭周尚賢（時謙浙江臨海縣人　辛酉貢士）

直隸淮安府桃源縣儒學教諭潘洓（秉容浙江新昌縣人　辛酉貢士）

浙江台州府天台縣儒學訓導劉桐（儀鳳江西永新縣人　己酉貢士）

印卷官

廣西等處承宣布政使司經歷司經歷余璉（宗器江西臨川縣人　監生）

廣西等處提刑按察司經歷司經歷黄顒（司直直隸全椒縣人　監生）

收掌試卷官

桂林府知府汪金恩（天錫浙江開化縣人　庚戌進士）

潯州府通判劉離用（養時江西廬陵縣人　丙午貢士）

受卷官

慶遠府推官王琇（潤卿直隸無爲州人　監生）

南寧府推官黄斌（惟憲福建漳平縣人　監生）

彌封官

全州知州陳璜（朝貢福建龍溪縣人　癸卯貢士）

鬱林州知州張永壽（子仁四川資縣人　壬子貢士）

謄録官

賓州知州羅瑋（宗器江西吉水縣人　官生）

陽朔縣知縣楊敞（尚文貴州宣慰司人　丙午貢士）

對讀官

修仁縣知縣葉喜雨（承恩廣東饒平縣人　監生）

天河縣知縣陳準（平甫四川南溪縣人　乙卯貢士）

巡綽官

桂林中衛指揮僉事田綱（大器直隸唐縣人）

桂林中衛指揮僉事張勇（用義順天府寶坻縣人）

桂林右衛指揮使霍衡（用齊直隸合肥縣人）

桂林右衛指揮僉事羅琮（廷璧湖廣雲夢縣人）

搜檢官

桂林中衛中千户所副千户徐洪（德寬直隸沭陽縣人）

桂林右衛後千户所副千户蔣瑛（汝輝直隸合肥縣人）

供給官

廣西都指揮使司斷事司斷事劉紳（廷儀湖廣沅陵縣人　監生）

廣西都指揮使司斷事司吏目許永富（大用廣東博羅縣人　吏員）

思恩軍民府通判劉夔（克舉江西安福縣人　癸卯貢士）

安平州吏目歐陽濼（伯虞江西分宜縣人　監生）

下石西州吏目范湧（本深雲南蒙化衛人　監生）

全州税課局大使吕誠（廷實廣東新會縣人　吏員）

永福縣典史祝麒（廷瑞廣東茂名縣人　吏員）

全州城南驛驛丞陳才（廷彦福建龍溪縣人　吏員）

臨桂縣東江驛驛丞沈清（本澄浙江慈谿縣人　承差）
洛容縣洛容驛驛丞事涂喬（曰昂江西豐城縣人　吏員）

第一場

四書

有德者必有言有言者不必有德仁者必有勇勇者不必有仁　成己仁也成物知也　君子行法以俟命而已矣

易

美在其中而暢於四支發於事業美之至也　君子以制數度議德行　分而爲二以象兩掛一以象三揲之以四以象四時歸奇於扐以象閏　天地設位聖人成能

書

亦行有九德亦言其人有德乃言曰載采采　旨哉説乃言惟服乃不良于言予罔聞于行説拜稽首曰非知之艱行之惟艱王忱不艱允協于先王成德　爾尚克羞饋祀爾乃自介用逸　今爾罔不由慰日勤爾罔或戒不勤天齊于民俾我一日非終惟終在人爾尚敬逆天命以奉我一人雖畏勿畏雖休勿休惟敬五刑以成三德一人有慶兆民賴之其寧惟永

詩

羔裘如濡洵直且侯彼其之子舍命不渝羔裘豹飾孔武有力彼其之子邦之司直羔裘晏兮三英粲兮彼其之子邦之彦兮　鶴鳴于九皋聲聞于天　文王有聲遹駿有聲遹求厥寧遹觀厥成文王烝哉　訪予落止率時昭考

春秋

公會齊侯盟于柯（莊公十三年）　諸侯盟于首止鄭伯逃歸不盟（僖公三年）八月甲戌同盟于平丘公不與盟（俱昭公十三年）　晋陽處父帥師伐楚以救江（文公三年）晋趙穿帥師侵崇（宣公元年）宋　人及楚人平（宣公十五年）

禮記

處其所存禮之序也　内金示和也束帛加璧尊德也　詔祝於室坐尸於堂用牲於庭升首於室直祭祝于主索祭祝于祊不知神之所在於彼乎於此乎或諸遠人乎祭于祊尚曰求諸遠者與　其感人深其移風易俗

第二場

論

聖王以敬爲修身立政之本

詔誥表（内科一道）

擬漢宣帝命諸儒講五經同异詔（甘露三年）　擬唐加左僕射房玄齡太子少師誥（貞觀十三年）　擬宋以歐陽脩参知政事謝表（嘉祐六年）

判語（五條）

舉用有過官吏　多收税糧斛面　禁止師巫邪術　私藏應禁軍器　詐欺官私取財

第三場

策（五道）

問　自古帝王御天下必有述作以頒示臣民往往出於詞臣之口史氏之筆惟我太祖高皇帝性本生知道合乾坤德光堯禹其於文字不學而能見諸簡編皆淵衷之所藴畜宸翰之所揮灑神謨聖訓萬世欽仰行之而無弊者矣伏讀御製皇明資世通訓一書所以寓意於治道可謂深切而著明也其篇目有幾中謂人君所當爲者有幾人臣所不當爲者有幾又有爲民用者見於何章至於士農工商各爲一篇下逮僧道之流乃合而爲訓愚癡教子之語亦何諄諄然歟世謂儒者博通古今於凡前代格言靡不究心以爲他日輔世之具况聖祖之明訓洋洋若斯乎諸士子其必聞之稔而講之習矣願悉陳之以觀所藴

問　三代而下稱治世賢君在漢必曰文景在宋必曰真仁其守成致治之略可得而聞歟即四君而論其間亦各有優劣否歟洪惟孝宗皇帝臨御十有八年勵精圖治武烈文謨駿德鴻業增光祖宗匹休堯舜固非四君之可同日而語者矣其興化致理之要亦可得而名言其萬一歟爾諸生衣被聖化耳濡目染殆非一日其盍鋪張揚厲以爲天下萬世頌

問　國家簡賢圖治隨才任使視其地之難易事之繁簡而必使才與地相宜地與人相稱斯則無難爲也今廣右雖號邊方然官於斯所理者邊事所涉者夷情類非牽繩墨習委薾者之所可辨也地何管内州縣由甲科而補者恒少循常資而來者恒多豈遐外之域山窮水絶其民鄙野固不屑於吏治歟

抑亦士有負奇器通才者固不可使之蹈險遠而冒瘴嵐枉其才而用之歟致使吏著卓异之績者寥寥而民切望治之心者喁喁也是豈爲吏者以遠外自亮而不思所以自振歟抑或觀風行部者尚乎因循而所以奬勵懲督之方有未盡歟爾諸生皆有志者也他日掇巍躋膴立乎巖廊之上必能以此聞于朝其將任以异才察其异能而待之以不次歟亦合付之守常蹈故之而治不治無庸加之意歟其悉之毋隱

問　古者道德一而風俗同治化美唐虞三代以上無容議矣後世人心滋僞民俗日偷其故在於上之人不能躬行以率先之以致弊相仍而不能革害愈深而不能去之耳夫昔人有從行而不從言與當以身而不以言其説當歟富民墻屋而被文繡商賈富者而率輕肥以爲可憂者是歟有爲相而人不鮮衣者有在位而人爲減騶從者誰歟因爲末者衆爲農者寡而禁采珠玉因向本者少趨末者衆而勸勉農桑者誰歟下金翠之禁戒門户之飾者其意何在嚴采珠之禁筭商賈之詔其意何居夫民俗之弊者莫甚於兼并也末作也侈靡也寇竊而亡耻也今欲挽淳朴而去澆漓爲國家化民而成俗其將何道以致之

問　今之廣西古百粤之地也山川之險阻炎瘴之酷毒夷獠爲患在在有之姑以所急者而論如府江之盗賊時常出没江道爲之阻塞柳慶之猺獞肆行剽掠行旅以之斷絶屢嘗禽獮而草薙之而賊勢愈見猖獗又嘗撫循而犒賞之而夷性益加驕縱加以土官之桀驁奸目之梗悍欲舉兵以加之耶念彼蠢爾之衆有所未忍欲置之不問耶又無以戢禍亂而令諸夷爾諸士生長是邦其於弭盗安民之策制夷備邊之要必藴於心而計之審矣其悉以告我將以獻焉少禆廟堂之末議

中式舉人五十五名

第一名　陳俊　臨桂縣學生　書

第二名　陳佺　桂林府學增廣生　詩

第三名　徐乾　桂林府學生　易

第四名　蔣淦　全州學生　禮記

第五名　傅銓　臨桂縣學生　春秋

第六名　楊喬　梧州府學生　書

第七名　蔣彬　全州學生　詩
第八名　王价　柳州府學生　易
第九名　王納言　融縣儒士　書
第十名　覃熙　賓州學生　詩
第十一名　何士鰲　蒼梧縣學生　易
第十二名　蔣文奎　全州學生　禮記
第十三名　熊瀾　宣化縣學生　書
第十四名　唐盛　陽朔縣學生　詩
第十五名　廖琳　賓州學生　易
第十六名　秦邦儒　慶遠府學生　春秋
第十七名　徐思　柳州府學生　詩
第十八名　胡演　桂林府學生　易
第十九名　李喬木　蒼梧縣學生　書
第二十名　王綱　全州學生　詩
第二十一名　韓恂　興安縣學生　易
第二十二名　王世熙　柳城縣學生　書
第二十三名　吴國華　柳州府學生　詩
第二十四名　盧瑛　桂林府學生　易
第二十五名　楊夔　桂林府學生　詩
第二十六名　沈景暲　横州學生　易
第二十七名　劉蘭　桂林府學生　書
第二十八名　江榆　全州學生　禮記
第二十九名　李文魁　天河縣學生　詩
第三十名　霍榮　藤縣學生　易
第三十一名　何芳　臨桂縣學生　書
第三十二名　趙廷佐　桂林府學生　詩
第三十三名　莫彦　臨桂縣學增廣生　易
第三十四名　何潔　梧州府學生　書
第三十五名　葉秀　桂林府學生　春秋
第三十六名　熊棐　桂林府學生　詩
第三十七名　李鳳　桂林府學官生　易
第三十八名　陸萬里　慶遠府學生　詩經

第三十九名　沈磐　慶遠府學增廣生　書
第四十名　傅文澂　藤縣學生　易
第四十一名　鄭啍　桂林府學生　詩
第四十二名　趙敔　臨桂縣學增廣生　易
第四十三名　蕭淮　桂林府學生　書
第四十四名　陳邦偁　全州儒士　禮記
第四十五名　劉晟　柳州府學生　詩
第四十六名　易宗周　桂林府學生　易
第四十七名　桂宗美　靈川縣學生　詩
第四十八名　梁朝用　懷集縣學生　春秋
第四十九名　傅文瀚　藤縣學生　易
第五十名　唐明　桂林府學生　書
第五十一名　雷啓蟄　臨桂縣學生　詩
第五十二名　李鐸　融縣學生　書
第五十三名　趙盛　賓州學生　詩
第五十四名　吴桂　融縣學生　書
第五十五名　劉良能　馬平縣學生　易

第一場

四書

有德者必有言有言者不必有德仁者必有勇勇者不必有仁

陳俊

同考試官教諭潘批（明凈可愛讀之而不厭也）

同考試官教諭徐批（詞氣蒼然非稺筆可到也）

考試官訓導夏批（發揮章旨曉然足觀矣）

考試官教諭黄批（整潔無冗語）

聖人兩舉人之有所蘊者必有所發有所發者或無所蘊也蓋德與仁人之所蘊者也而言與勇從之矣若夫言勇之所發安能必其人之所蘊何如邪聖人兩舉以爲言其示人輕重之意可見矣且夫德者人心所同得之理也夫惟有德之人允乎踐履之熟粹然充實之美故雖無意於言也然和順積中英華發外出言自爾而成章亹亹乎其可聽措辭自爾而當理秩秩乎其不倍所

謂道義之言也若夫有言者議論非不善也辭說非不工也而或者便佞口給務以悦人而已豈皆本於躬行心得之餘而必其人之有德乎至於仁爲人心所固有之性也夫惟仁者之人純乎天理之公全其本心之德故雖無事於勇也然心無私累見義必爲遇事則以身任之森乎其不可禦遇難則以身當之確乎其不可奪所謂義理之勇也若夫有勇者非不奮厲有爲也非不剛果自任也而或者血氣之强務以勝人而已豈皆出於人心天理之正而必其人之有仁乎是則言固本於德也而亦有不本於德勇固出於仁也而亦有不出於仁修己者固當以德仁爲務而觀人者豈可徒以言勇爲哉夷考其事其在孔門能言如子好勇如由蓋亦各擅其能而稱爲高第者也夫子一則曰於予與改是一則曰不知其仁也則夫二子者固未嘗以德與仁許之也而况其他者乎春秋之時争以言語勇力是尚而其後也遂流爲儀秦之詐軻政之暴夫子之言蓋於是而益信云

成己仁也成物知也

陳佺

同考試官教諭周批（淡而有味此作得之）

同考試官教諭王批（善於說理筆路亦不爲窘可嘉）

考試官訓導夏批（體貼得仁知出）

考試官教諭黄批（不疏不鑿而昌于辭）

中庸論誠之者有自成之德有及物之德蓋自成爲仁體之存也及物爲知用之發也誠之者之德有如是哉中庸二十五章論自明而誠者之事謂夫誠之所成自己而及物誠之爲德有體而有用自其成己言之在我之心既無不實而天之所付畀於我者有以復其始在我之心既皆無妄而我之所禀受於天者有以全其初乃爲有以自成而道既行於我矣是成己也可不謂之仁乎蓋心有未誠則私得以害公欲得以間理不可謂之仁也今既誠以成己則是能全吾心之德廓然大公而一毫之私意不得以或雜矣粹然至善而一芥之人欲不得以相參矣非仁而何自其成物言之我既有以自立凡有是心者悉於是乎丕變而立必俱立我既有以自成凡具是理者皆於是乎維新而成不獨成自然有以及物而道亦行於彼矣是成物也可不謂之知乎蓋已有未誠則知之有未明處之有弗當不可謂之知也今既誠能成物則是能通天下之故曲成萬物而施之各得其當燦然脉絡之分明也知周萬物而處之各得其宜的然條理之不紊也非知而何是則仁存於内而爲體誠之所以立也知

發於外而爲用誠之所以行也物我兩全體用兼備誠之之德至於如是其亦造於至誠之地矣大抵天地之間一誠而已天之理固不异於人而我之理亦不异於物也夫惟至誠之人能盡其性則能盡人物之性而無待於推未至於聖人者必先明善以誠其身至於成已爲仁則亦能盡其性成物爲知亦能盡人物之性矣此天道人道之所由分也吁賢希聖聖希天斯言豈欺我哉

君子行法以俟命而已矣

蔣淦

考試官訓導夏批（暢達精采非積學有定見者恐不能爲是言也）

考試官教諭黄批（講行法俟命處親切而有味其殆安命之士乎）

尚論君子惟盡其在我者以聽乎在天者甚矣在天之命有不可必也爲君子者安得不盡其在我者以俟之哉昔孟子之意蓋謂彼性焉安焉者聖人之德執焉復焉者君子之事君子於日用彝倫之間莫不各有當然之法法之所在皆性之所有也動静云爲之際亦莫不各有當然之則則之所在一性所寓也故法在是而吾之所行者必在執而守之篤於自信而不移則在兹而吾之所由者亦在兹持而循之卓有定見而不惑至於吉凶之來惟聽天之所命而已夫豈有所顧而爲之趨避耶禍福之至亦惟從天之所畀而已夫豈有所計而爲之向背耶彼莫之爲而爲者吾固不得而知也聽天之餘何容心焉莫之致而至者吾固不能必也俟命之外何容力焉盡其當然者在我聽其自然者於天是雖未至於自然而已非有所爲而爲矣君子之善反其性如此夫大抵人之爲人皆天命之所爲固有一定之分非其力所能招亦非其智能所能迴信非偶然者苟在我者有未能盡而於禍福之來輒諉諸天君子之心固如是哉惟在我者既盡矣而不可能者則付之命焉爾傳曰遇不遇命也命即天也人其如天何哉

易

君子以制數度議德行

徐乾

同考試官訓導劉批（作者多析人己爲言殊非也此則理既得而詞亦暢然矣）

考試官訓導夏批（説君子體節意思良是）

考試官教諭黄批（體節象以立節道固當如是蓋嘗究心於易學乎）

君子體節之象有以立節之道焉夫節道不嚴則人无所定守矣君子立

節以範乎天下體易之功至矣哉昔伏羲交坎於兑而名卦曰節吾夫子傳象之意以爲澤上有水其容有限節之象也君子體象當何如耶蓋以人生兩間非用无以資身用而不節何以一天下之志人參三才非行无以成身行而无節何以同天下之風于是運吾心之德立人紀之極以義起禮創爲宏規而權量必謹法度必審也酌古準今定爲成憲而征斂有藝費出有經也宫室輿馬多寡之有限服色采章隆殺之有等何者不制之以納斯人於範圍中耶修道立教商訂乎躬行心得之實欲天經地義不踰其則也惇典庸禮商度乎以身行道之迹欲人倫物理各適乎中也尊卑上下相臨之以義親疏贵賤相接之以體何者不議之以囿斯世於文明内耶夫數度而制則用皆有節天下無弊俗德行而議則行皆中節天下无頹風君子體象之功一何至哉抑是節道即九五之甘節也九五居崇高之位具中正之德以中爲節天下无不中以正爲節天下无不正古聖王用此道焉故度一制而車同軌體一議而行同倫不惟一世由之而千萬世之下罔不率由舊章者然則體節以立節道非古之君子其誰與歸

天地設位聖人成能

王价

同考試官訓導劉批（題本冠冕而不知其義者不失之鑿即失之冗殊爲可厭而此作獨不蹈之可録也）

考試官訓導夏批（講聖人作易以成天地之功處最是）

考試官教諭黄批（措詞簡當善學易□）

造化具夫理聖人全其功甚矣易之理具於造化也然非聖人之作易又何以成其功乎大傳十二章論乾坤之理而及聖人作易之功謂夫太極肇判陰陽以分天陽氣之所積也天以輕清而上浮萬物皆在其所覆矣地陰氣之所積也地以重濁而下凝萬物皆在其所載矣天位乎上非徒穹然其形而已而乾之理以寓凡其健而知險與所以説心而定吉凶者其理固顯設也地位乎下非徒塊然其體而已而坤之理以寓凡其順而知阻與所以研慮而成亹亹者其理固昭布也夫易之理既具於天地而易之作則待於聖人蓋圣人者默契天地之理妙合陰陽之德仰觀俯察而卦畫以立觀象繫辭而彖爻以明啓造化未啓之機以前民用皆知險不可乘而天下之吉凶以定則天之理不能以告人者自是而相成之有以補其所不及矣發造化未發之秘以定民志皆知阻不可冒而天下之亹亹以成則地之理不能以告人者自是而贊成之

有以助其所不能矣是則天地具易書之理易書顯天地之功天地者無言之聖人聖人者有言之天地其有功於天下後世一而已矣然學易者徒泥聖人之書而不會天地之理則易與我猶二也必能兼體健順之德而忘言於象占之外則易不在天地不在易書而在吾心矣是又在善學易者之自得云爾

書

亦行有九德亦言其人有德乃言曰載采采

陳俊

同考試官教諭潘批（詞氣森整分明虞廷陳謨氣象讀之令人斂衽）

同考試官教諭徐批（作者多冗雜於九德及采采處判然不相照應求其精潔而不浮雅淡而有味者僅見此爾）

考試官訓導夏批（觀德驗事此作盡之是之取爾）

考試官教諭黄批（在昔陳謨之意當不出此）

大臣概論德之見於行者非一端概論人之驗於德者非一事蓋知人之道在觀其德何如耳然非驗之於事又何以得其實哉昔皋陶之陳謨若謂人以有德爲賢君以知人爲難然而卒未得其貞者特以不察行事之實焉爾是故德之在人雖曰藴蓄於心初非無迹之可見也雖曰藏修於内初非無實之可驗也或見於持已或形於接人凡中正而不偏者莫非此德之符概而論之其凡則有九焉或隨事而處或遇物而應凡中立而不倚者類皆此德之著總而言之有九者之目焉夫德之見於行也如此故總論斯人之有德豈可徒謀諸面而不驗其事耶抑豈可徒聽其言而不觀其行耶必即其平生之所履歷者而曰其持已也如是其接人也如是夷考而參究之果成德之不偏耶而後與之否則華浮於實者得有所矯飾矣必即其平日之所更涉者而曰其處事也乃爾其應物也乃爾詳審而互觀之果成德之自然耶而後信之否則名不稱情者得有所忝竊矣吁因行以驗乎德因德以知乎人皋陶之言良有以也大抵天下之人固有難知之情而亦有易知之法惟在究其實要其常而已不究其實則色莊之可喜者或素行無足取不要其常則勉於暫忽者不能保其有終蓋必如斯而後君子小人之情僞自不可得而掩者此則知人之法也有虞之世九德咸事俊乂在官而成雍熙泰和之治夫豈無自而致然歟

爾尚克羞饋祀爾乃自介用逸

楊喬

同考試官教諭潘批（克字本修德立説固是）

同考試官教諭徐批（題本平易類能成文而義發揮如此篇者或亦鮮矣）

考試官訓導夏批（形容武王開飲酒之端反覆於言意之表）

考試官教諭黄批（羞饋祀本德上説庶爲有自）

聖君教妹土之臣惟能盡祀神之禮斯可副飲酒之樂甚矣祀神之禮未易盡也妹土之臣能盡於祀神則飲酒以宴樂也亦何過哉昔武王既封康叔於衛欲其以是而教妹土之臣若曰天爲元祀而令民作酒臣能奉祀而斯可用酒是故德有未脩則神有弗享也使爾諸臣果能内省不疚則德以修而所以交於神明者有其本矣神雖至幽惟德爲可感也使爾諸臣果能作稽中德則德以全而所以奉乎祭祀者有其誠矣吾知當夫春秋之時享也尚能執此秬畅達精意於祼將之時而感通之妙洋洋乎祖考之來格焉當夫夙夜之毖祀也尚能陳彼樽俎薦馨香於對越之際而孚格之誠昭昭乎鬼神之來享焉夫如是則豈不可以用酒乎誠以臣之職莫重於祀神也既能饋祀則臣之職以修而其心良可以自副矣國之事莫大於祀典也既能饋祀則國之事以舉而其心亦可以自慰矣於是酌彼清酤以罄一时之歡不过歆神之赐而已夫岂沈湎者乎飲此醇酒以極一時之樂不過享神之餘而已夫豈荒腆者乎是則神不可易感也而感於德之全酒不可常飲也而飲於祭之畢武王以是而教妹土之臣可謂委曲之至者矣大抵酒之初設本以供祭祀祼獻之用而其後也遂用以養老事親如是而已奈何始則濫觴而其流也至於沈湎之不可止故武王之訓曰饋祀曰羞者曰教養始可飲酒非惟曲盡人情而亦不失置酒之初意所謂不禁之禁也聖人之教不迫而民從者豈不以此也哉

詩

鶴鳴于九皋聲聞于天

陳佺

同考試官教諭周批（理明詞暢模寫詩人諷君之意如指諸掌其亦善説詩者矣）

同考試官教諭王批（體貼誠不可掩處意味親切三復令人躍然）

考試官訓導夏批（當時諷諫意正如此）

考試官教諭黄批（明經之學吾與子也）

詩人諷君必即物聲之不可掩以喻誠之不可掩也夫誠於中形於外理必然也詩人托鶴鳴以爲喻其善於諷君者歟此陳善納誨之詞謂夫天下之理誠則形未有誠而不形者也吾王獨不觀之鶴乎鳴于澤焉其水溢而爲坎者歷九折而至外以地則深邃矣鳴于坎焉其水流而盈科者數九曲而至中

以地則幽遠矣然而高亮之聲由中達外戛然遺響之橫空深邃之所出寥廓之所聞也洪大之音自下徹上悠然餘韻之在天冲漠之所聞幽遠之所發也其可得而掩之乎誠之爲道亦猶此耳吾王於燕居獨處之中一念之發果出善耶天階九重若不得而聞矣深宫幽獨之際一事之微果出於惡耶君門萬里若不得而睹矣然而發動之幾不疾而速自然善必知之而不能塞天下之耳燕居之所有朝野之所聞也感應之妙不見而章自然不善必知之而不能蔽天下之目幽獨之所爲臣民之所睹也亦可得而掩之乎夫誠不可掩如此吾王可不知所務哉嗟夫進諫之道亦多端矣與其批逆於獨諱之時孰若感悟於言意之表言之者無罪聽之者易入其有裨於人國也大矣此鶴鳴之詩所由作也後世若心正筆正之對以疾喻政之書類如此其得鶴鳴之遺響歟孔子曰吾其從諷諫乎斯言也真萬世人臣事君之法

訪予落止率時昭考

蔣彬

同考試官教諭周批（成王延訪群臣之意發揮精到子其可與言詩已矣）

同考試官教諭王批（形容成王謀始繼先之意不晦不鑿殆葩經之杰然者）

考試官訓導夏批（講圖治意最是）

考試官教諭黄批（詞整而葩）

欲謀莅政之始以循前王之道賢王延訪群臣然也蓋前王之道後人所當循也成王謀於莅政之始其知所以繼述者歟昔成王既朝于廟因作此詩以道延訪群臣之意謂夫治道莫要於繼先作事尤貴乎謀始我以凉薄之躬膺艱大之托出諒陰以聽天下乃繼體守成之一初離翼室以撫萬方實敬天勤民之伊始上而天地祖宗於我乎屬望不新厥德何以服厥命下而群黎百姓於我乎改觀不慎其始何以保厥終故將進爾群臣是究是圖致謹於新政之時裒爾在位爰究爰度尚慎於初服之日誠以昭考亶聰明作元后道則高矣美矣傳之萬世而不磨閔予小子不可以不遵道則至矣盡矣行之萬世而無弊顧予冲人不可以弗率于是思繼其志謀而循之以昭考之道治昭考之民行於昔者行於今不敢以聰明亂焉思承其序詢而率之以皇考之道撫皇考之業施於前者施於後不敢以私智參焉夫道既始終其攸行則治或後先而相望庶乎多難可堪而大統不墜矣爾群臣以爲何如耶大抵人君者天下之本而始即位莅政者又人君之本也道者保邦之要而先王之道尤嗣王之

所當守者也故伊尹之告太甲亦曰今王嗣厥德罔不在初而傅説之告高宗亦曰監于先王成憲其永無愆皆此意也吁治忽之端在於是有天下者宜留意焉

春秋

公會齊侯盟于柯（莊公十三年）

傳銓

同考試官教諭余批（説出齊桓當從而不當讎之意夐异他作）

考試官訓導夏批（發揮平怨之意甚悉）

考試官教諭黄批（語健而義白亦是作手）

望國平怨當其可春秋所以與之也此于柯之盟春秋書之詞無所貶者聖人之意蓋可見矣慨自于濼有會桓公不返齊魯之讎不共戴天矣乃今我莊當國親爲我桓之冢嗣首及齊桓而爲平于柯之載書一講夙昔之大憝以忘揆以人情則有復讎之義律以王法則無可通之時春秋於此于何而與之平耶誠以怨在所當釋而義在所當從也彼桓公之讎乃齊襄之手非齊桓之手也當於其時則主王姬納子糾而嫌隙不介於心胸同圍郕會伐衛而和好有加於疇昔今焉小白入齊國勢再造矣苟於此而必報之是敵桓也非敵襄也傳曰敵惠敵怨不在後嗣是果何時又可崇讎報怨以自乖於物議耶且桓之是盟非自爲齊計乃爲周計也自時而後安攘之信屢著於諸侯尊周之意荐孚於列國于焉而九合諸侯一匡天下矣苟於此而不從之是叛周也非叛齊也語曰無適無莫義之與比是果何人又可修怨怒鄰以危其社稷乎是則于柯之盟以言其時則爲易世之怨在所當釋矣以言其義則非桓志之私其可以不從乎故春秋於是役也公與齊侯皆書其爵較之齊襄之世書法有不同者其所以示權宜嘉從伯崇公義而不篤私讎也爲何如哉雖然傳稱齊襄復九世之讎而春秋賢之則我莊之釋怨罪昭昭矣噫是不然前此長勺之役專以責魯後此于幽之盟經以失信諱公是知于柯之無貶則與之平也明矣其諸傳借以深罪莊公當其身而釋怨也耶

晋陽處父帥師伐楚以救江（文公三年）晋趙穿帥師侵崇（宣公元年）

傳銓

同考試官教諭余批（融會傳注而事實不遺學麟經而得其肯綮者也）

考試官訓導夏批（明白嚴整讀之可愛）

考試官教諭黄批（能體貼傳意）

恤患而失用兵之法春秋致其譏求成而有專兵之心春秋致其貶此處父之伐楚救江非趙穿之侵崇求秦比也春秋得不致意於書法間哉何則江圍於楚國小民疲惟朝夕是懼矣今晋襄嗣伯欲恤其患遣處父以救之於是而爲伐楚之舉意以楚必引兵以自救江則因是而解圍是蓋憂人之憂急人之急誠得救患分灾之禮其事善矣春秋何以譏其失用兵之法乎蓋以江小而近於楚楚人圍之必不待徹屯戍之衆與宿衛之兵也爲晋計者宜合諸侯之師資齊秦之援使在彼之進焉退焉無所措在我則角之犄之有所資尚何江圍之不可解哉奈何獨遣一軍遠攻强國彼商臣之罪覆載不容也不能聲其罪以致討齊秦之兵天下莫强也不能用其師以爲援卒之秋毫無補於江一矢莫加於楚善於用兵者豈若是之拙哉故春秋特書曰以蓋以者不以者也非譏其失用兵之法而何至若崇附於秦彼强我弱惟啓處是賴矣今晋靈世伯欲與秦成聽趙穿以圖之於是而有侵崇之役意以秦必急崇而來救晋則因是以求成是則將以求之反以激之誠非解紛釋怨之義爲謬甚矣春秋又何以貶其有專兵之心乎蓋崇弱而附於秦秦人撫之必欲安定其國家而保固其疆圉也爲穿謀者宜述先君之好修聘問之文使在彼必攄忠露悃而樂於奔命在我則輸誠納欵以固其歸心尚何秦成之不可合哉奈何欲得兵權託於伐國興師自將非無爲也假以統馭乎三軍振旅偕行非有他也假以收屬乎群望卒之不能得秦之成反以滋秦之怒忠於謀國者豈若是之迂哉故春秋特書曰侵蓋侵者無名之謂也又非貶其有專兵之心而何吁救江善矣而失於用兵則譏之侵崇非矣而志於專兵則貶之聖人權衡斧鉞之意其嚴矣哉雖然處父救江之失趙穿侵崇之非固不待辯矣獨惜宣子當國筭無遺策豈獨懵於此哉蓋穿其族子而盾庇之也不然何謀之迂而亦從之哉噫亡不越境反不討賊以致董狐之獄盾其得辭乎故曰爲人臣者不可以不知春秋

禮記

處其所存禮之序也

蔣淦

考試官訓導夏批（題本涉於造化而不晦但作者率未能體貼敷演爾此則能之惡乎弗録）

考試官教諭黄批（能悉所以治政之意）

聖人體造化之自然實治道之秩然蓋治道莫先於禮也禮本造化之所存豈不秩然其有序哉記禮運者論聖人之治政如此蓋謂夫治人之道固禮

之急而承天之道乃禮之原故自夫天地之開闢也而所存之妙已肇夫禮之端倪自夫鬼神之屈伸也而所存之微已寓夫禮之根柢聖人處之蓋必參乎天地并乎鬼神仰觀俯察於天高地下之間極深研幾於萬物散殊之頃禮之藴於無聲無臭者思有以闡明之而著爲品節之宜俾天地之所存皆於禮乎宣泄也禮之隱於弗見弗聞者思有以顯設之而定爲儀文之則俾鬼神之所存皆於禮乎呈露也夫□是則效法有所本而制作有所自禮其有不序乎彼禮有喪祭也有射御也何者而非天地鬼神之流通禮有冠昏也有朝聘也何者而非天地鬼神之脗合尊卑以定貴賤以位一高下自然之勢耳孰得而踰焉方以類聚物以群分一散殊自然之别耳孰得而同焉品節詳明以天地爲本者秩秩乎其有倫也儀文周悉以鬼神爲徒者井井乎其有序也夫禮焉既序治道即此而在矣聖人治政豈復有不正者哉抑論之政者君之所以藏身也治政而不以禮奚其正故曰禮者君之大柄也夫禮之序者樂之和未有禮樂不相資爲用而可以言治者下文又曰玩其所樂民之治也民之治即樂之和也雖然君或不能自正其身如正人何哉故凡天時地財父生師教要皆立於無過之地以正用之而治道得矣噫君天下者盍亦以正身爲先務焉

其感人深其移風易俗

蔣文奎

考試官訓導夏批（理明辭暢先王著樂教之意了然在目）

考試官教諭黄批（論樂能關世教固如是夫）

記者著樂之用化夫人心而變夫治道也蓋樂與人心治道相流通也然則感之深而變惡以爲美舍樂何以哉樂記君子論樂之道如此意謂樂也者固聖人之所樂也抑亦世教之所由關焉故夫血氣心知之有性哀樂喜怒之無常人心不一難乎其感之深矣夫惟和樂之興佚能思初而感通以速其機安能惟始而絪縕以宣其妙其聲音之洋溢自有以動人忻喜之情耳目聰明血氣和平性天於此而流行也其舞蹈之奮疾自有以作人歡愛之意慾心以平躁心以釋德性於斯而呈露也君子以好善而涵泳之無窮小人以聽過而蕩滌之必至此非樂之感人深而何若夫出於君上之所化成於民下之所習風俗不同難乎其移與易矣夫惟正樂之行推無不準而鼓舞之盡其神動無不化而於變之妙其術其朝廷之振舉不异於邦國之設施偏者以全弊者以補一漸仁摩義之更化也其州黨之服從不殊於比閭之習尚薄者以敦邪者以直一遷善敏德之改觀也上焉者不安於故常而化無不淳下焉者不狃於

舊染而習無不美此非樂之移風易俗而何吁人心和而治道善樂之有裨於斯世大矣先王以之著其教也不以是歟大抵因其所有而感之者易爲力强其所無而率之者難爲功樂也者固人心所同有也昔聖帝明王用以感化乎天下亦惟發於吾心者感於人心無二理也其風俗美上下治而天下皆寧豈不有由然哉故曰生民之道樂爲大焉後世若衛文侯之聽古樂則惟恐卧聽鄭衛之音則不知倦於是其道始微而其教亦卒莫能行矣可慨也夫

第二場

論

聖王以敬爲修身立政之本

陳俊

同考試官教諭潘批（化陳腐而不事纖麗去浮誇而不尚刻削文體將於是乎一變矣）

同考試官教諭徐批（有抑揚有關鎖且爲文如風檣陣馬其勢似難與之角矣）

考試官訓導夏批（一洗論場之陋習僅見此爾噫按圖索駿自爲難事然超逸絶塵之足每得於精神態度之間者亦豈可謂盡無也乎）

考試官教諭黄批（典重而不浮淵永而有味）

聖人君天下而得修治之要其必于敬焉以爲之所矣蓋敬者一心之主宰萬化之原聖學之要也苟得其要而以之作所則至簡可以御煩至静可以制動不必眩聰察而役智能騖高邈而疲精神也蓋有不疾而速不行而至無爲而成者矣吾身之修庶政之立吾知其易易焉也宜宋儒真德秀之論君德而有見乎此請申之人君一身中天下而立天地於我乎付託民物於我乎仰賴華夷於我乎臣主其責任可謂大且重矣而所以君之者蓋亦有要焉不得其要雖明如離婁聰如師曠吾未見其能也蓋天下之大繫於吾身所以維持乎斯世斯民者則繫於吾之政焉所以主宰乎是政者則又本於吾之一心焉存乎吾之心者則又在於敬焉敬之不存則牽引於物而私得以間公矣紛擾於物而邪得以雜正矣昏暗疑貳而是非枉直舉莫能辨有以害乎明矣是故幽暗可欺也吾心其畏之纖微可肆也吾心其慎之聰明易流也吾心其遏之動作易苟也吾心其束之驕侈易萌也吾心其窒之必惺惺焉以清吾之心必主一無適焉以收吾之心必勿參勿貳焉以一吾之心氣之决驟軼於奔駟吾

敬爲之銜轡也情之横放和溢於潰川吾敬爲之堤防也欲之競熾猛於烈火吾敬爲之撲滅也如是則吾之心如鑑之空如衡之平如繩之直有理以存於中而不外馳於物矣以之修身必格物也致知也誠意也正心也視必以明而妖治之色不著於目聽必以聰而淫哇之聲不入於耳貌必以恭而惰慢不設於體言必以從而鄙倍不出於口宴安游畋之樂神仙土木之好皆不使之以累於心夫然而曰身有不修未之有也以之而立政也賞罰必公不使狎恩私者有以撓吾政也黜陟必當不使竊威福者得以干吾政也興農桑以厚民生篤倫理以正風俗宣文教以章德化修武備以壯國威紀綱法度粲然而有倫禮樂刑政秩乎其不紊夫然而曰政有不立未之信也身既脩矣則兼總乎衆善儀刑于萬邦上行下效理之感應如水在器草之戴風矣政既立矣則沛然甘澍之施赫然迅霆之震令傳號發人之歸向如户之運車之馳矣彼清净無爲恬澹寡慾者之修身也修其所修非吾之所謂修身也嚴刑峻法窮兵黷武者之立政也立其所立非吾之所謂立政也嗚呼聖王之所以大過人者其有外於一敬耶故祗台德先聖敬日躋禹湯之敬也用之以修治則克勤克儉檢身若不及也府事允治而邦家輯寧也緝熙敬止夙夜祗懼文武之敬也用之以修治則不敢盤于游田不泄邇不忘遠也罔兼罔知而奠麗陳教也等而上之堯之欽明舜之温恭安而存此敬者也次而太甲之欽止成王之無逸困而存此敬者也彼苗之昏迷不恭有扈之威侮五行受之狎侮五常其知敬爲何物終亦淪胥於亡而已矣是敬則聖不敬則狂敬則治不敬則亂嗟乎一敬怠之間而聖狂之所繇分治亂之所繇繫有天下者可不敬哉

表

擬宋以歐陽脩參知政事謝表（嘉祐六年）

楊喬

同考試官教諭潘批（説出當時同列輔政如親見其事使雜宋文字中殆莫之能辨也）

同考試官教諭徐批（叙事切當非特長於四六而已）

考試官訓導夏批（渾厚之文頗類歐體蓋學歐而闖其户庭者）

考試官教諭黄批（有典則有故實佳製也）

伏以副貳鈞衡與聞密勿下丞相之一等贊鴻化於萬幾必求异能乃稱隆委豈意庸謬叨奉宸綸伏念臣脩少迫賤貧偶勤學問寵榮久冒過涯分而可慚文章空言於事功而何補幸際亨嘉之會屢荷知遇之恩紫禁論思倏逾一紀黄扉出入忝列三人分日而知印押班鼎立而同心輔政惟兹助理可容

曠瘝既拜寵章仍進爵秩益增濫竽之耻漸成當局之迷尤恐限於譾才竟莫裨於末議線非補衮航豈濟川兹蓋伏遇天縱聰明德先勤儉守本朝之家法不辱公卿體前代之用人旁求俊彦知臣才無適用察臣愚有不欺猥以具員誤蒙越次方圖盡忠以補過極知居寵而思危財用兵民之浩繁會㮣括於總目朝廷政治之得失實關繫於中書敢不强任殘軀益堅素守雖蚊蝱無負山之力然葵藿有向日之誠謹備問於西廳庸代匱於東省惟愆惟繆可忘繩糾之言曰都曰俞竊慕賡歌之喜臣無任瞻天仰聖激切屏營之至謹奉表稱謝以聞

第三場

策

第一問

徐乾

同考試官訓導劉批（場屋之士於當朝典故多不能省問之則瞠然莫措一詞吾不意風簷寸晷之下乃亦有此差强人意者得士如此主司能不爲之刮目相待也耶）

考試官訓導夏批（鋪張揚厲此作得之）

考試官教諭黄批（其事核其詞該其氣昌）

對聖王有御世之大法有經世之大典蓋法者道之所寓以之而著爲典章詔之天下而天下從之傳之後世而後世守之行之愈久而無弊者也紀綱由之而正法度由之而明治化由之而隆風俗由之而厚運心思之微極功用之大其於君師之任治教之責備乎哉仰惟我太祖高皇帝定鼎金陵一洗腥膻之陋大明綱常之道有功於天地也大矣乃萬幾之暇親灑宸翰製爲資世通訓以頒示天下神謨聖訓炳乎日星之照耀睿藻天葩燦然雲漢之昭回初非假乎詞臣之代言亦何待於史氏之紀載真萬世爲人君爲人臣者之龜鑑也其爲書凡十有四篇首言人君所當爲者十有八事曰儉曰素曰勤曰敬曰祀曰戎曰親曰内曰外曰孝曰慈曰信曰仁曰智曰勇曰嚴曰愛曰以時是皆皇祖躬行而允蹈之者然猶體道謙虚不自滿假惓惓乎敬慎之意存焉次言人臣所有當爲者十有七事曰非仁者不終非忠者不終非知三報一祀者不終假公營私者不終代報者不終非孝者不終非親親者不終又侮瞞欺誑者不終虐詐而自高者不終凡有一於此皆不可也而况於備之者乎其三其四

則爲民用之章又以士農工商各爲一篇合僧道總爲一章念民之愚癡欲民之教子戒其造言示以禍福則又各致夫諄諄者而勸諭之於戲大哉皇祖之言乎一哉皇祖之心乎視堯舜之典謨湯武之訓誥相表裏而與之脗合無間矣使爲人臣而遵行之則爲良臣非徒有以建立事功而且可以保其身家延慶於厥後矣爲民人而遵行之則爲良民得以入孝出弟保族宜家優游於平康之世矣爲士而遵行之則能弃浮靡之習敦篤實之行而足效用於時矣爲農而遵行之必能服田力穡而有秋成之望矣爲工而能遵行之必不爲淫巧無益而自利於用矣爲商而遵行之必能貿易貨財交通有無而物直得其平矣爲僧道而遵行之必能清静慧定善於感化而不惑世誣民矣抑又嘗伏睹御製序有曰但見世人性愚而見淺古有聖經賢傳立意深長爲先儒注以繁詞評論不一愈愚後學朕特以一己之見總先賢之確論直述其意以利今後人斯言也又以仰知聖祖仁天下之心在是矣所以嘉惠臣民者至矣所謂考諸三王而不謬建諸天地而不悖質諸鬼神而無疑百世以俟聖人而不惑焉豈俗儒末學之所能測其精微之藴於萬一哉愚也樂育聖化佩服明訓于兹有年竊惟天地造化之大非言語所能形容也姑以此爲復執事能恕其愚而教之否

第二問

陳佺

同考試官教諭理周批（辯博典雅其志蓋將若昔人從先達而借觀秘書者耶）

同考試官教諭王批（考論四君而優劣之重在歸美先帝之盛德亦可見遐方士人被化之深乃能爾也）

考試官訓導夏批（其氣充然可以爲文矣）

考試官教諭黄批（知古知今必積學以待問者）

對論治道於賢哲固未免乎軒輊之分頌治化於聖神則莫罄乎名言之妙蓋不登泰山之高無以見丘陵之小不觀滄海之大無以陋沼沚之微不窺夫聖神功化之極又何以斷賢哲之優劣而定後世之公論哉知乎此則可以復明問之一二矣夫三代而下世道莫盛於漢而君德莫盛於文景文帝恭儉玄默務崇德化賜不朝以几杖遺受賂以金錢造露臺而惜千金減賦税而勸農桑海内富庶興於禮讓斷獄數百幾致刑措可謂賢矣景帝遵業移風易俗恭儉不改罪不及民亦可謂賢矣由二君而評之文帝雖曰制度禮樂謙讓未遑而寬仁大度有高帝之風景帝忌刻少恩無人君之量其實非文帝比也觀

其以博局而激成叛逆之勢貶斥張釋之致有淮南之死始用鼂錯削諸侯之謀及袁盎一説而弃之東市初以周亞夫爲大將折吴楚之鋭鋒尋平大難及其爲相而殺之以無罪梁王武母弟也驕而縱之幾致其死臨江王榮太子也使其見殺於酷吏是遵何德耶魯謂文帝而有一於此乎治道莫過於宋而君德莫過於真仁真宗守成政從簡易作七條以賜臣僚分三等以察官吏自澶淵却狄之後不言用兵故能格天心而致太平仁宗撫盈成之運施仁厚之化始親庶政裁抑僥幸臺諫不許以風聞言事以長忠厚之風課績以新書從事用成責實之效擇帥以任邊元昊終以屈服得人以奉使契丹不敢渝盟利澤施於外衆賢聚於朝四十二年號爲極治即二君而評之真宗好奉道教信惑异説天書屢降東封西祀以神道設教而祥符天慶制作紛然視仁宗爲有間矣昔人謂欲法堯舜惟法仁祖或庶幾乎斯語矣此則優劣亦自較然矣仰惟孝宗皇帝臨御十有八年宵旰憂勤勵精圖治隆孝養于兩宫篤教愛于諸王延見大臣商確治道愛惜人材而不輕於進退洞察物理而必辨乎枉直憫念黎元而暴征横斂之無有禁止奢靡而奇技淫巧之不作罷土木之役恤征戍之苦日御經帷而寒暑之不輟每决大獄而哀矜之不已從諫有如流之美求賢有如渴之切陶吾民于嘉靖囿斯世于雍熙駿德配天神功光祖揆之彼四君者是猶丘陵之於泰山沼沚之於滄海也何足以望高且大也所謂巍乎其有成功焕乎其有文章者蓋兼而有之矣嗚呼北望帝宸橋山之雲杳矣鼎湖之駕遠矣天下臣民攀號莫及矣今欲鋪張纂述使夫巍然焕然者超越於百王流傳於萬世耿乎其不磨自有賴於良史之筆金滕之書

第三問

蔣彬

同考試官教諭周批（政存乎人而此地獨不收效蓋有由然者此篇反復至千言而不窮噫吾知子仰屋竊歎也亦已久矣）

同考試官教諭王批（詞氣沛然若水湧石出莫之能禦也）

考試官訓導夏批（深切時弊其有用世之學者乎）

考試官教諭黄批（議論層見疊出足見所藴）

對履不可爲之地處不可爲之事必屬之無不能爲之才斯可以言治矣夫官於善地雖中人之資苟有志焉皆足以自見於時惟人勢之不可爲力之不足以爲財之不足於用民之不足以使乃能振舉廢墜撫摩瘡痍斯則非藉乎才焉不可也廣右山川險阻林木蒙翳有炎暑疾疫之害有蠱毒瘴癘之患地鮮而山稠編民少而夷獠多馴伏者少而凶獷者多軍衛雖設犬牙相制要

害之處不一而戍守之卒何寡也又或旁州鄰境侵侮迭來轅門將壘調發不時擾攘之時過半而安靖之日無幾也故其民無事則刀耕火種供有司爲力役之征有警則腰刀挾弩從官兵有攻戰之舉爲之父母者則不惟專於治民而且急於撫夷不惟任以有司而且兼乎軍旅矧今寇亂之餘凋敝之極民不聊生矣而征斂科差倍於曩時疆域民物不加於前弊滋甚矣而用度供億魯無改於其舊苟欲化頑獷而爲良善補凋殘而爲完美於財用民力必有以撙節而休息之於頑梗善柔必有以芟除而招徠之於要害之多必有以堤防而遏截之於科徭之繁必有以裁省而調停之凡若此者非資夫應變之才治劇之能而望其有濟何以异於平地方覆一簣乎範我馳驅於荆棘扼塞之間乎斷乎未之能也譬之久病之人必得扁鵲倉公而藥之庶可望其有瘳付之庸醫之手則病勢日深而元氣日耗矣雖然吏於兹土者之不舉其職也其亦有所不能及有所不得已者焉犯炎瘴之毒涉江灘之險處荒凉岑寂之境則全軀保妻子之念作矣因陋就簡日復日歲復歲而冀去待滿之心盛矣如是而欲望其留意於民事且有益於地方者蓋亦鮮矣觀風行部之使每聞其有旌獎之舉嚴督責之方非有意於養蟊以害稼縱狼於當道也而察之未真流於姑息者有矣非故使蕭艾之不剪蘭茝之不蕃也而去之不力涉於因循者有矣無怪乎著績效者之寥寥焉而民之望治徒喁喁然也使在上之人公而且明於其賢者而獎勵之而不賢者不得以濫與於其不賢者而懲督之而賢者不得以誤去其有政績卓异循良著稱者則殊禮以遇之交章以薦之物官者固不欲得人以理乎豈醇酎之尊不醞醯酢于□之範不鑄欋鉏乎將詢諸衆論廉其素履覈其行事待之以不次優之以顯陟俾得與官中州者齒庶賢者無淹滯之嘆而不賢者無僥倖之望也吁廣右之地非國家之版圖耶廣右之民非國家之赤子耶安得拔卓茂於密邑顯朱邑於桐鄉又求陸象先輩數十人分布邊郡若州縣使之牧養斯民熙熙然於太平之日是則端有望於吾君與吾相焉

第四問

蔣淦

考試官訓導夏批（策場多無故實直述問目以塞白獨此作有鋪叙有援引佔畢之士有如此者蓋亦難能也已）

考試官教諭黄批（天下之事久而滋弊大抵然爾而重本抑末去奢尚儉以厚風俗尤爲今日之急務然必歸之朝廷之上者蓋知所本者矣）

甚矣風俗之有關於世教也大矣天下之治忽存焉顧爲之表倡者何如

爾蓋必恃教化以爲樞機而法令以爲之堤防也樞機不謹職何道以化之堤防不立用何術以率之考古驗今未有不繇此而能移易之者矣噫天下之弊常相仍而無窮善去其弊者必探其害之所由生而窮其病之所由起則害除而病愈亦必施之有漸而行之以久焉苟欲革乎此又欲革乎彼方欲治其一又欲治乎二則用力愈多而其弊終不可得而革矣吁朝爲賈而夕冀巨萬之獲耕者未卒歲而乃求箱倉之積吾未見其可也在昔唐虞之世人人有士君子之行比屋有可封之俗教化盛行風俗醇厚自借鉏取箒而孝行之已乘揭竿弄挺而刑罰之或措自兹以降日入於弊如馬廖之論移風則曰從行而不從言也第五倫之論易俗則曰當以身而不以言也是皆推本而論論之當者也在漢之時庶人屋壁得被文繡娼優下賤得爲后飾奢僭極矣則賈誼憂之商賈以利相傾千里遨游冠蓋相望乘堅策肥履絲曳縞侈靡甚矣則鼂錯憂之是皆處治世而憂憂之深者也魏毛玠之爲相也布衣蔬食以儉率人由是天下之士莫不廉節自礪雖貴寵之人不敢過度唐楊綰之在位也或者爲之損騶從減音樂當時聞風而化者不可勝數是其清名儉德先聲宿望有以致之也景帝因爲末者衆而農民之寡也則禁采珠玉元帝因向本者少而趨末者之衆也則勉勸農桑在宋之時戒門户之飾則曰欲爲悠久之計也嚴珠翠之禁則曰恐長奢靡之風也以至禁民采珠欲息游惰以復農桑則形於開寶之詔筭商賈欲抑末游以助經費則聞乎淳化之令考其在當時亦不爲無所見而云然矣嗟夫明王之化當移風使之雅易俗使之正立禮教以革其弊制禮樂以和其性何後世之不事乎此耶後之天下亦古之天下今之人心亦古之人心也昔何爲而醇今何爲而弊耶昔何爲而厚今何爲而薄耶昔何爲導之而輒從今何爲禁之而不止耶自夫人之兼并也而後富益富貧益貧而末作生矣阡陌閭里而侈靡至矣饑寒切於中財貨動於外而寇竊無耻起矣兹欲革其弊救其病盍亦以正本爲先古人有言曰上有好者下必有甚焉又曰示之人以好惡而民知禁有天下者不欲厚風俗則已欲厚之必自朝廷始亦必奉行者之得其人先貴而後賤由近以及遠重本而抑末崇約而戒奢定經制以别之不恃乎威力以挾制之不假智術以牢籠之斯下之從上捷於影響自有不期然而然者矣嗚呼城中好廣眉四方且半額城中好大袖四方全疋帛長安之謡其亦切於取喻歟賈誼曰移風易俗使天下回心而向道非俗吏所能爲也董仲舒曰王者以教化爲大務漸民以仁摩民以義節民以禮故刑罰甚輕而民不犯者教化行而習俗美也是則王者風化之原而朝廷者風俗之則效也方今聖天子躬行於上彰示於下將見麟趾鵲巢之化文王不得專

美於周矣愚也何修而親逢其盛

第五問

陳俊

同考試官教諭潘批（有文事者必有武備即其言豈老生之常談乎）

同考試官教諭徐批（酌處時務鑿鑿可行使其在轅門立油幢必不爲無助）

考試官訓導夏批（禦寇制夷周悉殆無遺筭儻采而行之邊鄙當晏然矣）

考試官教諭黄批（安邊長策類不出此）

善用兵者當審夫緩急之勢善制夷者必求乎賞罰之公蓋賞罰既公則在我得其御夷酋不求服而自服緩急一審則所向成其功蠻寇不求弭而自弭所操者約而所及者廣所慮者稔而所施者宜故也惟廣右夷獠習性獷悍負固恃險喜人怒獸雖唐虞之仁不能柔雖秦漢之武不能威從古然已然其跳梁猖獗肆行無忌如蹈無人之境則未有甚於斯時也府江門庭之寇也殺人掠財歲無虚月一舉兵以捕之奸細叵測機事稍露即魚驚鳥散而莫知所之每召其徭老撫其部落而賞之以魚鹽則狼吞虎噬而莫知所止曾不旋踵而東出西没甚至虜獲人口則拘留以取贖致往來疑畏食不下咽而寢不奠枕是何耶我先示之以弱故爾爲今之計莫若增置哨堡分布官軍調取狼兵兼戍輪守一遇有警隨即追捕或掩襲而擒殺之或出其不意攻其無備今日撲一巢明日搗一穴使彼不能覘我之虚實而我能禦彼之强暴彼將深遁遠竄之不暇而何敢於跳梁哉若欲行拊循之道亦必雷霆之後繼之以雨露可也柳慶腹心之賊也向也依山據寨乘間竊發今則披氊乘馬張旗鳴鼓動以千百而擁衆深入圍鄉劫村縱火焚廬甚至搜索累日貲畜爲之一空是何耶欺吾民之未習於戰也爲今之計莫若興數萬之兵分據要害募取鄉導左右夾攻表裏襲擊務使根株悉拔噍類不遺抑或持久而困之俟其食盡而自斃則彼將悔罪求生之暇而何敢於拒敵哉若欲爲仁義之舉亦必鋒鏑之下分之以玉石可也至若土官之設因其先世之勞績用以爲夷民之領袖邊境之藩籬祖宗之制亦賞延于世之意也第自頃以還爲之酋長者率多安於豢養而習於驕縱聽信奸目而厭弃忠謀視殺人如刈草菅待同姓如遇寇讎瀆亂天倫干犯國紀貪土地而侵奪無厭占狼兵而征調不發所至縱兵虜掠以爲常而民財盡洗妄殺平民以爲功而人心日離抗違軍令而行師無律虚費糧餉而供應不足本以爲民而實所以病民初以弭盗而反甚於爲盗尚望其有人心而存天理乎爲今之計必先示之以信倡之以義莅之以威作之以氣賞

焉而無所吝罰焉而當乎罪有潛蓄异志稔惡作亂者請兵加之雖有微勞亦所不貰如是則諸夷雖冥頑必以爲鑑也方且奔走服役之争先烏得而成尾大之患耶苟有循理守分慕義向化之□許世其官或特奬其能嚴交通撥置之□杜饋送接受之門如是則彼亦人類也方將效忠宣力之恐後安得而起跋扈之念耶愚也白面書生爾因明問下及而條陳一二以復若曰裨廟堂之議固自有禁中之頗牧與軍中之韓范在吾何敢哉吾何敢哉

廣西鄉試録後序

是歲秋八月己亥廣右鄉闈訖試事類必有録以傳時巡按御史盧翊寔監臨之集藩臬群執事而胥告曰是惟龍飛第一科賓興盛典也其敬之哉慎毋坐是以召官謗而速吏議爲也僉曰諾爰自鎖院至撤棘矢心殫力窮晝夜靡或遑去取之間雖未敢自擬孫陽之識騏驥歐冶之求干將然所謂公且明者蓋不敢以不敏而不勉焉以人事鐵謹序於後曰皇明有天下百四十年于兹天地純全之氣隨化機以流行鍾於人者日新而月不同厥惟茂哉亦惟聖德至治之漸被益大以遐故雖玄徼絶壤昔在荒服之外者亦彬彬然爾於文矣世之論南荒者謂山川之氣獨不鍾於人是爲貴耳而賤目取近而舍遠豈知言乎竊觀夫士之文焉者其才美外見若良金美玉然隨其所在光彩熚煜旁達四出使雜蓬藋混瓦礫自有不可掩者蓋迥然异他物矣豈必寘之通都大肆而後爲人所驚异而愛慕之乎是惟才焉不可以地論也况丁人文宣朗風俗丕變之際弦誦之聲洋洋乎盈耳焉衣冠禮樂之盛班班然可觀焉其視中州内地後髦之士殆相伯仲焉策名天府布列中外亦多揚休振烈有可書者焉其大者則又冠冕佩玉立于殿陛之間陳昌言以啓淵衷出嘉謀而贊元化襲芳接踵拔茅連茹顒顒然彈冠以相慶方興而未艾焉夫既有爲之前者矣爲之後者敢謂無其人乎顧學得其道而用際乎時有如此者他日可諉之曰吾無爲之之地也乎譬之金焉將鑄爲鼎以象夫物譬之玉焉將用爲璧以薦之天才之大則其用之也大用之也大則其自負之重而思所以盡其責焉者宜何如其大也是又爲天下人之所驚异而愛慕之者矣豈直一方之足增重而已乎亦豈場屋較一日之長恃其區區者以自多乎昔人謂閩爲海濱鄒魯鐵敢僭擬曰今之粤其將視古之鄒魯云

福建興化府儒學訓導夏鐵謹序